国家社科基金
GUOJIA SHEKE JIJIN HOUQI ZIZHU XIANGMU
后期资助项目

嘉陵江流域方音字汇

——20世纪四川方音大系之二

Jialingjiang River Basin Dialect Syllabary:
20th Century Sichuan Dialect Phonologies, Volume 2

周及徐　周　岷　周亚欧
王　倩　陈　鹏　何　婉　著
李　勤　古　婷　王俊丹

中华书局

图书在版编目（CIP）数据

嘉陵江流域方音字汇/周及徐等著. —北京：中华书局, 2024.
8. —（20世纪四川方音大系）. —ISBN 978-7-101-16650-7

Ⅰ.H172.3

中国国家版本馆 CIP 数据核字第 20241L78P8 号

书　　名	嘉陵江流域方音字汇——20世纪四川方音大系之二
著　　者	周及徐 等
丛 书 名	国家社科基金后期资助项目
责任编辑	张　可
装帧设计	毛　淳
责任印制	陈丽娜
出版发行	中华书局
	（北京市丰台区太平桥西里38号　100073）
	http://www.zhbc.com.cn
	E-mail：zhbc@zhbc.com.cn
印　　刷	三河市中晟雅豪印务有限公司
版　　次	2024 年 8 月第 1 版
	2024 年 8 月第 1 次印刷
规　　格	开本/787×1092 毫米　1/16
	印张 57½　插页 14　字数 1200 千字
国际书号	ISBN 978-7-101-16650-7
定　　价	480.00 元

国家社科基金后期资助项目出版说明

后期资助项目是国家社科基金设立的一类重要项目，旨在鼓励广大社科研究者潜心治学，支持基础研究多出优秀成果。它是经过严格评审，从接近完成的科研成果中遴选立项的。为扩大后期资助项目的影响，更好地推动学术发展，促进成果转化，全国哲学社会科学工作办公室按照"统一设计、统一标识、统一版式、形成系列"的总体要求，组织出版国家社科基金后期资助项目成果。

全国哲学社会科学工作办公室

嘉陵江流域方言点分布图

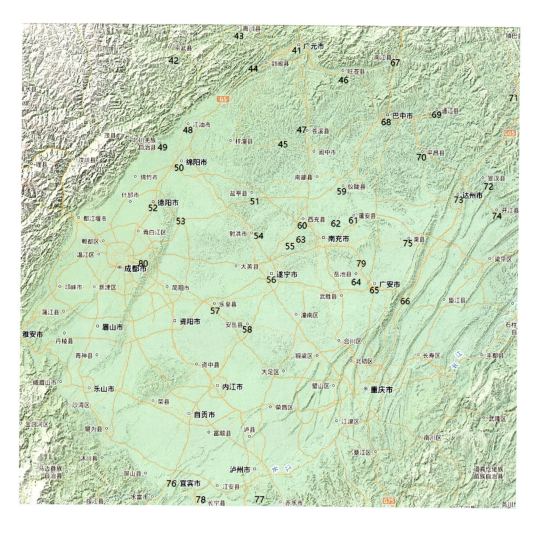

41. 广元	42. 平武	43. 青川	44. 剑阁普安	45. 剑阁金仙
46. 旺苍	47. 苍溪	48. 江油	49. 北川	50. 绵阳
51. 盐亭	52. 德阳	53. 中江	54. 射洪	55. 蓬溪
56. 遂宁	57. 乐至	58. 安岳	59. 仪陇	60. 西充
61. 蓬安	62. 南充金台	63. 南充龙蟠	64. 岳池	65. 广安
66. 邻水	67. 南江	68. 巴中	69. 通江	70. 平昌
71. 万源	72. 宣汉	73. 达州	74. 开江	75. 渠县
76. 宜宾	77. 古蔺	78. 长宁	79. 顾县	80. 成都龙泉

声学元音图和声调曲线图

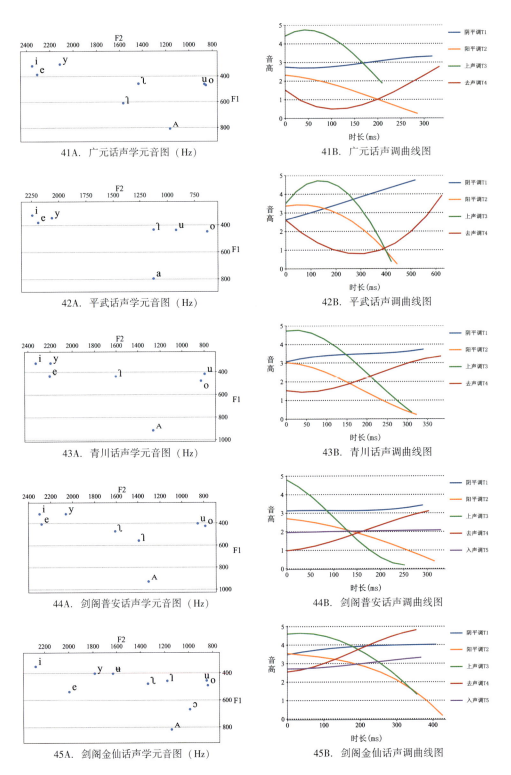

41A. 广元话声学元音图 （Hz）

41B. 广元话声调曲线图

42A. 平武话声学元音图 （Hz）

42B. 平武话声调曲线图

43A. 青川话声学元音图 （Hz）

43B. 青川话声调曲线图

44A. 剑阁普安话声学元音图 （Hz）

44B. 剑阁普安话声调曲线图

45A. 剑阁金仙话声学元音图 （Hz）

45B. 剑阁金仙话声调曲线图

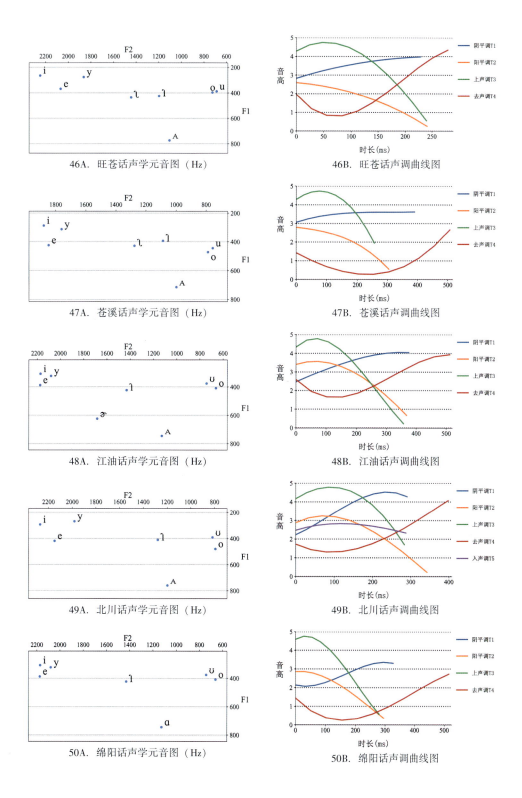

46A. 旺苍话声学元音图（Hz）

46B. 旺苍话声调曲线图

47A. 苍溪话声学元音图（Hz）

47B. 苍溪话声调曲线图

48A. 江油话声学元音图（Hz）

48B. 江油话声调曲线图

49A. 北川话声学元音图（Hz）

49B. 北川话声调曲线图

50A. 绵阳话声学元音图（Hz）

50B. 绵阳话声调曲线图

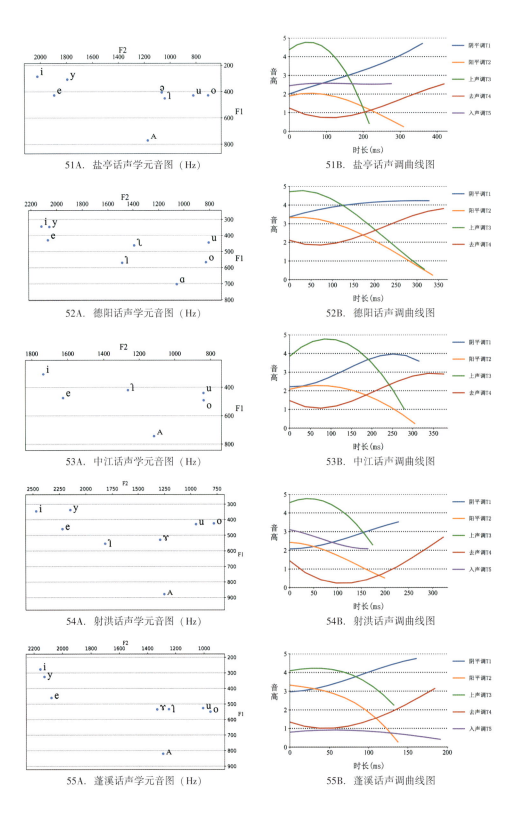

51A. 盐亭话声学元音图（Hz）

51B. 盐亭话声调曲线图

52A. 德阳话声学元音图（Hz）

52B. 德阳话声调曲线图

53A. 中江话声学元音图（Hz）

53B. 中江话声调曲线图

54A. 射洪话声学元音图（Hz）

54B. 射洪话声调曲线图

55A. 蓬溪话声学元音图（Hz）

55B. 蓬溪话声调曲线图

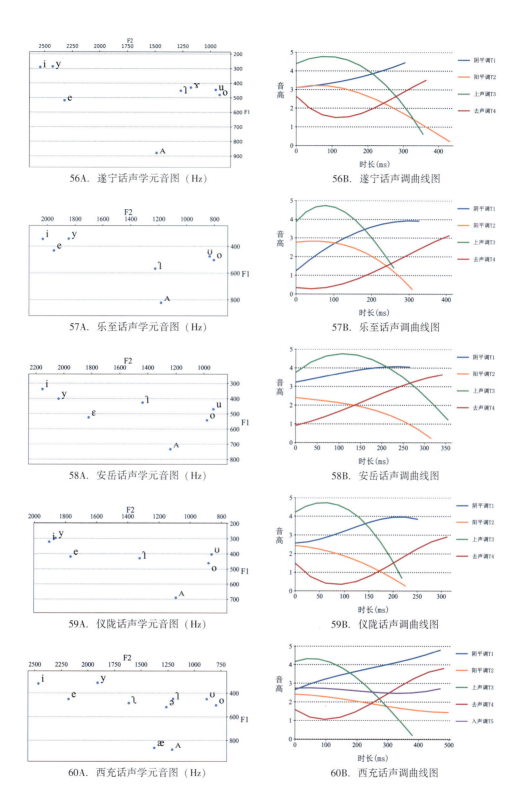

56A. 遂宁话声学元音图（Hz）

56B. 遂宁话声调曲线图

57A. 乐至话声学元音图（Hz）

57B. 乐至话声调曲线图

58A. 安岳话声学元音图（Hz）

58B. 安岳话声调曲线图

59A. 仪陇话声学元音图（Hz）

59B. 仪陇话声调曲线图

60A. 西充话声学元音图（Hz）

60B. 西充话声调曲线图

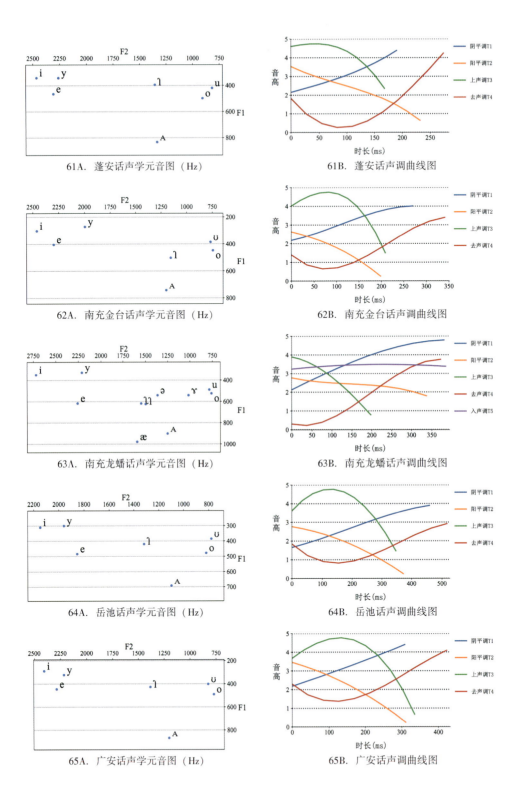

61A. 蓬安话声学元音图（Hz）

61B. 蓬安话声调曲线图

62A. 南充金台话声学元音图（Hz）

62B. 南充金台话声调曲线图

63A. 南充龙蟠话声学元音图（Hz）

63B. 南充龙蟠话声调曲线图

64A. 岳池话声学元音图（Hz）

64B. 岳池话声调曲线图

65A. 广安话声学元音图（Hz）

65B. 广安话声调曲线图

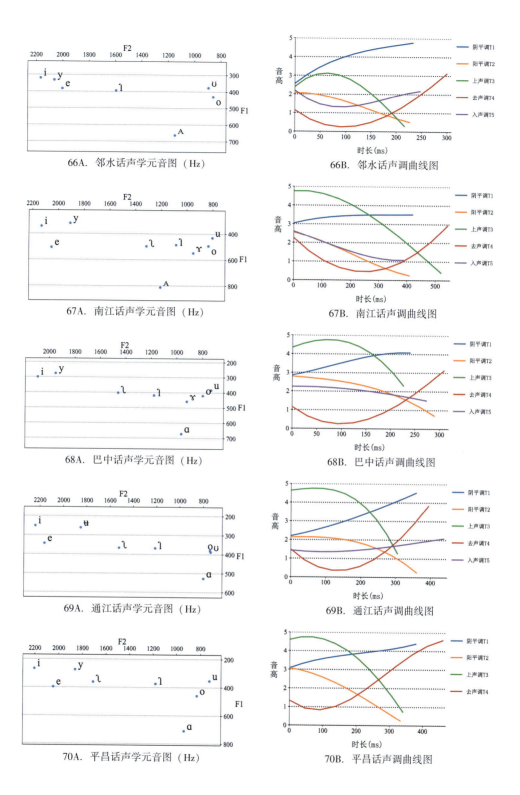

66A. 邻水话声学元音图（Hz）

66B. 邻水话声调曲线图

67A. 南江话声学元音图（Hz）

67B. 南江话声调曲线图

68A. 巴中话声学元音图（Hz）

68B. 巴中话声调曲线图

69A. 通江话声学元音图（Hz）

69B. 通江话声调曲线图

70A. 平昌话声学元音图（Hz）

70B. 平昌话声调曲线图

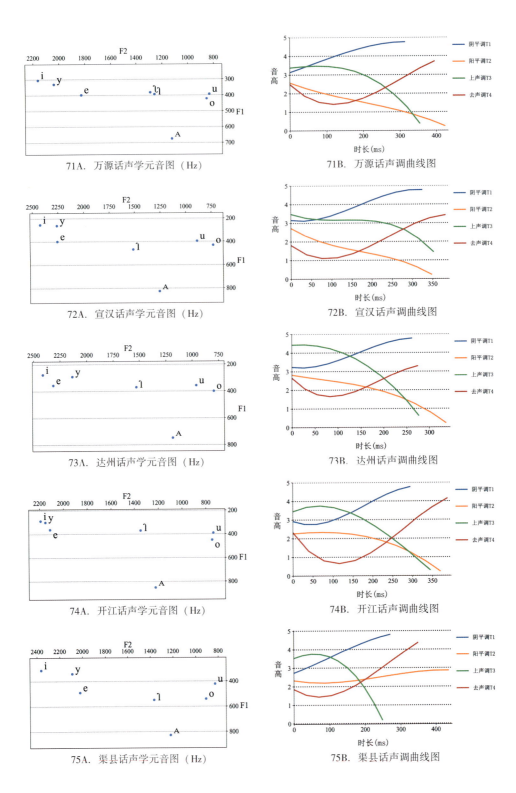

71A. 万源话声学元音图（Hz）

71B. 万源话声调曲线图

72A. 宣汉话声学元音图（Hz）

72B. 宣汉话声调曲线图

73A. 达州话声学元音图（Hz）

73B. 达州话声调曲线图

74A. 开江话声学元音图（Hz）

74B. 开江话声调曲线图

75A. 渠县话声学元音图（Hz）

75B. 渠县话声调曲线图

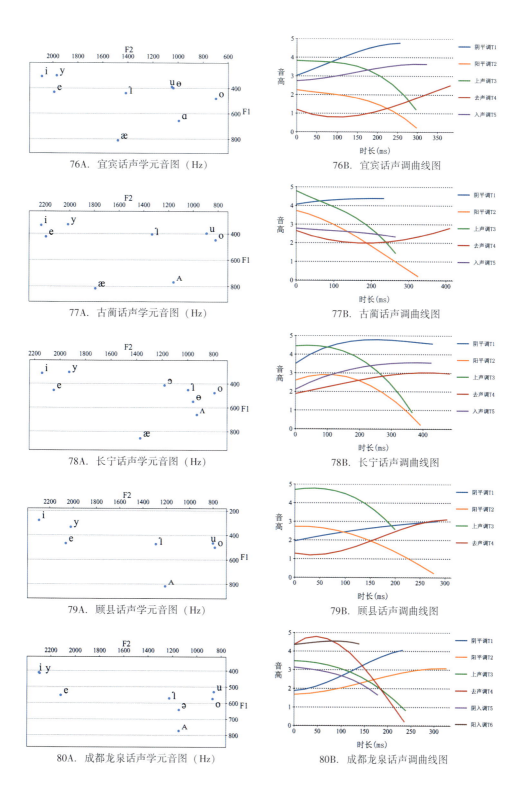

76A. 宜宾话声学元音图（Hz）

76B. 宜宾话声调曲线图

77A. 古蔺话声学元音图（Hz）

77B. 古蔺话声调曲线图

78A. 长宁话声学元音图（Hz）

78B. 长宁话声调曲线图

79A. 顾县话声学元音图（Hz）

79B. 顾县话声调曲线图

80A. 成都龙泉话声学元音图（Hz）

80B. 成都龙泉话声调曲线图

岷江嘉陵江流域方言分区图

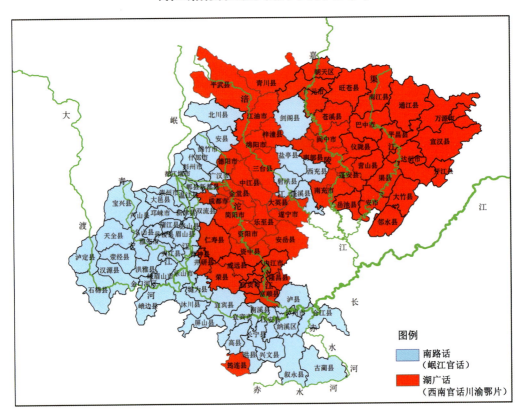

1. 西南官话川渝鄂片（湖广话）、岷江官话（南路话）

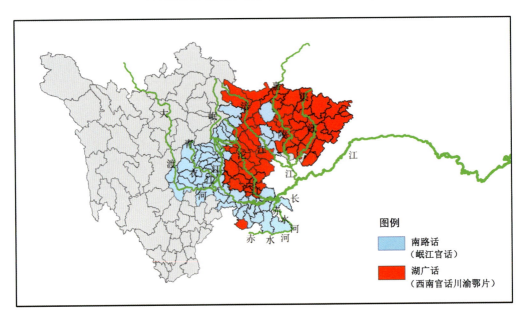

2. 西南官话川渝鄂片（湖广话）、岷江官话（南路话）在四川的分布

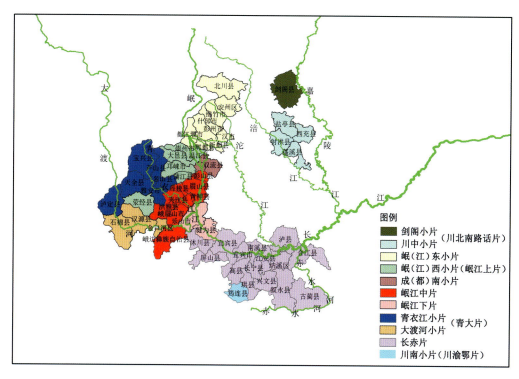

3. 岷江官话（南路话）

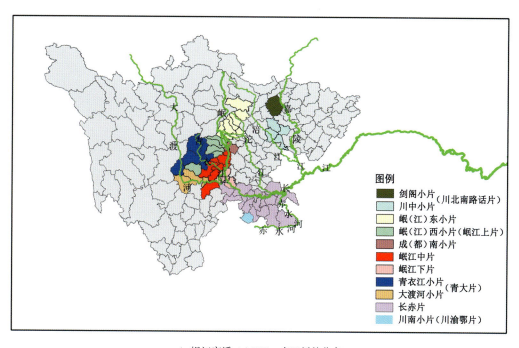

4. 岷江官话（南路话）在四川的分布

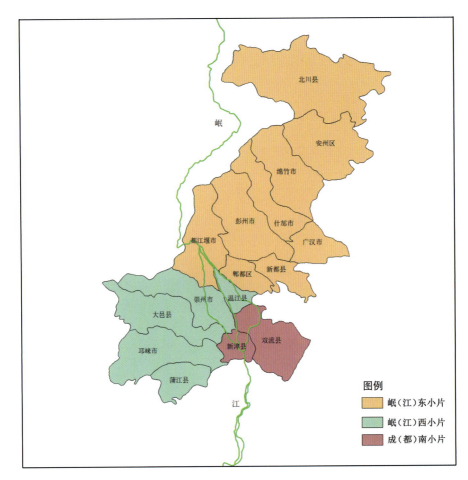

5. 岷江官话岷江上片

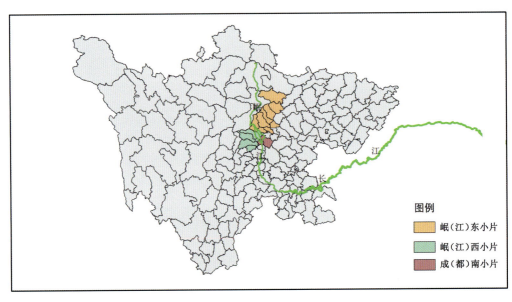

6. 岷江官话岷江上片在四川的分布

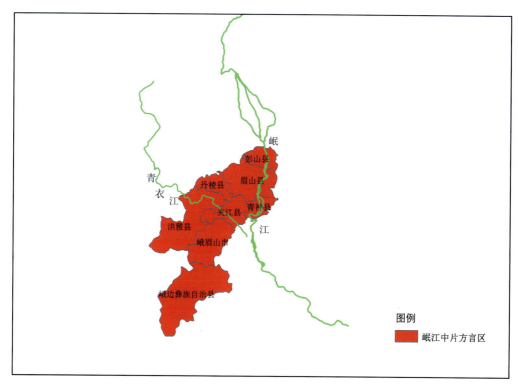

图例
■ 岷江中片方言区

7. 岷江官话岷江中片

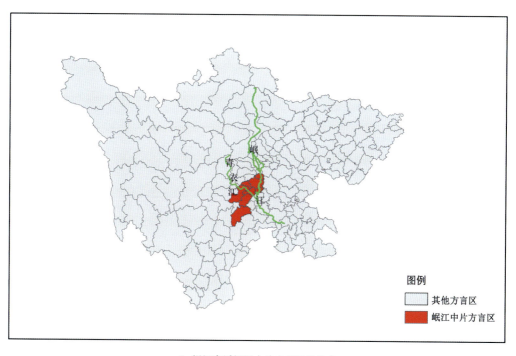

图例
□ 其他方言区
■ 岷江中片方言区

8. 岷江官话岷江中片在四川的分布

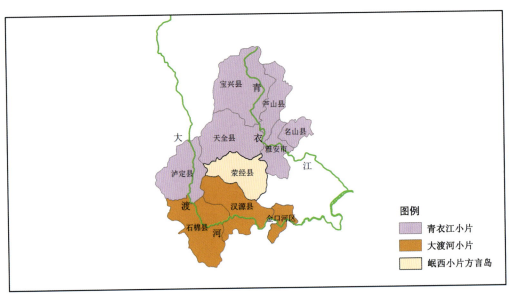

9. 岷江官话青（衣江）大（渡河）片

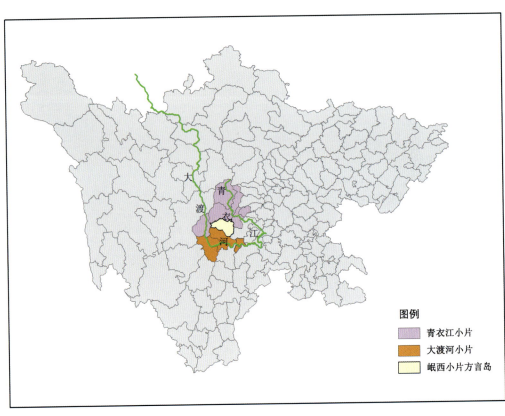

10. 岷江官话青（衣江）大（渡河）片在四川的分布

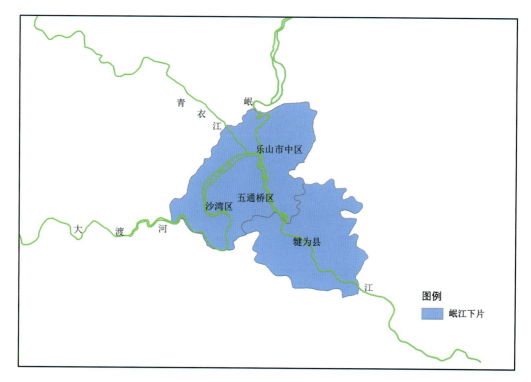

11. 岷江官话岷江下片

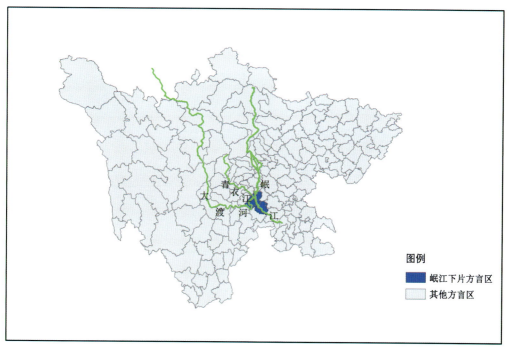

12. 岷江官话岷江下片在四川的分布

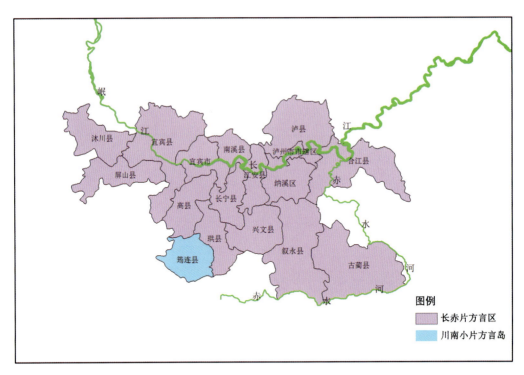

13. 岷江官话长赤片

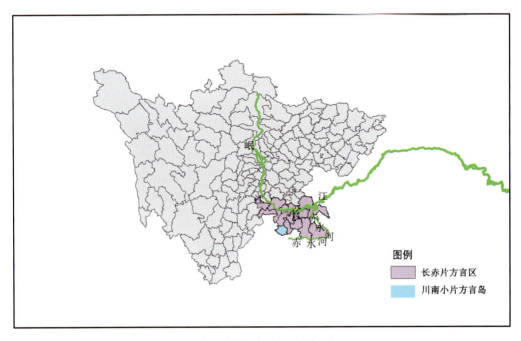

14. 岷江官话长赤片在四川的分布

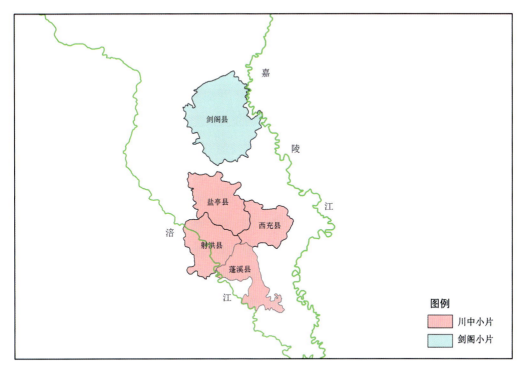

15. 岷江官话川北南路话片

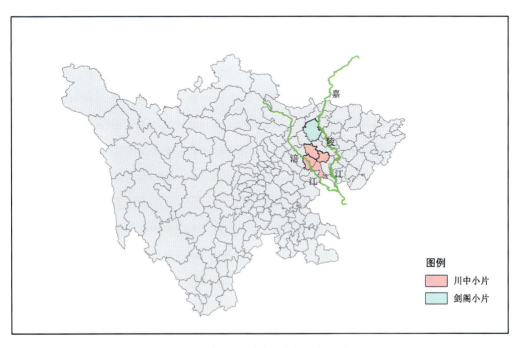

16. 岷江官话川北南路话片在四川的分布

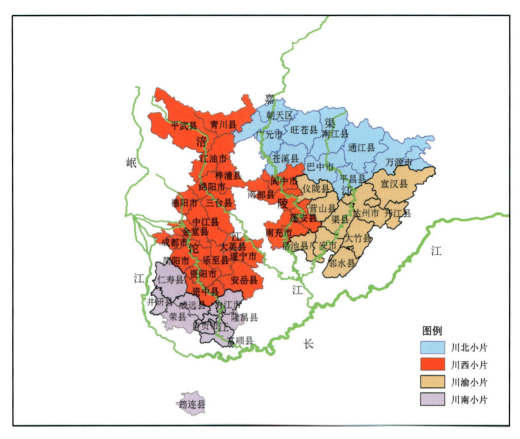

17. 西南官话川渝鄂片（湖广话）

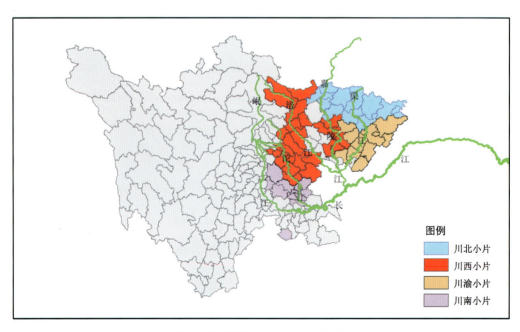

18. 西南官话川渝鄂片（湖广话）在四川的分布

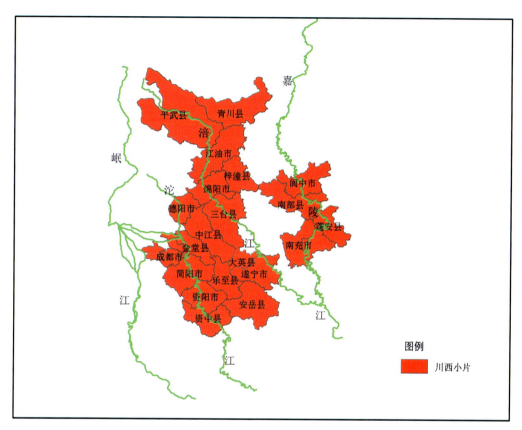

19. 西南官话川渝鄂片川西小片

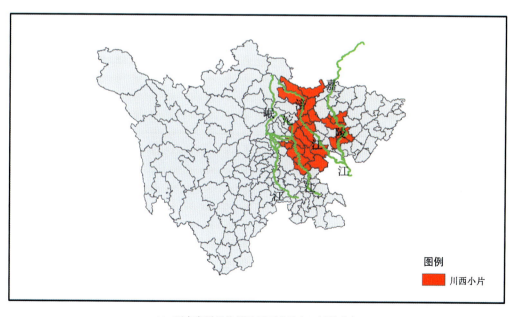

20. 西南官话川渝鄂片川西小片在四川的分布

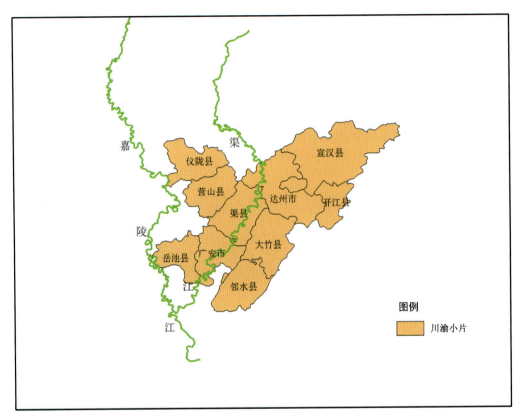

21. 西南官话川渝鄂片川渝小片

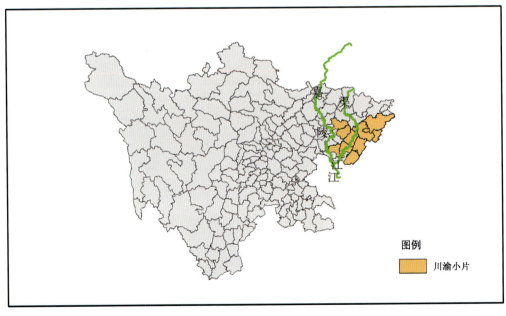

22. 西南官话川渝鄂片川渝小片在四川的分布

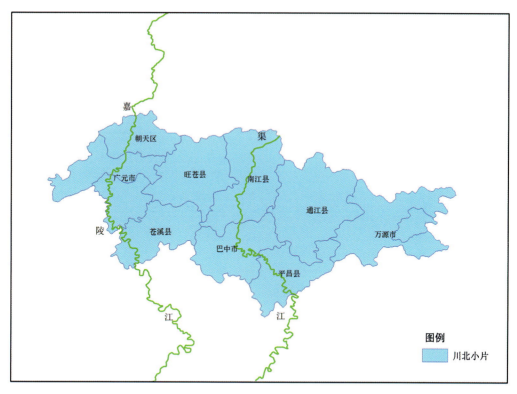

23. 西南官话川渝鄂片川北小片

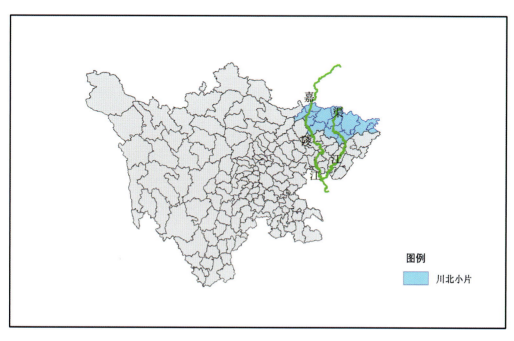

24. 西南官话川渝鄂片川北小片在四川的分布

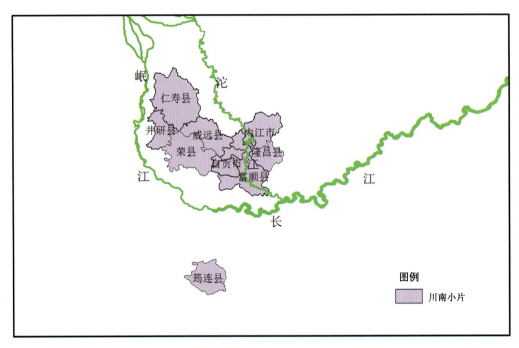

25. 西南官话川渝鄂片川南小片

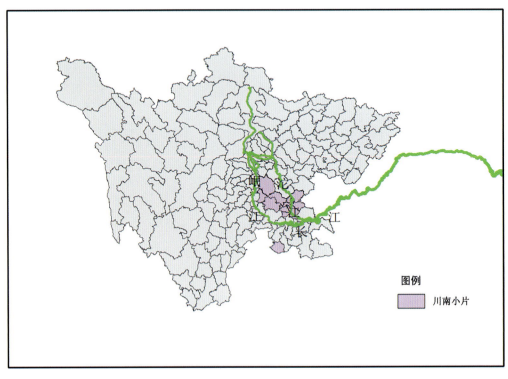

26. 西南官话川渝鄂片川南小片在四川的分布

内容提要

　　本书收入当代四川省嘉陵江流域各市县区有代表性的 40 个汉语方言点的音系和字音,根据最近十年来方言田野调查的材料整理。本书方言点属于今四川省德阳市、绵阳市、广元市、遂宁市、南充市、巴中市、广安市、达州市、资阳市和宜宾市等地。每方言点收录常用字词 3 058 个,字目根据中国社会科学院语言研究所编《方言调查字表》(修订本)而略有调整。字表按普通话音序排列,加注对应的汉语中古音反切、音韵地位和构拟音,汉语方言音用国际音标记写。字表前有各方言点音系归纳和说明,字表后有中古音音序检字表。《嘉陵江流域方音字汇》与姊妹篇《岷江流域方音字汇》格式一致,两书共提供 80 个四川方言点的语音数据,据此可查询当代四川省中东部的汉语方言语音的详细情况,是研究汉语方言语音的重要资料。本书后所收"岷江嘉陵江流域方言的语音特征和分区"一文,系据两书数据所撰。

Content Summary

This book collects the phonetic systems and character sounds of 40 representative Chinese dialect points in various cities, counties, and districts in the Jialing River Basin of contemporary Sichuan Province, based on materials from field works of dialects in the past decade. The dialect points in this book belong to present-day cities such as Deyang, Mianyang, Guangyuan, Suining, Nanchong, Bazhong, Guang'an, Dazhou, Ziyang and Yibin in Sichuan Province. Each dialect point includes 3058 commonly used words, with slight adjustments made to the word list according to *Dialect Survey Character Table* (revised version) compiled by the Language Research Institute of the Chinese Academy of Social Sciences. The word list is arranged in Mandarin phonetic order, with corresponding Fanqie(反切) of Middle Chinese sounds, phonological status, and reconstructive sounds added. Chinese dialects are recorded using the International Phonetic Alphabet. Before the word list, there is a summary and explanation of the phonetic systems of various dialects, and after the word list, there is a Middle Chinese Phonetic Sequence Index. The format of *Jialing River Basin Dialect Syllabary* is consistent with that of the sister book *Minjiang River Basin Dialect Syllabary*. The two books provide phonetic data of 80 Sichuan dialect points, which can be used to query the detailed situation of contemporary Chinese dialect phonetics in the central and eastern parts of Sichuan Province. It is an important material for studying Chinese dialect phonetics. The article "Phonetic Characteristics and Zoning of Dialects in the Minjiang and Jialing River Basin" attached to this book is based on data from both books.

目 录

Contents

前　言

一

　　我们计划编写一套详细记录当代四川方音的专书"20 世纪四川方音大系"，包括姊妹篇《岷江流域方音字汇》《嘉陵江流域方音字汇》和《金沙江流域方音字汇》。三部合起来，可以全面展现当代四川方言的语音状况。《岷江流域方音字汇》（2019）已经出版，本书《嘉陵江流域方音字汇》是第二部。

　　"20 世纪四川方音大系"调查写作的动机、步骤、方法和意义，我们已经在《岷江流域方音字汇》（2019）的《前言》里面说过了，读者可以参看。简单地说，就是在当前我们国家和平繁荣的社会环境下，利用现代语言学的先进技术手段和当代便利的交通条件，进行实地调查，详尽记录各地方言，实现建立比较详细的四川汉语方言语音数据库的目标。

　　此前，现代语言学意义上比较全面的四川方言语音调查有两次：第一次是抗日战争时期中央研究院历史语言研究所的调查，成果是《四川方言调查报告》（杨时逢1984）；第二次是 20 世纪 50 年代末四川三所高校（四川大学、四川师范学院和西南师范学院）的联合调查，成果是《四川方言音系》（四川大学中文系编写组 1960）。这一次是四川方言语音的第三次全面调查。从 2007 年到现在，十多年过去，我们基本实现了计划的目标，而且还有一些额外的收获。

二

　　与我国其他地区近现代汉语方言连续发展的情况不同，四川方言在明清以来六七百年的历史中经历了中断、移民填补和再发展。南宋末的宋元战争、明末清初近半个世纪的战乱和屠戮给四川这块沃土造成了极大的损失，上千年辛勤积累建立的文明被摧毁殆尽，人口急剧减少，以至形成人烟断绝、方言中断的局面。直到半个世纪以后，清朝政府从四川以外的地区输入移民，才恢复了当地的生活和生产。这是中国历史乃至世界历史上罕有的情况。这一段重要的历史，在中国现存的正史资料中并没有详细的记载，只有一些野史和文人笔记有记录①；而人们又往往对这些材料中记载的血雨腥风的大屠杀事件的可信度持疑，至今各执一端、众说纷纭。眼见得这一段历史就要湮没无闻了。

---

① 清代文人笔记有《蜀难叙略》《蜀难记实》《蜀碧》《蜀龟鉴》等，四川师范大学《语言历史论丛》第六、
　七、八、九、十一辑（2013—2018）有节选注译，可参看。

幸而我们还有语言学。历史语言学告诉我们：语言是观察历史的窗口。语言作为一种客观的存在，既与人类社会伴生，又有自己独立的客观规律，不以人的意志为转移。人类社会的历史变迁会在语言这棵大树上留下"年轮"，用历史语言学的方法分析当代田野调查收集到的语言资料，可以找出语言发展变化的线索，从而印证相应的人类社会历史。十多年来，我们团队调查了约一百六十个四川汉语方言点（"20 世纪四川方音大系"只采用了其中一部分）。通过对所调查的方言资料的分析，我们可以看到四川方言自元明以来的发展轮廓；而四川方言近现代的发展变化，可以证明四川的这一段社会历史。

从田野调查资料所反映的现代四川方言的分布格局看，从西到东呈"L"型的岷江，把四川方言一分为二：岷江以东以北的湖广话方言和岷江以西以南的南路话方言。湖广话方言音系以"入归阳平"为主要特征，属西南官话方言，《中国语言地图集（第 1 版）》（1987）中把它叫做西南官话成渝片。这种方言主要占据了嘉陵江流域，以成都、重庆两地的方言为代表。除西南官话的共同特征——古入声字归阳平调外，它也有自己的一些特征，例如不分平翘舌声母、洪音前声母 n- 与 l- 相混、调值相似等等。从地理位置上说，成渝湖广话覆盖了东起重庆万州、西到成都的岷江以东以北地区；从当地人的认识上说，通常说的"四川话"就是以成渝两地方言为代表的湖广话；从历史形成上看，重庆话在湖广话的中心，大约在明代洪武移民时期就已经形成，成都话则处在湖广话最西端，位于与四川另一大方言南路话的结合部，是清代前期移民之际才形成的①。

当地老百姓传说湖广话是明清"湖广填四川"从湖南、湖北两省移民过来的。从语音资料分析，四川省、重庆市的主要城市（如广元、绵阳、成都、南充、遂宁、广安、达州、重庆、万州等等）都讲入归阳平的湖广话，它们与长江三峡以东江汉平原地区的宜昌等地的方言音系几乎完全相同②。作者曾亲自到湖北的恩施、利川一带调查，发现当地人讲话与四川湖广话完全相同；而宜昌人讲话，也与成都话十分接近。可见，四川的湖广话是从这些地区越过长江三峡，来到四川盆地，分布到岷江以东以北地区并发展起来的，调查的结果与民间传说相符。

这一点，在 20 世纪 80 年代的研究中就有学者认识到了。四川大学的崔荣昌教授曾指出："元末明初的大移民把以湖北话为代表的官话方言传播到四川，从而形成了以湖北话为基础的四川话，清朝前期的大移民则进一步加强了四川话在全省的主导地位，布下了四川话的汪洋大海。"③ 仅就成渝地区的湖广话的形成来说，我们同意崔荣昌的这个结论。但是，就整个现代四川方言的组成格局来说，把岷江左右的全部四川方言都看成是明清湖广移民的结果，这个结论是不全面的。崔荣昌在四川方言的划分中，把大片的属于南路话的方言点归于湖广话之下，如《四川境内的湘方言》（崔荣昌 1996）"四川方言的形成"一节"四川的官话——湖广话"小节下，四川

---

① 参见周及徐《南路话和湖广话的语音特点》。
② 参见周及徐《从语音特征看四川重庆"湖广话"的来源》。
③ 崔荣昌《四川方言的形成》，《方言》1985 年第 1 期，6—14 页。

（和重庆）的 160 个市县 219 个点，除湘方言、客方言和北方河南话的三个点外，都是四川官话（即湖广话），没有南路话的地位。这种观点忽视了南路话与湖广话的差别，忽视了岷江两岸不同的方言分布格局，也没有意识到南路话在四川方言中的重要地位。

与上述观点相反，四川方言研究中的另一种观点则认为近现代的四川方言是连续地演变到现在的，今天的四川方言，不论是湖广话，还是南路话，都是以李实《蜀语》为代表的明代四川方言演变的结果。四川大学教授甄尚灵、张一舟在《〈蜀语〉词语记录的方式》中说："本文笔者之一，为遂宁土著，以今日方音读《蜀语》词语和音注，倍感亲切，觉得多与自己的用语相合。深信李氏是以当时遂宁方音做基础注《蜀语》中的词语。"① 今天的遂宁话是地道的湖广话，《蜀语》音系所具有的分尖团、分平翘舌声母和独立入声调三个特征，湖广话（包括今遂宁话）一个也没有②。如果四川方言是连续发展至今，没有明清时期的中断或替换，方言在短时间内发生如此巨大的变化，是令人生疑的。这种四川方言在近现代一贯的观点还有另一个间接的支持材料，就是西方传教士钟秀芝的《西蜀方言》（The Spoken Language of Western China，1900）。此书所记录的成都话也具有分尖团、分平翘舌声母和独立入声调这三个语音特征。现代成都话是典型的湖广话，没有这三个特征，从 1940 年前后的《四川方言调查报告》到现在的调查记录都是如此。那就是说，从《蜀语》到 1900 年前后的两百五十多年中，这三个语音特征一直在成都话中保存了下来，而在 20 世纪初约四十年的时间内成都话失去了这三个特征，发生了尖音腭化、翘舌音平舌化和入声调归阳平的巨变。成都话是四川湖广话的代表，如果成都话有这样的变化，也意味着整个湖广话也有着同样的变化。20 世纪初的四川地区并没有发生大规模的动乱和移民，在大范围的地域内发生如此整齐的变化，这可能吗？带着这个疑问，我们比较仔细地研究了《西蜀方言》与同时代其他传教士的成都话记音，我们发现：钟秀芝记音所形成的百年前成都话与现代成都话的差异，是钟氏的记音方式参用汉语历史音类所造成的假象。《西蜀方言》时代的成都话音系与当代成都话音系是基本一致的③。这终于破解了成都方言史研究中的一团迷雾。

关于四川方言历史的前一种观点强调了明清战争破坏和历史移民因素，但忽视了明代四川方言与今南路话之间的继承性，把岷江两岸的全部四川方言都视为明清"湖广填四川"移民的结果。后一种观点则强调了《蜀语》与今四川方言的连续性，而忽视了明清战争对四川的巨大破坏，认为湖广话和南路话都是明代以来四川方言连续分化演变的结果。两种观点都错过了进一步揭示四川方言历史层次的关键线索。它们都会面临同一个问题：为什么岷江两岸会有湖广话和南路话两种截然不同的方言分布？

《中国语言地图集（第 1 版）》（1987）将主要分布在四川岷江以西以南，以入声独立为主要语音特征的方言叫做西南官话灌赤片④，包括岷江小片、雅棉小片和仁

① 载于《方言》1992 年第 1 期。
② 参见周及徐、周岷《〈蜀语〉与今四川南路话音系》。
③ 参见周岷、周及徐《〈西蜀方言〉音系性质辨析》，《汉语史与汉藏语研究》2022 年第 1 期，226—246 页。
④ 《中国语言地图集（第 2 版）》（2012）称西蜀片，区划略有不同。

富小片①。本地人则把成都周围农村人讲的这种方言叫"南路话"或"南路腔"②，讲这种话的人叫"南路人"，旧时带有鄙视农村人的意味。"南路人"和"南路话"是川西地区民间很普遍的概念。南路话自成都周围的都江堰、温江、崇州、大邑、邛崃、蒲江和新津一带向东南延伸，在更大的范围上，经乐山、宜宾直至泸州地区，再向东北和东南分别进入今重庆南部和贵州北部。雅安地区的雅棉片方言，实际上与南路话相近，只不过其入声调因声调值相近归到了阴平调，是南路话的近亲分枝。我们定义南路话是根据它们共有的音系特征。我们的研究表明，南路话不是明清湖广移民入川带来的，而是宋元以前四川本地方言的后裔③。

要揭示南路话与湖广话不同的历史地位，除了二者语音系统不同、词汇系统有区别以外，还有两个比较易于说明的特点。一是地理分布。为什么湖广话和南路话大致以岷江为界？绝大多数南路话分布于岷江以西以南，这是什么原因？因为明末四川的战乱和屠杀主要发生在岷江以北以东的四川中心地区，而地处边缘的岷江以西以南地区损失比较少，所以明清移民填补了因战乱而空虚的四川中、东部地区，而一江之隔的岷江以西以南保存了原有的方言。二是四川境内客家话和湘方言的分布。许多研究证明四川境内的客家话和湘方言是清代移民的结果，而这些方言岛多是分布在湖广话的区域内，在南路话区域内少有分布。这正好说明，客家话、湘方言和湖广话是在移民潮中一同来到四川的，而南路话原地存留，所以很少有其他方言混杂其中。

笔者成都人，能讲湖广话和南路话两种方言，这缘于幼时的经历。笔者母家成都，湖广人；父家成都崇庆县（今崇州市），南路人。先时我曾问外祖母（成都人，1900—1994）："我们家从哪里来？"回答斩钉截铁："湖广麻城孝感乡。"问我老姑母（崇庆人，1915—2006）："我们家从哪里来？""一直就在这儿！"觉得我问得很怪。我出生于成都，幼时父母送我回崇庆老家生活，学得一口南路话，回到成都，小伙伴们嘲笑我："说的啥子话哦？乡巴佬儿！"我很惶恐，又拼命地学回成都话。再回崇庆，那里的人们又笑我："成都娃儿！"我又努力地说回南路话。一来二去，终于可以用两种话随机应变，以防被孤立。对这两种方言的差别，我可谓切身体会。没想到，后来这在方言研究上给了我很大的帮助。

根据现代四川方言的语音特点和分布格局，我们提出：现代四川方言分为两个层次。四川盆地岷江以西以南地区以及相延续的长江以南地区的以独立入声调为特征的"南路话"方言，是宋元时期古代四川方言的遗留。岷江以东以北四川中东部和重庆地区，以成都、重庆话为代表的入声调归阳平的方言（即"湖广话"），才是明清"湖广填四川"的移民带来的方言。近四百年来四川方言变化的格局是：由于元明清战乱，四川人口空虚，湖广话移入，自东向西填补原南路话留下的空白；南路话残存，退守较边远的四川西南地区。从语音特征、分布区域和历史形成三个

---

① 雅棉小片特征为入归阴平。仁富小片特征为入归去声，在岷江北岸。本书对它们的分区见后文。
② 成都作家李劼人创作的反映成都1910前后生活的长篇小说《死水微澜》中，称之为"南路腔"。
③ 参见周及徐《从移民史和方言分布看四川方言的历史》。

视角来看，湖广话和南路话均不相同。

在岷江以东以北的湖广话的海洋中，也散布着一些南路话方言，形成孤立的方言岛，如四川中部的射洪、盐亭、西充。我们在 2007 年以来的调查中还发现，《中国语言地图集》（第 1 版）标为成渝片方言区的地区，一些方言至今还保持着入声调独立的特点，与南路话相同，如成都附近的新都、广汉和双流等地，以及川北的剑阁、旺苍、苍溪、巴中的一些乡镇①。这些分布在湖广话区域中的有南路话特征的方言岛，应该是明清移民的潮流没有完全覆盖的宋元方言的遗存。明代末年的《蜀语》是古文献中少有的珍贵的方言记音材料，保存了当时的四川方言语音。作者李实（1598—1676）是四川遂宁人，崇祯十六年（1643）进士，此后离开蜀地入吴做官，明亡后留居苏州吴门，晚年凭记忆写成《蜀语》。今天的遂宁话是标准的湖广话，但李实所记录的遂宁话并不是今天的遂宁话，甚至连前身都不是。原因很简单：李实离开遂宁后不久，遂宁被张献忠的军队屠城②，同时四川的广大地区也陷入长期的战乱，并遭受巨大的人口损失。所以，李实在吴地写成的《蜀语》，是四川战乱之前的遂宁方言。我们曾把《蜀语》与南路话相比较，发现它们的音系是最接近的③。乍看起来很矛盾，实际上很合理：明代四川遂宁等地的方言，实际上是南路话的前身。明末战乱之后，遂宁才被移民带来的湖广话"填空"了。由此推知，明清移民以前，四川（包括重庆）地区的主要方言都是古代南路话。这就可以解释盐亭、射洪、剑阁、旺苍、苍溪、巴中的那些近于南路话的方言岛的存在了：它们是明以前四川土著方言的遗存。难怪它们大都处在偏僻贫穷的山区！正是偏僻贫穷使它们躲过了兵燹，在战乱中幸存。四川的通衢平坦之处，全为湖广话所填充。（见下图）

天府之国的四川竟有这么沉痛的过去，感慨之余曾有诗一首：

明末清初四川浩劫竟致方言替换有感

巴语蜀言何处寻？秦文汉字枉劳心。
刀兵从古黎民恨，魑魅横时国运沉。
天府无烟生气断，锦城有虎莽丛深。
劫波荡尽楚人至，满耳川原湖广音。

语言的材料，语言学的工具，可以让我们看到其他方法看不到的历史。

以上只是对四川方言现状和形成的概略的介绍，更详细的论述请看后文"岷江嘉陵江流域方言的语音特征和分区"及本书前面所附方言分区示意图。

---

① 见本书"岷江嘉陵江流域方言的语音特征和分区"一文中的论述。
② 参看［清］张烺《烬余录》，胡传淮注，中国文史出版社 2010 年。
③ 参见周岷、周及徐《从明代〈蜀语〉词汇看四川方言的变迁》。

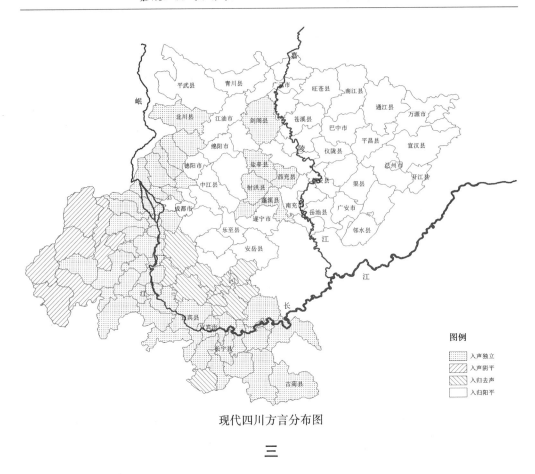

图例

▨ 入声独立

▨ 入声阴平

▨ 入归去声

▢ 入阳平

现代四川方言分布图

三

本书各方言点的调查和整理由周及徐（四川省"四川方言和地域文化研究团队"负责人、四川师大教授）组织实施，语音系统和字音表由参加写作的本团队成员周岷、何婉、周亚欧、陈鹏、赵雯、王倩、田海丁、陆文美、王俊丹、李勤、古婷、青杉等老师和研究生归纳整理，由周及徐逐一审核、校订。周岷（四川师大副教授）绘制了岷江嘉陵江流域方言分区图。四川师范大学博士研究生周亚欧协助进行了字表的校对和参考文献的整理，统一修订了各方言点的声学元音图和声调曲线图。复旦大学 2020 级博士研究生陈鹏设计了元音图和声调曲线图的计算机作图模板。本书凡例、字表中古音地位及拟音、中古音音序索引与《岷江流域方音字汇》一致。

从 2007 年到 2019 年，有数十位四川师范大学汉语言文字学专业的研究生参加了本书所列 40 个方言点的调查，他们现在不同的地方工作。他们调查积累的四川方言资料是本书的基础材料，功不可没。他们是：饶冬梅（2004 级），何婉（2005级），唐毅（2008 级），张驰、张强（2009 级），肖俊（2010 级），周颖异（2011级），刘慧（2012 级），杨波、罗燕（2013 级），何治春、李敏（2014 级），周岷（2014 级四川大学博士研究生），周亚欧（2018 级博士研究生），陈鹏（2016 级博士研究生），周夏冰、何思颖、赵丽娟、秦榛、张怡（2016 级），李勤、张明（2017级），王俊丹、陆文美、何怡雯（2018 级），王倩（2019 级博士研究生）。他们为四川方言语音资料采集和研究付出辛劳，我们表示由衷的感谢。

本书所列 40 个方言点的主要的发音合作人如下①：

广元（朝天区）：李明显（男，68），平武（龙安镇）：杨秋荣（男，63），青川（沙洲镇）：李自新（男，65），剑阁普安（普安镇）：孙玉松（男，62），剑阁金仙（金仙镇）：罗海文（男，74），旺苍（东普济镇）：祝周朝（男，69），苍溪（月山乡）：赵登奎（男，61），江油（中坝镇）：邹招伦（男，64），北川（禹里乡石纽村）：杨成佳（男，69），绵阳（涪城区）：蒲长胜（男，65），盐亭（云溪镇）：范宗泽（男，67），德阳（旌阳区）：温德森（男，69），中江（广福镇）：肖富国（男，65），射洪（太和镇）：李玉祥（男，71），蓬溪（赤城镇）：谭清财（男，66），遂宁（船山区）：万世光（男，69），乐至（大佛镇）：袁志文（男，61），安岳（姚市镇）：潘和林（男，69），仪陇（金城镇）：张永林（男，65），西充（晋城镇）：王文元（男，63），蓬安（河舒镇）：胡邦国（男，74），南充（金台镇）：周双全（男，68），南充龙蟠（龙蟠镇）：贾良税（男，80），岳池（乔家镇）：刘裕伯（男，80），广安（广安区）：董运财（男，69），邻水（两河乡）：冯昌宗（男，67），南江（长赤镇）：颜本儒（男，65），巴中（巴州镇牛鼻山村）：庞国效（男，76），通江（毛浴乡）：赵国生（男，66），平昌（驷马镇）：黄贵生（男，76），万源（紫溪乡）：陈邦银（男，66），宣汉（胡家镇）：陈建先（男，68），达州（麻柳镇）：江师同（男，68），开江（长田乡）：刘宗满（男，55），渠县（锡溪乡）：郑咸谷（男，72），宜宾（赵场街道）：刘汉平（男，62），古蔺（古蔺镇）：叶世全（男，75），长宁（长宁镇龙柱村）：伍仕海（男，65），顾县（顾县镇）：钟合语（男，60），成都龙泉（长安乡）：谢泽超（男，57）

对他们为保存四川方音做出的贡献，我们表示敬意和感谢！

周及徐

2019 年 6 月初稿于成都市清水河畔
2023 年 6 月第四次修改于都江堰市青城山镇

---

① 括号内地名是录音地点，数字是调查时发音合作人的年龄。

凡　例

　　本书是《岷江流域方音字汇——20世纪四川方音大系之一》的姊妹篇，两书体例相同，内容相关，因篇幅所限分开。两书相关部分可以互相补足、参考。

一、方言点

　　"20世纪四川方音大系"计划收入当代四川省内各市县区约120个有代表性的方言点的字音和音系，根据最近十年来我们方言田野调查的积累而整理，分《岷江流域方音字汇》《嘉陵江流域方音字汇》和《金沙江流域方音字汇》整理出版，每书各40个方言点。在四川，方言组群与江河流域的关系是显而易见的，这是方言在当地长期发展的结果，也是方言与地理位置的关系的客观反映。所以，以四川的江河流域命名方言组群能起到简明扼要地概括方言特点的作用（详见本书"岷江嘉陵江流域方言的语音特征和分区"一文）。当然，方言点的数量不可能绝对平均地分配到岷江、嘉陵江和金沙江流域三个地区，三个地区的方言也在一些地方有交叉，方言的分布和自然地理区域不可能完全一致，这是可以理解的。我们尽力将地理位置和方言分布组合在一起，让读者得到一个比较清楚的有条理的方言呈现；对于有地域交叉的或不同性质的方言点，书中会做出注解和说明。

　　本书收入四川省40个汉语方言点，范围占据了四川省嘉陵江流域即四川省中东部的大部分地区，其中有36点在嘉陵江流域（涪江、渠江属于嘉陵江流域）。四川省内嘉陵江流域的市（区）县有五十多个，我们选取了其中语音特征有代表性的方言点。每个市（区）县一般选1点（方言语音相同的几个点只选其中1点），如果该地区方言差别显著则增加选点。这些方言点分布在四川盆地的中心地带，比较集中。与岷江流域方言点沿岷江分布在呈"L"长条型的盆地边缘地带不同，嘉陵江流域方言点围起来的地域像一块盾牌（见书前"嘉陵江流域方言点分布图"）。另有宜宾、长宁和古蔺3个方言点在长江以南，属岷江流域方言范围，这是对《岷江流域方音字汇》中没能容纳下的几个重要的方言点的补足。又选择有成都龙泉话（客家话）和顾县话（移民湘方言）、中江广福镇话（移民湘方言）3个点，作为四川省少量的非官话方言的代表。本书方言点地区属于今绵阳市、德阳市、遂宁市、广元市、巴中市、南充市、达州市、广安市和宜宾市等地，主要是现代汉语北方方言区的方言。

　　本书所收第41—80方言点按地区邻近，由北向南、由西向东列表排序如下：

41. 广元	42. 平武	43. 青川	44. 剑阁普安	45. 剑阁金仙
46. 旺苍	47. 苍溪	48. 江油	49. 北川	50. 绵阳
51. 盐亭	52. 德阳	53. 中江	54. 射洪	55. 蓬溪
56. 遂宁	57. 乐至	58. 安岳	59. 仪陇	60. 西充
61. 蓬安	62. 南充金台	63. 南充龙蟠	64. 岳池	65. 广安
66. 邻水	67. 南江	68. 巴中	69. 通江	70. 平昌
71. 万源	72. 宣汉	73. 达州	74. 开江	75. 渠县
76. 宜宾	77. 古蔺	78. 长宁	79. 顾县	80. 成都龙泉

以上方言点地理位置，参见本书所附"嘉陵江流域方言点分布图"和本书前言中的发音合作人所在地信息。

二、所收字（词）及排列

每个方言点收录常用字（词）3058 个，字目根据中国社会科学院语言研究所编《方言调查字表》（修订本）和北京大学中文系编《汉语方音字汇》（第二版重排本）而有所调整。字（词）排列按普通话音序，与《汉语方音字汇》一致：先按韵母排列，韵母相同的再按声母排列，声韵相同的字再按声调的顺序排列。

韵母的顺序为：a、ia、ua、ɤ、o、uo、ie、ye，ɿ、ʅ、ɚ、i、u、y、ai、uai、ei、uei、au、iau、ou、iou、an、iɛn、uan、yan、ən、in、uən、yn、aŋ、iaŋ、uaŋ、əŋ、iŋ、uŋ、uəŋ、iuŋ。

声母的顺序为：p、ph、m、f、t、th、n、l、ts、tsh、s、tʂ、tʂh、ʂ、ʐ、tɕ、tɕh、ɕ、k、kh、x、ø。

声调的顺序为：阴平、阳平、上声、去声。

字头及其他文字用简体字，少数字形相混的词加小字注释或用繁体字区别。

字（词）所对应的中古音韵来自《广韵》，少量来自《集韵》（左上角加* 号）。如果某字（词）在《广韵》中有几个音，但意义相同，就只列一个字（词），如"虹"有户公切（匣母东韵），又有古巷切（见母绛韵），只立一字（词）目，但注明不同的音韵来源。

三、标音

本书用国际音标记写现代汉语方言字（词）的声母和韵母，方言声调的调类分别用数字 1（阴平）、2（阳平）、3（上声）、4（去声）、5（入声）表示，数字在音节末，不上标。声母送气符 h 不上标。各方言点调类所对应的调值在本书"嘉陵江流域各方言点音系及说明"中标出。选择标记调类，可以让读者比较直接地了解方言点之间的声调对应规律。本书所收 40 方言点音系只用这 5 个调类即可表示（第 80

点成都龙泉客家话除外）。

本书记音使用国际音标宽严适中。方言音原则上按音位记写。一般情况下，同一音位的若干变体，记为同一音，不同的音位则详加区分。例如：成都等地区的龈鼻音声母 n- 和龈边音 l- 在洪音前和一部分细音字（古来母细音字）前，当地人不区别；而声母 ȵ- 则只出现于古泥母和疑母的细音字前，当地人区别。这叫做"泥来母洪混细分"。故在这些方言中，n- 和 l- 是一个音位，而与 ȵ- 对立是两个音位。有的地方也记写了没有对立关系的音位变体，是为了表现方言语音的细微差别。例如：单元音/a/的不同变体 a、ɛ、ʌ、ɑ，这也反映在本书前面的声学元音图上。

四、四川方言音

各方言的发音合作人是当地的老年男性，录音时年龄多在 60 岁以上，均在当地采集。发音人的语音在当地为老方言的代表。由于近年来各方言城区话受普通话和省城话（成都话）影响渐多，故有一部分发音合作人选自语音更守旧的当地乡镇。从以上因素折合的年代来看，本书所记是 20 世纪中期，即 1950 年前后的当地方言音语音。

对方言中多音字（词）的处理如下：

1. 异读。无文白之分，比较常用的排在前。有的意义相同，例如：平武"卡" tɕhia3，kha3（意义相同）。有的意义或用法有区别，表中未分列为二词，也排在一栏。例如：成都"撑" tshen1，tshen3，tshen4（意义略有区别，第一音为"支撑"义，第二音有"按压"义，第三音有"抵触"义）。

2. 文白异读。指有语音对应规律和使用场合区别的异读。文读音用于书面语或正式场合，后注"文"，白读音用于口语，后注"白"。白读音与口语音的区别在于：白读使用范围广，口语词使用范围窄。例如：青川"解解开" tɕiai3 文，kai3 白；万源"蟹" ɕiai4 文，xai3 白。又，有的文读音来自于书面语，口语没有相应的白读，例如：成都话中"剂"和"几几乎"在口语中基本不用。这种情况则只标"文"，没有"白"，例如"剂" tɕi4 文、"几几乎" tɕi1 文，相当于书面语。

3. 新读、旧读。新读和旧读指在方言中仍在使用，但主要使用时段有先有后的又音。新读与旧读大致以 1980 年为界。旧读指 1980 年前还广泛使用的读音，注"旧"。例如德阳"特" the2，thie2 旧；南江"剥" po2，po5 旧。新读指 1980 年后出现并逐渐广泛使用的读音，注"新"。例如广元"崖" ŋai2，ia2 新；遂宁"花" fʌ1，xua1 新。由于新读多同于普通话音，且多是青年人读音，不代表老方言音，只酌情收入常见的字。

4. 口语音。有的字（词）常用的一读在所有场合通用，而另一读用于口语，范围小，只限于该字的部分用法，则标"口"，为口语音。口语音往往是一些音变，有的有意义上的区别。例如：成都"沿" yɛn2，iɛn2 口，后一音仅用于"阶沿 kai1 iɛn2"等词。成都"住" tsu4，tso4 口，后一音为语音滞后，用于"在哪儿住 tso4?"苍溪"侧" tshe2，tse2 口，后一音常用于口语。德阳"喘" tshuan3，tshuai3 口，后一音为口语音变，没有意义上的区别。

5. 俗读。指方言中不符合语音对应规律的字（词）。这些词可能由误读（例如宜宾"涩（口）"tɕiæ5 俗，本字当是"夹"）、借词（例如成都"大"thai3 俗，借自客家话）、训读（例如中江"割"ke4 俗，"锯"的训读）、音变（例如广元"棵"o1 俗）或其他原因形成，本书一概作为俗读，注"俗"，并在能考定本字的情况下加注释。

五、中古音

字头下面列出《广韵》的反切和音韵地位，韵目举平声以赅上去。《广韵》未收的字（词）依据《集韵》，并在字和反切的左上角加*号表示。《广韵》和《集韵》都未收的字（词）也列出音韵地位和中古音构拟，系根据现代音反推得出，供参考。字头在中古韵书中有几个反切时，选择与方言音义相对应的音切。本书参照《方言调查字表》的体系来处理字音的音韵地位，例如，将幽（黝幼）韵字列入三等，清（静劲昔）韵列入三等，假二等、假四等字列入三等，余母四等字列入三等。重纽字列入三等，重纽第一类（B 类、重纽三等字）标为"三 B"，重纽第二类（A 类、重纽四等字）标为"三 A"。

为了方便研究者查对汉语中古音的语音构拟形式，让读者了解所列字（词）的中古音演变线索，字头下第四栏列出每个字的中古音。汉语古音构拟的各家差异主要在上古音系，中古音系构拟各家的差别并不大。国内常用的汉语中古音系统有高本汉、王力、李荣、邵荣芬和郑张尚芳系统。本书采用郑张尚芳中古音系统。所用中古音系统依据郑张尚芳先生所构拟《切韵》音系（早期音）。参见郑张尚芳《上古音系》第二版 244—252 页（上海教育出版社，2013 年）。另用"："表示上声，用"-"表示去声，平声和入声不另加符号。

郑张尚芳先生所构拟《切韵》音系的三十七个声母是：

唇 音	帮 p	滂 ph	並 b	明 m		
舌头音	端 t	透 th	定 d	泥 n		
舌上音	知 ȶ	彻 ȶh	澄 ȡ	（娘 ɳ）		
齿头音	精 ts	清 tsh	从 dz		心 s	邪 z
正齿音	庄 tʃ	初 tʃh	崇 dʒ		生 ʃ	俟 ʒ
	章 tɕ	昌 tɕh	禅 dʑ		书 ɕ	船 ʑ
牙 音	见 k	溪 kh	群 ɡ	疑 ŋ		
喉 音	影 ʔ		以 j /云 ɦ	晓 h	匣 ɦ	
半舌音			来 l			
半齿音			日 ȵʑ			

郑张尚芳先生所构拟《切韵》音系的五十四个韵类是[①]：

[①] 韵目举平声以赅上去。合口介音-u-，二等和重纽三等介音-ɣ-，三等介音-i-，四等无介音。三等-i-有-ʉ-、-ɪ-、-i-三个变体，分别出现在唇音、锐元音和钝元音前，表中简化作-i-。

1. 东 uŋ, iuŋ　　　　　　屋 uk, iuk

2. 冬 uoŋ　　　　　　　沃 uok

3. 钟 ioŋ　　　　　　　烛 iok

4. 江 ɣʌŋ　　　　　　　觉 ɣʌk

5. 支 iɛ, iuɛ, ɣiɛ, ɣiuɛ

6. 脂 iɪ, iuɪ, ɣiɪ, ɣiuɪ

7. 之 ɨ

8. 微 ɨi, ʉi

9. 鱼 iʌ

10. 虞 io

11. 模 uo

12. 齐 ei, wei

13. 祭 iɛi, iuɛi, ɣiɛi, ɣiuɛi

14. 泰 ɑi, uɑi

15. 佳 ɣɛ, ɣuɛ

16. 皆 ɣɛi, ɣuɛi

17. 夬 ɣai, ɣuai

18. 灰 uʌi, uʌi

　　哈 ʌi

19. 废 iɐi, ʉɐi

20. 真/臻 in, ɣin　　　　质/栉 it, ɣit

　　谆 iuin, iuin　　　　术 iuit, ɣiuit

21. 文 iun　　　　　　　物 iut

22. 殷 ɨn　　　　　　　迄 ɨt

23. 元 iɐn, ʉɐn　　　　　月 iɐt, ʉɐt

24. 魂 uən, uon　　　　　没 uət

　　痕 nə

25. 寒 ɑn　　　　　　　曷 ɑt

　　桓 uɑn　　　　　　末 uɑt

26. 删 ɣan, ɣuan　　　　鎋 ɣat, ɣuat

27. 山 ɣɛn, ɣuɛn　　　　黠 ɣɛt, ɣuɛt

28. 先 en, wen　　　　　屑 et, wet

29. 仙 iɛn, iuɛn, ɣiɛn, ɣiuɛn　　薛 iɛt, iuɛt, ɣiɛt, ɣiuɛt

30. 萧 eu

31. 宵 iɛu, ɣiɛu

32. 肴 ɣau

33. 豪 ɑu

34. 歌 ɑ，iɑ
　　戈 uɑ，iuɑ

35. 麻 ɣa，ɣua，ia

36. 阳 iɐŋ，ʮɐŋ　　　　　　　　药 iɐk，ʮɐk

37. 唐 ɑŋ，wɑŋ　　　　　　　　铎 ɑk，wɑk

38. 庚 ɣæŋ，wɣæŋ，ɣiæŋ，wɣiæŋ　陌 ɣæk，wɣæk，ɣiæk，wɣiæk

39. 耕 ɣɛŋ，wɣɛŋ　　　　　　　麦 ɣɛk，wɣɛk

40. 清 iɛŋ，wiɛŋ　　　　　　　昔 iɛk，wiɛk

41. 青 eŋ，weŋ　　　　　　　　锡 ek，wek

42. 蒸 ɨŋ　　　　　　　　　　职 ɨk，wɨk

43. 登 əŋ，wəŋ　　　　　　　　德 ək，wək

44. 尤 iu

45. 侯 əu

46. 幽 ɣiu

47. 侵 iɯm，ɣiɯm　　　　　　　缉 iɯp，ɣiɯp

48. 覃 ʌm　　　　　　　　　　合 ʌp

49. 谈 ɑm　　　　　　　　　　盍 ɑp

50. 盐 iɛm，ɣiɛm　　　　　　　叶 iɛp，ɣiɛp

51. 添 em　　　　　　　　　　帖 ep

52. 咸 ɣɛm　　　　　　　　　　洽 ɣɛp

53. 衔 ɣam　　　　　　　　　　狎 ɣap

54. 严 iɐm，凡 ʮɐm　　　　　　业 iɐp，乏 ʮɐp

六、注释

本书《字音表》注释用页下脚注，格式所限，力求简短。

（一）同一字头下的方言字音，第三个和第三个以后的读音放入注释，因字表格中只能容纳两个字音。

（二）字（词）在韵书中存在不同音切的，在注释中仅补列出与方言读音相关的反切和音韵地位。如：堤，《广韵》都奚切，蟹开四端齐平，与北京话 ti1 合。四川方言音 thi2，阳平送气，合于《广韵》杜奚切，蟹开四定齐平。因此注释中列出后一反切和音韵地位。其他的反切与四川方言音无关则不列。

（三）注明训读音的本字，并注明《广韵》反切。例如：苍溪"闩"phie2 俗，注："'别'的训读。皮列切，山开三並薛入。"

（四）不明本字的方言字（词），列同音字（词）为字目，记音加"俗"，视为"俗读"并说明词义以备考。例如：绵阳"瓜"kua1，注："此音又有'傻'义，本字待考。"绵阳"哈抓"xa1，注："意为'抓'或'刨'，如'鸡~豆腐'。本字待考。"

六、方言音系及其说明

字音表前列有"嘉陵江流域各方言点音系及说明",总括说明本书40个方言点的音系特点。下列声母表、韵母表、声调表和音系说明四项。音系说明除描述各方言点的语音特点外,兼及本方言内部老年人和青年人、城区与乡村的常见语音差别。

七、声学元音图和声调曲线图

书前有40个方言点单元音声学元音图和声调曲线图(绝对时长图),根据各方言点的发音合作人的录音材料选代表字制作。声学元音图根据发音合作人的8~10个相同单元音韵母的语音样本的频谱图,用praat语音分析软件取第一共振峰(F1)和第二共振峰(F2)的均值绘制。声调曲线图根据发音合作人的10个同声调音节的语音样本,取基频均值归一化的对数值为纵轴,以韵母发音时长为横轴,得出声调曲线。纵轴调整为5等分,以与5度标调法相应。作图方法参考朱晓农《语音学》(商务印书馆,2012)。读者可以通过查看声学元音图和声调曲线图,更确切地了解各方言点的语音数据。

八、方言位置图和分区图

书前附"嘉陵江流域方言点分布图"标明本书中各方言点的地理位置,其编号与"嘉陵江流域各方言点音系及说明"和"嘉陵江流域方音字汇字音表"顺序同。又附"岷江嘉陵江流域方言分区图"26幅,示意四川盆地方言分区和分布情况,可对照参看本书"岷江嘉陵江流域方言的语音特征和分区"一文。

九、附录

为方便检字,字音表后列"中古音音序索引"(按中国社会科学院语言研究所《方言调查字表》音韵顺序)。

嘉陵江流域各方言点音系及说明

四十一、广元话音系①

（一）声母（27）

p 爸备白	ph 怕蒲	m 麻盲幕	f 夫父耍水树顺	v 乌武五屋
t 朵大夺	th 土徒特	n 那鲁例连		
ts 左坐昨	tsh 粗才词		s 苏所似	
tʂ 知住爪助朱浊	tʂh 超茶抄柴川		ʂ 沙黍蛇社	ʐ 如热
tʃ 姐际尖精接借	tʃh 亲七清齐枪		ʃ 西写相息徐	
tɕ 家具及觉绝	tɕh 启泣其强鹊	ɲ 念宜	ɕ 虚歇霞学恤薛	
k 歌柜国	kh 苦葵阔	ŋ 艾哀	x 化何滑活	
∅ 尾二牙蛙雨也				

（二）韵母（37）

ɿ 紫姿子	i 米立七力笛	u 富布出目	y 旅聚局遂
ʅ 知汁失直尺			
ɚ 儿二耳			
A 他巴法八	ia 加佳甲辖麦	ua 瓦卦挖国	
e 者涉舌北百	ie 姐且姜列吉墨迫	ue 阔廓或获	ye 靴雪削
o 多波喝末物博桌	io 略确狱		
ai 代拜牌	iai 皆解	uai 衰坏	
ei 杯肺美非		uei 对微贼	
au 保找兆	iau 交表聊跃		
əu 投周肉	iəu 留幽		
an 南站犯半版	iɛn 馅欠点奸棉天	uan 短幻川院	yɛn 全怨玄

---

① 为便读者综合利用"20世纪四川方音大系"调查成果，本书方言点编号接续《岷江流域方音字汇》，自41
至80。文前声学元音图及声调曲线图编号与此相同。

en 森本登呈尊　　　　in 林民应平　　　　uən 困准蚊　　　　yn 均君琼

aŋ 芒放巷　　　　　　iaŋ 良腔　　　　　　uaŋ 汪床窗

oŋ 猛同宗风亩　　　　ioŋ 兄雄容

（三）声调（4）

阴平	1	34	卑刀知哥衣
阳平	2	31	牌奴八笛烈
上声	3	52	保虎广乃美
去声	4	213	布共路部舅

（四）音系说明

（1）声母 ts-、tsh-、s-发音部位偏后，介于北京话的舌尖前音和舌尖后音之间。

（2）声母 n-有 l、n 的变体，统一记作 n-。声母 ŋ-后带有同部位浊擦音，实为 ŋʑ-。

（3）声母 tʂ-、tʂh-、ʂ-、ʐ-发音部位比普通话略前。

（4）声母 ŋ-只出现在开口呼前，软腭阻塞明显，鼻音气流弱。

（5）零声母的-u 韵母的音节开头带有明显的唇齿浊擦音 v-，与其他合口呼零声母的复韵母有明显的不同，记音标出。齐齿呼零声母音节开头带有摩擦音 j-，未记出。撮口呼音节以 y 开头，无摩擦。

（6）广元（朝天区）话单元音位置，请参看所附"广元话声学元音图"（F1、F2 单位为 Hz，下同）。

（7）元音 a 作单韵母时偏央为 ᴀ，在-iɛn、-yɛn、-iai 中偏高为 ɛ。

（8）元音 e 作单韵母时为 e，在-ue 中舌位较低，在-ie、-ye、-en、-ei 中舌位较高，在-uən 中舌位偏央。

（9）元音 o 较标准元音低而开，在-əu、-iəu 中，元音展唇而偏央，实际为 ə，不记作-ou。

（10）-an、-iɛn、-uan、-yɛn 的鼻音韵尾弱而短，舌尖未抵上齿龈，实际为-aⁿ、-iɛⁿ、-uaⁿ、-yɛⁿ。

（11）-en、-in、-uən、-yn 的鼻音韵尾完整、稳固。-aŋ、-iaŋ、-uaŋ 的鼻音韵尾完整。

（12）i 作韵尾时偏低，实际为 e，如"排"phai2＝phae2。u 作韵尾时偏低，为 ɔ，如"皂"tsau4＝tsɑɔ4。-io、-ioŋ 在音系配合上当为撮口呼-yo、-yoŋ，实际发音已失去圆唇势，成为齐齿韵。

（13）广元（朝天区）话声调类别和调型，请看所附"广元话声调曲线图"。去声 213 在语流中，往往失去下凹，成为 13 调。

（14）广元话属西南官话川渝鄂片川北小片，同群组方言有广元（城区）话、朝天区话、旺苍话和苍溪话等湖广话方言。本调查点在广元朝天区。广元朝天话分尖团音，精组细音声母 Tʃ-组分别与精组洪音声母 Ts-组和见系细音声母 Tɕ-组相区别，再加上翘舌音声母 Tʂ-组，所以有 4 套塞擦音。这也是川北小片多数方言的特点。朝天话青老年之间存在一些差异。古知系声母部分合口字，老年人中仍然还有读唇齿擦音 f-的，而青少年则受普通话影响，已经改读了 ʂu-，如"耍"fA3> ʂua3、"水"fei3> ʂuei3、"树"fu4> ʂu4、"顺"fen4> ʂuen4 等。一些青少年将入声字按普通话声调发音，如"列"作去声，"蜀"作上声，而老年人则统一读作阳平。一些青少年将广元朝天区话的 ŋ-声母字（影疑母洪音字）按普通话发作零声母，如"爱"ŋai4>ai4（新）、"我"ŋo3>o3（新）、"安"ŋan1>an1（新）等。

（周岷调查，陈鹏、王倩整理）

四十二、平武话音系

（一）声母（20）

p 霸败白	ph 破牌	m 迷蛮墨	f 分浮壶
t 低第笛	th 兔抬	n 耐老辽	
ts 组最昼仗争栈证昨直	tsh 彩蚕宠持抄柴串		s 嗓爽声蚀石　　z 入
tɕ 卷巨剧蕉贱	tɕh 躯犬期前	ȵ 尿研	ɕ 训刑谢心
k 鼓共	kh 亏狂	ŋ 偶按	x 唤幻黑
Ø 袜二鱼畏胃尤游			

（二）韵母（36）

ɿ 词执侄植尺	i 比集栗眉抑寂眉	u 副肚术读	y 锯惧玉
ɚ 儿而耳二			
e 遮折设则革	ie 邪页铁特	ue 阔廓国获	ye 靴阅削
o 课合泼博驳沃	io 略觉感觉屈欲		
a 那马答辣	ia 价涯掐瞎	ua 化画啄	
ai 胎拜买	iai 界戒	uai 衰块	
ei 悲肥梅		uei 雷腿	
au 导饱饶	iau 胶桥吊嚼		
əu 偷绸肉	iəu 留救		
an 潭馋犯丹班烦	iɛn 签嫌言县	uan 端幻专	yɛn 绢冤渊
en 森珍镇侦遵	in 林贫冰丙	uən 棍准闻	yn 俊军永倾

aŋ 忙场庞　　　　　　iaŋ 将江　　　　　　uaŋ 广状窗

oŋ 鹏蒙宗盅茂某　　　　ioŋ 兄勇

（三）声调（4）

阴平	1	35	班拖猪哥医
阳平	2	41	霞麻踏辣罚
上声	3	451	打洒写雅马
去声	4	314	驾谢厉部祸

（四）音系说明

（1）声母 ts-、tsh-、s-发音部位偏后，舌尖抵上齿龈，介于北京话的舌尖前音和舌尖后音之间。声母 z-摩擦明显，同标准 z。

（2）声母 n-有 l 的变体，统一记作 n-。声母 ȵ-后带有同部位浊擦音，实为 ȵʑ-。声母 ŋ-软腭阻塞明显，鼻音气流弱。

（3）零声母的-u 韵母的音节开头带有明显的唇齿浊擦音 v-，与其他合口呼零声母韵有明显的不同，记音标出。齐齿呼零声母音节开头带有摩擦音 ᶎ-，未记出。撮口呼音节以 y 开头，无摩擦。

（4）平武话单元音位置，请参看所附"平武话声学元音图"。

（5）-io、-ioŋ 在音系配合上当为撮口呼-yo、-yoŋ，实际发音已失去圆唇势，成为齐齿韵。

（6）元音 a 在-iɛn、-yɛn、-iai 中偏高为 ɛ，在-au 和-aŋ 中实际上偏后为 ɑ。

（7）元音 e 作单元音韵母时为-e，在-ue 中时舌位较低，在-ie、-ye、-en、-ei 中舌位较高，在-uən 中舌位偏央。

（8）元音 o 作单元音韵母时较标准元音低，在入声韵中偏央。在-ᵊu、-iᵊu 中，元音展唇而偏央，实际为 ə。

（9）-an、-iɛn、-uan、-yɛn 的鼻音韵尾弱而短，舌尖未抵上齿龈，实际为-aⁿ、-iɛⁿ、-uaⁿ、-yɛⁿ。

（10）-en、-in、-uən、-yn 的鼻音韵尾完整、稳固。

（11）-aŋ、-iaŋ、-uaŋ 的鼻音韵尾完整。

（12）i 作韵尾时偏低，实际为 e，如"开"khai1＝khae1。u 作韵尾时偏低，为 ɔ，如"高"kau1＝kaɔ1。

（13）平武话声调类别和调型，请看所附"平武话声调曲线图"。去声调在语流中，已经失去下凹，成为 14 调。

（14）平武话位于西南官话川渝鄂片方言川西小片北部，同群组方言有青川话、江油话和梓潼话等湖广话方言。平武话古晓组声母字在 u 韵母前读 f-，如"壶"fu2。声母不分平翘舌音，都读作舌尖前音。古泥来母洪音混细音分，如"脑老"

nau3、"料" niau4、"尿" ȵiau4。平武话青年与老年人之间存在差异。一些青少年将平武话的 ŋ-声母字（影疑母洪音字）按普通话发作零声母，如"爱" ŋai4＞ai4（新）、"我" ŋo3＞o3（新）、"安" ŋan1＞an1（新）。由于普通话影响，一些青少年将泥来母蟹摄三等合口以及止摄三等合口字读成开口呼，如"雷" nuei2＞nei2（新）、"类" nuei4＞nei4（新）。

（周亚欧等调查，周岷整理）

四十三、青川话音系

（一）声母（20）

p 波败白	ph 坡陪	m 魔忙木	f 付父胡
t 都杜狄	th 拖图	n 内路利	
ts 再字株阻者佺	tsh 彩慈畅崇唱		s 私史暑食蜀　　z 如挠
tɕ 晋匠句及结姐	tɕh 妻前起求鹊	ȵ 你宜	ɕ 昔希形旬
k 果共国	kh 可狂客	ŋ 藕哀	x 花何或豁
Ø 末二吴乌羽以			

（二）韵母（36）

ɿ 制知十佺直尺	i 祭皮急必力亦	u 不杜牡述肉	y 序需菊穗
ɚ 儿二耳			
A 他拿拉辣	ia 架佳甲辖	ua 化卦刷挖	
e 社摄舌则格	ie 姐姜列特逆	ue 阔郭或获	ye 靴月削
o 多左所盒脱索剥	io 略岳域育		
ai 代阶牌	iai 阶解	uai 衰淮	
ei 培肺美肥		uei 罪睡屡	
au 保跑兆	iau 郊票跳嚼		
əu 豆舟肉	iəu 就幼		
an 耽咸凡炭班善	iɛn 减尖甜限仙边	uan 端幻川院	yɛn 全院袁玄
en 沈根凳政风尊	in 琴秦陵明	uən 混闰问宏	yn 匀云琼
aŋ 莽丈杠	iaŋ 亮腔	uaŋ 荒亡窗	
oŋ 宏懂宗风茂	ioŋ 熏兄熊凶		

（三）声调（4）

阴平	1	44	卑东追姑乌
阳平	2	31	逃男答读蜡
上声	3	51	左喜古柳母
去声	4	24	半自利笨弟

（四）音系说明

（1）声母 n-有 l 的变体，统一记作 n。声母 ŋ-后带有同部位浊擦音，实为 ŋʑ-。

（2）声母 ts-、tsh-、s-发音部位偏后，舌尖抵上齿龈，介于北京话的舌尖前音和舌尖后音之间。声母 z-摩擦明显，同标准 z。

（3）声母 ŋ-只出现在开口呼前，软腭阻塞明显，鼻音气流弱。

（4）齐齿呼零声母音节开头带有摩擦音 j-，未记出。撮口呼音节以 y 开头，无摩擦。

（5）青川话单元音位置，请参看所附"青川话声学元音图"。

（6）元音 a 作单元音韵母时偏央为 ʌ，在-iɛn、-yɛn、-iai 中偏高为 ɛ。

（7）元音 e 作单元音韵母时为 e，在-ue 中时，舌位较低，在-ie、-ye、-en、-ei 中舌位较高，在-uən 中舌位偏央。

（8）元音 o 作单元音韵母时较标准元音低而开，在-ɵu、-iɵu 中，元音展唇而偏央，实际为 ə。

（9）-an、-iɛn、-uan、-yɛn 的鼻音韵尾弱而短，舌尖未抵上齿龈，实际为-aⁿ、-iɛⁿ、-uaⁿ、-yɛⁿ。

（10）-in 在声母 m-、n-后，部分字的鼻音弱化甚至丢失，如"敏"min3<mi3、"临"nin2<ni2 等。

（11）-en、-uən、-yn 的鼻音韵尾完整、稳固。-aŋ、-iaŋ、-uaŋ 的鼻音韵尾完整。

（12）i 作韵尾时偏低，实际为 ɪ，如"代"tai4＝taɪ4。u 作韵尾时偏低，为 ɔ，如"刀"tau1＝tɑɔ1。-io、-ioŋ 在音系配合上当为撮口呼-yo、-yoŋ，实际发音已失去圆唇势，成为齐齿韵。

（13）青川话声调类别和调型，请看所附"青川话声调曲线图"。

（14）青川话位于西南官话川渝鄂片方言川西小片北部，同群组方言有平武话、梓潼话和江油话等湖广话方言。青川话青老年之间存在一些差异。老年人中，古江曾梗通摄部分舒声字读-uən，青年人则都读作-oŋ，如"虹弘宏"xuən2>xoŋ2、"共"kuən4>koŋ4 等。一些青年将入声字按普通话声调发音，如"亦"作去声，"蜀"作上声，而老年人则统一读作阳平。一些青年将 ŋ-声母字（影疑母开口音字）按普通话发作零声母，如"艾"ŋai4>ai4、"岸"ŋan4>an4、"恩"ŋen1>en1。

（何思颖调查，陈鹏、王倩整理）

四十四、剑阁普安话音系

（一）声母（27）

p 爸病白	ph 怕皮	m 妈慢莫	f 分肥呼互	v 舞物悟
t 旦弟蝶	th 替桃	n 南路礼		
ts 祖济坐	tsh 餐七残		s 四洗色寻	
tʃ 集姐尽脊奖	tʃh 齐截枪秦鹊漆戚		ʃ 昔习夕肃笑厢	
tʂ 蛛丈装栈者直	tʂh 趁沉察助串		ʂ 山暑射是	ʐ 柔热
tɕ 竞健近局旧绝晋	tɕh 琼勤擒切妾	ȵ 娘宜	ç 熙胁暇穴犀镶	
k 姑共骨	kh 快狂客	ŋ 岸恩	x 昏何活弘或	
Ø 巫二五意羽也				

（二）韵母（37）

ʅ 雌姿寺	i 底比集笔力极密	u 布母入出律故福	y 居俗遂橘菊
ʅ 誓治十植质吃赤			
ɚ 儿二耳			
A 他怕答塔辣伐	ia 假佳甲瞎	ua 化卦刷刮挖	
e 涉舌色革责墨北	ie 爷接别穴密蝶业灭	ue 阔扩或获	ye 雪绝缺削月
o 多左盒说割博活拨桌	io 略学育脚域欲役疫		
ai 来阶街	iai 皆戒馅延	uai 淮衰	
ei 社配肺悲非		uei 对雷醉屡	
au 抱卯扰	iau 孝票跳跃		
əu 个头纽肉	iəu 羞幼久秋六		
an 站沾半班善	iɛn 边田尖见	uan 端乱幻万院	yɛn 全旋捐袁
en 沈本等生村	in 今秦冰明	uən 困春问	yn 均熏永
aŋ 南丹方港	iaŋ 匠腔	uaŋ 皇爽窗	
oŋ 孟蒙冬奉贸	ioŋ 兄雄容		

（三）声调（5）

阴平	1	44	巴丹株高央
阳平	2	31	皮田陈男留
上声	3	51	保短古美柳

| 去声 | 4 | 14 | 坝代利伴舅 |
| 入声 | 5 | 33 | 必德轴及木 |

（四）音系说明

（1）声母 n-有 l 的变体，统一记作 n。声母 ŋ-后带有同部位浊擦音，实为 ŋʑ-。

（2）声母 ts-、tsh-、s-发音部位偏后，舌尖抵上齿龈，介于北京话的舌尖前音和舌尖后音之间。

（3）声母 tʂ-、tʂh-、ʂ-、ʐ-发音部位与普通话同。部分声母 ʐ-有变体 z-，如"日惹染任然人"。

（4）声母 ŋ 只出现在开口呼前，软腭阻塞明显，鼻音气流弱。

（5）齐齿呼零声母音节开头带有摩擦音 j-，未记出。撮口呼音节以 y 开头，无摩擦。

（6）零声母的-u 韵母的音节开头带有明显的唇齿浊擦音 v-，与其他合口呼零声母的复韵母有明显的不同，记音标出。

（7）剑阁普安话单元音位置，请参看所附"剑阁普安话声学元音图"。

（8）元音 a 作单元音韵母时偏央为 ʌ。

（9）元音 e 作单韵母时为 e，在-ue 中时，舌位较低，在-ie、-ye、-en、-ei 中舌位较高，在-uən 中舌位偏央。

（10）元音 o 较标准元音低而开。在-əu、-iəu 中，ə 元音展唇而偏央。

（11）元音 u 作单韵母时略松，近于 ʊ。

（12）-an、-iɛn、-uan、-yɛn 的鼻音韵尾完整、稳固。部分-an 韵字读为-aŋ 韵，如"檀贪坦毯诞蛋拦懒雁"。

（13）-en、-in、-uən、-yn 的鼻音韵尾完整、稳固。

（14）-aŋ、-iaŋ、-uaŋ 的鼻音韵尾完整。

（15）-i 韵母的字单字读音，常会在韵尾出现衍音成为-i:e，整个韵母明显不同于韵母-ie，音系中仍记为-i；-io、-ioŋ 在音系配合上当为撮口呼-yo、-yoŋ，实际发音已失去圆唇势，成为齐齿韵。

（16）剑阁普安话的声调类别和调型请看所附"剑阁普安话声调曲线图"。

（17）剑阁普安话位于岷江官话川北南路话片剑阁小片，同群组方言有金仙话、普安话和白龙话等南路话方言。剑阁普安话中部分咸山摄字旧读-aŋ，新读为-an，如"坦"thaŋ3>than2、"但"taŋ4>tan4、"懒"laŋ3>lan3、"案"ŋaŋ4>ŋan4。剑阁普安话青老年之间存在一些差异。老年人分尖团的字多，也有一些尖音字读作团音，如"绝切穴"。有许多青年人已经不分尖团音。一些青少年将剑阁普安话的 ŋ 声母字（影疑母开口字）按普通话发作零声母，如"岸"ŋaŋ4>aŋ4、"艾"ŋai4>ai4、"恩"ŋen1>en1、"安"ŋan1>an1 等。

（杨波调查，陈鹏、王倩整理）

四十五、剑阁金仙话音系

（一）声母（24）

p 卑倍白	ph 帕朋	m 暮满密	f 夫浮虎胡	v 味袜
t 朵度狄	th 他图铁	n 奴老鲁黎力		
ts 左姐座集	tsh 粗妻存齐		s 素西疏习席	
tʂ 猪兆阻状脂值	tʂh 耻除窗柴昌		ʂ 师书示市	ʐ 如酿
tɕ 架具决结	tɕh 企棋缺强	ȵ 你宜年	ɕ 孝玄希霞	
k 果共郭	kh 科狂客	ŋ 藕哀纽	x 花害滑活香兴	
∅ 尾耳五乌胃移				

（二）韵母（36）

ɿ 斯自寺	i 姐集笔借米习昔极	u 多罗故妇突服	y 巨俗速
ʅ 制知质植汁室十食尺			
ɚ 儿二耳			
ᴀ 那巴拉辣察答	ia 牙佳甲瞎	ua 要画刷刮	
e 哲舌涉设克百责北	ie 界接店跌天列	ue 括郭国或获	ye 泉玄雪缺
o 盒说割夺昨桌目轴缩	io 雀略学确域育浴脚		
ʉ 吕女徐余鱼雨聚遇	iø 柳丢九丘牛休由		
ai 代皆鞋		uai 怪帅	
ei 者倍肺美肥		uei 对桂泪屡	
ɔ 毛跑烧	iɔ 巧妙聊嚼		
əu 哥个偷走够州抽柔肉	iu 卒橘菊局役疫狱旭蓄		
an 斩染判慢善		uan 段暖乱患川院	
en 深笨升成吞	in 心民陵平	uən 困唇文	yn 旬熏琼
aŋ 南难凡旦唐项	iaŋ 良腔	uaŋ 荒狂双	
oŋ 萌桶宗共庙	ioŋ 兄穷溶		

（三）声调（5）

阴平	1	44	班低知今音
阳平	2	41	排题除毛聊
上声	3	52	比典感米鲁

| 去声 | 4 | 35 | 半代吏杜巨 |
| 入声 | 5 | 34 | 八德直极蜡 |

（四）音系说明

（1）声母 n-有 l 的变体，统一记作 n。声母 ŋ̩-后带有同部位浊擦音，实为 ŋ̩z-。

（2）声母 ts-、tsh-、s-发音部位偏后，舌尖抵上齿龈，介于北京话的舌尖前音和舌尖后音之间。

（3）声母 tʂ-、tʂh-、ʂ-、ʐ-发音部位与普通话同。

（4）声母 tɕ-、tɕh-、ɕ-较北京话位置偏后，部分 ɕ-有变体 ç-，如"希霞"。无音位对立，记音未区别。

（5）声母 ŋ-只出现在开口呼前，软腭阻塞明显，鼻音气流弱。声母 x-在细音实际读音接近 ç，无音位对立，统一记作 x。

（6）齐齿呼零声母音节开头带有摩擦音 j-，未记出。撮口呼音节以 y 开头，无摩擦。

（7）零声母 u 韵母的音节，部分音节略带唇齿浊擦音 v-，无音位对立，记音未记出；合口呼零声母以 u 开头的复韵母音节，有少数字的 u 有 v 的变体，如"味"vei4、"袜"vᴀ5 等，在字表中记出。

（8）剑阁金仙话单元音位置，请参看所附"剑阁金仙话声学元音图"。

（9）元音 a 作单元音韵母时偏央为 ᴀ。

（10）元音 c 作单元音韵母时为 e，在 ue 中时，舌位较低，在-ie、-ye、-en、-ei 中舌位较高，在-uən 中舌位偏央。

（11）元音 o 较标准元音低而开。在-ᵊu 中，ə 元音展唇而偏央。韵母-iu 少数有-iəu 变体，变体中的 ə 短而轻。

（12）元音 u 作单元音韵母时略松，近于 ʊ。

（13）-an、-uan 的鼻音韵尾弱而短，舌尖未抵上齿龈，实际为-aⁿ、-uaⁿ。

（14）剑阁金仙话无-iɛn、-yɪn 韵母，已并入 ie、ye 韵母。

（15）-en、-in、-uən、-yn 的鼻音韵尾完整、稳固。-aŋ、-iaŋ、-uaŋ 的鼻音韵尾完整。

（16）i 作韵尾时偏低，实际为 e，如"牌"phai2＝phae2。-io、-ioŋ 在音系配合上当为撮口呼-yo、-yoŋ，实际发音已失去圆唇势，成为齐齿韵。

（17）韵母-ɔ、-iɔ，部分字中有-ɑɔ、-iɑɔ 变体，如"毛"mɔ2＝mɑɔ2、"跳"thiɔ4＝thiɑɔ4。

（18）韵母-ai 在塞擦音后，部分音节的韵尾 i 有鼻音化倾向，如"材才"tshai2>tshaĩ2、"斋"tʂai1>tʂaĩ1、"在"tsai4>tsaĩ4 等；部分音节的韵尾 i 则完全成为鼻音 n，表现明显，记音记出，如"斋"tʂan1 等。

（19）剑阁金仙话声调类别和调型，请看所附"剑阁金仙话声调曲线图"。

（20）剑阁金仙话位于岷江官话川北南路话片剑阁小片，同群组方言有普安镇话、白龙镇话等南路话方言。剑阁金仙话保存了分尖团、分平翘舌声母和有入声调三大特征。麻三精见组字韵母读 i，如"姐"tsi3、"爷"i2、"谢"si4。金仙话中一部分晓匣母细音字尚未腭化，如"兴"xin1、"休"xiu1。金仙话在青老年之间存在一些差异。老年人中，果摄大部分字读 u 韵，而青少年则受成都话影响，已经改读了 o 韵，如"玻"pu1>po1、"罗"nu2>no2、"果"ku3>ko3、"我"ŋu3>ŋo3。老年人中无-iɛn、-yɛn 韵母，如"店天、泉袁"等字，分别读作-ie 和-ye 韵母，而一些青少年受成都话影响，读作-iɛn 和-yɛn。老年人读-ɔ、-iɔ 韵母的字，一些青少年受成都话影响读作-au 和-iau 韵，例如"毛、跳"等。又一些青少年将剑阁金仙话的 ŋ-声母字（影疑母开口字）发音作零声母，如"岸"ŋaŋ4>aŋ4、"硬"ŋen4>in4、"艾"ŋai4>ai4、"安"ŋaŋ1>aŋ1 等。这应是近年来受普通话的影响所致。

（杨波、周及徐调查，陈鹏、王倩整理）

四十六、旺苍话音系

（一）声母（23）

p 包倍白　　　　　ph 破皮　　　　　m 马莽密　　　f 府妃奉
t 丹杜达　　　　　th 体途贴　　　　　n 乃老立莲
ts 租字贼借椒藉　　tsh 寸曹签切青齐　　　　　　　s 素色寺羞谢习
tʂ 株住找状制逐　　tʂh 超除插床出　　　　　　　　ʂ 史鼠示殊　　　ʐ 乳入
tɕ 茎舅究金急姐　　tɕh 桥旗恰牵捷窃　　ȵ 年牛　　ɕ 形效侠旭泄削
k 果共各　　　　　kh 开葵扩　　　　　ŋ 我恩　　　x 花禾或核
Ø 无耳午丫羽移

（二）韵母（37）

ɿ 斯自词　　　　　i 比急集一息的习　　u 罗不步牡骨落竹　　y 旅具玉遂
ʅ 世执失十植赤
ɚ 儿二而
A 那妈拉伐答　　　ia 牙涯匣瞎　　　　ua 耍画滑
e 遮摄热得白　　　ie 姐妾接列　　　　ue 括扩国获　　　ye 靴薛
o 多坐盒葛博捉　　io 鹊学欲
ai 宰楷牌　　　　　iai 介解　　　　　uai 帅怪
ei 枚废碑肥　　　　　　　　　　　　uei 退追屡
au 暴敲照　　　　　iau 巧苗尿嚼

əu 豆愁肉　　　　　iəu 柳幼

an 贪嵌染旦山展　　iɛn 鉴尖念艰箭垫　　uan 端卵幻穿院　　yɛn 宣袁弦

en 深分增生寸　　　in 心民冰平　　　　uən 昆唇问层　　　yn 旬训顷

aŋ 旁掌胖　　　　　iaŋ 亮腔　　　　　　uaŋ 荒狂双

oŋ 孟通宋充茂　　　ioŋ 兄熊溶

（三）声调（4）

阴平	1	34	班多珍今音
阳平	2	31	徒年北夺鹿
上声	3	51	比海感李马
去声	4	215	至度泪罢技

（四）音系说明

（1）声母 n-有 l 的变体，统一记作 n-。声母 ŋ-后带有同部位浊擦音，实为 ŋʑ-。

（2）声母 ts-、tsh-、s-发音部位偏后，舌尖抵上齿龈，介于北京话的舌尖前音和舌尖后音之间。

（3）声母 tʂ-、tʂh-、ʂ-、ʐ-发音部位比普通话略前。

（4）声母 ŋ-只出现在开口呼前，软腭阻塞明显，鼻音气流弱。

（5）齐齿呼零声母音节开头带有摩擦音 j-，未记出。撮口呼音节以 y 开头，无摩擦。

（6）旺苍话单元音位置，请参看所附"旺苍话声学元音图"。

（7）元音 a 作单元音韵母时偏央为 ʌ，在-an 中偏高为 æ，在-iɛn、-yɛn、-iai 中偏高为 ɛ，在-au 和-aŋ 前偏后为 ɑ。

（8）元音 e 作单韵母时为 e，在 ue 中时，舌位较低近于 ɛ，在-ie、-ye、-en、-ei 中舌位较高为 e，在-uən 中舌位偏央。

（9）元音 o 较标准元音低而开，作单韵母时，在声母 k-、kh-后有变体 ɤ，无音位对立，未记出。在-əu、-iəu 中，元音展唇而偏央，实际为 ə。

（10）-an、-iɛn、-uan、-yɛn 的鼻音韵尾弱而短，舌尖未抵上齿龈，实际为-aⁿ、-iɛⁿ、-uaⁿ、-yɛⁿ。

（11）-en、-in、-uən、-yn 的鼻音韵尾完整、稳固。-aŋ、-iaŋ、-uaŋ 的鼻音韵尾完整。

（12）i 作韵尾时偏低，实际为 e，如"袋"tai4＝tae4。u 作韵尾时略展，为 ɯ，如"豹"pau4＝pɑɯ4。-io、-ioŋ 在音系配合上当为撮口呼-yo、-yoŋ，实际发音已失去圆唇势，成为齐齿韵。

（13）旺苍话声调类别和调型，请看所附"旺苍话声调曲线图"。

（14）旺苍话位于西南官话川渝鄂片川北小片，同群组方言有广元（城区）话、朝天区话、苍溪话。旺苍话分尖团，但一部分尖音字已读为团音，如"姐捷泄"。旺苍话青老年之间存在一些差异。老年人中，果摄还保留部分字读 u 韵，而青年则受成都话影响，已经改读了 o 韵，如"罗骡"nu2>no2、"俄"ŋu2>ŋo2、"货"xu4>xo4 等。一些青少年将入声字按普通话声调发音，如"碧"作去声，"匹"作上声，而老年人则统一读作阳平。一些青年将广元旺苍话的 ŋ-声母字（影疑母洪音字）按普通话发作零声母，如"矮"ŋai3>ai3、"艾"ŋai4>ai4、"安"ŋan1>an1 等。

（周岷、周及徐调查，陈鹏、王倩整理）

四十七、苍溪话音系

（一）声母（23）

p 菠笔病	ph 颇拍盆	m 马命抹	f 肤纷房
t 低订蝶	th 拖踢腾	l 梨乃肋	
ts 尖则自	tsh 搓擦词		s 西席
tʂ 征治债镯战	tʂh 戳筹叉崇城		ʂ 师熟睡蛇　ʐ 惹酿
tɕ 芥距	tɕh 却琼	ȵ 聂严	ɕ 蓄行
k 高假子杰	kh 刊乞葵	ŋ 熬懊	x 呼希形盒
∅ 闻而涯窝苇爷			

（二）韵母（38）

ɿ 此次字	i 低疲习疾力觅	u 怖副窟腹	y 巨趋虽绿
ʅ 势致湿日职石			
ɚ 儿二而			
A 那叉腊獭	ia 驾佳鸭辖	ua 化挂刷	
e 姐接热瑟色客	ie 夜叶屑迫	ue 阔扩国获	ye 靴决削
o 坡脱没莫啄	io 疟学		
ai 太皆卖	iai 械解	uai 槐歪	
ei 培坏霉匪		uei 腿雷类归	
au 宝敲兆	iau 孝苗跳		
ə 头筹粥	iəu 榴丢六		
an 坛闪凡赶扇	iɛn 廉添简编	uan 团惯院	yɛn 掀拳园玄
en 深恳顿腾衡	in 金巾兴秉	uən 魂顺纹	yn 旬军倾

aŋ 航尚胖　　　　iaŋ 杨讲　　　　uaŋ 簧霜双

əŋ 谋鹏梦逢

oŋ 冻冬龙　　　　ioŋ 兄雄熔

（三）声调（4）

阴平	1	44	包丁追枯央
阳平	2	31	朋泥甲聂涉
上声	3	53	挤己也美我
去声	4	213	绊尚孟荡社

（四）音系说明

（1）声母 ph-在舌面前高元音 i 前带有较为明显的摩擦音，有自由变体 phɹ-，大多时候为 ph-，统一记作 ph-。

（2）声母 ts-、tsh-、s-发音部位偏后，舌尖抵上齿龈，介于北京话的舌尖前音和舌尖后音之间。

（3）声母 l-有 n-的变体，不区别意义，统一记作 l-。声母 ȵ-后带有同部位浊擦音，实为 ȵʑ-。

（4）声母 ŋ-只出现在开口呼前，软腭阻塞明显，鼻音气流弱。

（5）零声母的-u 韵母的音节开头带有明显的唇齿浊擦音 v-，与其他合口呼零声母的复韵母有明显的不同，记音标出。齐齿呼零声母音节开头带有摩擦音 j-，未记出。撮口呼音节以 y 开头，无摩擦。

（6）苍溪话单元音位置，请参看所附"苍溪话声学元音图"。

（7）元音 a 作为单元音韵母时偏央为 ʌ，在-iɛn、-yɛn、-iai 中偏高为 ɛ。

（8）元音 e 在-ie、-ue、-ye 中舌位较高，在-ei、-uei、-en、-uən 中舌位偏央。

（9）元音 o 较标准元音低而开。o 作单元音韵母时在舌面后音声母后偶有变体 -ɤ，如"拖驮驼"等字，不另立音位。

（10）-an、-iɛn、-uan、-yɛn 的鼻音韵尾完整、稳固。

（11）-en、-in、-uən、-yn 的鼻音韵尾完整、稳固。

（12）-aŋ、-iaŋ、-uaŋ 的鼻音韵尾完整、稳固。

（13）i 作韵尾时偏低，实际为 e，如"怀"xuai2＝xuae2。u 作韵尾时偏展，在-au 中为 ʌ，如"炮"phau4＝phaʌ4，在-əu 中为 ɯ，如"就"tɕiəu4＝tɕiəɯ4。

（14）苍溪话声调类别和调型，请看所附"苍溪话声调曲线图"。阴平有自由变体 35/45。去声 213 在语流中，往往失去下凹，成为 13 调。

（15）苍溪话位于西南官话川渝鄂片川北小片，同群组方言有广元（城区）话、朝天区话、旺苍话。苍溪话声母方面的特征是泥来母洪混细分，泥疑母字细音前通常读 ȵ-，如"聂"ȵie2、"孽"ȵie2；分平翘，知系字大部分读翘舌，精组字大部分读平舌，如"证"tʂen4 ≠ "赠"tsen4，个别知系字读平舌，如"争"tsen1、"撒"tshe2，个别精组字读翘舌，如"暂"tʂan4。苍溪话分尖团，如"酒"tsiəu3 ≠ "九"tɕiəu3、"樵"tshiau2 ≠ "乔"tɕhiau2、"息"si2 ≠ "吸"ɕi2。另外，有部分见系字不腭化，仍为k-，如"极"ki2、"乞"khi2、"希"xi1。其中见、群母不腭化的情况最多，晓组其次，溪母最少。韵母方面，少数开口呼的字读同合口，如"铲"tʂhuan3；少数齐齿呼的字读同开口，如"猎列"le2；少数齐齿呼的字读了撮口，如"锦"tɕyn3。声调方面的特征是入归阳平，如"烈"le2。苍溪话内部有一些差异。老年人部分保留了见系字不腭化的特征，如"监"kiɛn1，年轻人大都腭化，如"缺"tɕhye2。老年人泥疑母字细音前通常读ȵ-，如"碾"ȵiɛn3，受强势方言影响，青年人部分字改读零声母，如"艺"年轻人读i4，老年人读ȵi4。

（周岷调查，周亚欧整理）

四十八、江油话音系

（一）声母（21）

p 爸避别	ph 坡排步	m 魔蔓末	f 反夫狐	v 乌务五屋
t 多递独	th 土台	n 乃劳聊		
ts 子罪肘阵装状杂侄	tsh 采槽畅迟初崇穿		s 丧双食视	z 乳酿
tɕ 椒渐见技局	tɕh 驱钱歉茄	ȵ 捏咬	ɕ 选勋型斜	
k 估共	kh 看葵	ŋ 艾暗	x 灰回辖	
Ø 亡而原衣委谓油				

（二）韵母（36）

ɿ 字十实直适	i 鄙谜粒蜜亿绩眉	ʊ 富赌述独	y 据具玉遂
ɚ 儿而耳二			
e 扯涉热德隔	ie 姐叶吉	ue 括郭或获	ye 靴月削
o 可盒渴鹤剥沃	io 疟学域育		
A 大麻法扎	ia 牙佳恰辖	ua 夸话袜	
ai 袋楷派	iai 介蟹	uai 衰怪	
ei 碑飞佩		uei 累积累推	
au 捣包扰	iau 郊乔钓嚼		
əu 豆稠肉	iəu 刘九		
an 痰站范单颁战	iɛn 减艳眼舔	uan 短关晚	yɛn 员源弦

en 针本层耕寸　　　in 品敏凝景　　　uən 嫩唇问　　　yn 均韵倾永

aŋ 旁方窗　　　iaŋ 两腔　　　uaŋ 光庄双

oŋ 萌蒙董风亩茂　　　ioŋ 兄用融

（三）声调（4）

阴平	1	35	波多知居威
阳平	2	41	婆尼塔蜡伐
上声	3	51	把采鬼马乃
去声	4	324	架贺饿舵父

（四）音系说明

（1）江油话声母 ts-、tsh-、s-发音部位偏后，舌尖抵上齿龈，介于北京话的舌尖前音和舌尖后音之间。声母 z-摩擦明显，同标准 z。

（2）声母 n-有 l 的变体，统一记作 n-。声母 ŋ-后带有同部位浊擦音，实为 ŋ.z-。声母 ŋ-只出现在开口呼前，软腭阻塞明显，鼻音气流弱。

（3）江油话零声母的-u 韵母的音节开头带有明显的唇齿浊擦音 v-，与其他合口呼零声母的复韵母有明显的不同，记音标出。齐齿呼零声母音节开头带有摩擦音 j-，未记出。撮口呼音节以 y 开头，无摩擦。

（4）江油话单元音位置，请参看所附"江油话声学元音图"。

（5）-io、-ioŋ 在音系配合上当为撮口呼-yo、-yoŋ，实际发音已失去圆唇势，成为齐齿韵。

（6）元音 a 作单元音韵母时偏央为 ʌ，在-an 中偏高为 æ，在-iɛn、-yɛn、-iai 中偏高。

（7）元音 e 作单韵母时为-e。在-ue 中时，舌位较低。在-ie、-ye、-en、-ei 中舌位较高，在-uən 中舌位偏央。

（8）元音 o 较标准元音低，入声韵中偏央，在-əu、-iəu 中，元音展唇而偏央。

（9）-an、-iɛn、-uan、-yɛn 的鼻音韵尾弱而短，舌尖未抵上齿龈，实际为-aⁿ、-iɛⁿ、-uaⁿ、-yɛⁿ。

（10）-en、-in、-uən、-yn 的鼻音韵尾完整、稳固。

（11）-aŋ、-iaŋ、-uaŋ 的鼻音韵尾完整。

（12）i 作韵尾时偏低，实际为 e，如"开"khai1＝khae1。u 作韵尾时偏低，为 ɔ，如"高"kau1＝kaɔ1。

（13）江油话声调类别和调型，请看所附"江油话声调曲线图"。去声调在语流中，已经失去下凹，成为 34 或 24 调。

（14）江油话位于西南官话川渝鄂片方言川西小片北部，同群组方言有青川话、平武话、梓潼话等湖广话方言。江油话声母不分平翘舌音，都读作舌尖前音。古泥来母洪音混细音分，如"脑老"nau3、"梨"ni2、"尼"ȵi2。古晓组声母字在 u 韵母前读 f-，如"狐"fu2。江油话部分並母模韵仄声字声母送气，如"捕"phʊ1、"步"phʊ4。江油话部分尤、侯韵明母字韵母混入通摄，读为-oŋ，如"某"moŋ3、"贸"moŋ4。江油话青年与老年人之间存在差异。一些青少年将江油话的 ŋ-声母字（影疑母洪音字）按普通话发作零声母，如"艾"ŋai4>ai4（新）、"暗"ŋan4>an4（新）。

（周颖异调查，周岷整理）

四十九、北川话音系

（一）声母（21）

p 波鼻白	ph 派培	m 梅曼木	f 法乏湖	v 乌武误屋
t 打地夺	th 脱提	n 奴路里		
ts 紫字猪债助昨逐	tsh 醋曹趁茶础床川		s 桑霜升实是	z 如酿
tɕ 焦就建旧极	h 区潜欠琴	ȵ 念牛	ɕ 宣欣形邪	
k 姑柜	kh 库逵	ŋ 碍安	x 欢何狭	
Ø 无耳卧威王由				

（二）韵母（36）

ɿ 自湿失值赤	i 彼迷立密忆迹眉	ʊ 浮堵出毒	y 举句玉穗
ɚ 儿而耳二			
e 蛇摄设得册	ie 且胁吉液特	ue 阔郭国获	ye 靴悦削
ʌ 他妈乏擦	ia 夏涯夹瞎	ua 寡挂挖	
o 科鸽割阁壳缩	io 虐确屈续		
ai 代斋牌	iai 皆解延	uai 帅乖	
ei 披非配		uei 内兑	
au 岛貌绍	iau 交轿晓嚼		
əu 陡抽肉	iəu 流幽		
an 谈斩泛但山展	iɛn 舰脸尖钱	uan 官弯转	yɛn 全劝玄
en 沉真登贞尊	in 金宾陵静	uən 困顺粉	yn 询君泳琼
aŋ 帮章刚	iaŋ 亮讲	uaŋ 网狂状	
oŋ 朋童统终茂皱	ioŋ 兄穷溶		

（三）声调（5）

阴平	1	35	巴端朱鸡阿
阳平	2	41	爬年答纳乏
上声	3	52	板款辅满脸
去声	4	224	怕画例杜技
入声	5	33	热及疫业育

（四）音系说明

（1）声母 n-有 l 的变体，统一记作 n-。声母 ȵ-出现在古泥母字的细音前，后带有同部位浊擦音，实为 ȵʑ-。

（2）声母 ts-、tsh-、s-发音部位偏后，舌尖抵上齿龈，比北京话的舌尖前音位置偏后。

（3）声母 ŋ-舌面后阻塞明显，鼻气流弱，出现在开口呼和合口呼前。

（4）零声母的-u 韵母的音节开头带有明显的唇齿浊擦音 v-，与其他合口呼零声母的复韵母有明显的不同。齐齿呼零声母音节开头带有明显的摩擦音 ʝ-，记音未标出。

（5）北川话单元音位置，请参看所附"北川话声学元音图"。

（6）北川话中的-u 韵尾实际发音时更接近 ɔ，具体表现为-aɔ、-caɔ。

（7）韵母-en 主元音为前半高元音，合口韵在 u 介音影响下变为-nen，撮口呼韵母-yn 严式可标为-yen。

（8）韵母-an、-ien、-uan、-yɛn 鼻音韵尾弱，实际是-aⁿ、-ieⁿ、-uaⁿ、-yɛⁿ。韵母-aŋ、-iaŋ、-uaŋ 鼻韵尾稳定。

（9）北川话声调类别和调型，请看所附"北川话声调曲线图"。阴平调 35 有时较高，接近 45 调。去声调 224 调在语流中多读为 34 调或 23 调。

（10）北川话位于岷江官话岷江上片岷（江）东小片，同群组方言包括都江堰（河东地区）、郫县（郫都区）、彭州、新都、广汉、什邡、绵竹和北川县等八个市区县的方言。北川话声母不分平翘舌音，都读作舌尖前音。古泥来母洪音混细音分，如"脑老"nau3、"留"niəu2、"牛"ȵiəu2。古晓组声母字在 u 韵母前读 f-，如"湖"fu2。北川话绝大部分古入声字声调今归阳平，只有少数字保留了独立的入声调，如"热"ze5、"业"ȵie5、"育"io5 等。北川话青老年之间存在一些差异。一些青少年将北川话的 ŋ-声母字（影疑母洪音字）按普通话发作零声母，如"碍"ŋai4>ai3（新）、"安"ŋan1>an1（新）。由于受普通话影响，部分青少年将臻摄合口一、三等字读成合口呼，如"顿"tən4>tuən4（新）、"轮"nən2>nuən2（新）。

（周颖异调查，周岷整理）

五十、绵阳话音系

（一）声母（21）

p 爸罢薄	ph 玻爬	m 妈磨摸	f 夫浮壶	v 乌无吴勿
t 戴待夺	th 脱题导	n 奴卢吕		
ts 灾载坠爪状正宅	tsh 错慈痴池楚愁丑		s 散产扇神唇纯	z 闰酿
tɕ 浆赠惊杰	tɕh 且齐族区桥	ȵ 年严言	ɕ 宣欣虾斜	
k 孤柜	kh 亏狂跪	ŋ 熬奥	x 吼厚滑	
Ø 微儿艺意雨预				

（二）韵母（36）

ɿ 滋汁侄直吃	i 比币立疾即迹	ʊ 母夫突陆	y 旅聚玉遂
ɚ 儿二耳			
e 者摄折刻格	ie 姐妾级别吉特液	ue 括郭国获	ye 靴血削
o 错合渴博桌沃	io 疟觉感觉屈速		
ɑ 他巴法擦	ia 稼涯匣瞎	ua 瓜卦挖	
ai 戴楷矮	iai 介解	uai 衰怪	
ei 辈碑飞		uei 雷队	
au 宝泡昭	iau 郊标刁谬跃		
əu 斗邹粥肉	iəu 尤流		
an 潭斩帆肝般斑	iɛn 监廉点鞭片	uan 短关转	yɛn 卷劝悬
en 枕奔增生损	in 浸宾应影	uən 寸准荤	yn 钧君永
aŋ 邦房巷	iaŋ 象江	uaŋ 皇庄窗撞	
oŋ 朋蒙冬捧亩	ioŋ 兄穷凶融容		

（三）声调（4）

阴平	1	34	波多猪居威
阳平	2	31	爬麻答插狭
上声	3	51	把打傻马乃
去声	4	213	坝诈那罢舵

（四）音系说明

（1）绵阳话声母 ts-、tsh-、s- 发音部位偏后，舌尖抵上齿龈，介于北京话的舌尖前音和舌尖后音之间。声母 z-摩擦明显，同标准 z。

（2）声母 n-有 l-的变体，统一记作 n-。声母 ȵ-后带有同部位浊擦音，实为 ȵʑ-。声母 ŋ-只出现在开口呼前，软腭阻塞明显，鼻音气流弱。

（3）绵阳话零声母的-u 韵母的音节开头带有明显的唇齿浊擦音 v-，与其他合口呼零声母的复韵母有明显的不同，记音标出。齐齿呼零声母音节开头带有摩擦音 ʝ-，未记出。撮口呼音节以 y 开头，无摩擦。

（4）绵阳话单元音位置，请参看所附"绵阳话声学元音图"。

（5）-io、-ioŋ 在音系配合上当为撮口呼-yo、-yoŋ，实际发音已失去圆唇势，成为齐齿韵。

（6）元音 a 单元音韵母时偏后为 ɑ，在-an 中偏高为 æ，在-iɛn、-yɛn、-iai 中偏高。

（7）元音 e 作单韵母时为-e。在-ue 中时，舌位较低。在-ie、-ye、-en、-ei 中舌位较高，在-uən 中舌位偏央。

（8）元音 o 较标准元音低，在入声韵中偏央，在-ue、-ieu 中，元音展唇而偏央。

（9）-an、-iɛn、-uan、-yɛn 的鼻音韵尾弱而短，舌尖未抵上齿龈，实际为-aⁿ、-iɛⁿ、-uaⁿ、-yɛⁿ。

（10）-en、-in、-uən、-yn 的鼻音韵尾完整、稳固。

（11）-aŋ、-iaŋ、-uaŋ 的鼻音韵尾完整。

（12）i 作韵尾时偏低，实际为 e，如"开"khai1＝khae1。u 作韵尾时偏低，为 ɔ，如"高"kau1＝kaɔ1。

（13）绵阳话声调类别和调型，请看所附"绵阳话声调曲线图"。去声调在语流中，已经失去下凹，成为13调。

（14）绵阳话属于西南官话川渝鄂片川西小片，同群组方言包括成都、德阳、南充、遂宁和资阳等湖广话方言。绵阳话声母不分平翘舌音，都读作舌尖前音。古泥来母洪音混细音分，如"奴卢"nu2、"吕"ny4、"女"ȵy4。古晓组声母字在 u 韵母前读 f-，如"壶"fu2。绵阳话青老年之间存在一些差异。绵阳话古入声字归阳平，老年人和青年人相同。一些青少年将绵阳话的 ŋ-声母字（影疑母洪音字）按普通话发作零声母，如"偶"ŋəu3＞əu3（新）、"岸"ŋan4＞an4（新）。受普通话影响，一些青少年将绵阳话梗、通摄合口三等字的云、以母字（当地读零声母）读成 z-声母，如"荣"yn2＞zoŋ2（新）、"融"ioŋ2＞zoŋ2（新）。

（周颖异调查，周岷整理）

五十一、盐亭话音系

（一）声母（21）

p 比步白　　　　　ph 票频　　　　　m 买忙末　f 付凡户　　v 乌武午

t 刀蛋惰　　　　　　　th 替屠　　　　　　　　l 怒路李

ts 嘴座追兆抓助周杂轴　　tsh 崔层超缠炒愁唱　　　　　　　　　s 宋纱世顺尝 z 惹酿挠

tɕ 际静家局　　　　　　tɕh 趣前腔棋　　　　　ȵ 念碾研仰　　ɕ 秀显县祥

k 工共　　　　　　　　kh 考迷　　　　　　　ŋ 岸哀　　　x 挥慧合

ø 依儿牙挖羽裕

（二）韵母（38）

ɿ 丝湿实识释　　　　i 疲帝集七忆亦　　u 副渡佛　　　y 巨愚玉

ɚ 而二耳

ʌ 大爸搭罚　　　　　ia 加涯夹瞎　　　　ua 垮话滑

e 者涉热刻伯　　　　ie 姐叠捏戚　　　　ue 括国或获　　ye 绝削

ə 哥合活阁格

o 棵盒脱摸浊木　　　　　　　　　　　　　　　　　io 略学屈役菊

ei 社批梅肥非　　　　　　　　　　uei 睡桂雷

ai 改拜鞋　　　　　iai 戒解羡　　　　uai 怀衰

au 老爆兆　　　　　iau 效邀吊跃

əu 投州肉　　　　　iəu 牛幽狗

an 胆忏陕韩班然　　　iɛn 碱廉剪钱　　　uan 短弯晚　　　yɛn 全袁犬

en 针奋邓生墩　　　　in 今近萍鸣　　　uən 昆春纹　　　yn 巡军泳

əŋ 茂朋萌风

aŋ 帮章港　　　　　iaŋ 娘腔　　　　　uaŋ 广网双

oŋ 童统终　　　　　ioŋ 兄雄涌溶

（三）声调（5）

阴平	1	35	波都蛛姑威
阳平	2	31	河徒梨年姨
上声	3	51	可躲琐米脸
去声	4	213	挂字务负户
入声	5	33	柏蓄肋业乏

（四）音系说明

（1）声母 ts-、tsh-、s-发音部位偏后，舌尖抵上齿龈，比北京话的舌尖前音位置偏后。

（2）声母 l-有 n-的变体，统一记作 l-。声母 ȵ-出现在古泥母字的细音前，后带有同部位浊擦音，实为 ȵʑ-。

（3）声母 ŋ-舌面后阻塞明显，鼻气流弱，出现在开口呼和合口呼前。

（4）零声母 u 韵母的音节，有唇齿浊擦音声母 v-，记为 vu。齐齿呼零声母音节开头带有明显的摩擦音 ʝ-，记音未标出。

（5）盐亭话单元音位置，请参看所附"盐亭话声学元音图"。

（6）韵母-en 主元音为前半高元音，合口韵在 u 介音影响下变为-uən，撮口呼韵母-yn 严式可标为-yən。

（7）韵母-an、-iɛn、-uan、-yɛn 鼻韵尾弱，实际是-a^n、-iɛ^n、-ua^n、-yɛ^n。韵母-aŋ、-iaŋ、-uaŋ 鼻韵尾稳定。

（8）盐亭话声调类别和调型，请看所附"盐亭话声调曲线图"。阴平调 35 有时较高，接近 45 调。去声调 213 调在语流中多读为 13 调或 23 调。

（9）盐亭话位于岷江官话川北南路话片川中小片，同群组方言有射洪话、西充话，南充的龙蟠镇话、遂宁的蓬溪县话也在这一小片中。盐亭话古晓组声母字在 u 韵母前读 f-，如"户"fu4。声母不分平翘舌音，都读作舌尖前音。古泥来母洪音混细音分，如"怒路"lu4、"里"li3、"你"ȵi3。麻三精见组字韵母读 i，如"借"tɕi4、"爷"i2、"且"tɕhi3。盐亭话是比较完整地保持了古入声调独立的方言，-ue、-ye、-io 三韵为入声韵。盐亭话曾、梗摄字以及通摄唇音字韵母读-əŋ，与通摄非唇音字相区别，如"朋"phəŋ2、"萌"məŋ2、"风"fəŋ1；部分流摄尤韵字韵母读为-əŋ，如"茂"读 məŋ4。盐亭话部分流摄见系一等字有-i-介音，如"呕"ŋieu3。流摄部分娘母字声母未腭化，如"纽"ȵieu3。盐亭话青年人和老年之间存在一些差异。一些青少年将盐亭话的 ŋ-声母字（影疑母洪音字）按普通话发作零声母，如"我"ŋo3>o3（新）、"安"ŋan1>an1（新）。由于受成都话影响，部分青少年将曾、梗摄字以及通摄唇音字韵母读为-oŋ，如"风"fəŋ1>foŋ1、"朋"phəŋ2>phoŋ2。

（唐毅调查，周岷整理）

五十二、德阳话音系

（一）声母（23）

p 疤币帛	ph 普跑	m 毛米麦	f 方乏虎	v 武五乌屋
t 堵弟达	th 梯逃	n 能来奶		
ts 早蛛壮支昨	tsh 次抽浊唱城		s 司森身十色	
tʂ 植			ʂ 双蜀	ʐ 入肉弱
tɕ 奖集件杰	tɕh 秋秦巧其	ȵ 扭宜	ɕ 写席香学	
k 个柜	kh 快葵	ŋ 鹅恩	x 伙鞋喝	
∅ 忘二原衣为摇				

（二）韵母（37）

ɿ 制只汁室事尺　　　i 例皮急七媳积　　u 布母出浊叔　　y 吕隧玉

ʅ 治日植

ɚ 而尔二

ɑ 大怕塔八　　　　　ia 加涯甲瞎　　　ua 瓜画挖

e 射贴列墨伯　　　　ie 借页及别隙　　ue 阔廓惑获　　ye 靴月血

o 罗错盒末忽博握　　io 却学足

ai 台派岩　　　　　　iai 解介　　　　uai 外帅或

ei 贝美贼

au 刀保到敲　　　　　iau 郊巧校敲

 əu 勾斗豆肉　　　　　iəu 秋九袖

an 砍粘叹战　　　　　iɛn 减间　　　　uan 团顽专　　yɛn 鲜拳玄

en 沈恩邓生　　　　　in 侵拼冰兵　　uən 寸问孕　　yn 迅永

aŋ 忙港盲项　　　　　iaŋ 两讲项　　　uaŋ 霜双

oŋ 贸崩孟冻　　　　　ioŋ 兄凶

（三）声调（4）

阴平	1	45	班他追诗弯
阳平	2	41	平隋甲敌力
上声	3	51	表宰起可我
去声	4	324	布地漫父坐

（四）音系说明

（1）声母分舌尖前 ts-、tsh-、s-和舌尖后 tʂ-、tʂh-、ʂ-两组，其中舌尖后音发音部位比较北京话略靠前。声母 z-摩擦明显和 ʐ-形成对立。

（2）n-有 l-的变体，统一记作 n-。声母 ŋ-后带有同部位浊擦音，实为 ŋʑ-。

（3）声母 ŋ-舌面后阻塞明显，鼻气流比较弱。

（4）齐齿呼零声母音节开头带有摩擦音 j-，记音未标出。零声母 u 韵母的音节开头带有明显的唇齿浊擦音 v-，与其他合口呼零声母韵不同，在记音中标出。

（5）德阳话单元音位置，请看所附"德阳话声学元音图"。

（6）元音 a 作单元音韵母时偏后为 ɑ，在-au 和-aŋ 中实际偏后。

（7）元音 e，在韵母-en 中前而高，记为-en；在-uən 中偏央。

（8）-en、-in、-uən、-yn 的鼻音韵尾完整、稳固。

（9）-aŋ、-iaŋ、-uaŋ 的鼻音韵尾完整。

（10）德阳话声调调类及调型，请看所附"德阳话声调曲线图"。阴平读为 35 或者 45，去声调调值为 324，曲折程度不明显，语流中常也读 224 或 24。

（11）德阳话位于西南官话川渝鄂片川西小片，同群组方言包括成都、绵阳、南充、遂宁和资阳等湖广话方言。德阳话一些晓匣母字在单韵母-u 前变读作 f-，如"湖虎户"fu。韵母-an、-iɛn、-uan、-yɜn 中，鼻音韵尾-n 弱化，实际读为-aⁿ、-iɛⁿ、-uaⁿ、-yɛⁿ，如"安、言、完、元"。老派读音古入声字保留部分翘舌音 tʂ-、ʂ-、ʐ-，如"植"ʂʅ2、"数"ʂu3、"肉"ʐəu4。古入声归入阳平，如"八"ba2、"毒"tu2。德阳话在城乡之间、青年人和老年人之间存在一些差别。城区人和青年人发音模仿普通话和成都话，农村人和老年人则保持旧的发音。一些深臻曾梗摄知系入声字原为卷舌音，青年人仿成都话改为平舌音，例如（农村人/城市人）："植"tʂʅ2>tsʅ2、"肉"ʐu2>zu2。一些通摄入声字原读-io，青年人在普通话影响下改读-u 或-y，例如（老年人/青年人）："肃"ɕio2>su2、"曲"tɕio2>tɕy2、"育"io2>y2。

（饶冬梅调查，何婉整理）

五十三、中江话音系

（一）声母（21）

p 巴步白疲	ph 坡普跑	m 米明目	f 飞伐灰换 v 乌无误物屋
t 多杜夺屠	th 他土同	l 奴路连	z 日挠入
ts 租自诸治侄昨	tsh 粗惭茶抽抄馋出		s 苏师书舌石
tɕ 酒就九局齐骑	tɕh 七墙丘其	ɲ 泥年研逆	ɕ 心虚幸习
k 锅共各葵	kh 科课	ŋ 我熬奥岸	x 火含旱合
∅ 味儿艺衣域易			

（二）韵母（36）

ʅ 之执日职尺	i 齐比集笔力昔	u 猪母突绿	iu 女雨菊虽
ɚ 儿二而耳			
A 那马塔伐	ia 家涯夹瞎	ua 瓜画挖刮	
e 蛇涉浙得客	ie 爷接级灭月滴	ue 括廓扩国	ye 靴雪决爵
o 多幕鸽渴落捉	io 掠学育俗		
ai 抬丐楷街	iai 介阶解械	uai 怀怪帅	
ei 杯废悲飞汇辉		uei 堆闺吹未	
au 保敲超照	iau 交标跳嚼		

əu 茂偷周肉　　　　iəu 流九幼

an 男站旦班幻　　　iɛn 监甜闲建院　　　uan 端团惯软　　　yɛn 全权喧玄

en 审镇寸等生　　　in 林民冰星永　　　uən 滚顺文　　　yn 询君群倾

ɑŋ 帮党张项　　　　iaŋ 粮向江讲　　　uaŋ 仓光框窗

oŋ 猛冻统终封　　　ioŋ 兄穷容用

（三）声调（4）

阴平	1	34	巴当师关衣
阳平	2	31	麻徒夹立毒
上声	3	452	马古老免统
去声	4	23	杜路派抱冻

（四）音系说明

（1）声母 p-、ph-、t-、th-发音特点与北京话基本一致。

（2）声母 ts-、tsh-、s-、z-与北京话相比，发音部位稍微靠后。

（3）声母 l-有 n 的自由变体，统一记作 l-。声母 ŋ-只出现在开口呼前，软腭阻塞明显，鼻气流较弱。

（4）声母 v-摩擦很明显，且只与单韵母-u 相拼，如"乌吴午误"等。

（5）声母 k-、kh-与韵母-əu、-en 相拼时，发音部位略微靠前，舌根接近硬腭后端。如"狗口根"等。

（6）中江广福话单元音位置，请参看所附"中江广福话声学元音图"。

（7）元音 ᴀ 作单元音韵母时为央元音 ᴀ，在-an、-uan 中偏前为 a，在-iɛn、-yɛn 中偏高为 ɛ，在-ɑŋ、-iɑŋ 和 uɑŋ 中实际音值为 ɑ。

（8）元音 e 较标准元音 e 的舌位较低，在-uən 中舌位偏央。

（9）元音 o 较标准元音低而开，在-əu、-iəu 中，元音展唇而偏央，实际为 ə。

（10）元音 y 不做单韵母，只在复韵母中出现，比北京话的舌位较低、较后。

（11）-an、-iɛn、-uan、-yɛn 的鼻音韵尾弱而短，舌尖未抵上齿龈，实际为-aⁿ、-iɛⁿ、-uaⁿ、-yɛⁿ。

（12）-en、-in、-uən、-yn 的鼻音韵尾完整、稳固。-ɑŋ、-iɑŋ、-uaŋ 的鼻音韵尾完整。

（13）中江广福话声调类别和调型，请看所附"中江广福话声调曲线图"。上声调为拱调，但听感上为降调，降势较陡，时长较短。

（14）本调查点为中江广福镇话，原为明清移民带来的湘方言，今在湖广话包围之中成为方言岛。选在这里作为现代四川残留的移民湘方言的代表。中江广福镇话为湖广话所同化，今仅有一些残留的湘方言语音特征。中江话青老年之间存在一些差异。城区人和青年人发音模仿普通话和成都话，农村人和老年人则保持旧的发音。

例如：古浊声母的部分平声字本地方言原读不送气清音，青年人仿成都话读送气音，如"爬"pʌ2>phʌ2、"才"tsai2>tshai2、"奇"tɕi2>tɕhi2。晓匣母合口字本地方言原读为 f-，青年人仿成都话读为 xu-，如"花"fʌ1>xua1、"欢"fan1>xuan1、"昏"fen1>xuən1。

（古婷调查，古婷整理）

五十四、射洪话音系

（一）声母（21）

p 播倍帛	ph 铺爬	m 麻马木	f 废乏户浑	v 无吴污屋
t 刀稻独	th 土题	n 男蓝拿		
ts 做追找之杂	tsh 寸超除昌成		s 三山首十色	z 入挠酿
tɕ 进匠技局	tɕh 妻泉起渠	ȵ 你严	ɕ 些斜希效	
k 光跪	kh 课葵	ŋ 硬挨	x 化河锋	
Ø 亡而牙要为摇				

（二）韵母（36）

ɿ 势池湿室式尺	i 些艺被吸笔逼夕	u 部毒骨哭	y 叙隧局
ɚ 儿耳二			
ʌ 大怕杂杀	ia 假涯甲瞎	ua 化画袜	
e 舍涉热舌北白	ie 姐贴习揭历	ue 括郭惑获	ye 瘸雪决
o 多错喝末索握沃	io 续却学曲		
ai 戴矮岩	iai 阶介	uai 块摔	
ei 背悲贼		uei 退胃贼	
au 报闹烧敲	iau 孝舀窍敲		
əu 投受肉	iəu 流纽袖		
an 三感弹善	iɛn 剪严眼前	uan 删官环船	yɛn 鲜元犬
en 怎很曾生	in 林拼兴兵	uən 昆吻孕	yn 寻允营
aŋ 旁抗盲项	iaŋ 梁江项	uaŋ 霜汪双	
oŋ 谋朋猛董	ioŋ 兄胸拥		

（三）声调（5）

阴平	1	34	波耽猪安乌

阳平	2	31	田甜从绵麻
上声	3	53	典赌腐里兔
去声	4	213	桂自漫辨饭
入声	5	43	肉得扎独或

（四）音系说明

（1）声母 ts-、tsh-、s-舌位较普通话发音稍后。声母 z-摩擦明显，同标准 z。

（2）n-有 l-的变体，统一记作 n-。声母 ȵ-后带有同部位浊擦音，实为 ȵʑ-。

（3）声母 ŋ-舌面后阻塞明显，鼻气流比较弱。

（4）齐齿呼零声母音节开头带有摩擦音 ʝ-，记音未标出。零声母的-u 韵母的音节开头带有明显的唇齿浊擦音 v-，与其他合口呼零声母的复韵母有明显的不同。

（5）射洪话单元音位置，请看所附"射洪话声学元音图"。

（6）元音 a 作单元音韵母时偏央为 ᴀ，在-an 中偏高，在-iɛn、-yɛn 中偏高记为 ɛ。

（7）元音 e，在韵母-en 中前而高，记为-en；在-uən 中偏央。

（8）元音 u 作单元音韵母时较低，接近元音 o。

（9）鼻音韵尾-n 弱而短，舌尖未抵上齿龈，实际为-aⁿ、-iɛⁿ、-uaⁿ、-yɛⁿ，例如"安、言、万、元"。

（10）射洪话声调调类及调型，请看所附"射洪话声调曲线图"。入声读为 43 或 33，去声调调值为 213，语流中常也读为 13。

（11）射洪话位于岷江官话川北南路话片川中小片，同群组方言有盐亭话、西充话。射洪话保留入声调，如"核"xe5、"律"nu5。一些晓匣母字在单韵母-u 前变读作 f-，如"湖虎户"fu。泥来母洪音字相混，细音字区别，如"男蓝"nan2、"泥"ȵi2、"离"ni2。臻摄舒声合口一三等精组字丢失-u-介音，读为开口，如"村"tshen1、"孙"sen1。射洪话在城乡之间、青年人和老年人之间存在一些差别。城区人和青年人发音模仿普通话和成都话，农村人和老年人则保持旧的发音。晓匣母合口字本地原读为 f-，青年人模仿成都话读为 x-，例如（老年人/青年人）："浑"fen5>xuen2。非组字在 o 元音前原读为 x-，青年人仿成都话读为 f-，例如（老年人/青年人）："蜂风"xoŋ1>foŋ1。此外城乡之间也存在一些差异，农村人假摄开口三等精组见系，麻韵字读为-i，城区人在成都话的影响下改读-ie，例如（农村人/城市人）："且"tɕhi3>tɕhie3。

（何婉、张怡调查，何婉整理）

五十五、蓬溪话音系

声母（20）

p 把败雹　　　　ph 派排　　　　m 谜美墨　　　f 非服胡

t 带道笛　　　　　th 太淘　　　　　　n 南冷拿

ts 子知抓只昨　　tsh 匆耻泽车诚　　　　　　　　s 思师陕石杀　　z 弱挠酿

tɕ 将寂仅局　　　tɕh 趣全汽求　　ȵ 女严　　ɕ 小袖血行

k 共柜　　　　　kh 可狂　　　　　ŋ 偶爱　　x 花荷黑

0 尾耳吴鸦于余

韵母（36）

ʅ 世思十日直石　　i 夜厉骑立列七力昔　　u 普不忽绿　　y 女虽屈菊

ɤ 而耳二

A 那坝法辣　　　　ia 架涯压瞎　　　　　ua 瓦话滑

e 车摄舌核得拆　　ie 爷叶集杰踢　　　　ue 括廓惑获　　ye 瘸阅血

o 哥所喝脱昨壳　　io 脚岳育

ai 代派岩　　　　　iai 解界　　　　　uai 怀衰

ei 倍肥贼　　　　　　　　　　　　　uei 内队贼

au 号爪照敲　　　　iau 狡妖钓敲

əu 头愁肉　　　　　iəu 刘柳救

an 贪凡丹扇　　　　iɛn 蟹贬便　　　　uan 删短还川　　yɛn 掀原渊

en 枕痕凳更　　　　in 今尽应京　　　　uən 困文孕　　yn 寻旬咏

aŋ 芒胖盲项　　　　iaŋ 量江项　　　　uaŋ 庄荒窗

oŋ 某朋猛东　　　　ioŋ 兄凶拥

声调（5）

阴平	1	45	波他支粘妖
阳平	2	41	平团茶尼麻
上声	3	53	点短可惹里
去声	4	224	布度外动士
入声	5	11	必滴约读学

音系说明

（1）声母 ts-、tsh-、s-舌位较普通话发音稍后。声母 z 摩擦明显，同标准 z。

（2）n-有 l-的变体，统一记作 n-。声母 ȵ-后带有同部位浊擦音，实为 ȵʑ-。

（3）声母 ŋ-舌面后阻塞明显，鼻气流比较弱。

（4）齐齿呼零声母音节开头带有摩擦音 j-，记音未标出。

（5）蓬溪话单元音位置，请看所附"蓬溪话声学元音图"。

（6）元音 a 作单元音韵母时偏央为 ʌ，在-an 中偏高，在-au 和-aŋ 前偏后。

（7）元音 e，在韵母-en 中前而高，记为-en；在-uən 中偏央。

（8）鼻音韵尾-n 弱而短，舌尖未抵上齿龈，-an、-uan 实际为-aⁿ、-uaⁿ，-iɛn、-yɛn 实际为-iɛⁿ、-yɛⁿ。

（9）蓬溪话声调调类及调型，请看所附"蓬溪话声调曲线图"。阴平读为 45 或者 34，去声调调值为 224，曲折程度不明显，语流中常也读 23 或 24。

（10）蓬溪县话位于岷江官话川北南路话片川中小片，同群组方言有盐亭话、射洪话、西充话，南充的龙蟠镇话等。蓬溪话假摄开口三等精组见系大多读为-i，如"且"tɕhi3、"写"ɕi3、"野"i3。果摄一等见系开合口字皆读为-o，如"哥"ko1、"课"ko4。蓬溪话青年人和老年人、城市人和农村人之间存在一些差别。青年人发音模仿普通话和成都话发音，乡下人和老年人则保持旧的发音。老年人保留入声调，青年人仿成都话入归阳平，例如（老年人/青年人）："毒"tu5>tu2、"八"pʌ5>pʌ2。一些宕江通摄入声字原读作-io，城市人改读作-ye、-u 或-y，例如（农村人/城市人）："学"ɕio5>ɕye5、"宿"ɕio5>su5、"菊"tɕio5>tɕy2。一些蟹摄见系二等洪音字青年人改读细音字，如"解"kai3>tɕiai3、"鞋"xai2>ɕiai2。一些晓匣母字在单韵母-u 前读作 f-，青年人改读 x-，如"呼"fu1>xu1、"狐"fu2>xu2。

（秦榛、赵丽娟、周亚欧调查，何婉整理）

五十六、遂宁话音系

（一）声母（20）

p 波部白	ph 普婆	m 毛秒末	f 飞伐狐黄
t 朵大读	th 他台	n 努路奶	
ts 左张装芝昨	tsh 搓丑除川城		s 思虱书舌熟　z 日挠酿
tɕ 酒就旧局	tɕh 凄齐丘求	ȵ 女严	ɕ 心囡香形
k 乖跪	kh 口葵	ŋ 蛾安	x 火何风
∅ 味儿五丫雨已			

（二）韵母（36）

ʮ 制师十侄式石	i 些例皮集匹力笛	u 布富骨叔	y 去橘曲
ʮ 儿耳二			
ʌ 大把画拉八	ia 加佳甲瞎	ua 娃卦挖	
e 射涉热核北麦	ie 写页列特	ue 括廓或获	ye 茄雪削
o 可错盒说各提	io 略却学		

ai 台孩坏岩   iai 皆谐   uai 外帅喘

ei 贝回悲挥   uei 对累位轨

au 保貌少敲   iau 巧表叫敲

əu 斗周肉   iəu 留九右

an 南占但扇   iɛn 介减眼前   uan 珊短湾船 yɛn 鲜全犬

en 怎很等冷   in 品民兴命   uən 昆纯孕   yn 寻训荣泳

aŋ 忙肛盲项   iaŋ 两墙讲项 uaŋ 创光双

oŋ 贸朋孟同   ioŋ 兄胸拥

（三）声调（4）

阴平	1	45	巴低渣宽威
阳平	2	41	婆谈菊突立
上声	3	51	板打虎两瓦
去声	4	324	拜饭象妇祸

（四）音系说明

（1）声母 ts-、tsh-、s- 舌位较普通话发音稍后。声母 z 摩擦明显，同标准 z。

（2）声母 n- 有 l 的变体，统一记作 n-。声母 ȵ- 后带有同部位浊擦音，实为 ȵʑ-。

（3）声母 ŋ- 舌面后阻塞明显，鼻气流比较弱。

（4）齐齿呼零声母音节开头带有摩擦音 ʝ-，记音未标出。

（5）遂宁话单元音位置，请看所附"遂宁话声学元音图"。

（6）元音 a 作单元音韵母时偏央为 ʌ，在 -ian、-yan 中偏高记为 -iɛn、-yɛn，在 -au 和 -aŋ 中偏后。

（7）元音 e，在韵母 -en 中前而高，记为 -en；在 -uən 中偏央。

（8）鼻音韵尾 -n 弱而短，舌尖未抵上齿龈，实际为 -aⁿ、-iɛⁿ、-uaⁿ、-yɛⁿ，如"安、言、万、元"。

（9）遂宁话声调调类及调型，请看所附"遂宁话声调曲线图"。阴平读为 35 或者 45，去声调调值为 324，曲折程度明显，语流中常也读为 224 或 24。

（10）遂宁话位于西南官话川渝鄂片川西小片，同群组方言包括成都、德阳、绵阳、南充和资阳等湖广话方言。遂宁话的音系特点有：古庄组、知组、章组和精组合流为 ts-、tsh-、s-，如"资"tsʅ1、"知"tsʅ1、"走"tsəu3、"肘"tsəu3、"周"tsəu1、"丝"sʅ1、"生"sən1、"诗"sʅ1。古入声字归入阳平，如"八"pa2、"甲"tɕia2、"括"khue2。遂宁话在城乡之间、青年人和老年人之间存在一些差别。城区话和青年人发音模仿普通话和成都话，农村人和老年人则保持旧的发音。城区青年人会把一些读 -io 韵母的字（原为入声字）改读 -ye 韵母（与普通话同韵），例如（前农村人后城市人）："悦阅"io2>ye2、"学"ɕio2>ɕye2。城区青年人会把一些读洪音的字（原为二等见系字）改读细音，例如（前农村人后城市人）："解" kai3>tɕiai3、"街" kai1>tɕiai1、"蟹" xai3>tɕiai2、"介" kai4>tɕiai4、"项" xaŋ4>ɕiaŋ4。又城区青年人会把一些读 x-声母的字（原为非组声母字）改读 f-声母（与普通话同），例如（前农村人后城市人）："风" xoŋ1>foŋ1、"凤" xoŋ4>foŋ4；青年人会把一些读 f-声母的字（原为晓匣母字）改读 x-声母（与普通话同），例如（前农村人后城市人）："花" fa1>xua1、"黄" faŋ2>xuaŋ2。

（何婉、张怡调查，何婉整理）

五十七、乐至话音系

（一）声母（21）

p 波罢白	ph 铺爬	m 米明目	f 匪凡呼壶滑　v 武屋误
t 多但敌	th 他驼	n 男路怜	
ts 租杂摘直铡诈振	tsh 错磁抽泽察愁尺		s 塞煞赦时赎　z 日柔
tɕ 节借佳竭	tɕh 妾前恰乾	ȵ 溺业	ɕ 协歇狭谢
k 挂跪	kh 夸狂	ŋ 艾哀	x 火何盒
∅ 味而芽哑粤也			

（二）韵母（36）

ɿ 知汁日食尺	i 比闭集笔极逆	ʊ 猪妇述木	y 居句菊虽
ɚ 儿二耳			
A 那爸纳八	ia 家佳鸭辖	ua 花话刷	
e 射涉设得墨	ie 页猎蝶烈	ue 括扩国	ye 靴血削
o 歌末落桌	io 虐岳欲		
ai 代灾埋爱	iai 皆阶	uai 乖快歪帅衰	
ei 杯悲妃肥		uei 对追吹水	
au 毛槽吵闹	iau 肴苗标挑		
əu 偶抽肉	iəu 流幽		
an 喊占丹山	iɛn 延解界念限鞭	uan 官关软	yɛn 泉冤渊
en 深奔登牲	in 饮尽凝明	uən 昆蠢闻	yn 循训顷荣
aŋ 忙房港	iaŋ 良降	uaŋ 广忘窗	
oŋ 茂棚聪宋丰	ioŋ 兄熊用		

（三）声调（4）

阴平	1	24	疤当师关衣
阳平	2	31	驼年八粒达
上声	3	452	耻把底耳你
去声	4	14	路旧饭惰厚

（四）音系说明

（1）声母 ts-、tsʰ-、s-发音部位偏后，舌尖抵上齿龈，介于北京话的舌尖前音和舌尖后音之间。声母 z-摩擦明显，同标准 z。

（2）声母 n-有 l 的变体，没有音位的对立，统一记作 n-。声母 ŋ-后带有同部位浊擦音，实为 ŋʑ-。

（3）声母 ŋ-只出现在开口呼前，软腭阻塞明显，鼻音气流弱。

（4）齐齿呼零声母音节开头带有摩擦音 j-，韵母为 i 时最明显，记音未标出。零声母 ʋ 的韵母音节开头带有明显的唇齿浊擦音 v-，与其他合口呼零声母韵的音节有明显的不同。撮口呼零声母音节以 y 开头，无摩擦。

（5）乐至（大佛镇）话单元音位置，见"乐至话声学元音图"。

（6）-io、-ioŋ 在音系配合上当为撮口呼-yo、-yoŋ，实际发音已失去圆唇势，成为齐齿韵。

（7）元音 a 作单元音韵母时偏央为 ʌ，在-iɛn、-yɛn 中偏高，在-au 和-aŋ 前偏后。

（8）元音 e 作单元音韵母，在-ue 中时舌位较低，在-ie、-ye、-ei 中舌位较高，在-uən 中舌位偏央。

（9）元音 o 较标准元音低而开。在-əu、-iəu 中元音展唇而偏央。

（10）-an、-iɛn、-uan、-yɛn 的鼻音韵尾弱而短，舌尖未抵住上齿龈，实际为 -aⁿ、-iɛⁿ、-uaⁿ、-yɛⁿ。

（11）-en、-in、-uən、-yn 的鼻音韵尾完整、稳固。

（12）-aŋ、-iaŋ、-uaŋ、-oŋ、-ioŋ 的鼻音韵尾完整。

（13）-ai、-iai、-uai 的韵尾 i 实际为 e，如"歪"uai1＝uae1。ʋ 作韵尾时实际为 ɔ，如"告"kau4＝kɑɔ4、"到"tau4＝tɑɔ4。

（14）乐至（大佛镇）话声调调型及调值的详细情况，见"乐至话声调曲线图"。阴平 24 调在语流中有 34 的变体。

（15）乐至话位于西南官话川渝鄂片川西小片，同群组方言包括成都、德阳、绵阳、南充、遂宁、资阳和安岳等湖广话方言。乐至话不分平翘舌声母。古泥来母字洪音混细音分，如"脑老"nau3、"列"nie2、"业"ŋie2。乐至话受成都话及普通话的影响，在老年人和青年人之间存在一些差异。乡村及城区老年人将部分合口呼晓匣母字声母读为 f-，青年人发音则模仿普通话音读作 xu-，例如（老年人/青年人）："滑" fa2>xua2、"或" fe2>xue2、"汇" fei4>xuei4。一些青少年将入声字按普通话声调发音，如"失"作阴平，"密"作去声，而老年人则统一读作阳平。一些青年人将乐至话的 ŋ-声母字（影疑母开口字）按普通话发作零声母，而老年人则保持旧的读音，例如（老年人/青年人）："艾" ŋai4>ai4、"昂" ŋaŋ2>aŋ2。

（张强调查，陆文美整理）

五十八、安岳话音系

（一）声母（21）

p 波币帛	ph 炮爬	m 买蒙牧	f 非罚户	v 污巫伍屋物
t 刀道独	th 挑塘	n 努炉莲		
ts 姿贼沾找朱贼	tsh 猜层撑巢充		s 丝色输术蜀	z 弱酿
tɕ 剪净韭及	tɕh 戚秦欺权	ɲ 女艺	ɕ 羞嚣嫌寻	
k 孤跪	kh 筷迲	ŋ 偶安	x 贿混或	
Ø 万而御邀粤预				

（二）韵母（36）

ɿ 支湿失值释	i 理旗及必毕籍	u 株拇骨轴	y 举宇欲虽
ɚ 尔二饵			
A 他岔塌铡	ia 嘉佳甲辖	ua 花挂滑刷	
e 遮摄哲北骼	ie 邪妾集铁隙	ue 阔扩或	ye 茄绝削
o 搓窠喝泼络	io 鹊岳戍局		
ai 苔揩买	iai 阶解	uai 摔坏	
ei 陪霉飞匪		uei 崔闺炊	
au 敲钞闹诏	iau 胶较飘标觉		
əu 头舟粥	iəu 油六		
an 蚕陷畔颁	iɛn 衔兼奸荐	uan 酸弯串院	yɛn 泉倦悬
en 甚盆肯烹嫩	in 品频凌情	uən 混伦文	yn 旬军裙咏
aŋ 躺肠港	iaŋ 亮腔讲	uaŋ 荒王桩	
oŋ 猛钟统蜂贸	ioŋ 兄熊用		

（三）声调（4）

阴平	1	45	卑登搜艰幽

阳平	2	31	头奴格极蜡
上声	3	452	短喊讲懒猛
去声	4	14	破倦练负弟

（四）音系说明

（1）声母 n- 有 l 的变体，统一记作 n-。声母 ŋ- 后带有同部位浊擦音，实为 ŋz-。

（2）安岳话声母 ts-、tsh-、s- 发音部位偏后，舌尖抵上齿龈，介于北京话的舌尖前音和舌尖后音之间。声母 z- 摩擦明显，同标准 z。声母 ŋ- 只出现在开口呼前，软腭阻塞明显，鼻音气流弱。

（3）安岳话零声母的 u 韵母的音节开头带有明显的唇齿浊擦音 v-，与其他合口呼零声母韵有明显的不同，记音标出。齐齿呼零声母音节开头带有摩擦音 j-，未记出。

（4）安岳话单元音位置，请参看所附"安岳话声学元音图"。

（5）元音 a 作单元音韵母时偏央为 ʌ，在 -iɛn、-yɛn、-iai 中偏高，在 -au 和 -aŋ 前偏后。

（6）元音 e 在 -ue、-ie、-ye 中舌位较低，在 -en、-ei 中舌位较高，在 -uən 中舌位偏央。

（7）元音 o 较标准元音低而开。在 -əu、-iəu 中元音展唇而偏央。

（8）-en、-in、-uən、-yn 的鼻音韵尾完整、稳固。

（9）-aŋ、-iaŋ、-uaŋ 的鼻音韵尾完整。

（10）i 作韵尾时偏低，实际为 e，如"开"khai1＝khae1。u 作韵尾时偏低，为 ɔ，如"高"kau1＝kaɔ1。-io、-ioŋ 在音系配合上当为撮口呼 -yo、-yoŋ，实际发音已失去圆唇势，成为齐齿韵。

（11）安岳话声调类别和调型，请看所附"安岳话声调曲线图"。阴平 45 有 44 的变体。

（12）安岳话位于西南官话川渝鄂片川西小片，同群组方言包括成都、德阳、绵阳、南充、遂宁、资阳和乐至等湖广话方言。安岳话古晓组声母字在 u 韵母前读 f-，如"户"fu4。声母不分平翘舌音，都读作舌尖前音。古泥来母洪音混细音分，如"努鲁"nu4、"连"niɛn2、"年"ȵiɛn2。安岳话老年人和青年人之间存在一些差异。安岳话影疑母洪音字读作 ŋ- 声母，青年人受普通话的影响读作零声母，如"安"ŋan1>an1（新）、"傲"ŋau4>au4（新）。当地有一些通摄以母字读为零声母，年轻人则按照普通话的音类发音，如"溶容融"ioŋ2>zoŋ2。青年人受到普通话的影响将臻、通摄入声字读为 -y 韵，如"律"lo2>ly2（新）、"绿"lu2>ly2（新）。

（张强调查，李勤整理）

五十九、仪陇话音系

（一）声母（20）

p 爸部脖　　　　ph 坡排　　　　　　m 马忙没　f 夫父户花　　v 污舞午勿

t 朵大夺	th 土途	n 奴来尼吏
ts 灾治渣主杂著	tsh 错才耻茶初愁川	s 苏所暑示树　　z 如挠
tɕ 酒净假极	tɕh 妻齐区乔	ɕ 写虾夏序
k 锅柜	kh 棵葵　　　　　ŋ 偶呕	x 喊号核
ø 尾耳宜娃雨愉		

（二）韵母（36）

ɿ 此汁实直尺　　　i 皮立一逼积　　　ʊ 布妇出绿　　y 女须菊隧
ɚ 尔二耳

A 他巴眨发　　　　ia 家佳压辖　　　　ua 耍挂刮

e 车摄热侧宅　　　ie 爷怯歇墨拍　　　ue 括廓国　　　ye 瘸决雀

o 火盒渴薄握　　　io 乐岳

ai 抬怀街　　　　　iai 界解　　　　　uai 乖帅

ei 媒毁非　　　　　　　　　　　　　uei 内危

au 宝跑超　　　　　iau 教表鸟

əu 透搜肉　　　　　iəu 刘宿

an 贪咸闪丹产饭　　iɛn 监店奸言　　　uan 珊惯院　　yɛn 宣原玄

en 森珍灯争论　　　in 品民应幸　　　uən 滚顺问　　yn 俊云永

aŋ 当长巷　　　　　iaŋ 良讲　　　　　uaŋ 广框撞

oŋ 萌冻农弓谋　　　ioŋ 兄融容

（三）声调（4）

阴平	1	34	波刀知姑音
阳平	2	31	盘门甲纳谍
上声	3	51	把组鼠里美
去声	4	213	播进骂伴下

（四）音系说明

（1）声母 ts-、tsh-、s- 发音部位偏后，舌尖抵上齿龈，介于北京话的舌尖前音和舌尖后音之间，记为平舌音。声母 z- 摩擦明显，同标准 z。

（2）声母 n- 有 l 的变体，统一记作 n-。

（3）声母 ŋ- 软腭阻塞明显，鼻音气流弱。

（4）零声母的 -u 韵母的音节开头，有的带有明显的唇齿浊擦音 v-，与其他合口呼零声母韵有明显的不同，记音标出。齐齿呼零声母音节开头带有摩擦音 ʝ-，未记出。撮口呼音节以 y 开头，无摩擦。

（5）仪陇话单元音位置，见"仪陇话声学元音图"。

（6）元音 a 作单元音韵母时偏央为 ʌ，在-iɛn、-yɛn、-iai 中偏高为 ɛ。

（7）元音 e 作单元音韵母时为-e，在-ue 中舌位较低，在-ie、-ye、-en、-ei 中舌位较高，在-uən 中舌位偏央。

（8）元音 o 较标准元音低而开，在-ue、-uei 中，元音展唇而偏央，实际为 ə。

（9）-an、-iɛn、-uan、-yɛn 的鼻音韵尾弱而短，实际为-aⁿ、-iɛⁿ、-uaⁿ、-yɛⁿ。

（10）-en、-in、-uen、-yn 的鼻音韵尾完整、稳固。

（11）i 作韵尾时偏低，实际为 e，如"台"thai2＝thae2。u 作韵尾时偏低，为 ɔ，如"保"pau3＝pɑɔ3。-io、-ioŋ 在音系配合上当为撮口呼-yo、-yoŋ，实际发音已失去圆唇势，成为齐齿韵。

（12）仪陇话声调类别和调型，请看所附"仪陇话声调曲线图"。

（13）仪陇话位于西南官话川渝鄂片川渝小片的西北端，同群组方言包括广安、岳池、邻水、渠县、大竹、达州、宣汉和开江等湖广话方言。仪陇话泥来母字全混，音系记作 n-。仪陇话内部存在差异，城区人受成都话、普通话影响较大，农村人则比较多的保持旧读。城区人蟹摄开口二等见系字读作-ie，农村人则一般读作-iai，例如（农村人/城区人）："介界戒"tɕiai4>tɕie4。青年人和老年人之间也存在差异。老年人晓匣母合口字旧读 f-，青年人则变为读 x-，例如（老年人/青年人）："花"fa1>xua1（新）、"欢"fan1>xuan1（新）。又老年人影疑母开口洪音字读 ŋ-，青年人变为读零声母，如"岸"ŋan4>an4（新）、"爱"ŋai4>ai4。

（李勤调查，王俊丹整理）

六十、西充话音系

（一）声母（24）

p 疤病白　　　　ph 破牌　　　　m 模面灭　　　f 非坟乎　　　v 乌务午恶

t 对杜毒　　　　th 天图　　　　n 男炉料

ts 字展状证杂　　tsh 粗慈耻迟楚床串　　　　　　s 诉狮手绳是

tʂ 直汁质掷　　　tʂh 秩斥耻吃　　　　　　　ʂ 十室食石　　ʐ 日

tɕ 济就驾竭　　　tɕh 娶秦区旗　　　ɲ 年义　　ɕ 卸戏侠谢

k 固柜　　　　　kh 课葵　　　　　ŋ 崖奥　　　x 好孩活

Ø 亡饵元妖咏异

（二）韵母（38）

ɿ 斯资子　　　　　i 丝姐接急笔列亿昔　　ʊ 赴富叔　　　y 蛆聚玉隧

ʅ 直汁质掷

ɚ 儿二而

A 他骂踏撒	ia 霞佳夹辖	ua 化话刷
e 舍折舌色拍	ie 别去	ue 扩国　　　ye 瘸决
æ 眨涉萨札折瑟啬		
o 何磕割鹤霍	io 掘削确育	
ai 赛楷街	iai 械解	uai 乖衰
ei 杯披妃		uei 最威
au 高吵召	iau 孝摇叫	
əu 走受肉	iəu 休宿	
an 参咸站诞间善	iɛn 监舔颜剪	uan 乱还院　　yɛn 院怨渊
en 针跟曾生寸	in 浸新凌轻	uən 困顺吻　　yn 匀云泳
aŋ 忙昌邦	iaŋ 羊江	uaŋ 晃王撞
oŋ 猛痛综冯谋	ioŋ 兄雄容	

（三）声调（5）

阴平	1	35	标吞中间哀
阳平	2	32	盆田臣人迷
上声	3	51	表底爽礼秒
去声	4	24	报电冒动件
入声	5	33	必国读律虐

（四）音系说明

（1）声母 ts-、tsh-、s-发音部位偏后。tʂ-、tʂh-、ʂh-只在与入声韵-ʅ 相拼时出现。声母 ʐ-偶有变体 z-，如"肉"。

（2）声母 n-有 l 的变体，统一记作 n-。声母 ŋ-后带有同部位浊擦音，实为 ŋz-。

（3）声母 ŋ-软腭阻塞明显，鼻音气流弱。

（4）齐齿呼零声母开头带有摩擦音 j-，记音未标出。零声母的-u 韵母的音节开头，有的带有明显的唇齿浊擦音 v-，与其他合口呼零声母韵有明显的不同，记音标出。撮口呼音节以 y 开头，无摩擦。

（5）西充话单元音位置，见"西充话声学元音图"。

（6）元音 a 作单元音韵母时偏央为 ʌ，在-iɛn、-yɛn、-iai 中偏高为 ɛ，在-au 和-aŋ 前偏后。

（7）元音 e 作单韵母时为-e，在-ue 中时舌位较低，在-ie、-ye、-en、-ei 中舌位较高，在-uən 中舌位偏央。

（8）元音 o 较标准元音低而开，在-ue、-ieu 中，元音展唇而偏央，实际为 ə。

（9）-an、-iɛn、-uan、-yɛn 的鼻音韵尾弱而短，实际为-aⁿ、-iɛⁿ、-uaⁿ、-yɛⁿ。

（10）-en、-in、-uen、-yn 的鼻音韵尾完整、稳固。

（11）i 作韵尾时偏低，实际为 e，如"开"khai1＝khae1。u 作韵尾时偏低，为ɔ，如"猫"mau1＝mɑɔ1。-io、-ioŋ 在音系配合上当为撮口呼-yo、-yoŋ，实际发音已失去圆唇势，成为齐齿韵。

（12）西充话声调类别和调型，请看所附"西充话声调曲线图"。

（13）西充话位于岷江官话川北南路话片川中小片，同群组方言有射洪话、盐亭话等南路话方言。西充话深臻曾梗摄知系入声字读卷舌声母，如"直耻十日"。麻三精见组字韵母读-i，如"姐"tɕi3、"爷"i2、"谢"çi4。西充话内部存在差异，城区人受成都话、普通话影响较大，农村人则比较多的保持旧读。咸山摄开口呼三四等帮端见系入声字，农村人保持旧读作-i，城区人则受普通话影响读-ie，例如（农村人/城区人）："接"tɕi5>tɕie5、"撇"phi5>phie5、"结"tɕi5>tɕie5、"列"ni5>nie5。老派西充话唇音声母拼-i 韵时，增生过渡擦音，如"皮"phzʐ2、"米"mzʐ3。青年人和老年人之间也存在差异，老年人一般保持旧读，而青年人则受普通话影响变新读，例如（老年人/青年人）："间"kan1>tɕiɛn1（新）、"院"uan4>yɛn4（新）。

（唐毅调查，王俊丹整理）

六十一、蓬安话音系

（一）声母（21）

p 补币别　　　　ph 品培　　　　m 每鸣穆　f 分乏互混　　v 污无悟屋物

t 低待笛　　　　th 拖亭　　　　n 奴露联

ts 灾字追争珠侄　tsh 粗惭超柴春　　　　　　s 司瑟舒食蜀　z 若酿

tɕ 剿净久掘　　　tɕh 切情圈旗　　　nʑ 女疑　ç 仙嬉型徐

k 歌共　　　　　kh 楪遂　　　　ŋ 偶淹　x 伙焊鹤

ø 未而雁伊越焰

（二）韵母（36）

ʅ 芝汁室织石　　i 李提立必笛　　u 牡株律独　　y 序羽蓄遂

ɚ 尔二耳

A 大坝塌罚　　　ia 加崖恰辖　　　ua 夸挂刷

e 奢摄浙德格　　ie 斜劫切肋魄　　ue 阔扩国　　ye 靴缺削

o 波膜合夺骆　　io 略岳狱

ai 材该皆　　　　iai 阶解　　　　　uai 衰乖

ei 培楣非废　　　　　　　　　　　uei 推雷龟愧

au 糟膏罩　　　　　iau 交酵焦料嚼

əu 兜州粥　　　　　iəu 留<u>六</u>

an 南<u>陷</u>绊山　　　iɛn 严嫌艰健　　uan 端顽篆串　　yɜn 拳眷眩

en 沈尊肯牲钝　　　in 金贫凭庭　　　uən 捆唇蚊　　yn 循君泳

aŋ 挡防巷　　　　　iaŋ 亮降腔　　　uaŋ 汪狂双

oŋ 碰攻宗枫谋　　　ioŋ 兄雄勇

（三）声调（4）

阴平	1	35	疤刀蔬肝因
阳平	2	41	弹能角突辣
上声	3	53	短享滚冷勉
去声	4	215	配健料妇待

（四）音系说明

（1）声母 n-有 l 的变体，统一记作 n-。声母 ŋ-后带有同部位浊擦音，实为 ŋʑ-。

（2）声母 ts-、tsʰ-、s-发音部位偏后。声母 z-摩擦明显，同标准 z。

（3）声母 ŋ-只出现在开口呼前，软腭阻塞明显，鼻音气流弱。

（4）零声母的 u 韵母的音节开头带有明显的唇齿浊擦音 v-，与其他合口呼零声母韵有明显的不同，记音标出。齐齿呼零声母音节开头带有摩擦音 j-，未记出。撮口呼音节以 y 开头，无摩擦。

（5）蓬安话单元音位置，请参看所附"蓬安话话声学元音图"。

（6）元音 a 作单元音韵母时偏央为 ʌ，在-iɛn、-yɜn、-iai 中偏高。

（7）元音 e 在-ue 中时舌位较低，在-uən 中舌位偏央。

（8）元音 o 较标准元音低而开，在-əu、-iəu 中元音展唇而偏央。

（9）-an、-iɛn、-uan、-yɜn 的鼻音韵尾弱而短，舌尖未抵上齿龈，实际为-aⁿ、-iɛⁿ、-uaⁿ、-yɜⁿ。

（10）-en、-in、-uən、-yn 的鼻音韵尾完整、稳固。

（11）-aŋ、-iaŋ、-uaŋ 的鼻音韵尾完整。

（12）蓬安话声调类别和调型，请看所附"蓬安话声调曲线图"。

（13）蓬安话位于西南官话川渝鄂片川西小片的东端，同群组方言包括成都、德阳、绵阳、南充、遂宁和资阳等湖广话方言。蓬安话内部存在一些差异。老年人将中古的晓匣母合口字读为唇齿清擦音 f-，如"混" fən4、"皇" faŋ2 等，青年人受普通话的影响，将大部分的晓匣母合口字读 xu-，如"划" faⁱ1>xuʌ1、"汇" fei4>xuei4。青年人受普通话的影响，将原来的平舌音字（知系字）改读翘舌音，例如（青年人/

老年人）："郑" tʂen4<tsen4，"柴" tʂhai2<tshai2。影疑母开口字老年读 ŋ-声母，青年人读零声母，例如（青年人/老年人）：岸 an4<ŋan4。

（李敏调查，李勤整理）

六十二、南充金台话音系

（一）声母（21）

p 波部别	ph 坡牌	m 妈慢蜜	f 飞泛湖	v 乌巫吴屋
t 多待碟	th 推唐	n 哪来厉		
ts 租住助遮侄	tsh 粗丑窗扯族		s 私傻书示殊	z 惹
tɕ 焦聚家及	tɕh 且前溪奇	ȵ 女严	ɕ 写靴夏徐	
k 哥共	kh 夸狂	ŋ 我爱	x 花禾滑	
∅ 尾儿鹅鸦于与				

（二）韵母（36）

ɿ 支十日植石	i 比立悉即液	ʊ 朱母不六	y 吕取足遂
ɚ 儿二而			
ᴀ 他巴插抹	ia 加价押瞎	ua 瓜挂袜	
e 蛇涉折色百	ie 姐叶集切洁	ue 括扩国	ye 靴月
o 波合夺博卓	io 倔掠角浴		
ai 待拜鞋	iai 阶解	uai 乖衰	
ei 杯废卑飞		uei 堆睡	
au 保抄猫	iau 交标聊		
əu 偷抽肉	iəu 留		
an 男咸占敢产反	iɛn 减念眼边	uan 端幻院	yɛn 全元犬
en 沉衬层存	in 琴敏冰姓	uən 昆春蚊	yn 迅君永
aŋ 帮方巷	iaŋ 相江	uaŋ 光框撞	
oŋ 宏动宋风否	ioŋ 兄熊容		

（三）声调（4）

阴平	1	34	巴都知歌衣
阳平	2	31	婆磨答捏集
上声	3	452	把朵丑果米

去声	4	214	破付就杜社

（四）音系说明

（1）声母 ts-、tsh-、s-发音部位偏后，舌尖抵上齿龈。声母 z-摩擦明显，同标准 z。

（2）声母 n-有 l-的变体，统一记作 n-。声母 ŋ-后带有同部位浊擦音，实为 ŋʑ-。

（3）声母 ŋ-软腭阻塞明显，鼻音气流弱。

（4）零声母的-u 韵母的音节开头，有的带有明显的唇齿浊擦音 v-，与其他合口呼零声母韵有明显的不同，如"无巫务雾物勿吴梧蜈乌污屋"，记音标出。齐齿呼零声母音节开头带有摩擦音 ʝ-，未记出。撮口呼音节以 y 开头，无摩擦。

（5）南充金台话单元音位置，见"南充金台话声学元音图"。

（6）元音 a 作单元音韵母时偏央为 ʌ，在-iɛn、-yɛn、-iai 中偏高，在-au 和-aŋ 中偏后。

（7）元音 e 在 ue 中时，舌位较低，在-ie、-ye、-en、-ei 中舌位较高，在-uən 中舌位偏央。

（8）元音 o 较标准元音低而开，在-ue、-iəu 中元音展唇而偏央。

（9）-an、-iɛn、-uan、-yɛn 的鼻音韵尾弱而短，实际为-aⁿ、-iɛⁿ、-uaⁿ、-yɛⁿ。

（10）-en、-in、-uən、-yn 的鼻音韵尾完整、稳固。

（11）i 作韵尾时偏低，实际为 e，如"开"khai1＝khae1。u 作韵尾时偏低，为 ɔ，如"高"kau1＝kaɔ1。-io、-ioŋ 在音系配合上当为撮口呼-yo、-yoŋ，实际发音已失去圆唇势，成为齐齿韵。

（12）南充金台话声调类别和调型，请看所附"南充金台话声调曲线图"。

（13）南充金台话属于西南官话川渝鄂片川西小片，同于南充市的主要方言，同群组方言包括成都、德阳、绵阳、遂宁和资阳等湖广话方言。南充金台话声母不分平翘舌音，都读作舌尖前音。古泥来母洪音混细音分，如"脑老"nau3、"连"niɛn2、"严"ŋiɛn2。古晓组声母字在 u 韵母前读 f-，如"胡"fu2。南充金台话内部存在差异，城区人受成都话、普通话影响较大，农村人则比较多的保持旧读。臻摄精组一三等合口字，农村人保持旧读作-en，城区人在普通话影响下新读为-uen，例如（前农村人后城区人）："寸"tshen4＞tshuən4、"孙"sen1＞suən1、"笋损榫"sen3＞suən3。同时，受普通话影响，青年人和老年人之间也存在差异。老年人一般保持旧读，而青年人则是新读，例如（前老年人后青年人）："咸"xan2＞ɕiɛn2（新）、"院"uan4＞yɛn4（新）。

（李敏调查，王俊丹整理）

六十三、南充龙蟠话音系

（一）声母（25）

p 波步白	ph 坡婆	m 米麻末	f 夫符胡	v 乌无吴物
t 多大叠	th 拖途	n 挪罗例		
ts 栽自致稚淬制直	tsh 雌疵痴迟厕齿		s 赛傻赊蛇逝	z 惹
tʂ 左坐猪著阻助煮杂	tʂh 搓才超潮参床昌		ʂ 锁沙书顺纯	ʐ 如
tɕ 姐剂鸡及	tɕh 且齐区奇	ȵ 泥艺	ɕ 些虚谐续	
k 歌柜	kh 可狂	ŋ 我哀	x 火荷盒	
Ø 微儿外椅位摇				

（二）韵母（39）

ɿ 紫执侄直赤	i 姐彼泣逼癖	u 补母佛独	y 女趋菊
ʅ 世石			
A 他巴拉撒	ia 家佳狭轧	ua 耍娃挖	
æ 搭达咳	iæ 夹甲瞎	uæ 滑刷划	
e 者折哲北百	ie 聂立别笔匣	ue 括廓国	ye 薛月倔爵
ə 儿二而			
ɤ 歌鸽割胳格			
o 多入拨博剥	io 略觉役宿		
ai 呆拜摆介		uai 衰乖	
ei 碑飞杯废		uei 堆最嘴垒	
au 保包超	iau 交标刁		
əu 斗昼	iəu 扭宿勾		
an 耽丹当扛	iɛn 减艰娘江	uan 短顽晚	yɛn 全劝犬
en 怎吞登彭奔	in 禀彬冰行	uən 昆准文	yn 俊君荣
aŋ 帮方邦盲		uaŋ 光庄桩端	
oŋ 烹篷东否	ioŋ 兄穷胸		

（三）声调（5）

阴平	1	35	波多楂家鸦
阳平	2	32	驼挪罗蛾何

上声	3	41	跛左果马哪
去声	4	14	个那大舵破
入声	5	44	搭沓纳扎夹

（四）音系说明

（1）声母 tʂ-、tʂh-、ʂ-发音部位偏前，舌尖抵上齿龈，介于北京话的舌尖前音和舌尖后音之间。

（2）声母 n-有 l 的变体，统一记作 n-。声母 ɳ-后带有同部位浊擦音，实为 ɳʐ-。声母 ŋ-只出现在开口呼前，软腭阻塞明显，鼻音气流弱。

（3）零声母 u 韵母的音节开头带有明显的唇齿浊擦音 v-，与其他合口呼零声母韵有明显的不同，记音标出。齐齿呼零声母音节开头带有摩擦音 j-，未记出。

（4）龙蟠话单元音位置，请参看所附"龙蟠话声学元音图"。

（5）a 元音作单元音韵母时为 ʌ，作入声韵时偏前高实际为 æ，在-iɜi、-yɛn 中偏高为 ɛ。

（6）元音 e 在-ie、-ue、-ye、-ei、-uei、-en 中舌位较高，在-uən 中舌位偏央。

（7）元音 o 较标准元音低而开，在-ɯe、-iəu 中元音展唇而偏央。

（8）-an、-iɛn、-uan、-yɛn 的鼻音韵尾完整、稳固。

（9）-en、-in、-uən、-yn 的鼻音韵尾完整、稳固。

（10）-aŋ、-uaŋ 的鼻音韵尾完整、稳固。

（11）i 作韵尾时偏低，实际为 e，如"呆"tai1 = tae1。u 作韵尾时偏低，在-au 中为 ɔ，如"褒"pau1 = pɑɔ1。

（12）-io、-ioŋ 在音系配合上当为撮口呼-yo、-yoŋ，实际发音已失去圆唇势，成为齐齿韵。

（13）龙蟠话声调类别和调型，请看所附"龙蟠话声调曲线图"。去声调在语流中，已经失去下凹，成为 14 调。

（14）南充龙蟠镇话位于岷江官话川北南路话片川中小片，是南充市的次要方言。同群组方言有盐亭话、射洪话、西充话和蓬溪县话等南路话方言。南充龙蟠话音系分平翘舌，但是部分精组字和知系字有混淆。少数知系字读平舌音 ts-、tsh-、s-，如"滞制知蜘支"；少数精组字读翘舌音 tʂ-、tʂh-、ʂ-，如"搓锉粗醋措"。麻三精见组字韵母读 i，如"姐"tɕi3、"爷"i2、"谢"ɕi4。龙蟠话是保持入声调的方言。在当代普通话和地区通语成都话影响下，南充龙蟠话内部发生变化、存在差异。城区人受成都话、普通话影响较大，农村人则比较多的保持旧读。通摄入声韵，农村人保持旧读作 o，城区人改读 u 韵，例如（农村人/城区人）："竹"tso5>tsu5、"出"tsho5>tshu5、"骨"ko5>ku5。同时，青年人和老年人之间也存在差异。老年人一般保持旧读，而青年人则是新读，例如（老年人/青年人）："安"ŋan1>an1、"狗"kiəu3>kəu3、"遮"tʂei1>tse1。

（青杉调查，青杉整理）

六十四、岳池话音系

（一）声母（21）

p 奔鼻白	ph 玻蒲	m 描某目	f 夫符虎湖	v 乌无五屋
t 丹度读	th 胎陶	n 乃罗粒		
ts 资族桌治札炸职	tsh 擦慈撤择插巢齿		s 锁洒摄拾示	z 热扰
tɕ 姐聚假及	tɕh 切齐缺琴	ȵ 年蚁	ɕ 卸牺匣席	
k 刮共	kh 颗葵	ŋ 我挨	x 喝话合	
∅ 袜耳涯鸭于叶				

（二）韵母（36）

ɿ 私执室职适	i 你齐急悉力昔	ʊ 布浮突烛	y 鱼拘郁穗
ɚ 儿而耳			
ʌ 大茶拉撒	ia 虾涯押辖	ua 化画滑	
e 摄哲撤德柏	ie 野帖列	ue 括扩国	ye 靴绝血
o 哥河弱捉	io 雀学脚		
ai 带蔡排鞋	iai 界介	uai 快衰帅	
ei 贝臂非肺		uei 蜕惠嘴鬼	
au 高抛茅稍	iau 教飘雕掉		
əu 走周肉	iəu 酒丢		
an 胆帆般善	iɛn 衔点辨艰	uan 酸弯船	yɛn 卷远犬
en 针顿能正萤	in 吟因兴并	uən 魂顺纹	yn 均熏倾
aŋ 堂方巷	iaŋ 央江	uaŋ 黄亡双	
oŋ 迸篷冬终	ioŋ 兄融勇		

（三）声调（4）

阴平	1	24	波多遮锅衣
阳平	2	31	田民国夺杂
上声	3	452	比古匪与马
去声	4	213	派外变稻受

（四）音系说明

（1）声母 ts-、tsh-、s- 发音部位偏后，介于北京话的舌尖前音和舌尖后音之间。

声母 z-摩擦明显，同标准 z。

（2）声母 n-有 l 的变体，无区别意义作用，统一记作 n-。声母 ŋ-后带有同部位浊擦音，实为 ŋʑ-。

（3）声母 ŋ 只出现在开口呼前，软腭阻塞明显，鼻音气流弱。

（4）齐齿呼零声母音节开头带有摩擦音 j-，韵母为 i 时最明显，记音未标出。零声母-ʋ 的韵母音节开头带有明显的唇齿浊擦音 v-，与其他合口呼零声母韵的音节有明显的不同。撮口呼零声母音节以 y 开头，无摩擦。

（5）岳池话单元音位置，见"岳池话声学元音图"。

（6）-io、-ioŋ 在音系配合上当为撮口呼-yo、-yoŋ，实际发音已失去圆唇势，成为齐齿韵。

（7）元音 a 作单元音韵母时偏央为 ʌ，在-an 中偏高为 æ，在-iɑʒ、-yɤʒ 中偏高记为-ɛ，在-au 和-aŋ 前偏后。

（8）元音 e 在-ue 中时舌位较低近 ɛ，在-ie、-ye、-ei 中舌位较高，在-uən 中舌位偏央。

（9）元音 o 较标准元音低而开。在-ʋe、-iʋu 中元音展唇而偏央。

（10）-an、-iɛn、-uan、-yɛn 的鼻音韵尾弱而短，舌尖未抵住上齿龈，实际为-aⁿ、-iɛⁿ、-uaⁿ、-yɛⁿ。

（11）-en、-in、-uən、-yn 的鼻音韵尾完整、稳固。

（12）-aŋ、-iaŋ、-uaŋ、-oŋ、-ioŋ 的鼻音韵尾完整。

（13）i 作韵尾时实际为 e，如"乖"kuai1＝kuae1。-au、-ʋu 的韵尾实际为 ɔ，如"保"pau3＝pɑɔ3。

（14）岳池话声调调型及调值的详细情况，见"岳池话声调曲线图"。去声 214 在语流中往往失去下凹，成为 14 或 13 调。

（15）岳池话属于西南官话川渝鄂片川渝小片，同群组方言包括广安、仪陇、邻水、渠县、大竹、达州、宣汉、开江等湖广话方言。岳池话声母不分平翘舌音，都读作舌尖前音。古泥来母洪音混细音分，如"男蓝"nan2、"连"niɛn2、"年"ŋiɛn2。岳池话内部青年人和老年人之间一些发音有差别。老年人的发音更守旧，青年人则受普通话及成都话的影响较多。青年人将部分蟹摄二等字由洪音读为细音，如"鞋"xai2>ɕie2（新）、"街"kai1>tɕie1（新）。青年人将部分泥来母蟹摄一等合口以及止摄三等合口字由合口呼读为开口呼，如"雷"nuei2>nei2（新）、"泪"nuei4>nei4（新）。以下例字前一音为老年人的发音，后一音为青年人在普通话影响下的新读音："茂贸"moŋ4>mau4（新）、"危微"uei2>uei1（新）、"做"tsʋ4>tso4（新）、"披批"phei1>phi1（新）、"六"nʋ2>niʋu2（新）。一些青年人将岳池话的 ŋ-声母字按普通话发作零声母，如"鹅"ŋo2>o2（新）、"藕"ŋʋu3>əu3（新）、"熬"ŋau2>au2（新）。

（刘慧调查，陆文美整理）

六十五、广安话音系

（一）声母（20）

p 疤部白	ph 坡爬	m 米蔓木	f 肤浮户	ɸ 无务五
t 低地毒	th 天桃	n 奴来泥		
ts 左昨猪阻着助之	tsh 搓瓷超茶叉柴扯		s 蓑沙舍誓蚀	z 惹乳
tɕ 借聚贾极	tɕh 窃才却拳		ɕ 泄希辖袭	
k 瓜共	kh 壳狂	ŋ 额爱	x 火华滑	
∅ 未儿雅押雨夜				

（二）韵母（36）

ʅ 资十失植石	i 彼弊粒密息碧	ʊ 谱负术蜀	y 女雨玉遂
ɚ 儿二而			
A 他巴塔辣	ia 加涯夹瞎	ua 瓦卦刮	
e 蛇舌彻北百	ie 爷接写铁	ue 括国阔	ye 靴决削
o 哥活割脱错	io 略掠学虐		
ai 戴袋拜矮	iai 阶解	uai 外乖槐怪	
ei 梅每卑飞		uei 堆雷桂追	
au 刀陶包潮	iau 交巧表跳		
əu 偷搜肉	iəu 久六		
an 甘陷扳反	iɛn 监店奸仙	uan 团幻专	yɛn 全园玄
en 沉本等生	in 音民冰定	uən 困春文	yn 俊运营
aŋ 唐长巷	iaŋ 向讲	uaŋ 汪王撞	
oŋ 亩孟蒙统充	ioŋ 兄穷用		

（三）声调（4）

阴平	1	35	巴端山官衣
阳平	2	41	池牙答昨欲
上声	3	451	绑典你李耳
去声	4	325	罢帝外弟混

（四）音系说明

（1）声母 ts-、tsh-、s- 发音部位偏后，介于北京话的舌尖前音和舌尖后音之间。

声母 z-摩擦明显，同标准 z。

（2）声母 n-有 l 的变体，没有音位的对立，统一记作 n-。

（3）声母 ŋ-只出现在开口呼前，软腭阻塞明显，鼻音气流弱。

（4）齐齿呼零声母音节开头带有摩擦音 ʝ-，韵母为 i 时最明显，记音未标出。零声母-o、-ʋ 韵母音节开头带有明显的双唇清擦音 ɸ，与其他合口呼零声母韵的音节有明显的不同。

（5）广安话单元音位置，见"广安话声学元音图"。

（6）-io、-ioŋ 在音系配合上当为撮口呼-yo、-yoŋ，实际发音已失去圆唇势，成为齐齿韵。

（7）元音 a 作单元音韵母时偏央为 ʌ，在-an 中偏高，在-iɛn、-yɛn 中偏高。

（8）元音 e 在-ue 中时舌位较低，在-ie、-ye、-ei 中舌位较高，在-uən 中舌位偏央。

（9）元音 o 较标准元音低而开。在-ʋu、-iʋu 中元音展唇而偏央。

（10）-an、-iɛn、-uan、-yɛn 的鼻音韵尾弱而短，舌尖未抵住上齿龈，实际为 -aⁿ、-iɛⁿ、-uaⁿ、-yɛⁿ。

（11）-en、-uən 的鼻音韵尾较弱。-in、-yn 的鼻音韵尾完整。

（12）-aŋ、-iaŋ、-uaŋ、-oŋ、-ioŋ 的鼻音韵尾完整。

（13）-ai、-iai、-uai 的韵尾 i 实际为 e，如"灾"tsai1＝tsae1。ʋ 作韵尾时实际为 ɔ，如"宝"pau3＝pɑɛ3、"陶"thau2＝thɑɔ2。

（14）广安话声调调型及调值的详细情况，见"广安话声调曲线图"。阴平调在语流中有 34 的变体。

（15）广安话属于西南官话川渝鄂片川渝小片，同群组方言包括仪陇、邻水、岳池、渠县、大竹、达州、宣汉、开江等湖广话方言。广安话古晓组声母字在 u 韵母前读 f-，如"户"fu4。广安话不分平翘舌声母，古精组和知系字全读平舌音。古泥来母字全混，如"老脑"nau3、"离泥"ni2。广安话在老年人和青年人中存在一些语音差异。受普通话和成都话影响，青年人发音有一些变化。青年人将一些宕江摄入声字韵母改变读音读作-ye，而老年人则保持旧音读作-io，如"却"tɕhio2＞tɕhye2、"学"ɕio2＞ɕye2、"爵"tɕio2＞tɕye2。一些青少年将入声字按普通话声调发音，如"贴"作阴平，"渴"作上声，而老年人则统一读作阳平。一些青年人将广安话的 ŋ-声母字（影疑母洪音字）按照普通话发音作零声母，如"哀"ŋai1＞ai1（新）、"奥"ŋau4＞au4（新）、"岸"ŋan4＞an4（新）。

（刘慧调查，陆文美整理）

六十六、邻水话音系

（一）声母（21）

p 爸败白　　　　ph 品皮　　　　m 妈盟木　f 傅乏虎狐　　v 舞乌悟

t 刀大叠　　　　　　th 添道　　　　　　　　n 那洛联系

ts 再坐知佺闸渣震　　tsh 此才趁池册馋赤　　　　　　　　s 撒纱赊匙神　　z 入肉

tɕ 接就嘉局　　　　　tɕh 且钱掐球　　　ɲ 捏孽　　　　ɕ 雪瞎霞斜

k 卦柜　　　　　　　kh 科葵　　　　　　ŋ 碍癌　　　　x 花河核

ø 微二牙阿越页

（二）韵母（37）

ʅ 姿湿实直赤　　　　i 里济立疾翼益　　　ʊ 步富出读　　　y 吕驹育
ɚ 尔二耳

A 他拿塔杀　　　　　ia 假涯甲瞎　　　　ua 瓜华挖

e 社折北格　　　　　ie 也蝶泄　　　　　ue 阔国或　　　ye 靴薛血

o 果盒各恶　　　　　io 鹊确约学　　　　　　　　　　　yu 旭菊

ai 代太斋筛　　　　　iai 介解　　　　　　uai 外怪歪帅

ei 杯碑非美　　　　　　　　　　　　　　uei 堆规类危

au 道豹照朝　　　　　iau 孝条调钓

əu 奏舟肉　　　　　　iəu 又六

an 耽凡斑然　　　　　iɛn 监甜编篇　　　uan 暖惯川　　yɛn 眷元渊

en 森钝等贞　　　　　in 阴巾陵星　　　　uən 棍准蚊　　yn 迅君荣永

aŋ 帮胖盲　　　　　　iaŋ 强腔　　　　　uaŋ 光王霜

oŋ 谋萌董宗风　　　　ioŋ 兄雄用

（三）声调（5）

阴平	1	35	班颠尖龟生
阳平	2	31	婆拿融逃男
上声	3	341	保九李母打
去声	4	214	派旧利父杜
入声	5	323	八笔不独滴

（四）音系说明

（1）声母 ts-、tsh-、s-发音部位偏后，介于北京话的舌尖前音和舌尖后音之间。声母 z-摩擦明显，同标准 z。

（2）声母 n-有 l 的变体，没有音位的对立，统一记作 n-。声母 ɲ-后带有同部位浊擦音，实为 ɲʑ-。

（3）声母 ŋ-只出现在开口呼前，软腭阻塞明显，鼻音气流弱。

（4）齐齿呼零声母音节开头带有摩擦音 j-，韵母为 i 时最明显，记音未标出。零声母-ʋ 的韵母音节开头带有明显的唇齿浊擦音 v-，与其他合口呼零声母韵的音节有明显的不同。

（5）邻水（东槽）话单元音位置，见"邻水话声学元音图"。

（6）-io、-ioŋ 在音系配合上当为撮口呼-yo、-yoŋ，实际发音已失去圆唇势，成为齐齿韵。

（7）元音 a 作单元音韵母时偏央为 ɐ，在-an 中偏高实际为 æ，在-iɛ̃、-yɛ̃ 中偏高。

（8）元音 e 在-ue 中舌位较低，在-ie、-ye、-ei 中舌位较高，在-uən 中舌位偏央。

（9）元音 o 较标准元音低而开。

（10）i 作韵尾时偏低，为 e，如"败"pai4＝pae4。ʋ 作韵尾时较低，为 ɔ，如"包"pau1＝pɑɔ1。

（11）-an、-iɛn、-uan、-yɛn 的鼻音韵尾弱而短，舌尖未抵住上齿龈，实际为-aⁿ、-iɛⁿ、-uaⁿ、-yɛⁿ。

（12）-en、-in、-uən、-yn 的鼻音韵尾完整、稳固。

（13）-aŋ、-iaŋ、-uaŋ、-oŋ、-ioŋ 的鼻音韵尾完整。

（14）邻水（东槽）话声调调型及调值的详细情况，见"邻水话声调曲线图"。阳平调31，有21变体。上声调341有441变体。邻水话入声调值近于去声。

（15）邻水县按地形分为东槽和西槽两区，方言分别为入声独立和入归阳平两种类型。本书所记为邻水（东槽）话，属入声独立类型。邻水西槽话则属于西南官话川渝鄂片川渝小片，同群组方言包括、仪陇、邻水、岳池、渠县、大竹、达州、宣汉、开江等湖广话方言[1]。邻水（东槽）话在青年人与老年人之间存在一些差异。在邻水乡村和城区部分老年人中，古入声字读入声调，保持比较完整。一些青年人将入声字按成都话声调读作阳平调，而老年人则读作入声，如"匣滑责盒昨"等字。一些变化则是近十多年来受普通话影响的结果。青年人将部分臻摄合口一、三等字读成合口呼，而老年人则保持旧音读成开口呼，如"村"tshen1>tshuən1、"寸"tshen4>tshuən4、"笋"sen3>suən3。一些青年人将邻水话的 ŋ-声母字（影疑母洪音字）按普通话发作零声母，如"安"ŋan1>an1（新）、"岸"ŋan4>an4（新）。

（刘慧调查，陆文美整理）

六十七、南江话音系

（一）声母（26）

p 剥把白　　　　ph 胚劈旁　　　　m 磨暮麦　　　f 肤凡呼

---

[1] 详见夏晓《四川邻水县方言音系差异研究》，《语言历史论丛》第十八辑，巴蜀书社 2022 年。

t 堵堕达　　　　　th 拖踢题　　　　　l 南雷裂

ts 左借杂责　　　　tsh 撮瓷测　　　　　　　　　s 撒斜瑟

tʂ 哲滞札铡者　　　tʂh 撤池柴扯酬　　　　　　ʂ 瘦蝉湿术　　　ʐ 饶热

tɕ 家杰　　　　　　tɕh 怯茄　　　　ȵ 念业　　ɕ 瞎夏

tʃ 焦绝　　　　　　tʃh 七齐　　　　　　　　　ʃ 息旬

k 阁柜　　　　　　kh 壳葵　　　　ŋ 藕安　　x 灰壶或

Ø 无而月要粤页

（二）韵母（39）

ɿ 雌姊滋　　　　　i 蔽彼粒必亿击　　u 谱牡物目　　y 旅取虽育

ʅ 制蜘湿实直尺

ɚ 儿二而

ʌ 那霸搭拔　　　　ia 加佳夹瞎　　　ua 耍卦袜

e 赦接节则择　　　ie 也叶鳖肋猎　　ue 阔扩或　　ye 靴绝削

o 播拨博戳　　　　io 虐觉

ɤ 哥鸽渴阁壳

ai 胎斋钗　　　　　iai 阶解　　　　uai 块帅

ei 辈臂妃　　　　　　　　　　　　uei 推内类微

au 堡跑敲照　　　　iau 搅飘貂

ou 痘舟　　　　　　iou 牛六

an 胆沾丹产　　　　iɛn 敛兼篇天　　uan 鸳湾砖院　yɛn 眷劝悬

en 斟笨损能等　　　in 寝辛鹰赢　　uən 棍唇蚊　　yn 俊群倾

aŋ 榜芳棒　　　　　iaŋ 粮讲　　　　uaŋ 广床双

əŋ 贸孟枫峰

oŋ 董冬垄　　　　　ioŋ 兄容熊涌

（三）声调（5）

阴平	1	44	巴都初刚希
阳平	2	31	平题池葵宜
上声	3	51	比底耍米雅
去声	4	313	帝暴貌抱弟
入声	5	32	碧答逐及袜

（四）音系说明

（1）声母 ph- 和 m- 在舌面前高元音 i 前摩擦较重，有自由变体 phʑ- 和 mʑ-，大多时候为 ph-，统一记作 ph- 和 m-。

（2）声母 ts-、tsh-、s- 发音部位偏后，舌尖抵上齿龈。

（3）声母 l- 有 n 的变体，大多时候为 l-，统一记作 l。声母 ȵ- 后带有同部位浊擦音，实为 ȵʑ-。

（4）声母 ŋ- 只出现在开口呼前，软腭阻塞明显，鼻音气流弱。

（5）南江话零声母的 -u 韵母的音节开头无明显的摩擦。齐齿呼零声母音节开头无明显的摩擦。撮口呼音节以 y 开头，无摩擦。

（6）南江话单元音位置，请参看所附"南江话声学元音图"。

（7）元音 a 作单元音韵母以及在 -an、-uan 中时偏央为 ʌ，在 -iɛn、-yɛn、-iai 中靠前为 ɛ，在 -au 和 -aŋ 前偏后为 ɑ。

（8）元音 e 在 -ie、-ue、-ye 中舌位较高为 e，在 -ei、-uei、-en、-uən 中舌位偏央为 ə。

（9）元音 o 较标准元音低而开，在 -oŋ 中，元音展唇而偏央，实际接近 ə。

（10）-an、-iɛn、-uan、-yɛn 的鼻音韵尾完整、稳固。

（11）-en、-in、-uən、-yn 的鼻音韵尾完整、稳固。

（12）-aŋ、-iaŋ、-uaŋ 的鼻音韵尾完整、稳固。

（13）i 作韵尾时偏低，实际为 e，如"快"khuai4＝khuae4。u 作韵尾时偏低，在 -au 中为 ʌ，如"考"khau3＝khɑʌ3，在 -əu 中为 ɯ，如"抖"thəu3＝thəɯ3。

（14）-io、-ioŋ 在音系配合上当为撮口呼 -yo、-yoŋ，实际发音已失去圆唇势，成为齐齿韵。

（15）南江话声调类别和调型，请看所附"南江话声调曲线图"。阴平有自有变体 34。去声 313 在语流中，往往失去下凹，成为 13 调。

（16）南江话属于西南官话川渝鄂片川北小片方言，同群组方言还有巴州区、恩阳区、平昌县、通江县、万源县等地的方言。南江话语音特征如下。声母方面，非晓组声母在韵母 -u 前，非组字读 f-，晓组字多读 x-，个别与非组相混，如"户"fu4/xu4（旧）。泥来母字洪混细分，泥疑母细音字前通常读 ȵ-，如"娘"ȵiaŋ2/niaŋ1（口）、"蚁"ȵi2。分平翘舌音，知系字大部分读翘舌，精组字大部分读平舌，如"伤"ʂaŋ1≠"桑"saŋ1，个别知系字读平舌，如"撑"tshen1/tshen3、"巢"tshau2、"锥"tsuei1。分尖团音，尖音声母不同于舌尖前音，记为舌叶音（龈后音），如"匠"tʃiaŋ4≠"降"tɕiaŋ4、"青"tʃhin1≠"轻"tɕhin1、"细"ʃi4≠"戏"ɕi4。韵母方面，部分齐齿字读撮口，如"晋"tʃyn4；少数字"支微入鱼"，如"穗"读ʃy4/suei4（新）。流摄一等唇音字部分读 -əŋ，如"贸"məŋ4/mau4（新）。声调方面的特征是入声独立，但有相混的现象。少数入声字读阳平，如"若"ʐo2/ʐo5（旧）；个别阳平、上声字读阴平，如"廷庭"thin1/thin2、"坏"phei3/phei1。南江话内部存在一些差异。如晓组字的读音，无论是否在-u 韵前，老年发音人一般都读为 x-，但有个别字读 f-，应该是受到了强势方言如成都话的影响，如"呼虎户互"。部分见系细音字老年人不腭化，如"街"kai1，年轻人腭化读 tçie1。部分入声字受成都话影响读了阳平，如"拔"pʌ2/pʌ5（旧）。

（杨波调查，周亚欧整理）

六十八、巴中话音系

（一）声母（26）

p 班稗璧	ph 烹僻袍	m 魔卯蜜	f 福赴忽
t 督大笛	th 滔踢亭	l 囊罗笠	
ts 姿则阻	tsh 粗册丛		s 塞颂所
tʂ 桌稚债闸赘	tʂh 超缠插查车		ʂ 沙社摄食　ʐ 让日
tç 疆洁极	tçh 期缺祁	ɳ 碾逆	ç 牺效
tʃ 尖酱绝	tʃh 青七全		ʃ 霄旋
k 跟各共	kh 科捆狂	ŋ 岸袄	x 罕胡获
ø 武儿娱郁为余			

（二）韵母（39）

ɿ 赐资寺	i 蔽彼及七即滴	u 度牡物秃	y 滤句虽菊
ʅ 世芝执失植尺			
ɚ 儿二而			
ɑ 大爸搭伐贼择	ia 贾佳甲辖	ua 夸挂刮国	
e 射摄设测册	ie 野蝶跌	ue 阔扩或获	ye 靴薛削
o 播泼薄驳	io 虐确		
ɤ 可蛾			
ai 耐楷钗	iai 疥解	uai 快帅	
ei 梅悲妃		uei 兑雷垒蜕	
au 袍茅敲潮	iau 敲教票雕		
əu 斗周肉	iəu 扭幽		
an 担搀但栈	iɛn 监剑煎偏	uan 锻关船院	yɛn 倦元玄
en 枕珍屯症彭	in 心秦凭病	uən 捆蠢闻	yn 钧群顷

aŋ 帮仿绑　　　　iaŋ 亮讲　　　　　uaŋ 光状<u>窗</u>

əŋ <u>茂</u>朋疯锋

oŋ 东冬耸　　　　ioŋ 兄穷勇

（三）声调（5）

阴平	1	35	冰他资鸡蜗
阳平	2	31	爬伏啼煤蓝
上声	3	53	饼肯马你以
去声	4	214	破诈嫁画那
入声	5	32	魄托碟活末

（四）音系说明

（1）声母 ts-、tsʰ-、s-发音部位偏后。声母 z-摩擦明显，同标准 z。

（2）声母 l-有 n 的变体，统一记作 l-。声母 ŋ-后带有同部位浊擦音，实为 ŋʑ-。

（3）声母 ŋ-只出现在开口呼前，软腭阻塞明显，鼻音气流弱。

（4）零声母的 u 韵母的音节开头大多无明显的摩擦，个别字前摩擦较明显，实际音值接近 β。齐齿呼零声母音节开头头也无明显的摩擦。撮口呼音节以 y 开头，无摩擦。

（5）巴中话单元音位置，请参看所附"巴中话声学元音图"。

（6）元音 a 作单元音韵母偏后为 ɑ，在-an、-uan 中偏央，在-iɛn、-yɛn、-iai 中靠前，在-au 和-aŋ 中偏后。

（7）元音 e 在-ie、-ue、-ye 中舌位较高，在-ei、-uei、-en、-uən 中舌位偏央。

（8）元音 o 较标准元音低而开，在-ɵu、-iɵu 中，元音展唇而偏央，实际为 ɤ。

（9）-an、-iɛn、-uan、-yɛn 的鼻音韵尾完整、稳固。

（10）-en、-in、-uən、-yn 的鼻音韵尾完整、稳固。

（11）-aŋ、-iaŋ、-uaŋ 的鼻音韵尾完整、稳固。

（12）i 作韵尾时偏低，实际为 e，如"块"khuai3＝khuae3。u 作韵尾时偏低，在-au 中为 ʌ，如"包"kau1＝kɑʌ1，在-ɵu 中为 ɤ，如"斗"tɵu3＝tɤɤ3。

（13）-io、-ioŋ 在音系配合上当为撮口呼-yo、-yoŋ，实际发音已失去圆唇势，成为齐齿韵。

（14）巴中话声调类别和调型，请看所附"巴中话声调曲线图"。阴平有自由变体45。去声214在语流中，往往失去下凹，成为14调。

（15）巴中话属于西南官话川渝鄂片川北小片方言，同群组方言还有巴州区、恩阳区、南江县、平昌县、通江县、万源县等地的方言。本书巴中话调查点在巴州城区以北约8千米牛鼻山村，与巴中城区话有不同[1]。巴中话部分语音特征如下。声母

---

[1] 参见周岷、周及徐《四川巴州话的语音系统》，《四川师范大学学报》2016年第6期。

方面，非晓组字在韵母-u前，非组读f-，晓组多读x-，个别与非组相混，如"虎"fu3。泥来母字洪混细分，泥疑母字细音前通常读ȵ-，如"拈"ȵiɛn1，个别读零声母，如"扭"iəu3/iəu4。声母分平翘舌，知系字大部分读翘舌，精组字大部分读平舌，如"书"ʂu1≠"苏"su1，但个别知系字读了平舌，如"馋"tshan2。分尖团音，尖音声母与舌尖前音有区别，记作舌叶音（龈后音），如"尖"tʃiɛn1≠"肩"tɕiɛn1、"秋"tʃhiəu1≠"丘"tɕhiəu1、"西"ʃi1≠"希"ɕi1。韵母方面，少数字"支微入鱼"，如"穗"ʃy4/suei4（新）；流摄一等唇音字部分读əŋ，如"某"məŋ3；个别齐齿呼的字读同撮口呼，如"晋"tʃyn4。声调方面入声独立，如"泣"tɕhi5。但有相混的现象，有阳平读同入声，如"驼"tho5，也有入声读阳平的，如"作"tso2/tso5（旧）。巴中话内部存在一些差异。巴中（牛鼻山村）音系中古入声字读入声调，而巴中城区话古入声读阳平，青年人不分尖团音。深臻曾梗入声字大部分已读为-e，但老年人还保留了更早的读法，如"择"tshɑ2（旧）、"窄"tʂɑ5、"涩"sɑ2/sɑ5（旧）、"黑"xɑ5、"国"kuɑ5。部分入声字受成都话影响读了阳平，如"择"tshɑ2。老年发音人个别群母字读了擦音，如"倾"ɕyn3/tɕhyn1、"顷"ɕyn3/tɕhyn3，年轻人则读"倾"tɕhyn1、"顷"tɕhyn3。

（周岷、周及徐调查，周亚欧整理）

六十九、通江话音系

（一）声母（26）

p 巴鳖拔	ph 潘魄盆	m 民猛灭	f 粉肺繁
t 多戴读	th 汤体抬	l 能勒里	
ts 姿杂邹	tsh 凑磁察		s 梭讼数
tʂ 智杖扎闸咒	tʂh 彻锤楚柴绰		ʂ 霎十诗舌赎　ʐ 入酿
tɕ 基结旧	tɕh 钦缺鳍	ȵ 牛捏	ɕ 香穴
tʃ 津即渐	tʃh 亲窃潜		ʃ 些斜
k 肝裹共	kh 空口旗	ŋ 蛾爱	x 呼害
Ø 务二伍抑雨异			

（二）韵母（39）

ɿ 刺自子	i 弊避级密熄笛	ʊ 捕浮突伏	y 女具虽橘蓄
ʅ 誓史拾室织赤			
ɚ 儿二而			
ɑ 他榨踏辣	ia 嫁佳压辖	ua 瓦话挖	

e 蛇摄涩浙瑟特革　　　　ie 且捷撇液　　　　ue 阔郭或获　　　　ye 靴悦削

o 颗沫没鹤捉　　　　　　io 掠觉　　　　　　　　　　　　　　　iu 屈

ai 苔斋筛　　　　　　　　iai 戒解　　　　　uai 淮衰

ei 沛美肥　　　　　　　　　　　　　　　　uei 推雷类醉

au 堡茅敲昭　　　　　　　iau 郊瓢浇

ɵu 陡肘粥　　　　　　　　iɵu 刘丢六

an 览陕秆山　　　　　　　iɛn 舰甜骗怜　　uan 卵幻篆院　　yɛn 圈原玄

en 沉奋轮凳整　　　　　　in 钦晋凌廷　　　uɘn 滚润纹　　　yn 均君倾

aŋ 茫纺巷　　　　　　　　iaŋ 梁江　　　　uaŋ 黄闯双

ɘŋ 贸朋丰奉

oŋ 栋农颂　　　　　　　　ioŋ 兄雄勇

（三）声调（5）

阴平	1	35	卑多姿歌依
阳平	2	31	婆藤肠琴熬
上声	3	52	本顶紧悯两
去声	4	214	臂趔匠浪丈
入声	5	23	博德扎闸纳

（四）音系说明

（1）声母 ts-、tsʰ-、s- 发音部位偏后。

（2）声母 l- 有 n 的变体，统一记作 l-。声母 ȵ- 后带有同部位浊擦音，实为 ȵʑ-。

（3）声母 ŋ- 只出现在开口呼前，软腭阻塞明显，鼻音气流弱。

（4）零声母的-ʋ 韵母的音节开头无明显的摩擦。齐齿呼零声母音节开头带有摩擦音 ʝ-，未记出。撮口呼音节以 y 开头，无摩擦。

（5）通江话单元音位置，请参看所附"通江话声学元音图"。

（6）元音 y 作单元音韵母时靠后，实际音值介于 y 和 ʉ 之间。

（7）元音 a 作单元音韵母时偏后为 ɑ，在-an、-uan 中时偏央，在-iɛn、-yɛn、-iai 中靠前，在-au 和-aŋ 前偏后。

（8）元音 e 在-ie、-ue、-ye 中舌位较高，在-ei、-uei、-en、-uɘn 中舌位偏央。

（9）元音 o 较标准元音低而开，在-oŋ 中元音展唇而偏央，实际接近 ə。

（10）元音 ʋ 作单元音韵母时较低，与元音 o 相近，但听感上能区分开。

（11）-an、-iɛn、-uan、-yɛn 的鼻音韵尾完整、稳固。

（12）-en、-in、-uɘn、-yn 的鼻音韵尾完整、稳固。

（13）-aŋ、-iaŋ、-uaŋ 的鼻音韵尾完整、稳固。

（14）i 作韵尾时偏低，实际为 e，如"凯"khai3＝khae3。u 作韵尾时偏低，在-au 中为 ʌ，如"靠"khau4＝khaʌ4，在-əu 中为 ɯ，如"豆"təu4＝təɯ4。

（15）-io、-ioŋ 在音系配合上当为撮口呼-yo、-yoŋ，实际发音已失去圆唇势，成为齐齿韵。

（16）通江话声调类别和调型，请看所附"通江话声调曲线图"。阴平有自由变体 44/45。去声 214 在语流中，往往失去下凹，成为 14 调。

（17）通江话属于西南官话川渝鄂片川北小片方言，同群组方言还有巴州区、恩阳区、南江县、平昌县、万源县等地的方言。通江话部分语音特征如下。声母方面，非晓组声母在韵母-ʋ 前，非组字读 f-，如"夫"fʋ1，晓组字多读 x-，如"呼"xʋ1；泥来母洪混细分，泥疑母字细音字前通常读 ȵ-，如"念"ȵiɛn4、"逆"ȵi2；分平翘舌音，知系字大部分读翘舌，精组字大部分读平舌，如"主"tʂʋ3 ≠ "祖"tsʋ3，个别精组字读了翘舌，如"租"tʂʋ1；分尖团音，尖音声母不同于舌尖前音，记作舌叶音（龈后音），如"焦"tʃiau1 ≠ "娇"tɕiau1、"妻"tʃhi1 ≠ "期"tɕhi1、"详"ʃiaŋ2 ≠ "降"ɕiaŋ2。韵母方面，少数字"支微入鱼"，如"遂"读 ʃy2/ʃy4；流摄一等唇音字部分读-əŋ，如"亩"məŋ3；个别臻摄入声字读 iu，如"屈"tɕhiu2/tɕhiu5 旧。声调方面的特征是入声独立，如"足"tʃy5，但有相混的现象，有阳平字读同入声，如"驼"tho5，也有入声字读阳平的，如"国"kue2/kue5 旧。通江话内部有一些差异。老年发音人泥疑母前多保留声母，年轻人受普通话影响逐步丢失，如"艺"，老年人读 i4/ȵi4 旧，年轻人读 i4。老年发音人个别群母字读了擦音，如"渠"ɕy2/tɕhy2、"勤"ɕin2/tɕhin2、"裙"ɕyn2/tɕhyn2，年轻人则读"渠"tɕhy2、"勤"tɕhin2、"裙"tɕhyn2。

（周岷、周及徐调查，周亚欧整理）

七十、平昌话音系

（一）声母（26）

p 波贝拔　　　　ph 披僻排　　　　m 麻米抹　　　f 夫芬帆湖

t 都典谍　　　　th 梯塔唐　　　　l 那雷列

ts 增则坐　　　　tsh 搓慈楚　　　　　　　　　　s 司梳

tʂ 知滞闸咒　　　tʂh 彻绸叉锄出　　　　　　　　ʂ 师殊水舌　　　ʐ 惹

tɕ 介竭　　　　　tɕh 确奇　　　　　ȵ 泥拈孽　　　ɕ 稀学

tʃ 接就　　　　　tʃh 鹊樵　　　　　　　　　　　ʃ 雪谢

k 割柜　　　　　kh 磕葵　　　　　ŋ 傲挨　　　　x 花和盒

ø 袜儿涯窝越也

（二）韵母（38）

ɿ 挤紫悉即戚　　　　i 底地立乙翼的　　u 暮牡佛服　　　y 旅拘虽局

ʅ 滞知拾侄食吃

ɚ 儿二而

ɑ 那把乏八　　　　　ia 嘉佳押辖　　　　ua 蛙挂滑

e 社摄涩哲瑟德责　　ie 姐帖屑液　　　　ue 阔扩或获　　　ye 靴掘削

o 菠拨没托桌　　　　io 虐觉

ai 态豺奶　　　　　　iai 界解　　　　　　uai 乖衰

ei 佩碑非　　　　　　　　　　　　　　　uei 堆雷类翠

au 祷爪敲赵　　　　　iau 敲燎鸟

 əu 豆搜粥　　　　　　iəu 硫丢六

an 贪范旦斑　　　　　iɛn 减谦奸辩　　　uan 暖篡专院　　yɛn 掀绢券玄

en 森奔尊增冷　　　　in 禀薪蝇瓶　　　uən 坤纯纹　　　yn 寻循倾

aŋ 旁房庞　　　　　　iaŋ 凉腔　　　　　uaŋ 荒霜双

əŋ 猛风

oŋ 贸懂冬拢　　　　　ioŋ 兄雄勇

（三）声调（4）

阴平	1	45	波梯知姑阿
阳平	2	31	题泥脱麦昨
上声	3	51	底喜哑马里
去声	4	215	对洞骂范坐

（四）音系说明

（1）声母 ph-在舌面前高元音 i 前带有较为明显的摩擦音，有自由变体 phʝ-/phʐ-，大多时候为 ph-，统一记作 ph-。

（2）声母 ts-、tsh-、s-发音部位偏后，介于北京话的舌尖前音和舌尖后音之间。

（3）声母 l-有 n 的变体，统一记作 l-。声母 ȵ-后带有同部位浊擦音，实为 ȵʑ-。

（4）声母 ŋ-基本只出现在开口呼前，软腭阻塞明显，鼻音气流弱。在细音前实际音值为 ɲ。

（5）零声母的 u 韵母的音节开头无明显的摩擦。齐齿呼零声母音节开头带有摩擦音 j-，未记出。撮口呼音节以 y 开头，无摩擦。

（6）平昌话单元音位置，请参看所附"平昌话声学元音图"。

（7）元音 y 作为单元音时，发音部位靠后，介于 y、ʉ 之间。

（8）元音 a 作单元音韵母偏后为 ɑ，在-an、-uan 中时偏央，在-iɛn、-yɛn、-iai 中靠前为 ɛ，在-au 和-aŋ 前偏后为 ɑ。

（9）元音 e 在-ie、-ue、-ye 中舌位较高，在-ei、-uei、-en、-uən 中舌位偏央。

（10）元音 o 较标准元音低而开，在-ue、-iəu 元音展唇而偏央。-o 韵在舌面后音声母后有自由变体-ɤo，如"歌"kɤo1、"鸽割阁葛"kɤo2。

（11）-an、-iɛn、-uan、-yɛn 的鼻音韵尾完整、稳固。

（12）-en、-in、-uən、-yn 的鼻音韵尾完整、稳固。

（13）-aŋ、-iaŋ、-uaŋ 的鼻音韵尾完整、稳固。

（14）i 作韵尾时偏低，实际为 e，如"快"khuai4＝khuae4。u 作韵尾时偏低，在-au 中为 ʌ，如"考"khau3＝khaʌ3，在-əu 中为 ɯ，如"抖"thəu3＝thəɯ3。

（15）-io、-ioŋ 在音系配合上当为撮口呼-yo、-yoŋ，实际发音已失去圆唇势，成为齐齿韵。

（16）平昌话声调类别和调型，请看所附"平昌话声调曲线图"。阴平有自由变体 44。阳平有自由变体 21。去声 215 在语流中，往往失去下凹，成为 13/14 调。

（17）平昌话属于西南官话川渝鄂片川北小片方言，同群组方言还有巴州区、恩阳区、南江县、通江县、万源县等地的方言。平昌话部分语音特征如下。声母方面，泥来母洪混细分，泥疑母字细音字前通常读 ȵ-，如"呢"ȵi2、"逆"ȵi2，个别字读 ŋ，如"泥尼"ŋi2；分平翘舌音，知系字大部分读翘舌，精组字大部分读平舌，如"郑"tʂen4≠"赠"tsen4，个别知系字读平舌，如"篆"tsuan4、"惩"tshen3，个别精组字读翘舌，如"暂"tʂan4；分尖团音，尖音声母记作舌叶音（龈后音），如"酒"tʃiəu3≠"久"tɕiəu3、"千"tʃhiɛn1≠"牵"tɕhiɛn1、"邪"ʃie2≠"歇"ɕie2。韵母方面，部分齐齿字读撮口，如"锦"ʃyn3/tɕin3，部分撮口字读齐齿，如"橘"tɕi2；少数字"支微入鱼"，如"遂"读 ʃy4/suei4（新）；个别开口呼的字读合口，如"铲"tʂhuan3。声调方面的特征是入归阳平，如"菊"tɕy2；个别遇摄阳平读去声，去声字读阳平，如"榆愉"y4、"寓"y2/y4；个别上声字读阴平，如"晓"ɕiau1/ɕiau3。平昌话内部有一些差异。老年发音人泥疑母前多保留声母，年轻人受普通话影响逐步丢失，如"艺"，老年人读 ȵi4，年轻人读 i4。老年发音人声母 ph-在舌面前高元音 i 前有部分字带有较为明显的摩擦音（自由变体），年轻人受普通话影响逐步丢失，如"劈"，老年人读 phzʅ2，年轻人读 phi2。

（杨波调查，周亚欧整理）

七十一、万源话音系

（一）声母（26）

p 巴步白　　　　ph 怕皮　　　　m 马冒木　　f 非凡户

t 带豆达　　　　th 泰图　　　　n 乃老礼

ts 租自阻杂　　　tsh 粗蚕尘察　　　　s 思所舒顺

tʂ 展注抓直　　　tʂh 超沉铲吹　　　　ʂ 士沙舌诗树　　ʐ 惹饶

tɕ 加舅　　　　　tɕh 启渠洽　　　ȵ 你牛　　　ɕ 靴校

tʃ 挤集　　　　　tʃh 趋全　　　　　　ʃ 小徐

k 勾柜　　　　　kh 口狂　　　　　ŋ 我哀　　　x 灰害活

ø 误而艺乌宇以

（二）韵母（37）

ɿ 子紫姿秩　　　　i 基低急七力剔　　u 副粗不竹　　y 于区局

ʅ 痴十侄直赤

ɚ 尔二而

A 他爬踏达　　　　ia 价佳侠瞎　　　ua 夸娃划

e 社折热色客　　　ie 些叶灭腋墨　　uɛ 括扩国　　ye 靴雪虐

o 拖鸽活莫壳沃　　io 药学

ai 采排奶　　　　　iai 皆蟹　　　　uai 摔怪

ei 卑非配贝　　　　　　　　　　　uei 鬼桂唯

au 宝搞照　　　　　iau 效表叫

əu 斗守粥　　　　　iəu 久丢

an 坎喊染单产展　　iɛn 监店颜面　　uan 团患船　　yɛn 宣原玄

en 枕根肯生　　　　in 音邻兴平　　uən 稳纯问　　yn 迅云永

aŋ 党常港项　　　　iaŋ 良腔　　　uaŋ 皇王双

oŋ 碰洞统颂谋　　　ioŋ 兄雄勇

（三）声调（4）

阴平	1	45	悲丢知高心
阳平	2	31	除苗答莫毒
上声	3	41	把本吵很死
去声	4	324	构共万杜稻

（四）音系说明

（1）万源话声母 ts-、tsh-、s- 发音部位偏后，舌尖抵上齿龈。声母 z- 摩擦明显，同标准 z。

（2）声母 n- 有 l- 的变体，统一记作 n。声母 ȵ- 后带有同部位浊擦音，实为 ȵʑ-。

（3）声母 ŋ- 只出现在开口呼前，软腭阻塞明显，鼻音气流弱。

（4）万源话零声母的-u 韵母的音节开头带有不明显的唇齿浊擦音 v-，未记出。齐齿呼零声母音节开头带有摩擦音 j-，未记出。撮口呼音节以 y 开头，无摩擦。

（5）万源话单元音位置，请参看所附"万源话声学元音图"。

（6）元音 a 作单元音韵母时偏央为 ʌ，记为 ʌ。在-an 中偏高实际为 æ，在-iɛn、-yɛn、-iai 中偏高实际为 ɛ，在-au 和-aŋ 前偏后实际为 ɑ。

（7）元音 e 作单元音韵母时为-e，在-uɛ 中舌位较低，在-ie、-ye、-en、-ei 中舌位较高，在-uən 中舌位偏央。

（8）元音 o 较标准元音低而开，在-ue、-ieu 中，元音展唇而偏央，实际为 ə。

（9）-an、-iɛn、-uan、-yɛn 的鼻音韵尾弱而短，舌尖未抵上齿龈，实际为-aⁿ、-iɛⁿ、-uaⁿ、-yɛⁿ。

（10）-en、-in、-uən、-yn 的鼻音韵尾完整、稳固。

（11）-aŋ、-iaŋ、-uaŋ 的鼻音韵尾完整。

（12）i 作韵尾时偏低，实际为 e，如"台"thai2＝thae2。u 作韵尾时偏低，为 ɔ，如"包"pau1＝paɔ1。

（13）万源话声调类别和调型，请看所附"万源话声调曲线图"。去声在语流中，几乎失去下凹，成为224/24调。

（14）万源话属于西南官话川渝鄂片川北小片方言，同群组方言还有巴州区、恩阳区、南江县、通江县和平昌县等地的方言。万源话古晓组声母在 u 韵母前面读作 f-，如"忽呼"fu1。万源话内部话存在一些差异。万源话分尖团音，尖音声母记作舌叶音。但青少年中分尖团的现象逐渐减少，老年人读尖音的细音字，在青少年已经不再读尖音，如"妻"，老年人读 tʃhi1，青少年则读 tɕhi1，又如"全"，老年人读 tʃhyɛn2，青少年则读 tɕhyɛn2。受普通话影响，青少年将古入声字按普通话声调发音，如"室"，老年人读阳平 ʂʅ2，青少年读去声 ʂʅ4。

（罗燕调查，赵雯、田海丁整理）

七十二、宣汉话音系

（一）声母（20）

p 布败白	ph 坡排	m 冒梅麦	f 方虎欢昏
t 对肚达	th 体徒	n 奴露连	
ts 做在知助主直	tsh 寸残畅池创唱		s 苏师申尚　　z 如挠
tɕ 尖就架局	tɕh 取齐欠求	ȵ 尼牛	ɕ 需香匣叙
k 锅共	kh 抠狂	ŋ 我挨	x 好旱或
ø 文尔窝衣于易			

（二）韵母（36）

ʅ 池执日吃实	i 技弟立密忆厉	u 复粗骨谷	y 居取玉
ɚ 儿二而			
ʌ 他坝杂伐	ia 雅佳压辖	ua 夸挂滑	
e 社折得册	ie 邪贴裂液	uɛ 括扩国	ye 靴月却
o 薄磕泼索握	io 药学		
ai 台拜债	iai 介蟹	uai 帅怀	
ei 卑匪配沸		uei 贵岁屡絮贼	
au 报闹超	iau 效标吊		
əu 偷收肉	iəu 酒幼		
an 惨站闪寒山反	iɛn 严店眼面	uan 团环软	yɛn 捐券玄
en 审恩等成	in 心民冰明	uən 滚纯问	yn 均训寻永
aŋ 帮唱胖	iaŋ 良江	uaŋ 光床	
oŋ 碰从农共皱	ioŋ 穷用		

（三）声调（4）

阴平	1	45	奔丹知刚先
阳平	2	31	层民局木白
上声	3	42	版鬼底母舞
去声	4	224	斗尽万父弟

（四）音系说明

（1）宣汉话声母 ts-、tsh-、s- 发音部位偏后，介于北京话的舌尖前音和舌尖后音之间。声母 z- 摩擦明显，同标准 z。

（2）声母 n- 有 l 的变体，统一记作 n-。声母 ŋ- 后带有同部位浊擦音，实为 ŋʐ-。

（3）声母 ŋ- 只出现在开口呼前，软腭阻塞明显，鼻音气流弱。

（4）宣汉话零声母的 -u 韵母的音节开头带有不明显的唇齿浊擦音 v-，未记出。齐齿呼零声母音节开头带有摩擦音 j-，未记出。撮口呼音节以 y 开头，无摩擦。

（5）宣汉话单元音位置，请参看所附"宣汉话声学元音图"。

（6）元音 a 作单元音韵母时偏央为 ʌ。在 -an 中偏高为 æ，在 -iɛn、-yɛn、-iai 中偏高为 ɛ。

（7）元音 e 作单元音韵母时时为 e，在 uɛ 中舌位较低，在 -ie、-ye、-en、-ei 中舌位较高，在 -uən 中舌位偏央。

（8）元音 o 较标准元音低而开。在 -əu、-iəu 中元音展唇而偏央。

（9）-an、-iɛn、-uan、-yɛn 的鼻音韵尾弱而短，舌尖未抵上齿龈，实际为-a^n、-iɛ^n、-ua^n、-yɛ^n。

（10）-en、-in、-uən、-yn 的鼻音韵尾完整、稳固。

（11）-aŋ、-iaŋ、-uaŋ 的鼻音韵尾完整。

（12）i 作韵尾时偏低，实际为 e，如"开"khai1＝khae1。u 作韵尾时偏低，为 ɔ，如"好"xau3＝xɑɔ3。-io、-ioŋ 在音系配合上当为撮口呼-yo、-yoŋ，实际发音已失去圆唇势，成为齐齿韵。

（13）宣汉话声调类别和调型，请看所附"宣汉话声调曲线图"。去声 224 在语流中，往往失去下凹，成为 24 调。

（14）宣汉话位于西南官话川渝鄂片川渝小片的北端，同群组方言包括达州、渠县、大竹和开江等湖广话方言。宣汉话古晓组声母在合口呼前面读作 f-，如"虎"fu3、"欢"fan1、"昏"fen1。宣汉话将一些非组字读作 xu-，如"费肺"xuei3。宣汉城区话存在一些差异。一些青少年将本地话的入声字按普通话声调发音，如"赤"作去声，"蜀曲"作上声，而老年人则统一读作阳平。又如宣汉城区老年人将疑泥母细音字声母读 ȵ-，影疑母洪音字声母读 ŋ-，而青少年将这些字按普通话发作零声母，如"疑"ȵi2>i2（新）、"挨"ŋ ai2>ai2（新）。

（罗燕调查，赵雯、田海丁整理）

七十三、达州话音系

（一）声母（19）

p 波部白	ph 坡蒲	m 母明灭	f 非罚户昏	
t 堵豆达	th 土同	n 怒路连你牛		
ts 做知抓主杂	tsh 残痴叉厂		s 锁师闪舌	z 如挠
tɕ 焦就九局	tɕh 妻墙丘穷		ɕ 须凶狭徐	
k 沟共	kh 口葵	ŋ 我欧	x 货含或乏	
Ø 完儿屋艺于姨				

（二）韵母（36）

ɿ 翅汁日失吃	i 彼低及乞逼击	u 拇部忽骨	y 许具局虽
ɚ 儿二耳			
ʌ 大巴踏伐	ia 加佳鸭瞎	ua 花挂挖	
e 车摄热北客	ie 姐叶特别液墨麦	uɛ 扩郭国	ye 靴月觉
o 摸合说弱驳	io 雀药学岳		

ai 爱埋派   iai 街鞋   uai 衰坏

ei 梅非背贝   uei 归奎柜

au 豪吵烧   iau 交表叼

əu 偷州肉   iəu 究六丢

an 惨闪安善   iɛn 严店闲变   uan 团幻川   yɛn 全喧玄

en 审陈登成婚   in 今宾兴凭   uən 混顺文   yn 均君永

aŋ 榜常港   iaŋ 将讲   uaŋ 荒王双

oŋ 轰聪冬共谋   ioŋ 兄穷勇

（三）声调（4）

阴平	1	45	班丁监刚私
阳平	2	31	才狂福麦笛
上声	3	51	把惨很锁匪
去声	4	324	构共岸贺下

（四）音系说明

（1）达州话声母 ts-、tsh-、s- 发音部位偏后，介于北京话的舌尖前音和舌尖后音之间。

（2）声母 n- 有 l 的变体，统一记作 n-。

（3）声母 ŋ- 只出现在开口呼前，软腭阻塞明显，鼻音气流弱。

（4）齐齿呼零声母音节开头带有摩擦音 j-，未记出。撮口呼音节以 y 开头，无摩擦。

（5）达州话单元音位置，请参看所附"达州话声学元音图"。

（6）元音 a 作单元音韵母时为 ɑ。在 -iɛn、-yɛn、-iai 中偏高为 ɛ，在 -au 和 -aŋ 前偏后为 ɑ。

（7）元音 e 作单元音韵母时为 -e，在 -ɜu 中舌位较低，在 -ie、-ye、-en、-ei 中舌位较高，在 -uən 中舌位偏央。

（8）元音 o 较标准元音低而开。在 -əu、-iəu 中元音展唇而偏央，实际为 ə。

（9）-an、-iɛn、-uan、-yɛn 的鼻音韵尾弱而短，舌尖未抵上齿龈，实际为 -aⁿ、-iɛⁿ、-uaⁿ、-yɛⁿ。

（10）-en、-in、-uən、-yn 的鼻音韵尾完整、稳固。

（11）-aŋ、-iaŋ、-uaŋ 的鼻音韵尾完整。

（12）i 作韵尾时偏低，实际为 e，如"来" nai2＝nae2。u 作韵尾时偏低，为 ɔ，如"毛" mau2＝mɑɔ2。

（13）达州话声调类别和调型，请看所附"达州话声调曲线图"。去声 324 在语流中，往往失去下凹，成为 24/23 调。

（14）达州话属于西南官话川渝鄂片川渝小片，同群组方言包括广安、邻水、岳池、渠县、大竹、宣汉和开江等湖广话方言。达州话泥来母字完全相混，记作 n-，如"怒路"nu4、"你李"ni3。达州话部分古晓组声母字在合口呼前面读作 f-，如"户"fu4、"昏"fen1、"魂"fen2。达州话将一些非组字读作 xu-，如"乏伐"xua2。达州话内部存在一些差异。例如一些疑、影母开口字，老年人读鼻音声母 ŋ-，而青少年则多发音作零声母，这是受普通话的影响。例如（前老年人后青年人）："偶"ŋəu3>əu3（新）、"我"ŋo3>o3（新）、"安"ŋan1>an1（新）、"恩"ŋen1>en1（新）。

（罗燕调查，赵雯、田海丁整理）

七十四、开江话音系

（一）声母（19）

p 波抱别	ph 怕排	m 麻母木	f 非户昏浑
t 刀豆独	th 土条	n 乃卢立女凝	
ts 租自抓只寂	tsh 前池床冲	s 四衰身上	z 日挠
tɕ 焦绝家巨	tɕh 七墙欠其	ɕ 需戏嫌序	
k 感柜	kh 口狂	ŋ 我爱	x 火合活伐
ø 味尔岳午羽夷			

（二）韵母（36）

ɿ 之十日直实	i 彼低粒逼历	u 妇步不谷	y 女取局
ɚ 尔二而			
A 那马杂达	ia 雅佳狭瞎	ua 夸画挖	
e 奢涉热北册	ie 些聂别液	uɛ 阔国扩	ye 靴阅虐
o 荷鸽夺托壳	io 约学		
ai 才拜柴	iai 介鞋	uai 帅乖	
ei 梅费煤贝		uei 归脆脆	
au 奥搞超	iau 教妙吊		
əu 抖周肉	iəu 九宿		
an 堪占但反	iɛn 严点闲面	uan 团患关	yɛn 全袁犬
en 深根肯生	in 心民应平	uən 村顺问	yn 均训倾
aŋ 仓张胖	iaŋ 良江	uaŋ 黄窗	
oŋ 萌东农恐谋	ioŋ 永熊用		

（三）声调（4）

阴平	1	35	包东中哥苏
阳平	2	31	敌田麻不悉
上声	3	41	点显草写秒
去声	4	315	矿近就惰夏

（四）音系说明

（1）声母 ts-、tsh-、s- 发音部位偏后，舌尖抵上齿龈。

（2）声母 n- 有 l 的变体，统一记作 n-。

（3）声母 ŋ- 只出现在开口呼前，软腭阻塞明显，鼻音气流弱。

（4）齐齿呼零声母音节开头带有摩擦音 ʝ-，未记出。撮口呼音节以 y 开头，无摩擦。

（5）开江话单元音位置，请参看所附"开江话声学元音图"。

（6）元音 a 作单元音韵母时为 ʌ，在 -an 中偏高为 æ，在 -iɛn、-yɛn、-iai 中偏高为 ɛ，在 -au 和 -aŋ 前偏后为 ɑ。

（7）元音 e 作单韵母时为 -e，在 -uɛ 中舌位较低为 ɛ，在 -ie、-ye、-en、-ei 中舌位较高，在 -uən 中舌位偏央。

（8）元音 o 较标准元音低而开。在 -əu、-iəu 中元音展唇而偏央。

（9）-an、-iɛn、-uan、-yɛn 的鼻音韵尾弱而短，舌尖未抵上齿龈，实际为 -aⁿ、-iɛⁿ、-uaⁿ、-yɛⁿ。

（10）-en、-in、-uən、-yn 的鼻音韵尾完整、稳固。

（11）-aŋ、-iaŋ、-uaŋ 的鼻音韵尾完整。

（12）i 作韵尾时偏低，实际为 e，如"开"khai1＝khae1。u 作韵尾时偏低，为 ɔ，如"高"kau1＝kɑɔ1。

（13）开江话声调类别和调型，请看所附"开江话声调曲线图"。去声 315 在语流中，往往成为 15 调。

（14）开江话属于西南官话川渝鄂片川渝小片，同群组方言包括达州、岳池、渠县、大竹和宣汉等湖广话方言。开江话泥来母字全混，记作 n-，如"牛流"niəu2、"女吕"ny3。开江话部分古晓组声母字在合口呼前面读作 f-，如"户"fu4、"昏"fen1、"浑"fen2。开江话将一些非组字读作 xu-，如"法发"xua2。开江话存在一些差异。老青之间一些发音有差别，例如老年人影疑母开口字读 ŋ 声母，而青年则按普通话发作零声母，例如（前老年人后青年人）："欧"ŋəu1>əu1（新）、"安"ŋan1>an1（新）。

（罗燕调查，赵雯、田海丁整理）

七十五、渠县话音系

（一）声母（20）

p 贝部白	ph 怕陪	m 毛马木	f 封饭狐法
t 斗代达	th 兔同	n 怒路李	
ts 在治抓主直	tsh 全痴床冲		s 苏师深尚　　z 日挠
tɕ 尖绝九及	tɕh 亲墙丘穷	ȵ 牛	ɕ 西虚嫌序
k 锅共	kh 课葵	ŋ 我偶	x 海咸或
∅ 文尔玉乌宇易聂			

（二）韵母（36）

ɿ 之十日食实	i 几弟习七逼觅	u 复布骨竹	y 居区玉
ɚ 儿二耳			
A 大查答辣	ia 家涯压辖	ua 夸挂刮	
e 者涉热色白	ie 些切别液吃	uɛ 阔扩国	ye 瘸月觉
o 荷合说弱握	io 雀学		
ai 才排矮	iai 皆蟹	uai 摔坏	
ei 悲肥配贝		uei 归岁危	
au 保闹少	iau 巧苗吊		
əu 狗丑肉	iəu 九六丢		
an 探喊闪旦山展	iɛn 严点眼变	uan 团患川	yɛn 圈原渊
en 沈陈登冷横	in 今民应明	uən 坤顺文	yn 迅晕寻
aŋ 当方胖	iaŋ 两讲	uaŋ 广床双	
oŋ 宏公冬诵筱	ioŋ 琼熊用		

（三）声调（4）

阴平	1	35	颁刀高书三
阳平	2	33	田麻不木敌
上声	3	41	本草很晃醒
去声	4	225	矿站爱坐舅

（四）音系说明

（1）声母 ts-、tsh-、s- 发音部位偏后，介于北京话的舌尖前音和舌尖后音之间。

（2）声母 n-有 l 的变体，统一记作 n-。声母 ŋ-后带有同部位浊擦音，实为 ŋʑ-。

（3）声母 ŋ-只出现在开口呼前，软腭阻塞明显，鼻音气流弱。

（4）零声母的-u 韵母的音节开头偶有不明显的唇齿浊擦音 v-，与其他合口呼零声母韵区别不甚明显，记音未标出。齐齿呼零声母音节开头带有摩擦音 ʝ-，未记出。撮口呼音节以 y 开头，无摩擦。

（5）渠县话单元音位置，请参看所附"渠县话声学元音图"。

（6）元音 a 作单元音韵母时偏央为 ʌ，在-an 中偏高，在-iɛn、-yɛn、-iai 中为 ɛ。

（7）元音 e 作单元音韵母时为-e，在-uɤ 中舌位较低为 ɛ，在-ie、-ye、-en、-ei 中舌位较高，在-uən 中舌位偏央。

（8）元音 o 较标准元音低而开。在-ɤu、-iɤu 中，元音展唇而偏央。

（9）-an、-iɛn、-uan、-yɛn 的鼻音韵尾弱而短，舌尖未抵上齿龈，实际为-aⁿ、-iɛⁿ、-uaⁿ、-yɤⁿ。

（10）-en、-in、-uən、-yn 的鼻音韵尾完整、稳固。

（11）-aŋ、-iaŋ、-uaŋ 的鼻音韵尾完整。

（12）i 作韵尾时偏低，实际为 e，如"开"khai1＝khae1。u 作韵尾时偏低，为 ɔ，如"告"kau4＝kaɔ4。-io、-ioŋ 在音系配合上当为撮口呼-yo、-yoŋ，实际发音已失去圆唇势，成为齐齿韵。

（13）渠县话声调类别和调型，请看所附"渠县话声调曲线图"。去声在语流中，往往失去下凹，成为 25 调。

（14）渠县话属于西南官话川渝鄂片川渝小片，同群组方言包括达州、岳池、开江、大竹和宣汉等湖广话方言。渠县话泥来母字洪混细分，来母细音字读 n-，如"李礼"ni3；一部分泥疑母细音字读作 ŋ-声母，如"牛"ŋiɤu2，另一些泥疑母细音字读作零声母，如"聂蘖"ie2、"你"i3、"女"y3。渠县话古晓组声母在 u 韵母前面读作 f-，如"狐"fu2。渠县话城乡之间存在一些差异。一些农村人老派发音，梗摄二等唇音声母入声字发音带-i-介音，如"麦脉"mia2、"白"pia2。另有特殊音"（螃）蟹"tɕia2。农村人较多的保留影疑母开口字读 ŋ-声母，而城区人则同普通话发音作零声母，如"偶"ŋəu3＞əu3（新）、"我"ŋo3＞o3（新）、"暗"ŋan4＞an4（新）、"哀"ŋai1＞ai1（新）。

（罗燕调查，赵雯、田海丁整理）

七十六、宜宾话音系

（一）声母（20）

| p 巴榜步壁 | ph 坡破爬 | m 麻磨墨 | f 夫抚虎胡 | v 无吴乌 |
| t 多的待达 | th 天铁田 | n 脑老泥离 | | |

ts 祖知宅壮寨镯　　　tsh 粗辞彻柴齿　　　　　　　s 苏送寺诗神实十　 z 仍惹肉

tɕ 椒践居巨极局　　　tɕh 清钱囚区渠　　　　　　　ɕ 鲜涎羡胸蓄型学

k 歌个跪国隔刮　　　kh 科课逵阔客　　　ŋ 我爱庵额　　x 豪轰鹤或

Ø 儿原岳握王域译

（二）韵母（39）

ɿ 制字饰痴　　　　　　i 姐谢胥眉蔽忆　　　u 补母膜褥肚　　　y 女虽靴戍剧

ɚ 儿贰耳

o 多锅所剖喝摸<u>肚</u>

e 厕十哲获植麦各北　　ie 聂别七猎歇毕

ɵ 盒末突博剥国毒祝　　uɵ 握沃屋物　　　　　　　　　　　　　　yɵ 月橘略学役欲

æ 腊答法达八　　　　　iæ 夹恰瞎辖　　　uæ 滑刷刷啄

ɑ 他巴洒尬杉　　　　　ia 家夏涯压　　　ua 瓜画抓划

ai 态鞋街岩还　　　　　iai <u>阶</u>贬浅恋　　uai 乖外帅蟀　　yai 鲜弦权<u>院</u>

ei 者贝佩飞　　　　　　　　　　　　　　uei 屡堆褪吹贼

au 褒毛贸郝雹　　　　　iau 交萧肴彪

ɐu 兜洲侯偶粥　　　　　iɐu 柳修游丢

an 探站禅善　　　　　　　　　　　　　　uan 端赚删万院

en 沉恩赠更硬　　　　　in 品敏冰幸　　uən 稳准绳横孕　　yn 寻俊倾营

aŋ 榜唐项盲　　　　　　iaŋ 娘养江腔　　uaŋ 庄王双矿

əŋ 否风蜂俸

oŋ 亩牡喷朋萌蓬　　　　ioŋ 兄荣雄雍

（三）声调（5）

阴平	1	45	巴都之阿乌衣
阳平	2	31	婆胡吴麻皮宜
上声	3	42	把底补以马礼
去声	4	213	坝布骂父是弟
入声	5	34	白达国脉莫辣

（四）音系说明

（1）声母 n-有 l-的变体，大多数情况下为 n-，记为鼻音 n。

（2）声母 ts-、tsh-、s-发音位置较普通话略靠后。

（3）声母 ŋ 位置略靠后，只出现在开口呼前，软腭阻塞明显，鼻音气流弱。

（4）宜宾话单元音位置，请参看所附"宜宾话声学元音图"。

（5）零声母字为-i 韵母时，音节起始明显摩擦，实际发音为ʑi，如"爷"ʑi2、"野"ʑi3、"夜"ʑi4。

（6）元音 a 作单元音韵母时舌位靠后为 ɑ，如"巴"pɑ1、"麻"mɑ2。

（7）元音 u 比较开而央，圆唇度小。单元音韵母-u 前有唇齿浊擦音声母 v-，如"无舞吴乌梧"。

（8）-e、-ie、-ɵ、-yɵ、-æ、-iæ、-uæ 为入声韵。其中元音 ɵ 实际发音中有变体 uə/uɵ。

（9）在宜宾话中原韵母-ian 和-yan，鼻音韵尾-n 同化为-i，实际读音为-iai、-yai。

（10）-an、-uan 鼻音韵尾弱而短，舌尖未抵上齿龈，实际为-aⁿ、-uaⁿ。

（11）-en、-in、-uən、-yn 鼻音韵尾完整、稳固。-aŋ、-iaŋ、-uaŋ 鼻音韵尾完整。

（12）宜宾话声调类别和调型，请参看所附"宜宾话声调曲线图"。在五个声调的绝对时长中，入声调时长仅次于下凹的去声调，长于阴平、阳平和上声三个声调，原有的入声的短促特点及相伴的喉塞尾现象已经消失。

（13）宜宾话属岷江官话长赤片，同群组方言有宜宾市翠屏区、南溪、长宁、泸州市江阳区，合江和古蔺等地的南路话方言。宜宾话声母不分平翘舌音，知系和精组洪音全读 ts-、tsh-、s-、z-，如"姿知"tsʅ1、"慈持"tshʅ2、"司师"sʅ1、"然"zan2。宜宾话不分尖团音，古精组细音与见晓组细音字皆腭化为龈腭音声母 tɕ-、tɕh-、ɕ-，如"秋丘"tɕhiəu1、"千牵"tɕhiai1。宜宾话部分见系二等开口字不腭化，如蟹摄"街鞋"xai2，江摄"巷项"xaŋ4、"虹"kaŋ4，梗摄"杏"xen4、"樱"ŋen1。不区分边鼻音声母，多混读为 n-，如"难兰"nan2、"泥梨"ni3。宜宾话韵母方面，麻三精见系字韵母读-i，如"姐"tɕi3、"野"i3。声调方面的特征是入声独立，如"国"kɵ5、"目"mɵ5、"八"pæ5、"德"te5、"吉"tɕie5。咸山摄开口一二等、部分合口三等入声字（除见系外）韵母读为-æ，如"答法眨辣达擦杀袜伐"；咸深山臻曾梗摄三等开口知系入声字韵母读-e，如"摄十哲质植摘责石"。

（王倩调查、整理）

七十七、古蔺话音系

（一）声母（20）

p 宾拨棒	ph 胚匹脾	m 蛮母脉	f 返覆凤虎	v 舞午乌
t 灯带腠	th 滩塌淘	n 糯泥浪栗		
ts 作字啄郑抓镯咒	tsh 粗蚕戳驰吵崇尺		s 桑使涉识舌	z 惹酿
tɕ 节聚基轿	tɕh 鹊前确矍		ɕ 西翔胁淆	

k 该古共　　　　　　kh 坑孔狂　　　　　　ŋ 硬庵　　　　x 汉很核

Ø 苇儿言妖友缘

（二）韵母（36）

ɿ 滞旨湿释　　　　i 些币鄙翼剔　　　　u 谱暮卒　　　　y 靴吕娶虽菊

ɚ 儿二而

A 那怕塔罚　　　　ia 虾佳掐辖　　　　ua 寡挂刮

æ 谈犯般盼　　　　iæ 减签匾显　　　　uæ 短患软　　　yæ 全悬

e 摄执设室刻伯　　ie 姐叠立灭密即踢点免　ue 阔郭国获　　ye 屑削权

o 个喝勃鄂剥　　　io 却觉

ai 袋埋<u>崖</u>　　　　iai 界<u>解</u>　　　　uai 筷衰

ei 社批枚非　　　　　　　　　　　　uei 退雷类岁

au 报抛<u>敲</u>赵　　　iau <u>敲</u>描条

ou 勾兽　　　　　　iou 丢溜

en 森真遁眷贞　　　in 品敏冰经　　　uən 稳闰纹　　yn 匀熏顷

aŋ 莽方胖　　　　　iaŋ 良江　　　　　uaŋ 汪爽双

oŋ 亩朋同从　　　　ioŋ 兄雄勇

（三）声调（5）

阴平	1	55	疤梯沙家丫
阳平	2	41	驼旗何魔芽
上声	3	52	谱斧启鲁乳
去声	4	323	蛀惧雾待拒
入声	5	33	百脚蜀六腭

（四）音系说明

（1）声母 ts-、tsh-、s-发音部位偏后，介于北京话的舌尖前音和舌尖后音之间。声母 z 摩擦明显，同标准 z。

（2）声母 n-有 l 的变体，统一记作 n-。ŋ-后带有同部位浊擦音，实为 ŋʑ-，仅作为 n 的自由变体，出现在"女吕虞溺"这四个例字中。

（3）声母 ŋ 只出现在开口呼前，软腭阻塞明显，鼻音气流弱。

（4）零声母的-u 韵母的音节开头带有明显的唇齿浊擦音 v-，与其他合口呼零声母韵有明显的不同，记音标出。齐齿呼零声母音节开头带有摩擦音 j-，未记出。撮口呼音节以 y 开头，无摩擦。

（5）古蔺话单元音位置，请参看所附"古蔺话声学元音图"。

（6）元音 a 作单元音韵母时偏央为 ʌ，在-iai 中偏高，在-au 和-aŋ 中偏后为 ɑ。

（7）元音 e 在-ie、-ue、-ye、-en、-ei 中舌位较高为 e，在-uən 中舌位偏央。

（8）元音 o 较标准元音低而开，在-ue、-iɛu 中元音展唇而偏央。

（9）原韵母-an、-iɛn、-uan、-yɛn 的鼻音尾基本脱落，读为-æ、-iæ、-uæ、-yæ，部分读-ie、-ye。个别字保留鼻音韵尾，如"攀"实际读音为 phan1，个别-ie、-ye 韵字，元音带有轻微鼻化，如"剪"实际读音为 tɕiẽ3，均为自由变体，不另设音位。

（10）-en、-in、-uən、-yn 的鼻音韵尾完整、稳固。

（11）-aŋ、-iaŋ、-uaŋ 的鼻音韵尾完整。

（12）i 作韵尾时偏低，实际为 e，如"开"khai1＝khae1。u 作韵尾时偏低，为 ɔ，如"高"kau1＝kɑɔ1。-io、-ioŋ 在音系配合上当为撮口呼-yo、-yoŋ，实际发音已失去圆唇势，成为齐齿韵。

（13）古蔺话声调类别和调型，请看所附"古蔺话声调曲线图"。阴平有自由变体 45。去声 323 在语流中，往往失去下凹，成为 23/24 调。

（14）古蔺话属岷江官话长赤片，同群组方言有宜宾市翠屏区、南溪、长宁、泸州市江阳区和合江等地的南路话方言。古蔺县在四川省的东南角，地处山区，沿赤水河与贵州省西北部毗邻。古蔺话发展出一些自己的特征。声母方面，古蔺话不分平翘舌，如"找早"tsau3；不分尖团，如"积级"tɕie5；泥来母洪细皆不区分，如"捺辣"nʌ5、"你李"ni3；疑母字多保留声母，洪音前读 ŋ-，细音前读 n-，如"恶"ŋo5、"碾"niæ3。韵母方面的特征是麻三精组见系字韵母读-i，如"借"tɕi4、"爷"i2；咸山、深臻曾梗入声三四等开口帮端见系同读-ie，如"捷洁集节极激"。咸山摄韵母丢失鼻音韵尾，-an、-iɛn、-uan、-yɛn 的鼻音基本脱落，读为-æ、-iæ、-uæ、-yæ，另一部分读-ie、-ye，有轻微鼻化。"班"pæ1≠"巴"pʌ1、"官"kuæ1≠"瓜"kua1、"减"tɕiæ3≠"假"tɕia3、"剪"tɕie3＝"姐"tɕie3。声调方面的特征是入声独立，如"八"pʌ5，也有个别字入声归去，如"葛"ko4、"拨"po4/po5。年轻人和少数老年人读音有-n 尾，如"三"san1、"凡"fan2、"单"tan1，这是近年来受普通话和成都话的影响。入声独立，但有的年轻人受强势方言影响，个别读阳平，如"极"tɕie2/tɕie5（旧）。

（何思颖调查，周亚欧、何怡雯整理）

七十八、长宁话音系

（一）声母（21）

p 闭败勃　　　　ph 飘盆　　　　m 魔民脉　f 府愤湖　　v 吴舞午
t 堆道堕　　　　th 体徒　　　　l 奴罗里
ts 再赠智赵睁栈州昨逐　tsh 催存痴筹吵床春　　　　s 送沙始神常　z 若酿挠

tɕ 挤就加极　　　　　　tɕh 取钱劝旗　　　　ȵ 年碾验　　ɕ 修险现详
k 光柜　　　　　　　　　kh 亏狂　　　　　　　ŋ 藕淹　　　x 灰惠滑
ø 衣耳迎蛙雨预

（二）韵母（36）

ɿ 私执失食适　　　　　i 皮抵立疾亿益　　　u 浮度述木　　　　y 举需玉
ɤ 恶鸽割隔鄂
ɚ 儿二耳
A 他巴拉　　　　　　　ia 佳涯　　　　　　　ua 花卦话
æ 纳杂　　　　　　　　iæ 匣辖　　　　　　　uæ 刮啄扩国获
e 赊摄设克额　　　　　ie 贴给列恤
o 何合夺博捉缩　　　　iu 裕掘屈域疫肃　　　　　　　　　yo 薛鹊确
ai 该埋街　　　　　　　iai 解　　　　　　　　uai 块帅
ei 蛇批杯美肥飞　　　　　　　　　　　　　　uei 水锐内
au 劳包招　　　　　　　iau 巧笑钓
əu 偷舟粥　　　　　　　iəu 九丢
an 淡站闪寒板善帮章港　iɛn 减帘简介娘腔　uan 段顽万广网双　yɛn 泉冤渊
en 森嫩等成顿　　　　　in 金进评明　　　　uən 滚准蚊　　yn 俊运永
oŋ 鹏风童统终谋　　　　ioŋ 兄熊胸溶

（三）声调（5）

阴平	1	45	巴拖猪居歪
阳平	2	31	何屠罗年移
上声	3	51	者朵锁满礼
去声	4	14	价谢厉妇巨
入声	5	34	百屈麦凿约

（四）音系说明

（1）声母 l-有 n-的变体，统一记作 l-。声母 ȵ-出现在古泥母字的细音前，后带有同部位浊擦音，实为 ȵʑ-。

（2）声母 ts-、tsh-、s-发音部位偏后，舌尖抵上齿龈。

（3）声母 ŋ-舌面后阻塞明显，鼻气流弱，出现在开口呼和合口呼前。

（4）零声母的-u 韵母的音节开头带有明显的唇齿浊擦音 v-，与其他合口呼零声母的复韵母有明显的不同，记为 vu。齐齿呼零声母音节开头带有明显的摩擦音 ʝ-，记音未标出。

（5）长宁话单元音位置，请参看所附"长宁话声学元音图"。

（6）韵母-æ、-iæ、-uæ 为入声韵，无塞音尾。

（7）元音 o 严式标音可分为二：非入声韵时近于标准 o，出现在果摄的新读音；入声韵时唇略展、舌位偏央，近于-ɵ。统一记作-o、-yo。

（8）韵母-en 主元音为前半高元音，合口韵在 u 介音影响下变为-uən，撮口呼韵母-yn 严式可标为-yən。

（9）韵母-an、-iɛn、-uan、-yɛn 鼻韵尾弱，实际是-a^n、-iɛ^n、-ua^n、-yɛ^n。

（10）长宁话声调类别和调型，请看所附"长宁话声调曲线图"。阴平调45有时较高，接近55调。去声调14调在语流中多读为23调或223调。

（11）长宁话属岷江官话长赤片，同群组方言有宜宾市翠屏区、南溪、泸州市江阳区，合江和古蔺等地的南路话方言。长宁话古泥来母洪音混细音分，如"奴卢"lu2、"离"li2、"尼"n̩i2。长宁话宕摄字读音并入山摄，如"帮"读 pan1、"腔"读 tɕhiɛn1、"广"读 kuan3。长宁话蟹摄二等部分字的元音尾异化成鼻音尾，其读音并入山摄三、四等字，如"介界戒"读 tɕiɛn4；另一部分字韵尾未发生异化，如"解"tɕiai3。长宁话青老年之间存在一些差异。一些青少年将长宁话的 ŋ-声母字（影疑母洪音字）按普通话发作零声母，如"我"ŋo3>o3（新）、"安"ŋan1>an1（新）。由于受普通话及成都话的影响，部分青少年将宕摄字读成软腭鼻音尾，如"帮"pan1>paŋ1、"广"kuan3>kuaŋ3。

（何治春调查，周岷整理）

七十九、顾县话音系

（一）声母（20）

p 巴婆倍白	ph 判排	m 每眠密	f 非花胡昏	v 乌务午物
t 朵桃代独	th 兔填	n 那泥罗丽宜		
ts 紫皂智锄者直	tsh 此曹趁愁昌		s 司所暑神时	z 人热
tɕ 酒钱匠佳局准	tɕh 千全巧祈春		ɕ 西休幸囚书	
k 瓜共	kh 枯葵	ŋ 咬安	x 封饭海豪或	
Ø 文软遇蛙位由				

（二）韵母（36）

ɿ 世子汁室十植赤	i 米比几集吉七力笛	u 步妇物目不骨	y 书取束虽
ɚ 汝儿二而			
A 那马华画答腊滑	ia 牙涯押瞎	ua 瓜卦刮	
e 者涉设勒白	ie 姐也帖切接特液	ue 阔扩国	ye 靴血削

o 破墓多锅盒托夺拨落桌　io 约学

ai 台阶解　　　　　　　iai 介械　　　　　　　uai 衰乖

ei 配肺卑妃　　　　　　　　　　　　　　　　uei 脆肥吕

au 毛茅超　　　　　　　　iau 肴苗尿跃

əu 土助屡走周读竹　　　　iəu 留幼

an 淡嵌泛半慢展　　　　　iɛn 衔欠念眼言天　　uan 短惯船院　　　yɛn 专袁弦

en 沉本登彭尊　　　　　　in 林民冰平　　　　　uən 困唇问　　　　yn 旬晕荣

aŋ 旁芳窗　　　　　　　　iaŋ 梁腔　　　　　　uaŋ 光床双

oŋ 孟蒙宗风亩　　　　　　ioŋ 兄雄容

（三）声调（4）

阴平	1	23	巴丹追哥医
阳平	2	31	旁眉八伐立
上声	3	53	彼底九冷马
去声	4	24	怕度路倍造

（四）音系说明

（1）声母 n-有 l 的变体，统一记作 n-。

（2）声母 ts-、tsh-、s-发音部位偏后，舌尖抵上齿龈。声母 z-摩擦明显，同标准 z。

（3）声母 ŋ-只出现在开口呼前，软腭阻塞明显，鼻音气流弱。

（4）零声母的-u 韵母的音节开头带有明显的唇齿浊擦音 v-，与其他合口呼零声母韵有明显的不同，记音标出。齐齿呼零声母音节开头带有摩擦音 j-，未记出。撮口呼音节以 y 开头，无摩擦。

（5）顾县话单元音位置，请参看所附"顾县话声学元音图"。

（6）元音 a 作单元音韵母时偏央为 ʌ，在-an 中偏高，在-iɛn、-yɛn、-iai 中偏高为 ɛ，在-au 和-aŋ 偏后为 ɑ。

（7）元音 e 在 ue 中舌位较低，在-ie、-ye、-en、-ei 中舌位较高，在-uən 中舌位偏央。

（8）元音 o 较标准元音低而开。在-əu、-iəu 中，元音展唇而偏央。

（9）-an、-iɛn、-uan、-yɛn 的鼻音韵尾弱而短，舌尖未抵上齿龈，实际为-aⁿ、-iɛⁿ、-uaⁿ、-yɛⁿ。

（10）-en、-uən、-yn 的鼻音韵尾完整、稳固。-aŋ、-iaŋ、-uaŋ 的鼻音韵尾完整。

（11）i 作韵尾时偏低，实际为 e，如"拜"pai4＝pae4。u 作韵尾时偏低，为 ɔ，如"保"pau3＝pɑɔ3。-io、-ioŋ 在音系配合上当为撮口呼-yo、-yoŋ，实际发音已失去圆唇势，成为齐齿韵。

（12）顾县话声调类别和调型，请看所附"顾县话声调曲线图"。阴平调23与去声调24，音近，语流中常混。

（13）顾县话原为明清移民带来的湘方言，现成为湖广话包围中的方言岛，选在这里作为现代四川残存的移民湘方言的代表。顾县话为湖广话所同化，今仅残留一些的湘方言的语音特征。顾县话城区青老年之间存在一些差异。老年人中，古全浊平声字多数不送气，是（北部）湘方言语音特征的留存，如"婆"po2、"桃"tau2、"锄"tsəu2、"钱"tɕiɛn2 等，而青年人受成都话影响，这些字都读了送气。顾县话古晓组声母字在合口呼前面读作 f-，如"户"fu4、"欢"fan1、"还"fan2、"昏"fen1、"魂"fen2。又老年人中，古非敷奉母字在 o 元音前，大多读 x-，如"封"xoŋ1、"丰"xoŋ1、"冯"xoŋ2 等，而年轻人中，则读 f-。一些青年将本地方言中的 ŋ-声母字（古影疑母开口字）按普通话发音作零声母，如"我"ŋo3>o3、"哀"ŋai1>ai1、"握"ŋo2>o2 等。

（刘慧调查，陈鹏、王倩整理）

八十、成都龙泉话音系

（一）声母（21）

p 鞭半勃	ph 坡怕陪白	m 弥母摸	f 发麸呼怀	v 务梧话乌
t 端答舵	th 拖炭题导	l 男朗鳞		
ts 子赠置赵斩闸祝	tsh 擦慈祠痴住厕柴赤		s 桑似士释食	z 若
tɕ 际集揭距	tɕh 青就缺舅	ȵ 尿热谊	ɕ 星习血形	
k 葛讲共	kh 亏克葵柜	ŋ 我呕	x 霍夏	
∅ 玉鸭越液				

（二）韵母（52）

ʅ 制蜘姿史	i 第尼匹忆迹	u 部妇术辱	y 举驹遂玉
ɚ 而			
ʌ 坝花挖	ia 丫姐恰液	ua 寡卦	
	iæ 涩壁		
e 个	ie 泻切	ue 括廓国或	ye 靴薛略
ə 涉汁折植泽			
o 哥磕渴勃搁	io 茄瞿怯屈雀		

ai 戴排买泥　　　iai 皆解　　　　　uai 拐快

ei 贝回杯卑费　　　　　　　　　　uei 队雷垒隋

ɔi 菜蟹嘴要

au 褒饱觉兆　　　iau 巧乔晓

əu 凑昼粥　　　　iəu 兜柳纠

an 淡衔盏善　　　iɛn 馅尖仙炼等　uan 铲焕　　　yɛn 宪沿劝悬

en 针盆婚村僧郑　in 襟仪菱评　　　uən 昆椿　　　yn 欣巡云倾

ɔn 甘餐酸删专

aŋ 莽生正丁　　　iaŋ 领醒

ɔŋ 爽妨窗

oŋ 某篷统丰　　　ioŋ 泳穷凶

əʔ 湿浙实则宅　　iʔ 笠室逼碧　　　　　　　　　yʔ 役局

æʔ 乏八白　　　　iæʔ 匣辖　　　　　uæʔ 阔刷啄

　　　　　　　　ieʔ 级密即觅

oʔ 薄学束　　　　ioʔ 弱岳速

uʔ 佛福　　　　　iuʔ 域曲

m̩ 不吴五舞

（三）声调（6）

阴平	1	25	非糕婚坐每
阳平	2	24	平房馋棉明
上声	3	41	补锁找舞碾
去声	4	51	炮邓孟倍汇
阴入	5	42	法答速骨欲
阳入	6	55	灭捺裂伏值

（四）音系说明

（1）声母 ts-、tsh-、s-发音部位偏后，舌尖抵上齿龈。声母 z 摩擦明显，同标准 z。

（2）声母 l-有 n 变体，很多时候为 l-，统一记作 l-。声母 ŋ-后带有同部位浊擦音，实为 ŋʑ-。

（3）声母 ŋ-，软腭阻塞明显，鼻音气流弱。

（4）零声母的-u 韵母的音节开头和少数开口呼带有明显的唇齿浊擦音 v-，记音标出。齐齿呼零声母音节开头带有摩擦音 j-，未记出。撮口呼音节以 y 开头，无摩擦。

（5）成都龙泉驿区客家话单元音位置，请参看所附"成都龙泉话声学元音图"。

（6）元音 a 作单元音韵母时偏央记为 ʌ，在-an 中实际音值偏高为 æ，在-iɛn、-yɛn、-iai 中实际音值偏高为 ɛ，在-au 和-aŋ 前偏后为 ɑ。

（7）元音 e 作单元音韵母时为 e，在-ie、-ye、-en、-ei 中舌位较高，在-uən 中舌位偏央。

（8）元音 o 较标准元音低而开，在-əu、-iəu 中元音展唇而偏央。

（9）-an、-iɛn、-uan、-yɛn 的鼻音韵尾弱而短，舌尖未抵上齿龈，实际为-aⁿ、-iɛⁿ、-uaⁿ、-yɛⁿ。

（10）-en、-in、-uən、-yn 的鼻音韵尾完整、稳固。

（11）-aŋ、-iaŋ、-uaŋ 的鼻音韵尾完整。

（12）i 作韵尾时偏低，实际为 e，如"开"khai1＝khae1。u 作韵尾时偏低，为 ɔ，如"高"kau1＝kɑɔ1。-io、-ioŋ 在音系配合上当为撮口呼-yo、-yoŋ，实际发音已失去圆唇势，成为齐齿韵。

（13）成都龙泉驿区客家话声调类别和调型，请看所附"成都龙泉话声调曲线图"。阴平有自由变体 35。阴入调有自由变体 31。

（14）本调查点为湖广话包围中的成都龙泉驿客家话，原为明清移民带来的客家方言，现成为方言岛，选在这里作为现代四川残存的移民客家话的代表。龙泉客家话声母方面的特征是不分平翘，不分尖团。部分古全浊仄声字今已读不送气，如"倍"pei4，也有部分字保留送气的特点，如"办"phan4；部分古非组字今保留重唇，如"肥"phei2；部分见晓组字读 f-，如"苦"fu3、"火"fo3；部分遇摄唇音、喉音字读自成音节的 m̩，如"舞"m̩3。韵母方面的特征有流臻曾梗摄端见系增生 i 介音，如"头"thiəu2、"根"kiɛn1、"灯"tiɛn1、"耿"kiɛn3；个别字齐齿呼读为撮口呼，如"欣"çyn1，撮口呼读齐齿，如"滤"li4；入声韵的塞音尾处于逐步消失的过程中，有的保留了塞尾，如"鸽"koʔ5，有的读同舒声韵母，如"郭"ko5。声调方面的特征是部分次浊上声和个别浊去字读同阴平，如"每"mei1、"近"tçhin1；入声分阴阳，如"掐"khæʔ5、"读"thu6。受强势方言成都话的影响，古全浊仄声字送气的特征在年轻人和部分老年人中已不明显，读不送气的字居多，少数保留了此特征，如"坐"tsho1。年轻人受成都话影响，有的梗摄舒声字读了-in/-en，而老年人多读为-iaŋ/-aŋ，如"争"tsaŋ1（白）/tsen1（文）。

（肖俊调查，周亚欧整理）

嘉陵江流域方音字汇字音表

字目	巴	*疤	八	拔	把把握	爸①	*坝堤坝	坝平川
反切	伯加	*帮加	博拔	蒲八	博下	*必驾	*必驾	必驾
声韵调	假开二帮麻平	假开二帮麻平	山开二帮黠入	山开二並黠入	假开二帮麻上	假开二帮麻去	假开二帮麻去	假开二帮麻去
中古音	pɣa	pɣa	pɣɛt	bɣɛt	pɣa:	pɣa-	pɣa-	pɣa-
广元	pʌ1	pʌ1	pʌ2	pʌ2	pʌ3	pʌ2	pʌ4	pʌ4
平武	pa1	pa1	pa2	pa2	pa3	pa2	pa4	pa4
青川	pʌ1	pʌ1	pʌ2	phʌ2	pʌ3	pʌ2	pʌ4	pʌ4
剑阁普安	pʌ1	pʌ1	pʌ5	pʌ5	pʌ3	pʌ2	pʌ4	pʌ4
剑阁金仙	pʌ1	pʌ1	pʌ5	pʌ5	pʌ3	pʌ2	pʌ4	pʌ4
旺苍	pʌ1	pʌ1	pʌ2	pʌ2	pʌ3	pʌ2	pʌ4	pʌ4
苍溪	pʌ1	pʌ1	pʌ2	pʌ2	pʌ3	pʌ2	pʌ4	pʌ4
江油	pʌ1	pʌ1	pʌ2	phʌ2	pʌ3	pʌ2	pʌ4	pʌ4
北川	pʌ1	pʌ1	pʌ2	pʌ2	pʌ3	pʌ2	pʌ4	pʌ4
绵阳	pɑ1	pɑ1	pɑ2	phɑ2	pɑ3	pɑ2	pɑ4	pɑ4
盐亭	pʌ1	pʌ1	pʌ5	phʌ5	pʌ3	pʌ2	pʌ4	pʌ4
德阳	pɑ1	pɑ1	pɑ2	phɑ2	pɑ3	pɑ2	pɑ4	pɑ4
中江	pʌ1	pʌ1	pʌ2	phʌ2	pʌ3	pʌ2	pʌ4	pʌ4
射洪	pʌ1	pʌ1	pʌ5	phʌ5	pʌ3	pʌ2	pʌ4	pʌ4
蓬溪	pʌ1	pʌ1	pʌ5	phʌ5	pʌ3	pʌ2	pʌ4	pʌ4
遂宁	pʌ1	pʌ1	pʌ2	phʌ2	pʌ3	pʌ2	pʌ4	pʌ4
乐至	pʌ1	pʌ1	pʌ2	phʌ2	pʌ3	pʌ2	pʌ4	pʌ4
安岳	pʌ1	pʌ1	pʌ2	phʌ2	pʌ3	pʌ2	pʌ4	pʌ4
仪陇	pʌ1	pʌ1	pʌ2	phʌ2	pʌ3	pʌ2	pʌ4	pʌ4
西充	pʌ1	pʌ1	pʌ5	phʌ5	pʌ3	pʌ2	pʌ4	pʌ4

① 又捕可切，果合一並戈上。

字目	巴	*疤	八	拔	把把握	爸①	*坝堤坝	坝平川
反切	伯加	*帮加	博拔	蒲八	博下	*必驾	*必驾	必驾
声韵调	假开二帮麻平	假开二帮麻平	山开二帮黠入	山开二並黠入	假开二帮麻上	假开二帮麻去	假开二帮麻去	假开二帮麻去
中古音	pɣa	pɣa	pɣɛt	bɣɛt	pɣa:	pɣa-	pɣa-	pɣa-
蓬安	pʌ1	pʌ1	pʌ2	phʌ2	pʌ3	pʌ2	pʌ4	pʌ4
南充金台	pʌ1	pʌ1	pʌ2	phʌ2	pʌ3	pʌ2	pʌ4	pʌ4
南充龙蟠	pʌ1	pʌ1	pʌ5	phæ5	pʌ3	pʌ2	pʌ4	pʌ4
岳池	pʌ1	pʌ1	pʌ2	phʌ2	pʌ3	pʌ2	pʌ4	pʌ4
广安	pʌ1	pʌ1	pʌ2	phʌ2	pʌ3	pʌ2	pʌ4	pʌ4
邻水	pʌ1	pʌ1	pʌ5	phʌ5	pʌ3	pʌ2	pʌ4	pʌ4
南江	pʌ1	pʌ1	pʌ5	pʌ2 pʌ5 旧	pʌ3	pʌ2	pʌ4	pʌ4
巴中	pɑ1	pɑ1	pɑ2	pɑ2	pɑ3	pɑ1	pɑ4	pɑ4
通江	pɑ1	pɑ1	pɑ2 pɑ5 旧	pɑ5	pɑ3	pɑ2	pɑ4	pɑ4
平昌	pɑ1	pɑ1	pɑ2	pɑ2	pɑ3	pɑ1	pɑ4	pɑ4
万源	pʌ1	pʌ1	pʌ2	phʌ2	pʌ3	pʌ2	pʌ4	pʌ4
宣汉	pʌ1	pʌ1	pʌ2	phʌ2	pʌ3	pʌ2	pʌ4	pʌ4
达州	pʌ1	pʌ1	pʌ2	phʌ2	pʌ3	pʌ2	pʌ4	pʌ4
开江	pʌ1	pʌ1	pʌ2	pʌ2	pʌ3	pʌ2	pʌ4	pʌ4
渠县	pʌ1	pʌ1	pʌ2	pʌ2	pʌ3	pʌ2	pʌ4	pʌ4
宜宾	pɑ1	pɑ1	pæ5	phæ5	pɑ3	pɑ2	pɑ4	pɑ4
古蔺	pʌ1	pʌ1	pʌ5	phʌ5	pʌ3	pʌ2	pʌ4	pʌ4
长宁	pʌ1	pʌ1	pæ5	phæ5	pʌ3	pʌ2	pʌ4	pʌ4
顾县	pʌ1	pʌ1	pʌ2	phʌ2	pʌ3	pʌ2	pʌ4	pʌ4
成都龙泉	pʌ1	pʌ1	pæʔ5	phʌ2	pʌ3	pæʔ5	pʌ4	pʌ4

---

① 又捕可切，果合一並戈上。

字目	把刀把	霸	罢①	爬	耙②钉耙	怕	帕手帕	耙耙地
反切	必驾	必驾	薄蟹	蒲巴	蒲巴	普驾	普驾	白驾
声韵调	假开二帮麻去	假开二帮麻去	蟹开二並佳上	假开二並麻平	假开二並麻平	假开二滂麻去	假开二滂麻去	假开二並麻去
中古音	pɣa-	pɣa-	bɣɛ:	bɣa	bɣa	phɣa-	phɣa-	bɣa-
广元	pʌ4	pʌ4	pʌ4	phʌ2 pʌ1 口	phʌ2	phʌ4	phʌ4	pʌ4
平武	pa4	pa4	pa4	pha2	pha2	pha4	pha4	pa4
青川	pʌ4	pʌ4	pʌ4	phʌ2 pʌ1 口	phʌ2	phʌ4	phʌ4	pʌ4
剑阁普安	pʌ4	pʌ4	pʌ4	phʌ2 pʌ1 口	phʌ2	phʌ4	phʌ4	pʌ4
剑阁金仙	pʌ4	pʌ4	pʌ4	phʌ2 pʌ1 口	phʌ2	phʌ4	phʌ4	pʌ4
旺苍	pʌ4	pʌ4	pʌ4	phʌ2 pʌ1 口	phʌ2	phʌ4	phʌ4	pʌ4
苍溪	pʌ4	pʌ4	pʌ4	phʌ2 pʌ1 口	phʌ2	phʌ4	phʌ4	pʌ4
江油	pʌ4	pʌ4	pʌ4	phʌ2	phʌ2	phʌ4	phʌ4	pʌ4
北川	pʌ4	pʌ4	pʌ4	phʌ2	phʌ2	phʌ4	phʌ4	pʌ4
绵阳	pa4	pɑ4	pɑ4	phɑ2	phɑ2	phɑ4	phɑ4	pɑ4
盐亭	pʌ4	pʌ4	pʌ4	pʌ1	phʌ2	phʌ4	phʌ4	pʌ4
德阳	pa4	pɑ4	pɑ4	phɑ2 pɑ1 口	phʌ2	phɑ4	phɑ4	pɑ4
中江	pʌ4	pʌ4	pʌ4	pʌ2	phʌ2	phʌ4	phʌ4	pʌ4
射洪	pʌ4	pʌ4	pʌ4	phʌ2 pʌ1 口	phʌ2	phʌ4	phʌ4	pʌ4
蓬溪	pʌ4	pʌ4	pʌ4	phʌ2 pʌ1 口	phʌ2	phʌ4	phʌ4	pʌ4
遂宁	pʌ4	pʌ4	pʌ4	phʌ2 pʌ1 口	phʌ2	phʌ4	phʌ4	pʌ4
乐至	pʌ4	pʌ4	pʌ4	phʌ2 pʌ1 口	phʌ2	phʌ4	phʌ4	pʌ4
安岳	pʌ4	pʌ4	pʌ4	phʌ2	phʌ2	phʌ4	phʌ4	pʌ4
仪陇	pʌ4	pʌ4	pʌ4	phʌ2	phʌ2	phʌ4	phʌ4	pʌ4
西充	pʌ4	pʌ4	pʌ4	phʌ2	phʌ2	phʌ4	phʌ4	pʌ4

① 又*部下切，假开二並麻上。 ② 《说文》本字"杷"。

字目	把刀把	霸	罢①	爬	耙②钉耙	怕	帕手帕	耙耙地
反切	必驾	必驾	薄蟹	蒲巴	蒲巴	普驾	普驾	白驾
声韵调	假开二帮麻去	假开二帮麻去	蟹开二並佳上	假开二並麻平	假开二並麻平	假开二滂麻去	假开二滂麻去	假开二並麻去
中古音	pɣa-	pɣa-	bɣɛ:	bɣa	bɣa	phɣa-	phɣa-	bɣa-
蓬安	pA4	pA4	pA4	phA2 pA1 □	phA2	phA4	phA4	pA4
南充金台	pA4	pA4	pA4	phA2 pA1 □	phA2	phA4	phA4	pA4
南充龙蟠	pA4	pA4	pA4	phA2	phA2	phA4	phA4	pA4
岳池	pA4	pA4	pA4	phA2 pA1 □	phA2	phA4	phA4	pA4
广安	pA4	pA4	pA4	phA2 pA1 □	phA2	phA4	phA4	pA4
邻水	pA4	pA4	pA4	phA2 pA1 □	phA2	phA4	phA4	pA4
南江	pA4	pA4	pA4	phA2	phA2	phA4	phA4	pA4
巴中	pɑ4	pɑ4	pɑ4	phɑ2 pɑ1 □	phɑ2	phɑ4	phɑ4	pɑ4
通江	pɑ4	pɑ4	pɑ4	phɑ2 pɑ1 □	phɑ2	phɑ4	phɑ4	pɑ4
平昌	pɑ4	pɑ4	pɑ4	phɑ2	phɑ2	phɑ4	phɑ4	pɑ4
万源	pA4	pA4	pA4	phA2 pA1 □	phA2	phA4	phA4	pA4
宣汉	pA4	pA4	pA4	phA2 pA1 □	phA2	phA4	phA4	pA4
达州	pA4	pA4	pA4	phA2 pA1 □	phA2	phA4	phA4	pA4
开江	pA4	pA4	pA4	phA2 pA1 □	phA2	phA4	phA4	pA4
渠县	pA4	pA4	pA4	phA2 pA1 □	phA2	phA4	phA4	pA4
宜宾	pɑ4	pɑ4	pɑ4	phɑ2 pɑ1 □	phɑ2	phɑ4	phɑ4	pɑ4
古蔺	pA4	pA4	pA4	phɣA2	phA2	phA4	phA5	pA4
长宁	pA4	pA4	pA4	phA2 pA1 □	phA2	phA4	phA4	pA4
顾县	pA4	pA4	pA4	phA2 pA1 □	phA2	phA4	phA4	pA4
成都龙泉	pA4	pA4	pA4	phA2	phA2	phA4	phA4	pA4

---

① 又*部下切，假开二並麻上。 ② 《说文》本字"杷"。

字目	妈①	抹抹布	麻麻子	麻麻布	麻麻木	马	骂	发出发
反切		*莫八	莫霞	莫霞	莫霞	莫下	莫驾	方伐
声韵调	假开二明麻平	山开二明黠入	假开二明麻平	假开二明麻平	假开二明麻平	假开二明麻上	假开二明麻去	山合三非月入
中古音	mɣa	mɣɛt	mɣa	mɣa	mɣa	mɣa:	mɣa-	pʉɐt
广元	mᴀ1	mᴀ2	mᴀ2	mᴀ2	mᴀ2	mᴀ3	mᴀ4	fᴀ2
平武	ma1	ma2	ma2	ma2	ma2	ma3	ma4	fa2
青川	mᴀ1	mᴀ2	mᴀ2	mᴀ2	mᴀ2	mᴀ3	mᴀ4	fᴀ2
剑阁普安	mᴀ1	mᴀ5	mᴀ2	mᴀ2	mᴀ2	mᴀ3	mᴀ4	fᴀ5
剑阁金仙	mᴀ1	mᴀ5	mᴀ2	mᴀ2	mᴀ2	mᴀ3	mᴀ4	fᴀ5
旺苍	mᴀ1	mᴀ2	mᴀ2	mᴀ2	mᴀ2	mᴀ3	mᴀ4	fᴀ2
苍溪	mᴀ1	mᴀ2	mᴀ2	mᴀ2	mᴀ2	mᴀ3	mᴀ4	fᴀ2
江油	mᴀ1	mᴀ2	mᴀ2	mᴀ2	mᴀ2	mᴀ3	mᴀ4	fᴀ2
北川	mᴀ1	mᴀ2	mᴀ2	mᴀ2	mᴀ2	mᴀ3	mᴀ4	fᴀ2
绵阳	mɑ1	mɑ2	mɑ2	mɑ2	mɑ2	mɑ3	mɑ4	fɑ2
盐亭	mᴀ1	mᴀ5	mᴀ2	mᴀ2	mᴀ2	mᴀ3	mᴀ4	fᴀ5
德阳	mɑ1	mɑ2	mɑ2	mɑ2	mɑ2	mɑ3	mɑ4	fɑ2
中江	mᴀ1	mᴀ2	mᴀ2	mᴀ2	mᴀ2	mᴀ3	mᴀ4	fᴀ2
射洪	mᴀ1	mᴀ5	mᴀ2	mᴀ2	mᴀ2	mᴀ3	mᴀ4	fᴀ5
蓬溪	mᴀ1	mᴀ5	mᴀ2	mᴀ2	mᴀ2	mᴀ3	mᴀ4	fᴀ2
遂宁	mᴀ1	mᴀ2	mᴀ2	mᴀ2	mᴀ2	mᴀ3	mᴀ4	fᴀ2
乐至	mᴀ1	mᴀ2	mᴀ2	mᴀ2	mᴀ2	mᴀ3	mᴀ4	fᴀ2
安岳	mᴀ1	mᴀ2	mᴀ2	mᴀ2	mᴀ2	mᴀ3	mᴀ4	fᴀ2
仪陇	mᴀ1	mᴀ2	mᴀ2	mᴀ2	mᴀ2	mᴀ3	mᴀ4	fᴀ2
西充	mᴀ1	mæ5	mᴀ2	mᴀ2	mᴀ2	mᴀ3	mᴀ4	fᴀ5

① 又莫补切，遇合一明模上。

字目	妈①	抹_{抹布}	麻_{麻子}	麻_{麻布}	麻_{麻木}	马	骂	发_{出发}
反切		*莫八	莫霞	莫霞	莫霞	莫下	莫驾	方伐
声韵调	假开二 明麻平	山开二 明黠入	假开二 明麻平	假开二 明麻平	假开二 明麻平	假开二 明麻上	假开二 明麻去	山合三 非月入
中古音	mɣa	mɣɛt	mɣa	mɣa	mɣa	mɣa:	mɣa-	pʉɐt
蓬安	mʌ1	mʌ2	mʌ2	mʌ2	mʌ2	mʌ3	mʌ4	fʌ2
南充_{金台}	mʌ1	mʌ2	mʌ2	mʌ2	mʌ2	mʌ3	mʌ4	fʌ2
南充_{龙蟠}	mʌ1	mæ5	mʌ2	mʌ2	mʌ2	mʌ3	mʌ4	fʌ5
岳池	mʌ1	mʌ2	mʌ2	mʌ2	mʌ2	mʌ3	mʌ4	fʌ2
广安	mʌ1	mʌ2	mʌ2	mʌ2	mʌ2	mʌ3	mʌ4	fʌ2
邻水	mʌ1	mʌ5	mʌ2	mʌ2	mʌ2	mʌ3	mʌ4	fʌ5
南江	mʌ1	mʌ2	mʌ2	mʌ2	mʌ2	mʌ3	mʌ4	fʌ2 fʌ5 旧
巴中	ma1	mɑ2	mɑ2	mɑ2	mɑ2	mɑ3	mɑ4	fɑ2
通江	mɑ1	mɑ5	mɑ2	mɑ2	mɑ2	mɑ3	mɑ4	fɑ5
平昌	mɑ1	mɑ2	mɑ2	mɑ2	mɑ2	mɑ3	mɑ4	fɑ2
万源	mʌ1	mʌ2	mʌ2	mʌ2	mʌ2	mʌ3	mʌ4	fʌ2
宣汉	mʌ1	mʌ2	mʌ2	mʌ2	mʌ2	mʌ3	mʌ4	xua2
达州	mʌ1	mʌ2	mʌ2	mʌ2	mʌ2	mʌ3	mʌ4	xua2
开江	mʌ1	mʌ2	mʌ2	mʌ2	mʌ2	mʌ3	mʌ4	xua2
渠县	mʌ1	mʌ2	mʌ2	mʌ2	mʌ2	mʌ3	mʌ4	fʌ2
宜宾	mɑ1	mæ5	mɑ2	mɑ2	mɑ2	mɑ3	mɑ4	fæ5
古蔺	mʌ1	mʌ5	mʌ2	mʌ2	mʌ2	mʌ3	mʌ4	fʌ5
长宁	mʌ1	mæ5	mʌ2	mʌ2	mʌ2	mʌ3	mʌ4	fæ5
顾县	mʌ1	mʌ2	mʌ2	mʌ2	mʌ2	mʌ3	mʌ4	fʌ2
成都_{龙泉}	mʌ1	mæʔ5	mʌ2	mʌ2	mʌ2	mʌ1	mʌ4	fæʔ5

---

① 又莫补切，遇合一明模上。

字目	乏	伐	罚	法	发头发	搭	答	达
反切	房法	房越	房越	方乏	方伐	都合	都合	唐割
声韵调	咸合三 奉乏入	山合三 奉月入	山合三 奉月入	咸合三 非乏入	山合三 非月入	咸开一 端合入	咸开一 端合入	山开一 定曷入
中古音	bʋɐp	bʋɐt	bʋɐt	pʋɐp	pʋɐt	tʌp	tʌp	dɑt
广元	fʌ2	fʌ2	fʌ2	fʌ2	fʌ2	tʌ2	tʌ2	tʌ2
平武	fa2	fa2	fa2	fa2	fa2	ta2	ta2	ta2
青川	fʌ2	fʌ2	fʌ2	fʌ2	fʌ2	tʌ2	tʌ2	tʌ2
剑阁普安	fʌ5	fʌ5	fʌ5	fʌ5	fʌ5	tʌ5	tʌ5	tʌ5
剑阁金仙	fʌ5	fʌ5	fʌ5	fʌ5	fʌ5	tʌ5	tʌ5	tʌ5
旺苍	fʌ2	fʌ2	fʌ2	fʌ2	fʌ2	tʌ2	tʌ2	tʌ2
苍溪	fʌ2	fʌ2	fʌ2	fʌ2	fʌ2	tʌ2	tʌ2	tʌ2
江油	fʌ2	fʌ2	fʌ2	fʌ2	fʌ2	tʌ2	tʌ2	tʌ2
北川	fʌ2	fʌ2	fʌ2	fʌ2	fʌ2	tʌ2	tʌ2	tʌ2
绵阳	fɑ2	fɑ2	fɑ2	fɑ2	fɑ2	tɑ2	tɑ2	tɑ2
盐亭	fʌ5	fʌ5	fʌ5	fʌ5	fʌ5	tʌ5	tʌ5	tʌ5
德阳	fɑ2	xua2	fɑ2	fɑ2	fɑ2	tɑ2	tɑ2	tɑ2
中江	fʌ2	fʌ2	fʌ2	fʌ2	fʌ2	tʌ2	tʌ2	tʌ2
射洪	fʌ5	fʌ5	fʌ5	fʌ5	fʌ5	tʌ5	tʌ5	tʌ5
蓬溪	fʌ5	fʌ5	fʌ5	fʌ5	fʌ5	tʌ5	tʌ5	tʌ5
遂宁	fʌ2	fʌ2	fʌ2	fʌ2	fʌ2	tʌ2	tʌ2	tʌ2
乐至	fʌ2	fʌ2	fʌ2	fʌ2	fʌ2	tʌ2	tʌ2	tʌ2
安岳	fʌ2	fʌ2	fʌ2	fʌ2	fʌ2	tʌ2	tʌ2	tʌ2
仪陇	fʌ2	fʌ2	fʌ2	fʌ2	fʌ2	tʌ2	tʌ2	tʌ2
西充	fʌ5	fʌ5	fʌ5	fʌ5	fʌ5	tʌ5	tʌ5	tʌ5

字目	乏	伐	罚	法	发_{头发}	搭	答	达
反切	房法	房越	房越	方乏	方伐	都合	都合	唐割
声韵调	咸合三 奉乏入	山合三 奉月入	山合三 奉月入	咸合三 非乏入	山合三 非月入	咸开一 端合入	咸开一 端合入	山开一 定曷入
中古音	bɐɐp	bɐɐt	bɐɐt	pɦɐɐp	pɦɐɐt	tʌp	tʌp	dɑt
蓬安	fʌ2	fʌ2	fʌ2	fʌ2	fʌ2	tʌ2	tʌ2	tʌ2
南充_{金台}	fʌ2	fʌ2	fʌ2	fʌ2	fʌ2	tʌ2	tʌ2	tʌ2
南充_{龙蟠}	fæ5	fæ5	fæ5	fʌ5	fʌ5	tæ5	tæ5	tæ5
岳池	fʌ2	fʌ2	fʌ2	fʌ2	fʌ2	tʌ2	tʌ2	tʌ2
广安	fʌ2	fʌ2	fʌ2	fʌ2	fʌ2	tʌ2	tʌ2	tʌ2
邻水	fʌ5	fʌ5	fʌ5	fʌ5	fʌ5	tʌ5	tʌ5	tʌ5
南江	fʌ5	fʌ5	fʌ5	fʌ5	fʌ2 fʌ5 旧	tʌ5	tʌ5	tʌ2 tʌ5 旧
巴中	fɑ2	fɑ2	fɑ2	fɑ2	fɑ2	tɑ2	tɑ2	tɑ2
通江	fɑ2 fɑ5 旧	fɑ5	fɑ5	fɑ5	fɑ5	tɑ5	tɑ5	tɑ5
平昌	fɑ2	fɑ2	fɑ2	fɑ2	fɑ2	tɑ2	tɑ2	tɑ2
万源	fʌ2	fʌ2	fʌ2	fʌ2	fʌ2	tʌ2	tʌ2	tʌ2
宣汉	fʌ2	fʌ2	fʌ2	xua2	xua2	tʌ2	tʌ2	tʌ2
达州	xua2	xua2	xua2	xua2	xua2	tʌ2	tʌ2	tʌ2
开江	xua2	xua2	xua2	xua2	xua2	tʌ2	tʌ2	tʌ2
渠县	fʌ2	fʌ2	fʌ2	fʌ2	fʌ2	tʌ2	tʌ2	tʌ2
宜宾	fæ5	fæ5	fæ5	fæ5	fæ5	tæ5	tæ5	tæ5
古蔺	fʌ2 fʌ5 旧	fʌ5	fʌ5	fʌ5	fʌ5	tʌ5	tʌ5	tʌ5
长宁	fæ5	fæ5	fæ5	fæ5	fæ5	tæ5	tæ5	tæ5
顾县	fʌ2	fʌ2	fʌ2	fʌ2	fʌ2	tʌ2	tʌ2	tʌ2
成都_{龙泉}	fæʔ5	fæʔ5	fæʔ5	fæʔ5	fæʔ5	tæʔ5	tæʔ5	tæʔ5

字目	打打击	大大小	他	塌	塔	獭	踏	榻
反切	德冷	唐佐	托何	托盍	吐盍	他达	他合	吐盍
声韵调	梗开二端庚上	果开一定歌去	果开一透歌平	咸开一透盍入	咸开一透盍入	山开一透曷入	咸开一透合入	咸开一透盍入
中古音	tɣæŋː	dɑ-	tha	thap	thap	that	thʌp	thap
广元	tʌ3	tʌ4	thʌ1	thʌ2	thʌ2	thʌ2	thʌ2	thʌ2
平武	tʌ3	tʌ4	thʌ1	thʌ2	thʌ2	thʌ2	thʌ2	thʌ2
青川	tʌ3	tʌ4	thʌ1	thʌ2	thʌ2	thʌ2	thʌ2	thʌ2
剑阁普安	tʌ3	tʌ4	thʌ1	thʌ5	thʌ5	thʌ5	thʌ5	thʌ5
剑阁金仙	tʌ3	tʌ4	thʌ1	thʌ5	thʌ5	thʌ5	thʌ5	thʌ5
旺苍	tʌ3	tʌ4	thʌ1	thʌ2	thʌ2	thʌ2	thʌ2	thʌ2
苍溪	tʌ3	tʌ4 thai3 俗①	thʌ1	thʌ2	thʌ2	thʌ2	thʌ2	thʌ2
江油	tʌ3	tʌ4	thʌ1	thʌ2	thʌ2	thʌ2	thʌ2	thʌ2
北川	tʌ3	tʌ4	thʌ1	thʌ2	thʌ2	thʌ2	thʌ2	thʌ2
绵阳	tɑ3	tɑ4	thɑ1	thɑ2	thɑ2	thɑ2	thɑ2	thɑ2
盐亭	tʌ3	tʌ4②	thʌ1	thʌ5	thʌ5	thʌ5	thʌ5	thʌ5
德阳	tɑ3	tɑ4 thai3 俗①	thɑ1	thɑ2	thɑ2	thɑ2	thɑ2	thɑ2
中江	tʌ3	tʌ4 thai3 俗①	thʌ1	thʌ2	thʌ2	thʌ2	thʌ2	thʌ2
射洪	tʌ3	tʌ4 thai3 俗①	thʌ1	thʌ5	thʌ5	thʌ5	thʌ5	thʌ5
蓬溪	tʌ3	tʌ4 thai3 俗①	thʌ1	thʌ2	thʌ5	thʌ5	thʌ5	thʌ5
遂宁	tʌ3	tʌ4 thai3 俗①	thʌ1	thʌ2	thʌ2	thʌ2	thʌ2	thʌ2
乐至	tʌ3	tʌ4	thʌ1	thʌ2	thʌ2	thʌ2	thʌ2	thʌ2
安岳	tʌ3	tʌ4	thʌ1	thʌ2	thʌ2	thʌ2	thʌ2	thʌ2
仪陇	tʌ3	tʌ4	thʌ1	thʌ2	thʌ2	thʌ2	thʌ2	thʌ2
西充	tʌ3	tʌ4 thai3 俗①	thʌ1	thʌ5	thʌ5	thʌ5	thʌ5	thʌ5

① 客家话"大"借音。　② 又音toŋ3 俗，意为大。本字不明。

字目	打打击	大大小	他	塌	塔	獭	踏	榻
反切	德冷	唐佐	托何	托盍	吐盍	他达	他合	吐盍
声韵调	梗开二端庚上	果开一定歌去	果开一透歌平	咸开一透盍入	咸开一透盍入	山开一透曷入	咸开一透合入	咸开一透盍入
中古音	tɣæŋ:	dɑ-	thɑ	thap	thap	that	thʌp	thap
蓬安	tʌ3	tʌ4	thʌ1	thʌ2	thʌ2	thʌ2	thʌ2	thʌ2
南充金台	tʌ3	tʌ4 thai3 俗①	thʌ1	thʌ2	thʌ2	thʌ2	thʌ2	thʌ2
南充龙蟠	tʌ3	tʌ4 thai3 俗①	thʌ1	thæ5	thæ5	thæ5	thæ5	thæ5
岳池	tʌ3	tʌ4	thʌ1	thʌ2	thʌ2	thʌ2	thʌ2	thʌ2
广安	tʌ3	tʌ4	thʌ1	thʌ2	thʌ2	thʌ2	thʌ2	thʌ2
邻水	tʌ3	tʌ4	thʌ1	thʌ5	thʌ5	thʌ5	thʌ5	thʌ5
南江	tʌ3	tʌ4 thai3 俗①	thʌ1	thʌ5	thʌ5	thʌ5	thʌ5	thʌ5
巴中	tɑ3	tɑ4 thai3 俗①	thɑ1	thɑ2	thɑ2	thɑ5	thɑ5	thɑ2
通江	tɑ3	tɑ4 thai3 俗①	thɑ1	thɑ5	thɑ5	thɑ5	thɑ5	thɑ5
平昌	tɑ3	tɑ4	thɑ1	thɑ2	thɑ2	thɑ2	thɑ2	thɑ2
万源	tʌ3	tʌ4 thai3 俗①	thʌ1	thʌ2	thʌ2	thʌ2	thʌ2	thʌ2
宣汉	tʌ3	tʌ4 thai3 俗①	thʌ1	thʌ2	thʌ2	thʌ2	thʌ2	thʌ2
达州	tʌ3	tʌ4 thai3 俗①	thʌ1	thʌ2	thʌ2	thʌ3	thʌ2	thʌ2
开江	tʌ3	tʌ4 thai3 俗①	thʌ1	thʌ2	thʌ2	thʌ2	thʌ2	thʌ2
渠县	tʌ3	tʌ4 thai3 俗①	thʌ1	thʌ2	thʌ2	thʌ3	thʌ2	thʌ2
宜宾	tɑ3	tɑ4 thai3 俗①	thɑ1	thæ5	thæ5	thæ5	thæ5	thæ5
古蔺	tʌ3	tʌ4 thai3 俗①	thʌ1	thʌ5	thʌ5	thʌ5	thʌ5	thʌ5
长宁	tʌ3	tʌ4	thʌ1	thæ5	thæ5	thæ5	thæ5	thæ5
顾县	tʌ3	tʌ4 thai3 俗①	thʌ1	thʌ2	thʌ2	thʌ2	thʌ2	thʌ2
成都龙泉	tʌ3	tʌ4 thai3 俗①	thʌ1	thæʔ5	thæʔ5	thæʔ5	thæʔ5	thæʔ5

① 客家话 "大" 借音。

字目	拿	那	纳	捺	拉	腊腊月	蜡	辣
反切	女加	奴个	奴答	奴曷	卢合	卢盍	卢盍	卢达
声韵调	假开二 泥麻平	果开一 泥歌去	咸开一 泥合入	山开一 泥曷入	咸开一 来合入	咸开一 来盍入	咸开一 来盍入	山开一 来曷入
中古音	$n\gamma a$	$n\alpha$-	$n\Lambda p$	nat	$l\Lambda p$	lap	lap	lat
广元	nᴀ2	nᴀ4	nᴀ2	nᴀ2	nᴀ1	nᴀ2	nᴀ2	nᴀ2
平武	na2	na4	na2	na2	na1	na2	na2	na2
青川	nᴀ2	nᴀ4	nᴀ2	nᴀ2	nᴀ1	nᴀ2	nᴀ2	nᴀ2
剑阁普安	nᴀ2	nᴀ4	nᴀ5	nᴀ5	nᴀ1	nᴀ5	nᴀ5	nᴀ5
剑阁金仙	nᴀ2	nᴀ4	nᴀ5	nᴀ5	nᴀ5	nᴀ5	nᴀ5	nᴀ5
旺苍	nᴀ2	nᴀ4	nᴀ2	nᴀ2	nᴀ1	nᴀ2	nᴀ2	nᴀ2
苍溪	lᴀ2	lᴀ4	lᴀ2	lᴀ2	lᴀ1	lᴀ2	lᴀ2	lᴀ2
江油	nᴀ2	nᴀ4	nᴀ2	nᴀ2	nᴀ1	nᴀ2	nᴀ2	nᴀ2
北川	nᴀ2	nᴀ4	nᴀ2	nᴀ2	nᴀ1	nᴀ2	nᴀ2	nᴀ2
绵阳	na2	na4	na2	na2	na1	na2	na2	na2
盐亭	lᴀ2	lᴀ4	lᴀ5	lᴀ5	lᴀ1	lᴀ5	lᴀ5	lᴀ5
德阳	nɑ2	nɑ4 ne4	nɑ2	nɑ2	nɑ1	nɑ2	nɑ2	nɑ2
中江	lᴀ2	lᴀ4	lᴀ2	lᴀ2	lᴀ1	lᴀ2	lᴀ2	lᴀ2
射洪	nᴀ2	nᴀ4 ne4	nᴀ5	nᴀ5	nᴀ1	nᴀ5	nᴀ5	nᴀ5
蓬溪	nᴀ2	nᴀ4 ne4	nᴀ5	nᴀ5	nᴀ1	nᴀ5	nᴀ5	nᴀ5
遂宁	nᴀ2	nᴀ4 ne4	nᴀ2	nᴀ2	nᴀ1	nᴀ2	nᴀ2	nᴀ2
乐至	nᴀ2	nᴀ4 ne4	nᴀ2	nᴀ2	nᴀ1	nᴀ2	nᴀ2	nᴀ2
安岳	nᴀ2	nᴀ4	nᴀ2	nᴀ2	nᴀ1	nᴀ2	nᴀ2	nᴀ2
仪陇	nᴀ2	nᴀ4 ne4	nᴀ2	nᴀ2	nᴀ1	nᴀ2	nᴀ2	nᴀ2
西充	nᴀ2	nᴀ4 ne4	nᴀ5	nᴀ5	nᴀ1	nᴀ5	nᴀ5	nᴀ5

字目	拿	那	纳	捺	拉	腊腊月	蜡	辣
反切	女加	奴个	奴答	奴曷	卢合	卢盍	卢盍	卢达
声韵调	假开二泥麻平	果开一泥歌去	咸开一泥合入	山开一泥曷入	咸开一来合入	咸开一来盍入	咸开一来盍入	山开一来曷入
中古音	nɣa	nɑ-	nʌp	nɑt	lʌp	lɑp	lɑp	lɑt
蓬安	nA2	nA4	nA2	nA2	nA1	nA2	nA2	nA2
南充金台	nA2	nA4	nA2	nA2	nA1	nA2	nA2	nA2
南充龙蟠	nA2	nA4	næ5	næ5	nA1	næ5	næ5	næ5
岳池	nA2	nA4 ne4	nA2	nA2	nA1	nA2	nA2	nA2
广安	nA2	nA4 ne4	nA2	nA2	nA1	nA2	nA2	nA2
邻水	nA2	nA4	nA5	nA5	nA1	nA5	nA5	nA5
南江	lA2	lA4	lA2 lA5 旧	lA5	lA1	lA5	lA5	lA5
巴中	la2	la4	la2	la5	la1	la2	la2	la2
通江	la2	la4	la5	la2	la1	la5	la5	la5
平昌	la2	la4	la2	la2	la1	la2	la2	la2
万源	nA2	nA4	nA2	nA2	nA1	nA2	nA2	nA2
宣汉	nA2	nA3	nA2	nA2	nA1	nA2	nA2	nA2
达州	nA2	nA4	nA2	nA2	nA1	nA2	nA2	nA2
开江	nA2	nA4	nA2	nA2	nA1	nA2	nA2	nA2
渠县	nA2	nA4	nA2	nA2	nA1	nA2	nA2	nA2
宜宾	nɑ2	nɑ4 nai1 俗 nei1 俗	næ5	næ5	nɑ1	næ5	næ5	næ5
古蔺	nA2	nA4	nA5	nA5	nA1	nA5	nA5	nA5
长宁	lA2	lA4	læ5	læ5	lA1	læ5	læ5	læ5
顾县	nA2	nA4	nA2	nA2	nA1	nA2	nA2	nA2
成都龙泉	lA2	lA4	læʔ6	læʔ6	lai1	læʔ6	læʔ6	læʔ6

字目	扎包扎	杂	擦	洒①	*撒撒种	查山楂	渣药滓	扎扎针
反切	侧八	徂合	七曷	砂下	*桑曷	侧加	侧加	竹洽
声韵调	山开二庄黠入	咸开一从合入	山开一清曷入	假开二生麻上	山开一心曷入	假开二庄麻平	假开二庄麻平	咸开二知洽入
中古音	tʃɣɛt	dzʌp	tshat	ʃɣa:	sat	tʃɣa	tʃɣa	tɣɛp
广元	tʂA2	tsA2	tshA2	sA3	sA3	tʂA1	tʂA1	tʂA2
平武	tsa2	tsa2	tsha2	sa3	sa3	tsa1	tsa1	tsa2
青川	tsA2	tsA2	tshA2	sA3	sA3	tsA1	tsA1	tsA2
剑阁普安	tʂA5	tsA5	tshA5	sA3	sA3	tʂA1	tʂA1	tʂA5
剑阁金仙	tsA5	tsA5	tshA5	sA3	sA3	tʂA1	tʂA1	tsA5
旺苍	tʂA2	tsA2	tshA2	sA3	sA3	tʂA1	tʂA1	tʂA2
苍溪	tʂA2	tsA2	tshA2	sA3	sA3	tʂA1	tʂA1	tʂA2
江油	tsA2	tsA2	tshA2	sA3	sA3	tsA1	tsA1	tsA2
北川	tsA2	tsA2	tshA2	sA3	sA3	tsA1	tsA1	tsA2
绵阳	tsɑ2	tsɑ2	tshɑ2	sɑ3	sɑ3	tsɑ1	tsɑ1	tsɑ2
盐亭	tsA5	tsA5	tshA5	sA3	sA3	tsA1	tsA1	tsA5
德阳	tsɑ2	tsɑ2	tshɑ2	sɑ3	sɑ3 sɑ2 俗	tsɑ1	tsɑ1	tsɑ2
中江	tsA2	tsA2	tshA2	sA3	sA3	tsA1	tsA1	tsA2
射洪	tsA5	tsA5	tshA5	sA3	sA3 sA2 俗	tsA1	tsA1	tsA5
蓬溪	tsA5	tsA5	tshA5	sA3	sA3 sA2 俗	tsA1	tsA1	tsA5
遂宁	tsA2	tsA2	tshA2	sA3	sA3 sA2 俗	tsA1	tsA1	tsA2
乐至	tsA2	tsA2	tshA2	sA3	sA3	tsA1	tsA1	tsA2
安岳	tsA2	tsA2	tshA2	sA3	sA3	tsA1	tsA1	tsA2
仪陇	tsA2	tsA2	tshA2	sA3	sA3	tsA1	tsA1	tsA2
西充	tsA5	tsA5	tshA5	sA3	sA3	tsA1	tsA1	tsæ5

---

① 又所蟹切，蟹开二生佳上；所卖切，蟹开二生佳去。

字目	扎包扎	杂	擦	洒②	*撒撒种	查山楂	渣药渣	扎扎针
反切	侧八	徂合	七曷	砂下	*桑曷	侧加	侧加	竹洽
声韵调	山开二庄黠入	咸开一从合入	山开一清曷入	假开二生麻上	山开一心曷入	假开二庄麻平	假开二庄麻平	咸开二知洽入
中古音	tʃɣɛt	dzʌp	tshɑt	ʃɣa:	sat	tʃɣa	tʃɣa	tɣɛp
蓬安	tsA2	tsA2	tshA2	ʂA3	ʂA3	tsA1	tsA1	tsA2
南充金台	tsA2	tsA2	tshA2	ʂA3	ʂA3	tsA1	tsA1	tsA2
南充龙蟠	tʂæ5	tʂæ5	tʂhæ5	ʂA3	ʂA3	tʂA1	tʂA1	tʂæ5
岳池	tsA2	tsA2	tshA2	ʂA3	ʂA3	tsA1	tsA1	tsA2
广安	tsA2	tsA2	tshA2	ʂA3	ʂA3	tsA1	tsA1	tsA2
邻水	tsA5	tsA5	tshA5	ʂA3	ʂA3	tsA1	tsA1	tsA5
南江	tʂA5	tsA2 / tʂA5 旧	tshA2 / tshA5 旧	ʂA3	ʂA3	tʂA1	tʂA1	tʂA5
巴中	tʂa2	tsa2	tsha2 俗① / tsha5 旧	sa3	sa3	tʂa1	tʂa1	tʂa2
通江	tʂa5	tsa5	tsha5	sa3	sa3	tʂa1	tʂa1	tʂa5
平昌	tʂa2	tsa2	tsha2	sa3	sa3	tʂa1	tʂa1	tʂa2
万源	tsA2	tsA2	tshA2	ʂA3	ʂA3	tʂA1	tsA1	tsA2
宣汉	tsA2	tsA2	tshA2	ʂA3	ʂA3	tsA1	tsA1	tsA2
达州	tsA2	tsA2	tshA2	ʂA3	ʂA3	tsA1	tsA1	tsA2
开江	tsA2	tsA2	tshA2	ʂA3	ʂA3	tsA1	tsA1	tsA2
渠县	tsA2	tsA2	tshA2	ʂA3	ʂA3	tsA1	tsA1	tsA2
宜宾	tsæ5	tsæ5	tshæ5	sa3	sa3 / sæ5 旧	tsa1	tsa1	tsæ5
古蔺	tsA5	tsA5	tshA5	ʂA3	ʂA3	tsA1	tsA1	tsA5
长宁	tsæ5	tsæ5	tshæ5	ʂA3	ʂA3	tsA1	tsA1	tsæ5
顾县	tsA2	tsA2	tshA2	ʂA3	ʂA3	tsA1	tsA1	tsA2
成都龙泉	tsæʔ5	tshæʔ6	tshæʔ5	ʂA3	ʂA3	tsA1	tsA1	tsæʔ5

① "搽"的训读。 ② 又所蟹切，蟹开二生佳上；所卖切，蟹开二生佳去。

字目	闸	炸油炸	札	铡	诈	榨	炸炸弹	叉②
反切	士洽	士洽	侧八	查辖	侧驾	侧驾		初牙
声韵调	咸开二 崇洽入	咸开二 崇洽入	山开二 庄黠入	山开二 崇鎋入	假开二 庄麻去	假开二 庄麻去	假开二 庄麻去	假开二 初麻平
中古音	dʒɣɛp	dʒɣɛp	tʃɣɛt	dʒɣat	tʃɣa-	tʃɣa-	tʃɣa-	tʃhɣa
广元	tʂA2	tʂA2①	tʂA2	tʂA2	tʂA4	tʂA4	tʂA4	tʂhA1
平武	tsa2	tsa2①	tsa2	tsa2	tsa4	tsa4	tsa4	tsha3 口③
青川	tʂA2	tʂA2①	tʂA2	tʂA2	tʂA4	tʂA4	tʂA4	tʂhA1
剑阁普安	tʂA5	tʂA5①	tʂA5	tʂA5	tʂA4	tʂA4	tʂA4	tʂhA1 tsha3 口③
剑阁金仙	tʂA5	tʂA5①	tʂA5	tʂA5	tʂA4	tʂA4	tʂA4	tʂhA1 tʂhA3 口③
旺苍	tʂA2	tʂA2①	tʂA2	tʂA2	tʂA4	tʂA4	tʂA4	tʂhA1
苍溪	tʂA2	tʂA2①	tʂA2	tʂA2	tʂA4	tʂA4	tʂA4	tʂhA1 tʂhA3 口③
江油	tʂA2	tʂA2①	tʂA2	tʂA2	tʂA4	tʂA4	tʂA4	tʂhA1
北川	tʂA2	tʂA2①	tʂA2	tʂA2	tʂA4	tʂA4	tʂA4	
绵阳	tsɑ2	tsɑ2①	tsɑ2	tsɑ2	tsɑ4	tsɑ4	tsɑ4	tshɑ3 口③
盐亭	tsA5	tsA2①	tsA5	tsA5	tsA4	tsA4	tsA4	tshA3 口③
德阳	tsɑ2	tsɑ2①	tsɑ2	tsɑ2	tsɑ4	tsɑ4	tsɑ4	tshɑ1 tshɑ3 口③
中江	tsA2	tsA2①	tsA2	tsA2	tsA4	tsA4	tsA4	tshA1
射洪	tsA5	tsA5①	tsA2	tsA5	tsA4	tsA4	tsA4	tshA1 tshA3 口③
蓬溪	tsA5	tsA5①	tsA5	tsA5	tsA4	tsA4	tsA4	tshA1 tshA3 口③
遂宁	tsA2	tsA2①	tsA2	tsA2	tsA4	tsA4	tsA4	tshA1 tshA3 口③
乐至	tsA2	tsA2①	tsA2	tsA2	tsA4	tsA4	tsA4	tshA1
安岳	tsA2	tsA2①	tsA2	tsA2	tsA4	tsA4	tsA4	tshA1
仪陇	tsA2	tsA2①	tsA2	tsA2	tsA4	tsA4	tsA4	tshA1
西充	tsæ5	tsæ5①	tsæ5	tsæ5	tsA4	tsA4	tsA4	tshA1 tshA3 口③

① "煠" 的训读。士洽切，咸开二崇洽入。　② 又楚佳切，蟹开二初佳平。　③ "杈" 的训读。楚嫁切，假开二初麻去。

字目	闸	炸油炸	札	铡	诈	榨	炸炸弹	叉③
反切	士洽	士洽	侧八	查辖	侧驾	侧驾		初牙
声韵调	咸开二崇洽入	咸开二崇洽入	山开二庄黠入	山开二崇鎋入	假开二庄麻去	假开二庄麻去	假开二庄麻去	假开二初麻平
中古音	dʒɣɛp	dʒɣɛp	tʃɣet	dʒɣat	tʃɣa-	tʃɣa-	tʃɣa-	tʃhɣa
蓬安	tsʌ2	tsa2②	tsʌ2	tsʌ2	tsʌ4	tsʌ4	tsʌ4	tshʌ1
南充金台	tsʌ2	tsa2②	tsʌ2	tsʌ2	tsʌ4	tsʌ4	tsʌ4	tshʌ1 tshʌ3 口④
南充龙蟠	tʂæ5	tʂʌ2②	tʂæ5	tʂæ5	tʂʌ4	tʂʌ4	tʂʌ4	tʂhʌ1
岳池	tsʌ2	tsʌ2②	tsʌ2	tsʌ2	tsʌ4	tsʌ4	tsʌ4	tshʌ1
广安	tsʌ2	tsʌ2②	tsʌ2	tsʌ2	tsʌ4	tsʌ4	tsʌ4	tshʌ1
邻水	tsʌ5	tsʌ5②	tsʌ5	tsʌ5	tsʌ4	tsʌ4	tsʌ4	tshʌ1
南江	tʂʌ5	tʂʌ2②	tʂʌ5	tʂʌ5	tʂʌ4	tʂʌ4	tʂʌ4	tʂhʌ1 tʂhʌ3 口④
巴中	tʂɑ2	tʂɑ2②	tʂɑ2	tʂɑ2	tʂɑ4	tʂɑ4	tʂɑ4	tʂhɑ1 tʂhɑ3 口④
通江	tʂɑ5	tʂɑ5②	tʂɑ5	tʂɑ5	tʂɑ4	tʂɑ4	tʂɑ4	tʂhɑ1 tʂhɑ3 口④
平昌	tʂɑ2	tʂɑ2②	tʂɑ2	tʂɑ2	tʂɑ4	tʂɑ4	tʂɑ4	tʂhɑ1 tʂhɑ3 口④
万源	tʂʌ2	tʂʌ2②	tsʌ2	tʂʌ2	tʂʌ4	tʂʌ4	tʂʌ4	tshʌ1
宣汉	tsʌ2	tsʌ2②	tsʌ2	tsʌ2	tsʌ4	tsʌ4	tsʌ4	tshʌ1
达州	tsʌ2	tsʌ2②	tsʌ2	tsʌ2	tsʌ4	tsʌ4	tsʌ4	tshʌ1
开江	tsʌ2	tsʌ2②	tsʌ2	tsʌ2	tsʌ4	tsʌ4	tsʌ4	tshʌ1
渠县	tsʌ2	tsʌ2②	tsʌ2	tsʌ2	tsʌ4	tsʌ4	tsʌ4	tshʌ1 tshʌ3 口④
宜宾	tsæ5①	tsæ5②	tsæ5	tsæ5	tsɑ4	tsɑ4	tsɑ4	tshɑ1
古蔺	tsʌ5	tsʌ5②	tsʌ5	tsʌ5	tsʌ4	tsʌ4	tsʌ4	tshʌ1
长宁	tsæ5	tsʌ2②	tsæ5	tsæ5	tsʌ4	tsʌ4	tsʌ4	tshʌ1
顾县	tsʌ2	tsʌ2②	tsʌ2	tsʌ2	tsʌ4	tsʌ4	tsʌ4	tshʌ1 tshʌ3 口④
成都龙泉	tsæʔ5	tsæʔ5②	tsæʔ5	tsʌ4	tsʌ4	tsʌ4	tsʌ4	tshʌ1

① "栅"的训读。楚革切,梗开二初麦入。 ② "煠"的训读。士洽切,咸开二崇洽入。③ 又楚佳切,蟹开二初佳平。
④ "扠"的训读。楚嫁切,假开二初麻去。

字目	差差错	插	茶	查调查	察	差①差别	*叉	沙
反切	初牙	楚洽	宅加		初八	初牙	*楚嫁	所加
声韵调	假开二 初麻平	咸开二 初洽入	假开二 澄麻平	假开二 崇麻平	山开二 初黠入	假开二 初麻平	假开二 初麻去	假开二 生麻平
中古音	tʃʰɣa	tʃʰɣɛp	dɣa	dʒɣa	tʃʰɣɛt	tʃʰɣa	tʃʰɣa-	ʃɣa
广元	tʂʰA1	tʂʰA2	tʂʰA2	tʂʰA2	tʂʰA2	tʂʰA1	tʂʰA4 tʂʰA1 俗②	ʂA1
平武	tshA1	tshA2	tshA2	tshA2	tshA2	tshA1	tshA4	sA1
青川	tshA1	tshA2	tshA2	tshA2	tshA2	tshA1	tshA4 tshA1 俗②	sA1
剑阁普安	tʂʰA1	tʂʰA5	tʂʰA2	tʂʰA2	tʂʰA2	tʂʰA1	tʂʰA4 tʂʰA1 俗②	ʂA1
剑阁金仙	tʂʰA1	tʂʰA5	tʂʰA2	tʂʰA2	tʂʰA2	tʂʰA1	tʂʰA4 tʂʰA1 俗②	ʂA1
旺苍	tʂʰA1	tʂʰA2	tʂʰA2	tʂʰA2	tʂʰA2	tʂʰA1	tʂʰA4 tʂʰA1 俗②	ʂA1
苍溪	tʂʰA1	tʂʰA2	tʂʰA2	tʂʰA2	tʂʰA2	tʂʰA1	tʂʰA4 tʂʰA1 俗②	ʂA1
江油	tshA1	tshA2	tshA2	tshA2	tshA2	tshA1	tshA4	sA1
北川	tshA1	tshA2	tshA2	tshA2	tshA2	tshA1	tshA4	sA1
绵阳	tshɑ1	tshɑ2	tshɑ2	tshɑ2	tshɑ2	tshɑ1	tshɑ4	sɑ1
盐亭	tshA1	tshA5	tshA2	tshA2	tshA5	tshA1	tshA4	sA1
德阳	tshɑ1	tshɑ2	tshɑ2	tshɑ2	tshɑ2	tshɑ1	tshɑ4 tshɑ1 俗②	sɑ1
中江	tshA1	tshA2	tshA2	tshA2	tshA2	tshA1	tshA1 俗②	sA1
射洪	tshA1	tshA5	tshA2	tshA2	tshA2	tshA1	tshA4 tshA1 俗②	sA1
蓬溪	tshA1	tshA5	tshA2	tshA2	tshA2	tshA1	tshA4 tshA1 俗②	sA1
遂宁	tshA1	tshA2	tshA2	tshA2	tshA2	tshA1	tshA4 tshA1 俗②	sA1
乐至	tshA1	tshA2	tshA2	tshA2	tshA2	tshA1	tshA4 tshA1 俗②	sA1
安岳	tshA1	tshA2	tshA2	tshA2	tshA2	tshA1	tshA4	sA1
仪陇	tshA1	tshA2	tshA2	tsA2	tshA2	tshA1	tshA4	sA1
西充	tshA1	tshæ5	tshA2	tshA2	tshA2	tshA1	tshA4	sA1

① 又*楚嫁切，假开二初麻去。　② "叉"的训读。楚牙切，假开二初麻平。

字目	差差错	插	茶	查调查	察	差①差别	*岔	沙
反切	初牙	楚洽	宅加		初八	初牙	*楚嫁	所加
声韵调	假开二 初麻平	咸开二 初洽入	假开二 澄麻平	假开二 崇麻平	山开二 初黠入	假开二 初麻平	假开二 初麻去	假开二 生麻平
中古音	tʃʰɣa	tʃʰɣɛp	dɣa	dʒɣa	tʃʰɣɛt	tʃʰɣa	tʃʰɣa-	ʃɣa
蓬安	tshʌ1	tshʌ2	tshʌ2	tshʌ2	tshʌ2	tshʌ1	tshʌ4	sʌ1
南充金台	tshʌ1	tshʌ2	tshʌ2	tshʌ2	tshʌ2	tshʌ1	tshʌ4	sʌ1
南充龙蟠	tʂʰʌ1	tʂʰæ5	tʂʌ2	tʂʌ2	tʂʌ2	tʂʰʌ1	tʂʰʌ4	ʂʌ1
岳池	tshʌ1	tshʌ2	tshʌ2	tshʌ2	tshʌ2	tshʌ1	tshʌ4 tshʌ1 俗②	sʌ1
广安	tshʌ1	tshʌ2	tshʌ2	tshʌ2	tshʌ2	tshʌ1	tshʌ4 tshʌ1 俗②	sʌ1
邻水	tshʌ1	tshʌ5	tshʌ2	tshʌ2	tshʌ5	tshʌ1	tshʌ4 tshʌ1 俗②	sʌ1
南江	tʂʰʌ1	tʂʰʌ5	tʂʰʌ2	tʂʰʌ2	tʂʰʌ5	tʂʰʌ1	tʂʰʌ4	ʂʌ1
巴中	tʂʰɑ1	tʂʰɑ2	tʂʰɑ2	tʂʰɑ2	tshɑ2	tʂʰɑ1	tʂʰɑ4	ʂɑ1
通江	tʂʰɑ1	tʂʰɑ5	tʂʰɑ2	tʂʰɑ2 tʂʰɑ5 旧	tʂʰɑ5	tʂʰɑ1	tʂʰɑ4	ʂɑ1
平昌	tʂʰɑ1	tʂʰɑ2	tʂʰɑ2	tʂʰɑ2	tʂʰɑ2	tʂʰɑ1	tʂʰɑ4	ʂɑ1
万源	tʂʰʌ1	tʂʰʌ2	tʂʰʌ2	tʂʰʌ2	tshʌ2	tʂʰʌ1	tʂʰʌ4	ʂʌ1
宣汉	tshʌ1	tshʌ2	tshʌ2	tshʌ2	tshʌ2	tshʌ1	tshʌ4	sʌ1
达州	tshʌ1	tshʌ2	tshʌ2	tshʌ2	tshʌ2	tshʌ1	tshʌ4	sʌ1
开江	tshʌ1	tshʌ2	tshʌ2	tshʌ2	tshʌ2	tshʌ1	tshʌ1 俗②	sʌ1
渠县	tshʌ1	tshʌ2	tshʌ2	tshʌ2	tshʌ2	tshʌ1	tshʌ4	sʌ1
宜宾	tshɑ1	tshæ5	tshɑ2	tshɑ2	tshæ5	tshɑ1	tshɑ4	sɑ1
古蔺	tshʌ1	tshʌ5	tshʌ2	tshʌ2	tshʌ5	tshʌ1	tshʌ4	sʌ1
长宁	tshʌ1	tshæ5	tshʌ2	tshʌ2	tshæ5	tshʌ1	tshʌ4	sʌ1
顾县	tshʌ1	tshʌ2	tshʌ2	tshʌ2	tshʌ2	tshʌ1	tshʌ4 tshʌ1 俗②	sʌ1
成都龙泉	tshʌ1	tshæʔ5	tshʌ2	tshʌ2	tshʌ2	tshʌ1	tshʌ4	sʌ1

① 又*楚嫁切，假开二初麻去。 ② "叉"的训读。楚牙切，假开二初麻平。

字目	纱	杀	煞	傻	霎	虾虾蟆	哈抓	哈②傻
反切	所加	所八	所八	沙瓦	山洽	胡加		
声韵调	假开二生麻平	山开二生黠入	山开二生黠入	假合二生麻上	咸开二生洽入	假开二匣麻平	*假开二晓麻平	*假开二晓麻上
中古音	ʃɣa	ʃɣɛt	ʃɣɛt	ʃɣua:	ʃɣɐp	ɦya	*xɣa	*xɣa:
广元	ʂA1	ʂA2	ʂA2	sA3 文	ʂA2 文	ɕia1 新	xA1 俗①	xA3 俗③
平武	sa1	sa2	sa2	sa3 文	sa2 文	ɕia1 新	xa1 俗①	xa3 俗③
青川	sA1	sA2	sA2	sA3 文	sA2 文	ɕia1 新	xA1 俗①	xA3 俗③
剑阁普安	ʂA1	ʂA5	ʂA5	sA3 文	ʂA5 文	ɕia1 新	xA1 俗①	xA3 俗③
剑阁金仙	ʂA1	ʂA5	ʂA5	sA3 文	ʂA5 文	ɕia1 新	xA1 俗①	xA3 俗③
旺苍	ʂA1	ʂA2	ʂA2	ʂA3 文	ʂA2 文	ɕia1 新	xA1 俗①	xA3 俗③
苍溪	ʂA1	ʂA2	ʂA2	sA3 文	ʂA2 文	ɕia1 新	xA1 俗①	xA3 俗③
江油	sA1	sA2	sA2	sA3 文	sA2 文	ɕia1 新	xa1 俗①	xa3 俗③
北川	sA1	sA2	sA2	sA3 文	sA2 文	ɕia1 新	xA1 俗①	xa3 俗③
绵阳	sɑ1	sɑ2	sɑ2	sɑ3 文	sɑ2 文	ɕia1 新	xA1 俗①	xa3 俗③
盐亭	sA1	sA5	sA5	sA3 文	sA2 文	ɕia1 新	xA1 俗①	xa3 俗③
德阳	sɑ1	sɑ2	sɑ2	sɑ3 文	sɑ2 文	ɕia1 新	xɑ1 俗①	xɑ3 俗③
中江	sA1	sA2	sA2	sA3 文	sA2 文	ɕia1 新	xA1 俗①	xA3 俗③
射洪	sA1	sA5	sA5	sA3 文	sA5 文	ɕia1 新	xA1 俗①	xA3 俗③
蓬溪	sA1	sA5	sA5	sA3 文	sA5 文	ɕia1 新	xA1 俗①	xA3 俗③
遂宁	sA1	sA2	sA2	sA3 文	sA2 文	ɕia1 新	xA1 俗①	xA3 俗③
乐至	sA1	sA2	sA2	sA3 文	无	ɕia1 新	xA1 俗①	xA3 俗③
安岳	sA1	sA2	sA2	sA3 文	sA2 文	ɕia1 新	xA1 俗①	xA3 俗③
仪陇	sA1	sA2	sA2	sA3 文	sA2 文	ɕia1 新	xa1 俗①	xa3 俗③
西充	sA1	sæ5	sæ5	sA3 文	sA5 文	ɕia1 新	xa1 俗①	xa3 俗③

① 意为"抓"或"刨",如"鸡~豆腐"。本字待考。 ② 《篇海类编》呼马切。 ③ 意为"傻",如"~宝儿"xA3pɚ3。本字待考。

字目	纱	杀	煞	傻	霎	虾虾蟆	哈抓	哈②傻
反切	所加	所八	所八	沙瓦	山洽	胡加		
声韵调	假开二生麻平	山开二生黠入	山开二生黠入	假合二生麻上	咸开二生洽入	假开二匣麻平	*假开二晓麻平	*假开二晓麻上
中古音	ʃɣa	ʃɣɛt	ʃɣɛt	ʃɣua:	ʃɣɐp	ɦɣa	*xɣa	*xɣa:
蓬安	sA1	sA2	sA2	sA3 文	sA2 文	ɕia1 新	xA1 俗①	xA3 俗③
南充金台	sA1	sA2	sA4	sA3 文	sA2 文	ɕia1 新	xa1 俗①	xa3 俗③
南充龙蟠	ʂA1	ʂæ5	ʂæ5	sA3 文	sA3 文	ɕia1 新	xA1 俗①	xA3 俗③
岳池	sA1	sA2	sA2	sA3 文	无	ɕia1 新	xA1 俗①	xA3 俗③
广安	sA1	sA2	sA2	sA3 文	无	ɕia1 新	xA1 俗①	xA3 俗③
邻水	sA1	sA5	sA5	sA3 文	无	ɕia1 新	xA1 俗①	xA3 俗③
南江	ʂA1	ʂA5	ʂA5	sA3 文	sA5 文	ɕia1 新	xA1 俗①	xA3 俗③
巴中	ʂɑ1	ʂɑ2	ʂɑ2	sɑ3 文	ʂɑ5 文	ɕia1 新	xɑ1 俗①	xɑ3 俗③
通江	ʂɑ1	ʂɑ5	ʂɑ5	sɑ3 文	ʂɑ5 文	ɕia1 新	xɑ1 俗①	xɑ3 俗③
平昌	ʂɑ1	ʂɑ2	ʂɑ2	sɑ3 文	ʂɑ2 文	ɕia1 新	xɑ1 俗①	xɑ3 俗③
万源	ʂA1	ʂA2	ʂA2	sA3 文	sA3 文	ɕia1 新	xA1 俗①	xA3 俗③
宣汉	sA1	sA2	sA2	sA3 文	sA3 文	ɕia1 新	xA1 俗①	xA3 俗③
达州	sA1	sA2	sA3	sA3 文	sA4 文	ɕia1 新	xA1 俗①	xA3 俗③
开江	sA1	sA2	sA2	sA3 文	sA3 文	ɕia1 新	xA1 俗①	xA3 俗③
渠县	sA1	sA2	sA2	sA3 文	sA3 文	ɕia1 新	xA1 俗①	xA3 俗③
宜宾	sɑ1	sæ5	sæ5	sɑ3 文	sɑ4 文	ɕia1 / xɑ2 旧	xɑ1 俗①	xɑ3 俗③
古蔺	sA1	sA5	sA5	sA3 文	sA5 文	ɕia1 新	xA1 俗①	xA3 俗③
长宁	sA1	sæ5	sæ5	sA3 文	sA2 文	ɕia1 新	xA1 俗①	xA3 俗③
顾县	sA1	sA2	sA2	xA3 俗	sA2 文	ɕia1 新	xA1 俗①	xA3 俗③
成都龙泉	sA1	sæʔ5	sæʔ5	sA3 文	sæʔ5 文	xA1 新	xA1 俗①	xA3 俗③

① 意为"抓"或"刨",如"鸡~豆腐"。本字待考。 ② 《篇海类编》呼马切。 ③ 意为"傻",如"~宝儿"xA3pɚ3。本字待考。

字目	阿	家	家家具	加	嘉	佳	夹	夹夹衣
反切	乌何	古牙	古牙	古牙	古牙	古膎	古洽	古洽
声韵调	果开一影歌平	假开二见麻平	假开二见麻平	假开二见麻平	假开二见麻平	蟹开二见佳平	咸开二见洽入	咸开二见洽入
中古音	ʔɑ	kɣa	kɣa	kɣa	kɣa	kɣɛ	kɣɛp	kɣɛp
广元	o1 A1 新	tɕia1	tɕia1	tɕia1	tɕia1	tɕia1	tɕia2	tɕia2
平武	o1	tɕia1	tɕia1	tɕia1	tɕia1	tɕia1	tɕia2	tɕia2
青川	o1 A1 新	tɕia1	tɕia1	tɕia1	tɕia1	tɕia1	tɕia2	tɕia2
剑阁普安	u1 A1 新	tɕia1	tɕia1	tɕia1	tɕia1	tɕia1	tɕia5	tɕia5
剑阁金仙	u1 A1 新	tɕia1	tɕia1	tɕia1	tɕia1	tɕia1	tɕia5	tɕia5
旺苍	A1	tɕia1	tɕia1	tɕia1	tɕia1	tɕia1	tɕia2	tɕia2
苍溪	o1 A1 新	tɕia1	tɕia1	tɕia1	tɕia1	tɕia1	tɕia2	tɕia2
江油	o1	tɕia1	tɕia1	tɕia1	tɕia1	tɕia1	tɕia2	tɕia2
北川	o1	tɕia1	tɕia1	tɕia1	tɕia1	tɕia1	tɕia2	tɕia2
绵阳	o1	tɕia1	tɕia1	tɕia1	tɕia1	tɕia1	tɕia2	tɕia2
盐亭	o1	tɕia1	tɕia1	tɕia1	tɕia1	tɕia1	tɕia5	tɕia5
德阳	o1 A1 新	tɕia1	tɕia1	tɕia1	tɕia1	tɕia1	tɕia2	tɕia2
中江	A1	tɕia1	tɕia1	tɕia1	tɕia1	tɕia1	tɕia2	tɕia2
射洪	o1 A1 新	tɕia1	tɕia1	tɕia1	tɕia1	tɕia1	tɕia5	tɕia5
蓬溪	o1 A1 新	tɕia1	tɕia1	tɕia1	tɕia1	tɕia1	tɕia5	tɕia5
遂宁	o1 A1 新	tɕia1	tɕia1	tɕia1	tɕia1	tɕia1	tɕia2	tɕia2
乐至	A1	tɕia1	tɕia1	tɕia1	tɕia1	tɕia1	tɕiɛp	tɕiɛp
安岳	o1	tɕia1	tɕia1	tɕia1	tɕia1	tɕia1	tɕia2	tɕia2
仪陇	o1	tɕia1	tɕia1	tɕia1	tɕia1	tɕia1	tɕia2	tɕia2
西充	o1	tɕia1	tɕia1	tɕia1	tɕia1	tɕia1	tɕia5	tɕia5

字目	阿	家	家家具	加	嘉	佳	夹	夹夹衣
反切	乌何	古牙	古牙	古牙	古牙	古膎	古洽	古洽
声韵调	果开一影歌平	假开二见麻平	假开二见麻平	假开二见麻平	假开二见麻平	蟹开二见佳平	咸开二见洽入	咸开二见洽入
中古音	ʔɑ	kɣa	kɣa	kɣa	kɣa	kɣɛ	kɣɛp	kɣɛp
蓬安	A1	tɕia1	tɕia1	tɕia1	tɕia1	tɕia1	tɕia2	tɕia2
南充金台	o1	tɕia1	tɕia1	tɕia1	tɕia1	tɕia1	tɕia2	tɕia2
南充龙蟠	o1	tɕia1	tɕia1	tɕia1	tɕia1	tɕia1	tɕiæ5	tɕiæ5
岳池	o1	tɕia1	tɕia1	tɕia1	tɕia1	tɕia1	tɕia2	tɕia2
广安	ɸo1	tɕia1	tɕia1	tɕia1	tɕia1	tɕia1	tɕia2	tɕia2
邻水	A1	tɕia1	tɕia1	tɕia1	tɕia1	tɕia1	tɕia5	tɕia5
南江	o1 A1 新	tɕia1	tɕia1	tɕia1	tɕia1	tɕia1	tɕia5	tɕia2 tɕia5 旧
巴中	o1 ɑ1 新	tɕia1	tɕia1	tɕia1	tɕia1	tɕia1	tɕia2	tɕia2
通江	o1 ɑ1 新	tɕia1	tɕia1	tɕia1	tɕia1	tɕia1	tɕia5	tɕia5
平昌	o1 ɑ1 新	tɕia1	tɕia1	tɕia1	tɕia1	tɕia1	tɕia2	tɕia2
万源	A1	tɕia1	tɕia1	tɕia1	tɕia1	tɕia1	tɕia2	tɕia2
宣汉	A1	tɕia1	tɕia1	tɕia1	tɕia1	tɕia1	tɕia2	tɕia2
达州	o1	tɕia1	tɕia1	tɕia1	tɕia1	tɕia1	tɕia2	tɕia2
开江	A1	tɕia1	tɕia1	tɕia1	tɕia1	tɕia1	tɕia2	tɕia2
渠县	o1	tɕia1	tɕia1	tɕia1	tɕia1	tɕia1	tɕia2	tɕia2
宜宾	o1 ɑ1 新	tɕia1	tɕia1	tɕia1	tɕia1	tɕia1	tɕiæ5	tɕiæ5
古蔺	o1 A1 新	tɕia1	tɕia1	tɕia1	tɕia1	tɕia1	tɕia5	tɕia5
长宁	o1	tɕia1	tɕia1	tɕia1	tɕia1	tɕia1	tɕiæ5	tɕiæ5
顾县	o1 A1 新	tɕia1	tɕia1	tɕia1	tɕia1	tɕia1	tɕia2	tɕia2
成都龙泉	o1 A1 新	kA1	kA1	kA1	kA1	kA1	kæʔ5	kæʔ5

字目	假真假	贾姓	甲	假放假	稼	嫁	架	驾
反切	古疋	古疋	古狎	古讶	古讶	古讶	古讶	古讶
声韵调	假开二见麻上	假开二见麻上	咸开二见狎入	假开二见麻去	假开二见麻去	假开二见麻去	假开二见麻去	假开二见麻去
中古音	kɣa:	kɣa:	kɣap	kɣa-	kɣa-	kɣa-	kɣa-	kɣa-
广元	tɕia3	tɕia3	tɕia2	tɕia3	tɕia1	tɕia4	tɕia4	tɕia4
平武	tɕia3	tɕia3	tɕia2	tɕia3	tɕia1	tɕia4	tɕia4	tɕia4
青川	tɕia3	tɕia3	tɕia2	tɕia3	tɕia1	tɕia4	tɕia4	tɕia4
剑阁普安	tɕia3	tɕia3	tɕia5	tɕia3	tɕia1	tɕia4	tɕia4	tɕia4
剑阁金仙	tɕia3	tɕia3	tɕia5	tɕia3	tɕia1	tɕia4	tɕia4	tɕia4
旺苍	tɕia3	tɕia3	tɕia2	tɕia3	tɕia4	tɕia4	tɕia4	tɕia4
苍溪	kia3	kia3	kia2	kia3	kia1 kia4	kia4	kia4	kia4
江油	tɕia3	tɕia3	tɕia2	tɕia3	tɕia1	tɕia4	tɕia4	tɕia4
北川	tɕia3	tɕia3	tɕia2	tɕia3	tɕia1	tɕia4	tɕia4	tɕia4
绵阳	tɕia3	tɕia3	tɕia2	tɕia3	tɕia1	tɕia4	tɕia4	tɕia4
盐亭	tɕia3	tɕia3	tɕia5	tɕia3	tɕia1	tɕia4	tɕia4	tɕia4
德阳	tɕia3	tɕia3	tɕia2	tɕia3	tɕia1	tɕia4	tɕia4	tɕia4
中江	tɕia3	tɕia3	tɕia2	tɕia3	tɕia1	tɕia4	tɕia4	tɕia4
射洪	tɕia3	tɕia3	tɕia5	tɕia3	tɕia1	tɕia4	tɕia4	tɕia4
蓬溪	tɕia3	tɕia3	tɕia5	tɕia3	tɕia1	tɕia4	tɕia4	tɕia4
遂宁	tɕia3	tɕia3	tɕia2	tɕia3	tɕia1	tɕia4	tɕia4	tɕia4
乐至	tɕia3	tɕia3	tɕia2	tɕia3	tɕia1	tɕia4	tɕia4	tɕia4
安岳	tɕia3	tɕia3	tɕia2	tɕia3	tɕia1	tɕia4	tɕia4	tɕia4
仪陇	tɕia3	tɕia3	tɕia2	tɕia3	tɕia1	tɕia4	tɕia4	tɕia4
西充	tɕia3	tɕia3	tɕia5	tɕia3	tɕia5	tɕia4	tɕia4	tɕia4

字目	假真假	贾姓	甲	假放假	稼	嫁	架	驾
反切	古疋	古疋	古狎	古讶	古讶	古讶	古讶	古讶
声韵调	假开二见麻上	假开二见麻上	咸开二见狎入	假开二见麻去	假开二见麻去	假开二见麻去	假开二见麻去	假开二见麻去
中古音	kɣa:	kɣa:	kɣap	kɣa-	kɣa-	kɣa-	kɣa-	kɣa-
蓬安	tɕia3	tɕia3	tɕia2	tɕia3	tɕia4	tɕia4	tɕia4	tɕia4
南充金台	tɕia3	tɕia3	tɕia2	tɕia3	tɕia4	tɕia4	tɕia4	tɕia4
南充龙蟠	tɕia3	tɕia3	tɕiæ5	tɕia3	tɕia1	tɕia4	tɕia4	tɕia4
岳池	tɕia3	tɕia3	tɕia2	tɕia3	tɕia1	tɕia4	tɕia4	tɕia4
广安	tɕia3	tɕia3	tɕia2	tɕia3	tɕia1	tɕia4	tɕia4	tɕia4
邻水	tɕia3	tɕia3	tɕia5	tɕia3	tɕia1	tɕia4	tɕia4	tɕia4
南江	tɕia3	tɕia3	tɕia5	tɕia3	tɕia1 tɕia4	tɕia4	tɕia4	tɕia4
巴中	tɕia3	tɕia3	tɕia2	tɕia3	tɕia1 tɕia4	tɕia4	tɕia4	tɕia4
通江	tɕia3	tɕia3	tɕia5	tɕia3	tɕia1 tɕia4	tɕia4	tɕia4	tɕia4
平昌	tɕia3	tɕia3	tɕia2	tɕia3	tɕia4	tɕia4	tɕia4	tɕia4
万源	tɕia3	tɕia3	tɕia2	tɕia3	tɕia4	tɕia4	tɕia4	tɕia4
宣汉	tɕia3	tɕia3	tɕia2	tɕia3	tɕia1	tɕia4	tɕia4	tɕia4
达州	tɕia3	tɕia3	tɕia2	tɕia3	tɕia1	tɕia4	tɕia4	tɕia4
开江	tɕia3	tɕia3	tɕia2	tɕia3	tɕia1	tɕia4	tɕia4	tɕia4
渠县	tɕia3	tɕia3	tɕia2	tɕia3	tɕia1	tɕia4	tɕia4	tɕia4
宜宾	tɕia3	tɕia3	tɕiæ5	tɕia3	tɕia1	tɕia4	tɕia4	tɕia4
古蔺	tɕia3	tɕia3	tɕia5	tɕia3	tɕia1 tɕia4	tɕia4	tɕia4	tɕia4
长宁	tɕia3	tɕia3	tɕiæ5	tɕia3	tɕia1	tɕia4	tɕia4	tɕia4
顾县	tɕia3	tɕia3	tɕia2	tɕia3	tɕia1	tɕia4	tɕia4	tɕia4
成都龙泉	kʌ3	tɕia3	kæʔ5	kʌ4	kʌ1 kʌ4	kʌ4	kʌ4	kʌ4

字目	价	掐	卡	恰	*虾	瞎	霞	狭
反切	古讶	苦洽		苦洽	*虚加	许辖	胡加	侯夹
声韵调	假开二见麻去	咸开二溪洽入	*假开二溪麻上	咸开二溪洽入	假开二晓麻平	山开二晓鎋入	假开二匣麻平	咸开二匣洽入
中古音	kɣa-	khɣɛp	*khɣa:	khɣɛp	hɣa	hɣat	ɦɣa	ɦɣɛp
广元	tɕia4	tɕhia2	tɕhia3 khA3	tɕhia2	ɕia1	ɕia2	ɕia2	ɕia2
平武	tɕia4	tɕhia2	tɕhia3 kha3	tɕhia2	ɕia1	ɕia2	ɕia2	ɕia2
青川	tɕia4	tɕhia2	tɕhia3 khA3	tɕhia2	ɕia1	ɕia2	ɕia2	ɕia2
剑阁普安	tɕia4	tɕhia5	tɕhia3 khA3	tɕhia5	ɕia1	ɕia5	ɕia2	ɕia2
剑阁金仙	tɕia4	tɕhia5	tɕhia3 khA3	tɕhia5	ɕia1	ɕia5	ɕia2	ɕia2
旺苍	tɕia4	tɕhia2	tɕhia3 khA3	tɕhia2	ɕia1	ɕia2	ɕia2	ɕia2
苍溪	kia4	tɕhia2	tɕhia3 khA3	tɕhia2	ɕia1	ɕia2	ɕia2	ɕia2
江油	tɕia4	tɕhia2	tɕhia3 kha3	tɕhia2	ɕia1	ɕia2	ɕia2	ɕia2
北川	tɕia4	tɕhia2	tɕhia3 kha3	tɕhia2	ɕia1	ɕia2	ɕia2	ɕia2
绵阳	tɕia4	tɕhia2	tɕhia3 kha3	tɕhia2	ɕia1	ɕia2	ɕia2	ɕia2
盐亭	tɕia4	tɕhia5	tɕhia3 kha3	tɕhia5	ɕia1	ɕia5	ɕia2	ɕia5
德阳	tɕia4	tɕhia2	tɕhia3 khɑ3	tɕhia2	ɕia1	ɕia2	ɕia2	ɕia2
中江	tɕia4	tɕhia2	tɕhia3 khA3	tɕhia2	ɕia1	ɕia2	ɕia2	ɕia2
射洪	tɕia4	tɕhia5	tɕhia3 khA3	tɕhia5	ɕia1	ɕia5	ɕia2	ɕia2
蓬溪	tɕia4	tɕhia5	tɕhia3 khA3	tɕhia5	ɕia1	ɕia5	ɕia2	ɕia5
遂宁	tɕia4	tɕhia2	tɕhia3 khA3	tɕhia2	ɕia1	ɕia2	ɕia2	ɕia2
乐至	tɕia4	tɕhia1	tɕhia3 kha3	tɕhia2	ɕia1	ɕia2	ɕia2	ɕia2
安岳	tɕia4	tɕhia2	tɕhia3 kha3	tɕhia2	ɕia1	ɕia2	ɕia2	ɕia2
仪陇	tɕia4	tɕhia2	tɕhia3 kha3	tɕhia2	ɕia1	ɕia2	ɕia2	ɕia2
西充	tɕia4	tɕhia5	tɕhia3 kha3	tɕhia5	ɕia1	ɕia2	ɕia2	ɕia5

字目	价	掐	卡	恰	*虾	瞎	霞	狭
反切	古讶	苦洽		苦洽	*虚加	许辖	胡加	侯夹
声韵调	假开二 见麻去	咸开二 溪洽入	*假开二 溪麻上	咸开二 溪洽入	假开二 晓麻平	山开二 晓鎋入	假开二 匣麻平	咸开二 匣洽入
中古音	kɣa-	khɣɛp	*khɣa:	khɣɛp	hɣa	hɣat	ɦɣa	ɦɣɛp
蓬安	tɕia4	tɕhia1	tɕhia3 kha3	tɕhia2	ɕia1	ɕia2	ɕia2	ɕia2
南充_{金台}	tɕia4	tɕhia2	tɕhia3 kha3	tɕhia2	ɕia1	ɕia2	ɕia2	ɕia2
南充_{龙蟠}	tɕia4	tɕhiæ5	tɕhia3 khɑ3	tɕhiæ5	ɕia1	ɕiæ5	ɕia2	ɕia2
岳池	tɕia4	tɕhia2	tɕhia3 kha3	tɕhia2	ɕia1	ɕia2	ɕia2	ɕia2
广安	tɕia4	tɕhia2	tɕhia3 kha3	tɕhia2	ɕia1	ɕia2	ɕia2	ɕia2
邻水	tɕia4	tɕhia1	tɕhia3 kha3	tɕhia5	ɕia1	ɕia5	ɕia2	ɕia5
南江	tɕia4	tɕhia5	tɕhia3 khɑ3	tɕhia2	ɕia1	ɕia2 ɕia5 旧	ɕia2	ɕia5
巴中	tɕia4	tɕhia2	tɕhia3 kha3	tɕhia5	ɕia1	ɕia2	ɕia5	ɕia2
通江	tɕia4	tɕhia5	tɕhia3 kha3	tɕhia5	ɕia1	ɕia5	ɕia2 ɕia5 旧	ɕia2 ɕia5 旧
平昌	tɕia4	tɕhia1 tɕhia2 旧	tɕhia3 kha3	tɕhia2	ɕia1	ɕia2	ɕia2	ɕia2
万源	tɕia4	tɕhia2	tɕhia3	tɕhia2	ɕia1	ɕia2	ɕia2	ɕia2
宣汉	tɕia4	tɕhia1	khɑ3	tɕhia2	ɕia1	ɕia2	ɕia2	ɕia2
达州	tɕia4	tɕhia2	tɕhia3	tɕhia2	ɕia1	ɕia2	ɕia2	ɕia2
开江	tɕia4	tɕhia1	tɕhia3	tɕhia2	ɕia1	ɕia2	ɕia2	ɕia2
渠县	tɕia4	tɕhia1	tɕhia3	tɕhia2	ɕia1	ɕia2	ɕia2	ɕia2
宜宾	tɕia4	tɕhiæ5	tɕhia3 kha3	tɕhiæ5	ɕia1	ɕiæ5	ɕia2	ɕiæ5
古蔺	tɕia4	tɕhia5	tɕhia3 khɑ3	tɕhia5	ɕia1	ɕia5	ɕia2	ɕia5
长宁	tɕia4	tɕhiæ5	tɕhia3 kha3	tɕhiæ5	ɕia1	ɕiæ5	ɕia2	ɕiæ5
顾县	tɕia4	tɕhia2	tɕhia3 kha3	tɕhia2	ɕia1	ɕia2	ɕia2	ɕia2
成都_{龙泉}	kA4	khæʔ5	tɕhia3 khɑ3	tɕhia2	xA1	xæʔ5	ɕia5	ɕiæʔ5

字目	匣	辖	吓惊吓	下底下	夏姓	下下降	夏春夏	鸦
反切	胡甲	胡瞎	呼讶	胡雅	胡雅	胡驾	胡驾	于加
声韵调	咸开二 匣狎入	山开二 匣鎋入	假开二 晓麻去	假开二 匣麻上	假开二 匣麻上	假开二 匣麻去	假开二 匣麻去	假开二 影麻平
中古音	ɦɣap	ɦɣat	hɣa-	ɦɣa:	ɦɣa:	ɦɣa-	ɦɣa-	ʔɣa
广元	ɕia2	ɕia2	xʌ4	ɕia4	ɕia4	ɕia4	ɕia4	ia1
平武	ɕia2	ɕia2	ɕia4	ɕia4	ɕia4	ɕia4	ɕia4	ia1
青川	ɕia2	ɕia2	ɕia4	ɕia4	ɕia4	ɕia4	ɕia4	ia1
剑阁普安	ɕia2	ɕia2	ɕia4	ɕia4	ɕia4	ɕia4	ɕia4	ia1
剑阁金仙	tɕia5	ɕia2	ɕia4	ɕia4	tɕia4	ɕia4	ɕia4	ia1
旺苍	ɕia2	ɕia2	xʌ4	ɕia4	ɕia4	ɕia4	ɕia4	ia1
苍溪	ɕia2	ɕia2	ɕia4 xʌ4 口	ɕia4	ɕia4	ɕia4 xʌ4 口	ɕia4	ia1
江油	ɕia2	ɕia2	ɕia4	ɕia4	ɕia4	ɕia4	ɕia4	ia1
北川	ɕia2	ɕia2	ɕia4	ɕia4	ɕia4	ɕia4	ɕia4	ia1
绵阳	ɕia2	ɕia2	ɕia4	ɕia4	ɕia4	ɕia4	ɕia4	ia1
盐亭	ɕia2	ɕia5	ɕia4	ɕia4	ɕia4	ɕia4	ɕia4	ia1
德阳	ɕia2	ɕia2	ɕia4 xɑ4 口	ɕia4	ɕia4	ɕia4 xɑ4 口	ɕia4	ia1
中江	ɕia2	ɕia2	xʌ4 口	ɕia4	ɕia4	ɕia4 xʌ4 口	ɕia4	ia1
射洪	ɕia2	ɕia2	ɕia4 xʌ4 口	ɕia4	ɕia4	ɕia4 xʌ4 口	ɕia4	ia1
蓬溪	ɕia2	ɕia2	ɕia4 xʌ4 口	ɕia4	ɕia4	ɕia4 xʌ4 口	ɕia4	ia1
遂宁	ɕia2	ɕia2	ɕia4 xʌ4 口	ɕia4	ɕia4	ɕia4 xʌ4 口	ɕia4	ia1
乐至	ɕia2	ɕia2	ɕia4 xʌ4 口	ɕia4	ɕia4	ɕia4	ɕia4	ia1
安岳	ɕia2	ɕia2	ɕia4 xʌ4 口	ɕia4	ɕia4	ɕia4	ɕia4	ia1
仪陇	ɕia2	ɕia2	ɕia4 xʌ4 口	ɕia4	ɕia4	ɕia4	ɕia4	ia1
西充	ɕia2	ɕia5	ɕia4	ɕia4	ɕia4	ɕia4 xʌ4 口	ɕia4	ia1

字目	匣	辖	吓惊吓	下底下	夏姓	下下降	夏春夏	鸦
反切	胡甲	胡瞎	呼讶	胡雅	胡雅	胡驾	胡驾	于加
声韵调	咸开二 匣狎入	山开二 匣鎋入	假开二 晓麻去	假开二 匣麻上	假开二 匣麻上	假开二 匣麻去	假开二 匣麻去	假开二 影麻平
中古音	ɦɣap	ɦɣat	hɣa-	ɦɣa:	ɦɣa:	ɦɣa-	ɦɣa-	ʔɣa
蓬安	ɕia2	ɕia2	ɕia4	ɕia4	ɕia4	ɕia4 xʌ4 口	ɕia4	ia1
南充金台	ɕia2	ɕia2	ɕia4	ɕia4	ɕia4	ɕia4 xʌ4 口	ɕia4	ia1
南充龙蟠	tɕiæ5	ɕiæ5	ɕia4	ɕia4	ɕia4	ɕia4 xʌ4 口	ɕia4	ia1
岳池	tɕia2	ɕia2	ɕia4 xʌ4 口	ɕia4	ɕia4	ɕia4	ɕia4	ia1
广安	tɕia2	ɕia2	ɕia4 xʌ4 口	ɕia4	ɕia4	ɕia4	ɕia4	ia1
邻水	tɕia5	ɕia5	ɕia4 xʌ4 口	ɕia4	ɕia4	ɕia4	ɕia4	ia1
南江	ɕia5	ɕia5	ɕia4 xʌ4 口	ɕia4	ɕia4	ɕia4 xʌ4 口	ɕia4	ia1
巴中	ɕia2	ɕia2	ɕia4 xɑ4 口	ɕia4	ɕia4	ɕia4 xɑ4 口	ɕia4	ia1
通江	ɕia2 ɕia5 旧	ɕia2 ɕia5 旧	ɕia4 xɑ4 口	ɕia4	ɕia4	ɕia4 xɑ4 口	ɕia4	ia1
平昌	ɕia2	ɕia2	ɕia4 xɑ4 口	ɕia4	ɕia4	ɕia4 xɑ4 口	ɕia4	ia1
万源	tɕia2	ɕia2	ɕia4	ɕia4	ɕia4	ɕia4	ɕia4	ia1
宣汉	tsʌ2	ɕia2	ɕia4	ɕia4	ɕia4	ɕia4	ɕia4	ia3 ia1
达州	ɕia2	ɕia2	ɕia4	ɕia4	ɕia4	ɕia4	ɕia4	ia1
开江	ɕia2	ɕia2	ɕia4	ɕia4	ɕia4	ɕia4	ɕia4	ia3
渠县	tɕia2	ɕia2	ɕia4	ɕia4	ɕia4	ɕia4	ɕia4	ia1
宜宾	ɕiæ5	ɕiæ5	ɕia4	ɕia4	ɕia4	ɕia4 xɑ4 口	ɕia4	ia1
古蔺	tɕia5	ɕia5	ɕia4 xʌ4 口	ɕia4	ɕia4	ɕia4	ɕia4	ia1
长宁	ɕiæ5	ɕiæ5	ɕia4	ɕia4	ɕia4	ɕia4	ɕia4	ia1
顾县	tɕia2	ɕia2	ɕia4	ɕia4	ɕia4	ɕia4	ɕia4	ia1
成都龙泉	ɕiæʔ5	ɕiæʔ5	ɕia4 xʌ4 口	xʌ1	xʌ4	xʌ1	xʌ4	ia1

字目	丫丫头	鸭	押	压	牙	芽	涯	崖
反切	于加	乌甲	乌甲	乌甲	五加	五加	五佳	五佳
声韵调	假开二影麻平	咸开二影狎入	咸开二影狎入	咸开二影狎入	假开二疑麻平	假开二疑麻平	蟹开二疑佳平	蟹开二疑佳平
中古音	ʔɣa	ʔɣap	ʔɣap	ʔɣap	ŋɣa	ŋɣa	ŋɣɛ	ŋɣɛ
广元	ia1	ia2	ia2 ia4	ia4	ia2	ia2	ia2	ŋai2 ia2 新
平武	ia1	ia2	ia2	ia4	ia2	ia2	ia2	ia2
青川	ia1	ia2	ia2 ia4	ia4	ia2	ia2	ia2	ŋai2 ia2 新
剑阁普安	ia1	ia5	ia5	ia4	ia2	ia2	ia2	ŋai2 ia2 新
剑阁金仙	ia1	ia5	ia5	ia4	ia2	ia2	ia2	ŋai2 ia2 新
旺苍	ia1	ia2	ia2 ia4	ia4	ia2	ia2	ia2	ŋai2 ia2 新
苍溪	ia1	ia2	ia2	ia4	ia2	ia2	ia1 ia2	ŋai2 ia2 新
江油	ia1	ia2	ia4	ia4	ia2	ia2	ia2	ŋai2
北川	ia1	ia2	ia2	ia4	ia2	ia2	ia2	ŋai2
绵阳	ia1	ia2	ia4	ia4	ia2	ia2	ia2	ŋai2
盐亭	ia1	ia5	ia5	ia4	ia2	ia2	ia2	ia2
德阳	ia1	ia2	ia2 ia4	ia4	ia2	ia2	ia2	ŋai2 ia2 新
中江	ia1	ia2	ia2	ia4	ia2	ia2	ia2	ŋai2 ia2 新
射洪	ia1	ia5	ia5 ia4	ia4	ia2	ia2	ia5	ŋai2 ia2 新
蓬溪	ia1	ia5	ia5 ia4	ia4	ia2	ia2	ia2	ŋai2 ia2 新
遂宁	ia1	ia2	ia2 ia4	ia4	ia2	ia2	ia2	ŋai2 ia2 新
乐至	ia1	ia2	ia2	ia4	ia2	ia2	ia2	ŋai2
安岳	ia1	ia2	ia4	ia4	ia2	ia2	ia2	ŋai2
仪陇	ia1	ia2	ia2	ia4	ia2	ia2	ia2	ŋai2
西充	ia1	ia5	ia5	ia4	ia2	ia2	ia2	ŋia2

字目	丫丫头	鸭	押	压	牙	芽	涯	崖
反切	于加	乌甲	乌甲	乌甲	五加	五加	五佳	五佳
声韵调	假开二 影麻平	咸开二 影狎入	咸开二 影狎入	咸开二 影狎入	假开二 疑麻平	假开二 疑麻平	蟹开二 疑佳平	蟹开二 疑佳平
中古音	ʔɣa	ʔɣap	ʔɣap	ʔɣap	ŋɣa	ŋɣa	ŋɣɛ	ŋɣɛ
蓬安	ia1	ia2	ia4	ia4	ia2	ia2	ia2	ia2
南充金台	ia1	ia2	ia4	ia4	ia2	ia2	ia2	ia2
南充龙蟠	ia1	iæ5	ia4	ia4	ia2	ia2	ia2	ŋai2
岳池	ia1	ia2	ia4	ia4	ia2	ia2	ia2	ŋai2
广安	ia1	ia2	ia4	ia4	ia2	ia2	ia2	ŋai2
邻水	ia1	ia5	ia5	ia4	ia2	ia2	ia2	ŋai2
南江	ia1	ia5	ia5	ia4	ia5	ia5	ia2	ŋai2 ia2 新
巴中	ia1	ia5	ia5 ia4	ia4 ia5 旧	ia2	ia2	ia2	ŋai2 ia2 新
通江	ia1	ia5	ia5	ia4	ia2	ia2	ia2	ŋai2 ia2 新
平昌	ia1	ia2	ia2	ia4	ia2	ia2	ia2	ŋai2 ia2 新
万源	ia1	ia2	ia4	ia4	ia2	ia2	ia2	ai2
宣汉	ia1	ia2	ia2	ia4	ia2	ia2	ia2	ia2
达州	ia1	ia2	ia2	ia4	ia2	ia2	ia2	ŋai2
开江	ia1	ia2	ia2	ia4	ia2	ia2	ia2	ia2
渠县	ia1	ia2	ia4	ia4	ia2	ia2	ia2	ŋai2
宜宾	ia1	iæ5	iæ5	ia4	ia2	ia2	ia2	ŋai2
古蔺	ia1	ia5	ia5 ia4	ia4	ia2	ia2	ia2	ŋai2 ia2 新
长宁	ia1	iæ5	iæ5	ia4	ia2	ia2	ia2	ŋai2
顾县	ia1	ia2	ia2 ia4	ia4	ia2	ia2	ia2	ŋai2 ia2 新
成都龙泉	ia1	æʔ5	ia4	ia4	ŋʌ2	ŋʌ2	ŋai2	ŋai2

字目	雅	哑	亚	抓	刷	耍	瓜①	刮
反切	五下	乌下	衣嫁	侧交	数刮		古华	古頢
声韵调	假开二疑麻上	假开二影麻上	假开二影麻去	效开二庄肴平	山合二生鎋入	假合二生麻上	假合二见麻平	山合二见鎋入
中古音	ŋɣaː	ʔɣaː	ʔɣaˉ	tʃɣau	ʃɣuat	ʃɣuaː	kɣua	kɣuat
广元	ia3	ia3	ia4	tʂua1	ʂua2	fa3	kua1	kua2
平武	ia3	ia3	ia4	tsua1	sua2	sua3	kua1	kua2
青川	ia3	ia3	ia4	tsua1	sua2	sua3	kua1	kua2
剑阁普安	ia3	ia3	ia4	tsua1	ʂua5	ʂua3	kua1	kua5
剑阁金仙	ia3	ia3	ia4	tsua1	ʂua5	ʂua3	kua1	kua5
旺苍	ia3	ia3	ia4	tʂua1	ʂua2	ʂua3	kua1	kua2
苍溪	ia3	ia3	ia4	tʂua1	ʂua2	ʂua3	kua1	kua2
江油	ia3	ia3	ia4	tsua1	sua2	sua3	kua1	kua2
北川	ia3	ia3	ia4	tsua1	sua2	sua3	kua1	kua2
绵阳	ia3	ia3	ia4	tsua1	sua2	sua3	kua1	kua2
盐亭	ia3	ia3	ia4	tsua1	sua5	sua3	kua1	kua5
德阳	ia3	ia3	ia4	tsua1	sua2	sua3	kua1	kua2
中江	ia3	ia3	ia4	tsua1	sua2	sua3	kua1	kua2
射洪	ia3	ia3	ia4	tsua1	sua5	sua3	kua1	kua5
蓬溪	ia3	ia3	ia4	tsua1	sua5	sua3	kua1	kua5
遂宁	ia3	ia3	ia4	tsua1	sua2	sua3	kua1	kua2
乐至	ia3	ia3	ia4	tsua1	sua2	sua3	kua1	kua2
安岳	ia3	ia3	ia4	tsua1	sua2	sua3	kua1	kua2
仪陇	ia3	ia3	ia4	tsua1	sua2	sua3	kua1	kua2
西充	ia3	ia3	ia4	tsua1	sua5	sua3	kua1	kua5

① 此音又有"傻"义，本字待考。

字目	雅	哑	亚	抓	刷	耍	瓜①	刮
反切	五下	乌下	衣嫁	侧交	数刮		古华	古頒
声韵调	假开二 疑麻上	假开二 影麻上	假开二 影麻去	效开二 庄肴平	山合二 生鎋入	假合二 生麻上	假合二 见麻平	山合二 见鎋入
中古音	ŋɣa:	ʔɣa:	ʔɣa-	tʃɣau	ʃɣuat	ʃɣua:	kɣua	kɣuat
蓬安	ia3	ia3	ia4	tsua1	sua2	sua3	kua1	kua2
南充金台	ia3	ia3	ia4	tsua1	sua2	sua3	kua1	kua1
南充龙蟠	ia3	ia3	ia4	tʂua1	ʂuæ5	ʂua3	kua1	kuæ5
岳池	ia3	ia3	ia4	tsua1	sua2	sua3	kua1	kua2
广安	ia3	ia3	ia4	tsua1	sua2	sua3	kua1	kua2
邻水	ia3	ia3	ia4	tsua1	sua5	sua3	kua1	kua5
南江	ia3	ia3	ia4	tʂua1	ʂua5	ʂua3	kua1	kua2 kua5 旧
巴中	ia3	ia3	ia4	tʂua1	ʂua5	ʂua3	kua1	kua2
通江	ia3	ia3	ia4	tʂua1	ʂua5	ʂua3	kua1	kua5
平昌	ia3	ia3	ia4	tʂua1	ʂua2	ʂua3	kua1	kua2
万源	ia3	ia3	ia4	tʂua1	ʂua2	sua3	kua1	kua2
宣汉	ia3	ia3	ia4	tsua1	sua2	sua3	kua1	kua2
达州	ia3	ia3	ia4	tsua1	sua2	sua3	kua1	kua2
开江	ia3	ia3	ia4	tsua1	sua2	sua3	kua1	kua2
渠县	ia3	ia3	ia4	tsua1	sua2	sua3	kua1	kua2
宜宾	ia3	ia3	ia4	tsua1	suæ5	sua3	kua1	kuæ5
古蔺	ia3	ia3	ia4	tsua1	sua5	sua3	kua1	kua5
长宁	ia3	ia3	ia4	tsua1	suæ5	sua3	kua1	kuæ5
顾县	ia3	ia3	ia4	tsua1	sua2	sua3	kua1	kua2
成都龙泉	ia3	A3	ia4	tsua1	suæʔ5	sua3	kua1	kuæʔ5

① 此音又有"傻"义，本字待考。

字目	寡	挂	卦	夸	垮	跨	花	华中华
反切	古瓦	古卖	古卖	苦瓜		苦化	呼瓜	户花
声韵调	假合二见麻上	蟹合二见佳去	蟹合二见佳去	假合二溪麻平	假合二溪麻上	假合二溪麻去	假合二晓麻平	假合二匣麻平
中古音	kɣua:	kɣuɛ-	kɣuɛ-	khɣua	khɣua:	khɣua-	hɣua	ɦɣua
广元	kua3	kua4	kua4	khua1	khua3	khua4	xua1	xua2
平武	kua3	kua4	kua4	khua1	khua3	khua4	xua1	xua2
青川	kua3	kua4	kua4	khua1	khua3	khua4	xua1	xua2
剑阁普安	kua3	kua4	kua4	khua1	khua3	khua4	xua1	xua2
剑阁金仙	kua3	kua4	kua4	khua1	khua3	khua4	xua1	xua2
旺苍	kua3	kua4	kua4	khua1	khua3	khua4	xua1	xua2
苍溪	kua3	kua4	kua4	khua1	khua3	khua1 khua4	xua1	xua2
江油	kua3	kua4	kua4	khua1	khua3	khua4	xua1	xua2
北川	kua3	kua4	kua4	khua1	khua3	khua3	xua1	xua2
绵阳	kua3	kua4	kua4	khua1	khua3	khua4	xua1	xua2
盐亭	kua3	kua4	kua4	khua1	khua3	khua4	xua1	xua2
德阳	kua3	kua4	kua4	khua1	khua3	khua4	xua1	xua2
中江	kua3	kua4	kua4	khua1	khua3	khua4	fʌ1	fʌ2
射洪	kua3	kua4	kua4	khua1	khua3	khua4	xua1	xua2
蓬溪	kua3	kua4	kua4	khua1	khua3	khua4	xua1	xua2
遂宁	kua3	kua4	kua4	khua1	khua3	khua4	fʌ1 xua1 新	fʌ2 xua2 新
乐至	kua3	kua4	kua4	khua1	khua3	khua4	fʌ1	fʌ2
安岳	kua3	kua4	kua4	khua1	khua3	khua4	xua1	xua2
仪陇	kua3	kua4	kua4	khua1	khua3	khua4	fʌ1	fʌ2
西充	kua3	kua4	kua4	khua1	khua3	khua4	xua1	xua2

字目	寡	挂	卦	夸	垮	跨	花	华中华
反切	古瓦	古卖	古卖	苦瓜		苦化	呼瓜	户花
声韵调	假合二见麻上	蟹合二见佳去	蟹合二见佳去	假合二溪麻平	假合二溪麻上	假合二溪麻去	假合二晓麻平	假合二匣麻平
中古音	kɣua:	kɣuɛ-	kɣuɛ-	khɣua	khɣua:	khɣua-	hɣua	ɦɣua
蓬安	kua3	kua4	kua4	khua1	khua3	khua4	fʌ1	fʌ2
南充金台	kua3	kua4	kua4	khua1	khua3	khua4	xua1	xua2
南充龙蟠	kua3	kua4	kua4	khua1	khua3	khua4	xua1	xua2
岳池	kua3	kua4	kua4	khua1	khua3	khua4	xua1	xua2
广安	kua3	kua4	kua4	khua1	khua3	khua4	xua1	xua2
邻水	kua3	kua4	kua4	khua1	khua3	khua4	xua1	xua2
南江	kua3	kua4	kua4	khua1	khua3	khua4	xua1	xua2
巴中	kua3	kua4	kua4	khua1	khua3	khua4	xua1	xua2
通江	kua3	kua4	kua4	khua1	khua3	khua4	xua1	xua2
平昌	kua3	kua4	kua4	khua1	khua3	khua4	xua1	xua2
万源	kua3	kua4	kua4	khua1	khua3	khua1	xua1	xua2
宣汉	kua3	kua4	kua4	khua1	khua3	khua1	xua1	xua2
达州	kua3	kua4	kua4	khua1	khua3	khua4	xua1	xua2
开江	kua3	kua4	kua4	khua1	khua3	khua4	xua1	xua2
渠县	kua3	kua4	kua4	khua1	khua3	khua1	xua1	xua2
宜宾	kua3	kua4	kua4	khua1	khua3	khua4	xua1	xua2
古蔺	kua3	kua4	kua4	khua1	khua3	khua4	xua1	xua2
长宁	kua3	kua4	kua4	khua1	khua3	khua4	xua1	xua2
顾县	kua3	kua4	kua4	khua1	khua3	khua4	fʌ1	fʌ2
成都龙泉	kua3	kua4	kua4	khua1	khua3	khua4	fʌ1	fʌ2

字目	划划船	滑	化①	华姓	画	话②	划③计划	蛙④
反切	户花	户八	呼霸	胡化	胡卦	下快	胡麦	乌瓜
声韵调	假合二匣麻平	山合二匣黠入	假合二晓麻去	假合二匣麻去	蟹合二匣佳去	蟹合二匣夬去	梗合二匣麦入	假合二影麻平
中古音	ɦɣua	ɦɣuɛt	hɣua-	ɦɣua-	ɦɣuɛ-	ɦɣuai-	ɦɣuɛk	ʔɣua
广元	xua2	xua2	xua4 xua1 口	xua4 xua2 俗	xua4	xua4	xua4	ua1
平武	xua2	xua2	xua4	xua2 俗	xua4	xua4	xua4	ua1
青川	xua2	xua2	xua4 xua1 口	xua4 xua2 俗	xua4	xua4	xua4	ua1
剑阁普安	xua2	xua5	xua4 xua1 口	xua4 xua2 俗	xua4	xua4	xua4	ua1
剑阁金仙	xua2	xua5	xua4 xua1 口	xua4 xua2 俗	xua4	xua4	xua4	ua1
旺苍	xua2	xua2	xua4 xua1 口	xua4 xua2 俗	xua4	xua4	xua4	ua1
苍溪	xua2	xua2	xua4	xua4 xua2 俗	xua4	xua4	xua4	ua1
江油	xua1	xua2	xua4	xua2 俗	xua4	xua4	xua4	ua1
北川	xua1	xua2	xua4	xua2 俗	xua4	xua4	xua4	ua1
绵阳	xua1	xua2	xua4	xua2 俗	xua4	xua4	xua4	ua1
盐亭	xua1	xua5	xua4	xua2 俗	xua4	xua4	xua4	ua1
德阳	xua4	xua2	xua4 xua1 口	xua2 俗	xua4	xua4	xua2	ua1
中江	fʌ2	fʌ2	fʌ4	fʌ2 俗	ua4	fʌ4	fʌ2	ua1
射洪	xua2	xua5	xua4 xua1 口	xua2 俗	xua4	xua4	xua2	ua1
蓬溪	xua2	xua5	xua4 xua1 口	xua2 俗	xua4	xua4	xua4	ua1
遂宁	fʌ2 xua2 新	fʌ2 xua2 新	fʌ4 xua4 新	fʌ2 俗 xua2 新	fʌ4 xua4 新	fʌ4 xua4 新	fʌ4 xua4 新	ua1
乐至	fʌ2	fʌ2	fʌ4	fʌ2 俗	fʌ4	fʌ4	fʌ4	ua1
安岳	xua2	xua2	xua4	xua2 俗	xua4	xua4	xua2	ua1
仪陇	fʌ2	fʌ2	fʌ4	fʌ2 俗	fʌ4	fʌ4	fʌ2	ua1
西充	xua2	xua5	xua4	xua2 俗	xua4	xua4	xua4	ua1

① 又*呼瓜切，假合二晓麻平。 ② 又*胡化切，假合二匣麻去。 ③ 又呼麦切，梗合二晓麦入。 ④ 又乌娲切，蟹合二影佳平。

字目	划划船	滑	化①	华姓	画	话②	划③计划	蛙④
反切	户花	户八	呼霸	胡化	胡卦	下快	胡麦	乌瓜
声韵调	假合二匣麻平	山合二匣黠入	假合二晓麻去	假合二匣麻去	蟹合二匣佳去	蟹合二匣夬去	梗合二匣麦入	假合二影麻平
中古音	ɦɣua	ɦɣuɛt	hɣua-	ɦɣua-	ɦɣɛ-	ɦɣuɛi-	ɦɣuɛk	ʔɣua
蓬安	fʌ2	fʌ2	fʌ4	fʌ2 俗	fʌ4	fʌ4	fʌ4	ua1
南充金台	xua2	xua2	xua4	xua2 俗	xua4	xua4	xua4	ua1
南充龙蟠	xua2	xuæ5	xua4	xua2 俗	xua4	xua4	xua4	ua1
岳池	xua2	xua2	xua4	xua2 俗	xua4	xua4	xua4	ua1
广安	xua2	xua2	xua4	xua2 俗	xua4	xua4	xua4	ua1
邻水	xua2	xua5	xua4	xua4	xua4	xua4	xua4	ua1
南江	xua2	xua2 xua5 旧	xua4	xua4 xua2 俗	xua4	xua4	xua4	ua1
巴中	xua2	xua5	xua4	xua4 xua2 俗	xua4	xua4	xua4	ua1
通江	xua2	xua5	xua4	xua4 xua2 俗	xua4	xua4	xua4	ua1
平昌	xua2	xua2	xua4	xua4 xua2 俗	xua4	xua4	xua4	ua1
万源	xua2	xua2	xua4 xua1 口	xua2 俗	xua4	xua4	xua4	ua1
宣汉	xua2	xua2	xua4 xua1 口	ɦɣua2 俗	xua4	xua4	xua4	ua1
达州	xua2	xua2	xua4 xua1 口	fʌ2 俗	xua4	xua4	xua2	ua1
开江	xua2	xua2	xua4 xua1 口	xua2 俗	xua4	xua4	xua4	ua1
渠县	xua2	xua2	xua4 xua1 口	xua2 俗	xua4	xua4	xua2	ua1
宜宾	xua1	xuæ5	xua4	xua2 俗	xua4	xua4	xua4	ua1
古蔺	xua2	xua4	xua4	xua2 俗	xua4	xua4	xua4	ua1
长宁	xua4	xuæ5	xua4	xua2 俗	xua4	xua4	xua4	ua1
顾县	fʌ2	fʌ2	fʌ4 fʌ1 口	fʌ4 fʌ2 俗	fʌ4	fʌ4	fʌ4	ua1
成都龙泉	fʌ2	fʌ2	fʌ4	fʌ4 fʌ2 俗	fʌ4	vʌ4	fʌ4	ua1

① 又*呼瓜切，假合二晓麻平。　② 又*胡化切，假合二匣麻去。　③ 又呼麦切，梗合二晓麦入。　④ 又乌娲切，蟹合二影佳平。

字目	挖	瓦砖瓦	瓦凹下	袜	得	德	特	乐快乐
反切	乌八	五寡	五化	望发	多则	多则	徒得	卢各
声韵调	山合二影黠入	假合二疑麻上	假合二疑麻去	山合三微月入	曾开一端德入	曾开一端德入	曾开一定德入	宕开一来铎入
中古音	ʔɣuet	ŋɣua:	ŋɣua-	miuet	tək	tək	dək	lɑk
广元	ua1	ua3	ua4	ua2	te2	te2	thie2	no2
平武	ua1	ua3	ua3	ua2	te2	te2	thie2	no2
青川	ua1	ua3	ua4	ua2	te2	te2	thie2	no2
剑阁普安	ua1	ua3	ua4	ua5	te5	te5	the5	no5
剑阁金仙	ua1	ua3	ua4	vA5	te5	te5	the5	no5
旺苍	ua1	ua3	ua4	ua2	te2	te2	the2	no2
苍溪	ua1	ua3	ua4	ua2	te2	te2	the2	lo2
江油	ua1	ua3	ua3	ua2	te2	te2	the2	no2
北川	ua1	ua3	ua3	ua2	te2	te2	thie2	no2
绵阳	ua1	ua3	ua3	ua2	te2	te2	thie2	no2
盐亭	ua1	ua3	ua3	ua5	te5	te5	the5	lo5
德阳	ua1	ua3	ua4	ua2	te2	te2	the2 thie2 旧	no2
中江	ua1	ua3	ua4	ua2	te2	te2	the2	lo2
射洪	ua1	ua3	ua4	ua5	te5	te5	the5 thie5 旧	no5
蓬溪	ua1	ua3	ua4	ua5	te2	te2	the5 thie5 旧	no5
遂宁	ua1	ua3	ua3	ua2	te2	te2	the2 thie2 旧	no2
乐至	ua1	ua3	ua4	ua2	te2	te2	thie2	no2
安岳	ua1	ua3	ua4	ua2	te2	te2	the2	no2
仪陇	ua1	ua3	ua3	ua2	te2	te2	thie2	no2
西充	ua1	ua3	ua3	ua5	te5	te5	the5	no5

字目	挖	瓦砖瓦	瓦凹下	袜	得	德	特	乐快乐
反切	乌八	五寡	五化	望发	多则	多则	徒得	卢各
声韵调	山合二影黠入	假合二疑麻上	假合二疑麻去	山合三微月入	曾开一端德入	曾开一端德入	曾开一定德入	宕开一来铎入
中古音	ʔɣuɛt	ŋɣua:	ŋɣua-	miuɐt	tək	tək	dək	lak
蓬安	ua1	ua3	ua3	ua2	te2	te2	the2	no2
南充金台	ua1	ua3	ua3	ua2	te2	te2	the2	no2
南充龙蟠	ua1	ua3	ua3	uæ5	te5	te5	the5	no5
岳池	ua1	ua3	ua4	ua2	te2	te2	thie2	no2
广安	ua1	ua3	ua4	ua2	te2	te2	thie2	no2
邻水	ua1	ua3	ua4	ua5	te5	te5	thie5	no5
南江	ua1	ua3	ua4	ua5	tie5	tie5	thie2 thie5 旧	lo5
巴中	ua1	ua3	ua4	ua2	te2	te2	the2	lo2 lo5 旧
通江	ua1	ua3	ua4	ua2 ua5 旧	te5	te5	the5	lo5
平昌	ua1	ua3	ua4	ua2	te2	te2	thie2	lo2
万源	ua1	ua3	ua3	ua2	te2	te2	the2	no2
宣汉	ua1	ua3	ua3	ua2	te2	te2	thie2	no2
达州	ua1	ua3	ua3	ua2	te2	te2	thie2	no2
开江	ua1	ua3	ua3	ua2	te2	te2	thie2	no2
渠县	ua1	ua3	ua3	ua2	tɛ2	tɛ2	thie2	no2
宜宾	ua1 uæ5 旧	ua3	ua4	uæ5	te5	te5	the5	nɵ5
古蔺	ua1	ua3	ua4	ua5	te5	te5	the5	no5
长宁	uæ5	ua3	ua3	uæ5	te5	te5	the5	lo5
顾县	ua1	ua3	ua4	ua2	te2	te2	thie2	no2
成都龙泉	va1	ŋʌ3	ŋʌ4	mæʔ5	tieʔ5	tieʔ5	thieʔ5	loʔ6

字目	勒	则	择	泽	责	厕厕所	侧	测
反切	卢则	子德	场伯	场伯	侧革	初吏	阻力	初力
声韵调	曾开一 来德入	曾开一 精德入	梗开二 澄陌入	梗开二 澄陌入	梗开二 庄麦入	止开三 初之去	曾开三 庄职入	曾开三 初职入
中古音	lək	tsək	dɣak	dɣak	tʃɣɛk	tʃhi-	tʃik	tʃhik
广元	ne2	tse2	tʂhʌ2	tʂhe2	tʂe2	tʂhe2	tse2 口	tʂhe2
平武	ne2	tse2	tshe2	tshe2	tse2	tshe2	tshe2	tshe2
青川	ne2	tse2	tshe2	tshe2	tse2	tshe2	tshe2	tshe2
剑阁普安	ne5	tse5	tshe5	tshe5	tse5	tshe5	tshe5	tshe5
剑阁金仙	ne5	tse5	tʂhe5	tʂhe5	tʂe5	tshe5	tshe5	tʂhe5
旺苍	nie2 文 ne2 白	tse2	tshe2	tʂhe2	tʂe2	tshe2	tshe2	tshe2
苍溪	le2	tse2	tʂhe2	tʂhe2	tʂe2	tshe2	tshe2 tse2 口	tshe2
江油	ne2	tse2	tshe2	tshe2	tse2	tshe2	tshe2	tshe2
北川	ne2	tse2	tshe2	tshe2	tse2	tshe2	tshe2	tshe2
绵阳	ne2	tse2	tshe2	tshe2	tse2	tshe2	tshe2	tshe2
盐亭	le5	tse5	tshe5	tshe5	tse5	tshe5	tshe5	tshe5
德阳	nie2 文 ne2 白	tse2	tshe2	tshe2	tse2	tshe2	tshe2 tse2 口	tshe2
中江	le2	tse2	tshe2	tshe2	tse2	tshe2	tshe2 tse2 口	tshe2
射洪	nie5 文 ne5 白	tse5	tshe5	tshe5	tse5	tshe2	tshe5 tse5 口	tshe5
蓬溪	nie5 文 ne5 白	tse5	tshe5	tshe5	tse5	tshe5	tshe5 tse5 口	tshe5
遂宁	nie2 文 ne2 白	tse2	tshe2	tshe2	tse2	tshe2	tshe2 tse2 口	tshe2
乐至	ne2	tse2	tshe2	tshe2	tse2	tshe2	tshe2 tse2 口	tshe2
安岳	ne2	tse2	tshe2	tshe2	tse2	tshe2	tshe2	tshe2
仪陇	nie2	tse2	tshe2	tshe2	tse2	tshe2	tshe2	tshe2
西充	ne5	tse5	tshe5	tshe5	tse5	tshe5	tshe5	tshe5

字目	勒	则	择	泽	责	厕厕所	侧	测
反切	卢则	子德	场伯	场伯	侧革	初吏	阻力	初力
声韵调	曾开一 来德入	曾开一 精德入	梗开二 澄陌入	梗开二 澄陌入	梗开二 庄麦入	止开三 初之去	曾开三 庄职入	曾开三 初职入
中古音	lək	tsək	ɖɣak	ɖɣak	tʃɣɛk	tʃhi-	tʃɨk	tʃhɨk
蓬安	ne2	tse2	tshe2	tshe2	tse2	tshe2	tshe2	tshe2
南充金台	nie2 文 ne2 白	tshe2	tshe2	tshe2	tse2	tshe2	tshe2	tshe2
南充龙蟠	ne5	tʂhe5	tʂhe5	tʂhe5	tʂe5	tʂhe5	tʂe5	tshe5
岳池	nie2	tse2	tshe2	tshe2	tse2	tshe2	tshe2	tshe2
广安	ne2	tse2	tshe2	tshe2	tse2	tshe2	tshe2 tse2 口	tshe2
邻水	ne5	tse5	tshe5	tshe5	tse5	tshe4	tshe5	tshe5
南江	lie5	tse5	tshe5	tshe5	tse2 tse5 旧	tshe5	tshe5 tse5 口	tshe5
巴中	le2	tse2 tshɑ2 旧	tshɑ2	tshe2 tshɑ2 旧	tse2	tshe2	tshe2 tsɑ2 口	tshe5 tshɑ5 旧
通江	le2 le5 旧	tse5	tshe5	tshe5	tse5	tshe5	tshe5 tse5 口	tshe5
平昌	le2	tse2	tshe2	tshe2	tse2	tshe2	tshe2 tse2 口	tshe2
万源	ne2	tse2	tse2	tshe2	tse2	tshe2	tshe2	tshe2
宣汉	ne2	tse2	tshe2	tshe2	tse2	tshe2	tshe2	tshe2
达州	nie2	tse2	tshe2	tshe2	tse2	tshe2	tshe2	tshe2
开江	ne2	tse2	tshe2	tse2	tse2	tshe2	tse2 口	tshe2
渠县	ne2	tse2	tshe2	tshe2	tse2	tshe2	tshe2	tshe2
宜宾	ne5	tse5	tshe5	tshe5	tse5	tshe5	tshe5 tse5 口	tshe5
古蔺	ne5	tse5	tshe5	tshe5	tse5	tshe5	tshe5 tse5 口	tshe5
长宁	le5	tse5	tshe5	tshe5	tse5	tshe5	tse5 口	tshe5
顾县	ne2	tse2	tshe2	tshe2	tse2	tshe2	tse2 口	tshe2
成都龙泉	lieʔ6	tsəʔ5	tshæʔ5	tshəʔ5	tsə5	tshə5	tsəʔ5	tshə5

字目	策	册	涩	瑟	塞闭塞	啬	色	遮
反切	楚革	楚革	色立	所栉	苏则	所力	所力	正奢
声韵调	梗开二 初麦入	梗开二 初麦入	深开三 生缉入	臻开三 生栉入	曾开一 心德入	曾开三 生职入	曾开三 生职入	假开三 章麻平
中古音	tʃʰɣɛk	tʃʰɣɛk	ʃiɪp	ʃiɪt	sək	ʃik	ʃik	tɕia
广元	tʂhe2	tʂhe2	ʂe2	ʂe2	se2	ʂe2	ʂe2	tʂe1
平武	tshe2	tshe2	se2	se2	se2	se2	se2	tse2
青川	tshe2	tshe2	se2	se2	se2	se2	se2	tse1
剑阁普安	tshe5	tshe5	se5	ʂe5	se5	se5	se5	tʂei1
剑阁金仙	tʂhe5	tʂhe5	se5	se5	se5	se5	se5	tʂei1
旺苍	tshe2	tshe2	se2	ʂe2	se2	se2	se2	tʂe1
苍溪	tʂhe2	tʂhe2	se2	se2	sai1 se2 旧	se2	se2	tʂe1
江油	tshe2	tshe2	se2	se2	se2	se2	se2	tse1
北川	tshe2	tshe2	se2	se2	se2	se2	se2	tse1
绵阳	tshe2	tshe2	se2	se2	se2	se2	se2	tse1
盐亭	tshe5	tshe5	se5	se5	se5	se5	se5	tsei1
德阳	tshe2	tshe2	se2	se2	se2	se2	se2	tse1
中江	tshe2	tshe2	se2	se2	se2	se2	se2	tse1
射洪	tshe5	tshe5	se5	se5	se5	se5	se5	tse1
蓬溪	tshe5	tshe5	se5	se5	se5	se5	se5	tse1
遂宁	tshe2	tshe2	se2	se2	se2	se2	se2	tse1
乐至	tshe2	tshe2	se2	se2	se2	se2	se2	tse1
安岳	tshe2	tshe2	se2	se2	se2	se2	se2	tse1
仪陇	tshe2	tshe2	se2	se4	sai2	se2	se2	tse1
西充	tshe5	tshe5	sæ5	sæ5	sæ5	sæ5	se5	tsei1

字目	策	册	涩	瑟	塞闭塞	啬	色	遮
反切	楚革	楚革	色立	所栉	苏则	所力	所力	正奢
声韵调	梗开二初麦入	梗开二初麦入	深开三生缉入	臻开三生栉入	曾开一心德入	曾开三生职入	曾开三生职入	假开三章麻平
中古音	tʃhɣɛk	tʃhɣɛk	ʃip	ʃiɪt	sək	ʃik	ʃik	tɕia
蓬安	tshe2	tshe2	se2	se2	se2	se2	se2	tse1
南充金台	tshe2	tshe2	tɕia2①	se2	se2	se2	se2	tse1
南充龙蟠	tʂhe5	tʂhe5	se5	ʂe5	se5	se5	se5	tʂei1
岳池	tshe2	tshe2	se2	se2	se2	se2	se2	tse1
广安	tshe2	tshe2	se2	se2	se2	se2	se2	tse1
邻水	tshe5	tshe5	se5	se5	se5	se5	se5	tse1
南江	tshe5	tshe5	se5	se5	sai1 se5 旧	se5	se5	tʂe1
巴中	tshe5	tshe5	sɑ2 sɑ5 旧	ʃie5	sɑ2 sɑ5 旧	sɑ2 sɑ5 旧	se5	tʂe1
通江	tshe5	tshe5	se5	se5	se5	se5	se5	tʂe1
平昌	tshe2	tshe2	se2	se2	se2	se2	se2	tʂe1
万源	tshe2	tshe2	se2	se2	se2	se2	se2	tʂe1
宣汉	tshe2	tshe2	se2	se2	sai2 se2	tsai2 俗 se2	se2	tse1
达州	tshe2	tshe2	se2	se2	se2	se2	se2	tse1
开江	tshe2	tshe2	se2	se2	se2	se2	se2	tse1
渠县	tshe2	tshe2	se2	se2	se2 sai1	se2	se2	tse1
宜宾	tshe5	tshe5	se5 tɕiæ5	se5	se5	se5	se5	tsei1
古蔺	tshe5	tshe5	se5	se5	se5	se5	se5	tsei1
长宁	tʂhe5	tʂhe5	se5	se5	se5	se5	se5	tsei1
顾县	tshe2	tshe2	se2	se2	se2	se2	se2	tse1
成都龙泉	tshə5	tshə5	tɕiæ5	sə5	ɕie5	sə5	sə5	tsʌ1

---

① "夹"训读，咸开二见洽入。

字目	折折叠	哲	折折断	者	蔗	浙	车车辆	扯
反切	之涉	陟列	旨热	章也	之夜	旨热	尺遮	昌者
声韵调	咸开三章叶入	山开三知薛入	山开三章薛入	假开三章麻上	假开三章麻去	山开三章薛入	假开三昌麻平	假开三昌麻上
中古音	tɕiɛp	ȶiɛt	tɕiɛt	tɕiaː	tɕia-	tɕiɛt	tɕʰia	tɕʰiaː
广元	tʂe2	tʂe2	tʂe2	tʂe3	tʂe2	tʂe2	tʂhe1	tʂhe3
平武	tse2	tse2	se2	tse3	tse2	tse2	tshe1	tshe3
青川	tse2	tse2	tse2	tse3	tse2	tse2	tshe1	tshe3
剑阁普安	tʂe5	tʂe5	tʂe5	tʂei3	tʂe5	tʂe5	tʂhei1	tʂhei3
剑阁金仙	tʂe5	tʂe5	tʂe5	tʂei3	tʂe5	tʂe5	tʂhei1	tʂhei3
旺苍	tʂe2	tʂe2	tʂe2	tʂe3	tʂe2	tʂe2	tʂhe1	tʂhe3
苍溪	tʂe2	tʂe2	tʂe2	tʂe3	tʂai4	tʂe2	tʂhe1	tʂhe3
江油	tse2	tse2	se2	tse3	tse2	tse2	tshe1	tshe3
北川	tse2	tse2	se2	tse3	tse2	tse2	tshe1	tshe3
绵阳	tse2	tse2	se2	tse3	tse2	tsc2	tshe1	tshe3
盐亭	tse5	tse5	se5	tse3	tse5	tse5	tshe1	tshei3
德阳	tse2	tse2	tse2	tse3	tse4	tse2	tshe1	tshe3
中江	tse2	tse2	tse2	tse3	tse2	tse2	tshe1	tshe3
射洪	tse2	tse5	tse5	tse3	tse2	tse5	tshe1	tshe3
蓬溪	tse5	tse5	tse5	tse3	tse2	tse5	tshe1	tshe3
遂宁	tse2	tse2	tse2	tse3	tse2	tse2	tshe1	tshe3
乐至	tse2	tse2	tse2	tse3	tse2	tse2	tshe1	tshe3
安岳	tse2	tse2	tse2	tse3	tse2	tse2	tshe1	tshe3
仪陇	tse2	tse2	tse2	tse3	tse2	tse2	tshe1	tshe3
西充	tse5	tse5	tse5	tse3	tse4	tse5	tshe1	tshe3

字目	折折叠	哲	折折断	者	蔗	浙	车车辆	扯
反切	之涉	陟列	旨热	章也	之夜	旨热	尺遮	昌者
声韵调	咸开三 章叶入	山开三 知薛入	山开三 章薛入	假开三 章麻上	假开三 章麻去	山开三 章薛入	假开三 昌麻平	假开三 昌麻上
中古音	tɕiɛp	ʈiɛt	tɕiɛt	tɕia:	tɕia-	tɕiɛt	tɕʰia	tɕʰia:
蓬安	tse2	tse2	tse2	tse3	tse2	tse2	tshe1	tshe3
南充金台	tse2	tse2	tse2	tse3	tse2	tse2	tshe1	tshe3
南充龙蟠	tʂe5	tʂe5	tʂe5	tʂe3	tʂe4	tʂe5	tʂhe1	tʂhe3
岳池	tse2	tse2	tse2	tse3	tse4	tse2	tshe1	tshe3
广安	tse2	tse2	tse2	tse3	tse2	tse2	tshe1	tshe3
邻水	tse5	tse5	tse5	tse3	tsʌ4	tse5	tshe1	tshe3
南江	tʂe5	tʂe2 tʂe5 旧	tʂe5	tʂe3	tʂe5	tʂe5	tʂhe1	tʂhe3
巴中	tʂe5	tʂe5	tʂe5	tʂe3	tʂe4	tʂe5	tʂhe1	tʂhe3
通江	tʂe5	tʂe5	tʂe5	tʂe3	tʂe5	tʂe5	tʂhe1	tʂhe3
平昌	tʂe2	tʂe2	tʂe2	tʂe3	tʂe4	tʂe2	tʂhe1	tʂhe3
万源	tʂe2	tʂe2	tʂe2	tʂe3	tʂe2	tʂe2	tʂhe1	tʂhe3
宣汉	tse2	tse2	tse2	tse3	tse2	tse2	tshe1	tshe3
达州	tse2	tse2	tse2	tse3	tse2	tse2	tshe1	tshe3
开江	tse2	tse2	tse2	tse3	tse2	tse2	tshe1	tshe3
渠县	tse2	tse2	tse2	tse3	tse2	tse2	tshe1	tshe3
宜宾	tse5	tse5	tse5 phi3 俗	tsei3	tsɑ4	tse5	tshei1	tshei3
古蔺	tse5	tse5	tse5	tsai3 tsei3	tsei5	tse5	tshei1	tshei3
长宁	tse5	tse5	se5	tsei3	tsʌ4	tse5	tshe1	tshei3
顾县	tse2	tse2	tse2	tse3	tsʌ2	tse2	tshe1	tshe3
成都龙泉	tsə5	tsəʔ5	tsə5	tsei3 tsʌ3 旧	tsʌ4	tsəʔ5	tshʌ1	tshʌ3

字目	彻	撤	赊	蛇	舌	折折本	舍舍弃	赦
反切	丑列	丑列	式车	食遮	食列	常列	书冶	始夜
声韵调	山开三彻薛入	山开三彻薛入	假开三书麻平	假开三船麻平	山开三船薛入	山开三禅薛入	假开三书麻上	假开三书麻去
中古音	ţhiɛt	ţhiɛt	ɕia	zia	ziɛt	dziɛt	ɕia:	ɕia˗
广元	tʂhe2	tʂhe2	ʂe1	ʂe2	ʂe2	ʂe2	ʂe3	ʂe4
平武	tshe2	tshe2	se1	se2	se2	se2	se3	se4
青川	tshe2	tshe2	se1	se2	se2	se2	se3	se4
剑阁普安	tshe5	tshe5	ʂei1	ʂei2	se5	ʂe5	ʂei3	ʂei4
剑阁金仙	tʂhe5	tʂhe5	ʂei1	ʂei2	se5	ʂe5	ʂei3	ʂei4
旺苍	tʂhe2	tʂhe2	ʂe1	ʂe2	ʂe2	ʂe2	ʂe3	ʂe4
苍溪	tshe2	tshe2	ʂe1	ʂe2	ʂe2	ʂe2	ʂe3	ʂe3 ʂe4
江油	tshe2	tshe2	se1	se2	se2	se2	se3	se2
北川	tshe2	tshe2	se1	se2	se2	se2	se3	se2
绵阳	tshe2	tshe2	se1	se2	se2	se2	se3	se4
盐亭	tshe5	tshe5	sei1	sei2	se5	se5	se3	se4
德阳	tshei2	tshe2	se1	se2	se2	se2	se3	se4
中江	tshe2	tshe2	se1	se2	se2	se2	se3	se2
射洪	tshe5	tshe5	se1	se2	se5	se5	se3	se5
蓬溪	tshe5	tshe5	se1	se2	se5	se5	se3	se3
遂宁	tshe2	tshe2	ʂe1	ʂe2	se2	se2	ʂe3	se4
乐至	tshe2	tshe2	se1	se2	se2	se2	se3	se4
安岳	tshe2	tshe2	se1	se2	se2	se2	se3	se4
仪陇	tshe2	tshe2	se1	se2	se2	se2	se3	se4
西充	tshe5	tshe5	sei1	se2	se5	sæ5	se3	sei4

字目	彻	撤	赊	蛇	舌	折_{折本}	舍_{舍弃}	赦
反切	丑列	丑列	式车	食遮	食列	常列	书冶	始夜
声韵调	山开三彻薛入	山开三彻薛入	假开三书麻平	假开三船麻平	山开三船薛入	山开三禅薛入	假开三书麻上	假开三书麻去
中古音	ʈhiɛt	ʈhiɛt	ɕia	ʑia	ʑiɛt	dʑiɛt	ɕia:	ɕia-
蓬安	tshe2	tshe2	se1	se2	se2	se2	se3	se4
南充_{金台}	tshe2	tshe2	se1	se2	se2	se2	se3	se4
南充_{龙蟠}	tʂhe5	tʂhe5	se1	se2	se5	ʂe5	se3	se4
岳池	tshe2	tshe2	se1	se2	se2	se2	se3	se4
广安	tshe2	tshe2	se1	se2	se2	se2	se3	se4
邻水	tshe5	tshe5	se1	se2	se5	se5	se3	se4
南江	tʂhe2 tʂhe5 旧	tʂhe5	ʂe1	ʂe2	ʂe5	ʂe5	ʂe3	ʂe4
巴中	tʃhie5	tʂhe5	ʂe1	ʂe2	ʂe5	ʂe5	ʂe3	ʂe4
通江	tʃhie5	tshe5	ʂe1	ʂe2	ʂe5	ʂe5	ʂe3	ʂe4
平昌	tʂhe2	tʂhe2	ʂe1	ʂe2	ʂe2	ʂe2	ʂe3	ʂe4
万源	tshe2	tshe2	ʂe1	ʂe2	ʂe2	ʂe2	ʂe3	se2
宣汉	tshe2	tshe2	se1	se2	se2	se2	se3	se4
达州	tshe2	tshe2	se1	se2	se2	se2	se3	se4
开江	tshe2	tshe2	se1	se2	se2	se2	se3	se2
渠县	tshe2	tshe2	se1	se2	se2	se2	se3	se4
宜宾	tshe5	tshe5	sei1	sei2	se5	se5	sei3	se5
古蔺	tshe5	tshe5	sei1	sei2	se5	se5	sei3	sei4
长宁	tshe5	tshe5	sei1	sei2	se5	se5	sei3	se5
顾县	tshe2	tshe2	se1	se2	se2	se2	se3	se4
成都_{龙泉}	tshəʔ5	tshæʔ5	sA1	sA2	səʔ6	səʔ6	sA3	sA4

字目	舍宿舍	社	射①	摄	涉	设	惹	热
反切	始夜	常者	神夜	书涉	时摄	识列	人者	如列
声韵调	假开三 书麻去	假开三 禅麻上	假开三 船麻去	咸开三 书叶入	咸开三 禅叶入	山开三 书薛入	假开三 日麻上	山开三 日薛入
中古音	εia^-	$dzia:$	zia^-	$\varepsilon i\varepsilon p$	$dzi\varepsilon p$	$\varepsilon i\varepsilon t$	$\eta zia:$	$\eta zi\varepsilon t$
广元	ʂe4	ʂe4	ʂe4	ʂe2	ʂe2	ʂe2	ʐe3	ʐʌ2
平武	se4	se4	se4	se2	se2	se2	ze3	ze2
青川	se4	se4	se4	se2	se2	se2	ze3	ze2
剑阁普安	ʂei4	ʂei4	ʂei4	ʂe5	ʂe5	ʂe5	ʐei3	ʐe5
剑阁金仙	ʂei4	ʂei4	ʂei4	ʂe5	ʂe5	ʂe5	ʑei3	ʑe5
旺苍	ʂe4	ʂe4	ʂe4	ʂe2	ʂe2	ʂe2	ʑe3	ʑe2
苍溪	ʂe4	ʂe4	ʂe4	ʂe2	ʂe2	ʂe2	ʑe3	ʑe2
江油	se4	se4	se4	se2	se2	se2	ze3	ze2
北川	se4	se4	se4	se2	se2	se2	ze3	ze5
绵阳	se4	se4	se4	se2	se2	se2	ze3	ze2
盐亭	se4	sei4	sei4	se5	se5	se5	ze3	ze5
德阳	se4	se4	se4	se2	se4	se2	ze3	ze2
中江	se4	se4	se4	se2	se2	se2	ze3	ze2
射洪	se4	se4	se4	se5	se5	se5	ze3	ze5
蓬溪	se4	se4	se4	se5	se5	se5	ze3	ze5
遂宁	se4	se4	se4	se2	se2	se2	ze3	ze2
乐至	se4	se4	se4	se2	se2	se2	ze3	ze2
安岳	se4	se4	se4	se2	se2	se2	ze3	ze2
仪陇	se4	se4	se4	se2	se2	se2	ze3	ze2
西充	se4	se4	sei4	sæ5	sæ5	se5	zei3	ze5

① 又食亦切，梗开三船昔入。

字目	舍宿舍	社	射①	摄	涉	设	惹	热
反切	始夜	常者	神夜	书涉	时摄	识列	人者	如列
声韵调	假开三 书麻去	假开三 禅麻上	假开三 船麻去	咸开三 书叶入	咸开三 禅叶入	山开三 书薛入	假开三 日麻上	山开三 日薛入
中古音	ɕia-	dʑia:	ʑia-	ɕiɛp	dʑiɛp	ɕiɛt	n̢ʑia:	n̢ʑiɛt
蓬安	se4	se4	se4	se2	se2	se2	ze3	ze2
南充金台	se4	se4	se4	se2	se2	se2	ze3	ze2
南充龙蟠	ʂe4	ʂe4	ʂe4	se5	ʂe5	se5	zei3	ʐe5
岳池	se4	se4	se4	se2	se2	se2	ze3	ze2
广安	se4	se4	se4	se2	se2	se2	ze3	ze2
邻水	se4	se4	se4	se5	se5	se5	ze3	ze5
南江	ʂe4	ʂe4	ʂe4	ʂe5	ʂe5	ʂe5	ʐe3	ʐe5
巴中	ʂe4	ʂe4	ʂe4	ʂe5	ʂe2 ʂe5 旧	ʂe5	ʐe3	ʐe5
通江	ʂe4	ʂe4	ʂe4	ʂe4 ʂe5 旧	ʂe5	ʂe5	ʐe3	ʐe5
平昌	ʂe4	ʂe4	ʂe4	ʂe2	ʂe2	ʂe2	ʐe3	ʐe2
万源	se4	ʂe4	se4	se2	ʂe2	ʂe2	ʐe3	ʐe2
宣汉	se4	se4	se4	se2	se2	se2	ze3	ze2
达州	se4	se4	se4	se2	se2	se2	ze3	ze2
开江	se4	se4	se4	se2	se2	se2	ze3	ze2
渠县	se4	se4	se4	se2	se2	se2	ze3	zʌ2
宜宾	se4	sei4	sei4	se5	se5	se5	zei3	ze5
古蔺	sei4	sei4	sei4	se5	se5	se5	zei3	ze5
长宁	sei4	sei4	sei4	se5	se5	se5	zei3	ze5
顾县	se4	se4	se4	se2	se2	se2	ze3	ze2
成都龙泉	sʌ4	sʌ4	sʌ4	səʔ5	sə5	səʔ5	n̢ia1	n̢ieʔ6

① 又食亦切，梗开三船昔入。

字目	歌	哥	鸽	割	搁	阁	合合升	葛
反切	古俄	古俄	古沓	古达	古落	古落	古沓	古达
声韵调	果开一见歌平	果开一见歌平	咸开一见合入	山开一见曷入	宕开一见铎入	宕开一见铎入	咸开一见合入	山开一见曷入
中古音	ka	ka	kʌp	kat	kak	kak	kʌp	kat
广元	ko1	ko1	ko2	ko2	kho4 kho1	ko2	xo2 俗	ko2
平武	ko1	ko1	ko2	ko2	kho4	ko2	xo2 俗	ko2
青川	ko1	ko1	ko2	ko2	kho4 kho1	ko2	xo2 俗	ko2
剑阁普安	ko1	ko1	ko5	ko5	kho4	ko5	xo5 俗	ko5
剑阁金仙	kəu1	kəu1	ko5	ko5	ko5	ko5	xo5 俗	ko5
旺苍	ko1	ko1	ko2	ko2	kho4 kho1	ko2	xo2 俗	ko2
苍溪	ko1	ko1	ko2	ko2	ko2	ko2	ko2	ko2
江油	ko1	ko1	ko2	ko2	kho1	ko2	xo2 俗	ko2
北川	ko1	ko1	ko2	ko2	kho4	ko2	xo2 俗	ko2
绵阳	ko1	ko1	ko2	ko2	kho4	ko2	xo2 俗	ko2
盐亭	kə1	kə1	kə5	kə5	ko5	kə5	xə5 俗	kə5
德阳	ko1	ko1	ko2	ko2 ke4 俗①	kho4	ko2	xo2 俗	ko2
中江	ko1	ko1	ko2	ko2 ke4 俗①	ko2	ko2	xo2 俗	ko2
射洪	ko1	ko1	ko5	ko5 ke4 俗①	kho4	ko5	ko5	ko5
蓬溪	ko1	ko1	ko5	ko5 ke4 俗①	kho4 ko5	ko5	xo5 俗	ko5
遂宁	ko1	ko1	ko2	ko2 ke4 俗①	kho4 ko2	ko2	xo2 俗	ko2
乐至	ko1	ko1	ko2	ko2 ke4 俗①	kho1	ko2	ko2	ko2
安岳	ko1	ko1	ko2	ko2	kho2	ko2	xo2 俗	ko2
仪陇	ko1	ko1	ko2	ko2	kho1 ko2	ko2	xo2 俗	ko2
西充	ko1	ko1	ko5	ko5	kho4	ko5	xo5 俗	ko5

① ke4 为"锯"的训读。居御切,遇合三见鱼去。

字目	歌	哥	鸽	割	搁	阁	合合升	葛
反切	古俄	古俄	古沓	古达	古落	古落	古沓	古达
声韵调	果开一见歌平	果开一见歌平	咸开一见合入	山开一见曷入	宕开一见铎入	宕开一见铎入	咸开一见合入	山开一见曷入
中古音	kɑ	kɑ	kʌp	kat	kɑk	kɑk	kʌp	kat
蓬安	ko1	ko1	ko2	ko2	kho4	ko2	xo2 俗	ko2
南充金台	ko1	ko1	ko2	ko2	kho4	ko2	xo2 俗	ko2
南充龙蟠	kɤ1	kɤ1	kɤ5	kɤ5	kɤ5 khɤ4 口	kɤ5	kɤ5	kɤ5
岳池	ko1	ko1	ko2	ko2	kho1	ko2	ko2	ko2
广安	ko1	ko1	ko2	ko2 ke4 俗①	kho1	ko2	ko2	ko2
邻水	ko1	ko1	ko5	ko5	kho1	ko5	ko5	ko5
南江	kɤ1	kɤ1	kɤ5	kɤ2 kɤ5 旧	kho1 kɤ5 旧	kɤ5	kɤ5	kɤ2 kɤ5 旧
巴中	ko1	ko1	ko5	ko2 ko5 旧	kho1 ko5 旧	ko5	ko5	ko2 ko5 旧
通江	ko1	ko1	ko5	ko5	ko5 kho1	ko2 ko5 旧	ko5	ko5
平昌	ko1	ko1	ko2	ko2	kho1	ko2	ko2	ko2
万源	ko1	ko1	ko2	ko2	kho4	ko2	xo2 俗	ko2
宣汉	ko1	ko1	ko2	ko2	kho1	ko2	xo2 俗	ko2
达州	ko1	ko1	ko2	ko2	ko2	ko2	xo2 俗	ko2
开江	ko1	ko1	ko2	ko2	kho1	ko2	xo2 俗	ko2
渠县	ko1	ko1	ko2	ko2	kho1	ko2	xo2 俗	ko2
宜宾	ko1	ko1	ke5	ke5	kho1 ke5	ke5	xɵ5	ke5
古蔺	ko1	ko1	ko5	ko4 ke4 俗①	ko5 kho1	ko5	ko5	ko4
长宁	ko1	ko1	kɤ5	kɤ5	kho1	ke5	xo5 俗	kɤ5
顾县	ko1	ko1	ko2	ko2	kho4 kho1	ko2	xo2 俗	ko2
成都龙泉	ko1	ko1	koʔ5	koʔ5	kho4	kieʔ5	koʔ5	koʔ5

① ke4 为"锯"的训读。居御切，遇合三见鱼去。

字目	格	隔	革	个个人	各	科	棵	颗
反切	古伯	古核	古核	古贺	古落	苦禾	苦禾	苦果
声韵调	梗开二见陌入	梗开二见麦入	梗开二见麦入	果开一见歌去	宕开一见铎入	果合一溪戈平	果合一溪戈平	果合一溪戈上
中古音	kɣæk	kɣɛk	kɣɛk	kɑ-	kak	khuɑ	khuɑ	khuɑ:
广元	ke2	ke2	ke2 ke4 俗①	ko4	ko2	kho1	kho1 o1 俗	kho3
平武	ke2	ke2	ke2	ko4	ko2	kho1	kho3	kho3
青川	ke2	ke2	ke2 ke4 俗①	ko4	ko2	kho1	kho3 o1 俗	kho3
剑阁普安	ke5	ke5	ke5	kəu4	ko5	khu1	kho3 u1 俗	kho3
剑阁金仙	ke5	ke5	ke5	kəu4	ko5	khu1	khu3 u1 俗	khu3
旺苍	ke2	ke2	ke2 ke4 俗①	ko4	ko2	kho1	kho1 o1 俗	kho3
苍溪	ke2	ke2	ke2	ko4	ko2	kho1	kho3	kho3
江油	ke2	ke2	ke2	ko4	ko2	kho1	o1	kho3
北川	ke2	ke2	ke2	ko4	ko2	kho1	kho3	kho3
绵阳	ke2	ke2	ke2	ko4	ko2	kho1	kho3	kho3
盐亭	kə5	ke5	ke5	kə4	kə5	khɯ1	kho1	kho1
德阳	ke2	ke2	ke2 ke4 俗①	ko4	ko2	kho1	kho3 o1 俗	kho3
中江	ke2	ke2	ke2 ke4 俗①	ko4	ko2	kho1	kho1 o1 俗	kho3
射洪	ke5	ke5	ke5 ke4 俗①	ko4	ko5	kho1	kho3 o1 俗	kho3
蓬溪	ke5	ke5	ke5 ke4 俗①	ko4	ko5	kho1	kho3 o1 俗	kho3
遂宁	ke2	ke2	ke2 ke4 俗①	ko4	ko2	kho1	kho3 o1 俗	kho3
乐至	ke2	ke2	ke2 ke4 俗①	ko4	ko2	kho1	kho3 o1 俗	kho3
安岳	ke2	ke2	ke2	ko4	ko2	kho1	kho1	kho3
仪陇	ke2	ke2	ke2	ko4	ko2	kho1	kho3	kho3
西充	ke5	ke5	ke5	ko4	ko5	kho1	kho1	kho1

① ke4 为"锯"的训读。居御切，遇合三见鱼去。

字目	格	隔	革	个个人	各	科	棵	颗
反切	古伯	古核	古核	古贺	古落	苦禾	苦禾	苦果
声韵调	梗开二见陌入	梗开二见麦入	梗开二见麦入	果开一见歌去	宕开一见铎入	果合一溪戈平	果合一溪戈平	果合一溪戈上
中古音	kɣæk	kɣɛk	kɣɛk	kɑ-	kak	khua	khuɑ	khuɑ:
蓬安	ke2	ke2	ke2	ko4	ko2	kho1	kho3	kho3
南充金台	ke2	ke2	ke2	ko4	ko2	kho1	kho3	kho3
南充龙蟠	kɣ5	ke5	ke5	kɣ4	kɣ5	khɣ1	kho3	kho3
岳池	ke2	ke2	ke2 ke4 俗①	ko4	ko2	kho1	kho3 o1 俗	kho3
广安	ke2	ke2	ke2 ke4 俗①	ko4	ko2	kho1	kho3 ɸo1 俗	kho3
邻水	ke5	ke5	ke5 ke4 俗①	ko4	ko5	kho1	kho3 o1 俗	kho3
南江	kɣ2 kɣ5 旧	ke5	ke5	kɣ4	kɣ5	khɣ1	kho3	kho3
巴中	ko2 ko5 旧	ke2 ke5 旧	ke2 ke5 旧	ko4	ko2 ko5 旧	khɣ1	kho3	kho3
通江	ko5	ke5	ke5	ko5	ko5	kho1	kho3	kho3
平昌	ko2	ke2	ke2	ko4	ko2	kho1	kho3	kho3
万源	ko2	ko2	ke2 ke4 俗①	ko4	ko2	kho1	kho3 o1 俗	kho1
宣汉	ko2	ko2	ke2 ke4 俗①	ko4	ko2	kho1	kho3 o1 俗	kho1
达州	ke2	ke2	ke2 ke4 俗①	ko4	ko2	kho1	kho1 o1 俗	kho1
开江	ke2	ke2	ke2 ke4 俗①	ko4	ko2	kho1	ko3 o1 俗	kho1
渠县	ke2	ke2	ke2 ke4 俗①	ko4	ko2	kho1	kho1 o1 俗	kho3
宜宾	ke5	ke5	ke5	ko4	ke5	kho1	kho1 o1 俗	kho3
古蔺	ke5	ke5	ke5	ko4	ko4	kho1	kho3	kho3
长宁	ke5	kɣ5	kɣ5	ko4	ke5	kho1	kho3	kho3
顾县	ke2	ke2	ke2 ke4 俗①	ko4	ko2	kho1	kho1 o1 俗	kho3
成都龙泉	kieʔ5	kæʔ5	kieʔ5	ke4	koʔ5	kho1	kho4	kho3

---

① ke4 为"锯"的训读。居御切,遇合三见鱼去。

字目	*礚	壳	可	渴	课	克	刻	客
反切	*克盍	苦角	枯我	苦曷	苦卧	苦得	苦得	苦格
声韵调	咸开一溪盍入	江开二溪觉入	果开一溪歌上	山开一溪曷入	果合一溪戈去	曾开一溪德入	曾开一溪德入	梗开二溪陌入
中古音	khɑp	khɣʌk	khɑ:	khɑt	khuɑ-	khək	khək	khɣæk
广元	kho2	kho2	kho3	kho2	kho4	khe2	khe2 khe4 口	khe2
平武	kho2	kho2	kho3	kho2	kho4	khe2	khe2	khe2
青川	kho2	kho2	kho3	kho2	kho4	khe2	khe2 khe4 口	khe2
剑阁普安	kho5	kho5	kho3	kho5	kho4	khe5	khe5	khe5
剑阁金仙	kho5	kho5	khu3	kho5	khu4	khe5	khe5	khe5
旺苍	kho2	kho2	kho3	kho2	kho4	khe2	khe2 khe4 口	khe2
苍溪	kho2	kho2	kho3	kho2	kho4	khe2	khe2 khe4 口	khe2
江油	kho2	kho2	kho3	kho2	kho4	khe2	khe4	khe2
北川	kho2	kho2	kho3	kho2	kho4	khe2	khe4	khe2
绵阳	kho2	kho2	kho3	kho2	kho4	khe2	khe4	khe2
盐亭	khə5	khə5	kho3	khə5	khə4	khe5	khe4	khe5
德阳	kho2	kho2	kho3	kho2	kho4	khe2	khe2 khe4 口	khe2
中江	kho2	kho2	kho3	kho2	kho4	khe2	khe2 khe4 口	khe2
射洪	kho5	kho5	kho3	kho5	kho4	khe5	khe5 khe4 口	khe5
蓬溪	kho5	kho5	kho3	kho5	kho4	khe2	khe2 khe4 口	khe5
遂宁	kho2	kho2	kho3	kho2	kho4	khe2	khe2 khe4 口	khe2
乐至	kho2	kho2	kho3	kho2	kho4	khe2	khe2	khe2
安岳	kho2	kho2	kho2	kho2	kho4	khe2	khe2	khe2
仪陇	kho2	kho2	kho3	kho2	kho4	khe2	khe2	khe2
西充	kho5	kho5	kho3	kho5	kho4	khe5	khe5	khe5

字目	*磕	壳	可	渴	课	克	刻	客
反切	*克盍	苦角	枯我	苦曷	苦卧	苦得	苦得	苦格
声韵调	咸开一溪盍入	江开二溪觉入	果开一溪歌上	山开一溪曷入	果合一溪戈去	曾开一溪德入	曾开一溪德入	梗开二溪陌入
中古音	khɑp	khɣʌk	khɑ:	khɑt	khuɑ-	khək	khək	khɣæk
蓬安	kho2	kho2	kho2	kho2	kho4	khe2	khe2	khe2
南充金台	kho2	kho2	kho3	kho2	kho4	khe2	khe2	khe2
南充龙蟠	khɣ5 kho5 口	khɣ5	khɣ3	khɣ5 kho5 口	khɣ4	khe5	khe5	khe5
岳池	kho2	kho2	kho3	kho2	kho4	khe2	khe4	khe2
广安	kho2	kho2	kho3	kho2	kho4	khe2	khe4	khe2
邻水	kho5	kho5	kho3	kho5	kho4	khe5	khe5	khe5
南江	khɣ5	khɣ2 khɣ5 旧	khɣ3	khɣ5	khɣ4	khe5	khe5 khe4 口	khe5
巴中	kho5	kho5	khɣ3	kho5	kho4	khe5	khe5 khe4 口	khe5
通江	kho5	kho2	kho3	kho5	kho3	khe5	khe5 khe4 口	khe5
平昌	kho2	kho2	kho3	kho2	kho4	khe2	khe2 khe4 口	khe2
万源	kho2	kho2	kho3	kho2	kho4	khe2	khe2	khe2
宣汉	kho2	kho2	kho3	kho2	kho4	khe2	khe2	khe2
达州	kho2	kho2	kho3	kho2	kho4	khe2	khe2	khe2
开江	kho2	kho2	kho3	kho2	kho4	khe2	khe2	khe2
渠县	kho2	kho2	kho3	kho2	kho4	khe2	khe2	khe2
宜宾	khe5	khe5 khθ5	kho3	khθ5	kho4	khe5	khe5	khe5
古蔺	kho2	kho5	kho3	kho2	kho4	khe5	khe5	khe5
长宁	khɣ5	khe5	kho3	khɣ5	kho4	khe5	khe5	khe5
顾县	kho2	kho2	kho3	kho2	kho4	khe2	khe2 khe4 口	khe2
成都龙泉	kho5	xo5	kho3	kho5	kho4	khie?5	khie?5	khæ?5

字目	喝喝水	何	河	荷荷花	禾	和和气	合合作	盒
反切	呼合	胡歌	胡歌	胡歌	户戈	户戈	侯合	侯合
声韵调	咸开一晓合入	果开一匣歌平	果开一匣歌平	果开一匣歌平	果合一匣戈平	果合一匣戈平	咸开一匣合入	咸开一匣合入
中古音	${}^hʌp$	ɦa	ɦa	ɦa	ɦua	ɦua	${}^ɦʌp$	${}^ɦʌp$
广元	xo1	xo2	xo2	xo2	xo2	xo2	xo2	xo2
平武	xo1	xo2	xo2	xo2	xo2	xo2	xo2	xo2
青川	xo1	xo2	xo2	xo2	xo2	xo2	xo2	xo2
剑阁普安	xo5	xo2	xo2	xo2	xo2	xo2	xo5	xo5
剑阁金仙	xo5	xu2	xu2	xu2	xu2	xu2	xo5	xo5
旺苍	xo1	xo2	xo2	xo2	xo2	xo2	xo2	xo2
苍溪	xo1	xo2	xo2	xo2	xo2	xo2	xo2	xo2
江油	xo1	xo2	xo2	xo2	xo2	xo2	xo2	xo2
北川	xo1	xo2	xo2	xo2	xo2	xo2	xo2	xo2
绵阳	xo1	xo2	xo2	xo2	xo2	xo2	xo2	xo2
盐亭	xo1	xo2	xo2	xo2	xo2	xo2	xo5	xo5
德阳	xo1	xo2	xo2	xo2	xo2	xo2	xo2	xo2
中江	xo1	o2	xo2	xo2	xo2	xo2	xo2	xo2
射洪	xo1	xo2	xo2	xo2	xo2	xo2	xo5	xo5
蓬溪	xo1	xo2	xo2	xo2	xo2	xo2	xo5	xo5
遂宁	xo1	xo2	xo2	xo2	xo2	xo2	xo2	xo2
乐至	xo1	xo2	xo2	xo2	xo2	xo2	xo2	xo2
安岳	xo1	xo2	xo2	xo2	xo2	xo2	xo2	xo2
仪陇	xo1	xo2	xo2	xo2	xo2	xo2	xo2	xo2
西充	xo1	xo2	xo2	xo2	xo2	xo2	xo5	xo5

字目	喝喝水	何	河	荷荷花	禾	和和气	合合作	盒
反切	呼合	胡歌	胡歌	胡歌	户戈	户戈	侯合	侯合
声韵调	咸开一晓合入	果开一匣歌平	果开一匣歌平	果开一匣歌平	果合一匣戈平	果合一匣戈平	咸开一匣合入	咸开一匣合入
中古音	hʌp	ɦɑ	ɦɑ	ɦɑ	ɦua	ɦua	ɦʌp	ɦʌp
蓬安	xo1	xo2	xo2	xo2	xo2	xo2	xo2	xo2
南充金台	xo2	xo2	xo2	xo2	xo2	xo2	xo2	xo2
南充龙蟠	xo1	xo2	xo2	xo2	xo2	xo2	xo5 xɤ5 口	xɤ5
岳池	xo1	xo2	xo2	xo2	xo2	xo2	xo2	xo2
广安	xo1	xo2	xo2	xo2	xo2	xo2	xo2	xo2
邻水	xo1	xo2	xo2	xo2	xo2	xo2	xo5	xo5
南江	xo1	xo2	xo2	xo4	xo2	xo2	xo2 xo5 旧	xo2 xo5 旧
巴中	xo1	xo5	xo5	xo4	xo5	xo5	xo5	xo5
通江	xo1	xo2	xʋ2 xo2	xo4	xʋ2	xʋ2 xo2	xo5	xo5
平昌	xo1	xo2	xo2	xo4	xo2	xo2	xo2	xo2
万源	xo1	xo2	xo2	xo2	xo2	xo2	xo2	xo2
宣汉	xo1	xo2	xo2	xo2	xo2	xo2	xo2	xo2
达州	xo1	xo2	xo2	xo2	xo2	xo2	xo2	xo2
开江	xo1	xo2	xo2	xo2	xo2	xo2	xo2	xo2
渠县	xo1	xo2	xo2	xo2	xo2	xo2	xo2	xo2
宜宾	xo1	xo2	xo2	xo2	xo2	xo2	xɵ5	xɵ5
古蔺	xo1	xo2	xo2	xo2	xo2	xo2	xo5	xo5
长宁	xɵ5	xo2	xo2	xo2	xo2	xo2	xɵ5	xɵ5
顾县	xo1	xo2	xo2	xo2	xo2	xo2	xo2	xo2
成都龙泉	xo1	xo2	xo2	xo2	xo5	vo2	xoʔ6	xoʔ6

字目	核核对	核核心	贺	和和面	喝喝采	鹤	吓恐吓	蛾
反切	下革	下革	胡个	胡卧	许葛	下各	呼格	五何
声韵调	梗开二匣麦入	梗开二匣麦入	果开一匣歌去	果合一匣戈去	山开一晓曷入	宕开一匣铎入	梗开二晓陌入	果开一疑歌平
中古音	ɦɣɛk	ɦɣɛk	ɦɑ-	ɦuɑ-	hɑt	ɦɑk	hɣæk	ŋɑ
广元	xe2	xe2	xo4	xo4	xo2 xo1 俗	xo2	xʌ4 俗	ŋo2
平武	xe2	xe2	xo4	xo4	xo1 俗	xo2	ɕia4 俗	ŋo2
青川	xe2	xe2	xo4	xo4	xo1 俗	xo2	xe2	ŋo2
剑阁普安	xe5	xe5	xo4	xo2 俗	xo5	xo5	xe5 ɕia4 俗	ŋo2
剑阁金仙	xe5	xe5	xu4	xu4	xo5	xo5	xe5	u2
旺苍	xe2	xe2	xo4	xo4	xo2 xo1 俗	xo2	xʌ2 俗	ŋu2
苍溪	xe2	xe2	xo4	xo4	xo2 xo1 俗	xo2	xe2	ŋo2
江油	xe2	xe2	xo4	xo4	xo1 俗	xo2	ɕia4 俗	ŋo2
北川	xc2	xe2	xo4	xo4	xo1 俗	xo2	ɕia4 俗	ŋo2
绵阳	xe2	xe2	xo4	xo4	xo1 俗	xo2	xe2	o2
盐亭	xe2	xe2	xo4	xo2 俗	xo1 俗	xə5	xe5	o2
德阳	xe2	xe2	xo4	xo4	xo1 俗	xo4	ɕia4 俗	o2
中江	xe2	xe2	xo4	xo2 俗	xo1 俗	xo2	xe2	ŋo2
射洪	xe5	xe5	xo4	xo2 俗	xo1 俗	xo5	ɕia4 俗	o2
蓬溪	xe5	xe5	xo4	xo2 俗	xo1 俗	xo5	xe5	o2
遂宁	xe2	xe2	xo4	xo4	xo1 俗	xo2	ɕia4 俗	ŋo2
乐至	xe2	xe2	xo4	xo2 俗	xo1 俗	xo2	xe2	ŋo2
安岳	xe2	xe2	xo4	xo2 俗	xo1 俗	xo2	ɕia4 俗	ŋo2
仪陇	xe2	xe2	xo4	xo2 俗	xo1 俗	xo2	xe2	o2
西充	xe5	xe5	xo4	xo2 俗	xo1 俗	xo5	xe5	o2

字目	核核对	核核心	贺	和和面	喝喝采	鹤	吓恐吓	蛾
反切	下革	下革	胡个	胡卧	许葛	下各	呼格	五何
声韵调	梗开二匣麦入	梗开二匣麦入	果开一匣歌去	果合一匣戈去	山开一晓曷入	宕开一匣铎入	梗开二晓陌入	果开一疑歌平
中古音	ɦɣɛk	ɦɣɛk	ɦɑ-	ɦuɑ-	hɑt	ɦɑk	hɣæk	ŋɑ
蓬安	xe2	xe2	xo4	xo2 俗	xo1 俗	xo2	ɕia4 俗	ŋo2
南充金台	xe2	xe2	xo4	xo2 俗	xo1 俗	xo4	xe2	o2
南充龙蟠	xe5	xe5	xo4	xo2 俗	xo1 俗	xɤ5	xe5	o2
岳池	xe2	xe2	xo4	xo2 俗	xo4	xo2	xe2	ŋo2
广安	xe2	xe2	xo4	xo4	xo1 俗	xo2	xe2	ŋo2
邻水	xe5	xe5	xo4	xo4	xo4	xo2	xe5	o2
南江	xe2 / xe5 旧	xe2 / xe5 旧	xo4	xo4	xo2 / xo1 俗	xo5	xe5	o5
巴中	xe2 / xe5 旧	xe2 / xe5 旧	xo4	xo5	xo5 / xo1 俗	xo5	xe5	ŋɤ2
通江	xe5	xe5	xʊ4	xʊ4	xo5 / xo1 俗	xo4	xe5	ŋo2
平昌	xe2	xe2	xo4	xo4	xo2 / xo1 俗	xo2	xe2	o2
万源	xe2	xe2	xo4	xo2 俗	xo4	xo2	ɕia4 俗	ŋo2
宣汉	xe2	xe2	xo4	xo2 俗	xo1 俗	xo2	ɕia4 俗	o2
达州	xe2	xe2	xo4	xo2 俗	xo1 俗	xo2	ɕia4 俗	o2
开江	xe2	xe2	xo4	xo2 俗	xo1 俗	xo2	ɕia4 俗	o2
渠县	xe2	xe2	xo4	xo2 俗	xo1 俗	xo2	ɕia4 俗	o2
宜宾	xe5	xe5	xo4	xo2 俗	xɵ5	xɵ5	xe5	o2
古蔺	xe5	xe5	xo4	xo4	xo1 俗	xo5	xe5	o2
长宁	xe5	xe5	xo4	xo4	xo5	xo5	ɕia4 俗	o2
顾县	xe2	xe2	xo4	xo4	xo2 / xo1 俗	xo2	xe2	ŋo2
成都龙泉	xieʔ6	xieʔ6	xo4	xo4	xo2 / xo1 俗	xo5	xæʔ5	ŋo2

字目	鹅	额	腭	鄂	恶善恶	饿	波	*菠
反切	五何	五陌	五各	五各	乌各	五个	博禾	*逋禾
声韵调	果开一疑歌平	梗开二疑陌入	宕开一疑铎入	宕开一疑铎入	宕开一影铎入	果开一疑歌去	果合一帮戈平	果合一帮戈平
中古音	ŋa	ŋɣæk	ŋak	ŋak	ʔak	ŋa-	pua	pua
广元	ŋo2	ŋe2	ŋo2	ŋo2	ŋo2	ŋo4	po1	po1
平武	ŋo2	ŋe2	ŋo2	ŋo2	ŋo2	ŋo4	po1	po1
青川	ŋo2	ŋe2	ŋo2	ŋo2	ŋo2	ŋo4	po1	po1
剑阁普安	ŋo2	ŋe5	ŋo5	ŋo5	ŋo5	o4	po1	po1
剑阁金仙	u2	ŋe5	ŋo2	ŋo2	ŋo5	u4	pu1	pu1
旺苍	ŋu2	ŋe2	ŋo2	ŋo2	ŋo2	ŋo4	po1	po1
苍溪	ŋo2	ŋe2	ŋo2	ŋo2	ŋo2	o4	po1	po1
江油	ŋo2	ŋe2	ŋo2	ŋo2	ŋo2	ŋo4	po1	po1
北川	ŋo2	ŋe2	ŋo2	ŋo2	ŋo2	ŋo4	po1	po1
绵阳	o2	ŋe2	o2	ŋo2	o2	o4	po1	po1
盐亭	o2	ŋe5	ŋo5	ŋo2	ŋə5	o4	po1	po1
德阳	ŋo2	ŋe2	ŋo2	ŋo2	vu4	o4	po1	po1
中江	ŋo2	ŋe2	ŋau2	ŋo2	ŋo2	ŋo4	po1	po1
射洪	o2	ŋe5	ŋo2	ŋo2	ŋo5	o4	po1	po1
蓬溪	o2	ŋe5	o2	o2	o5	o4	po1	po1
遂宁	ŋo2	ŋe2	ŋo2	ŋo2	ŋo2	o4	po1	po1
乐至	ŋo2	ŋe2	o4	o4	ŋo2	ŋo4	po1	po1
安岳	ŋo2	ŋe2	ŋo2	ŋo2	ŋo2	ŋo4	po1	po1
仪陇	o2	ŋe2	ŋau2	ŋau2	ŋo2	o4	po1	po1
西充	o2	ŋo5	ŋo5	ŋo5	ŋo5	o4	po1	po1

字目	鹅	额	腭	鄂	恶善恶	饿	波	*菠
反切	五何	五陌	五各	五各	乌各	五个	博禾	*逋禾
声韵调	果开一 疑歌平	梗开二 疑陌入	宕开一 疑铎入	宕开一 疑铎入	宕开一 影铎入	果开一 疑歌去	果合一 帮戈平	果合一 帮戈平
中古音	ŋa	ŋɣæk	ŋak	ŋak	ʔak	ŋa-	pua	pua
蓬安	ŋo2	ŋe2	ŋe2	ŋo2	ŋo2	o4	po1	po1
南充金台	o2	ŋe2	ŋe2	ŋe2	ŋo2	o4	po1	po1
南充龙蟠	o2	ŋe5	ŋɣ5	ŋɣ5	vu4	o4	po1	po1
岳池	ŋo2	ŋe2	ŋo2	ŋo2	ŋo2	ŋo4	po1	po1
广安	ŋo2	ŋe2	ŋo2	ŋo2	ŋo2	ɸo4	po1	po1
邻水	o2	ŋe5	o5	o5	ŋo5	o4	po1	po1
南江	ŋɣ2	ŋe5	ŋɣ5	ŋɣ5	ŋɣ2 ŋɣ5 旧	o4	po1	po1
巴中	ŋo5	ŋe2 ŋe5 旧	ŋo2 ŋo5 旧	ŋo2 ŋo5 旧	ŋo5	ŋo4	po1	po1
通江	ŋo2	ŋe5	ŋo5	ŋo2 ŋo5 旧	ŋo5	o4	po1	po1
平昌	o2	ŋe2	ŋo2	ŋo2	ŋo2	o4	po1	po1
万源	ŋo2	ŋe2	ŋo2	ŋo2	ŋo2	ŋo4	po1	po1
宣汉	ŋo2	ŋe2	ŋe2	ŋo2	ŋo2	o4	po1	po1
达州	o2	o2	o2	ŋo2	o2	o4	po1	po1
开江	o2	ŋe2	o2	ŋo2	ŋo2	o4	po1	po1
渠县	o2	ŋe2	e2	e2	ŋo2	o4	po1	po1
宜宾	o2	ŋe5	ŋe5	ŋe5	ŋe5	o4	po1	po1
古蔺	o2	ŋo5	ŋo5	ŋo5	ŋo5	o4	po1	po1
长宁	o2	ŋe5	ŋɣ5	ŋɣ5	ŋɣ5	o4	po1	po1
顾县	ŋo2	ŋe2	ŋo2	ŋo2	ŋo2	ŋo4	po1	po1
成都龙泉	ŋo2	ŋie5	ŋo5	ŋo5	ŋo5	ŋo4	po1	po1

字目	播	玻	拨	剥	勃	博	薄	驳
反切	补过	滂禾	北末	北角	蒲没	补各	傍各	北角
声韵调	果合一帮戈去	果合一滂戈平	山合一帮末入	江开二帮觉入	臻合一并没入	宕开一帮铎入	宕开一并铎入	江开二帮觉入
中古音	puɑ-	phua	puat	pɣʌk	buət	pɑk	bɑk	pɣʌk
广元	po4	po1	po2	po2	po2	po2	po2	po2
平武	po4	po1	po2	po2	po2	po2	po2	po2
青川	po4	po1	po2	po2	po2	po2	po2	po2
剑阁_{普安}普安	po4	po1	po5	po5	po5	po5	po5	po5
剑阁金仙	pu4	pu1	po5	po5	pho5	po5	po5	po5
旺苍	po4	po1	po2	po2	pho2	po2	po2	po2
苍溪	po4	po1	po2	po2	phu2 po2 新	po2	po2	po2
江油	po4	po1	po2	po2	po2	po2	po2	po2
北川	po4	po1	po2	po2	po2	po2	po2	po2
绵阳	po4	po1	po2	po2	pho2	po2	po2	po2
盐亭	po4	po1	po5	po5	pho5	po5	po5	po5
德阳	po4	po1	po2	po2	pho2 po2 新	po2	po2	po2
中江	po4	po1	po2	po2	phu2	po2	po2	po2
射洪	po4	po1	po5	po5	pho5 po2 新	po5	po5	po5
蓬溪	po1	po1	po5	po5	pho5 po2 新	po5	po5	po5
遂宁	po4	po1	po2	po2	phu2 po2 新	po2	po2	po2
乐至	po4	po1	po2	po2	po2	po2	po2	po2
安岳	po4	po1	po2	po2	po2	po2	po2	po2
仪陇	po4	po1	po2	po2	po2	po2	po2	po2
西充	po1	po1	po5	po5	pho5	po5	po5	po5

字目	播	玻	拨	剥	勃	博	薄	驳
反切	补过	滂禾	北末	北角	蒲没	补各	傍各	北角
声韵调	果合一帮戈去	果合一滂戈平	山合一帮末入	江开二帮觉入	臻合一并没入	宕开一帮铎入	宕开一并铎入	江开二帮觉入
中古音	puɑ-	phuɑ	puat	pɣʌk	buət	pɑk	bɑk	pɣʌk
蓬安	po4	po1	po2	po2	po2	po2	po2	po2
南充金台	po4	po1	po2	po2	po2	po2	po2	po2
南充龙蟠	po4	po1	po5	po5	pho5	po5	po5	po5
岳池	po4	po1	po2	po2	phʊ2	po2	po2	po2
广安	po4	po1	po2	po2	phʊ2 po2 新	po2	po2	po2
邻水	po4	po1	po5	po5	phʊ5	po5	po5	po5
南江	po1 po4	po1	po2 po5 旧	po2 po5 旧	phu2 po2 新	po2 po5 旧	po2 po5 旧	po2 po5 旧
巴中	po3 po1	po1	po5	po5	phu2 po2 新	po5	po5	po5
通江	po4	po1	po2 po5 旧	po5	phʊ2 po2 新	po5	pʊ5	po2 po5 旧
平昌	po4	po1	po2	po2	phu2 po2 新	po2	po2	po2
万源	po4	po1	po2	po2	po2	po2	po2	po2
宣汉	po4	po1	po2	po2	po2	po2	po2	po2
达州	po4	po1	po2	po2	po2	po2	po2	po2
开江	po4	po1	po2	po2	po2	po2	po2	po2
渠县	po4	po1	po2	po2	po2	po2	po2	po2
宜宾	po4	po1	pɵ5	pɵ5	pɵ5	pɵ5	pɵ5	pɵ5
古蔺	po4	po1	po4 po5 旧	po4	po4	po2	po2	po5
长宁	po4	po1	po5	po5	pho5	po5	po5	po5
顾县	po4	po1	po2	po2	po2	po2	po2	po2
成都龙泉	po4	po1	poʔ5	poʔ5	po4	poʔ5	phoʔ6	poʔ5

字目	伯	簸簸一簸	簸簸箕	薄薄荷	坡	颇①	泼	婆
反切	博陌	布火	补过	步卧	滂禾	滂禾	普活	薄波
声韵调	梗开二 帮陌入	果合一 帮戈上	果合一 帮戈去	果合一 并戈去	果合一 滂戈平	果合一 滂戈平	山合一 滂末入	果合一 并戈平
中古音	pɣæk	puɑ:	puɑ-	buɑ-	phuɑ	phuɑ	phuɑt	buɑ
广元	pe2	po3	po3	po4	pho1	pho3	pho2	pho2
平武	pe2	po3	po3	pho4	pho1	pho3	pho2	pho2
青川	pe2	po3	po3	po4	pho1	pho3	pho2	pho2
剑阁普安	pe5	po3	po3	po4	pho1	pho1	pho5	pho2
剑阁金仙	pe5	pu3	pu3	po4	phu1	phu3	pho5	phu2
旺苍	pe2	po3	po3	po4	pho1	pho3	pho2	pho2
苍溪	po2 pe2 旧	po3	po3	po4	pho1	pho3	pho2	pho2
江油	pe2	po3	po3	po4	pho1	pho3	pho2	pho2
北川	pe2	po3	po3	po4	pho1	pho3	pho2	pho2
绵阳	pe2	po3	po3	po4	pho1	pho3	pho2	pho2
盐亭	pe5	po3	po3	po4	pho1	pho3	pho5	pho2
德阳	pe2	po3	po3	pho4	pho1	pho3	pho2	pho2
中江	pe2	po3	po3	po4	pho1	pho1	pho2	po2
射洪	pe5	po3	po3	po4	pho1	pho3	pho5	pho2
蓬溪	pe5	po3	po3	po4	pho1	pho3	pho5	pho2
遂宁	pe2	po3	po3	po4	pho1	pho3	pho2	pho2
乐至	pe2	po3	po3	po4	pho1	pho3	pho2	pho2
安岳	pe2	po3	po3	po4	pho1	pho1	pho2	pho2
仪陇	pe2	po3	po3	po4	pho1	pho1	pho2	pho2
西充	pe5	po3	po3	pho4	pho1	pho3	pho5	pho2

---

① 又普火切，果合一滂果上。

字目	伯	簸簸一簸	簸簸箕	薄薄荷	坡	颇①	泼	婆
反切	博陌	布火	补过	步卧	滂禾	滂禾	普活	薄波
声韵调	梗开二 帮陌入	果合一 帮戈上	果合一 帮戈去	果合一 并戈去	果合一 滂戈平	果合一 滂戈平	山合一 滂末入	果合一 并戈平
中古音	pɣæk	puɑ:	puɑ-	buɑ-	phuɑ	phuɑ	phuɑt	buɑ
蓬安	pe2	po3	po3	po4	pho1	pho1	pho2	pho2
南充金台	pe2	po3	po3	pho4	pho1	pho3	pho2	po2
南充龙蟠	pe5	po3	po3	po5	pho1	pho1	pho5	pho2
岳池	pe2	po3	po3	po4	pho1	pho3	pho2	pho2
广安	pe2	po3	po3	po4	pho1	pho3	pho2	pho2
邻水	pe5	po3	po3	po4	pho1	pho3	pho5	pho2
南江	pie2 pie5 旧	po3	po3	pu4	pho1	pho3	pho5	pho2
巴中	pe5	po1 po3	po3	po4	pho1	pho3	pho5	pho5
通江	pe5	po3	po3	pʊ4	pho1	pho3	pho5	phʊ2
平昌	pe2	po3	po3	pu4	pho1	pho3	pho2	pho2
万源	pe2	po3	po3	po4	pho1	pho1	pho1	pho2
宣汉	po2	po3	po3	po4	pho1	pho1	pho2	pho2
达州	po2	po3	po3	po4	pho1	pho1	pho2	pho2
开江	pe2	po3	po3	po4	pho1	pho1	pho2	pho2
渠县	po2	po3	po3	po4	pho1	pho1	pho2	pho2
宜宾	pe5	po3	po3	po4	pho1	pho3	phɵ5	pho2
古蔺	pe5	po3	po3	po4	pho1	pho3	pho5	pho2
长宁	pe5	po3	po3	po4	pho1	pho3	pho5	pho2
顾县	pe2	po3	po3	po4	pho1	pho3	pho2	po2
成都龙泉	pæʔ5	po3	po4	pho4	pho1	pho3	phoʔ5	pho2

---

① 又普火切，果合一滂果上。

字目	破	迫①	魄	摸②	魔	磨磨刀	摩	模
反切	普过	博陌	普伯	慕各	莫婆	莫婆	莫婆	莫胡
声韵调	果合一滂戈去	梗开二帮陌入	梗开二滂陌入	宕开一明铎入	果合一明戈平	果合一明戈平	果合一明戈平	遇合一明模平
中古音	phua-	pɣæk	phɣæk	mak	mua	mua	mua	muo
广元	pho4	phie2	phie2	mo1	mo2	mo2	mo1 mo2旧	mu2
平武	pho4	phe2	phe2	mo1	mo2	mo2	mo1	mu2
青川	pho4	phe2	phe2	mo1	mo2	mo2	mo1 mo2旧	mu2
剑阁普安	pho4	phe5	phe5	mo1	mo2	mo2	mo1 mo2旧	mo2
剑阁金仙	phu4	phe5	phe5	mu1	mu2	mu2	mo1 mo2旧	mu2
旺苍	pho4	phe2	phe2	mo1	mo2	mo2	mo1 mo2旧	mo2 mu2旧
苍溪	pho4	phie2	phie2	mo1	mo2	mo2	mo1 mo2旧	mo2 mu2旧
江油	pho4	phe2	phe2	mo1	mo2	mo2	mo1	mʊ2
北川	pho4	phe2	phe2	mo1	mo2	mo2	mo1	mʊ2
绵阳	pho4	phe2	phe2	mo1	mo2	mo2	mo1	mʊ2
盐亭	pho4	pe5	phe5	mo1	mo2	mo2	mo1	mu2
德阳	pho4	phe2	phe2	mo1	mo2	mo2	mo1 mo2旧	mo2 mu2旧
中江	pho4	phe2	phe2	mo1	mo2	mo2	mo1 mo2旧	mo2
射洪	pho4	phe5	phe5	mo1	mo2	mo2	mo1 mo2旧	mo2 mu2旧
蓬溪	pho4	phe5	phe5	mo1	mo2	mo2	mo1 mo2旧	mo2 mu2旧
遂宁	pho4	phe2	phe2	mo1	mo2	mo2	mo1 mo2旧	mo2 mu2旧
乐至	pho4	phe2	phe2	mo1	mo2	mo2	mo1 mo2旧	mo2
安岳	pho4	phe2	phe2	mo1	mo2	mo2	mo2	mo2
仪陇	pho4	phe2	phe2	mo1	mo2	mo2	mo1	mo2
西充	pho4	phe5	phe5	mo1	mo2	mo2	mo1 mo2旧	mʊ2

---

① 又匹陌切，梗开二滂陌入。 ② 又莫胡切，遇合一明模平。

字目	破	迫①	魄	摸②	魔	磨磨刀	摩	模
反切	普过	博陌	普伯	慕各	莫婆	莫婆	莫婆	莫胡
声韵调	果合一 滂戈去	梗开二 帮陌入	梗开二 滂陌入	宕开一 明铎入	果合一 明戈平	果合一 明戈平	果合一 明戈平	遇合一 明模平
中古音	phuɑ-	pɣæk	phɣæk	mɑk	muɑ	muɑ	muɑ	muo
蓬安	pho4	phie2	phie2	mo1	mo2	mo2	mo2	mo2
南充金台	pho4	phe2	phe2	mo1	mo2	mo2	mo1 mo2 旧	mʊ2
南充龙蟠	pho4	phe5	phe5	mo1	mo2	mo2	mo1 mo2 旧	mu2
岳池	pho4	phie2	phe2	mo1	mo2	mo2	mo1 mo2 旧	mo2
广安	pho4	phie2	phie2	mo1	mo2	mo2	mo1 mo2 旧	mʊ2
邻水	pho4	phe5	phe5	mo1	mo2	mʊ2	mo1 mo2 旧	mʊ2
南江	pho4	phie5	phie5	mo1	mo2	mo2	mo2	mo2 mu2 旧
巴中	pho4	phie5	phie5	mo1	mo5	mo2	mo2	mo2 mu2 旧
通江	pho4	phe5	phe5	mo1	mʊ5 mo2 新	mʊ5 mo2 新	mo2	mʊ2 mo2 新
平昌	pho4	phe2	phe2	mo1	mo2	mo2	mo2	mo2 mu2 旧
万源	pho4	phe2	phe2	mo1	mo2	mo2	mo2	mu2
宣汉	pho4	phie2	phie2	mo1	mo2	mo2	mo2	mu2
达州	pho4	pho2	phie2	mo1	mo2	mo2	mo2	mu2
开江	pho4	phie2	phie2	mo1	mo2	mo2	mo2	mu2
渠县	pho4	phie2	phie2	mu1	mo2	mo2	mo2	mu2
宜宾	pho4	phe5	phe5	mo1	mo2	mo2	mo2	mo2 mu2 旧
古蔺	pho4	phe5	phe5	mo1	mo2	mo2	mo1	mu2
长宁	pho4	phe5	phe5	mo1	mo2	mo2	mo1	mo2
顾县	pho4	phe2	phe2	mo1	mo2	mo2	mo1 mo2 旧	mu2
成都龙泉	pho4	phieʔ5	phæʔ5	mo1	mo2	mo2	mo2	mo2 mu2 旧

① 又匹陌切，梗开二滂陌入。 ② 又莫胡切，遇合一明模平。

字目	膜薄膜	抹抹杀	磨石磨	末	沫	没沉没	莫	墨
反切	慕各	莫拨	模卧	莫拨	莫拨	莫勃	慕各	莫北
声韵调	宕开一明铎入	山合一明末入	果合一明戈去	山合一明末入	山合一明末入	臻合一明没入	宕开一明铎入	曾开一明德入
中古音	mɑk	muɑt	muɑ-	muɑt	muɑt	muət	mɑk	mək
广元	mo2	mo3	mo4	mo2	mo2	mo2	mo2	mie2
平武	mo2	mo3	mo4	mo2	mo2	mo2	mo2	me2
青川	mo2	mo3	mo4	mo2	mo2	mo2	mo2	me2
剑阁普安	mo2	mo3	mo4	mo5	mo5	mo5	mo5	me5
剑阁金仙	mu2	mu3	mu4	mo5	mo5	mo5	mo5	me5
旺苍	mo2	mo3	mo4	mo2	mo2	mo2	mo2	me2
苍溪	mo2	mo3	mo4	mo2	mo3 mo2 旧	mo2	mo2	me2
江油	mo2	mo3	mo4	mo2	mo2	mo2	mo2	me2
北川	mo2	mo3	mo4	mo2	mo2	mo2	mo2	me2
绵阳	mo2	mo3	mo4	mo2	ɯo2	mo2	mo2	me2
盐亭	mu2	mo3	mo4	mo5	mo5	mo5	mo5	me5
德阳	mo2	mo3	mo4	mo2	mo2	mo2	mo2	me2
中江	mo2	mo3	mo4	mo2	mo2	me2	mo2	me2
射洪	mo5	mo3	mo4	mo5	mo5	mo5	mo5	me5
蓬溪	mu2	mo3	mo4	mo5	mu5	mo5	mo5	me2
遂宁	mo2	mo3	mo4	mo2	mo2	mo2	mo2	me2
乐至	mo2	mo3	mo4	mo2	mo2	mo2	mo2	me2
安岳	mo2	mo3	mo4	mo2	mo2	mo2	mo2	me2
仪陇	mo2	mo3	mo4	mo2	mo2	mo2	mo2	mie2
西充	mʊ2	mo3	mo4	mo5	mo5	mo5	mo5	mo5

字目	膜薄膜	抹抹杀	磨石磨	末	沫	没沉没	莫	墨
反切	慕各	莫拨	模卧	莫拨	莫拨	莫勃	慕各	莫北
声韵调	宕开一明铎入	山合一明末入	果合一明戈去	山合一明末入	山合一明末入	臻合一明没入	宕开一明铎入	曾开一明德入
中古音	mak	muat	muɑ-	muat	muat	muət	mak	mək
蓬安	mo2	mo3	mo4	mo2	mo2	mo2	mo2	mie2
南充金台	mo2	mo3	mo4	mo2	mo2	mo2	mo2	mo2
南充龙蟠	mo2	mo3	mo4	moʔ5	moʔ5	moʔ5	moʔ5	meʔ5
岳池	mo2	mo3	mo4	mo2	mo2	mo2	mo2	me2
广安	mo2	mo3	mo4	mo2	mo2	mo2	mo2	mie2
邻水	moʔ5	mo3	mo4	moʔ5	moʔ5	moʔ5	moʔ5	meʔ5
南江	moʔ5	mo3 / moʔ5 旧	mo4	moʔ5	moʔ5	moʔ5	moʔ5	mieʔ5
巴中	mo2 / moʔ5 旧	mo3 / moʔ5 旧	mo4	moʔ5	moʔ5	mo2 / moʔ5 旧	mo2 / moʔ5 旧	me2 / meʔ5 旧
通江	moʔ5	mo1 / moʔ5 旧	moʊʔ5 / mo4	moʔ5	moʔ5	moʔ5	moʔ5	meʔ5
平昌	mo2	mo3	mo4	mo2	mo2	mo2	mo2	me2
万源	mo2	mo3	mo4	mo2	mo2	mo2	mo2	mie2
宣汉	mo2	mo3	mo4	mo2	mo2	mo2	mu2	mo2
达州	mo2	mo3	mo4	mo2	mo2	mo2	mo2	mie2
开江	mo2	mo3	mo4	mo2	mo2	mo2	mo2	mo2
渠县	mo2	mo3	mo4	moʔ2	moʔ2	moʔ2	mo2	mia2
宜宾	mu2	mo3	mo4	məʔ5	məʔ5	məʔ5	məʔ5	meʔ5
古蔺	mu2 / moʔ5 旧	mo3	mo4	moʔ5	moʔ4	moʔ5	moʔ4	meʔ5
长宁	mo2	mo3	mo4	meʔ5	muʔ5	meʔ5	moʔ5	meʔ5
顾县	mo2	mo3	mo4	mo2	mo2	mo2	mo2	me2
成都龙泉	moʔ5	mæʔ5	mo4	moʔ5	moʔ5	mau2	mau2	mieʔ6

字目	默	陌陌生	脉	佛	多	夺	朵	躲
反切	莫北	莫白	莫获	符弗	得何	徒活	丁果	
声韵调	曾开一明德入	梗开二明陌入	梗开二明麦入	臻合三奉物入	果开一端歌平	山合一定末入	果合一端戈上	果合一端戈上
中古音	mək	mɣæk	mɣɛk	biut	tɑ	duɑt	tuɑ:	tuɑ:
广元	mie2	pe2① me2	mie2	fo2	to1	to2	to3	to3
平武	me2	mo2	me2	fu2	to1	to2	to3	to3
青川	me2	pe2① me2	me2	fu2	to1	to2	to3	to3
剑阁普安	me5	pe5 me5	me5	fu5	to1	tho5	to3	to3
剑阁金仙	me5	pe5 me5	me5	fu5	tu1	tho5	tu3	tu3
旺苍	me2	pe2① me2	me2	fu2	to1	to2	to3	to3
苍溪	me2	me2① pe2	mie2	fu2	to1	to2	to3	to3
江油	me2	pe2	me2	fʋ2	to1	to2	to3	to3
北川	me2	pe2	me2	fʋ2	to1	to2	to3	to3
绵阳	me2	pe2	me2	fʋ2	to1	to2	to3	to3
盐亭	me5	pe5	me5	fu5	to1	tho5	to3	to3
德阳	me2	me2① pe2	me2	fu2	to1	to2	to3	to3
中江	me2	pe2	me2	fu2	to1	to2	to3	to3
射洪	me5	pe5 me5	me5	fu5	to1	to5	to3	to3
蓬溪	me2	mo5 pe5旧	me2	fu5	to1	tho5	to3	to3
遂宁	me2	me2① pe2	me2	fu2	to1	to2	to3	to3
乐至	me2	pe2	me2	fʋ2	to1	to2	to3	to3
安岳	me2	pe2	me2	fu2	to1	to2	to3	to3
仪陇	mie2	mo2	me2	fʋ2	to1	to2	to3	to3
西充	me5	pe5	me5	fo5	to1	tho5	to3	to3

---

① 又音 mo2 新。

字目	默	陌陌生	脉	佛	多	夺	朵	躲
反切	莫北	莫白	莫获	符弗	得何	徒活	丁果	
声韵调	曾开一明德入	梗开二明陌入	梗开二明麦入	臻合三奉物入	果开一端歌平	山合一定末入	果合一端戈上	果合一端戈上
中古音	mək	mɣæk	mɣɛk	bɨut	tɑ	duɑt	tuɑː	tuɑː
蓬安	mie2	pe2	mie2	fu2	to1	to2	to3	to3
南充金台	me2	me2	me2	fʋ2	to1	tho2	to3	to3
南充龙蟠	me5	me5	me5	fu5	to1	tho5	to3	to3
岳池	me2	pe2	me2	fʋ2	to1	to2	to3	to3
广安	mie2	mo2	mie2	fʋ2	to1	to2	to3	to3
邻水	me5	me5	me5	fʋ5	to1	to5	to3	to3
南江	mie5	mie5① pie5	mie5	fu5	to1	to5	to3	to3
巴中	me2 me5 旧	me2① pe2	me2 me5 旧	fu2 fu5 旧	to1	to2 to5 旧	to3	to3
通江	me5	me5② pe5	me5	fʋ2 fʋ5 旧	to1	to5	to3	to3
平昌	me2	me2① pe2	me2	fu2	to1	tho2 to2 新	to3	to3
万源	mo2	pe2 me2	me2	fu2	to1	tho2	to3	to3
宣汉	mie2	mo2 me2 旧	mie2	fu2	to1	tho2	to3	to3
达州	mo2	mo2 me2 旧	me2	fu2	to1	to2	to3	to3
开江	mie2	pe2 me2	mie2	fu2	to1	to2	to3	to3
渠县	mie2	mo2 me2 旧	me2 mia2 旧	fu2	to1	tho2	to3	to3
宜宾	mə5 me5 旧	mə5② pe5 旧	me5	fə5	to1	tə5	to3	to3
古蔺	me5	me5② pe5	me5	fu2 fu5 旧	to1	tho5 to5	to3	to3
长宁	me5	me5	me5	fu5	to1	to5	to3	to3
顾县	me2	pe2① me2	me2	fu2	to1	to2	to3	to3
成都龙泉	mieʔ6	moʔ6	mieʔ5	fuʔ5	to1	toʔ5	to3	to3

① 又音 mo2 新。　② 又音 mo5 新。

字目	舵	堕	惰①	拖	脱	托委托	托托盘	驼
反切	徒可	徒果	徒果	托何	他括	他各	他各	徒河
声韵调	果开一定歌上	果合一定戈上	果合一定戈上	果开一透歌平	山合一透末入	宕开一透铎入	宕开一透铎入	果开一定歌平
中古音	dɑ:	duɑ:	duɑ:	tha	thuat	thak	thak	da
广元	to4	to4	to4	tho1	tho2	tho2	tho2	tho2
平武	to4	to4	to4	tho1	tho2	tho2	tho2	tho2
青川	to4	to4	to4	tho1	tho2	tho2	tho2	tho2
剑阁普安	to4	to4	to4	tho1	tho5	tho5	tho5	tho2
剑阁金仙	tu4	tu4	tu4	thu1	tho5	tho5	tho5	thu2
旺苍	to4	to4	to4	tho1	tho2	tho2	tho2	tho2
苍溪	to3 to4	to4	to4	tho1	tho2	tho2	tho2	tho2
江油	to4	to4	to4	tho1	tho2	tho2	tho2	tho2
北川	to4	to4	to4	tho1	tho2	tho2	tho2	tho2
绵阳	to4	to4	to4	tho1	tho2	tho2	tho2	tho2
盐亭	to4	to4	to4	tho1	tho5	tho5	tho5	tho2
德阳	to4	to4	to4	tho1	tho2	tho2	tho2	tho2
中江	to4	to4	to4	tho1	tho2	tho2	tho2	tho2
射洪	to4	to4	to4	tho1	tho5	tho5	tho5	tho2
蓬溪	to4	to4	to4	tho1	tho5	tho5	tho5	tho2
遂宁	to4	to4	to4	tho1	tho2	tho2	tho2	tho2
乐至	to4	to4	to4	tho1	tho2	tho2	tho2	tho2
安岳	to4	to4	to4	tho1	tho2	tho2	tho2	tho2
仪陇	to4	to4	to4	tho1	tho2	tho2	tho2	tho2
西充	to4	to4	to4	tho1	tho5	tho5	tho5	tho2

① 又徒卧切，果合一定戈去。

字目	舵	堕	惰①	拖	脱	托委托	托托盘	驼
反切	徒可	徒果	徒果	托何	他括	他各	他各	徒河
声韵调	果开一定歌上	果合一定戈上	果合一定戈上	果开一透歌平	山合一透末入	宕开一透铎入	宕开一透铎入	果开一定歌平
中古音	dɑ:	duɑ:	duɑ:	thɑ	thuɑt	thɑk	thɑk	dɑ
蓬安	to4	to4	to4	tho1	tho2	tho2	tho2	tho2
南充金台	to4	to4	to4	tho1	tho2	tho2	tho2	tho2
南充龙蟠	to4	to4	to4	tho1	tho5	tho5	tho5	tho2
岳池	to4	to4	to4	tho1	tho2	tho2	tho2	tho2
广安	to4	to4	to4	tho1	tho2	tho2	tho2	tho2
邻水	to4	to4	to4	tho1	tho5	tho5	tho5	tho2
南江	to4	to4	to4	tho1	tho5	tho5	tho5	tho5
巴中	to4	to4	to4	tho1	tho5	tho5	tho5	tho5
通江	to4	to4	to4	tho1	tho5	tho5	tho5	tho5
平昌	to4	to4	to4	tho1	tho2	tho2	tho2	tho2
万源	to4	to4	to4	tho1	tho2	tho2	tho2	tho2
宣汉	to4	to4	to4	tho1	tho2	tho2	tho2	tho2
达州	to4	to4	to4	tho1	tho2	tho2	tho2	tho2
开江	to4	to4	to4	tho1	tho2	tho2	tho2	tho2
渠县	to4	to4	to4	tho1	tho2	tho2	tho2	tho2
宜宾	to4	to4	to4	tho1	thɵ5	thɵ5	thɵ5	tho2
古蔺	to4	to4	to4	tho1	tho5	tho5	tho5	tho2
长宁	to4	to4	to4	tho1	tho5	tho5	tho5	tho2
顾县	to4	to4	to4	tho1	tho2	tho2	tho2	tho2
成都龙泉	to4	to4	to4	tho1	thoʔ5	thoʔ5	thoʔ5	tho2

---

① 又徒卧切，果合一定戈去。

字目	驮驮起	妥	糯	诺	罗	锣	箩	萝藤萝
反切	徒河	他果	乃卧	奴各	鲁何	鲁何	鲁何	鲁何
声韵调	果开一定歌平	果合一透戈上	果合一泥戈去	宕开一泥铎入	果开一来歌平	果开一来歌平	果开一来歌平	果开一来歌平
中古音	da	thua:	nua-	nak	la	la	la	la
广元	tho2	tho3	no4	no4	no2	no2	no2	no2
平武	tho2	tho3	no4	no4	no2	no2	no2	no2
青川	tho2	tho3	no4	no4	no2	no2	no2	no2
剑阁普安	tho2	tho3	no4	no4	no2	no2	no2	no2
剑阁金仙	thu2	thu3	nu4	zo5	nu2	nu2	nu2	nu2
旺苍	tho2	tho3	no4	no4	nu2	nu2	nu2	nu2
苍溪	tho2	tho3	lo4	lo4	lo2	lo2	lo2	lo2
江油	tho2	tho3	no4	no4	no2	no2	no2	no2
北川	tho2	tho3	no4	no4	no2	no2	no2	no2
绵阳	tho2	tho3	no4	no4	no2	no2	no2	no2
盐亭	tho2	tho3	lo4	zo4	lo2	lo2	lo2	lo2
德阳	tho2	tho3	no4	no4	no2	no2	no2	no2
中江	tho2	tho3	lo4	lo4	lo2	lo2	lo2	lo2
射洪	tho2	tho3	no4	no4	no2	no2	no2	no2
蓬溪	tho2	tho3	no4	no4	no2	no2	no2	no2
遂宁	tho2	tho3	no4	no4	no2	no2	no2	no2
乐至	tho2	tho3	no4	no4	no2	no2	no2	no2
安岳	tho2	tho3	no4	no4	no2	no2	no2	no2
仪陇	tho2	tho3	no4	no4	no2	no2	no2	no2
西充	tho2	tho3	no4	no4	no2	no2	no2	no2

字目	驮驮起	妥	糯	诺	罗	锣	箩	萝藤萝
反切	徒河	他果	乃卧	奴各	鲁何	鲁何	鲁何	鲁何
声韵调	果开一定歌平	果合一透戈上	果合一泥戈去	宕开一泥铎入	果开一来歌平	果开一来歌平	果开一来歌平	果开一来歌平
中古音	da	thuɑ:	nuɑ-	nak	la	la	la	la
蓬安	tho2	tho3	no4	no4	no2	no2	no2	no2
南充金台	tho2	tho3	no4	no4	no2	no2	no2	no2
南充龙蟠	tho2	tho3	no4	no4	no2	nu2	no2	no2
岳池	tho2	tho3	no4	no4	no2	no2	no2	no2
广安	tho2	tho3	no4	no4	no2	no2	no2	no2
邻水	tho2	tho3	no4	no4	no2	no2	no2	no2
南江	tho5	tho3	lo4	lo4	lo5	lo5	lo5	lo5
巴中	tho5	tho3	lo4	lo4	lo5	lo5	lo5	lo2
通江	tho2	tho3	lo4	lo4	lʊ5	lʊ5	lʊ5	lʊ5
平昌	tho2	tho3	lo4	lo4	lo2	lo2	lo2	lo2
万源	tho2	tho3	no4	zo2	no2	no2	no2	no2
宣汉	tho2	tho3	no4	no4	no2	no2	no2	no2
达州	tho2	tho3	no4	zo2	no2	no2	no2	no2
开江	tho2	tho3	no4	no4	no2	no2	no2	no2
渠县	tho2	tho3	no4	no4	no2	no2	no2	no2
宜宾	tho2	tho3	no4	no4 文 nə5 白	no2	no2	no2	no2
古蔺	tho2	tho3	no4	no4	no2	no2	no2	no2
长宁	tho2	tho3	lo4	lo5	lo2	lo2	lo2	lo2
顾县	tho2	tho3	no4	no4	no2	no2	no2	no2
成都龙泉	tho2	tho3	lo4	loʔ6	lo2	lo2	lo2	lo2

字目	萝萝卜	骡	螺	洛	落	骆	络	昨
反切	鲁何	落戈	落戈	卢各	卢各	卢各	卢各	在各
声韵调	果开一 来歌平	果合一 来戈平	果合一 来戈平	宕开一 来铎入	宕开一 来铎入	宕开一 来铎入	宕开一 来铎入	宕开一 从铎入
中古音	la	lua	lua	lak	lak	lak	lak	dzak
广元	no2	no2	no2	no2	no2	no2 no4	no2 no4	tso2
平武	no2	no2	no2	no2	no2	no2	no2	tso2
青川	no2	no2	no2	no2	no2	no2 no4	no2 no4	tso2
剑阁普安	no2	no2	no2	no5	no5	no5	no5	tso5
剑阁金仙	nu2	nu2	nu2	no5	no5	no5	no5	tso5
旺苍	nu2	nu2	nu2	nu2	nu2	nu2 nu4	nu2 nu4	tso2
苍溪	lo2	lo2	lo2	lo2	lo2	lo2	lo2	tso2
江油	no2	no2	no2	no2	no2	no2	no2	tso2
北川	no2	no2	no2	no2	no2	no2	no2	tso2
绵阳	no2	no2	no2	no2	no2	no2	no2	tso2
盐亭	lo2	lo2	lo2	lo5	lo5	lo5	lo5	tso5
德阳	no2	no2	no2	no2	no2	no2 no4	no2 no4	tso2
中江	lo2	lo2	lo2	lo2	lo2	lo2	lo2	tso2
射洪	no2	no2	no2	no5	no5	no5 no4	no5 no4	tso5
蓬溪	no2	no5	no2	no5	no5	no5 lo4	no5 lo4	tso5
遂宁	no2	no2	no2	no2	no2	no2 no4	no2 no4	tso2
乐至	no2	no2	no2	no2	no2	no2	no2	tso2
安岳	no2	no2	no2	no2	no2	no2	no2	tso2
仪陇	no2	no2	no2	no2	no2	no2	no2	tso2
西充	no2	no2	no2	no5	no5	no5	no5	tso5

字目	萝萝卜	骡	螺	洛	落	骆	络	昨
反切	鲁何	落戈	落戈	卢各	卢各	卢各	卢各	在各
声韵调	果开一 来歌平	果合一 来戈平	果合一 来戈平	宕开一 来铎入	宕开一 来铎入	宕开一 来铎入	宕开一 来铎入	宕开一 从铎入
中古音	la	lua	lua	lak	lak	lak	lak	dzak
蓬安	no2	no2	no2	no2	no2	no2	no2	tso2
南充金台	no2	no2	no2	no2	no2	no2	no2	tso2
南充龙蟠	nu2	no2	no2	no5	no5	no5	no5	tʂo5
岳池	no2	no2	no2	no2	no2	no2	no2	tso2
广安	no2	no2	no2	no2	no2	no2	no2	tso2
邻水	no2	no2	no2	no5	no5	no5	no4	tso5
南江	lo5	lo5	lo5	lo2 lo5 旧	lo2 lo5 旧	lo4 lo5 旧	lo5	tso5
巴中	lo5	lo5	lo5	lo5	lo5	lo5	lo5	tso5
通江	lʊ5	lʊ5	lʊ5	lo5	lo5	lo5	lo5	tso5
平昌	lo2	lo2	lo2	lo2	lo2	lo2	lo2	tso2
万源	no2	no2	no2	no2	no2	no2 no4	no2 no4	tso2
宣汉	no2	no2	no2	no2	no2	no2 no4	no2 no4	tso2
达州	no2	no2	no2	no2	no2	no2 no4	no2 no4	tso2
开江	no2	no2	no2	no2	no2	no2 no4	no2 no4	tso2
渠县	no2	no2	no2	no2	no2	no2 no4	no2 no4	tso2
宜宾	no2	no2	no2	nɵ5	nɵ5	nɵ5	nɵ5	tsɵ5
古蔺	no2	no2	no2	no5	no5	no5	no5	tsʌ5
长宁	lo2	lo2	lo2	lo5	lo5	lo5	lo5	tso5
顾县	no2	no2	no2	no2	no2	no2 no4	no2 no4	tso2
成都龙泉	lo2	lo2	lo2	loʔ6	loʔ6	lo2	lo4	tshoʔ6

字目	左①	坐	座	做②	作	搓	撮③	锉
反切	臧可	徂果	徂卧	臧祚	则落	七何	仓括	麤卧
声韵调	果开一精歌上	果合一从戈上	果合一从戈去	遇合一精模去	宕开一精铎入	果开一清歌平	山合一清末入	果合一清戈去
中古音	tsa:	dzua:	dzua-	tsuo-	tsak	tsha	tshuat	tshua-
广元	tso3	tso4	tso4	tsu4	tso2	tsho1	tsho2	tsho4
平武	tso3	tso4	tso4	tsu4	tsu2	tsho1	tsho2	tsho4
青川	tso3	tso4	tso4	tsu4	tso2	tsho1	tsho2	tsho4
剑阁普安	tso3	tso4	tso4	tsu4	tso5	tsho1	tsho5	tsho4
剑阁金仙	tsu3	tsu4	tsu4	tsu4	tso5	tshu1	tsho5	tshu4
旺苍	tso3	tso4	tso4	tsu4	tso2	tsho1	tsho2	tsho4
苍溪	tso3	tso4	tso4	tsu4	tso2	tsho1	tshu4	tshu4
江油	tso3	tso4	tso4	tsʊ4	tso2	tsho1	tsho2	tsho4
北川	tso3	tso4	tso4	tsʊ4	tso2	tsho1	tsho2	tsho4
绵阳	tso3	tso4	tso4	tsʊ4	tso2	tsho1	tsho2	tsho4
盐亭	tso3	tso4	tso4	tsu4	tso5	tsho1	tsho5	tsho4
德阳	tso3	tso4	tso4	tsu4	tso2	tsho1	tsho2	tsho4
中江	tso3	tso4	tso4	tsu4	tso2	tsho1	tsho2	tsho4
射洪	tso3	tso4	tso4	tsu4	tso5	tsho1	tso5	tsho4
蓬溪	tso3	tso4	tso4	tsu4	tso5	tsho1	tsho5	tsho4
遂宁	tso3	tso4	tso4	tsu4	tso2	tsho1	tsho2	tsho4
乐至	tso3	tso4	tso4	tsʊ4	tso2	tsho1	tsho2	tsho4
安岳	tso3	tso4	tso4	tsu4	tso2	tsho1	tsho2	tsho4
仪陇	tso3	tso4	tso4	tsʊ4	tso2	tsho1	tsho2	tsho4
西充	tso3	tso4	tso4	tsʊ4	tso5	tsho1	tso5	tsho4

① 又则个切，果开一精歌去。　② 又则个切，果开一精歌去。　③ 又子括切，山合一精末入。

字目	左[①]	坐	座	做[②]	作	搓	撮[③]	锉
反切	臧可	徂果	徂卧	臧祚	则落	七何	仓括	麤卧
声韵调	果开一 精歌上	果合一 从戈上	果合一 从戈去	遇合一 精模去	宕开一 精铎入	果开一 清歌平	山合一 清末入	果合一 清戈去
中古音	tsɑ:	dzuɑ:	dzuɑ-	tsuo-	tsak	tshɑ	tshuat	tshuɑ-
蓬安	tso3	tso4	tso4	tsu4	tso2	tsho1	tsho2	tsho4
南充金台	tso3	tso4	tso4	tsʋ4	tso2	tsho1	tsho2	tsho4
南充龙蟠	tʂo3	tʂo4	tʂo4	tʂu4	tʂo5	tʂho1	tʂo5	tʂho4
岳池	tso3	tso4	tso4	tsʋ4	tso2	tsho1	tsho2	tsho4
广安	tso3	tso4	tso4	tsʋ4	tso2	tsho1	tsho2	tsho4
邻水	tso3	tso4	tso4	tsʋ4	tso5	tsho1	tsho5	tsho4
南江	tso3	tso4	tso4	tsu4	tso2 tso5 旧	tsho1	tsho2 tsho5 旧	tsho4
巴中	tso3	tso4	tso4	tsu4	tso2 tso5 旧	tsho1	tsho5	tsho4
通江	tso3	tso4	tso4	tsʋ4	tso5	tsho1	tsho5	tsho4
平昌	tso3	tso4	tso4	tsu4	tso2	tsho1	tsho2	tsho4
万源	tso3	tso4	tso4	tsu4	tso2	tsho1	tsho2	tsho4
宣汉	tso3	tso4	tso4	tsu4	tso2	tsho1	tsho2	tsho4
达州	tso3	tso4	tso4	tso4	tso2	tsho1	tsho2	tsho4
开江	tso3	tso4	tso4	tsu4	tso2	tsho1	tsho1	tsho4
渠县	tso3	tso4	tso4	tsu4	tso2	tsho1	tsho2	tsho4
宜宾	tso3	tso4	tso4	tsu4	tsɵ5	tsho1	tshɵ5	tsho4
古蔺	tso3	tso4	tso4	tsu4	tso4	tsho1	tsho5	tsho4
长宁	tso3	tso4	tso4	tsu4	tso2	tsho1	tsho5	tsho4
顾县	tso3	tso4	tso4	tsu4	tso2	tsho1	tsho2	tsho4
成都龙泉	tso3	tsho1	tsho1	tso4	tso4	tsho1	tshoʔ5	tsho4

① 又则个切，果开一精歌去。　② 又则个切，果开一精歌去。　③ 又子括切，山合一精末入。

字目	错错误	错交错	蓑	梭	缩	锁	琐	所
反切	仓故	仓各	苏禾	苏禾	所六	苏果	苏果	疎举
声韵调	遇合一清模去	宕开一清铎入	果合一心戈平	果合一心戈平	通合三生屋入	果合一心戈上	果合一心戈上	遇合三生鱼上
中古音	tshuo-	tshak	suɑ	suɑ	ʃiuk	suɑ:	suɑ:	ʃiʌ:
广元	tsho4	tsho4	so1	so1	ʂo2	so3	so3	so3
平武	tsho4	tsho4	so1	so1	so2	so3	so3	so3
青川	tsho4	tsho4	so1	so1	so2	so3	so3	so3
剑阁普安	tsho4	tsho4	so1	so1	so5	so3	so3	so3
剑阁金仙	tshu4	tshu4	su1	su1	so5	su3	su3	su3
旺苍	tsho4	tsho4	so1	so1	so2	so3	so3	so3
苍溪	tsho4	tsho4	so1	so1	so2	so3	so3	so3
江油	tsho4	tsho4	so1	so1	so2	so3	so3	so3
北川	tsho4	tsho4	so1	so1	so2	so3	so3	so3
绵阳	tsho4	tsho4	so1	so1	so2	so3	so3	so3
盐亭	tsho4	tsho4	so1	so1	so5	so3	so3	so3
德阳	tsho4	tsho4	so1	so1	so2	so3	so3	so3
中江	tsho4	tsho4	so1	so1	so2	so3	so3	so3
射洪	tsho4	tsho4	so1	so1	so5	so3	so3	so3
蓬溪	tsho4	tsho4	so1	so1	so5	so3	so3	so3
遂宁	tsho4	tsho4	so1	so1	so2	so3	so3	so3
乐至	tsho4	tsho4	so1	so1	so2	so3	so3	so3
安岳	tsho4	tsho4	so1	so1	so2	so3	so3	so3
仪陇	tsho4	tsho4	so1	so1	sʊ2	so3	so3	so3
西充	tsho4	tsho4	so1	so1	so5	so3	so3	so3

字目	错错误	错交错	蓑	梭	缩	锁	琐	所
反切	仓故	仓各	苏禾	苏禾	所六	苏果	苏果	疎举
声韵调	遇合一清模去	宕开一清铎入	果合一心戈平	果合一心戈平	通合三生屋入	果合一心戈上	果合一心戈上	遇合三生鱼上
中古音	tshuo-	tshɑk	suɑ	suɑ	ʃiuk	suɑ:	suɑ:	ʃɨʌ:
蓬安	tsho4	tsho4	so1	so1	so2	so3	so3	so3
南充金台	tsho4	tsho4	so1	so1	so2	so3	so3	so3
南充龙蟠	tʂho4	tʂho4	ʂo1	ʂo1	ʂo5	ʂo3	ʂo3	ʂo3
岳池	tsho4	tsho4	so1	so1	sʊ2	so3	so3	so3
广安	tsho4	tsho4	so1	so1	sʊ2	so3	so3	so3
邻水	tsho4	tsho4	so1	so1	sʊ5	so3	so3	so3
南江	tsho4	tsho4	so1	so1	so5	so3	so3	so3
巴中	tsho4	tsho4	ʂo1	so1	su5	so3	so3	so3
通江	tsho4	tsho4	so1	so1	ʃy5 so5 新	so3	so3	so3
平昌	tsho4	tsho4	so1	so1	su2	so3	so3	so3
万源	tsho4	tsho4	so1	so1	so2	so3	so3	so3
宣汉	tsho4	tsho4	so1	so1	so2	so3	so3	so3
达州	tsho4	tsho4	so1	so1	so2	so3	so3	so3
开江	tsho4	tsho4	so1	so1	su2	so3	so3	so3
渠县	tsho4	tsho4	so1	so1	su2	so3	so3	so3
宜宾	tsho4	tsho4	so1	so1	sə5	so3	so3	so3
古蔺	tsho4	tsho4	so1	so1	so5	so3	so3	so3
长宁	tsho4	tsho4	so1	so1	so5	so3	so3	so3
顾县	tsho4	tsho4	so1	so1	su2	so3	so3	so3
成都龙泉	tsho4	tsho4	so1	so1	soʔ5	so3	so3	so3

字目	索	桌	捉	着站着	啄②	浊	镯	绰
反切	苏各	竹角	侧角	丁吕	竹角	直角	士角	昌约
声韵调	宕开一 心铎入	江开二 知觉入	江开二 庄觉入	遇合三 知鱼上	江开二 知觉入	江开二 澄觉入	江开二 崇觉入	宕开三 昌药入
中古音	sɑk	tʂɤʌk	tʃʂɤʌk	ʈiʌ:	tʂɤʌk	ɖɤʌk	dʒɤʌk	tɕhiɐk
广元	so2	tʂo2	tʂo2	tʂo2① tau3 口	tʂua2	tʂu2	tʂu2	tʂho2
平武	so2	tso2	tso2	tso2	tsua2	tsho2	tso2	tsho2
青川	so2	tso2	tso2	tso2 tau3 口	tso2	tsu2	tsu2	tsho2
剑阁普安	so5	tʂo5	tʂo5	tʂo5	tʂo5	tʂo5	tʂo5	tʂho5
剑阁金仙	so5	tʂo5	tʂo5	tʂo5	tʂo5	tʂo5	tʂo5	tʂho5
旺苍	so2	tʂo2	tʂo2	tʂo2① tau3 口	tʂua2	tʂho2	tʂo2	tʂho2
苍溪	so2	tʂo2	tʂo2	tʂo2 tau3 口	tʂo2	tʂo2	tʂo2	tʂho2
江油	so2	tso2	tso2	tso2	tsua2	tso2	tso2	tsho2
北川	so2	tso2	tso2	tso2	tsua2	tsho2	tso2	tsho2
绵阳	so2	tso2	tso2	tso2	tsua2	tsho2	tsʊ2	tsho2
盐亭	so5	tso5	tso5	tso5	tsua5	tso5	tso5	tsho5
德阳	so2	tso2	tso2	tso2 tau3 口	tsua2	tsu2	tsu2	tsho2
中江	so2	tso2	tso2	tso2 tau3 口	tso2	tso2	tso2	tsho2
射洪	so5	tso5	tso5	tso5 tau3 口	tsua5	tsu5	tso5	tso5
蓬溪	so5	tso5	tso5	tso5 tau3 口	tso5 tsua2	tsho2 tso5	tso5	tso5
遂宁	so2	tso2	tso2	tso2 tau3 口	tso2	tsho2	tso2	tsho2
乐至	so2	tso2	tso2	tso2	tso2	tso2	tso2	tso2
安岳	so2	tso2	tso2	tso2	tsua2	tso2	tso2	tsho2
仪陇	so2	tso2	tso2	tso2	tso2	tso2	tso2	tsho2
西充	so5	tso5	tso5	tso5	tsuɛ5	tsho5	tso5	tsho5

① 又音 to3 口。　② 又丁木切，通合一端屋入。

字目	索	桌	捉	着站着	啄②	浊	镯	绰
反切	苏各	竹角	侧角	丁吕	竹角	直角	士角	昌约
声韵调	宕开一心铎入	江开二知觉入	江开二庄觉入	遇合三知鱼上	江开二知觉入	江开二澄觉入	江开二崇觉入	宕开三昌药入
中古音	sɑk	tɣʌk	tʃɣʌk	tiʌ:	tɣʌk	dɣʌk	dʒɣʌk	tɕhiɛk
蓬安	so2	tso2	tso2	tso2	tso2	tso2	tso2	tsho2
南充金台	so2	tso2	tso2	tso2	tsua2	tsʋ2 俗	tsʋ2 俗	tsho4
南充龙蟠	ʂo5	tʂo5	tʂo5	tʂo5	tʂo5	tʂo5	tʂo5	tʂho5
岳池	so2	tso2	tso2	tso2	tsua2	tsho2	tsʋ2 俗	tsho2
广安	so2	tso2	tso2	tso2	tso2	tsho2	tsʋ2 俗	tsho2
邻水	so5	tso5	tso5	tso5	tsua5	tsho5	tsʋ5 俗	tsho5
南江	so5	tʂo2	tshu5	tʂo2 tau3 口	tʂua5	tʂho2 tʂho5 旧	tʂu5 俗	tʂo5
巴中	so2 so5 旧	tʂo5	tʂo2 tʂo5 旧	tʂo2 tau3 口	tʂua2 tʂua5 旧	tʂho2 tʂho5 旧	tʂo2 tʂo5 旧	tʂho2 tʂho5 旧
通江	so5	tʂo5	tʂo5	tʂo5 tau3 口	tʂua5	tʂho5	tʂo5	tʂo5
平昌	so2	tʂo2	tʂo2	tʂo2 tau3 口	tʂua2	tʂu2 俗	tʂu2 俗	tʂho2
万源	so3	tʂo2	tsu2	tʂo2 tsau3 口	tʂo2	tʂu2 俗	tʂu2 俗	tsho2
宣汉	so2	tso2	tso2	tso2 tsau3 口	tsua2	tsho2	tsu2 俗	tsho2
达州	so2	tso2	tso2	tso2 tsau3 口	tso2	tso2	tso2	tsho2
开江	so2	tso2	tso2	tso2 tsau3 口	tso2	tsu2 俗	tso2	tsho2
渠县	so2	tso2	tso2	tso2 tsau3 口	tsua2	tsho2	tsu2 俗	tsho2
宜宾	sɵ5	tsɵ5	tsɵ5	təu3	tsɵ5 文 tsuæ5 白	tshɵ5 tsɵ5	tsɵ5	tshɵ5
古蔺	so5	tso5	tso5	tso5 tau3 口	tso5	tsho5 tso5	so5 tso5	tsho5
长宁	so2	tso5	tso2	tsho5	tsuæ5	tso5	tso2	tso5
顾县	so2	tso2	tso2	tso2 tau3 口①	tsua2	tsho2	tso2	tsho2
成都龙泉	soʔ5	tso5	tso5	tso5 tau3 口	tsuæʔ5	tsho5	tso5	tso5

① 又音 to3 口。　② 又丁木切，通合一端屋入。

字目	戳	说	朔	若	弱	锅	过过逾	郭
反切	敕角	失爇	所角	而灼	而灼	古禾	古禾	古博
声韵调	江开二 彻觉入	山合三 书薛入	江开二 生觉入	宕开三 日药入	宕开三 日药入	果合一 见戈平	果合一 见戈平	宕合一 见铎入
中古音	tʰyʌk	ɕiuɛt	ʃyʌk	nʑiɐk	nʑiɐk	kuɑ	kuɑ	kwɑk
广元	tʂho2	fo2	ʂo2	zo2	zo2	ko1	ko4	kue2 ko2 新
平武	tʂho2	so2	so2	zo2	zo2	ko1	ko4	kue2
青川	tʂho2	so2	su4	zo2	zo2	ko1	ko4	kue2 ko2 新
剑阁普安	tʂho5	ʂo5	su4	zo5	zo5	ko1	ko4	kue5
剑阁金仙	tʂho5	ʂo5	su4	zo2	zo5	ku1	ku4	kue5
旺苍	tʂho2	ʂo2	so2	zo2	zo2	ko1	ko4	ko2 kue2 旧
苍溪	tʂho2	ʂo2	su4 so2 旧	zo2	zo2	ko1	ko4	ko2
江油	tʂho2	so2	so4	zo2	zo2	ko1	ko4	kue2
北川	tʂho2	so2	so2	zo2	zo2	ko1	ko4	kue2
绵阳	tʂho2	so2	so2	zo2	zo2	ko1	ko4	kue2
盐亭	tʂho5	so5	so5	zo5	zo5	ko1	ko4	kue5
德阳	tʂho2	so2	ʂu4	zo2	zo2	ko1	ko4	kue2 ko2 新
中江	tʂho2	so2	su4	zo2	zo2	ko1	ko4	ko2
射洪	tʂho5	so5	su4	zo5	zo5	ko1	ko4	kue5 ko5 新
蓬溪	tʂho5	so5	so5	zo5	zo5	ko1	ko4	kue5 ko5 新
遂宁	tʂho2	so2	su4	zo2	zo2	ko1	ko4	kue2 ko2 新
乐至	tʂho2	so2	su4	zo2	zo2	ko1	ko4	ko2
安岳	tʂho2	so2	su4	zo2	zo2	ko1	ko4	ko2
仪陇	tʂho2	so2	so2	zo2	zo2	ko1	ko4	ko2
西充	tʂho5	so5	so5	zo5	zo5	ko1	ko4	ko5

字目	戳	说	朔	若	弱	锅	过过逾	郭
反切	敕角	失爇	所角	而灼	而灼	古禾	古禾	古博
声韵调	江开二 彻觉入	山合三 书薛入	江开二 生觉入	宕开三 日药入	宕开三 日药入	果合一 见戈平	果合一 见戈平	宕合一 见铎入
中古音	ʈʰɣʌk	ɕiuɛt	ʃɣʌk	nʑiɐk	nʑiɐk	kuɑ	kuɑ	kwɑk
蓬安	tsho2	so2	su4	zo2	zo2	ko1	ko4	ko2
南充金台	tsho1	so2	sʊ4	zo2	zo2	ko1	ko4	ko2
南充龙蟠	tʂho5	ʂo5	ʂo5	ʐo5	ʐo5	ko1	ko4	ko5
岳池	tsho2	so2	sʊ4	zo2	zo2	ko1	ko4	kue2
广安	to2	so2	sʊ4	zo2	zo2	ko1	ko4	kue2 ko2 新
邻水	tsho5	so5	so5	zo5	zo5	ko1	ko4	ko5
南江	tʂho2 tʂho 旧	ʂo5	su4	zo2 zo5 旧	zo2 zo5 旧	ko1	ko4	kɤ5
巴中	tsho5	ʂo5	su4	zo5	zo2 zo5 旧	ko1	ko4	ko2 ko5 旧
通江	tsho5	ʂʊ5	sʊ4	zo5	zo5	ko1	ko4	kue5
平昌	tʂho2	ʂo2	su4	zo2	zo2	ko1	ko4	ko2
万源	tsho1	ʂo2	su4	zo2	zo2	ko1	ko4	ko2
宣汉	tsho1	so2	su4	zo2	zo2	ko1	ko4	ko2
达州	tsho2	so2	su4	zo2	zo2	ko1	ko4	ko2 kuɛ2 旧
开江	tsho2	so2	su4	zo2	zo2	ko1	ko4	ko2
渠县	tsho2	so2	su2	zo2	zo2	ko1	ko4	ko2
宜宾	tshθ5 tθ5 俗	sθ5	sθ5	zθ5	zθ5	ko1	ko4	kθ5
古蔺	tsho5	so5	so5	zo5	zo5	ko1	ko4	kue5
长宁	tsho5	so5	su4	zo2	zo2	ko1	ko4	kɤ5
顾县	tsho2	so2	so2	zo2	zo2	ko1	ko4	ko2 kue2 旧
成都龙泉	tsho5	so5	su4	zoʔ5	nioʔ6	vo1	ko4	ko5

字目	国	果	裹	过过失	阔	括	廓	*扩
反切	古或	古火	古火	古卧	苦括	古活	苦郭	*阔镬
声韵调	曾合一见德入	果合一见戈上	果合一见戈上	果合一见戈去	山合一溪末入	山合一见末入	宕合一溪铎入	宕合一溪铎入
中古音	kwək	kuɑ:	kuɑ:	kuɑ-	khuɑt	kuɑt	khwɑk	khwɑk
广元	kua2	ko3	ko3	ko4	khue2	khue2	khue2	khue2
平武	kue2	ko3	ko3	ko4	khue2	khue2	khue2	khue2
青川	kue2	ko3	ko3	ko4	khue2	khue2	khue2	khue2
剑阁普安	kue5	ko3	ko3	ko4	khue5	khue5	khue5	khue5
剑阁金仙	kue5	ku3	ku3	ku4	khue5	khue5	khue5	khue5
旺苍	kue2	ko3	ko3	ko4	khue2	khue2	khue2	khue2
苍溪	kue2	ko3	ko3	ko4	khue2	khue2	ko2 khue2 旧	khue2
江油	kue2	ko3	ko3	ko4	khue2	khue2	khue2	khue2
北川	kue2	ko3	ko3	ko4	khue2	khue2	khue2	khue2
绵阳	kue2	ko3	ko3	ko4	khue2	khue2	khue2	khue2
盐亭	kue5	ko3	ko3	ko4	khue5	khue5	khue5	khue5
德阳	kue2	ko3	ko3	ko4	khue2	khue2	khue2	khue2
中江	kue2	ko3	ko3	ko4	khue2	khue2	khue2	khue2
射洪	kue5	ko3	ko3	ko4	khue5	khue5	khue5	khue5
蓬溪	kue5	ko3	ko3	ko4	khue5	khue5	kho5	khue5
遂宁	kue2	ko3	ko3	ko4	khue2	khue2	khue2	khue2
乐至	kue2	ko3	ko3	ko4	khue2	khue2	khue2	khue2
安岳	kue2	ko3	ko3	ko4	khue2	khue2	ko2	khue2
仪陇	kue2	ko3	ko3	ko4	khue2	khue2	khue2	khue2
西充	kue5	ko3	ko3	ko4	khue5	khue5	kho5	khue5

字目	国	果	裹	过过失	阔	括	廓	*扩
反切	古或	古火	古火	古卧	苦括	古活	苦郭	*阔镬
声韵调	曾合一 见德入	果合一 见戈上	果合一 见戈上	果合一 见戈去	山合一 溪末入	山合一 见末入	宕合一 溪铎入	宕合一 溪铎入
中古音	kwək	kuɑ:	kuɑ:	kuɑ-	khuat	kuat	khwak	khwak
蓬安	kue2	ko3	ko3	ko4	khue2	khue2	khue2	khue2
南充金台	kue2	ko3	ko3	ko4	khue2	khue2	khue2	khue2
南充龙蟠	kue5	ko3	ko3	ko4	khue5	khue5	khue5	khue5
岳池	kue2	ko3	ko3	ko4	khue2	khue2	khue2	khue2
广安	kue2	ko3	ko3	ko4	khue2	khue2	khue2	khue2
邻水	kue5	ko3	ko3	ko4	khue5	khue5	khue5	khue5
南江	kue5	ko3	ko3	ko4	khue2 khue5 旧	khue2 khue5 旧	khue5	khue2 khue5 旧
巴中	kua5	ko3	ko3	ko4	khue5	khue5	khue5	khue5
通江	kue2 kue5 旧	kʊ3	kʊ3	ko4	kho5 khue5 旧	khʊ5 khue5 旧	khue5	khue5
平昌	kue2	ko3	ko3	ko4	khue2	khue2	ko2	khue2
万源	kuɛ2	ko3	ko3	ko4	kho2	khuɛ2	khuɛ2	khuɛ2
宣汉	kuɛ2	ko3	ko3	ko4	khuɛ2	khuɛ2	khuɛ2	khuɛ2
达州	ko2 kuɛ2 旧	ko3	ko3	ko4	kho2 khuɛ2 旧	khua2	kho2	kho2 khuɛ2 旧
开江	kuɛ2	ko3	ko3	ko4	kho2	khuɛ2	kho2	khuɛ2
渠县	kuɛ2	ko3	ko3	ko4	khuɛ2	khuɛ2	khuɛ2	khuɛ2
宜宾	kө5	ko3	ko3	ko4	khө5	khө5	khө5 kө5	khө5
古蔺	kue5	ko3	ko3	ko4	khue5	khue5	khue5	khue5
长宁	kuæ5	ko3	ko3	ko4	khuæ5	khuæ5	khuæ5	khuæ5
顾县	kue2	ko3	ko3	ko4	khue2	kua2	khue2	khue2
成都龙泉	kue5	ko3	ko3	ko4	khuæʔ5	khue5	khue5	khue5

字目	豁豁口	活	火	伙	货	祸	霍	获收获
反切	呼括	户括	呼果	呼果	呼卧	胡果	虚郭	胡郭
声韵调	山合一 晓末入	山合一 匣末入	果合一 晓戈上	果合一 晓戈上	果合一 晓戈去	果合一 匣戈上	宕合一 晓铎入	宕合一 匣铎入
中古音	huat	ɦuat	hua:	hua:	hua-	ɦua:	hwak	ɦwak
广元	xo2 xo1 口	xo2	xo3	xo3	xo4	xo4	xo2	xue2
平武	xo2	xo2	xo3	xo3	xo4	xo4	xo2	xue2
青川	xo2 xo1 口	xo2	xo3	xo3	xo4	xo4	xo2	xue2
剑阁普安	xo5	xo5	xo3	xo3	xo4	xo4	xo5	xue5
剑阁金仙	xo5	xo5	xu3	xu3	xu4	xu4	xo5	xue5
旺苍	xo2 xo1 口	xo2	xo3	xo3	xu4	xo4	xo2	xue2
苍溪	xo2 xo1 口	xo2	xo3	xo3	xo4	xo4	xo2	xue2
江油	xo1	xo2	xo3	xo3	xo4	xo4	xo2	xue2
北川	xo1	xo2	xo3	xo3	xo4	xo4	xo2	xue2
绵阳	xo2	xo2	xo3	xo3	xo4	xo4	xo4	xue2
盐亭	xo5	xə5	xo3	xo3	xo4	xo4	xo5	xue5
德阳	xo2 xo1 口	xo2	xo3	xo3	xo4	xo4	xo2	xue2
中江	xo1 口	xo2	xo3	xo3	xo4	o4	xo2	fe2
射洪	xo5	xo5	xo3	xo3	xo4	xo4	xo4	xue5
蓬溪	xo5	xo5	xo3	xo3	xo4	xo4	xo5	xo5
遂宁	xo2 xo1 口	xo2	xo3	xo3	xo4	xo4	xo2	xue2
乐至	xo2 xo1 口	xo2	xo3	xo3	xo4	xo4	xo2	fe2
安岳	xo2	xo2	xo3	xo3	xo4	xo4	xo2	xo2
仪陇	xo2	xo2	xo3	xo3	xo4	xo4	xo4	xo2
西充	xo5	xo5	xo3	xo3	xo4	xo4	xo4	xuɛ5

字目	豁豁口	活	火	伙	货	祸	霍	获收获
反切	呼括	户括	呼果	呼果	呼卧	胡果	虚郭	胡郭
声韵调	山合一晓末入	山合一匣末入	果合一晓戈上	果合一晓戈上	果合一晓戈去	果合一匣戈上	宕合一晓铎入	宕合一匣铎入
中古音	huat	ɦuat	huɑ:	huɑ:	huɑ-	ɦuɑ:	hwɑk	ɦwɑk
蓬安	xo2	xo2	xo3	xo3	xo4	xo4	xo2	xo2
南充金台	xo1	xo2	xo3	xo3	xo4	xo4	xo2	xo2
南充龙蟠	xo1	xo5	xo3	xo3	xo4	xo4	xo5	xo5
岳池	xo2	xo2	xo3	xo3	xo4	xo4	xo2	xo2
广安	xo2 xo1 口	xo2	xo3	xo3	xo4	xo4	xo2	xo2
邻水	xo5	xo5	xo3	xo3	xo4	xo4	xo5	xo5
南江	xo2 xo1 口	xo5	xo3	xo3	xo4	xo4	xo4 xo5 旧	xo5 xue5 旧
巴中	xo5 xo1 口	xo5	xo3	xo3	xo4	xo4	xo4 xo5 旧	xo2 xue5 旧
通江	xo4 xo1 口	xo5	xʊ3	xʊ3	xʊ4	xʊ4	xo4	xo5 xue5 旧
平昌	xo2 xo1 口	xo2	xo3	xo3	xo4	xo4	xo4	xo2 xue2 旧
万源	xo1	xo2	xo3	xo3	xo4	xo4	xo2	xo2
宣汉	xo1	xo2	xo3	xo3	xo4	xo4	xo2	xo2
达州	xo2 xo1 口	xo2	xo3	xo3	xo4	xo4	xo2	xo2
开江	xo2 xo1 口	xo2	xo3	xo3	xo4	xo4	xo2	xo2
渠县	xo2 xo1 口	xo2	xo3	xo3	xo4	xo4	xo4	xo2
宜宾	xɵ5	xɵ5	xo3	xo3	xo4	xo4	xɵ5	xe5 xɵ5 新
古蔺	xo1	xo5	xo3	xo3	xo4	xo4	xo4	xo5 xue5 旧
长宁	xo5	xo2	xo3	xo3	xo4	xo4	xo4	xo5
顾县	xo2 xo1 口	xo2	xo3	xo3	xo4	xo4	xo2	xo2
成都龙泉	xoʔ5	xoʔ6	fo3	fo3	fo4	xo4	xo4	xoʔ6

字目	或	获获得	豁豁然	窝	蜗①	我	卧	握
反切	胡国	胡麦	呼括	乌禾	古华	五可	吾货	于角
声韵调	曾合一匣德入	梗合二匣麦入	山合一晓末入	果合一影戈平	假合二见麻平	果开一疑歌上	果合一疑戈去	江开二影觉入
中古音	ɦwək	ɦwɣɛk	huat	ʔuɑ	kɣua	ŋɑ:	ŋuɑ-	ʔɣʌk
广元	xue2	xue2	xo2	o1	o1	ŋo3	o4	o2
平武	xue2	xue2	xo2	o1	o1	ŋo3	o4	o2
青川	xue2	xue2	xo2	o1	o1	ŋo3	o4	o2
剑阁普安	xue5	xue5	xo5	o1	o1	o3	o4	u5
剑阁金仙	xue5	xue5	xo5	u1	ku1	ŋu3	u4	u5
旺苍	xue2	xue2	xo2	o1	o1	ŋo3	ŋo4	ŋo2
苍溪	xue2	xo2 xue2 旧	xo1	o1	o1	ŋo3	o4	o2
江油	xue2	xue2	xo1	o1	o1	ŋo3	o4	o2
北川	xue2	xue2	xo1	o1	o1	ŋo3	o4	o2
绵阳	xue2	xue2	xo2	o1	o1	o3	o4	o2
盐亭	xue5	xue5	xo5	o1	o˧	ŋo3	o˧	o5
德阳	xuai2	xuai2	xo2	o1	o1 kua1 口	ŋo3	o4	o2
中江	fe2	fe2	xo1	o1	o1 kua1 口	ŋo3	o4	o2
射洪	fe5	fe5	xo5	o1	o1 kua1 口	ŋo3	o4	o5
蓬溪	xue5	xue5	xo5	o1	o1 kua1 口	ŋo3	o4	o5
遂宁	xue2	xue2	xo2	o1	o1 kua1 口	ŋo3	o4	o2
乐至	fe2	fe2	xo2	o1	o1	ŋo3	ŋo4	o2
安岳	xue2	xo2	xo2	o1	o1	ŋo3	o4	o2
仪陇	fei2	xo2	xo2	o1	o1	ŋo3	o4	o2
西充	xuɛ5	xuɛ5	xo5	o1	o1	ŋo3	o4	o5

---

① 又古蛙切，蟹合二见佳平。

字目	或	获获得	豁豁然	窝	蜗①	我	卧	握
反切	胡国	胡麦	呼括	乌禾	古华	五可	吾货	于角
声韵调	曾合一匣德入	梗合二匣麦入	山合一晓末入	果合一影戈平	假合二见麻平	果开一疑歌上	果合一疑戈去	江开二影觉入
中古音	ɦiwək	ɦiwɣɛk	huɑt	ʔuɑ	kɣua	ŋɑ:	ŋuɑ-	ʔɣʌk
蓬安	fe2	xo2	xo2	o1	o1	ŋo3	o4	o2
南充金台	xue2	xo2	xo1	o1	o1	ŋo3	o4	o2
南充龙蟠	xue5	xo5	xo1	o1	o1	ŋo3	o4	o5
岳池	xuai2	xo2	xo2	o1	o1	ŋo3	o4	ŋo2
广安	xuai2	xo2	xo2	ɸo1	ɸo1	ŋo3	ɸo4	ŋo2
邻水	xue5	xo5	xo5	o1	o1	ŋo3	o4	ŋo2
南江	xue5	xo5 xue5 旧	xo5	o1	o1	ŋo3	o4	o5
巴中	xue2 xue5 旧	xo2 xue5 旧	xo5	o1	ua1 o1 新	ŋo3	o4	o5
通江	xue5	xo5 xue5 旧	xo4 xo5 旧	o1	o1	ŋo3	o4	o5
平昌	xue2	xo2 xue2 旧	xo2	o1	o1	ŋo3	o4	o2
万源	xuɛ2	xo2	xo1	o1	o1 kua1 口	ŋo3	o4	o2
宣汉	xuɛ2	xo2	xo1	o1	ua1 kua1 口	ŋo3	o4	o2
达州	xuɛ2	xo2 xuɛ2 旧	xo2	o1	o1 kua1 口	ŋo3 o3 新	o4	o2
开江	xuai2	xo2	xo2	o1	o1 kua1 口	ŋo3	o4	o2
渠县	xua2	xo2	xo2	o1	o1 kua1 口	ŋo3 o3 新	o4	o2
宜宾	xe5 xθ5 新	xe5 xθ5 新	xθ5	o1	o1	ŋo3	o4	uθ5
古蔺	xo5	xo5 xue5 旧	xo4	o1	o1	ŋo3	o4	o4
长宁	xo5	xo5	xo5	o1	o1	ŋo3	o4	u2
顾县	xuai2	xo2	xo2	o1	o1	ŋo3	o4	ŋo2
成都龙泉	xue5	xoʔ6	xoʔ5	o1	o1	ŋai2	o4	o5

① 又古蛙切，蟹合二见佳平。

字目	沃	鳖	别区别	别离别	撇	灭	爹	跌
反切	乌酷	并列	方别	皮列	普蔑	亡列	陟邪	徒结
声韵调	通合一 影沃入	山开三A 帮薛入	山开三B 帮薛入	山开三B 并薛入	山开四 滂屑入	山开三A 明薛入	假开三 知麻平	山开四 定屑入
中古音	ʔuok	piɛt	pɣiɛt	bɣiɛt	phet	miɛt	ʈia	det
广元	o2	pie2	pie2	pie2 phie2 口①	phie2	mie2	tie1	tie2
平武	o2	phie2	pie2	pie2	phie2	mie2	tie1	tie2
青川	o2	pie2	pie2	pie2 phie2 口①	phie2	mie2	tie1	tie2
剑阁普安	ŋo5	pie5	pie5	pie5 phie2 口①	phie5	mie5	ti1	tie5
剑阁金仙	ŋo5	pie5	pie5	pie5 phie2 口①	phie5	mie5	ti1	tie5
旺苍	o2	pie2	pie2	pie2 phie2 口①	phie1	mie2	tie1	tie2
苍溪	o2	pe2 pie1 新	pe2	pe2 phie2 口①	phie2	me2	te1	te2
江油	o2	phie2	pie2	pie2	phie2	mie2	tie1	tie2
北川	o2	phie2	pie2	pie2	phie2	mie2	tie1	tie2
绵阳	o2	phie2	pie2	pie2	phi2	mie2	tie1	tie2
盐亭	o5	phie2	pi5	pi5	phi5	mi5	ti1	tie5
德阳	o2	pie1	pie2 pi2 口	pie2 phie2 口①	phe2	mie2	tie1	the2
中江	o2	pi4	pie2 pi2 口	pie2 phie2 口①	phie2	mie2	ti1	tie2
射洪	ŋo5	phie2	pie5	pi5 phie2 口①	phie5	mie5	ti1	tie5
蓬溪	o5	pie1	pie5	pie5 phie2 口①	phie5	mie5	ti1	thie5
遂宁	ŋo2	phie1	pie2 pi2 口	pie2 phie2 口①	phie2	mie2	ti1	tie2
乐至	o2	phie2	pie2	pie2 phie2 口①	phie2	mie2	ti1	tie2
安岳	o2	pie1	pie2	pie2	phie2	mie2	ti1	tie2
仪陇	ŋau4 o2	pe2	pe2	pe2	phie2	mie2	tie1	tie2
西充	o5	无	pie5	pie5	phi5	mi5	ti5	thie5 thi5

---

① 用于"门别别、别针"等。

字目	沃	鳖	别区别	别离别	撇	灭	爹	跌
反切	乌酷	并列	方别	皮列	普蔑	亡列	陟邪	徒结
声韵调	通合一 影沃入	山开三A 帮薛入	山开三B 帮薛入	山开三B 並薛入	山开四 滂屑入	山开三A 明薛入	假开三 知麻平	山开四 定屑入
中古音	ʔuok	piɛt	pɣiɛt	bɣiɛt	phet	miɛt	ȶia	det
蓬安	o2	pie1	pie2	pie2	phie2	mie2	ti1	tie2
南充金台	o2	无	pi2	pi2	phie2	mie2	ti1	thie2
南充龙蟠	o5	无	pie5	pie5	phie5	mie5	tie1	tie5
岳池	ŋo2	phie2	pie2	pie2 phie2 口①	phie2	mie2	tie1	tie2
广安	ŋo2	phie2	pie2	pie2 phie2 口①	phie2	mie2	tie1	tie2
邻水	o2	pie5	pie5	pie5 phie5 口①	phie2	mie5	ti1	te5
南江	u1	pie1	pie5	pie5	phie5	mie2 mie5 旧	tie1	tie5
巴中	u1	pie1	pe2 pe5 旧	pe2 pe5 旧	phie2 phie5 旧	mie5	tie1	thie2 thie5 旧
通江	ʊ5	pie1	pie5	pie5	phie2 phie5 旧	mie5	tie1	tie5
平昌	o1	pie1	pe2	pe2	phie2	mie2	tie1	tie2
万源	o4	pie2	pe2 pi2	phie2 口①	phie2	mie2	te1	the2
宣汉	u4	pie2	pie2 pi2	pie2	phie2	mie2	tie1	te2
达州	o1	pie1	pie2	pie2	phie2	mie2	tie1	thie2
开江	o4	pie1	pie2 pi2	pie2	phie2	mie2	tie1	tie2
渠县	o4	pie2	phie2 pi2	pie2	phie2	mie2	tie1	tie2
宜宾	uθ5	pie1	pie5	pie5	phie5	mie5	ti1	tie5
古蔺	o4	pi5	pie5	pie5	phie2 phie5 旧	mie5	ti1	thie5
长宁	u5	phie2	pie5	pie5	phie5	mie5	ti1	thie5
顾县	ŋo2	pie2	pie2	pie2 phie2 口①	phie2	mie2	tie1	tie2
成都龙泉	o5	pieʔ5	pieʔ5	phieʔ5	phieʔ5	mieʔ6	ia2	thieʔ5

---

① 用于"门别别、别针"等。

字目	碟	叠	蝶	谍	贴	铁	帖	捏
反切	徒协	徒协	徒协	徒协	他协	他结	他协	奴结
声韵调	咸开四定帖入	咸开四定帖入	咸开四定帖入	咸开四定帖入	咸开四透帖入	山开四透屑入	咸开四透帖入	山开四泥屑入
中古音	dep	dep	dep	dep	thep	thet	thep	net
广元	tie2	tie2	tie2	tie2	thie2	thie2	thie2	ȵie2 ȵie1 口
平武	tie2	tie2	tie2	tie2	thie2	thie2	thie2	ȵie1
青川	tie2	tie2	tie2	tie2	thie2	thie2	thie2	ȵie2 ȵie1 口
剑阁普安	tie5	tie5	tie5	tie5	thie5	thie5	thie5	ȵie5
剑阁金仙	tie5	tie5	tie5	tie5	tie5	thie5	tie5	ȵie5
旺苍	tie2	tie2	tie2	tie2	thie2	thie2	thie2	ȵie2 ȵie1 口
苍溪	te2	te2	te2	te2	the2	the2	the2	ȵie2 ȵie1 口
江油	tie2	tie2	tie2	tie2	thie2	thie2	thie2	ȵie1
北川	tie2	tie2	tie2	tie2	thie2	thie2	thie2	ȵie1
绵阳	tie2	tie2	tie2	tie2	thie2	thie2	thie2	ȵie1
盐亭	ti5	tie2	ti5	ti5	thi5	thi5	ti5	ȵie5
德阳	te2	te2	te2	te2	the2	the2	the2	ȵie2 ȵie1 口
中江	tie2	tie2	tie2	tie2	thie2	thie2	thie2	ȵie2 ȵie1 口
射洪	tie5	tie5	tie5	tie5	thie5	thie5	tie5	ȵie5
蓬溪	tie5	tie5	tie5	tie5	tie5	thie5	tie5	ȵie5
遂宁	tie2	tie2	tie2	tie2	thie2	thie2	thie2	ȵie2 ȵie1 口
乐至	tie2	tie2	tie2	tie2	thie2	thie2	thie2	ȵie2
安岳	tie2	tie2	tie2	tie2	thie2	thie2	thie2	ȵie2
仪陇	tie2	tie2	tie2	tie2	thie2	thie2	thie2	nie2
西充	ti5	ti5	ti5	ti5	thi5	thi5	thi5	ȵie5

字目	碟	叠	蝶	谍	贴	铁	帖	捏
反切	徒协	徒协	徒协	徒协	他协	他结	他协	奴结
声韵调	咸开四定帖入	咸开四定帖入	咸开四定帖入	咸开四定帖入	咸开四透帖入	山开四透屑入	咸开四透帖入	山开四泥屑入
中古音	dep	dep	dep	dep	thep	thet	thep	net
蓬安	tie2	tie2	tie2	tie2	thie2	thie2	thie2	ȵie2
南充金台	ti2	ti2	ti2	ti2	thie2	thie2	thie2	ȵie2
南充龙蟠	tie5	tie5	tie5	tie5	thie5	thie5	thie5	ȵie5
岳池	tie2	tie2	tie2	tie2	thie2	thie2	tie2	ȵie2
广安	tie2	tie2	tie2	tie2	thie2	thie2	tie2	nie2
邻水	te5	te5	te5	te5	the5	the5	te5	ȵie5
南江	tie5	tie5	tie5	tie5	thie5	thie5	thie5	ȵie5
巴中	ti5	ti5	ti5	ti2 ti5 旧	thie2 thie5 旧	thi5	thie5	ȵie2 nie5 旧
通江	tie5	tie5	tie5	tie5	thie5	thie5	tie5 thie5	ȵie5
平昌	tie2	tie2	tie2	tie2	thie2	thie2	thie2	ȵie2 nie1 口
万源	te2	te2	te2	te2	the2	the2	the2	ȵie2 nie1 口
宣汉	tie2	tie2	tie2	tie2	thie2	thie2	thie2	ȵie1
达州	tie2	tie2	tie2	tie2	thie2	thie2	thie2	nie2
开江	tie2	tie2	tie2	te2	thie2	thie2	tie2	ie1
渠县	tie2	tie2	tie2	tie2	thie2	thie2	tie2	ie2 ȵie1 口
宜宾	tie5	tie5	tie5	tie5	thie5	thie5	thie5	nie5
古蔺	tie5	tie5	tie5	tie5	thie5	thie5	thie5	nie5
长宁	tie5	tie2	tie5	tie5	thie5	thie5	thie5	ȵie5
顾县	tie2	tie2	tie2	tie2	thie2	thie2	thie2	nie2 nie1 口
成都龙泉	tieʔ5	tieʔ5	tieʔ5	tieʔ5	thieʔ5	thieʔ5	thieʔ5	æʔ6

字目	聂	孽	猎	列	烈	裂	劣	皆
反切	尼辄	鱼列	良涉	良薛	良薛	良薛	力辍	古谐
声韵调	咸开三 泥叶入	山开三B 疑薛入	咸开三 来叶入	山开三 来薛入	山开三 来薛入	山开三 来薛入	山合三 来薛入	蟹开二 见皆平
中古音	niɛp	ŋʯiɛt	liɛp	liɛt	liɛt	liɛt	liuɛt	kɣɛi
广元	n̩ie2	n̩ie2	nie2	nie2 nie4	nie2	nie2	nie2	tɕiai1
平武	n̩ie2	n̩ie2	n̩ie2	nie2	nie2	nie2	nie2	tɕiai1
青川	n̩ie2	n̩ie2	nie2	nie2	nie2	nie2	nie2	tɕiai1
剑阁普安	n̩ie5	n̩ie5	nie5	nie5	nie5	nie5	nie5	tɕiai1
剑阁金仙	n̩ie5	n̩ie5	nie5	nie5	nie5	nie5	nie5	kai1
旺苍	ie2	n̩ie2	nie2	nie2	nie2	nie2	nie2	tɕiai1 kai1
苍溪	n̩ie2	n̩ie2	le2	le2	le2	le2	le2	kai1
江油	n̩ie2	n̩ie2	nie2	nie2	nie2	nie2	ne2	kai1
北川	n̩ie2	n̩ie2	nie2	nie2	nie2	nie2	nie2	tɕiai1
绵阳	n̩ie2	ie2	nie2	nie2	nie2	nie2	ne2	tɕiai1
盐亭	n̩ie5	n̩ie5	li5	li5	li5	li5	le5	tɕiai1
德阳	n̩ie2	n̩ie2	ne2	ne2	ne2	ne2	ne2	tɕiai1
中江	n̩ie2	n̩ie2	lie2	lie2	lie2	lie2	le2	tɕiai1
射洪	n̩ie5	n̩ie5	nie5	nie5	nie5	nie5	ne5	tɕiai1
蓬溪	n̩ie5	n̩ie5	nie5	nie5	nie5	nie5	ne5	kai1
遂宁	n̩ie2	n̩ie2	nie2	nie2	nie2	nie2	nie2	tɕiai1
乐至	n̩ie2	n̩ie2	nie2	nie2	nie2	nie2	ne2	tɕiai1
安岳	n̩ie2	n̩ie2	nie2	nie2	nie2	nie2	nie2	tɕiai1
仪陇	nie2	nie2	nie2	nie2	nie2	nie2	nie2	tɕiai1
西充	n̩i5	n̩i5	ni5	ni5	ni5	ni5	nio5	kai1

字目	聶	孼	猎	列	烈	裂	劣	皆
反切	尼辄	鱼列	良涉	良薛	良薛	良薛	力辍	古谐
声韵调	咸开三 泥叶入	山开三 B 疑薛入	咸开三 来叶入	山开三 来薛入	山开三 来薛入	山开三 来薛入	山合三 来薛入	蟹开二 见皆平
中古音	niɛp	ŋɣiɛt	liɛp	liɛt	liɛt	liɛt	liuɛt	kɣɛi
蓬安	ȵie2	ȵie2	nie2	nie2	nie2	nie2	nie2	kai1
南充金台	ȵie2	ȵie2	nie2	nie2	nie2	nie2	nie2	tɕiai1
南充龙蟠	ȵie5	ȵie5	nie5	nie5	nie5	nie5	ne5	kai1
岳池	ie2	ȵie2	nie2	nie2	nie2	nie2	nie2	tɕiai1
广安	ie2	nie2	nie2	nie2	nie2	nie2	nie2	tɕiai1
邻水	ie5	ȵie5	ne5	ne5	ne5	ne5	ne5	tɕiai1
南江	ȵie5	ȵie5	lie5	lie5	lie5	lie1 lie5 旧	lie5	tɕiai1
巴中	ie2 ie5 旧	ȵie2 ȵie5 旧	li2 li5 旧	li2 li5 旧	li2 li5 旧	li2 li5 旧	li5	tɕiai1
通江	ȵie5	ȵie5	lie5	lie5	lie5	lie5	lie5	tɕiai1
平昌	ȵie2	ȵie2	lie2	lie2	lie2	lie2	lie2	tɕiai1
万源	ȵie2	ȵie2	ne2	ne2	ne2	ne2	ne2	tɕiai1
宣汉	nie2	ȵie2	nie2	nie2	nie2	nie2	nie2	tɕiai1
达州	nie2	nie2	nie2	nie2	nie2	nie2	nie2	tɕiai1
开江	nie2	nie2	nie2	nie2	nie2	nie2	nie2	tɕiai1
渠县	ie2	ie2	nie2	nie2	nie2	nie2	nie2	tɕiai1
宜宾	nie5	nie5	nie5	nie5	nie5	nie5	ne5 nie5	kai1
古蔺	nie5	nie5	nie5	nie5	nie5	nie5	nie5	tɕiai1
长宁	ȵie5	ȵie5	lie5	lie5	lie5	lie5	le5	kai1
顾县	ie2	nie2	nie2	nie2	nie2	nie2	nie2	kai1
成都龙泉	ȵieʔ5	ȵieʔ6	lieʔ6	lieʔ6	liʔ6	lieʔ6	lie5	tɕiai1

字目	阶	街①	接	揭②	结	捷	劫	杰
反切	古谐	古膎	即叶	居竭	古屑	疾叶	居怯	渠列
声韵调	蟹开二见皆平	蟹开二见佳平	咸开三精叶入	山开三见月入	山开四见屑入	咸开三从叶入	咸开三见业入	山开三B群薛入
中古音	kɣɛi	kɣɛ	tsiɛp	kiɐt	ket	dziɛp	kiɐp	gyiɐt
广元	kai1 tɕiai1 新	kai1	tʃie2	tɕie2	tɕie2	tʃie2	tɕhie2 tɕie2 新	tɕie2
平武	kai1	kai1 tɕiai1 新	tɕie2	tɕie2	tɕie2	tɕie2	tɕie2	tɕie2
青川	kai1 tɕiai1 新	kai1	tɕie2	tɕie2	tɕie2	tɕhie2	tɕhie2 tɕie2 新	tɕie2
剑阁普安	tɕiai1	kai1	tʃie5	tɕie5	tɕie5	tʃhie5	tɕie5	tɕie5
剑阁金仙	kai1	kai1	tsie5	tɕie5	tɕie5	tshie5	tɕie5	tɕie5
旺苍	kai1 tɕiai1 新	kai1	tsie2	tɕie2	tɕie2	tɕhie2	tɕhie2 tɕie2 新	tɕie2
苍溪	tɕiai1 kai1 旧	kai1	tse2	kie2	tɕie2	tɕhie2	tɕhie2 tɕie2 新	kie2
江油	kai1	kai1	tɕie2	tɕie2	tɕie2	tɕhie2	tɕhie2	tɕie2
北川	kai1	kai1	tɕie2	tɕie2	tɕie2	tɕhie2	tɕhie2	tɕie2
绵阳	kai1	kai1	tɕie2	tɕiɛ2	tɕie2	tɕhie2	tɕhie2	tɕie2
盐亭	kai1	kai1	tɕie5	tɕi5	tɕi5	tɕhie5	tɕhie5	tɕi5
德阳	tɕiai1 kai1 旧	kai1	tɕie2	tɕie2	tɕie2	tɕhie2	tɕhie2 tɕie2 新	tɕie2
中江	tɕiai1	kai1	tɕie2	tɕie2	tɕie2	tɕhie2	tɕhie2	tɕie2
射洪	tɕiai1 kai1 旧	kai1	tɕie5	tɕie5	tɕie5	tɕhie5	tɕhie5 tɕie5 新	tɕie5
蓬溪	tɕiai1 kai1 旧	kai1	tɕie5	tɕhie5	tɕie5	tɕhie5	tɕhie5 tɕie5 新	tɕie5
遂宁	tɕiai1 kai1 旧	kai1	tɕie2	tɕie2	tɕie2	tɕhie2	tɕhie2 tɕie2 新	tɕie2
乐至	tɕiai1 kai1 旧	kai1	tɕie2	tɕie2	tɕie2	tɕhie2	tɕhie2	tɕiɐp	tɕiɐt
安岳	tɕiai1	kai1	tʃie2	tɕie2	tɕie2	tɕhie2	tɕie2	tɕie2
仪陇	tɕiai1	kai1	tɕie2	tɕie2	tɕie2	tɕhie2	tɕhie2	tɕie2
西充	kai1	kai1	tɕi5	tɕi5	tɕi5	tɕi5	tɕi5	tɕi5

① 又古谐切，蟹开二见皆平。 ② 又居列切，山开三见薛入。

字目	阶	街①	接	揭②	结	捷	劫	杰
反切	古谐	古膎	即叶	居竭	古屑	疾叶	居怯	渠列
声韵调	蟹开二见皆平	蟹开二见佳平	咸开三精叶入	山开三见月入	山开四见屑入	咸开三从叶入	咸开三见业入	山开三B群薛入
中古音	kɣɛi	kɣɛ	tsiɛp	kiɛt	ket	dziɛp	kiɐp	gɣiɐt
蓬安	tɕiai1	kai1	tɕie2	tɕie2	tɕie2	tɕhie2	tɕie2	tɕie2
南充金台	tɕiai1	kai1	tɕie2	tɕie2	tɕie2	tɕhie2	tɕhie2	tɕie2
南充龙蟠	kai1	kai1	tɕie5	tɕie5	tɕie5	tɕhie5	tɕie5 tɕhi5 旧	tɕie5
岳池	tɕiai1 kai1 旧	kai1	tɕie2	tɕhie2	tɕie2	tɕhie2	tɕhie2	tɕie2
广安	tɕiai1 kai1 旧	kai1	tɕie2	tɕie2	tɕie2	tɕhie2	tɕhie2 tɕie2 新	tɕie2
邻水	tɕiai1 kai1 旧	kai1	tɕie5	tɕie5	tɕie5	tɕie5	tɕie5	tɕie5
南江	tɕiai1 kai1 旧	kai1	tse2 tse5 旧	tɕie2 tɕie5 旧	tɕie5	tɕie2 tʃie5 旧	tɕhie5 tɕie5 新	tɕie2 tɕie5 旧
巴中	tɕiai1 kai1 旧	kai1	tʃie5	tɕie2 tɕie5 旧	tɕie2 tɕie5 旧	tʃhie5	tɕie5 tɕhie5 旧	tɕie2 tɕie5 旧
通江	tɕiai1 kai1 旧	kai1	tʃie5	tɕie5	tɕie5	tʃhie5	tɕhie5 tɕie5 新	tɕie5
平昌	tɕiai1 kai1 旧	kai1	tʃie2	tɕie2	tɕie2	tʃhie2	tɕhie2 tɕie2 新	tɕie2
万源	tɕiai1 kai1 旧	kai1	tse2	tɕie2	tɕie2	tɕie2	tɕie2	tɕie2
宣汉	tɕiai1 kai1 旧	kai1	tɕie2	tɕie2	tɕie2	tɕhie2	tɕhie2	tɕie2
达州	tɕiai1 kai1 旧	tɕiai1	tɕie2	tɕie2	tɕie2	tɕhie2	tɕhie2	tɕie2
开江	tɕiai1 kai1 旧	kai1	tɕie2	tɕie2	tɕie2	tɕhie2	tɕhie2	tɕie2
渠县	kai1 kai1 旧	kai1	tɕie2	tɕhie2	tɕie2	tɕhie2	tɕie2	tɕie2
宜宾	kai1	kai1	tɕie5	tɕie5	tɕie5	tɕhie5	tɕhie5	tɕie5
古蔺	tɕiai1 kai1 旧	kai1	tɕie5	tɕie5	tɕie5	tɕhie5	tɕhie5	tɕie5
长宁	kai1	kai1	tɕie5	tɕie5	tɕie5	tɕhie5	tɕhie5	tɕie5
顾县	kai1	kai1	tɕie2	tɕie2	tɕie2	tɕhie2	tɕhie2 tɕie2 新	tɕie2
成都龙泉	kai1	kai1	tɕieʔ5	tɕie5	tɕie5	tɕhieʔ5	tɕhieʔ5	tɕie5

① 又古谐切，蟹开二见皆平。　② 又居列切，山开三见薛入。

字目	竭①	节	截	洁	姐	解解开	解知晓	借借用
反切	其谒	子结	昨结	古屑	兹野	佳买	胡买	子夜
声韵调	山开三群月入	山开四精屑入	山开四从屑入	山开四见屑入	假开三精麻上	蟹开二见佳上	蟹开二匣佳上	假开三精麻去
中古音	giɐt	tset	dzet	ket	tsia:	kɣɛ:	ɦɣɛ:	tsia-
广元	tɕie2	tʃie2	tʃhie2 / tʃie2 新	tɕie2	tʃie3	tɕiai3 文 kai3 白	tɕiai3 / ɕiai4 旧	tʃie4
平武	tɕie2	tɕie2	tɕhie2 / tɕie2 新	tɕie2	tɕie3	tɕiai3	tɕiai3	tɕie4
青川	tɕie2	tɕie2	tɕhie2 / tɕie2 新	tɕie2	tɕie3	tɕiai3 文 kai3 白	tɕiai3 / ɕiai4 旧	tɕie4
剑阁普安	tɕie5	tʃie5	tʃhie5	tɕie5	tʃie3	tɕiai3	tɕiai3	tʃie4
剑阁金仙	tɕhie5	tsie5	tshie5	tɕie5	tsi3	tɕie3 kai3	tɕie3 kai3	tsi4
旺苍	tɕie2	tsie2	tɕhie2 / tɕie2 新	tɕie2	tɕie3	tɕiai3 文 kai3 白	tɕiai3 / ɕiai4 旧	tsie4
苍溪	tɕie2	tse2	tshe2 / tse2 新	tɕie2	tse3	tɕiai3 文 kai3 白	tɕiai3	tse4
江油	tɕie2	tɕie2	tɕhie2	tɕie2	tɕie3	kai3	tɕiai3	tɕie4
北川	tɕie2	tɕie2	tɕhie2	tɕie2	tɕie3	kai3	tɕiai3	tɕie4
绵阳	tɕie2	tɕie2	tɕhie2	tɕie2	tɕie3	kai3	tɕiai3	tɕie4
盐亭	tɕhi5	tɕi5	tɕhie5	tɕi5	tɕie3	kai3	tɕiai3	tɕi4
德阳	tɕie2	tɕie2	tɕhie2 / tɕie2 新	tɕie2	tɕie3	tɕiai3 文 kai3 白	tɕiai3 文 kai3 白	tɕie4
中江	tɕie2	tɕie2	tɕhie2	tɕie2	tɕie3	tɕiai3 文 kai3 白	tɕiai3 文 kai3 白	tɕie4
射洪	tɕhie5	tɕie5	tɕhie5 / tɕie5 新	tɕie5	tɕie3	tɕiai3 文 kai3 白	tɕiai3 文 kai3 白	tɕie4
蓬溪	tɕie5	tɕie5	tɕhie5 / tɕie5 新	tɕie5	tɕie3	tɕiai3 文 kai3 白	tɕiai3 文 kai3 白	tɕi4
遂宁	tɕie2	tɕie2	tɕhie2 / tɕie2 新	tɕie2	tɕie3	tɕiɛn3 文 kai3 白	tɕiɛn3 文 kai3 白	tɕie4
乐至	tɕie2	tɕie2	tɕhie2	tɕie2	tɕie3	kai3	tɕiɛn3	tɕie4
安岳	tɕie2	tɕie2	tɕie2	tɕie2	tɕie3	tɕiai3	tɕiai3	tɕie4
仪陇	tɕie2	tɕie2	tɕie2	tɕie2	tɕie3	tɕiai3	tɕiai3	tɕie4
西充	tɕi5	tɕi5	tɕi5	tɕi5	tɕi3	tɕiai3 文 kai3 白	tɕiai3	tɕi4

① 又渠列切，山开三群薛入。

字目	竭①	节	截	洁	姐	解解开	解知晓	借借用
反切	其谒	子结	昨结	古屑	兹野	佳贾	胡买	子夜
声韵调	山开三 群月入	山开四 精屑入	山开四 从屑入	山开四 见屑入	假开三 精麻上	蟹开二 见佳上	蟹开二 匣佳上	假开三 精麻去
中古音	giɛt	tset	dzet	ket	tsia:	kɣɛ:	ɦɣɛ:	tsia-
蓬安	tɕie2	tɕie2	tɕie2	tɕie2	tɕie3	tɕiai3	tɕiai3	tɕie4
南充金台	tɕie2	tɕie2	tɕʰie2	tɕie2	tɕie3	tɕiai3	ɕiɛn3	tɕie4
南充龙蟠	tɕie5	tɕie5	tɕʰie5	tɕie5	tɕi3	kai3	tɕiɛn3	tɕi4
岳池	tɕʰie2	tɕie2	tɕʰie2	tɕie2	tɕie3	kai3	tɕiai3	tɕie4
广安	tɕie2	tɕie2	tɕie2	tɕie2	tɕie3	tɕiai3 文 kai3 白	tɕiai3	tɕie4
邻水	tɕie5	tɕie5	tɕie5	tɕie5	tɕie3	tɕiai3 文 kai3 白	tɕiai3	tɕie4
南江	tɕʰie5	tse2 tse5 旧	tshe5	tɕie5	tse3	tɕiai3 文 kai3 白	tɕiai3	tse4
巴中	tɕie2 tɕie5 旧	tʃie5	tʃhie5 tʃie5 新	tɕie5	tʃie3	tɕiai3 文 kai3 白	tɕiai3	tʃie4
通江	tɕie2 tɕie5 旧	tʃie5	tʃhie2 tʃie2 新	tɕie5	tʃie3	tɕiai3 文② kai3 白	tɕiai3	tʃie4
平昌	tɕie2	tʃie2	tʃhie2 tʃie2 新	tɕie2	tʃie3	tɕiai3 文 kai3 白	tɕiai3	tʃie4
万源	ɕie2	tse2	tse2 tɕie2 新	tɕie2	tse3	tɕiai3 文 kai3 白	tɕiai3	tse4
宣汉	tɕie2	tɕie2	tɕʰie2 tɕie2 新	tɕie2	tɕie3	tɕiai3 文 kai3 白	tɕiai3	tɕie4
达州	tɕie2	tɕie2	tɕʰie2 tɕie2 新	tɕie2	tɕie3	tɕiai3 文 kai3 白	tɕiai3	tɕie4
开江	tɕie2	tɕie2	tɕʰie2 tɕie2 新	tɕie2	tɕie3	tɕiai3 文 kai3 白	tɕiai3	tɕie4
渠县	tɕʰie2	tɕie2	tshai2 tɕie2 新	tɕie2	tɕie3	tɕiai3 文 kai3 白	tɕiai3	tɕie4
宜宾	tɕie5	tɕie5	tɕʰie5 tɕie5 新	tɕie5	tɕi3	tɕiai3 文 kai3 白	tɕiai3 ɕiai4 旧	tɕi4
古蔺	tɕie5	tɕie5	tɕʰie5	tɕie5	tɕie3	tɕiai3 文 kai3 白	tɕiai3	tɕi4
长宁	tɕie5	tɕie5	tɕie5	tɕie5	tɕi3	tɕiai3 文 kai3 白	tɕiɛn3	tɕi4
顾县	tɕie2	tɕie2	tɕʰie2 tɕie2 新	tɕie2	tɕie3	tɕiai3 文 kai3 白	tɕiai3 ɕiai4 旧	tɕie4
成都龙泉	tɕie5	tɕie5	tɕieʔ5	tɕie5	tɕia3	tɕiai3 文 kai3 白	tɕiai3	tɕia4

① 又渠列切，山开三群薛入。　② 又音 tɕie3 新。

字目	借借口	介	界	芥	疥	戒	茄	且
反切	慈夜	古拜	古拜	古拜	古拜	古拜	求迦	七也
声韵调	假开三 从麻去	蟹开二 见皆去	蟹开二 见皆去	蟹开二 见皆去	蟹开二 见皆去	蟹开二 见皆去	果开三 群戈平	假开三 清麻上
中古音	dzia-	kɣɛi-	kɣɛi-	kɣɛi-	kɣɛi-	kɣɛi-	gɨɑ	tshia:
广元	tʃie4	tɕiai4	tɕiai4	tɕiai4	tɕiai4	tɕiai4	tɕhie2	tʃhie3
平武	tɕie4	tɕiai4	tɕiai4	tɕiai4	tɕiai4	tɕiai4	tɕhie2	tɕhie3
青川	tɕie4	tɕiai4	tɕiai4	tɕiai4	tɕiai4	tɕiai4	tɕhie2	tshe3 tɕhie3
剑阁普安	tʃie4	tɕiai4	tɕiai4	tɕiai4	tɕiai4	tɕiai4	tɕhie2	tɕhie3
剑阁金仙	tsi4	tɕie4	tɕie4	tɕie4	tɕie4	tɕie4	tɕhi2	tshi3
旺苍	tsie4	tɕiai4	tɕiai4	tɕiai4	tɕiai4	tɕiai4	tɕhie2	tshie3
苍溪	tse4	tɕiai4	tɕiai4	tɕiai4	tɕiai4	tɕiai4	tɕhie2	tshe3
江油	tɕie4	tɕiai4	tɕiai4	tɕiai4	tɕiai4	tɕiai4	tɕhie2	tɕie3
北川	tɕie4	tɕiai4	tɕiai4	tɕiai4	tɕiai4	tɕiai4	tɕhie2	tɕie3
绵阳	tɕie4	tɕiai4	tɕiai4	tɕiai4	tɕiai4	tɕiai4	tɕhie2	tɕie3
盐亭	tɕi4	tɕiai4	tɕiai4	tɕiai4	tɕiai4	tɕiai4	tɕhi2	tɕhi3
德阳	tɕie4	tɕiai4	tɕiai4	tɕiai4	tɕiai4	tɕiai4	tɕhie2	tɕhie3
中江	tɕie4	tɕiai4	tɕiai4	tɕiai4	tɕiai4	tɕiai4	tɕhie2	tɕhie3
射洪	tɕie4	tɕiai4	tɕiai4	tɕiai4	tɕiai4	tɕiai4	tɕhie2	tɕhi3
蓬溪	tɕi4	tɕiai4	tɕiai4	tɕiai4	tɕiai4	tɕiai4	tɕhi2	tɕhi3
遂宁	tɕie4	tɕiɛn4	tɕiɛn4	tɕiɛn4	tɕiɛn4	tɕiɛn4	tɕhye2	tɕhie3
乐至	tɕie4	tɕiɛn4	tɕiɛn4	tɕiɛn4	tɕiɛn4	tɕiɛn4	tɕhye2	tɕhie3
安岳	tɕie4	tɕiai4	tɕiai4	tɕiai4	tɕiai4	tɕiai4	tɕhye2	tɕhie3
仪陇	tɕie4	tɕiai4	tɕiai4	tɕiai4	tɕiai4	tɕiai4	tɕhie2	tshe3
西充	tɕi4	tɕiai4	kai4	tɕiai4	tɕiai4	tɕiai4	tɕhi2	tɕhi3

字目	借借口	介	界	芥	疥	戒	茄	且
反切	慈夜	古拜	古拜	古拜	古拜	古拜	求迦	七也
声韵调	假开三从麻去	蟹开二见皆去	蟹开二见皆去	蟹开二见皆去	蟹开二见皆去	蟹开二见皆去	果开三群戈平	假开三清麻上
中古音	dzia-	kɣɛi-	kɣɛi-	kɣɛi-	kɣɛi-	kɣɛi-	gia	tshia:
蓬安	tɕie4	tɕiai4	tɕiɛn4	tɕiɛn4	tɕiai4	tɕiɛn4	tɕhie2	tɕhie3
南充金台	tɕie4	tɕiai4	tɕiɛn4	tɕiai4	tɕiai4	tɕiɛn4	tɕhie2	tɕhie3
南充龙蟠	tɕi4	kai4	kai4	kai4	kai4	kai4	tɕhi2	tɕhi3
岳池	tɕie4	tɕiai4	tɕiai4	tɕiai4	tɕiai4	tɕiai4	tɕhye2	tɕhie3
广安	tɕie4	tɕiai4	tɕiai4	tɕiai4	tɕiai4	tɕiai4	tɕhie2	tshe3
邻水	tɕie4	tɕiai4	tɕiai4	tɕiai4	tɕiai4	tɕiai4	tɕhye2	tɕhie3
南江	tse4	tɕiai4	tɕiai4	tɕiai4	tɕiai4	tɕiai4	tɕhie5	tshe3
巴中	tʃie4	tɕiai4	tɕiai4	tɕiai4	tɕiai4	tɕiai4	tɕhie5	tʃhie3
通江	tʃie4	tɕiai4	tɕiai4	tɕiai4	tɕiai4	tɕiai4	tɕhi2	tʃhie3
平昌	tʃie4	tɕiai4	tɕiai4	tɕiai4	tɕiai4	tɕiai4	tɕhie2	tʃhie3
万源	tse4	tɕiai4	tɕiai4	tɕiai4	tɕiai4	tɕiai4	tɕhie2	tshe3
宣汉	tɕie4	tɕiai4	tɕiai4	tɕiai4	tɕiai4	tɕiai4	tɕhie2	tshe3
达州	tɕie4	tɕiai4	tɕiai4	tɕiai4	tɕiai4	tɕiai4	tɕhie2	tshe3
开江	tɕie4	tɕiai4	tɕiai4	tɕiai4	tɕiai4	tɕiai4	tɕhie2	tshe3
渠县	tɕie4	tɕiai4	tɕiai4	tɕiai4	tɕiai4	tɕiai4	tɕhie2	tshe3
宜宾	tɕi4	tɕiai4	tɕiai4	tɕiai4	tɕiai4	tɕiai4	tɕhi2	tɕhi3
古蔺	tɕi4	tɕiai4	tɕiai4	tɕiai4	tɕiai4	tɕiai4	tɕhy2	tɕhi3
长宁	tɕi4	tɕiɛn4	tɕiɛn4	tɕiɛn4	tɕiɛn4	tɕiɛn4	tɕhi2	tɕhi3
顾县	tɕie4	tɕiai4	tɕiai4	tɕiɛn4	tɕiɛn4	tɕiɛn4	tɕhye2	tɕhie3
成都龙泉	tɕia4	kai4	kai4	kai4	kai4	kai4	tɕhio2	tɕhie3

字目	姜	怯	窃	切	些	歇	邪	斜
反切	七接	去劫	千结	千结	写邪	许竭	似嗟	似嗟
声韵调	咸开三 清叶入	咸开三 溪业入	山开四 清屑入	山开四 清屑入	假开三 心麻平	山开三 晓月入	假开三 邪麻平	假开三 邪麻平
中古音	tshiɐp	khiɐp	tshet	tshet	sia	hiɐt	zia	zia
广元	tʃie2	tɕhie2	tʃhie2	tʃhie2	ʃie1	ɕie2	ʃie2	ʃie2
平武	tɕhie2	tɕhie2	tɕhie2	tɕhie2	ɕie1	ɕie2	ɕie2	ɕie2
青川	tɕie2	tɕhie2	tɕhie2	tɕhie2	ɕi1 ɕie1 新	ɕie2	ɕie2	ɕie2
剑阁普安	tɕhie5	tɕhie5	tɕhie5	tɕhie5	ʃi1	ɕie5	ʃie2	ʃie2
剑阁金仙	tshie5	tɕhie5	tɕhie5	tshie5	si1	ɕie5	si2	sia2
旺苍	tsie2	tɕhie2	tɕhie2	tɕhie2	ʂe1	ɕie2	sie2	sie2
苍溪	tɕhie2	tɕhie2	tse2 tshe2	tshe2	se1	xie2	se2	se2
江油	tɕhie2	tɕhye2	tɕhie2	tɕhie2	ɕi1	ɕie2	ɕie2	ɕie2
北川	tɕhie2	tɕhye2	tɕhie2	tɕhie2	ɕi1	ɕie2	ɕie2	ɕie2
绵阳	tɕhie2	tɕhie2	tɕhie2	tɕhie2	ɕi1	ɕie2	ɕie2	ɕie2
盐亭	tɕie5	tɕhi5	tɕhie2	tɕhie5	ɕi1	ɕi5	ɕie2	ɕie2
德阳	tɕie2 tɕhie2 新	tɕhie2	tɕhie2	tɕhie2	ɕi1	ɕie2	ɕie2	ɕie2
中江	tɕhie2	tɕhie2	tɕhie2	tɕhie2	ɕi1	ɕie2	ɕie2	ɕie2
射洪	tɕie5 tɕhie5 新	tɕhye5	tɕhie5	tɕhie5	ɕi1	ɕie5	ɕie2	ɕie2
蓬溪	tɕie5 tɕhie5 新	tɕhie5	tɕhie5	tɕhie5	ɕi1	ɕi5	ɕie2	ɕie2
遂宁	tɕie2 tɕhie2 新	tɕhie2	tɕhie2	tɕhie2	ɕi1	ɕie2	ɕie2	ɕie2
乐至	tɕhie2	tɕhie2	tɕhie4	tɕhie2	ɕi1	ɕie2	ɕie2	ɕie2
安岳	tɕhie2	tɕhie2	tɕhie2	tɕhie2	ɕi1	ɕie2	ɕie2	ɕie2
仪陇	tɕhie2	tɕhie2	tɕhie2	tɕhie2	ɕie1	ɕie2	ɕie2	ɕie2
西充	tɕi5	tɕhi5	tɕhie2	tɕhi5	ɕi1	ɕi5	ɕi2	ɕi2

字目	姜	怯	窈	切	些	歇	邪	斜
反切	七接	去劫	千结	千结	写邪	许竭	似嗟	似嗟
声韵调	咸开三清叶入	咸开三溪业入	山开四清屑入	山开四清屑入	假开三心麻平	山开三晓月入	假开三邪麻平	假开三邪麻平
中古音	tshiɐp	khiɐp	tshet	tshet	sia	hiɐt	zia	zia
蓬安	tɕhie2	tɕhi4	tɕhie2	tɕhie2	ɕie1	ɕie2	ɕie2	ɕie2
南充金台	tɕhi4	tɕhie4	tɕhie2	tɕhie2	ɕi1	ɕie2	ɕie2	ɕie2
南充龙蟠	tɕi5	tɕhi5	tɕhie5	tɕhie5	ɕi1	ɕie5	ɕi2	ɕi2
岳池	tɕie2	tɕhie4	tɕhie2	tɕhie2	ɕi1	ɕie2	ɕie2	ɕie2
广安	tɕie2	tɕhio2	tɕhie2	tɕhie2	ɕie1	ɕie2	ɕie2	ɕie2
邻水	tɕie5	tɕhie5	tɕhie5	tɕhie5	ɕi1	ɕie2	ɕie2	ɕie2
南江	tse5 tshe5 旧	tɕhie2 tɕhie5 旧	tshe5	tshe2 tshe5 旧	se1	ɕie5	se2	se2
巴中	tʃie5	tɕhio5	tʃhie5	tʃhie5	ʃie1	ɕie5	ʃie2	ʃie2 ʃia2
通江	tʃhie2	tɕhie5	tʃhie5	tʃhie5	ʃie1	ɕie1 ɕie5 旧	ʃi2	ʃi2
平昌	tʃhie4	tɕhie2	tʃhie5	tʃhie5	ʃie1	ɕie2	ʃie2	ʃie2 ʃia2
万源	tse2	tɕhie2	tɕhie2	tshe2	ɕie1	ɕie2	ɕie2	ʃye2 ɕia2 旧
宣汉	tɕhie4	tɕhie2	tɕhie2	tɕhie2	ɕie1	ɕie2	ɕie2	ɕie2 ɕia2 旧
达州	tɕhie2	tɕhie2	tɕhie2	tɕhie2	ɕie1	ɕie2	ɕie2	ɕie2 ɕia2 旧
开江	tɕhie4	tɕhie2	tɕhie4	tɕhie2	ɕie1	ɕie2	ɕie2	ɕie2 ɕia2 旧
渠县	tɕie2	tɕhye2	tɕhie2	tɕhie2	ɕie1	ɕie2	ɕie2	ɕie2 ɕia2 旧
宜宾	tɕhie5	tɕhie5	tɕhie5	tɕhie5	ɕi1	ɕie5	ɕi2	ɕi2
古蔺	tɕie5	tɕhie5	tɕhie5	tɕhie5	ɕi1	ɕie5	ɕi2	ɕia2
长宁	tɕhie5	tɕhie5	tɕhie2	tɕhie2	ɕi1	ɕie5	ɕi2	ɕia2
顾县	tɕhiɛn4 tɕhie2	tɕhie2	tɕhie2	tɕhie2	ɕie1	ɕie2	ɕie2	ɕie2
成都龙泉	tɕhieʔ5	tɕhio4	tɕhie5	tɕhie5	ɕia1	ɕie5	ɕie5	tɕhia2

字目	鞋①	胁	协	写	血	泻	卸	谢
反切	户佳	虚业	胡颊	悉姐	呼决	司夜	司夜	辝夜
声韵调	蟹开二 匣佳平	咸开三 晓业入	咸开四 匣帖入	假开三 心麻上	山合四 晓屑入	假开三 心麻去	假开三 心麻去	假开三 邪麻去
中古音	ɣɣɛ	hiɐp	ɦiep	sia:	hwet	sia-	sia-	zia-
广元	xai2	ɕie2	ɕie2	ʃie3	ɕie2	ʃie4	ʃie4	ʃie4
平武	xai2	ɕie2	ɕie2	ɕie3	ɕie2	ɕie4	ɕie4	ɕie4
青川	xai2	ɕie2	ɕie2	ɕie3	ɕye2	ɕie4	ɕie4	ɕie4
剑阁普安	xai2	ɕie5	ɕie5	ʃie3	ɕye5	ʃie4	ʃie4	ʃie4
剑阁金仙	xai2	ɕie5	ɕie5	si3	ɕye5	si4	si4	si4
旺苍	xai2	ɕie2	ɕie2	sie3	ɕie2	sie4	sie4	sie4
苍溪	xai2	xie2	xie2	se3	xie2	se4	se4	se4
江油	xai2	ɕie2	ɕie2	ɕie3	ɕye2	ɕie4	ɕie4	ɕie4
北川	xai2	ɕie2	ɕie2	ɕie3	ɕye2	ɕie4	ɕie4	ɕie4
绵阳	xai2	ɕie2	ɕie2	ɕie3	ɕye2	ɕie4	ɕie4	ɕie4
盐亭	xai2	ɕie5	ɕi5	ɕi3	ɕye5	ɕi3	ɕi4	ɕie4
德阳	xai2	ɕie2	ɕie2	ɕie3	ɕye2	ɕie4	ɕie4	ɕie4
中江	xai2	ɕie2	ɕie2	ɕie3	ɕye2	ɕie4	ɕie4	ɕie4
射洪	xai2	ɕie5	ɕie5	ɕie3	ɕye5	ɕie4	ɕie4	ɕie4
蓬溪	xai2	ɕi5	ɕi5	ɕi3	ɕye5	ɕie4	ɕie4	ɕie4
遂宁	xai2	ɕie2	ɕie2	ɕie3	ɕye2	ɕie4	ɕie4	ɕie4
乐至	xai2	ɕie2	ɕie2	ɕie3	ɕye2	ɕie4	ɕie4	ɕie4
安岳	xai2	ɕie2	ɕie2	ɕie3	ɕye2	ɕie4	ɕie4	ɕie4
仪陇	xai2	ɕie2	ɕie2	ɕie3	ɕye2	ɕie4	ɕie4	ɕie4
西充	xai2	ɕi5	ɕi5	ɕi3	ɕye5	ɕi4	ɕi4	ɕi4

① 又户皆切，蟹开二匣皆平。

字目	鞋①	胁	协	写	血	泻	卸	谢
反切	户佳	虚业	胡颊	悉姐	呼决	司夜	司夜	辞夜
声韵调	蟹开二匣佳平	咸开三晓业入	咸开四匣帖入	假开三心麻上	山合四晓屑入	假开三心麻去	假开三心麻去	假开三邪麻去
中古音	ɦɣɛ	hiɐp	ɦep	sia:	hwet	sia-	sia-	zia-
蓬安	xai2	ɕie2	ɕie2	ɕie3	ɕye2	ɕie4	ɕie4	ɕie4
南充金台	xai2	ɕie2	ɕie2	ɕie3	ɕye2	ɕie4	ɕie4	ɕie4
南充龙蟠	xai2	ɕie5	ɕie5	ɕi3	ɕie5	ɕi4	ɕi4	ɕi4
岳池	xai2	ɕie2	ɕie2	ɕie3	ɕye2	ɕie4	ɕie4	ɕie4
广安	xai2	ɕie2	ɕie2	ɕie3	ɕye2	ɕie4	ɕie4	ɕie4
邻水	xai2	ɕie5	ɕie5	ɕie3	ɕye5	ɕie4	ɕie4	ɕie4
南江	xai2	ɕie2 ɕie5 旧	ɕie2 ɕie5 旧	se3	ɕie2 ɕie5 旧	se4	se4	se4
巴中	xai5	ɕie2	ɕie5	ʃie3	ɕye5	ʃie4	ʃie4	ʃie4
通江	xai2	ɕie5	ɕie5	ʃi3	ɕye5	ʃie4	ʃie4	ʃie4
平昌	ɕiai2 文 xai2 白	ɕie2	ɕie2	ʃie3	ɕie2	ʃie4	ʃie4	ʃie4
万源	xai2	ɕie2	ɕie2	se3	ɕye2	se4	ɕie4	se4
宣汉	xai2	ɕie2	ɕie2	ɕie3	ɕye2	ɕie4	ɕie4	ɕie4
达州	xai2	ɕie2	ɕie2	ɕie3	ɕye2	ɕie4	ɕie4	ɕie4
开江	xai2	ɕie2	ɕie2	ɕie3	ɕye2	ɕie4	ɕie4	ɕie4
渠县	xai2	ɕie2	ɕie2	ɕie3	ɕye2	ɕie4	ɕie4	ɕie4
宜宾	xai2	ɕie5	ɕie5	ɕi3	ɕie5	ɕi3	ɕi4	ɕi4
古蔺	ɕiai2 文 xai2 白	ɕie5	ɕie5	ɕi3	ɕye5	ɕi4	ɕi4	ɕi4
长宁	xai2	ɕiæ5	ɕie5	ɕi3	ɕie5	ɕi4	ɕi4	ɕi4
顾县	xai2	ɕie2	ɕie2	ɕie3	ɕye2	ɕie4	ɕie4	ɕie4
成都龙泉	xai2	ɕieʔ5	ɕieʔ5	ɕia3	ɕyeʔ5	ɕie4	ɕie4	tɕhia4

① 又户皆切，蟹开二匣皆平。

字目	械	解姓	蟹①	泄	屑	噎	爷③	也
反切	胡介	胡买	胡买	私列	先结	乌结		羊者
声韵调	蟹开二匣皆去	蟹开二匣佳上	蟹开二匣佳上	山开三心薛入	山开四心屑入	山开四影屑入	假开三以麻平	假开三以麻上
中古音	ɦɣɛi-	ɦɣɛ:	ɦɣɛ:	siɛt	set	ʔet	jia	jia:
广元	tɕiai4	ɕiai4	xai3	ʃie4	ɕye2	ie1 文	ie2	ie3
平武	tɕiai4 ɕie4 新	ɕie4	ɕiai4 ɕie4 新	ɕie4	ɕye2	ie1 文	ie2	ie3
青川	tɕiai4	ɕiai4	ɕie4	ɕie4	ɕye2	ie1 文	ie2	ie3
剑阁普安	tɕiai4	ɕie4	ɕiai4	ʃie4	ɕye5	ie5	ie2	ie3
剑阁金仙	tɕie4	sie4	xai3	sie5	sye5	i5	i2	i3
旺苍	tɕiai4	ɕiai4	xai3	sie4	ɕye2	ŋe1	ie2	ie3
苍溪	tɕiai4	ɕiai4	ɕiai4 xai4 旧	se4	ɕie1	ie2 文	ie2	ie3
江油	tɕiai4	ɕiai4	ɕiai2	ɕie4	ɕiau1 俗	ie1 文	ie2	ie3
北川	tɕiai4	ɕiai4	xai2	ɕie4	ɕye2	ie1 文	ie2	ie3
绵阳	tɕiai4	ɕiai4	xai3	ɕie4	ɕiau1 俗	ie1 文	ie2	ie3
盐亭	tɕiai4	ɕiai4	ɕiai4	ɕi4	ɕye5	ie5	i2	i3
德阳	ɕiai4	kai3	ɕiai4 xai3 旧	ɕie4 ɕi1 俗②	ɕye2	ie1 文	ie2	ie3
中江	tɕiai4	ɕiai4	ɕiai2 xai2 旧	ɕie4	ɕiau1 俗	ie1 文	ie2	ie3
射洪	tɕiai4	ɕiai4	ɕiai2 xai3 旧	ɕie4 ɕi1 俗②	ɕye5	ie1 文	ie2	ie3
蓬溪	tɕiai4	tɕiai3	ɕiai4 xai3 旧	ɕie4 ɕi1 俗②	ɕye5	nie5	ie2	ie3
遂宁	tɕiɛn4	ɕiɛn4	ɕiai2 xai3 旧	ɕie4 ɕi1 俗②	ɕye2	ie1 文	ie2	ie3
乐至	tɕiɛn4	ɕiɛn4	ɕiɛn2	ɕie4	ɕye2	ie1 文	ie2	ie3
安岳	tɕiai4	ɕiai4	xai2	ɕie4	ɕye2	ie1 文	ie2	ie3
仪陇	tɕiai4	ɕie3	tɕiai4	ɕie4	ɕye2	ie1 文	ie2	ie3
西充	tɕiai4	ɕiai4	xai2	ɕi4	ɕiau1 俗	i5	i2	i3

---

① 又曹宪《博雅音》呼买切，蟹开二晓蟹上。 ② "泻"的训读。 ③ 《玉篇》以遮切。

字目	械	解姓	蟹①	泄	屑	噎	爷②	也
反切	胡介	胡买	胡买	私列	先结	乌结		羊者
声韵调	蟹开二匣皆去	蟹开二匣佳上	蟹开二匣佳上	山开三心薛入	山开四心屑入	山开四影屑入	假开三以麻平	假开三以麻上
中古音	ɦɣɛi-	ɦɣɛ:	ɦɣɛ:	siɛt	set	ʔet	jia	jia:
蓬安	tɕiai4	ɕiai4	xai2	ɕie4	ɕiau1 俗	ie1 文	ie2	ie3
南充金台	tɕiai4	tɕiɛn4	tɕiai4	ɕie4	ɕie4	ie1 文	ie2	ie3
南充龙蟠	tɕiɛn4	ɕi4	xai2	ɕi4	ɕie5	ie5	i2	i3
岳池	tɕiai4	ɕiai4	xai3	ɕie4	ɕye2	ie1 文	ie2	ie3
广安	tɕiɑr4	ɕiai4	xai3	ɕie4	ɕye2	ie1 文	ie2	ie3
邻水	tɕiai4	ɕiai4	xai3	ɕie4	ɕye5	ie1 文	ie2	ie3
南江	tɕiai4	ɕiai4	xai4	se4 / se5 旧	se5 / ʃiau1 俗	ie1 文	ie2	ie3
巴中	tɕiai4	ɕiai4	ɕiai4	ʃie4 / ʃie5 旧	ʃie5 / ʃiau1 俗	i5	ie2	ie3
通江	tɕiai4	ɕiai4	ɕiai4	ʃie4 / ʃie5 旧	ʃie5 / ʃiau1 俗	ie1 文	ie2	ie3
平昌	tɕiai4	ɕiai4	ɕiai4	ʃie4	ʃie2 / ʃiau1 俗	ie1 文	ie2	ie3
万源	tɕiai4	ɕiai3	ɕiai4 文 / xai3 白	se4 / ɕie2 旧	ʃiau4 俗	ie1 文	ie2	ie3
宣汉	tɕiai4	ɕiai3	ɕie4 文 / xai3 白	ɕie4 / ɕie2 旧	ɕiau1 俗	ie1 文	ie2	ie3
达州	ɕiai4	ɕiai3	ɕie4 文 / xai3 白	ɕie4 / ɕie2 旧	ɕiau1 俗	ie1 文	ie2	ie3
开江	tɕiai4	ɕiai3	ɕiai4 文 / xai3 白	ɕie4 / ɕie2 旧	ɕye4	ie1 文	ie2	ie3
渠县	tɕiai4	ɕiai3	ɕiai4 文 / xai3 白	ɕie4 / ɕie2 旧	ɕiau1 俗	ie1 文	ie2	ie3
宜宾	tɕiai4	xai4	xai3	ɕie5	ɕyθ5	ie5	i2	ie3
古蔺	tɕiai4	ɕiai4	ɕiai2 文 / xai3 白	ɕie5	ɕye5	ie1 文	i2	i3
长宁	tɕiɛn4	ɕiai4	xai3	ɕie4	ɕye5	ie5	i2	i3
顾县	tɕiai4	ɕie4	xai3	ɕie4	ɕye2 / ɕiau1 俗	ie1 文	ie2	ie3
成都龙泉	kai4	xai3	xɔi2	ɕieʔ5	ɕiau1 俗	ie1 文	ia2	ia3

① 又曹宪《博雅音》呼买切，蟹开二晓蟹上。 ② 《玉篇》以遮切。

字目	野	夜	叶树叶	页	业	液	虐	疟
反切	羊者	羊谢	与涉	与涉	鱼怯	羊益	鱼约	鱼约
声韵调	假开三 以麻上	假开三 以麻去	咸开三 以叶入	咸开三 以叶入	咸开三 疑业入	梗开三 以昔入	宕开三 疑药入	宕开三 疑药入
中古音	jia:	jia-	jiɐp	jiɐp	ŋiɐp	jiɛk	ŋiɛk	ŋiɛk
广元	ie3	ie4	ie2	ie2	ȵie2	ie4	io2	io2
平武	ie3	ie4	ie2	ie2	ie2	ie4	nio2	io2
青川	ie3	ie4	ie2	ie2	ȵie2	ie4	io2	io2
剑阁普安	ie3	ie4	ie5	ie5	ȵie5	ie4	io5	io5
剑阁金仙	i3	i4	ie5	ie5	ȵie5	i4	ʐo5	ʐo5
旺苍	ie3	ie4	ie2	ie2	ȵie2	ie4	io2	io2
苍溪	ie3	ie4	ie2	ie2	ȵie2	ie4	io2	io2
江油	ie3	ie4	ie2	ie2	ȵie2	ie4	io2	io2
北川	ie3	ie4	ie2	ie2	ȵie5	ie4	io2	io2
绵阳	ie3	ie4	ie2	ie2	ie2	ie4	io2	io2
盐亭	i3	i4	i5	i5	ȵi5	i4	io5	io5
德阳	ie3	ie4	ie2	ie2	ȵie2	ie4	io2	io2
中江	ie3	ie4	ie2	ie2	ȵie2	ie4	lio2	lio2
射洪	ie3	ie4	ie5	ie5	ȵie5	ie4	io5	io5
蓬溪	ie3	i4	ie5	ie5	ȵie5	i4	io5	io5
遂宁	ie3	ie4	ie2	ie2	ȵie2	ie4	nio2	nio2
乐至	ie3	ie4	ie2	ie2	ȵie2	ie4	nio2	nio2
安岳	ie3	ie4	ie2	ie2	ȵie2	ie4	nio2	nio2
仪陇	ie3	ie4	ie2	ie2	nie2	ie4	io2	io2
西充	i3	ie4	i5	i5	ȵi5	i4	io5	io5

字目	野	夜	叶树叶	页	业	液	虐	疟
反切	羊者	羊谢	与涉	与涉	鱼怯	羊益	鱼约	鱼约
声韵调	假开三以麻上	假开三以麻去	咸开三以叶入	咸开三以叶入	咸开三疑业入	梗开三以昔入	宕开三疑药入	宕开三疑药入
中古音	jia:	jia-	jiɛp	jiɛp	ŋiɛp	jiɛk	ŋiɛk	ŋiɛk
蓬安	ie3	ie4	ie2	ie2	nie4	i4	nio2	io2
南充金台	ie3	ie4	ie2	ie2	ȵie2	i4	io2	io2
南充龙蟠	i3	i4	i5	ie5	ȵie5	i4	io5	io5
岳池	ie3	ie4	ie2	ie2	ȵie2	i2	nio2	nio2
广安	ie3	ie4	ie2	ie2	nie2	ie4	io2	io2
邻水	ie3	ie4	ie5	ie5	ȵie5	i5	io5	io5
南江	ie3	ie4	ie2 ie5 旧	ie2 ie5 旧	ȵie5	ie4	io5	io5
巴中	ie3	ie4	ie2 ie5 旧	ie2 ie5 旧	ȵie2 ȵie5 旧	ie4	io5	io5
通江	ie3	ie4	ie5	ie5	ȵie5	ie4	io5	io2 io5 旧
平昌	ie3	ie4	ie2	ie2	ȵie2	ie4	io2	io2
万源	ie3	ie4	ie2	ie2	ȵie2	ie4	io2	io2
宣汉	ie3	ie4	ie2	ie2	nie2	i2	io2	io2
达州	ie3	ie4	ie2	ie2	ie2	ie2	io2	io2
开江	ie3	ie4	ie2	ie2	nie2	i2	io2	io2
渠县	ie3	ie4	ie2	ie2	ie2	ie4	io2	io2
宜宾	i3	i4	ie5	ie5	nie5 ie5 新	i4	yɵ5 nyɵ5	yɵ5 nyɵ5
古蔺	i3	i4	ie5	ie5	nie5	i4	io5	io5
长宁	i3	i4	ie5	ie5	ȵie5	i4	yo5	yo5
顾县	ie3	ie4	ie2	ie2	nie2	ie4	nio2	nio2
成都龙泉	ia1	ia4	ieʔ6	ieʔ6	ȵieʔ6	ia4	lyeʔ5	lyeʔ6

字目	略	掠	绝	掘①	决	嚼	觉感觉	缺
反切	离灼	离灼	情雪	其月	古穴	在爵	古岳	苦穴
声韵调	宕开三 来药入	宕开三 来药入	山合三 从薛入	山合三 群月入	山合四 见屑入	宕开三 从药入	江开二 见觉入	山合四 溪屑入
中古音	liɛk	liɛk	dziuɐt	guɐt	kwet	dziɛk	kɣʌk	khwet
广元	nio2	nio2	tɕye2	tɕye2	tɕye2	tʃiau2	tɕio2	tɕhye2
平武	nio2 nye2	nye2	tɕye2	tɕye2	tɕye2	tɕiau2	tɕio2	tɕhye2
青川	nio2	nio2	tɕye2	tɕye2	tɕye2	tɕiau2	tɕio2	tɕhye2
剑阁普安	nio5	nio5	tɕye5	tɕye5	tɕye5	tʃiau2	tɕio5	tɕhye5
剑阁金仙	nio5	nio5	tsye5	tɕhy5 俗	tɕye5	tsiɔ2	tɕio5	tɕhye5
旺苍	nio2	nio2	tɕye2	tɕye2	tɕye2	tɕiau2	tɕio2	tɕhye2
苍溪	lio2	lio2	tsye2	tɕye2	tɕye2	tsiau2	kio2	tɕhye2
江油	nio2	nio2	tɕye2	tɕhio2	tɕye2	tɕiau2	tɕio2	tɕhye2
北川	nio2	nio2	tɕye2	tɕhio2	tɕye2	tɕiau2	tɕio2	tɕhye2
绵阳	nio2	nio2	tɕye2	tɕhio2	tɕye2	tɕiau2	tɕio2	tɕhye2
盐亭	lio5	lio5	tɕye5	tsho5	tɕye5	tɕiɐu2	tɕio5	tɕhye5
德阳	lio2	lio2	tɕye2	tɕhio2 tɕye2 新	tɕye2	tɕiau2	tɕiau4	tɕhye2
中江	lio2	lio2	tɕye2	tɕhio2	tɕie2	tɕiau2	tɕiau4	tɕhye2
射洪	nio5	nio5	tɕye5	tɕhio5 tɕye5 新	tɕye5	tɕiau4	tɕiau4	tɕhye5
蓬溪	nio5	nio5	tɕye5	tɕhio5 tɕhye5	tɕye5	tɕiau4	tɕiau4	tɕhye5
遂宁	nio2	nio2	tɕye2	tɕhio2 tɕye2 新	tɕye2	tɕiau4	tɕiau4	tɕhye2
乐至	nio2	nio2	tɕye2	tɕhy2 俗	tɕye2	tɕio2	tɕio2	tɕhye2
安岳	nio2	nio2	tɕye2	tɕye2	tɕye2	tɕiau2	tɕio2	tɕhye2
仪陇	nio2	nio2	tɕye2	tɕye2	tɕye2	tɕiau2	tɕio2	tɕhye2
西充	nio5	nio5	tɕye5	tɕhio5	tɕye5	tɕiau4	tɕhio5	tɕhye5

① 又衢物切，臻合三群物入。

字目	略	掠	绝	掘①	决	嚼	觉感觉	缺
反切	离灼	离灼	情雪	其月	古穴	在爵	古岳	苦穴
声韵调	宕开三来药入	宕开三来药入	山合三从薛入	山合三群月入	山合四见屑入	宕开三从药入	江开二见觉入	山合四溪屑入
中古音	liɐk	liɐk	dziuɛt	guɐt	kwet	dziɐk	kɣʌk	khwet
蓬安	nio2	nio2	tɕye2	tɕye2	tɕye2	tɕiau4	tɕio2	tɕhye2
南充金台	no2	nio2	tɕye2	tɕhye2	tɕye2	tɕiau4	tɕio2	tɕhye2
南充龙蟠	nio5	nio5	tɕio5	tɕhio5	tɕye5	tɕiau4	tɕiau4	tɕhio5
岳池	nio2	nio2	tɕye2	tɕye2	tɕye2	tɕiau4	tɕio2	tɕhye2
广安	io2	io2	tɕye2	tɕye2	tɕye2	tɕiau4	tɕio2	tɕhye2
邻水	no5	no5	tɕye5	tɕye5	tɕye5	tɕiau4	tɕio2	tɕhye5
南江	lio2 lio5 旧	lio2 lio5 旧	tʃye2 tʃye5 旧	tɕye5	tɕye5	tʃiau2 tʃio5 旧	tɕio5	tɕhye2 tɕhye5 旧
巴中	lio2 lio5 旧	lio2 lio5 旧	tʃye2 tʃye5 旧	tɕhy2 tɕhy5 旧	tɕye2 tɕye5 旧	tʃiau2 tʃio5 旧	tɕio2 tɕio5 旧	tɕhye5
通江	lio5	lio5	tʃye5	tɕye5	tɕye5	tʃiau4 tʃio5 旧	tɕio5	tɕhye5
平昌	lo2	lio2	tʃye2	tɕye4	tɕye2	tʃio2	tɕio2	tɕhye2
万源	nio2	nio2	tɕye2	tɕhy2 俗	tɕye2	tʃiau4	tɕio2	tɕhye2
宣汉	no2	io2	tɕye2	tɕhy2 俗	tɕye2	tɕiau4	tɕio2	tɕhye2
达州	no2	nye2	tɕye2	tɕye2	tɕye2	tɕiau4	tɕye2	tɕhye2
开江	io2	io2	tɕye2	tɕye2	tɕye2	tɕiau4	tɕio2	tɕhye2
渠县	no2	nie2	tɕye2	tɕye2	tɕye2	tɕiau4	tɕio2	tɕhye2
宜宾	nyθ5	nyθ5	tɕyθ5	tɕhyθ5 tɕyθ5	tɕyθ5	tɕiau2 tɕyθ5 旧	tɕyθ5	tɕhyθ5
古蔺	no5	io2	tɕio5	tɕhio5	tɕye5	tɕio5	tɕio5	tɕhye5
长宁	lo5	le5	tɕyo5	tɕhiu5	tɕyo5	tɕiau2	tɕyo5	tɕhyo5
顾县	nio2	nio2	tɕye2	tɕye2	tɕye2	tɕiau4	tɕio2	tɕhye2
成都龙泉	lye5	lieʔ6	tɕieʔ5	tɕye5	tɕye5	tɕio6	tɕio5	tɕhye5

---

① 又衢物切，臻合三群物入。

字目	雀	鹊	却	确	靴	薛	削	学
反切	即略	七雀	去约	苦角	许胆	私列	息约	胡觉
声韵调	宕开三 精药入	宕开三 清药入	宕开三 溪药入	江开二 溪觉入	果合三 晓戈平	山开三 心薛入	宕开三 心药入	江开二 匣觉入
中古音	tsiɛk	tshiɛk	khiɛk	khɣʌk	hiua	siɛt	siɛk	ɦɣʌk
广元	tɕhio2	tɕhio2	tɕhio2	tɕhio2	ɕye1	ɕye2	ʃye2	ɕio2
平武	tɕhye2	tɕhio2	tɕhye2	tɕhio2	ɕye1	ɕye2	ɕye2	ɕio2
青川	tɕhio2	tɕhio2	tɕhio2	tɕhio2	ɕye1	ɕye2	ɕye2	ɕio2
剑阁普安	tʃhio5	tʃhio5	tɕhio5	tɕhio5	ɕye1	ʃye5	ʃye5	ɕio5
剑阁金仙	tshio5	tshio5	tɕhio5	tɕhio5	ɕy1	sye5	sye5	ɕio5
旺苍	tshio2	tshio2	tɕhio2	tɕhio2	ɕye1	sye2	ɕiau1 ɕye2	ɕio2
苍溪	tɕhio2	tshio2	tɕhio2	tɕhio2	ɕye1	sye2	sye2	xio2
江油	tɕhio2	tɕhio2	tɕhio2	tɕhio2	ɕye1	ɕye2	ɕye2	ɕio2
北川	tɕhio2	tɕhio2	tɕhio2	tɕhio2	ɕye1	ɕye2	ɕye2	ɕio2
绵阳	tɕhio2	tɕhio2	tɕhio2	tɕhio2	ɕye1	ɕye2	ɕye2	ɕio2
盐亭	tɕhio5	tɕhio5	tɕhio5	tɕhio5	ɕy1	ɕye5	ɕye5	ɕio5
德阳	tɕhio2	tɕhio2	tɕhio2	tɕhye2	ɕye1	ɕye2	ɕye2	ɕio2
中江	tɕhio2	tɕhio2	tɕhio2	tɕhio2	ɕye1	ɕye2	ɕio2	ɕio2
射洪	tɕhio5	tɕhio5	tɕhio5	tɕhio5	ɕye1	ɕye5	ɕye5	ɕio5
蓬溪	tɕhio5	tɕhio5	tɕhio5	tɕhio5	ɕy1	ɕye5	ɕye5	ɕio5
遂宁	tɕhio2	tɕhio2	tɕhio2	tɕhio2	ɕye1	ɕye2	ɕye2	ɕio2
乐至	tɕhio2	tɕhio2	tɕhio2	tɕhio2	ɕye1	ɕye2	ɕye2	ɕio2
安岳	tɕhio2	tɕhio2	tɕhio2	tɕhio2	ɕye1	ɕye2	ɕye2	ɕio2
仪陇	tɕhye2	tɕhio2	tɕhio2	tɕhio2	ɕye1	ɕye2	ɕye2	ɕio2
西充	tɕhio5	tɕhio5	tɕhio5	tɕhio5	ɕy1	ɕye5	ɕio5	ɕio5

字目	雀	鹊	却	确	靴	薛	削	学
反切	即略	七雀	去约	苦角	许胆	私列	息约	胡觉
声韵调	宕开三 精药入	宕开三 清药入	宕开三 溪药入	江开二 溪觉入	果合三 晓戈平	山开三 心薛入	宕开三 心药入	江开二 匣觉入
中古音	tsiɛk	tshiɛk	khiɛk	khɣʌk	hiua	siɛt	siɛk	ɦɣʌk
蓬安	tɕhio2	tɕhio2	tɕhio2	tɕhio2	ɕye1	ɕye2	ɕye2	ɕio2
南充金台	tɕhio2	tɕhio2	tɕhio2	tɕhio2	ɕye1	ɕye2	ɕio2	ɕio2
南充龙蟠	tɕhio5	tɕhio5	tɕhio5	tɕhio5	ɕy1	ɕye5	ɕio5	ɕio5
岳池	tɕhio2	tɕhio2	tɕhio2	tɕhio2	ɕye1	ɕye2	ɕye2	ɕio2
广安	tɕhio2	tɕhio2	tɕhio2	tɕhio2	ɕye1	ɕye2	ɕye2	ɕio2
邻水	tɕhio5	tɕhio5	tɕhio5	tɕhio5	ɕye1	ɕye5	ɕye5	ɕio5
南江	tʃhio2 tʃhio5 旧	tʃhio5	tɕhio2 tɕhio5 旧	tɕhio2 tɕhio5 旧	ɕye1	ʃye5	ʃye2 ʃye5 旧	ɕio2 ɕio5 旧
巴中	tʃhio5	tʃhio5	tɕhio5	tɕhio5	ɕye1	ʃye5	ʃye5	ɕio2 ɕio5 旧
通江	tʃhio5	tʃhio5	tɕhio2 tɕhio5 旧	tɕhio2 tɕhio5 旧	ɕye1	ʃye5	ʃye2 ʃye5 旧	ɕio5
平昌	tʃhio2	tʃhio2	tɕhio2	tɕhio2	ɕye1	ʃye2	ʃye2	ɕio2
万源	tʃhio2	tɕhio2	tɕhio2	tɕhio2	ɕye1	ʃye2	ʃye1	ɕio2
宣汉	tɕhio2	tɕhio2	tɕhio2	tɕhye2	ɕye1	ɕye1	ɕiau1	ɕio2
达州	tɕhio2	tɕhio2	tɕhye2	tɕhye2	ɕye1	ɕye2	ɕye2	ɕye2
开江	tɕhio2	tɕhio2	tɕhy2	tɕhio2	ɕye1	ɕye1	ɕye2	ɕio2
渠县	tɕhio2	tɕhio2	tɕhio2	tɕhio2	ɕye1	sye2	ɕye2	ɕio2
宜宾	tɕhyθ5	tɕhyθ5	tɕhyθ5	tɕhyθ5	ɕy1	ɕyθ5	ɕyθ5	ɕyθ5
古蔺	tɕhio5	tɕhio5	tɕhio5	tɕhio5	ɕy1	ɕye5	ɕye5	ɕio5
长宁	tɕhyo5	tɕhyo2	tɕhyo5	tɕhyo5	ɕy1	ɕyo5	ɕyo5	ɕyo5
顾县	tɕhio2	tɕhio2	tɕhio2	tɕhio2	ɕye1	ɕye2	ɕye2	ɕio2
成都龙泉	tɕhio1	tɕhio5	tɕhye5	tɕhio5	ɕye1	ɕye5	ɕioʔ5	xoʔ6

字目	雪	穴	约	悦	阅	月	越	粤
反切	相绝	胡决	于略	弋雪	弋雪	鱼厥	王伐	王伐
声韵调	山合三 心薛入	山合四 匣屑入	宕开三 影药入	山合三 以薛入	山合三 以薛入	山合三 疑月入	山合三 云月入	山合三 云月入
中古音	siuɐt	ɦiwet	ʔiɐk	jiuɐt	jiuɐt	ŋuɐt	ɦiuɐt	ɦiuɐt
广元	ʃye2	ɕie2	io2	ye2	ye2	ye2	ye2	ye2
平武	ɕye2	ɕie2	io2	ye2	ye2	ye2	ye2	ye2
青川	ɕye2	ɕie2	io2	ye2	ye2	ye2	ye2	ye2
剑阁普安	ʃye5	ɕie5	io5	ye5	ye5	ye5	ye5	ye5
剑阁金仙	sye5	xi5	io5	ye5	ye5	ye5	ye5	ye5
旺苍	sye2	ɕie2	io2	ye2	ye2	ye2	ye2	ye2
苍溪	sye2	xie2	io2	ye2 io2 旧	ye2 io2 旧	ye2	ye2	ye2
江油	ɕye2	ɕie2	io2	ye2	ye2	ye2	ye2	ye2
北川	ɕye2	ɕye2	io2	ye2	ye2	ye2	ye2	ye2
绵阳	ɕye2	ɕie2	io2	ye2	ye2	ye2	ye2	yc2
盐亭	ɕye5	ɕi5	io5	ye5	ye5	ye5	io5	io5
德阳	ɕye2	ɕie2	io2	ye2 io2 旧	ye2 io2 旧	ye2	ye2	ye2
中江	ɕye2	ɕie2	io2	ie2	ie2	ie2	ie2	ie2
射洪	ɕye5	ɕie5	io5	ye5 io5 旧	ye5 io5 旧	ye5	ye5	ye5
蓬溪	ɕye5	ɕi5	io5	ye5 io5 旧	ye5 io5 旧	ye5	ye5	ye5
遂宁	ɕye2	ɕie2	io2	ye2 io2 旧	ye2 io2 旧	ye2	ye2	ye2
乐至	ɕye2	ɕie2	io2	ye2	ye2	ye2	ye2	io2
安岳	ɕye2	ɕie2	io2	ye2	ye2	ye2	ye2	ye2
仪陇	ɕye2	ɕie2	io2	ye2	ye2	ye2	ye2	ye2
西充	ɕye5	ɕi5	io5	io5	io5	io5	io5	io5

字目	雪	穴	约	悦	阅	月	越	粤
反切	相绝	胡决	于略	弋雪	弋雪	鱼厥	王伐	王伐
声韵调	山合三心薛入	山合四匣屑入	宕开三影药入	山合三以薛入	山合三以薛入	山合三疑月入	山合三云月入	山合三云月入
中古音	siuɛt	ɦwet	ʔiɐk	jiuɛt	jiuɛt	ŋuɐt	ɦuɐt	ɦuɐt
蓬安	ɕye2	ɕie2	io2	ye2	ye2	ye2	ye2	ye2
南充金台	ɕye2	ɕie2	io2	ye2	ye2	ye2	ye2	ye2
南充龙蟠	ɕye5	ɕie5	io5	ye5	io5	ye5	ye5	ye5
岳池	ɕye2	ɕie2	io2	ye2	ye2	ye2	ye2	ye2
广安	ɕye2	ɕie2	io2	ye2	ye2	ye2	ye2	ye2
邻水	ɕye5	ɕie5	io5	ye5	ye5	ye5	ye5	ye5
南江	ʃye5	ɕie2 ɕye5旧	io5	ye2 io5旧	ye2 io5旧	ye5 io5旧	ye2 ye5旧	ye2 ye5旧
巴中	ʃye5	ɕie2 ɕye5旧	io2 io5旧	ye2 io5旧	ye2 io5旧	ye2 ye5旧	ye2 ye5旧	ye2 ye5旧
通江	ʃye5 ʃio5旧	ɕie5	io5	ye2 ye5旧	ye2 ye5旧	ye5 io5旧	io5	ye2 ye5旧
平昌	ʃye2	ɕie2	io2	ye2 io2旧	ye2 io2旧	ye2	ye2	ye2
万源	ʃye2	ɕie2	io2	ye2	ye2	ye2	ye2	ye2
宣汉	ɕye2	ɕie2	ye2	ye2	ye2	ye2	ye2	ye2
达州	ɕye2	ɕie2	ye2	ye2	ye2	ye2	ye2	ye2
开江	ɕye2	ɕie2	io2	ye2	ye2	ye2	ye2	ye2
渠县	ɕye2	ɕie2	io2	ye2	ye2	ye2	ye2	ye2
宜宾	ɕyθ5	ɕie5 ɕyθ5	yθ5	yθ5	yθ5	yθ5	yθ5	yθ5
古蔺	ɕye5	ɕie5	io5	io5	io5	ye5	ye5	ye5
长宁	ɕyo5	ɕyo5	yo5	yo5	yo5	yo5	yo5	yo5
顾县	ɕye2	ɕie2	io2	ye2	ye2	ye2	ye2	ye2
成都龙泉	ɕye5	ɕie?5	io?5	ye5	ye5	ȵie?6	ye?6	ye?6

字目	跃	岳山岳	岳姓	乐音乐	资	姿	滋	紫
反切	以灼	五角	五角	五角	即夷	即夷	子之	将此
声韵调	宕开三 以药入	江开二 疑觉入	江开二 疑觉入	江开二 疑觉入	止开三 精脂平	止开三 精脂平	止开三 精之平	止开三 精支上
中古音	jiɐk	ŋɣʌk	ŋɣʌk	ŋɣʌk	tsiɪ	tsiɪ	tsɨ	tsiɛ:
广元	iau4	io2	io2	io2	tsʅ1	tsʅ1	tsʅ1	tsʅ3
平武	iau4	io2	io2	io2	tsʅ1	tsʅ1	tsʅ1	tsʅ3
青川	iau4	io2	io2	io2	tsʅ1	tsʅ1	tsʅ1	tsʅ3
剑阁普安	iau4	io5	io5	io5	tsʅ1	tsʅ1	tsʅ1	tsʅ3
剑阁金仙	iɔ4	io5	io5	io5	tsʅ1	tsʅ1	tsʅ1	tsʅ3
旺苍	iau4	io2	io2	io2	tsʅ1	tsʅ1	tsʅ1	tsʅ3
苍溪	iau4 io2 旧	io2	io2	io2	tsʅ1	tsʅ1	tsʅ1	tsʅ3
江油	iau4	io2	io2	io2	tsʅ1	tsʅ1	tsʅ1	tsʅ3
北川	iau4	io2	io2	io2	tsʅ1	tsʅ1	tsʅ1	tsʅ3
绵阳	iau4	io2	io2	io2	tsʅ1	tsʅ1	tsʅ1	tsʅ3
盐亭	iɐu4	io5	io5	io5	tsʅ1	tsʅ1	tsʅ1	tsʅ3
德阳	iau4	io2	io2	io2	tsʅ1	tsʅ1	tsʅ2	tsʅ3
中江	iau4	io2	io2	io2	tsʅ1	tsʅ1	tsʅ1	tsʅ3
射洪	iau4	io5	io5	io5	tsʅ1	tsʅ1	tsʅ1	tsʅ3
蓬溪	iau4	io5	io5	io5	tsʅ1	tsʅ1	tsʅ1	tsʅ3
遂宁	iau4	io2	io2	io2	tsʅ1	tsʅ1	tsʅ1	tsʅ3
乐至	iau4	io2	io2	io2	tsʅ1	tsʅ1	tsʅ1	tsʅ3
安岳	iau4	io2	io2	io2	tsʅ1	tsʅ1	tsʅ1	tsʅ3
仪陇	iau4	io2	io2	io2	tsʅ1	tsʅ1	tsʅ1	tsʅ3
西充	iau4	io5	io5	io5	tsʅ1	tsʅ1	tsʅ1	tsʅ3

字目	跃	岳山岳	岳姓	乐音乐	资	姿	滋	紫
反切	以灼	五角	五角	五角	即夷	即夷	子之	将此
声韵调	宕开三 以药入	江开二 疑觉入	江开二 疑觉入	江开二 疑觉入	止开三 精脂平	止开三 精脂平	止开三 精之平	止开三 精支上
中古音	jiɐk	ŋɣʌk	ŋɣʌk	ŋɣʌk	tsiɪ	tsiɪ	tsɨ	tsiɛ:
蓬安	iau4	io2	io2	io2	tsʅ1	tsʅ1	tsʅ1	tsʅ3
南充金台	iau4	io2	io2	io2	tsʅ1	tsʅ1	tsʅ1	tsʅ3
南充龙蟠	iau4 io5 旧	io5	io5	io5	tsʅ1	tsʅ1	tsʅ1	tsʅ3
岳池	iau4	io2	io2	io2	tsʅ1	tsʅ1	tsʅ1	tsʅ3
广安	iau4	io2	io2	io2	tsʅ1	tsʅ1	tsʅ1	tsʅ3
邻水	iau4	io5	io5	io5	tsʅ1	tsʅ1	tsʅ1	tsʅ3
南江	iau4	io2 io5 旧	io2 io5 旧	ye5 io5 旧	tsʅ1	tsʅ1	tsʅ1	tsʅ3
巴中	iau4 io5 旧	io5	io5	io5	tsʅ1	tsʅ1	tsʅ1	tsʅ3
通江	io2 io5 旧	io2 io5 旧	io2 io5 旧	io5	tsʅ1	tsʅ1	tsʅ1	tsʅ3
平昌	iau4	io2	io2	io2	tsʅ1	tsʅ1	tsʅ1	tsʅ3
万源	iau4	io2	io2	io2	tsʅ1	tsʅ1	tsʅ1	tsʅ3
宣汉	iau4	ye2	ye2	io2	tsʅ1	tsʅ1	tsʅ1	tsʅ3
达州	iau4 ye2 新	io2	io2	io2	tsʅ1	tsʅ1	tsʅ1	tsʅ3
开江	iau4	io2	io2	io2	tsʅ1	tsʅ1	tsʅ1	tsʅ3
渠县	iau4	io2	io2	io2	tsʅ1	tsʅ1	tsʅ1	tsʅ3
宜宾	iau4 yθ5 旧	yθ5	yθ5	yθ5	tsʅ1	tsʅ1	tsʅ1	tsʅ3
古蔺	iau4 io5 旧	io5	io5	io5	tsʅ1	tsʅ1	tsʅ1	tsʅ3
长宁	yo5	yo5	yo5	yo5	tsʅ1	tsʅ1	tsʅ1	tsʅ3
顾县	iau4	io2	io2	io2	tsʅ1	tsʅ1	tsʅ1	tsʅ3
成都龙泉	iau4	ioʔ6	ioʔ6	ioʔ6	tsʅ1	tsʅ1	tsʅ1	tsʅ3

字目	姊	子	自	字	雌	差参差	瓷	慈
反切	将几	即里	疾二	疾置	此移	楚宜	疾资	疾之
声韵调	止开三精脂上	止开三精之上	止开三从脂去	止开三从之去	止开三清支平	止开三初支平	止开三从脂平	止开三从之平
中古音	tsiɪ:	tsɨ:	dziɪ-	dzɨ-	tshiɛ	tʃhiɛ	dziɪ	dzɨ
广元	tsʅ3	tsʅ3	tsʅ4	tsʅ4	tshʅ2	tshʅ1	tshʅ2	tshʅ2
平武	tsʅ3	tsʅ3	tsʅ4	tsʅ4	tshʅ2	tshʅ1	tshʅ2	tshʅ2
青川	tsʅ3	tsʅ3	tsʅ4	tsʅ4	tshʅ2	tshʅ1	tshʅ2	tshʅ2
剑阁普安	tsʅ3	tsʅ3	tsʅ4	tsʅ4	tshʅ2	tshʅ1	tshʅ2	tshʅ2
剑阁金仙	tsʅ3	tsʅ3	tsʅ4	tsʅ4	tshʅ2	tshʅ1	tshʅ2	tshʅ2
旺苍	tsʅ3	tsʅ3	tsʅ4	tsʅ4	tshʅ2	tshʅ1	tshʅ2	tshʅ2
苍溪	tsʅ3	tsʅ3	tsʅ4	tsʅ4	tshʅ2	tshʅ1	tshʅ2	tshʅ2
江油	tsʅ3	tsʅ3	tsʅ4	tsʅ4	tshʅ2	tshʅ1	tshʅ2	tshʅ2
北川	tsʅ3	tsʅ3	tsʅ4	tsʅ4	tshʅ2	tshʅ1	tshʅ2	tshʅ2
绵阳	tsʅ3	tsʅ3	tsʅ4	tsʅ4	tshʅ2	tshʅ1	tsʮ2	tshʅ2
盐亭	tsʅ3	tsʅ3	tsʅ4	tsʅ4	tshʅ2	tshʅ1	tshʅ2	tshʅ2
德阳	tsʅ3	tsʅ3	tsʅ4	tsʅ4	tshʅ2	tshʅ1	tshʅ2	tshʅ2
中江	tsʅ3	tsʅ3	tsʅ4	tsʅ4	tshʅ2	tshʅ1	tsʅ2	tsʅ2
射洪	tsʅ3	tsʅ3	tsʅ4	tsʅ4	tshʅ2	tshʅ1	tshʅ2	tshʅ2
蓬溪	tsʅ3	tsʅ3	tsʅ4	tsʅ4	tshʅ2	tshʅ1	tshʅ2	tshʅ2
遂宁	tsʅ3	tsʅ3	tsʅ4	tsʅ4	tshʅ2	tshʅ1	tshʅ2	tshʅ2
乐至	tsʅ3	tsʅ3	tsʅ4	tsʅ4	tshʅ2	tshʅ1	tshʅ2	tshʅ2
安岳	tsʅ3	tsʅ3	tsʅ4	tsʅ4	tshʅ2	tshʅ1	tshʅ2	tshʅ2
仪陇	tsʅ3	tsʅ3	tsʅ4	tsʅ4	tshʅ2	tshʌ1 俗	tshʅ2	tshʅ2
西充	tsʅ3	tsʅ3	tsʅ4	tsʅ4	tshʅ2	tshʅ1	tshʅ2	tshʅ2

字目	姊	子	自	字	雌	差参差	瓷	慈
反切	将几	即里	疾二	疾置	此移	楚宜	疾资	疾之
声韵调	止开三 精脂上	止开三 精之上	止开三 从脂去	止开三 从之去	止开三 清支平	止开三 初支平	止开三 从脂平	止开三 从之平
中古音	tsiɪ:	tsɨ:	dziɪ-	dzɨ-	tshiɛ	tʃhiɛ	dziɪ	dzɨ
蓬安	tsʅ3	tsʅ3	tsʅ4	tsʅ4	tshʅ2	tshʅ1	tshʅ2	tshʅ2
南充金台	tsʅ3	tsʅ3	tsʅ4	tsʅ4	tshʅ2	tshʅ1	tshʅ2	tshʅ2
南充龙蟠	tsʅ3	tsʅ3	tsʅ4	tsʅ4	tshʅ2	tshʅ1	tshʅ2	tshʅ2
岳池	tsʅ3	tsʅ3	tsʅ4	tsʅ4	tshʅ2	tshʅ1	tshʅ2	tshʅ2
广安	tsʅ3	tsʅ3	tsʅ4	tsʅ4	tshʅ2	tshʅ1	tshʅ2	tshʅ2
邻水	tsʅ3	tsʅ3	tsʅ4	tsʅ4	tshʅ2	tshʅ1	tshʅ2	tshʅ2
南江	tsʅ3	tsʅ3	tsʅ4	tsʅ4	tshʅ2	tshʅ1	tshʅ2	tshʅ2
巴中	tsʅ3	tsʅ3	tsʅ4	tsʅ4	tshʅ2	tshʅ1	tshʅ2	tshʅ2
通江	tsʅ3	tsʅ3	tsʅ4	tsʅ4	tshʅ2	tshʅ1	tshʅ2	tshʅ2
平昌	tsʅ3	tsʅ3	tsʅ4	tsʅ4	tshʅ2	tshʅ1	tshʅ2	tshʅ2
万源	tsʅ3	tsʅ3	tsʅ4	tsʅ4	tshʅ2	tshʅ1	tshʅ2	tshʅ2
宣汉	tsʅ3	tsʅ3	tsʅ4	tsʅ4	tshʅ2	tshʅ1	tshʅ2	tshʅ2
达州	tsʅ3	tsʅ3	tsʅ4	tsʅ4	tshʅ2	tshʅ1	tshʅ2	tshʅ2
开江	tsʅ3	tsʅ3	tsʅ4	tsʅ4	tshʅ2	tshʅ1	tshʅ2	tshʅ2
渠县	tsʅ3	tsʅ3	tsʅ4	tsʅ4	tshʅ2	tshʅ1	tshʅ2	tshʅ2
宜宾	tsʅ3	tsʅ3	tsʅ4	tsʅ4	tshʅ2	tshʅ1	tshʅ2	tshʅ2
古蔺	tsʅ3	tsʅ3	tsʅ4	tsʅ4	tshʅ2	tshʅ1	tshʅ2	tshʅ2
长宁	tsʅ3	tsʅ3	tsʅ4	tsʅ4	tshʅ2	tshʅ1	tshʅ2	tshʅ2
顾县	tsʅ3	tsʅ3	tsʅ4	tsʅ4	tshʅ2	tshʅ1	tshʅ2	tshʅ2
成都龙泉	tɕi3	tsʅ3	tɕhi2	sʅ4 tsʅ4	tshʅ2	tshʅ1	tshʅ2	tshʅ2

字目	磁	词	祠	辞	此	刺①	赐	次
反切	疾之	似兹	似兹	似兹	雌氏	七赐	斯义	七四
声韵调	止开三从之平	止开三邪之平	止开三邪之平	止开三邪之平	止开三清支上	止开三清支去	止开三心支去	止开三清脂去
中古音	dzɨ	zɨ	zɨ	zɨ	tshiE:	tshiE-	siE-	tshii-
广元	tshʅ2	tshʅ2	tshʅ2	tshʅ2	tshʅ3	tshʅ4 tsʅ4 口	tshʅ4	tshʅ4
平武	tshʅ2	tshʅ2	tshʅ2	tshʅ2	tshʅ3	tshʅ4	tshʅ4	tshʅ4
青川	tshʅ2	tshʅ2	tshʅ2	tshʅ2	tshʅ3	tshʅ4 tsʅ4 口	tshʅ4	tshʅ4
剑阁普安	tshʅ2	tshʅ2	tshʅ2	tshʅ2	tshʅ3	tshʅ4	tshʅ4	tshʅ4
剑阁金仙	tshʅ2	tshʅ2	tshʅ2	tshʅ2	tshʅ3	tshʅ4	tshʅ4	tshʅ4
旺苍	tshʅ2	tshʅ2	sʅ4	tshʅ2	tshʅ3	tshʅ4	tshʅ4	tshʅ4
苍溪	tshʅ2	tshʅ2	tshʅ2	tshʅ2	tshʅ3	tshʅ4	tshʅ4	tshʅ4
江油	tshʅ2	tshʅ2	tshʅ2	tshʅ2	tshʅ3	tshʅ4	tshʅ4	tshʅ4
北川	tshʅ2	tshʅ2	tshʅ2	tshʅ2	tshʅ3	tsʅ4 口	tshʅ4	tshʅ4
绵阳	tshʅ2	tshʅ2	tshʅ2	tshʅ2	tshʅ3	tshʅ4	tshʅ4	tshʅ4
盐亭	tshʅ2	tshʅ2	tshʅ2	tshʅ2	tshʅ3	tshʅ4	tshʅ4	tshʅ4
德阳	tshʅ2	tshʅ2	tshʅ2	tshʅ2	tshʅ3	tsʅ4 口	tshʅ2 tshʅ4 新	tshʅ4
中江	tsʅ2	tsʅ2	tsʅ2	tsʅ2	tshʅ3	tshʅ4	tshʅ4	tshʅ4
射洪	tshʅ2	tshʅ2	tshʅ2	tshʅ2	tshʅ3	tshʅ4	tshʅ2 tshʅ4 新	tshʅ4
蓬溪	tshʅ2	tshʅ2	tshʅ2	tshʅ2	tshʅ3	tshʅ4	tshʅ2 tshʅ4 新	tshʅ4
遂宁	tshʅ2	tshʅ2	tshʅ2	tshʅ2	tshʅ3	tshʅ4	tshʅ2 tshʅ4 新	tshʅ4
乐至	tshʅ2	tshʅ2	tshʅ2	tshʅ2	tshʅ3	tshʅ4	tshʅ4	tshʅ4
安岳	tshʅ2	tshʅ2	tshʅ2	tshʅ2	tshʅ3	tshʅ4	siE4	tshii4
仪陇	tshʅ2	tshʅ2	tshʅ2	tshʅ2	tshʅ3	tshʅ4	tshʅ4	tshʅ4
西充	tshʅ2	tshʅ2	tshʅ2	tshʅ2	tshʅ3	tshʅ4	tshʅ4	tshʅ4

① 又七迹切，梗开三清昔入。

字目	磁	词	祠	辞	此	刺①	赐	次
反切	疾之	似兹	似兹	似兹	雌氏	七赐	斯义	七四
声韵调	止开三从之平	止开三邪之平	止开三邪之平	止开三邪之平	止开三清支上	止开三清支去	止开三心支去	止开三清脂去
中古音	dzɨ	zɨ	zɨ	zɨ	tshiɛ:	tshiɛ-	siɛ-	tshiɪ-
蓬安	tshȵ2	tshȵ2	tshȵ2	tshȵ2	tshȵ3	tshȵ4	tshȵ4	tshȵ4
南充金台	tshȵ2	tshȵ2	tshȵ2	tshȵ2	tshȵ3	tshȵ4	tshȵ4	tshȵ4
南充龙蟠	tshȵ2	tshȵ2	tshȵ2	tshȵ2	tshȵ3	tshȵ4	tshȵ4	tshȵ4
岳池	tshȵ2	tshȵ2	tshȵ2	tshȵ2	tshȵ3	tshȵ4	tshȵ4	tshȵ4
广安	tshȵ2	tshȵ2	tshȵ2	tshȵ2	tshȵ3	tshȵ4	tshȵ4	tshȵ4
邻水	tshȵ2	tshȵ2	tshȵ2	tshȵ2	tshȵ3	tshȵ4	tshȵ4	tshȵ4
南江	tshȵ2	tshȵ2	tshȵ2	tshȵ2	tshȵ3	tshȵ4	tshȵ4	tshȵ4
巴中	tshȵ2	tshȵ2	tshȵ2	tshȵ2	tshȵ3	tshȵ4	tshȵ4	tshȵ4
通江	tshȵ2	tshȵ2	tshȵ2	tshȵ2	tshȵ3	tshȵ4	tshȵ4	tshȵ4
平昌	tshȵ2	tshȵ2	tshȵ2	tshȵ2	tshȵ3	tshȵ4	tshȵ4	tshȵ4
万源	tshȵ2	tshȵ2	tshȵ2	tshȵ2	tshȵ3	tshȵ4	tshȵ4	tshȵ4
宣汉	tshȵ2	tshȵ2	tshȵ2	tshȵ2	tshȵ3	tshȵ4	tshȵ4	tshȵ4
达州	tshȵ2	tshȵ2	tshȵ2	tshȵ2	tshȵ3	tshȵ4	tshȵ4	tshȵ4
开江	tshȵ2	tshȵ2	tshȵ2	tshȵ2	tshȵ3	tshȵ4	tshȵ4	tshȵ4
渠县	tshȵ2	tshȵ2	tshȵ2	tshȵ2	tshȵ3	tshȵ4	tshȵ4	tshȵ4
宜宾	tshȵ2	tshȵ2	tshȵ2	tshȵ2	tshȵ3	tsȵ4 口	tshȵ4	tshȵ4
古蔺	tshȵ2	tshȵ2	sȵ4 / tshȵ2	tshȵ2	tshȵ3	tshȵ4	tshȵ4	tshȵ4
长宁	tsȵ2	tshȵ2	tshȵ2	tshȵ2	tshȵ3	tsȵ4 口	tshȵ4	tshȵ4
顾县	tshȵ2	tshȵ2	tshȵ2	tshȵ2	tshȵ3	tshȵ4	tshȵ4	tshȵ4
成都龙泉	tshȵ2	tshȵ2	tshȵ2	tshȵ2	tshȵ4	tshȵ4	tshȵ4	tshȵ4

① 又七迹切，梗开三清昔入。

字目	斯	*撕①	私	司	丝	思②	死	四
反切	息移	*相支	息夷	息兹	息兹	息兹	息姊	息利
声韵调	止开三心支平	止开三心支平	止开三心脂平	止开三心之平	止开三心之平	止开三心之平	止开三心脂上	止开三心脂去
中古音	siɛ	siɛ	siɪ	sɿ	sɿ	sɿ	siɪ:	siɪ-
广元	ʂɿ1	ʂɿ1	ʂɿ1	ʂɿ1	ʂɿ1	ʂɿ1	ʂɿ3	ʂɿ4
平武	ʂɿ1	ʂɿ1	ʂɿ1	ʂɿ1	ʂɿ1	ʂɿ1	ʂɿ3	ʂɿ4
青川	ʂɿ1	ʂɿ1	ʂɿ1	ʂɿ1	ʂɿ1	ʂɿ1	ʂɿ3	ʂɿ4
剑阁普安	ʂɿ1	ʂɿ1	ʂɿ1	ʂɿ1	ʂɿ1	ʂɿ1	ʂɿ3	ʂɿ4
剑阁金仙	ʂɿ1	ʂɿ1	ʂɿ1	ʂɿ1	ʂɿ1	ʂɿ1	ʂɿ3	ʂɿ4
旺苍	ʂɿ1	ʂɿ1	ʂɿ1	ʂɿ1	ʂɿ1	ʂɿ1	ʂɿ3	ʂɿ4
苍溪	ʂɿ1	ʂɿ1	ʂɿ1	ʂɿ1	ʂɿ1	ʂɿ1	ʂɿ3	ʂɿ4
江油	ʂɿ1	ʂɿ1	ʂɿ1	ʂɿ1	ʂɿ1	ʂɿ1	ʂɿ3	ʂɿ4
北川	ʂɿ1	ʂɿ1	ʂɿ1	ʂɿ1	ʂɿ1	ʂɿ1	ʂɿ3	ʂɿ4
绵阳	ʂɿ1	ʂɿ1	ʂɿ1	ʂɿ1	ʂɿ1	ʂɿ1	ʂɿ3	ʂɿ4
盐亭	ʂɿ1	ʂɿ1	ʂɿ1	ʂɿ1	ʂɿ1	ʂɿ1	ʂɿ3	ʂɿ4
德阳	ʂɿ1	ʂɿ1	ʂɿ1	ʂɿ1	ʂɿ1	ʂɿ1	ʂɿ3	ʂɿ4
中江	ʂɿ1	ʂɿ1	ʂɿ1	ʂɿ1	ʂɿ1	ʂɿ1	ʂɿ3	ʂɿ4
射洪	ʂɿ1	ʂɿ1	ʂɿ1	ʂɿ1	ʂɿ1	ʂɿ1	ʂɿ3	ʂɿ4
蓬溪	ʂɿ1	ʂɿ1	ʂɿ1	ʂɿ1	ʂɿ1	ʂɿ1	ʂɿ3	ʂɿ4
遂宁	ʂɿ1	ʂɿ1	ʂɿ1	ʂɿ1	ʂɿ1	ʂɿ1	ʂɿ3	ʂɿ4
乐至	ʂɿ1	ʂɿ1	ʂɿ1	ʂɿ1	ʂɿ1	ʂɿ1	ʂɿ3	ʂɿ4
安岳	ʂɿ1	ʂɿ1	ʂɿ1	ʂɿ1	ʂɿ1	ʂɿ1	ʂɿ3	ʂɿ4
仪陇	ʂɿ1	ʂɿ1	ʂɿ1	ʂɿ1	ʂɿ1	ʂɿ1	ʂɿ3	ʂɿ4
西充	ʂɿ1	ʂɿ1	ʂɿ1	ʂɿ1	ʂɿ1	ʂɿ1	ʂɿ3	ʂɿ4

① 又《类篇》山宜切，止开三生支平。　② 又相吏切，止开三心之去。

字目	斯	*撕①	私	司	丝	思②	死	四
反切	息移	*相支	息夷	息兹	息兹	息兹	息姊	息利
声韵调	止开三心支平	止开三心支平	止开三心脂平	止开三心之平	止开三心之平	止开三心之平	止开三心脂上	止开三心脂去
中古音	siɛ	siɛ	siɪ	sɿ	sɿ	sɿ	siɪ:	siɪ-
蓬安	sɿ1	sɿ1	sɿ1	sɿ1	sɿ1	sɿ1	sɿ3	sɿ4
南充金台	sɿ1	sɿ1	sɿ1	sɿ1	sɿ1	sɿ1	sɿ3	sɿ4
南充龙蟠	sɿ1	sɿ1	sɿ1	sɿ1	sɿ1	sɿ1	sɿ3	sɿ4
岳池	sɿ1	sɿ1	sɿ1	sɿ1	sɿ1	sɿ1	sɿ3	sɿ4
广安	sɿ1	sɿ1	sɿ1	sɿ1	sɿ1	sɿ1	sɿ3	sɿ4
邻水	sɿ1	sɿ1	sɿ1	sɿ1	sɿ1	sɿ1	sɿ3	sɿ4
南江	sɿ1	sɿ1	sɿ1	sɿ1	sɿ1	sɿ1	sɿ3	sɿ4
巴中	sɿ1	sɿ1	sɿ1	sɿ1	sɿ1	sɿ1	sɿ3	sɿ4
通江	ʃi1	sɿ1	sɿ1	sɿ1	sɿ1	sɿ1	sɿ3	sɿ4
平昌	ʃi1	ʃi1	ʃi1	sɿ1	ʃi1	sɿ1	ʃi3	sɿ4
万源	sɿ1	sɿ1	sɿ1	sɿ1	sɿ1	sɿ1	sɿ3	sɿ4
宣汉	sɿ1	sɿ1	sɿ1	sɿ1	sɿ1	sɿ1	sɿ3	sɿ4
达州	sɿ1	sɿ1	sɿ1	sɿ1	sɿ1	sɿ1	sɿ3	sɿ4
开江	sɿ1	sɿ1	sɿ1	sɿ1	sɿ1	sɿ1	sɿ3	sɿ4
渠县	sɿ1	sɿ1	sɿ1	sɿ1	sɿ1	sɿ1	sɿ3	sɿ4
宜宾	sɿ1	sɿ1	sɿ1	sɿ1	sɿ1	sɿ1	sɿ3	sɿ4
古蔺	sɿ1	sɿ1	sɿ1	sɿ1	sɿ1	sɿ1	sɿ3	sɿ4
长宁	sɿ1	sɿ1	sɿ1	sɿ1	sɿ1	sɿ1	sɿ3	sɿ4
顾县	sɿ1	sɿ1	sɿ1	sɿ1	sɿ1	sɿ1	sɿ3	sɿ4
成都龙泉	sɿ1	ɕi1	sɿ1	ɕi1	sɿ1	sɿ1	ɕi3	ɕi4

① 又《类篇》山宜切，止开三生支平。 ② 又相吏切，止开三心之去。

字目	肆放肆	似	祀	寺	饲	知知道	蜘	支
反切	息利	详里	详里	祥吏	祥吏	陟离	陟离	章移
声韵调	止开三心脂去	止开三邪之上	止开三邪之上	止开三邪之去	止开三邪之去	止开三知支平	止开三知支平	止开三章支平
中古音	sɪ-	zɿ:	zɿ:	zɿ-	zɿ-	ȶiE	ȶiE	tɕiE
广元	sʅ4	sʅ4	tshʅ4	sʅ4	sʅ4	tʂʅ1	tʂʅ1	tʂʅ1
平武	sʅ4	sʅ4	sʅ4	sʅ4	sʅ4	tsʅ1	tsʅ1	tsʅ1
青川	sʅ4	sʅ4	sʅ4	sʅ4	sʅ4	tsʅ1	tsʅ1	tsʅ1
剑阁普安	sʅ4	sʅ4	sʅ4	sʅ4	sʅ4	tʂʅ1	tʂʅ1	tʂʅ1
剑阁金仙	sʅ4	sʅ4	tshʅ4	sʅ4	si4	tʂʅ1	tʂʅ1	tʂʅ1
旺苍	sʅ4	sʅ4	sʅ4	sʅ4	sʅ4	tʂʅ1	tʂʅ1	tʂʅ1
苍溪	sʅ4	sʅ4	sʅ4	sʅ4	si4	tʂʅ1	tʂʅ1	tʂʅ1
江油	sʅ4	sʅ4	sʅ4	sʅ4	sʅ4	tsʅ1	tsʅ1	tsʅ1
北川	sʅ4	sʅ4	sʅ4	sʅ4	sʅ4	tsʅ1	tsʅ1	tsʅ1
绵阳	sʅ4	sʅ4	sʅ4	sʅ4	sʅ4	tsʅ1	tsʅ1	tsʅ1
盐亭	sʅ4	sʅ4	sʅ4	sʅ4	sʅ4	tsʅ1	tsʅ1	tsʅ1
德阳	sʅ4	sʅ4	tsʅ4	sʅ4	sʅ4	tsʅ1	tsʅ1 tse2 口	tsʅ1
中江	sʅ4	sʅ4	sʅ4	sʅ4	sʅ4	tsʅ1	tsʅ1 tse2 口	tsʅ1
射洪	sʅ4	sʅ4	sʅ4	sʅ4	sʅ4	tsʅ1	tsʅ1 tse2 口	tsʅ1
蓬溪	sʅ4	sʅ4	sʅ4	sʅ4	sʅ4	tsʅ1	tsʅ1 tse2 口	tsʅ1
遂宁	sʅ4	sʅ4	sʅ4	sʅ4	sʅ4	tsʅ1	tsʅ1 tse2 口	tsʅ1
乐至	sʅ4	sʅ4	sʅ4	sʅ4	sʅ4	tsʅ1	tsʅ1	tsʅ1
安岳	sʅ4	sʅ4	sʅ4	sʅ4	sʅ4	tsʅ1	tsʅ1	tsʅ1
仪陇	sʅ4	sʅ4	sʅ4	sʅ4	sʅ4	tsʅ1	tsʅ1	tsʅ1
西充	sʅ4	sʅ4	sʅ4	sʅ4	sʅ4	tsʅ1	tsʅ1	tsʅ1

字目	肆放肆	似	祀	寺	饲	知知道	蜘	支
反切	息利	详里	详里	祥吏	祥吏	陟离	陟离	章移
声韵调	止开三心脂去	止开三邪之上	止开三邪之上	止开三邪之去	止开三邪之去	止开三知支平	止开三知支平	止开三章支平
中古音	sɪ-	zɨ:	zɨ:	zɨ-	zɨ-	ţɨE	ţɨE	tɕiE
蓬安	sʅ4	sʅ4	sʅ4	sʅ4	sʅ4	tsʅ1	tsʅ1	tsʅ1
南充金台	sʅ4	sʅ4	sʅ4	sʅ4	sʅ4	tsʅ1	tsʅ1	tsʅ1
南充龙蟠	sʅ4	sʅ4	sʅ4	sʅ4	sʅ4	tsʅ1	tsʅ1	tsʅ1
岳池	sʅ4	sʅ4	sʅ4	sʅ4	sʅ4	tsʅ1	tsʅ1	tsʅ1
广安	sʅ4	sʅ4	sʅ4	sʅ4	sʅ4	tsʅ1	tsʅ1	tsʅ1
邻水	sʅ4	sʅ4	sʅ4	sʅ4	sʅ4	tsʅ1	tsʅ1	tsʅ1
南江	sʅ4	sʅ4	ʂʅ4	sʅ4	sʅ4	tʂʅ1	tʂʅ1	tʂʅ1
巴中	sʅ4	ʃi4	ʂʅ4	sʅ4	sʅ4	tʂʅ1	tʂʅ1	tʂʅ1
通江	sʅ4	sʅ4	sʅ4	sʅ4	sʅ4	tʂʅ1	tʂʅ1	tʂʅ1
平昌	ʃi4	sʅ4	sʅ4	sʅ4	sʅ4	tʂʅ1	tʂʅ1	tʂʅ1
万源	sʅ4	ʂʅ4	ʂʅ4	ʂʅ1	ʂʅ4	tʂʅ1	tʂʅ1	tʂʅ1
宣汉	sʅ4	sʅ4	sʅ4	sʅ1	sʅ4	tsʅ1	tsʅ1	tsʅ1
达州	sʅ4	sʅ4	sʅ4	sʅ4	sʅ4	tsʅ1	tsʅ1	tsʅ1
开江	sʅ4	sʅ4	sʅ4	sʅ4	sʅ4	tsʅ1	tsʅ1	tsʅ1
渠县	sʅ4	sʅ4	sʅ4	sʅ4	sʅ4	tsʅ1	tsʅ1	tsʅ1
宜宾	sʅ4	sʅ4	sʅ4	sʅ4	sʅ4	tsʅ1	tse5	tsʅ1
古蔺	sʅ4	sʅ4	sʅ4	sʅ4	sʅ4	tsʅ1	tsʅ1	tsʅ1
长宁	sʅ4	sʅ4	sʅ4	sʅ4	sʅ4	tsʅ1	tsʅ1	tsʅ1
顾县	sʅ4	sʅ4	sʅ4	sʅ4	sʅ4	tsʅ1	tsʅ1	tsʅ1
成都龙泉	ɕi4	sʅ4	sʅ4	sʅ4	sʅ4	tsʅ1	tsʅ1	tsʅ1

字目	枝	肢	脂	之	芝	汁	织	只一只
反切	章移	章移	旨夷	止而	止而	之入	之翼	之石
声韵调	止开三章支平	止开三章支平	止开三脂平	止开三之平	止开三之平	深开三章缉入	曾开三章职入	梗开三章昔入
中古音	tɕiɛ	tɕiɛ	tɕiɪ	tɕɨ	tɕɨ	tɕiɪp	tɕik	tɕiɛk
广元	tʂʅ1	tʂʅ1	tʂʅ3	tʂʅ1	tʂʅ1	tʂʅ2	tʂʅ2	tʂʅ1
平武	tsʅ1	tsʅ1	tsʅ3	tsʅ1	tsʅ1	tsʅ2	tsʅ2	tsʅ1
青川	tsʅ1	tsʅ1	tsʅ3	tsʅ1	tsʅ1	tsʅ2	tsʅ2	tsʅ1
剑阁普安	tʂʅ1	tʂʅ1	tʂʅ3	tʂʅ1	tʂʅ1	tʂʅ5	tʂʅ5	tʂʅ1
剑阁金仙	tʂʅ1	tʂʅ1	tʂʅ3	tʂʅ1	tʂʅ1	tʂʅ5	tʂʅ5	tʂʅ1
旺苍	tʂʅ1	tʂʅ1	tʂʅ3	tʂʅ1	tʂʅ1	tʂʅ2	tʂʅ2	tʂʅ1
苍溪	tʂʅ1	tʂʅ1	tʂʅ3 / tʂʅ1	tʂʅ1	tʂʅ1	tʂʅ2	tʂʅ2	tʂʅ1
江油	tsʅ1	tsʅ1	tsʅ3	tsʅ1	tsʅ1	tsʅ2	tsʅ2	tsʅ1
北川	tsʅ1	tsʅ1	tsʅ3	tsʅ1	tsʅ1	tsʅ2	tsʅ2	tsʅ1
绵阳	tsʅ1	tsʅ1	tsʅ3	tsʅ1	tsʅ1	tsʅ2	tsʅ2	tsʅ1
盐亭	tsʅ1	tsʅ1	tsʅ1	tsʅ1	tsʅ1	tsʅ5	tsʅ5	tsʅ1
德阳	tsʅ1	tsʅ1	tsʅ1	tsʅ1	tsʅ1	tsʅ2	tsʅ2	tsʅ1
中江	tsʅ1	tsʅ1	tsʅ3	tsʅ1	tsʅ1	tɕi1	tsʅ2	tsʅ1
射洪	tsʅ1	tsʅ1	tsʅ1	tsʅ1	tsʅ1	tsʅ5	tsʅ5	tsʅ1
蓬溪	tsʅ1	tsʅ1	tsʅ1	tsʅ1	tsʅ1	tsʅ5	tsʅ5	tsʅ1
遂宁	tsʅ1	tsʅ1	tsʅ1	tsʅ1	tsʅ1	tsʅ2	tsʅ2	tsʅ1
乐至	tsʅ1	tsʅ1	tsʅ1	tsʅ1	tsʅ1	tsʅ2	tsʅ2	tsʅ1
安岳	tsʅ1	tsʅ1	tsʅ1	tsʅ1	tsʅ1	tsʅ2	tsʅ2	tsʅ1
仪陇	tsʅ1	tsʅ1	tsʅ1	tsʅ1	tsʅ1	tsʅ2	tsʅ2	tsʅ1
西充	tsʅ1	tsʅ1	tsʅ1	tsʅ1	tsʅ1	tʂʅ5	tʂʅ5	tsʅ1

字目	枝	肢	脂	之	芝	汁	织	只—只
反切	章移	章移	旨夷	止而	止而	之入	之翼	之石
声韵调	止开三章支平	止开三章支平	止开三章脂平	止开三章之平	止开三章之平	深开三章缉入	曾开三章职入	梗开三章昔入
中古音	tɕiᴇ	tɕiᴇ	tɕii	tɕi	tɕi	tɕiip	tɕik	tɕiᴇk
蓬安	tsʅ1	tsʅ1	tsʅ1	tsʅ1	tsʅ1	tsʅ2	tsʅ2	tsʅ1
南充金台	tsʅ1	tsʅ1	tsʅ1	tsʅ1	tsʅ1	tsʅ2	tsʅ2	tsʅ1
南充龙蟠	tsʅ1	tsʅ1	tsʅ1	tsʅ1	tsʅ1	tsʅ5	tsʅ5	tsʅ1
岳池	tsʅ1	tsʅ1	tsʅ3	tsʅ1	tsʅ1	tsʅ2	tsʅ2	tsʅ1
广安	tsʅ1	tsʅ1	tsʅ3	tsʅ1	tsʅ1	tsʅ2	tsʅ2	tsʅ1
邻水	tsʅ1	tsʅ1	tsʅ3	tsʅ1	tsʅ1	tsʅ5	tsʅ5	tsʅ1
南江	tʂʅ1	tʂʅ1	tʂʅ1	tʂʅ1	tʂʅ1	tʂʅ5	tʂʅ5	tʂʅ1
巴中	tʂʅ1	tʂʅ1	tʂʅ3 / tʂʅ1	tʂʅ1	tʂʅ1	tʂʅ5	tʂʅ5	tʂʅ1
通江	tʂʅ1	tʂʅ1	tʂʅ3 / tʂʅ1	tʂʅ1	tʂʅ1	tʂʅ5	tʂʅ5	tʂʅ1
平昌	tʂʅ1	tʂʅ1	tʂʅ1	tʂʅ1	tʂʅ1	tʂʅ2	tʂʅ2	tʂʅ1
万源	tʂʅ1	tʂʅ1	tʂʅ1	tʂʅ1	tʂʅ1	tʂʅ2	tʂʅ2	tʂʅ1
宣汉	tsʅ1	tsʅ1	tsʅ3	tsʅ1	tsʅ1	tsʅ2	tsʅ2	tsʅ1
达州	tsʅ1	tsʅ1	tsʅ3	tsʅ1	tsʅ1	tsʅ1	tsʅ2	tsʅ1
开江	tsʅ1	tsʅ1	tsʅ3	tsʅ1	tsʅ1	tsʅ2	tsʅ2	tsʅ1
渠县	tsʅ1	tsʅ1	tsʅ3	tsʅ1	tsʅ1	tsʅ2	tsʅ2	tsʅ1
宜宾	tsʅ1	tsʅ1	tsʅ1	tsʅ1	tsʅ1	tse5	tse5	tsʅ1
古蔺	tsʅ1	tsʅ1	tsʅ1	tsʅ1	tsʅ1	tsʅ5	tsʅ5	tsʅ1
长宁	tsʅ1	tsʅ1	tsʅ1	tsʅ1	tsʅ1	tsʅ2	tsʅ2	tsʅ1
顾县	tsʅ1	tsʅ1	tsʅ3	tsʅ1	tsʅ1	tsʅ2	tsʅ2	tsʅ1
成都龙泉	tsʅ1	tsʅ1	tsʅ3 / tsʅ1	tsʅ1	tsʅ1	tsə5	tsəʔ5	tsʅ1

字目	执	侄	直	*值①	职	植	纸	只②只有
反切	之入	直一	除力	*逐力	之翼	常职	诸氏	诸氏
声韵调	深开三章缉入	臻开三澄质入	曾开三澄职入	曾开三澄职入	曾开三章职入	曾开三禅职入	止开三章支上	止开三章支上
中古音	tɕip	ḍiĪt	ḍik	ḍik	tɕik	dʑik	tɕiɛ:	tɕiɛ:
广元	tʂʅ2	tʂʅ2	tʂʅ2	tʂʅ2	tʂʅ2	tʂʅ2	tʂʅ3	tʂʅ3
平武	tsʅ2	tsʅ2	tsʅ2	tsʅ2	tsʅ2	tsʅ2	tsʅ3	tsʅ3
青川	tsʅ2	tsʅ2	tsʅ2	tsʅ2	tsʅ2	tsʅ2	tsʅ3	tsʅ3
剑阁普安	tʂʅ5	tʂʅ5	tʂʅ5	tʂʅ5	tʂʅ5	tʂʅ5	tʂʅ3	tʂʅ3
剑阁金仙	tʂʅ5	tʂʅ5	tʂʅ5	tʂʅ5	tʂʅ5	tʂʅ5	tʂʅ3	tʂʅ3
旺苍	tʂʅ2	tʂʅ2	tʂʅ2	tʂʅ2	tʂʅ2	tʂʅ2	tʂʅ3	tʂʅ3
苍溪	tʂʅ2	tʂʅ2	tʂʅ2	tʂʅ2	tʂʅ2	tʂʅ2	tʂʅ3	tʂʅ3
江油	tsʅ2	tsʅ2	tsʅ2	tsʅ2	tsʅ2	tsʅ2	tsʅ3	tsʅ3
北川	tsʅ2	tsʅ2	tsʅ2	tsʅ2	tsʅ2	tsʅ2	tsʅ3	tsʅ3
绵阳	tsʅ2	tsʅ2	tsʅ2	tsʅ2	tsʅ2	tsʅ2	tsʅ3	tsʅ3
盐亭	tsʅ5	tsʅ5	tsʅ5	tsʅ5	tsʅ5	tsʅ5	tsʅ3	tsʅ3
德阳	tsʅ2	tsʅ2	tsʅ2	tsʅ2	tsʅ2	tsʅ2	tsʅ3	tsʅ3
中江	tsʅ2	tsʅ2	tsʅ2	tsʅ2	tsʅ2	tsʅ2	tsʅ3	tsʅ3
射洪	tsʅ5	tsʅ5	tsʅ5	tsʅ5	tsʅ5	tsʅ5	tsʅ3	tsʅ3
蓬溪	tsʅ5	tsʅ5	tsʅ5	tsʅ5	tsʅ5	tsʅ5	tsʅ3	tsʅ3
遂宁	tsʅ2	tsʅ2	tsʅ2	tsʅ2	tsʅ2	tsʅ2	tsʅ3	tsʅ3
乐至	tsʅ2	tsʅ2	tsʅ2	tsʅ2	tsʅ2	tsʅ2	tsʅ3	tsʅ3
安岳	tsʅ2	tsʅ2	tsʅ2	tsʅ2	tsʅ2	tsʅ2	tsʅ3	tsʅ3
仪陇	tsʅ2	tsʅ2	tsʅ2	tsʅ2	tsʅ2	tsʅ2	tsʅ3	tsʅ3
西充	tʂʅ5	tʂʅ5	tʂʅ5	tʂʅ5	tʂʅ5	tʂʅ5	tʂʅ3	tʂʅ3

① 又直吏切，止开三澄之去。 ② 又章移切，止开三章支平。

字目	执	侄	直	*值①	职	植	纸	只②只有
反切	之入	直一	除力	*逐力	之翼	常职	诸氏	诸氏
声韵调	深开三章缉入	臻开三澄质入	曾开三澄职入	曾开三澄职入	曾开三章职入	曾开三禅职入	止开三章支上	止开三章支上
中古音	tɕiip	ḍiɪt	ḍik	ḍik	tɕik	dʑik	tɕiE:	tɕiE:
蓬安	tsɿ2	tsɿ2	tsɿ2	tsɿ2	tsɿ2	tsɿ2	tsɿ3	tsɿ3
南充金台	tsɿ2	tsɿ2	tsɿ2	tsɿ2	tsɿ2	tsɿ2	tsɿ3	tsɿ3
南充龙蟠	tʂʅ5	tʂʅ5	tʂʅ5	tʂʅ5	tʂʅ5	tʂʅ5	tʂʅ3	tʂʅ3
岳池	tsɿ2	tsɿ2	tsɿ2	tsɿ2	tsɿ2	tsɿ2	tsɿ3	tsɿ3
广安	tsɿ2	tsɿ2	tsɿ2	tsɿ2	tsɿ2	tsɿ2	tsɿ3	tsɿ3
邻水	tʂʅ5	tʂʅ5	tʂʅ5	tʂʅ5	tʂʅ5	tʂʅ5	tʂʅ3	tʂʅ3
南江	tʂʅ5	tʂʅ2 tʂʅ5旧	tʂʅ2 tʂʅ5旧	tʂʅ2 tʂʅ5旧	tʂʅ5	tʂʅ5	tʂʅ3	tʂʅ3
巴中	tʂʅ5	tʂʅ5	tʂʅ5	tʂʅ5	tʂʅ5	tʂʅ5	tʂʅ3	tʂʅ3
通江	tʂʅ5	tʂʅ5	tʂʅ5	tʂʅ5	tʂʅ5	tʂʅ5	tʂʅ3	tʂʅ3
平昌	tʂʅ2	tʂʅ2	tʂʅ2	tʂʅ2	tʂʅ2	tʂʅ2	tʂʅ3	tʂʅ3
万源	tʂʅ2	tʂʅ2	tʂʅ2	tʂʅ2	tʂʅ2	tʂʅ2	tʂʅ3	tʂʅ3
宣汉	tsɿ2	tsɿ2	tsɿ2	tsɿ2	tsɿ2	tsɿ2	tsɿ3	tsɿ3
达州	tsɿ2	tsɿ2	tsɿ2	tsɿ2	tsɿ2	tsɿ2	tsɿ3	tsɿ3
开江	tsɿ2	tsɿ2	tsɿ2	tsɿ2	tsɿ2	tsɿ2	tsɿ3	tsɿ3
渠县	tsɿ2	tsɿ2	tsɿ2	tsɿ2	tsɿ2	tsɿ2	tsɿ3	tsɿ3
宜宾	tse5	tse5	tse5	tse5	tse5	tse5	tsɿ3	tsɿ3
古蔺	tse5	tse5	tse5	tse5	tse5	tse5	tsɿ3	tsɿ3
长宁	tsɿ5	tsɿ5	tsɿ5	tsɿ5	tsɿ2	tsɿ5	tsɿ3	tsɿ3
顾县	tsɿ2	tsɿ2	tsɿ2	tsɿ2	tsɿ2	tsɿ2	tsɿ3	tsɿ3
成都龙泉	tsə5	tshəʔ6	tshəʔ6	tshəʔ6	tsəʔ5	tsə5	tsɿ3	tsɿ3

① 又直吏切，止开三澄之去。　② 又章移切，止开三章支平。

字目	旨	指	止	址	滞	制制度	制制造	智
反切	职雉	职雉	诸市	诸市	直例	征例	征例	知义
声韵调	止开三章脂上	止开三章脂上	止开三章之上	止开三章之上	蟹开三澄祭去	蟹开三章祭去	蟹开三章祭去	止开三知支去
中古音	tɕiɪ:	tɕiɪ:	tɕi:	tɕi:	djiɛi-	tɕiɛi-	tɕiɛi-	ṭie-
广元	tʂ̩3	tʂ̩3	tʂ̩3	tʂ̩3	tʂ̩4	tʂ̩4	tʂ̩4	tʂ̩4
平武	tʂ̩3	tʂ̩3	tʂ̩3	tʂ̩3	tshʂ̩4	tʂ̩4	tʂ̩4	tʂ̩4
青川	tʂ̩3	tʂ̩3	tʂ̩3	tʂ̩3	tshʂ̩4	tʂ̩4	tʂ̩4	tʂ̩4
剑阁普安	tʂ̩3	tʂ̩3	tʂ̩3	tʂ̩3	tshʂ̩2	tʂ̩4	tʂ̩4	tʂ̩4
剑阁金仙	tʂ̩3	tʂ̩3	tʂ̩3	tʂ̩3	tshʂ̩4	tʂ̩4	tʂ̩4	tʂ̩4
旺苍	tʂ̩3	tʂ̩3	tʂ̩3	tʂ̩3	tshʂ̩4	tʂ̩4	tʂ̩4	tʂ̩4
苍溪	tʂ̩3	tʂ̩3	tʂ̩3	tʂ̩3	tʂ̩4	tʂ̩4	tʂ̩4	tʂ̩4
江油	tʂ̩3	tʂ̩3	tʂ̩3	tʂ̩3	tshʂ̩4	tʂ̩4	tʂ̩4	tʂ̩4
北川	tʂ̩3	tʂ̩3	tʂ̩3	tʂ̩3	tʂ̩4	tʂ̩4	tʂ̩4	tʂ̩4
绵阳	tʂ̩3	tʂ̩3	tʂ̩3	tshʂ̩3	tshʂ̩4	tʂ̩4	tʂ̩4	tʂ̩4
盐亭	tʂ̩3	tʂ̩3	tʂ̩3	tʂ̩3	tshʂ̩4	tʂ̩4	tʂ̩4	tʂ̩4
德阳	tʂ̩3	tʂ̩3	tʂ̩3	tʂ̩3	tʂ̩4	tʂ̩4	tʂ̩4	tʂ̩4
中江	tʂ̩3	tʂ̩3	tʂ̩3	tʂ̩3	tʂ̩4	tʂ̩4	tʂ̩4	tʂ̩4
射洪	tʂ̩3	tʂ̩3	tʂ̩3	tʂ̩3	tshʂ̩4	tʂ̩4	tʂ̩4	tʂ̩4
蓬溪	tʂ̩3	tʂ̩3	tshʂ̩3	tshʂ̩3	tshʂ̩3	tʂ̩4	tʂ̩4	tʂ̩4
遂宁	tʂ̩3	tʂ̩3	tʂ̩3	tʂ̩3	tshʂ̩4	tʂ̩4	tʂ̩4	tʂ̩4
乐至	tʂ̩3	tʂ̩3	tʂ̩3	tshʂ̩3	tʂ̩4	tʂ̩4	tʂ̩4	tʂ̩4
安岳	tʂ̩3	tʂ̩3	tʂ̩3	tʂ̩3	tʂ̩4	tʂ̩4	tʂ̩4	tʂ̩4
仪陇	tʂ̩3	tʂ̩3	tʂ̩3	tʂ̩3	tʂ̩4	tʂ̩4	tʂ̩4	tʂ̩4
西充	tʂ̩3	tʂ̩3	tʂ̩3	tʂ̩3	tʂ̩4	tʂ̩4	tʂ̩4	tʂ̩4

字目	旨	指	止	址	滞	制制度	制制造	智
反切	职雉	职雉	诸市	诸市	直例	征例	征例	知义
声韵调	止开三章脂上	止开三章脂上	止开三章之上	止开三章之上	蟹开三澄祭去	蟹开三章祭去	蟹开三章祭去	止开三知支去
中古音	tɕii:	tɕii:	tɕi:	tɕi:	ɖiɛi-	tɕiɛi-	tɕiɛi-	ʈiɛ-
蓬安	tsɿ3	tsɿ3	tsɿ3	tsɿ3	tsɿ4	tsɿ4	tsɿ4	tsɿ4
南充金台	tsɿ3	tsɿ3	tsɿ3	tsɿ3	tshɿ4	tsɿ4	tsɿ4	tsɿ4
南充龙蟠	tsɿ3	tsɿ3	tsɿ3	tsɿ3	tsɿ4	tsɿ4	tsɿ4	tsɿ4
岳池	tsɿ3	tsɿ3	tsɿ3	tsɿ3	tshɿ4	tsɿ4	tsɿ4	tsɿ4
广安	tsɿ3	tsɿ3	tsɿ3	tshɿ3	tshɿ4	tsɿ4	tsɿ4	tsɿ4
邻水	tsɿ3	tsɿ3	tsɿ3	tsɿ3	tshɿ4	tshɿ4	tshɿ4	tsɿ4
南江	tʂʅ3	tʂʅ3	tʂʅ3	tʂʅ3	tʂʅ4	tʂʅ4	tʂʅ4	tʂʅ4
巴中	tʂʅ3	tʂʅ3	tʂʅ3	tʂʅ3	tʂhʅ4 tʂʅ4	tʂʅ4	tʂʅ4	tʂʅ1 tʂʅ4
通江	tʂʅ3	tʂʅ3	tʂʅ3	tʂʅ3	tʂʅ4	tʂʅ4	tʂʅ4	tʂʅ4
平昌	tʂʅ3	tʂʅ3	tʂʅ3	tʂʅ3	tʂʅ4	tʂʅ4	tʂʅ4	tʂʅ4
万源	tʂʅ3	tʂʅ3	tʂʅ3	tʂʅ3	tʂhʅ2	tʂʅ4	tʂʅ4	tʂʅ4
宣汉	tsɿ3	tsɿ3	tsɿ3	tsɿ3	tshɿ4	tsɿ4	tsɿ4	tsɿ4
达州	tsɿ3	tsɿ3	tsɿ3	tsɿ3	tsɿ4	tsɿ4	tsɿ4	tsɿ4
开江	tsɿ3	tsɿ3	tsɿ3	tsɿ3	tshɿ3	tshɿ4	tshɿ4	tsɿ4
渠县	tsɿ3	tsɿ3	tsɿ3	tsɿ3	tsɿ4	tsɿ4	tsɿ4	tsɿ4
宜宾	tsɿ3	tsɿ3	tsɿ3	tsɿ3	tsɿ4	tsɿ4	tsɿ4	tsɿ4
古蔺	tsɿ3	tsɿ3	tsɿ3	tsɿ3	tsɿ4	tsɿ4	tsɿ4	tse5 tsɿ4
长宁	tsɿ3	tsɿ3	tsɿ3	tsɿ3	tsɿ4	tsɿ4	tsɿ4	tsɿ4
顾县	tsɿ3	tsɿ3	tsɿ3	tsɿ3	tsɿ4	tsɿ4	tsɿ4	tsɿ4
成都龙泉	tsɿ3	tsɿ3	tsɿ3	tsɿ3	tsɿ4	tsɿ4	tsɿ4	tsɿ4

字目	致	质人质	稚	至	置	治	志志向	志杂志
反切	陟利	陟利	直利	脂利	陟吏	直吏	职吏	职吏
声韵调	止开三知脂去	止开三知脂去	止开三澄脂去	止开三章脂去	止开三知之去	止开三澄之去	止开三章之去	止开三章之去
中古音	ʈiɪ-	ʈiɪ-	ɖiɪ-	tɕiɪ-	ʈi-	ɖi-	tɕi-	tɕi-
广元	tsʅ4	tsʅ2	tsʅ4	tsʅ4	tsʅ2	tsʅ4	tsʅ4	tsʅ4
平武	tsʅ4	tsʅ2	tsʅ4	tsʅ4	tsʅ4	tsʅ4	tsʅ4	tsʅ4
青川	tsʅ4	tsʅ2	tsʅ4	tsʅ4	tsʅ2	tsʅ4	tsʅ4	tsʅ4
剑阁普安	tsʅ4	tsʅ5	tsʅ4	tsʅ4	tsʅ5	tsʅ4	tsʅ4	tsʅ4
剑阁金仙	tsʅ4	tsʅ5	tshʅ4	tsʅ4	tsʅ5	tsʅ4	tsʅ4	tsʅ4
旺苍	tsʅ4	tsʅ2	tsʅ4	tsʅ4	tsʅ2	tsʅ4	tsʅ4	tsʅ4
苍溪	tsʅ4	tsʅ4	tsʅ4	tsʅ4	tsʅ2	tsʅ4	tsʅ4	tsʅ4
江油	tsʅ4	tsʅ2	tsʅ4	tsʅ4	tsʅ2	tsʅ4	tsʅ4	tsʅ4
北川	tsʅ4	tsʅ2	tsʅ4	tsʅ4	tsʅ4	tsʅ4	tsʅ4	tsʅ4
绵阳	tsʅ4	tsʅ2	tsʅ4	tsʅ4	tsʅ2	tsʅ4	tsʅ4	tsʅ4
盐亭	tsʅ4	tsʅ5	tsʅ4	tsʅ4	tsʅ5	tsʅ4	tsʅ4	tsʅ4
德阳	tsʅ4	tsʅ2	tsʅ2	tsʅ4	tsʅ2	tsʅ4	tsʅ4	tsʅ4
中江	tsʅ4	tsʅ2	tsʅ2	tsʅ4	tsʅ4	tsʅ4	tsʅ4	tsʅ4
射洪	tsʅ4	tsʅ5	tsʅ4	tsʅ4	tsʅ5	tsʅ4	tsʅ4	tsʅ4
蓬溪	tsʅ4	tsʅ5	tsʅ5	tsʅ4	tsʅ5	tsʅ4	tsʅ4	tsʅ4
遂宁	tsʅ4	tsʅ2	tsʅ4	tsʅ4	tsʅ2	tsʅ4	tsʅ4	tsʅ4
乐至	tsʅ4	tsʅ2	tsʅ4	tsʅ4	tsʅ2	tsʅ4	tsʅ4	tsʅ4
安岳	tsʅ4	tsʅ2	tsʅ4	tsʅ4	tsʅ2	tsʅ4	tsʅ4	tsʅ4
仪陇	tsʅ4	tsʅ2	tsʅ4	tsʅ4	tsʅ4	tsʅ4	tsʅ4	tsʅ4
西充	tsʅ4	tsʅ5	tsʅ4	tsʅ4	tsʅ4	tsʅ4	tsʅ4	tsʅ4

字目	致	质人质	稚	至	置	治	志志向	志杂志
反切	陟利	陟利	直利	脂利	陟吏	直吏	职吏	职吏
声韵调	止开三知脂去	止开三知脂去	止开三澄脂去	止开三章脂去	止开三知之去	止开三澄之去	止开三章之去	止开三章之去
中古音	ʈiɪ-	ʈiɪ-	ɖiɪ-	tɕiɪ-	ʈi-	ɖi-	tɕi-	tɕi-
蓬安	tsʅ4	tsʅ2	tsʅ4	tsʅ4	tsʅ2	tsʅ4	tsʅ4	tsʅ4
南充金台	tsʅ4	tsʅ2	tsʅ4	tsʅ4	tsʅ2	tsʅ4	tsʅ4	tsʅ4
南充龙蟠	tsʅ4	tsʅ5	tsʅ4	tsʅ4	tsʅ4	tsʅ4	tsʅ4	tsʅ4
岳池	tsʅ4	tsʅ2	tsʅ4	tsʅ4	tsʅ2	tsʅ4	tsʅ4	tsʅ4
广安	tsʅ4	tsʅ2	tsʅ4	tsʅ4	tsʅ2	tsʅ4	tsʅ4	tsʅ4
邻水	tsʅ4	tsʅ5	tshʅ4	tsʅ4	tsʅ4	tsʅ4	tsʅ4	tsʅ4
南江	tʂʅ4	tʂʅ4	tʂʅ4	tʂʅ4	tʂʅ2	tʂʅ4	tʂʅ4	tʂʅ4
巴中	tʂʅ4	tʂʅ4	tʂʅ4	tʂʅ4	tʂʅ5	tʂʅ4	tʂʅ4	tʂʅ4
通江	tʂʅ4	tʂʅ4	tʂʅ2	tʂʅ4	tʂʅ4	tʂʅ4	tʂʅ4	tʂʅ4
平昌	tʂʅ4	tʂʅ4	tʂʅ4	tʂʅ4	tʂʅ2	tʂʅ4	tʂʅ4	tʂʅ4
万源	tʂʅ4	tʂʅ2	tʂhʅ2	tʂʅ4	tʂʅ2	tʂʅ4	tʂʅ4	tʂʅ4
宣汉	tsʅ4	tsʅ2	tsʅ4	tsʅ4	tsʅ2	tsʅ4	tsʅ4	tsʅ4
达州	tsʅ4	tsʅ4	tsʅ1	tsʅ4	tsʅ4	tsʅ4	tsʅ4	tsʅ4
开江	tsʅ4	tsʅ2	tsʅ4	tsʅ4	tsʅ2	tsʅ4	tsʅ4	tsʅ4
渠县	tsʅ4	tsʅ4	tsʅ4	tsʅ4	tsʅ2	tsʅ4	tsʅ4	tsʅ4
宜宾	tsʅ4	tsʅ4 tse5	tsʅ4	tsʅ4	tsʅ4 tse5	tsʅ4	tsʅ4	tsʅ4
古蔺	tse5	tsʅ4	tsʅ4	tse4	tse5	tsʅ4	tsʅ4	tsʅ4
长宁	tsʅ4	tsʅ5	tsʅ4	tsʅ4	tsʅ4	tsʅ4	tsʅ4	tsʅ4
顾县	tsʅ4	tsʅ2	tsʅ4	tsʅ4	tsʅ2	tsʅ4	tsʅ4	tsʅ4
成都龙泉	tsʅ4	tsəʔ5	tsʅ4	tsʅ4	tsəʔ5	tsʅ4	tsʅ4	tsʅ4

字目	痣	质质量	痴	吃吃饭	池	驰	匙	迟
反切	职吏	之日	丑之	苦击	直离	直离	是支	直尼
声韵调	止开三 章之去	臻开三 章质入	止开三 彻之平	梗开四 溪锡入	止开三 澄支平	止开三 澄支平	止开三 禅支平	止开三 澄脂平
中古音	tɕi-	tɕiɪt	ʈhi	khek	ɖiɛ	ɖiɛ	dʑiɛ	ɖiɪ
广元	tʂʅ4	tʂʅ2	tʂhʅ1	tʂhʅ2	tʂhʅ2	tʂhʅ2	ʂʅ4	tʂhʅ2
平武	tsʅ4	tsʅ2	tshʅ1	tshʅ2	tshʅ2	tshʅ2	sʅ3	tshʅ2
青川	tsʅ4	tsʅ2	tshʅ1	tshʅ2	tshʅ2	tshʅ2	sʅ2	tshʅ2
剑阁普安	tsʅ4	tsʅ5	tʂhʅ1	tʂhʅ5	tʂhʅ2	tʂhʅ2	ʂʅ2	tʂhʅ2
剑阁金仙	tsʅ4	tsʅ5	tʂhʅ1	tʂhe5	tshʅ2	tshʅ2	ʂʅ3	tʂhʅ2
旺苍	tsʅ4	tsʅ2	tʂhʅ1	tʂhʅ2	tʂhʅ2	tʂhʅ2	ʂʅ3	tʂhʅ2
苍溪	tsʅ4	tsʅ2	tʂhʅ1	tʂhʅ2	tʂhʅ2	tʂhʅ2	ʂʅ2	tʂhʅ2
江油	tsʅ4	tsʅ2	tshʅ1	tshʅ2	tshʅ2	tshʅ2	sʅ1	tshʅ2
北川	tsʅ4	tsʅ2	tshʅ1	tshʅ2	tshʅ2	tshʅ2	sʅ1	tshʅ2
绵阳	tsʅ4	tsʅ2	tshʅ1	tshʅ2	tshʅ2	tshʅ2	sʅ1	tshʅ2
盐亭	tsʅ4	tsʅ5	tshʅ1	tshʅ5	tshʅ2	tshʅ2	sʅ2	tshʅ2
德阳	tsʅ4	tsʅ2	tshʅ1	tshʅ2	tshʅ2	tshʅ2	sʅ4	tshʅ2
中江	tsʅ4	tsʅ2	tshʅ1	tshʅ2	tsʅ2	tsʅ2	sʅ2	tsʅ2
射洪	tsʅ4	tsʅ5	tshʅ1	tshʅ5	tshʅ2	tshʅ2	sʅ2	tshʅ2
蓬溪	tsʅ4	tsʅ5	tshʅ1	tshʅ2	tshʅ2	tshʅ2	tshʅ2	tshʅ2
遂宁	tsʅ4	tsʅ2	tshʅ1	tshʅ2	tshʅ2	tshʅ2	sʅ1	tshʅ2
乐至	tsʅ4	tsʅ2	tshʅ1	tshʅ2	tshʅ2	tshʅ2	sʅ4	tshʅ2
安岳	tsʅ4	tsʅ2	tshʅ1	tshʅ2	tshʅ2	tshʅ2	sʅ2	tshʅ2
仪陇	tsʅ4	tsʅ2	tshʅ1	tshʅ2	tshʅ2	tshʅ2	sʅ2	tshʅ2
西充	tsʅ4	tsʅ5	tshʅ1	tʂhʅ5	tshʅ2	tshʅ2	sʅ3	tshʅ2

字目	痣	质质量	痴	吃吃饭	池	驰	匙	迟
反切	职吏	之日	丑之	苦击	直离	直离	是支	直尼
声韵调	止开三章之去	臻开三章质入	止开三彻之平	梗开四溪锡入	止开三澄支平	止开三澄支平	止开三禅支平	止开三澄脂平
中古音	tɕi-	tɕiɪt	ʈhi	khek	ɖiE	ɖiE	dʑiE	ɖiɪ
蓬安	tsʅ4	tsʅ2	tshʅ1	tshʅ2	tshʅ2	tshʅ2	sʅ2	tshʅ2
南充金台	tsʅ4	tsʅ2	tshʅ1	tshʅ2	tshʅ2	tshʅ2	sʅ1	tshʅ2
南充龙蟠	tsʅ4	tʂʅ5	tshʅ1	tʂhʅ5	tshʅ2	tshʅ2	sʅ3	tshʅ2
岳池	tsʅ4	tsʅ2	tshʅ1	tshʅ2	tshʅ2	tshʅ2	sʅ2	tshʅ2
广安	tsʅ4	tsʅ2	tshʅ1	tshʅ2	tshʅ2	tshʅ2	sʅ2	tshʅ2
邻水	tsʅ4	tsʅ5	tshʅ1	tɕhi1	tshʅ2	tshʅ2	sʅ1	tshʅ2
南江	tʂʅ4	tʂʅ5	tʂhʅ1	tʂhʅ5	tʂhʅ2	tʂhʅ2	ʂʅ5	tʂhʅ2
巴中	tʂʅ4	tʂʅ2	tʂhʅ1	tʂhʅ5	tʂhʅ2	tʂhʅ2	ʂʅ4	tʂhʅ2
通江	tʂʅ4	tʂʅ5	tʂhʅ1	tʂhʅ5	tʂhʅ2	tʂhʅ2	ʂʅ4	tʂhʅ2
平昌	tʂʅ4	tʂʅ2	tʂhʅ1	tʂhʅ2	tʂhʅ2	tʂhʅ2	ʂʅ4	tʂhʅ2
万源	tʂʅ4	tʂʅ2	tʂhʅ1	tʂhʅ2	tʂhʅ2	tʂhʅ2	ʂʅ1	tʂhʅ2
宣汉	tsʅ4	tsʅ2	tshʅ1	tɕhie1	tshʅ2	tshʅ2	sʅ1	tshʅ2
达州	tsʅ4	tsʅ2	tshʅ1	tshʅ2	tshʅ2	tshʅ2	sʅ4	tshʅ2
开江	tsʅ4	tsʅ2	tshʅ1	tɕhi2	tshʅ2	tshʅ2	sʅ2	tshʅ2
渠县	tsʅ4	tsʅ2	tshʅ1	tɕhie1	tshʅ2	tshʅ2	sʅ1	tshʅ2
宜宾	tsʅ4	tse5	tshʅ1	tshe5	tshʅ2	tshʅ2	sʅ4	tshʅ2
古蔺	tsʅ4	tse5	tshʅ1	tshe5	tshʅ2	tshʅ2	sʅ2	tshʅ2
长宁	tsʅ4	tsʅ5	tshʅ1	tshʅ5	tshʅ2	tshʅ2	sʅ4	tshʅ2
顾县	tsʅ4	tsʅ2	tshʅ1	tɕhi2	tshʅ2	tshʅ2	sʅ2	tshʅ2
成都龙泉	tsʅ4	tsəʔ5	tshʅ1	tshʅ5	tshʅ2	tshʅ2	sʅ4	tshʅ2

字目	持	耻	齿	尺	翅①	赤	施	师
反切	直之	敕里	昌里	昌石	施智	昌石	式支	疏夷
声韵调	止开三澄之平	止开三彻之上	止开三昌之上	梗开三昌昔入	止开三书支去	梗开三昌昔入	止开三书支平	止开三生脂平
中古音	ɖi	ʈhiː	tɕhiː	tɕhiɛk	ɕiɛ-	tɕhiɛk	ɕiɛ	ʃiɪ
广元	tʂʮ2	tʂʮ3	tʂʮ3	tʂʮ2	tʂʅ4	tʂʮ2	ʂʅ1	ʂʅ1
平武	tshʮ2	tshʮ3	tshʮ3	tshʮ2	tsʅ4	tshʮ2	sʅ1	sʅ1
青川	tshʮ2	tshʮ3	tshʮ3	tshʮ2	tsʅ4	tshʮ2	sʅ1	sʅ1
剑阁普安	tʂʮ2	tʂʮ3	tʂʮ3	tʂʮ5	tʂʅ4	tʂʮ5	ʂʅ1	ʂʅ1
剑阁金仙	tʂʮ2	tʂʮ3	tʂʮ3	tʂʮ5	tʂʅ4	tʂʮ5	ʂʅ1	ʂʅ1
旺苍	tʂʮ2	tʂʮ3	tʂʮ3	tʂʮ2	tʂʅ4	tʂʮ2	ʂʅ1	ʂʅ1
苍溪	tʂʮ2	tʂʮ3	tʂʮ3	tʂʮ2	tʂʅ4	tʂʮ2	ʂʅ1	ʂʅ1
江油	tshʮ2	tshʮ3	tshʮ3	tshʮ2	tshʮ4	tshʮ2	sʅ1	sʅ1
北川	tshʮ2	tshʮ3	tshʮ3	tshʮ2	tsʅ4	tshʮ2	sʅ1	sʅ1
绵阳	tshʮ2	tshʮ3	tshʮ3	tshʮ2	tshʮ4	tshʮ2	sʅ1	sʅ1
盐亭	tshʮ2	tshʮ3	tshʮ3	tshʮ5	tsʅ4	tshʮ5	sʅ1	sʅ1
德阳	tshʮ2	tshʮ3	tshʮ3	tshʮ2	tsʅ4	tshʮ2	sʅ1	sʅ1
中江	tsʅ2	tshʮ3	tshʮ3	tshʮ2	tsʅ4	tshʮ2	sʅ1	sʅ1
射洪	tshʮ2	tshʮ3	tshʮ3	tshʮ5	tsʅ4	tshʮ5	sʅ1	sʅ1
蓬溪	tshʮ2	tshʮ3	tshʮ3	tshʮ5	tsʅ4	tshʮ2	sʅ1	sʅ1
遂宁	tshʮ2	tshʮ3	tshʮ3	tshʮ2	tsʅ4	tshʮ2	sʅ1	sʅ1
乐至	tshʮ2	tshʮ3	tshʮ3	tshʮ2	tsʅ4	tshʮ2	sʅ1	sʅ1
安岳	tshʮ2	tshʮ3	tshʮ3	tshʮ2	tsʅ4	tshʮ2	sʅ1	sʅ1
仪陇	tshʮ2	tshʮ3	tshʮ3	tshʮ2	tshʮ4	tshʮ2	sʅ1	sʅ1
西充	tshʮ2	tshʮ3	tshʮ3	tʂʮ5	tsʅ4	tʂʮ5	sʅ1	sʅ1

---

① 《字汇》："翅，丑智切，痴去声，翼也。"

字目	持	耻	齿	尺	翅①	赤	施	师
反切	直之	敕里	昌里	昌石	施智	昌石	式支	疏夷
声韵调	止开三 澄之平	止开三 彻之上	止开三 昌之上	梗开三 昌昔入	止开三 书支去	梗开三 昌昔入	止开三 书支平	止开三 生脂平
中古音	ḍi	ṭhɨː	tɕhɨː	tɕhiɛk	ɕiɛ-	tɕhiɛk	ɕiɛ	ʃiɪ
蓬安	tshŋ2	tshŋ3	tshŋ3	tshŋ2	tsŋ4	tshŋ2	sŋ1	sŋ1
南充金台	tshŋ2	tshŋ3	tshŋ3	tshŋ2	tsŋ1	tshŋ2	sŋ1	sŋ1
南充龙蟠	tshŋ2	tshŋ3	tshŋ3	tʂŋ5	tsŋ4	tshŋ5	sŋ1	sŋ1
岳池	tshŋ2	tshŋ3	tshŋ3	tshŋ2	tsŋ4	tshŋ2	sŋ1	sŋ1
广安	tshŋ2	tshŋ3	tshŋ3	tshŋ2	tsŋ4	tshŋ2	sŋ1	sŋ1
邻水	tshŋ2	tshŋ3	tshŋ3	tshŋ5	tsŋ4	tshŋ5	sŋ1	sŋ1
南江	tʂhʅ2	tʂhʅ3	tʂhʅ3	tʂhʅ5	tsʅ4	tʂhʅ5	ʂʅ1	ʂʅ1
巴中	tʂhʅ2	tʂhʅ3	tʂhʅ3	tʂhʅ5	tsʅ4	tʂhʅ5	ʂʅ1	ʂʅ1
通江	tʂhʅ2	tʂhʅ3	tʂhʅ3	tʂhʅ5	tsʅ4	tʂhʅ5	ʂʅ1	ʂʅ1
平昌	tʂhʅ2	tʂhʅ3	tʂhʅ3	tʂhʅ2	tsʅ4	tʂhʅ2	ʂʅ1	ʂʅ1
万源	tʂhʅ2	tʂhʅ3	tʂhʅ3	tʂhʅ2	tsʅ4	tʂhʅ2	ʂʅ1	sʅ1
宣汉	tshŋ2	tshŋ3	tshŋ3	tshŋ2	tsŋ4	tshŋ2 tshŋ4 新	sŋ1	sŋ1
达州	tshŋ2	tshŋ3	tshŋ3	tshŋ2	tsŋ4	tshŋ2	sŋ1	sŋ1
开江	tshŋ2	tshŋ3	tshŋ3	tshŋ2	tsŋ4	tshŋ2	sŋ1	sŋ1
渠县	tshŋ2	tshŋ3	tshŋ3	tshŋ2	tsŋ4	tshŋ2	sŋ1	sŋ1
宜宾	tshŋ2	tshŋ3	tshŋ3	tshe5	tsŋ4 tshŋ4 新	tshe5	sŋ1	sŋ1
古蔺	tshŋ2	tshŋ3	tshŋ3	tshe5	tse5	tshe5	sŋ1	sŋ1
长宁	tshŋ2	tshŋ3	tshŋ3	tshŋ5	tsŋ4	tshŋ5	sŋ1	sŋ1
顾县	tshŋ2	tshŋ3	tshŋ3	tshŋ2	tsŋ4	tshŋ2	sŋ1	sŋ1
成都龙泉	tshŋ2	tshŋ3	tshŋ3	tshæʔ5	tshŋ4	tshəʔ5	sŋ1	sŋ1

---

① 《字汇》："翅，丑智切，痴去声，翼也。"

字目	狮	尸尸体	诗	湿	虱	失	时	十
反切	疏夷	式脂	书之	失入	所栉	式质	市之	是执
声韵调	止开三生脂平	止开三书脂平	止开三书之平	深开三书缉入	臻开三生栉入	臻开三书质入	止开三禅之平	深开三禅缉入
中古音	ʃɿ	ɕii	ɕi	ɕiip	ʃit	ɕiit	dzɿ	dziip
广元	ʂɻ1	ʂɻ1	ʂɻ1	ʂɻ2	ʂe2	ʂɻ2	ʂɻ2	ʂɻ2
平武	sɿ1	sɿ1	sɿ1	sɿ2	se2	sɿ2	sɿ2	sɿ2
青川	sɿ1	sɿ1	sɿ1	sɿ2	se2	sɿ2	sɿ2	sɿ2
剑阁普安	ʂɻ1	ʂɻ1	ʂɻ1	ʂɻ5	ʂe5	ʂɻ5	ʂɻ2	ʂɻ5
剑阁金仙	ʂɻ1	ʂɻ1	ʂɻ1	ʂɻ5	ʂe5	ʂɻ5	ʂɻ2	ʂɻ5
旺苍	ʂɻ1	ʂɻ1	ʂɻ1	ʂɻ2	ʂe2	ʂɻ2	ʂɻ2	ʂɻ2
苍溪	ʂɻ1	ʂɻ1	ʂɻ1	ʂɻ2	ʂe2	ʂɻ2	ʂɻ2	ʂɻ2
江油	sɿ1	sɿ1	sɿ1	sɿ2	se2	sɿ2	sɿ2	sɿ2
北川	sɿ1	sɿ1	sɿ1	sɿ2	se2	sɿ2	sɿ2	sɿ2
绵阳	sɿ1	sɿ1	sɿ1	sɿ2	se2	sɿ2	sɿ2	sɿ2
盐亭	sɿ1	sɿ1	sɿ1	sɿ5	se5	sɿ5	sɿ2	sɿ5
德阳	sɿ1	sɿ1	sɿ1	sɿ2	se2	sɿ2	sɿ2	sɿ2
中江	sɿ1	sɿ1	sɿ1	sɿ2	se2	sɿ2	sɿ2	sɿ2
射洪	sɿ1	sɿ1	sɿ1	sɿ5	se5	sɿ5	sɿ2	sɿ5
蓬溪	sɿ1	sɿ1	sɿ1	sɿ5	se5	sɿ5	sɿ2	sɿ5
遂宁	sɿ1	sɿ1	sɿ1	sɿ2	se2	sɿ2	sɿ2	sɿ2
乐至	sɿ1	sɿ1	sɿ1	sɿ2	se2	sɿ2	sɿ2	sɿ2
安岳	sɿ1	sɿ1	sɿ1	sɿ2	se2	sɿ2	sɿ2	sɿ2
仪陇	sɿ1	sɿ1	sɿ1	sɿ2	se2	sɿ2	sɿ2	sɿ2
西充	sɿ1	tshɻ1	sɿ1	ʂɻ5	sæ5	ʂɻ5	sɿ2	ʂɻ5

字目	狮	尸尸体	诗	湿	虱	失	时	十
反切	疏夷	式脂	书之	失入	所栉	式质	市之	是执
声韵调	止开三生脂平	止开三书脂平	止开三书之平	深开三书缉入	臻开三生栉入	臻开三书质入	止开三禅之平	深开三禅缉入
中古音	ʃɪɪ	ɕiɪ	ɕi	ɕiɪp	ʃit	ɕiit	dzɨ	dziɪp
蓬安	sʅ1	sʅ1	sʅ1	sʅ2	se2	sʅ2	sʅ2	sʅ2
南充金台	sʅ1	sʅ1	sʅ1	sʅ2	se2	sʅ2	sʅ2	sʅ2
南充龙蟠	sʅ1	sʅ1	sʅ1	sʅ5	se5	sʅ5	sʅ2	sʅ5
岳池	sʅ1	sʅ1	sʅ1	sʅ2	se2	sʅ2	sʅ2	sʅ2
广安	sʅ1	sʅ1	sʅ1	sʅ2	se2	sʅ2	sʅ2	sʅ2
邻水	sʅ1	sʅ1	sʅ1	sʅ5	se5	sʅ5	sʅ2	sʅ5
南江	ʂʅ1	ʂʅ1	ʂʅ1	ʂʅ5	ʃia5 俗	ʂʅ5	ʂʅ2 / ʂʅ5 旧	ʂʅ2 / ʂʅ5 旧
巴中	ʂʅ1	ʂʅ1	ʂʅ1	ʂʅ5	se5	ʂʅ5	ʂʅ5	ʂʅ5
通江	ʂʅ1	ʂʅ1	ʂʅ1	ʂʅ5	se5	ʂʅ5	ʂʅ2	ʂʅ5
平昌	ʂʅ1	ʂʅ1	ʂʅ1	ʂʅ2	se2	ʂʅ2	ʂʅ2	ʂʅ2
万源	sʅ1	ʂʅ1	ʂʅ1	ʂʅ2	se2	ʂʅ2	ʂʅ2	ʂʅ2
宣汉	sʅ1	sʅ1	sʅ1	sʅ2	se2	sʅ2	sʅ2	sʅ2
达州	sʅ1	sʅ1	sʅ1	sʅ2	se2	sʅ2	sʅ2	sʅ2
开江	sʅ1	sʅ1	sʅ1	sʅ2	se2	sʅ2	sʅ2	sʅ2
渠县	sʅ1	sʅ1	sʅ1	sʅ2	se2	sʅ2	sʅ2	sʅ2
宜宾	sʅ1	sʅ1	sʅ1	se5	se5	se5	sʅ2	se5
古蔺	sʅ1	sʅ1	sʅ1	sʅ5	se5	se5	sʅ2	se5
长宁	sʅ1	sʅ1	sʅ1	sʅ2	se5	sʅ5	sʅ2	sʅ5
顾县	sʅ1	sʅ1	sʅ1	sʅ2	se2	sʅ2	sʅ2	sʅ2
成都龙泉	sʅ1	sʅ1	sʅ1	səʔ5	ɕieʔ5	səʔ5	sʅ2	səʔ6

字目	拾拾取	实	食	蚀	识	石	史	使使用
反切	是执	神质	乘力	乘力	赏职	常只	疎士	疎士
声韵调	深开三禅缉入	臻开三船质入	曾开三船职入	曾开三船职入	曾开三书职入	梗开三禅昔入	止开三生之上	止开三生之上
中古音	dziip	ziit	zik	zik	ɕik	dziek	ʃiː	ʃiː
广元	ʂ2	ʂ2	ʂ2	ʂ2	ʂ2	ʂ2	ʂ3	ʂ3
平武	s2	s2	s2	s2	s2	s2	s3	s3
青川	s2	ʂ2	s2	s2	s2	s2	s3	s3
剑阁普安	ʂ5	ʂ5	ʂ5	ʂ5	ʂ5	ʂ5	ʂ3	ʂ3
剑阁金仙	ʂ5	ʂ5	ʂ5	ʂ5	ʂ5	ʂ5	ʂ3	ʂ3
旺苍	ʂ2	ʂ2	ʂ2	ʂ2	ʂ2	ʂ2	ʂ3	ʂ3
苍溪	ʂ2	ʂ2	ʂ2	ʂ2	ʂ2	ʂ2	ʂ3	ʂ3
江油	s2	s2	s2	s2	s2	s2	s3	s3
北川	s2	s2	s2	s2	s2	s2	s3	s3
绵阳	s2	s2	s2	s2	s2	s2	s3	s3
盐亭	s5	s5	s5	s5	s5	s5	s3	s3
德阳	s2	s2	s2	s2	s2	s2	s3	s3
中江	s2	s2	s2	s2	s2	s2	s3	s3
射洪	s5	s5	s5	s5	s5	s5	s3	s3
蓬溪	s5	s5	s5	s5	s5	s5	s3	s3
遂宁	s2	s2	s2	s2	s2	s2	s3	s3
乐至	s2	s2	s2	s2	s2	s2	s3	s3
安岳	s2	s2	s2	s2	s2	s2	s3	s3
仪陇	s2	s2	s2	s2	s2	s2	s3	s3
西充	ʂ5	ʂ5	ʂ5	ʂ5	ʂ5	ʂ5	s3	s3

字目	拾拾取	实	食	蚀	识	石	史	使使用
反切	是执	神质	乘力	乘力	赏职	常只	踈士	踈士
声韵调	深开三禅缉入	臻开三船质入	曾开三船职入	曾开三船职入	曾开三书职入	梗开三禅昔入	止开三生之上	止开三生之上
中古音	dziip	ziit	zik	zik	ɕik	dziɛk	ʃiː	ʃiː
蓬安	ʂ1 2	ʂ1 2	ʂ1 2	ʂ1 2	ʂ1 2	ʂ1 2	ʂ1 3	ʂ1 3
南充金台	ʂ1 2	ʂ1 2	ʂ1 2	ʂ1 2	ʂ1 2	ʂ1 2	ʂ1 3	ʂ1 3
南充龙蟠	ʂʅ 5	ʂʅ 5	ʂʅ 5	ʂʅ 5	ʂʅ 5	ʂʅ 5	ʂ1 3	ʂ1 3
岳池	ʂ1 2	ʂ1 2	ʂ1 2	ʂ1 2	ʂ1 2	ʂ1 2	ʂ1 3	ʂ1 3
广安	ʂ1 2	ʂ1 2	ʂ1 2	ʂ1 2	ʂ1 2	ʂ1 2	ʂ1 3	ʂ1 3
邻水	ʂʅ 5	ʂʅ 5	ʂʅ 5	ʂʅ 5	ʂʅ 5	ʂʅ 5	ʂ1 3	ʂ1 3
南江	ʂʅ 5	ʂʅ 2 ʂʅ 5 旧	ʂʅ 5	ʂʅ 5	ʂʅ 2 ʂʅ 5 旧	ʂʅ 2 ʂʅ 5 旧	ʂʅ 3	ʂʅ 3
巴中	ʂʅ 5	ʂʅ 5	ʂʅ 5	ʂʅ 5	ʂʅ 5	ʂʅ 5	ʂʅ 3	ʂʅ 3
通江	ʂʅ 5	ʂʅ 5	ʂʅ 5	ʂʅ 5	ʂʅ 5	ʂʅ 5	ʂʅ 3	ʂʅ 3
平昌	ʂʅ 2	ʂʅ 2	ʂʅ 2	ʂʅ 2	ʂʅ 2	ʂʅ 2	ʂʅ 3	ʂʅ 3
万源	ʂʅ 2	ʂʅ 2	ʂʅ 2	ʂʅ 2	ʂʅ 2	ʂʅ 2	ʂʅ 3	ʂʅ 3
宣汉	ʂ1 2	ʂ1 2	ʂ1 2	ʂ1 2	ʂ1 2	ʂ1 2	ʂ1 3	ʂ1 3
达州	ʂ1 2	ʂ1 2	ʂ1 2	ʂ1 2	ʂ1 2	ʂ1 2	ʂ1 3	ʂ1 3
开江	ʂ1 2	ʂ1 2	ʂ1 2	ʂ1 2	ʂ1 2	ʂ1 2	ʂ1 3	ʂ1 3
渠县	ʂ1 2	ʂ1 2	ʂ1 2	ʂ1 2	ʂ1 2	ʂ1 2	ʂ1 3	ʂ1 3
宜宾	se5	se5	se5	se5	se5	se5	ʂ1 3	ʂ1 3
古蔺	se5	se5	se5	se5	se5	se5	ʂ1 3	ʂ1 3
长宁	ʂ1 5	ʂ1 5	ʂ1 5	ʂ1 5	ʂ1 5	ʂ1 5	ʂ1 3	ʂ1 3
顾县	ʂ1 2	ʂ1 2	ʂ1 2	ʂ1 2	ʂ1 2	ʂ1 2	ʂ1 3	ʂ1 3
成都龙泉	səʔ6	səʔ6	səʔ6	səʔ6	ʂ1 5	sæʔ6	ʂ1 3	ʂ1 3

字目	驶	使大使	始	世	势	誓	是	示
反切	疎士	疎吏	诗止	舒制	舒制	时制	承纸	神至
声韵调	止开三生之上	止开三生之去	止开三书之上	蟹开三书祭去	蟹开三书祭去	蟹开三禅祭去	止开三禅支上	止开三船脂去
中古音	ʃi:	ʃi-	ɕi:	ɕiɛi-	ɕiɛi-	dzɪɛi-	dzɪɛ:	zɪɪ-
广元	ʂɿ3	ʂɿ3	ʂɿ3	ʂɿ4	ʂɿ4	ʂɿ4	ʂɿ4	ʂɿ4
平武	sɿ3	sɿ3	sɿ3	sɿ4	sɿ4	sɿ4	sɿ4	sɿ4
青川	sɿ3	sɿ3	sɿ3	sɿ4	sɿ4	sɿ4	sɿ4	sɿ4
剑阁普安	ʂɿ3	ʂɿ3	ʂɿ3	ʂɿ4	ʂɿ4	ʂɿ4	ʂɿ4	ʂɿ4
剑阁金仙	ʂɿ3	ʂɿ3	ʂɿ3	ʂɿ4	ʂɿ4	ʂɿ4	ʂɿ4	ʂɿ4
旺苍	ʂɿ3	ʂɿ3	ʂɿ3	ʂɿ4	ʂɿ4	ʂɿ4	ʂɿ4	ʂɿ4
苍溪	ʂɿ3	ʂɿ3	ʂɿ3	ʂɿ4	ʂɿ4	ʂɿ4	ʂɿ4	ʂɿ4
江油	sɿ3	sɿ3	sɿ3	sɿ4	sɿ4	sɿ4	sɿ4	sɿ4
北川	sɿ3	sɿ3	sɿ3	sɿ4	sɿ4	sɿ4	sɿ4	sɿ4
绵阳	sɿ3	sɿ3	sɿ3	sʅ4	sʅ4	sʅ4	sʅ4	sʅ4
盐亭	sɿ3	sɿ3	sɿ3	sɿ4	sɿ4	sɿ4	sɿ4	sɿ4
德阳	sɿ3	sɿ3	sɿ3	sɿ4	sɿ4	sɿ4	sɿ4	sɿ4
中江	sɿ3	sɿ3	sɿ3	sʅ4	sʅ4	sɿ4	sɿ4	sɿ4
射洪	sɿ3	sɿ3	sɿ3	sɿ4	sɿ4	sɿ4	sɿ4	sɿ4
蓬溪	sɿ3	sɿ3	sɿ3	sɿ4	sɿ4	sɿ4	sɿ4	sɿ4
遂宁	sɿ3	sɿ3	sɿ3	sɿ4	sɿ4	sɿ4	sɿ4	sɿ4
乐至	sɿ3	sɿ3	sɿ3	sɿ4	sɿ4	sɿ4	sɿ4	sɿ4
安岳	sɿ3	sɿ3	sɿ3	sɿ4	sɿ4	sɿ4	sɿ4	sɿ4
仪陇	sɿ3	sɿ3	sɿ3	sɿ4	sɿ4	sɿ4	sɿ4	sɿ4
西充	sɿ3	sɿ3	sɿ3	sɿ4	sɿ4	sɿ4	sɿ4	sɿ4

字目	驶	使大使	始	世	势	誓	是	示
反切	疎士	疎吏	诗止	舒制	舒制	时制	承纸	神至
声韵调	止开三 生之上	止开三 生之去	止开三 书之上	蟹开三 书祭去	蟹开三 书祭去	蟹开三 禅祭去	止开三 禅支上	止开三 船脂去
中古音	$\int$i:	$\int$i-	ɕi:	ɕiɛi-	ɕiɛi-	dʑiɛi-	dʑiɛ:	ziɪ-
蓬安	sɿ3	sɿ3	sɿ3	sɿ4	sɿ4	sɿ4	sɿ4	sɿ4
南充金台	sɿ3	sɿ3	sɿ3	sɿ4	sɿ4	sɿ4	sɿ4	sɿ4
南充龙蟠	sɿ3	sɿ3	sɿ3	ʂɿ4	ʂɿ4	ʂɿ4	ʂɿ4	sɿ4
岳池	sɿ3	sɿ3	sɿ3	sɿ4	sɿ4	sɿ4	sɿ4	sɿ4
广安	sɿ3	sɿ3	sɿ3	sɿ4	sɿ4	sɿ4	sɿ4	sɿ4
邻水	sɿ3	sɿ3	sɿ3	sɿ4	sɿ4	sɿ4	sɿ4	sɿ4
南江	ʂɿ3	ʂɿ3	ʂɿ3	ʂɿ4	ʂɿ4	ʂɿ4	ʂɿ4	ʂɿ4
巴中	ʂɿ3	ʂɿ3	ʂɿ3	ʂɿ4	ʂɿ4	ʂɿ4	ʂɿ4	ʂɿ4
通江	ʂɿ3	ʂɿ3	ʂɿ3	ʂɿ4	ʂɿ4	ʂɿ4	ʂɿ4	ʂɿ4
平昌	ʂɿ3	ʂɿ3	ʂɿ3	ʂɿ4	ʂɿ4	ʂɿ4	ʂɿ4	ʂɿ4
万源	ʂɿ3	ʂɿ3	ʂɿ3	ʂɿ4	ʂɿ4	ʂɿ4	ʂɿ4	ʂɿ4
宣汉	sɿ3	sɿ3	sɿ3	sɿ4	sɿ4	sɿ4	sɿ4	sɿ4
达州	sɿ3	sɿ3	sɿ3	sɿ4	sɿ4	sɿ4	sɿ4	sɿ4
开江	sɿ3	sɿ3	sɿ3	sɿ4	sɿ4	sɿ4	sɿ4	sɿ4
渠县	sɿ3	sɿ3	sɿ3	sɿ4	sɿ4	sɿ4	sɿ4	sɿ4
宜宾	sɿ3	sɿ3	sɿ3	sɿ4	sɿ4	sɿ4	sɿ4	sɿ4
古蔺	sɿ3	sɿ3	sɿ3	se5	se5	se5	se5	sɿ4
长宁	sɿ3	sɿ3	sɿ3	sɿ4	sɿ4	sɿ4	sɿ4	sɿ4
顾县	sɿ3	sɿ3	sɿ3	sɿ4	sɿ4	sɿ4	sɿ4	sɿ4
成都龙泉	sɿ3	sɿ3	sɿ4	sɿ4	sɿ4	sɿ4	sɿ4	sɿ4

字目	视	士	柿	事	试	市	室	饰
反切	常利	鉏里	鉏里	鉏吏	式吏	时止	式质	赏职
声韵调	止开三禅脂去	止开三崇之上	止开三崇之上	止开三崇之去	止开三书之去	止开三禅之上	臻开三书质入	曾开三书职入
中古音	dʑiɪ-	dʒiː	dʒiː	dʒi-	ɕi-	dʑiː	ɕiɪt	ɕik
广元	ʂɿ4	ʂɿ4	ʂɿ4	ʂɿ4	ʂɿ4	ʂɿ4	ʂɿ2	ʂɿ4
平武	sɿ4	sɿ4	sɿ4	sɿ4	sɿ4	sɿ4	sɿ2	sɿ4
青川	sɿ4	sɿ4	sɿ4	sɿ4	sɿ4	sɿ4	sɿ2	sɿ4
剑阁普安	ʂɿ4	ʂɿ4	ʂɿ4	ʂɿ4	ʂɿ4	ʂɿ4	ʂɿ4	ʂɿ4
剑阁金仙	ʂɿ4	ʂɿ4	ʂɿ4	ʂɿ4	ʂɿ4	ʂɿ4	ʂɿ5	ʂɿ4
旺苍	ʂɿ4	ʂɿ4	ʂɿ4	ʂɿ4	ʂɿ4	ʂɿ4	ʂɿ2	ʂɿ4
苍溪	ʂɿ4	ʂɿ4	ʂɿ4	ʂɿ4	ʂɿ4	ʂɿ4	ʂɿ2	ʂɿ4
江油	sɿ4	sɿ4	sɿ4	sɿ4	sɿ4	sɿ4	sɿ2	sɿ4
北川	sɿ4	sɿ4	sɿ4	sɿ4	sɿ4	sɿ4	sɿ2	sɿ4
绵阳	sɿ4	sɿ4	sɿ4	sɿ4	sɿ4	sɿ4	sɿ2	sɿ4
盐亭	sɿ4	sɿ4	sɿ4	sɿ4	sɿ4	sɿ4	sɿ5	sɿ4
德阳	sɿ4	sɿ4	sɿ4	sɿ4	sɿ4	sɿ4	sɿ2	sɿ4
中江	sɿ4	sɿ4	sɿ4	sɿ4	sɿ4	sɿ4	sɿ2	sɿ4
射洪	sɿ4	sɿ4	sɿ4	sɿ4	sɿ4	sɿ4	sɿ5	sɿ4
蓬溪	sɿ4	sɿ4	sɿ4	sɿ4	sɿ4	sɿ4	sɿ5	sɿ4
遂宁	sɿ4	sɿ4	sɿ4	sɿ4	sɿ4	sɿ4	sɿ2	sɿ4
乐至	sɿ4	sɿ4	sɿ4	sɿ4	sɿ4	sɿ4	sɿ2	sɿ4
安岳	sɿ4	sɿ4	sɿ4	sɿ4	sɿ4	sɿ4	sɿ2	sɿ4
仪陇	sɿ4	sɿ4	sɿ4	sɿ4	sɿ4	sɿ4	sɿ2	sɿ4
西充	sɿ4	sɿ4	sɿ4	sɿ4	sɿ4	sɿ4	ʂɿ5	sɿ4

字目	视	士	柿	事	试	市	室	饰
反切	常利	鉏里	鉏里	鉏吏	式吏	时止	式质	赏职
声韵调	止开三禅脂去	止开三崇之上	止开三崇之上	止开三崇之去	止开三书之去	止开三禅之上	臻开三书质入	曾开三书职入
中古音	dʑɪɪ-	dʒiː	dʒiː	dʒi-	ɕi-	dʑi:	ɕiɪt	ɕik
蓬安	sʅ4	sʅ4	sʅ4	sʅ4	sʅ4	sʅ4	sʅ2	sʅ4
南充金台	sʅ4	sʅ4	sʅ4	sʅ4	sʅ4	sʅ4	sʅ2	sʅ4
南充龙蟠	sʅ4	sʅ4	sʅ4	sʅ4	sʅ4	sʅ4	sʅ5	sʅ4
岳池	sʅ4	sʅ4	sʅ4	sʅ4	sʅ4	sʅ4	sʅ2	sʅ4
广安	sʅ4	sʅ4	sʅ4	sʅ4	sʅ4	sʅ4	sʅ2	sʅ4
邻水	sʅ4	sʅ4	sʅ4	sʅ4	sʅ4	sʅ4	sʅ5	sʅ5
南江	ʂʅ4	ʂʅ4	ʂʅ4	ʂʅ4	ʂʅ4	ʂʅ4	ʂʅ5	ʂʅ4
巴中	ʂʅ4	ʂʅ4	ʂʅ4	ʂʅ4	ʂʅ4	ʂʅ4	ʂʅ5	ʂʅ4
通江	ʂʅ4	ʂʅ4	ʂʅ4	ʂʅ4	ʂʅ4	ʂʅ4	ʂʅ5	ʂʅ4
平昌	ʂʅ4	ʂʅ4	ʂʅ4	ʂʅ4	ʂʅ4	ʂʅ4	ʂʅ2	ʂʅ4
万源	ʂʅ4	ʂʅ4	ʂʅ4	ʂʅ4	ʂʅ4	ʂʅ4	ʂʅ2	ʂʅ2 ʂʅ4
宣汉	sʅ4	sʅ4	sʅ4	sʅ4	sʅ4	sʅ4	sʅ2	sʅ4
达州	sʅ4	sʅ4	sʅ4	sʅ4	sʅ4	sʅ4	sʅ2	sʅ4
开江	sʅ4	sʅ4	sʅ4	sʅ4	sʅ4	sʅ4	sʅ2	sʅ4
渠县	sʅ4	sʅ4	sʅ4	sʅ4	sʅ4	sʅ4	sʅ2	sʅ4
宜宾	sʅ4	sʅ4	sʅ4	sʅ4	sʅ4	sʅ4	se5	sʅ4
古蔺	se5	sʅ4	sʅ4	sʅ4	sʅ4	se5	se5	se5
长宁	sʅ4	sʅ4	sʅ4	sʅ4	sʅ4	sʅ4	sʅ5	sʅ4
顾县	sʅ4	sʅ4	sʅ4	sʅ4	sʅ4	sʅ4	sʅ2	sʅ4
成都龙泉	sʅ4	sʅ4	sʅ4	sʅ4	sʅ4	sʅ4	ɕiʔ5	sʅ4

字目	式	适	释	日	儿	而	耳	二
反切	赏职	施只	施只	人质	汝移	如之	而止	而至
声韵调	曾开三书职入	梗开三书昔入	梗开三书昔入	臻开三日质入	止开三日支平	止开三日之平	止开三日之上	止开三日脂去
中古音	ɕik	ɕiek	ɕiek	ȵziit	ȵzie	ȵzi	ȵzi:	ȵziɪ-
广元	ʂ̩4	ʂ̩2	ʂ̩2	z̩2	ɚ2	ɚ2	ɚ3	ɚ4
平武	ʂ̩4	ʂ̩2	ʂ̩2	z̩2	ɚ2	ɚ2	ɚ3	ɚ4
青川	ʂ̩4	ʂ̩2	ʂ̩2	z̩2	ɚ2	ɚ2	ɚ3	ɚ4
剑阁普安	ʂ̩4	ʂ̩5	ʂ̩5	z̩5	ɚ2	ɚ2	ɚ3	ɚ4
剑阁金仙	ʂ̩4	ʂ̩5	ʂ̩5	z̩5	ɚ2	ɚ2	ɚ3	ɚ4
旺苍	ʂ̩4	ʂ̩2	ʂ̩2	z̩2	ɚ2	ɚ2	ɚ3	ɚ4
苍溪	ʂ̩4	ʂ̩2 / ʂ̩4 俗①	ʂ̩2	z̩2	ɚ2	ɚ2	ɚ3	ɚ4
江油	ʂ̩4	ʂ̩2	ʂ̩2	z̩2	ɚ2	ɚ2	ɚ3	ɚ4
北川	ʂ̩4	ʂ̩2	ʂ̩2	z̩2	ɚ2	ɚ2	ɚ3	ɚ4
绵阳	ʂ̩4	ʂ̩2	ʂ̩2	z̩2	ɚ2	ɚ2	ɚ3	ɚ4
盐亭	ʂ̩4	ʂ̩5	ʂ̩5	z̩5	ɚ2	ɚ2	ɚ3	ɚ4
德阳	ʂ̩4	ʂ̩2	ʂ̩4	z̩2	ɚ2	ɚ2	ɚ3	ɚ4
中江	ʂ̩4	ʂ̩2	ʂ̩2	z̩2	ɚ2	ɚ2	ɚ3	ɚ4
射洪	ʂ̩4	ʂ̩5	ʂ̩5	z̩5	ɣ2	ɣ2	ɣ3	ɣ4
蓬溪	ʂ̩4	ʂ̩5	ʂ̩5	z̩5	ɣ2	ɣ2	ɣ3	ɣ4
遂宁	ʂ̩4	ʂ̩2 / ʂ̩4 俗①	ʂ̩2	z̩2	ɣ2	ɣ2	ɣ3	ɣ4
乐至	ʂ̩4	ʂ̩2	ʂ̩2	z̩2	ɚ2	ɚ2	ɚ3	ɚ4
安岳	ʂ̩4	ʂ̩2	ʂ̩2	z̩2	ɚ2	ɚ2	ɚ3	ɚ4
仪陇	ʂ̩4	ʂ̩2	ʂ̩2	z̩2	ɚ2	ɚ2	ɚ3	ɚ4
西充	ʂ̩4	ʂ̩5	ʂ̩5	z̩	ə2	ə2	ə3	ə4

① "式"（合式）的训读，赏职切，曾开三书职入。

字目	式	适	释	日	儿	而	耳	二
反切	赏职	施只	施只	人质	汝移	如之	而止	而至
声韵调	曾开三书职入	梗开三书昔入	梗开三书昔入	臻开三日质入	止开三日支平	止开三日之平	止开三日之上	止开三日脂去
中古音	ɕik	ɕiɛk	ɕiɛk	ȵʑiit	ȵʑiɛ	ȵʑɿ	ȵʑi:	ȵʑiɯ-
蓬安	ʂʅ4	ʂʅ2	ʂʅ2	zʅ2	ə2	ə2	ə3	ə4
南充金台	ʂʅ4	ʂʅ2	ʂʅ2	zʅ2	ɚ2	ɚ2	ɚ3	ɚ4
南充龙蟠	ʂʅ4	ʂʅ5	ʂʅ5	zʅ5	ə2	ə2	ə3	ə4
岳池	ʂʅ4	ʂʅ2	ʂʅ2	zʅ2	ɚ2	ɚ2	ɚ3	ɚ4
广安	ʂʅ4	ʂʅ2 ʂʅ4 俗①	ʂʅ2	zʅ2	ɚ2	ɚ2	ɚ3	ɚ4
邻水	ʂʅ4	ʂʅ5	ʂʅ5	zʅ5	ɚ2	ɚ2	ɚ3	ɚ4
南江	ʂʅ4	ʂʅ5 ʂʅ4 俗①	ʂʅ5	zʅ5	ɚ2	ɚ2	ɚ3	ɚ4
巴中	ʂʅ4	ʂʅ5 ʂʅ4 俗①	ʂʅ5	zʅ5	ɚ2	ɚ2	ɚ3	ɚ4
通江	ʂʅ4	ʂʅ5 ʂʅ4 俗①	ʂʅ5	zʅ5	ɚ2	ɚ2	ɚ3	ɚ4
平昌	ʂʅ4	ʂʅ2 ʂʅ4 俗①	ʂʅ4 ʂʅ2 旧	zʅ2	ɚ2	ɚ2	ɚ3	ɚ4
万源	ʂʅ4	ʂʅ2	ʂʅ2	zʅ2	ɚ2	ɚ2	ɚ3	ɚ4
宣汉	ʂʅ4	ʂʅ2	ʂʅ2	zʅ2	ɚ2	ɚ2	ɚ3	ɚ4
达州	ʂʅ4	ʂʅ4	ʂʅ4	zʅ2	ɚ2	ɚ2	ɚ3	ɚ4
开江	ʂʅ4	ʂʅ2	ʂʅ2	zʅ2	ɚ2	ɚ2	ɚ3	ɚ4
渠县	ʂʅ4	ʂʅ2	ʂʅ2	zʅ2	ɚ2	ɚ2	ɚ3	ɚ4
宜宾	ʂʅ4	se5	se5	ze5	ə2	ə2	ə3	ə4
古蔺	ʂʅ4	se5 se4 俗①	ʂʅ4	ze5	ɚ2	ɚ2	ɚ3	ɚ4
长宁	ʂʅ4	ʂʅ5	ʂʅ5	zʅ2	ɚ2	ɚ2	ɚ3	ɚ4
顾县	ʂʅ4	ʂʅ2	ʂʅ2	zʅ2	ə2	ə2	ə3	ə4
成都龙泉	ʂʅ4	səʔ6 ʂʅ4 俗①	səʔ6	ȵiʔ5	lai4	ɚ2	ȵi3	ȵi4

---

① "式"（合式）的训读，赏职切，曾开三书职入。

字目	逼	鼻	彼	鄙	比	笔	蔽	敝
反切	彼侧	毗至	甫委	方美	卑履	鄙密	必袂	毗祭
声韵调	曾开三 帮职入	止开三A 并脂去	止开三B 帮支上	止开三B 帮脂上	止开三A 帮脂上	臻开三B 帮质入	蟹开三A 帮祭去	蟹开三A 并祭去
中古音	pik	biɪ-	pɣiɛ	pɣiɪ:	piɪ:	pɣiɪt	piɛi-	biɛi-
广元	pi2	pi2	pi3	pi3	pi3	pi2	pi4	pi4
平武	pi2	pi2	pi3	phi3	pi3	pi2	pi4	pi4
青川	pi2	pi2	pi3	phi3	pi3	pi2	pi4	pi4
剑阁普安	pie5	pi5	pi3	phi3	pi3	pi5	pi4	pi4
剑阁金仙	pi5	pi5	pi3	phi3	pi3	pi5	pi4	pi4
旺苍	pi2	pi2	pi3	phi3	pi3	pi2	pi4	pi4
苍溪	pi2	pi2	pi3	phi3	pi3	pi2	pi4	pi4
江油	pi2	pi2	pi3	pi3	pi3	pi2	pi4	pi4
北川	pi2	pi2	pi3	phi3	pi3	pi2	pi4	pi4
绵阳	pi2	pi2	pi3	phi3	pi3	pi2	pi4	pi4
盐亭	pi5	pi5	pi3	phi3	pi3	pi5	pi4	pi4
德阳	pi2 pie1 口	pi2	pi3	phi3	pi3	pi2	pi4	pi4
中江	pie1 口	pi2	pi3	pi3	pi3	pi2	pi4	pi4
射洪	pi5 pie5	pi2	pi3	pi3	pi3	pi5	pi4	pi4
蓬溪	pi5 pie5	pi5	pi3	phi3	pi3	pi5	pi4	pi4
遂宁	pi2 pie1 口	pi2	pi3	phi3	pi3	pi2	pi4	pi4
乐至	pi2	pi2	pi3	phi3	pi3	pi2	pi4	pi4
安岳	pi2	pi2	pi3	pi3	pi3	pi2	pi4	pi4
仪陇	pi2	pi2	pi3	pi3	pi3	pi2	pi4	pi4
西充	pi1	pi5	pi3	phi5	pi3	pi5	pi4	pi4

字目	逼	鼻	彼	鄙	比	笔	蔽	敝
反切	彼侧	毗至	甫委	方美	卑履	鄙密	必袂	毗祭
声韵调	曾开三 帮职入	止开三A 並脂去	止开三B 帮支上	止开三B 帮脂上	止开三A 帮脂上	臻开三B 帮质入	蟹开三A 帮祭去	蟹开三A 並祭去
中古音	pik	bɪɪ-	pɣiɛ:	pɣiɪ:	pɪɪ:	pɣiɪt	piɛi-	biɛi-
蓬安	pi2	pi2	pi3	pi3	pi3	pi2	pi4	pi4
南充金台	pi2	pi4	pi3	phi3	pi3	pi2	pi4	pi4
南充龙蟠	pi5	pi5	pi3	pi3	pi3	pie5	pi4	pi4
岳池	pi2	pi2	pi3	phi3	pi3	pi2	pi4	pi4
广安	pi2	pi2	pi3	phi3	pi3	pi2	pi4	pi4
邻水	pi5	pi4	pi3	pi3	pi3	pi5	pi4	pi4
南江	pi2 pi5 旧	pi2	pi3	phi3	pi3	pi2 pi5 旧	pi4	pi4
巴中	pi5	pi5	pi3	pi3	pi3	pi2 pi5 旧	pi4	pi4
通江	pi5	pi5	pi3	phi3	pi3	pi5	pi4	pi4
平昌	pi2	pi2	pi3	phi3	pi3	pi2	pi4	pi4
万源	pi2 pie1 口	phi2	pi3	phi3	pi3	pi2	pi4	pi4
宣汉	pi2 pie1 口	phi2	pi3	pi3	pi3	pi2	pi4	pi4
达州	pi2 pie1 口	phi2	pi3	pi3	pi3	pi2	pi4	pi4
开江	pi2 pie1 口	pi2	pi3	phi3	pi3	pi2	pi4	pi4
渠县	pi2 pie1 口	phi2	pi3	phi3	pi3	pi2	pi4	pi4
宜宾	pi1 pie5	pie5	pi3	phi3	pi3	pie5	pi4	pi4
古蔺	pi4	pi4	pi3	phi3	pi3	pi4 pie5 旧	pi4	pi4
长宁	pi1	pi5	pi3	phi3	pi3	pi5	pi4	pi4
顾县	pi2	pi2	pi3	phi3	pi3	pi2	pi4	pi4
成都龙泉	pi ʔ5	phi4	pi3	phi3	pi3	pi ʔ5	pi4	pi4

字目	币	弊	毙	闭	臂	避	箆	毕
反切	毗祭	毗祭	毗祭	博计	卑义	毗义	毗至	卑吉
声韵调	蟹开三A 并祭去	蟹开三A 并祭去	蟹开三A 并祭去	蟹开四 帮齐去	止开三A 帮支去	止开三A 并支去	止开三A 并脂去	臻开三A 帮质入
中古音	biɛi-	biɛi-	biɛi-	pei-	piɛ-	biɛ-	biɪ-	piɪt
广元	pi4	pi4	pi4	pi4	pi4	pi4	pi4	pi2
平武	pi4	pi4	pi4	pi4	pei4	pi4	pi4	pi2
青川	pi4	pi4	pi4	pi4	pei4	pi4	pi4	pi2
剑阁普安	pi4	pi4	pi4	pi4	pei4	pi4	pi4	pi5
剑阁金仙	pi4	pi4	pi4	pi4	pei4	pi4	pi4	pi5
旺苍	pi4	pi4	pi4	pi4	pei4	pi4	pi4	pi2
苍溪	pi4	pi4	pi4	pi4	pei4 pi4 新	pi4	pi4	pi2
江油	pi4	pi4	pi4	pi4	pei4	pi4	pi4	pi2
北川	pi4	pi4	pi4	pi4	pei4	pi4	pi4	pi2
绵阳	pi4	pi4	pi4	pi4	pei4	pi4	pi4	pi2
盐亭	pi4	pi4	pi4	pi4	pei4	pei4	pi4	pi5
德阳	pi4	pi4	pi4	pi4	pei4 pi4 新	pi4	pi4	pi2
中江	pi4	pi4	pi4	pi4	pei4	pi4	pi4	pi2
射洪	pi4	pi4	pi4	pi4	pei4 pi4 新	pi4	pi4	pi5
蓬溪	pi4	pi4	pi4	pi4	pei4 pi4 新	pi4	pi4	pi5
遂宁	pi4	pi4	pi4	pi4	pei4 pi4 新	pi4	pi4	pi2
乐至	pi4	pi4	pi4	pi4	pei4 pi4 新	pi4	pi4	pi2
安岳	pi4	pi4	pi4	pi4	pei4	pi4	pi4	pi2
仪陇	pi4	pi4	pi4	pi4	pei4 pi4 新	pi4	pi4	pi2
西充	pi4	pi4	pi4	pi4	pei4	pi4	pi4	pi5

字目	币	弊	毙	闭	臂	避	篦	毕
反切	毗祭	毗祭	毗祭	博计	卑义	毗义	毗至	卑吉
声韵调	蟹开三A 并祭去	蟹开三A 并祭去	蟹开三A 并祭去	蟹开四 帮齐去	止开三A 帮支去	止开三A 并支去	止开三A 并脂去	臻开三A 帮质入
中古音	biɛi-	biɛi-	biɛi-	pei-	piᴇ-	biᴇ-	biɪ-	piɪt
蓬安	pi4	pi4	pi4	pi4	pei4	pi4	pi4	pi2
南充金台	pi4	pi4	pi4	pi4	pei4	pi4	pi4	pi2
南充龙蟠	pi4	pi4	pi4	pi4	pei4	pi4	pi4	pie5
岳池	pi4	pi4	pi4	pi4	pei4 pi4 新	pi4	pi4	pi2
广安	pi4	pi4	pi4	pi4	pei4 pi4 新	phi4	pi4	pi2
邻水	pi4	pi4	pi4	pi4	pei4 pi4 新	pi4	pi4	pi5
南江	pi4	pi4	pi4	pi4	pei4 pi4 新	pi4	pi4	pi2 pi5 旧
巴中	pi4	pi4	pi4	pi4	pei4 pi4 新	pi4	pi4	pi5
通江	pi4	pi4	pi4	pi4	pei4 pi4 新	pi4	phi2 pi4	pi5
平昌	pi4	pi4	pi4	pi4	pei4 pi4 新	pi4	pi1 pi4	pi2
万源	pi4	pi4	pi4	pi4	pi4 pei4 旧	pi2 pi4	pi2	pi2
宣汉	pi4	pi4	pi4	pi4	pei4	pi4	pi4	pi2
达州	pi4	pi4	pi4	pi4	pi4 pei4 旧	pi4	pi4	pi4
开江	pi4	pi4	pi4	pi4	pi4 pei4 旧	pi4	pi4	pi2
渠县	pi4	pi4	pi4	pei4	pei4 pi4 新	pi4	pi4	pi2
宜宾	pi4	pi4	pi4	pi4	pi4	phie5 pi4	pi4	pie5
古蔺	pi4	pi4	pi4	pi4	pei4	pi4	pi4	pi4 pie5 旧
长宁	pi4	pi4	pi4	pi4	pei4	pi4	pi4	pi5
顾县	pi4	pi4	pi4	pi4	pei4	pi4	pi4	pi2
成都龙泉	pi4	pi4	pi4	pi4	pi4	pi4	pi4	pie?5

字目	必	碧	璧	壁	批	坯	披	劈
反切	卑吉	逋逆	必益	北激	匹迷	芳杯	敷羁	普击
声韵调	臻开三A 帮质入	梗开三 帮陌入	梗开三 帮昔入	梗开四 帮锡入	蟹开四 滂齐平	蟹合一 滂灰平	止开三B 滂支平	梗开四 滂锡入
中古音	piɪt	pɣiæk	piɛk	pek	phei	phuʌi	phɣɨɛ	phek
广元	pi2	pi2	pi2	pi2	phei1	phei3	phei1	phi3
平武	pi2	pi2	pi2	pi2	phei1	phei3	phei1	phie2
青川	pi2	pi2	pi2	pi2	phei1 phi1 新	phei1	phei1	phi3
剑阁普安	pi5	pi5	pi5	pi5	phei1	phei1	phei1	phi5
剑阁金仙	pi5	pi5	pi5	pi5	phei1	phei1	phei1	phi5
旺苍	pi2	pi2	pi2	pi2	phei1 phi1 新	phei1	phei1	phi3
苍溪	pi2	pi2	pi2	pi2	phei1	phei1	phei1	phi1
江油	pi2	pi2	pi2	pi2	phei1	phei1	phei1	phie2
北川	pi2	pi2	pi2	pi2	phei1	phei1	phei1	phie2
绵阳	pi2	pi2	pi2	pi2	phei1	phci3	phei1	phi2
盐亭	pi5	pi5	pi5	pi5	phei1	phei1	phei1	phi5
德阳	pi2	pi2	pi2	pi2	phei1	phei1	phei1	phi2 phie2 旧
中江	pi2	pi2	pi2	pi2	phei1	phei3	phei1	phi2
射洪	pi5	pi5	pi5	pi5	phei1	phei1	phei1	phi5 phie5 旧
蓬溪	pi5	pi5	pi5	pi5	phei1	phei3	phei1	phi2 phie2 旧
遂宁	pi2	pi2	pi2	pi2	phei1	phei1	phei1	phi2 phie2 旧
乐至	pi2	pi2	pi2	pi2	phi1	phei3	phi1	phi2
安岳	pi2	pi2	pi2	pi2	phei1	phei1	phei1	phi2
仪陇	pi2	pi2	pi2	pi2	phei1	phei1	phei1	phi2
西充	pi5	pi5	pi5	pi5	phei1	phei1	phei1	phi5

字目	必	碧	璧	壁	批	坏	披	劈
反切	卑吉	逋逆	必益	北激	匹迷	芳杯	敷羁	普击
声韵调	臻开三A 帮质入	梗开三 帮陌入	梗开三 帮昔入	梗开四 帮锡入	蟹开四 滂齐平	蟹合一 滂灰平	止开三B 滂支平	梗开四 滂锡入
中古音	piɪt	pɣiæk	piɛk	pek	phei	phuʌi	phɣɨE	phek
蓬安	pi2	pi2	pi2	pi2	phei1	phei1	phei1	phi2
南充金台	pi2	pi2	pi2	pi2	phei1	phei1	phei1	phie2
南充龙蟠	pie5	pie5	pie5	pie5	phei1	phei1	phei1	phie5
岳池	pi2	pi2	pi2	pi2	phei1	phei1	phei1	phi2
广安	pi2	pi2	pi2	pi2	phei1	phi1	phei1	phi2
邻水	pi5	pi5	pi5	pi5	phei1	phei1	phei1	phi5
南江	pi2 pi5旧	pi5	pi5	pi2 pi5旧	phei1	phei3 phei1	phei1	phi3 phi5旧
巴中	pi5	pi5	pi3 pi5旧	pi3 pi5旧	phei1	phei3 phei1	phei1	phi3 phi5旧
通江	pi5	pi5	pi5	pi5	phi1 phei1旧	phei1	phei1	phi2
平昌	pi2	pi2	pi2	pi2	phei1	phei3 phei1	phei1	phi2 phzʅ2
万源	pi2	pi2	pi4	pi2	phei1	phei3	phei1	phi2 phie2旧
宣汉	pi2	pi2	pi2	pi2	phei1	phei1	phei1	phi2 phie2旧
达州	pi2	pi2	pi4	pi2	phi1	phei1	phei1	phi2 phie2旧
开江	pi2	pi2	pi4	pi2	phei1	phei1	phei1	phi2 phie2旧
渠县	pi2	pi2	pi4	pi2	phei1	phei1	phei1	phi2 phie2旧
宜宾	pie5	pie5	pie5 pi4新	pie5	phei1	phei1	phei1	phie5
古蔺	pi4 pie5旧	pi4 pie5旧	pi4 pie5旧	pi4 pie5旧	phei1	phei1	phei1	phi4
长宁	pi5	pi5	pi5	pi5	phei1	phei1	phei1	phi1
顾县	pi2	pi2	pi2	pi2	phei1	phei3	phei1	phi2
成都龙泉	piʔ5	piʔ5	piʔ5	piæ5	phei1	phei1	phi1	phi1

字目	皮	疲	脾	匹	譬	屁	僻	辟①
反切	符羁	符羁	符支	譬吉	匹赐	匹寐	芳辟	房益
声韵调	止开三B 並支平	止开三B 並支平	止开三A 並支平	臻开三A 滂质入	止开三A 滂支去	止开三A 滂脂去	梗开三 滂昔入	梗开三 並昔入
中古音	bɣɨE	bɣɨE	biE	phiɪt	phiE-	phiɪ-	phiɛk	biɛk
广元	phi2	phi2	phi2	phi2	phei4	phi4	phi3	phi3
平武	phi2	phi2	phi2	phi2	phi2	phi4	phi2	phi2
青川	phi2	phi2	phi2	phi2	phei4	phi4	phi3	phi2
剑阁普安	phi2	phi2	phi2	phi2	phei4	phi4	phi5	phi5
剑阁金仙	phi2	phi2	phi2	phi2	phei4	phi4	phi5	phie5
旺苍	phi2	phi2	phi2	phi2	phei4	phi4	phi3	phi3
苍溪	phi2	phi2	phi2	phi2	phei4	phi4	phi2	phi2
江油	phi2	phi2	phi2	phi2	phei4	phi4	phi2	phie2
北川	phi2	phi2	phi2	phi2	phei4	phi4	phi2	phi2
绵阳	phi2	phi2	phi2	phi2	phei4	phi4	phi2	phi2
盐亭	phi2	phɪi2	phi2	phi5	phei1	phi4	phi5	phi5
德阳	phi2	phi2	phi2	phi2	phei4	phi4	phi2 phie2 旧	phi2 phie2 旧
中江	phi2	phi2	phi2	phi2	phei4	phi4	phi2 phie2 旧	phi2 phie2 旧
射洪	phi2	phi2	phi2	phi2	phei4	phi4	phi5 phie5 旧	phi5 phie5 旧
蓬溪	phi2	phi2	phi2	phi2	phei4	phi4	phi5 phie5 旧	phi5 phie5 旧
遂宁	phi2	phi2	phi2	phi2	phei4	phi4	phi2 phie2 旧	phi2 phie2 旧
乐至	phi2	phi2	phi2	phi2	phei4	phi4	phi2	phi2
安岳	phi2	phi2	phi2	phi2	phi3	phi4	phi2	phi2
仪陇	phi2	phi2	phi2	phi2	phi3	phi4	phi2	phi2
西充	phi2 phzʅ2	phi2 phzʅ2	phi2 phzʅ2	phi5 phzʅ5	pi3	phi4 phzʅ4	phi5	phi5

---

① 又*匹辟切，梗开三滂昔入。

字目	皮	疲	脾	匹	譬	屁	僻	辟①
反切	符羁	符羁	符支	譬吉	匹赐	匹寐	芳辟	房益
声韵调	止开三 B 并支平	止开三 B 并支平	止开三 A 并支平	臻开三 A 滂质入	止开三 A 滂支去	止开三 A 滂脂去	梗开三 滂昔入	梗开三 并昔入
中古音	bɣiE	bɣiE	biE	phiɪt	phiE-	phiɪ-	phiɛk	biɛk
蓬安	phi2	phi2	phi2	phi2	phi3	phi4	phi2	phi2
南充金台	phi2	phi2	phi2	phi2	phei4	phi4	phie2	phie2
南充龙蟠	phi2	phi2	phi2	phie5	phei4	phi4	phie5	phie5
岳池	phi2	phi2	phi2	phi2	phei4	phi4	phi2	phi2
广安	phi2	phi2	phi2	phi2	phei4	phi4	phi2	phi2
邻水	phi2	phi2	phi2	phi3	phei4	phi4	phi5	phi5
南江	phi2	phi2	phi2	phi2 phi5 旧	phi3 phei4	phi4	phi3 phi5 旧	phi3 phi5 旧
巴中	phi2	phi2	phi2	phi5	phei4	phi4	phi3 phi5 旧	pi4 pi5 旧
通江	phi2	phi2	phi2	phi2 phi5 旧	phei4	phi4	phi3 phi5 旧	phi3 phi5 旧
平昌	phi2	phi2	phei2 phi2	phi2	phei4	phi4	phe2 phi2	phi2
万源	phi2	phi2	phi2	phi2	pi3	phi4	phi2 phie2 旧	pi2 phie2 旧
宣汉	phi2	phi2	phi2	phi2	pi3	phi4	phi2 phie2 旧	phi2 phie2 旧
达州	phi2	phi2	phi2	phi2	pi3	phi4	phi2 phie2 旧	phi3 phie2 旧
开江	phi2	phi2	phi2	phi2	phi4	phi4	phi2 phie2 旧	phi2 phie2 旧
渠县	phi2	phi2	phi2	phi2	pi3	phi4	phin4 phie2 旧	phi2 phie2 旧
宜宾	phi2	phi2	phi2	phi2 phie5 旧	pi3	phi4	phi4 phie5 旧	phie5
古蔺	phi2	phi2	phi2	phi3 phi2	phi4	phi4	phi4	pi4 phi5 旧
长宁	phi2	phi2	phi2	phi5	phei4	phi4	phi5	phi5
顾县	phi2	phi2	phi2	phi2	phi4	phi4	phi2	phi2
成都龙泉	phi2	phi2	phi2	phi2	pi4	phi4	phieʔ5	phieʔ5

---

① 又*匹辟切，梗开三滂昔入。

字目	迷	谜①	弥	米	秘	密	蜜	觅
反切	莫兮	莫计	武移	莫礼	兵媚	美笔	弥毕	莫狄
声韵调	蟹开四 明齐平	蟹开四 明齐去	止开三A 明支平	蟹开四 明齐上	止开三B 帮脂去	臻开三B 明质入	臻开三A 明质入	梗开四 明锡入
中古音	mei	mei-	miɛ	mei:	pɣii-	mɣiit	miit	mek
广元	mi2	mi4	mi2	mi3	mi2 文 pei4 白	mi2	mi2	mi4
平武	mi2	mi2	mi2	mi3	mi2	mi2	mi2	mi2
青川	mi2	mi4	mi2	mi3	mi2 文 pei4 白	mi2	mi2	mi2
剑阁普安	mi2	mi2 mi4	mi2	mi3	mi2 文 pei4 白	mie5 mi5	mie5 mi5	mie5
剑阁金仙	mi2	mi2	mi2	mi3	mi2 文 pei4 白	mi5	mi5	mi5
旺苍	mi2	mi4	mi2	mi3	mi2 文 pei4 白	mi2	mi2	mi2
苍溪	mi2	mi4 mi2	mi2	mi3	mi2 文 pi4 白	mi2	mi2	mi2
江油	mi2	mi2	mi2	mi3	mi2	mi2	mi2	mi2
北川	mi2	mi2	mi2	mi3	mi2	mi2	mi2	mi2
绵阳	mi2	mi4	mi2	mi3	mi2	mi2	mi2	mi2
盐亭	mi2	mi2	mi2	mi3	mi5	mi5	mi5	mi5
德阳	mi2	mi4	mi2	mi3	mi2 文 pei4 白	mi2	mi2	mi2 mie2 旧
中江	mi2	mi2	mi2	mi3	mi2	mi2	mi2	mi2
射洪	mi2	mi2	mi2	mi3	mi5	mi5	mi5	mi2 mie2 旧
蓬溪	mi2	mi2	mi2	mi3	mi5	mi5	mi5	mie5 mi5 新
遂宁	mi2	mi2	mi2	mi3	mi2 文 pei4 白	mi2	mi2	mi2 mie2 旧
乐至	mi2	mi2 mi4	mi2	mi3	mi2	mi2	mi2	mi2
安岳	mi2	mi2	mi2	mi3	mi2	mi2	mi2	mie2
仪陇	mi2	mi2	mi2	mi3	mi2	mi2	mi2	mi2
西充	mi2 mzɿ3	mi4	mi2	mi3 mzɿ3	mi2 文 pei4 白	mi5 mzɿ5	mi5 mzɿ5	mi2

---

① 又*绵批切，蟹开四明齐平。

字目	迷	谜①	弥	米	秘	密	蜜	觅
反切	莫兮	莫计	武移	莫礼	兵媚	美笔	弥毕	莫狄
声韵调	蟹开四 明齐平	蟹开四 明齐去	止开三A 明支平	蟹开四 明齐上	止开三B 帮脂去	臻开三B 明质入	臻开三A 明质入	梗开四 明锡入
中古音	mei	mei-	miɛ	mei:	pɣɨi-	mɣiɪt	miɪt	mek
蓬安	mi2	mi2	mi2	mi3	mi2	mi2	mi2	mi2
南充金台	mi2	mi2 mi4	mi2	mi3	pei4	mi2	mi2	mi4
南充龙蟠	mi2	mi2 mi4	mi2	mi3	mi4 文 pei4 白	mie5	mie5	mie5
岳池	mi2	mi4	mi2	mi3	mi2	mi2	mi2	mi2
广安	mi2	mi4	mi2	mi3	mi2	mi2	mi2	mi2
邻水	mi2	mi2	mi2	mi3	mi2	mi5	mi5	mi5
南江	mi2	mi2	mi2	mi3	mi5 文 pi4 白	mi5	mi2 mi5 旧	mi2 mi5 旧
巴中	mi5	mi5	mi2	mi3	mi2 文 pei4 白	mi2 mi5 旧	mi2 mi5 旧	mi5
通江	mi5	mi5	mi2	mi3	mi2 文 pi4 白	mi5	mi5	mi2 mi5 旧
平昌	mi2	mi2	mi2	mi3	mi2 文 pi4 白	mi2	mi2	mi2
万源	mi2	mi2 mi4	mi2	mi3	mi2 文 pei4 白	mi2	mi2	mi4
宣汉	mi2	mi2 mi4	mi2	mi3	mi2 文 pei4 白	mi2	mi2	ni4
达州	mi2	mi2 mi4	mi2	mi3	mi2 文 pei4 白	mi2	mi2	mi4
开江	mi2	mi2 mi4	mi2	mi3	mi2 文 pei4 白	mi4	mi2	mi2
渠县	mi2	mi2 mi4	mi2	mi3	pei2 文 pei4 白	mi2	mi2	ni4
宜宾	mi2	mi2	mi2	mi3	mie5	mie5	mie5	mie5
古蔺	mi2	mi2	mi2	mi3	mie5	mie5	mie5	mie2 mie5 旧
长宁	mi2	mi2	mi2	mi3	mi5	mi5	mi5	mi5
顾县	mi2	mi4	mi2	mi3	mi2 文 pei4 白	mi2	mi2	mi2
成都龙泉	mi2	mi2	mi2	mi3	mi4 文 pi4 白	mie?6	mi4	mie?6

---

① 又*绵批切，蟹开四明齐平。

字目	低	堤①	滴	笛	敌	狄	底底下	抵
反切	都奚	都奚	都历	徒历	徒历	徒历	都礼	都礼
声韵调	蟹开四端齐平	蟹开四端齐平	梗开四端锡入	梗开四定锡入	梗开四定锡入	梗开四定锡入	蟹开四端齐上	蟹开四端齐上
中古音	tei	tei	tek	dek	dek	dek	tei:	tei:
广元	ti1	thi2	ti2	ti2	ti2	ti2	ti3	ti3
平武	ti1	thi2	ti2	ti2	ti2	ti2	ti3	ti3
青川	ti1	thi2	ti2	ti2	ti2	ti2	ti3	ti3
剑阁普安	ti1	thi2	ti5	ti5	ti5	tie5	ti3	ti3
剑阁金仙	ti1	thi2	ti5	thi5	ti5	ti5	ti3	ti3
旺苍	ti1	thi2	ti2	ti2	ti2	ti2	ti3	ti3
苍溪	ti1	thi2	ti2	ti2	ti2	ti2	ti3	ti3
江油	ti1	thi2	ti2	tie2	ti2	ti2	ti3	ti3
北川	ti1	thi2	tie2	tie2	ti2	tie2	ti3	ti3
绵阳	ti1	thi2	tie2	tie2	ti2	ti2	ti3	ti3
盐亭	ti1	thi2	ti5	ti5	ti5	ti5	ti3	ti3
德阳	ti1	thi2	ti2 tie2 旧	ti2	ti2	ti2	ti3	ti3
中江	ti1	thi2	tie2	tie2	ti2	ti2	ti3	ti3
射洪	ti1	thi2	ti5 tie5 旧	tie5	tie5	ti5	ti3	ti3
蓬溪	ti1	thi2	ti5 tie5 旧	tie5	tie5	tie5	ti3	ti3
遂宁	ti1	thi2	ti2 tie2 旧	ti2	ti2	ti2	ti3	ti3
乐至	ti1	thi2	ti2	tie2	ti2 tie2 旧	tie2	ti3	ti3
安岳	ti1	thi2	tie2	tie2	ti2	ti2	ti3	ti3
仪陇	ti1	thi2	ti2	ti2	ti2	ti2	ti3	ti3
西充	ti1	thi2	ti5	ti5	ti5	ti5	ti3	ti3

① 又杜奚切，蟹开四定齐平。

字目	低	堤①	滴	笛	敌	狄	底底下	抵
反切	都奚	都奚	都历	徒历	徒历	徒历	都礼	都礼
声韵调	蟹开四端齐平	蟹开四端齐平	梗开四端锡入	梗开四定锡入	梗开四定锡入	梗开四定锡入	蟹开四端齐上	蟹开四端齐上
中古音	tei	tei	tek	dek	dek	dek	tei:	tei:
蓬安	ti1	thi2	ti2	ti2	ti2	ti2	ti3	ti3
南充金台	ti1	thi2	tie2	tie2	tie2	tie2	ti3	ti3
南充龙蟠	ti1	thi2	tie5	tie5	tie5	tie5	ti3	ti3
岳池	ti1	thi2	ti2	ti2	ti2	ti2	ti3	ti3
广安	ti1	thi2	ti2	ti2	ti2	ti2	ti3	ti3
邻水	ti1	thi2	ti5	ti5	ti5	ti5	ti3	ti3
南江	ti1	thi2	ti5	ti5	ti5	ti5	ti3	ti3
巴中	ti1	thi5	ti5	thi2 thi5 旧	ti2 ti5 旧	ti2 ti5 旧	ti3	ti3
通江	ti1	thi2	ti5	ti5	ti5	ti5	ti3	ti3
平昌	ti1	thi2	ti2	ti2	ti2	ti2	ti3	ti3
万源	ti1	thi2	ti2	ti2	ti2	ti2	ti3	ti3
宣汉	ti1	ti2	ti2	ti2	ti2	ti2	ti3	ti3
达州	ti1	thi2	ti2	ti2	ti2	ti2	ti3	ti3
开江	ti1	thi2	ti2	ti2	ti2	ti2	ti3	ti3
渠县	ti1	thi2	ti2	ti2	ti2	ti2	ti3	ti3
宣宾	ti1	thi2 ti1 新	tie5	tie5	tie5	tie5	ti3	ti3
古蔺	ti1	thi2	tie5	tie5	ti5 tie5 旧	tie5	ti3	ti3
长宁	ti1	thi2	ti5	ti5	ti5	ti5	ti3	ti3
顾县	ti1	thi2	ti2	ti2	ti2	ti2	ti3	ti3
成都龙泉	ti1	thi2	tieʔ5	tieʔ5	tieʔ5	tiʔ5	tai3	ti3

---

① 又杜奚切，蟹开四定齐平。

字目	帝	弟	第	递	地①	的的确	梯	踢
反切	都计	徒礼	特计	特计	徒四	都历	土鸡	他历
声韵调	蟹开四端齐去	蟹开四定齐上	蟹开四定齐去	蟹开四定齐去	止开三定脂去	梗开四端锡入	蟹开四透齐平	梗开四透锡入
中古音	tei-	dei:	dei-	dei-	diɪ-	tek	thei	thek
广元	ti4	ti4	ti4	ti4	ti4	ti2	thi1	thi2
平武	ti4	ti4	ti4	ti4	ti4	ti2	thi1	thi2
青川	ti4	ti4	ti4	ti4	ti4	ti2	thi1	thi2
剑阁普安	ti4	ti4	ti4	ti4	ti4	ti5	thi1	thi5
剑阁金仙	ti4	ti4	ti4	ti4	ti4	ti5	thi1	thi5
旺苍	ti4	ti4	ti4	ti4	ti4	ti2	thi1	thi2
苍溪	ti4	ti4	ti4	thi4 ti4	ti4	ti2	thi1	thi2
江油	ti4	ti4	ti4	ti4	ti4	ti2	thi1	thi2
北川	ti4	ti4	ti4	ti4	ti4	ti2	thi1	thi2
绵阳	ti4	ti4	ti4	ti4	ti4	ti2	thi1	thi2
盐亭	ti4	ti4	ti4	ti4	ti4	ti5	thi1	thie5
德阳	ti4	ti4	ti4	ti4	ti4	ti2	thi1	thi2 thie2 旧
中江	ti4	ti4	ti4	ti4	ti4	ti2	thi1	thi2 thie2 旧
射洪	ti4	ti4	ti4	ti4	ti4	ti5	thi1	thi5 thie5 旧
蓬溪	ti4	ti4	ti4	ti4	ti4	ti5	thi1	thi5 thie5 旧
遂宁	ti4	ti4	ti4	ti4	ti4	ti2	thi1	thi2 thie2 旧
乐至	ti4	ti4	ti4	ti4	ti4	ti2	thi1	thi2
安岳	ti4	ti4	ti4	ti4	ti4	ti2	thi1	thie2
仪陇	ti4	ti4	ti4	ti4	ti4	ti2	thi1	thi2
西充	ti4	ti4	ti4	thi4	ti4	ti5	thi1	thi5

---

① 又*大计切，蟹开四定齐去。

字目	帝	弟	第	递	地①	的的确	梯	踢
反切	都计	徒礼	特计	特计	徒四	都历	土鸡	他历
声韵调	蟹开四端齐去	蟹开四定齐上	蟹开四定齐去	蟹开四定齐去	止开三定脂去	梗开四端锡入	蟹开四透齐平	梗开四透锡入
中古音	tei-	dei:	dei-	dei-	diɪ-	tek	thei	thek
蓬安	ti4	ti4	ti4	ti4	ti4	ti2	thi1	thi2
南充金台	ti4	ti4	ti4	ti4	ti4	ti2	thi1	thie2
南充龙蟠	ti4	ti4	ti4	ti4	ti4	tie5	thi1	thie5
岳池	ti4	ti4	ti4	ti4	ti4	ti2	thi1	thi2
广安	ti4	ti4	ti4	ti4	ti4	ti2	thi1	thi2
邻水	ti4	ti4	ti4	ti4	ti4	ti5	thi1	thi5
南江	ti4	ti4	ti4	ti4	ti4	ti2	thi1	thi5
巴中	ti4	ti4	ti4	ti4	ti4	ti1 ti2	thi1	thi5
通江	ti4	ti4	ti4	ti4	ti4	ti2	thi1	thi2 thi5 旧
平昌	ti4	ti4	ti4	ti4	ti4	ti2	thi1	thi2
万源	ti4	ti4	ti4	ti4	ti4	ti2	thi1	thi2
宣汉	ti4	ti4	ti4	ti4	ti4	ti2	thi1	thi2
达州	ti4	ti4	ti4	ti4	ti4	ti2	thi1	thi2
开江	ti4	ti4	ti4	ti4	ti4	ti2	thi1	thi2
渠县	ti4	ti4	ti4	ti4	ti4	ti2	thi1	thi2
宜宾	ti4	ti4	ti4	ti4	ti4	tie5	thi1	thie5
古蔺	ti4	ti4	ti4	ti4	ti4	tie5	thi1	thie5
长宁	ti4	ti4	ti4	ti4	ti4	ti5	thi1	thi5
顾县	ti4	ti4	ti4	ti4	ti4	ti2	thi1	thi2
成都龙泉	thi4	thai1	thi4	ti4	thi4	tie?5	thɔi1	thie?5

---

① 又*大计切，蟹开四定齐去。

字目	剔	题	提	啼	蹄	体	替	涕
反切	他历	杜奚	杜奚	杜奚	杜奚	他礼	他计	他计
声韵调	梗开四透锡入	蟹开四定齐平	蟹开四定齐平	蟹开四定齐平	蟹开四定齐平	蟹开四透齐上	蟹开四透齐去	蟹开四透齐去
中古音	thek	dei	dei	dei	dei	thei:	thei-	thei-
广元	thi2	thi2	thi2	thi2	thi2	thi3	thi4	thi1
平武	thi1	thi2	thi2	thi2	thi2	thi3	thi4	thi2
青川	thi4	thi2	thi2	thi2	thi2	thi3	thi4	thi2
剑阁普安	thi5	thi2	thi2	thi2	thi2	thi3	thi4	thi2
剑阁金仙	thi5	thi2	thi2	thi2	thi2	thi3	thi4	thi4
旺苍	thi4	thi2	thi2	thi2	thi2	thi3	thi4	thi2
苍溪	thi4	thi2	thi2 tia1 口	thi4 thi2	thi2	thi3	thi4	thi4
江油	thi1	thi2	thi2	thi2	thi2	thi3	thi4	thi2
北川	thi1	thi2	thi2	thi2	thi2	thi3	thi4	ti2
绵阳	thi1	thi2	thi2	thi2	thi2	thi3	thi4	thi2
盐亭	thi1	thi2	thi2	thi2	thi2	thi3	thi4	thi2
德阳	thi1	thi2	thi2 tia1 口	thi2	thi2	thi3	thi4	thi1
中江	thi2	thi2	thi2 tia1 口	thi2	thi2	thi3	thi4	thi4
射洪	thi4	thi2	thi2 tia1 口	thi2	thi2	thi3	thi4	thi4
蓬溪	thi4	thi2	thi2 tia1 口	thi2	thi2	thi3	thi4	thi4
遂宁	thi4	thi2	thi2 tia1 口	thi2	thi2	thi3	thi4	thi2
乐至	thi2	thi2	thi2	thi2	thi2	thi3	thi4	thi2
安岳	thi2	thi2	thi2	thi2	thi2	thi3	thi4	thi2
仪陇	thi2	thi2	thi2	thi2	thi2	thi3	thi4	thi2
西充	thi1	thi2	thi2	thi2	thi2	thi3	thi4	thi4

字目	剔	题	提	啼	蹄	体	替	涕
反切	他历	杜奚	杜奚	杜奚	杜奚	他礼	他计	他计
声韵调	梗开四 透锡入	蟹开四 定齐平	蟹开四 定齐平	蟹开四 定齐平	蟹开四 定齐平	蟹开四 透齐上	蟹开四 透齐去	蟹开四 透齐去
中古音	thek	dei	dei	dei	dei	thei:	thei-	thei-
蓬安	thi2	thi2	thi2	thi2	thi2	thi3	thi4	thi2
南充金台	thie2	thi2	thi2	thi2	thi2	thi3	thi4	thi4
南充龙蟠	thi5	thi2	thi2	thi2	thi2	thi3	thi4	thi2
岳池	thi1	thi2	thi2	thi2	thi2	thi3	thi4	thi2
广安	thi4	thi2	thi2 tia1 口	thi2	thi2	thi3	thi4	thi2
邻水	thi5	thi2	thi2	thi2	thi2	thi3	thi4	thi1
南江	thi1	thi2	thi2 tia1 口	thi2	thi2	thi3	thi4	thi4
巴中	thi4	thi2	thi2 tia1 口	thi2	thi2	thi3	thi4	thi4
通江	thi4	thi2	thi2 tia1 口	thi2	thi2	thi3	thi4	thi2 thi4
平昌	thi1	thi2	thi2 tia1 口	thi2	thi2	thi3	thi4	thi4
万源	thi2	thi2	thi2 tia1 口	ti2	thi2	thi3	thi4	thi2
宣汉	thi4	thi2	thi2 tia1 口	ti2	thi2	thi3	thi4	thi4
达州	thi4	thi2	thi2 tia1 口	thi2	thi2	thi3	thi4	thi4
开江	thi4	thi2	thi2 tia1 口	ti2	thi2	thi3	thi4	thi2 thi4
渠县	thi4	thi2	thi2 tia1 口	thi2	thi2	thi3	thi4	thi2
宜宾	thi4 thie5 口	thi2	thi2	thi2	thi2	thi3	thi4	thi4
古蔺	thi5	thi2	thi2	thi2	thi2	thi3	thi4	thi4
长宁	thi5	thi2	thi2	thi2	thi2	thi3	thi4	thi4
顾县	thi1	thi2	thi2	thi2	thi2	thi3	thi4	thi2
成都龙泉	thiʔ5	thi2	thi2	thai2	thai2	thi3	thi4	thi4

字目	剃	惕	泥泥土	尼	呢呢绒	你	腻	逆
反切	他计	他历	奴低	女夷	女夷	乃里	女利	宜戟
声韵调	蟹开四 透齐去	梗开四 透锡入	蟹开四 泥齐平	止开三 泥脂平	止开三 泥脂平	止开三 泥之上	止开三 泥脂去	梗开三 疑陌入
中古音	thei-	thek	nei	niɪ	niɪ	niɨ:	niɪ-	ŋyiæk
广元	thi4	thi4	ȵi2	ȵi2	ȵi2	ȵi3	ȵi4	ȵi2
平武	thi4	thi4 tie2 旧	ȵi2	ȵi2	ȵi2	ȵi3	ȵi4	ȵie2
青川	thi4	thi4	ȵi2	ȵi2	ȵi2	ȵi3	ȵi4	ȵi2 ȵie2 旧
剑阁普安	thi4	thi5	ȵi2	ȵi2	ȵi2	ȵi3	ȵi4	ȵi5
剑阁金仙	thi4	thi5	ȵi2	ȵi2	ȵi2	ȵi3	ȵi4	ȵi5
旺苍	thi4	thi4	ȵi2	ȵi2	ȵi2	ȵi3	ȵi4	ȵi2
苍溪	thi4	thi4	ȵi2	ȵi2	ȵi2	ȵi3	ȵi2	ȵi2
江油	thi4	thi4 tie2 旧	ȵi2	ȵi2	ȵi2	ȵi3	ȵi4	ȵie2
北川	thi4	thi4 tie2 旧	ȵi2	ȵi2	ȵi2	ȵi3	ȵi4	ȵi2
绵阳	thi4	thi4 tie2 旧	ȵi2	ȵi2	ȵi2	ȵi3	ȵi4	ie2
盐亭	thi4	thi4 tie2 旧	ȵi2	ȵi2	ȵi2	ȵi3	ȵi5	ȵi5
德阳	thi4	thi4 tie2 旧	ȵi2	ȵi2	ȵi2	ȵi3	ȵi2	ȵi2 ȵie2 旧
中江	thi4	thi4 tie2 旧	ȵi2	ȵi2	ȵi2	ȵi3	ȵi4	ȵie2
射洪	thi4	thi4 tie2 旧	ȵi2	ȵi2	ȵi2	ȵi3	ȵi4	ȵi5 ȵie5 旧
蓬溪	thi4	thi4 tie2 旧	ȵi2	ȵi2	ȵi2	ȵi3	ȵi2	ȵi5 ȵie5 旧
遂宁	thi4	thi4 tie2 旧	ȵi2	ȵi2	ȵi2	ȵi3	ȵi4	ȵi2 ȵie2 旧
乐至	thi4	thi4	ȵi2	ȵi2	ȵi2	ȵi3	ȵi2	ȵie2
安岳	thi4	thi4	ȵi2	ȵi2	ȵi2	ȵi3	ȵi4	ȵi2
仪陇	thi4	thi4 tie2 旧	ni2	ni2	ni2	ni3	ni4	ni2
西充	thi4	thi4 tie2 旧	ȵi2	ȵi2	ȵi2	ȵi3	ȵi4	ȵi5

字目	剃	惕	泥泥土	尼	呢呢绒	你	腻	逆
反切	他计	他历	奴低	女夷	女夷	乃里	女利	宜戟
声韵调	蟹开四 透齐去	梗开四 透锡入	蟹开四 泥齐平	止开三 泥脂平	止开三 泥脂平	止开三 泥之上	止开三 泥脂去	梗开三 疑陌入
中古音	thei-	thek	nei	niɪ	niɪ	niː	niɪ-	ŋɣiæk
蓬安	thi4	thi4	ȵi2	ȵi2	ȵi2	ȵi3	ȵi4	ȵi2
南充金台	thi4	thie2	ȵi2	ȵi2	ȵi2	i3	i4	ȵie2
南充龙蟠	thi4	thi4 tie2 旧	ȵi2	ȵi2	ȵi2	ȵi3	ȵi4	ȵie5
岳池	thi4	thi4	ȵi2	ȵi2	ȵi2	ȵi3	ȵi4	ȵi2
广安	thi4	thi4	ni2	ni2	ni2	ni3	ni4	ni2
邻水	thi4	thi4	ȵi2	ȵi2	ȵi2	ȵi3	ȵi4	ȵi5
南江	thi4	thi4	ȵi2	ȵi2	ȵi2	ȵi3	ȵi5 ȵi4	ȵi5
巴中	thi4	thi4	ȵi2	ȵi2	ȵi2	i3 ȵi3	ȵi2 ȵi4	ȵi5
通江	thi4	thi4	ȵi2	ȵi2	ȵi2	ȵi3	ȵi2 ȵi4	ȵi2
平昌	thi4	thi4	ȵi2	ȵi2	ȵi2	ȵi3	ȵi4	ȵi2
万源	thi4	thi4 tie2 旧	ȵi2	ȵi2	ȵi2	ȵi3	ȵi2	ȵi2
宣汉	thi4	thi4 tie2 旧	ȵi2	ȵi2	ȵi2	ȵi3	ȵi2	ȵi2
达州	thi4	thi4 tie2 旧	ni2	ni2	ni2	ni3	ni3	ni2
开江	thi4	thi4 tie2 旧	ni2	ni2	ni2	ni3	ni4	ni2
渠县	thi4	thi4 tie2 旧	i2	i2	i2	i3	i2	i2
宜宾	thi4	thi4 thie5 旧	ni2	ni2	ni2	ni3	ni4	nie5
古蔺	thi1	thi4	ni2	ni2	ni2	ni3	ie4 ni4	nie5
长宁	thi4	thi4 tie2 旧	ȵi2	ȵi2	ȵi2	ȵi3	ȵi4	ȵi5
顾县	thi4	thi4	ni2	ni2	ni2	ni3	ni4 nian4 俗	ni2
成都龙泉	thai4	thi4	lai2	i2	i2	i1	ȵi4	ȵiʔ5

字目	溺	犁	黎	离离别	离离开	篱	梨	厘
反切	奴历	郎奚	郎奚	吕支	力智	吕支	力脂	里之
声韵调	梗开四 泥锡入	蟹开四 来齐平	蟹开四 来齐平	止开三 来支平	止开三 来支去	止开三 来支平	止开三 来脂平	止开三 来之平
中古音	nek	lei	lei	liɛ	liɛ-	liɛ	liɪ	li
广元	n̠i2	ni2	ni2	ni2	ni2 ni4 口	ni2	ni2	ni2
平武	n̠ie2	ni2	ni2	ni2	ni2	ni2	ni2	ni2
青川	n̠ie2	ni2	ni2	ni2	ni2 ni4 口	ni2	ni2	ni2
剑阁普安	n̠i5	ni2	ni2	ni2	ni2 ni4 口	ni2	ni2	ni2
剑阁金仙	n̠ie5	ni2	ni2	ni2	ni2 ni4 口	ni2	ni2	ni2
旺苍	n̠i4	ni2	ni2	ni2	ni2 ni4 口	ni2	ni2	ni2
苍溪	n̠i2	li2	li2	li2	li2 li4 口	li2	li2	li2
江油	mi4	ni2	ni2	ni2	ni4	ni2	ni2	ni2
北川	n̠i2	ni2	ni2	ni2	ni4	ni2	ni2	ni2
绵阳	ie2	ni2	ni2	ni2	ni4	ni2	ni2	ni2
盐亭	zo5 俗	li2	li2	li2	li2	li2	li2	li2
德阳	zo2 俗	ni2	ni2	ni2	ni2 ni4 口	ni2	ni2	ni2
中江	n̠ie2	li2	li2	li2	li2	li2	li2	li2
射洪	n̠ie5	ni2	ni2	ni2	ni2 ni4 口	ni2	ni2	ni2
蓬溪	zo5 俗	ni2	ni2	ni2	ni2 ni4 口	ni2	ni2	ni2
遂宁	n̠i2	ni2	ni2	ni2	ni2 ni4 口	ni2	ni2	ni2
乐至	n̠ie2	ni2	ni2	ni2	ni2	ni2	ni2	ni2
安岳	n̠ie2	ni2	ni2	ni2	ni2	ni2	ni2	ni3
仪陇	ni2	ni2	ni2	ni2	ni2	ni2	ni2	ni2
西充	n̠i5	ni2	ni2	ni2	ni2	ni2	ni2	ni2

字目	溺	犁	黎	离离别	离离开	篱	梨	厘
反切	奴历	郎奚	郎奚	吕支	力智	吕支	力脂	里之
声韵调	梗开四 泥锡入	蟹开四 来齐平	蟹开四 来齐平	止开三 来支平	止开三 来支去	止开三 来支平	止开三 来脂平	止开三 来之平
中古音	nek	lei	lei	liɛ	liɛ-	liɛ	liɪ	lɨ
蓬安	ȵi2	ni2	ni2	ni2	ni2	ni2	ni2	ni3
南充金台	ȵie2	ni2	ni2	ni2	ni2	ni2	ni2	ni2
南充龙蟠	ȵie5	ni2	ni2	ni2	ni2	ni2	ni2	ni2
岳池	ȵi2	ni2	ni2	ni2	ni2	ni2	ni2	ni2
广安	ni2	ni2	ni2	ni2	ni2	ni2	ni2	ni2
邻水	ȵi5	ni2	ni2	ni2	ni2	ni2	ni2	ni2
南江	ȵi5	li2	li2	li2	li2 li4 口	li2	li2	li2
巴中	ȵi5	li2	li2	li2	li2 li4 口	li2	li2	li2
通江	ȵi2	li2	li2	li5	li5 li4 口	li5	li2	li3 li2
平昌	ȵi2	li2	li2	li2	li2 li4 口	li2	li2	li2
万源	ȵi4	ni2	ni2	ni2	ni2	ni2	ni2	ni3
宣汉	ȵi2	ni2	ni2	ni2	ni2	ni2	ni2	ni2
达州	ni2	ni2	ni2	ni2	ni2	ni2	ni2	ni2
开江	ni4	ni4	ni2	ni2	ni2	ni2	ni2	ni2
渠县	ni4	ni2	ni2	ni2	ni2	ni2	ni2	ni2
宜宾	nie5 ni4	ni2	ni2	ni2	ni2	ni2	ni2	ni2
古蔺	ni5	ni2	ni2	ni2	ni2	ni2	ni2	ni2
长宁	ȵi5	li2	li2	li2	li2	li2	li2	li2
顾县	ni2	ni2	ni2	ni2	ni2 ni4 口	ni2	ni2	ni2
成都龙泉	ȵioʔ6	lai2	li2	li2	li2 li4	li2	li2	li2

字目	狸	礼	李	里里程	里里外	理	鲤	例
反切	里之	卢启	良士	良士	良士	良士	良士	力制
声韵调	止开三来之平	蟹开四来齐上	止开三来之上	止开三来之上	止开三来之上	止开三来之上	止开三来之上	蟹开三来祭去
中古音	li	lei:	lɨ	lɨ	lɨ	lɨ	lɨ	liɛi-
广元	ni2	ni3	ni3	ni3	ni3	ni3	ni3	ni4
平武	ni3	ni3	ni3	ni3	ni3	ni3	ni3	ni4
青川	ni2	ni3	ni3	ni3	ni3	ni3	ni3	ni4
剑阁普安	ni2	ni3	ni3	ni3	ni3	ni3	ni3	ni4
剑阁金仙	ni2	ni3	ni3	ni3	ni3	ni3	ni3	ni4
旺苍	ni2	ni3	ni3	ni3	ni3	ni3	ni3	ni4
苍溪	li2 li3	li3	li3	li3	li3	li3	li3	li4
江油	ni3	ni3	ni3	ni3	ni3	ni3	ni3	ni4
北川	ni3	ni3	ni3	ni3	ni3	ni3	ni3	ni4
绵阳	ni3	ni3	ni3	ni3	ni3	ni3	ni3	ni4
盐亭	li3	li3	li3	li3	li3	li3	li3	li5
德阳	ni2	ni3	ni3	ni3	ni3	ni3	ni3	ni4
中江	li2	li3	li3	li3	li3	li3	li3	li4
射洪	ni3	ni3	ni3	ni3	ni3	ni3	ni3	ni4
蓬溪	ni3	ni3	ni3	ni3	ni3	ni3	ni3	ni4
遂宁	ni3	ni3	ni3	ni3	ni3	ni3	ni3	ni4
乐至	ni3	ni3	ni3	ni3	ni3	ni3	ni3	ni4
安岳	ni3	ni3	ni3	ni3	ni3	ni3	ni3	ni4
仪陇	ni2	ni3	ni3	ni3	ni3	ni3	ni3	ni4
西充	ni3	ni3	ni3	ni3	ni3	ni3	ni3	nie4

字目	狸	礼	李	里里程	里里外	理	鲤	例
反切	里之	卢启	良士	良士	良士	良士	良士	力制
声韵调	止开三来之平	蟹开四来齐上	止开三来之上	止开三来之上	止开三来之上	止开三来之上	止开三来之上	蟹开三来祭去
中古音	lɨ	lei:	lɨ:	lɨ:	lɨ:	lɨ:	lɨ:	liɛi-
蓬安	ni3	ni3	ni3	ni3	ni3	ni3	ni3	ni4
南充金台	ni2	ni3	ni3	ni3	ni3	ni3	ni3	nie2
南充龙蟠	ni2	ni3	ni3	ni3	ni3	ni3	ni3	ni4
岳池	ni3	ni3	ni3	ni3	ni3	ni3	ni3	ni4
广安	ni3	ni3	ni3	ni3	ni3	ni3	ni3	ni4
邻水	ni3	ni3	ni3	ni3	ni3	ni3	ni3	ni4
南江	li2 li3	li3	li3	li3	li3	li3	li3	li4
巴中	li3 li2	li3	li3	li3	li3	li3	li3	li4
通江	li2 li3	li3	li3	li3	li3	li3	li3	li4
平昌	li3 li2	li3	li3	li3	li3	li3	li3	li4
万源	ni3	ni3	ni3	ni3	ni3	ni3	ni3	ni4
宣汉	ni2	ni3	ni3	ni3	ni3	ni3	ni3	ni4
达州	ni2	ni3	ni3	ni3	ni3	ni3	ni3	ni4
开江	ni3	ni3	ni3	ni3	ni3	ni3	ni3	ni4
渠县	ni2	ni3	ni3	ni3	ni3	ni3	ni3	ni4
宜宾	ni2	ni3	ni3	ni3	ni3	ni3	ni3	ni4 nie5 旧
古蔺	ni2 ni3	ni3	ni3	ni3	ni3	ni3	ni3	ni4
长宁	li2	li3	li3	li3	li3	li3	li3	li4
顾县	ni2	ni3	ni3	ni3	ni3	ni3	ni3	ni4
成都龙泉	li2 li3	li1	li3	li1	li1	li1	li1	li4

字目	厉	励	丽	隶	荔	利	痢	吏
反切	力制	力制	郎计	郎计	力智	力至	力至	力置
声韵调	蟹开三来祭去	蟹开三来祭去	蟹开四来齐去	蟹开四来齐去	止开三来支去	止开三来脂去	止开三来脂去	止开三来之去
中古音	liɛi-	liɛi-	lei-	lei-	liE-	liɪ-	liɪ-	li-
广元	ni4	ni4	ni4	ti4	ni4	ni4	ni4	ni4
平武	ni4	ni4	ni4	ti4	ni4	ni4	ni4	ni4
青川	ni4	ni4	ni4	ti4	ni4	ni4	ni4	ni4
剑阁普安	ni4	ni4	ni4	ti4	ni4	ni4	ni4	ni4
剑阁金仙	ni4	ni4	ni4	ti4	ni4	ni4	ni4	ni4
旺苍	ni4	ni4	ni4	ti4 ni4 新	ni4	ni4	ni4	ni4
苍溪	li4	li4	li4	ti4	li4	li4	li4	li4
江油	ni4	ni4	ni4	ti4	ni4	ni4	ni4	ni4
北川	ni4	ni4	ni4	ti4	ni4	ni4	ni4	ni4
绵阳	ni4	ni4	ni4	ti4	ni4	ni4	ni4	ni4
盐亭	li4	li4	li4	ti4	li4	li4	li4	li4
德阳	ni4	ni4	ni4	ti4	ni4	ni4	ni4	ni4
中江	li4	li4	li4	ti4	li4	li4	li4	li4
射洪	ni4	ni4	ni4	ti4	ni4	ni4	ni4	ni4
蓬溪	ni4	ni4	ni4	ti4	ni4	ni4	ni4	ni4
遂宁	ni4	ni4	ni4	ni4	ni4	ni4	ni4	ni4
乐至	ni4	ni2	ni2	ti4	ni2	ni4	ni4	ni4
安岳	ni4	ni4	ni4	ti4	ni4	ni4	ni4	ni4
仪陇	ni2	ni2	ni4	ti4	ni4	ni4	ni4	ni4
西充	ni4	ni4	ni4	ti4	ni4	ni4	ni4	ni4

字目	厉	励	丽	隶	荔	利	痢	吏
反切	力制	力制	郎计	郎计	力智	力至	力至	力置
声韵调	蟹开三 来祭去	蟹开三 来祭去	蟹开四 来齐去	蟹开四 来齐去	止开三 来支去	止开三 来脂去	止开三 来脂去	止开三 来之去
中古音	liɛi⁻	liɛi⁻	lei⁻	lei⁻	liɛ⁻	liɪ⁻	liɪ⁻	li⁻
蓬安	ni4	ni4	ni4	ti4	ni4	ni4	ni4	ni4
南充金台	ni4	ni4	ni4	ti4	ni4	ni4	ni4	ni4
南充龙蟠	ni4	ni4	ni4	ti4	ni4	ni4	ni4	ni4
岳池	ni4	ni4	ni4	ti4	ni4	ni4	ni4	ni4
广安	ni4	ni4	ni4	ti4	ni4	ni4	ni4	ni4
邻水	ni4	ni4	ni4	ti4	ni4	ni4	ni4	ni4
南江	li4	li4	li4	thi4	li4	li4	li4	li4
巴中	li4	li4	li4	thi4	li4	li4	li4	li4
通江	li4	li4	li4	thi4	li4	li4	li4	li4
平昌	li4	li4	li4	ti4	li4	li4	li4	li4
万源	ni4	ni4	ni4	ti4	ni2	ni4	ni4	ni4
宣汉	ni4	ni4	ni4	ti4	ni4	ni4	ni4	ni4
达州	ni4	ni4	ni4	ni4	ni2	ni4	ni4	ni3
开江	ni4	ni4	ni4	ti4	ni4	ni4	ni4	ni4
渠县	ni4	ni4	ni4	ti4	ni4	ni4	ni4	ni4
宜宾	ni4	ni4	ni4	ni4	ni4	ni4	ni4	ni4
古蔺	ni4	ni4	ni4	ti4	ni4	ni4	ni4	ni4
长宁	li4	li4	li4	ti4	li4	li4	li4	li5
顾县	ni4	ni4	ni4	ti4	ni4	ni4	ni4	ni4
成都龙泉	li4	li4	li4	thi4	li4	li4	li4	li4

字目	立	粒	笠	栗	力	历日历	历历史	鸡
反切	力入	力入	力入	力质	林直	郎击	郎击	古奚
声韵调	深开三来缉入	深开三来缉入	深开三来缉入	臻开三来质入	曾开三来职入	梗开四来锡入	梗开四来锡入	蟹开四见齐平
中古音	liɪp	liɪp	liɪp	liɪt	lik	lek	lek	kei
广元	ni2	ni2	ni2	ni2	ni2	ni2	ni2	tɕi1
平武	ni2	ni2	ni2	ni2	ni2	ni2	ni2	tɕi1
青川	ni2	ni2	ni2	ni2	ni2	ni2	ni2	tɕi1
剑阁普安	ni5	ni5	ni5	ni2	ni5	ni5	ni5	tɕi1
剑阁金仙	ni5	ni5	ni5	ni2	ni5	ni5	ni5	tɕi1
旺苍	ni2	ni2	ni2	ni4	ni2	ni2	ni2	tɕi1
苍溪	li2	li2	li2	li2	li2	li2	li2	ki1
江油	ni2	ni2	ni2	ni2	ni2	ni2	ni2	tɕi1
北川	ni2	ni2	ni2	ni3	ni2	ni2	ni2	tɕi1
绵阳	ni2	ni2	ni2	ni2	ni2	ni2	ni2	tɕi1
盐亭	li5	li5	li5	li5	li5	li5	li5	tɕi1
德阳	ni2	ni2	ni2	ni2	ni2	ni2	ni2	tɕi1
中江	li2	li2	li2	li2	li2	li2	li2	tɕi1
射洪	ni5	ni5	ni5	ni3	nie5	nie5	nie5	tɕi1
蓬溪	ni5	nie5	ni2	ni3	ni5	ni5	ni5	tɕi1
遂宁	ni2	ni2	ni2	ni2	ni2	ni2	ni2	tɕi1
乐至	ni2	ni2	ni2	ni2	ni2	ni2	ni2	tɕi1
安岳	ni2	ni2	ni2	ni2	ni2	ni2	ni2	tɕi1
仪陇	ni2	ni2	ni2	ni2	ni2	ni2	ni2	tɕi1
西充	ni5	ni5	ni2	ni2	ni5	ni5	ni5	tɕi1

字目	立	粒	笠	栗	力	历日历	历历史	鸡
反切	力入	力入	力入	力质	林直	郎击	郎击	古奚
声韵调	深开三来缉入	深开三来缉入	深开三来缉入	臻开三来质入	曾开三来职入	梗开四来锡入	梗开四来锡入	蟹开四见齐平
中古音	liɪp	liɪp	liɪp	liɪt	lik	lek	lek	kei
蓬安	ni2	ni2	ni2	ni2	ni2	ni2	ni2	tɕi1
南充金台	ni2	ni2	ni2	ni2	ni2	ni2	ni2	tɕi1
南充龙蟠	nie5	nie5	nie5	nie5	nie5	nie5	nie5	tɕi1
岳池	ni2	ni2	ni2	ni2	ni2	ni2	ni2	tɕi1
广安	ni2	ni2	ni2	ni2	ni2	ni2	ni2	tɕi1
邻水	ni5	ni5	ni5	ni5	ni5	ni5	ni5	tɕi1
南江	li5	li5	li5	li5	li2 li5 旧	li2 li5 旧	li2 li5 旧	tɕi1
巴中	li2	li2	li2	li2	li2	li2	li2	tɕi1
通江	li5	li5	li5	li5	li5	li5	li5	tɕi1
平昌	li2	li2	li2	li2	li2	li2	li2	tɕi1
万源	ni2	ni4	ni2	ni2	ni2	ni2	ni2	tɕi1
宣汉	ni2	ni2	ni2	ni2	ni2	ni2	ni2	tɕi1
达州	ni2	ni2	ni2	ni3	ni2	ni2	ni2	tɕi1
开江	ni2	ni4	ni2	ni2	ni2	ni2	ni2	tɕi1
渠县	ni2	ni4	ni2	ni2	ni2	ni2	ni2	tɕi1
宜宾	nie5	nie5	nie5	nie5	nie5	nie5	nie5	tɕi1
古蔺	nie5	nie5	nie5	nie5	nie5	nie5	nie5	tɕi1
长宁	li5	li5	li5	li5	li5	li5	li5	tɕi1
顾县	ni2	ni2	ni2	ni2	ni2	ni2	ni2	tɕi1
成都龙泉	liʔ6	liʔ6	liʔ6	liʔ6	lieʔ6	lieʔ6	lieʔ6	kai1

字目	稽稽查	饥饥饿	肌	几茶几	基	几几乎	机	讥
反切	古奚	居夷	居夷	居履	居之	居依	居依	居依
声韵调	蟹开四 见齐平	止开三B 见脂平	止开三B 见脂平	止开三B 见脂上	止开三 见之平	止开三 见微平	止开三 见微平	止开三 见微平
中古音	kei	kɣɨi	kɣɨi	kɣɨi:	kɨ	kɨi	kɨi	kɨi
广元	tɕi1	tɕi1	tɕi1	tɕi1	tɕi1	tɕi1 文	tɕi1	tɕi1
平武	tɕi1	tɕi1	tɕi1	tɕi1	tɕi1	tɕi1 文	tɕi1	tɕi1
青川	tɕi1	tɕi1	tɕi1	tɕi1	tɕi1	tɕi1 文	tɕi1	tɕi1
剑阁普安	tɕi1	tɕi1	tɕi1	tɕi1	tɕi1	tɕi1 文	tɕi1	tɕi1
剑阁金仙	tɕi1	tɕi1	tɕi1	tɕi1	tɕi1	tɕi1 文	tɕi1	tɕi1
旺苍	tɕi1	tɕi1	tɕi1	tɕi1	tɕi1	tɕi1 文	tɕi1	tɕi1
苍溪	tɕi1	ki1	ki1	ki1	ki1	ki1 文	ki1	ki1
江油	tɕi1	tɕi1	tɕi1	tɕi1	tɕi1	tɕi3	tɕi1	tɕi1
北川	tɕi1	tɕi1	tɕi1	tɕi1	tɕi1	tɕi3	tɕi1	tɕi1
绵阳	tɕi1	tɕi1	tɕi1	tɕi1	tɕi1	tɕi3	tɕi1	tɕi1
盐亭	tɕi1	tɕi1	tɕi1	tɕi1	tɕi1	tɕi3	tɕi1	tɕi1
德阳	tɕi1	tɕi1	tɕi1	tɕi1	tɕi1	tɕi1 文	tɕi1	tɕi1
中江	tɕi1	tɕi1	tɕi1	tɕi1	tɕi1	tɕi3	tɕi1	tɕi1
射洪	tɕi1	tɕi1	tɕi1	tɕi3	tɕi1	tɕi3	tɕi1	tɕi1
蓬溪	tɕi1	tɕi1	tɕi1	tɕi3	tɕi1	tɕi1 文	tɕi1	tɕi1
遂宁	tɕi1	tɕi1	tɕi1	tɕi1	tɕi1	tɕi1 文	tɕi1	tɕi1
乐至	tɕi1	tɕi1	tɕi1	tɕi1	tɕi1	tɕi1 文	tɕi1	tɕi1
安岳	tɕi1	tɕi1	tɕi1	tɕi1	tɕi1	tɕi1 文	tɕi1	tɕi1
仪陇	tɕi1	tɕi1	tɕi1	tɕi3	tɕi1	tɕi3	tɕi1	tɕi1
西充	tɕi1	tɕi1	tɕi1	tɕi1	tɕi1	tɕi1 文	tɕi1	tɕi1

字目	稽稽查	饥饥饿	肌	几茶几	基	几几乎	机	讥
反切	古奚	居夷	居夷	居履	居之	居依	居依	居依
声韵调	蟹开四见齐平	止开三B见脂平	止开三B见脂平	止开三B见脂上	止开三见之平	止开三见微平	止开三见微平	止开三见微平
中古音	kei	kɣii	kɣii	kɣii:	ki	kii	kii	kii
蓬安	tɕi1	tɕi1	tɕi1	tɕi1	tɕi1	tɕi1 文	tɕi1	tɕi1
南充金台	tɕi1	tɕi1	tɕi1	tɕi1	tɕi1	tɕi1 文	tɕi1	tɕi1
南充龙蟠	tɕi1	tɕi1	tɕi1	tɕi1	tɕi1	tɕi1 文	tɕi1	tɕi1
岳池	tɕi1	tɕi1	tɕi1	tɕi1	tɕi1	tɕi1 文	tɕi1	tɕi1
广安	tɕi1	tɕi1	tɕi1	tɕi1	tɕi1	tɕi1 文	tɕi1	tɕi1
邻水	tɕi1	tɕi1	tɕi1	tɕi1	tɕi1	tɕi1 文	tɕi1	tɕi1
南江	tɕi1	tɕi1	tɕi1	tɕi1 tɕi3	tɕi1	tɕi1 文	tɕi1	tɕi1
巴中	tɕi1	tɕi1	tɕi1	tɕi1 tɕi3	tɕi1	tɕi1 文	tɕi1	tɕi1
通江	tɕi1	tɕi1	tɕi1	tɕi1 tɕi3	tɕi1	tɕi1 文	tɕi1	tɕi1
平昌	tɕi1	tɕi1	tɕi1	tɕi3 tɕi1	tɕi1	tɕi1 文	tɕi1	tɕi1
万源	tɕi1	tɕi1	tɕi1	tɕi3	tɕi1	tɕi3	tɕi1	tɕi1
宣汉	tɕi1	tɕi1	tɕi1	tɕi3	tɕi1	tɕi3	tɕi1	tɕi1
达州	tɕi2	tɕi1	tɕi1	tɕi1	tɕi1	tɕi1 文	tɕi1	tɕi1
开江	tɕi1	tɕi1	tɕi1	tɕi3	tɕi1	tɕi3	tɕi1	tɕi1
渠县	tɕi1	tɕi1	tɕi1	tɕi3	tɕi1	tɕi1 文	tɕi1	tɕi1
宜宾	tɕi1	tɕi1	tɕi1	tɕi1	tɕi1	tɕi1 文	tɕi1	tɕi1
古蔺	tɕi1	tɕi1	tɕi1	tɕi1	tɕi1	tɕi1 文	tɕi1	tɕi1
长宁	tɕi1	tɕi1	tɕi1	tɕi1	tɕi1	tɕi3	tɕi1	tɕi1
顾县	tɕi1	tɕi1	tɕi1	tɕi1	tɕi1	tɕi1 文	tɕi1	tɕi1
成都龙泉	tɕi1	tɕi1	tɕi1	tɕi1	tɕi1	tɕi1 文	tɕi1	tɕi1

字目	饥饥荒	积	激	击	集	急	级	及
反切	居依	资昔	古历	古历	秦入	居立	居立	其立
声韵调	止开三 见微平	梗开三 精昔入	梗开四 见锡入	梗开四 见锡入	深开三 从缉入	深开三B 见缉入	深开三B 见缉入	深开三B 群缉入
中古音	kɨi	tsiɛk	kek	kek	dziɪp	kɣiɪp	kɣiɪp	gɣiɪp
广元	tɕi1	tʃi2	tɕi2	tɕi2	tʃi2	tɕi2	tɕi2	tɕi2
平武	tɕi1	tɕi2	tɕi2	tɕi2	tɕi2	tɕi2	tɕi2	tɕi2
青川	tɕi1	tɕi2	tɕi2	tɕi2	tɕi2	tɕi2	tɕi2	tɕi2
剑阁普安	tɕi1	tʃi5	tɕi5	tɕi5	tʃi5	tɕi5	tɕi5	tɕi5
剑阁金仙	tɕi1	tsi5	tɕi5	tɕi5	tsi5	tɕi5	tɕi5	tɕi5
旺苍	tɕi1	tsi2	tɕi2	tɕi2	tɕi2	tɕi2	tɕi2	tɕi2
苍溪	ki1	tsi2	ki2	ki2	tsi2	ki2	ki2	ki2
江油	tɕi1	tɕi2	tɕi2	tɕi2	tɕi2	tɕi2	tɕi2	tɕi2
北川	tɕi1	tɕi2	tɕie2	tɕie2	tɕi2	tɕi2	tɕie2	tɕi5
绵阳	tɕi1	tɕi2	tɕi2	tɕi2	tɕi2	tɕi2	tɕie2	tɕi2
盐亭	tɕi1	tɕi5	tɕi5	tɕi5	tɕi5	tɕi5	tɕi5	tɕi5
德阳	tɕi1	tɕi2 tɕie2 旧	tɕi2 tɕie2 旧	tɕi2 tɕie2 旧	tɕi2 tɕie2 旧	tɕi2 tɕie2 旧	tɕi2 tɕie2 旧	tɕi2 tɕie2 旧
中江	tɕi1	tɕi2 tɕie2 旧	tɕi2 tɕie2 旧	tɕi2 tɕie2 旧	tɕi2 tɕie2 旧	tɕi2 tɕie2 旧	tɕi2 tɕie2 旧	tɕi2 tɕie2 旧
射洪	tɕi1	tɕi5 tɕie5 旧	tɕi5 tɕie5 旧	tɕi5 tɕie5 旧	tɕi5 tɕie5 旧	tɕi5 tɕie5 旧	tɕi5 tɕie5 旧	tɕi5 tɕie5 旧
蓬溪	tɕi1	tɕi5 tɕie5 旧	tɕi5 tɕie5 旧	tɕi5 tɕie5 旧	tɕi5 tɕie5 旧	tɕi5 tɕie5 旧	tɕi5 tɕie5 旧	tɕi5 tɕie5 旧
遂宁	tɕi1	tɕi2 tɕie2 旧	tɕi2 tɕie2 旧	tɕi2 tɕie2 旧	tɕi2 tɕie2 旧	tɕi2 tɕie2 旧	tɕi2 tɕie2 旧	tɕi2 tɕie2 旧
乐至	tɕi1	tɕi2	tɕi2	tɕi2	tɕi2	tɕi2	tɕi2	tɕi2
安岳	tɕi1	tɕi2	tɕi2	tɕi2	tɕi2	tɕi2	tɕi2	tɕi2
仪陇	tɕi1	tɕi2	tɕi2	tɕi2	tɕi2	tɕi2	tɕi2	tɕi2
西充	tɕi1	tɕi5	tɕi5	tɕi5	tɕi5	tɕi5	tɕi5	tɕi5

字目	饥饥荒	积	激	击	集	急	级	及
反切	居依	资昔	古历	古历	秦入	居立	居立	其立
声韵调	止开三见微平	梗开三精昔入	梗开四见锡入	梗开四见锡入	深开三从缉入	深开三B见缉入	深开三B见缉入	深开三B群缉入
中古音	kɨi	tsiɛk	kek	kek	dziip	kɣɨip	kɣɨip	gɣɨip
蓬安	tɕi1	tɕi2	tɕi2	tɕi2	tɕi2	tɕi2	tɕi2	tɕi2
南充金台	tɕi1	tɕie2	tɕie2	tɕie2	tɕie2	tɕi2	tɕie2	tɕie2
南充龙蟠	tɕi1	tɕie5	tɕie5	tɕie5	tɕie5	tɕie5	tɕie5	tɕie5
岳池	tɕi1	tɕi2	tɕi2	tɕi2	tɕi2	tɕi2	tɕi2	tɕi2
广安	tɕi1	tɕi2	tɕi2	tɕi2	tɕi2	tɕi2	tɕi2	tɕi2
邻水	tɕi1	tɕi5	tɕi5	tɕi5	tɕi5	tɕi5	tɕi5	tɕi5
南江	tɕi1	tʃi2 tʃi5 旧	tɕi2 tɕi5 旧	tɕi2 tɕi5 旧	tʃi2 tʃi5 旧	tɕi5	tɕi5	tɕi5
巴中	tɕi1	tʃi5	tɕi2	tɕi2	tʃi2	tɕi2	tɕi2	tɕi2
通江	tɕi1	tʃi5	tɕi5	tɕi5	tʃi5	tɕi5	tɕi5	tɕi5
平昌	tɕi1	tsʅ2	tɕi2	tɕi2	tʃi2	tɕi2	tɕi2	tɕi2
万源	tɕi1	tʃi2	tɕi2	tɕi2	tʃi2	tɕi2	tɕi2	tɕi2
宣汉	tɕi1	tɕi2	tɕi2	tɕi2	tɕi2	tɕi2	tɕi2	tɕi2
达州	tɕi1	tɕi2	tɕi2	tɕi2	tɕi2	tɕi2	tɕi2	tɕi2
开江	tɕi1	tɕi2	tɕi2	tɕi2	tɕi2	tɕi2	tɕi2	tɕi2
渠县	tɕi1	tɕi2	tɕi2	tɕi2	tɕi2	tɕi2	tɕi2	tɕi2
宜宾	tɕi1	tɕie5	tɕie5	tɕie5	tɕie5	tɕie5	tɕie5	tɕie5
古蔺	tɕi1	tɕie5	tɕie5	tɕie5	tɕie5	tɕie5	tɕie5	tɕie5
长宁	tɕi1	tɕi5	tɕi5	tɕi5	tɕi5	tɕi5	tɕi5	tɕi5
顾县	tɕi1	tɕi2	tɕi2	tɕi2	tɕi2	tɕi2	tɕi2	tɕi2
成都龙泉	tɕi1	tɕie2ʔ5	tɕi2ʔ5	tɕie2ʔ5	tɕie2ʔ5	tɕi2ʔ5 tɕie2ʔ5 旧	tɕie2ʔ5	tɕie5

字目	疾	吉	即	极	籍籍贯	挤①	己	几几个
反切	秦悉	居质	子力	渠力	秦昔	子礼	居理	居狶
声韵调	臻开三 从质入	臻开三A 见质入	曾开三 精职入	曾开三 群职入	梗开三 从昔入	蟹开四 精齐上	止开三 见之上	止开三 见微上
中古音	dziɪt	kiɪt	tsɨk	gɨk	dziɛk	tsei:	kɨ:	kɨi:
广元	tʃi2	tɕie2	tʃi2	tɕi2	tʃi2	tʃi3 tʃi1 口	tɕi3	tɕi3
平武	tɕi2	tɕi2	tɕi2	tɕi2	tɕi2	tɕi3	tɕi3	tɕi3
青川	tɕi2	tɕi2	tɕi2	tɕi2	tɕi2	tɕi3 tɕi1 口	tɕi3	tɕi3
剑阁普安	tʃi5	tɕi5	tʃi5	tɕi5	tʃi5	tʃi3 tʃi1 口	tɕi3	tɕi3
剑阁金仙	tsi5	tɕi5	tsi5	tɕi5	tsi5	tsi3 tsi1 口	tɕi3	tɕi3
旺苍	tsi2	tɕi2	tsi2	tɕi2	tsi2	tɕi3 tɕi1 口	tɕi3	tɕi3
苍溪	tsi2	ki2	tsi2	ki2	tsi2	tsi3	ki3	ki3
江油	tɕi2	tɕie2	tɕi2	tɕi2	tɕi2	tɕi3	tɕi3	tɕi3
北川	tɕi2	tɕie2	tɕi2	tɕie2	tɕi2	tɕi3	tɕi3	tɕi3
绵阳	tɕi2	tɕie2	tɕi2	tɕi2	tɕi2	tɕi3	tɕi3	tɕi3
盐亭	tɕi5	tɕi5	tɕi5	tɕi5	tɕi5	tɕi3	tɕi3	tɕi3
德阳	tɕi2 tɕie2 旧	tɕie2 tɕi2 新	tɕi2 tɕie2 旧	tɕi2 tɕie2 旧	tɕi2 tɕie2 旧	tɕi3 tɕi1 口	tɕi3	tɕi3
中江	tɕi2	tɕi2	tɕi2	tɕi2	tɕi2	tɕi3 tɕi1 口	tɕi3	tɕi3
射洪	tɕi5 tɕie5 旧	tɕi5 tɕie5 旧	tɕi5 tɕie5 旧	tɕi5 tɕie5 旧	tɕi5 tɕie5 旧	tɕi3 tɕi1 口	tɕi3	tɕi3
蓬溪	tɕi5 tɕie5 旧	tɕi5 tɕie5 旧	tɕi5 tɕie5 旧	tɕi5 tɕie5 旧	tɕi5 tɕie5 旧	tɕi3 tɕi1 口	tɕi3	tɕi3
遂宁	tɕi2 tɕie2 旧	tɕie2 tɕi2 新	tɕi2 tɕie2 旧	tɕi2 tɕie2 旧	tɕi2 tɕie2 旧	tɕi3 tɕi1 口	tɕi3	tɕi3
乐至	tɕi2	tɕi2	tɕi2	tɕi2	tɕi2	tɕi3 tɕi1 口	tɕi3	tɕi3
安岳	tɕie2	tɕie2	tɕi2	tɕi2	tʃi2	tʃi3	tɕi3	tɕi3
仪陇	tɕi2	tɕi2	tɕi2	tɕi2	tɕi2	tɕi3	tɕi3	tɕi3
西充	tɕi5	tɕi5	tɕi5	tɕi5	tɕi5	tɕi3	tɕi3	tɕi3

① 又祖稽切，蟹开四精齐平。

字目	疾	吉	即	极	籍籍贯	挤①	己	几几个
反切	秦悉	居质	子力	渠力	秦昔	子礼	居理	居狶
声韵调	臻开三从质入	臻开三A见质入	曾开三精职入	曾开三群职入	梗开三从昔入	蟹开四精齐上	止开三见之上	止开三见微上
中古音	dziit	kiit	tsɿk	gik	dziɛk	tsei:	ki:	kii:
蓬安	tɕi2	tɕi2	tɕi2	tɕi2	tɕi2	tɕi3	tɕi3	tɕi3
南充金台	tɕie2	tɕie2	tɕi2	tɕie2	tɕie2	tɕi3	tɕi3	tɕi3
南充龙蟠	tɕie5	tɕie5	tɕie5	tɕie5	tɕie5	tɕi3	tɕi3	tɕi3
岳池	tɕi2	tɕi2	tɕi2	tɕi2	tɕi2	tɕi3 / tɕi1 口	tɕi3	tɕi3
广安	tɕi2	tɕi2	tɕi2	tɕi2	tɕi2	tɕi3 / tɕi1 口	tɕi3	tɕi3
邻水	tɕi5	tɕi5	tɕi5	tɕi5	tɕi5	tɕi3 / tɕi1 口	tɕi3	tɕi3
南江	tʃi5	tɕi5	tʃi5	tɕi2 / tɕi5 旧	tʃi5	tʃi3	tɕi3	tɕi3
巴中	tʃi5	tɕi2 / tɕi5 旧	tʃi2 / tʃi5 旧	tɕi5	tʃi2 / tʃi5 旧	tʃi3	tɕi3	tɕi3
通江	tʃi5	tɕi5	tʃi5	tɕi5	tʃi5	tʃi3	tɕi3	tɕi3
平昌	tʃi2	tɕi2	tsʅ2	tɕi2	tsʅ2	tsʅ3	tɕi3	tɕi3
万源	tɕi2	tɕi2	tʃi2	tɕi2	tʃi2	tʃi3 / tɕi1	tɕi3	tɕi3
宣汉	tɕi2	tɕi2	tɕi2	tɕi2	tɕi2	tɕi3 / tɕi1	tɕi3	tɕi3
达州	tɕi2	tɕi2	tɕi4	tɕi2	tɕi2	tɕi3 / tɕi1	tɕi3	tɕi3
开江	tɕi2	tɕi2	tɕi2	tɕi2	tɕi2	tɕi3 / tɕi1	tɕi3	tɕi3
渠县	tɕi2	tɕi2	tɕi2	tɕi2	tɕi2	tɕi3 / tɕi1	tɕi3	tɕi3
宜宾	tɕie5	tɕie5	tɕie5	tɕie5	tɕie5	tɕi3	tɕi3	tɕi3
古蔺	tɕie5	tɕie5	tɕie5	tɕie2 / tɕie5 旧	tɕie5	tɕi3	tɕi3	tɕi3
长宁	tɕi5	tɕi5	tɕi5	tɕi2	tɕi5	tɕi3	tɕi3	tɕi3
顾县	tɕi2	tɕi2	tɕi2	tɕi2	tɕi2	tɕi3 / tɕi1 口	tɕi3	tɕi3
成都龙泉	tɕiʔ5	tɕieʔ5	tɕieʔ5	tɕieʔ5	tɕieʔ5	tɕi1 / tsʅ3	tɕi3	tɕi3

① 又祖稽切，蟹开四精齐平。

字目	脊	祭	际	济救济	剂	计	继	系系鞋带
反切	资昔	子例	子例	子计	在诣	古诣	古诣	古诣
声韵调	梗开三 精昔入	蟹开三 精祭去	蟹开三 精祭去	蟹开四 精齐去	蟹开四 从齐去	蟹开四 见齐去	蟹开四 见齐去	蟹开四 见齐去
中古音	tsiɛk	tsiɛi-	tsiɛi-	tsei-	dzei-	kei-	kei-	kei-
广元	tʃi2	tʃi4	tʃi4	tʃi4	tʃi4 文	tɕi4	tɕi4	ɕi4
平武	tɕi2	tɕi4	tɕi4	tɕi4	tɕi4 文	tɕi4	tɕi4	ɕi4
青川	tɕi2	tɕi4	tɕi4	tɕi4	tɕi4 文	tɕi4	tɕi4	ɕi4
剑阁普安	tʃi5	tɕi4	tɕi4	tɕi4	tɕi4 文	tɕi4	tɕi4	ɕi4
剑阁金仙	tsi5	tsi4	tsi4	tsi4	tsi4 文	tɕi4	tɕi4	ɕi4
旺苍	tsi2	tsi4	tsi4	tsi4	tsi4 文	tɕi4	tɕi4	ɕi4
苍溪	tsi2	tsi4	tsi4	tsi4	tsi4 文	ki4	ki4	xi4 ki4
江油	tɕi2	tɕi4	tɕi4	tɕi4	tɕi4 文	tɕi4	tɕi4	ɕi4
北川	tɕi2	tɕi4	tɕi4	tɕi4	tɕi4 文	tɕi4	tɕi4	ɕi4
绵阳	tɕi2	tɕi4	tɕi4	tɕi4	tɕi4 文	tɕi4	tɕi4	ɕi4
盐亭	tɕi5	tɕi4	tɕi4	tɕi4	tɕi4 文	tɕi4	tɕi4	ɕi4
德阳	tɕi2 tɕie2 旧	tɕi4	tɕi4	tɕi4	tɕi4 文	tɕi4	tɕi4	ɕi4 tɕi4
中江	tɕi2	tɕi4	tɕi4	tɕi4	tɕi4 文	tɕi4	tɕi4	tɕi4
射洪	tɕi5 tɕie5 旧	tɕi4	tɕi4	tɕi4	tɕi4 文	tɕi4	tɕi4	ɕi4 tɕi4
蓬溪	tɕi5 tɕie5 旧	tɕi4	tɕi4	tɕi4	tɕi4 文	tɕi4	tɕi4	ɕi4 tɕi4
遂宁	tɕi2 tɕie2 旧	tɕi4	tɕi4	tɕi4	tɕi4 文	tɕi4	tɕi4	ɕi4 tɕi4
乐至	tɕi2	tɕi4	tɕi4	tɕi4	tɕi4 文	tɕi4	tɕi4	ɕi4
安岳	tɕi2	tɕi4	tɕi4	tɕi4	tɕi4 文	tɕi4	tɕi4	ɕi4
仪陇	tɕi2	tɕi4	tɕi4	tɕi2	tɕi4 文	tɕi4	tɕi4	ɕi4
西充	tɕi5	tɕi4	tɕi5	tɕi4	tɕi4 文	tɕi4	tɕi4	ɕi4

字目	脊	祭	际	济救济	剂	计	继	系系鞋带
反切	资昔	子例	子例	子计	在诣	古诣	古诣	古诣
声韵调	梗开三 精昔入	蟹开三 精祭去	蟹开三 精祭去	蟹开四 精齐去	蟹开四 从齐去	蟹开四 见齐去	蟹开四 见齐去	蟹开四 见齐去
中古音	tsiɛk	tsiɐi-	tsiɐi-	tsei-	dzei-	kei-	kei-	kei-
蓬安	tɕi2	tɕi4	tɕi4	tɕi4	tɕi4 文	tɕi4	tɕi4	ɕi4
南充金台	tɕie2	tɕi4	tɕi4	tɕi4	tɕi4 文	tɕi4	tɕi4	ɕi4
南充龙蟠	tɕie5	tɕi4	tɕi4	tɕi4	tɕi4 文	tɕi4	tɕi4	ɕi4
岳池	tɕi2	tɕi4	tɕi4	tɕi4	tɕi4 文	tɕi4	tɕi4	ɕi4
广安	tɕi2	tɕi4	tɕi4	tɕi4	tɕi4 文	tɕi4	tɕi4	tɕi4
邻水	tɕi5	tɕi4	tɕi4	tɕi4	tɕi4 文	tɕi4	tɕi4	tɕi4
南江	tʃĩ5	tʃĩ4	tʃĩ4	tʃĩ4	tʃĩ4 文	tɕi4	tɕi4	ɕi4 tɕi4
巴中	tʃĩ5	tʃĩ4	tʃĩ4	tʃĩ4	tʃĩ4 文	tɕi4	tɕi4	ɕi4 tɕi4
通江	tʃĩ5	tʃĩ4	tʃĩ5	tʃĩ4	tʃĩ4 文	tɕi4	tɕi4	ɕi4 tɕi4
平昌	tsʅ2	tsʅ4	tsʅ4	tsʅ4	tsʅ4 文	tɕi4	tɕi4	ɕi4 tɕi4
万源	tʃĩ2	tʃĩ4	tʃĩ4	tʃĩ4	tʃĩ4 文	tɕi4	tɕi4	ɕi4 tɕi4
宣汉	tɕi2	tɕi4	tɕi4	tɕi4	tɕi4 文	tɕi4	tɕi4	ɕi4 tɕi4
达州	tɕi2	tɕi4	tɕi4	tɕi4	tɕi4 文	tɕi4	tɕi4	ɕi4 tɕi4
开江	tɕi2	tɕi4	tɕi4	tɕi4	tɕi4 文	tɕi4	tɕi4	ɕi4 tɕi4
渠县	tɕi2	tɕi4	tɕi4	tɕi4	tɕi4 文	tɕi4	tɕi4	ɕi4 tɕi4
宜宾	tɕie5	tɕi4	tɕi4	tɕi4	tɕi4 文	tɕi4	tɕi4	ɕi4 tɕi4
古蔺	tɕie5	tɕi4	tɕi4	tɕi4	tɕi4 文	tɕi4	tɕi4	ɕi4
长宁	tɕi5	tɕi4	tɕi4	tɕi4	tɕi4 文	tɕi4	tɕi4	ɕi4
顾县	tɕi2	tɕi4	tɕi4	tɕi4	tɕi4 文	tɕi4	tɕi4	ɕi4
成都龙泉	tɕieʔ5	tɕi4	tɕi4	tɕi4	tɕhi4 文	tɕi4	tɕi4	ɕy4

字目	寄	技	妓	纪	记	忌	既	季
反切	居义	渠绮	渠绮	居理	居吏	渠记	居豙	居悸
声韵调	止开三B 见支去	止开三B 群支上	止开三B 群支上	止开三 见之上	止开三 见之去	止开三 群之去	止开三 见微去	止合三A 见脂去
中古音	kɣiɛ-	gɣiɛ:	gɣiɛ:	ki:	ki-	gi-	kii-	kiuɪ-
广元	tɕi4	tɕi4	tɕi4	tɕi3	tɕi4	tɕi4	tɕi4	tɕi4
平武	tɕi4	tɕi4	tɕi4	tɕi3	tɕi4	tɕi4	tɕi4	tɕi4
青川	tɕi4	tɕi4	tɕi4	tɕi3	tɕi4	tɕi4	tɕi4	tɕi4
剑阁普安	tɕi4	tɕi4	tɕi4	tɕi3	tɕi4	tɕi4	tɕi4	tɕi4
剑阁金仙	tɕi4	tɕi4	tɕi4	tɕi3	tɕi4	tɕi4	tɕi4	tɕi4
旺苍	tɕi4	tɕi4	tɕi4	tɕi3	tɕi4	tɕi4	tɕi4	tɕi4
苍溪	ki4	ki4	ki4	ki3 ki4	ki4	ki4	ki4	ki4
江油	tɕi4	tɕi4	tɕi4	tɕi3	tɕi4	tɕi4	tɕi4	tɕi4
北川	tɕi4	tɕi4	tɕi4	tɕi3	tɕi4	tɕi4	tɕi4	tɕi4
绵阳	tɕi4	tɕi4	tɕi4	tɕi3	tɕi4	tɕi4	tɕi4	tɕi4
盐亭	tɕi4	tɕi4	tɕi4	tɕi3	tɕi4	tɕi4	tɕi4	tɕi4
德阳	tɕi4	tɕi4	tɕi4	tɕi3 tɕi4	tɕi4	tɕi4	tɕi4	tɕi4
中江	tɕi4	tɕi4	tɕi4	tɕi3	tɕi4	tɕi4	tɕi4	tɕi4
射洪	tɕi4	tɕi4	tɕi4	tɕi3 tɕi4	tɕi4	tɕi4	tɕi4	tɕi4
蓬溪	tɕi4	tɕi4	tɕi4	tɕi3 tɕi4	tɕi4	tɕi4	tɕi4	tɕi4
遂宁	tɕi4	tɕi4	tɕi4	tɕi3 tɕi4	tɕi4	tɕi4	tɕi4	tɕi4
乐至	tɕi4	tɕi4	tɕi4	tɕi3	tɕi4	tɕi4	tɕi4	tɕi4
安岳	tɕi4	tɕi4	tɕi4	tɕi4	tɕi4	tɕi4	tɕi4	tɕi4
仪陇	tɕi4	tɕi4	tɕi4	tɕi3	tɕi4	tɕi4	tɕi4	tɕi4
西充	tɕi4	tɕi4	tɕi4	tɕi3	tɕi4	tɕi4	tɕi4	tɕi4

字目	寄	技	妓	纪	记	忌	既	季
反切	居义	渠绮	渠绮	居理	居吏	渠记	居豙	居悸
声韵调	止开三B 见支去	止开三B 群支上	止开三B 群支上	止开三 见之上	止开三 见之去	止开三 群之去	止开三 见微去	止合三A 见脂去
中古音	kγiɛ-	gγiɛ:	gγiɛ:	ki:	ki-	gi-	kii-	kiuɪ-
蓬安	tɕi4	tɕi4	tɕi4	tɕi4	tɕi4	tɕi4	tɕi4	tɕi4
南充金台	tɕi4	tɕi4	tɕi4	tɕi3	tɕi4	tɕi4	tɕi4	tɕi4
南充龙蟠	tɕi4	tɕi4	tɕi4	tɕi3	tɕi4	tɕi4	tɕi4	tɕi4
岳池	tɕi4	tɕi4	tɕi4	tɕi4	tɕi4	tɕi4	tɕi4	tɕi4
广安	tɕi4	tɕi4	tɕi4	tɕi3	tɕi4	tɕi4	tɕi4	tɕi4
邻水	tɕi4	tɕi4	tɕi4	tɕi4	tɕi4	tɕi4	tɕi4	tɕi4
南江	tɕi4	tɕi4	tɕi4	tɕi3 tɕi4	tɕi4	tɕi4	tɕi4	tɕi4
巴中	tɕhi4 tɕi4	tɕi4	tɕi4	tɕi3 tɕi4	tɕi4	tɕi4	tɕi4	tɕi4
通江	tɕi4	tɕi4	tɕi4	tɕi3 tɕi4	tɕi4	tɕi4	tɕi4	tɕi4
平昌	tɕi4	tɕi4	tɕi4	tɕi3 tɕi4	tɕi4	tɕi4	tɕi4	tɕi4
万源	tɕi4	tɕi4	tɕi4	tɕi3	tɕi4	tɕi4	tɕi4	tɕi4
宣汉	tɕi4	tɕi4	tɕi4	tɕi4	tɕi4	tɕi4	tɕi4	tɕi4
达州	tɕi4	tɕi4	tɕi4	tɕi4	tɕi4	tɕi4	tɕi4	tɕi4
开江	tɕi4	tɕi4	tɕi4	tɕi3	tɕi4	tɕi4	tɕi4	tɕi4
渠县	tɕi4	tɕi4	tɕi4	tɕi3	tɕi4	tɕi4	tɕi3	tɕi4
宜宾	tɕi4	tɕi4	tɕi4	tɕi4	tɕi4	tɕi4	tɕi4	tɕi4
古蔺	tɕi4	tɕi4	tɕi4	tɕi3 tɕi4	tɕi4	tɕi4	tɕi4	tɕiuɪ4
长宁	tɕi4	tɕi4	tɕi4	tɕi3	tɕi4	tɕi4	tɕi4	tɕi4
顾县	tɕi4	tɕi4	tɕi4	tɕi3	tɕi4	tɕi4	tɕi4	tɕi4
成都龙泉	tɕi4	tɕi4	tɕi4	tɕi3 tɕi4	tɕi4	tɕi4	tɕi4	tɕi4

字目	迹	绩	寂	妻	凄	欺	期时期	七
反切	资昔	则历	前历	七稽	七稽	去其	渠之	亲吉
声韵调	梗开三 精昔入	梗开四 精锡入	梗开四 从锡入	蟹开四 清齐平	蟹开四 清齐平	止开三 溪之平	止开三 群之平	臻开三 清质入
中古音	tsiɛk	tsek	dzek	tshei	tshei	khɨ	gɨ	tshiɪt
广元	tʃi2	tʃi2	tʃi2	tʃhi1	tʃhi1	tɕhi1	tɕhi1	tʃhi2
平武	tɕi2	tɕi2	tɕi2	tɕhi1	tɕhi1	tɕhi1	tɕhi1	tɕhi2
青川	tɕi2	tɕi2	tɕi2	tɕhi1	tɕhi1	tɕhi1	tɕhi1	tɕhi2
剑阁普安	tʃi5	tʃi5	tʃi5	tʃhi1	tʃhi1	tɕhi1	tɕhi1	tʃhi5
剑阁金仙	tsi5	tsi5	tsi5	tshi1	tshi1	tɕhi1	tɕhi1	tshi5
旺苍	tsi2	tsi2	tsi2	tshi1	tshi1	tɕhi1	tɕhi1	tshi2
苍溪	tsi2	tsi2	tsi2	tshi1	tshi1	tɕhi1	tɕhi1	tshi2
江油	tɕi2	tɕi2	tɕi2	tɕhi1	tɕhi1	tɕhi1	tɕhi1	tɕhi2
北川	tɕi2	tɕi2	tɕi2	tɕhi1	tɕhi1	tɕhi1	tɕhi1	tɕhi2
绵阳	tɕi2	tɕi2	tɕi2	tɕhi1	tɕhi1	tɕhi1	tɕhi1	tɕhi2
盐亭	tɕi5	tɕi5	tɕhi5	tɕhi1	tɕhi1	tɕhi1	tɕhi1	tɕhi5
德阳	tɕi2 tɕie2 旧	tɕi2 tɕie2 旧	tɕi2 tɕie2 旧	tɕhi1	tɕhi1	tɕhi1	tɕhi1	tɕhi2
中江	tɕi2	tɕi2	tɕi4 tɕie2 旧	tɕhi1	tɕhi1	tɕhi1	tɕhi1	tɕhi2
射洪	tɕi5 tɕie5 旧	tɕi5 tɕie5 旧	tɕi5 tɕie5 旧	tɕhi1	tɕhi1	tɕhi1	tɕhi1	tɕhi5
蓬溪	tɕi4	tɕi5 tɕie5 旧	tɕi5 tɕie5 旧	tɕhi1	tɕhi1	tɕhi1	tɕhi1	tɕhi5
遂宁	tɕi2 tɕie2 旧	tɕi2 tɕie2 旧	tɕi2 tɕie2 旧	tɕhi1	tɕhi1	tɕhi1	tɕhi1	tɕhi2
乐至	tɕi2	tɕi2	tɕi4	tɕhi1	tɕhi1	tɕhi1	tɕhi1	tɕhi2
安岳	tɕi2	tɕi2	tɕi2	tɕhi1	tɕhi1	tɕhi1	tɕhi1	tɕhi2
仪陇	tɕi2	tɕi2	tɕi2	tɕhi1	tɕhi1	tɕhi1	tɕhi1	tɕhi2
西充	tɕi5	tɕi5	tɕhi5	tɕhi1	tɕhi1	tɕhi1	tɕhi1	tɕhi5

字目	迹	绩	寂	妻	凄	欺	期时期	七
反切	资昔	则历	前历	七稽	七稽	去其	渠之	亲吉
声韵调	梗开三 精昔入	梗开四 精锡入	梗开四 从锡入	蟹开四 清齐平	蟹开四 清齐平	止开三 溪之平	止开三 群之平	臻开三 清质入
中古音	tsiɛk	tsek	dzek	tshei	tshei	khɨ	gɨ	tshiɪt
蓬安	tɕi2	tɕi2	tɕi2	tɕhi1	tɕhi1	tɕhi1	tɕhi1	tɕhi2
南充金台	tɕie2	tɕie2	tɕi4	tɕhi1	tɕhi1	tɕhi1	tɕhi1	tɕhi2
南充龙蟠	tɕie5	tɕie5	tɕie5	tɕhi1	tɕhi1	tɕhi1	tɕhi1	tɕhi5
岳池	tɕi2	tɕi2	tɕi2	tɕhi1	tɕhi1	tɕhi1	tɕhi1	tɕhi2
广安	tɕi2	tɕi2	tɕi2	tɕhi1	tɕhi1	tɕhi1	tɕhi1	tɕhi2
邻水	tɕi5	tɕi5	tɕi5	tɕhi1	tɕhi1	tɕhi1	tɕhi1	tɕhi5
南江	tʃi5	tʃi5	tʃi2 tʃi5 旧	tʃhi1	tʃhi1	tɕhi1	tɕhi1	tʃhi2 tʃhi5 旧
巴中	tʃi5	tʃi5	tʃi5	tshη1	tshη1	tɕhi1	tɕhi1	tʃhi5
通江	tʃi5	tʃi5	tʃi5	tʃhi1	tʃhi1	tɕhi1	tɕhi1	tʃhi5
平昌	tsη2	tsη2	ʃy2	tshη1	tshη1	tɕhi1	tɕhi1	tʃhi2
万源	tʃi2	tʃi2	tʃi2	tʃhi1 tɕhi1	tʃhi1	tɕhi1	tɕhi1	tʃhi2
宣汉	tɕi2	tɕi2	tɕi2	tɕhi1	tɕhi1	tɕhi1	tɕhi1	tɕhi2
达州	tɕi4	tɕi4	tɕi2	tɕhi1	tɕhi1	tɕhi1	tɕhi1	tɕhi2
开江	tɕi2	tɕi2	tɕi2	tɕhi1	tɕhi1	tɕhi1	tɕhi1	tɕhi2
渠县	tɕi2	tɕi2	tɕi2	tɕhi1	tɕhi1	tɕhi1	tɕhi1	tɕhi2
宜宾	tɕie5 tɕi4 新	tɕie5	tɕie5	tɕhi1	tɕhi1	tɕhi1	tɕhi1	tɕhie5
古蔺	tɕie5	tɕie5	tɕie5	tɕhi1	tɕhi1	tɕhi1	tɕhi1	tɕhie2
长宁	tɕi5	tɕi5	tɕi5	tɕhi1	tɕhi1	tɕhi1	tɕhi1	tɕhi5
顾县	tɕi2	tɕi2	tɕi2	tɕhi1	tɕhi1	tɕhi1	tɕhi1	tɕhi2
成都龙泉	tɕi4	tɕie5	tɕi4	tɕhi1	tɕhi1	ɕi1 tɕhi1	tɕhi1	tɕhiʔ5

字目	漆	戚	齐	脐	奇奇怪	骑骑马	祁	鳍
反切	亲吉	仓历	徂奚	徂奚	渠羁	渠羁	渠脂	渠脂
声韵调	臻开三 清质入	梗开四 清锡入	蟹开四 从齐平	蟹开四 从齐平	止开三B 群支平	止开三B 群支平	止开三B 群脂平	止开三B 群脂平
中古音	tshiit	tshek	dzei	dzei	gɣiɛ	gɣiɛ	gɣɨi	gɣɨi
广元	tʃhi2	tʃhi2	tʃhi2	tʃhi2 tʃi1 口	tɕhi2	tɕhi2	tɕhi2	tɕhi2
平武	tɕhi2	tɕhi2	tɕhi2	tɕhi2	tɕhi2	tɕhi2	tɕhi2	tɕhi2
青川	tɕhi2	tɕhi2	tɕhi2	tɕhi2 tɕi1 口	tɕhi2	tɕhi2	tɕhi2	tɕhi2
剑阁普安	tʃhi5	tʃhi5	tʃhi2	tʃhi2 tʃi1 口	tɕhi2	tɕhi2	tɕhi2	tɕhi2
剑阁金仙	tshi5	tshi5	tshi2	tɕhi2 tɕi1 口	tɕhi2	tɕhi2	tɕhi2	tɕhi2
旺苍	tshi2	tshi2	tshi2	tshi2 tsi1 口	tɕhi2	tɕhi2	tɕhi2	tɕhi2
苍溪	tshi2	tshi2	tshi2	tɕhi2	tɕhi2	tɕhi2	tɕhi2	tɕhi2
江油	tɕhi2	tɕhi2	tɕhi2	tɕhi2	tɕhi2	tɕhi2	tɕhi2	tɕhi2
北川	tɕhi2	tɕhi2	tɕhi2	tɕhi2	tɕhi2	tɕhi2	tɕhi2	tɕhi2
绵阳	tɕhi2	tɕhi2	tɕhi2	tɕhi2	tɕhi2	tɕhi2	tɕhi2	tɕhi2
盐亭	tɕhi5	tɕhie5	tɕhi2	tɕhi2	tɕhi2	tɕhi2	tɕhi2	tɕhi2
德阳	tɕhi2	tɕhi4 tɕhi2①	tɕhi2	tɕhi2 tɕi1 口	tɕhi2	tɕhi2	tɕhi2	tɕhi2
中江	tɕhi2	tɕhi2	tɕi2	tɕi2	tɕi2	tɕi2	tɕhi2	tɕhi2
射洪	tɕhi5	tɕhi5 tɕhie5 旧	tɕhi2	tɕhi2 tɕi1 口	tɕhi2	tɕhi2	tɕhi5	tɕhi2
蓬溪	tɕhi5	tɕhi5 tɕhie5 旧	tɕhi2	tɕhi2 tɕi1 口	tɕhi2	tɕhi2	tɕhi5	tɕhi2
遂宁	tɕhi2	tɕhi4 tɕhi2①	tɕhi2	tɕhi2 tɕi1 口	tɕhi2	tɕhi2	tɕhi2	tɕhi2
乐至	tɕhi2	tɕhi2	tɕhi2	tɕhi2	tɕhi2	tɕhi2	tɕhi2	tɕhi2
安岳	tɕhi2	tɕhi2	tɕhi2	tɕi1	tɕhi2	tɕhi2	tɕhi2	tɕhi2
仪陇	tɕhi2	tɕhi2	tɕhi2	tɕi2	tɕhi2	tɕhi2	tɕhi2	tɕhi2
西充	tɕhi5	tɕhi5	tɕhi2	tɕhi2 tɕi1 口	tɕhi2	tɕhi2	tɕhi2	tɕhi2

---

① 又音 tɕhie2 旧。

字目	漆	戚	齐	脐	奇_{奇怪}	骑_{骑马}	祁	鳍
反切	亲吉	仓历	徂奚	徂奚	渠羁	渠羁	渠脂	渠脂
声韵调	臻开三 清质入	梗开四 清锡入	蟹开四 从齐平	蟹开四 从齐平	止开三B 群支平	止开三B 群支平	止开三B 群脂平	止开三B 群脂平
中古音	tshiɪt	tshek	dzei	dzei	gɣiE	gɣiE	gɣiɪ	gɣiɪ
蓬安	tɕhi2	tɕhie2	tɕhi2	tɕi1	tɕhi2	tɕhi2	tɕhi2	tɕhi2
南充_{金台}	tɕhi2	tɕhi2	tɕhi2	tɕi1	tɕhi2	tɕhi2	tɕhi2	tɕhi2
南充_{龙蟠}	tɕhi5	tɕhi5	tɕhi2	tɕhi2 tɕi1 口	tɕhi2	tɕhi2	tɕhi2	tɕhi2
岳池	tɕhi2	tɕhi2	tɕhi2	tɕhi2 tɕi1 口	tɕhi2	tɕhi2	tɕhi2	tɕhi2
广安	tɕhi2	tɕhi2	tɕhi2	tɕhi2 tɕi1 口	tɕhi2	tɕhi2	tɕhi2	tɕhi2
邻水	tɕhi5	tɕhi5	tɕhi2	tɕhi2 tɕi1 口	tɕhi2	tɕhi2	tɕhi2	tɕhi2
南江	tʃhi2 tʃhi5 旧	tʃhi2 tʃhi5 旧	tʃhi2 tʃhi5 旧	tʃhi2 tʃhi5 旧	tɕhi5	tɕhi5	tɕhi2	tɕhi2
巴中	tshʅ5	tshʅ5	tʃhi2	tʃi4	tɕhi5	tɕhi5	tɕhi5	tɕhi5
通江	tshʅ2	tshʅ5	tʃhi2	tʃi2	tɕhi2	tɕhi2	tɕhi2	tɕhi2
平昌	tʃhi2	tshʅ2	tshʅ2	tshʅ2	tɕhi2	tɕhi2	tɕhi2	tɕhi2
万源	tʃhi2	tʃhi2	tʃhi2	tʃhi2 tɕhi1 口	tɕhi2	tɕhi2	tɕhi2	tɕhi2
宣汉	tɕhi2	tɕhi2	tɕhi2	tɕhi2 tɕhi1 口	tɕhi2	tɕhi2	tɕhi2	tɕhi2
达州	tɕhi2	tɕhi2	tɕhi2	tɕhi2 tɕhi1 口	tɕhi2	tɕhi2	tɕhi2	tɕhi2
开江	tɕhi2	tɕhi2	tɕhi2	tɕhi2 tɕhi1 口	tɕhi2	tɕhi2	tɕhi2	tɕhi2
渠县	tɕhi2	tɕhi2	tɕhi2	tɕhi2 tɕhi1 口	tɕhi2	tɕhi2	tɕhi2	tɕhi2
宜宾	tɕhie5	tɕhie5	tɕhi2	tɕhi2	tɕhi2	tɕhi2	tɕhi2	tɕhi2
古蔺	tɕhie2	tɕhie5	tɕhi2	tɕhi2	tɕhi2	tɕhi2	tɕhi2	tɕhi2
长宁	tɕhi5	tɕhi5	tɕhi2	tɕi1	tɕhi2	tɕhi2	tɕhi2	tɕhi2
顾县	tɕhi2	tɕhi2	tɕhi2	tɕhi2 tɕi1 口	tɕhi2	tɕhi2	tɕhi2	tɕhi2
成都_{龙泉}	tɕhiʔ5	tɕhie5	tɕhi2	tɕhi2	tɕhi2	tɕhi2	tɕhi2	tɕhi2

字目	其	棋	旗	麒	祈	启	企	起
反切	渠之	渠之	渠之	渠之	渠希	康礼	丘弭	墟里
声韵调	止开三 群之平	止开三 群之平	止开三 群之平	止开三 群之平	止开三 群微平	蟹开四 溪齐上	止开三A 溪支上	止开三 溪之上
中古音	gɨ	gɨ	gɨ	gɨ	gɨi	khei:	khiɛ:	khɨ:
广元	tɕhi2	tɕhi2	tɕhi2	tɕhi2	tɕhi1	tɕhi3	tɕhi4	tɕhi3
平武	tɕhi2	tɕhi2	tɕhi2	tɕhi2	tɕhi2	tɕhi3	tɕhi3	tɕhi3
青川	tɕhi2	tɕhi2	tɕhi2	tɕhi2	tɕhi1	tɕhi3	tɕhi4	tɕhi3
剑阁普安	tɕhi2	tɕhi2	tɕhi2	tɕhi2	tɕhi3	tɕhi3	tɕhi4	tɕhi3
剑阁金仙	tɕhi2	tɕhi2	tɕhi2	tɕhi2	tɕhi3	tɕhi3	tɕhi4	tɕhi3
旺苍	tɕhi2	tɕhi2	tɕhi2	tɕhi2	tɕhi2	tɕhi3	tɕhi4	tɕhi3
苍溪	tɕhi2	tɕhi2	tɕhi2	tɕhi2	tɕhi2	tɕhi3	tɕhi3 tɕhi4 旧	tɕhi3
江油	tɕhi2	tɕhi2	tɕhi2	tɕhi2	tɕhi2	tɕhi3	tɕhi4	tɕhi3
北川	tɕhi2	tɕhi2	tɕhi2	tɕhi2	tɕhi2	tɕhi3	tɕhi4	tɕhi3
绵阳	tɕhi2	tɕhi2	tɕhi2	tɕhi2	tɕhi2	tɕhi3	tɕhi4	tɕhi3
盐亭	tɕhi2	tɕhi2	tɕhi2	tɕhi2	tɕhi3	tɕhi3	tɕhi4	tɕhi3
德阳	tɕhi2	tɕhi2	tɕhi2	tɕhi2	tɕhi2	tɕhi3	tɕhi3 tɕhi4 旧	tɕhi3
中江	tɕi2	tɕi2	tɕi2	tɕhi2	tɕhi4	tɕhi3	tɕhi4	tɕhi3
射洪	tɕhi2	tɕhi2	tɕhi2	tɕhi2	tɕhi3	tɕhi3	tɕhi3 tɕhi4 旧	tɕhi3
蓬溪	tɕhi2	tɕhi2	tɕhi2	tɕhi2	tɕhi5	tɕhi3	tɕhi3 tɕhi4 旧	tɕhi3
遂宁	tɕhi2	tɕhi2	tɕhi2	tɕhi2	tɕhi2	tɕhi3	tɕhi3 tɕhi4 旧	tɕhi3
乐至	tɕhi2	tɕhi2	tɕhi2	tɕhi2	tɕhi2	tɕhi3	tɕhi4	tɕhi3
安岳	tɕhi2	tɕhi2	tɕhi2	tɕhi2	tɕhi2	tɕhi3	tɕhi4	tɕhi3
仪陇	tɕhi2	tɕhi2	tɕhi2	tɕhi2	tɕhi2	tɕhi3	tɕhi4	tɕhi3
西充	tɕhi2	tɕhi2	tɕhi2	tɕhi2	tɕhi5	tɕhi3	tɕhi4	tɕhi2

字目	其	棋	旗	麒	祈	启	企	起
反切	渠之	渠之	渠之	渠之	渠希	康礼	丘弭	墟里
声韵调	止开三 群之平	止开三 群之平	止开三 群之平	止开三 群之平	止开三 群微平	蟹开四 溪齐上	止开三A 溪支上	止开三 溪之上
中古音	gɨ	gɨ	gɨ	gɨ	gɨi	khei:	khiɛ:	khɨ:
蓬安	tɕhi2	tɕhi2	tɕhi2	tɕhi2	tɕhi2	tɕhi3	tɕhi4	tɕhi3
南充金台	tɕhi2	tɕhi2	tɕhi2	tɕhi2	tɕhi2	tɕhi3	tɕhi4	tɕhi2
南充龙蟠	tɕhi2	tɕhi2	tɕhi2	tɕhi2	tɕhi3	tɕhi3	tɕhi4	tɕhi3
岳池	tɕhi2	tɕhi2	tɕhi2	tɕhi2	tɕhi2	tɕhi3	tɕhi4	tɕhi3
广安	tɕhi2	tɕhi2	tɕhi2	tɕhi2	tɕhi2	tɕhi3	tɕhi4	tɕhi3
邻水	tɕhi2	tɕhi2	tɕhi2	tɕhi2	tɕhi2	tɕhi3	tɕhi4	tɕhi3
南江	tɕhi2	tɕhi2	tɕhi2	tɕhi2	tɕhi2	tɕhi3	tɕhi3 tɕhi4 旧	tɕhi3
巴中	tɕhi5	tɕhi5	tɕhi5	tɕhi5	tɕhi5	tɕhi3	tɕhi3 tɕhi4 旧	tɕhi3
通江	tɕhi2	tɕhi2	tɕhi2	tɕhi2	tɕhi2	tɕhi3	tɕhi3 tɕhi4 旧	tɕhi3
平昌	tɕhi2	tɕhi2	tɕhi2	tɕhi2	tɕhi3 tɕhi2	tɕhi3	tɕhi3 tɕhi4 旧	tɕhi3
万源	tɕhi2	tɕhi2	tɕhi2	tɕhi2	tɕhi2	tɕhi3	tɕhi4	tɕhi3
宣汉	tɕhi2	tɕhi2	tɕhi2	tɕhi2	tɕhi2	tɕhi3	tɕhi4	tɕhi3
达州	tɕhi2	tɕhi2	tɕhi2	tɕhi2	tɕhi2	tɕhi3	tɕhi4	tɕhi3
开江	tɕhi2	tɕhi2	tɕhi2	tɕhi2	tɕhi2	tɕhi3	tɕhi4	tɕhi3
渠县	tɕhi2	tɕhi2	tɕhi2	tɕhi2	tɕhi2	tɕhi3	tɕhi4	tɕhi3
宜宾	tɕhi2	tɕhi2	tɕhi2	tɕhi2	tɕhi3	tɕhi3	tɕhi4	tɕhi3
古蔺	tɕhi2	tɕhi2	tɕhi2	tɕhi2	tɕhi3	tɕhi3	tɕhi4	tɕhi3
长宁	tɕhi2	tɕhi2	tɕhi2	tɕhi2	tɕhi3	tɕhi3	tɕhi4	tɕhi3
顾县	tɕhi2	tɕhi2	tɕhi2	tɕhi2	tɕhi2	tɕhi3	tɕhi4	tɕhi3
成都龙泉	tɕhi2	tɕhi2	tɕhi2	tɕhi2	tɕhi2 ɕi3	tɕhy3	tɕhi3 tɕhi4 旧	tɕhi3

字目	岂	乞	契契约	器	弃	气	*汽	泣
反切	袪豨	去讫	苦计	去冀	诘利	去既	*丘既	去急
声韵调	止开三溪微上	臻开三溪迄入	蟹开四溪齐去	止开三B溪脂去	止开三A溪脂去	止开三溪微去	止开三溪微去	深开三B溪缉入
中古音	khiɪ:	khit	khei-	khɣiɪ-	khiɪ-	khiɪ-	khiɪ-	khɣiɪp
广元	tɕhi3	tɕhi2	tɕhi4	tɕhi4	tɕhi4	tɕhi4	tɕhi4	tɕhi1
平武	tɕhi3	tɕhi2	tɕhi4	tɕhi4	tɕhi4	tɕhi4	tɕhi4	tɕhi2
青川	tɕhi3	tɕhi2	tɕhi4	tɕhi4	tɕhi4	tɕhi4	tɕhi4	ɕi2
剑阁普安	tɕhi3	tɕhi5	tɕhi4	tɕhi4	tɕhi4	tɕhi4	tɕhi4	tɕhi5
剑阁金仙	tɕhi3	tɕhi5	tɕhi4	tɕhi4	tɕhi4	tɕhi4	tɕhi4	tɕhi4
旺苍	tɕhi3	tɕhi2	tɕhi4	tɕhi4	tɕhi4	tɕhi4	tɕhi4	ɕi2
苍溪	tɕhi3	khi2	tɕhi4	tɕhi4	tɕhi4	tɕhi4	tɕhi4	ɕi2 tɕhi2
江油	tɕhi3	tɕhi2	tɕhi4	tɕhi4	tɕhi4	tɕhi4	tɕhi4	tɕhi2
北川	tɕhi3	tɕhi2	tɕhi4	tɕhi4	tɕhi4	tɕhi4	tɕhi4	tɕhi2
绵阳	tɕhi3	tɕhi2	tɕhi4	tɕhi4	tɕhi4	tɕhi4	tɕhi4	tɕhi2
盐亭	tɕhi3	tɕhi5	tɕhi4	tɕhi4	tɕhi4	tɕhi4	tɕhi4	ɕi5
德阳	tɕhi3	tɕhi2	tɕhi4	tɕhi4	tɕhi4	tɕhi4	tɕhi4	ɕi2 ɕie2 旧
中江	tɕhi3	tɕhi2	tɕhi4	tɕhi4	tɕhi4	tɕhi4	tɕhi4	tɕhi2
射洪	tɕhi3	tɕhi4	tɕhi4	tɕhi4	tɕhi4	tɕhi4	tɕhi4	tɕhi2
蓬溪	tɕhi3	tɕhi5	tɕhi4	tɕhi4	tɕhi4	tɕhi4	tɕhi4	ɕi5
遂宁	tɕhi3	tɕhi2	tɕhi4	tɕhi4	tɕhi4	tɕhi4	tɕhi4	tɕhi2
乐至	tɕhi3	tɕhi4	tɕhi4	tɕhi4	tɕhi4	tɕhi4	tɕhi4	tɕhi4
安岳	tɕhi3	tɕhi2	tɕhi4	tɕhi4	tɕhi4	tɕhi4	tɕhi4	tɕhi4
仪陇	tɕhi3	tɕhi2	tɕhi4	tɕhi4	tɕhi2	tɕhi4	tɕhi4	tɕhi2
西充	tɕhi2	tɕhi5	tɕhi4	tɕhi4	tɕhi4	tɕhi4	tɕhi4	tɕhi5

字目	岂	乞	契契约	器	弃	气	*汽	泣
反切	祛狶	去讫	苦计	去冀	诘利	去既	*丘既	去急
声韵调	止开三溪微上	臻开三溪迄入	蟹开四溪齐去	止开三B溪脂去	止开三A溪脂去	止开三溪微去	止开三溪微去	深开三B溪缉入
中古音	khiɪ:	khit	khei-	khɣiɪ-	khiɪ-	khiɪ-	khiɪ-	khɣiɪp
蓬安	tɕhi3	tɕhi4	tɕhi4	tɕhi4	tɕhi4	tɕhi4	tɕhi4	tɕhi4
南充金台	tɕhi3	tɕhi2	tɕhi4	tɕhi4	tɕhi4	tɕhi4	tɕhi4	tɕhi2
南充龙蟠	tɕhi3	tɕhi5	tɕhi4	tɕhi4	tɕhi4	tɕhi4	tɕhi4	tɕhi4
岳池	tɕhi3	tɕhi2	tɕhi4	tɕhi4	tɕhi4	tɕhi4	tɕhi4	tɕhi4
广安	tɕhi3	tɕhi2	tɕhi4	tɕhi4	tɕhi4	tɕhi4	tɕhi4	ɕi2
邻水	tɕhi3	tɕhi5	tɕhi4	tɕhi4	tɕhi4	tɕhi4	tɕhi4	tɕhi4
南江	tɕhi3	tɕhi4	tɕhi4	tɕhi4	tɕhi4	tɕhi4	tɕhi4	tɕhi5
巴中	tɕhi3	tɕhi4	tɕhi4	tɕhi4	tɕhi4	tɕhi4	tɕhi4	tɕhi5
通江	tɕhi3	tɕhi2	tɕhi4	tɕhi5	tɕhi4	tɕhi4	tɕhi4	ɕi5 tɕhi5
平昌	tɕhi3	tɕhi2	tɕhi4	tɕhi4	tɕhi4	tɕhi4	tɕhi4	tɕhi2
万源	tɕhi3	tɕhi4	tɕhi4	tɕhi4	tɕhi4	tɕhi4	tɕhi4	tɕhi2
宣汉	tɕhi3	tɕhi2	tɕhi4	tɕhi4	tɕhi4	tɕhi4	tɕhi4	tɕhi2
达州	tɕhi3	tɕhi2	tɕhi4	tɕhi4	tɕhi4	tɕhi4	tɕhi4	tɕhi2
开江	tɕhi3	tɕhi2	tɕhi4	tɕhi4	tɕhi4	tɕhi4	tɕhi4	tɕhi2
渠县	tɕhi3	tɕhi2	tɕhi4	tɕhi4	tɕhi4	tɕhi4	tɕhi4	ɕi2
宜宾	tɕhi3	tɕhie5	tɕhi4	tɕhi4	tɕhi4	tɕhi4	tɕhi4	tɕhie5 tɕhi4 新
古蔺	tɕhi3	tɕhie5	tɕhi4	tɕhi4	tɕhi4	tɕhi4	tɕhi4	tɕhie5
长宁	tɕhi3	tɕhi5	tɕhi4	tɕhi4	tɕhi4	tɕhi4	tɕhi4	tɕhi5
顾县	tɕhi3	tɕhi2	tɕhi4	tɕhi4	tɕhi4	tɕhi4	tɕhi4	tɕhi2
成都龙泉	tɕhi3	tɕhiʔ5	ɕi4	ɕi4	ɕi4	ɕi4	ɕi4	tɕhiʔ5

字目	西	犀	溪	牺	希	稀	吸	息
反切	先稽	先稽	苦奚	许羁	香衣	香衣	许及	相即
声韵调	蟹开四心齐平	蟹开四心齐平	蟹开四溪齐平	止开三B晓支平	止开三晓微平	止开三晓微平	深开三B晓缉入	曾开三心职入
中古音	sei	sei	khei	hɣiɛ	hii	hii	hɣiɨp	sɨk
广元	ʃi1	ʃi1 tʃhi1	tɕhi1	ɕi1	ɕi1	ɕi1	ɕie2	ʃi2
平武	ɕi1	ɕi1	tɕhi1	ɕi1	ɕi1	ɕi1	ɕi2	ɕi2
青川	ɕi1	ɕi1	tɕhi1	ɕi1	ɕi1	ɕi1	ɕi2	ɕi2
剑阁普安	ʃi1	ɕi1	ɕi1	ɕi1	ɕi1	ɕi1	ɕi5	ʃi5
剑阁金仙	si1	si1	tɕhi1	ɕi1	ɕi1	ɕi1	ɕi5	si5
旺苍	si1	ɕi1	tɕhi1	ɕi1	ɕi1	ɕi1	ɕi2	si2
苍溪	si1	ɕi1	tɕhi1	xi1	xi1	xi1	ɕi2	si2
江油	ɕi1	ɕi1	ɕi1	ɕi1	ɕi1	ɕi1	tɕi2	ɕi2
北川	ɕi1	ɕi1	tɕhi1	ɕi1	ɕi1	ɕi1	tɕie2	ɕi2
绵阳	ɕi1	ɕi1	ɕi1	ɕi1	ɕi1	ɕi1	ɕi2	ɕi2
盐亭	ɕi1	ɕi1	tɕhi1	ɕi1	ɕi1	ɕi1	tɕi5	ɕi5
德阳	ɕi1	ɕi1	tɕhi1	ɕi1	ɕi1	ɕi1	tɕie2 ɕi2 新	ɕi2 ɕie2 旧
中江	ɕi1	ɕi1	tɕhi1	ɕi1	ɕi1	ɕi1	ɕi2	ɕi2
射洪	ɕi1	ɕi1	tɕhi1	ɕi1	ɕi1	ɕi1	ɕi2 ɕie2 旧	ɕi5 ɕie5 旧
蓬溪	ɕi1	ɕi1	tɕhi1	ɕi1	ɕi1	ɕi1	ɕi5 ɕie5 旧	ɕi5 ɕie5 旧
遂宁	ɕi1	ɕi1	ɕi1	ɕi1	ɕi1	ɕi1	tɕi2 tɕie2 旧	ɕi2 ɕie2 旧
乐至	ɕi1	ɕi1	tɕhi1	ɕi1	ɕi1	ɕi1	tɕi2	ɕi2
安岳	ɕi1	ɕi1	tɕhi1	ɕi1	ɕi1	ɕi1	ɕi2	ɕi2
仪陇	ɕi1	ɕi1	ɕi1	ɕi1	ɕi1	ɕi1	tɕi2	ɕi2
西充	ɕi1	ɕi1	tɕhi1	ɕi1	ɕi1	ɕi1	tɕi5	ɕi5

字目	西	犀	溪	牺	希	稀	吸	息
反切	先稽	先稽	苦奚	许羁	香衣	香衣	许及	相即
声韵调	蟹开四心齐平	蟹开四心齐平	蟹开四溪齐平	止开三B晓支平	止开三晓微平	止开三晓微平	深开三B晓缉入	曾开三心职入
中古音	sei	sei	khei	hɣiᴇ	hɨi	hɨi	hɣɨp	sik
蓬安	ɕi1	ɕi1	tɕhi1	ɕi1	ɕi1	ɕi1	tɕi2	ɕi2
南充金台	ɕi1	ɕi1	tɕhi1	ɕi1	ɕi1	ɕi1	tɕie2	ɕi2
南充龙蟠	ɕi1	ɕi1	tɕhi1	ɕi1	ɕi1	ɕi1	tɕie5	ɕie5
岳池	ɕi1	ɕi1	tɕhi1	ɕi1	ɕi1	ɕi1	tɕi2	ɕi2
广安	ɕi1	ɕi1	tɕhi1	ɕi1	ɕi1	ɕi1	tɕi2	ɕi2
邻水	ɕi1	ɕi1	tɕhi1	ɕi1	ɕi1	ɕi1	tɕi5	ɕi5
南江	ʃi1	ʃi1	tɕhi1	ɕi1	ɕi1	ɕi1	ɕi5	ʃi2 ʃi5 旧
巴中	ʃi1	ʃi1	tɕhi1	ɕi1	ɕi1	ɕi1	tɕi2 ɕi2	ʃi5
通江	ʃi1	ʃi1	tɕhi1	ɕi1	ɕi1	ɕi1	ɕi5	ʃi5
平昌	ʃi1	ʃi1	tɕhi1	xi1	xi1	ɕi1	ɕi2 tɕi2	ʃi2
万源	ʃi1	ʃi1	tɕhi1	ɕi1	ɕi1	ɕi1	tɕi2	ʃi2
宣汉	ɕi1	ɕi1	tɕhi1	ɕi1	ɕi1	ɕi1	ɕi2	ɕi2
达州	ɕi1	ɕi1	tɕhi1	ɕi1	ɕi1	ɕi1	ɕi2	ɕi2
开江	ɕi1	ɕi1	ɕi1	ɕi1	ɕi1	ɕi1	tɕi2	ɕi2
渠县	ɕi1	ɕi1	tɕhi1	ɕi1	ɕi1	ɕi1	ɕi2	ɕi2
宜宾	ɕi1	ɕi1	ɕi1 文 tɕhi1 白	ɕi1	ɕi1	ɕi1	ɕie5	ɕie5
古蔺	ɕi1	ɕi1	tɕhi1	ɕi1	ɕi1	ɕi1	tɕie5 ɕie5	ɕie5
长宁	ɕi1	ɕi1	tɕhi1	ɕi1	ɕi1	ɕi1	ɕi5	ɕi1
顾县	ɕi1	ɕi1	tɕhi1	ɕi1	ɕi1	ɕi1	tɕi2	ɕi2
成都龙泉	ɕi1	ɕi1	ɕy1	ɕi1	ɕi1	ɕi1	ɕiʔ5	ɕiʔ5

字目	熄	悉	膝	惜	夕	析	锡	习
反切	相即	息七	息七	思积	祥易	先击	先击	似入
声韵调	曾开三 心职入	臻开三 心质入	臻开三 心质入	梗开三 心昔入	梗开三 邪昔入	梗开四 心锡入	梗开四 心锡入	深开三 邪缉入
中古音	sik	sıɪt	sıɪt	siɛk	ziɛk	sek	sek	ziɪp
广元	ʃi2	ʃi2	ʃi2	ʃi2	ʃi2	ʃi2	ʃi2	ʃi2
平武	ɕi2	ɕi2	ɕi2	ɕi2	ɕi2	ɕi2	ɕi2	ɕi2
青川	ɕi2	ɕi2	tɕhi2	ɕi2	ɕi2	ɕi2	ɕi2	ɕi2
剑阁普安	ʃi5	ʃi5	ʃi5	ʃi5	ʃi5	ʃi5	ʃi5	ʃi5
剑阁金仙	si5	si5	si5	si5	si5	si5	si5	si5
旺苍	si2	si2	si2	si2	si2	si2	si2	si2
苍溪	si2	si2	tshi2	si2	si2	si2	si2	si2
江油	ɕi2	ɕi2	tɕhi2	ɕi2	ɕi2	ɕi2	ɕi2	ɕi2
北川	ɕi2	ɕi2	ɕi2	ɕi2	ɕi2	ɕi2	ɕi2	ɕi2
绵阳	ɕi2	ɕi2	tɕhi2	ɕi2	ɕi2	ɕi2	ɕi2	ɕi2
盐亭	ɕi5	ɕi5	ɕi5	ɕi5	ɕi5	ɕi5	ɕi5	ɕi5
德阳	ɕi2 ɕie2 旧	ɕi2	ɕi2 ɕie2 旧	ɕi2 ɕie2 旧	ɕi2 ɕie2 旧	ɕi2 ɕie2 旧	ɕi2	ɕi2 ɕie2 旧
中江	ɕi2	ɕi2	ɕi2	ɕi2	ɕi2	ɕi2	ɕi2	ɕi2
射洪	ɕi5 ɕie5 旧	ɕi5	tɕhi5	ɕi5 ɕie5 旧	ɕi5 ɕie5 旧	ɕi5 ɕie5 旧	ɕi5	ɕi5 ɕie5 旧
蓬溪	ɕi5 ɕie5 旧	ɕi5	ɕi5	ɕi5 ɕie5 旧	ɕi5 ɕie5 旧	ɕi5 ɕie5 旧	ɕi5	ɕi5 ɕie5 旧
遂宁	ɕi2 ɕie2 旧	ɕi2	tɕhi2	ɕi2 ɕie2 旧	ɕi2 ɕie2 旧	ɕi2 ɕie2 旧	ɕi2	ɕi2 ɕie2 旧
乐至	ɕi2	ɕi1	tɕhi2	ɕi2	ɕi2	ɕi2	ɕi2	ɕi2
安岳	ɕi2	ɕi2	tɕhi2	ɕi2	ɕi2	ɕi2	ɕi2	ɕi2
仪陇	ɕi2	ɕi2	ɕi2	ɕi2	ɕi2	ɕi2	ɕi2	ɕi2
西充	ɕi5	ɕi5	tɕi5	ɕi5	ɕi5	ɕi5	ɕi5	ɕi5

字目	熄	悉	膝	惜	夕	析	锡	习
反切	相即	息七	息七	思积	祥易	先击	先击	似入
声韵调	曾开三心职入	臻开三心质入	臻开三心质入	梗开三心昔入	梗开三邪昔入	梗开四心锡入	梗开四心锡入	深开三邪缉入
中古音	sik	sɪt	sɪt	siɛk	ziɛk	sek	sek	ziɪp
蓬安	ɕi2	ɕi2	ɕi2	ɕi2	ɕi2	ɕi2	ɕi2	ɕi2
南充金台	ɕi2	ɕi2	tɕhi2	ɕi2	ɕi2	ɕi2	ɕi2	ɕi2
南充龙蟠	ɕie5	ɕie5	ɕie5	ɕie5	ɕie5	ɕie5	ɕie5	ɕie5
岳池	ɕi2	ɕi2	ɕi2	ɕi2	ɕi2	ɕi4	ɕi2	ɕi2
广安	ɕi2	ɕi2	ɕi2	ɕi2	ɕi2	ɕi2	ɕi2	ɕi2
邻水	ɕi5	ɕi5	tɕhi5	ɕi5	ɕi5	ɕi5	ɕi5	ɕi5
南江	ʃi5	ʃi5	tʃhi5 ʃi5	ʃi5	ʃi5	ʃi5	ʃi5	ʃi5
巴中	ʃi5	ʃi5	ʃi5	ʃi5	ʃi2 ʃi5 旧	ʃi2 ʃi5 旧	ʃi5	ʃi5
通江	ʃi5	ʃi5	sʅ2	ʃi5	ʃi5	ʃi5	ʃi5	ʃi5
平昌	ʃi2	sʅ2	ʃi2	ʃi2	ʃi2	ʃi2	sʅ2	ʃi2
万源	ʃi2	ʃi2	ʃi2	ʃi2	ʃi2	ʃi2	ʃi2	ʃi2
宣汉	ɕi2	ɕi2	ɕi2	ɕi2	ɕi2	ɕi2	ɕi2	ɕi2
达州	ɕi2	ɕi2	tɕhi2	ɕi2	ɕi2	ɕi2	ɕi2	ɕi2
开江	ɕi2	ɕi2	tɕhi2	ɕi2	ɕi2	ɕi2	ɕi2	ɕi2
渠县	ɕi2	ɕi2	ɕi2	ɕi2	ɕi2	ɕi2	ɕi2	ɕi2
宜宾	ɕie5	ɕie5	ɕie5	ɕie5	ɕie5	ɕie5	ɕie5	ɕie5
古蔺	ɕie5	ɕie5	tɕhie5 ɕie5	ɕi4 ɕie5 旧	ɕi4 ɕie5 旧	ɕie5	ɕie5	ɕie5
长宁	ɕi1	ɕi5	ɕi5	ɕi5	ɕi5	ɕi5	ɕi5	ɕi5
顾县	ɕi2	ɕi2	tɕhi2	ɕi2	ɕi2	ɕi2	ɕi2	ɕi2
成都龙泉	ɕiʔ5	ɕiʔ6	tɕhiʔ5	ɕiʔ5	ɕiʔ6	ɕiʔ5	ɕiʔ5	ɕiʔ5

字目	袭	昔	席	洗洗刷	喜	细	系连系	系关系
反切	似入	思积	祥易	先礼	虚里	苏计	胡计	胡计
声韵调	深开三 邪缉入	梗开三 心昔入	梗开三 邪昔入	蟹开四 心齐上	止开三 晓之上	蟹开四 心齐去	蟹开四 匣齐去	蟹开四 匣齐去
中古音	ziɪp	siɛk	ziɛk	sei:	hɨ:	sei-	ɦei-	ɦei-
广元	ʃi2	ʃi2	ʃi2	ʃi3	ɕi3	ʃi4	ɕi4	ɕi4
平武	ɕi2	ɕi2	ɕi2	ɕi3	ɕi3	ɕi4	ɕi4	ɕi4
青川	ɕi2	ɕi2	ɕi2	ɕi3	ɕi3	ɕi4	ɕi4	ɕi4
剑阁普安	ʃi5	ʃi5	ʃi5	ʃi3	ɕi3	ʃi4	ɕi4	ɕi4
剑阁金仙	si5	si5	si5	si3	xi3	si4	xi4	xi4
旺苍	si2	si2	si2	si3	ɕi3	si4	ɕi4	ɕi4
苍溪	xi2	si2	si2	si3	ɕi3	si4	xi4	xi4
江油	ɕie2	ɕi2	ɕi2	ɕi3	ɕi3	ɕi4	ɕi4	ɕi4
北川	ɕi2	ɕi2	ɕi2	ɕi3	ɕi3	ɕi4	ɕi4	ɕi4
绵阳	ɕi2	ɕi2	ɕi2	ɕi3	ɕi3	ɕi4	ɕi4	ɕi4
盐亭	ɕi5	ɕi5	ɕi5	ɕi3	ɕi3	ɕi4	ɕi4	ɕi4
德阳	ɕi2 ɕie2 旧	ɕi2	ɕi2	ɕi3	ɕi3	ɕi4	ɕi4	ɕi4
中江	ɕie2	ɕi2	ɕi2	ɕi3	ɕi3	ɕi4	ɕi4	ɕi4
射洪	ɕi5 ɕie5 旧	ɕi5	ɕi5	ɕi3	ɕi3	ɕi4	ɕi4	ɕi4
蓬溪	ɕi5 ɕie5 旧	ɕi5	ɕi5	ɕi3	ɕi3	ɕi4	ɕi4	ɕi4
遂宁	ɕi2 ɕie2 旧	ɕi2	ɕi2	ɕi3	ɕi3	ɕi4	ɕi4	ɕi4
乐至	ɕi2	ɕi2	ɕi2	ɕi3	ɕi3	ɕi4	ɕi4	ɕi4
安岳	ɕi2	ɕi2	ɕi2	ɕi3	ɕi3	ɕi4	ɕi4	ɕi4
仪陇	ɕi2	ɕi2	ɕi2	ɕi3	ɕi3	ɕi4	ɕi4	ɕi4
西充	ɕi5	ɕi5	ɕi5	ɕi3	ɕi3	ɕi4	ɕi4	ɕi4

字目	袭	昔	席	洗洗刷	喜	细	系连系	系关系
反切	似入	思积	祥易	先礼	虚里	苏计	胡计	胡计
声韵调	深开三 邪缉入	梗开三 心昔入	梗开三 邪昔入	蟹开四 心齐上	止开三 晓之上	蟹开四 心齐去	蟹开四 匣齐去	蟹开四 匣齐去
中古音	ziɪp	siɛk	ziɛk	sei:	hi:	sei-	ɦei-	ɦei-
蓬安	ɕi2	ɕi2	ɕi2	ɕi3	ɕi3	ɕi4	ɕi4	ɕi4
南充金台	ɕi2	ɕi2	ɕi2	ɕi3	ɕi3	ɕi4	ɕi4	ɕi4
南充龙蟠	ɕie5	ɕie5	ɕie5	ɕi3	ɕi3	ɕi4	ɕi4	ɕi4
岳池	ɕi2	ɕi2	ɕi2	ɕi3	ɕi3	ɕi4	ɕi4	ɕi4
广安	ɕi2	ɕi2	ɕi2	ɕi3	ɕi3	ɕi4	ɕi4	ɕi4
邻水	ɕi5	ɕi5	ɕi5	ɕi3	ɕi3	ɕi4	ɕi4	ɕi4
南江	ʃi5	ʃi5	ʃi5	ʃi3	ɕi3	ʃi4	ɕi4	ɕi4
巴中	ʃi5	ʃi5	ʃi2 ʃi5 旧	ʃi3	ɕi3	ʃi4	ɕi4	ɕi4
通江	ʃi5	ʃi5	ʃi5	ʃi3	ɕi3	ʃi4	ɕi4	ɕi4
平昌	ʃi2	tʃhi2 ʃi2	ʃi2	ʃi3	ɕi3	ʃi4	ɕi4	ɕi4
万源	ʃi2	ʃi2	ʃi2	ʃi3	ɕi3	ʃi4	ɕi4	ɕi4
宣汉	ɕi2	ɕi2	ɕi2	ɕi3	ɕi3	ɕi4	ɕi4	ɕi4
达州	ɕi2	ɕi2	ɕi2	ɕi3	ɕi3	ɕi4	ɕi4	ɕi4
开江	ɕi2	ɕi2	ɕi2	ɕi3	ɕi3	ɕi4	ɕi4	ɕi4
渠县	ɕi2	ɕi2	ɕi2	ɕi3	ɕi3	ɕi4	ɕi4	ɕi4
宜宾	ɕie5	ɕie5	ɕie5	ɕi3	ɕi3	ɕi4	ɕi4	ɕi4
古蔺	ɕie5	ɕi4 ɕie5 旧	ɕi4 ɕie5 旧	ɕi3	ɕi3	ɕi4	ɕi4	ɕi4
长宁	ɕi5	ɕi5	ɕi5	ɕi3	ɕi3	ɕi4	ɕi4	ɕi4
顾县	ɕi2	ɕi2	ɕi2	ɕi3	ɕi3	ɕi4	ɕi4	ɕi4
成都龙泉	ɕiʔ5	ɕiʔ5	tɕhiæʔ5	ɕie3	ɕi3	ɕi4	ɕy4	ɕy4

字目	系统	戏	医	衣	依	一	宜	仪
反切		胡计	香义	于其	于希	于希	于悉	鱼羁	鱼羁
声韵调		蟹开四匣齐去	止开三B晓支去	止开三影之平	止开三影微平	止开三影微平	臻开三A影质入	止开三B疑支平	止开三B疑支平
中古音		ɦei-	hɣiɛ-	ʔi	ʔii	ʔii	ʔiit	ŋɣiɛ	ŋɣiɛ
广元		ɕi4	ɕi4	i1	i1	i1	i2	ȵi2	ȵi2
平武		ɕi4	ɕi4	i1	i1	i1	i2	i2	ȵi2 i2 新
青川		ɕi4	ɕi4	i1	i1	i1	i2	ȵi2	ȵi2
剑阁普安		ɕi4	ɕi4	i1	i1	i1	i5	ȵi2	i2
剑阁金仙		xi4	xi4	i1	i1	i1	i2	ȵi2	ȵi2
旺苍		ɕi4	ɕi4	i1	i1	i1	i2	ȵi2	ȵi2
苍溪		xi4	xi4	i1	i1	i1	i2	ȵi2	ȵi2
江油		ɕi4	ɕi4	i1	i1	i1	i2	ȵi2	ȵi2 i2 新
北川		ɕi4	ɕi4	i1	i1	i1	i2	ȵi2	ȵi2 i2 新
绵阳		ɕi4	ɕi4	i1	i1	i1	i2	i2	ȵi2 i2 新
盐亭		ɕi4	ɕi4	i1	i1	i1	i5	ȵi2	ȵi2 i2 新
德阳		ɕi4	ɕi4	i1	i1	i1	i2	ȵi2 i2 新	ȵi2 i2 新
中江		ɕi4	ɕi4	i1	i1	i1	i2	ȵi2	ȵi2
射洪		ɕi4	ɕi4	i1	i1	i1	i5	ȵi2 i2 新	ȵi2 i2 新
蓬溪		ɕi4	ɕi4	i1	i1	i1	i5	ȵi2 i2 新	ȵi2 i2 新
遂宁		ɕi4	ɕi4	i1	i1	i1	i2	ȵi2 i2 新	ȵi2 i2 新
乐至		ɕi4	ɕi4	i1	i1	i1	i2	ȵi2 i2 新	ȵi2 i2 新
安岳		ɕi4	ɕi4	i1	i1	i1	i2	ȵi2	ȵi2
仪陇		ɕi4	ɕi4	i1	i1	i1	i2	i4	ni2
西充		ɕi4	ɕi4	i1	i1	i1	i5	ȵi2	ȵi2

字目	系统	戏	医	衣	依	一	宜	仪
反切	胡计	香义	于其	于希	于希	于悉	鱼羁	鱼羁
声韵调	蟹开四 匣齐去	止开三B 晓支去	止开三 影之平	止开三 影微平	止开三 影微平	臻开三A 影质入	止开三B 疑支平	止开三B 疑支平
中古音	ɦei-	hyɨɛ-	ʔɨ	ʔii	ʔii	ʔiɪt	ŋyɨɛ	ŋyɨɛ
蓬安	ɕi4	ɕi4	i1	i1	i1	i2	ȵi2	ȵi2
南充金台	ɕi4	ɕi4	i1	i1	i1	i2	ȵi2	ȵi2 i2 新
南充龙蟠	ɕi4	ɕi4	i1	i1	i1	ie5	ȵi2	ȵi2 i2 新
岳池	ɕi4	ɕi4	i1	i1	i1	i2	ȵi2 i2 新	ȵi2 i2 新
广安	ɕi4	ɕi4	i1	i1	i1	i2	ni2 i2 新	ni2 i2 新
邻水	ɕi4	ɕi4	i1	i1	i1	i5	ȵi2 i2 新	ȵi2 i2 新
南江	ɕi4	ɕi4	i1	i1	i1	i2 i5 旧	ȵi2	ȵi2
巴中	ɕi4	ɕi4	i1	i1	i1	i5	ȵi5	ȵi5
通江	ɕi4	ɕi4	i1	i1	i1	i5	ȵi2	ȵi2
平昌	ɕi4	ɕi4	i1	i1	i1	i2	ȵi2	ȵi2
万源	ɕi4	ɕi4	i1	i1	i1	i2	ȵi2 i2 新	ȵi2 i2 新
宣汉	ɕi4	ɕi4	i1	i1	i1	i2	ȵi2	ȵi2
达州	ɕi4	ɕi4	i1	i1	i1	i2	ni2 i2 新	ni2 i2 新
开江	ɕi4	ɕi4	i1	i1	i1	i2	i2	i2
渠县	ɕi4	ɕi4	i1	i1	i1	i2	i2	i2
宜宾	ɕi4	ɕi4	i1	i1	i1	ie5	ni2 i2 新	ni2 i2 新
古蔺	ɕi4	ɕi4	i1	i1	i1	ie5	ni2	ni2
长宁	ɕi4	ɕi4	i1	i1	i1	i5	ȵi2	ȵi2 i2 新
顾县	ɕi4	ɕi4	i1	i1	i1	i2	ni2	ni2
成都龙泉	ɕy4	ɕi4	i1	i1	i1	iʔ5	ȵi2	ȵi2

字目	移	夷	姨	疑	遗遗失	蚁	椅	倚
反切	弋支	以脂	以脂	语其	以追	鱼倚	于绮	于绮
声韵调	止开三以支平	止开三以脂平	止开三以脂平	止开三疑之平	止合三以脂平	止开三B疑支上	止开三B影支上	止开三B影支上
中古音	jiɛ	jiɪ	jiɪ	ŋɨ	jiuɪ	ŋɣɨɛ:	ʔɣɨɛ:	ʔɣɨɛ:
广元	i2	i2	i2	n̠i2	i2	i4	i3	i3
平武	i2	i2	i2	n̠i2	i2	i4	i3	i1 俗
青川	i2	i2	i2	n̠i2	i2	i2	i3	i3
剑阁普安	i2	i2	i2	n̠i2	i2	i4	i3	i3
剑阁金仙	i2	i1	i1	n̠i2	i2	n̠i4	i3	i3
旺苍	i2	i2	i2	n̠i2	i2	i2	i3	i3
苍溪	i2	i2	i2	n̠i2	i2	n̠i4	i3	i1 俗 i3
江油	i2	i2	i2	n̠i2	i2	i4	i3	i3
北川	i2	i2	i2	n̠i2	i2	n̠i2	i3	i3
绵阳	i2	i2	i2	i2	i2	i4	i3	i1 俗
盐亭	i2	i2	i2	n̠i2	i2	n̠i4	i3	i3
德阳	i2	i2	i2	n̠i2 i2 新	n̠i2	n̠i2 i2 新	i3	i1
中江	i2	i2	i2	n̠i2	i2	n̠i2	i3	i1 俗
射洪	i2	i2	i2	n̠i2 i2 新	i2	n̠i3	i3	i1 俗
蓬溪	i2	i2	i2	n̠i2 i2 新	i2	n̠i4	i3	i3
遂宁	i2	i2	i2	n̠i2 i2 新	i2	n̠i2 i2 新	i3	i1 俗
乐至	i2	i2	i2	n̠i2 i2 新	i2	n̠i2	i3	i3
安岳	i2	i2	i2	n̠i2	i2	n̠i2	i3	i3
仪陇	i2	i2	i2	ni2	i2	ni3	i3	i3
西充	i2	i2	i2	n̠i2	i2	n̠i2	i3	i1 俗

字目	移	夷	姨	疑	遗遗失	蚁	椅	倚
反切	弋支	以脂	以脂	语其	以追	鱼倚	于绮	于绮
声韵调	止开三 以支平	止开三 以脂平	止开三 以脂平	止开三 疑之平	止合三 以脂平	止开三B 疑支上	止开三B 影支上	止开三B 影支上
中古音	jiɛ	jiɪ	jiɪ	ŋi	jiuɪ	ŋɣiɛ:	ʔɣɨɛ:	ʔɣɨɛ:
蓬安	i2	i2	i2	ȵi2	i2	ȵi2	i3	i3
南充金台	i2	i2	i2	ȵi2	i2	i4	i3	i3
南充龙蟠	i2	i2	i2	ȵi2	i2	ȵi4	i3	i3
岳池	i2	i2	i2	ȵi2 i2 新	i2	ȵi4	i3	i1 俗
广安	i2	i2	i2	ni2 i2 新	i2	ni4 i2 新	i3	i1 俗
邻水	i2	i2	i2	ȵi2 i2 新	i2	ȵi4	i3	i1 俗
南江	i2	i2	i2	ȵi2	i2	ȵi2	i3	i1 俗 i3
巴中	i2	i2	i2	ȵi5	i2	ȵi5	i3	i3
通江	i5	i2	i5	ȵi2	i2	ȵi2	i3	i3
平昌	i2	i2	i2	ȵi2	i2	ȵi2	i3	i3
万源	i2	i2	i2	ȵi2	i2	ȵi4 i2 新	i3	i3
宣汉	i2	i2	i2	ȵi2	i2	ȵi2 i2 新	i3	i3
达州	i2	i2	i2	ni2	ni2	ni2 i2 新	i3	i1 俗
开江	i2	i2	i2	ni2	i2	ni4 i2 新	i3	i1 俗
渠县	i2	i2	i2	i2	i2	i2	i3	i1 俗
宜宾	i2	i2	i2	ni2 i2	i2	i1	i3	i3
古蔺	i2	i2	i2	ni2	i2	ni4	i3	i3
长宁	i2	i2	i2	ȵi2	i2	ȵi4	i3	i3
顾县	i2	i2	i2	ni2	i2	ni2	i3	i3
成都龙泉	i2	i2	i2	ȵi2	i2	li1	i3	i3

字目	已	以	乙	艺	谊	义	议	易 难易
反切	羊己	羊己	于笔	鱼祭	宜寄	宜寄	宜寄	以豉
声韵调	止开三 以之上	止开三 以之上	臻开三B 影质入	蟹开三A 疑祭去	止开三B 疑支去	止开三B 疑支去	止开三B 疑支去	止开三 以支去
中古音	jiː	jiː	ʔɣiɪt	ŋiɛi⁻	ŋɣɨɛ⁻	ŋɣɨɛ⁻	ŋɣɨɛ⁻	jiɛ⁻
广元	i3	i3	i2	i4	ȵi2	i4	i4	i4
平武	i3	i3	i2	i4	i2	i4	i4	i4
青川	i3	i3	i2	i4	ȵi2	i4	ȵi4	i4
剑阁普安	i3	i3	i5	i4	ȵi2	i4	i4	i4
剑阁金仙	i3	i3	i5	i4	ȵi2	i4	ȵi4	i4
旺苍	i3	i3	i2	i4	ȵi2	i4	i4	i4
苍溪	i3	i3	i2	ȵi4 i4 新	ȵi2	ȵi4	ȵi4	i4
江油	i3	i3	i2	i4	ȵi2	i4	i4	i4
北川	i3	i3	i2	i4	ȵi2	ȵi4	ȵi4	i4
绵阳	i3	i3	i2	i4	i2	i4	i4	i4
盐亭	i3	i3	i5	ȵi4	ȵi2	ȵi4	ȵi4	i4
德阳	i3	i3	i2	ȵi4 i4 新	ȵi2 i2 新	ȵi4 i4 新	ȵi4 i4 新	i4
中江	i3	i3	ie2	ȵi4 i4 新	ȵi2	ȵi4	ȵi4	i4
射洪	i3	i3	i5	ȵi4 i4 新	ȵi4 i4 新	ȵi4 i4 新	ȵi4 i4 新	i4
蓬溪	i3	i3	i5	ȵi4 i4 新	ȵi2 i2 新	ȵi4 i4 新	ȵi4 i4 新	i4
遂宁	i3	i3	i2	ȵi4 i4 新	ȵi4 i4 新	ȵi4 i4 新	ȵi4 i4 新	i4
乐至	i3	i3	i2	ȵi4 i4 新	ȵi2 i4 新	ȵi4 i4 新	ȵi4 i4 新	i4
安岳	i3	i3	i2	ȵi4	ȵi2	ȵi4	ȵi4	i4
仪陇	i3	i3	i2	ni4	ni2	ni4	ni4	i4
西充	i3	i3	i5	ȵi4	ȵi2	ȵi4	ȵi4	i4

字目	已	以	乙	艺	谊	义	议	易难易
反切	羊己	羊己	于笔	鱼祭	宜寄	宜寄	宜寄	以豉
声韵调	止开三 以之上	止开三 以之上	臻开三B 影质入	蟹开三A 疑祭去	止开三B 疑支去	止开三B 疑支去	止开三B 疑支去	止开三 以支去
中古音	ji:	ji:	ʔɣiit	ŋiɛi-	ŋɣɨɛ-	ŋɣɨɛ-	ŋɣɨɛ-	jiɛ-
蓬安	i3	i3	i2	ȵi4	ȵi2	ȵi4	ȵi4	i4
南充金台	i3	i3	i2	i4 新	i2	ȵi4	i4 新	i4
南充龙蟠	i3	i3	ie5	ȵi4	ȵi2	ȵi4	ȵi4	i4
岳池	i3	i3	i2	ȵi4 i4 新	ȵi2 i4 新	ȵi4 i4 新	ȵi4 i4 新	i4
广安	i3	i3	i2	ni4 i4 新	ni2 i4 新	ni4 i4 新	ni4 i4 新	i4
邻水	i3	i3	i5	ȵi4 i4 新	ȵi2 i4 新	ȵi4 i4 新	ȵi4 i4 新	i4
南江	i3	i3	i2 i5 旧	ȵi4	i4 ȵi4 旧	i4 ȵi4 旧	ȵi4	i4
巴中	i3	i3	i5	i4 ȵi4 旧	ȵi5	ȵi5	ȵi4	i4
通江	i3	i3	i5	i4 ȵi4 旧	ȵi2	ȵi4	ȵi4	i4
平昌	i3	i3	i2	ȵi4	ȵi2	ŋi4	ŋi4	i4
万源	i3	i3	i4	ȵi4 i4 新	ȵi2 i4 新	ȵi4 i4 新	ȵi4 i4 新	i4
宣汉	i3	i3	i2	ȵi4 i4 新	ȵi2 i4 新	ȵi4 i4 新	ȵi4 i4 新	i4
达州	i3	i3	i2	ni2 i4 新	ni2 i4 新	ni2 i4 新	ni2 i4 新	i4
开江	i3	i3	i2	ni4 i4 新	i2 i4 新	ni4 i4 新	ni4 i4 新	i4
渠县	i3	i3	i2	ȵi4 i4 新	i2 i4 新	ȵi4 i4 新	ȵi4 i4 新	i4
宜宾	i3	i3	ie5	i4	ni4 i4 新	i4	i4	i4
古蔺	i3	i3	i4 i5 旧	ni4	ni2	ni4	ni4	i4
长宁	i3	i3	i5	ȵi4	ȵi4	ȵi4	ȵi4	i4
顾县	i3	i3	i2	ni4	ni2	ni4	ni4	i4
成都龙泉	i3	i3	i3 i?5 旧	i4	ȵi2	ȵi4	ȵi4	i4

字目	意	异	逸	忆	亿	抑	翼	益
反切	于记	羊吏	夷质	于力	于力	于力	与职	伊昔
声韵调	止开三 影之去	止开三 以之去	臻开三 以质入	曾开三 影职入	曾开三 影职入	曾开三 影职入	曾开三 以职入	梗开三 影昔入
中古音	ʔi-	ji-	jiīt	ʔik	ʔik	ʔik	jik	ʔiɛk
广元	i4	i4	i2	i4	i4	i4	i4	i2
平武	i4	i4	i2	i4	i4	i2	i4	i2
青川	i4	i4	i2	i4	i4	i2	i4	i2
剑阁普安	i4	i4	i5	i4	i4	i2	i4	i5
剑阁金仙	i4	i4	i5	i4	i4	i2	i4	i5
旺苍	i4	i4	i2	i4	i4	i2	i4	i2
苍溪	i4	i4	i2	i4	i4	i2	i4	i2
江油	i4	i4	i2	i4	i4	i2	i4	i2
北川	i4	i4	i4	i4	i4	i4	i4	i2
绵阳	i4	i4	ȵi2	i4	i4	i2	i4	i2
盐亭	i4	i4	i5	i4	i4	i5	i4	i5
德阳	i4	i4	i2	i4	i4	i2	i4	i2
中江	i4	i4	i2	i4	i4	i2	i4	i2
射洪	i4	i4	i5	i4	i4	i5	i4	i5
蓬溪	i4	i4	i5	i4	i4	i5	i4	i5
遂宁	i4	i4	i2	i4	i4	i2	i4	i2
乐至	i4	i4	i4	i4	i4	i4	i4	i2
安岳	i4	i4	i2	i4	i4	i4	i4	i2
仪陇	i4	i4	i2	i4	i4	i2	i2	i2
西充	i4	i4	i4	i4	i4	i5	i4	i5

字目	意	异	逸	忆	亿	抑	翼	益
反切	于记	羊吏	夷质	于力	于力	于力	与职	伊昔
声韵调	止开三 影之去	止开三 以之去	臻开三 以质入	曾开三 影职入	曾开三 影职入	曾开三 影职入	曾开三 以职入	梗开三 影昔入
中古音	ʔi-	ji-	jiit	ʔik	ʔik	ʔik	jik	ʔiɛk
蓬安	i4	i4	i2	i4	i4	i4	i4	i2
南充金台	i4	i4	i2	i4	i4	i2	i4	i2
南充龙蟠	i4	i4	ie5	i4	i4	i4	i4	ie5
岳池	i4	i4	i2	i4	i4	i2	i4	i2
广安	i4	i4	i2	i4	i4	i2	i4	i2
邻水	i4	i4	i5	i4	i4	i5	i4	i5
南江	i4	i4	i2 i5 旧	i4	i4	i2 i5 旧	i4	i2 i5 旧
巴中	i4	i4	i2 i5 旧	i4	i4	i2 i5 旧	i4	i2 i5 旧
通江	i4	i4	i2 i5 旧	i4	i4	i4	i4	i5
平昌	i4	i4	i2	i4	i4	i2	i4	i2
万源	i4	i4	i2	i4	i4	i2	i4	i2
宣汉	i4	i4	i2	i4	i4	i2	i4	i2
达州	i4	i4	i2	i4	i4	i2	i4	i2
开江	i4	i4	i2	i4	i4	y1	i4	i2
渠县	i4	i4	i2	i4	i4	i2	i4	i2
宜宾	i4	i4	i4	i4	i4	ie5 in4	i4	ie5
古蔺	i4	i4	i5	i4	i4	ie4	i4	i4
长宁	i4	i4	i5	i4	i4	i5	i4	i5
顾县	i4	i4	i2	i4	i4	i4	i4	i2
成都龙泉	i4	i4	iʔ5	i4	i4	i4	i4	i4 iʔ5 旧

字目	亦	译	易交易	疫	役	补	捕	布布匹
反切	羊益	羊益	羊益	营只	营只	博古	薄故	博故
声韵调	梗开三以昔入	梗开三以昔入	梗开三以昔入	梗合三以昔入	梗合三以昔入	遇合一帮模上	遇合一並模去	遇合一帮模去
中古音	jiɛk	jiɛk	jiɛk	jwiɛk	jwiɛk	puo:	buo-	puo-
广元	i2	i2	i4	i2	i2	pu3	pu3	pu4
平武	i2	i2 i4 新	i4	i4	i2	pu3	phu3	pu4
青川	i2 i4 新	i2	i4	io2	io2	pu3	phu1	pu4
剑阁普安	i5	i5	i4	io5	io5	pu3	phu1	pu4
剑阁金仙	i5	i5	i4	iu5	iu5	pu3	phu1	pu4
旺苍	i2	i2	i4	io2	io2	pu3	phu1	pu4
苍溪	i2	i2	i4	y2	i2 y2	pu3	phu1 pu3 新	pu4
江油	i2	i2	i4	io2	io2	pʊ3	phʊ1	pʊ4
北川	i4	i4	i4	io5	io2	pʊ3	pʊ4	pʊ4
绵阳	i2	i2	i4	io2	io2	pʊ3	phʊ1	pʊ4
盐亭	i5	i5	i4	io5	io5	pu3	pu4	pu4
德阳	i2	i2	i4	io2	io2	pu3	phu1	pu4
中江	i2	i2	i4	io2	io2	pu3	phu3	pu4
射洪	i5	i2	i4	io5	io5	pu3	pu4	pu4
蓬溪	i5	i2	i4	io2	io5	pu3	pu4	pu4
遂宁	i2	i2	i4	y2	y2	pu3	pu4	pu4
乐至	i2	i2	i4	io2	io2	pʊ3	pʊ4	pʊ4
安岳	i2	i2	i4	io2	io2	pu3	pu4	pu4
仪陇	i4	i2	i4	i2	i2	pʊ3	phʊ1	pʊ4
西充	i3	i2	i4	io5	io5	pʊ3	phʊ1	pʊ4

字目	亦	译	易交易	疫	役	补	捕	布布匹
反切	羊益	羊益	羊益	营只	营只	博古	薄故	博故
声韵调	梗开三 以昔入	梗开三 以昔入	梗开三 以昔入	梗合三 以昔入	梗合三 以昔入	遇合一 帮模上	遇合一 并模去	遇合一 帮模去
中古音	jiɛk	jiɛk	jiɛk	jwiɛk	jwiɛk	puo:	buo-	puo-
蓬安	i4	i2	i4	y2	y2	pu3	pu4	pu4
南充金台	i2	i2	i4	io2	io2	pʊ3	pʊ4	pʊ4
南充龙蟠	i4 ie3 俗	ie5	i4	io5	io5	pu3	phu1	pu4
岳池	i2	i2	i4	y2	y2	pʊ3	pʊ4	pʊ4
广安	i2	i2	i4	y2	y2	pʊ3	pʊ4	pʊ4
邻水	i5	i5	i4	y5	y5	pʊ3	pʊ4	pʊ4
南江	i2 i5 旧	i2 i5 旧	i4	i2	i2	pu3	phu1 pu3 新	pu4
巴中	i4	i2 i5 旧	i4	y2 y5 旧	y2 y5 旧	pu3	phu1 pu3 新	pu4
通江	i4 i5 旧	i2 i5 旧	i4	i5	i5	pʊ3	phʊ1 pʊ3 新	pʊ4
平昌	i2	i2	i4	y2	y2	pu3	phu1 pu3 新	pu4
万源	i2	i2	i4	y2	y2	pu3	phu1	pu4
宣汉	i2	i4	i4	y2	y2	pu3	phu1	pu4
达州	i4	i4	i4	y4	y4	pu3	pu4	pu4
开江	i2	i2	i4	y2	y2	pu3	phu4	pu4
渠县	i2	i2	i4	i2	i2	pu3	pu4	pu4
宜宾	i4 ie5	ie5	i4	yθ5	yθ5	pu3	phu1	pu4
古蔺	i4	i4 i5 旧	i4	y4 y5 旧	y4 y5 旧	pu3	phu1 pu3 新	pu4
长宁	i5	i5	i4	iu5	iu5	pu3	pu1	pu4
顾县	i2	i2	i4	y2	y2	pu3	pu4	pu4
成都龙泉	i4 iʔ6 旧	i4 iʔ6 旧	i4 iʔ6 旧	y4 yʔ5 旧	yʔ5	pu3	phu3	pu4

字目	布散布	怖	部部队	簿	步	埠商埠	不①	铺铺设
反切	博故	普故	裴古	裴古	薄故	薄故		普胡
声韵调	遇合一帮模去	遇合一滂模去	遇合一並模上	遇合一並模上	遇合一並模去	遇合一並模去	臻合一帮没入	遇合一滂模平
中古音	puo-	phuo-	buo:	buo:	buo-	buo-	puət	phuo
广元	pu4	pu4	pu4	pu4	pu4	fu4 pu4 新	pu2	phu1
平武	pu4	pu4	pu4	pu4	pu4	pu4	pu2	phu1
青川	pu4	pu4	pu4	pu4	pu4	fu4 pu4 新	pu2	phu1
剑阁普安	pu4	pu4	pu4	pu4	pu4	fu4 pu4 新	pu5	phu1
剑阁金仙	pu4	pu4	pu4	phu4	pu4	fu4 pu4 新	pu5	phu1
旺苍	pu4	pu4	pu4	pu4	pu4	fu4 pu4 新	pu2	phu1
苍溪	pu4	pu4	pu4	pu4	pu4	fu4 pu4 新	pu2	phu1
江油	pʊ4	pʊ4	phʊ4	pʊ4	phʊ4	pʊ4	pʊ2	phʊ1
北川	pʊ4	pʊ4	pʊ4	pʊ4	pʊ4	pʊ4	pʊ2	phʊ1
绵阳	pʊ4	pʊ4	pʊ4	pʊ4	phʊ4	pʊ4	pʊ2	phʊ1
盐亭	pu4	pu4	pu4	pu4	pu4	pu4	po5	phu1
德阳	pu4	pu4	pu4	pu4	pu4	fu4 pu4 新	pu2	phu4 pa4 口②
中江	pu4	pu4	pu4	pu4	pu4	fu4 pu4 新	pu2	phu1 pʌ4 口②
射洪	pu4	pu4	pu4	pu4	pu4	fu4 pu4 新	pu5	phu1 pa4 口②
蓬溪	pu4	pu4	pu4	pu4	pu4	fu4 pu4 新	pu5	phu1 pa4 口②
遂宁	pu4	pu4	pu4	pu4	pu4	fu4 pu4 新	pu2	phu1 pa4 口②
乐至	pʊ4	pʊ4	pʊ4	pʊ4	pʊ4	fʊ4 pʊ4 新	pʊ2	phʊ1
安岳	pu4	pu4	pu4	pu4	pu4	pu4 新	pu2	phu1
仪陇	pʊ4	pʊ4	pʊ4	pʊ4	pʊ4	pʊ4	pʊ2	phʊ1
西充	pʊ4	pʊ4	pʊ4	phʊ4	pʊ4	pʊ4	po5	phʊ1

① 分物切，臻合三非物入。《切韵指掌图》在臻合一帮没入。　② 铺垫，如"~床、~窝"。

字目	布 散布	怖	部 部队	簿	步	埠 商埠	不①	铺 铺设
反切	博故	普故	裴古	裴古	薄故	薄故		普胡
声韵调	遇合一帮模去	遇合一滂模去	遇合一並模上	遇合一並模上	遇合一並模去	遇合一並模去	臻合一帮没入	遇合一滂模平
中古音	puo-	phuo-	buo:	buo:	buo-	buo-	puət	phuo
蓬安	pu4	pu4	pu4	pu4	pu4	pu4 新	pu2	phu1
南充 金台	pʊ4	pʊ4	pʊ4	pʊ4	pʊ4	pʊ4	pʊ2	phʊ1
南充 龙蟠	pu4	pu4	pu4	po5	pu4	pu4	po5	phu1
岳池	pʊ4	pʊ4	pʊ4	pʊ4	pʊ4	fʊ4 pʊ4 新	pʊ2	phʊ1
广安	pʊ4	pʊ4	pʊ4	pʊ4	pʊ4	fʊ4 pʊ4 新	pʊ2	phʊ1
邻水	pʊ4	pʊ4	pʊ4	pʊ4	pʊ4	fʊ4 pʊ4 新	pʊ5	phʊ1
南江	pu4	pu4	pu4	pu4	pu4	fu4 pu4 新	pu2 pu5 旧	phu1
巴中	pu4	pu4	pu4	pu4	pu4	fu4 pu4 新	pu5	phu1
通江	pʊ4	pʊ4	pʊ4	pʊ4	pʊ4	fʊ4 pʊ4 新	pʊ5	phʊ1
平昌	pu4	pu4	pu4	pu4	pu4	fu4 pu4 新	pu2	phu1
万源	pu4	pu4	pu4	pu2	pu4	fu4 pu4 新	pu2	phu1
宣汉	pu4	pu4	pu4	pu4	pu4	pu4	pu2	phʊ1
达州	pu4	pu4	pu4	po2	pu4	fu4 pu4 新	pu2	phu1
开江	pu4	pu4	pu4	pu4	pu4	fu4 pu4 新	pu2	phu1
渠县	pu4	pu4	pu4	pu4	pu4	fu4 pu4 新	pu2	phu1
宜宾	pu4	pu4	pu4	pu4	pu4	pu4	pɵ5	phu1
古蔺	pu4	pu4	pu4	pu4	pu4	pu4	po5	phu1
长宁	pu4	pu4	pu4	pu4	pu4	pu4	pu5	phu1
顾县	pu4	pu4	pu4	pu4	pu4	fu4 pu4 新	pu2	phu1
成都 龙泉	pu4	pu4	pu4	pu4	phu4	fu4 pu4 新	m̩2	phu1

---

① 分物切，臻合三非物入。《切韵指掌图》在臻合一帮没入。

字目	扑	仆_{倒下}	蒲	脯_{胸脯}	仆_{仆人}	谱	普	浦
反切	普木	普木	薄胡	薄胡	蒲木	博古	滂古	滂古
声韵调	通合一 滂屋入	通合一 滂屋入	遇合一 並模平	遇合一 並模平	通合一 並屋入	遇合一 帮模上	遇合一 滂模上	遇合一 滂模上
中古音	phuk	phuk	buo	buo	buk	puo:	phuo:	phuo:
广元	phu2	phu2	phu2	phu3	phu2	phu3	phu3	phu3
平武	phu2	phu2	phu2	phu3	phu2	phu3	phu3	phu3
青川	phu2	phu2	phu2	phu3	phu2	phu3	phu3	phu3
剑阁_{普安}	phu5	phu5	phu2	phu2	phu5	phu3	phu3	phu3
剑阁_{金仙}	phu5	phu5	phu2	phu2	phu5	phu3	phu3	fu3
旺苍	phu2	phu2	phu2	phu3	phu2	phu3	phu3	phu3
苍溪	phu2	phu2	phu2	phu3	phu2	phu3	phu3	phu3
江油	phʊ2	phʊ2	phʊ2	phʊ3	phʊ2	phʊ3	phʊ3	phʊ3
北川	phʊ2	phʊ2	phʊ2	fʊ3	phʊ2	phʊ3	phʊ3	phʊ3
绵阳	phʊ2	phʊ2	pʊ2	phʊ3	phʊ2	phʊ3	phʊ3	phʊ3
盐亭	pho5	pho5	phu2	fu3	pho5	phu3	phu3	fu3
德阳	phu2	phu2	phu2	fu3	phu2	phu3	phu3	phu3
中江	phu2	phu2	phu2	phu3	phu2	phu3	phu3	phu3
射洪	phu5	phu5	phu2	pu4	phu2	phu3	phu3	phu3
蓬溪	phu5	phu5	phu2	phu3	phu5	phu3	phu3	phu3
遂宁	phu2	phu2	phu2	phu2	phu2	phu3	phu3	phu3
乐至	phʊ2	phʊ2	phʊ2	phʊ2	phʊ2	phʊ3	phʊ3	phʊ3
安岳	phu2	phu2	phu2	phu3	phu2	phu3	phu3	phu3
仪陇	phʊ2	phʊ2	phʊ2	phʊ3	phʊ2	phʊ3	phʊ3	phʊ3
西充	pho5	pho5	phʊ2	phʊ3	pho5	phʊ3	phʊ3	phʊ3

字目	扑	仆倒下	蒲	脯胸脯	仆仆人	谱	普	浦
反切	普木	普木	薄胡	薄胡	蒲木	博古	滂古	滂古
声韵调	通合一滂屋入	通合一滂屋入	遇合一並模平	遇合一並模平	通合一並屋入	遇合一帮模上	遇合一滂模上	遇合一滂模上
中古音	phuk	phuk	buo	buo	buk	puo:	phuo:	phuo:
蓬安	phu2	phu2	phu2	phu3	phu2	phu3	phu3	phu3
南充金台	phʊ2	phʊ2	phʊ2	phʊ4	phʊ2	phʊ3	phʊ3	phʊ3
南充龙蟠	pho5	pho5	phu2	phu3	pho5	phu3	phu3	phu3
岳池	phʊ2	phʊ2	phʊ2	phʊ3	phʊ2	phʊ3	phʊ3	phʊ3
广安	phʊ2	phʊ2	phʊ2	phʊ3	phʊ2	phʊ3	phʊ3	phʊ3
邻水	phʊ5	phʊ5	phʊ2	phʊ3	phʊ5	phʊ3	phʊ3	phʊ3
南江	phu5	phu2 phu5 旧	phu2	phu3	phu2 phu5 旧	phu3	phu3	phu3
巴中	phu3 phu5 旧	phu5	phu5	phu3	phu5	phu3	phu3	phu3
通江	phʊ2 phʊ5 旧	phʊ2 phʊ5 旧	phʊ3	phʊ3	phʊ2 phʊ5 旧	phʊ3	phʊ3	phʊ3
平昌	phu2	phu2	phu2	phu3	phu2	phu3	phu3	phu3
万源	phu2	phu2	phu2	phu3 phu4	phu2	phu3	phu3	phu3
宣汉	phu2	phu2	phu2	fu2 phu4	phu2	phu3	phu3	phu3
达州	phu2	phu2	phu2	phu2 phu4	phu2	phu3	phu3	phu3
开江	phu2	phu2	phu2	phu3 phu4	phu2	phu3	phu3	phu3
渠县	phu2	phu2	phu2	phu2 phu4	phu2	phu3	phu3	phu3
宜宾	phɵ5	phɵ5	phu2	phu3	phɵ5	phu3	phu3	phu3
古蔺	pho5	pho5	phu2	phu3	pho5	phu3	phu3	phu3
长宁	phu5	phu5	phu2	phu3	phu5	phu3	phu3	phu3
顾县	phu2	phu2	phu2	phu3	phu2	phu3	phu3	phu3
成都龙泉	phu2	phu2 phu5 旧	phu2	phu2	phu2	phu3	phu3	phu3

字目	朴	铺店铺	铺床铺	母	亩	牡①	暮	慕
反切	匹角	普故	普故	莫厚	莫厚	莫厚	莫故	莫故
声韵调	江开二 滂觉入	遇合一 滂模去	遇合一 滂模去	流开一 明侯上	流开一 明侯上	流开一 明侯上	遇合一 明模去	遇合一 明模去
中古音	phɣʌk	phuo-	phuo-	məu:	məu:	məu:	muo-	muo-
广元	phu2	phu4	phu1	mu3	moŋ3	mu3	mu4	mu4
平武	phu2	phu4	phu4	mu3	mu3	mu3	mu4	mu4
青川	phu2	phu4	phu1	mu3	moŋ3	mu3	mu4	mu4
剑阁普安	phu2	phu4	phu1	mu3	moŋ3	mu3	mu4	mu4
剑阁金仙	pho5	phu4	phu1	mu3	moŋ3	mɔ3	mu4	mu4
旺苍	phu2	phu4	phu1	mu3	moŋ3	mu3	mu4	mu4
苍溪	phu2	phu4	phu4	mu3	məŋ3	mu3	mu4	mu4
江油	phʊ2	phʊ4	phʊ4	mʊ3	moŋ3	mʊ3	mʊ4	mʊ4
北川	phʊ2	phʊ4	phʊ4	mʊ3	moŋ3	mʊ3	mʊ4	mʊ4
绵阳	phʊ2	phʊ4	phʊ4	mʊ3	moŋ3	mʊ3	mo4	mo4
盐亭	pho5	phu4	phu4	mu3	məŋ3	mau3	mo4	mo4
德阳	phu2	phu4	phu1	mu3	moŋ3	mu3	mo4	mo4
中江	phu2	phu4	phu1	mu3	məu3	mu3	mo2	mo4
射洪	phu5	phu4	phu1	mu3	moŋ3	mu3	mu4	mu4
蓬溪	phu2	phu4	phu1	mu3	moŋ3	moŋ3	mo4	mo4
遂宁	phu2	phu4	phu1	mu3	moŋ3	mu3	mo4	mo4
乐至	phʊ2	phʊ4	phʊ1	mʊ3	moŋ3	mau3	mo4	mo4
安岳	phu2	phu4	phu1	mu3	moŋ3	mu3	mo4	mo4
仪陇	phʊ2	phʊ4	phʊ1	mʊ3	moŋ3	mau3	mʊ4	mʊ4
西充	pho5	phʊ4	phʊ1	mʊ3	moŋ3	moŋ3	mʊ4	mʊ4

---

① 又*满补切，遇合一明模上。

字目	朴	铺店铺	铺床铺	母	亩	牡①	暮	慕
反切	匹角	普故	普故	莫厚	莫厚	莫厚	莫故	莫故
声韵调	江开二滂觉入	遇合一滂模去	遇合一滂模去	流开一明侯上	流开一明侯上	流开一明侯上	遇合一明模去	遇合一明模去
中古音	phɣʌk	phuo-	phuo-	məu:	məu:	məu:	muo-	muo-
蓬安	phu2	phu4	phu1	mu3	moŋ3	mu3	mo4	mo4
南充金台	phʊ2	phʊ4	phʊ1	mʊ3	moŋ3	moŋ3	mʊ4	mʊ4
南充龙蟠	pho5	phu4	phu1	mu3	moŋ3	moŋ3	mu4	mu4
岳池	phʊ2	phʊ4	phʊ1	mʊ3	məu3	məu3	mo4	mo4
广安	phɵ2	phʊ4	phʊ1	mʊ3	moŋ3	mau3	mo4	mo4
邻水	pho5	phʊ4	phʊ1	mʊ3	moŋ3	mau3	mo4	mo4
南江	phu2 phu5 旧	phu4	phu1	mu3	məŋ3	mu3	mu4	mu4
巴中	phu5	phu4	phu1	mu3	məŋ3	mu3	mu4	mu4
通江	pho5	phʊ4	phʊ1	mʊ3	məŋ3	mʊ3	mʊ4	mʊ4
平昌	phu2	phu4	phu1	mu3	moŋ3	mu3	mu4	mu4
万源	phu2	phu4	phu1	mu3	moŋ3	mu3	mo4	mo4
宣汉	phu2	phu4	phu1	mu3	moŋ3	mu3	mu4	mo4
达州	phu2	phu4	phu1	mu3	mu3	mau3	mu4	mu4
开江	phu2	phu4	phu1	mu3	məu3	məu3	mo4	mo4
渠县	phu2	phu4	phu1	mu3	moŋ3	mu3	mu4	mo4
宜宾	phɵ5	phu4	phu1	mu3	moŋ3	moŋ3 mu3	mu4	mu4
古蔺	pho5	phu4	phu4	mu3	moŋ3	mu3	mu4	mo4 mu4 新
长宁	phu5	phu4	phu4	mu3	moŋ3	mu3	mu4	mu4
顾县	phu2	phu4	phu1	mu3	moŋ3	mau3	mo4	mo4
成都龙泉	phu3 phuʔ5 旧	phu4	phu4	mu1	moŋ1	mu1	mo4	mo4

---

① 又*满补切，遇合一明模上。

字目	墓	募	幕	木	目	牧	肤	夫夫妻
反切	莫故	莫故	慕各	莫卜	莫六	莫六	甫无	甫无
声韵调	遇合一明模去	遇合一明模去	宕开一明铎入	通合一明屋入	通合三明屋入	通合三明屋入	遇合三非虞平	遇合三非虞平
中古音	muo-	muo-	mɑk	muk	miuk	miuk	pio	pio
广元	mu4	mu4	mu4	mu2	mu2	mu4	fu1	fu1
平武	mu4	mu4	mu4	mu2	mu2	mu2	fu1	fu1
青川	mu4	mu4	mu4	mu2	mu2	mu2	fu1	fu1
剑阁普安	mu4	mu4	mu4	mu5	mu5	mo4	fu1	fu1
剑阁金仙	mu4	mu4	mu4	mo5	mo5	mo5	fu1	fu1
旺苍	mu4	mu4	mu4	mu2	mu2	mu2	fu1	fu1
苍溪	mu4	mu4	mu4	mu2 mu4 口①	mu2	mu2	fu1	fu1
江油	mʊ4	mʊ4	mʊ4	mʊ2	mʊ2	mʊ4	fʊ1	fʊ1
北川	mʊ4	mʊ4	mo4	mʊ2	mʊ2	mo4	fʊ1	fʊ1
绵阳	mo4	mo4	mo4	mʊ2	mʊ2	mo4	fʊ1	fʊ1
盐亭	mo4	mo4	mo4	mo5	mo5	mo4	fu1	fu1
德阳	mo4	mo4	mo4	mu2 mu4 口①	mu2	mu2	fu1	fu1
中江	mo4	mo4	mo4	mu2	mu2	mu2	fu1	fu1
射洪	mo4	mu4	mo5	mu5 mu4 口①	mo5	mo5	fu1	fu1
蓬溪	mo4	mo4	mo4	mu5 mu4 口①	mo5	mo5	fu1	fu1
遂宁	mo4	mo4	mo4	mu2 mu4 口①	mu2	mu2	fu1	fu1
乐至	mo4	mo4	mo4	mʊ2	mʊ2	mʊ4	fʊ1	fʊ1
安岳	mo4	mo4	mo4	mu2	mu2	mu2	fu1	fu1
仪陇	mʊ4	mʊ4	mo4	mʊ2	mʊ2	mʊ4	fʊ1	fʊ1
西充	mʊ4	mʊ4	mʊ4	mo5	mo5	mo5	fʊ1	fʊ1

---

① 指思维迟顿，如"~头~脑"。

字目	墓	募	幕	木	目	牧	肤	夫夫妻
反切	莫故	莫故	慕各	莫卜	莫六	莫六	甫无	甫无
声韵调	遇合一明模去	遇合一明模去	宕开一明铎入	通合一明屋入	通合三明屋入	通合三明屋入	遇合三非虞平	遇合三非虞平
中古音	muo-	muo-	mɑk	muk	mɪuk	mɪuk	pɪo	pɪo
蓬安	mo4	mo4	mo4	mu2	mu2	mu2	fu1	fu1
南充金台	mʊ4	mʊ4	mʊ4	mʊ2	mʊ2	mʊ4	fʊ1	fʊ1
南充龙蟠	mu4	mu4	mo5	mo5	mo5	mu5	fu1	fu1
岳池	mo4	mo4	mo4	mʊ2	mʊ2	mʊ4	fʊ1	fʊ1
广安	mo4	mo4	mo4	mʊ2	mʊ2	mʊ4	fʊ1	fʊ1
邻水	mo4	mo4	mo4	mʊ5	mʊ5	mʊ5	fʊ1	fʊ1
南江	mu4	mu4	mu4	mu2 mu4 口①	mu2 mu5 旧	mu4 mu5 旧	fu1	fu1
巴中	mu4	mu4	mu4	mu5 mu4 口①	mu2 mu5 旧	mu4 mu5 旧	fu1	fu1
通江	mʊ4	mʊ4	mʊ4	mʊ5 mʊ4 口①	mʊ5	mʊ4	fʊ1	fʊ1
平昌	mu4	mu4	mu4	mu2 mu4 口①	mu2	mu2	fu1	fu1
万源	mo4	mo4	mo4	mu2 mu4 口①	mu2	mu4	fu1	fu1
宣汉	mo4	mu4	mo4	mu2 mu4 口①	mu2	mu4	fu1	fu1
达州	mu4	mu4	mu4	mu2 mu4 口①	mu2	mu3	fʊ1	fʊ1
开江	mo4	mo4	mo4	mu2 mu4 口①	mu2	mu4	fu1	fu1
渠县	mo4	mo4	mo4	mu2 mu4 口①	mu2	mu2	fu1	fu1
宜宾	mu4	mu4	mɵ5 mu4 新	mɵ5	mɵ5	mɵ5	fu1	fu1
古蔺	mo4 mu4 新	mo4 mu4 新	mo4 mu4 新	mo5 mu4 口①	mo5	mo5	fu1	fu1
长宁	mu4	mu4	mu4	mu5	mu5	mu5	fu1	fu1
顾县	mo4	mo4	mo4	mu2	mu2	mu4	fu1	fu1
成都龙泉	mo4	mo4	mo4	muʔ5	muʔ5	mo4	fu1	fu1

---

① 指思维迟顿，如"~头~脑"。

字目	敷	麸	符	扶	浮	佛仿佛	福	服
反切	芳无	芳无	防无	防无	缚谋	敷勿	方六	房六
声韵调	遇合三 敷虞平	遇合三 敷虞平	遇合三 奉虞平	遇合三 奉虞平	流开三 奉尤平	臻合三 敷物入	通合三 非屋入	通合三 奉屋入
中古音	phio	phio	bio	bio	biu	phiut	piuk	biuk
广元	fu1	fu1	fu2	fu2	fu2	fu2	fu2	fu2
平武	fu1	fu1	fu2	fu2	fu2	fu2	fu2	fu2
青川	fu1	fu1	fu2	fu2	fu2	fu2	fu2	fu2
剑阁普安	fu1	fu1	fu2	fu2	fu2	fu2	fu5	fu5
剑阁金仙	fu1	fu1	fu2	fu2	fu2	fu5	fu5	fu5
旺苍	xu1	fu1	fu2	fu2	fu2	fu2	fu2	fu2
苍溪	fu1	fu1	fu2	fu2	fu2	fu2	fu2	fu2
江油	fʊ1	fʊ1	fʊ2	fʊ2	fʊ2	fʊ2	fʊ2	fʊ2
北川	fʊ1	fʊ1	fʊ2	fʊ2	fʊ2	fʊ2	fʊ2	fʊ2
绵阳	fʊ1	fʊ1	fʊ2	fʊ2	fʊ2	fʊ2	fʊ2	fʊ2
盐亭	fu1	fu1	fu2	fu2	fu2	fu5	fo5	fo5
德阳	fu1	fu1	fu2	fu2	fəu2	fu2	fu2	fu2
中江	fu1	fu1	fu2	fu2	fəu2	fu2	fu2	fu2
射洪	fu1	fu1	fu2	fu2	fu2	fu5	fu5	fu5
蓬溪	fu1	fu1	fu2	fu2	fu2	fu5	fu5	fu5
遂宁	fu1	fu1	fu2	fu2	fu2	fu2	fu2	fu2
乐至	fʊ1	fʊ1	fʊ2	fʊ2	fəu2	fʊ2	fʊ2	fʊ2
安岳	fu1	fu1	fu2	fu2	fu2	fu2	fu2	fu2
仪陇	fʊ1	fʊ1	fʊ2	fʊ2	fʊ2	fʊ2	fʊ2	fʊ2
西充	fʊ1	fʊ1	fʊ2	fʊ2	fʊ2	fo5	fo5	fo5

字目	敷	麩	符	扶	浮	佛仿佛	福	服
反切	芳无	芳无	防无	防无	缚谋	敷勿	方六	房六
声韵调	遇合三 敷虞平	遇合三 敷虞平	遇合三 奉虞平	遇合三 奉虞平	流开三 奉尤平	臻合三 敷物入	通合三 非屋入	通合三 奉屋入
中古音	phio	phio	bio	bio	biu	phiut	piuk	biuk
蓬安	fu1	fu1	fu2	fu2	fu2	fu2	fu2	fu2
南充金台	fʋ2	fʋ1	fʋ2	fʋ2	fʋ2	fʋ2	fʋ2	fʋ2
南充龙蟠	fu1	fu1	fu2	fu2	fu2	fu5	fu5	fu5
岳池	fʋ1	fʋ1	fʋ2	fʋ2	fəu2	fʋ2	fʋ2	fʋ2
广安	fʋ1	fʋ1	fʋ2	fʋ2	fʋ2	fʋ2	fʋ2	fʋ2
邻水	fʋ1	fʋ1	fʋ2	fʋ2	fʋ2	fʋ5	fʋ5	fʋ5
南江	fu1	fu1	fu5	fu5	fu5	fu5	fu5	fu5
巴中	fu1	fu1	fu2	fu2	fəŋ2	fu5	fu5	fu5
通江	fʋ1	fʋ1	fʋ5	fʋ5	fʋ2	fʋ2	fʋ5	fʋ5
平昌	fu1	fu1	fu2	fu2	fu2	fu2	fu2	fu2
万源	fu1	fu1	fu2	fu1	fəu2	fu2	fu2	fu2
宣汉	fu1	fu1	fu2	fu1	fu2	fu2	fu2	fu2
达州	fu1	fu1	fu2	fu2	fu2	fu2	fu2	fu2
开江	fu1	fu1	fu2	fu2	fəu2	fu2	fu2	fu2
渠县	fu1	fu1	fu2	fu2	fu2	fu2	fu2	fu2
宜宾	fu1	fu1	fu2	fu2	fu2	fø5	fø5	fø5
古蔺	fu1	fu1	fu2	fu2	fu2	fu2	fo5	fo5
长宁	fu1	fu1	fu2	fu2	fu2	fu5	fu5	fu5
顾县	fu1	fu1	fu2	fu2	fu2	fu2	fu2	fu2
成都龙泉	fu1	fu1	fu2	fu2	fu2	fuʔ5	fuʔ5	fuʔ5

字目	伏	府	腑	俯	斧	脯果脯	腐	辅
反切	房六	方矩	方矩	方矩	方矩	方矩	扶雨	扶雨
声韵调	通合三奉屋入	遇合三非虞上	遇合三非虞上	遇合三非虞上	遇合三非虞上	遇合三非虞上	遇合三奉虞上	遇合三奉虞上
中古音	biuk	pio:	pio:	pio:	pio:	pio:	bio:	bio:
广元	fu2	fu3	fu3	fu3	fu3	phu3	fu3	fu3
平武	fu2	fu3	fu3	fu3	fu3	phu3	fu3	fu3
青川	fu2	fu3	fu3	fu3	fu3	phu3	fu3	fu3
剑阁普安	fu2	fu3	fu3	fu3	fu3	phu3	fu3	fu3
剑阁金仙	fu5	fu3	fu3	fu3	fu3	phu2	fu3	fu3
旺苍	fu2	fu3	fu3	fu3	fu3	phu3	fu3	fu3
苍溪	fu2	fu3	fu3	fu3	fu3	phu3 fu3 新	fu3	fu3
江油	fʊ2	fʊ3	fʊ3	fʊ3	fʊ3	phʊ3	fʊ3	fʊ3
北川	fʊ2	fʊ3	fʊ3	fʊ3	fʊ3	fʊ3	fʊ3	phʊ3
绵阳	fʊ2	fʊ3	fʊ3	fʊ3	fʊ3	phʊ3	fʊ3	phʊ3
盐亭	fo5	fu3	fu3	fu3	fu3	fu3	fu3	fu3
德阳	fu2	fu3	fu3	fu3	fu3	phu3	fu3	fu3
中江	fu2	fu3	fu3	fu3	fu3	phu3	fu3	phu3
射洪	fu5	fu3	fu3	fu3	fu3	phu3	fu3	fu3
蓬溪	fu5	fu3	fu3	fu3	fu3	phu3	fu3	fu3
遂宁	fu2	fu3	fu3	fu3	fu3	phu3	fu3	fu3
乐至	fʊ2	fʊ3	fʊ3	fʊ3	fʊ3	phʊ3	fʊ3	phʊ3
安岳	fu2	fu3	fu3	fu3	fu3	phu3	fu3	fu3
仪陇	fʊ2	fʊ3	fʊ3	fʊ3	fʊ3	phʊ3	fʊ3	fʊ3
西充	fo5	fʊ3	fʊ3	fʊ3	fʊ3	fʊ3	fʊ3	fʊ3

字目	伏	府	腑	俯	斧	脯果脯	腐	辅
反切	房六	方矩	方矩	方矩	方矩	方矩	扶雨	扶雨
声韵调	通合三奉屋入	遇合三非虞上	遇合三非虞上	遇合三非虞上	遇合三非虞上	遇合三非虞上	遇合三奉虞上	遇合三奉虞上
中古音	bɪuk	pɪoː	pɪoː	pɪoː	pɪoː	pɪoː	bɪoː	bɪoː
蓬安	fu2	fu3	fu3	fu3	fu3	phu3	fu3	fu3
南充金台	fʊ2	fʊ3	fʊ3	fʊ3	fʊ3	phʊ4	fʊ3	fʊ3
南充龙蟠	fu5	fu3	fu3	fu3	fu3	phu3	fu3	fu3
岳池	fʊ2	fʊ3	fʊ3	fʊ3	fʊ3	phʊ3	fʊ3	phʊ3
广安	fʊ2	fʊ3	fʊ3	fʊ3	fʊ3	phʊ3	fʊ3	phʊ3
邻水	fʊ5	fʊ3	fʊ3	fʊ3	fʊ3	fʊ3	fʊ3	fʊ3
南江	fu5	fu3	fu3	fu3	fu3	phu3	fu3	fu3
巴中	fu5	fu3	fu3	fu3	fu3	phu3 fu3 新	fu3	fu3
通江	fʊ4 fʊ5 旧	fʊ3	fʊ3	fʊ3	fʊ3	phʊ3	fʊ3	fʊ3
平昌	fu2	fu3	fu3	fu3	fu3	phu3	fu3	fu3
万源	fu2	fu3	fu3	fu3	fu3	phu3	fu3	fu3
宣汉	fu2	fu3	fu3	fu3	fu3	phu3	fu3	fu3
达州	fu2	fu3	fu3	fu2	fu3	phu3	fu3	fu3
开江	fu2	fu3	fu3	fu3	fu3	phu3	fu3	fu3
渠县	fu2	fu3	fu3	fu3	fu3	phu3	fu3	fu3
宜宾	fө5	fu3	fu3	fu3	fu3	fu3	fu3	fu3
古蔺	fo5	fu3	fu3	fu3	fu3	phu3 fu3 新	fu3	fu3
长宁	fu5	fu3	fu3	fu3	fu3	phu3	fu3	fu3
顾县	fu2	fu3	fu3	fu3	fu3	phu3	fu3	fu3
成都龙泉	fuʔ6	fu3	fu3	fu3	fu3	phu3 fu3 新	fu4	phu3

字目	付	傅	赴	父父母	附	富	副	妇
反切	方遇	方遇	芳遇	扶雨	符遇	方副	敷救	房九
声韵调	遇合三 非虞去	遇合三 非虞去	遇合三 敷虞去	遇合三 奉虞上	遇合三 奉虞去	流开三 非尤去	流开三 敷尤去	流开三 奉尤上
中古音	pio-	pio-	phio-	bio:	bio-	piu-	phiu-	biu:
广元	fu4	fu4	fu4	fu4	fu4	fu4	fu4	fu4
平武	fu4	fu4	fu4	fu4	fu4	fu4	fu4	fu4
青川	fu4	fu4	fu4	fu4	fu4	fu4	fu4	fu4
剑阁普安	fu4	fu4	fu4	fu4	fu4	fu4	fu4	fu4
剑阁金仙	fu4	fu4	fu4	fu4	fu4	fu4	fu4	fu4
旺苍	fu4	fu4	fu4	fu4	fu4	fu4	fu4	fu4
苍溪	fu4	fu4	phu4 俗 fu4	fu4	fu4	fu4	fu4	fu4
江油	fʊ4	fʊ4	fʊ4	fʊ4	fʊ4	fʊ4	fʊ4	fʊ4
北川	fʊ4	fʊ4	fʊ4	fʊ4	fʊ4	fʊ4	fʊ4	fʊ4
绵阳	fʊ4	fʊ4	fʊ4	fʊ4	fʊ4	fʊ4	fʊ4	fʊ4
盐亭	fu4	fu4	fu4	fu4	fu4	fu4	fu4	fu4
德阳	fu4	fu4	fu4	fu4	fu4	fu4	fu4	fu4
中江	fu4	fu4	fu4	fu4	fu4	fu4	fu4	fu4
射洪	fu4	fu4	fu4	fu4	fu4	fu4	fu4	fu4
蓬溪	fu4	fu4	fu4	fu4	fu4	fu4	fu4	fu4
遂宁	fu4	fu4	fu4	fu4	fu4	fu4	fu4	fu4
乐至	fʊ4	fʊ4	fʊ4	fʊ4	fʊ4	fʊ4	fʊ4	fʊ4
安岳	fu4	fu4	fu4	fu4	fu4	fu4	fu4	fu4
仪陇	fʊ4	fʊ4	fʊ4	fʊ4	fʊ4	fʊ4	fʊ4	fʊ4
西充	fʊ4	fʊ5	fʊ4	fʊ4	fʊ4	fʊ4	fʊ4	fʊ4

字目	付	傅	赴	父父母	附	富	副	妇
反切	方遇	方遇	芳遇	扶雨	符遇	方副	敷救	房九
声韵调	遇合三 非虞去	遇合三 非虞去	遇合三 敷虞去	遇合三 奉虞上	遇合三 奉虞去	流开三 非尤去	流开三 敷尤去	流开三 奉尤上
中古音	pɪo-	pɪo-	phɪo-	bɪo:	bɪo-	pɪu-	phɪu-	bɪu:
蓬安	fu4	fu4	fu4	fu4	fu4	fu4	fu4	fu4
南充金台	fʊ4	fʊ4	fʊ4	fʊ4	fʊ4	fʊ4	fʊ4	fʊ4
南充龙蟠	fu4	fu4	fu4	fu4	fu4	fu4	fu4	fu4
岳池	fʊ4	fʊ4	fʊ4	fʊ4	fʊ4	fʊ4	fʊ4	fʊ4
广安	fʊ4	fʊ4	fʊ4	fʊ4	fʊ4	fʊ4	fʊ4	fʊ4
邻水	fʊ4	fʊ4	fʊ4	fʊ4	fʊ4	fʊ4	fʊ4	fʊ4
南江	fu4	fu4	fu4	fu4	fu4	fu4	fu4	fu4
巴中	fu4	fu4	fu4	fu4	fu4	fu4	fu4	fu4
通江	fʊ4	fʊ4	phʊ4 俗 fʊ4	fʊ4	fʊ4	fʊ4	fʊ4	fʊ4
平昌	fu4	fu4	fu4	fu4	fu4	fu4	fu4	fu4
万源	fu4	fu4	fu4	fu4	fu4	fu4	fu4	fu4
宣汉	fu4	fu4	fu4	fu4	fu4	fu4	fu4	fu4
达州	fu4	fu4	fu4	fu4	fu4	fu4	fu4	fu4
开江	fu4	fu4	fu4	fu4	fu4	fu4	fu4	fu4
渠县	fu4	fu4	fu4	fu4	fu4	fu4	fu4	fu4
宜宾	fu4	fu4	fu4	fu4	fu4	fu4	fu4	fu4
古蔺	fu4	fu4	phu4 俗 fu4	fu4	fu4	fu5	fu5	fu4
长宁	fu4	fu4	fu5	fu4	fu4	fu4	fu4	fu4
顾县	fu4	fu4	fu4	fu4	fu4	fu4	fu4	fu4
成都龙泉	fu4	fu4	fu4	fu4	fu4	fu4	fu4	fu4

字目	负	复①复原	缚	腹	复复杂	覆	复重复	都都城
反切	房九	房六	符钁	方六	方六	芳福	方六	当孤
声韵调	流开三奉尤上	通合三奉屋入	宕合三奉药入	通合三非屋入	通合三非屋入	通合三敷屋入	通合三非屋入	遇合一端模平
中古音	biu:	biuk	bʋɐk	piuk	piuk	phiuk	piuk	tuo
广元	fu4	fu2	fu4 po2 俗	fu2	fu2	fu2	fu2	tu1
平武	fu4	fu2	fu2	fu2	fu2	fu2	fu2	tu1
青川	fu4	fu2	fu4	fu2	fu2	fu2	fu2	tu1
剑阁普安	fu4	fu5	fu5	fu5	fu5	fu5	fu5	tu1
剑阁金仙	fu4	fu5	fu5	fu5	fu5	fu5	fu5	tu1
旺苍	fu4	fu2	fu4	fu2	fu2	fu2	fu2	tu1
苍溪	fu4	fu2	fu4 po2 俗	fu2	fu2	fu2	fu2	tu1
江油	fʋ4	fʋ2	fʋ2	fʋ2	fʋ2	fʋ2	fʋ2	tʋ1
北川	fʋ4	fʋ2	fʋ2	fʋ2	fʋ2	fʋ2	fʋ2	tʋ1
绵阳	fʋ4	fʋ2	fʋ2	fʋ2	fʋ2	fʋ2	fʋ2	tʋ1
盐亭	fu4	fo5	po5	fo5	fo5	fo5	fo5	tu1
德阳	fu4	fu2	fu4 po2 俗	fu2	fu2	fu2	fu2	tu1
中江	fu4	fu2	fu4 po2 俗	fu2	fu2	fu2	fu2	tu1
射洪	fu4	fu5	po5	fu5	fu5	fu5	fu5	tu1
蓬溪	fu4	fu5	po5	fu5	fu5	fu5	fu5	tu1
遂宁	fu4	fu2	fu4 po2 俗	fu2	fu2	fu2	fu2	tu1
乐至	fʋ4	fʋ2	fʋ2	fʋ2	fʋ2	fʋ2	fʋ2	tʋ1
安岳	fu4	fu2	fu4	fu2	fu2	fu2	fu2	tu1
仪陇	fʋ4	fʋ4	fʋ4	fʋ2	fʋ4	fʋ4	fʋ2	tʋ1
西充	fʋ4	fo5	fʋ4	fo5	fo5	fo5	fo5	tʋ1

① 又扶富切，流开三奉尤去。

字目	负	复①复原	缚	腹	复复杂	覆	复重复	都都城
反切	房九	房六	符镢	方六	方六	芳福	方六	当孤
声韵调	流开三奉尤上	通合三奉屋入	宕合三奉药入	通合三非屋入	通合三非屋入	通合三敷屋入	通合三非屋入	遇合一端模平
中古音	biu:	biuk	buɐk	piuk	piuk	phiuk	piuk	tuo
蓬安	fu4	fu2	fu4	fu2	fu2	fu2	fu2	tu1
南充金台	fʊ4	fʊ4	fʊ4	fʊ2	fʊ2	fʊ2	fʊ2	tʊ1
南充龙蟠	fu4	fu5	fu5	fu5	fu5	fu5	fu5	tu1
岳池	fʊ4	fʊ2	fʊ4	fʊ2	fʊ2	fʊ2	fʊ2	tʊ1
广安	fʊ4	fʊ4	po2	fʊ2	fʊ2	fʊ2	fʊ2	tʊ1
邻水	fʊ4	fʊ5	fʊ4	fʊ5	fʊ5	fʊ5	fʊ5	tʊ1
南江	fu4	fu5	fu4 po5 俗	fu5	fu5	fu5	fu5	tu1
巴中	fu4	fu2	fu4 po5 俗	fu5	fu2	fu2	fu2	tu1
通江	fʊ4	fʊ5	fʊ5 pʊ5 俗	fʊ5	fʊ5	fʊ5	fʊ5	tʊ1
平昌	fu4	fu2	fu4 po2 俗	fu2	fu2	fu2	fu2	tu1
万源	fu4	fu2	fu2	fu2	fu2	fu2	fu2	tu1
宣汉	fu4	fu2	fu4	fu2	fu2	fu2	fu2	tu1
达州	fu4	fu4	fu4	fu4	fu4	fu4	fu4	tu1
开江	fu4	fu2	fu4	fu2	fu2	fu2	fu2	tu1
渠县	fu4	fu2	fu2	fu2	fu2	fu2	fu2	tu1
宜宾	fu4	fθ5	fθ5 pθ5 俗	fθ5	fθ5	fθ5	fθ5	tu1
古蔺	fu4	fo5	fo5 po5 俗	fo5	fo5	fo5	fo5	tu1
长宁	fu4	fu5	fu5	fu5	fu5	fu5	fu5	tu1
顾县	fu4	fu2	fu4	fu2	fu2	fu2	fu2	tu1
成都龙泉	fu4	fuʔ5	fu4 poʔ6 俗	fu4	fuʔ5	fuʔ5	fuʔ5	tu1

① 又扶富切，流开三奉尤去。

字目	督	独	读	牍	毒	堵	赌	肚动物胃
反切	冬毒	徒谷	徒谷	徒谷	徒沃	当古	当古	当古
声韵调	通合一端沃入	通合一定屋入	通合一定屋入	通合一定屋入	通合一定沃入	遇合一端模上	遇合一端模上	遇合一端模上
中古音	tuok	duk	duk	duk	duok	tuo:	tuo:	tuo:
广元	tu2	tu2	tu2	tu2	tu2	tu3	tu3	tu3
平武	tu2	tu2	tu2	tu2	tu2	tu3	tu3	tu3
青川	tu2	tu2	tu2	tu2	tu2	tu3	tu3	tu3
剑阁普安	tu5	tu5	tu5	tu5	tu5	tu3	tu3	tu3
剑阁金仙	tu5	tu5	tu5	tu5	tu5	tu3	tu3	tu3
旺苍	tu2	tu2	tu2	tu2	tu2	tu3	tu3	tu3
苍溪	tu2	tu2	tu2	tu2	tu2	tu3	tu3	tu3
江油	tʊ2	tʊ2	tʊ2	tʊ2	tʊ2	tʊ3	tʊ3	tʊ3
北川	tʊ2	tʊ2	tʊ2	tʊ2	tʊ2	tʊ3	tʊ3	tʊ3
绵阳	tʊ2	tʊ2	tʊ2	tʊ2	tʊ2	tʊ3	tʊ3	tʊ3
盐亭	tu5	tʊ5	tʊ5	tʊ5	tʊ5	tu3	tu3	tu3
德阳	tu2	tu2	tu2	tu2	tu2	tu3	tu3	tu3
中江	tu2	tu2	tu2	tu2	tu2	tu3	tu3	tu3
射洪	tu5	tu5	tu5	tu5	tu5	tu3	tu3	tu3
蓬溪	tu5	tu5	tu5	tu5	tu5	tu3	tu3	tu3
遂宁	tu2	tu2	tu2	tu2	tu2	tu3	tu3	tu3
乐至	tʊ1	tʊ2	tʊ2	tʊ2	tʊ2	tʊ3	tʊ3	tʊ3
安岳	tu2	tu2	tu2	tu2	tu2	tu3	tu3	tu3
仪陇	tʊ1	tʊ2	tʊ2	tʊ2	tʊ2	tʊ3	tʊ3	tʊ3
西充	tʊ1	tʊ5	tʊ5	tʊ5	tʊ5	tʊ3	tʊ3	tʊ3

字目	督	独	读	牍	毒	堵	赌	肚动物胃
反切	冬毒	徒谷	徒谷	徒谷	徒沃	当古	当古	当古
声韵调	通合一端沃入	通合一定屋入	通合一定屋入	通合一定屋入	通合一定沃入	遇合一端模上	遇合一端模上	遇合一端模上
中古音	tuok	duk	duk	duk	duok	tuo:	tuo:	tuo:
蓬安	tu2	tu2	tu2	tu2	tu2	tu3	tu3	tu3
南充金台	tʊ1	tʊ2	tʊ2	tʊ2	tʊ2	tʊ3	tʊ3	tʊ3
南充龙蟠	to5	tu5	to5	to5	to5	tu3	tu3	tu3
岳池	tʊ2	tʊ2	tʊ2	tʊ2	tʊ2	tʊ3	tʊ3	tʊ3
广安	tʊ2	tʊ2	tʊ2	tʊ2	tʊ2	tʊ3	tʊ3	tʊ3
邻水	tʊ5	tʊ5	tʊ5	tʊ5	tʊ5	tʊ3	tʊ3	tʊ3
南江	tu5	tu5	tu5	tu5	tu5	tu3	tu3	tu3
巴中	tu3 tu5 旧	tu2	tu2	tu2	tu2	tu3	tu3	tu3
通江	tʊ3	tʊ5	tʊ5	tʊ5	tʊ5	tʊ3	tʊ3	tʊ3
平昌	tu3 tu2	tu2	tu2	tu2	tu2	tu3	tu3	tu3
万源	tu3	tu2	tu2	tu2	tu2	tu3	tu3	tu3
宣汉	tu1	tu2	tu2	tu2	tu2	tu3	tu3	tu3
达州	tu1	tu2	tu2	tu2	tu2	tu3	tu3	tu3
开江	tu3	tu2	tu2	tu2	tu2	tu3	tu3	tu3
渠县	tu2	tu2	tu2	tu2	tu2	tu3	tu3	tu3
宜宾	tɵ5	tɵ5	tɵ5	tɵ5	tɵ5	tu3	tu3	tu3
古蔺	to5	to5	to5	to5	to5	tu3	tu3	tu3
长宁	tu5	tu5	tu5	tu5	tu5	tu3	tu3	tu3
顾县	təu2	təu2	təu2	təu2	təu2	təu3	təu3	təu3
成都龙泉	tu1 tuʔ5	thuʔ6	thuʔ6	thuʔ6	thuʔ6	tu3	tu3	tu3

字目	妒	杜	肚肚腹	度	渡	镀	突①	秃
反切	当故	徒古	徒古	徒故	徒故	徒故	他骨	他谷
声韵调	遇合一 端模去	遇合一 定模上	遇合一 定模上	遇合一 定模去	遇合一 定模去	遇合一 定模去	臻合一 透没入	通合一 透屋入
中古音	tuo-	duo:	duo:	duo-	duo-	duo-	thuət	thuk
广元	tu4	tu4	tu4	tu4	tu4	tu4	thu2	thu2
平武	tu4	tu4	tu4	tu4	tu4	tu4	thu2	thu2
青川	tu4	tu4	tu4	tu4	tu4	tu4	thu2	thu2
剑阁普安	tu4	tu4	tu4	tu4	tu4	tu4	thu5	tho5
剑阁金仙	tu4	tu4	tu4	tu4	tu4	tu4	thu5	thu5
旺苍	tu4	tu4	tu4	tu4	tu4	tu4	thu2	thu2
苍溪	tu4	tu4	tu4	tu4	tu4	tu4	tho2	thu2
江油	tʊ4	tʊ4	tʊ4	tʊ4	tʊ4	tʊ4	thʊ2	thʊ2
北川	tʊ4	tʊ4	tʊ4	tʊ4	tʊ4	tʊ4	thʊ2	thʊ2
绵阳	tʊ4	tʊ4	tʊ4	tʊ4	tʊ4	tʊ4	thʊ2	thʊ2
盐亭	tu4	tu4	tu4	tu4	tu4	tu4	tho5	tho5
德阳	tu4	tu4	tu4	tu4	tu4	tu4	thu2	thu1
中江	tu4	tu4	tu4	tu4	tu4	tu4	thu2	thu2
射洪	tu4	tu4	tu4	tu4	tu4	tu4	thu5	thu5
蓬溪	tu4	tu4	tu4	tu4	tu4	tu4	thu5	tho5
遂宁	tu4	tu4	tu4	tu4	tu4	tu4	thu2	thuei2
乐至	tʊ4	tʊ4	tʊ4	tʊ4	tʊ4	tʊ4	thʊ2	thʊ2
安岳	tu4	tu4	tu4	tu4	tu4	tu4	thu2	thu2
仪陇	tʊ4	tʊ4	tʊ4	tʊ4	tʊ4	tʊ4	thʊ2	thʊ2
西充	tʊ4	tʊ4	tʊ4	tʊ4	tʊ4	tʊ4	tho5	tho5

---

① 又陀骨切，臻合一定没入。

字目	妒	杜	肚肚腹	度	渡	镀	突①	秃
反切	当故	徒古	徒古	徒故	徒故	徒故	他骨	他谷
声韵调	遇合一端模去	遇合一定模上	遇合一定模上	遇合一定模去	遇合一定模去	遇合一定模去	臻合一透没入	通合一透屋入
中古音	tuo-	duo:	duo:	duo-	duo-	duo-	thuət	thuk
蓬安	tu4	tu4	tu4	tu4	tu4	tu4	thu2	thu2
南充金台	tʊ4	tʊ4	tʊ4	tʊ4	tʊ4	tʊ4	thʊ2	thʊ2
南充龙蟠	tu4	tu4	tu4	tu4	tu4	tu4	tho5	tho5
岳池	tʊ4	tʊ4	tʊ4	tʊ4	tʊ4	tʊ4	thʊ2	thʊ2
广安	tʊ4	tʊ4	tʊ4	tʊ4	tʊ4	tʊ4	thʊ2	thʊ2
邻水	tʊ4	tʊ4	tʊ4	tʊ4	tʊ4	tʊ4	thʊ5	thʊ5
南江	tu4	tu4	tu4	tu4	tu4	tu4	thu5	thu5
巴中	tu4	tu4	tu4	tu4	tu4	tu4	thu2	thu5
通江	tʊ4	tʊ4	tʊ4	tʊ4	tʊ4	tʊ4	thʊ5	thʊ5
平昌	tu4	tu4	tu4	tu4	tu4	tu4	thu2	thu2
万源	tu4	tu4	tu4	tu4	tu4	tu4	thu2	thu2
宣汉	tu4	tu4	tu4	tu4	tu4	tu4	thu2	thu2
达州	tu4	tu4	tu4	tu4	tu4	tu4	thu2	thu2
开江	tu4	tu4	tu4	tu4	tu4	tu4	thu2	thu2
渠县	tu4	tu4	tu4	tu4	tu4	tu4	thu2	thu2
宜宾	tu4	tu4	tu4	tu4	tu4	tu4	thθ5	thθ5
古蔺	tu4	tu4	tu4	tu4	tu4	tu4	tho5	tho5
长宁	tu4	tu4	tu4	tu4	tu4	tu4	thu5	thu2
顾县	tu4	təu4	təu4	təu4	təu4	təu4	thəu2	thəu2
成都龙泉	tu4	tu4	tu4	tu4	tu4	tu4	thuʔ5	thuʔ5

---

① 又陀骨切，臻合一定没入。

字目	徒	屠	途	涂泥涂	图	土	吐吐痰	吐呕吐
反切	同都	同都	同都	同都	同都	他鲁	他鲁	汤故
声韵调	遇合一 定模平	遇合一 定模平	遇合一 定模平	遇合一 定模平	遇合一 定模平	遇合一 透模上	遇合一 透模上	遇合一 透模去
中古音	duo	duo	duo	duo	duo	thuo:	thuo:	thuo-
广元	thu2	thu2	thu2	thu2	thu2	thu3	thu3	thu3
平武	thu2	thu2	thu2	thu2	thu2	thu3	thu3	thu3
青川	thu2	thu2	thu2	thu2	thu2	thu3	thu3	thu3
剑阁普安	thu2	thu2	thu2	thu2	thu2	thu3	thu3	thu3
剑阁金仙	thu2	thu2	thu2	thu2	thu2	thu3	thu3	thu3
旺苍	thu2	thu2	thu2	thu2	thu2	thu3	thu3	thu3
苍溪	thu2	thu2	thu2	thu2	thu2	thu3	thu3	thu3
江油	thʊ2	thʊ2	thʊ2	thʊ2	thʊ2	thʊ3	thʊ3	thʊ3
北川	thʊ2	thʊ2	thʊ2	thʊ2	thʊ2	thʊ3	thʊ3	thʊ3
绵阳	thʊ2	thʊ2	thʊ2	thʊ2	thʊ2	thʊ3	thʊ3	thʊ3
盐亭	thu2	thu2	thu2	thu2	thu2	thu3	thu3	thu3
德阳	thu2	thu2	thu2	thu2	thu2	thu3	thu3	thu3
中江	thu2	tu2	tu2	thu2	thu2	thu3	thu3	thu3
射洪	thu2	thu2	thu2	thu2	thu2	thu3	thu3	thu3
蓬溪	thu2	thu2	thu2	thu2	thu2	thu3	thu3	thu3
遂宁	thu2	thu2	thu2	thu2	thu2	thu3	thu3	thu3
乐至	thʊ2	thʊ2	thʊ2	thʊ2	thʊ2	thʊ3	thʊ3	thʊ3
安岳	thu2	thu2	thu2	thu2	thu2	thu3	thu3	thu3
仪陇	thʊ2	thʊ2	thʊ2	thʊ2	thʊ2	thʊ3	thʊ3	thʊ3
西充	thʊ2	thʊ2	thʊ2	thʊ2	thʊ2	thʊ3	thʊ3	thʊ3

字目	徒	屠	途	涂泥涂	图	土	吐吐痰	吐呕吐
反切	同都	同都	同都	同都	同都	他鲁	他鲁	汤故
声韵调	遇合一定模平	遇合一定模平	遇合一定模平	遇合一定模平	遇合一定模平	遇合一透模上	遇合一透模上	遇合一透模去
中古音	duo	duo	duo	duo	duo	thuoː	thuoː	thuo-
蓬安	thu2	thu2	thu2	thu2	thu2	thu3	thu3	thu3
南充金台	thʊ2	thʊ2	thʊ2	thʊ2	thʊ2	thʊ3	thʊ3	thʊ3
南充龙蟠	thu2	thu2	thu2	thu2	thu2	thu3	thu3	thu3
岳池	thʊ2	thʊ2	thʊ2	thʊ2	thʊ2	thʊ3	thʊ3	thʊ3
广安	thʊ2	thʊ2	thʊ2	thʊ2	thʊ2	thʊ3	thʊ3	thʊ3
邻水	thʊ2	thʊ2	thʊ2	thʊ2	thʊ2	thʊ3	thʊ3	thʊ3
南江	thu2	thu2	thu2	thu2	thu2	thu3	thu3	thu3
巴中	thu2	thu2	thu2	thu2	thu2	thu3	thu3	thu3
通江	thʊ2	thʊ2	thʊ2	thʊ2	thʊ2	thʊ3	thʊ3	thʊ3
平昌	thu2	thu2	thu2	thu2	thu2	thu3	thu3	thu3
万源	thu2	thu2	thu2	thu2	thu2	thu3	thu3	thu3
宣汉	thu2	thu2	thu2	thu2	thu2	thu3	thu3	thu3
达州	thu2	thu2	thu2	thu2	thu2	thu3	thu3	thu3
开江	thu2	thu2	thu2	thu2	thu2	thu3	thu3	thu3
渠县	thu2	thu2	thu2	thu2	thu2	thu3	thu3	thu3
宜宾	thu2	thu2	thu2	thu2	thu2	thu3	thu3	thu3
古蔺	thu2	thu2	thu2	thu2	thu2	thu3	thu3	thu3
长宁	thu2	thu2	thu2	thu2	thu2	thu3	thu3	thu3
顾县	thəu2	thəu2	thəu2	thəu2	thəu2	thəu3	thəu3	thəu3
成都龙泉	thu2	thu2	thu2	thu2	thu2	thu3	thu3	thu3

字目	兔	奴	努	怒	卢	炉	芦	鲁
反切	汤故	乃都	奴古	乃故	落胡	落胡	落胡	郎古
声韵调	遇合一透模去	遇合一泥模平	遇合一泥模上	遇合一泥模去	遇合一来模平	遇合一来模平	遇合一来模平	遇合一来模上
中古音	thuo-	nuo	nuo:	nuo-	luo	luo	luo	luo:
广元	thu4	nu2	nu3	nu4	nu2	nu2	nu2	nu3
平武	thu4	nu2	nu3	nu4	nu2	nu2	nu2	nu3
青川	thu4	nu2	nu3	nu4	nu2	nu2	nu2	nu3
剑阁普安	thu4	nu2	nu3	nu4	nu2	nu2	nu2	nu3
剑阁金仙	thu4	nu2	nu3	nu4	nu2	nu2	nu2	nu3
旺苍	thu4	nu2	nu3	nu4	nu2	nu2	nu2	nu3
苍溪	thu4	lu2	lu3	lu4	lu2	lu2	lu2	lu3
江油	thʊ4	nʊ2	nʊ3	nʊ4	nʊ2	nʊ2	nʊ2	nʊ3
北川	thʊ4	nʊ2	nʊ3	nʊ4	nʊ2	nʊ2	nʊ2	nʊ3
绵阳	thʊ4	nʊ2	nʊ3	nʊ4	nʊ2	nʊ2	nʊ2	nʊ3
盐亭	thu4	lu2	lu3	lu4	lu2	lu2	lu2	ly3
德阳	thu4	nu2	nu3	nu4	nu2	nu2	nu2	nu3
中江	thu4	lu2	lu3	lu4	lu2	lu2	lu2	lu3
射洪	thu4	nu2	nu3	nu4	nu2	nu2	nu2	nu3
蓬溪	thu4	nu2	nu3	nu4	nu2	nu2	nu2	nu3
遂宁	thu4	nu2	nu3	nu4	nu2	nu2	nu2	nu3
乐至	thʊ4	nʊ2	nʊ3	nʊ4	nʊ2	nʊ2	nʊ2	nʊ3
安岳	thu4	nu2	nu3	nu4	nu2	nu2	nu2	nu3
仪陇	thʊ4	nʊ2	nʊ3	nʊ4	nʊ2	nʊ2	nʊ2	nʊ3
西充	thʊ4	nʊ2	nʊ3	nʊ4	nʊ2	nʊ2	nʊ2	nʊ3

字目	兔	奴	努	怒	卢	炉	芦	鲁
反切	汤故	乃都	奴古	乃故	落胡	落胡	落胡	郎古
声韵调	遇合一透模去	遇合一泥模平	遇合一泥模上	遇合一泥模去	遇合一来模平	遇合一来模平	遇合一来模平	遇合一来模上
中古音	thuo-	nuo	nuo:	nuo-	luo	luo	luo	luo:
蓬安	thu4	nu2	nu3	nu4	nu2	nu2	nu2	nu3
南充金台	thʊ4	nʊ2	nʊ3	nʊ4	nʊ2	nʊ2	nʊ2	nʊ3
南充龙蟠	thu4	nu2	nu3	nu4	nu2	nu2	nu2	nu3
岳池	thʊ4	nʊ2	nʊ3	nʊ4	nʊ2	nʊ2	nʊ2	nʊ3
广安	thʊ4	nʊ2	nʊ3	nʊ4	nʊ2	nʊ2	nʊ2	nʊ3
邻水	thʊ4	nʊ2	nʊ3	nʊ4	nʊ2	nʊ2	nʊ2	nʊ3
南江	thu4	lu2	lu3	lu4	lu2	lu2	lu2	lu3
巴中	thu4	lu2	lu3	lu4	lu2	lu2	lu2	lu3
通江	thʊ4	lʊ2	lʊ3	lʊ4	lʊ2	lʊ2	lʊ2	lʊ3
平昌	thu4	lu2	lu3	lu4	lu2	lu2	lu2	lu3
万源	thu4	nu2	nu3	nu4	nu2	nu2	nu2	nu3
宣汉	thu4	nu2	nu3	nu4	nu2	nu2	nu2	nu3
达州	thu4	nu2	nu3	nu4	nu2	nu2	nu2	nu3
开江	thu4	nu2	nu3	nu4	nu2	nu2	nu2	nu3
渠县	thu4	nu2	nu3	nu4	nu2	nu2	nu2	nu3
宜宾	thu4	nu2	nu3	nu4	nu2	nu2	nu2	nu3
古蔺	thu4	nu2	nu3	nu4	nu2	nu2	nu2	nu3
长宁	thu4	lu2	lu3	lu4	lu2	lu2	lu2	lu3
顾县	thəu4	nəu2	nəu3	nəu4	nəu2	nəu2	nəu2	nəu3
成都龙泉	thu4	lu2	lu3	lu4	lu2	lu2	lu2	lu3

字目	橹	卤_{盐卤}	虏	路	露_{露水}	禄	鹿	陆_{大陆}
反切	郎古	郎古	郎古	洛故	洛故	卢谷	卢谷	力竹
声韵调	遇合一 来模上	遇合一 来模上	遇合一 来模上	遇合一 来模去	遇合一 来模去	通合一 来屋入	通合一 来屋入	通合三 来屋入
中古音	luo:	luo:	luo:	luo-	luo-	luk	luk	lɨuk
广元	nu3	nu3	nu3	nu4	nu4	nu2	nu2	nu2
平武	nu3	nu3	nu3	nu4	nu4	nu2	nu2	nu2
青川	nu3	nu3	nu3	nu4	nu4	nu2	nu2	nu2
剑阁_{普安}	nu3	nu3	nu3	nu4	nu4	nu5	nu2	nu2
剑阁_{金仙}	nu3	nu3	nu3	nu4	nu4	nu5	nu5	nu5
旺苍	nu3	nu3	nu3	nu4	nu4	nu2	nu2	nu2
苍溪	lu3	lu3	ləu3 lu3	lu4	lu4	lu2	lu2	lu2
江油	nʊ3	nʊ3	nʊ3	nʊ4	nʊ4	nʊ2	nʊ2	nʊ2
北川	nʊ3	nʊ3	nʊ3	nʊ4	nʊ4	nʊ2	nʊ2	nʊ2
绵阳	nʊ3	nʊ3	nʊ3	nʊ4	nʊ4	nʊ2	nʊ2	nʊ2
盐亭	ly3	ly3	ly3	lu4	lu4	lo5	lo5	lo5
德阳	nu3	nu3	nu2	nu4	nu4	nu2	nu2	nu2
中江	lu3	lu3	lu2	lu4	lu4	lu2	lu2	lu2
射洪	nu3	nu3	nu3	nu4	nu4	nu5	nu2	nu5
蓬溪	nu3	nu3	nu2	nu4	nu4	nu5	nu2	nu5
遂宁	nu3	nu3	nu2	nu4	nu4	nu2	nu2	nu2
乐至	nʊ3	nʊ3	nʊ3	nʊ4	nʊ4	nʊ2	nʊ2	nʊ2
安岳	nu3	nu3	nu3	nu4	nu4	nu2	nu2	nu2
仪陇	nʊ3	nʊ3	nʊ2	nʊ4	nʊ4	nʊ2	nʊ2	nʊ2
西充	nʊ3	nʊ3	nʊ3	nʊ4	nʊ4	no5	no5	no5

字目	橹	卤盐卤	虏	路	露露水	禄	鹿	陆大陆
反切	郎古	郎古	郎古	洛故	洛故	卢谷	卢谷	力竹
声韵调	遇合一来模上	遇合一来模上	遇合一来模上	遇合一来模去	遇合一来模去	通合一来屋入	通合一来屋入	通合三来屋入
中古音	luo:	luo:	luo:	luo-	luo-	luk	luk	lĭuk
蓬安	nu3	nu3	nu3	nu4	nu4	nu2	nu2	nu2
南充金台	nʊ3	nʊ3	nʊ2	nʊ4	nʊ4	nʊ2	nʊ2	nʊ2
南充龙蟠	nu3	nu3	nu2	nu4	nu4	no5	no5	no5
岳池	nʊ3	nʊ3	nʊ3	nʊ4	nʊ4	nʊ2	nʊ2	nʊ2
广安	nʊ3	nʊ3	nʊ3	nʊ4	nʊ4	nʊ2	nʊ2	nʊ2
邻水	nʊ3	nʊ3	nʊ3	nʊ4	nʊ4	nʊ5	nʊ5	nʊ5
南江	lu3	lu3	lu3	lu4	lu4	lu5	lu5	lu5
巴中	lu3	lu3	ləu3 lu3	lu4	lu4	lu2	lu2	lu2
通江	lʊ3	lʊ3	lʊ3	lʊ4	lʊ4	lʊ5	lʊ2 lʊ5 旧	lʊ5
平昌	lu3	lu3	ləu3 lu3	lu4	lu4	lu2	lu2	lu2
万源	nu3	nu3	nu3	nu4	nu4	nu2	nu2	nu2
宣汉	nu3	nu3	nu3	nu4	nu4	nu2	nu2	nu2
达州	nu3	nu3	nu3	nu4	nu4	nu2	nu2	nu4
开江	nu3	nu3	nu3	nu4	nu4	nu2	nu2	nu2
渠县	nu3	nu3	nu2	nu4	nu4	nu2	nu2	nu2
宜宾	nu3	nu3	nu3	nu4	nu4	nə5	nə5	nə5
古蔺	nu3	nu3	nu3	nu4	nu4	no5	no5	no5
长宁	lu3	lu3	lu3	lu4	lu4	lu5	lu5	lu5
顾县	nəu3	nəu3	nəu3	nəu4	nəu4	nu2	nu2	nu2
成都龙泉	lu3	lu3	lu3	lu4	lu4	luʔ6	luʔ6	luʔ6

字目	录	租	卒士卒	族	足	祖	组	阻
反切	力玉	则吾	臧没	昨木	即玉	则古	则古	侧吕
声韵调	通合三 来烛入	遇合一 精模平	臻合一 精没入	通合一 从屋入	通合三 精烛入	遇合一 精模上	遇合一 精模上	遇合三 庄鱼上
中古音	liok	tsuo	tsuət	dzuk	tsɨok	tsuo:	tsuo:	tʃɨʌ:
广元	nu2	tsu1	tsu2	tshu2	tʃy2	tsu3	tsu3	tʂu3
平武	nu2	tsu1	tsu2	tsu2	tɕio2	tsu3	tsu3	tsu3
青川	nu2	tsu1	tsu2	tshu2	tsu2	tsu3	tsu3	tsu3
剑阁普安	nu5	tsu1	tʃy5	tshu5	tsu5	tsu3	tsu3	tsu3
剑阁金仙	nu5	tsu1	tsiu5	tshu5	tsiu5	tsu3	tsu3	tʂu3
旺苍	nu2	tsu1	tsy1	tshu2	tsy2	tsu3	tsu3	tsu3
苍溪	lu2	tsu1	tɕy2	tshu2	tsy2	tsu3	tsu3	tsu3
江油	nu2	tsʊ1	tsʊ2	tshʊ2	tɕio2	tsʊ3	tsʊ3	tsʊ3
北川	nu2	tsʊ1	tsʊ2	tɕhio2	tɕio2	tsʊ3	tsʊ3	tsʊ3
绵阳	nu2	tsʊ1	tsʊ2	tɕhio2	tsʊ2	tsʊ3	tsʊ3	tsʊ3
盐亭	nu5	tsu1	tɕio5	tsho5	tɕio5	tsu3	tsu3	tsu3
德阳	nu2	tsu1	tsu2 tɕio2 旧	tɕhio2 tsu2 新	tɕio2 tsu2 新	tsu3	tsu3	tsu3
中江	lu2	tsu1	tsu2 tɕio2 旧	tɕhio2	tɕio2	tsu3	tsu3	tsu3
射洪	nu5	tsu1	tsu5 tɕio5 旧	tɕio5 tsu5 新	tsu5 tɕio5 旧	tsu3	tsu3	tsu3
蓬溪	nu5	tsu1	tsu5 tɕio5 旧	tɕio5 tsu5 新	tsu5 tɕio5 旧	tsu3	tsu3	tsu3
遂宁	nu2	tsu1	tɕyu1 tɕio5 旧	tɕyu2 tsu2 新	tɕyu2 tsu2 新	tsu3	tsu3	tsu3
乐至	nʊ2	tsʊ1	tsʊ2	tɕhy2	tɕio2	tsʊ3	tsʊ3	tsʊ3
安岳	nu2	tsu1	tɕio2	tɕhio2	tɕio2	tsu3	tsu3	tsu3
仪陇	nʊ2	tsʊ1	tɕy2	tshʊ2	tɕy2	tsʊ3	tsʊ3	tsʊ3
西充	no5	tsʊ1	tɕio5	tsho5	tɕio5	tsʊ3	tsʊ3	tsʊ3

字目	录	租	卒土卒	族	足	祖	组	阻
反切	力玉	则吾	臧没	昨木	即玉	则古	则古	侧吕
声韵调	通合三 来烛入	遇合一 精模平	臻合一 精没入	通合一 从屋入	通合三 精烛入	遇合一 精模上	遇合一 精模上	遇合三 庄鱼上
中古音	liok	tsuo	tsuət	dzuk	tsɨok	tsuo:	tsuo:	tʃɨʌ:
蓬安	nu2	tsu1	tɕy2	tshu2	tsu2	tsu3	tsu3	tsu3
南充金台	nʊ2	tsʊ1	tɕy2	tshʊ2	tɕy2	tsʊ3	tsʊ3	tsʊ3
南充龙蟠	no5	tʂu1	tɕio5	tʂho5	tɕio5	tʂu3	tʂu3	tʂu3
岳池	nʊ2	tsʊ1	tɕy2	tɕhy2	tɕy2	tsʊ3	tsʊ3	tsʊ3
广安	nʊ2	tsʊ1	tɕy2	tɕhy2	tɕy2	tsʊ3	tsʊ3	tsʊ3
邻水	no5	tsʊ1	tsʊ5	tshʊ5	tsʊ5	tsʊ3	tsʊ3	tsʊ3
南江	lu5	tsu1	tʃy2 tʃy5 旧	tshu5	tʃy5	tsu3	tsu3	tsu3
巴中	lu5	tsu1	tʃy2	tshu2 tshu5 旧	tʃy5	tsu3	tsu3	tsu3
通江	lʊ5	tsʊ1	tʃy5	tshʊ5	tʃy5	tsʊ3	tsʊ3	tsʊ3
平昌	lu2	tsu1	tʃy2	tshu2	tʃy2	tsu3	tsu3	tsu3
万源	nu2	tsu1	tsu2	tshu2	tsu2	tsu3	tsu3	tsu3
宣汉	nu2	tsu1	tɕy2	tɕhy2	tɕu2	tsu3	tsu3	tsu3
达州	nu4	tsu1	tsu2	tsu2	tsu2	tsu3	tsu3	tsu3
开江	nu2	tsu1	tsu2	tshu2	tsu2	tsu3	tsu3	tsu3
渠县	nu2	tsu1	tɕy2	tɕhy2	tɕy2	tsu3	tsu3	tsu3
宜宾	nɵ5	tsu1	tsɵ5	tshɵ5	tsɵ5	tsu3	tsu3	tsu3
古蔺	no5	tsu1	tsu4	tsho5	tɕio5	tsu3	tsu3	tsu3
长宁	nu5	tsu1	tsu5	tshu5	tɕiu5	tsu3	tsu3	tsu3
顾县	nu2	tsu1	tɕy2	tshu2	tsu2	tsu3	tsu3	tsu3
成都龙泉	lu?6	tsu1	tsu?5	tɕhio?5	tɕio?5	tsu3	tsu3	tsu3

字目	粗	醋	促	苏	酥	俗	素	诉
反切	仓胡	仓故	七玉	素姑	素姑	似足	桑故	桑故
声韵调	遇合一清模平	遇合一清模去	通合三清烛入	遇合一心模平	遇合一心模平	通合三邪烛入	遇合一心模去	遇合一心模去
中古音	tshuo	tshuo-	tshɨok	suo	suo	zɨok	suo-	suo-
广元	tshu1	tshu4	tshu2	su1	su1	ʃy2	su4	su4
平武	tshu1	tshu4	tsho2 tshu2	su1	su1	ɕio2	su4	su4
青川	tshu1	tshu4	tshu2	su1	su1	ɕy2	su4	su4
剑阁普安	tshu1	tshu4	tshu5	su1	su1	ʃy5	su4	su4
剑阁金仙	tshu1	tshu4	tshu5	su1	su1	sy5	su4	su4
旺苍	tshu1	tshu4	tshu2	su1	su1	sy2	su4	su4
苍溪	tshu1	tshu4	tshu2	su1	su1	sy2	su4	su4
江油	tshʊ1	tshʊ4	tshʊ2	sʊ1	sʊ1	ɕy2	sʊ4	sʊ4
北川	tshʊ1	tshʊ4	tshʊ2	sʊ1	sʊ1	ɕio2	sʊ4	sʊ4
绵阳	tshʊ1	tshʊ4	tsho2	sʊ1	sʊ1	sʊ2	sʊ4	sʊ4
盐亭	tshu1	tshu4	tsho5	su1	su1	so5	su4	su4
德阳	tshu1	tshu4	tshu2 tsho2 旧	su1	su1	ɕio2	su4	su4
中江	tshu1	tshu4	tshu2 tɕhio2 旧	su1	su1	ɕio2	su4	su4
射洪	tshu1	tshu4	tshu5 tsho5 旧	su1	su1	ɕio5	su4	su4
蓬溪	tshu1	tshu4	tshu5 tsho5 旧	su1	su1	ɕy5	su4	su4
遂宁	tshu1	tshu4	tɕyu2 tshu2 新	su1	su1	ɕyu2	su4	su4
乐至	tshʊ1	tshʊ4	tshʊ2	sʊ1	sʊ1	ɕy2	sʊ4	sʊ4
安岳	tshu1	tshu4	tshu2	su1	su1	ɕy2	su4	su4
仪陇	tshʊ1	tshʊ4	tshʊ2	sʊ1	sʊ1	ɕy2	sʊ4	sʊ4
西充	tshʊ1	tshʊ4	tshʊ5	sʊ1	sʊ1	ɕio5	sʊ4	sʊ4

字目	粗	醋	促	苏	酥	俗	素	诉
反切	仓胡	仓故	七玉	素姑	素姑	似足	桑故	桑故
声韵调	遇合一 清模平	遇合一 清模去	通合三 清烛入	遇合一 心模平	遇合一 心模平	通合三 邪烛入	遇合一 心模去	遇合一 心模去
中古音	tshuo	tshuo-	tshɨok	suo	suo	zɨok	suo-	suo-
蓬安	tshu1	tshu4	tshu2	su1	su1	ɕy2	su4	su4
南充金台	tshʊ1	tshʊ4	tshʊ2	sʊ1	sʊ1	ɕy2	sʊ4	sʊ4
南充龙蟠	tʂhu1	tʂhu4	tʂho5	ʂu1	ʂu1	ɕio5	ʂu4	ʂu4
岳池	tshʊ1	tshʊ4	tshʊ2	sʊ1	sʊ1	ɕy2	sʊ4	sʊ4
广安	tshʊ1	tshʊ4	tshʊ2 tsho2 旧	sʊ1	sʊ1	ɕy2	sʊ4	sʊ4
邻水	tshʊ1	tshʊ4	tshʊ5	sʊ1	sʊ1	ɕy5	sʊ4	sʊ4
南江	tshu1	tshu4	tshu2	su1	su1	ʃy2 ʃy5 旧	su4	su4
巴中	tshu1	tshu4	tshu5	su1	su1	ʃy2 ʃy5 旧	su4	su4
通江	tshʊ1	tshʊ4	tshʊ5	sʊ1	sʊ1	ʃy2 ʃy5 旧	sʊ4	sʊ4
平昌	tshu1	tshu4	tshu2	su1	su1	ʃy2	su4	su4
万源	tshu1	tshu4	tshu2	su1	su1	ʃy2	su4	su4
宣汉	tshu1	tshu4	tɕy2	su1	su1	ɕy2	su4	su4
达州	tshu1	tshu4	tshu2	su1	su1	su2	su4	su4
开江	tshu1	tshu4	tsu2	su1	su1	ɕy2	su4	su4
渠县	tshu1	tshu4	tɕhy2	su1	su1	ɕy2	su4	su4
宜宾	tshu1	tshu4	tshə5	su1	su1	sθ5 ɕyθ5	su4	su4
古蔺	tshu1	tshu4	tsho5	su1	su1	ɕy5	su4	su4
长宁	tshu1	tshu4	tshu5	su1	su1	ɕiu5	su4	su4
顾县	tshu1	tshu4	tshu2	su1	su1	ɕy2	su4	su4
成都龙泉	tshu1	tshu4	tsuʔ5	su1	su1	ɕioʔ5	su4	su4

字目	塑	速	肃	宿宿舍	粟	猪	诸	蛛
反切	桑故	桑谷	息逐	息逐	相玉	陟鱼	章鱼	陟输
声韵调	遇合一 心模去	通合一 心屋入	通合三 心屋入	通合三 心屋入	通合三 心烛入	遇合三 知鱼平	遇合三 章鱼平	遇合三 知虞平
中古音	suo-	suk	sɨuk	sɨuk	sɨok	ţiʌ	tɕiʌ	ţio
广元	su4	ʃy2	ʃy2	ʃy2	ʃy2	tʂu1	tʂu1	tʂu1
平武	su4	ɕio2	ɕio2	ɕy2	su2	tsu1	tsu1	tsu1
青川	su4	ɕy2	ɕy2	ɕy2	ɕy2	tsu1	tsu1	tsu1
剑阁普安	su4	ʃy5	ʃy5	ʃy5	ɕy5	tʂu1	tʂu1	tʂu1
剑阁金仙	su4	sy5	sy5	sy5	sy5	tʂu1	tʂu1	tʂu1
旺苍	su4	sy2	su2	sy2	su2	tʂu1	tʂu1	tʂu1
苍溪	su4	sy2	sy2	sy2	sy2	tʂu1	tʂu1	tʂu1
江油	sʊ4	ɕy2	ɕio2	ɕio2	sʊ2	tsʊ1	tsʊ1	tsʊ1
北川	sʊ4	ɕio2	ɕio2	ɕio2	sʊ2	tsʊ1	tsʊ1	tsʊ1
绵阳	sʊ4	ɕio2	ɕio2	ɕio2	sʊ2	tsʊ1	tsʊ1	tsʊ1
盐亭	su4	ɕio5	ɕio5	ɕio5	ɕio5	tsu1	tsu1	tsu1
德阳	su4	ɕio2 su2 新	ɕio2 su2 新	ɕio2 su2 新	su2	tsu1	tsu1	tsu1
中江	su4	ɕio2 su2 新	ɕio2 su2 新	ɕio2 su2 新	su2	tsu1	tsu1	tsu1
射洪	su4	ɕio5 su5 新	ɕio5 su5 新	ɕio5 su5 新	su5	tsu1	tsu1	tsu1
蓬溪	su4	ɕy5 su5 新	ɕio5 su5 新	ɕio5 su5 新	su4	tsu1	tsu5	tsu1
遂宁	su4	ɕyu2 su2 新	ɕyu2 su2 新	ɕyu2 su2 新	su2	tsu1	tsu1	tsu1
乐至	sʊ4	ɕy2	ɕy2	ɕy2	ɕy2	tsʊ1	tsʊ1	tsʊ1
安岳	su4	ɕy2	ɕio2	ɕio2	su2	tsu1	tsu1	tsu1
仪陇	sʊ4	ɕy2	ɕy2	sʊ2	ɕy2	tsʊ1	tsʊ1	tsʊ1
西充	sʊ4	so5	ɕio5	ɕio5	ɕio5	tsʊ1	tsʊ1	tsʊ1

字目	塑	速	肃	宿宿舍	粟	猪	诸	蛛
反切	桑故	桑谷	息逐	息逐	相玉	陟鱼	章鱼	陟输
声韵调	遇合一心模去	通合一心屋入	通合三心屋入	通合三心屋入	通合三心烛入	遇合三知鱼平	遇合三章鱼平	遇合三知虞平
中古音	suo-	suk	sɨuk	sɨuk	sɨok	ʈiʌ	tɕiʌ	ʈio
蓬安	su4	ɕy2	ɕy2	ɕy2	ɕy2	tsu1	tsu1	tsu1
南充金台	sʋ4	ɕy2	ɕy2	ɕy2	ɕio2	tsʋ1	tsʋ1	tsʋ1
南充龙蟠	ʂu4	ɕye5	ɕio5	ɕio5	so5	tʂu1	tʂu1	tʂu1
岳池	sʋ4	ɕy2	ɕy2	ɕy2	ɕio2	tsʋ1	tsʋ1	tsʋ1
广安	sʋ4	ɕy2	ɕy2	ɕy2	ɕy2	tsʋ1	tsʋ1	tsʋ1
邻水	sʋ4	sʋ5	sʋ5	sʋ5	sʋ5	tsʋ1	tsʋ1	tsʋ1
南江	su4	ʃy2 ʃy5 旧	ʃye5 ʃy5	ʃy2 ʃy5 旧	su5	tʂu1	tʂu1	tʂu1
巴中	su4	ʃy5	ʃio2	ʃy2	ʃy2	tsu1	tʂu1	tʂu1
通江	sʋ4	ʃy5	ʃio5	ʃy2 ʃy5 旧	ʃy5	tsʋ1	tsʋ1	tsʋ1
平昌	su4	ʃy2	ʃio2	ʃy2	su2	tʂu1	tʂu1	tʂu1
万源	su4	ʃy2	ʃy2 ɕy2	su2 ɕy2	su2	tʂu1	tʂu1	tʂu1
宣汉	su4	ɕy2	ɕy2 su2	su2 ɕy2	su2	tsu1	tsu1	tsu1
达州	su4	ɕy2	su4 ɕy2	su2 ɕy2	su2	tsu1	tsu1	tsu1
开江	su4	su2	ɕy2 su2	su2 ɕy2	ɕy2	tsu1	tsu1	tsu1
渠县	su4	ɕy2	ɕy2 su2	ɕy2 su2	su2	tsu1	tsu1	tsu1
宜宾	su4	sɵ5	ɕyɵ5 sɵ5	sɵ5	sɵ5	tsu1	tsu1	tsu1
古蔺	su4	ɕy4 ɕy5 旧	ɕio5	ɕye5	ɕio5	tsu1	tsu1	tsu1
长宁	su4	ɕiu5	ɕiu5	ɕiu5	su5	tsu1	tsu1	tsu1
顾县	su4	ɕy2	ɕy2	ɕy2	su2	tɕy1	tsu1	tsu1
成都龙泉	su4	ɕioʔ5	ɕioʔ5	ɕioʔ5	ɕioʔ5	tsu1	tsu1	tsu1

字目	株	诛	朱	珠	竹	逐	烛	煮
反切	陟输	陟输	章俱	章俱	张六	直六	之欲	章与
声韵调	遇合三知虞平	遇合三知虞平	遇合三章虞平	遇合三章虞平	通合三知屋入	通合三澄屋入	通合三章烛入	遇合三章鱼上
中古音	ţio	ţɕio	ţɕio	ţɕio	ţiuk	dʑiuk	tɕiok	tɕiʌː
广元	tʂu1	tʂu1	tʂu1	tʂu1	tʂu2	tʂu2	tʂu2	tʂu3
平武	tsu1	tsu1	tsu1	tsu1	tsu2	tsu2	tsu2	tsu3
青川	tsu1	tsu1	tsu1	tsu1	tsu2	tsu2	tsu2	tsu3
剑阁普安	tʂu1	tʂu1	tʂu1	tʂu1	tʂu5	tʂo5	tʂu5	tʂu3
剑阁金仙	tʂu1	tʂu1	tʂu1	tʂu1	tʂu5	tʂu5	tʂu5	tʂu3
旺苍	tʂu1	tʂu1	tʂu1	tʂu1	tʂu2	tʂu2	tʂu2	tʂu3
苍溪	tʂu1	tʂu1	tʂu1	tʂu1	tʂu2	tʂu2	tʂu2	tʂu3
江油	tsʊ1	tsʊ1	tsʊ1	tsʊ1	tsʊ2	tso2	tsʊ2	tsʊ3
北川	tsʊ1	tsʊ1	tsʊ1	tsʊ1	tsʊ2	tsʊ2	tsʊ2	tsʊ3
绵阳	tsʊ1	tsʊ1	tsʊ1	tsʊ1	tsʊ2	tso2	tsʊ2	tsʊ3
盐亭	tsu1	tsu1	tsu1	tsu1	tso5	tso5	tso5	tsu3
德阳	tsu1	tsu1	tsu1	tsu1	tsu2	tso2	tsu2	tsu3
中江	tsu1	tsu1	tsu1	tsu1	tsu2	tsu2	tsu2	tsu3
射洪	tsu1	tsu1	tsu1	tsu1	tsu5	tsu5	tsu5	tsu3
蓬溪	tsu1	tsu1	tsu1	tsu1	tsu5	tsu5	tsu5	tsu3
遂宁	tsu1	tsu1	tsu1	tsu1	tsu2	tsu2	tsu2	tsu3
乐至	tsʊ1	tsʊ1	tsʊ1	tsʊ1	tsʊ2	tsʊ2	tsʊ2	tsʊ3
安岳	tsu1	tsu1	tsu1	tsu1	tsu2	tso2	tsu2	tsu3
仪陇	tsʊ1	tsʊ1	tsʊ1	tsʊ1	tsʊ2	tsʊ2	tsʊ2	tsʊ3
西充	tsʊ1	tsʊ1	tsʊ1	tsʊ1	tso5	tso5	tso5	tsʊ3

字目	株	诛	朱	珠	竹	逐	烛	煮
反切	陟输	陟输	章俱	章俱	张六	直六	之欲	章与
声韵调	遇合三知虞平	遇合三知虞平	遇合三章虞平	遇合三章虞平	通合三知屋入	通合三澄屋入	通合三章烛入	遇合三章鱼上
中古音	ţio	tɕio	tɕio	tɕio	ţiuk	dʲiuk	tɕiok	tɕiʌ:
蓬安	tsu1	tsu1	tsu1	tsu1	tsu2	tsu2	tsu2	tsu3
南充金台	tsʊ1	tsʊ1	tsʊ1	tsʊ1	tsʊ2	tso2	tsʊ2	tsʊ3
南充龙蟠	tʂu1	tʂu1	tʂu1	tʂu1	tʂo5	tʂo5	tʂo5	tʂu3
岳池	tsʊ1	tsʊ1	tsʊ1	tsʊ1	tso2	tso2	tsʊ2	tsʊ3
广安	tsʊ1	tsʊ1	tsʊ1	tsʊ1	tsʊ2	tsʊ2	tsʊ2	tsʊ3
邻水	tsʊ1	tsʊ1	tsʊ1	tsʊ1	tsʊ5	tsʊ5	tsʊ5	tsʊ3
南江	tʂu1	tʂu1	tʂu1	tʂu1	tʂu5	tʂu5	tʂu5	tʂu3
巴中	tʂu1	tʂu1	tʂu1	tʂu1	tʂu5	tʂu5	tʂu5	tʂu3
通江	tʂʊ1	tʂʊ1	tʂʊ1	tʂʊ1	tʂʊ5	ʃy5 tʂhʊ5	tʂʊ5	tʂʊ3
平昌	tʂu1	tʂu1	tʂu1	tʂu1	tʂu2	tʂu2	tʂu2	tʂu3
万源	tʂu1	tʂu1	tʂu1	tʂu1	tʂu2	tʂo2	tʂu2	tʂu3
宣汉	tsu1	tsu1	tsu1	tsu1	tsu2	tso2	tsu2	tsu3
达州	tsu1	tsu1	tsu1	tsu1	tsu2	tsu2	tsu2	tsu3
开江	tsu1	tsu1	tsu1	tsu1	tsu2	tsu2	tsu2	tsu3
渠县	tsu1	tsu1	tsu1	tsu1	tsu2	tso2	tsu2	tsu3
宜宾	tsu1	tsu1	tsu1	tsu1	tsø5	tsø5	tsø5	tsu3
古蔺	tsu1	tsu1	tsu1	tsu1	tso5	tso5	tso5	tsu3
长宁	tsu1	tsu1	tsu1	tsu1	tsu5	tsu5	tsu5	tsu3
顾县	tsu1	tsu1	tsu1	tsu1	tsəu2	tsu2	tsu2	tsu3
成都龙泉	tsu1	tsu1	tsu1	tsu1	tsuʔ5	tsuʔ5	tsuʔ5	tsu3

字目	拄	主	嘱	著_{显著}	助	驻	注_{注解}	柱
反切	知庾	之庾	之欲	陟虑	床据	中句	中句	直主
声韵调	遇合三 知虞上	遇合三 章虞上	通合三 章烛入	遇合三 知鱼去	遇合三 崇鱼去	遇合三 知虞去	遇合三 知虞去	遇合三 澄虞上
中古音	ţio:	tɕio:	tɕiok	ţiʌ-	dʒiʌ-	ţio-	ţio-	ɖio
广元	tʂhu3①	tʂu3	tʂu2	tʂu4	tʂu4	tʂu4	tʂu4	tʂu4
平武	tsu4	tsu3	su2 tsu2 新	tsu4	tshu4	tsu4	tsu4	tsu4
青川	tshu3①	tsu3	su2	tsu4	tshu4	tsu4	tsu4	tsu4
剑阁_{普安}	tʂhu3①	tʂu3	tʂu5	tʂu4	tshu4	tʂu4	tʂu4	tʂu4
剑阁_{金仙}	tʂu4	tʂu3	tʂu5	tʂu4	tshu4	tʂu4	tʂu4	tʂu4
旺苍	tʂhu3①	tʂu3	tʂu2	tʂu4	tsu4	tʂu4	tʂu4	tʂu4
苍溪	tʂhu3①	tʂu3	ʂu2 tʂu2 新	tʂu4	tʂu4	tʂu4	tʂu4	tʂu4
江油	tshʊ3①	tsʊ3	sʊ2	tsʊ4	tshʊ4	tsʊ4	tsʊ4	tsʊ4
北川	tshʊ3①	tsʊ3	sʊ2	tsʊ4	tshʊ4	tsʊ4	tsʊ4	tsʊ4
绵阳	tshʊ3①	tsʊ3	sʊ2	tsʊ4	tshʊ4	tsʊ4	tsʊ4	tsʊ4
盐亭	tshu3①	tsu3	so5	tsu4	tsu4	tsu4	tsu4	tsu4
德阳	tshu3①	tsu3	su2 tsu2 新	tsu4	tsu4	tsu4	tsu4	tsu4
中江	tshu3①	tsu3	su2 tsu2 新	tsu4	tsu4	tsu4	tsu4	tsu4
射洪	tshu3①	tsu3	su5	tsu4	tsu4	tsu4	tsu4	tsu4
蓬溪	tshu3①	tsu3	su5	tsu4	tsu4	tsu4	tsu4	tsu4
遂宁	tshu3①	tsu3	su2 tsu2 新	tsu4	tsu4	tsu4	tsu4	tsu4
乐至	tsʊ4	tsʊ3	sʊ2	tsʊ4	tsʊ4	tsʊ4	tsʊ4	tsʊ4
安岳	tsu3	tsu3	su2	tsu4	tsu4	tsu4	tsu4	tsu4
仪陇	tshʊ3①	tsʊ3	sʊ2	tsʊ4	tsʊ4	tsʊ4	tsʊ4	tsʊ4
西充	tshʊ3①	ttsʊ3	so5	tsʊ4	tsʊ4	tsʊ4	tsʊ4	tsʊ4

---

① "杵"的训读。昌与切，遇合三昌鱼上。

字目	拄	主	嘱	著显著	助	驻	注注解	柱
反切	知庚	之庚	之欲	陟虑	床据	中句	中句	直主
声韵调	遇合三 知虞上	遇合三 章虞上	通合三 章烛入	遇合三 知鱼去	遇合三 崇鱼去	遇合三 知虞去	遇合三 知虞去	遇合三 澄虞上
中古音	ţio:	tɕio:	tɕiok	ţiʌ-	dʒiʌ-	ţio-	ţio-	dio:
蓬安	tshu3①	tsu3	su2	tsu4	tsu4	tsu4	tsu4	tsu4
南充金台	tshʊ3①	tsʊ3	sʊ2	tsʊ4	tsʊ4	tsʊ4	tsʊ4	tsʊ2
南充龙蟠	tʂhu3①	tʂu3	tʂo5	tʂu4	tʂu4	tʂu4	tʂu4	tʂu4
岳池	tshʊ3①	tsʊ3	sʊ2	tsʊ4	tsʊ4	tsʊ4	tsʊ4	tsʊ4
广安	tshʊ3①	tsʊ3	tsʊ2	tsʊ4	tsʊ4	tsʊ4	tsʊ4	tsʊ4
邻水	tshʊ3①	tsʊ3	tsʊ5	tsʊ4	tsʊ4	tsʊ4	tsʊ4	tsʊ4
南江	tʂhu3①	tʂu3	ʂu5 tʂu5 新	tʂu4	tʂu4	tʂu4	tʂu4	tʂu4
巴中	tʂhu3①	tʂu3	ʂu5 tʂu5 新	tʂu4	tʂu4	tʂu4	tʂu4	tʂu4
通江	tʂʊ4 tʂhʊ3①	tʂʊ3	ʂʊ5 tʂʊ5 新	tʂʊ4	tʂʊ4	tʂʊ4	tʂʊ4	tʂʊ4
平昌	tʂhu3①	tʂu3	ʂu2 tʂu2 新	tʂu4	tʂu4	tʂu4	tʂu4	tʂu4
万源	tʂu3	tʂu3	ʂu2	tʂu4	tshu4	tʂu4	tʂu4	tʂu4
宣汉	tshu3①	tsu3	su2	tsu4	tsu4	tsu4	tsu4	tsu4
达州	tsu4	tsu3	tsu3	tsu4	tsu4	tsu4	tsu4	tsu4
开江	tshu3①	tsu3	su2	tsu4	tsu4	tsu4	tsu4	tsu4
渠县	tshu3①	tsu3	su2	tsu4	tsu4	tsu4	tsu4	tsu4
宜宾	tshu3①	tsu3	tsə5 tsu3 文	tsu4	tsu4	tsu4	tsu4	tsu4
古蔺	tshu3①	tsu3	tso5	tsu4	tsu4	tsu4	tsu4	tsu4
长宁	tshu3①	tsu3	tsu5	tsu4	tshu4	tsu4	tsu4	tsu4
顾县	tsu3	tsu3	su2	tsu4	tsəu4	tsu4	tsu4	tsu4
成都龙泉	tshu3①	tsu3	tsuʔ5	tsu4	tsu4	tsu4	tsu4	tsu4

① "杵"的训读。昌与切，遇合三昌鱼上。

字目	住	注注意	蛀	铸	筑建筑	祝	初	出
反切	持遇	之戍	之戍	之戍	张六	之六	楚居	赤律
声韵调	遇合三 澄虞去	遇合三 章虞去	遇合三 章虞去	遇合三 章虞去	通合三 知屋入	通合三 章屋入	遇合三 初鱼平	臻合三 昌术入
中古音	ɖio-	tɕio-	tɕio-	tɕio-	ʈiuk	tɕiuk	tʃʰiʌ	tɕʰiuɪt
广元	tʂu4	tʂu4	tʂu4	tʂu4 tau4 俗①	tʂu2	tʂu2	tʂʰu1	tʂʰu2
平武	tsu4	tsu4	tsu4	tsu4	tsu2	tsu2	tsʰu1	tsʰu2
青川	tsu4	tsu4	tsu4	tsu4 tau4 俗①	tsu2	tsu2	tsʰu1	tsʰu2
剑阁普安	tʂu4	tʂu4	tʂu4	tʂu4 tau4 俗①	tʂu5	tʂu5	tʂʰu1	tʂʰu5
剑阁金仙	tʂu4	tʂu4	tʂu4	tʂu4 tau4 俗①	tʂu5	tʂu5	tʂʰu1	tʂʰu5
旺苍	tʂu4	tʂu4	tʂu4	tʂu4 tau4 俗①	tʂu2	tʂu2	tʂʰu1	tʂʰu2
苍溪	tʂu4	tʂu4	tʂu4	tʂu4 tau4 俗①	tʂu2	tʂu2	tʂʰu1	tʂʰu2
江油	tsʊ4	tsʊ4	tsʊ4	tsʊ4	tsʊ2	tsʊ2	tsʰʊ1	tsʰʊ2
北川	tsʊ4	tsʊ4	tsʊ4	tsʊ4	tsʊ2	tsʊ2	tsʰʊ1	tsʰʊ2
绵阳	tsʊ4	tsʊ4	tsʊ4	tsʊ4	tsʊ2	tsʊ2	tsʰʊ1	tsʰʊ2
盐亭	tsu4	tsu4	tsu4	tsu4	tso5	tso5	tsʰu1	tsʰo5
德阳	tsu4	tsu4	tsu4	tsu4 tau4 俗①	tsu2	tsu2	tsʰu1	tsʰu2 tsʰo2 旧
中江	tsu4	tsu4	tsu4	tsu4 tau4 俗①	tsu2	tsu2	tsʰu1	tsʰu2
射洪	tsu4	tsu4	tsu4	tsu4 tau4 俗①	tsu5	tsu5	tsʰu1	tsʰu5 tsʰo5 旧
蓬溪	tsu4	tsu4	tsu4	tsu4 tau4 俗①	tsu5	tsu5	tsʰu1	tsʰu5 tsʰo5 旧
遂宁	tsu4	tsu4	tsu4	tsu4 tau4 俗①	tsu2	tsu2	tsʰu1	tsʰu2 tsʰo2 旧
乐至	tsʊ4	tsʊ4	tsʊ4	tsʊ4 tau4 俗①	tsʊ2	tsʊ2	tsʰʊ1	tsʰʊ2
安岳	tsu4	tsu4	tsu4	tsu4	tsu2	tsu2	tsʰu1	tsʰu2
仪陇	tsʊ4	tsʊ4	tsʊ4	tsʊ4	tsʊ2	tsʊ2	tsʰʊ1	tsʰʊ2
西充	tsʊ4	tsʊ4	tsʊ4	tsʊ4	tsʊ5	tsʊ5	tsʰʊ1	tsʰʊ5

① 俗读为"倒"的训读，都晧切，流开一端豪去。

字目	住	注注意	蛀	铸	筑建筑	祝	初	出
反切	持遇	之成	之成	之成	张六	之六	楚居	赤律
声韵调	遇合三澄虞去	遇合三章虞去	遇合三章虞去	遇合三章虞去	通合三知屋入	通合三章屋入	遇合三初鱼平	臻合三昌术入
中古音	ɖio-	tɕio-	tɕio-	tɕio-	ʈiuk	tɕiuk	tʃhiʌ	tɕhiuɪt
蓬安	tsu4	tsu4	tsu4	tsu4	tsu2	tsu2	tshu1	tshu2
南充金台	tsʊ4	tsʊ4	tsʊ4	tsʊ4	tsʊ2	tsʊ2	tshʊ1	tshʊ2
南充龙蟠	tʂu4	tʂu4	tʂu4	tʂu4	tʂo5	tʂo5	tʂhu1	tʂho5
岳池	tsʊ4	tsʊ4	tsʊ4	tsʊ4 / tau4 俗①	tsʊ2	tsʊ2	tshʊ1	tshʊ2
广安	tsʊ4	tsʊ4	tsʊ4	tsʊ4 / tau4 俗①	tsʊ2	tsʊ2	tshʊ1	tshʊ2
邻水	tsʊ4	tsʊ4	tsʊ4	tsʊ4 / tau4 俗①	tsʊ5	tsʊ5	tshʊ1	tshʊ5
南江	tʂu4	tʂu4	tʂu4	tʂu4 / tau4 俗①	tʂu5	tʂu5	tʂhu1	tʂhu5
巴中	tʂu4	tʂu4	tʂu4	tʂu4 / tau4 俗①	tʂu5	tʂu5	tʂhu1	tʂhu2 / tʂhu5 旧
通江	tʂʊ4	tʂʊ4	tʂʊ4	tʂʊ4 / tau4 俗①	tʂʊ5	tʂʊ5	tʂhʊ1	tʂhʊ5
平昌	tʂu4	tʂu4	tʂu4	tʂu4 / tau4 俗①	tʂu2	tʂu2	tʂhu1	tʂhu2
万源	tʂu4	tʂu4	tʂu4	tʂu4	tʂu2	tʂu2	tʂhu1	tʂhu2
宣汉	tsu4	tsu4	tsu4	tsu4	tsu2	tsu2	tshu1	tshu2
达州	tsu4	tsu4	tsu4	tsu4	tsu4	tsu2	tshu1	tshu2
开江	tsu4	tsu4	tsu4	tsu4	tsu2	tsu2	tshu1	tshu2
渠县	tsu4	tsu4	tsu4	tsu4	tsu2	tsu2	tshu1	tshu2
宜宾	tsu4	tsu4	tsu4	tsu4 / tau4 俗①	tsɵ5	tsɵ5	tshu1	tshɵ5
古蔺	tsu4	tsu4	tsu4	tsu4 / tau4 俗①	tso5	tso5	tshu1	tsho5
长宁	tsu4	tsu4	tsu4	tsu4	tsu5	tsu2	tshu1	tshu5
顾县	tsu4	tsu4	tsu4	tsu4 / tau4 俗①	tsəu2	tsu2	tshu1	tshu2
成都龙泉	tshu4	tsu4	tsu4	tsu4	tsuʔ5	tsuʔ5	tshu1	tshuʔ5

---

① 俗读为"倒"的训读，都晧切，流开一端豪去。

字目	除	储	锄	厨	楚	础	处处理	处处所
反切	直鱼	直鱼	士鱼	直诛	创举	创举	昌与	昌据
声韵调	遇合三 澄鱼平	遇合三 澄鱼平	遇合三 崇鱼平	遇合三 澄虞平	遇合三 初鱼上	遇合三 初鱼上	遇合三 昌鱼上	遇合三 昌鱼去
中古音	ɖiʌ	ɖiʌ	dʒiʌ	ɖio	tʃhiʌ:	tʃhiʌ:	tɕhiʌ:	tɕhiʌ-
广元	tʂhu2	tʂhu2	tʂhu2	tʂhu2	tʂhu3	tʂhu3	tʂhu3	tʂhu4
平武	tshu2	tshu2	tshu2	tshu2	tshu3	tshu3	tshu4	tshu4
青川	tshu2	tshu2	tshu2	tshu2	tshu3	tshu3	tshu3	tshu4
剑阁普安	tʂhu2	tʂhu2	tʂhu2	tʂhu2	tʂhu3	tʂhu3	tʂhu3	tʂhu4
剑阁金仙	tʂhu2	tʂhu2	tʂhu2	tʂhu2	tʂhu3	tʂhu3	tʂhu3	tʂhu4
旺苍	tʂhu2	tʂhu2	tʂhu2	tʂhu2	tʂhu3	tʂhu3	tʂhu3	tʂhu4
苍溪	tʂhu2	tʂhu2	tʂhu2	tʂhu2	tʂhu3	tʂhu3	tʂhu3	tʂhu3 tʂhu4
江油	tshʊ2	tshʊ2	tshʊ2	tshʊ2	tshʊ3	tshʊ3	tshʊ4	tshʊ4
北川	tshʊ2	tshʊ2	tshʊ2	tshʊ2	tshʊ3	tshʊ3	tshʊ4	tshʊ4
绵阳	tshʊ2	tshʊ2	tshʊ2	tshʊ2	tshʊ3	tshʊ3	tshʊ4	tshʊ4
盐亭	tshu2	tshu2	tshu2	tshu2	tshu3	tshu3	tshu4	tshu4
德阳	tshu2	tshu2	tshu2	tshu2	tshu3	tshu3	tshu3	tshu3 tshu4
中江	tsu2	tsu2	tsu2	tsu2	tshu3	tshu3	tshu3	tshu3 tshu4
射洪	tshu2	tshu2	tshu2	tshu2	tshu3	tshu3	tshu3	tshu3 tshu4
蓬溪	tshu2	tshu2	tshu2	tshu2	tshu3	tshu3	tshu3	tshu3 tshu4
遂宁	tshu2	tshu2	tshu2	tshu2	tshu3	tshu3	tshu3	tshu3 tshu4
乐至	tshʊ2	tshʊ2	tshʊ2	tshʊ2	tshʊ3	tshʊ3	tshʊ3	tshʊ4
安岳	tshu2	tshu2	tshu2	tshu2	tshu3	tshu3	tshu3	tshu3
仪陇	tshʊ2	tshʊ2	tshʊ2	tshʊ2	tshʊ3	tshʊ3	tshʊ3	tshʊ3
西充	tshʊ2	tshʊ2	tshʊ2	tshʊ2	tshʊ3	tshʊ3	tshʊ3	tshʊ4

字目	除	储	锄	厨	楚	础	处处理	处处所
反切	直鱼	直鱼	士鱼	直诛	创举	创举	昌与	昌据
声韵调	遇合三澄鱼平	遇合三澄鱼平	遇合三崇鱼平	遇合三澄虞平	遇合三初鱼上	遇合三初鱼上	遇合三昌鱼上	遇合三昌鱼去
中古音	ȡiʌ	ȡiʌ	dʒiʌ	ȡio	tʃʰiʌ:	tʃʰiʌ:	tɕʰiʌ:	tɕʰiʌ-
蓬安	tshu2	tshu2	tshu2	tshu2	tshu3	tshu3	tshu3	tshu3
南充金台	tshʊ2	tshʊ2	tshʊ2	tshʊ2	tshʊ3	tshʊ3	tshʊ3	tshʊ3 tshʊ4
南充龙蟠	tʂhu2	tʂhu2	tʂhu2	tʂhu2	tʂhu3	tʂhu3	tʂhu3	tʂhu3
岳池	tshʊ2	tshʊ2	tshʊ2	tshʊ2	tshʊ3	tshʊ3	tshʊ3	tshʊ4
广安	tshʊ2	tshʊ2	tshʊ2	tshʊ2	tshʊ3	tshʊ3	tshʊ3	tshʊ4
邻水	tshʊ2	tshʊ2	tshʊ2	tshʊ2	tshʊ3	tshʊ3	tshʊ3	tshʊ4
南江	tʂhu5	tʂhu2	tʂhu2	tʂhu2	tʂhu3	tʂhu3	tʂhu3	tʂhu3 tʂhu4
巴中	tshu2	tshu2	tʂhu2	tʂhu2	tshu3	tshu3	tʂhu3	tʂhu3 tʂhu4
通江	tʂhʊ5	tʂhʊ5	tʂhʊ5	tʂhʊ2	tshʊ3	tshʊ3	tʂhʊ3	tʂhʊ3 tʂhʊ4
平昌	tʂhu2	tʂhu2	tʂhu2	tʂhu2	tshu3	tshu3	tʂhu3	tʂhu3 tʂhu4
万源	tʂhu2	tʂhu2	tʂhu2	tʂhu2	tʂhu3	tʂhu3	tʂhu3	tʂhu3
宣汉	tshu2	tshu2	tshu2	tshu2	tshu3	tshu3	tshu3	tshu3
达州	tshu2	tshu2	tshu2	tshu2	tshu3	tshu3	tshu3	tshu3
开江	tshu2	tshu2	tshu2	tshu2	tshu3	tshu3	tshu3	tshu3
渠县	tshu2	tshu2	tshu2	tshu2	tshu3	tshu3	tshu3	tshu3
宜宾	tshu2	tshu2	tshu2	tshu2	tshu3	tshu3	tshu3	tshu4
古蔺	tshu2	tshu2	tshu2	tshu2	tshu3	tshu3	tshu3	tshu3 tshu4
长宁	tshu2	tshu2	tshu2	tshu2	tshu3	tshu3	tshu4	tshu4
顾县	tshu2	tshu2	tsəu2	tshu2	tshu3	tshu3	tshu3	tshu4
成都龙泉	tshu2	tshu2	tshu2	tshu2	tshu3	tshu3	tshu3	tshu3 tshu4

字目	畜畜生	触	梳	疏稀疏	书	舒	输运输	输输赢
反切	丑六	尺玉	所葅	所葅	伤鱼	伤鱼	式朱	式朱
声韵调	通合三彻屋入	通合三昌烛入	遇合三生鱼平	遇合三生鱼平	遇合三书鱼平	遇合三书鱼平	遇合三书虞平	遇合三书虞平
中古音	ţhiuk	tɕhiok	ʃiʌ	ʃiʌ	ɕiʌ	ɕiʌ	ɕio	ɕio
广元	tʂhu2	tʂu2	ʂu1	ʂu1	fu1	ʂu1	fu1	fu1
平武	tshu2	tsu2	su1	su1	su1	su1	su1	su1
青川	tshu2	tsu2	su1	su1	su1	su1	su1	su1
剑阁普安	tʂhu5	tʂu5	su1	su1	ʂu1	ʂu1	ʂu1	ʂu1
剑阁金仙	tʂhu5	tʂu5	su1	su1	ʂu1	ʂu1	ʂu1	ʂu1
旺苍	tʂhu2	tʂu2	su1	su1	ʂu1	ʂu1	ʂu1	ʂu1
苍溪	tʂhu2	tʂu2	su1	su1	ʂu1	ʂu1	ʂu1	ʂu1
江油	tshʊ2	tshʊ2	sʊ1	sʊ1	sʊ1	sʊ1	sʊ1	sʊ1
北川	tshʊ2	tsʊ2	sʊ1	sʊ1	sʊ1	sʊ1	sʊ1	sʊ1
绵阳	tshʊ2	tsʊ2	sʊ1	sʊ1	sʊ1	sʊ1	sʊ1	sʊ1
盐亭	tsho5	tso5	su1	su1	su1	su1	su1	su1
德阳	tshu2	tsu2	su1	su1	su1	su1	su1	su1
中江	tshu2	tsu2	su1	su1	su1	su1	su1	su1
射洪	tshu5	tsu5	su1	su1	su1	su1	su1	su1
蓬溪	tshu5	tsu5	su1	su1	su1	su1	su1	su1
遂宁	tshu2	tsu2	su1	su1	su1	su1	su1	su1
乐至	tshʊ2	tsʊ2	sʊ1	sʊ1	sʊ1	sʊ1	sʊ1	sʊ1
安岳	tshu2	tsu2	su1	su1	su1	su1	su1	su1
仪陇	tshʊ2	tsʊ2	sʊ1	sʊ1	sʊ1	sʊ1	sʊ1	sʊ1
西充	tsho5	tso5	sʊ1	sʊ1	sʊ1	sʊ1	sʊ1	sʊ1

字目	畜畜生	触	梳	疏稀疏	书	舒	输运输	输输赢
反切	丑六	尺玉	所菹	所菹	伤鱼	伤鱼	式朱	式朱
声韵调	通合三彻屋入	通合三昌烛入	遇合三生鱼平	遇合三生鱼平	遇合三书鱼平	遇合三书鱼平	遇合三书虞平	遇合三书虞平
中古音	ʈʰĭuk	tɕʰĭok	ʃɨʌ	ʃɨʌ	ɕɨʌ	ɕɨʌ	ɕĭo	ɕĭo
蓬安	tʂhu2	tʂu2	su1	su1	su1	su1	su1	su1
南充金台	tʂhʊ2	tʂʊ2	sʊ1	sʊ1	sʊ1	sʊ1	sʊ1	sʊ1
南充龙蟠	tʂho5	tʂo5	ʂu1	ʂu1	ʂu1	ʂu1	ʂu1	ʂu1
岳池	tʂhʊ2	tʂʊ2	sʊ1	sʊ1	sʊ1	sʊ1	sʊ1	sʊ1
广安	tʂhʊ2	tʂʊ2	sʊ1	sʊ1	sʊ1	sʊ1	sʊ1	sʊ1
邻水	tʂhʊ5	tʂʊ5	sʊ1	sʊ1	sʊ1	sʊ1	sʊ1	sʊ1
南江	tʂhu5	tʂu5	su1	su1	ʂu1	ʂu1	ʂu1	ʂu1
巴中	tʂhu5	tʂho5	su1	su1	ʂu1	ʂu1	ʂu1	ʂu1
通江	tʂhʊ5	tʂho5	sʊ1	sʊ1	ʂʊ1	ʂʊ1	ʂʊ1	ʂʊ1
平昌	tʂhu2	tʂu2	su1	su1	ʂu1	ʂu1	ʂu1	ʂu1
万源	tʂhu2	tʂu2	su1	su1	su1	su1	ʂu1	ʂu1
宣汉	tʂhu2	tʂu2	su1	su1	su1	su1	su1	su1
达州	tʂhu2	tʂhu4	su1	su1	su1	su1	su1	su1
开江	tʂhu2	tʂu2	su1	su1	su1	su1	su1	su1
渠县	tʂhu2	tʂu2	su1	su1	su1	su1	su1	su1
宜宾	tʂhɵ5	tsɵ5 / tʂhɵ5	su1	su1	su1	su1	su1	su1
古蔺	tʂho5	tso5 / tʂho5	su1	su1	su1	su1	su1	su1
长宁	tʂhu5	tʂu5	su1	su1	su1	su1	su1	su1
顾县	tʂhu2	tʂhu2	su1	su1	ɕy1	su1	su1	su1
成都龙泉	tʂhuʔ5	tʂuʔ5	su1	su1	su1	su1	su1	su1

字目	殊	叔	熟	赎	暑	鼠	黍	薯
反切	市朱	式竹	殊六	神蜀	舒吕	舒吕	舒吕	常恕
声韵调	遇合三 禅虞平	通合三 书屋入	通合三 禅屋入	通合三 船烛入	遇合三 书鱼上	遇合三 书鱼上	遇合三 书鱼上	遇合三 禅鱼去
中古音	dʑio	ɕiuk	dʑiuk	ʑiok	ɕiʌ:	ɕiʌ:	ɕiʌ:	dʑiʌ-
广元	ʂu1	ʂu2	ʂu2	ʂu2	ʂu3	fu3	ʂu3	ʂu3
平武	su1	su2	su2	su2	su3	su3	su3	su3
青川	su1	su2	su2	su2	su3	su3	ɕy3	su3
剑阁普安	ʂu1	ʂu5	ʂu5	ʂu5	ʂu3	ʂu3	ʂu3	ʂu3
剑阁金仙	ʂu1	ʂu5	ʂu5	ʂu5	ʂu3	ʂu3	ʂu3	ʂu3
旺苍	ʂu1	ʂu2	ʂu2	ʂu2	ʂu3	ʂu3	ʂu3	ʂu3
苍溪	ʂu1	ʂu2	ʂu2	ʂu2	ʂu3	ʂu3	ʂu3	ʂu3
江油	sʋ1	sʋ2	sʋ2	sʋ2	sʋ3	sʋ3	sʋ2	sʋ3
北川	sʋ1	sʋ2	sʋ2	sʋ2	sʋ3	sʋ3	sʋ3	sʋ3
绵阳	sʋ1	sʋ2	sʋ2	sʋ2	sʋ3	sʋ3	sʋ2	sʋ3
盐亭	su1	so5	so5	so5	su3	su3	so5	su3
德阳	su1	su2	ʂu2	su2 ɕio2 旧	su3	su3	su3	su3
中江	su1	su2	su2	su2 ɕio2 旧	su3	su3	su3	su3
射洪	su1	su5	su5	su5 ɕio5 旧	su3	su3	su2	su3
蓬溪	su1	su5	su5	su5 ɕio5 旧	su3	su3	su2	su3
遂宁	su1	su2	su2	su2 ɕyu2 旧	su3	su3	su3	su3
乐至	sʋ1	sʋ2	sʋ2	sʋ2	sʋ3	sʋ3	sʋ3	sʋ3
安岳	su1	su2	su2	su2	su3	su3	su3	su3
仪陇	sʋ2	sʋ2	sʋ2	sʋ2	sʋ3	sʋ3	sʋ3	sʋ3
西充	sʋ1	so5	sʋ5	sʋ5	sʋ3	sʋ3	so5	sʋ3

字目	殊	叔	熟	赎	暑	鼠	黍	薯
反切	市朱	式竹	殊六	神蜀	舒吕	舒吕	舒吕	常恕
声韵调	遇合三禅虞平	通合三书屋入	通合三禅屋入	通合三船烛入	遇合三书鱼上	遇合三书鱼上	遇合三书鱼上	遇合三禅鱼去
中古音	dʑɨo	ɕiuk	dʑiuk	ʑiok	ɕiʌ:	ɕiʌ:	ɕiʌ:	dʑɨʌ-
蓬安	su1	su2	su2	su2	su3	su3	su3	su3
南充金台	sʊ1	sʊ2	sʊ2	sʊ2	sʊ3	sʊ3	sʊ3	sʊ3
南充龙蟠	ʂu1	ʂo5	ʂo5	ʂo5	ʂu3	ʂu3	ʂu3	ʂu3
岳池	sʊ1	sʊ2	sʊ2	sʊ2	sʊ3	sʊ3	sʊ2	sʊ3
广安	sʊ1	sʊ2	sʊ2	sʊ2	sʊ3	sʊ3	sʊ2	sʊ3
邻水	sʊ1	sʊ5	sʊ5	sʊ5	sʊ3	sʊ3	sʊ3	sʊ3
南江	ʂu1	ʂu5	ʂu5	ʂu5	ʂu3	ʂu3	ʂu3	ʂu3
巴中	ʂu1	ʂu5	ʂu5	ɕio2 ɕio5 旧	ʂu3	ʂu3	ʂu3	ʂu3
通江	ʂʊ1	ʂʊ5	ʂʊ5	ʂʊ5	ʂʊ3	ʂʊ3	ʂʊ3	ʂʊ3
平昌	ʂu1	ʂu2	ʂu2	ʂu2	ʂu3	ʂu3	ʂu3	ʂu3
万源	su1	ʂu2	ʂu2	su2 ɕio2 旧	su3	su3	su3	ʂu3
宣汉	su1	su2	su2	su2 ɕio2 旧	su3	su3	su3	su3
达州	su1	su2	su2	su2 ɕio2 旧	su3	su3	su2	su3
开江	su1	su2	su2	su4 ɕio2 旧	su3	su3	su3	su3
渠县	su1	su2	su2	su2 ɕio2 旧	su3	su3	su3	su3
宜宾	su1	sø5	sø5	sø5	su3	su3	sø5	su3
古蔺	su1	so5	so5	so5	su3	su3	su3	su3
长宁	su1	su5	su5	su5	su3	su3	su3	su3
顾县	su1	su2	səu2	su2	su3	ɕy3	ɕy3	su3
成都龙泉	su1	suʔ5	suʔ6	suʔ6	su3	su3	su3	su4

字目	数数一数	蜀	属附属	数数目	竖	树树立	树树林	术技术
反切	所矩	市玉	市玉	色句	臣庾	臣庾	常句	食聿
声韵调	遇合三生虞上	通合三禅烛入	通合三禅烛入	遇合三生虞去	遇合三禅虞上	遇合三禅虞上	遇合三禅虞去	臻合三船术入
中古音	ʃio:	dʑiok	dʑiok	ʃio-	dʑio:	dʑio:	dʑio-	ziuɪt
广元	ʂu3	ʂu2 ʂu3 新	ʂu2	ʂu4	ʂu4	fu4	fu4	ʂu4
平武	su3	su2	su2	su4	su4	su4	su4	su4
青川	su3	su2 ʂu3 新	su2	su4	su4	su4	su4	su4
剑阁普安	ʂu3	ʂu5	ʂu5	ʂu4	ʂu4	ʂu4	ʂu4	ʂu4
剑阁金仙	ʂu3	ʂu5	ʂu5	ʂu4	ʂu4	ʂu4	ʂu4	ʂu4
旺苍	ʂu3	ʂu2	ʂu2	ʂu4	ʂu4	ʂu4	ʂu4	ʂu4
苍溪	su3	ʂu2	ʂu2	ʂu4	ʂu4	ʂu4	ʂu4	ʂu4
江油	so3	sʋ2	sʋ2	sʋ4	sʋ4	sʋ4	sʋ4	sʋ4
北川	sʋ3	sʋ2	sʋ2	sʋ4	sʋ4	sʋ4	sʋ4	sʋ4
绵阳	sʋ3	sʋ2	sʋ2	sʋ4	sʋ4	sʋ4	sʋ4	sʋ4
盐亭	su3	so5	so5	su4	su4	su4	su4	so5
德阳	ʂu3	ʂu2	ʂu2	ʂu4	ʂu4	ʂu4	ʂu4	su4
中江	su3	su2	su2	su4	su4	su4	su4	su4
射洪	su3	su5	su5	su4	su4	su4	su4	su4
蓬溪	su3	su5	su5	su4	su4	su4	su4	su4
遂宁	su3	su2	su2	su4	su4	su4	su4	su4
乐至	sʋ3	sʋ3	sʋ2	sʋ4	sʋ4	sʋ4	sʋ4	sʋ4
安岳	su3	su2	su2	su4	su4	su4	su4	su4
仪陇	sʋ3	sʋ2	sʋ2	sʋ3	sʋ4	sʋ4	sʋ4	sʋ4
西充	sʋ3	so5	so5	sʋ4	sʋ4	sʋ4	sʋ4	so5

字目	数数—数	蜀	属附属	数数目	竖	树树立	树树林	术技术
反切	所矩	市玉	市玉	色句	臣庾	臣庾	常句	食聿
声韵调	遇合三 生虞上	通合三 禅烛入	通合三 禅烛入	遇合三 生虞去	遇合三 禅虞上	遇合三 禅虞上	遇合三 禅虞去	臻合三 船术入
中古音	ʃɪoː	dʑiok	dʑiok	ʃɪo-	dʑɪoː	dʑɪoː	dʑɪo-	ziuɪt
蓬安	su3	su2	su2	su4	su4	su4	su4	su4
南充金台	sʊ3	sʊ2	sʊ2	sʊ4	sʊ4	sʊ4	sʊ4	sʊ2
南充龙蟠	ʂu3	ʂo5	ʂo5	ʂu4	ʂu4	ʂu4	ʂu4	ʂo5
岳池	sʊ3	sʊ2	sʊ2	sʊ4	sʊ4	sʊ4	sʊ4	sʊ4
广安	sʊ3	sʊ2	sʊ2	sʊ4	sʊ4	sʊ4	sʊ4	sʊ4
邻水	sʊ3	sʊ5	sʊ5	sʊ4	sʊ4	sʊ4	sʊ4	sʊ4
南江	su3	ʂu2 ʂu5 旧	ʂu2 ʂu5 旧	su4	ʂu4	ʂu4	ʂu4	ʂu4
巴中	su3	ʂu5	ʂu5	su4	ʂu4	ʂu4	ʂu4	ʂu4
通江	sʊ3	ʂʊ3 ʂʊ5 旧	ʂʊ5	sʊ4	ʂʊ4	ʂʊ4	ʂʊ4	ʂʊ4
平昌	su3	ʂu2	ʂu2	su4	ʂu4	ʂu4	ʂu4	ʂu4
万源	su3	ʂu2	ʂu2	su4	ʂu4	ʂu4	ʂu4	su4
宣汉	su3	su2 su3 新	su2	su4	su4	su4	su4	su4
达州	su3	su2	su3	su4	su4	su4	su4	su4
开江	su3	su2	su2	su4	su4	su4	su4	su4
渠县	su3	su2	su2	su4	su4	su4	su4	su4
宜宾	su3	sθ5 su3 新	sθ5	su4	su4	su4	su4	sθ5
古蔺	su3	so5	so5	su4	su4	su4	su4	so5
长宁	su3	su5	su5	su4	su4	su4	su4	su5
顾县	su3	su2	su2	su4	su4	su4	su4	su4
成都龙泉	su3	suʔ5	suʔ5	su4	su4	su4	su4	su4

字目	述	束	如	儒	乳	辱	入	褥
反切	食聿	书玉	人诸	人朱	而主	而蜀	人执	而蜀
声韵调	臻合三船术入	通合三书烛入	遇合三日鱼平	遇合三日虞平	遇合三日虞上	通合三日烛入	深开三日缉入	通合三日烛入
中古音	ziuɪt	ɕiok	n̠ziʌ	n̠zio	n̠zio:	n̠ziok	n̠ziɪp	n̠ziok
广元	ʂu4	ʂu2	ʐu2	ʐu2	ʐu3	ʐu3	ʐu2	ʐu2
平武	su4	su2	zu2	zu4	zu3	zu3	zu2	zu4
青川	su4	su2	zu2	zu2	zu3	zu3	zu2	zu3
剑阁普安	ʂu4	ʂu5	ʐu2	ʐu2	ʐu3	ʐu3	ʐu5	ʐu4
剑阁金仙	ʂu4	ʂu5	ʐu2	ʐu2	ʐu3	ʐu5	ʐu5	ʐu5
旺苍	ʂu4	ʂu2	ʐu2	ʐu3	ʐu3	ʐu3	ʐu3	ʐu3
苍溪	ʂu4	ʂu2	ʐu2	ʐu2	ʐu3	ʐu3	ʐu3	ʐu2
江油	sʊ4	sʊ2	zʊ2	zʊ2	zʊ3	zʊ3	zʊ3	zʊ3
北川	sʊ4	sʊ2	zʊ2	zʊ2	zʊ3	zʊ2	zʊ3	zʊ3
绵阳	sʊ4	sʊ2	zʊ2	zʊ2	zʊ3	zʊ3	zʊ2	zʊ2
盐亭	su4	so5	zu2	zu4	zu3	zu3	zo5	zu4
德阳	su4	so2 su2 新	ʐu2	ʐu3	ʐu3	ʐu3	ʐu2	ʐu3
中江	su4	su2	zu2	zu4	zu3	zu2	zu2	zu3
射洪	su4	so5 su5 新	zu2	zu2	zu3	zu3	zo5	zu3
蓬溪	su4	so5 su5 新	zu2	zu4	zu3	zu4	zo5	zu4
遂宁	su4	so2 su2 新	zu2	zu2	zu3	zu3	zu2	zu2
乐至	sʊ4	sʊ2	ȵʐʊ2	ȵʐʊ2	ȵʐʊ3	ȵʐʊ3	ȵʐʊ2	ȵʐʊ2
安岳	su4	su2	zu2	zu2	zu3	zu3	zo2	zu2
仪陇	sʊ4	sʊ2	zʊ2	zʊ3	zʊ3	zʊ3	zʊ2	zʊ3
西充	ɕy4	so5	zʊ2	zʊ2	zʊ3	zo5	zo5	zo5

字目	述	束	如	儒	乳	辱	入	褥
反切	食聿	书玉	人诸	人朱	而主	而蜀	人执	而蜀
声韵调	臻合三 船术入	通合三 书烛入	遇合三 日鱼平	遇合三 日虞平	遇合三 日虞上	通合三 日烛入	深开三 日缉入	通合三 日烛入
中古音	ziuɪt	ɕiok	ȵʑiʌ	ȵʑio	ȵʑio:	ȵʑiok	ȵʑiip	ȵʑiok
蓬安	su4	su2	zu2	zu2	zu3	zu3	zu2	zu2
南充金台	sʊ2	sʊ4	zʊ2	zʊ4	zʊ3	zʊ3	zʊ2	zʊ3
南充龙蟠	ʂo5	ʂo5	ʐu2	ʐu2	ʐu3	ʐo5	ʐo5	ʐo5
岳池	sʊ4	sʊ2	zʊ2	zʊ2	zʊ3	zʊ2	zʊ2	zʊ3
广安	sʊ4	tshʊ2	zʊ2	zʊ2	zʊ3	zʊ2	zʊ2	zʊ3
邻水	sʊ4	sʊ5	zʊ2	zʊ3	zʊ3	zʊ3	zʊ5	zʊ3
南江	ʂu4	ʂu5	ʐu5	ʐu5	ʐu3	ʐu5	ʐu5	ʐu5
巴中	ʂu4	ʂu5	ʐu2	ʐu4 ʐu2	ʐu3	ʐu3	ʐu5	ʐu4
通江	ʂʊ4	ʂʊ5	ʐʊ5	ʐʊ3	ʐʊ3	ʐʊ3	ʐʊ5	ʐʊ5
平昌	ʂu4	ʂu2	ʐu2	ʐu2	ʐu3	ʐu2	ʐu2	ʐu2
万源	su4	ʂu2	ʐu2	ʐu2	ʐu3	ʐu3	ʐu2	ʐu3
宣汉	su4	su2	zu2	zu3	zu3	zu3	zu2	zu3
达州	su4	su2	zu2	zu3	zu3	zu3	zu2	zu3
开江	su4	su2	zu2	zu3	zu3	zu3	zu2	zu3
渠县	su4	tshu2	zu2	zu3	zu3	zu3	zu2	zu3
宜宾	sɵ5 su4 新	sɵ5 su4 新	zu2	zu2	zu3	zɵ5 zu3	zɵ5	zu3
古蔺	so5	so5	zu2	zu2	zu3	zu3	zo5	zu3
长宁	su5	su5	zu2	zu2	zu3	zu5	zu2	zu5
顾县	su4	ɕy2	y2	zu3	zu3	zu3	y2	zu3
成都龙泉	su4	soʔ5	zuʔ5	zu4	zu3	zu3	loʔ6	zuʔ6

字目	姑	箍	孤	估①	古	股	鼓	骨骨头
反切	古胡	古胡	古胡	公户	公户	公户	公户	古忽
声韵调	遇合一见模平	遇合一见模平	遇合一见模平	遇合一见模上	遇合一见模上	遇合一见模上	遇合一见模上	臻合一见没入
中古音	kuo	kuo	kuo	kuo:	kuo:	kuo:	kuo:	kuot
广元	ku1	khu1	ku1	ku3	ku3	ku3	ku3	ku2
平武	ku1	khu1	ku1	ku3	ku3	ku3	ku3	ku2
青川	ku1	khu1	ku1	ku3	ku3	ku3	ku3	ku2
剑阁普安	ku1	khu1	ku1	ku3	ku3	ku3	ku3	ku5
剑阁金仙	ku1	khu1	ku1	ku3	ku3	ku3	ku3	ku5
旺苍	ku1	khu1	ku1	ku3	ku3	ku3	ku3	ku2
苍溪	ku1	khu1 ku1 新	ku1	ku3	ku3	ku3	ku3	ku2
江油	kʊ1	khʊ1	kʊ1	kʊ3	kʊ3	kʊ3	kʊ3	kʊ2
北川	kʊ1	khʊ1	kʊ1	kʊ3	kʊ3	kʊ3	kʊ3	kʊ2
绵阳	kʊ1	khʊ1	kʊ1	kʊ3	kʊ3	kʊ3	kʊ3	kʊ2
盐亭	ku1	khu1	ku1	ku3	ku3	ku3	ku3	ko5
德阳	ku1	khu1	ku1	ku3	ku3	ku3	ku3	ku2
中江	ku1	khu1	ku1	ku3	ku3	ku3	ku3	ku2
射洪	ku1	khu1	ku1	ku3	ku3	ku3	ku3	ku2
蓬溪	ku1	khu1	ku1	ku3	ku3	ku3	ku3	ku5
遂宁	ku1	khu1	ku1	ku3	ku3	ku3	ku3	ku2
乐至	kʊ1	khʊ1	kʊ1	kʊ3	kʊ3	kʊ3	kʊ3	kʊ2
安岳	ku1	khu1	ku1	ku3	ku3	ku3	ku3	ku2
仪陇	kʊ1	kʊ1	kʊ1	kʊ3	kʊ3	kʊ3	kʊ3	kʊ2
西充	kʊ1	khʊ1	kʊ1	kʊ3	kʊ3	kʊ3	kʊ3	ko5

---

① 又*攻乎切，遇合一见模平。

字目	姑	箍	孤	估①	古	股	鼓	骨骨头
反切	古胡	古胡	古胡	公户	公户	公户	公户	古忽
声韵调	遇合一见模平	遇合一见模平	遇合一见模平	遇合一见模上	遇合一见模上	遇合一见模上	遇合一见模上	臻合一见没入
中古音	kuo	kuo	kuo	kuo:	kuo:	kuo:	kuo:	kuot
蓬安	ku1	khu1	ku1	ku3	ku3	ku3	ku3	ku2
南充金台	kʊ1	khʊ1	kʊ1	kʊ3	kʊ3	kʊ3	kʊ3	kʊ2
南充龙蟠	ku1	khu1	ku1	ku3	ku3	ku3	ku3	ko5
岳池	kʊ1	khʊ1	kʊ1	kʊ3	kʊ3	kʊ3	kʊ3	kʊ2
广安	kʊ1	khʊ1	kʊ1	kʊ3	kʊ3	kʊ3	kʊ3	kʊ2
邻水	kʊ1	khʊ1	kʊ1	kʊ3	kʊ3	kʊ3	kʊ3	kʊ5
南江	ku1	khu1	ku1	ku3	ku3	ku3	ku3	ku2 ku5 旧
巴中	ku1	khu1	ku1	ku3	ku3	ku3	ku3	ku5
通江	kʊ1	khʊ1	kʊ1	kʊ3	kʊ3	kʊ3	kʊ3	kʊ5
平昌	ku1	khu1	ku1	ku3	ku3	ku3	ku3	ku2
万源	ku1	ku1	ku1	ku3	ku3	ku3	ku3	ku2
宣汉	ku1	khu1	ku1	ku3	ku3	ku3	ku3	ku2
达州	ku1	khu1	ku1	ku3	ku3	ku3	ku3	ku2
开江	ku1	ku1	ku1	ku3	ku3	ku3	ku3	ku2
渠县	ku1	ku1	ku1	ku3	ku3	ku3	ku3	ku2
宜宾	ku1	khu1	ku1	ku3	ku3	ku3	ku3	kɵ5
古蔺	ku1	khu1	ku1	ku3	ku3	ku3	ku3	ku4
长宁	ku1	khu1	ku1	ku3	ku3	ku3	ku3	ku5
顾县	ku1	khu1 ku3	ku1	ku3	ku3	ku3	ku3	ku2
成都龙泉	ku1	khu1	ku1	ku3	ku3	ku3	ku3	kuʔ5

① 又*攻平切，遇合一见模平。

字目	谷五谷	谷山谷	故	固	雇	顾	枯	窟
反切	古禄	古禄	古暮	古暮	古暮	古暮	苦胡	苦骨
声韵调	通合一见屋入	通合一见屋入	遇合一见模去	遇合一见模去	遇合一见模去	遇合一见模去	遇合一溪模平	臻合一溪没入
中古音	kuk	kuk	kuo-	kuo-	kuo-	kuo-	khuo	khuot
广元	ku2	ku2	ku4	ku4	ku4	ku4	khu1	khu2
平武	ku2	ku2	ku4	ku4	ku4	ku4	khu1	khu2
青川	ku2	ku2	ku4	ku4	ku4	ku4	khu1	khu2
剑阁普安	ku5	ku5	ku4	ku4	ku4	ku4	khu1	khu5
剑阁金仙	ku5	ku5	ku4	ku4	ku4	ku4	khu1	khu1
旺苍	ku2	ku2	ku4	ku4	ku4	ku4	khu1	khu2
苍溪	ku2	ku2	ku4	ku4	ku4	ku4	khu1	khu2
江油	kʊ2	kʊ2	kʊ4	kʊ4	kʊ4	kʊ4	khʊ1	khʊ2
北川	kʊ2	kʊ2	kʊ4	kʊ4	kʊ4	kʊ4	khʊ1	khʊ2
绵阳	kʊ2	kʊ2	kʊ4	kʊ4	kʊ4	kʊ4	khʊ1	khʊ2
盐亭	ko5	ko5	ku4	ku4	ku4	ku4	khu1	kho5
德阳	ku2	ku2	ku4	ku4	ku4	ku4	khu1	khu2
中江	ku2	ku2	ku4	ku4	ku4	ku4	khu1	khu2
射洪	ku5	ku5	ku4	ku4	ku4	ku4	khu1	khu5
蓬溪	ku5	ku5	ku4	ku4	ku4	ku4	khu1	khu5
遂宁	ku2	ku2	ku4	ku4	ku4	ku4	khu1	khu2
乐至	kʊ2	kʊ2	kʊ4	kʊ4	kʊ4	kʊ4	khʊ1	khʊ2
安岳	ku2	ku2	ku4	ku4	ku4	ku4	khu1	khu2
仪陇	kʊ2	kʊ2	kʊ4	kʊ4	kʊ4	kʊ4	khʊ1	khʊ2
西充	ko5	ko5	kʊ4	kʊ4	kʊ4	kʊ4	khʊ1	kho5

字目	谷五谷	谷山谷	故	固	雇	顾	枯	窟
反切	古禄	古禄	古暮	古暮	古暮	古暮	苦胡	苦骨
声韵调	通合一见屋入	通合一见屋入	遇合一见模去	遇合一见模去	遇合一见模去	遇合一见模去	遇合一溪模平	臻合一溪没入
中古音	kuk	kuk	kuo-	kuo-	kuo-	kuo-	khuo	khuot
蓬安	ku2	ku2	ku4	ku4	ku4	ku4	khu1	khu2
南充金台	kʊ2	kʊ2	kʊ4	kʊ4	kʊ4	kʊ4	khʊ1	khʊ2
南充龙蟠	ko5	ko5	ku4	ku4	ku4	ku4	khu1	kho5
岳池	kʊ2	kʊ2	kʊ4	kʊ4	kʊ4	kʊ4	khʊ1	khʊ2
广安	kʊ2	kʊ2	kʊ4	kʊ4	kʊ4	kʊ4	khʊ1	khʊ2
邻水	kʊ5	kʊ5	kʊ4	kʊ4	kʊ4	kʊ4	khʊ1	khʊ5
南江	ku2 ku5 旧	ku2 ku5 旧	ku4	ku4	ku4	ku4	khu1	khu5
巴中	ku2 ku5 旧	ku2 ku5 旧	ku4	ku4	ku4	ku4	khu1	khu5
通江	kʊ5	kʊ5	kʊ4	kʊ4	kʊ4	kʊ4	khʊ1	khʊ1 khʊ5 旧
平昌	ku2	ku2	ku4	ku4	ku4	ku4	khu1	khu2
万源	ku2	ku2	ku4	ku4	ku4	ku4	khu1	khu2
宣汉	ku2	ku2	ku4	ku4	ku4	ku4	khu1	khu2
达州	ku3	ku3	ku4	ku4	ku4	ku4	khu1	khu2
开江	ku2	ku2	ku4	ku4	ku4	ku4	khu1	khu2
渠县	ku2	ku2	ku4	ku4	ku4	ku4	khu1	khu2
宜宾	kɵ5	kɵ5	ku4	ku4	ku4	ku4	khu1	khɵ5
古蔺	ku4	ku4	ku4	ku4	ku4	ku4	khu1	kho5
长宁	ku5	ku5	ku4	ku4	ku4	ku4	khu1	khu2
顾县	ku2	ku2	ku4	ku4	ku4	ku4	khu1	khu1
成都龙泉	kuʔ5	kuʔ5	ku4	ku4	ku4	ku4	khu1	khu1

字目	哭	苦	库	裤	酷	呼	忽	胡二胡
反切	空谷	康杜	苦故	苦故	苦沃	荒乌	呼骨	户吴
声韵调	通合一溪屋入	遇合一溪模上	遇合一溪模去	遇合一溪模去	通合一溪沃入	遇合一晓模平	臻合一晓没入	遇合一匣模平
中古音	khuk	khuo:	khuo-	khuo-	khuok	huo	huot	ɦuo
广元	khu2	khu3	khu4	khu4	khu2	xu1	xu1	xu2
平武	khu2	khu3	khu4	khu4	khu2	fu1	fu2	fu2
青川	khu2	khu3	khu4	khu4	khu2	fu1	fu2	fu2
剑阁普安	khu5	khu3	khu4	khu4	khu4	fu1	fu5	fu2
剑阁金仙	khu5	khu3	khu4	khu4	khu4	fu1	xu5	fu2
旺苍	khu2	khu3	khu4	khu4	khu2	xu1	xu2	xu2
苍溪	khu2	khu3	khu4	khu4	khu2	xu1	xu2	xu2
江油	khʊ2	khʊ3	khʊ4	khʊ4	khʊ2	fʊ1	fʊ2	fʊ2
北川	khʊ2	khʊ3	khʊ4	khʊ4	khʊ2	fʊ1	fʊ2	fʊ2
绵阳	khʊ2	khʊ3	khʊ4	khʊ4	khʊ2	fʊ1	fʊ2	fʊ2
盐亭	kho5	khu3	khu4	khu4	kho5	fu1	xo5	fu2
德阳	khu2	khu3	khu4	khu4	khoŋ2	fu1	xo2	fu2
中江	khu2	khu3	khu4	khu4	khu4	fu1	fu2	fu2
射洪	khu5	khu3	khu4	khu4	kho5	fu1	xo5	fu2
蓬溪	khu5	khu3	khu4	khu4	kho5	fu5	fu5	fu2
遂宁	khu2	khu3	khu4	khu4	khu2	fu1	fu2	fu2
乐至	khʊ2	khʊ3	khʊ4	khʊ4	khʊ4	fʊ1	fʊ2	fʊ2
安岳	khu2	khu3	khu4	khu4	khu2	fu1	fu2	fu2
仪陇	khʊ2	khʊ3	khʊ4	khʊ4	khʊ4	fʊ1	fʊ2	fʊ2
西充	kho5	khʊ3	khʊ4	khʊ4	kho5	fʊ1	xo5	fʊ2

字目	哭	苦	库	裤	酷	呼	忽	胡二胡
反切	空谷	康杜	苦故	苦故	苦沃	荒乌	呼骨	户吴
声韵调	通合一溪屋入	遇合一溪模上	遇合一溪模去	遇合一溪模去	通合一溪沃入	遇合一晓模平	臻合一晓没入	遇合一匣模平
中古音	khuk	khuo:	khuo-	khuo-	khuok	huo	huot	ɦuo
蓬安	khu2	khu3	khu4	khu4	khu2	fu1	fu2	fu2
南充金台	khʊ2	khʊ3	khʊ4	khʊ4	khʊ2	fʊ1	fʊ2	fʊ2
南充龙蟠	kho5	khu3	khu4	khu4	kho5	fu1	xo5	fu2
岳池	khʊ2	khʊ3	khʊ4	khʊ4	khʊ2	fʊ1	fʊ2	fʊ2
广安	khʊ2	khʊ3	khʊ4	khʊ4	khʊ2	fʊ1	fʊ2	fʊ2
邻水	khʊ5	khʊ3	khʊ4	khʊ4	khʊ5	fʊ1	fʊ5	fʊ2
南江	khu2 khu5 旧	khu3	khu4	khu4	khu1	fu1 xu1 旧	xu2 xu5 旧	xu2
巴中	khu5	khu3	khu4	khu4	khu1 khu5 旧	xu1	fu5	xu5
通江	khʊ5	khʊ3	khʊ4	khʊ4	khʊ3 khʊ5 旧	xʊ1	xʊ2	xʊ2
平昌	khu2	khu3	khu4	khu4	khu2	fu1	fu2	fu2
万源	khu2	khu3	khu4	khu4	khu4	fu1	fu2	fu2
宣汉	khu2	khu3	khu4	khu4	khu3	fu1	fu2	fu2
达州	khu2	khu3	khu4	khu4	khu4	fu1	fu2	fu2
开江	khu2	khu3	khu4	khu4	khu4	fu1	fu2	xu2
渠县	khu2	khu3	khu4	khu4	khu2	fu1	fu2	fu2
宜宾	khɵ5	khu3	khu4	khu4	khɵ5	fu1	xɵ5	fu2
古蔺	kho5	khu3	khu4	khu4	khu4	fu1	xo5	fu2
长宁	khu5	khu3	khu4	khu4	khu5	fu1	xu5	fu2
顾县	khu2	khu3	khu4	khu4	khu4	fu1	fu2	fu2
成都龙泉	khuʔ5	fu3	khu4	fu4	khu5	fu1	fuʔ5	fu2

字目	胡胡须	湖	糊	狐	壶	核果核	虎	户
反切	户吴	户吴	户吴	户吴	户吴	户骨	呼古	侯古
声韵调	遇合一匣模平	遇合一匣模平	遇合一匣模平	遇合一匣模平	遇合一匣模平	臻合一匣没入	遇合一晓模上	遇合一匣模上
中古音	ɣuo	ɣuo	ɣuo	ɣuo	ɣuo	ɣuot	huo:	ɣuo:
广元	xu2	xu2	xu2	xu2	xu2	xu2	xu3	xu4
平武	fu2	fu2	fu2	fu2	fu2	xe2 文	fu3	fu4
青川	fu2	fu2	fu2	fu2	fu2	fu2	fu3	fu4
剑阁普安	fu2	fu2	fu2	fu2	fu2	fu2	fu3	fu4
剑阁金仙	fu2	fu2	fu2	fu2	fu2	fu2	fu3	fu4
旺苍	xu2	xu2	xu2	xu2	xu2	xu2	xu3	xu4
苍溪	xu2	xu2	xu1 xu2	xu2	xu2	xu2	xu3	xu4
江油	fʊ2	fʊ2	fʊ2	fʊ2	fʊ2	fʊ2	fʊ3	fʊ4
北川	fʊ2	fʊ2	fʊ2	fʊ2	fʊ2	fʊ1	fʊ3	fʊ4
绵阳	fʊ2	fʊ2	fʊ2	fʊ2	fʊ2	fʊ2	fʊ3	fʊ4
盐亭	fu2	fu2	fu2	fu2	fu2	fu5	fu3	fu4
德阳	fu2	fu2	fu2	fu2	fu2	xe2 文	fu3	xu4
中江	fu2	fu2	fu2	fu2	fu2	xe2 文	fu3	vu4
射洪	fu2	fu2	fu2	fu2	fu2	xe5 文	fu3	fu4
蓬溪	fu2	fu2	fu2	fu2	fu2	xe2 文	fu3	fu4
遂宁	fu2	fu2	fu2	fu2	fu2	xe2 文	fu3	fu4
乐至	fʊ2	fʊ2	fʊ2	fʊ2	fʊ2	fʊ2	fʊ3	fʊ4
安岳	fu2	fu2	fu2	fu2	fu2	xe2 文	fu3	fu4
仪陇	fʊ2	fʊ2	fʊ2	fʊ2	fʊ2	xe2 文	fʊ3	fʊ4
西充	fʊ2	fʊ2	fʊ2	fʊ2	fʊ2	xe5 文	fʊ3	fʊ4

字目	胡_{胡须}	湖	糊	狐	壶	核_{果核}	虎	户
反切	户吴	户吴	户吴	户吴	户吴	户骨	呼古	侯古
声韵调	遇合一 匣模平	遇合一 匣模平	遇合一 匣模平	遇合一 匣模平	遇合一 匣模平	臻合一 匣没入	遇合一 晓模上	遇合一 匣模上
中古音	ɦuo	ɦuo	ɦuo	ɦuo	ɦuo	ɦuot	huo:	ɦuo:
蓬安	fu2	fu2	fu2	fu2	fu2	xe2 文	fu3	fu4
南充_{金台}	fʊ2	fʊ2	fʊ2	fʊ2	fʊ2	xe2 文	fʊ3	fʊ4
南充_{龙蟠}	fu2	fu2	fu2	fu2	fu2	fu5	fu3	fu4
岳池	fʊ2	fʊ2	fʊ2	fʊ2	fʊ2	kʊ2	fʊ3	fʊ4
广安	fʊ2	fʊ2	fʊ2	fʊ2	fʊ2	kʊ2	fʊ3	fʊ4
邻水	fʊ2	fʊ2	fʊ2	fʊ2	fʊ2	fʊ5	fʊ3	fʊ4
南江	xu2	xu2	xu2	xu2	xu2	xu5	fu3 xu3 旧	fu4 xu4 旧
巴中	xu5	xu2	xu2	xu5	xu5	fu2 fu5 旧	fu3	fu4
通江	xʊ2	xʊ2	xʊ2	xʊ2	xʊ2	xʊ2 xʊ5 旧	xʊ3	xʊ4
平昌	fu2	fu2	fu2	fu2	fu2	fu2	fu3	fu4
万源	fu2	fu2	fu2	fu2	fu2	xe2 文	fu3	fu4
宣汉	fu2	fu2	fu2	fu2	fu2	xe2 文	fu3	fu4
达州	fu2	fu2	fu2	fu2	fu2	xe2 文	fu3	fu4
开江	xu2	fu2	fu2	xu2	xu2	xe2 文	fu3	xu4
渠县	fu2	fu2	fu2	fu2	fu2	xe2 文	fu3	fu4
宜宾	fu2	fu2	fu2	fu2	fu2	xθ5	fu3	fu4
古蔺	fu2	fu2	fu2	fu2	fu2	xʊ5	fu3	fu4
长宁	fu2	fu2	fu2	fu2	fu2	xu5	fu3	fu4
顾县	fu2	fu2	fu2	fu2	fu2	ku2	fu3	fu4
成都_{龙泉}	fu2	fu2	fu2	fu2	fu2	fu2	fu3	fu4

字目	互	护	乌	屋	吴	梧	无有无	五
反切	胡误	胡误	哀都	乌谷	五乎	五乎	武夫	疑古
声韵调	遇合一 匣模去	遇合一 匣模去	遇合一 影模平	通合一 影屋入	遇合一 疑模平	遇合一 疑模平	遇合三 微虞平	遇合一 疑模上
中古音	ɦuo-	ɦuo-	ʔuo	ʔuk	ŋuo	ŋuo	mio	ŋuo:
广元	xu4	xu4	vu1	vu2	vu2	vu2	vu2	vu3
平武	fu4	fu4	u1	u2	u2	u2	u2	u3
青川	fu4	fu4	u1	u2	u2	u2	u2	u3
剑阁普安	fu4	fu4	vu1	vu5	vu2	vu2	vu5	vu3
剑阁金仙	fu4	fu4	vu1	u5	u2	u2	u5	u3
旺苍	xu4	xu4	u1	u2	u2	u2	u2	u3
苍溪	xu4	xu4	u1	u2	u2	u2	u2	u3
江油	fʊ4	fʊ4	vʊ1	vʊ2	vʊ2	vʊ2	vʊ2	vʊ3
北川	fʊ4	fʊ4	vʊ1	vʊ2	vʊ2	vʊ2	vʊ2	vʊ3
绵阳	fʊ4	fʊ4	vʊ1	vʊ2	vʊ2	vʊ2	vʊ2	vʊ3
盐亭	fu4	fu4	vu1	o5	vu2	vu2	vu2	vu3
德阳	xu4	xu4	vu1	vu2	vu2	vu2	vu2	vu3
中江	fu4	fu4	vu1	vu2	vu2	vu2	vu2	vu3
射洪	fu4	fu4	vu1	vu5	vu2	vu2	vu2	vu3
蓬溪	fu4	fu4	u1	u5	u2	u2	u2	u3
遂宁	fu4	fu4	u1	u2	u2	u2	u2	u3
乐至	fʊ4	fʊ4	vʊ1	vʊ2	vʊ2	vʊ2	vʊ2	vʊ3
安岳	fu4	fu4	vu1	vu2	vu2	vu2	vu2	vu3
仪陇	fʊ4	fʊ4	vʊ1	vʊ2	vʊ2	vʊ2	vʊ2	vʊ3
西充	fʊ4	fʊ4	vʊ1	o5	vʊ2	vʊ2	vʊ2	vʊ3

字目	互	护	乌	屋	吴	梧	无有无	五
反切	胡误	胡误	哀都	乌谷	五乎	五乎	武夫	疑古
声韵调	遇合一匣模去	遇合一匣模去	遇合一影模平	通合一影屋入	遇合一疑模平	遇合一疑模平	遇合三微虞平	遇合一疑模上
中古音	ɦuo-	ɦuo-	ʔuo	ʔuk	ŋuo	ŋuo	mio	ŋuo:
蓬安	fu4	fu4	vu1	vu2	vu2	vu2	vu2	vu3
南充金台	fʊ4	fʊ4	vʊ1	vʊ2	vʊ2	vʊ4	vʊ2	vʊ3
南充龙蟠	fu4	fu4	vu1	o5	vu2	vu2	vu2	vu3
岳池	fʊ4	fʊ4	vʊ1	vʊ2	vʊ2	vʊ2	vʊ2	vʊ3
广安	fʊ4	fʊ4	ɸʊ1	ɸʊ2	ɸʊ2	ɸʊ2	ɸʊ2	ɸʊ3
邻水	fʊ4	fʊ4	vʊ1	vʊ5	vʊ2	vʊ2	vʊ2	vʊ3
南江	fu4 xu4 旧	xu4	u1	u5	u2	u2	u5	u3
巴中	fu4	fu4	u1	u2 u5 旧	u2	u2	u2	u3
通江	xʊ4	xʊ4	ʊ1	ʊ5	ʊ2	ʊ2	ʊ2	ʊ3
平昌	fu4	fu4	u1	u2	u2	u2	u2	u3
万源	fu4	fu4	u1	u2	u2	u2	u2	u3
宣汉	fu4	fu4	u1	u2	u2	u2	u2	u3
达州	fu4	fu4	u1	u2	u2	u2	u2	u3
开江	fu4	fu4	u1	u2	u2	u2	u2	u3
渠县	fu4	xu4	u1	u2	u2	u3	u2	u3
宜宾	fu4	fu4	vu1	uɵ5 vɵ5	vu2	vu2	vu2	vu3
古蔺	fu4	fu4	vu1	vo5	vu2	vu2	vu2	vu3
长宁	fu4	fu4	vu1	u5	vu2	vu2	u2	vu3
顾县	fu4	fu4	vu1	vu2	vu2	vu1	vu2	vu3
成都龙泉	fu4	fu4	vu1	vuʔ5	m̩2	vu2	mau2	m̩3

字目	伍队伍	午	武	舞	误	悟	恶厌恶	务
反切	疑古	疑古	文甫	文甫	五故	五故	乌路	亡遇
声韵调	遇合一 疑模上	遇合一 疑模上	遇合三 微虞上	遇合三 微虞上	遇合一 疑模去	遇合一 疑模去	遇合一 影模去	遇合三 微虞去
中古音	ŋuo:	ŋuo:	mio:	mio:	ŋuo-	ŋuo-	ʔuo-	mio-
广元	vu3	vu3	vu3	vu3	vu4	vu4	vu4	vu4
平武	u3	u3	u3	u3	u4	u2	u4	u4
青川	u3	u3	u3	u3	u4	u2	u4	u4
剑阁普安	vu3	vu3	vu3	vu3	vu4	vu2	vu4	vu4
剑阁金仙	u3	u3	u3	u3	u4	u2	u4	u4
旺苍	u3	u3	u3	u3	u4	u4	u4	u4
苍溪	u3	u3	u3	u3	u4	u4	u4	u4
江油	vʊ3	vʊ3	vʊ3	vʊ3	vʊ4	vʊ4	vʊ4	vʊ4
北川	vʊ3	vʊ3	vʊ3	vʊ3	vʊ4	vʊ4	vʊ4	vʊ4
绵阳	vʊ3	vʊ3	vʊ3	vʊ3	vʊ4	vʊ4	vʊ4	vʊ4
盐亭	vu3	vu3	vu3	vu3	vu4	vu4	vu4	vu4
德阳	vu3	vu3	vu3	vu3	vu4	vu4	ŋo2 俗	vu4
中江	vu3	vu3	vu3	vu3	vu4	vu4	vu4	vu4
射洪	vu3	vu3	vu3	vu3	vu4	vu4	vu4	vu4
蓬溪	u3	u3	u3	u3	u4	u4	u4	u4
遂宁	u3	u3	u3	u3	u4	u4	ŋo2 俗	u4
乐至	vʊ3	vʊ3	vʊ3	vʊ3	vʊ4	vʊ4	vʊ4	vʊ4
安岳	vu3	vu3	vu3	vu3	vu4	vu4	ŋo2 俗	vu4
仪陇	vʊ3	vʊ3	vʊ3	vʊ3	vʊ4	vʊ2	vʊ4	vʊ4
西充	vʊ3	vʊ3	vʊ3	vʊ3	vʊ4	vʊ4	vʊ4	vʊ4

字目	伍队伍	午	武	舞	误	悟	恶厌恶	务
反切	疑古	疑古	文甫	文甫	五故	五故	乌路	亡遇
声韵调	遇合一 疑模上	遇合一 疑模上	遇合三 微虞上	遇合三 微虞上	遇合一 疑模去	遇合一 疑模去	遇合一 影模去	遇合三 微虞去
中古音	ŋuoː	ŋuoː	mɨoː	mɨoː	ŋuo˗	ŋuo˗	ʔuo˗	mɨo˗
蓬安	vu3	vu3	vu3	vu3	vu4	vu4	ŋo2 俗	vu4
南充金台	vʊ3	vʊ3	vʊ3	vʊ3	vʊ4	vʊ4	vʊ4	vʊ4
南充龙蟠	vu3	vu3	vu3	vu3	vu4	vu4	vu4	vu4
岳池	vʊ3	vʊ3	vʊ3	vʊ3	vʊ4	vʊ4	vʊ4	vʊ4
广安	ɸʊ3	ɸʊ3	ɸʊ3	ɸʊ3	ɸʊ4	ɸʊ2	ɸʊ4	ɸʊ4
邻水	vʊ3	vʊ3	vʊ3	vʊ3	vʊ4	vʊ4	vʊ4	vʊ4
南江	u3	u3	u3	u3	u4	u4	u4	u4
巴中	u3	u3	u3	u3	u4	u4	u4	u4
通江	ʊ3	ʊ3	ʊ3	ʊ3	ʊ4	ʊ4	ʊ4	ʊ4
平昌	u3	u3	u3	u3	u4	u4	u4	u4
万源	u3	u3	u3	u3	u4	u2	u4	u4
宣汉	u3	u3	u3	u3	u4	u2	u4	u4
达州	u3	u3	u3	u3	u4	u4	u4	u4
开江	u3	u3	u3	u3	u4	u4	u4	u4
渠县	u3	u3	u3	u3	u4	u4	u4	u4
宜宾	vu3	vu3	vu3	vu3	vu4	vu4	vu4	vu4
古蔺	vu3	vu3	vu3	vu3	vu4	vu4	vu4	vu4
长宁	vu3	vu3	u3	u3	vu4	vu4	vu4	u4
顾县	vu3	vu3	vu3	vu3	vu4	vu4	vu4	vu4
成都龙泉	m̩3	m̩3	m̩3	m̩3	vu4	vu4	vu1	vu4

字目	雾	物	勿	女	驴	吕	旅	缕
反切	亡遇	文弗	文弗	尼吕	力居	力举	力举	力主
声韵调	遇合三 微虞去	臻合三 微物入	臻合三 微物入	遇合三 泥鱼上	遇合三 来鱼平	遇合三 来鱼上	遇合三 来鱼上	遇合三 来虞上
中古音	mio-	miut	miut	ŋiʌ:	liʌ	liʌ:	liʌ:	lio:
广元	vu4	o2	o2	ȵy3	nu2 ny2 新	ny3	ny3	ny3
平武	u4	u2	u2	ȵy3	nu2 ny2 新	ny3	ny3	ny4
青川	u4	u2	o2	ȵy3	nu2	nuei3	ny3	nuei3 ny3
剑阁普安	vu4	vu5	u5	ȵy3	nu2	ny3	ny3	nəu3 俗
剑阁金仙	u4	u5	u5	ȵʉ3	nʉ2	nʉ3	nʉ3	nəu3 俗
旺苍	u4	u2	u2	ȵy3	nu2	ny3	ny3	nuei3
苍溪	u4	u2	u2	ȵy3	lu2	ly3	ly3	ly3
江油	vʊ4	o2	o2	ȵy3	nʊ2	ny3	ny3	nəu3 俗
北川	vʊ4	o2	o2	ȵy3	ny2	ny3	ny3	ny4
绵阳	vʊ4	vʊ2	vʊ2	y3	nʊ2	ny3	ny3	nəu3 俗
盐亭	vu4	o5	o5	ȵy3	lu2	ly3	lu3	ləu3 俗
德阳	vu4	vu2 o2 旧	vu2 o2 旧	ȵy3	nu2 ny2 新	ny3	ny3	nəu3 俗 ny3 新
中江	vu4	vu2	vu4	ȵiu3	lu2 li2 新	liu3	liu3	liu3
射洪	vu4	vu5 o5 旧	vu5 o5 旧	ȵy3	nu2 ny2 新	ny3	ny3	nəu3 俗 ny3 新
蓬溪	u4	u5 o5 旧	u5 o5 旧	ȵy3	nu2 ny2 新	nuei3	ny3	nəu3 俗 ny3 新
遂宁	u4	u2 o2 旧	u2 o2 旧	ȵy3	nu2 ny2 新	ny3	ny3	nəu3 俗 ny3 新
乐至	vʊ4	vʊ4	vʊ2	ȵy3	nʊ2	ny3	ny3	ny3
安岳	vu4	vu2	vu2	ȵy3	nu2	nuei3	ny3	ny3
仪陇	vʊ4	vʊ2	vʊ2	ȵy3	ny2	ny3	ny3	nəu3 俗 ny3 新
西充	vʊ4	o5	o5	ȵy3	nu2	nʊ3	ny3	nəu3 俗

字目	雾	物	勿	女	驴	吕	旅	缕
反切	亡遇	文弗	文弗	尼吕	力居	力举	力举	力主
声韵调	遇合三微虞去	臻合三微物入	臻合三微物入	遇合三泥鱼上	遇合三来鱼平	遇合三来鱼上	遇合三来鱼上	遇合三来虞上
中古音	mio-	miut	miut	ŋiʌ:	liʌ	liʌ:	liʌ:	lio:
蓬安	vu4	vu2	vu2	ȵy3	nu2	ny3	ny3	nəu3 俗
南充金台	vʊ4	vʊ2	vʊ4	ȵy3	nʊ2	ny3	ny3	nəu3 俗
南充龙蟠	vu4	vu5	vu5	ȵy3	nu2	ny3	ny3	ny3
岳池	vʊ4	vʊ2	vʊ2	ȵy3	nʊ2	nuei3	ny3	nəu3 俗
广安	ɸʊ4	ɸʊ4 ɸo2 旧	ɸʊ4 ɸo2 旧	ny3	nʊ2	nuei3	ny3	ny3
邻水	vʊ4	vʊ5	vʊ5	ȵy3	nʊ2	ny3	ny3	nəu3 俗
南江	u4	u5	uʌ5	ȵy3	lo5	ly3	ly3	ləu3 俗 ly3 新
巴中	u4	u5	u2 u5 旧	ȵy3	lu2	luei3 ly3 新	ly3	ləu3 俗 ly3 新
通江	ʊ4	ʊ5	ʊ4 ʊ5 旧	ȵy3	lʊ2	ly3	ly3	ləu3 俗 ly3 新
平昌	u4	u2	u2	ŋy3	lu2	ly3	ly3	ləu3 俗 ly3 新
万源	u4	u2	u2	ȵy3	ny2	ny3	ny3	nəu3 俗
宣汉	u4	u2	u2	ȵy3	nu2	ny3	ny3	nəu3 俗
达州	u4	u2	u2	ny3	ny2	ny3	ny3	ny3
开江	u4	u2	u2	ny3	nu2	ny3	ny3	nəu3 俗
渠县	u4	u2	u2	y3	nu2	y3	y3	nəu3 俗
宜宾	vu4	uɵ5 vɵ5	vɵ5	ny3	nu2	ny3	ny3	nəu3 俗 ny3 新
古蔺	vu4	vo5	vu5	ny3	nu2	ȵy3	ny3	nəu3 ny3 新
长宁	u4	u5	u5	ȵy3	lu2	ly3	ly3	ly3
顾县	vu4	vu2	vu4	y3	nəu2	nuei3	ny3	nəu3 俗
成都龙泉	vu4	vuʔ5	vuʔ5	ȵy3	ly2	ly1	li1	liəu1 俗 ly1 新

字目	屡	虑	*滤	律	率①效率	绿	居	车车马炮
反切	良遇	良倨	*良据	吕恤	*劣戌	力玉	九鱼	九鱼
声韵调	遇合三 来虞去	遇合三 来鱼去	遇合三 来鱼去	臻合三 来术入	臻合三 来术入	通合三 来烛入	遇合三 见鱼平	遇合三 见鱼平
中古音	lio-	liʌ-	liʌ-	liuɪt	liuɪt	liok	kiʌ	kiʌ
广元	ny3	ny4	ny4	nu2	so2	nu2	tɕy1	tɕy1
平武	nəu3 俗	ny4	ny4	nu2 ny2 新	ny2	nu2 ny2 新	tɕy1	tɕy1
青川	nuei3	ny4	ny4	nu2	nu2	nu2	tɕy1	tɕy1
剑阁普安	ny3	ny4	ny4	nu5	ny2	nu5	tɕy1	tɕy1
剑阁金仙	nuei3	nʉ4	nʉ4	nu5	so5	nu5	tɕy1	tɕy1
旺苍	nuei3	ny4	ny4	nu2	ny2	nu2	tɕy1	tɕy1
苍溪	luəi3 ly3 新	ly4	ly4	lu2 ly2 新	lu2 ly2 新	lu2 ly2 新	ky1	ky1
江油	nuei3	ny4	ny4	nʊ2	ny2	nu2 ny2 新	tɕy1	tɕy1
北川	nəu3 俗	ny4	ny4	nʊ2	so2	nu2 ny2 新	tɕy1	tɕy1
绵阳	nəu3 俗	ny4	ny4	nʊ2	ny2	nʊ2 ny2 新	tɕy1	tɕy1
盐亭	ləu3 俗	ly4	ly4	lo5	so5	nu2 ny2 新	tɕy1	tɕy1
德阳	nəu3 俗 ny3 新	ny4	ny4	nu2 ny2 新	nu2 ny2 新②	nu2 ny2 新	tɕy1	tɕy1
中江	luei3	liu4	liu4	lu2	liu2	lu2	tɕiu1	tɕiu1
射洪	nəu3 俗 ny3 新	ny4	ny4	nu5	ny5	lu2 ly2 新	tɕy1	tɕy1
蓬溪	nəu3 俗 ny3 新	ny4	ny4	nu5	so5	nu2 ny2 新	tɕy1	tɕy1
遂宁	nəu3 俗 ny3 新	ny4	ny4	nu2 ny2 新	nu2 ny2 新	nu2 ny2 新	tɕy1	tɕy1
乐至	ny3	ny4	ny4	nʊ2	ny2	nʊ2	tɕy1	tɕy1
安岳	nuei3	ny4	ny4	nu2	no2	ny2	tɕy1	tɕy1
仪陇	nəu3 俗 ny3	ny4	ny4	ny2	so3 ny3	nʊ2 ny2 新	tɕy1	tɕy1
西充	nəu3 俗	nʊ4	nʊ4	no5	so5	no5	tɕy1	tɕy1

---

① 又所律切，臻合三生术入。 ② 又音 so2。

字目	屡	虑	*滤	律	率①效率	绿	居	车车马炮
反切	良遇	良倨	*良据	吕恤	*劣戌	力玉	九鱼	九鱼
声韵调	遇合三 来虞去	遇合三 来鱼去	遇合三 来鱼去	臻合三 来术入	臻合三 来术入	通合三 来烛入	遇合三 见鱼平	遇合三 见鱼平
中古音	lio-	liʌ-	liʌ-	liuɪt	liuɪt	liok	kiʌ	kiʌ
蓬安	nəu3 俗	ny4	ny4	nu2	ny2	ny2	tɕy1	tɕy1
南充金台	nuei3	ny4	ny4	nʊ2	so2	nʊ2	tɕy1	tɕy1
南充龙蟠	nuei3	ny4	ny4	no5	ʂo5	no5	tɕy1	tɕy1
岳池	nuei3	ny4	ny4	nʊ2	so2	nʊ2	tɕy1	tɕy1
广安	nuei3	ny4	ny4	nʊ2	so2	nʊ2	tɕy1	tɕy1
邻水	nuei3	nuei4	nuei4	nʊ5	nʊ5	nʊ5	tɕy1	tɕy1
南江	ləu3 俗 ly3 新	ly4	ly4	lu5	lu5	lu5 ly5 新	tɕy1	tɕy1
巴中	ləu3 俗 ly3 新	ly4	ly4	lu2 ly2 新	lu2 ly2 新	lu2 ly2 新	tɕy1	tɕy1
通江	ləu3 俗 ly3 新	ly4	ly4	lʊ2 lʊ5 旧	ly2 ly5 旧	lʊ2 lʊ5 旧	tɕy1	tɕy1
平昌	ləu3 俗 ly3 新	ly4	ly4	lu2 ly2 新	lu2 ly2 新	lu2 ly2 新	tɕy1	tɕy1
万源	nəu3 俗	ny4	ny4	ny2	ny2	ny2	tɕy1	tɕy1
宣汉	nəu3 俗	nuei4	y4	nu2	so2	nu2	tɕy1	tɕy1
达州	ny3	ny4	ny4	ny2	ny2	ny2	tɕy1	tɕy1
开江	nei3	nuei4	y4	ny2	ny2	ny2	tɕy1	tɕy1
渠县	nəu3 俗	y4	y4	nu2	so2	nu2	tɕy1	tɕy1
宜宾	nuei3 ny3 新	ny4	ny4	nɵ5	nɵ5	nɵ5	tɕy1	tɕy1
古蔺	nuəi3 ny3 新	ny4	ny4	no5	no5	no5	tɕy1	tɕy1
长宁	ly3	ly4	ly4	lu5	ly2	lu2 ly2 新	tɕy1	tɕy1
顾县	nəu3 俗	ny4	ny4	nu2	ny2	nəu2	tɕy1	tɕy1
成都龙泉	lieu1 ly1 新	li4	li4	luʔ6	liʔ6	lieu6 lioʔ6	tɕy1	tɕy1

① 又所律切，臻合三生术入。

字目	拘	驹	橘	菊	局	举	据	锯
反切	举朱	举朱	居聿	居六	渠玉	居许	居御	居御
声韵调	遇合三 见虞平	遇合三 见虞平	臻合三A 见术入	通合三 见屋入	通合三 群烛入	遇合三 见鱼上	遇合三 见鱼去	遇合三 见鱼去
中古音	kio	kio	kiuɪt	kiuk	giok	kiʌ:	kiʌ-	kiʌ-
广元	tɕy1	tɕy1	tɕy2	tɕy2	tɕy2	tɕy3	tɕy4	tɕy4
平武	tɕy1	tɕy1	tɕy2	tɕy2	tɕy2	tɕy3	tɕy4	tɕy4
青川	tɕy1	tɕy1	tɕy2	tɕy2	tɕy2	tɕy3	tɕy4	tɕy4
剑阁普安	tɕy1	tɕy1	tɕy5	tɕy5	tɕy5	tɕy3	tɕy4	tɕy4
剑阁金仙	tɕy1	tɕy1	tɕiu5	tɕiu5	tɕiu5	tɕy3	tɕy4	tɕy4
旺苍	tɕy1	tɕy1	tɕy2	tɕy2	tɕy2	tɕy3	tɕy4	tɕy4
苍溪	tɕy1	tɕy1	tɕy2	tɕio2	kiəu2	tɕy3	tɕy4	tɕy4
江油	tɕy1	tɕy1	tɕy2	tɕy2	tɕy2	tɕy3	tɕy4	tɕy4
北川	tɕy1	tɕy1	tɕy2	tɕy2	tɕy2	tɕy3	tɕy4	tɕy4
绵阳	tɕy1	tɕy1	tɕy2	tɕy2	tɕy2	tɕy3	tɕy4	tɕy4
盐亭	tɕy1	tɕy1	tɕy5	tɕio5	tɕio5	tɕy3	tɕy4	tɕy4
德阳	tɕy1	tɕy1	tɕy2	tɕy2	tɕy2	tɕy3	tɕy4	tɕy4
中江	tɕiu1	tɕiu1	tɕiu2	tɕiu2	tɕiu2	tɕiu3	tɕiu4	tɕiu4
射洪	tɕy1	tɕy1	tɕy5	tɕy5	tɕy5	tɕy3	tɕy4	tɕy4
蓬溪	tɕy1	tɕy1	tɕi5	tɕy5	tɕy5	tɕy3	tɕy4	tɕy4
遂宁	tɕy1	tɕy1	tɕy2	tɕy2	tɕy2	tɕy3	tɕy4	tɕy4
乐至	tɕy1	tɕy1	tɕy2	tɕy2	tɕy2	tɕy3	tɕy4	tɕy4
安岳	tɕy1	tɕy1	tɕio2	tɕio2	tɕio2	tɕy3	tɕy4	tɕy4
仪陇	tɕy1	tɕy1	tɕy2	tɕy2	tɕy2	tɕy3	tɕy4	tɕy4
西充	tɕy1	tɕy1	tɕi5	tɕio5	tɕio5	tɕy3	tɕy4	tɕy4

字目	拘	驹	橘	菊	局	举	据	锯
反切	举朱	举朱	居聿	居六	渠玉	居许	居御	居御
声韵调	遇合三 见虞平	遇合三 见虞平	臻合三A 见术入	通合三 见屋入	通合三 群烛入	遇合三 见鱼上	遇合三 见鱼去	遇合三 见鱼去
中古音	kɪo	kɪo	kiuɪt	kɨuk	gɨok	kɨʌ:	kɨʌ-	kɨʌ-
蓬安	tɕy1	tɕy1	tɕy2	tɕy2	tɕy2	tɕy3	tɕy4	tɕy4
南充金台	tɕy1	tɕy1	tɕy2	tɕy2	tɕy2	tɕy3	tɕy4	tɕy4
南充龙蟠	tɕy1	tɕy1	tɕy5	tɕye5	tɕio5	tɕy3	tɕy4	tɕy4
岳池	tɕy1	tɕy1	tɕy2	tɕy2	tɕy2	tɕy3	tɕy4	tɕy4
广安	tɕy1	tɕy1	tɕy2	tɕy2	tɕy2	tɕy3	tɕy4	tɕy4
邻水	tɕy1	tɕy1	tɕyu5	tɕyu5	tɕyu5	tɕy3	tɕy4	tɕy4
南江	tɕy1	tɕy1	tɕy5	tɕy2 tɕy5 旧	tɕy5	tɕy3	tɕy4	tɕy4
巴中	tɕy1	tɕy1	tɕy2 tɕy5 旧	tɕy2 tɕy5 旧	tɕy5	tɕy3	tɕy4	tɕy4
通江	tɕy1	tɕy1	tɕy5	tɕy5	tɕy5	tɕy3	tɕy4	tɕy4
平昌	tɕy1	tɕy1	tɕi2	tɕy2	tɕy2	tɕy3	tɕy4	tɕy4
万源	tɕy1	tɕy1	tɕi2	tɕy2	tɕy2	tɕy3	tɕy4	tɕy4
宣汉	tɕy1	tɕy1	tɕy2	tɕy2	tɕy2	tɕy3	tɕy4	tɕy4
达州	tɕy1	tɕy1	tɕy2	tɕy2	tɕy2	tɕy3	tɕy4	tɕy4
开江	tɕy1	tɕy1	tɕy2	tɕy2	tɕy2	tɕy3	tɕy4	tɕy4
渠县	tɕy1	tɕy1	tɕy2	tɕy2	tɕy2	tɕy3	tɕy4	tɕy4
宜宾	tɕy1	tɕy1	tɕyɵ5	tɕhyɵ5	tɕyɵ5	tɕy3	tɕy4	tɕy4
古蔺	tɕy1	tɕy1	tɕye5	tɕy4	tɕy5	tɕy3	tɕy4	tɕy4
长宁	tɕy1	tɕy1	tɕiu2	tɕhiu5	tɕiu5	tɕy3	tɕy4	tɕy4
顾县	tɕy1	tɕy1	tɕy2	tɕy2	tɕy2	tɕy3	tɕy4	tɕy4
成都龙泉	tɕy1	tɕy1	tɕyʔ5	tɕhio5	tɕyʔ5	tɕy3	tɕy4	tɕi4

字目	巨	拒	距	聚	句	具	惧	剧戏剧
反切	其吕	其吕	其吕	慈庾	九遇	其遇	其遇	奇逆
声韵调	遇合三 群鱼上	遇合三 群鱼上	遇合三 群鱼上	遇合三 从虞上	遇合三 见虞去	遇合三 群虞去	遇合三 群虞去	梗开三 群陌入
中古音	giʌ:	giʌ:	giʌ:	dzio:	kio-	gio-	gio-	gɣiak
广元	tɕy4	tɕy4	tɕy4	tɕy4	tɕy4	tɕy4	tɕy4	tɕy4
平武	tɕy4	tɕy4	tɕy4	tɕy4	tɕy4	tɕy4	tɕy4	tɕy4
青川	tɕy4	tɕy4	tɕy4	tɕy4	tɕy4	tɕy4	tɕy4	tɕy4
剑阁普安	tɕy4	tɕy4	tɕy4	tʃy4	tɕy4	tɕy4	tɕy4	tɕy4
剑阁金仙	tɕy4	tɕy4	tɕy4	tsʉ4	tɕy4	tɕy4	tɕy4	tɕy4
旺苍	tɕy4	tɕy4	tɕy4	tsy4	tɕy4	tɕy4	tɕy4	tɕy4
苍溪	tɕy4	tɕy4	tɕy4	tsy4	tɕy4	tɕy4	tɕy4	tɕy4
江油	tɕy4	tɕy4	tɕy4	tɕy4	tɕy4	tɕy4	tɕy4	tɕy4
北川	tɕy4	tɕy4	tɕy4	tɕy4	tɕy4	tɕhy4	tɕhy4	tɕy4
绵阳	tɕy4	tɕy4	tɕy4	tɕy4	tɕy4	tɕy4	tɕy4	tɕy4
盐亭	tɕy4	tɕy4	tɕy4	tɕy4	tɕy4	tɕy4	tɕy4	tɕy4
德阳	tɕy4	tɕy4	tɕy4	tɕy4	tɕy4	tɕy4	tɕy4	tɕy4
中江	tɕiu4	tɕiu4	tɕiu4	tɕiu4	tɕiu4	tɕiu4	tɕiu4	tɕiu4
射洪	tɕy4	tɕy4	tɕy4	tɕy4	tɕy4	tɕy4	tɕy4	tɕy4
蓬溪	tɕy4	tɕy4	tɕy4	tɕy4	tɕy4	tɕy4	tɕy4	tɕy4
遂宁	tɕy4	tɕy4	tɕy4	tɕy4	tɕy4	tɕy4	tɕy4	tɕy4
乐至	tɕy4	tɕy4	tɕy4	tɕy4	tɕy4	tɕy4	tɕy4	tɕy4
安岳	tɕy4	tɕy4	tɕy4	tɕy4	tɕy4	tɕy4	tɕy4	tɕy4
仪陇	tɕy4	tɕy4	tɕy4	tɕy3	tɕy4	tɕy4	tɕy4	tɕy4
西充	tɕy4	tɕy4	tɕy4	tɕy4	tɕy4	tɕy4	tɕy4	tɕy4

字目	巨	拒	距	聚	句	具	惧	剧戏剧
反切	其吕	其吕	其吕	慈庾	九遇	其遇	其遇	奇逆
声韵调	遇合三群鱼上	遇合三群鱼上	遇合三群鱼上	遇合三从虞上	遇合三见虞去	遇合三群虞去	遇合三群虞去	梗开三群陌入
中古音	giʌ:	giʌ:	giʌ:	dzio:	kio-	gio-	gio-	gɣiak
蓬安	tɕy4	tɕy4	tɕy4	tɕy4	tɕy4	tɕy4	tɕy4	tɕy4
南充金台	tɕy4	tɕy4	tɕy4	tɕy4	tɕy4	tɕy4	tɕy4	tɕy4
南充龙蟠	tɕy4	tɕy4	tɕy4	tɕy4	tɕy4	tɕy4	tɕy4	tɕy4
岳池	tɕy4	tɕy4	tɕy4	tɕy4	tɕy4	tɕy4	tɕy4	tɕy4
广安	tɕy4	tɕy4	tɕy4	tɕy4	tɕy4	tɕy4	tɕy4	tɕy4
邻水	tɕy4	tɕy4	tɕy4	tɕy4	tɕy4	tɕy4	tɕy4	tɕy4
南江	tɕy4	tɕy4	tɕy4	tʃy4	tɕy4	tɕy4	tɕy4	tɕy4
巴中	tɕy4	tɕy4	tɕy4	tʃy4	tɕy4	tɕy4	tɕy4	tɕy4
通江	tɕy4	tɕy4	tɕy4	tʃy4	tɕy4	tɕy4	tɕy4	tɕy4
平昌	tɕy4	tɕy4	tɕy4	tʃy4	tɕy4	tɕy4	tɕy4	tɕy4
万源	tɕy4	tɕy4	tɕy4	tʃy4	tɕy4	tɕy4	tɕy4	tɕy4
宣汉	tɕy4	tɕy4	tɕy4	tɕy4	tɕy4	tɕy4	tɕy4	tɕy4
达州	tɕy4	tɕy4	tɕy4	tɕy4	tɕy4	tɕy4	tɕy4	tɕy4
开江	tɕy4	tɕy4	tɕy4	tɕy4	tɕy4	tɕy4	tɕy4	tɕy4
渠县	tɕy4	tɕy4	tɕy4	tɕy4	tɕy4	tɕy4	tɕy4	tɕy4
宜宾	tɕy4	tɕy4	tɕy4	tɕy4	tɕy4	tɕy4	tɕy4	tɕy4
古蔺	tɕy4	tɕy4	tɕy4	tɕy4	tɕy4	tɕy4	tɕy4	tɕy5
长宁	tɕy4	tɕy4	tɕy4	tɕy4	tɕy4	tɕy4	tɕy4	tɕy4
顾县	tɕy4	tɕy4	tɕy4	tɕy4	tɕy4	tɕy4	tɕy4	tɕy4
成都龙泉	tɕy4	tɕi4	tɕy4	tɕy4	tɕy4	tɕy4	tɕy4	tɕy4

字目	剧剧烈	蛆	趋	区区域	驱	躯	屈	曲酒曲
反切	奇逆	七余	七逾	岂俱	岂俱	岂俱	区勿	驱匊
声韵调	梗开三 群陌入	遇合三 清鱼平	遇合三 清虞平	遇合三 溪虞平	遇合三 溪虞平	遇合三 溪虞平	臻合三 溪物入	通合三 溪屋入
中古音	gɣiak	tshiʌ	tshio	khio	khio	khio	khiut	khiuk
广元	tɕy4	tʃhy1	tɕhy1	tɕhy1	tɕhy1	tɕhy1	tɕhy2	tɕhy2
平武	tɕy4	tɕhy1	tɕhy1	tɕhy1	tɕhy1	tɕhy1	tɕhio2	tɕhy2
青川	tɕy4	tɕhy1	tɕhy1	tɕhy1	tɕhy1	tɕhy1	tɕhy2	tɕhy2
剑阁普安	tɕy4	tʃhy1	tɕhy1	tɕhy1	tɕhy1	tɕhy1	tɕhio5	tɕhy5
剑阁金仙	tɕy4	tshɯ1	tɕhy1	tɕhy1	tɕhy1	tɕhy1	tɕhiu5	tɕhiu5
旺苍	tɕy4	tshy1	tɕhy1	tɕhy1	tɕhy1	tɕhy1	tɕhy2	tɕhy2
苍溪	tɕy4	tɕhy1	tɕhy1	tɕhy1	tɕhy1	tɕhy1	tɕhy2	tɕhio2
江油	tɕy4	tɕhy1	tɕhy1	tɕhy1	tɕhy1	tɕhy1	tɕhio2	tɕhio2
北川	tɕy4	tɕhy1	tɕhy1	tɕhy1	tɕhy1	tɕhy1	tɕhio2	tɕhio2
绵阳	tɕy4	tɕhy1	tɕhy1	tɕhy1	tɕhy1	tɕhy1	tɕhio2	tɕhio2
盐亭	tɕy4	tɕhy1	tɕhy1	tɕhy1	tɕhy1	tɕhy1	tɕhio5	tɕhio5
德阳	tɕy4	tɕhy1	tɕhy1	tɕhy1	tɕhy1	tɕhy1	tɕhio2 tɕhy2 新	tɕhio2 tɕhy2 新
中江	tɕiu4	tɕhiu1	tɕhiu1	tɕhiu1	tɕhiu1	tɕhiu1	tɕhiu2	tɕhiu2
射洪	tɕy4	tɕhy1	tɕhy1	tɕhy1	tɕhy1	tɕhy1	tɕhio5 tɕhy5 新	tɕhio5 tɕhy5 新
蓬溪	tɕy4	tɕhy1	tɕhy1	tɕhy1	tɕhy1	tɕhy1	tɕhio5 tɕhy5 新	tɕhio5 tɕhy5 新
遂宁	tɕy4	tɕhy1	tɕhy1	tɕhy1	tɕhy1	tɕhy1	tɕhio2 tɕhy2 新	tɕhio2 tɕhy2 新
乐至	tɕy4	tɕhy1	tɕhy1	tɕhy1	tɕhy1	tɕhy1	tɕhy2	tɕhy2
安岳	tɕy4	tɕhy1	tɕhy1	tɕhy1	tɕhy1	tɕhy1	tɕhy2	tɕhy2
仪陇	tɕy4	tɕhy1	tɕhy1	tɕhy1	tɕhy1	tɕhy1	tɕhy2	tɕy2
西充	tɕy4	tɕhy1	tɕhy1	tɕhy1	tɕhy1	tɕhy1	tɕhio5	tɕhio5

字目	剧剧烈	蛆	趋	区区域	驱	躯	屈	曲酒曲
反切	奇逆	七余	七逾	岂俱	岂俱	岂俱	区勿	驱菊
声韵调	梗开三群陌入	遇合三清鱼平	遇合三清虞平	遇合三溪虞平	遇合三溪虞平	遇合三溪虞平	臻合三溪物入	通合三溪屋入
中古音	gɣiak	tshiʌ	tshio	khio	khio	khio	khiut	khiuk
蓬安	tɕy4	tɕhy1	tɕhy1	tɕhy1	tɕhy1	tɕhy1	tɕhy2	tɕhy2
南充金台	tɕy4	tɕhy1	tɕhy1	tɕhy1	tɕhy1	tɕhy1	tɕhy2	tɕhy2
南充龙蟠	tɕy4	tɕhy1	tɕhy1	tɕhy1	tɕhy1	tɕhy1	tɕhio5	tɕhio5
岳池	tɕy4	tɕhy1	tshuei1	tɕhy1	tɕhy1	tɕhy1	tɕhy2	tɕhy2
广安	tɕy4	tɕhy1	tɕhy1	tɕhy1	tɕhy1	tɕhy1	tɕhy2	tɕhy2
邻水	tɕy4	tɕhy1	tɕhy1	tɕhy1	tɕhy1	tɕhy1	tɕhy5	tɕhy5
南江	tɕy4	tʃhy1	tʃhy1	tɕhy1	tɕhy1	tɕhy1	tɕhy5	tɕhy2 tɕhy5 旧
巴中	tɕy4	tʃhy1	tʃhy1	tɕhy1	tɕhy1	tɕhy1	tɕhy5	tɕhy5
通江	tɕy4	tʃhy1	tʃhy1	tɕhy1	tɕhy1	tɕhy1	tɕhiu2 tɕhiu5 旧	tɕhy2 tɕhy5 旧
平昌	tɕy4	tʃhy1	tʃhy1	tɕhy1	tɕhy1	tɕhy1	tɕhy2	tɕhy2
万源	tɕy4	tʃhy1	tʃhy1	tɕhy1	tɕhy1	tɕhy1	tɕhy1	tɕhy2
宣汉	tɕy4	tɕhy1	tɕhy1	tɕhy1	tɕhy1	tɕhy1	tɕhy1	tɕhy2
达州	tɕy4	tɕhy1	tɕhy1	tɕhy1	tɕhy1	tɕhy1	tɕhy2	tɕhy2
开江	tɕy4	tɕhy1	tɕhy1	tɕhy1	tɕhy1	tɕhy1	tɕhy1	tɕhy2
渠县	tɕy4	tɕhy1	tɕhy1	tɕhy1	tɕhy1	tɕhy1	tɕhy2	tɕhy2
宜宾	tɕy4	tɕhy1	tɕhy1	tɕhy1	tɕhy1	tɕhy1	tɕhyθ5	tɕhyθ5
古蔺	tɕy4 tɕy5 旧	tɕhy1	tshuei1 tɕhy1 新	tɕhy1	tɕhy1	tɕhy1	tɕhio5	tɕhio5
长宁	tɕy4	tɕhy1	tɕhy1	tɕhy1	tɕhy1	tɕhy1	tɕhiu5	tɕhiu5
顾县	tɕy4	tɕhy1	tɕhy1	tɕhy1	tɕhy1	tɕhy1	tɕhy2	tɕhy2
成都龙泉	tɕy4	ɕy1	ɕy1	tɕhy1	ɕy1	tɕhy1	tɕhio5	tɕhiuʔ5

字目	曲歌曲	渠水渠	瞿	取	娶①	去除去	去离去	趣
反切	丘玉	强鱼	其俱	七庾	七句	羌举	丘倨	七句
声韵调	通合三溪烛入	遇合三群鱼平	遇合三群虞平	遇合三清虞上	遇合三清虞去	遇合三溪鱼上	遇合三溪鱼去	遇合三清虞去
中古音	khiok	giʌ	gio	tshio:	tshio-	khiʌ:	khiʌ-	tshio-
广元	tɕhy2	tɕhy2	tɕhy2	tʃhy3	tʃhy3	tɕhi4 tɕhy4	tɕhi4	tʃhy4
平武	tɕhy2	tɕhy2	tɕhy2	tɕhy3	tɕhy3	tɕhy4	tɕhy4	tɕhy4
青川	tɕhy2	tɕhy2	tɕhy2	tɕhy3	tɕhy3	tɕhy4	tɕhy4	tɕhy4
剑阁普安	tɕhy5	tɕhye2	tɕhy2	tʃhy3	tʃhy3	tɕhy4	tɕhy4	tʃhy4
剑阁金仙	tɕhiu5	tɕhy2	tɕhy2	tshʉ3	tsʉ4	tɕhy4	tɕhy4	tshʉ4
旺苍	tɕhy2	tɕhy2	tɕhy2	tshy3	tsy4	tɕhy4 tɕhie4	tɕhy4	tshy4
苍溪	tɕhy2	tɕhy2	tɕhy2	tɕhy3	tsy4	tɕhy4	tɕhy4	tɕhy4
江油	tɕhio2	tɕhy2	tɕhy2	tɕhy3	tɕhy3	tɕhy4	tɕhy4	tɕhy4
北川	tɕhio2	tɕhy2	tɕhio2	tɕhy3	tɕhy3	tɕhy4	tɕhy4	tɕhy4
绵阳	tɕhio2	tɕhy2	tɕhy2	tɕhy3	tɕhy3	tɕhy4	tɕhy4	tɕhy4
盐亭	tɕhio5	tɕhy2	tɕhy2	tɕhy3	tey4	tɕhy4	tɕhy4	tɕhy4
德阳	tɕhio2 tɕhy2 新	tɕhy2	tɕhy2	tɕhy3	tɕhy3	tɕhy4	tɕhy4 文 tɕhie4 白	tɕhy4
中江	tɕhio2	tɕhiu2	tɕhiu2	tɕhiu3	tɕhiu3	tɕhiu4	tɕhiu4	tɕhiu4
射洪	tɕhio5 tɕhy5 新	tɕhy2	tɕhy2	tɕhy3	tɕhy3	tɕhy4	tɕhy4 文 tɕhie4 白	tɕhy4
蓬溪	tɕhio5 tɕhy5 新	tɕhy2	tɕhy2	tɕhy3	tɕhy3	tɕhy4	tɕhy4 文 tɕhie4 白	tɕhy4
遂宁	tɕhio2 tɕhy2 新	tɕhy2	tɕhy2	tɕhy3	tɕhy3	tɕhy4	tɕhy4 文 tɕhie4 白	tɕhy4
乐至	tɕhy2	tɕhy2	tɕhy2	tɕhy3	tɕhy3	tɕhy4	tɕhy4 文 tɕhie4 白	tɕhy4
安岳	tɕhy2	tɕhy2	tɕhy2	tʃhy3	tey4	tɕhi4	tɕhy4	tɕhy4
仪陇	tey2	tɕhy2	tɕhy2	tɕhy3	tɕhy3	tɕhy4	tɕhy4	tɕhy4
西充	tɕhio5	tɕhy2	tɕhy2	tɕhy3	tey4	tɕhy4	tɕhy4	tɕhy4

---

① 又*此主切，遇合三清虞上。

字目	曲 歌曲	渠 水渠	瞿	取	娶①	去 除去	去 离去	趣
反切	丘玉	强鱼	其俱	七庾	七句	羌举	丘倨	七句
声韵调	通合三 溪烛入	遇合三 群鱼平	遇合三 群虞平	遇合三 清虞上	遇合三 清虞去	遇合三 溪鱼上	遇合三 溪鱼去	遇合三 清虞去
中古音	khiok	giʌ	gio	tshio:	tshio-	khiʌ	khiʌ-	tshio-
蓬安	tɕhy2	tɕhy2	tɕhy2	tɕhy3	tɕy4	tɕhy4	tɕhy4	tɕhy4
南充金台	tɕhy2	tɕhy2	tɕhy2	tɕhy3	tɕhy3	tɕhy4	tɕhy4	tɕhy4
南充龙蟠	tɕhio5	tɕhy2	tɕhy2	tɕhy3	tɕhy3	tɕhy4	tɕhy4	tɕhy4
岳池	tɕhy2	tɕhy2	tɕhy2	tɕhy3	tɕy4	tɕhy4	tɕhy4 文 tɕhie4 白	tɕhy4
广安	tɕhy2	tɕhy2	tɕhy2	tɕhy3	tɕhy3	tɕhy4	tɕhy4 文 tɕhie4 白	tɕhy4
邻水	tɕhy5	tɕhy2	tɕhy2	tɕhy3	tɕhy3	tɕhy4	tɕhy4 文 tɕhie4 白	tɕhy4
南江	tɕhy2 tɕhy5 旧	tɕhy5	tɕhy5	tʃhy3	tʃhy3	tɕhy4	tɕhy4	tʃhy4
巴中	tɕhy5	tɕhy5	tɕhy5	tʃhy3	tʃy4	tɕhy4	tɕhy4	tʃhy4
通江	tɕhy2 tɕhy5 旧	ɕy2 tɕhy2	tɕhy2	tʃhy3	tʃy4	tɕhy4	tɕhy4	tʃhy4
平昌	tɕhy2	tɕhy2	tɕhy2	tʃhy3	tʃy4	tɕhy4	tɕhy4	tʃhy4
万源	tɕhy2	tɕhy2	tɕhy2	tʃhy3	tʃhy3	tɕhy4	tɕhy4 文 tɕhie4 白	tʃhy4
宣汉	tɕhy2 tɕhy3 新	tɕhy2	tɕhy2	tɕhy3	tɕhy3	tɕhy4	tɕhy4 文 tɕhie4 白	tɕhy4
达州	tɕhy2	tɕhy2	tɕhy2	tɕhy3	tɕhy3	tɕhy4	tɕhy4 文 tɕhie4 白	tɕhy4
开江	tɕhy2	tɕhy2	tɕhy2	tɕhy3	tɕhy3	tɕhy4	tɕhy4 文 tɕhie4 白	tɕhy4
渠县	tɕhy2	tɕhy2	tɕhy2	tɕhy3	tɕhy3	tɕi4	tɕi4 文 ɕhie4 白	tɕhy4
宜宾	tɕhyθ5	tɕhy2	tɕhy2	tɕhy3	tɕhy3	tɕhy4	tɕhy4	tɕhy4
古蔺	tɕhio5	tɕhy2	tɕhy2	tɕhy3	tɕhy4	khe4	khe4	tɕhy4
长宁	tɕhiu5	tɕhy2	tɕhy2	tɕhy3	tɕhy3	tɕhy4	tɕhy4	tɕhy4
顾县	tɕhy2	tɕhy2	tɕhy2	tɕhy3	tɕhy3	tɕhy4	tɕhy4	tɕhy4
成都龙泉	tɕhiuʔ5	tɕhy5	tɕhio5	ɕy3	tɕhi3	ɕi4	ɕi4	ɕy4

---

① 又*此主切，遇合三清虞上。

字目	墟	虚	嘘	须必须	须胡须	需	徐	许
反切	去鱼	朽居	朽居	相俞	相俞	相俞	似鱼	虚吕
声韵调	遇合三 溪鱼平	遇合三 晓鱼平	遇合三 晓鱼平	遇合三 心虞平	遇合三 心虞平	遇合三 心虞平	遇合三 邪鱼平	遇合三 晓鱼上
中古音	khiʌ	hiʌ	hiʌ	sio	sio	sio	ziʌ	hiʌː
广元	ɕy1	ɕy1	ɕy1	ʃy1	ʃy1	ʃy1	ʃy2	ɕy3
平武	ɕy1	ɕy1	ɕy1	ɕy1	ɕy1	ɕy1	ɕy2	ɕy3
青川	ɕy1	ɕy1	ɕy1	ɕy1	ɕy1	ɕy1	ɕy2	ɕy3
剑阁普安	ɕy1	ɕy1	ɕy1	ʃy1	ʃy1	ʃy1	ʃy2	ɕy3
剑阁金仙	ɕy1	ɕy1	ɕy1	sʉ1	sʉ1	sʉ1	sʉ2	ɕy3
旺苍	ɕy1	ɕy1	ɕy1	sy1	sy1	sy1	sy2	ɕy3
苍溪	ɕy1	ɕy1	ɕy1	sy1	sy1	sy1	sy2	ɕy3
江油	ɕy1	ɕy1	ɕy1	ɕy1	ɕy1	ɕy1	ɕy2	ɕy3
北川	ɕy1	ɕy1	ɕy1	ɕy1	ɕy1	ɕy1	ɕy2	ɕy3
绵阳	ɕy1	ɕy1	ɕy1	ɕy1	ɕy1	ɕy1	ɕy2	ɕy3
盐亭	ɕy1	ɕy1	ɕy1	ɕy1	ɕy1	ɕy1	ɕy2	ɕy3
德阳	ɕy1	ɕy1	ɕy1	ɕy1	ɕy1	ɕy1	ɕy2	ɕy3
中江	ɕiu1	ɕiu1	ɕiu1	ɕiu1	ɕiu1	ɕiu1	ɕiu2	ɕiu3
射洪	ɕy1	ɕy1	ɕy1	ɕy1	ɕy1	ɕy1	ɕy2	ɕy3
蓬溪	ɕy1	ɕy1	ɕy1	ɕy1	ɕy1	ɕy1	ɕy2	ɕy3
遂宁	ɕy1	ɕy1	ɕy1	ɕy1	ɕy1	ɕy1	ɕy2	ɕy3
乐至	ɕy1	ɕy1	ɕy1	ɕy1	ɕy1	ɕy1	ɕy2	ɕy3
安岳	ɕy1	ɕy1	ɕy1	ɕy1	ɕy1	ɕy1	ɕy2	ɕy3
仪陇	ɕy1	ɕy1	ɕy1	ɕy1	ɕy1	ɕy1	ɕy2	ɕy3
西充	ɕy1	ɕy1	ɕy1	ɕy1	ɕy1	ɕy1	ɕy2	ɕy3

字目	墟	虚	嘘	须必须	须胡须	需	徐	许
反切	去鱼	朽居	朽居	相俞	相俞	相俞	似鱼	虚吕
声韵调	遇合三溪鱼平	遇合三晓鱼平	遇合三晓鱼平	遇合三心虞平	遇合三心虞平	遇合三心虞平	遇合三邪鱼平	遇合三晓鱼上
中古音	khiʌ	hiʌ	hiʌ	sio	sio	sio	ziʌ	hiʌ:
蓬安	ɕy1	ɕy1	ɕy1	ɕy1	ɕy1	ɕy1	ɕy2	ɕy3
南充金台	ɕy1	ɕy1	ɕy1	ɕy1	ɕy1	ɕy1	ɕy2	ɕy3
南充龙蟠	ɕy1	ɕy1	ɕy1	ɕy1	ɕy1	ɕy1	ɕy2	ɕy3
岳池	ɕy1	ɕy1	ɕy1	ɕy1	ɕy1	ɕy1	ɕy2	ɕy3
广安	ɕy1	ɕy1	ɕy1	ɕy1	ɕy1	ɕy1	ɕy2	ɕy3
邻水	ɕy1	ɕy1	ɕy1	ɕy1	ɕy1	ɕy1	ɕy2	ɕy3
南江	ɕy1	ɕy1	ɕy1	ʃy1	ʃy1	ʃy1	ʃy2	ɕy3
巴中	ɕy1	ɕy1	ɕy1	ʃy1	ʃy1	ʃy1	ʃy5	ɕy3
通江	ɕy1	ɕy1	ɕy1	ʃy1	ʃy1	ʃy1	ʃy5	ɕy3
平昌	xy1	xy1	ɕy1	ʃy1	ʃy1	ʃy1	ʃy2	xy3
万源	ɕy1	ɕy1	ɕy1	ʃy1	ʃy1	ʃy1	ʃy2	ɕy3
宣汉	ɕy1	ɕy1	ɕy1	ɕy1	ɕy1	ɕy1	ɕy2	ɕy3
达州	ɕy1	ɕy1	ɕy1	ɕy1	ɕy1	ɕy1	ɕy2	ɕy3
开江	ɕy1	ɕy1	ɕy1	ɕy1	ɕy1	ɕy1	ɕy2	ɕy3
渠县	ɕy1	ɕy1	ɕy1	ɕy1	ɕy1	ɕy1	ɕy2	ɕy3
宜宾	ɕy1	ɕy1	ɕy1	ɕy1	ɕy1	ɕy1	ɕy2	ɕy3
古蔺	ɕy1	ɕy1	ɕy1	ɕy1	ɕy1	ɕy1	ɕy2	ɕy3
长宁	ɕy1	ɕy1	ɕy1	ɕy1	ɕy1	ɕy1	ɕy2	ɕy3
顾县	ɕy1	ɕy1	ɕy1	ɕy1	ɕy1	ɕy1	ɕy2	ɕy3
成都龙泉	ɕy1	ɕy1	ɕy1	ɕi1	ɕi1	ɕi1	tɕhi2	ɕy3

字目	絮	序	叙	绪	续①	婿	恤	畜畜牧
反切	息据	徐吕	徐吕	徐吕	似足	苏计	辛聿	许竹
声韵调	遇合三心鱼去	遇合三邪鱼上	遇合三邪鱼上	遇合三邪鱼上	通合三邪烛入	蟹开四心齐去	臻合三心术入	通合三晓屋入
中古音	siʌ-	ziʌ:	ziʌ:	ziʌ:	ziok	sei-	siuɪt	hiuk
广元	ʃy4	ʃy4	ʃy4	ʃy4	ʃy4	ʃi2	ɕie2	ɕy2
平武	ɕy4	ɕy4	ɕy4	ɕy4	ɕio2	ɕy3	ɕy3	ɕy2
青川	ɕy4	ɕy4	ɕy4	ɕy4	ɕio2	ɕi2	ɕye2	ɕy2
剑阁普安	ʃy4	ʃy4	ʃy4	ʃy4	ʃy5	ʃi4	ɕie5	ɕy5
剑阁金仙	sʉ4	sʉ4	sʉ4	sʉ4	sy5	si4	ɕye5	siu5 sy5
旺苍	sy4	sy4	sy4	sy4	sy4	si2	ɕye2	ɕy2
苍溪	sy4	sy4	sy4	sy4	sy4	si2	ɕie2	ɕy2
江油	ɕy4	ɕy4	ɕy4	ɕy4	ɕio2	ɕi2	ɕye2	ɕy2
北川	ɕy4	ɕy4	ɕy4	ɕy4	ɕio2	ɕi2	ɕye2	ɕio2
绵阳	ɕy4	ɕy4	ɕy4	ɕy4	ɕio2	ɕi2	ɕye2	ɕio2
盐亭	ɕy4	ɕy4	ɕy4	ɕy4	ɕio5	ɕi5	ɕy5	ɕio5
德阳	suei4 ɕy4 新	ɕy4	ɕy4	ɕy4	ɕio2 ɕy2 新	ɕi2	ɕye2	ɕio2 ɕy2 新
中江	suei4 ɕiu4 新	ɕiu4	ɕiu4	ɕiu4	ɕio2	ɕi2	ɕye2	ɕio2
射洪	suei4 ɕy4 新	ɕy4	ɕy4	ɕy4	ɕio5 ɕy5 新	ɕi5	ɕye5	ɕio5 ɕy5 新
蓬溪	suei4 ɕy4 新	ɕy4	ɕy4	ɕy4	ɕio5 ɕy4 新	ɕi5	ɕye5	ɕio5 ɕy5 新
遂宁	suei4 ɕy4 新	ɕy4	ɕy4	ɕy4	ɕio2 ɕy2 新	ɕy4	ɕy2	ɕyu2 ɕy2 新
乐至	ɕy4	ɕy4	ɕy4	ɕy4	ɕy4	ɕi2	ɕye2	ɕy2
安岳	ɕy4	ɕy4	ɕy4	ɕy4	ɕy2	ɕie2	ɕie2	ɕy2
仪陇	ɕy4	ɕy4	ɕy4	ɕy4	ɕy4	ɕi2	ɕye2	ɕy2
西充	ɕy4	ɕy4	ɕy4	ɕy4	ɕio5	ɕi5	ɕi5	ɕio5

① 又*辞屡切，遇合三邪虞去。

字目	絮	序	叙	绪	续①	婿	恤	畜畜牧
反切	息据	徐吕	徐吕	徐吕	似足	苏计	辛聿	许竹
声韵调	遇合三 心鱼去	遇合三 邪鱼上	遇合三 邪鱼上	遇合三 邪鱼上	通合三 邪烛入	蟹开四 心齐去	臻合三 心术入	通合三 晓屋入
中古音	sɨʌ-	zɨʌ:	zɨʌ:	zɨʌ:	zɨok	sei-	siuɪt	hiuk
蓬安	ɕy4	ɕy4	ɕy4	ɕy4	ɕy2	ɕi2	ɕye2	ɕy2
南充金台	ɕy4	ɕy4	ɕy4	ɕy4	ɕy4	ɕi2	ɕye2	ɕy2
南充龙蟠	ɕy4	ɕy4	ɕy4	ɕy4	ɕio5	ɕi2	ɕye5	ɕio5
岳池	ɕy4	ɕy4	ɕy4	ɕy4	ɕy2	ɕi2	ɕye2	ɕy2
广安	suei4	ɕy4	ɕy4	ɕy4	ɕy2	ɕi2	ɕi2	ɕy2
邻水	suei4	ɕy4	ɕy4	ɕy4	suʊ5	ɕi2	ɕye5	ɕy5
南江	ʃy4	ʃy4	ʃy4	ʃy4	ʃy4	ʃi2 ʃi4	ɕie5	ʃy5
巴中	ʃy4	ʃy4	ʃy5	ʃy4	ʃy4	ʃi5	ʃi5	ʃy5
通江	ʃy4	ʃy4	ʃy4	ʃy4	ʃy4 ʃy5 旧	ʃi4 ʃi2	ʃy2 ʃy5 旧	ʃy5
平昌	ʃy4	ʃy4	ʃy4	ʃy4	ʃy4	ʃi2 ʃi4	ɕi2	ʃy2
万源	suei4	ʃy4	ʃy4	ʃy4	ʃy4	ʃi2	ɕye2	ʃy2
宣汉	suei4	ɕy4	ɕy2	ɕy4	ɕy2	ɕi2	ɕye2 ɕy2 新	ɕy2
达州	suei4	ɕy4	ɕy4	ɕy4	ɕy4	ɕi2	ɕy4	ɕy2
开江	suei4	ɕy4	ɕy4	ɕy4	su2	ɕi4	ɕye2	ɕy2
渠县	suei4	ɕy4	ɕy4	ɕy4	ɕy2	ɕi4	ɕye2	ɕy2
宜宾	ɕy4	ɕy4	ɕy4	ɕy4	ɕyɵ5 sɵ5	ɕi4 ɕy4	ɕyɵ5	ɕyɵ5
古蔺	ɕy4	ɕy4	ɕy4	ɕy4	ɕy4 ɕy5 旧	ɕie5	ɕye5	ɕye5
长宁	ɕy4	ɕy4	ɕy4	ɕy4	ɕiu5	ɕi4	ɕie5	ɕy5
顾县	ɕy4	ɕy4	ɕy4	ɕy4	su2 ɕy2	ɕi2	ɕi2	ɕy2
成都龙泉	suəi4 ɕy4 新	ɕy4	ɕy4	ɕy4	ɕioʔ5	ɕy4	ɕyeʔ5	ɕioʔ5

① 又*辞屡切，遇合三邪虞去。

字目	蓄	旭	淤	鱼	于	余多余	余姓	愚
反切	许竹	许玉	央居	语居	央居	以诸	以诸	遇俱
声韵调	通合三晓屋入	通合三晓烛入	遇合三影鱼平	遇合三疑鱼平	遇合三影鱼平	遇合三以鱼平	遇合三以鱼平	遇合三疑虞平
中古音	hiuk	hiok	ʔiʌ	ŋiʌ	ʔiʌ	jiʌ	jiʌ	ŋio
广元	ɕy2	ɕy2	y1	y2	y2	y2	y2	y2
平武	ɕy2	ɕio2	y1	y2	y2	y2	y2	y2
青川	ɕy2	ɕy2	y1	y2	y2	y2	y2	y2
剑阁普安	ɕy5	ɕy5	y1	y2	y2	y2	y2	y2
剑阁金仙	siu5	siu5	ʮ1	ʮ2	ʮ2	ʮ2	ʮ2	ʮ2
旺苍	ɕy2	ɕy2	y1	y2	y2	y2	y2	y2
苍溪	ɕy2	ɕy2	y1	io2 y2	y2	y2	y2	y2
江油	ɕy2	ɕy2	y1	y2	y2	y2	y2	y2
北川	ɕio2	ɕio2	y1	y2	y2	y2	y2	y2
绵阳	ɕio2	ɕio2	y1	y2	y2	y2	y2	y2
盐亭	ɕio5	ɕio5	y1	y2	y2	y2	y2	y2
德阳	ɕio2 ɕy2 新	ɕio2	y1	y2	y2	y2	y2	y4
中江	ɕio2	ɕio2	iu1	iu2	iu2	iu2	iu2	iu2
射洪	ɕio5 ɕy5 新	ɕio5	y1	y2	y2	y2	y2	y2
蓬溪	ɕio5 ɕy5 新	ɕio5	y1	y2	y2	y2	y2	y2
遂宁	ɕyu2 ɕy2 新	ɕio2	y1	y2	y2	y2	y2	y2
乐至	ɕy2	ɕy2	y1	y2	y2	y2	y2	y2
安岳	ɕy2	ɕy2	y1	y2	y2	y2	y2	y2
仪陇	ɕy2	ɕio2	y1	y2	y2	y2	y2	y2
西充	ɕio5	ɕio5	y1	y2	y2	y2	y2	y2

字目	蓄	旭	淤	鱼	于	余多余	余姓	愚
反切	许竹	许玉	央居	语居	央居	以诸	以诸	遇俱
声韵调	通合三 晓屋入	通合三 晓烛入	遇合三 影鱼平	遇合三 疑鱼平	遇合三 影鱼平	遇合三 以鱼平	遇合三 以鱼平	遇合三 疑虞平
中古音	hiuk	hiok	ʔiʌ	ŋiʌ	ʔiʌ	jiʌ	jiʌ	ŋio
蓬安	ɕy2	ɕy2	y2	y2	y2	y2	y2	y2
南充金台	ɕy2	ɕio2	y2	y2	y2	y2	y2	y2
南充龙蟠	ɕye5	ɕy4	y1	y2	y2	y2	y2	y2
岳池	ɕy2	ɕy2	y1	y2	y2	y2	y2	y2
广安	ɕy2	ɕy2	y1	y2	y2	y2	y2	y2
邻水	ɕy5	ɕyu5	y1	y2	y2	y2	y2	y2
南江	ʃy5	ɕy3	y1	y2	y2	y2	y2	y2
巴中	ʃy5	ɕy5	y1	y5	y2	y2	y2	y5
通江	ɕy5	ɕy3	y1	y2	y5	y2	y2	y2
平昌	ʃy2	ʃy2	y1	y2	y2	y2	y2	y2
万源	ɕy2	ɕy2	y2	y2	y2	y2	y2	y2
宣汉	ɕy2	ɕy2	y1	y2	y2	y2	y2	y2
达州	ɕy2	ɕy4	y2	y2	y2	y2	y2	y2
开江	ɕy2	ɕy2	y1	y2	y2	y2	y2	y2
渠县	ɕy2	ɕy2	i2	y2	i2	i2	i2	y2
宜宾	ɕyθ5 ɕy4 新	ɕyθ5	y1	y2	y2	y2	y2	y2
古蔺	ɕye5	ɕy5 ɕio5 旧	y1	y2	y2	y2	y2	y2
长宁	ɕiu5	ɕiu5	y1	y2	y2	y2	y2	y2
顾县	ɕy2	ɕy2	y1	y2	y2	y2	y2	y2
成都龙泉	ɕio5	ɕiʔ5	i1	m̩2	i2	y2	y2	y2

字目	虞	娱	于姓	盂	榆	愉	语	与
反切	遇俱	遇俱	羽俱	羽俱	羊朱	羊朱	鱼巨	余吕
声韵调	遇合三疑虞平	遇合三疑虞平	遇合三云虞平	遇合三云虞平	遇合三以虞平	遇合三以虞平	遇合三疑鱼上	遇合三以鱼上
中古音	ŋio	ŋio	ɦio	ɦio	jio	jio	ŋiʌ:	jiʌ:
广元	y2	y2	y2	y2	y2	y2	y3	y3
平武	y2	y2	y2	y2	y4	y4	y3	y3
青川	y2	y2	y2	y2	y2	y2	y3	y3
剑阁普安	y2	y2	y2	y2	y2	y2	y3	y3
剑阁金仙	ʉ2	ʉ2	ʉ2	ʉ2	ʉ2	ʉ2	ʉ3	ʉ3
旺苍	y2	y2	y2	y2	y2	y2	y3	y3
苍溪	y2	y2	y2	y2	y4	y4	y3	y3
江油	y2	y2	y2	y2	y4	y4	y3	y3
北川	y2	y2	y2	y2	y2	y2	y3	y3
绵阳	y2	y2	y2	y2	y4	y4	y3	y3
盐亭	y2	y2	y2	y2	y2	y2	y3	y3
德阳	y2	y2	y2	y2	y4	y4	y3	y3
中江	iu2	iu2	iu2	iu2	iu2	iu4	iu3	iu3
射洪	y2	y2	y2	y2	y2	y2	y3	y3
蓬溪	y2	y2	y2	y2	y2	y2	y3	y3
遂宁	y2	y2	y2	y2	y2	y2	y3	y3
乐至	y2	y2	y2	y2	y4	y4	y3	y3
安岳	y2	y2	y2	y2	y2	y2	y3	y3
仪陇	y2	y2	y2	y2	y2	y2	y3	y3
西充	y2	y2	y2	y2	y2	y2	y3	y3

字目	虞	娱	于姓	盂	榆	愉	语	与
反切	遇俱	遇俱	羽俱	羽俱	羊朱	羊朱	鱼巨	余吕
声韵调	遇合三 疑虞平	遇合三 疑虞平	遇合三 云虞平	遇合三 云虞平	遇合三 以虞平	遇合三 以虞平	遇合三 疑鱼上	遇合三 以鱼上
中古音	ŋio	ŋio	ɦio	ɦio	jio	jio	ŋiʌ:	jiʌ:
蓬安	y2	y2	y2	y2	y2	y2	y3	y3
南充金台	y2	y2	y2	y2	y2	y2	y3	y3
南充龙蟠	y2	y2	y2	y2	y2	y2	y3	y3
岳池	y2	y2	y2	y2	y2	y2	y3	y3
广安	y2	y2	y2	y2	y2	y2	y3	y3
邻水	y2	y2	y2	y2	y2	y2	y3	y3
南江	y2	y2	y2	y2	y4	y4	y3	y3
巴中	y5	y5	y5	y2	y4	y4	y3	y3
通江	y2	y2	y5	y2	y4	y4	y3	y3
平昌	y2	y2	y2	y2	y4	y4	y3	y3
万源	y2	y2	y2	y2	y2	y4	y3	y3
宣汉	y2	y2	y2	y2	y2	y2	y3	y3
达州	y2	y2	y2	y2	y2	y2	y3	y3
开江	y2	y2	y2	y2	y2	y4	y3	y3
渠县	y2	y2	i2	y2	y2	y2	y3	i3
宜宾	y2	y2	y2	y2	y2	y2	y3	y3
古蔺	y2	y2	y2	y2	y2	y2	y3	y3
长宁	y2	y2	y2	y3	y2	y4	y3	y3
顾县	y2	y2	y2	y2	y2	y2	y3	y3
成都龙泉	y2	y2	i2	y2	y2	y2	y3	y1

字目	雨	羽	御御用	御①防御	誉	预	遇	寓
反切	王矩	王矩	牛倨	鱼巨	羊洳	羊洳	牛具	牛具
声韵调	遇合三云虞上	遇合三云虞上	遇合三疑鱼去	遇合三疑鱼上	遇合三以鱼去	遇合三以鱼去	遇合三疑虞去	遇合三疑虞去
中古音	ɦio:	ɦio:	ŋiʌ-	ŋiʌ:	jiʌ-	jiʌ-	ŋio-	ŋio-
广元	y3	y3	y4	y4	y4	y4	y4	y4
平武	y3	y3	y4	y4	y4	y4	y4	y2
青川	y3	y3	y4	y4	y4	y4	y4	y2
剑阁普安	y3	y3	y4	y4	y4	y4	y4	y4
剑阁金仙	ʉ3	ʉ3	ʉ4	ʉ4	ʉ4	ʉ4	ʉ4	ʉ4
旺苍	y3	y3	y4	y4	y4	y4	y4	y4
苍溪	y3	y3	y4	y4	y4	y4	y4	y4
江油	y3	y3	y4	y4	y4	y4	y4	y4
北川	y3	y3	y4	y4	y4	y4	y4	y3
绵阳	y3	y3	y4	y4	y4	y4	y4	y4
盐亭	y3	y3	y4	y4	y4	y4	y4	y4
德阳	y3	y3	y4	y4	y4	y4	y4	y4
中江	iu3	iu3	iu4	iu4	iu4	iu4	iu4	iu4
射洪	y3	y3	y4	y4	y5	y4	y4	y4
蓬溪	y3	y3	y4	y4	y4	y4	y4	y4
遂宁	y3	y3	y4	y4	y4	y4	y4	y4
乐至	y3	y3	y4	y4	y4	y4	y4	y4
安岳	y3	y3	y4	y4	y4	y4	y4	y3
仪陇	y3	y3	y4	y4	y4	y4	y4	y2
西充	y3	y3	y4	y4	y4	y4	y4	y3

① 又*牛据切，遇合三疑鱼去。

字目	雨	羽	御御用	御①防御	誉	预	遇	寓
反切	王矩	王矩	牛倨	鱼巨	羊洳	羊洳	牛具	牛具
声韵调	遇合三云虞上	遇合三云虞上	遇合三疑鱼去	遇合三疑鱼上	遇合三以鱼去	遇合三以鱼去	遇合三疑虞去	遇合三疑虞去
中古音	ɦio:	ɦio:	ŋiʌ˗	ŋiʌ:	jiʌ˗	jiʌ˗	ŋio˗	ŋio˗
蓬安	y3	y3	y4	y4	y4	y4	y4	y3
南充金台	y3	y3	y4	y4	y4	y4	y4	y3
南充龙蟠	y3	y3	y4	y4	y4	y4	y4	y4
岳池	y3	y3	y4	y4	y4	y4	y4	y4
广安	y3	y3	y4	y4	y4	y4	y4	y4
邻水	y3	y3	y4	y4	y4	y4	y4	y4
南江	y3	y3	y4	y4	y4	y4	y4	y4
巴中	y3	y3	y4	y4	y4	y4	y4	y5
通江	y3	y3	y4	y4	y4	y4	y4	y4
平昌	y3	y3	y4	y4	y4	y4	y4	y2 y4
万源	y3	y3	y4	y4	y4	y4	y4	y4
宣汉	y3	y3	y4	y4	y4	y4	y4	y2
达州	y3	y3	y4	y4	y4	y4	y4	y4
开江	y3	y3	y4	y4	y4	y4	y4	y3
渠县	y3	y3	y4	y4	i4	y4	y4	y4
宜宾	y3	y3	y4	y4	y4	y4	y4	y4
古蔺	y3	y3	i4	i4	y4	y4	y4	y4
长宁	y3	y3	y4	y4	y4	y4	y4	y4
顾县	y3	y3	y4	y4	y4	y4	y4	y2
成都龙泉	y3	y4	i4	i4	i4	i4	y4	y2 y4

---

① 又*牛据切，遇合三疑鱼去。

字目	裕	喻	郁忧郁	域	郁浓郁	育	玉	狱
反切	羊戍	羊戍	纡物	雨逼	于六	余六	鱼欲	鱼欲
声韵调	遇合三以虞去	遇合三以虞去	臻合三影物入	曾合三云职入	通合三影屋入	通合三以屋入	通合三疑烛入	通合三疑烛入
中古音	jio-	jio-	ʔiut	ɦiuik	ʔiuk	jiuk	ŋiok	ŋiok
广元	y2	y4	y2	y2	y2	y2	y4	io2 y2 新
平武	y2	y4	y2	y2	y2	io2	y4	io2
青川	y2	y2	y2	io2 y2 新	y2	io2 y2 新	y4	y2
剑阁普安	y4	y2	y5	io5	y5	io5	y4	io5
剑阁金仙	ʉ4	ʉ2	iu5	io5	iu5	io5	ʉ4	iu5
旺苍	y2	y4	y2	y2	y2	io2	y4	y2
苍溪	y4	y4	y2	y2	y2	y2	y4	y2
江油	y4	y4	io2	io2	io2	io2	y4	io2
北川	y4	y4	io2	io2	io2	io5	y4	io2
绵阳	y4	y4	io2	io2	io2	io2	y4	io2
盐亭	y4	y4	io5	io5	io5	io5	y4	io5
德阳	io2	y4	io2 y4 新	io2 y2 新	io2 y2 新	io2 y2 新	y4	io2 y2 新
中江	iu2	iu4	iu4 io2 旧	io2	iu4 io2 旧	io2	iu4	io2
射洪	y4	y4	io5 y4 新	io5 y5 新	io5 y5 新	io5 y5 新	y4	io5 y5 新
蓬溪	y4	y4	io5 y5 新	io5 y5 新	io5 y5 新	io5 y5 新	y4	io5 y5 新
遂宁	y4	y4	io2 y2 新	io2 y2 新	io2 y2 新	io2 y2 新	y4	io2 y2 新
乐至	y4	y4	io2	y2	io2	io2	y4	io2
安岳	y4	y4	y2	y2	y2	io2	y4	y2
仪陇	y2	y2	y4	y2	y4	y2	y4	y2
西充	zʊ4	y4	io5	io5	io5	io5	y4	io5

字目	裕	喻	郁忧郁	域	郁浓郁	育	玉	狱
反切	羊戍	羊戍	纡物	雨逼	于六	余六	鱼欲	鱼欲
声韵调	遇合三以虞去	遇合三以虞去	臻合三影物入	曾合三云职入	通合三影屋入	通合三以屋入	通合三疑烛入	通合三疑烛入
中古音	jĭo-	jĭo-	ʔĭut	ɦuĭk	ʔĭuk	jĭuk	ŋiok	ŋiok
蓬安	y4	y4	y2	io2	y2	y2	y4	io2
南充金台	y4	y4	io2	ye2	io2	io2	y4	io2
南充龙蟠	ʐu4 口	y4	io5	io5	io5	io5	y4	io5
岳池	y4	y4	y4	y2	y4	y2	y4	y2
广安	y4	y4	y2	y2	y2	y2	y4	y2
邻水	y4	y4	y5	y5	y5	y5	y4	y5
南江	y2	y4	y4 y5 旧	y2 y5 旧	y2 y5 旧	y2 y5 旧	y4	y2 y5 旧
巴中	y2 y4	y4	y2	y2	y2	y2	y4	io5
通江	y2	y4	y5	io5	y5	y5	y4	y2 y5 旧
平昌	y2	y4	y2	y2	y2	y2	y4	y2
万源	y2	y2	y2	y2	y2	y2	y4	y2
宣汉	y4	y4	y2	y2	y2	y2	y4	y2
达州	y2	y2	y4 y2 旧	y2	y4 y2 旧	y2	y4	y4 y2 旧
开江	y2	y2	y4 y2 旧	y2	y4 y2 旧	y2	y4	y4 y2 旧
渠县	y4	y4	y1 y2	i2	y1 y2	i2	i4	i2 y2 新
宜宾	y4	y4	yø5	yø5	yø5	yø5	y4	yø5
古蔺	y4	y4	io5	ye5	io5	io5	y4	y5 io5 旧
长宁	iu5	iu4	iu5	iu5	iu5	iu5	y4	iu5
顾县	y4	y4	y4	y2	y4	y2	y4	y2
成都龙泉	y4	y4	y4	iuʔ6	y4	ioʔ6	y4	yʔ5

字目	欲	浴	白	摆	百	柏	拜	稗
反切	余蜀	余蜀	傍陌	北买	博陌	博陌	博怪	傍卦
声韵调	通合三 以烛入	通合三 以烛入	梗开二 并陌入	蟹开二 帮佳上	梗开二 帮陌入	梗开二 帮陌入	蟹开二 帮皆去	蟹开二 并佳去
中古音	jɨok	jɨok	bɣak	pɣɛ:	pɣak	pɣak	pɣɛi-	bɣɛ-
广元	y2	y2	pe2	pai3	pe2	pe2	pai4	pai4
平武	y2	y2	pe2	pai3	pe2	pe2	pai4	pai4
青川	y2	y2	pe2	pai3	pe2	pe2	pai4	pai4
剑阁普安	io5	io5	pe5	pai3	pe5	pe5	pai4	pai4
剑阁金仙	io5	io5	pe5	pʌ4	pe5	pe5	pai4	pai4
旺苍	io2 y2 新	io2 y2 新	pe2	pai3	pe2	pe2	pai4	pai4
苍溪	y2	y2	pe2	pai3	pe2	pe2	pai4	pai4
江油	io2	io2	pe2	pai3	pe2	pe2	pai4	pai4
北川	io2	io2	pe2	pai3	pe2	pe2	pai4	pai4
绵阳	io2	io2	pe2	pai3	pe2	pe2	pai4	pai4
盐亭	io5	io5	pe5	pai3	pe5	pe5	pai4	pai4
德阳	io2 y2 新	io2 y2 新	pe2	pai3	pe2	pe2	pai4	pai4
中江	io2	io2	pe2	pai3	pe2	pe2	pai4	pai4
射洪	io5 y4 新	io5 y5 新	pe5	pai3	pe5	pe5	pai4	pai4
蓬溪	io5 y5 新	io5 y5 新	pe5	pai3	pe5	pe5	pai4	pai4
遂宁	io2 y2 新	io2 y2 新	pe2	pai3	pe2	pe2	pai4	pai4
乐至	io2	io2	pe2	pai3	pe2	pe2	pai4	pai4
安岳	i2	y2	pe2	pai3	pe2	pe2	pai4	pai4
仪陇	y2	y2	pe2	pai3	pe2	pe2	pai4	pai4
西充	io5	io5	pe5	pai3	pe5	pe5	pai4	pai4

字目	欲	浴	白	摆	百	柏	拜	稗
反切	余蜀	余蜀	傍陌	北买	博陌	博陌	博怪	傍卦
声韵调	通合三以烛入	通合三以烛入	梗开二並陌入	蟹开二帮佳上	梗开二帮陌入	梗开二帮陌入	蟹开二帮皆去	蟹开二並佳去
中古音	jĭok	jĭok	bɣak	pɣɛ:	pɣak	pɣak	pɣɛi-	bɣɛ-
蓬安	i2	y2	pe2	pai3	pe2	pe2	pai4	pai4
南充金台	io2	io2	pe2	pai3	pe2	pe2	pai4	pai4
南充龙蟠	io5	io5	pe5	pai3	pe5	pe5	pai4	pai4
岳池	y2	y2	pe2	pai3	pe2	pe2	pai4	pai4
广安	y2	y2	pe2	pai3	pe2	pe2	pai4	pai4
邻水	y5	y5	pe5	pai3	pe5	pe5	pai4	pai4
南江	y2 y5 旧	y2 y5 旧	pe5	pai3	pe2 pe5 旧	pe2 pe5 旧	pai4	pai4
巴中	y2	y2	pe5	pai3	pe5	pe5	pai4	pai4
通江	y2 y5 旧	y2 y5 旧	pe5	pai3	pe5	pe5	pai4	pai4
平昌	y2	y2	pe2	pai3	pe2	pe2	pai4	pai4
万源	y4	y2	pe2	pai3	pe2	pe2	pai4	pai4
宣汉	y4	y2	pe2	pai3	pe2	pe2	pai4	pei4
达州	y2	y2	pe2	pai3	pe2	pe2	pai4	pai4
开江	y4	y2	pe2	pai3	pe2	pe2	pai4	pai4
渠县	i2	i2	pe2 pia2 旧	pai3	pia2	pia2	pai4	pai4
宜宾	yɵ5	yɵ5	pe5	pai3	pe5	pe5	pai4	pai4
古蔺	y4	y4	pe5	pai3	pe5	pe5	pai4	pai4
长宁	iu5	iu5	pe5	pai3	pe5	pe5	pai4	pei4
顾县	y2	y2	pe2	pai3	pe2	pe2	pai4	pai4
成都龙泉	yʔ5	y2	phæʔ5	pai3	pæʔ5	pæʔ5	pai4	phai4

字目	败	拍	排	牌	派	埋	买	卖
反切	薄迈	普伯	步皆	薄佳	匹卦	莫皆	莫蟹	莫懈
声韵调	蟹开二 并夬去	梗开二 滂陌入	蟹开二 并皆平	蟹开二 并佳平	蟹开二 滂佳去	蟹开二 明皆平	蟹开二 明佳上	蟹开二 明佳去
中古音	bɣai-	phɣak	bɣɛi	bɣɛ	phɣɛ-	mɣɛi	mɣɛ:	mɣɛ-
广元	pai4	phie2	phai2	phai2	phai4	mai2	mai3	mai4
平武	pai4	phe2	phai2	phai2	phai4	mai2	mai3	mai4
青川	pai4	phe2	phai2	phai2	phai4	mai2	mai3	mai4
剑阁普安	pai4	phe5	phai2	phai2	phai4	mai2	mai3	mai4
剑阁金仙	pai4	phe5	phai2	phai2	phai4	mai2	mai3	mai4
旺苍	pai4	phe2	phai2	phai2	phai4	mai2	mai3	mai4
苍溪	pai4	phie2	phai2	phai2	phai4	mai2	mai3	mai4
江油	pai4	phe2	phai2	phai2	phai4	mai2	mai3	mai4
北川	pai4	phe2	phai2	phai2	phai4	mai2	mai3	mai4
绵阳	pai4	phe2	phai2	phai2	phai4	mai2	mai3	mai4
盐亭	pai4	phe5	phai2	phai2	phai4	mai2	mai3	mai4
德阳	pai4	phe2	phai2	phai2	phai4	mai2	mai3	mai4
中江	pai4	phe2	phai2	pai2	phai4	mai2	mai3	mai4
射洪	pai4	phe5	phai2	phai2	phai4	mai2	mai3	mai4
蓬溪	pai4	phe5	phai2	phai2	phai4	mai2	mai3	mai4
遂宁	pai4	phe2	phai2	phai2	phai4	mai2	mai3	mai4
乐至	pai4	phe2	phai2	phai2	phai4	mai2	mai3	mai4
安岳	pai4	phe2	phai2	phai2	phai4	mai2	mai3	mai4
仪陇	pai4	phie2	phai2	phai2	phai4	mai2	mai3	mai4
西充	pai4	phe5	phai2	phai2	phai4	mai2	mai3	mai4

字目	败	拍	排	牌	派	埋	买	卖
反切	薄迈	普伯	步皆	薄佳	匹卦	莫皆	莫蟹	莫懈
声韵调	蟹开二 並夬去	梗开二 滂陌入	蟹开二 並皆平	蟹开二 並佳平	蟹开二 滂佳去	蟹开二 明皆平	蟹开二 明佳上	蟹开二 明佳去
中古音	bɣai-	phɣak	bɣɛi	bɣɛ	phɣɛ-	mɣɛi	mɣɛː	mɣɛ-
蓬安	pai4	phie2	phai2	phai2	phai4	mai2	mai3	mai4
南充金台	pai4	phe2	phai2	phai2	phai4	mai2	mai3	mai4
南充龙蟠	pai4	phe5	phai2	phai2	phai4	mai2	mai3	mai4
岳池	pai4	phie2	phai2	phai2	phai4	mai2	mai3	mai4
广安	pai4	phie2	phai2	phai2	phai4	mai2	mai3	mai4
邻水	pai4	phe5	phai2	phai2	phai4	mai2	mai3	mai4
南江	pai4	phie2 phie5 旧	phai2	phai2	phai4	mai2	mai3	mai4
巴中	pai4	phe5	phai5	phai2	phai4	mai2	mai3	mai4
通江	pai4	phe5	phai2	phai2	phai4	mai2	mai3	mai4
平昌	pai4	phe2	phai2	phai2	phai4	mai2	mai3	mai4
万源	pai4	phe2	phai2	phai2	phai4	mai2	mai3	mai4
宣汉	pai4	phie2	phai2	phai2	phai4	mai2	mai3	mai4
达州	pai4	phie2	phai2	phai2	phai4	mai2	mai3	mai4
开江	pai4	phie2	phai2	phai2	phai4	mai2	mai3	mai4
渠县	pai4	phie2	phai2	phai2	phai4	mai2	mai3	mai4
宜宾	pai4	phe5	phai2	phai2	phai4	mai2	mai3	mai4
古蔺	pai4	phe5	phai2	phai2	phai4	mai2	mai3	mai4
长宁	pai4	phe5	phai2	phai2	phai4	mai2	mai3	mai4
顾县	pai4	phe2	phai2	phai2	phai4	mai2	mai3	mai4
成都龙泉	pai4	phie?5	phai2	phai2	phai4	mai2	mai1	mai4

字目	迈	麦	脉	戴	贷	待	怠	代
反切	莫话	莫获	莫获	都代	他代	徒亥	徒亥	徒耐
声韵调	蟹开二明夬去	梗开二明麦入	梗开二明麦入	蟹开一端咍去	蟹开一透咍去	蟹开一定咍上	蟹开一定咍上	蟹开一定咍去
中古音	mɣai-	mɣɛk	mɣɛk	tʌi-	thʌi-	dʌi:	dʌi:	dʌi-
广元	mai4	mia2	mie2	tai4	tai4	tai4	tai4	tai4
平武	mai4	me2	me2	tai4	tai4	tai4	tai4	tai4
青川	mai4	me2	me2	tai4	tai4	tai4	tai4	tai4
剑阁普安	mai4	me5	me5	tai4	tai4	tai4	tai4	tai4
剑阁金仙	mai4	me5	me5	tai4	tai4	tai4	tai4	tai4
旺苍	mai4	me2	me2	tai4	tai4	tai4	tai4	tai4
苍溪	mai4	mie2	me2 mie2 旧	tai4	tai4	tai4	tai4	tai4
江油	mai4	me2	me2	tai4	tai4	tai4	tai4	tai4
北川	mai4	me2	me2	tai4	tai4	tai4	tai4	tai4
绵阳	mai4	me2	me2	tai4	tai4	tai4	tai4	tai4
盐亭	mai4	me5	me5	tai4	tai4	tai4	tai4	tai4
德阳	mai4	me2	me2	tai4	tai4	tai4	tai4	tai4
中江	mai4	me2	me2	tai4	tai4	tai4	tai4	tai4
射洪	mai4	me5	me5	tai4	tai4	tai4	tai4	tai4
蓬溪	mai4	me2	me2	tai4	tai4	tai4	tai4	tai4
遂宁	mai4	me2	me2	tai4	tai4	tai4	tai4	tai4
乐至	mai4	me2	me2	tai4	tai4	tai4	tai4	tai4
安岳	mai4	me2	me2	tai4	tai4	tai4	tai4	tai4
仪陇	mai4	me2	me2	tai4	tai4	tai4	tai4	tai4
西充	mai4	me5	me5	tai4	tai4	tai4	tai4	tai4

字目	迈	麦	脉	戴	贷	待	怠	代
反切	莫话	莫获	莫获	都代	他代	徒亥	徒亥	徒耐
声韵调	蟹开二 明夬去	梗开二 明麦入	梗开二 明麦入	蟹开一 端咍去	蟹开一 透咍去	蟹开一 定咍上	蟹开一 定咍上	蟹开一 定咍去
中古音	mɣai-	mɣɛk	mɣɛk	tʌi-	thʌi-	dʌi:	dʌi:	dʌi-
蓬安	mai4	mie2	mie2	tai4	tai4	tai4	tai4	tai4
南充金台	mai4	me2	me2	tai4	tai4	tai4	tai4	tai4
南充龙蟠	mai4	me5	me5	tai4	tai4	tai4	tai4	tai4
岳池	mai4	me2	me2	tai4	tai4	tai4	tai4	tai4
广安	mai4	mie2	mie2	tai4	tai4	tai4	tai4	tai4
邻水	mai4	me5	me5	tai4	tai4	tai4	tai4	tai4
南江	mai4	mie2 mie5 旧	mie5	tai4	tai4	tai4	tai4	tai4
巴中	mai4	me2 me5 旧	me2 me5 旧	tai4	tai4	tai4	tai4	tai4
通江	mai4	me5	me5	tai4	tai4	tai4	tai4	tai4
平昌	mai4	me2	me2	tai4	tai4	tai4	tai4	tai4
万源	mai4	me2	me2	tai4	tai4	tai4	tai4	tai4
宣汉	mai4		mie2	tai4	tai4	tai4	tai4	tai4
达州	mai4	mai4 mie2 旧	mai4 mie2 旧	tai4	tai4	tai4	tai4	tai4
开江	mai4	mie2	mie2	tai4	tai4	tai4	tai4	tai4
渠县	mai4	me2 mia2 旧	me2 mia2 旧	tai4	tai4	tai4	tai4	tai4
宜宾	mai4	me5	me5	tai4	tai4	tai4	tai4	tai4
古蔺	mai4	me5	me5	tai4	tai4	tai4	tai4	tai4
长宁	mai4	me5	me5	tai4	tai4	tai4	tai4	tai4
顾县	mai4	me2	me2	tai4	tai4	tai4	tai4	tai4
成都龙泉	mai4	mæʔ6	mieʔ5	tai4	tai4	tai4	tai4	tai4

字目	袋	带	大_{大夫}	胎	苔①	台_{平台}	抬	态
反切	徒耐	当盖	徒盖	土来	徒哀	徒哀	徒哀	他代
声韵调	蟹开一定哈去	蟹开一端泰去	蟹开一定泰去	蟹开一透哈平	蟹开一定哈平	蟹开一定哈平	蟹开一定哈平	蟹开一透哈去
中古音	dʌi-	tɑi-	dɑi-	thʌi	dʌi	dʌi	dʌi	thʌi-
广元	tai4	tai4	无	thai1	thai2 thai1 口	thai2	thai2	thai4
平武	tai4	tai4	tai4	thai1	thai2	thai2	thai2	thai4
青川	tai4	tai4	无	thai1	thai2 thai1 口	thai2	thai2	thai4
剑阁_{普安}	tai4	tai4	无	thai1	thai2 thai1 口	thai2	thai2	thai4
剑阁_{金仙}	tai4	tai4	无	thai1	thai2 thai1 口	thai2	thai2	thai4
旺苍	tai4	tai4	无	thai1	thai2 thai1 口	thai2	thai2	thai4
苍溪	tai4	tai4	tai4	thai1	thai2 thai1 口	thai2	thai2	thai4
江油	tai4	tai4	tai4	thai1	thai2	thai2	thai2	thai4
北川	tai4	tai4	tai4	thai1	thai2	thai2	thai2	thai4
绵阳	tai4	tai4	tai4	thai1	thai2	thai2	thai2	thai4
盐亭	tai4	tai4	tai4	thai1	thai2	thai2	thai2	thai4
德阳	tai4	tai4	tɑ4	thai1	thai2	thai3	thai2	thai4
中江	tai4	tai4	tai4	thai1	tai2	tai2	tai2	thai4
射洪	tai4	tai4	tai4	thai1	thai2	thai1	thai2	thai4
蓬溪	tai4	tai4	tai4	thai1	thai2	thai2	thai2	thai4
遂宁	tai4	tai4	tai4	thai1	thai2	thai1	thai2	thai4
乐至	tai4	tai4	无	thai1	thai2 thai1 口	thai2	thai2	thai4
安岳	tai4	tai4	tai4	thai1	thai2	thai2	thai2	thai4
仪陇	tai4	tai4	无	thai1	thai2	thai2	thai2	thai4
西充	tai4	tai4	无	thai1	thai2	thai2	thai2	thai4

① 张仲景《伤寒论》卷五作"舌上有胎"。胎，土来切，蟹开一透哈平。

字目	袋	带	大大夫	胎	苔①	台平台	抬	态
反切	徒耐	当盖	徒盖	土来	徒哀	徒哀	徒哀	他代
声韵调	蟹开一定哈去	蟹开一端泰去	蟹开一定泰去	蟹开一透哈平	蟹开一定哈平	蟹开一定哈平	蟹开一定哈平	蟹开一透哈去
中古音	dʌi-	tɑi-	dɑi-	thʌi	dʌi	dʌi	dʌi	thʌi-
蓬安	tai4	tai4	tai4	thai1	thai2	thai2	thai2	thai4
南充金台	tai4	tai4	无	thai1	thai2	thai2	thai2	thai4
南充龙蟠	tai4	tai4	tai4	thai1	thai2	thai2	thai2	thai4
岳池	tai4	tai4	无	thai1	thai2 thai1 口	thai2	thai2	thai4
广安	tai4	tai4	无	thai1	thai2 thai1 口	thai2	thai2	thai4
邻水	tai4	tai4	无	thai1	thai2 thai1 口	thai2	thai2	thai4
南江	tai4	tai4	tai4	thai1	thai2 thai1 口	thai2	thai2	thai4
巴中	tai4	tai4	tai4	thai1	thai2 thai1 口	thai2	thai2	thai4
通江	tai4	tai4	tai4	thai1	thai2 thai1 口	thai2	thai2	thai4
平昌	tai4	tai4	tai4	thai1	thai2 thai1 口	thai2	thai2	thai4
万源	tai4	tai4	无	thai1	thai1	thai2	thai2	thai4
宣汉	tai4	tai4	无	thai1	thai1	thai2	thai2	thai4
达州	tai4	tai4	无	thai1	thai1	thai2	thai2	thai4
开江	tai4	tai4	无	thai1	thai2	thai2	thai2	thai4
渠县	tai4	tai4	无	thai1	thai1	thai2	thai2	thai4
宜宾	tai4	tai4	无	thai1	thai2 thai1 口	thai2	thai2	thai4
古蔺	tai4	tai4	tai4	thai1	thai2 thai1 口	thai2	thai2	thai4
长宁	tai4	tai4	tai4	thaʌi	thaʌi	thaʌi	thaʌi	thaʌi4
顾县	tai4	tai4	无	thai1	thai2 thai1 口	thai2	tai2	thai4
成都龙泉	tai4	tai4	tai4	thai1	thɔi2 thɔi1 口	thɔi2	thɔi2	thai4

---

① 张仲景《伤寒论》卷五作"舌上有胎"。胎, 土来切, 蟹开一透哈平。

字目	太	泰	乃	奶奶奶	奶喂奶	耐	奈	来
反切	他盖	他盖	奴亥	奴蟹	奴蟹	奴代	奴带	落哀
声韵调	蟹开一透泰去	蟹开一透泰去	蟹开一泥哈上	蟹开二泥佳上	蟹开二泥佳上	蟹开一泥哈去	蟹开一泥泰去	蟹开一来哈平
中古音	thɑi-	thɑi-	nʌi:	ŋɣɛ:	ŋɣɛ:	nʌi-	nɑi-	lʌi
广元	thai4	thai4	nai3	nai3	nai3 nai1 口	nai4	nai4	nai2
平武	thai4	thai4	nai3	nai3	nai3	nai4	nai4	nai2
青川	thai4	thai4	nai3	nai3	nai3 nai1 口	nai4	nai4	nai2
剑阁普安	thai4	thai4	nai3	nai3	nai3 nai1 口	nai4	nai4	nai2
剑阁金仙	thai4	thai4	nai3	nai3	nai3 nai1 口	nai4	nai4	nai2
旺苍	thai4	thai4	nai3	nai3	nai3 nai1 口	nai4	nai4	nai2
苍溪	thai4	thai4	lai3	lai3	lai3 lai1 口	lai4	lai4	lai2
江油	thai4	thai4	nai3	nai3	nai3	nai4	nai4	nai2
北川	thai4	thai4	nai3	nai3	nai3	nai4	nai4	nai2
绵阳	thai4	thai4	nai3	nai3	nai3	nai4	nai4	nai2
盐亭	thai4	thai4	lai3	lai3	lai3	lai4	lai4	lai2
德阳	thai4	thai4	nai3	nai3	nai3 nai1 口	nai4	nai4	nai2
中江	thai4	thai4	lai3	lai3	lai3 lai1 口	lai4	lai4	lai2
射洪	thai4	thai4	nai3	nai3	nai3 nai1 口	nai4	nai4	nai2
蓬溪	thai4	thai4	nai3	nai3	nai3 nai1 口	nai4	nai4	nai2
遂宁	thai4	thai4	nai3	nai3	nai3 nai1 口	nai4	nai4	nai2
乐至	thai4	thai4	nai3	nai3	nai3 nai1 口	nai4	nai4	nai2
安岳	thai4	thai4	nai3	nai3	nai3	nai4	nai4	nai2
仪陇	thai4	thai4	nai3	nai3	nai3	nai4	nai4	nai2
西充	thai4	thai4	nai3	nai3	nai3	nai3	nai3	nai2

字目	太	泰	乃	奶奶奶	奶喂奶	耐	奈	来
反切	他盖	他盖	奴亥	奴蟹	奴蟹	奴代	奴带	落哀
声韵调	蟹开一透泰去	蟹开一透泰去	蟹开一泥哈上	蟹开二泥佳上	蟹开二泥佳上	蟹开一泥哈去	蟹开一泥泰去	蟹开一来哈平
中古音	thɑi-	thɑi-	nʌi:	ŋɤɛ:	ŋɤɛ:	nʌi-	nɑi-	lʌi
蓬安	thai4	thai4	nai3	nai3	nai3	nai4	nai4	nai2
南充金台	thai4	thai4	nai3	nai3	nai3	nai4	nai4	nai2
南充龙蟠	thai4	thai4	nai3	nai3	nai3	nai4	nai4	nai2
岳池	thai4	thai4	nai3	nai3	nai3 nai1 口	nai4	nai4	nai2
广安	thai4	thai4	nai3	nai3	nai3 nai1 口	nai4	nai4	nai2
邻水	thai4	thai4	nai3	nai3	nai3 nai1 口	nai4	nai4	nai2
南江	thai4	thai4	lai3	lai3	lai3 lai1 口	lai4	lai4	lai2
巴中	thai4	thai4	lai3	lai3	lai3 lai1 口	lai4	lai4	lai2
通江	thai4	thai4	lai3	lai3	lai3 lai1 口	lai4	lai4	lai2
平昌	thai4	thai4	lai3	lai3	lai3 lai1 口	lai4	lai4	lai2
万源	thai4	thai4	nai3	nai3	nai3	nai4	nai4	nai2
宣汉	thai4	thai4	nai3	nai3	nai1	nai4	nai4	nai2
达州	thai4	thai4	nai3	nai3	nai3 nai1 口	nai4	nai4	nai2
开江	thai4	thai4	nai3	nai3	nai3 nai1 口	nai4	nai4	nai2
渠县	thai4	thai4	nai3	nai3	nai3 nai1 口	nai3	nai4	nai2
宜宾	thai4	thai4	nai3	nai3	nai3 nai1 口	nai4	nai4	nai2
古蔺	thai4	thai4	nai3	nai3	nai3 nai1 口	nai4	nai4	nai2
长宁	thai4	thai4	lai3	lai3	lai3	lai4	lai4	lai2
顾县	thai4	thai4	nai3	nai3	nai3 nai1 口	nai4	nai4	nai2
成都龙泉	thai4	thai4	lai3	lai3	lai3 lai1 口	lai4	lai4	lɔi2

字目	赖	灾	栽	宰	载_{年载}	再	载_{载重}	载_{满载}
反切	落盖	祖才	祖才	作亥	作亥	作代	作代	昨代
声韵调	蟹开一 来泰去	蟹开一 精咍平	蟹开一 精咍平	蟹开一 精咍上	蟹开一 精咍上	蟹开一 精咍去	蟹开一 精咍去	蟹开一 从咍去
中古音	lɑi-	tsʌi	tsʌi	tsʌi:	tsʌi:	tsʌi-	tsʌi-	dzʌi-
广元	nai4	tsai1	tsai1	tsai3	tsai3 文	tsai4	tsai4	tsai4
平武	nai4	tsai1	tsai1	tsai3	tsai3 文	tsai4	tsai4	tsai4
青川	nai4	tsai1	tsai1	tsai3	tsai3 文	tsai4	tsai4	tsai4
剑阁_{普安}	nai4	tsai1	tsai1	tsai3	tsai3 文	tsai4	tsai4	tsai4
剑阁_{金仙}	nai4	tsai1	tsai1	tsai3	tsai3 文	tsai4	tsai4	tsai4
旺苍	nai4	tsai1	tsai1	tsai3	tsai3 文	tsai4	tsai4	tsai4
苍溪	lai4	tsai1	tsai1	tsai3	tsai3 文	tsai4	tsai4	tsai4
江油	nai4	tsai1	tsai1	tsai3	tsai3 文	tsai4	tsai4	tsai4
北川	nai4	tsai1	tsai1	tsai3	tsai3 文	tsai4	tsai4	tsai4
绵阳	nai4	tsai1	tsai1	tsai3	tsai3 文	tsai4	tsai4	tsai4
盐亭	lai4	tsai1	tsai1	tsai3	tsai3 文	tsai4	tsai4	tsai4
德阳	nai4	tsai1	tsai1	tsai3	tsai3 文	tsai4	tsai4	tsai4
中江	lai4	tsai1	tsai1	tsai3	tsai3 文	tsai4	tsai4	tsai4
射洪	nai4	tsai1	tsai1	tsai3	tsai3 文	tsai4	tsai4	tsai4
蓬溪	nai4	tsai1	tsai1	tsai3	tsai3 文	tsai4	tsai4	tsai4
遂宁	nai4	tsai1	tsai1	tsai3	tsai3 文	tsai4	tsai4	tsai4
乐至	nai4	tsai1	tsai1	tsai3	tsai3 文	tsai4	tsai4	tsai4
安岳	nai4	tsai1	tsai1	tsai3	tsai3 文	tsai4	tsai4	tsai4
仪陇	nai4	tsai1	tsai1	tsai3	tsai3 文	tsai4	tsai4	tsai4
西充	nai4	tsai1	tsai1	tsai3	tsai3 文	tsai4	tsai4	tsai4

字目	赖	灾	栽	宰	载_{年载}	再	载_{载重}	载_{满载}
反切	落盖	祖才	祖才	作亥	作亥	作代	作代	昨代
声韵调	蟹开一 来泰去	蟹开一 精咍平	蟹开一 精咍平	蟹开一 精咍上	蟹开一 精咍上	蟹开一 精咍去	蟹开一 精咍去	蟹开一 从咍去
中古音	lɑi-	tsʌi	tsʌi	tsʌi:	tsʌi:	tsʌi-	tsʌi-	dzʌi-
蓬安	nai4	tsai1	tsai1	tsai3	tsai3 文	tsai4	tsai4	tsai4
南充_{金台}	nai4	tsai1	tsai1	tsai3	tsai3 文	tsai4	tsai4	tsai4
南充_{龙蟠}	nai4	tʂai1	tʂai1	tʂai3	tʂai3 文	tʂai4	tʂai4	tʂai4
岳池	nai4	tsai1	tsai1	tsai3	tsai3 文	tsai4	tsai4	tsai4
广安	nai4	tsai1	tsai1	tsai3	tsai3 文	tsai4	tsai4	tsai4
邻水	nai4	tsai1	tsai1	tsai3	tsai3 文	tsai4	tsai4	tsai4
南江	lai4	tsai1	tsai1	tsai3	tsai3 文	tsai4	tsai4	tsai4
巴中	lai4	tsai1	tsai1	tsai3	tsai3 文	tsai4	tsai4	tsai4
通江	lai4	tsai1	tsai1	tsai3	tsai3 文	tsai4	tsai4	tsai4
平昌	lai4	tsai1	tsai1	tsai3	tsai3 文	tsai4	tsai4	tsai4
万源	nai4	tsai1	tsai1	tsai3	tsai3 文	tsai4	tsai4	tsai4
宣汉	nai4	tsai1	tsai1	tsai3	tsai3 文	tsai4	tsai4	tsai4
达州	nai4	tsai1	tsai1	tsai3	tsai3 文	tsai4	tsai4	tsai4
开江	nai4	tsai1	tsai1	tsai3	tsai3 文	tsai4	tsai4	tsai4
渠县	nai4	tsai1	tsai1	tsai3	tsai3 文	tsai4	tsai4	tsai4
宜宾	nai4	tsai1	tsai1	tsai3	tsai3 文	tsai4	tsai4	tsai4
古蔺	nai4	tsai1	tsai1	tsai3	tsai3 文	tsai4	tsai4	tsai4
长宁	lai4	tsai1	tsai1	tsai3	tsai3 文	tsai4	tsai4	tsai4
顾县	nai4	tsai1	tsai1	tsai3	tsai3 文	tsai4	tsai4	tsai4
成都_{龙泉}	lai4	tsai1	tsai1	tsai3	tsai3 文	tsai4	tsai4	tsai4

字目	在①	猜	才才华	财	材	裁	采采摘	彩
反切	昨宰	仓才	昨哉	昨哉	昨哉	昨哉	仓宰	仓宰
声韵调	蟹开一 从咍上	蟹开一 清咍平	蟹开一 从咍平	蟹开一 从咍平	蟹开一 从咍平	蟹开一 从咍平	蟹开一 清咍上	蟹开一 清咍上
中古音	dzʌi:	tshʌi	dzʌi	dzʌi	dzʌi	dzʌi	tshʌi:	tshʌi:
广元	tsai4	tshai1	tshai2	tshai2	tshai2	tshai2	tshai3	tshai3
平武	tsai4	tshai1	tshai2	tshai2	tshai2	tshai2	tshai3	tshai3
青川	tsai4	tshai1	tshai2	tshai2	tshai2	tshai2	tshai3	tshai3
剑阁普安	tsai4	tshai1	tshai2	tshai2	tshai2	tshai2	tshai3	tshai3
剑阁金仙	tsai4	tshai1	tshai2	tshai2	tshai2	tshai2	tshai3	tshai3
旺苍	tsai4	tshai1	tshai2	tshai2	tshai2	tshai2	tshai3	tshai3
苍溪	tsai4	tshai1	tshai2	tshai2	tshai2	tshai2	tshai3	tshai3
江油	tsai4	tshai1	tshai2	tshai2	tshai2	tshai2	tshai3	tshai3
北川	tsai4	tshuai1	tshai2	tshai2	tshai2	tshai2	tshai3	tshai3
绵阳	tsai4	tshuai1	tshai2	tshai2	tshai2	tshai2	tshai3	tshai3
盐亭	tsai4	tshai1	tshai2	tshai2	tshai2	tshai2	tshai3	tshai3
德阳	tsai4	tshuai1	tshai2	tshai2	tshai2	tshai2	tshai3	tshai3
中江	tsai4	tshai1	tsai2	tsai2	tsai2	tsai2	tshai3	tshai3
射洪	tsai4	tshai1	tshai2	tshai2	tshai2	tshai2	tshai3	tshai3
蓬溪	tsai4	tshai1	tshai2	tshai2	tshai2	tshai2	tshai3	tshai3
遂宁	tsai4	tshai1	tshai2	tshai2	tshai2	tshai2	tshai3	tshai3
乐至	tsai4 tai4 口	tshuai1	tshai2	tshai2	tshai2	tshai2	tshai3	tshai3
安岳	tsai4	tshai1	tshai2	tshai2	tshai2	tshai2	tshai3	tshai3
仪陇	tsai4	tshai1	tshai2	tshai2	tshai2	tshai2	tshai3	tshai3
西充	tsai4	tshai1	tshai2	tshai2	tshai2	tshai2	tshai3	tshai3

---

① 又昨代切,蟹开一从咍去。

字目	在[①]	猜	才才华	财	材	裁	采采摘	彩
反切	昨宰	仓才	昨哉	昨哉	昨哉	昨哉	仓宰	仓宰
声韵调	蟹开一从哈上	蟹开一清哈平	蟹开一从哈平	蟹开一从哈平	蟹开一从哈平	蟹开一从哈平	蟹开一清哈上	蟹开一清哈上
中古音	dzʌi:	tshʌi	dzʌi	dzʌi	dzʌi	dzʌi	tshʌi:	tshʌi:
蓬安	tsai4	tshai1	tshai2	tshai2	tshai2	tshai2	tshai3	tshai3
南充金台	tsai4	tshai1	tshai2	tshai2	tshai2	tshai2	tshai3	tshai3
南充龙蟠	tʂai4	tʂhai1	tʂhai2	tʂhai2	tʂhai2	tʂhai2	tʂhai3	tʂhai3
岳池	tsai4 tai4 口	tshai1	tshai2	tshai2	tshai2	tshai2	tshai3	tshai3
广安	tsai4 tai4 口	tshai1	tshai2	tshai2	tshai2	tshai2	tshai3	tshai3
邻水	tsai4 tai4 口	tshai1	tshai2	tshai2	tshai2	tshai2	tshai3	tshai3
南江	tsai4	tshai1	tshai2	tshai2	tshai2	tshai2	tshai3	tshai3
巴中	tsai4	tshai1	tshai2	tshai2	tshai2	tshai2	tshai3	tshai3
通江	tsai4	tshai1	tshai2	tshai2	tshai2	tshai2	tshai3	tshai3
平昌	tsai4	tshai1	tshai2	tshai2	tshai2	tshai2	tshai3	tshai3
万源	tsai4 tai4 口	tshai1	tshai2	tshai2	tshai2	tshai2	tshai3	tshai3
宣汉	tsai4 tai4 口	tshuai1	tshai2	tshai2	tshai2	tshai2	tshai3	tshai3
达州	tsai4 tai4 口	tshuai1	tshai2	tshai2	tshai2	tshai2	tshai3	tshai3
开江	tsai4 tai4 口	tshuai1	tshai2	tshai2	tshai2	tshai2	tshai3	tshai3
渠县	tsai4 tai4 口	tshai1	tshai2	tshai2	tshai2	tshai2	tshai3	tshai3
宜宾	tsai4	tshai1	tshai2	tshai2	tshai2	tshai2	tshai3	tshai3
古蔺	tsai4	tshai1	tshai2	tshai2	tshai2	tshai2	tshai3	tshai3
长宁	tsai4	tshai1	tshai2	tshai2	tshai2	tshai2	tshai3	tshai3
顾县	tsai4	tshai1	tshai2	tshai2	tshai2	tshai2	tshai3	tshai3
成都龙泉	tsʌ4	tshai1	tshɔi2	tshɔi2	tshɔi2	tshai2	tshai3	tshai3

① 又昨代切，蟹开一从哈去。

字目	睬	菜	蔡	腮	鳃	塞边塞	赛	斋
反切		仓代	仓大	苏来	苏来	先代	先代	侧皆
声韵调	蟹开一 清咍上	蟹开一 清咍去	蟹开一 清泰去	蟹开一 心咍平	蟹开一 心咍平	蟹开一 心咍去	蟹开一 心咍去	蟹开二 庄皆平
中古音	tshʌi:	tshʌi-	tshɑi-	sʌi	sʌi	sʌi-	sʌi-	tʃɣɛi
广元	tshai3	tshai4	tshai4	sai1	sai1	sai4	sai4	tʂai1
平武	tshai3	tshai4	tshai4	sai1	sai1	sai4	sai4	tʂai1
青川	tshai3	tshai4	tshai4	sai1	sai1	sai4	sai4	tʂai1
剑阁普安	tshai3	tshai4	tshai4	sai1	sai1	sai4	sai4	tʂai1
剑阁金仙	tshai3	tshai4	tshai4	sai1	sai1	sai4	sai4	tʂai1
旺苍	tshai3	tshai4	tshai4	sai1	sai1	sai4	sai4	tʂai1
苍溪	tshai3	tshai4	tshai4	sai1	sai1	sai4	sai4	tʂai1
江油	tshai3	tshai4	tshai4	sai1	sai1	sai4	sai4	tʂai1
北川	tshai3	tshai4	tshai4	sai1	sai1	sai4	sai4	tʂai1
绵阳	tshai3	tshai4	tshai4	sai1	sai1	sai4	sai4	tʂai1
盐亭	tshai3	tshai4	tshai4	sai1	sai1	sai4	sai4	tʂai1
德阳	tshai3	tshai4	tshai4	sai1	sai1	sai4	sai4	tʂai1
中江	tshai3	tshai4	tshai4	sai1	sai1	sai4	sai4	tʂai1
射洪	tshai3	tshai4	tshai4	sai1	sai1	sai4	sai4	tʂai1
蓬溪	tshai3	tshai4	tshai4	sai1	sai1	sai4	sai4	tʂai1
遂宁	tshai3	tshai4	tshai4	sai1	sai1	sai4	sai4	tʂai1
乐至	tshai3	tshai4	tshai4	sai1	sai1	sai4	sai4	tʂai1
安岳	tshai3	tshai4	tshai4	sai1	sai1	sai4	sai4	tʂai1
仪陇	tshai3	tshai4	tshai4	sai1	sai1	sai4	sai4	tʂai1
西充	tshai3	tshai4	tshai4	sai1	sai1	sai4	sai4	tʂai1

字目	眯	菜	蔡	腮	鳃	塞边塞	赛	斋
反切		仓代	仓大	苏来	苏来	先代	先代	侧皆
声韵调	蟹开一 清哈上	蟹开一 清哈去	蟹开一 清泰去	蟹开一 心哈平	蟹开一 心哈平	蟹开一 心哈去	蟹开一 心哈去	蟹开二 庄皆平
中古音	tshʌi:	tshʌi-	tshɑi-	sʌi	sʌi	sʌi-	sʌi-	tʃɣɛi-
蓬安	tshai3	tshai4	tshai4	sai1	sai1	sai4	sai4	tsai1
南充金台	tshai3	tshai4	tshai4	sai1	sai1	sai4	sai4	tsai1
南充龙蟠	tʂhai3	tʂhai4	tʂhai4	ʂai1	ʂai1	sai4	sai4	tʂai1
岳池	tshai3	tshai4	tshai4	sai1	sai1	sai4	sai4	tsai1
广安	tshai3	tshai4	tshai4	sai1	sai1	sai4	sai4	tsai1
邻水	tshai3	tshai4	tshai4	sai1	sai1	sai4	sai4	tsai1
南江	tshai3	tshai4	tshai4	sai1	sai1	sai4	sai4	tʂai1
巴中	tshai3	tshai4	tshai4	sai1	sai1	sai4	sai4	tsai1
通江	tshai3	tshai4	tshai4	sai1	sai1	sai4	sai4	tʂai1
平昌	tshai3	tshai4	tshai4	sai1	sai1	sai4	sai4	tʂai1
万源	tshai3	tshai4	tshai4	sai1	sai1	sai4	sai4	tʂai1
宣汉	tshai3	tshai4	tshai4	sai1	sai1	sai4	sai4	tsai1
达州	tshai3	tshai4	tshai4	sai1	sai1	sai4	sai4	tsai1
开江	tshai3	tshai4	tshai4	sai1	sai1	sai4	sai4	tsai1
渠县	tshai3	tshai4	tshai4	sai1	sai1	sai4	sai4	tsai1
宜宾	tshai3	tshai4	tshai4	sai1	sai1	sai4	sai4	tsai1
古蔺	tshai3	tshai4	tshai4	sai1	sai1	sai4	sai4	tsai1
长宁	tshai3	tshai4	tshai4	sai1	sai1	sai4	sai4	tsai1
顾县	tshai3	tshai4	tshai4	sai1	sai1	sai4	sai4	tsai1
成都龙泉	tshai3	tshɔi4	tshɔi4	sai1	sai1	sai4	sai4	tsai1

字目	摘	宅	窄	债	差出差	钗	拆	豺
反切	陟革	场伯	侧伯	侧卖	楚佳	楚佳	丑格	士皆
声韵调	梗开二 知麦入	梗开二 澄陌入	梗开二 庄陌入	蟹开二 庄佳去	蟹开二 初佳平	蟹开二 初佳平	梗开二 彻陌入	蟹开二 崇皆平
中古音	ţɣɛk	dɣæk	tʃɣæk	tʃɣɛ-	tʃʰɣɛ	tʃʰɣɛ	ţʰɣæk	dʒɣɛi
广元	tʂe2	tʂhe2	tʂe2	tʂai4	tʂhai1	tʂhai1	tshe2	tʂhai2
平武	tse2	tsai2	tse2	tsai4	tshai1	tshai1	tshe2	tshai2
青川	tse2	tshe2	tse2	tsai4	tshai1	tshai1 tshʌ1^①	tshe2	tshai2
剑阁_{普安}	tʂe5	tʂe5	tʂe5	tsai4	tʂhai1	tʂhai1 tʂhʌ1^①	tʂhe5	tʂhai2
剑阁_{金仙}	tʂe5	tʂhe5	tʂe5	tʂai4	tʂhai1	tʂhai1 tʂhʌ1^①	tʂhe5	tʂhai2
旺苍	tʂe2	tʂhe2	tsʌ2	tʂai4	tʂhai1	tʂhai1	tshe2	tshai2
苍溪	tʂe2	tʂai2	tʂe2	tʂai4	tʂhai1	tʂhai1 tʂhʌ1^①	tshe2	tshai2
江油	tse2	tshe2	tse2	tsai4	tshai1	tshai1	tshe2	tshai2
北川	tse2	tshe2	tse2	tsai4	tshai1	tshai1	tshe2	tshai2
绵阳	tse2	tshe2	tse2	tsai4	tshai1	tshai1	tshe2	tshai2
盐亭	tse5	tshe5	tse5	tsai4	tshai1	tshʌ1^①	tshe5	tshai2
德阳	tse2	tse2	tse2	tsai4	tshai1	tshai1	tshe2	tshai2
中江	tse2	tshe2	tse2	tsai4	tshai1	tshai1	tshe2	tsai2
射洪	tse5	tse5	tse5	tsai4	tshai1	tshai1	tshe5	tshai2
蓬溪	tse5	tshe5	tse5	tsai4	tshai1	tshʌ1^①	tshe5	tshai2
遂宁	tse2	tse2	tse2	tsai4	tshai1	tshai1	tshe2	tshai2
乐至	tse2	tsai4 新	tse2	tsai4	tshai1	tshai1	tshe2	tshai2
安岳	tse2	tshe2	tse2	tsai4	tshai1	tshai1	tshe2	tshai2
仪陇	tse2	tshe2	tse2	tsai4	tshai1	tshʌ1^① tshai1	tshe2	tshai2
西充	tse5	tshe2	tse5	tsai4	tshai1	tshai1	tshe5	tshai2

① "叉"的训读。初牙切，假开二初麻平。

字目	摘	宅	窄	债	差_{出差}	钗	拆	豺
反切	陟革	场伯	侧伯	侧卖	楚佳	楚佳	丑格	士皆
声韵调	梗开二知麦入	梗开二澄陌入	梗开二庄陌入	蟹开二庄佳去	蟹开二初佳平	蟹开二初佳平	梗开二彻陌入	蟹开二崇皆平
中古音	tɣɛk	dɣæk	tʃɣæk	tʃɣɛ-	tʃʰɣɛ	tʃʰɣɛ	ʈʰɣæk	dʒɣɛi
蓬安	tse2	tshe2	tse2	tsai4	tshai1	tshai1	tshe2	tshai2
南充_{金台}	tse2	the2	tse2	tsai4	tshai1	tshai1	tshe2	tshai2
南充_{龙蟠}	tʂe5	tʂhe5	tʂe5	tʂai4	tʂhai1	tʂha1[①]	tʂhe5	tʂhai2
岳池	tse2	tshe2	tse2	tsai4	tshai1	tshai1	tshe2	tshai2
广安	tse2	tshe2	tse2	tsai4	tshai1	tshai1	tshe2	tshai2
邻水	tse5	tse5	tse5	tsai4	tshai1	tshai1	tshe5	tshai2
南江	tʂai1 tse5 旧	tshe5	tʃia5	tʂai4	tʂhai1	tʂhai1	tʂhe2 tʂhe5 旧	tʂhai2
巴中	tse5	tshe5	tʂɑ5	tʂai4	tʂhai1	tʂhai1	tshe5	tshai5
通江	tse5	tshe5	tʂɑ4	tʂai4	tʂhai1	tʂhɑ1	tshe5	tʂhai2
平昌	tse2	tʂe2	tse2	tʂai4	tʂhai1	tʂhai1	tshe2	tʂhai2
万源	tʂe2	tshe2	tʂʌ2	tʂai4	tʂhai1	tʂhai1	tshe2	tʂhai2
宣汉	tse2	tshe2	tsʌ2	tsai4	tshai1	tshʌ1[①]	tshe2	tshai2
达州	tse2	tshe2	tse2	tsai4	tshai1	tshʌ1[①]	tshe2	tshai2
开江	tse2	tshe2	tse2	tsai4	tshai1	tshʌ1[①]	tshe2	tshai2
渠县	tse2	tshe2	tse2	tsai4	tshai1	tshʌ1[①]	tshe2	tshai2
宜宾	tse5	tsai3 tse5 旧	tse5	tsai4	tshai1	tshai1	tshe5	tshai2
古蔺	tse2	tsai2	tse5	tsai4	tshai1	tshai1	tshe5	tshai2
长宁	tse5	tse5	tse5	tsai4	tshai1	tshai1	tshe5	tshai2
顾县	tse2	tse2	tse2	tsai4	tshai1	tshai1	tshe2	tshai2
成都_{龙泉}	tsæʔ5	tshəʔ5	tɕhieʔ6	tsai4	tshai1	tshai1	tshæʔ5	tshɔi2

---

① "叉"的训读。初牙切，假开二初麻平。

字目	柴	筛①	晒	该	改	概	盖盖子	开
反切	士佳	山佳	所卖	古哀	古亥	古代	古太	苦哀
声韵调	蟹开二崇佳平	蟹开二生佳平	蟹开二生佳去	蟹开一见咍平	蟹开一见咍上	蟹开一见咍去	蟹开一见泰去	蟹开一溪咍平
中古音	dʒɣɛ	ʃɣɛ	ʃɣɛ-	kʌi	kʌi:	kʌi-	kɑi-	khʌi
广元	tʂhai2	ʂai1	ʂai4	kai1	kai3	khai4	kai4	khai1
平武	tshai2	sai1	sai4	kai1	kai3	khai4	kai4	khai1
青川	tshai2	sai1	sai4	kai1	kai3	khai4	kai4	khai1
剑阁普安	tʂhai2	ʂai1	ʂai4	kai1	kai3	khai4 kai4 新	kai4	khai1
剑阁金仙	tʂhai2	ʂai1	ʂai4	kai1	kai3	khai4	kai4	khai1
旺苍	tʂhai2	ʂai1	ʂai4	kai1	kai3	khai4	kai4	khai1
苍溪	tʂhai2	ʂai1	ʂai4	kai1	kai3	khai4 kai4 新	kai4	khai1
江油	tshai2	sai1	sai4	kai1	kai3	khai4	kai4	khai1
北川	tshai2	sai1	sai4	kai1	kai3	khai4	kai4	khai1
绵阳	tshai2	sai1	sai4	kai1	kai3	khai4	kai4	khai1
盐亭	tshai2	sai1	sai4	kai1	kai3	khai4	kai4	khai1
德阳	tshai2	sai1	sai4	kai1	kai3	khai4 kai4 新	kai4	khai1
中江	tsai2	sai1	sai4	kai1	kai3	khai4	kai4	khai1
射洪	tshai2	sai1	sai4	kai1	kai3	khai4 kai4 新	kai4	khai1
蓬溪	tshai2	sai1	sai4	kai1	kai3	khai4 kai4 新	kai4	khai1
遂宁	tshai2	sai1	sai4	kai1	kai3	khai4 kai4 新	kai4	khai1
乐至	tshai2	sai1	sai4	kai1	kai3	khai4 kai4 新	kai4	khai1
安岳	tshai2	sai1	sai4	kʌi1	kʌi3	khai4	kai4	khai1
仪陇	tshai2	sai1	sai4	kai1	kai3	khai4	kai4	khai1
西充	tshai2	sai1	sai4	kai1	kai3	khai4	kai4	khai1

① 又疏夷切，止开三生脂平；所宜切，止开三生支平。

字目	柴	筛①	晒	该	改	概	盖盖子	开
反切	士佳	山佳	所卖	古哀	古亥	古代	古太	苦哀
声韵调	蟹开二崇佳平	蟹开二生佳平	蟹开二生佳去	蟹开一见咍平	蟹开一见咍上	蟹开一见咍去	蟹开一见泰去	蟹开一溪咍平
中古音	dʒɣɛ	ʃɣɛ	ʃɣɛ-	kʌi	kʌi:	kʌi-	kɑi-	khʌi
蓬安	tshai2	sai1	sai4	kai1	kai3	khai4	kai4	khai1
南充金台	tshai2	sai1	sai4	kai1	kai3	khai4	kai4	khai1
南充龙蟠	tʂhai2	ʂai1	sai4	kai1	kai3	khai4	kai4	khai1
岳池	tshai2	sai1	sai4	kai1	kai3	khai4 kai4 新	kai4	khai1
广安	tshai2	sai1	sai4	kai1	kai3	khai4 kai4 新	kai4	khai1
邻水	tshai2	sai1	sai4	kai1	kai3	khai4 kai4 新	kai4	khai1
南江	tʂhai2	ʂai1	ʂai4	kai1	kai3	khai4 kai4 新	kai4	khai1
巴中	tʂhai5	ʂai1	ʂai4	kai1	kai3	khai4 kai4 新	kai4	khai1
通江	tʂhai2	ʂai1	ʂai4	kai1	kai3	khai4 kai4 新	kai4	khai1
平昌	tʂhai2	ʂai1	ʂai4	kai1	kai3	khai4 kai4 新	kai4	khai1
万源	tʂhai2	ʂai1	ʂai4	kai1	kai3	khai4 kai4 新	kai4	khai1
宣汉	tshai2	sai1	sai4	kai1	kai3	khai4 kai4 新	kai4	khai1
达州	tshai2	sai1	sai4	kai1	kai3	khai4 kai4 新	kai4	khai1
开江	tshai2	sai1	sai4	kai1	kai3	khai4 kai4 新	kai4	khai1
渠县	tshai2	sai1	sai4	kai1	kai3	khai4 kai4 新	kai4	khai1
宜宾	tshai2	sai1	sai4	kai1	kai3	khai4 kai4 新	kai4	khai1
古蔺	tshai2	sai1	sai4	kai1	kai3	khai4 kai4 新	kai4	khai1
长宁	tshai2	sai1	sai4	kai1	kai3	khai4	kai4	khai1
顾县	tshai2	sai1	sai4	kai1	kai3	khai4	kai4	khai1
成都龙泉	tshai2	sai1	sai4	kɔi1	kai3	khai4 kai4 新	khɔi4	xɔi1

---

① 又疏夷切，止开三生脂平；所宜切，止开三生支平。

字目	慨_{感慨}	楷	孩	还还有	海	害	哀	挨_{挨近}
反切	苦爱	苦骇	户来	户关	呼改	胡盖	乌开	乙谐
声韵调	蟹开一溪咍去	蟹开二溪皆上	蟹开一匣咍平	山合二匣删平	蟹开一晓咍上	蟹开一匣泰去	蟹开一影咍平	蟹开二影皆平
中古音	khʌi-	khɣɛi:	ɦʌi	ɦɣuan	hʌi:	ɦɑi-	ʔʌi	ʔɣɛi
广元	khai4	khai3	xai2	xai2	xai3	xai4	ŋai1	ŋai1
平武	khai3	khai3	xai2	xai2	xai3	xai4	ai1	ai1
青川	khai4	khai3	xai2	xai2	xai3	xai4	ŋai1	ŋai1
剑阁_{普安}	khai4	khai3	xai2	xai2	xai3	xai4	ŋai1	ŋai1
剑阁_{金仙}	khai4	khai3	xai2	xai2 xuan2 旧	xai3	xai4	ŋai1	ŋai1
旺苍	khai4	khai3	xai2	xai2	xai3	xai4	ŋai1	ŋai1
苍溪	khai4	khai3	xai2	xai2	xai3	xai4	ŋai1	ŋai1
江油	khai4	khai3	xai2	xai2	xai3	xai4	ŋai1	ŋai1
北川	khai4	khai3	xai2	xai2	xai3	xai4	ŋai1	ŋai1
绵阳	khai4	khai3	xai2	xai2	xai3	xai4	ŋai1	ŋai1
盐亭	khai4	khai3	xai2	xai2	xai3	xai4	ŋai1	ŋai1
德阳	khai4 kai4 新	khai3	xai2	xai2	xai3	xai4	ŋai1	ŋai1
中江	khai4	khai3	xai2	xai2	xai3	ai4	ŋai1	ŋai1
射洪	khai4 kai4 新	khai3	xai2	xai2	xai3	xai4	ŋai1	ŋai1
蓬溪	khai4 kai4 新	khai3	xai2	xai2	xai3	xai4	ai1	ŋai1
遂宁	khai4 kai4 新	khai3	xai2	xai2	xai3	xai4	ŋai1	ŋai1
乐至	khai4 kai4 新	khai3	xai2	fan2	xai3	xai4	ŋai1	ŋai1
安岳	khai4	khai3	xai2	xai2	xai3	xai4	ŋai1	ŋai1
仪陇	khai4	khai3	xai2	fan2	xai3	xai4	ŋai1	ŋai1
西充	khai4	khai3	xai2	xai2	xai3	xai4	ŋai1	ŋai1

字目	慨_{感慨}	楷	孩	还_{还有}	海	害	哀	挨_{挨近}
反切	苦爱	苦骇	户来	户关	呼改	胡盖	乌开	乙谐
声韵调	蟹开一溪咍去	蟹开二溪皆上	蟹开一匣咍平	山合二匣删平	蟹开一晓咍上	蟹开一匣泰去	蟹开一影咍平	蟹开二影皆平
中古音	khʌi-	khɣɛi:	ɦʌi	ɦɣuan	hʌi:	ɦɑi-	ʔʌi	ʔɣɛi
蓬安	khai4	khai3	xai2	xai2	xai3	xai4	ŋai1	ŋai1
南充_{金台}	khai4	khai3	xai2	xai2	xai3	xai4	ŋai1	ŋai1
南充_{龙蟠}	khai4	khai3	xai2	xai2	xai3	xai4	ŋai1	ŋai1
岳池	khai4 kai4 新	khai3	xai2	xai2	xai3	xai4	ŋai1	ŋai1
广安	khai4 kai4 新	khai3	xai2	xai2	xai3	xai4	ŋai1	ŋai1
邻水	khai4 kai4 新	khai3	xai2	xai2	xai3	xai4	ŋai1	ŋai1
南江	khai4	khai3	xai2	xai2	xai3	xai4	ŋai1	ŋai1
巴中	khai3 khai4	khai3	xai5	xai2	xai3	xai4	ŋai1	ŋai1
通江	khai4	khai3	xai2	xai2	xai3	xai4	ŋai1	ŋai1
平昌	khai4	khai3	xai2	xai2	xai3	xai4	ai1 ŋai1 旧	ŋai2 ŋai1
万源	khai4 kai4 新	khai3	xai2	xai2	xai3	xai4	ai1	ai1
宣汉	khai4 kai4 新	khai3	xai2	xai2	xai3	xai4	ŋai1	ŋai1
达州	khai4 kai4 新	khai3	xai2	xai2	xai3	xai4	ŋai1 ai1 新	ŋai1
开江	khai4 kai4 新	khai3	xai2	xai2	xai3	xai4	ŋai1 ai1 新	ŋai1
渠县	khai3 kai4 新	khai3	xai2	xai2	xai3	xai4	ŋai1 ai1 新	ŋai1 ai1 新
宜宾	khai4	khai3	xai2	xai2	xai3	xai4	ŋai1	ŋai1
古蔺	khai4 kai4 新	khai3	xai2	xai2	xai3	xai4	ŋai1	ŋai1
长宁	khai4	khai3	xai2	xai2	xai3	xai4	ŋai1	ŋai1
顾县	khai4	khai3	xai2	xai2	xai3	xai4	ŋai1	ŋai1
成都_{龙泉}	khɔi4	xɔi1	xɔi2	xai2	xɔi3	xɔi4	ɔi1	ai1

字目	*挨挨打	癌①	矮	碍	艾陈艾	爱	衰	帅
反切	*宜佳	五咸	乌蟹	五溉	五盖	乌代	所追	所类
声韵调	蟹开二 疑佳平	咸开二 疑咸平	蟹开二 影佳上	蟹开一 疑哈去	蟹开一 疑泰去	蟹开一 影哈去	止合三 生脂平	止合三 生脂去
中古音	ŋɣɛ	ŋɣɛm	ʔɣɛ:	ŋʌi-	ŋɑi-	ʔʌi-	ʃiuɪ	ʃiuɪ-
广元	ŋai2	ŋai2	ŋai3	ŋai4 ai4 新	ŋai4 ai4 新	ŋai4 ai4 新	ʂuai1	ʂuai4
平武	ŋai2	ŋai2	ŋai3	ŋai4	ŋai4	ŋai4	suai1	suai4
青川	ŋai2	ŋai2	ŋai3	ŋai4 ai4 新	ŋai4 ai4 新	ŋai4 ai4 新	suai1	suai4
剑阁普安	ŋai2	ŋai2	ŋai3	ŋai4 ai4 新	ŋai4 ai4 新	ŋai4 ai4 新	ʂuai1	ʂuai4
剑阁金仙	ŋai2	ŋai2	ŋai3	ŋai4 ai4 新	ŋai4 ai4 新	ŋai4 ai4 新	ʂuai1	ʂuai4
旺苍	ŋai2	ŋai2	ŋai3	ŋai4	ŋai4	ŋai4	ʂuai1	ʂuai4
苍溪	ŋai1 ŋai2	ŋai2	ŋai3	ŋai4	ŋai4	ŋai4	ʂuai1	ʂuai4
江油	ŋai2	ŋai2	ŋai3	ŋai4	ŋai4	ŋai4	suai1	suai4
北川	ŋai2	ŋai2	ŋai3	ŋai4	ŋai4	ŋai4	suai1	suai4
绵阳	ŋai2	ŋai2	ŋai3	ŋai4	ŋai4	ŋai4	suai1	suai4
盐亭	ŋai2	ŋai2	ŋai3	ŋai4	ŋai4	ŋai4	suai1	suai4
德阳	ŋai2	ŋai2	ŋai3	ŋai4	ŋai4	ŋai4	suai1	suai4
中江	ŋai2	ŋai2	ŋai3	ŋai4	ŋai4	ŋai4	suai1	suai4
射洪	ŋai2	ŋai2	ŋai3	ŋai4	ŋai4	ŋai4	suai1	suai4
蓬溪	ŋai2	ŋai2	ŋai3	ŋai4	ai4	ŋai4	suai1	suai4
遂宁	ŋai2	ŋai2	ŋai3	ŋai4	ŋai4	ŋai4	suai1	suai4
乐至	ŋai2	ŋai2	ŋai3	ŋai4	ŋai4	ŋai4	suai1	suai4
安岳	ŋai2	ŋai2	ŋai3	ŋai4	ŋai4	ŋai4	suai1	suai4
仪陇	ŋai2	ŋai2	ŋai3	ŋai4	ai4	ŋai4	suai1	suai4
西充	ŋai2	ŋai2	ŋai3	ŋai4	ŋai4	ŋai4	suai1	suai4

---

① "嵒（岩）"的分化字。

字目	*挨挨打	癌①	矮	碍	艾陈艾	爱	衰	帅
反切	*宜佳	五咸	乌蟹	五溉	五盖	乌代	所追	所类
声韵调	蟹开二 疑佳平	咸开二 疑咸平	蟹开二 影佳上	蟹开一 疑哈去	蟹开一 疑泰去	蟹开一 影哈去	止合三 生脂平	止合三 生脂去
中古音	ŋɣɛ	ŋɣɛm	ʔɣɛ:	ŋʌi-	ŋɑi-	ʔʌi-	ʃiui	ʃiui-
蓬安	ŋai2	ŋai2	ŋai3	ŋai4	ŋai4	ŋai4	suai1	suai4
南充金台	ŋai2	ŋai2	ŋai3	ŋai4	ŋai4	ŋai4	suai1	suai4
南充龙蟠	ŋai2	ŋai2	ŋai3	ŋai4	ŋai4	ŋai4	ʂuai1	ʂuai4
岳池	ŋai2	ŋai2	ŋai3	ŋai4	ŋai4	ŋai4	suai1	suai4
广安	ŋai2	ŋai2	ŋai3	ŋai4	ŋai4	ŋai4	suai1	suai4
邻水	ŋai2	ŋai2	ŋai3	ŋai4	ŋai4	ŋai4	suai1	suai4
南江	ŋai2	ŋai2	ŋai3	ai4 ŋai4 旧	ai4 ŋai4 旧	ŋai4	ʂuai1	ʂuai4
巴中	ŋai1 ŋai2	ŋai2	ŋai3	ŋai4	ŋai4	ŋai4	ʂuai1	ʂuai4
通江	ŋai2	ŋai2	ŋai3	ŋai4	ŋai4	ŋai4	ʂuai1	ʂuai4
平昌	ŋai2	ŋai2	ŋai3	ŋai4	ai1 ŋai4 旧	ŋai4	ʂuai1	ʂuai4
万源	ai2 ŋai2 旧	ŋai2	ŋai3	ŋai4	ŋai4	ŋai4	suai1	ʂuai4
宣汉	ŋai1	ŋai2	ŋai3	ŋai4	ŋai4	ŋai4	suai1	suai4
达州	ŋai2	ŋai2	ŋai3	ŋai4	ŋai4	ŋai4	suai1	suai4
开江	ŋai2	ŋai2	ŋai3	ŋai4	ai4	ai4	suai1	suai4
渠县	ai1	ai2	ŋai3	ai4	ai4	ai4	suai1	suai4
宜宾	ŋai2	ŋai2	ŋai3	ŋai4	ŋai4	ŋai4	suai1	suai4
古蔺	ŋai1	ŋai2	ŋai3	ŋai4	ŋai4	ŋai4	suai1	suai4
长宁	ŋai2	ŋai2	ŋai3	ŋai4	ŋai4	ŋai4	suai1	suai4
顾县	ŋai2	ŋai2	ŋai3	ŋai4	ŋai4	ŋai4	suai1	suai4
成都龙泉	ai1 ŋai2	ŋai2	ai3	ɔi4	ɔi4	ɔi4	sɔi1	sɔi4

---

① "嵒（岩）"的分化字。

字目	率①率领	乖	拐拐杖	怪	会会计	块	快	筷
反切	所类	古怀	乖买	古坏	古外	苦怪	苦夬	
声韵调	止合三 生脂去	蟹合二 见皆平	蟹合二 见佳上	蟹合二 见皆去	蟹合一 见泰去	蟹合二 溪皆去	蟹合二 溪夬去	蟹合二 溪夬去
中古音	ʃiuɪ-	kɣuɛi	kɣuɛ:	kɣuɛi-	kuɑi-	khɣuɛi-	khɣuai-	khɣuai-
广元	ʂuai4	kuai1	kuai3	kuai4	khuai4	khuai3	khuai4	khuai4
平武	suai4	kuai1	kuai3	kuai4	khuai4	khuai3	khuai4	khuai4
青川	suai4	kuai1	kuai3	kuai4	khuai4	khuai3	khuai4	khuai4
剑阁普安	ʂuai4	kuai1	kuai3	kuai4	khuai4	khuai3	khuai4	khuai4
剑阁金仙	ʂuai4	kuai1	kuai3	kuai4	khuai4	khuai3	khuai4	khuai4
旺苍	ʂuai4	kuai1	kuai3	kuai4	khuai4	khuai3	khuai4	khuai4
苍溪	ʂuai4	kuai1	kuai3	kuai4	khuai4	khuai3	khuai4	khuai4
江油	suai4	kuai1	kuai3	kuai4	khuai4	khuai3	khuai4	khuai4
北川	so2	kuai1	kuai3	kuai4	khuai4	khuai3	khuai4	khuai4
绵阳	suai4	kuai1	kuai3	kuai4	khuai4	khuai3	khuai4	khuai4
盐亭	so5	kuai1	kuai3	kuai4	khuai4	khuai3	khuai4	khuai4
德阳	suai4	kuai1	kuai3	kuai4	khuai4	khuai3	khuai4	khuai4
中江	so2	kuai1	kuai3	kuai4	khuai4	khuai3	khuai4	khuai4
射洪	suai4	kuai1	kuai3	kuai4	khuai4	khuai3	khuai4	khuai4
蓬溪	suai4	kuai1	kuai3	kuai4	khuai4	khuai3	khuai4	khuai4
遂宁	suai4	kuai1	kuai3	kuai4	khuai4	khuai3	khuai4	khuai4
乐至	suai4	kuai1	kuai3	kuai4	khuai4	khuai3	khuai4	khuai4
安岳	suai4	kuai1	kuai3	kuai4	khuai4	khuai3	khuai4	khuai4
仪陇	so2	kuai1	kuai3	kuai4	khuai4	khuai3	khuai4	khuai4
西充	so5	kuai1	kuai3	kuai4	khuai4	khuai3	khuai4	khuai4

① 又所律切，臻合三生术入。

字目	率^①率领	乖	拐拐杖	怪	会会计	块	快	筷
反切	所类	古怀	乖买	古坏	古外	苦怪	苦夬	
声韵调	止合三 生脂去	蟹合二 见皆平	蟹合二 见佳上	蟹合二 见皆去	蟹合一 见泰去	蟹合二 溪皆去	蟹合二 溪夬去	蟹合二 溪夬去
中古音	ʃiui-	kɣuɛi	kɣuɛ:	kɣuɛi-	kuɑi-	khɣuɛi-	khɣuai-	khɣuai-
蓬安	suai4	kuai1	kuai3	kuai4	khuai4	khuai3	khuai4	khuai4
南充金台	so2	kuai1	kuai3	kuai4	khuai4	khuai3	khuai4	khuai4
南充龙蟠	ʂo5	kuai1	kuai3	kuai4	khuai4	khuai3	khuai4	khuai4
岳池	suai4	kuai1	kuai3	kuai4	khuai4	khuai3	khuai4	khuai4
广安	suai4	kuai1	kuai3	kuai4	khuai4	khuai3	khuai4	khuai4
邻水	so5	kuai1	kuai3	kuai4	khuai4	khuai3	khuai4	khuai4
南江	so5 ʂuai4 新	kuai1	kuai3	kuai4	khuai4	khuai3	khuai4	khuai4
巴中	so2 ʂuai4 新	kuai1	kuai3	kuai4	khuai4	khuai3	khuai4	khuai4
通江	so5 ʂuai4 新	kuai1	kuai3	kuai4	khuai4	khuai3	khuai4	khuai4
平昌	so2 ʂuai4 新	kuai1	kuai3	kuai4	khuai4	khuai3	khuai4	khuai4
万源	so2 suai4 新	kuai1	kuai3	kuai4	khuai4	khuai3	khuai4	khuai4
宣汉	so2	kuai1	kuai3	kuai4	khuai4	khuai3	khuai4	khuai4
达州	so2	kuai1	kuai3	kuai4	khuai4	khuai3	khuai4	khuai4
开江	so2 suai4 新	kuai1	kuai3	kuai4	khuai4	khuai3	khuai4	khuai4
渠县	so2	kuai1	kuai3	kuai4	khuai4	khuai3	khuai4	khuai4
宜宾	suai4	kuai1	kuai3	kuai4	khuai4	khuai3	khuai4	khuai4
古蔺	suai4	kuai1	kuai3	kuai4	khuai4	khuai3	khuai4	khuai4
长宁	suai4	kɣuɛi	kɣuɛ:	kuai4	khuai4	khuai3	khɣuai-	khɣuai-
顾县	suai4	kuai1	kuai3	kuai4	khuai4	khuai3	khuai4	khuai4
成都龙泉	sɔi4	kuai1	kuai3	kuai4	khuai4	khuai3	khuai4	khuai4

---

① 又所律切，臻合三生术入。

字目	淮	怀	槐	坏	歪	外	杯	背背负
反切	户乖	户乖	户乖	胡怪	火娲	五会	布回	补妹
声韵调	蟹合二匣皆平	蟹合二匣皆平	蟹合二匣皆平	蟹合二匣皆去	蟹合二晓佳平	蟹合一疑泰去	蟹合一帮灰平	蟹合一帮灰去
中古音	ɦɣuɛi	ɦɣuɛi	ɦɣuɛi	ɦɣuɛi-	hɣuɛ	ŋuɑi-	puʌi	puʌi-
广元	xuai2	xuai2	xuai2	xuai4	uai1 uai3 口	uai4	pei1	pei1
平武	xuai2	xuai2	xuai2	xuai4	uai1	uai4	pei1	pei1
青川	xuai2	xuai2	xuai2	xuai4	uai1 uai3 口	uai4	pei1	pei1
剑阁普安	xuai2	xuai2	xuai2	xuai4	uai1 uai3 口	uai4	pei1	pei1
剑阁金仙	xuai2	xuai2	xuai2	xuai4	uai1 uai3 口	uai4	pei1	pei1
旺苍	xuai2	xuai2	xuai2	xuai4	uai1 uai3 口	uai4	pei1	pei1
苍溪	xuai2	xuai2	xuai2	xuai4	uai1 uai3 口	uai4	pei1	pei1
江油	xuai2	xuai2	xuai2	xuai4	uai1	uai4	pei1	pei1
北川	xuai2	xuai2	xuai2	xuai4	uai1	uai4	pei1	pei1
绵阳	xuai2	xuai2	xuai2	xuai4	uai1	uai4	pei1	pei1
盐亭	xuai2	xuai2	xuai2	xuai4	uai1	uai4	pei1	pei1
德阳	xuai2	xuai2	xuai2	xuai4	uai1 uai3 口	uai4	pei1	pei1
中江	xuai2	xuai2	xuai2	uai4	uai1 uai3 口	uai4	pei1	pei1
射洪	fai2	fai2	fai2	fai4	uai1 uai3 口	uai4	pei1	pei1
蓬溪	xuai2	xuai2	xuai2	xuai4	uai1 uai3 口	uai4	pei1	pei1
遂宁	fai2	fai2	fai2	fai4	uai1 uai3 口	uai4	pei1	pei1
乐至	fai2	fai2	fai2	fai4	uai1 uai3 口	uai4	pei1	pei1
安岳	xuai2	xuai2	xuai2	xuai4	uai1	uai4	pei1	pei1
仪陇	fai2	fai2	fai2	fai4	uai1	uai4	pei1	pei1
西充	xuai2	xuai2	xuai2	xuai4	uai1	uai4	pei1	pei1

字目	淮	怀	槐	坏	歪	外	杯	背背负
反切	户乖	户乖	户乖	胡怪	火娲	五会	布回	补妹
声韵调	蟹合二匣皆平	蟹合二匣皆平	蟹合二匣皆平	蟹合二匣皆去	蟹合二晓佳平	蟹合一疑泰去	蟹合一帮灰平	蟹合一帮灰去
中古音	ɦɣuɛi	ɦɣuɛi	ɦɣuɛi	ɦɣuɛi-	hɣuɛ	ŋuɑi-	puʌi	puʌi-
蓬安	xuai2	xuai2	xuai2	xuai4	uai1	uai4	pei1	pei1
南充金台	xuai2	xuai2	xuai2	xuai4	uai1	uai4	pei1	pei1
南充龙蟠	xuai2	xuai2	xuai2	xuai4	uai1	uai4	pei1	pei1
岳池	xuai2	xuai2	xuai2	xuai4	uai1 uai3 口	uai4	pei1	pei1
广安	xuai2	xuai2	xuai2	xuai4	uai1 uai3 口	uai4	pei1	pei1
邻水	xuai2	xuai2	xuai2	xuai4	uai1 uai3 口	uai4	pei1	pei1
南江	xuai2	xuai2	xuai2	xuai4	uai1 uai3 口	uai4	pei1	pei1
巴中	xuai5	xuai5	xuai5	xuai4	uai1 uai3 口	uai4	pei1	pei1
通江	xuai2	xuai2	xuai2	xuai4	uai1 uai3 口	uai4	pei1	pei1
平昌	xuai2	xuai2	xuai2	xuai4	uai1 uai3 口	uai4	pei1	pei1
万源	xuai2	xuai2	xuai2	xuai4	uai1 uai3 口	uai4	pei1	pei1
宣汉	xuai2	xuai2	xuai2	xuai4	uai1 uai3 口	uai4	pei1	pei1
达州	xuai2	xuai2	xuai2	xuai4	uai1 uai3 口	uai4	pei1	pei1
开江	xuai2	xuai2	xuai2	xuai4	uai1 uai3 口	uai4	pei1	pei1
渠县	xuai2	xuai2	xuai2	xuai4	uai1 uai3 口	uai4	pei1	pei1
宜宾	xuai2	xuai2	xuai2	xuai4	uai1 uai3 口	uai4	pei1	pei1
古蔺	xuai2	xuai2	xuai2	xuai4	uai1 uai3 口	uai4	pei1	pei1
长宁	xuai2	xuai2	xuai2	xuai4	uai1	uai4	pei1	pei1
顾县	fai2	fai2	fai2	fai4	uai1 uai3 口	uai4	pei1	pei1
成都龙泉	xuai2	fai2	fai2	fai4	vai1 vai3 口	ɔi4	pei1	pɔi1

字目	碑	卑	悲	北	贝	辈	背后背	倍
反切	彼为	府移	府眉	博黑	博盖	补妹	补妹	部浼
声韵调	止开三B帮支平	止开三A帮支平	止开三B帮脂平	曾开一帮德入	蟹开一帮泰去	蟹合一帮灰去	蟹合一帮灰去	蟹合一並灰上
中古音	pɣiE	piE	pɣi	pək	pɑi-	puʌi-	puʌi-	buʌi:
广元	pei1	pei1	pei1	pe2	pei4	pei4	pei4	pei4
平武	pei1	pei1	pei1	pe2	pei4	pei4	pei4	pei4
青川	pei1	pei1	pei1	pe2	pei4	pei4	pei4	pei4
剑阁普安	pei1	pei1	pei1	pe5	pei4	pei4	pei4	pei4
剑阁金仙	pei1	pei1	pei1	pe5	pei4	pei4	pei4	pei4
旺苍	pei1	pei1	pei1	pe2	pei4	pei4	pei4	pei4
苍溪	pei1	pei1	pei1	pe2	pei4	pei4	pei4	pei4
江油	pei1	pei1	pei1	pe2	pei4	pei4	pei4	pei4
北川	pei1	pei1	pei1	pe2	pei4	pei4	pei4	pei4
绵阳	pei1	pei1	pei1	pe2	pei4	pei4	pei4	pei4
盐亭	pei1	pei1	pei1	pe5	pei4	pei4	pei4	pei4
德阳	pei1	pei1	pei1	pe2	pei4	pei4	pei4	pei4
中江	pei1	pei1	pei1	pe2	pei4	pei4	pei4	pei4
射洪	pei1	pei1	pei1	pe5	pei4	pei4	pei4	pei4
蓬溪	pei1	pei1	pei1	pe2	pei4	pei4	pei4	pei4
遂宁	pei1	pei1	pei1	pe2	pei4	pei4	pei4	pei4
乐至	pei1	pei1	pei1	pe2	pei4	pei4	pei4	pei4
安岳	pei1	pei1	pei1	pe2	pei4	pei4	pei4	pei4
仪陇	pei1	pei1	pei1	pe2	pei4	pei4	pei4	pei4
西充	pei1	pei1	pei1	pe5	pei4	pei4	pei4	pei4

字目	碑	卑	悲	北	贝	辈	背后背	倍
反切	彼为	府移	府眉	博黑	博盖	补妹	补妹	部浼
声韵调	止开三B 帮支平	止开三A 帮支平	止开三B 帮脂平	曾开一 帮德入	蟹开一 帮泰去	蟹合一 帮灰去	蟹合一 帮灰去	蟹合一 並灰上
中古音	pɣiE	piE	pɣii	pǝk	pɑi-	puʌi-	puʌi-	buʌi:
蓬安	pei1	pei1	pei1	pe2	pei4	pei4	pei4	pei4
南充金台	pei1	pei1	pei1	pe2	pei4	pei4	pei4	pei4
南充龙蟠	pei1	pei1	pei1	pe5	pei4	pei4	pei4	pei4
岳池	pei1	pei1	pei1	pe2	pei4	pei4	pei4	pei4
广安	pei1	pei1	pei1	pe2	pei4	pei4	pei4	pei4
邻水	pei1	pei1	pei1	pe5	pei4	pei4	pei4	pei4
南江	pei1	pei1	pei1	pie2 pie5 旧	pei4	pei4	pei4	pei4
巴中	pei1	pei1	pei1	pe5	pei4	pei4	pei4	pei4
通江	pei1	pei1	pei1	pe5	pei4	pei4	pei4	pei4
平昌	pei1	pei1	pei1	pe2	pei4	pei4	pei4	pei4
万源	pei1	pei1	pei1	pe2	pei4	pei4	pei4	pei4
宣汉	pei1	pei1	pei1	pe2	pei4	pei4	pei4	pei4
达州	pei1	pei1	pei1	pe2	pei4	pei4	pei4	pei4
开江	pei1	pei1	pei1	pe2	pei4	pei4	pei4	pei4
渠县	pei1	pei1	pei1	pia2	pei4	pei4	pei4	pei4
宜宾	pei1	pei1	pei1	pe5	pei4	pei4	pei4	pei4
古蔺	pei1	pei1	pei1	pe5	pei4	pei4	pei4	pei4
长宁	pei1	pei1	pei1	pe5	pei4	pei4	pei4	pei4
顾县	pei1	pei1	pei1	pe2	pei4	pei4	pei4	pei4
成都龙泉	pei1	pei1	pei1	pieʔ5	pei4	pei4	pɔi4	pei4

字目	背背诵	被被子	被被打	备	胚	培	陪	赔
反切	蒲昧	皮彼	平义	平秘	芳杯	薄回	薄回	薄回
声韵调	蟹合一並灰去	止开三B並支上	止开三B並支去	止开三B並脂去	蟹合一滂灰平	蟹合一並灰平	蟹合一並灰平	蟹合一並灰平
中古音	buʌi-	byiE:	byiE-	byɨ-	phuʌi	buʌi	buʌi	buʌi
广元	pei4	pi4	pi4	pi4	phei3	phei2	phei2	phei2
平武	pei4	pi4	pi4	pi4	phei3	phei2	phei2	phei2
青川	pei4	pi4	pi4	pi4	phei1	phei2	phei2	phei2
剑阁普安	pei4	pi4	pi4	pi4	phei1	phei2	phei2	phei2
剑阁金仙	pei4	pi4	pi4	pi4	phei3	phei2	phei2	phei2
旺苍	pei4	pi4	pi4	pi4	phei1	phei2	phei2	phei2
苍溪	pei4	pi4 pei4 新	pi4 pei4 新	pi4 pei4 新	phei1	phei2	phei2	phei2
江油	pei4	pi4	pi4	pi4	phei1	phei2	phei2	phei2
北川	pei4	pi4	pi4	pi4	phei1	phei2	phei2	phei2
绵阳	pei4	pei4	pei4	pi4	phei3	phei2	phei2	phei2
盐亭	pei4	pei4	pei4	pi4	phei1	phei2	phei2	phei2
德阳	pei4	pi4 pei4 新	pi4 pei4 新	pi4 pei4 新	phei1	phei2	phei2	phei2
中江	pei4	pi4 pei4 新	pi4 pei4 新	pi4 pei4 新	phei3	pei2	pei2	pei2
射洪	pei4	pi4 pei4 新	pi4 pei4 新	pi4 pei4 新	phei1	phei2	phei2	phei2
蓬溪	pei4	pi4 pei4 新	pi4 pei4 新	pi4 pei4 新	phei3	phei2	phei2	phei2
遂宁	pei4	pi4 pei4 新	pi4 pei4 新	pi4 pei4 新	phei1	phei2	phei2	phei2
乐至	pei4	pi4 pei4 新	pi4 pei4 新	pi4 pei4 新	phei3	phei2	phei2	phei2
安岳	pei4	pi4	pi4	pi4	phei1	phei2	phei2	phei2
仪陇	pei4	pi4	pi4	pi4	phei1	phei2	phei2	phei2
西充	pei4	pi4	pi4	pei4	phei1	phei2	phei2	phei2

字目	背背诵	被被子	被被打	备	胚	培	陪	赔
反切	蒲昧	皮彼	平义	平秘	芳杯	薄回	薄回	薄回
声韵调	蟹合一並灰去	止开三B並支上	止开三B並支去	止开三B並脂去	蟹合一滂灰平	蟹合一並灰平	蟹合一並灰平	蟹合一並灰平
中古音	buʌi-	bɣiE:	bɣiE-	bɣiɪ-	phuʌi	buʌi	buʌi	buʌi
蓬安	pei4	pi4	pei4	pi4	phei1	phei2	phei2	phei2
南充金台	pei4	pi4	pi4	pi4	phei1	phei2	phei2	phei2
南充龙蟠	pei4	pi4	pi4	pi4 pei4 新	phei1	phei2	phei2	phei2
岳池	pei4	pi4 pei4 新	pi4 pei4 新	pi4 pei4 新	phei3	phei2	phei2	phei2
广安	pei4	pi4 pei4 新	pi4 pei4 新	pi4 pei4 新	phei3	phei2	phei2	phei2
邻水	pei4	pi4 pei4 新	pi4 pei4 新	pi4 pei4 新	phei1	phei2	phei2	phei2
南江	pei4	pi4 pei4 新	pi4 pei4 新	pi4 pei4 新	phei1	phei2	phei2	phei2
巴中	pei4	pi4 pei4 新	pi4 pei4 新	pi4 pei4 新	phei3 phei1	phei5	phei5	phei5
通江	pei4	pi4 pei4 新	pi4 pei4 新	pi4 pei4 新	phei1	phei2	phei2	phei2
平昌	pei4	pi4 pei4 新	pi4 pei4 新	pi4 pei4 新	phei1	phei2	phei2	phei2
万源	pei4	pi4	pi4	pi4	phei1	phei2	phei2	phei2
宣汉	pei4	pei4	pei4	pei4	phei1	phei2	phei2	phei2
达州	pei4	pei4	pei4	pei4	phei1	phei2	phei2	phei2
开江	pei4	pei4	pei4	pei4	phei1	phei2	phei2	phei2
渠县	pei4	pi4	pi4	pi4	phei1	phei2	phei2	phei2
宜宾	pei4	pi4 pei4 新	pi4 pei4 新	pi4 pei4 新	phei1	phei2	phei2	phei2
古蔺	pei4	pi4 pei4 新	pi4 pei4 新	pi4 pei4 新	phei1	phei2	phei2	phei2
长宁	pei4	pi4	pi4	pi4	phei1	phei2	phei2	phei2
顾县	pei4	pi4	pi4	pi4	phei3	phei2	phei2	phei2
成都龙泉	phɔi4	pi4 pei4 新	pi4 pei4 新	pi4 pei4 新	phei1	phei2	phei2	phei2

字目	沛	配	佩	梅	枚	媒	煤	眉
反切	普盖	滂佩	蒲昧	莫杯	莫杯	莫杯	莫杯	武悲
声韵调	蟹开一 滂泰去	蟹合一 滂灰去	蟹合一 並灰去	蟹合一 明灰平	蟹合一 明灰平	蟹合一 明灰平	蟹合一 明灰平	止开三B 明脂平
中古音	phɑi-	phuʌi-	buʌi-	muʌi	muʌi	muʌi	muʌi	mɣɨ
广元	phei4	phei4	pei4	mei2	mei2	mei2	mei2	mi2
平武	phei4	phei4	phei4	mei2	mei2	mei2	mei2	mi2
青川	phei4	phei4	phei4	mei2	mei2	mei2	mei2	mi2
剑阁普安	phei4	phei4	phei4	mei2	mei2	mei2	mei2	mi2
剑阁金仙	phei4	phei4	phei4	mei2	mei2	mei2	mei2	mi2
旺苍	phei4	phei4	phei4	mei2	mei2	mei2	mei2	mi2
苍溪	phei4	phei4	pei4 phei4	mei2	mei2	mei2	mei2	mi2 mei2 新
江油	phei4	phei4	phei4	mei2	mei2	mei2	mei2	mi2
北川	phei4	phei4	phei4	mei2	mei2	mei2	mei2	mi2
绵阳	phei4	phei4	phei4	mei2	mei2	mei2	mei2	mi2
盐亭	phei4	phei4	pei4	mei2	mei2	mei2	mei2	mi2
德阳	phei4	phei4	phei4	mei2	mei2	mei2	mei2	mi2 mei2 新
中江	phei4	phei4	phei4	mei2	mei2	mei2	mei2	mi2
射洪	phei4	phei4	phei4	mei2	mei2	mei2	mei2	mi2 mei2 新
蓬溪	phei4	phei4	phei4	mei2	mei2	mei2	mei2	mi2 mei2 新
遂宁	phei4	phei4	phei4	mei2	mei2	mei2	mei2	mi2 mei2 新
乐至	phei4	phei4	phei4	mei2	mei2	mei2	mei2	mi2 mei2 新
安岳	phei4	phei4	phei4	mei2	mei2	mei2	mei2	mi2
仪陇	phei4	phei4	phei4	mei2	mei2	mei2	mei2	mi2
西充	phei4	phei4	phei4	mei2	mei2	mei2	mei2	mi2

字目	沛	配	佩	梅	枚	媒	煤	眉
反切	普盖	滂佩	蒲昧	莫杯	莫杯	莫杯	莫杯	武悲
声韵调	蟹开一 滂泰去	蟹合一 滂灰去	蟹合一 並灰去	蟹合一 明灰平	蟹合一 明灰平	蟹合一 明灰平	蟹合一 明灰平	止开三B 明脂平
中古音	pʰɑi-	pʰuʌi-	buʌi-	muʌi	muʌi	muʌi	muʌi	mɣ̈
蓬安	phei4	phei4	phei4	mei2	mei2	mei2	mei2	mi2
南充金台	phei4	phei4	pei4	mei2	mei2	mei2	mei2	mi2
南充龙蟠	phei4	phei4	phei4	mei2	mei2	mei2	mei2	mi2
岳池	phei4	phei4	phei4	mei2	mei2	mei2	mei2	mi2 mei2 新
广安	phei4	phei4	phei4	mei2	mei2	mei2	mei2	mi2 mei2 新
邻水	phei4	phei4	phei4	mei2	mei2	mei2	mei2	mi2 mei2 新
南江	phei4	phei4	phei4	mei2	mei2	mei2	mei2	mi2 mei2 新
巴中	phei4	phei4	phei4	mei2	mei2	mei2	mei2	mi2 mei2 新
通江	phei4	phei4	phei4	mei2	mei2	mei2	mei2	mi5 mei5 新
平昌	phei4	phei4	phei4	mei2	mei2	mei2	mei2	mi2 mei2 新
万源	phei4	phei4	phei4	mei2	mei2	mei2	mei2	mi2 mei2 新
宣汉	phei4	phei4	phei4	mei2	mei2	mei2	mei2	mi2 mei2 新
达州	phei4	phei4	phei4	mei2	mei2	mei2	mei2	mi2 mei2 新
开江	phei4	phei4	phei4	mei2	mei2	mei2	mei2	mei2
渠县	phei4	phei4	pei4	mei2	mei2	mei2	men2	mi2 mei2 新
宜宾	phei4	phei4	phei4	mei2	mei2	mei2	mei2	mi2 mei2 新
古蔺	phei4	phei4	phei4	mei2	mei2	mei2	mei2	mi2 mei2 新
长宁	phei4	phei4	phei4	mei2	mei2	mei2	mei2	mi2
顾县	phei4	phei4	phei4	mei2	mei2	mei2	mei2	mi2
成都龙泉	phei4	phei4	phei4	mei2	mei2	mei2	mei2	mi2 mei2 新

字目	霉	每	美	妹	飞	非	妃贵妃	肥
反切	武悲	武罪	无鄙	莫佩	甫微	甫微	芳非	符非
声韵调	止开三B 明脂平	蟹合一 明灰上	止开三B 明脂上	蟹合一 明灰去	止合三 非微平	止合三 非微平	止合三 敷微平	止合三 奉微平
中古音	mɣɨi	muʌi:	mɣɨi:	muʌi-	pʉi	pʉi	phʉi	bʉi
广元	mei2	mei3	mei3	mei4	fei1	fei1	fei1	fei2
平武	mei2	mei3	mei3	mei4	fei1	fei1	fei1	fei2
青川	mei2	mei3	mei3	mei4	fei1	fei1	fei1	fei2
剑阁普安	mei2	mei3	mei3	mei4	fei1	fei1	fei1	fei2
剑阁金仙	mei2	mei3	mei3	mei4	fei1	fei1	fei1	fei2
旺苍	mei2	mei3	mei3	mei4	fei1	fei1	fei1	fei2
苍溪	mei2	mei3	mei3	mei4	fei1	fei1	fei1	fei2
江油	mei2	mei3	mei3	mei4	fei1	fei1	fei1	fei2
北川	mei2	mei3	mei3	mei4	fei1	fei1	fei1	fei2
绵阳	mei2	mei3	mei3	mei4	fei1	fei1	fei1	fei2
盐亭	mei2	mei3	mei3	mei4	fei1	fei1	fei1	fei2
德阳	mei2	mei3	mei3	mei4	fei1	fei1	fei1	fei2
中江	mei2	mei3	mei3	mei4	fei1	fei1	fei1	uei2
射洪	mei2	mei3	mei3	mei4	fei1	fei1	fei1	fei2
蓬溪	mei2	mei3	mei3	mei4	fei1	fei1	fei1	fei2
遂宁	mei2	mei3	mei3	mei4	fei1	fei1	fei1	fei2
乐至	mei2	mei3	mei3	mei4	fei1	fei1	fei1	fei2
安岳	mei2	mei3	mei3	mei4	fei1	fei1	fei1	fei2
仪陇	mei2	mei3	mei3	mei4	fei1	fei1	fei1	fei2
西充	mei2	mei3	mei3	mei4	fei1	fei1	fei1	fei2

字目	霉	每	美	妹	飞	非	妃贵妃	肥
反切	武悲	武罪	无鄙	莫佩	甫微	甫微	芳非	符非
声韵调	止开三B 明脂平	蟹合一 明灰上	止开三B 明脂上	蟹合一 明灰去	止合三 非微平	止合三 非微平	止合三 敷微平	止合三 奉微平
中古音	mɣii	muʌi:	mɣii:	muʌi-	pʉi	pʉi	phʉi	bʉi
蓬安	mei2	mei3	mei3	mei4	fei1	fei1	fei1	fei2
南充金台	mei2	mei3	mei3	mei4	fei1	fei1	fei1	fei2
南充龙蟠	mei2	mei3	mei3	mei4	fei1	fei1	fei1	fei2
岳池	mei2	mei3	mei3	mei4	fei1	fei1	fei1	fei2
广安	mei2	mei3	mei3	mei4	fei1	fei1	fei1	fei2
邻水	mei2	mei3	mei3	mei4	fei1	fei1	fei1	fei2
南江	mei2	mei3	mei3	mei4	fei1	fei1	fei1	fei2
巴中	mei5	mei3	mei3	mei4	fei1	fei1	fei1	fei2
通江	mei2	mei3	mei3	mei4	fei1	fei1	fei1	fei2
平昌	mei2	mei3	mei3	mei4	fei1	fei1	fei1	fei2
万源	mei2	mei3	mei3	mei4	fei1	fei1	fei1	fei2
宣汉	mei2	mei3	mei3	mei4	fei1	fei1	fei1	fei2
达州	mei2	mei3	mei3	mei4	fei1	fei1	fei1	fei2
开江	mei2	mei3	mei3	mei4	fei1	fei1	fei1	xuei2
渠县	mei2	mei3	mei3	mei4	fei1	fei1	fei1	fei2
宜宾	mei2	mei3	mei3	mei4	fei1	fei1	fei1	fei2
古蔺	mei2	mei3	mei3	mei4	fei1	fei1	fei1	fei2
长宁	mei2	mei3	mei3	mei4	fei1	fei1	fei1	fei2
顾县	mei2	mei3	mei3	mei4	fei1	fei1	fei1	xuei2
成都龙泉	mei2	mei1	mei1	mɔi4	fei1	fei1	fei1	phei2

字目	匪土匪	废	肺	费费用	内	雷	累积累	垒
反切	府尾	方肺	芳废	芳未	奴对	鲁回	力委	力轨
声韵调	止合三非微上	蟹合三非废去	蟹合三敷废去	止合三敷微去	蟹合一泥灰去	蟹合一来灰平	止合三来支上	止合三来脂上
中古音	pʉi:	pʉɐi·	phʉɐi·	phʉi·	nuʌi·	luʌi	liuɛ:	liuɪ:
广元	fei3	fei4	fei4	fei4	nuei4	nuei2	nuei3	nuei3
平武	fei3	fei4	fei4	fei4	nuei4	nuei2	nuei3	nuei3
青川	fei3	fei4	fei4	fei4	nuei4	nuei2	nuei3	nuei3
剑阁普安	fei3	fei4	fei4	fei4	nuei4	nuei2	nuei3	nuei3
剑阁金仙	fei3	fei4	fei4	fei4	nuei4	nuei2	nuei3	nuei3
旺苍	fei3	fei4	fei4	fei4	nuei4	nuei2	nuei3	nuei3
苍溪	fei3	fei4	fei4	fei4	luei4	luei2	luei3	luei3
江油	fei3	fei4	fei4	fei4	nuei4	nuei2	nuei3	nuei3
北川	fei3	fei4	fei4	fei4	nuei4	nuei2	nuei3	nuei3
绵阳	fei3	fei4	fei4	fei4	nuei4	nuei2	nuei3	nuei3
盐亭	fei3	fei4	fei4	fei4	luei4	luei2	luei3	luei3
德阳	fei3	fei4	fei4	fei4	nuei4	nuei2	nuei3	nuei3
中江	fei3	fei4	fei4	fei4	luei4	luei2	luei3	luei3
射洪	fei3	fei4	fei4	fei4	nuei4	nuei2	nuei3	nuei3
蓬溪	fei3	fei4	fei4	fei4	nuei4	nuei2	nuei3	nuei3
遂宁	fei3	fei4	fei4	fei4	nuei4	nuei2	nuei3	nuei3
乐至	fei3	fei4	fei4	fei4	nuei4	nuei2	nuei3	nuei3
安岳	fei3	fei4	fei4	fei4	nuʌi4	nuei2	nuei3	nuei3
仪陇	fei3	fei4	fei4	fei4	nuei4	nuei2	nuei3	nuei3
西充	fei3	fei4	fei4	fei4	nuei4	nuei2	nuei3	nuei3

字目	匪土匪	废	肺	费费用	内	雷	累积累	垒
反切	府尾	方肺	芳废	芳未	奴对	鲁回	力委	力轨
声韵调	止合三非微上	蟹合三非废去	蟹合三敷废去	止合三敷微去	蟹合一泥灰去	蟹合一来灰平	止合三来支上	止合三来脂上
中古音	puɪ:	puɐi-	phuɐi-	phuɪ-	nuʌi-	luʌi	liuɛ:	liuɪ:
蓬安	fei3	fei4	fei4	fei4	nuei4	nuei2	nuei3	nuei3
南充金台	fei3	fei4	fei4	fei4	nuei4	nuei2	nuei3	nuei3
南充龙蟠	fei3	fei4	fei4	fei4	nuei4	nuei2	nuei3	nuei3
岳池	fei3	fei4	fei4	fei4	nuei4	nuei2	nuei3	nuei3
广安	fei3	fei4	fei4	fei4	nuei4	nuei2	nuei3	nuei3
邻水	fei3	fei4	fei4	fei4	nuei4	nuei2	nuei3	nuei3
南江	fei3	fei4	fei4	fei4	luei4	luei5	luei3	luei3
巴中	fei3	fei4	fei4	fei4	luei4	luei2	luei3	luei3
通江	fei3	fei4	fei4	fei4	luei4	luei2	luei3	luei3
平昌	fei3	fei4	fei4	fei4	luei4	luei2	luei3	luei3
万源	fei3	fei4	fei4	fei4	nuei4	nuei2	nuei3	nuei3
宣汉	xuei3	xuei4	xuei4	xuei4	nuei4	nuei2	nuei3	nuei3
达州	fei3	fei4	fei4	fei4	nuei4	nuei2	nuei3	nuei3
开江	fei3	fei4	fei4	xuei4	nuei4	nuei2	nuei3	nuei3
渠县	fei3	fei4	fei4	fei4	nuei4	nuei2	nuei3	nuei3
宜宾	fei3	fei4	fei4	fei4	nuei4	nuei2	nuei3	nuei3
古蔺	fei3	fei4	fei4	fei4	nuei4	nuei2	nuei3	nuei3
长宁	fei3	fei4	fei4	fei4	luei4	luei2	luei3	luei3
顾县	fei3	fei4	fei4	fei4	nuei4	nuei2	nuei3	nuei3
成都龙泉	fei3	fei4	fei4	fei4	luei4	luei2	luei3	luei1

字目	累劳累	累连累	类	泪	肋	贼	给	黑
反切	卢对	良伪	力遂	力遂	卢则	昨则	居立	呼北
声韵调	蟹合一 来灰去	止合三 来支去	止合三 来脂去	止合三 来脂去	曾开一 来德入	曾开一 从德入	深开三B 见缉入	曾开一 晓德入
中古音	luʌi-	liuɛ-	liuɪ-	liuɪ-	lək	dzək	kɣɨip	hək
广元	nuei4	nuei4	nuei4	nuei4	ne2	tsuei2	tɕi2 文 ke4 白	xe2
平武	nuei4	nuei4	nuei4	nuei4	ne2	tse2	tɕi2	xe2
青川	nuei4	nuei4	nuei4	nuei4	ne2	tse2	ke4	xe2
剑阁普安	nuei4	nuei4	nuei4	nuei4	ne5	tse5	tɕi5 文 ke5 白	xe5
剑阁金仙	nuei4	nuei4	nuei4	nuei4	nie5	tse5	tɕi5	xe5
旺苍	nuei4	nuei4	nuei4	nuei4	nie2	tse2	tɕi2 文 ke1 白	xe2
苍溪	luei4	luei4	luei4	luei4	le2	tse2	tɕi2 文 ke1 白	xe2
江油	nuei4	nuei4	nuei4	nuei4	ne2	tse2	ke1	xe2
北川	nuei4	nuei4	nuei4	nuei4	ne2	tse2	tɕi2	xe2
绵阳	nuei4	nuei4	nuei4	nuei4	ne2	tse2	ke1	xe2
盐亭	luei4	luei4	luei4	luei4	lʌ5	tse5	tɕi5	xe5
德阳	nuei4	nuei4	nuei4	nuei4	nie2 ne2 口	tse2 文 tsuei2 白	tɕie2 文 ke1 白	xe2
中江	luei4	luei4	luei4	luei4	le2	tse2 文 tsuei2 白	ke1	xe2
射洪	nuei4	nuei4	nuei4	nuei4	ne5	tse2 文 tsuei2 白	tɕie2 文 ke1 白	xe5
蓬溪	nuei4	nuei4	nuei4	nuei4	ne5	tsei5 文 tsuei2 白	tɕie2 文 ke1 白	xe5
遂宁	nuɛi4	nuɛi4	nuɛi4	nuɛi4	nie2 ne2 口	tse2 文 tsuei2 白	tɕie2 文 ke1 白	xe2
乐至	nuei4	nuei4	nuei4	nuei4	ne2	tse2	ke1	xe2
安岳	nuei4	nuei4	nuei4	nuei4	ne2	tse2	tɕie2	xe2
仪陇	nuei4	nuei4	nuei4	nuei4	nie2	tse2	tɕi2	xe2
西充	nuei4	nuei4	nuei4	nuei4	ne5	tse5	ke5	xe5

字目	累_{劳累}	累_{连累}	类	泪	肋	贼	给	黑
反切	卢对	良伪	力遂	力遂	卢则	昨则	居立	呼北
声韵调	蟹合一 来灰去	止合三 来支去	止合三 来脂去	止合三 来脂去	曾开一 来德入	曾开一 从德入	深开三 B 见缉入	曾开一 晓德入
中古音	luʌi-	liuɛ-	liuɪ-	liuɪ-	lək	dzək	kɣɨp	hək
蓬安	nuei4	nuei4	nuei4	nuei4	ne2	tse2	ke1	xe2
南充_{金台}	nuei4	nuei4	nuei4	nuei4	ne2	tse2	ke1	xe2
南充_{龙蟠}	nuei4	nuei4	nuei4	nuei4	ne5	tʂuei2	tɕie5 文 ke1 白	xe5
岳池	nuei4	nuei4	nuei4	nuei4	nie2	tsuei2	tɕi2	xe2
广安	nuei4	nuei4	nuei4	nuei4	nie2	tsuei2	ke1	xe2
邻水	nuei4	nuei4	nuei4	nuei4	ne5	tsuei2	ke1	xe5
南江	luei4	luei4	luei4	luei4	lie5	tsuei2	tɕi5 文 ke1 白	xe2 xe5 旧
巴中	luei4	luei4	luei4	luei4	le2	tsɑ2 tsɑ5 旧	tɕi5 文 ke1 白	xɑ5
通江	luei4	luei4	luei4	luei4	le2	tse5	tɕi5 文 ke1 白	xe5
平昌	luei4	luei4	luei4	luei4	le2	tse2	tɕi2 文 ke1 白	xe2
万源	nuei4	nuei4	nuei4	nuei4	nuɛ2 ne2 口	tsuei2	ke1	xe2
宣汉	nuei4	nuei4	nuei4	nuei4	nie2 ne2 口	tse2	ke1	xe2
达州	nuei4	nuei4	nuei4	nuei4	nie2 ne2 口	tsuei2	ke1	xe2
开江	nuei4	nuei4	nuei4	nuei4	nie2 ne2 口	tsei2	ke1	xe2
渠县	nuei4	nuei4	nuei4	nuei4	nie2 ne2 口	tsuei2	ke1	xʌ2
宜宾	nuei4	nuei4	nuei4	nuei4	ne5	tsuei2	ken1	xe5
古蔺	nuei4	nuei4	nuei4	nuei4	ne5	tse5	ke1	xe5
长宁	luei4	luei4	luei4	luei4	le5	tse5	tɕie5	xe5
顾县	nuei4	nuei4	nuei4	nuei4	ne2	tsuei2	tɕi2	xe2
成都_{龙泉}	luei4	luei4	luei4	luei4	lieʔ6	tɕhie6	kie1	xe5

字目	堆	对	队	兑	推	颓	腿	退
反切	都回	都队	徒对	杜外	他回	杜回	吐猥	他内
声韵调	蟹合一 端灰平	蟹合一 端灰去	蟹合一 定灰去	蟹合一 定泰去	蟹合一 透灰平	蟹合一 定灰平	蟹合一 透灰上	蟹合一 透灰去
中古音	tuʌi	tuʌi⁻	duʌi⁻	duɑi⁻	thuʌi	duʌi	thuʌi:	thuʌi⁻
广元	tuei1	tuei4	tuei4	tuei4	thuei1	thuei2	thuei3	thuei4
平武	tuei1	tuei4	tuei4	tuei4	thuei1	thuei2	thuei3	thuei4
青川	tuei1	tuei4	tuei4	tuei4	thuei1	thuei2	thuei3	thuei4
剑阁普安	tuei1	tuei4	tuei4	tuei4	thuei1	thuei2	thuei3	thuei4
剑阁金仙	tuei1	tuei4	tuei4	tuei4	thuei1	thuei2	thuei3	thuei4
旺苍	tuei1	tuei4	tuei4	thuei4	thuei1	thuei2	thuei3	thuei4
苍溪	tuei1	tuei4	tuei4	tuei4	thuei1	thuei2	thuei3	thuei4
江油	tuei1	tuei4	tuei4	tuei4	thuei1	thuei2	thuei3	thuei4
北川	tuei1	tuei4	tuei4	tuei4	thuei1	thuei2	thuei3	thuei4
绵阳	tuei1	tuei4	tuei4	tuei4	thuei1	thuei2	thuei3	thuei4
盐亭	tuei1	tuei4	tuei4	tuei4	thuei1	thuei2	thuei3	thuei4
德阳	tuei1	tuei4	tuei4	tuei4	thuei1	thuei2	thuei3	thuei4
中江	tuei1	tuei4	tuei4	tuei4	thuei1	thuei2	thuei3	thuei4
射洪	tuei1	tuei4	tuei4	tuei4	thuei1	thuei5	thuei3	thuei4
蓬溪	tuei1	tuei4	tuei4	tuei4	thuei1	thuei2	thuei3	thuei4
遂宁	tuei1	tuei4	tuei4	tuei4	thuei1	thuei2	thuei3	thuei4
乐至	tuei1	tuei4	tuei4	tuei4	thuei1	thuei2	thuei3	thuei4
安岳	tuei1	tuei4	tuei4	tuei4	thuei1	thuei2	thuei3	thuei4
仪陇	tuei1	tuei4	tuei4	tuei4	thuei1	thuei2	thuei3	thuei4
西充	tuei1	tuei4	tuei4	tuei4	thuei1	thuei2	thuei3	thuei4

字目	堆	对	队	兑	推	颓	腿	退
反切	都回	都队	徒对	杜外	他回	杜回	吐猥	他内
声韵调	蟹合一端灰平	蟹合一端灰去	蟹合一定灰去	蟹合一定泰去	蟹合一透灰平	蟹合一定灰平	蟹合一透灰上	蟹合一透灰去
中古音	tuʌi	tuʌi-	duʌi-	duɑi-	thuʌi	duʌi	thuʌi:	thuʌi-
蓬安	tuei1	tuei4	tuei4	tuei4	thuei1	thuei2	thuei3	thuei4
南充金台	tuei1	tuei4	tuei4	tuei4	thuei1	thuei2	thuei3	thuei4
南充龙蟠	tuei1	tuei4	tuei4	tuei4	thuei1	thuei2	thuei3	thuei4
岳池	tuei1	tuei4	tuei4	tuei4	thuei1	thuei2	thuei3	thuei4
广安	tuei1	tuei4	tuei4	tuei4	thuei1	thuei2	thuei3	thuei4
邻水	tuei1	tuei4	tuei4	tuei4	thuei1	thuei2	thuei3	thuei4
南江	tuei1	tuei4	tuei4	tuei4	thuei1	thuei2	thuei3	thuei4
巴中	tuei1	tuei4	tuei4	tuei4	thuei1	thuei2	thuei3	thuei4
通江	tuei1	tuei4	tuei4	tuei4	thuei1	thuei2	thuei3	thuei4
平昌	tuei1	tuei4	tuei4	tuei4	thuei1	thuei2	thuei3	thuei4
万源	tuei1	tuei4	tuei4	tuei4	thuei1	thuei2	thuei3	thuei4
宣汉	tuei1	tuei4	tuei4	tuei4	thuei1	thuei2	thuei3	thuei4
达州	tuei1	tuei4	tuei4	tuei4	thuei1	thuei2	thuei3	thuei4
开江	tuei1	tuei4	tuei4	tuei4	thuei1	thuei2	thuei3	thuei4
渠县	tuei1	tuei4	tuei4	tuei4	thuei1	thuei2	thuei3	thuei4
宜宾	tuei1	tuei4	tuei4	tuei4	thuei1	thuei2	thuei3	thuei4
古蔺	tuei1	tuei4	tuei4	tuei4	thuei1	thuei2	thuei3	thuei4
长宁	tuei1	tuei4	tuei4	tuei4	thuei1	thuei2	thuei3	thuei4
顾县	tuei1	tuei4	tuei4	tuei4	thuei1	thuei2	thuei3	thuei4
成都龙泉	tɔi1	tuei4	tuei4	tuei4	thuei1	thuei2	thuei3	thuei4

字目	蜕	嘴	罪	最	醉	催	崔	脆
反切	他外	即委	徂贿	祖外	将遂	仓回	仓回	此芮
声韵调	蟹合一 透泰去	止合三 精支上	蟹合一 从灰上	蟹合一 精泰去	止合三 精脂去	蟹合一 清灰平	蟹合一 清灰平	蟹合三 清祭去
中古音	thuɑi-	tsiuɛ:	dzuʌi:	tsuɑi-	tsiuɪ-	tshuʌi	tshuʌi	tshiuɛi-
广元	thuei4	tsuei3	tsuei4	tsuei4	tsuei4	tshuei1	tshuei1	tshuei4
平武	thuei4	tsuei3	tsuei4	tsuei4	tsuei4	tshuei1	tshuei1	tshuei4
青川	thuei4	tsuei3	tsuei4	tsuei4	tsuei4	tshuei1	tshuei1	tshuei4
剑阁普安	thuei4	tsuei3	tsuei4	tsuei4	tsuei4	tshuei1	tshuei1	tshuei4
剑阁金仙	thuei4	tsuei3	tsuei4	tsuei4	tsuei4	tshuei1	tshuei1	tshuei4
旺苍	thuei4	tsuei3	tsuei4	tsuei4	tsuei4	tshuei1	tshuei1	tshuei4
苍溪	thuei4	tsuei3	tsuei4	tsuei4	tsuei4	tshuei1	tshuei1	tshuei4
江油	tho2 俗	tsuei3	tsuei4	tsuei4	tsuei4	tshuei1	tshuei1	tshuei4
北川	tho2 俗	tsuei3	tsuei4	tsuei4	tsuei4	tshuei1	tshuei1	tshuei4
绵阳	thuei4	tsuei3	tsuei4	tsuei4	tsuei4	tshuei1	tshuei1	tshuei4
盐亭	tho5 俗	tsuei3	tsuei4	tsuei4	tsuei4	tshuei1	tshuei1	tshuei4
德阳	tho2 俗	tsuei3	tsuei4	tsuei4	tsuei4	tshuei1	tshuei1	tshuei4
中江	thuei4	tsuei3	tsuei4	tsuei4	tsuei4	tshuei1	tshuei1	tshuei4
射洪	thuei4	tsuei3	tsuei4	tsuei4	tsuei4	tshuei1	tshuei1	tshuei4
蓬溪	thuei4	tsuei3	tsuei4	tsuei4	tsuei4	tshuei1	tshuei1	tshuei4
遂宁	thuei4	tsuei3	tsuei4	tsuei4	tsuei4	tshuei1	tshuei1	tshuei4
乐至	thuei4	tsuei3	tsuei4	tsuei4	tsuei4	tshuei1	tshuei1	tshuei4
安岳	thuei4	tsuei3	tsuei4	tsuei4	tsuei4	tshuʌi1	tshuʌi1	tshuei4
仪陇	thuei4	tsuei3	tsuei4	tsuei4	tsuei4	tshuei1	tshuei1	tshuei4
西充	thuei4	tsuei3	tsuei4	tsuei4	tsuei4	tshuei1	tshuei1	tshuei4

字目	蜕	嘴	罪	最	醉	催	崔	脆
反切	他外	即委	徂贿	祖外	将遂	仓回	仓回	此芮
声韵调	蟹合一透泰去	止合三精支上	蟹合一从贿上	蟹合一精泰去	止合三精脂去	蟹合一清贿平	蟹合一清贿平	蟹合三清祭去
中古音	thuɑi-	tsiuE:	dzuʌi:	tsuɑi-	tsiuɪ-	tshuʌi	tshuʌi	tshiuEi-
蓬安	thuei4	tsuei3	tsuei4	tsuei4	tsuei4	tshuei1	tshuei1	tshuei4
南充金台	thuei4	tsuei3	tsuei4	tsuei4	tsuei4	tshuei1	tshuei1	tshuei4
南充龙蟠	thuei4	tʂuei3	tʂuei4	tʂuei4	tʂuei4	tʂhuei1	tʂhuei1	tʂhuei4
岳池	thuei4	tsuei3	tsuei4	tsuei4	tsuei4	tshuei1	tshuei1	tshuei4
广安	tho2 俗	tsuei3	tsuei4	tsuei4	tsuei4	tshuei1	tshuei1	tshuei4
邻水	tho4 俗	tsuei3	tsuei4	tsuei4	tsuei4	tshuei1	tshuei1	tshuei4
南江	thuei4	tsuei3	tsuei4	tsuei4	tsuei4	tshuei1	tshuei1	tshuei4
巴中	thuei4	tsuei3	tsuei4	tsuei4	tsuei4	tshuei1	tshuei1	tshuei4
通江	thuei4	tsuei3	tsuei4	tsuei4	tsuei4	tshuei1	tshuei1	tshuei4
平昌	thuei4	tsuei3	tsuei4	tsuei4	tsuei4	tshuei1	tshuei1	tshuei4
万源	thuei4	tsuei3	tsuei4	tsuei4	tsuei4	tshuei1	tshuei1	tshuei4
宣汉	tho2 俗	tsuei3	tsuei4	tsuei4	tsuei4	tshuei1	tshuei1	tshuei4
达州	thuei4	tsuei3	tsuei4	tsuei4	tsuei4	tshuei1	tshuei1	tshuei4
开江	thuei4	tsuei3	tsuei4	tsuei4	tsuei4	tshuei1	tshuei1	tshuei4
渠县	tho2 俗	tsuei3	tsuei4	tsuei4	tsuei4	tshuei1	tshuei1	tshuei4
宜宾	thuei4	tsuei3	tsuei4	tsuei4	tsuei4	tshuei1	tshuei1	tshuei4
古蔺	thuei4	tsuei3	tsuei4	tsuei4	tsuei4	tshuei1	tshuei1	tshuei4
长宁	thuei4	tsuei3	tsuei4	tsuei4	tsuei4	tshuei1	tshuei1	tshuei4
顾县	thuei4	tsuei3	tsuei4	tsuei4	tsuei4	tshuei1	tshuei1	tshuei4
成都龙泉	thuei4	tsɔi4	tshuei4	tsuei4	tsuei4	tshuei1	tshuei1	tshuei4

字目	翠	虽	随	隋	髓	碎	岁	遂
反切	七醉	息遗	旬为	旬为	息委	苏内	相锐	徐醉
声韵调	止合三清脂去	止合三心脂平	止合三邪支平	止合三邪支平	止合三心支上	蟹合一心灰去	蟹合三心祭去	止合三邪脂去
中古音	tshiuɪ-	siuɪ	ziuE	ziuE	siuE:	suʌɪ-	siuɐi-	ziuɪ-
广元	tshuei4	ɕy1 suei1 新	suei2	suei2	suei2	tshuei4 suei4 新	suei4	ɕy4 suei4 新
平武	tshuei4	suei1	suei2	suei2	suei3	tshuei4 suei4	suei4	suei4
青川	tshuei4	ɕy1 suei1 新	suei2	suei2	suei3	tshuei4 suei4 新	suei4	ɕy4 suei4 新
剑阁普安	tshuei4	ɕy1 suei1 新	suei2	suei2	suei3	tshuei4 suei4 新	suei4	ɕy4
剑阁金仙	tshuei4	ɕy1 suei1 新	suei2	suei2	suei2	tshuei4 suei4 新	suei4	sʯ4
旺苍	tshuei4	ɕy1 suei1 新	suei2	suei2	suei3	tshuei4 suei4 新	suei4	ɕy4 suei4 新
苍溪	tshuei4	ɕy1 suei1 新	suei2	suei2	suei3	tshuei4 suei4 新	suei4	sʯ4 suei4 新
江油	tshuei4	suei1	suei2	suei2	suei2	tshuei4	suei4	ɕy4
北川	tshuei4	ɕy1	suei2	suei2	suei3	tshuei4	suei4	ɕy4
绵阳	tshuei4	suei1	suei2	suei2	suei2	tshuei4	suei4	ɕy4
盐亭	tshuei4	suei1	suei2	suei2	suei3	tshuei4	suei4	ɕy4
德阳	tshuei4	ɕy1 suei1 新	suei2	suei2	suei2	tshuei4 suei4 新	suei4	ɕy4 suei4 新
中江	tshuei4	ɕiu1	suei2	suei2	suei3	tshuei4	suei4	ɕiu4
射洪	tshuei4	ɕy1 suei1 新	suei2	suei2	suei3	tshuei4 suei4 新	suei4	ɕy4 suei4 新
蓬溪	tshuei4	ɕy1 suei1 新	suei2	suei2	suei3	tshuei4 suei4 新	suei4	ɕy4 suei4 新
遂宁	tshuei4	ɕy1 suei1 新	suei2	suei2	suei3	tshuei4 suei4 新	suei4	ɕy4 suei4 新
乐至	tshuei4	ɕy1 suei1 新	suei2	suei2	suei3	tshuei4	suei4	ɕy4 suei4 新
安岳	tshuei4	ɕy1	suei2	suei2	suei2	tshuei4	suei4	ɕy4
仪陇	tshuei4	suei1	suei2	suei2	suei2	tshuei4	suei4	ɕy4
西充	tshuei4	suei1	suei2	suei2	suei3	tshuei4	suei4	ɕy4

字目	翠	虽	随	隋	髓	碎	岁	遂
反切	七醉	息遗	旬为	旬为	息委	苏内	相锐	徐醉
声韵调	止合三清脂去	止合三心脂平	止合三邪支平	止合三邪支平	止合三心支上	蟹合一心灰去	蟹合三心祭去	止合三邪脂去
中古音	tshiuɪ-	siuɪ	ziuɛ	ziuɛ	siuɛ:	suʌi-	siuɛi-	ziuɪ-
蓬安	tshuei4	suei1	suei2	suei2	suei2	tshuei4	suei4	ɕy4
南充_{金台}	tshuei4	suei1	suei2	suei2	suei2	tshuei4 suei4 新	suei4	ɕy4
南充_{龙蟠}	tʂhuei4	ʂuei1	ʂuei2	ʂuei2	ʂuei3	tʂhuei4 ʂuei4 新	ʂuei4	ɕy4 ʂuei4 新
岳池	tshuei4	ɕy1 suei1 新	suei2	suei2	suei2	tshuei4	suei4	ɕy4 suei4 新
广安	tshuei4	ɕy1 suei1 新	suei2	suei2	suei3	tshuei4 suei4 新	suei4	ɕy4 suei4 新
邻水	tshuei4	ɕy1 suei1 新	suei2	suei2	suei2	tshuei4	suei4	ɕy4 suei4 新
南江	tshuei4	ʃy1 suei1 新	suei2	suei2	suei3	tshuei4 suei4 新	suei4	ʃy4 suei4 新
巴中	tshuei4	ɕy1 suei1 新	suei2	suei2	suei3	tshuei4 suei4 新	suei4	ʃy4 suei4 新
通江	tshuei4	ɕy1 suei1 新	suei2	suei2	suei3	tshuei4 suei4 新	suei4	ʃy2 ʃy4
平昌	tshuei4	ɕy1 suei1 新	suei2	suei2	suei3	tshuei4 suei4 新	suei4	ʃy4 suei4 新
万源	tshuei4	suei1	suei2	suei2	suei3	tshuei4	suei4	ʃy4 suei4 新
宣汉	tshuei4	suei1	suei2	suei2	suei2	tshuei4	suei4	suei4
达州	tshuei4	suei1	suei2	suei2	suei2	suei4	suei4	ɕy4 suei4 新
开江	tshuei4	suei1	suei2	suei2	suei2	tshuei4	suei4	ɕuei4 suei4 新
渠县	tshuei4	ɕy1	suei2	suei2	suei1	tshuei4	suei4	ɕy4 suei4 新
宜宾	tshuei4	ɕy1 suei1 新	suei2	suei2	suei3	tshuei4 suei4 新	suei4	ɕy4 suei4 新
古蔺	tshuei4	ɕy1 suei1 新	suei2	suei2	suei2	tshuei4 suei4 新	suei4	ɕy4 suei4 新
长宁	tshuei4	ɕy1	suei2	suei2	suei2	tshuei4	suei4	ɕy4
顾县	tshuei4	ɕy1 suei1 新	suei2	suei2	suei2	tshuei4 suei4 新	suei4	ɕy4 suei4 新
成都_{龙泉}	tshuei4	ɕi1 suei1 新	suei2	suei2	suei3	suei4	sɔi4	ɕy4 suei4 新

字目	穗	追	锥	赘	坠	吹	炊	垂
反切	徐醉	陟隹	职追	之芮	直类	昌垂	昌垂	是为
声韵调	止合三邪脂去	止合三知脂平	止合三章脂平	蟹合三章祭去	止合三澄脂去	止合三昌支平	止合三昌支平	止合三禅支平
中古音	ziuɪ-	ȶiuɪ	ʨiuɪ	ʨiuɛi-	ȡiuɪ-	ʨʰiuɛ	ʨʰiuɛ	dʑiuɛ
广元	ʃy4 suei4 新	tʂuei1	tʂuei1	tʂuei4	tʂuei4	tʂhuei1	tʂhuei1	tʂhuei2
平武	suei4	tsuei1	tsuei1	tsuei4	tsuei4	tshuei1	tshuei1	tshuei2
青川	ɕy4 suei4 新	tsuei1	tsuei1	tsuei4	tsuei4	tshuei1	tshuei1	tshuei2
剑阁普安	suei4	tʂuei1	tsuei1	tʂuei4	tʂuei4	tʂhuei1	tʂhuei1	tʂhuei2
剑阁金仙	sʉ4	tsuei1	tsuei1	tʂuei4	tʂuei4	tʂhuei1	tʂhuei1	tʂhuei2
旺苍	sy4 suei4 新	tʂuei1	tʂuei1	tʂuei4	tʂuei4	tʂhuei1	tshuei1	tʂhuei2
苍溪	sy4 suei4 新	tʂuei1	tsuei1	tsuei4	tʂuei4	tʂhuei1	tshuei1	tʂhuei2
江油	ɕy4	tsuei1	tsuei1 tɕy1 口	tsuei4	tsuei4	tshuei1	tshuei1	tshuei2
北川	ɕy4	tsuei1	tsuei1	tsuei4	tsuei4	tshuei1	tshuei1	tshuei2
绵阳	ɕy4	tsuei1	tsuei1 tɕy1 口	tsuei4	tsuei4	tshuei1	tshuei1	tshuei2
盐亭	suei4	tsuei1	tsuei1	tsuei4	tsuei4	tshuei1	tshuei1	tshuei2
德阳	ɕy4 suei4 新	tsuei1	tsuei1 tɕy1 口	tsuei4	tsuei4	tshuei1	tshuei1	tshuei2
中江	suei4	tsuei1	tsuei1	tsuei4	tsuei4	tshuei1	tshuei1	tshuei2
射洪	xuei4	tsuei1	tsuei1	tsuei4	tsuei4	tshuei1	tshuei1	tshuei2
蓬溪	xuei4	tsuei1	tsuei1	tsuei4	tsuei4	tshuei1	tshuei1	tshuei2
遂宁	ɕy4 suei4 新	tsuei1	tsuei1 tɕy1 口	tsuei4	tsuei4	tshuei1	tshuei1	tshuei2
乐至	fei4	tsuei1	tsuei1	tsuei4	tsuei4	tshuei1	tshuei1	tshuei2
安岳	xuei4	tsuei1	tsuei1	tsuei4	tsuei4	tshuei1	tshuei1	tshuei2
仪陇	fei4	tsuei1	tsuei1	tsuei4	tsuei4	tshuei1	tshuei1	tshuei2
西充	xuei4	tsuei1	tsuei1	tsuei4	tsuei4	tshuei1	tshuei1	tshuei2

字目	穗	追	锥	赘	坠	吹	炊	垂
反切	徐醉	陟佳	职追	之芮	直类	昌垂	昌垂	是为
声韵调	止合三邪脂去	止合三知脂平	止合三章脂平	蟹合三章祭去	止合三澄脂去	止合三昌支平	止合三昌支平	止合三禅支平
中古音	ziuɪ-	ʈiuɪ	tɕiuɪ	tɕiuɐi-	ɖiuɪ-	tɕʰiuɛ	tɕʰiuɛ	dʑiuɛ
蓬安	ɕy4	tsuei1	tsuei1	tsuei4	tsuei4	tshuei1	tshuei1	tshuei2
南充金台	xuei4	tsuei1	tsuei1	tsuei4	tsuei4	tshuei1	tshuei1	tshuei2
南充龙蟠	xuei4	tʂuei1	tʂuei1	tʂuei4	tʂuei4	tʂhuei1	tʂhuei1	tʂhuei2
岳池	ɕy4 suei4 新	tsuei1	tsuei1	tsuei4	tsuei4	tshuei1	tshuei1	tshuei2
广安	ɕy4 suei4 新	tsuei1	tsuei1	tsuei4	tsuei4	tshuei1	tshuei1	tshuei2
邻水	ɕy4 suei4 新	tsuei1	tsuei1	tsuei4	tsuei4	tshuei1	tshuei1	tshuei2
南江	ʃy4 suei4 新	tʂuei1	tʂuei1	tʂuei4	tʂuei4	tʂhuei1	tʂhuei1	tʂhuei2
巴中	ʃy4 suei4 新	tʂuei1	tʂuei1	tʂuei4	tʂuei4	tʂhuei1	tʂhuei1	tʂhuei2
通江	ʃy4 suei4 新	tʂuei1	tʂuei1	tʂuei4	tʂuei4	tʂhuei1	tʂhuei1	tʂhuei2
平昌	ʃy4 suei4 新	tʂuei1	tʂuei1	tʂuei4	tʂuei4	tʂhuei1	tʂhuei1	tʂhuei2
万源	xuei4	tʂuei1	tʂuei1	tʂuei4	tʂuei4	tʂhuei1	tʂhuei1	tʂhuei2
宣汉	suei4	tsuei1	tsuei1	tsuei4	tsuei4	tshuei1	tshuei1	tshuei2
达州	suei4	tsuei1	tsuei1	tsuei4	tsuei4	tshuei1	tshuei1	tshuei2
开江	suei4	tsuei1	tsuei1	tsuei4	tsuei4	tshuei1	tshuei1	tshuei2
渠县	xuei4	tsuei1	tsuei1	tsuei4	tsuei4	tshuei1	tshuei1	tshuei2
宜宾	ɕy4 suei4 新	tsuei1	tsuei1	tsuei4	tsuei4	tshuei1	tshuei1	tshuei2
古蔺	ɕy4 suei4 新	tsuei1	tsuei1	tsuei4	tsuei4	tshuei1	tshuei1	tshuei2
长宁	ɕy4	tsuei1	tsuei1	tsuei4	tsuei4	tshuei1	tshuei1	tshuei2
顾县	ɕy4 suei4 新	tsuei1	tsuei1	tsuei4	tsuei4	tshuei1	tshuei1	tshuei2
成都龙泉	ɕy4 suei4 新	tsuei1	tsuei1	tsuei4	tsuei4	tshuei1	tshuei1	tshuei2

字目	锤	谁	水	税	睡	蕊花蕊	锐	瑞
反切	直追	视佳	式轨	舒锐	是伪	如累	以芮	是伪
声韵调	止合三 澄脂平	止合三 禅脂平	止合三 书脂上	蟹合三 书祭去	止合三 禅支去	止合三 日支上	蟹合三 以祭去	止合三 禅支去
中古音	djiuɪ	dʑiuɪ	ɕiuɪ:	ɕiuɐɪ-	dʑiuɐ-	ȵʑiuɐ:	jiuɐɪ-	dʑiuɐ-
广元	tʂhuei2	fei2	fei3	ʂuei4	fei4	zuei4	zuei4	fei4
平武	tʂhuei2	suei2	suei3	suei4	suei4	zuei3	zuei4	zuei4
青川	tʂhuei2	suei2	suei3	suei4	suei4	zuei1	zuei4	zuei4
剑阁普安	tʂhuei2	ʂuei2	ʂuei3	ʂuei4	ʂuei4	zuei4	zuei4	zuei4
剑阁金仙	tʂhuei2	ʂuei2	ʂuei3	ʂuei4	ʂuei4	zuei4	zuei4	ʂuei4
旺苍	tʂhuei2	ʂuei2	ʂuei3	ʂuei4	ʂuei4	zei3	zuei4	zuei4
苍溪	tʂhuei2	ʂuei2	ʂuei3	ʂuei4	ʂuei4	zoŋ3 zuei3 新	zuei4	ʂuei4 zuei4 新
江油	tʂhuei2	suei2	suei3	suei4	suei4	zuei4	zuei4	suei4
北川	tʂhuei2	suei2	suei3	suei4	suei4	zuei2	zuei4	suei4
绵阳	tʂhuei2	suei2	suei3	suei4	suei4	zuei4	zuei4	suei4
盐亭	tʂhuei2	suei2	suei3	suei4	suei4	ze3	zuei4	suei4
德阳	tʂhuei2	suei2	suei3	suei4	suei4	zuei3	zuei4	zuei4 suei4 旧
中江	tʂhuei2	suei2	suei3	suei4	suei4	zuei4	zuei4	zuei4
射洪	tʂhuei2	suei2	suei3	suei4	suei4	ɕin1 俗 zuei4	zuei4	zuei4 suei4 旧
蓬溪	tʂhuei2	suei2	suei3	suei4	suei4	zuei4	zuei4	zuei4 suei4 旧
遂宁	tʂhuei2	suei2	suei3	suei4	suei4	zoŋ3 zuei3 新	zuei4	zuei4 suei4 旧
乐至	tʂhuei2	suei2	suei3	suei4	suei4	zuei3	zuei4	suei4
安岳	tʂhuei2	suei2	suei3	suei4	suei4	zuei3	zuei4	suei4
仪陇	tʂhuei2	suei2	suei3	suei4	suei4	zuei3	zuei4	zuei4
西充	tʂhuei2	suei2	suei3	suei4	suei4	ze3	zuei4	suei4

字目	锤	谁	水	税	睡	蕊花蕊	锐	瑞
反切	直追	视隹	式轨	舒锐	是伪	如累	以芮	是伪
声韵调	止合三 澄脂平	止合三 禅脂平	止合三 书脂上	蟹合三 书祭去	止合三 禅支去	止合三 日支上	蟹合三 以祭去	止合三 禅支去
中古音	djiuɪ	dʑiuɪ	ɕiuɪː	ɕiuɐi-	dʑiuɐ-	ȵʑiuɐː	jiuɐi-	dʑiuɐ-
蓬安	tʂhuei2	suei2	suei3	suei4	suei4	zuei3	zuei3	suei4
南充金台	tʂhuei2	suei2	suei3	suei4	suei4	zuei3	zuei4	suei4
南充龙蟠	tʂhuei2	ʂuei2	ʂuei3	ʂuei4	ʂuei4	zuei3	zuei4	ʂuei4 zuei4 新
岳池	tʂhuei2	suei2	suei3	suei4	suei4	zuei3	zuei4	suei4
广安	tʂhuei2	suei2	suei3	suei4	suei4	zuei4	zuei4	suei4 zuei4 新
邻水	tʂhuei2	suei2	suei3	suei4	suei4	zuei4	zuei4	suei4
南江	tʂhuei2	ʂuei2	ʂuei3	ʂuei4	ʂuei4	zoŋ3 zuei3 新	zuei4	zuei4 ʂuei4 旧
巴中	tʂhuei2	ʂuei2	ʂuei3	ʂuei4	ʂuei4	zoŋ3 zuei3 新	zuei4	zuei4 ʂuei4 旧
通江	tʂhuei2	ʂuei2	ʂuei3	ʂuei4	ʂuei4	zuei3	zuei4	ʂuei4 zuei4 新
平昌	tʂhuei2	ʂuei2	ʂuei3	ʂuei4	ʂuei4	ze3	zuei4	zuei4 ʂuei4 旧
万源	tʂhuei2	ʂuei2	ʂuei3	ʂuei4	suei4	zuei3	zuei4	ʂuei4
宣汉	tʂhuei2	suei2	suei3	suei4	suei4	zuei3	zuei3 新	suei4
达州	tʂhuei2	suei2	suei3	suei4	suei4	zuei4 zuei3 新	zuei4	zuei4 suei4 旧
开江	tʂhuei2	suei2	suei3	suei4	suei4	zuei4 zuei3 新	zuei4	zuei4 suei4 旧
渠县	tʂhuei2	suei2	suei3	suei4	suei4	zu3 zuei3 新	zuei4	zuei4 suei4 旧
宜宾	tʂhuei2	suei2	suei3	suei4	suei4	zuei4	zuei4	suei4 zuei4 新
古蔺	tʂhuei2	suei2	suei3	suei4	suei4	zuei3	zuei4	zuei4 suei4 旧
长宁	tʂhuei2	suei2	suei3	suei4	suei4	zuei4	zuei4	suei4
顾县	tʂhuei2	suei2	suei3	suei4	suei4	nuei3	zuei4	suei4
成都龙泉	tʂhuei2	suei2	suei3	sɔi4	sɔi4	zuei3	zuei4	zuei4 suei4 旧

字目	规	龟	归	诡	轨	鬼	桂	跪①
反切	居隋	居追	举韦	过委	居洧	居伟	古惠	渠委
声韵调	止合三A 见支平	止合三B 见脂平	止合三 见微平	止合三B 见支上	止合三B 见脂上	止合三 见微上	蟹合四 见齐去	止合三B 群支上
中古音	kiuɛ	kɣɨuɪ	kʉi	kɣɨuɛ:	kɣɨuɪ:	kʉi:	kwei-	gɣɨuɛ:
广元	kuei1	kuei1	kuei1	kuei3	kuei3	kuei3	kuei4	khuei4
平武	kuei1	kuei1	kuei1	kuei3	kuei3	kuei3	kuei4	khuei4
青川	kuei1	kuei1	kuei1	kuei3	kuei3	kuei3	kuei4	khuei4
剑阁普安	kuei1	kuei1	kuei1	kuei3	kuei3	kuei3	kuei4	khuei4
剑阁金仙	kuei1	kuei1	kuei1	kuei3	kuei3	kuei3	kuei4	khuei4
旺苍	kuei1	kuei1	kuei1	kuei3	kuei3	kuei3	kuei4	khuei4
苍溪	kuei1	kuei1	kuei1	kuei3	kuei3	kuei3	kuei4	khuei4
江油	kuei1	kuei1	kuei1	kuei3	kuei3	kuei3	kuei4	khuei4
北川	kuei1	kuei1	kuei1	kuei3	kuei3	kuei3	kuei4	khuei4
绵阳	kuei1	kuei1	kuei1	kuei3	kuei3	kuei3	kuei4	khuei4
盐亭	kuei1	kuei1	kuei1	kuei3	kuei3	kuei3	kuei4	khuei4
德阳	kuei1	kuei1	kuei1	kuei3	kuei3	kuei3	kuei4	khuei4
中江	kuei1	kuei1	kuei1	kuei3	kuei3	kuei3	kuei4	kuei4
射洪	kuei1	kuei1	kuei1	kuei3	kuei3	kuei3	kuei4	kuei4
蓬溪	kuei1	kuei1	kuei1	kuei3	kuei3	kuei3	kuei4	khuei4
遂宁	kuei1	kuei1	kuei1	kuei3	kuei3	kuei3	kuei4	kuei4
乐至	kuei1	kuei1	kuei1	kuei3	kuei3	kuei3	kuei4	kuei4
安岳	kuei1	kuei1	kuei1	kuei3	kuei3	kuei3	kuei4	kuei4
仪陇	kuei1	kuei1	kuei1	kuei3	kuei3	kuei3	kuei4	khuei4
西充	kuei1	kuei1	kuei1	kuei3	kuei3	kuei3	kuei4	kuei4

① 又去委切，止合三B溪支上。

字目	规	龟	归	诡	轨	鬼	桂	跪①
反切	居隋	居追	举韦	过委	居洧	居伟	古惠	渠委
声韵调	止合三A 见支平	止合三B 见脂平	止合三 见微平	止合三B 见支上	止合三B 见脂上	止合三 见微上	蟹合四 见齐去	止合三B 群支上
中古音	kiuɛ	kɣiuɪ	kʉi	kɣiuɛ:	kɣiuɪ:	kʉi:	kwei-	gɣiuɛ:
蓬安	kuei1	kuei1	kuei1	kuei3	kuei3	kuei3	kuei4	kuei4
南充金台	kuei1	kuei1	kuei1	kuei3	kuei3	kuei3	kuei4	khuei4
南充龙蟠	kuei1	kuei1	kuei1	kuei3	kuei3	kuei3	kuei4	khuei4
岳池	kuei1	kuei1	kuei1	kuei3	kuei3	kuei3	kuei4	kuei4
广安	kuei1	kuei1	kuei1	kuei3	kuei3	kuei3	kuei4	kuei4
邻水	kuei1	kuei1	kuei1	kuei3	kuei3	kuei3	kuei4	kuei4
南江	kuei1	kuei1	kuei1	kuei3	kuei3	kuei3	kuei4	khuei4 kuei4
巴中	kuei1	kuei1	kuei1	kuei3	kuei3	kuei3	kuei4	khuei4 kuei4
通江	kuei1	kuei1	kuei1	kuei3	kuei3	kuei3	kuei4	kuei4
平昌	kuei1	kuei1	kuei1	kuei3	kuei3	kuei3	kuei4	khuei4 kuei4
万源	kuei1	kuei1	kuei1	kuei3	kuei3	kuei3	kuei4	kuei4
宣汉	kuei1	kuei1	kuei1	kuei3	kuei3	kuei3	kuei4	kuei4
达州	kuei1	kuei1	kuei1	kuei3	kuei3	kuei3	kuei4	kuei4
开江	kuei1	kuei1	kuei1	kuei3	kuei3	kuei3	kuei4	kuei4
渠县	kuei1	kuei1	kuei1	kuei3	kuei3	kuei3	kuei4	kuei4
宜宾	kuei1	kuei1	kuei1	kuei3	kuei3	kuei3	kuei4	kuei4
古蔺	kuei1	kuei1	kuei1	kuei3	kuei3	kuei3	kuei4	kuei4
长宁	kuei1	kuei1	kuei1	kuei3	kuei3	kuei3	kuei4	kuei4
顾县	kuei1	kuei1	kuei1	kuei3	kuei3	kuei3	kuei4	kuei4
成都龙泉	kuei1	kuei1	kuei1	kuei3	kuei3	kuei3	kuei4	kuei4

---

① 又去委切，止合三B溪支上。

字目	柜	贵	亏	魁	奎	葵	溃崩溃	愧①
反切	求位	居胃	去为	苦回	苦圭	渠佳	胡对	
声韵调	止合三B 群脂去	止合三 见微去	止合三B 溪支平	蟹合一 溪灰平	蟹合四 溪齐平	止合三A 群脂平	蟹合一 匣灰去	*止合三B 溪脂去
中古音	gɣiuɪ-	kʉi-	khɣɨuE	khuʌi	khwei	giuɪ	ɦuʌi-	*khɣiuɪ-
广元	kuei4	kuei4	khuei1	khuei2	khuei2	khuei2	khuei4	khuei4
平武	kuei4	kuei4	khuei1	khuei1	khuei2	khuei2	khuei4	khuei4
青川	kuei4	kuei4	khuei1	khuei1	khuei2	khuei2	khuei4	khuei4
剑阁普安	kuei4	kuei4	khuei1	khuei1	khuei2	khuei2	khuei4	khuei4
剑阁金仙	kuei4	kuei4	khuei1	khuei1	khuei2	khuei2	khuei4	khuei4
旺苍	kuei4	kuei4	khuei1	khuei2	khuei2	khuei2	khuei4	khuei4
苍溪	kuei4	kuei4	khuei1	khuei1	khuei2	khuei2	khuei4	khuei4
江油	kuei4	kuei4	khuei1	khuei1	khuei2	khuei2	khuei4	khuei4
北川	kuei4	kuei4	khuei1	khuei3	khuei2	khuei2	khuei4	khuei4
绵阳	kuei4	kuei4	khuei1	khuei1	khuei2	khuei2	khuei4	khuei4
盐亭	kuei4	kuei4	khuei1	khuei1	khuei2	khuei2	khuei4	khuei4
德阳	kuei4	kuei4	khuei1	khuei1	khuei2	khuei2	khuei4	khuei4
中江	kuei4	kuei4	khuei1	khuei1	kuei2	kuei2	khuei4	khuei4
射洪	kuei4	kuei4	khuei1	khuei1	khuei2	khuei2	khuei4	khuei4
蓬溪	kuei4	kuei4	khuei1	khuei1	khuei2	khuei2	khuei4	khuei4
遂宁	kuei4	kuei4	khuei1	khuei1	khuei2	khuei2	khuei4	khuei4
乐至	kuei4	kuei4	khuei1	khuei1	khuei2	khuei2	khuei4	khuei4
安岳	kuei4	kuei4	khuei1	khuei1	khuei2	khuei2	khuei4	khuei4
仪陇	kuei4	kuei4	khuei1	khuei2	khuei2	khuei2	khuei4	khuei4
西充	kuei4	kuei4	khuei1	khuei1	khuei2	khuei2	khuei4	khuei4

---

① 俱位切，止合三B见脂去，kɣiuɪ-。

字目	柜	贵	亏	魁	奎	葵	溃_{崩溃}	愧①

字目	柜	贵	亏	魁	奎	葵	溃崩溃	愧①
反切	求位	居胃	去为	苦回	苦圭	渠隹	胡对	
声韵调	止合三B 群脂去	止合三 见微去	止合三B 溪支平	蟹合一 溪灰平	蟹合四 溪齐平	止合三A 群脂平	蟹合一 匣灰去	*止合三B 溪脂去
中古音	gɣiuɪ-	kʉi-	khɣiuE	khuʌi	khwei	giuɪ	ɦuʌi-	*khɣiuɪ-
蓬安	kuei4	kuei4	khuei1	khuei2	khuei2	khuei2	khuei4	khuei4
南充_{金台}	kuei4	kuei4	khuei1	khuei2	khuei2	khuei2	khuei4	khuei4
南充_{龙蟠}	kuei4	kuei4	khuei1	khuei2	khuei2	khuei2	khuei4	khuei4
岳池	kuei4	kuei4	khuei1	khuei1	khuei2	khuei2	khuei4	khuei4
广安	kuei4	kuei4	khuei1	khuei1	khuei2	khuei2	khuei4	khuei4
邻水	kuei4	kuei4	khuei1	khuei1	khuei2	khuei2	khuei4	khuei4
南江	kuei4	kuei4	khuei1	khuei2	khuei2	khuei2	khuei4	khuei4
巴中	kuei4	kuei4	khuei1	khuei1	khuei2	khuei2	khuei4	khuei4
通江	kuei4	kuei4	khuei1	khuei1	khuei2	khuei2	khuei4	khuei4
平昌	kuei4	kuei4	khuei1	khuei1	khuei2	khuei2	khuei4	khuei4
万源	kuei4	kuei4	khuei1	khuei2	khuei2	khuei2	khuei4	khuei4
宣汉	kuei4	kuei4	khuei1	khuei2	khuei2	khuei2	khuei4	khuei4
达州	kuei4	kuei4	khuei1	khuei2	khuei2	khuei2	khuei4	khuei4
开江	kuei4	kuei4	khuei1	khuei2	khuei2	khuei2	khuei4	khuei4
渠县	kuei4	kuei4	khuei1	khuei1	khuei1	khuei2	khuei4	khuei4
宜宾	kuei4	kuei4	khuei1	khuei1 khuei2	khuei2	khuei2	khuei4	
古蔺	kuei4	kuei4	khuei1	khuei1	khuei2	khuei2	khuei4	khuei4
长宁	kuei4	kuei4	khuei1	khuei1	khuei2	khuei2	khuei4	khuei4
顾县	kuei4	kuei4	khuei1	khuei1	khuei2	khuei2	khuei4	khuei4
成都_{龙泉}	khuei4	kuei4	khuei1	khuei2	khuei2	khuei2	khuei4	khuei4

① 俱位切，止合三B 见脂去，kɣiuɪ-。

字目	灰	恢	挥	辉	徽	回	悔	毁
反切	呼恢	苦回	许归	许归	许归	户恢	呼罪	许委
声韵调	蟹合一晓灰平	蟹合一溪灰平	止合三晓微平	止合三晓微平	止合三晓微平	蟹合一匣灰平	蟹合一晓灰上	止合三B晓支上
中古音	huʌi	khuʌi	hʉi	hʉi	hʉi	ɦuʌi	huʌi:	hɣɨuɛ:
广元	xuei1	xuei1	xuei1	xuei1	xuei1	xuei2	xuei3	xuei3
平武	xuei1	xuei1	xuei1	xuei1	xuei1	xuei2	xuei3	xuei3
青川	xuei1	xuei1	xuei1	xuei1	xuei1	xuei2	xuei3	xuei3
剑阁普安	xuei1	xuei1	xuei1	xuei1	xuei1	xuei2	xuei3	xuei3
剑阁金仙	xuei1	xuei1	xuei1	xuei1	xuei1	xuei2	xuei3	xuei3
旺苍	xuei1	xuei1	xuei1	xuei1	xuei1	xuei2	xuei3	xuei3
苍溪	xuei1	xuei1	xuei1	xuei1	xuei1	xuei2	xuei3	xuei3
江油	xuei1	xuei1	xuei1	xuei1	xuei1	xuei2	xuei3	xuei3
北川	xuei1	xuei1	xuei1	xuei1	xuei1	xuei2	xuei3	xuei3
绵阳	xuei1	xuei1	xuei1	xuei1	xuei1	xuei2	xuei3	xuei3
盐亭	xuei1	xuei1	xuei1	xuei1	xuei1	xuei2	xuei3	xuei3
德阳	xuei1	xuei1	xuei1	xuei1	xuei1	xuei2	fei3	xuei3
中江	fei1	fei1	fei1	fei1	fei1	xuei2	fei3	fei3
射洪	fei1	fei1	fei1	fei1	fei1	fei2	fei3	xuei3
蓬溪	xuei1	xuei1	xuei1	xuei1	xuei1	xuei2	xuei3	xuei3
遂宁	fei1	fei1	fei1	fei1	fei1	fei2	fei3	fei3
乐至	fei1	fei1	fei1	fei1	fei1	fei2	fei3	fei3
安岳	xuei1	xuei1	xuei1	xuei1	xuei1	xuei2	xuei3	xuei3
仪陇	fei1	fei1	fei1	fei1	fei1	fei2	fei3	fei3
西充	xuei1	xuei1	xuei1	xuei1	xuei1	xuei2	xuei3	xuei3

字目	灰	恢	挥	辉	徽	回	悔	毁
反切	呼恢	苦回	许归	许归	许归	户恢	呼罪	许委
声韵调	蟹合一晓灰平	蟹合一溪灰平	止合三晓微平	止合三晓微平	止合三晓微平	蟹合一匣灰平	蟹合一晓灰上	止合三B晓支上
中古音	huʌi	khuʌi	hʉi	hʉi	hʉi	ɦuʌi	huʌi:	hɣɨuɛ
蓬安	fei1	fei1	fei1	fei1	fei1	fei2	fei3	fei3
南充金台	xuei1	xuei1	xuei1	xuei1	xuei1	xuei2	xuei3	xuei3
南充龙蟠	xuei1	xuei1	xuei1	xuei1	xuei1	xuei2	xuei3	xuei3
岳池	xuei1	xuei1	xuei1	xuei1	xuei1	xuei2	xuei3	xuei3
广安	xuei1	xuei1	xuei1	xuei1	xuei1	xuei2	xuei3	xuei3
邻水	xuei1	xuei1	xuei1	xuei1	xuei1	xuei2	xuei3	xuei3
南江	xuei1	xuei1	xuei1	xuei1	xuei1	xuei2	xuei3	xuei3
巴中	xuei1	xuei1	xuei1	xuei1	xuei1	xuei2	xuei3	xuei3
通江	xuei1	xuei1	xuei1	xuei1	xuei1	xuei2	xuei3	xuei3
平昌	xuei1	xuei1	xuei1	xuei1	xuei1	xuei2	xuei3	xuei3
万源	xuei1	xuei1	xuei1	xuei1	xuei1	xuei2	xuei3	xuei3
宣汉	xuei1	xuei1	xuei1	xuei1	fuei1	xuei2	fuei3	xuei3
达州	fei1	fei1	fei1	fei1	fei1	xuei2	fei3	xuei3
开江	fei1	fei1	fei1	fei1	fei1	xuei2	xuei3	xuei3
渠县	xuei1	xuei1	xuei1	xuei1	xuei1	xuei2	xuei3	xuei3
宜宾	xuei1	xuei1	xuei1	xuei1	xuei1	xuei2	xuei3	xuei3
古蔺	xuei1	xuei1	xuei1	xuei1	xuei1	xuei2	xuei3	xuei3
长宁	xuei1	xuei1	xuei1	xuei1	xuei1	xuei2	xuei3	xuei3
顾县	fei1	fei1	fei1	fei1	fei1	fei2	fei3	fei3
成都龙泉	fɔi1	fei1	fei1	fei1	fei1	fei2	fei3	fei3

字目	贿①	晦	汇汇合	溃溃脓	会会不会	会开会	绘	彗彗星
反切	呼罪	荒内	胡罪	胡对	黄外	黄外	黄外	于岁
声韵调	蟹合一晓灰上	蟹合一晓灰去	蟹合一匣灰上	蟹合一匣灰去	蟹合一匣泰去	蟹合一匣泰去	蟹合一匣泰去	蟹合三云祭去
中古音	huʌi:	huʌi-	ɦiuʌi:	ɦiuʌi-	ɦiuɑi-	ɦiuɑi-	ɦiuɑi-	ɦiuɛi-
广元	xuei4	xuei3	xuei4	khuei4	xuei4	xuei4	xuei4	xuei4
平武	xuei4	xuei4	xuei4	khuei4	xuei4	xuei4	xuei4	xuei4
青川	xuei4	xuei4	xuei4	khuei4	xuei4	xuei4	xuei4	xuei4
剑阁普安	xuei4	xuei4	xuei4	khuei4	xuei4	xuei4	xuei4	xuei4
剑阁金仙	xuei4	xuei4	xuei4	khuei4	xuei4	xuei4	xuei4	xuei4
旺苍	xuei4	xuei4	xuei4	khuei4	xuei4	xuei4	xuei4	xuei4
苍溪	xuei4	xuei4	xuei4	khuei4	xuei4	xuei4	xuei4	xuei4
江油	xuei4	xuei4	xuei4	khuei4	xuei4	xuei4	xuei4	xuei4
北川	xuei4	xuei4	xuei4	khuei4	xuei4	xuei4	xuei4	xuei4
绵阳	xuei4	xuei4	xuei4	khuei4	xuei4	xuei4	xuei4	xuei4
盐亭	xuei4	xuei4	xuei4	khuei4	xuei4	xuei4	xuei4	xuei4
德阳	xuei4	fei3	xuei4	khuei4	xuei4	xuei4	xuei4	xuei4
中江	fei4	fei3	fei4	khuei4	fei4	fei4	fei4	fei4
射洪	fei4	fei4	fei4	khuei4	fei4	fei4	fei4	fei4
蓬溪	xuei4	xuei3	xuei4	khuei4	xuei4	xuei4	xuei4	xuei4
遂宁	fei4	fei4	fei4	khuei4	fei4	fei4	fei4	fei4
乐至	fei4	fei4	fei4	khuei4	fei4	fei4	fei4	fei4
安岳	xuei4	xuei4	xuei4	khuei4	xuei4	xuei4	xuei4	xuei4
仪陇	fei4	fei4	fei4	khuei4	fei4	khuai4	fei4	fei4
西充	xuei4	xuei4	xuei4	khuei4	xuei4	xuei4	xuei4	xuei4

---

① 又*呼内切，蟹合一晓灰去。

字目	贿①	晦	汇汇合	溃溃脓	会会不会	会开会	绘	彗彗星
反切	呼罪	荒内	胡罪	胡对	黄外	黄外	黄外	于岁
声韵调	蟹合一晓灰上	蟹合一晓灰去	蟹合一匣灰上	蟹合一匣灰去	蟹合一匣泰去	蟹合一匣泰去	蟹合一匣泰去	蟹合三云祭去
中古音	huʌi:	huʌi-	ɦuʌi:	ɦuʌi-	ɦuɑi-	ɦuɑi-	ɦuɑi-	ɦiuɐi-
蓬安	fei4	fei4	fei4	khuei4	fei4	fei4	fei4	fei4
南充金台	xuei4	xuei4	xuei4	khuei4	xuei4	xuei4	xuei4	xuei4
南充龙蟠	xuei4	xuei4	xuei4	khuei4	xuei4	xuei4	xuei4	xuei4
岳池	xuei4	xuei4	xuei4	khuei4	xuei4	xuei4	xuei4	xuei4
广安	xuei4	xuei4	xuei4	khuei4	xuei4	xuei4	xuei4	xuei4
邻水	xuei4	xuei3	xuei4	khuei4	xuei4	xuei4	xuei4	xuei4
南江	xuei4	xuei4	xuei4	khuei4	xuei4	xuei4	xuei4	xuei4
巴中	xuei4	xuei3 xuei4	xuei4	khuei4	xuei4	xuei4	xuei4	xuei4
通江	xuei4	xuei4	xuei4	khuei4	xuei4	xuei4	xuei4	xuei4
平昌	xuei4	xuei3 xuei4	xuei4	khuei4	xuei4	xuei4	xuei4	xuei4
万源	xuei4	xuei4	xuei4	khuei4	xuei4	xuei4	xuei4	xuei4
宣汉	xuei4	xuei4	xuei4	khuei4	xuei4	xuei4	xuei4	xuei4
达州	xuei4	xuei3	xuei4	khuei4	fei4	fei4	fei4	fei4
开江	fei4	xuei3	xuei4	khuei4	xuei4	xuei4	xuei4	xuei4
渠县	xuei4	xuei3	xuei4	khuei4	xuei4	xuei4	xuei4	xuei4
宜宾	xuei4	xuei4	xuei4	khuei4	xuei4	xuei4	xuei4	xuei4
古蔺	xuei4	xuei3 xuei4	xuei4	khuei4	xuei4	xuei4	xuei4	xuei4
长宁	xuei4	xuei3	xuei4	khuei4	xuei4	xuei4	xuei4	xuei4
顾县	fei4	fei3	fei4	khuei4	fei4	fei4	fei4	fei4
成都龙泉	fei4	fei3	fei4	khuei4	fei4	fei4	fei4	fei4

① 又*呼内切，蟹合一晓灰去。

字目	惠	慧	讳	汇词汇	危	微	威	桅
反切	胡桂	胡桂	许贵	于贵	鱼为	无非	于非	五灰
声韵调	蟹合四 匣齐去	蟹合四 匣齐去	止合三 晓微去	止合三 云微去	止合三B 疑支平	止合三 微微平	止合三 影微平	蟹合一 疑灰平
中古音	ɦwei-	ɦwei-	hui-	ɦʉi-	ŋɣiuɛ	mʉi	ʔʉi	ŋuʌi
广元	xuei4	xuei4	xuei4	xuei4	uei2	uei2	uei1	uei2
平武	xuei4	xuei4	xuei4	xuei4	uei2	uei2	uei1	uei2
青川	xuei4	xuei4	xuei4	xuei4	uei2	uei2	uei1	uei2
剑阁普安	xuei4	xuei4	xuei4	xuei4	uei2	uei2	uei1	uei2
剑阁金仙	xuei4	xuei4	xuei4	xuei4	uei2	uei2	uei1	uei2
旺苍	xuei4	xuei4	xuei4	xuei4	uei2	uei2	uei1	uei2
苍溪	xuei4	xuei4	xuei4	xuei4	uei2	uei2	uei1	uei2
江油	xuei4	xuei4	xuei4	xuei4	uei2	uei2	uei1	uei2
北川	xuei4	xuei4	xuei4	xuei4	uei2	uei2	uei1	uei2
绵阳	xuei4	xuei4	xuei4	xuei4	uei2	uei2	uei1	uei2
盐亭	xuei4	xuei4	xuei4	xuei4	uei2	uei2	uei1	uei2
德阳	xuei4	xuei4	xuei4	xuei4	uei2	uei2	uei1	uei2
中江	fei4	fei4	fei4	fei4	uei2	uei2	uei1	uei2
射洪	fei4	fei4	fei4	xuei4	uei2	uei2	uei1	uei2
蓬溪	xuei4	xuei4	xuei4	xuei4	uei2 uei1 新	uei2	uei1	uei2
遂宁	fei4	fei4	fei4	fei4	uei2	uei2	uei1	uei2
乐至	fei4	fei4	fei4	fei4	uei2	uei2	uei1	uei2
安岳	xuei4	xuei4	xuei4	xuei4	uei2	uei2	uei1	uei2
仪陇	fei4	fei4	fei4	fei4	uei2	uei2	uei1	uei2
西充	xuei4	xuei4	xuei4	xuei4	uei2 uei1 新	uei2	uei1	uei2

字目	惠	慧	讳	汇词汇	危	微	威	桅
反切	胡桂	胡桂	许贵	于贵	鱼为	无非	于非	五灰
声韵调	蟹合四 匣齐去	蟹合四 匣齐去	止合三 晓微去	止合三 云微去	止合三B 疑支平	止合三 微微平	止合三 影微平	蟹合一 疑灰平
中古音	ɦwei-	ɦwei-	hʉi-	ɦʉi-	ŋɣiuɛ	mʉi	ʔʉi	ŋuʌi
蓬安	fei4	fei4	fei4	fei4	uei2	uei2	uei1	uei2
南充金台	xuei4	xuei4	xuei3	xuei4	uei2	uei2	uei1	uei2
南充龙蟠	xuei4	xuei4	xuei4	xuei4	uei2	uei2	uei1	uei2
岳池	xuei4	xuei4	xuei4	xuei4	uei2	uei2	uei1	uei2
广安	xuei4	xuei4	xuei4	xuei4	uei2	uei2	uei1	uei2
邻水	xuei4	xuei4	xuei4	xuei4	uei2	uei2	uei1	uei2
南江	xuei4	xuei4	xuei4	xuei4	uei1 uei2 旧	uei2	uei1	uei3 uei2
巴中	xuei4	xuei4	xuei4	xuei4	uei1 uei2 旧	uei2	uei1	uei2
通江	xuei4	xuei4	xuei4	xuei4	uei1 uei2 旧	uei2	uei1	uei2
平昌	xuei4	xuei4	xuei4	xuei4	uei1 uei2 旧	uei2	uei1	uei2
万源	xuei4	xuei4	xuei4	xuei4	uei2	uei2	uei1	uei2
宣汉	xuei4	xuei4	xuei3	xuei4	uei2	uei2	uei1	uei2
达州	fei4	fei4	fei4	fei4	uei2	uei2	uei1	uei2
开江	xuei4	xuei4	xuei4	xuei4	uei2	uei2	uei1	uei2
渠县	xuei4	xuei4	xuei4	xuei4	uei2	uei2	uei1	uei2
宜宾	xuei4	xuei4	xuei4	xuei4	uei1 uei2 旧	uei1 uei2 旧	uei1	uei2
古蔺	xuei4	xuei4	xuei3 xuei4	xuei4	uei1 uei2 旧	uei2	uei1	uei2
长宁	xuei4	xuei4	xuei4	xuei4	uei2	uei2	uei1	uei2
顾县	fei4	fei4	fei4	fei4	uei2	uei2	uei1	uei2
成都龙泉	fei4	fei4	fei4	fei4	vei2	vei2	vei1	vei2

字目	为作为	维	违	围	委	伪	唯	尾
反切	薳支	以追	雨非	雨非	于诡	危睡	以追	无匪
声韵调	止合三 云支平	止合三 以脂平	止合三 云微平	止合三 云微平	止合三B 影支上	止合三B 疑支去	止合三 以脂平	止合三 微微上
中古音	ɦiuɛ	jiuɪ	ɦɨi	ɦɨi	ʔɣɨuɛ:	ŋɣɨuɛ-	jiuɪ	mʉi:
广元	uei2	uei2	uei2	uei2	uei3	uei4	uei2	uei3
平武	uei2	uei2	uei2	uei2	uei3	uei4	uei2	uei3
青川	uei2	uei2	uei2	uei2	uei3	uei4	uei2	uei3
剑阁普安	uei2	uei2	uei2	uei2	uei3	uei4	uei2	uei3
剑阁金仙	uei2	uei2	uei2	uei2	uei3	uei3	uei2	uei3
旺苍	uei2	uei2	uei2	uei2	uei3	uei4	uei2	uei3
苍溪	uei2	uei2	uei2	uei2	uei3	uei3 uei4 新	uei2	uei3
江油	uei2	uei2	uei2	uei2	uei3	uei4	uei2	uei3
北川	uei2	uei2	uei2	uei2	uei3	uei4	uei2	uei3
绵阳	uei2	uei2	uei2	uei2	uei3	uei4	uei2	uei3
盐亭	uei2	uei2	uei2	uei2	uei3	uei4	uei2	uei3
德阳	uei2	uei2	uei2	uei2	uei3	uei4	uei2	uei3
中江	uei2	uei2	uei2	uei2	uei3	uei4	uei2	uei3
射洪	uei2	uei2	uei2	uei2	uei3	uei3	uei2	uei3
蓬溪	uei2	uei2	uei2	uei2	uei3	uei4	uei2	uei3
遂宁	uei2	uei2	uei2	uei2	uei3	uei3	uei2	uei3
乐至	uei2	uei2	uei2	uei2	uei3	uei4	uei2	uei3
安岳	uei2	uei2	uei2	uei2	uei3	uei4	uei2	uei3
仪陇	uei2	uei2	uei2	uei2	uei3	uei4	uei2	uei3
西充	uei2	uei2	uei2	uei2	uei3	uei4	uei2	uei3

字目	为作为	维	违	围	委	伪	唯	尾
反切	薳支	以追	雨非	雨非	于诡	危睡	以追	无匪
声韵调	止合三云支平	止合三以脂平	止合三云微平	止合三云微平	止合三B影支上	止合三B疑支去	止合三以脂平	止合三微微上
中古音	ɦiuE	jiuɪ	ɦʉi	ɦʉi	ʔɣiuE:	ŋɣiuE-	jiuɪ	mʉi:
蓬安	uei2	uei2	uei2	uei2	uei3	uei4	uei2	uei3
南充金台	uei2	uei2	uei2	uei2	uei3	uei4	uei2	uei3
南充龙蟠	uei2	uei2	uei2	uei2	uei3	uei3	uei2	uei3
岳池	uei2	uei2	uei2	uei2	uei3	uei4	uei2	uei3
广安	uei2	uei2	uei2	uei2	uei3	uei4	uei2	uei3
邻水	uei2	uei2	uei2	uei2	uei3	uei4	uei2	uei3
南江	uei2	uei2	uei2	uei2	uei3	uei3 uei4 新	uei2	uei3
巴中	uei2	uei2	uei2	uei2	uei3	uei3 uei4 新	uei2	uei3
通江	uei2	uei2	uei2	uei2	uei3	uei3 uei4 新	uei2	uei3
平昌	uei2	uei2	uei2	uei2	uei3	uei3 uei4 新	uei2	uei3
万源	uei2	uei2	uei2	uei2	uei3	uei4	uei2	uei3
宣汉	uei2	uei2	uei2	uei2	uei3	uei4	uei2	uei3
达州	uei2	uei2	uei2	uei2	uei3	uei4	uei2	uei3
开江	uei2	uei2	uei2	uei2	uei3	uei4	uei2	uei3
渠县	uei2	uei2	uei2	uei2	uei3	uei4	uei2	uei3
宜宾	uei2	uei2	uei2	uei2	uei3	uei3 uei4 新	uei2	uei3
古蔺	uei2	uei2	uei2	uei2	uei3	uei3 uei4 新	uei2	uei3
长宁	uei2	uei2	uei2	uei2	uei3	uei4	uei2	uei3
顾县	uei2	uei2	uei2	uei2	uei3	uei4	uei2	uei3
成都龙泉	vei2	vei2	uei2	vei2	vei1	uei3 uei4 新	vei2	mei1

字目	伟	苇	纬	卫	喂喂养	为因为	位	未
反切	于鬼	于鬼	于贵	于岁	于伪	于伪	于愧	无沸
声韵调	止合三云微上	止合三云微上	止合三云微去	蟹合三云祭去	止合三影支去	止合三云支去	止合三云脂去	止合三微微去
中古音	ɦiuɪ:	ɦiuɪ:	ɦiuɪ-	ɦiuɛɪ-	ʔiuɛ-	ɦiuɛ-	ɦiuɪ-	mʉi-
广元	uei3	uei3	uei3	uei4	uei4	uei4	uei4	uei4
平武	uei3	uei3	uei3	uei4	uei4	uei4	uei4	uei4
青川	uei3	uei3	uei3	uei4	uei4	uei4	uei4	uei4
剑阁普安	uei3	uei3	uei3	uei4	uei4	uei4	uei4	uei4
剑阁金仙	uei3	uei3	uei3	uei4	uei4	uei4	uei4	uei4
旺苍	uei3	uei3	uei3	uei4	uei4	uei4	uei4	uei4
苍溪	uei3	uei3	uei3	uei4	uei4	uei4	uei4	uei4
江油	uei3	uei3	uei3	uei4	uei4	uei4	uei4	uei4
北川	uei3	uei3	uei3	uei4	uei4	uei4	uei4	uei4
绵阳	uei3	uei2	uei3	uei4	uei4	uei4	uei4	uei4
盐亭	uei3	uei3	uei3	uei4	uei4	uei4	uei4	uei4
德阳	uei3	uei2	uei3	uei4	uei4	uei4	uei4	uei4
中江	uei3	uei3	uei3	uei4	uei4	uei4	uei4	uei4
射洪	uei3	uei3	uei3	uei4	uei4	uei4	uei4	uei4
蓬溪	uei3	uei3	uei3	uei4	uei4	uei4	uei4	uei4
遂宁	uei3	uei3	uei3	uei4	uei4	uei4	uei4	uei4
乐至	uei3	uei3	uei3	uei4	uei4	uei4	uei4	uei4
安岳	uei3	uei3	uei3	uei4	uei4	uei4	uei4	uei4
仪陇	uei3	uei3	uei3	uei4	uei4	uei4	uei4	uei4
西充	uei3	uei3	uei3	uei4	uei4	uei4	uei4	uei4

字目	伟	苇	纬	卫	喂喂养	为因为	位	未
反切	于鬼	于鬼	于贵	于岁	于伪	于伪	于愧	无沸
声韵调	止合三云微上	止合三云微上	止合三云微去	蟹合三云祭去	止合三影支去	止合三云支去	止合三云脂去	止合三微微去
中古音	ɦui:	ɦui:	ɦui-	ɦiuɛi-	ʔiuɛ-	ɦiuɛ-	ɦiui-	mui-
蓬安	uei3	uei3	uei3	uei4	uei4	uei4	uei4	uei4
南充金台	uei3	uei3	uei3	uei4	uei4	uei4	uei4	uei4
南充龙蟠	uei3	uei3	uei3	uei4	uei4	uei4	uei4	uei4
岳池	uei3	uei2	uei3	uei4	uei4	uei4	uei4	uei4
广安	uei3	uei3	uei3	uei4	uei4	uei4	uei4	uei4
邻水	uei3	uei3	uei3	uei4	uei4	uei4	uei4	uei4
南江	uei3	uei3	uei3	uei4	uei4	uei4	uei4	uei4
巴中	uei3	uei2 uei3	uei4 uei3	uei4	uei4	uei4	uei4	uei4
通江	uei3	uei3	uei3	uei4	uei4	uei4	uei4	uei4
平昌	uei3	uei3	uei3	uei4	uei4	uei4	uei4	uei4
万源	uei3	uei3	uei3	uei4	uei4	uei4	uei4	uei4
宣汉	uei3	uei3	uei3	uei4	uei4	uei4	uei4	uei4
达州	uei3	uei3	uei3	uei4	uei4	uei4	uei4	uei4
开江	uei3	uei3	uei3	uei4	uei4	uei4	uei4	uei4
渠县	uei3	uei3	uei3	uei4	uei4	uei4	uei4	uei4
宜宾	uei3	uei3	uei3	uei4	uei4	uei4	uei4	uei4
古蔺	uei3	uei2 uei3	uei3	uei4	uei4	uei4	uei4	uei4
长宁	uei3	uei2	uei4	uei4	uei4	uei4	uei4	uei4
顾县	uei3	uei3	uei3	uei4	uei4	uei4	uei4	uei4
成都龙泉	vei4	vei4	vei3	vei4	vei4	vei4	vei4	vei4

字目	味	魏	畏	慰	胃	谓	猬	褒
反切	无沸	鱼贵	于胃	于胃	于贵	于贵	于贵	博毛
声韵调	止合三微微去	止合三疑微去	止合三影微去	止合三影微去	止合三云微去	止合三云微去	止合三云微去	效开一帮豪平
中古音	mʉi-	ŋʉi-	ʔʉi-	ʔʉi-	ɦʉi-	ɦʉi-	ɦʉi-	pɑu
广元	uei4	uei4	uei4	y4 uei4 新	uei4	uei4	uei4	pau1
平武	uei4	uei4	uei4	uei4	uei4	uei4	uei2	pau1
青川	uei4	uei4	uei4	y4 uei4 新	uei4	uei4	uei4	pau1
剑阁普安	uei4	uei4	uei4	uei4	uei4	uei4	uei4	pau1
剑阁金仙	vei4	uei4	uei4	ʮ4	uei4	uei4	uei4	pɔ1
旺苍	uei4	uei4	uei4	y4 uei4 新	uei4	uei4	uei4	pau1
苍溪	uei4	uei4	uei4	y4 uei4 新	uei4	uei4	uei4	pau1
江油	uei4	uei4	uei4	uei4	uei4	uei4	uei4	pau1
北川	uei4	uei4	uei4	uei4	uei4	uei4	uei2	pau1
绵阳	uei4	uei4	uei4	uei4	uei4	uei4	uei3	pau1
盐亭	uei4	uei4	uei4	uei4	uei4	uei4	uei4	pau1
德阳	uei4	uei4	uei4	uei4	uei4	uei4	uei4	pau1
中江	uei4	uei4	uei4	uei4	uei4	uei4	uei4	pau1
射洪	uei4	uei4	uei4	uei4	uei4	uei4	uei4	pau1
蓬溪	uei4	uei3	uei4	uei4	uei4	uei4	uei4	pau1
遂宁	uei4	uei4	uei4	uei4	uei4	uei4	uei4	pau1
乐至	uei4	uei4	uei4	y4	uei4	uei4	uei4	pau1
安岳	uei4	uei4	uei4	uei4	uei4	uei4	uei4	pau1
仪陇	uei4	uei4	uei4	uei4	uei4	uei4	uei4	pau1
西充	uei4	uei4	uei4	uei4	uei4	uei4	uei4	pau3

字目	味	魏	畏	慰	胃	谓	猬	襃
反切	无沸	鱼贵	于胃	于胃	于贵	于贵	于贵	博毛
声韵调	止合三微微去	止合三疑微去	止合三影微去	止合三影微去	止合三云微去	止合三云微去	止合三云微去	效开一帮豪平
中古音	mui-	ŋui-	ʔui-	ʔui-	ɦui-	ɦui-	ɦui-	pɑu
蓬安	uei4	uei4	uei4	uei4	uei4	uei4	uei4	pau1
南充金台	uei4	uei4	uei4	uei4	uei4	uei4	uei4	pau1
南充龙蟠	uei4	uei4	uei4	y4 uei4 新	uei4	uei4	uei4	pau1
岳池	uei4	uei4	uei4	y4	uei4	uei4	uei4	pau1
广安	uei4	uei4	uei4	y4	uei4	uei4	uei4	pau1
邻水	uei4	uei4	uei4	y4	uei4	uei4	uei4	pau1
南江	uei4	uei4	uei4	y4 uei4 新	uei4	uei4	uei4	pau1
巴中	uei4	uei1 uei4	uei4	y4 uei4 新	uei4	uei4	uei4	pau1
通江	uei4	uei4	uei4	y4 uei4 新	uei4	uei4	uei4	pau1
平昌	uei4	uei4	uei4	y4 uei4 新	uei4	uei4	uei4	pau1
万源	uei4	uei4	uei4	uei4	uei4	uei4	uei4	pau1
宣汉	uei4	uei4	uei4	uei4	uei4	uei4	uei4	pau1
达州	uei4	uei4	uei4	uei4	uei4	uei4	uei4	pau1
开江	uei4	uei4	uei4	y4	uei4	uei4	uei4	pau1
渠县	uei4	uei4	uei4	uei4	uei4	uei4	uei4	pau1
宜宾	uei4	uei4	uei4	uei4	uei4	uei4	uei4	pau1
古蔺	uei4	uei4	uei4	uei4	uei4	uei4	uei4	pau1
长宁	uei4	uei4	uei4	uei4	uei4	uei4	uei4	pau1
顾县	uei4	uei4	uei4	y4 uei4 新	uei4	uei4	uei4	pau1
成都龙泉	mei4	vei4	vei4	vei4	vei4	vei4	vei4	pau1

字目	包	薄	雹	宝	保	堡	饱	报
反切	布交	傍各	蒲角	博抱	博抱	博抱	博巧	博耗
声韵调	效开二帮肴平	宕开一并铎入	江开二并觉入	效开一帮豪上	效开一帮豪上	效开一帮豪上	效开二帮肴上	效开一帮豪去
中古音	pɣau	bak	bɣʌk	pɑu:	pɑu:	pɑu:	pɣau:	pɑu-
广元	pau1	po2	pau1	pau3	pau3	pau3	pau3	pau4
平武	pau1	po2	pau1	pau3	pau3	pau3	pau3	pau4
青川	pau1	po2	pau1	pau3	pau3	pau3	pau3	pau4
剑阁普安	pau1	po5	pau1	pau3	pau3	pau3	pau3	pau4
剑阁金仙	pɔ1	po5	pɔ1	pɔ3	pɔ3	pɔ3	pɔ3	pɔ4
旺苍	pau1	po2	pau1	pau3	pau3	pau3	pau3	pau4
苍溪	pau1	po2	pau1	pau3	pau3	pau3	pau3	pau4
江油	pau1	po2	pau1	pau3	pau3	pau3	pau3	pau4
北川	pau1	po2	pau1	pau3	pau3	pau3	pau3	pau4
绵阳	pau1	po2	pau1	pau3	pau3	pau3	pau3	pau4
盐亭	pau1	po5	pau1	pau3	pau3	pau3	pau3	pau4
德阳	pau1	po2	pau1	pau3	pau3	pau3	pau3	pau4
中江	pau1	po2	pau1	pau3	pau3	pau3	pau3	pau3
射洪	pau1	po5	pau1	pau3	pau3	pau3	pau3	pau4
蓬溪	pau1	po5	pau1	pau3	pau3	pau3	pau3	pau4
遂宁	pau1	po2	pau1	pau3	pau3	pau3	pau3	pau4
乐至	pau1	po2	pau4	pau3	pau3	pau3	pau3	pau4
安岳	pau1	po2	pau1	pau3	pau3	pau3	pau3	pau4
仪陇	pau1	po2	pau2	pau3	pau3	pau3	pau3	pau4
西充	pau1	po5	pau1	pau3	pau3	pau3	pau3	pau4

字目	包	薄	雹	宝	保	堡	饱	报
反切	布交	傍各	蒲角	博抱	博抱	博抱	博巧	博耗
声韵调	效开二帮肴平	宕开一並铎入	江开二並觉入	效开一帮豪上	效开一帮豪上	效开一帮豪上	效开二帮肴上	效开一帮豪去
中古音	pɣau	bɑk	bɣʌk	pɑu:	pɑu:	pɑu:	pɣau:	pɑu-
蓬安	pau1	po2	pau1	pau3	pau3	pau3	pau3	pau4
南充金台	pau1	po2	pau2	pau3	pau3	pau3	pau3	pau4
南充龙蟠	pau1	po5	pau1	pau3	pau3	pau3	pau3	pau4
岳池	pau1	po2	pau4	pau3	pau3	pau3	pau3	pau4
广安	pau1	po2	pau4	pau3	pau3	pau3	pau3	pau4
邻水	pau1	po5	pau1	pau3	pau3	pau3	pau3	pau4
南江	pau1	po2 po5 旧	pau1	pau3	pau3	pau3	pau3	pau4
巴中	pau1	po5	pau1	pau3	pau3	pau3	pau3	pau4
通江	pau1	pʊ5	pau1	pau3	pau3	pau3	pau3	pau4
平昌	pau1	po2	pau1	pau3	pau3	pau3	pau3	pau4
万源	pau1	po2	pau1	pau3	pau3	pau3 phu4 口	pau3	pau4
宣汉	pau1	po2	phau4	pau3	pau3	pau3 phu4 口	pau3	pau4
达州	pau1	po2	pau4	pau3	pau3	pau3 phu4 口	pau3	pau4
开江	pau1	po2	pau4	pau3	pau3	pau3 phu4 口	pau3	pau4
渠县	pau1	po2	pau1	pau3	pau3	pau3 phu4 口	pau3	pau4
宜宾	pau1	pø5	pau1	pau3	pau3	pau3	pau3	pau4
古蔺	pau1	po2 po5 旧	pau1	pau3	pau3	pau3	pau3	pau4
长宁	pau1	po5	pau1	pau3	pau3	pau3	pau3	pau4
顾县	pau1	po2	pau1	pau3	pau3	pau3	pau3	pau4
成都龙泉	pau1	phoʔ6	pau4	pau3	pau3	pau3	pau3	pau4

字目	抱	暴残暴	豹	爆	鲍姓	刨刨子	抛	泡水泡
反切	薄浩	薄报	北教	北教	薄巧	防教	匹交	匹交
声韵调	效开一并豪上	效开一并豪去	效开二帮肴去	效开二帮肴去	效开二并肴上	效开二并肴去	效开二滂肴平	效开二滂肴平
中古音	bɑu:	bɑu-	pɣɑu-	pɣɑu-	bɣɑu:	bɣɑu-	phɣɑu	phɣɑu
广元	pau4	pau4	pau4	pau4	pau4	pau4	phau1	phau4
平武	pau4	pau4	pau4	pau4	pau4	pau4	phau1	phau4
青川	pau4	pau4	pau4	pau4	pau4	phau2 pau4	phau1	phau4
剑阁普安	pau4	pau4	pau4	pau4	pau4	pau4	phau1	phau4
剑阁金仙	pɔ4	pɔ4	pɔ4	pɔ4	pɔ4	pɔ4	phɔ1	phɔ4
旺苍	pau4	pau4	pau4	pau4	pau4	pau4	phau1	phau4
苍溪	pau4	pau4	pau4	pau4	pau4	pau4	phau1	phau4 phau1 口
江油	pau4	pau4	pau4	pau4	pau4	pau4	phau1	phau4
北川	pau4	pau4	pau4	pau4	pau4	pau4	phau1	phau4
绵阳	pau4	pau4	pau4	pau4	pau4	pau4	phau1	phau4
盐亭	pau4	pau4	pau4	pau4	pau4	pau4	phau1	phau4
德阳	pau4	pau4	pau4	pau4	phau4	phau2	phau1	phau4 phau1 口
中江	pau4	pau4	pau4	pau4	pau4	pau2	phau1	phau4
射洪	pau4	pau4	pau4	pau4	pau4	phau2	phau1	phau4 phau1 口
蓬溪	pau4	pau4	pau4	pau4	pau4	phau2	phau1	phau4 phau1 口
遂宁	pau4	pau4	pau4	pau4	pau4	phau2	phau1	phau4 phau1 口
乐至	pau1	pau4	pau4	pau4	pau4	phau2	phau1	phau4
安岳	pau4	pau4	pau4	pau4	pau4	phau2	phau1	phau4
仪陇	pau4	pau4	pau4	pau4	pau4	phau2	phau1	phau4
西充	pau4	pau4	pau4	pau4	pau4	pau4	phau1	phau4

字目	抱	暴残暴	豹	爆	鲍姓	刨刨子	抛	泡水泡
反切	薄浩	薄报	北教	北教	薄巧	防教	匹交	匹交
声韵调	效开一 並豪上	效开一 並豪去	效开二 帮肴去	效开二 帮肴去	效开二 並肴上	效开二 並肴去	效开二 滂肴平	效开二 滂肴平
中古音	bɑu:	bɑu-	pɣau-	pɣau-	bɣau:	bɣau-	phɣau	phɣau
蓬安	pau4	pau4	pau4	pau4	pau4	phau2	phau1	phau4
南充金台	pau4	pau4	pau4	pau4	pau4	pau4	phau1	phau4
南充龙蟠	pau4	pau4	pau4	pau4	pau4	pau4	phau1	phau4
岳池	pau4	pau4	pau4	pau4	pau4	phau2	phau1	phau4
广安	pau4	pau4	pau4	pau4	pau4	phau2	phau1	phau4 phau1 口
邻水	pau1	pau4	pau4	pau4	pau4	phau2	phau1	phau4
南江	pau4	pau4	pau4	pau4	pau4	pau4	phau1	phau4 phau1 口
巴中	pau4	pau4	pau4	pau4	pau4	pau4	phau1	phau4 phau1 口
通江	pau4	pau4	pau4	pau4	pau4	pau4	phau1	phau4 phau1 口
平昌	pau4	pau4	pau4	pau4	pau3 pau4	pau4	phau1	phau4 phau1 口
万源	pau4	pau4	pau4	pau4	pau4	phau2	phau1	phau4 phau1 口
宣汉	pau4	pau4	pau4	pau4	pau4	phau2	phau1	phau4 phau1 口
达州	pau4	pau4	pau4	pau4	pau4	phau4	phau1	phau4 phau1 口
开江	pau4	pau4	pau4	pau4	pau4	phau2	phau1	phau4 phau1 口
渠县	pau4	pau4	pau4	pau4	pau4	phau2	phau1	phau4 phau1 口
宜宾	pau4	pau4	pau4	pau4	pau4	phau2 pau4	phau1	phau4 phau1 口
古蔺	pau4	pau4	pau4	pau4	pau4	pau4	phau1	phau4 phau1 口
长宁	pau4	pau4	pau4	pau4	pau4	pau4	phau1	phau4
顾县	pau4	pau4	pau4	pau4	pau4	pau4	phau1	phau4
成都龙泉	pau4	pau4	pau4	pau4	pau4	pau4	phau1	phau4 phau1 口

字目	袍	跑奔跑	刨刨地	*泡浸泡	炮	猫①	毛	茅
反切	薄褒	薄交	蒲交	*披教	匹皃	莫交	莫袍	莫交
声韵调	效开一並豪平	效开二並肴平	效开二並肴平	效开二滂肴去	效开二滂肴去	效开二明肴平	效开一明豪平	效开二明肴平
中古音	bɑu	bɣau	bɣau	phɣau-	phɣau-	mɣau	mɑu	mɣau
广元	phau2	phau3	phau2	phau4	phau4	mau1	mau2	mau2
平武	phau2	phau3	phau2	phau4	phau4	mau1	mau2	mau2
青川	phau2	phau3	phau2	phau4	phau4	mau1	mau2	mau2
剑阁普安	phau2	phau3	phau2	phau4	phau4	mau1	mau2	mau2
剑阁金仙	phɔ2	phɔ3	phɔ2	phɔ4	phɔ4	mɔ1	mɔ2	mɔ2
旺苍	phau2	phau3	phau2	phau4	phau4	mau1	mau2	mau2
苍溪	phau2	phau3	phau2	phau4	phau4	mau1	mau2	mau2
江油	phau2	phau3	phau2	phau4	phau4	mau1	mau2	mau2
北川	phau2	phau3	phau2	phau4	phau4	mau1	mau2	mau2
绵阳	phau2	phau3	phau2	phau4	phau4	mau1	mau2	mau2
盐亭	phau2	phau3	phau2	phau4	phau4	mau1	mau2	mau2
德阳	phau2	phau3	phau2	phau4	phau4	miau2 文 mau1 白	mau2	mau2
中江	pau2	phau3	pau2	phau4	phau4	miau2 文 mau1 白	mau2	mau2
射洪	phau2	phau3	phau2	phau4	phau4	miau2 文 mau1 白	mau2	mau2
蓬溪	phau2	phau3	phau2	phau4	phau4	miau2 文 mau1 白	mau2	mau2
遂宁	phau2	phau3	phau2	phau4	phau4	miau2 文 mau1 白	mau2	mau2
乐至	phau2	phau3	phau2	phau4	phau4	mau1	mau2	mau2
安岳	phau2	phau3	phau2	phau4	phau4	mau1	mau2	mau2
仪陇	phau2	phau3	phau2	phau4	phau4	mau1	mau2	mau2
西充	phau2	phau3	phau2	phau4	phau4	mau1	mau2	mau2

① 又武瀌切，效开三明宵平。

字目	袍	跑奔跑	刨刨地	*泡浸泡	炮	猫①	毛	茅
反切	薄褒	薄交	蒲交	*披教	匹皃	莫交	莫袍	莫交
声韵调	效开一並豪平	效开二並肴平	效开二並肴平	效开二滂肴去	效开二滂肴去	效开二明肴平	效开一明豪平	效开二明肴平
中古音	bɑu	bɣau	bɣau	phɣau-	phɣau-	mɣau	mɑu	mɣau
蓬安	phau2	phau3	phau2	phau4	phau4	mau1	mau2	mau2
南充金台	phau2	phau3	phau2	phau4	phau4	mau1	mau2	mau2
南充龙蟠	phau2	phau3	phau2	phau4	phau4	mau1	mau2	mau2
岳池	phau2	phau3	phau2	phau4	phau4	mau1	mau2	mau2
广安	phau2	phau3	phau2	phau4	phau4	mau1	mau2	mau2
邻水	phau2	phau3	phau2	phau4	phau4	mau1	mau2	mau2
南江	phau2	phau3	phau2	phau4	phau4	mau1	mau2	mau2
巴中	phau2	phau3	phau2	phau4	phau4	miau2 mau1	mau2	mau2
通江	phau2	phau3	phau2	phau4	phau4	mau1	mau2	mau2
平昌	phau2	phau3	phau2	phau4	phau4	mau1	mau2	mau2
万源	phau2	phau3	phau2	phau4	phau4	mau1	mau2	mau2
宣汉	phau2	phau3	phau2	phau4	phau4	mau1	mau2	mau2
达州	phau2	phau3	phau2	phau4	phau4	mau1	mau2	mau2
开江	phau2	phau3	phau2	phau4	phau4	mau1	mau2	mau2
渠县	phau2	phau3	phau2	phau4	phau4	mau1	mau2	mau2
宜宾	phau2	phau3	phau2	phau4	phau4	mau1	mau2	mau2
古蔺	phau2	phau3	phau2	phau4	phau4	mau1	mau2	mau2
长宁	phau2	phau3	phau2	phau4	phau4	mau1	mau2	mau2
顾县	phau2	phau3	phau2	phau4	phau4	mau1	mau2	mau2
成都龙泉	phau2	phau3	phau2	phau4	phau4	miau4	mau1	mau2

---

① 又武瀌切，效开三明宵平。

字目	锚	矛①	卯	冒	帽	貌	茂	贸
反切		莫浮	莫饱	莫报	莫报	莫教	莫候	莫候
声韵调	效开二明看平	流开三明尤平	效开二明看上	效开一明豪去	效开一明豪去	效开二明看去	流开一明侯去	流开一明侯去
中古音	mɣau	miu	mɣau:	mɑu-	mɑu-	mɣau-	məu-	məu-
广元	mau2	mau2	mau3	mau4	mau4	mau4	moŋ4	moŋ4
平武	mau2	mau2	mau3	mau4	mau4	mau4	moŋ4	moŋ4
青川	mau2	mau2	mau3	mau4	mau4	mau4	moŋ4	moŋ4
剑阁普安	mau2	mau2	mau3	mau4	mau4	mau4	moŋ4	moŋ4
剑阁金仙	mɔ2	mɔ2	mɔ3	mɔ4	mɔ4	mɔ4	moŋ4	moŋ4
旺苍	mau2	mau2	mau3	mau4	mau4	mau4	moŋ4	moŋ4
苍溪	mau2	mau2	mau3	mau4	mau4	mau4	məŋ4 moŋ4 mau4 新	məŋ4 mau4 新
江油	mau2	mau2	mau3	mau4	mau4	mau4	moŋ4	moŋ4
北川	mau2	mau2	mau3	mau4	mau4	mau4	moŋ4	moŋ4
绵阳	mau2	mau2	mau3	mau4	mau4	mau4	moŋ4	moŋ4
盐亭	mau2	mau2	mau3	mau4	mau4	mau4	məŋ4	məŋ4
德阳	mau2	mau2	mau3	mau4	mau4	mau4	moŋ4 mau4 新	moŋ4 mau4 新
中江	mau2	mau2	mau3	mau4	mau4	mau4	məu4	məu4
射洪	mau2	mau2	mau3	mau4	mau4	mau4	moŋ4 mau4 新	moŋ4 mau4 新
蓬溪	mau2	mau2	mau3	mau4	mau4	mau4	moŋ4 mau4 新	moŋ4 mau4 新
遂宁	mau2	mau2	mau3	mau4	mau4	mau4	moŋ4 mau4 新	moŋ4 mau4 新
乐至	mau2	mau2	mau3	mau4	mau4	mau4	moŋ4 mau4 新	moŋ4 mau4 新
安岳	mau2	mau2	mau3	mɑu4	mɑu4	mɣau4	moŋ4	moŋ4
仪陇	mau2	mau2	mau3	mau4	mau4	mau4	moŋ4	moŋ4
西充	mau2	mau2	mau3	mau4	mau4	mau4	moŋ4	moŋ4

① 又*迷浮切，流开一明侯平。

字目	锚	矛①	卯	冒	帽	貌	茂	贸
反切		莫浮	莫饱	莫报	莫报	莫教	莫候	莫候
声韵调	效开二明肴平	流开三明尤平	效开二明肴上	效开一明豪去	效开一明豪去	效开二明肴去	流开一明侯去	流开一明侯去
中古音	mɣau	miu	mɣau:	mɑu-	mɑu-	mɣau-	məu-	məu-
蓬安	mau2	mau2	mau3	mau4	mau4	mau4	moŋ4	moŋ4
南充金台	mau2	mau2	mau3	mau4	mau4	mau4	moŋ4	moŋ4
南充龙蟠	mau2	mau2	maŋ3	mau4	mau4	mau4	moŋ4	moŋ4
岳池	mau2	mau2	mau3	mau4	mau4	mau4	moŋ4 mau4 新	moŋ4 mau4 新
广安	mau2	mau2	mau3	mau4	mau4	mau4	moŋ4 mau4 新	moŋ4 mau4 新
邻水	mau2	mau2	mau3	mau4	mau4	mau4	moŋ4 mau4 新	moŋ4 mau4 新
南江	mau2	mau2	mau3	mau4	mau4	mau4	məŋ4 mau4 新	məŋ4 mau4 新
巴中	mau2	mau2	mau3	mau4	mau4	mau4	məŋ4 mau4 新	məŋ4 mau4 新
通江	mau2	mau2	mau3	mau4	mau4	mau4	məŋ4 mau4 新	məŋ4 mau4 新
平昌	mau2	mau2	mau3	mau4	mau4	mau4	moŋ4 mau4 新	moŋ4 mau4 新
万源	mau2	mau2	mau3	mau4	mau4	mau4	moŋ4	moŋ4
宣汉	mau2	mau2	mau3	mau4	mau4	mau4	moŋ4 mau4 新	moŋ4 mau4 新
达州	mau2	mau2	mau3	mau4	mau4	mau4	məu4 mau4 新	məu4 mau4 新
开江	mau2	mau2	mau3	mau4	mau4	mau4	moŋ4 mau4 新	məu4 mau4 新
渠县	mau2	mau2	mau3	mau4	mau4	mau4	moŋ4 mau4 新	moŋ4 mau4 新
宜宾	mau2	mau2	mau3	mau4	mau4	mau4	moŋ4 mau4 新	moŋ4 mau4 新
古蔺	miau2 mau2	mau2	mau3	mau4	mau4	mau4	moŋ4 mau4 新	moŋ4 mau4 新
长宁	mau2	mau2	mau3	mau4	mau4	mau4	moŋ4	moŋ4
顾县	mau2	mau2	mau3	mau4	mau4	mau4	məu4	məu4
成都龙泉	mau2	mau2	mau1	mau4	mau4	mau4	mau4	mau4

---

① 又*迷浮切，流开一明侯平。

字目	刀	祷	岛	捣	倒倒塌	导	倒倒水	到
反切	都牢	都皓	都皓	都皓	都皓	徒到	都导	都导
声韵调	效开一端豪平	效开一端豪上	效开一端豪上	效开一端豪上	效开一端豪上	效开一定豪去	效开一端豪去	效开一端豪去
中古音	tɑu	tɑu:	tɑu:	tɑu:	tɑu:	dɑu˗	tɑu˗	tɑu˗
广元	tau1	tau3	tau3	tau3	tau3	thau4	tau4	tau4
平武	tau1	tau3	tau3	tau3	tau3	thau4	tau4	tau4
青川	tau1	tau4	tau3	tau3	tau3	thau4	tau4	tau4
剑阁普安	tau1	tau3	tau3	tau3	tau3	thau4	tau4	tau4
剑阁金仙	tɔ1	tɔ3	tɔ3	tɔ3	tɔ3	thɔ4	tɔ4	tɔ4
旺苍	tau1	tau3	tau3	tau3	tau3	thau4	tau4	tau4
苍溪	tau1	tau3	tau3	tau3	tau3	thau4 tau4 新	tau4	tau4
江油	tau1	tau3	tau3	tau3	tau3	thau4	tau4	tau4
北川	tau1	tau3	tau3	tau3	tau3	thau4	tau4	tau4
绵阳	tau1	tau3	tau3	tau3	tau3	thau4	tau4	tau4
盐亭	tau1	tau3	tau3	tau3	tau3	thau4	tau4	tau4
德阳	tau1	tau3	tau3	tau3	tau3	thau4 tau4 新	tau4	tau4
中江	tau1	thau3	tau3	tau3	tau3	thau4	tau4	tau4
射洪	tau1	tau3	tau3	tau3	tau3	thau4 tau4 新	tau4	tau4
蓬溪	tau1	tau3	tau3	tau3	tau3	thau4 tau4 新	tau4	tau4
遂宁	tau1	tau3	tau3	tau3	tau3	thau4 tau4 新	tau4	tau4
乐至	tau1	tau3	tau3	tau3	tau3	thau4	tau4	tau4
安岳	tau1	tau3	tau3	tau3	tau3	thau4	tau4	tau4
仪陇	tau1	tau4	tau3	tau3	tau3	tau4	tau4	tau4
西充	tau1	tau3	tau3	tau3	tau3	thau4	tau4	tau4

字目	刀	祷	岛	捣	倒倒塌	导	倒倒水	到
反切	都牢	都皓	都皓	都皓	都皓	徒到	都导	都导
声韵调	效开一端豪平	效开一端豪上	效开一端豪上	效开一端豪上	效开一端豪上	效开一定豪去	效开一端豪去	效开一端豪去
中古音	tɑu	tɑu:	tɑu:	tɑu:	tɑu:	dɑu-	tɑu-	tɑu-
蓬安	tau1	tau3	tau3	tau3	tau3	tau4	tau4	tau4
南充金台	tau1	tau3	tau3	tau3	tau3	thau4	tau4	tau4
南充龙蟠	tau1	tau3	tau3	tau3	tau3	thau4	tau4	tau4
岳池	tau1	tau3	tau3	tau3	tau3	thau4	tau4	tau4
广安	tau1	tau3	tau3	tau3	tau3	thau4 tau4 新	tau4	tau4
邻水	tau1	tau3	tau3	tau3	tau3	thau4	tau4	tau4
南江	tau1	tau3	tau3	tau3	tau3	thau4 tau4 新	tau4	tau4
巴中	tau1	tau3	tau3	tau3	tau3	thau4 tau4 新	tau4	tau4
通江	tau1	tau3	tau3	tau3	tau3	thau4 tau4 新	tau4	tau4
平昌	tau1	tau3	tau3	tau3	tau3	thau4 tau4 新	tau4	tau4
万源	tau1	tau3	tau3	tau3	tau3	thau4 tau4 新	tau4	tau4
宣汉	tau1	tau4	tau3	tau3	tau3	thau4 tau4 新	tau4	tau4
达州	tau1	tau3	tau3	tau3	tau3	tau3 tau4 新	tau4	tau4
开江	tau1	tau4	tau3	tau3	tau3	thau4 tau4 新	tau4	tau4
渠县	tau1	tau3	tau3	tau3	tau3	thau4 tau4 新	tau4	tau4
宜宾	tau1	tau3	tau3	tau3	tau3	thau4 tau4 新	tau4	tau4
古蔺	tau1	tau4 tau3	tau3	tau3	tau3	thau4 tau4 新	tau4	tau4
长宁	tau1	tau3	tau3	tau3	tau3	thau4	tau4	tau4
顾县	tau1	tau3	tau3	tau3	tau3	thau4	tau4	tau4
成都龙泉	tau1	tau3	tau3	tau3	tau3	thau4 tau4 新	tau4	tau4

字目	道	稻	盗	滔	涛	桃	逃	陶
反切	徒皓	徒皓	徒到	土刀	徒刀	徒刀	徒刀	徒刀
声韵调	效开一定豪上	效开一定豪上	效开一定豪去	效开一透豪平	效开一定豪平	效开一定豪平	效开一定豪平	效开一定豪平
中古音	dɑu:	dɑu:	dɑu-	thɑu	dɑu	dɑu	dɑu	dɑu
广元	tau4	tau4	tau4	thau1	thau2	thau2	thau2	thau2
平武	tau4	tau4	tau4	thau1	thau2	thau2	thau2	thau2
青川	tau4	tau4	tau4	thau1	thau1	thau2	thau2	thau2
剑阁普安	tau4	tau4	tau4	thau1	thau1	thau2	thau2	thau2
剑阁金仙	tɔ4	tɔ4	tɔ4	thɔ1	thɔ1	thɔ2	thɔ2	thɔ2
旺苍	tau4	tau4	tau4	thau1	thau1	thau2	thau2	thau2
苍溪	tau4	tau4	tau4	thau1	thau2	thau2	thau2	thau2
江油	tau4	tau4	tau4	thau1	thau2	thau2	thau2	thau2
北川	tau4	tau4	tau4	thau1	thau2	thau2	thau2	thau2
绵阳	tau4	tau4	tau4	thau1	thau2	thau2	thau2	thau2
盐亭	tau4	tau4	tau4	thau1	thau2	thau2	thau2	thau2
德阳	tau4	tau4	tau4	thau1	thau1	thau2	thau2	thau2
中江	tau4	tau4	tau4	thau1	thau1	tau2	thau2	thau2
射洪	tau4	tau4	tau4	thau1	thau2	thau2	thau2	thau2
蓬溪	tau4	tau4	tau4	thau1	thau2	thau2	thau2	thau2
遂宁	tau4	tau4	tau4	thau1	thau2	thau2	thau2	thau2
乐至	tau4	tau4	tau4	thau1	thau2	thau2	thau2	thau2
安岳	tau4	tau4	tau4	thau1	thau2	thau2	thau2	thau2
仪陇	tau4	tau4	tau4	thau1	thau2	thau2	thau2	thau2
西充	tau4	tau4	tau4	thau1	thau2	thau2	thau2	thau2

字目	道	稻	盗	滔	涛	桃	逃	陶
反切	徒皓	徒皓	徒到	土刀	徒刀	徒刀	徒刀	徒刀
声韵调	效开一定豪上	效开一定豪上	效开一定豪去	效开一透豪平	效开一定豪平	效开一定豪平	效开一定豪平	效开一定豪平
中古音	dɑu:	dɑu:	dɑu-	thɑu	dɑu	dɑu	dɑu	dɑu
蓬安	tau4	tau4	tau4	thau1	thau2	thau2	thau2	thau2
南充金台	tau4	tau4	tau4	thau1	thau2	thau2	thau2	thau2
南充龙蟠	tau4	tau4	tau4	thau1	thau1 thau2 旧	thau2	thau2	thau2
岳池	tau4	tau4	tau4	thau1	thau2	thau2	thau2	thau2
广安	tau4	tau4	tau4	thau1	thau2	thau2	thau2	thau2
邻水	tau4	tau4	tau4	thau1	thau2	thau2	thau2	thau2
南江	tau4	tau4	tau4	thau1	thau2	thau2	thau2	thau2
巴中	tau4	tau4	tau4	thau1	thau1 thau2 旧	thau2	thau2	thau2
通江	tau4	tau4	tau4	thau1	thau2	thau2	thau2	thau2
平昌	tau4	tau4	tau4	thau1	thau2	thau2	thau2	thau2
万源	tau4	tau4	tau4	thau1	thau2	thau2	thau2	thau2
宣汉	tau4	tau4	tau4	thau1	thau1	thau2	thau2	thau2
达州	tau4	tau4	tau4	thau1	thau1	thau2	thau2	thau2
开江	tau4	tau4	tau4	thau1	thau2	thau2	thau2	thau2
渠县	tau4	tau4	tau4	thau1	thau2	thau2	thau2	thau2
宜宾	tau4	tau4	tau4	thau1	thau1 thau2 旧	thau2	thau2	thau2
古蔺	tau4	tau4	tau4	thau1	thau2	thau2	thau2	thau2
长宁	tau4	tau4	tau4	thau1	thau2	thau2	thau2	thau2
顾县	tau4	tau4	tau4	thau1	thau2	tau2	tau2	tau2
成都龙泉	tau4	tau4	tau4	thau1	thau2	thau2	thau2	thau2

字目	淘	讨	套	挠①	脑	恼	闹	捞
反切	徒刀	他浩	叨号	奴巧	奴皓	奴皓	奴教	鲁刀
声韵调	效开一定豪平	效开一透豪上	效开一透豪去	效开二泥肴上	效开一泥豪上	效开一泥豪上	效开二泥肴去	效开一来豪平
中古音	dɑu	thɑu:	thɑu-	nɣau:	nɑu:	nɑu:	nɣau-	lɑu
广元	thau2	thau3	thau4	ʐau2	nau3	nau3	nau4	nau2
平武	thau2	thau3	thau4	ʐau2	nau3	nau3	nau4	nau1
青川	thau2	thau3	thau4	ʐau2	nau3	nau3	nau4	nau1
剑阁普安	thau2	thau3	thau4	ʐau2	nau3	nau3	nau4	nau1
剑阁金仙	thɔ2	thɔ3	thɔ4	ʐɔ2	nɔ3	nɔ3	nɔ4	nɔ2
旺苍	thau2	thau3	thau4	ʐau2	nau3	nau3	nau4	nau1
苍溪	thau2	thau3	thau4	ʐau2 lau2	lau3	lau3	lau4	lau2 lau1
江油	thau2	thau3	thau4	zau2	nau3	nau3	nau4	nau1
北川	thau2	thau3	thau4	zau2	nau3	nau3	nau4	nau1
绵阳	thau2	thau3	thau4	zau2	nau3	nau3	nau4	nau1
盐亭	thau2	thau3	thau4	zau2	lau3	lau3	lau4	lau1
德阳	thau2	thau3	thau4	zau2	nau3	nau3	nau4	nau1
中江	thau2	thau3	thau4	zau2	lau3	lau3	lau4	lau1
射洪	thau2	thau3	thau4	zau2	nau3	nau3	nau4	nau1
蓬溪	thau2	thau3	thau4	zau2	nau3	nau3	nau4	nau2
遂宁	thau2	thau3	thau4	zau2	nau3	nau3	nau4	nau1
乐至	thau2	thau3	thau4	nau2	nau3	nau3	nau4	nau1
安岳	thau2	thau3	thau4	zau2	nau3	nau3	nau4	nau1
仪陇	thau2	thau3	thau4	zau2	nau3	nau3	nau4	nau1
西充	thau2	thau3	thau4	zau2	nau3	nau3	nau4	nau1

① 又*尼交切，效开二泥肴平。

字目	淘	讨	套	挠①	脑	恼	闹	捞
反切	徒刀	他浩	叨号	奴巧	奴皓	奴皓	奴教	鲁刀
声韵调	效开一定豪平	效开一透豪上	效开一透豪去	效开二泥肴上	效开一泥豪上	效开一泥豪上	效开二泥肴去	效开一来豪平
中古音	dɑu	thɑu:	thɑu-	nɣau:	nɑu:	nɑu:	nɣau-	lɑu
蓬安	thau2	thau3	thau4	zau2	nau3	nau3	nau4	nau2
南充金台	thau2	thau3	thau4	zau2	nau3	nau3	nau4	nau2
南充龙蟠	thau2	thau3	thau4	nau2	nau3	nau3	nau4	nau2
岳池	thau2	thau3	thau4	nau2	nau3	nau3	nau4	nau1
广安	thau2	thau3	thau4	nau2	nau3	nau3	nau4	nau1
邻水	thau2	thau3	thau4	nau2	nau3	nau3	nau4	nau1
南江	thau2	thau3	thau4	lau2	lau3	lau3	lau4	lau2 lau1
巴中	thau2	thau3	thau4	lau2	lau3	lau3	lau4	lau2 lau1
通江	thau2	thau3	thau4	lau2	lau3	lau3	lau4	lau2 lau1
平昌	thau2	thau3	thau4	lau2	lau3	lau3	lau4	lau2 lau1
万源	thau2	thau3	thau4	nau2	nau3	nau3	nau4	nau2
宣汉	thau2	thau3	thau4	nau2	nau3	nau3	nau4	nau2
达州	thau2	thau3	thau4	nau2	nau3	nau3	nau4	nau1
开江	thau2	thau3	thau4	nau2	nau3	nau3	nau4	nau1
渠县	thau2	thau3	thau4	nau2	nau3	nau3	nau4	nau2
宜宾	thau2	thau3	thau4	nau2	nau3	nau3	nau4	nau2 nau1
古蔺	thau2	thau3	thau4	zau2 nau2	nau3	nau3	nau4	nau2 nau1
长宁	thau2	thau3	thau4	zau2	lau3	lau3	lau4	lau1
顾县	tau2	thau3	thau4	zau2	nau3	nau3	nau4	nau2
成都龙泉	thau2	thau3	thau4	lau2	lau3	lau3	lau4	lau2 lau1

① 又*尼交切，效开二泥肴平。

字目	劳	牢	老	涝	烙	酪	遭	糟
反切	鲁刀	鲁刀	卢皓	郎到	卢各	卢各	作曹	作曹
声韵调	效开一来豪平	效开一来豪平	效开一来豪上	效开一来豪去	宕开一来铎入	宕开一来铎入	效开一精豪平	效开一精豪平
中古音	lɑu	lɑu	lɑu:	lɑu-	lak	lak	tsɑu	tsɑu
广元	nau2	nau2	nau3	nau2	no2	no2	tsau1 tsau2 俗①	tsau1
平武	nau2	nau2	nau3	nau2	no2	no2	tsau1	tsau1
青川	nau2	nau2	nau3	nau4	no2	no4	tsau1 tsau2 俗①	tsau1
剑阁普安	nau2	nau2	nau3	nau2	no5	no5	tsau1 tsau2 俗①	tsau1
剑阁金仙	nɔ2	nɔ2	nɔ3	nɔ2	no5	no5	tsɔ1 tsɔ2 俗①	tsɔ1
旺苍	nau2	nau2	nau3	nau2	nu2	nu2	tsau1 tsau2 俗①	tsau1
苍溪	lau2	lau2	lau3	lau2	lo4	lo4	tsau1 tsau2 俗①	tsau1
江油	nau2	nau2	nau3	nau2	no2	no2	tsau2	tsau1
北川	nau2	nau2	nau3	nau2	no2	no2	tsau2	tsau1
绵阳	nau2	nau2	nau3	nau2	no2	no4	tsau2	tsau1
盐亭	lau2	lau2	lau3	lau2	lo5	lo5	tsau2	tsau1
德阳	nau2	nau2	nau3	nau2	no2	no2	tsau1 tsau2 俗①	tsau1
中江	lau2	lau2	lau3	lau2	lo2	lo2	tsau1 tsau2 俗①	tsau1
射洪	nau2	nau2	nau3	nau2	no5	no5	tsau1 tsau2 俗①	tsau1
蓬溪	nau2	nau2	nau3	nau2	no5	no5	tsau1 tsau2 俗①	tsau1
遂宁	nau2	nau2	nau3	nau2	no2	no2	tsau1 tsau2 俗①	tsau1
乐至	nau2	nau2	nau3	nau2	no2	no2	tsau1 tsau2 俗①	tsau1
安岳	nau2	nau2	nau3	nau2	no2	no2	tsau1	tsau1
仪陇	nau2	nau2	nau3	nau2	no2	nau2	tsau1	tsau1
西充	nau2	nau2	nau3	nau2	no5	no5	tsau2 俗①	tsau1

① 俗读为"着"训读，张略切或直略切，宕开三知/澄药入。

字目	劳	牢	老	涝	烙	酪	遭	糟
反切	鲁刀	鲁刀	卢皓	郎到	卢各	卢各	作曹	作曹
声韵调	效开一来豪平	效开一来豪平	效开一来豪上	效开一来豪去	宕开一来铎入	宕开一来铎入	效开一精豪平	效开一精豪平
中古音	lɑu	lɑu	lɑu:	lɑu-	lak	lak	tsɑu	tsɑu
蓬安	nau2	nau2	nau3	nau2	no2	no2	tsau1	tsau1
南充金台	nau2	nau2	nau3	nau2	no2	nau2	tsau1	tsau1
南充龙蟠	nau2	nau2	nau3	nau4	no5	no5	tṣau1	tṣau1
岳池	nau2	nau2	nau3	nau2	no2	no2	tsau1 tsau2 俗①	tsau1
广安	nau2	nau2	nau3	nau2	no2	no2	tsau1 tsau2 俗①	tsau1
邻水	nau2	nau2	nau3	nau2	no5	no5	tsau1 tsau2 俗①	tsau1
南江	lau2	lau2	lau3	lau2	lo2 lo5 旧	lo5	tsau1 tsau2 俗①	tsau1
巴中	lau2	lau2	lau3	lau2	lu5	lo2	tsau1 tsau2 俗①	tsau1
通江	lau2	lau2	lau3	lau2	lo5	lo5	tsau1 tsau2 俗①	tsau1
平昌	lau2	lau2	lau3	lau2	lo2	lo2	tsau1 tsau2 俗①	tsau1
万源	nau2	nau2	nau3	nau2	no2 旧 nau4	no2	tsau1 tsau2 俗①	tsau1
宣汉	nau2	nau2	nau3	nau4	no2 旧 nau4	no2	tsau1 tsau2 俗①	tsau1
达州	nau2	nau2	nau3	nau4	no2	no2	tsau1 tsau2 俗①	tsau1
开江	nau2	nau2	nau3	nau2	no2 旧 nau4	no2	tsau1 tsau2 俗①	tsau1
渠县	nau2	nau2	nau3	nau4	no2 旧 nau4	no2	tsau1 tsau2 俗①	tsau1
宜宾	nau2	nau2	nau3	nau2	nɵ5	nɵ5	tsau1 tsau2 俗①	tsau1
古蔺	nau2	nau2	nau3	nau2	no5	no5	tsau1 tsau2 俗②	tsau1
长宁	lau2	lau2	lau3	lau2	lo5	lo5	tsau2	tsau1
顾县	nau2	nau2	nau3	nau2	no2	no2	tsau1 tsau2 俗①	tsau1
成都龙泉	lau2	lau2	lau3	lau2	loʔ6	loʔ6	tsau1 tsau2 俗①	tsau1

---

① 俗读为"着"训读，张略切或直略切，宕开三知/澄药入。

字目	凿	早	枣	躁	灶	皂	造建造	燥
反切	在各	子皓	子皓	则到	则到	昨早	昨早	*先到
声韵调	宕开一 从铎入	效开一 精豪上	效开一 精豪上	效开一 精豪去	效开一 精豪去	效开一 从豪上	效开一 从豪上	效开一 心豪去
中古音	dzak	tsɑu:	tsɑu:	tsɑu-	tsɑu-	dzɑu:	dzɑu:	sɑu-
广元	tso2	tsau3	tsau3	tshau4	tsau4	tsau4	tshau4	tshau4 文 sau4 白
平武	tsho2	tsau3	tsau3	tshau4	tsau4	tsau4	tshau4	tshau4
青川	tsho2	tsau3	tsau3	tshau4	tsau4	tsau4	tshau4	tshau4 文 sau4 白
剑阁普安	tsho5	tsau3	tsau3	tshau4	tsau4	tsau4	tshau4	tshau4 文 sau4 白
剑阁金仙	tsho5	tsɔ3	tsɔ3	tshɔ4	tsɔ4	tsɔ4	tshɔ4	tshɔ4 文 sɔ4 白
旺苍	tsho2	tsau3	tsau3	tshau4	tsau4	tsau4	tshau4	tshau4 文 sau4 白
苍溪	tso2	tsau3	tsau3	tshau4	tsau4	tsau4	tsau4 tshau4 口	tshau4 文 sau4 白
江油	tsho2	tsau3	tsau3	tshau4	tsau4	tsau4	tshau4	tshau4 文 sau4 白
北川	tsho2	tsau3	tsau3	tshau4	tsau4	tsau4	tshau4	tshau4 文 sau4 白
绵阳	tsho2	tsau3	tsau3	tshau4	tsau4	tsau4	tshau4	tshau4 文 sau4 白
盐亭	tsho5	tsau3	tsau3	tshau4	tsau4	tsau4	tshau4	tshau4 文 sau4 白
德阳	tsho4	tsau3	tsau3	tshau4	tsau4	tsau4	tsau4 tshau4 口	tsau4 tshau4 口
中江	tsho2	tsau3	tsau3	tshau4	tsau4	tsau4	tsau4 tshau4 口	tsau4 tshau4 口
射洪	tsho5	tsau3	tsau3	tshau4	tsau4	tsau4	tsau4 tshau4 口	tsau4 tshau4 口
蓬溪	tsho5	tsau3	tsau3	tshau4	tsau4	tsau4	tsau4 tshau4 口	tsau4 tshau4 口
遂宁	tsho2	tsau3	tsau3	tshau4	tsau4	tsau4	tsau4 tshau4 口	tsau4 tshau4 口
乐至	tsho2	tsau3	tsau3	tshau4	tsau4	tsau4	tshau4	tshau4
安岳	tsho2	tsau3	tsau3	tsau4	tsau4	tsau4	tshau4	tshau4
仪陇	tsho2	tsau3	tsau3	tsau4	tsau4	tsau4	tshau4	tshau4
西充	tsho5	tsau3	tsau3	tshau4	tsau4	tsau4	tshau4	tshau4

字目	凿	早	枣	躁	灶	皂	造建造	燥
反切	在各	子皓	子皓	则到	则到	昨早	昨早	*先到
声韵调	宕开一从铎入	效开一精豪上	效开一精豪上	效开一精豪去	效开一精豪去	效开一从豪上	效开一从豪上	效开一心豪去
中古音	dzak	tsɑu:	tsɑu:	tsɑu˗	tsɑu˗	dzɑu:	dzɑu:	sɑu˗
蓬安	tsho2	tsau3	tsau3	tsau4	tsau4	tsau4	tshau4	tshau4
南充金台	tsho2	tsau3	tsau3	tshau4	tsau4	tsau4	tshau4	tshau4
南充龙蟠	tʂho5	tsau3	tʂau3	tshau4	tsau4	tsau4	tʂhau4	tʂhau4
岳池	tsho2	tsau3	tsau3	tshau4	tsau4	tsau4	tshau4	tshau4 文 sau4 白
广安	tsho2	tsau3	tsau3	tshau4	tsau4	tsau4	tshau4	tshau4 文 sau4 白
邻水	tsau5	tsau3	tsau3	tshau4	tsau4	tsau4	tshau4	tshau4 文 sau4 白
南江	tsho2 tsho5 旧	tsau3	tsau3	tshau4	tsau4	tsau4	tsau4 tshau4 口	tshau4 文 sau4 白
巴中	tsho5	tsau3	tsau3	tshau4	tsau4	tsau4	tsau4 tshau4 口	tshau4 文 sau4 白
通江	tsho5	tsau3	tsau3	tshau4 tsau4	tsau4	tsau4	tsau4 tshau4 口	tshau4 文 sau4 白
平昌	tsho2	tsau3	tsau3	tshau4	tsau4	tsau4	tsau4 tshau4 口	tshau4 文 sau4 白
万源	tsho2	tsau3	tsau3	tshau4	tsau4	tsau4	tshau4	tshau4 文 sau4 白
宣汉	tsho2	tsau3	tsau3	tshau4	tsau4	tsau4	tsau4 文 sau4 白	tsau4 文 sau4 白
达州	tsau2	tsau3	tsau3	tsau4	tsau4	tsau4	tshau4	tsau4 文 sau4 白
开江	tsho2	tsau3	tsau3	tsau4	tsau4	tsau4	tsau4	tsau4 文 sau4 白
渠县	tsho2	tsau3	tsau3	tshau4	tsau4	tsau4	tshau4	tshau4 文 sau4 白
宜宾	tsho4	tsau3	tsau3	tshau4	tsau4	tsau4	tsau4 tshau4 口	tshau4 文 sau4 白①
古蔺	tsho2	tsau3	tsau3	tshau4	tsau4	tsau4	tsau4 tshau4 口	tshau4 文 sau4 白
长宁	tso5	tsau3	tsau3	tshau4	tsau4	tsau4	tshau4	tshau4 文 sau4 白
顾县	tsho2	tsau3	tsau3	tshau4	tsau4	tsau4	tshau4	tshau4 文 sau4 白
成都龙泉	tshoʔ6	tsau3	tsau3	tshau4	tsau4	tsau4	tsau4 tshau4 口	tshau4 文 sau4 白

---

① 又音 tsau4。

字目	操_{节操}	糙	曹	槽	草	骚	臊	扫_{扫地}
反切	七刀	七到	昨劳	昨劳	采老	苏遭	苏遭	苏老
声韵调	效开一清豪平	效开一清豪去	效开一从豪平	效开一从豪平	效开一清豪上	效开一心豪平	效开一心豪平	效开一心豪上
中古音	tshɑu	tshɑu-	dzɑu	dzɑu	tshɑu:	sɑu	sɑu	sɑu:
广元	tshau1	tshau4	tshau2	tshau2	tshau3	sau1	sau1 sau4 口	sau3
平武	tshau1	tshau4	tshau2	tshau2	tshau3	sau1	sau1	sau3
青川	tshau1	tshau4	tshau2	tshau2	tshau3	sau1	sau1 sau4 口	sau3
剑阁_{普安}	tshau1	tshau4	tshau2	tshau2	tshau3	sau1	sau1 sau4 口	sau3
剑阁_{金仙}	tshɔ1	tshɔ4	tshɔ2	tshɔ2	tshɔ3	sɔ1	sɔ1 sɔ4 口	sɔ3
旺苍	tshau1	tshau4	tshau2	tshau2	tshau3	sau1	sau1 sau4 口	sau3
苍溪	tshau1	tshau4	tshau2	tshau2	tshau3	sau1	sau1 sau4 口	sau3
江油	tshau1	tshau4	tshau2	tshau2	tshau3	sau1	sau4	sau3
北川	tshau1	tshau4	tshau2	tshau2	tshau3	sau1	sau4	sau3
绵阳	tshau1	tshau4	tshau2	tshau2	tshau3	sau1	sau4	sau3
盐亭	tshau1	tshau4	tshau2	tshau2	tshau3	sau1	sau4	sau3
德阳	tshau1	tshau4	tshau2	tshau2	tshau3	sau1	sau1 sau4 口	sau3
中江	tshau1	tshau4	tshau2	tsau2	tshau3	sau1	sau1 sau4 口	sau3
射洪	tshau1	tshau4	tshau2	tshau2	tshau3	sau1	sau1 sau4 口	sau3
蓬溪	tshau1	tshau4	tshau2	tshau2	tshau3	sau1	sau1 sau4 口	sau3
遂宁	tshau1	tshau4	tshau2	tshau2	tshau3	sau1	sau1 sau4 口	sau3
乐至	tshau1	tshau4	tshau2	tshau2	tshau3	sau1	sau1	sau3
安岳	tshau1	tshau4	tshau2	tshau2	tshau3	sau1	sau1	sau3
仪陇	tshau1	tshau4	tshau2	tshau2	tshau3	sau1	sau1	sau3
西充	tshau1	tshau4	tshau2	tshau2	tshau3	sau1	sau4	sau3

字目	操_{节操}	糙	曹	槽	草	骚	臊	扫_{扫地}
反切	七刀	七到	昨劳	昨劳	采老	苏遭	苏遭	苏老
声韵调	效开一清豪平	效开一清豪去	效开一从豪平	效开一从豪平	效开一清豪上	效开一心豪平	效开一心豪平	效开一心豪上
中古音	tshɑu	tshɑu-	dzɑu	dzɑu	tshɑu:	sɑu	sɑu	sɑu:
蓬安	tshau1	tshau4	tshau2	tshau2	tshau3	sau1	sau1	sau3
南充_{金台}	tshau1	tshau4	tshau2	tshau2	tshau3	sau1	sau1	sau3
南充_{龙蟠}	tʂhau1	tʂhau4	tʂhau2	tʂhau2	tʂhau3	sau1	sau1	sau3
岳池	tshau1	tshau4	tshau2	tshau2	tshau3	sau1	sau4	sau3
广安	tshau1	tshau4	tshau2	tshau2	tshau3	sau1	sau1 sau4 □	sau3
邻水	tshau1	tshau4	tshau2	tshau2	tshau3	sau1	sau4	sau3
南江	tshau1	tshau4	tshau2	tshau2	tshau3	sau1	sau1 sau4 □	sau3
巴中	tshau1	tshau4	tshau2	tshau2	tshau3	sau1	sau1 sau4 □	sau3
通江	tshau1	tshau4	tshau2	tshau2	tshau3	sau1	sau1 sau4 □	sau3
平昌	tshau1	tshau4	tshau2	tshau2	tshau3	sau1	sau1 sau4 □	sau3
万源	tshau1	tshau4	tshau2	tshau2	tshau3	sau1	sau1 sau4 □	sau3
宣汉	tshau1	tshau4	tshau2	tshau2	tshau3	sau1	sau1 sau4 □	sau3
达州	tshau1	tshau4	tshau2	tshau2	tshau3	sau1	sau1 sau4 □	sau3
开江	tshau1	tshau1	tshau2	tshau2	tshau3	sau1	sau1 sau4 □	sau3
渠县	tshau1	tshau4	tshau2	tshau2	tshau3	sau1	sau1 sau4 □	sau3
宜宾	tshau1	tshau4	tshau2	tshau2	tshau3	sau1	sau1 sau4 □	sau3
古蔺	tshau1	tshau4	tshau2	tshau2	tshau3	sau1	sau1 sau4 □	sau3
长宁	tshau1	tshau4	tshau2	tshau2	tshau3	sau1	sau4	sau3
顾县	tshau1	tshau4	tshau2	tʂhau2	tʂhau3	sau1	sau1 sau4 □	sau3
成都_{龙泉}	tshau1	tshau4	tshau2	tshau2	tshau3	sau1	sau1 sau4 □	sau3

字目	嫂	扫扫帚	朝朝夕	昭	招	着①着凉	着睡着	爪
反切	苏老	苏到	陟遥	止遥	止遥	张略	直鱼	侧绞
声韵调	效开一心豪上	效开一心豪去	效开三知宵平	效开三章宵平	效开三章宵平	宕开三知药入	遇合三澄鱼平	效开二庄肴上
中古音	sɑu:	sɑu-	ȶieu	tɕieu	tɕieu	ȶiɐk	ȡiʌ	tʃɣau
广元	sau3	sau4	tʂau1	tʂau1	tʂau1	tʂo2 文 tʂau2 白	tʂo2 文 tʂho2 白	tʂau3 tʂua3
平武	sau3	sau4	tsau1	tsau1	tsau1	tsho2	tsho2	tsua3
青川	sau3	sau4	tsau1	tsau1	tsau1	tso2 文 tsau2 白	tso2 文 tsho2 白	tsau3 tsua3
剑阁普安	sau3	sau4	tʂau1	tʂau1	tʂau1	tʂo5	tʂo5	tʂau3 tʂua3
剑阁金仙	sɔ3	sɔ4	tʂɔ1	tʂɔ1	tʂɔ1	tʂo5	tʂo5	tʂau3 tʂua3
旺苍	sau3	sau4	tʂau1	tʂau1	tʂau1	tʂo2 文 tʂau2 白	tʂo2 文 tʂho2 白	tʂau3 tʂua3
苍溪	sau3	sau4	tʂau1	tʂau1	tʂau1	tʂo2 文 tʂau2 白	tʂo2 文 tʂho2 白	tʂau3 tʂua3
江油	sau3	sau4	tsau1	tsau1	tsau1	tsho2	tsho2	tsua3
北川	sau3	sau4	tsau1	tsau1	tsau1	tsho2	tsho2	tsua3
绵阳	sau3	sau4	tsau1	tsau1	tsau1	tsho2	tsho2	tsau3
盐亭	sau3	sau4	tsau1	tsau1	tsau1	tsho5	tsho5	tsau3
德阳	sau3	sau4	tsau1	tsau1	tsau1	tso2 文 tsau2 白	tso2 文 tsho2 白	tsau3 tsua3
中江	sau3	sau4	tsau1	tsau1	tsau1	tso2 文 tsau2 白	tso2 文 tsho2 白	tsau3
射洪	sau3	sau4	tsau1	tsau1	tsau1	tso5 文 tsau2 白	tso5 文 tsho2 白	tsau3 tsua3
蓬溪	sau3	sau4	tsau1	tsau1	tsau1	tso5 文 tsau2 白	tso5 文 tsho2 白	tsau3 tsua3
遂宁	sau3	sau4	tsau1	tsau1	tsau1	tso2 文 tsau2 白	tso2 文 tsho2 白	tsau3 tsua3
乐至	sau3	sau4	tsau1	tsau1	tsau1	tso2	tso2	tsau3
安岳	sau3	sau4	tsau1	tsau1	tsau1	tso2	tso2	tsua3
仪陇	sau3	sau4	tsau1	tsau1	tsau1	tso2	tso2	tsau3
西充	sau3	sau4	tsau1	tsau1	tsau1	tsau2	tsho5	tsau3

① 又直略切，宕开三澄药入。

字目	嫂	扫扫帚	朝朝夕	昭	招	着①着凉	着睡着	爪
反切	苏老	苏到	陟遥	止遥	止遥	张略	直鱼	侧绞
声韵调	效开一心豪上	效开一心豪去	效开三知宵平	效开三章宵平	效开三章宵平	宕开三知药入	遇合三澄鱼平	效开二庄肴上
中古音	sɑu:	sɑu-	ȶieu	tɕieu	tɕieu	ȶiɐk	ȡiʌ	tʃɣau:
蓬安	sau3	sau4	tsau1	tsau1	tsau1	tso2	tso2	tsua3
南充金台	sau3	sau4	tsau1	tsau1	tsau1	tso2	tso2	tɕya3
南充龙蟠	sau3	ʂau4	tʂau1	tsau1	tsau1	tʂo5	tʂho5	tsau3
岳池	sau3	sau4	tsau1	tsau1	tsau1	tso2 文 tsau2 白	tso2 文 tsho2 白	tsau3
广安	sau3	sau4	tsau1	tsau1	tsau1	tso2 文 tsau2 白	tso2 文 tsho2 白	tsau3
邻水	sau3	sau4	tsau1	tsau1	tsau1	tso5 文 tsau5 白	tso2 文 tsho2 白	tsau3
南江	sau3	sau4	tʂau1	tʂau1	tʂau1	tʂo5 文 tʂau2 白	tʂo2 文 tʂho2 白	tʂua3 tʂau3
巴中	sau3	sau4	tʂau1	tʂau1	tʂau1	tʂo2 文 tʂau2 白	tʂo2 文 tʂho2 白	tʂua3 tʂau3
通江	sau3	sau4	tʂau1	tʂau1	tʂau1	tʂo5 文 tʂau5 白	tʂo5 文 tʂho5 白	tʂua3
平昌	sau3	sau4	tʂau1	tʂau1	tʂau1	tʂo2 文 tʂau2 白	tʂo2 文 tʂho2 白	tʂau3
万源	sau3	sau4	tsau1	tʂau1	tʂau1	tʂo2 文 tsau2 白	tʂo2 文 tsho2 白	tsua3
宣汉	sau3	sau4	tsau1	tsau1	tsau1	tso2 文 tsau2 白	tso2 文 tsho2 白	tsau3 tsua3
达州	sau3	sau4	tsau1	tsau1	tsau1	tsau1 tsau2	tso1 文 tsho2 白	tsau3 tsua3
开江	sau3	sau4	tsau1	tsau1	tsau1	tso2 文 tsau2 白	tso2 文 tsho2 白	tsau3 tsua3
渠县	sau3	sau4	tsau1	tsau1	tsau1	tso2 文 tsau2 白	tso2 文 tsho2 白	tsau3 tsua3
宜宾	sau3	sau4	tsau1	tsau1	tsau1	tsɵ5 文 tsau2 白	tshɵ1	tsau3
古蔺	sau3	sau4	tsau1	tsau1	tsau1	tso5 文 tsau5 白	tsho5 文 tsho5 白	tsau3
长宁	sau3	sau4	tsau1	tsau1	tsau1	tshɵ5	tshɵ5	tsua3
顾县	sau3	sau4	tsau1	tsau1	tsau1	tso2 文 tsau2 白	tso2 文 tsho2 白	tsau3 tsua3
成都龙泉	sau3	sau4	tsau1	tsau1	tsau1	tsoʔ5 文 tsau5 白	tshoʔ6	tsau3

---

① 又直略切，宕开三澄药入。

字目	找	罩	赵	兆	照	抄抄写	超	巢
反切		*陟教	治小	治小	之少	楚交	敕宵	鉏交
声韵调	效开二庄肴上	效开二知肴去	效开三澄宵上	效开三澄宵上	效开三章宵去	效开二初肴平	效开三彻宵平	效开二崇肴平
中古音	tʃɣau:	ȶɣau-	ȡiɐu:	ȡiɐu:	tɕiɐu-	tʃʰɣau	ȶʰiɐu	dʒɣau
广元	tʂau3	tʂau4	tʂau4	tʂau4	tʂau4	tʂhau1	tʂhau1	tshau2
平武	tsau3	tsau4	tsau4	tsau4	tsau4	tshau1	tshau1	tshau2
青川	tsau3	tsau4	tsau4	tsau4	tsau4	tshau1	tshau1	tshau2
剑阁普安	tʂau3	tʂau4	tʂau4	tʂau4	tʂau4	tʂhau1	tʂhau1	tʂhau2
剑阁金仙	tʂɔ3	tʂɔ4	tʂɔ4	tʂɔ4	tʂɔ4	tʂhɔ1	tʂhɔ1	tshɔ2
旺苍	tsau3	tʂau4	tʂau4	tʂau4	tʂau4	tʂhau1	tʂhau1	tʂhau2
苍溪	tʂau3	tʂau4	tʂau4	tʂau4	tʂau4	tʂhau1	tʂhau1	tshau2
江油	tsau3	tsau4	tsau4	tsau4	tsau4	tshau1	tshau1	tshau2
北川	tsau3	tsau4	tsau4	tsau4	tsau4	tshau1	tshau1	tshau2
绵阳	tsau3	tsau4	tsau4	tsau4	tsau4	tshau1	tshau1	tshau2
盐亭	tsau3	tsau4	tsau4	tsau4	tsau4	tshau1	tshau1	tshau2
德阳	tsau3	tsau4	tsau4	tsau4	tsau4	tshau1	tshau1	tshau2
中江	tsau3	tsau4	tsau4	tsau4	tsau4	tshau1	tshau1	tsau2
射洪	tsau3	tsau4	tsau4	tsau4	tsau4	tshau1	tshau1	tshau2
蓬溪	tsau3	tsau4	tsau4	tsau4	tsau4	tshau1	tshau1	tshau2
遂宁	tsau3	tsau4	tsau4	tsau4	tsau4	tshau1	tshau1	tshau2
乐至	tsau3	tsau4	tsau4	tsau4	tsau4	tshau1	tshau1	tshau2
安岳	tsau3	tsau4	tsau4	tsau4	tsau4	tshau1	tshau1	tshau2
仪陇	tsau3	tsau4	tsau4	tsau4	tsau4	tshau1	tshau1	tshau2
西充	tsau3	tsau4	tsau4	tsau4	tsau4	tshau1	tshau1	tshau2

字目	找	罩	赵	兆	照	抄抄写	超	巢
反切		*陟教	治小	治小	之少	楚交	敕宵	鉏交
声韵调	效开二庄肴上	效开二知肴去	效开三澄宵上	效开三澄宵上	效开三章宵去	效开二初肴平	效开三彻宵平	效开二崇肴平
中古音	tʃɣau:	tɣau-	ɖiɛu:	ɖiɛu:	tɕiɛu-	tʃʰɣau	tʰiɛu	dʒɣau
蓬安	tsau3	tsau4	tsau4	tsau4	tsau4	tshau1	tshau1	tshau2
南充金台	tsau3	tsau4	tsau4	tsau4	tsau4	tshau1	tshau1	tshau2
南充龙蟠	tsau3	tsau4	tʂau4	tsau4	tʂau4	tʂhau1	tʂhau1	tʂhau2
岳池	tsau3	tsau4	tsau4	tsau4	tsau4	tshau1	tshau1	tshau2
广安	tsau3	tsau4	tsau4	tsau4	tsau4	tshau1	tshau1	tshau2
邻水	tsau3	tsau4	tsau4	tsau4	tsau4	tshau1	tshau1	tshau2
南江	tʂau3	tʂau4	tʂau4	tʂau4	tʂau4	tʂhau1	tʂhau1	tshau2
巴中	tʂau3	tʂau4	tʂau4	tʂau4	tʂau4	tʂhau1	tʂhau1	tshau2
通江	tʂau3	tʂau4	tʂau4	tʂau4	tʂau4	tʂhau1	tʂhau1	tshau2
平昌	tʂau3	tʂau4	tʂau4	tʂau4	tʂau4	tʂhau1	tʂhau1	tshau2
万源	tʂau3	tʂau4	tʂau4	tʂau4	tʂau4	tʂhau1	tʂhau1	tʂhau2
宣汉	tsau3	tsau4	tsau4	tsau4	tsau4	tshau1	tshau1	tshau2
达州	tsau3	tsau4	tsau4	tsau4	tsau4	tshau1	tshau1	tshau2
开江	tsau3	tsau4	tsau4	tsau4	tsau4	tshau1	tshau1	tshau2
渠县	tsau3	tsau4	tsau4	tsau4	tsau4	tshau1	tshau1	tshau2
宜宾	tsau3	tsau4	tsau4	tsau4	tsau4	tshau1	tshau1	tshau2
古蔺	tsau3	tsau4	tsau4	tsau4	tsau4	tshau1	tshau1	tshau2
长宁	tsau3	tsau4	tsau4	tsau4	tsau4	tshau1	tshau1	tshau2
顾县	tsau3	tsau4	tsau4	tsau4	tsau4	tshau1	tshau1	tshau2
成都龙泉	tsau3	tsau4	tsau4	tsau4	tsau4	tshau1	tshau1	tshau2

字目	朝_{朝代}	潮	炒	吵	梢	稍	烧	勺
反切	直遥	直遥	初爪	初爪	所交	所教	式昭	市若
声韵调	效开三 澄宵平	效开三 澄宵平	效开二 初肴上	效开二 初肴上	效开二 生肴平	效开二 生肴去	效开三 书宵平	宕开三 禅药入
中古音	ɖiɛu	ɖiɛu	tʃʰɣau:	tʃʰɣau:	ʃɣau	ʃɣau-	ɕiɛu	dziɐk
广元	tʂhau2	tʂhau2	tʂhau3	tʂhau3	ʂau1	ʂau1	ʂau1	fo2
平武	tshau2	tshau2	tshau3	tshau3	sau1	sau1	sau1	sau4 新
青川	tshau2	tshau2	tshau3	tshau3	sau1	sau1	sau1	sau2 新
剑阁_{普安}	tʂhau2	tʂhau2	tʂhau3	tʂhau3	ʂau1	ʂau1	ʂau1	ʂo5
剑阁_{金仙}	tɕhɔ2	tɕhɔ2	tɕhɔ3	tɕhɔ3	ɕɔ1	ɕɔ1	ɕɔ1	so5
旺苍	tʂhau2	tʂhau2	tʂhau3	tʂhau3	ʂau1	ʂau1	ʂau1	ʂo2
苍溪	tʂhau2	tʂhau2	tʂhau3	tʂhau3	ʂau1	ʂau1	ʂau1	ʂo2
江油	tshau2	tshau2	tshau3	tshau3	sau1	sau1	sau1	sau4 新
北川	tshau2	tshau2	tshau3	tshau3	sau1	sau1	sau1	sau4 新
绵阳	tshau2	tshau2	tshau3	tshau3	sau1	sau1	sau1	sau4 新
盐亭	tshau2	tshau2	tshau3	tshau3	sau1	sau1	sau1	sau4 新
德阳	tshau2	tshau2	tshau3	tshau3	sau1	sau1	sau1	sau4 新
中江	tshau2	tsau2	tshau3	tshau3	ɕiau1	sau1	sau1	so2
射洪	tshau2	tshau2	tshau3	tshau3	sau1	sau1	sau1	sau1 新
蓬溪	tshau2	tshau2	tshau3	tshau3	sau1	sau1	sau1	so5
遂宁	tshau2	tshau2	tshau3	tshau3	sau1	sau1	sau1	so2
乐至	tshau2	tshau2	tshau3	tshau3	sau1	sau1	sau1	sau2 新
安岳	tshau2	tshau2	tshau3	tshau3	sau1	sau1	sau1	sau2 新
仪陇	tshau2	tshau2	tshau3	tshau3	sau1	sau1	sau1	sau2 新
西充	tshau2	tshau2	tshau3	tshau3	sau1	sau1	sau1	so5

字目	朝朝代	潮	炒	吵	梢	稍	烧	勺
反切	直遥	直遥	初爪	初爪	所交	所教	式昭	市若
声韵调	效开三澄宵平	效开三澄宵平	效开二初肴上	效开二初肴上	效开二生肴平	效开二生肴去	效开三书宵平	宕开三禅药入
中古音	ɖiɛu	ɖiɛu	tʃʰɣau:	tʃʰɣau:	ʃɣau	ʃɣau˗	ɕiɛu	dʑiɐk
蓬安	tsau1	tshau2	tshau3	tshau3	sau1	sau1	sau1	so2
南充金台	tshau2	tshau2	tshau3	tshau3	sau1	sau1	sau1	sau2 新
南充龙蟠	tʂhau2	tʂhau2	tʂhau3	tʂhau3	sau1	ʂau1	ʂau1	so5 tʂo5
岳池	tshau2	tshau2	tshau3	tshau3	sau1	sau1	sau1	sau2 新
广安	tshau2	tshau2	tshau3	tshau3	sau1	sau1	sau1	sau2 新
邻水	tshau2	tshau2	tshau3	tshau3	sau1	sau1	sau1	sau2 新
南江	tʂhau2	tʂhau2	tʂhau3	tʂhau3	ʂau1	ʂau1	ʂau1	ʂo5
巴中	tʂhau2	tʂhau2	tʂhau3	tʂhau3	ʂau1	ʂau1	ʂau1	ʂo5
通江	tʂhau2	tʂhau2	tʂhau3	tʂhau3	ʃiau1	ʂau1	ʂau1	ʂo5
平昌	tʂhau2	tʂhau2	tʂhau3	tʂhau3	ʃiau1	ʂau1	ʂau1	ʂo2
万源	tʂhau2	tʂhau2	tʂhau3	tʂhau3	ʂau1	ʂau1	ʂau1	ʂau2 新
宣汉	tshau2	tshau2	tshau3	tshau3	sau1	sau1	sau1	sau2 新
达州	tshau2	tshau2	tshau3	tshau3	sau1	sau1	sau1	so2
开江	tshau2	tshau2	tshau3	tshau3	sau1	sau1	sau1	sau2 新
渠县	tshau2	tshau2	tshau3	tshau3	sau1	sau1	sau1	sau2 新
宜宾	tshau2	tshau2	tshau3	tshau3	sau1	sau1	sau1	sau2 新
古蔺	tshau2	tshau2	tshau3	tshau3	sau1	sau1	sau1	so2 so5
长宁	tshau2	tshau2	tshau3	tshau3	sau1	sau1	sau1	sau4 新
顾县	tshau2	tshau2	tshau3	tshau3	sau1	sau1	sau1	sau2 新
成都龙泉	tshau2	tshau2	tshau3	tshau2	sau1	sau1	sau1	soʔ6

字目	少多少	少少年	绍	饶	扰	绕围绕	绕绕线	高
反切	书沼	失照	市沼	如招	而沼	而沼	人要	古劳
声韵调	效开三书宵上	效开三书宵去	效开三禅宵上	效开三日宵平	效开三日宵上	效开三日宵上	效开三日宵去	效开一见豪平
中古音	ɕiɛu:	ɕiɛu-	dʑiɛu:	ȵʑiɛu	ȵʑiɛu:	ȵʑiɛu:	ȵʑiɛu-	kɑu
广元	ʂau3	ʂau4	ʂau4	ʐau2	ʐau3	ʐau3	ʐau3	kau1
平武	sau3	sau4	sau4	zau2	zau3	zau3	zau3	kau1
青川	sau3	sau4	sau4	zau2	zau3	zau3	zau3	kau1
剑阁普安	ʂau3	ʂau4	ʂau4	ʐau2	ʐau3	ʐau3	ʐau3	kau1
剑阁金仙	ʂɔ3	ʂɔ4	ʂɔ4	ʐɔ2	ʐɔ3	ʐɔ3	ʐɔ3	kɔ1
旺苍	ʂau3	ʂau4	ʂau4	ʐau2	ʐau3	ʐau3	ʐau3	kau1
苍溪	ʂau3	ʂau4	ʂau4	ʐau2	ʐau3	ʐau3	ʐau3 ʐau4 新	kau1
江油	sau3	sau4	sau4	zau2	zau3	zau3	zau3	kau1
北川	sau3	sau4	sau4	zau2	zau3	zau3	zau3	kau1
绵阳	sau3	sau4	sau4	zau2	zau3	zau3	zau3	kau1
盐亭	sau3	sau4	sau4	zau2	zau3	zau3	zau3	kau1
德阳	sau3	sau4	sau4	zau2	zau3	zau3	zau3 zau4 新	kau1
中江	sau3	sau4	sau4	zau2	zau3	zau3	zau3	kau1
射洪	sau3	sau4	sau4	zau2	zau3	zau3	zau3 zau4 新	kau1
蓬溪	sau3	sau4	sau4	zau2	zau3	zau3	zau3 zau4 新	kau1
遂宁	sau3	sau4	sau4	zau2	zau3	zau3	zau3 zau4 新	kau1
乐至	sau3	sau4	sau4	zau2	zau3	zau3	zau3	kɑu
安岳	sau3	sau4	sau4	zau2	zau3	zau3	zau3	kau1
仪陇	sau3	sau4	sau4	zau2	zau3	zau3	zau3	kau1
西充	sau3	sau4	sau4	zau2	zau3	zau3	zau3	kau1

字目	少多少	少少年	绍	饶	扰	绕围绕	绕绕线	高
反切	书沼	失照	市沼	如招	而沼	而沼	人要	古劳
声韵调	效开三书宵上	效开三书宵去	效开三禅宵上	效开三日宵平	效开三日宵上	效开三日宵上	效开三日宵去	效开一见豪平
中古音	ɕiɛu:	ɕiɛu-	dʑiɛu:	ȵziɛu	ȵziɛu:	ȵziɛu:	ȵziɛu-	kɑu
蓬安	sau3	sau4	sau4	zau2	zau3	zau3	zau3	kau1
南充金台	sau3	sau4	sau4	zau2	zau3	zau3	zau3	kau1
南充龙蟠	ʂau3	ʂau4	ʂau4	ʐau2	ʐau3	ʐau3	ʐau3	kau1
岳池	sau3	sau4	sau4	zau2	zau3	zau3	zau3 zau4 新	kau1
广安	sau3	sau4	sau4	zau2	zau3	zau3	zau3 zau4 新	kau1
邻水	sau3	sau4	sau4	zau2	zau3	zau3	zau3	kau1
南江	ʂau3	ʂau4	ʂau4	ʐau2	ʐau3	ʐau3	ʐau3 zau4 新	kau1
巴中	ʂau3	ʂau4	ʂau4	ʐau2	ʐau3	ʐau3	ʐau3 zau4 新	kau1
通江	ʂau3	ʂau4	ʂau4	ʐau2	ʐau3	ʐau3	ʐau3 zau4 新	kau1
平昌	ʂau3	ʂau4	ʂau4	ʐau2	ʐau3	ʐau3	ʐau3 ʂau4 新	kau1
万源	ʂau3	ʂau4	ʂau4	ʐau3	ʐau3	ʐau3	ʐau3 sau4 新	kau1
宣汉	sau3	sau4	sau4	zau2	zau3	zau3	zau3 sau4 新	kau1
达州	sau3	sau4	sau4	zau2	zau3	zau4	zau3 sau4 新	kau1
开江	sau3	sau4	sau4	zau2	zau3	zau3	zau3 sau4 新	kau1
渠县	sau3	sau4	sau4	zau2	zau3	zau3	zau3 sau4 新	kau1
宜宾	sau3	sau4	sau4	zau2	zau3	zau3	zau3 zau4 新	kau1
古蔺	sau3	sau4	sau4	zau2	zau3	zau3	zau3 zau4 新	kau1
长宁	sau3	sau4	sau4	zau2	zau3	zau3	zau3	kau1
顾县	sau3	sau4	sau4	zau2	zau3	zau3	zau3	kau1
成都龙泉	sau3	sau4	sau4	zau2	zau3	zau3	zau3 zau4 新	kau1

字目	膏_{牙膏}	羔	糕	稿	搞①	告	膏_{膏车}	考
反切	古劳	古劳	古劳	古老	古巧	古到	古到	苦浩
声韵调	效开一见豪平	效开一见豪平	效开一见豪平	效开一见豪上	效开二见肴上	效开一见豪去	效开一见豪去	效开一溪豪上
中古音	kɑu	kɑu	kɑu	kɑu:	kɣau:	kɑu-	kɑu-	khɑu:
广元	kau1	kau1	kau1	kau3	kau3	kau4	kau1	khau3
平武	kau1	kau1	kau1	kau3	kau3	kau4	kau1	khau3
青川	kau1	kau1	kau1	kau3	kau3	kau4	kau1	khau3
剑阁_{普安}	kau1	kau1	kau1	kau3	kau3	kau4	kau1	khau3
剑阁_{金仙}	kɔ1	kɔ1	kɔ1	kɔ3	kɔ3	kɔ4	kɔ1	khɔ3
旺苍	kau1	kau1	kau1	kau3	kau3	kau4	kau1	khau3
苍溪	kau1	kau1	kau1	kau3	kau3	kau4	无	khau3
江油	kau1	kau1	kau1	kau3	kau3	kau4	kau1	khau3
北川	kau1	kau1	kau1	kau3	kau3	kau4	kau1	khau3
绵阳	kau1	kau1	kau1	kau3	kau3	kau4	无	khau3
盐亭	kau1	kau1	kau1	kau3	kau3	kau4	无	khau3
德阳	kau1	kau1	kau1	kau3	kau3	kau4	无	khau3
中江	kau1	kau1	kau1	kau3	kau3	kau4	无	khau3
射洪	kau1	kau1	kau1	kau3	kau3	kau4	无	khau3
蓬溪	kau1	kau1	kau1	kau3	kau3	kau4	无	khau3
遂宁	kau1	kau1	kau1	kau3	kau3	kau4	无	khau3
乐至	kau1	kau1	kau1	kau3	kau3	kau4	无	khau3
安岳	kau1	kau1	kau1	kau3	kau3	kau4	无	khau3
仪陇	kau1	kau1	kau1	kau3	kau3	kau4	无	khau3
西充	kau1	kau1	kau1	kau3	kau3	kau4	kau1	khau3

---

① "搅"的后起字。

字目	膏牙膏	羔	糕	稿	搞①	告	膏膏车	考
反切	古劳	古劳	古劳	古老	古巧	古到	古到	苦浩
声韵调	效开一见豪平	效开一见豪平	效开一见豪平	效开一见豪上	效开二见肴上	效开一见豪去	效开一见豪去	效开一溪豪上
中古音	kɑu	kɑu	kɑu	kɑu:	kɣau:	kɑu-	kɑu-	khɑu:
蓬安	kau1	kau1	kau1	kau3	kau3	kau4	kau1	khau3
南充金台	kau1	kau1	kau1	kau3	kau3	kau4	kau1	khau3
南充龙蟠	kau1	kau1	kau1	kau3	kau3	kau4	kau1	khau3
岳池	kau1	kau1	kau1	kau3	kau3	kau4	无	khau3
广安	kau1	kau1	kau1	kau3	kau3	kau4	无	khau3
邻水	kau1	kau1	kau1	kau3	kau3	kau4	无	khau3
南江	kau1	kau1	kau1	kau3	kau3	kau4	无	khau3
巴中	kau1	kau1	kau1	kau3	kau3	kau4	无	khau3
通江	kau1	kau1	kau1	kau3	kau3	kau4	无	khau3
平昌	kau1	kau1	kau1	kau3	kau3	kau4	无	khau3
万源	kau1	kau1	kau1	kau3	kau3	kau4	kau1	khau3
宣汉	kau1	kau1	kau1	kau3	kau3	kau4	kau1	khau3
达州	kau1	kau1	kau1	kau3	kau3	kau4	kau1	khau3
开江	kau1	kau1	kau1	kau3	kau3	kau4	kau1	khau3
渠县	kau1	kau1	kau1	kau3	kau3	kau4	kau1	khau3
宜宾	kau1	kau1	kau1	kau3	kau3	kau4	kau1	khau3
古蔺	kau1	kau1	kau1	kau3	kau3	kau4	无	khau3
长宁	kau1	kau1	kau1	kau3	kau3	kau4	无	khau3
顾县	kau1	kau1	kau1	kau3	kau3	kau4	kau1	khau3
成都龙泉	kau1	kau1	kau1	kau3	kau3	kau4	无	khau3

① "搅"的后起字。

字目	烤	靠	豪	毫	号呼号	好好坏	好喜好	耗
反切	苦浩	苦到	胡刀	胡刀	胡刀	呼皓	呼到	呼到
声韵调	效开一溪豪上	效开一溪豪去	效开一匣豪平	效开一匣豪平	效开一匣豪平	效开一晓豪上	效开一晓豪去	效开一晓豪去
中古音	khɑu:	khɑu-	ɦɑu	ɦɑu	ɦɑu	hɑu:	hɑu-	hɑu-
广元	khau3	khau4	xau2	xau2	xau2	xau3	xau4	xau4
平武	khau3	khau4	xau2	xau2	xau2	xau3	xau4	xau4
青川	khau3	khau4	xau2	xau2	xau2	xau3	xau4	xau4
剑阁普安	khau3	khau4	xau2	xau2	xau2	xau3	xau4	xau4
剑阁金仙	khɔ3	khɔ4	xɔ2	xɔ2	xɔ2	xɔ3	xɔ4	xɔ4
旺苍	khau3	khau4	xau2	xau2	xau2	xau3	xau4	xau4
苍溪	khau3	khau4	xau2	xau2	xau2	xau3	xau4	xau4
江油	khau3	khau4	xau2	xau2	xau2	xau3	xau4	xau4
北川	khau3	khau4	xau2	xau2	xau2	xau3	xau4	xau4
绵阳	khau3	khau4	xau2	xau2	xau2	xau3	xau4	xau4
盐亭	khau3	khau4	xau2	xau2	xau2	xau3	xau4	xau4
德阳	khau3	khau4	xau2	xau2	xau2	xau3	xau4	xau4
中江	khau3	khau4	au2	au2	xau2	xau3	xau4	xau4
射洪	khau3	khau4	xau2	xau2	xau2	xau3	xau4	xau4
蓬溪	khau3	khau4	xau2	xau2	xau2	xau3	xau4	xau4
遂宁	khau3	khau4	xau2	xau2	xau2	xau3	xau4	xau4
乐至	khau3	khau4	xau2	xau2	xau2	xau3	xau4	xau4
安岳	khau3	khau4	xau2	xau2	xau2	xau3	xau4	xau4
仪陇	khau3	khau4	xau2	xau2	xau2	xau3	xau4	xau4
西充	khau3	khau4	xau2	xau2	xau2	xau3	xau4	xau4

字目	烤	靠	豪	毫	号呼号	好好坏	好喜好	耗
反切	苦浩	苦到	胡刀	胡刀	胡刀	呼皓	呼到	呼到
声韵调	效开一溪豪上	效开一溪豪去	效开一匣豪平	效开一匣豪平	效开一匣豪平	效开一晓豪上	效开一晓豪去	效开一晓豪去
中古音	khɑu:	khɑu-	ɦɑu	ɦɑu	ɦɑu	hɑu:	hɑu-	hɑu-
蓬安	khau3	khau4	xau2	xau2	xau2	xau3	xau4	xau4
南充金台	khau3	khau4	xau2	xau2	xau2	xau3	xau4	xau4
南充龙蟠	khau3	khau4	xau2	xau2	xau2	xau3	xau4	xau4
岳池	khau3	khau4	xau2	xau2	xau2	xau3	xau4	xau4
广安	khau3	khau4	xau2	xau2	xau2	xau3	xau4	xau4
邻水	khau3	khau4	xau2	xau2	xau2	xau3	xau4	xau4
南江	khau3	khau4	xau2	xau2	xau2	xau3	xau4	xau4
巴中	khau3	khau4	xau2	xau2	xau2	xau3	xau4	xau4
通江	khau3	khau4	xau2	xau2	xau2	xau3	xau4	xau4
平昌	khau3	khau4	xau2	xau2	xau2	xau3	xau4	xau4
万源	khau3	khau4	xau2	xau2	xau2	xau3	xau4	xau4
宣汉	khau3	khau4	xau2	xau2	xau2	xau3	xau4	xau4
达州	khau3	khau4	xau2	xau2	xau3	xau3	xau4	xau4
开江	khau3	khau4	xau2	xau2	xau2	xau3	xau4	xau4
渠县	khau3	khau4	xau2	xau2	xau2	xau3	xau4	xau4
宜宾	khau3	khau4	xau2	xau2	xau2	xau3	xau4	xau4
古蔺	khau3	khau4	xau2	xau2	xau2	xau3	xau4	xau4
长宁	khau3	khau4	xau2	xau2	xau2	xau3	xau4	xau4
顾县	khau3	khau4	xau2	xau2	xau2	xau3	xau4	xau4
成都龙泉	khau3	khau4	xau2	xau2	xau2	xau3	xau4	xau4

字目	号号码	熬_{煎熬}	袄	傲	奥	懊	标	彪
反切	胡到	五劳	乌皓	五到	乌到	乌到	甫遥	甫烋
声韵调	效开一匣豪去	效开一疑豪平	效开一影豪上	效开一疑豪去	效开一影豪去	效开一影豪去	效开三A帮宵平	流开三帮幽平
中古音	ɦɑu⁻	ŋɑu	ʔɑu:	ŋɑu⁻	ʔɑu⁻	ʔɑu⁻	pіɛu	pіiu
广元	xau4	ŋau1 口 ŋau2	ŋau3	ŋau4	ŋau4	ŋau4	piau1	piau1
平武	xau4	ŋau2	ŋau3	ŋau4	ŋau4	ŋau4	piau1	piau1
青川	xau4	ŋau1 口	ŋau3	ŋau4	ŋau4	ŋau4	piau1	piau1
剑阁_{普安}	xau4	ŋau2	ŋau3	ŋau4	ŋau4	ŋau4	piau1	piau1
剑阁_{金仙}	xɔ4	ŋɔ2	ŋɔ3	ŋɔ4	ŋɔ4	ŋɔ4	piɔ1	piɔ1
旺苍	xau4	ŋau2 ŋau1 口	ŋau3	ŋau4	ŋau4	ŋau4	piau1	piau1
苍溪	xau4	ŋau2	ŋau3	ŋau4	ŋau4	ŋau4	piau1	piau1
江油	xau4	ŋau1 口	ŋau3	ŋau4	ŋau4	ŋau4	piau1	piau1
北川	xau4	ŋau1 口	ŋau3	ŋau4	ŋau4	ŋau4	piau1	piau1
绵阳	xau4	ŋau1 口	ŋau3	ŋau4	ŋau4	ŋau4	piau1	piau1
盐亭	xau4	ŋau1 口	ŋau3	ŋau4	ŋau4	ŋau4	piau1	piau1
德阳	xau4	ŋau2	ŋau3	ŋau4	ŋau4	ŋau4	piau1	piau1
中江	xau4	ŋau2	ŋau3	ŋau4	ŋau4	ŋau4	piau1	piau1
射洪	xau4	ŋau2	ŋau3	ŋau4	ŋau4	ŋau4	piau1	piau1
蓬溪	xau4	ŋau2	au3	ŋau4	ŋau4	ŋau4	piau1	piau1
遂宁	xau4	ŋau2	ŋau3	ŋau4	ŋau4	ŋau4	piau1	piau1
乐至	xau4	ŋau2	ŋau3	ŋau4	ŋau4	ŋau4	piau1	piau1
安岳	xau4	ŋau2	ŋau3	ŋau4	ŋau4	ŋau4	piau1	piau1
仪陇	xau4	ŋau2	ŋau3	ŋau4	ŋau4	ŋau4	piau1	piau1
西充	xau4	ŋau2	ŋau3	ŋau4	ŋau4	ŋau4	piau1	piau1

字目	号号码	熬煎熬	袄	傲	奥	懊	标	彪
反切	胡到	五劳	乌皓	五到	乌到	乌到	甫遥	甫烋
声韵调	效开一匣豪去	效开一疑豪平	效开一影豪上	效开一疑豪去	效开一影豪去	效开一影豪去	效开三A帮宵平	流开三帮幽平
中古音	ɦɑu-	ŋɑu	ʔɑu:	ŋɑu-	ʔɑu-	ʔɑu-	piɛu	piʉu
蓬安	xau4	ŋau2	ŋau3	ŋau4	ŋau4	ŋau4	piau1	piau1
南充金台	xau4	ŋau2	ŋau3	ŋau4	ŋau4	ŋau4	piau1	piau1
南充龙蟠	xau4	ŋau2	ŋau3	ŋau4	ŋau4	ŋau4	piau1	piau1
岳池	xau4	ŋau1 口	ŋau3	ŋau4	ŋau4	ŋau4	piau1	piau1
广安	xau4	ŋau1 口	ŋau3	ŋau4	ŋau4	ŋau4	piau1	piau1
邻水	xau4	ŋau2	ŋau3	ŋau4	ŋau4	ŋau4	piau1	piau1
南江	xau4	ŋau1 口 ŋau2	ŋau3	ŋau4	ŋau4	ŋau4	piau1	piau1
巴中	xau4	ŋau2	ŋau3	ŋau4	ŋau4	ŋau4	piau1	piau1
通江	xau4	ŋau2	ŋau3	ŋau4	ŋau4	ŋau4	piau1	piau1
平昌	xau4	ŋau2	ŋau3	ŋau2 ŋau4	ŋau4	ŋau4	piau1	piau1
万源	xau4	ŋau2	au3	au4	ŋau4	ŋau4	piau1	piau1
宣汉	xau4	ŋau2	ŋau3	ŋau4	ŋau4	ŋau4	piau1	piau1
达州	xau4	ŋau2	ŋau3	ŋau4	au4	ŋau4	piau1	piau1
开江	xau4	ŋau2	au3	ŋau4	ŋau4	au4	piau1	piau1
渠县	xau4	ŋau2	ŋau3	ŋau4	ŋau4	ŋau4	piau1	piau1
宜宾	xau4	ŋau2 ŋau1 口	ŋau3	ŋau4	ŋau4	ŋau4	piau1	piau1
古蔺	xau4	ŋau2	ŋau3	ŋau4	ŋau4	ŋau4	piau1	piau1
长宁	xau4	ŋau1 口	ŋau3	ŋau4	ŋau4	ŋau4	piau1	piau1
顾县	xau4	ŋau1 口 ŋau2	ŋau3	ŋau4	ŋau4	ŋau4	piau1	piau1
成都龙泉	xau4	ŋau2	au3 ŋau3 旧	ŋau4	ŋau4	ŋau4	piau1	piau1

字目	表外表	表手表	飘	漂漂浮	瓢	嫖嫖娼	漂漂白	漂漂亮
反切	陂矫	陂矫	抚招	抚招	符霄		*匹沼	匹妙
声韵调	效开三B 帮宵上	效开三B 帮宵上	效开三A 滂宵平	效开三A 滂宵平	效开三A 並宵平	效开三A 並宵平	效开三A 滂宵上	效开三A 滂宵去
中古音	pɣɨɛu:	pɣɨɛu:	phiɛu	phiɛu	biɛu	biɛu	phiɛu:	phiɛu-
广元	piau3	piau3	phiau1	phiau1	phiau2	phiau2	phiau3	phiau4
平武	piau3	piau3	phiau1	phiau1	phiau2	phiau2	phiau3	phiau4
青川	piau3	piau3	phiau1	phiau1	phiau2	phiau2	phiau3	phiau4
剑阁普安	piau3	piau3	phiau1	phiau1	phiau2	phiau2	phiau3	phiau4
剑阁金仙	piɔ3	piɔ3	phiɔ1	phiɔ1	phiɔ2	phiɔ2	phiɔ3	phiɔ4
旺苍	piau3	piau3	phiau1	phiau1	phiau2	phiau2	phiau3	phiau4
苍溪	piau3	piau3	phiau1	phiau1	phiau2	phiau2	phiau4 phiau3	phiau4
江油	piau3	piau3	phiau1	phiau1	phiau2	phiau2	phiau3	phiau4
北川	piau3	piau3	phiau1	phiau1	phiau2	phiau2	phiau3	phiau4
绵阳	piau3	piau3	phiau1	phiau1	phiau2	phiau2	phiau3	phiau4
盐亭	piau3	piau3	phiau1	phiau1	phiau2	phiau2	phiau3	phiau4
德阳	piau3	piau3	phiau1	phiau1	phiau2	phiau2	phiau3	phiau4
中江	piau3	piau3	phiau1	phiau1	piau2	piau2	phiau3	phiau4
射洪	piau3	piau3	phiau1	phiau1	phiau2	phiau2	phiau3	phiau4
蓬溪	piau3	piau3	phiau1	phiau1	phiau2	phiau2	phiau3	phiau4
遂宁	piau3	piau3	phiau1	phiau1	phiau2	phiau2	phiau3	phiau4
乐至	piau3	piau3	phiau1	phiau1	phiau2	phiau2	phiau4	phiau4
安岳	piau3	piau3	phiau1	phiau1	phiau2	phiau2	phiau4	phiau4
仪陇	piau3	piau3	phiau1	phiau1	phiau2	phiau2	phiau4	phiau4
西充	piau3	piau3	phiau1	phiau1	phiau2	phiau2	phiau4	phiau4

字目	表外表	表手表	飘	漂漂浮	瓢	嫖嫖娟	漂漂白	漂漂亮
反切	陂矫	陂矫	抚招	抚招	符霄		*匹沼	匹妙
声韵调	效开三B 帮宵上	效开三B 帮宵上	效开三A 滂宵平	效开三A 滂宵平	效开三A 并宵平	效开三A 并宵平	效开三A 滂宵上	效开三A 滂宵去
中古音	pγɨɛu:	pγɨɛu:	phiɛu	phiɛu	biɛu	biɛu	phiɛu:	phiɛu-
蓬安	piau3	piau3	phiau1	phiau1	phiau2	phiau2	phiau4	phiau4
南充金台	piau3	piau3	phiau1	phiau1	phiau2	phiau2	phiau4	phiau4
南充龙蟠	piau3	piau3	phiau1	phiau1	phiau2	phiau2	phiau4	phiau4
岳池	piau3	piau3	phiau1	phiau1	phiau2	phiau2	phiau4	phiau4
广安	piau3	piau3	phiau1	phiau1	phiau2	phiau2	phiau4	phiau4
邻水	piau3	piau3	phiau1	phiau1	phiau2	phiau2	phiau4	phiau4
南江	piau3	piau3	phiau1	phiau1	phiau2	phiau2	phiau4 phiau3	phiau4
巴中	piau3	piau3	phiau1	phiau1	phiau2	phiau2	phiau4 phiau3	phiau4
通江	piau3	piau3	phiau1	phiau1	phiau2	phiau2	phiau1 phiau3	phiau4
平昌	piau3	piau3	phiau1	phiau1	phiau2	phiau2	phiau4 phiau3	phiau4
万源	piau3	piau3	phiau1	phiau1	phiau2	phiau2	phiau4	phiɛu4
宣汉	piau3	piau3	phiau1	phiau1	phiau2	phiau2	phiau1 phiau4	phiau4
达州	piau3	piau3	phiau1	phiau1	phiau2	phiau2	phiau1 phiau4	phiau4
开江	piau3	piau3	phiau1	phiau1	phiau2	phiau2	phiau1 phiau4	phiau4
渠县	piau3	piau3	phiau1	phiau1	phiau2	phiau2	phiau1 phiau4	phiau4
宜宾	piau3	piau3	phiau1	phiau1	phiau2	phiau2	phiau4	phiau4
古蔺	piau3	piau3	phiau1	phiau1	phiau2	phiau2	phiau4 phiau3	phiau4
长宁	piau3	piau3	phiau1	phiau1	phiau2	phiau2	phiau3	phiau4
顾县	piau3	piau3	phiau1	phiau1	piau2	piau2	phiau3	phiau4
成都龙泉	piau3	piau3	phiau1	phiau1	phiau2	phiau2	phiau1 phiau3	phiau4

字目	票_{票据}	苗	描	秒	庙	妙	刁	貂
反切		武瀌	武瀌	亡沼	眉召	弥笑	都聊	都聊
声韵调	效开三A 滂宵去	效开三B 明宵平	效开三B 明宵平	效开三A 明宵上	效开三B 明宵去	效开三A 明宵去	效开四 端萧平	效开四 端萧平
中古音	phiɛu-	mɣiɛu	mɣiɛu	miɛu:	mɣiɛu-	miɛu-	teu	teu
广元	phiau4	miau2	miau2	miau3	miau4	miau4	tiau1	tiau1
平武	phiau4	miau2	miau2	miau3	miau4	miau4	tiau1	tiau1
青川	phiau4	miau2	miau2	miau3	miau4	miau4	tiau1	tiau1
剑阁_{普安}	phiau4	miau2	miau2	miau3	miau4	miau4	tiau1	tiau1
剑阁_{金仙}	phiɔ4	miɔ2	miɔ2	miɔ3	miɔ4	miɔ4	tiɔ1	tiɔ1
旺苍	phiau4	miau2	miau2	miau3	miau4	miau4	tiau1	tiau1
苍溪	phiau4	miau2	miau2	miau3	miau4	miau4	tiau1	tiau1
江油	phiau4	miau2	miau2	miau3	miau4	miau4	tiau1	tiau1
北川	phiau4	miau2	miau2	miau3	miau4	miau4	tiau1	tiau1
绵阳	phiau4	miau2	miau2	miau3	miau4	miau4	tiau1	tiau1
盐亭	phiau4	miau2	miau2	miau3	miau4	miau4	tiau1	tiau1
德阳	phiau4	miau2	miau2	miau3	miau4	miau4	tiau1	tiau1
中江	phiau4	miau2	miau2	miau3	miau4	miau4	tiau1	tiau1
射洪	phiau4	miau2	miau2	miau3	miau4	miau4	tiau1	tiau1
蓬溪	phiau4	miau2	miau2	miau3	miau4	miau4	tiau1	tiau1
遂宁	phiau4	miau2	miau2	miau3	miau4	miau4	tiau1	tiau1
乐至	phiau4	miau2	miau2	miau3	miau4	miau4	tiau1	tiau1
安岳	phiau4	miau2	miau2	miau3	miau4	miau4	tiau1	tiau1
仪陇	phiau4	miau2	miau2	miau3	miau4	miau4	tiau1	tiau1
西充	phiau4	miau2	miau2	miau3	miau4	miau4	tiau1	tiau1

字目	票票据	苗	描	秒	庙	妙	刁	貂
反切		武瀌	武瀌	亡沼	眉召	弥笑	都聊	都聊
声韵调	效开三A 滂宵去	效开三B 明宵平	效开三B 明宵平	效开三A 明宵上	效开三B 明宵去	效开三A 明宵去	效开四 端萧平	效开四 端萧平
中古音	phiɛu-	mɣiɛu	mɣiɛu	miɛu:	mɣiɛu-	miɛu-	teu	teu
蓬安	phiau4	miau2	miau2	miau3	miau4	miau4	tiau1	tiau1
南充金台	phiau4	miau2	miau2	miau3	miau4	miau4	tiau1	tiau1
南充龙蟠	phiau4	miau2	miau2	miau3	miau4	miau4	tiau1	tiau1
岳池	phiau4	miau2	miau2	miau3	miau4	miau4	tiau1	tiau1
广安	phiau4	miau2	miau2	miau3	miau4	miau4	tiau1	tiau1
邻水	phiau4	miau2	miau2	miau3	miau4	miau4	tiau1	tiau1
南江	phiau4	miau2	miau2	miau3	miau4	miau4	tiau1	tiau1
巴中	phiau4	miau2	miau2	miau3	miau4	miau4	tiau1	tiau1
通江	phiau4	miau2	miau2	miau3	miau4	miau4	tiau1	tiau1
平昌	phiau4	miau2	miau2	miau3	miau4	miau4	tiau1	tiau1
万源	phiau4	miau2	miau2	miau3	miau4	miau4	tiau1	tiau1
宣汉	phiau4	miau2	miau2	miau3	miau4	miau4	tiau1	tiau1
达州	phiau4	miau2	miau2	miau3	miau4	miau4	tiau1	tiau1
开江	phiau4	miau2	miau2	miau3	miau4	miau4	tiau1	tiau1
渠县	phiau4	miau2	miau2	miau3	miau4	miau4	tiau1	tiau1
宜宾	phiau4	miau2	miau2	miau3	miau4	miau4	tiau1	tiau1
古蔺	phiau4	miau2	miau2	miau3	miau4	miau4	tiau1	tiau1
长宁	phiau4	miau2	miau2	miau3	miau4	miau4	tiau1	tiau1
顾县	phiau4	miau2	miau2	miau3	miau4	miau4	tiau1	tiau1
成都龙泉	phiau4	miau2	miau2	miau3	miau4	miau4	tiau1	tiau1

字目	雕雕刻	钓	吊	掉	调调动	调音调	挑挑选	条
反切	都聊	多啸	多啸	徒吊	徒吊	徒吊	吐雕	徒聊
声韵调	效开四端萧平	效开四端萧去	效开四端萧去	效开四定萧去	效开四定萧去	效开四定萧去	效开四透萧平	效开四定萧平
中古音	teu	teu-	teu-	deu-	deu-	deu-	theu	deu
广元	tiau1	tiau4	tiau4	tiau4 thiau3	tiau4	tiau4	thiau1	thiau2
平武	tiau1	tiau4	tiau4	tiau4	tiau4	tiau4	thiau1	thiau2
青川	tiau1	tiau4	tiau4	tiau4 thiau3	tiau4	tiau4	tiau1 口 thiau1	thiau2
剑阁普安	tiau1	tiau4	tiau4	tiau4 thiau3	tiau4	tiau4	thiau1	thiau2
剑阁金仙	tiɔ1	tiɔ4	tiɔ4	tiɔ4 thiɔ3	tiɔ4	tiɔ4	thiɔ1	thiɔ2
旺苍	tiau1	tiau4	tiau4	tiau4 thiau3	tiau4	tiau4	thiau1	thiau2
苍溪	tiau1	tiau4	tiau4	tiau4 thiau3	tiau4	tiau4	thiau1 tiau1 口	thiau2
江油	tiau1	tiau4	tiau4	thiau3	tiau4	tiau4	thiau1	thiau2
北川	tiau1	tiau4	tiau4	thiau3	tiau4	tiau4	thiau1	thiau2
绵阳	tiau1	tiau4	tiau4	thiau3	tiau4	tiau4	thiau1	thiau2
盐亭	tiau1	tiau4	tiau4	thiau3	tiau4	tiau4	thiau1	thiau2
德阳	tiau1	tiau4	tiau4	tiau4 thiau3	tiau4	tiau4	thiau1 tiau1 口	thiau2
中江	tiau1	tiau4	tiau4	tiau4	tiau4	tiau4	thiau1 tiau1 口	thiau2
射洪	tiau1	tiau4	tiau4	tiau4 thiau3	tiau4	tiau4	thiau1 tiau1 口	thiau2
蓬溪	tiau1	tiau4	tiau4	tiau4 thiau3	tiau4	tiau4	thiau1 tiau1 口	thiau2
遂宁	tiau1	tiau4	tiau4	tiau4 thiau3	tiau4	tiau4	thiau1 tiau1 口	thiau2
乐至	tiau1	tiau4	tiau4	tiau4 thiau3	tiau4	tiau4	thiau1 tiau1 口	thiau2
安岳	tiau1	tiau4	tiau4	tiau4	tiau4	tiau4	thiau1	thiau2
仪陇	tiau1	tiau4	tiau4	tiau4	tiau4	tiau4	thiau1	thiau2
西充	tiau1	tiau4	tiau4	tiau4	tiau4	tiau4	thiau1	thiau2

字目	雕雕刻	钓	吊	掉	调调动	调音调	挑挑选	条
反切	都聊	多啸	多啸	徒吊	徒吊	徒吊	吐雕	徒聊
声韵调	效开四端萧平	效开四端萧去	效开四端萧去	效开四定萧去	效开四定萧去	效开四定萧去	效开四透萧平	效开四定萧平
中古音	teu	teu-	teu-	deu-	deu-	deu-	theu	deu
蓬安	tiau1	tiau4	tiau4	tiau4	tiau4	tiau4	thiau1	thiau2
南充金台	tiau1	tiau4	tiau4	tiau4	tiau4	tiau4	thiau1	thiau2
南充龙蟠	tiau1	tiau4	tiau4	tiau4	tiau4	tiau4	thiau1	thiau2
岳池	tiau1	tiau4	tiau4	tiau4 thiau3	tiau4	tiau4	thiau1 tiau1 口	thiau2
广安	tiau1	tiau4	tiau4	tiau4 thiau3	tiau4	tiau4	thiau1 tiau1 口	thiau2
邻水	tiau1	tiau4	tiau4	tiau4 thiau3	tiau4	tiau4	thiau1 tiau1 口	thiau2
南江	tiau1	tiau4	tiau4	tiau4 thiau3	tiau4	tiau4	thiau1 tiau1 口	thiau2
巴中	tiau1	tiau4	tiau4	tiau4 thiau3	tiau4	tiau4	thiau1 tiau1 口	thiau2
通江	tiau1	tiau4	tiau4	tiau4 thiau3	tiau4	tiau4	thiau1 tiau1 口	thiau2
平昌	tiau1	tiau4	tiau4	tiau4 thiau3	tiau4	tiau4	thiau1 tiau1 口	thiau2
万源	tiau1	tiau4	tiau4	tiau4 thiau3	tiau4	tiau4	thiau1 tiau1 口	thiau2
宣汉	tiau1	tiau4	tiau4	tiau4 thiau3	tiau4	tiau4	thiau1 tiau1 口	thiau2
达州	tiau1	tiau4	tiau4	tiau4 thiau3	tiau4	tiau4	thiau1 tiau1 口	thiau2
开江	tiau1	tiau4	tiau4	tiau4 thiau3	tiau4	tiau4	thiau1 tiau1 口	thiau2
渠县	tiau1	tiau4	tiau4	tiau4 thiau3	tiau4	tiau4	thiau1 tiau1 口	thiau2
宜宾	tiau1	tiau4	tiau4	tiau4 thiau3	tiau4	tiau4	tiau1 口 thiau1	thiau2
古蔺	tiau1	tiau4	tiau4	tiau4 thiau3	tiau4	tiau4	thiau1	thiau2
长宁	tiau1	tiau4	tiau4	thiau3	tiau4	tiau4	thiau1	thiau2
顾县	tiau1	tiau4	tiau4	tiau4 thiau3	tiau4	tiau4	thiau1	thiau2
成都龙泉	tiau1	tiau4	tiau4	tiau3	tiau4	tiau4	thiau1 tiau1 口	thiau2

字目	调调和	挑挑战	跳	鸟	尿	燎烫	聊	辽
反切	徒聊	徒了	他吊	都了	奴吊	力昭	落萧	落萧
声韵调	效开四定萧平	效开四定萧上	效开四透萧去	效开四端萧上	效开四泥萧去	效开三来宵平	效开四来萧平	效开四来萧平
中古音	deu	deu:	theu-	teu:	neu-	liɛu	leu	leu
广元	thiau2	thiau1	thiau4	ȵiau3	ȵiau4	niau2	niau2	niau2
平武	thiau2	thiau1	thiau4	ȵiau3	ȵiau4	niau2	niau2	niau2
青川	thiau2	thiau1	thiau4	ȵiau3	ȵiau4	niau2	niau2	niau2
剑阁普安	thiau2	thiau1	thiau4	ȵiau3	ȵiau4	niau2	niau2	niau2
剑阁金仙	thiɔ2	thiɔ1	thiɔ4	ȵiɔ3	ȵiɔ4	niɔ5	niɔ2	niɔ2
旺苍	thiau2	thiau1	thiau4	ȵiau3	ȵiau4	niau2	niau2	niau2
苍溪	thiau2	thiau3	thiau4	ȵiau3	ȵiau4	liau2	liau2	liau2
江油	thiau2	thiau1	thiau4	ȵiau3	ȵiau4	niau2	niau2	niau2
北川	thiau2	thiau1	thiau4	ȵiau3	ȵiau4	niau2	niau2	niau2
绵阳	thiau2	thiau1	thiau4	ȵiau3	ȵiau4	niau2	niau2	niau2
盐亭	thiau2	thiau1	thiau4	ȵiau3	ȵiau4	liau2	liau2	liau2
德阳	thiau2	thiau1	thiau4	ȵiau3	ȵiau4	niau2	niau2	niau2
中江	thiau2	thiau1	thiau4	ȵiau3	ȵiau4	liau2	liau2	liau2
射洪	thiau2	thiau1	thiau4	ȵiau3	ȵiau4	niau2	niau2	niau2
蓬溪	thiau2	thiau1	thiau4	ȵiau3	ȵiau4	niau2	niau2	niau2
遂宁	thiau2	thiau1	thiau4	ȵiau3	ȵiau4	niau2	niau2	niau2
乐至	thiau2	thiau1	thiau4	ȵiau3	ȵiau4	niau2	niau2	niau2
安岳	thiau2	thiau1	thiau4	ȵiau3	ȵiau4	niau2	niau2	niau2
仪陇	thiau2	thiau1	thiau4	niau3	niau4	niau2	niau2	niau2
西充	thiau2	thiau1	thiau4	ȵiau3	ȵiau4	niau2	niau2	niau2

字目	调调和	挑挑战	跳	鸟	尿	燎烫	聊	辽
反切	徒聊	徒了	他吊	都了	奴吊	力昭	落萧	落萧
声韵调	效开四定萧平	效开四定萧上	效开四透萧去	效开四端萧上	效开四泥萧去	效开三来宵平	效开四来萧平	效开四来萧平
中古音	deu	deu:	theu-	teu:	neu-	liɛu	leu	leu
蓬安	thiau2	thiau1	thiau4	niau3	niau4	niau2	niau2	niau2
南充金台	thiau2	thiau1	thiau4	iau3	ɲiau4	niau2	niau2	niau2
南充龙蟠	thiau2	thiau3	thiau4	ɲiau3	ɲiau4	niau2	niau2	niau2
岳池	thiau2	thiau1	thiau4	ɲiau3	ɲiau4	niau2	niau2	niau2
广安	thiau2	thiau1	thiau4	niau3	niau4	niau2	niau2	niau2
邻水	thiau2	thiau1	thiau4	ɲiau3	ɲiau4	niau2	niau2	niau2
南江	thiau2	thiau1 thiau3	thiau4	ɲiau3	ɲiau4	liau2	liau2	liau2
巴中	thiau2	thiau3	thiau4	ɲiau3	ɲiau4	liau2	liau2	liau2
通江	thiau2	thiau3	thiau4	ɲiau3	ɲiau4	liau2	liau2	liau2
平昌	thiau2	thiau1 thiau3	thiau4	ɲiau3	ɲiau4	liau2	liau2	liau2
万源	thiau2	thiau1 thiau3	thiau4	niau3	ɲiau4	niau4	niau2	niau2
宣汉	thiau2	thiau1 thiau3	thiau4	niau3	niau4	niau4	niau2	niau2
达州	thiau2	thiau1 thiau3	thiau4	niau3	niau4	niau2	niau2	niau2
开江	thiau2	thiau1 thiau3	thiau4	niau3	niau4	niau2	niau2	niau2
渠县	thiau2	thiau1 thiau3	thiau4	niau3	niau4	niau2	niau2	niau2
宜宾	thiau2	thiau1 thiau3	thiau4	niau3	niau4	niau2	niau2	niau2
古蔺	thiau2	thiau3	thiau4	niau3	niau4	niau2	niau2	niau2
长宁	thiau2	thiau1	thiau4	liau3	ɲiau4	liau2	liau2	liau2
顾县	thiau2	thiau1	thiau4	niau3	niau4	niau2	niau2	niau2
成都龙泉	thiau2	thiau3	thiau4	ɲiau3	ɲiau4	liau2	liau2	liau2

字目	疗	燎①烧	了了结	料	交	郊	胶	教教书
反切	力照	力小	卢鸟	力吊	古肴	古肴	古肴	古肴
声韵调	效开三来宵去	效开三来宵上	效开四来萧上	效开四来萧去	效开二见肴平	效开二见肴平	效开二见肴平	效开二见肴平
中古音	liɛu-	liɛu:	leu:	leu-	kɣau	kɣau	kɣau	kɣau
广元	niau2	niau2	niau3	niau4	tɕiau1	tɕiau1	tɕiau1	tɕiau1
平武	niau2	niau4	niau3	niau4	tɕiau1	tɕiau1	tɕiau1	tɕiau1
青川	niau2	niau3	niau3	niau4	tɕiau1	tɕiau1	tɕiau1	tɕiau1
剑阁普安	niau2	niau2	niau3	niau4	tɕiau1	tɕiau1	tɕiau1	tɕiau1
剑阁金仙	ȵiɔ5	ȵiɔ5	ȵiɔ3	ȵiɔ4	tɕiɔ1	tɕiɔ1	tɕiɔ1	tɕiɔ1
旺苍	niau2	niau2	niau3	niau4	tɕiau1	tɕiau1	tɕiau1	tɕiau1
苍溪	liau2	liau2	liau3	liau4	kiau1	kiau1	kiau1	kiau1
江油	niau2	niau3	niau3	niau4	tɕiau1	tɕiau1	tɕiau1	tɕiau1
北川	niau2	niau2	niau3	niau4	tɕiau1	tɕiau1	tɕiau1	tɕiau1
绵阳	niau2	niau2	niau3	niau4	tɕiau1	tɕiau1	tɕiau1	tɕiau1
盐亭	liau2	liau2	liau3	liau4	tɕiau1	tɕiau1	tɕiau1	tɕiau1
德阳	niau2	niau2	niau3	niau4	tɕiau1	tɕiau1	tɕiau1	tɕiau1
中江	liau2	liau2	liau3	liau4	tɕiau1	tɕiau1	tɕiau1	tɕiau1
射洪	niau2	niau3	niau3	niau4	tɕiau1	tɕiau1	tɕiau1	tɕiau1
蓬溪	niau2	niau3	niau3	niau4	tɕiau1	tɕiau1	tɕiau1	tɕiau1
遂宁	niau2	niau3	niau3	niau4	tɕiau1	tɕiau1	tɕiau1	tɕiau1
乐至	niau2	niau2	niau3	niau4	tɕiau1	tɕiau1	tɕiau1	tɕiau1
安岳	niau2	niau2	niau3	niau4	tɕiau1	tɕiau1	tɕiau1	tɕiau1
仪陇	niau2	niau2	niau3	niau4	tɕiau1	tɕiau1	tɕiau1	tɕiau1
西充	niau2	niau2	niau3	niau4	tɕiau1	tɕiau1	tɕiau1	tɕiau1

① 又力昭切，效开三来宵平。按：今"燎（力昭切，烫）、燎（力小切，烧）"多不分。

字目	疗	燎①烧	了了结	料	交	郊	胶	教教书
反切	力照	力小	卢鸟	力吊	古肴	古肴	古肴	古肴
声韵调	效开三来宵去	效开三来宵上	效开四来萧上	效开四来萧去	效开二见肴平	效开二见肴平	效开二见肴平	效开二见肴平
中古音	liɛu-	liɛu:	leu:	leu-	kɣau	kɣau	kɣau	kɣau
蓬安	niau2	niau2	niau3	niau4	tɕiau1	tɕiau1	tɕiau1	tɕiau1
南充金台	niau2	niau2	niau3	niau4	tɕiau1	tɕiau1	tɕiau1	tɕiau1
南充龙蟠	niau2	niau2	niau3	niau4	tɕiau1	tɕiau1	tɕiau1	tɕiau1
岳池	niau2	niau2	niau3	niau4	tɕiau1	tɕiau1	tɕiau1	tɕiau1
广安	niau2	niau2	niau3	niau4	tɕiau1	tɕiau1	tɕiau1	tɕiau1
邻水	niau2	niau2	niau3	niau4	tɕiau1	tɕiau1	tɕiau1	tɕiau1
南江	liau2	liau2	liau3	liau4	tɕiau1	tɕiau1	tɕiau1	tɕiau1
巴中	liau2	liau2	liau3	liau4	tɕiau1	tɕiau1	tɕiau1	tɕiau1
通江	liau2	liau2	liau3	liau4	tɕiau1	tɕiau1	tɕiau1	tɕiau1
平昌	liau2	liau2	liau3	liau4	tɕiau1	tɕiau1	tɕiau1	tɕiau1
万源	niau2	niau2	niau3	niau4	tɕiau1	tɕiau1	tɕiau1	tɕiau1
宣汉	niau2	niau2	niau3	niau4	tɕiau1	tɕiau1	tɕiau1	tɕiau1
达州	niau2	niau2	niau3	niau4	tɕiau1	tɕiau1	tɕiau1	tɕiau1
开江	niau2	niau2	niau3	niau4	tɕiau1	tɕiau1	tɕiau1	tɕiau1
渠县	niau2	niau2	niau3	niau4	tɕiau1	tɕiau1	tɕiau1	tɕiau1
宜宾	niau2	niau2	niau3	niau4	tɕiau1	tɕiau1	tɕiau1	tɕiau1
古蔺	niau2	niau2	niau3	niau4	tɕiau1	tɕiau1	tɕiau1	tɕiau1
长宁	liau2	liau2	liau3	liau4	tɕiau1	tɕiau1	tɕiau1	tɕiau1
顾县	niau2	niau2	niau3	niau4	tɕiau1	tɕiau1	tɕiau1	tɕiau1
成都龙泉	liau2	liau2	liau3	liau4	kau1	tɕiau1	tɕiau1	kau1

① 又力昭切，效开三来宵平。按：今"燎（力昭切，烫）、燎（力小切，烧）"多不分。

字目	焦	蕉	椒	骄	娇	浇	绞	狡
反切	即消	即消	即消	举乔	举乔	古尧	古巧	古巧
声韵调	效开三 精宵平	效开三 精宵平	效开三 精宵平	效开三 B 见宵平	效开三 B 见宵平	效开四 见萧平	效开二 见肴上	效开二 见肴上
中古音	tsiɛu	tsiɛu	tsiɛu	kɣiɛu	kɣiɛu	keu	kɣau:	kɣau:
广元	tʃiau1	tʃiau1	tʃiau1	tɕiau1	tɕiau1	tɕiau1	tɕiau3	tɕiau3
平武	tɕiau1	tɕiau1	tɕiau1	tɕiau1	tɕiau1	tɕiau1	tɕiau3	tɕiau3
青川	tɕiau1	tɕiau1	tɕiau1	tɕiau1	tɕiau1	tɕiau1	tɕiau3	tɕiau3
剑阁普安	tʃiau1	tɕiau1	tʃiau1	tɕiau1	tɕiau1	tɕiau1	tɕiau3	tɕiau3
剑阁金仙	tsiɔ1	tsiɔ1	tsiɔ1	tɕiɔ1	tɕiɔ1	tɕiɔ1	tɕiɔ3	tɕiɔ3
旺苍	tsiau1	tsiau1	tsiau1	tɕiau1	tɕiau1	tɕiau1	tɕiau3	tɕiau3
苍溪	tsiau1	tsiau1	tsiau1	kiau1	kiau1	kiau1	kiau3	kiau3
江油	tɕiau1	tɕiau1	tɕiau1	tɕiau1	tɕiau1	tɕiau1	tɕiau3	tɕiau3
北川	tɕiau1	tɕiau1	tɕiau1	tɕiau1	tɕiau1	tɕiau1	tɕiau3	tɕiau3
绵阳	tɕiau1	tɕiau1	tɕiau1	tɕiau1	tɕiau1	tɕiau1	tɕiau3	tɕiau3
盐亭	tɕiau1	tɕiau1	tɕiau1	tɕiau1	tɕiau1	tɕiau1	tɕiau3	tɕiau3
德阳	tɕiau1	tɕiau1	tɕiau1	tɕiau1	tɕiau1	tɕiau1	tɕiau3	tɕiau3
中江	tɕiau1	tɕiau1	tɕiau1	tɕiau1	tɕiau1	tɕiau1	tɕiau3	tɕiau3
射洪	tɕiau1	tɕiau1	tɕiau1	tɕiau1	tɕiau1	tɕiau1	tɕiau3	tɕiau3
蓬溪	tɕiau1	tɕiau1	tɕiau1	tɕiau1	tɕiau1	tɕiau1	tɕiau1	tɕiau3
遂宁	tɕiau1	tɕiau1	tɕiau1	tɕiau1	tɕiau1	tɕiau1	tɕiau3	tɕiau3
乐至	tɕiau1	tɕiau1	tɕiau1	tɕiau1	tɕiau1	tɕiau1	tɕiau3	tɕiau3
安岳	tɕiau1	tɕiau1	tɕiau1	tɕiau1	tɕiau1	tɕiau1	tɕiau3	tɕiau3
仪陇	tɕiau1	tɕiau1	tɕiau1	tɕiau1	tɕiau1	tɕiau1	tɕiau3	tɕiau3
西充	tɕiau1	tɕiau1	tɕiau1	tɕiau1	tɕiau1	tɕiau1	tɕiau3	tɕiau3

字目	焦	蕉	椒	骄	娇	浇	绞	狡
反切	即消	即消	即消	举乔	举乔	古尧	古巧	古巧
声韵调	效开三 精宵平	效开三 精宵平	效开三 精宵平	效开三B 见宵平	效开三B 见宵平	效开四 见萧平	效开二 见肴上	效开二 见肴上
中古音	tsiɛu	tsiɛu	tsiɛu	kɣiɛu	kɣiɛu	keu	kɣau:	kɣau:
蓬安	tɕiau1	tɕiau1	tɕiau1	tɕiau1	tɕiau1	tɕiau1	tɕiau3	tɕiau3
南充金台	tɕiau1	tɕiau1	tɕiau1	tɕiau1	tɕiau1	tɕiau1	tɕiau3	tɕiau3
南充龙蟠	tɕiau1	tɕiau1	tɕiau1	tɕiau1	tɕiau1	tɕiau1	tɕiau3	tɕiau3
岳池	tɕiau1	tɕiau1	tɕiau1	tɕiau1	tɕiau1	tɕiau1	tɕiau3	tɕiau3
广安	tɕiau1	tɕiau1	tɕiau1	tɕiau1	tɕiau1	tɕiau1	tɕiau3	tɕiau3
邻水	tɕiau1	tɕiau1	tɕiau1	tɕiau1	tɕiau1	tɕiau1	tɕiau3	tɕiau3
南江	tʃiau1	tʃiau1	tʃiau1	tɕiau1	tɕiau1	tɕiau1	tɕiau3	tɕiau3
巴中	tʃiau1	tʃiau1	tʃiau1	tɕiau1	tɕiau1	tɕiau1	tɕiau1 tɕiau3	tɕiau1 tɕiau3
通江	tʃiau1	tʃiau1	tʃiau1	tɕiau1	tɕiau1	tɕiau1	tɕiau3	tɕiau3
平昌	tʃiau1	tʃiau1	tʃiau1	tɕiau1	tɕiau1	tɕiau1	tɕiau1 tɕiau3	tɕiau3
万源	tʃiau1	tʃiau1	tʃiau1	tɕiau1	tɕiau1	tɕiau1	tɕiau1 tɕiau3	tɕiau3
宣汉	tɕiau1	tɕiau1	tɕiau1	tɕiau1	tɕiau1	tɕiau1	tɕiau1	tɕiau3
达州	tɕiau1	tɕiau1	tɕiau1	tɕiau1	tɕiau1	tɕiau1	tɕiau3	tɕiau3
开江	tɕiau1	tɕiau1	tɕiau1	tɕiau1	tɕiau1	tɕiau1	tɕiau3	tɕiau3
渠县	tɕiau1	tɕiau1	tɕiau1	tɕiau1	tɕiau1	tɕiau1	tɕiau3	tɕiau3
宜宾	tɕiau1	tɕiau1	tɕiau1	tɕiau1	tɕiau1	tɕiau1	tɕiau3	tɕiau3
古蔺	tɕiau1	tɕiau1	tɕiau1	tɕiau1	tɕiau1	tɕiau1	tɕiau3	tɕiau3
长宁	tɕiau1	tɕiau1	tɕiau1	tɕiau1	tɕiau1	tɕiau1	tɕiau3	tɕiau3
顾县	tɕiau1	tɕiau1	tɕiau1	tɕiau1	tɕiau1	tɕiau1	tɕiau3	tɕiau3
成都龙泉	tɕiau1	tɕiau1	tɕiau1	tɕiau1	tɕiau1	tɕiau1	tɕiau3	tɕiau3

字目	搅①	缴	脚	角	饺	教教育	酵	校校钟表
反切	古巧	古了	居勺	古岳	古岳	古孝	古孝	古孝
声韵调	效开二见肴上	效开四见萧上	宕开三见药入	江开二见觉入	江开二见觉入	效开二见肴去	效开二见肴去	效开二见肴去
中古音	kɣau:	keu:	kiɐk	kɣʌk	kɣʌk	kɣau-	kɣau-	kɣau-
广元	tɕiau3	tɕiau3	tɕio2	tɕio2 文 ko2 白	tɕiau3	tɕiau4	ɕiau4 tɕiau4	tɕiau4 kau4 口
平武	tɕiau3	tɕiau3	tɕio2	tɕio2 文 ko2 白	tɕiau3	tɕiau4	tɕiau4	tɕiau4
青川	tɕiau3	tɕiau3	tɕio2	tɕio2 文 ko2 白	tɕiau3	tɕiau4	ɕiau4 tɕiau4	tɕiau4 kau4 口
剑阁普安	tɕiau3	tɕiau3	tɕio5	tɕio5 文 ko5 白	tɕiau3	tɕiau4	ɕiau4 tɕiau4	tɕiau4 kau4 口
剑阁金仙	tɕiɔ3	tɕiɔ3	tɕiɔ5	tɕiɔ5 文 ko5 白	tɕiɔ3	tɕiɔ4	ɕiɔ4 tɕiɔ4	tɕiɔ4 kɔ4 口
旺苍	tɕiau3	tɕiau3	tɕio2	tɕio2 文 ko2 白	tɕiau3	tɕiau4	ɕiau4 tɕiau4	tɕiau4 kau4 口
苍溪	kiau3 kau3②	kiau3	kio2	kio2 文 ko2 白	kiau3	kiau4	xiau4 kiau4	kiau4 kau4 口
江油	tɕiau3	tɕiau3	tɕio2	ko2	tɕiau3	tɕiau4	ɕiau4	tɕiau4
北川	tɕiau3	tɕiau3	tɕio2	ko2	tɕiau3	tɕiau4	ɕiau4	tɕiau4
绵阳	tɕiau3	tɕiau3	tɕio2	ko2	tɕiau3	tɕiau4	ɕiau4	tɕiau4
盐亭	tɕiau3	tɕiau3	tɕio5	kɔ5	tɕiau3	tɕiau4	ɕiau4	tɕiau4
德阳	tɕiau3 kau3②	tɕiau3	tɕio2	tɕio2 文 ko2 白	tɕiau3	tɕiau4 tɕiau1 口	ɕiau4 tɕiau4	ɕiau4 俗
中江	tɕiau3 kau3②	tɕiau3	tɕio2	tɕio2 文 ko2 白	tɕiau3	tɕiau4	tɕiau4	tɕiau4 kau4 口
射洪	tɕiau3 kau3②	tɕiau3	tɕio5	tɕio5 文 ko5 白	tɕiau3	tɕiau4 tɕiau1 口	ɕiau4 tɕiau4	tɕiau4
蓬溪	tɕiau3 kau3②	tɕiau3	tɕio5	tɕio5 文 ko5 白	tɕiau3	tɕiau4	ɕiau4 tɕiau4	ɕiau4 俗
遂宁	tɕiau3 kau3②	tɕiau3	tɕio2	tɕio2 文 ko2 白	tɕiau3	tɕiau4 tɕiau1 口	ɕiau4	ɕiau4 俗
乐至	tɕiau3 kau3②	tɕiau3	tɕio2	tɕio2	tɕiau3	tɕiau4	ɕiau4 tɕiau4	ɕiau4 俗
安岳	tɕiau3	tɕiau3	tɕio2	tɕio2	tɕiau3	tɕiau4 tɕiau1 口	ɕiau4	ɕiau4 俗
仪陇	tɕiau3	tɕiau3	tɕio2	ko2	tɕiau2	tɕiau4	ɕiau4	ɕiau4 俗
西充	tɕiau3	tɕiau3	tɕio5	tɕio5	tɕiau3	tɕiau4	ɕiau4	ɕiau4 俗

① 又*下巧切，效开二匣肴上。又分化为"搞"。　② 又音 khau2 俗。

字目	搅①	缴	脚	角	饺	教教育	酵	校校钟表
反切	古巧	古了	居勺	古岳	古岳	古孝	古孝	古孝
声韵调	效开二见肴上	效开四见萧上	宕开三见药入	江开二见觉入	江开二见觉入	效开二见肴去	效开二见肴去	效开二见肴去
中古音	kɣau:	keu:	kiɛk	kɣʌk	kɣʌk	kɣau-	kɣau-	kɣau-
蓬安	tɕiau3	tɕiau3	tɕio2	tɕio2	tɕiau3	tɕiau4	ɕiau4	ɕiau4
南充金台	tɕiau3	tɕiau3	tɕio2	tɕio2	tɕiau3	tɕiau4	tɕiau4	tɕiau4
南充龙蟠	tɕiau3 khau2 俗	tɕiau3	tɕio5	tɕio5 文 kɣ5 白	tɕiau3	tɕiau4	ɕiau4	tɕiau4
岳池	tɕiau3 kau3②	tɕiau3	tɕio2	tɕio2 文 ko2 白	tɕiau3	tɕiau4	ɕiau4 tɕiau4	ɕiau4 俗
广安	tɕiau3 kau3②	tɕiau3	tɕio2	tɕio2 文 ko2 白	tɕiau3	tɕiau4	ɕiau4 tɕiau4	ɕiau4 俗
邻水	tɕiau3 kau3②	tɕiau3	tɕio5	tɕio5 文 ko5 白	tɕiau3	tɕiau4	ɕiau4 tɕiau4	ɕiau4 俗
南江	tɕiau3 kau3②	tɕiau3	tɕio5	tɕio2 文 kɣ2 白	tɕiau3	tɕiau4	ɕiau4 tɕiau4	tɕiau4 kau4 口
巴中	tɕiau3 kau3②	tɕiau3	tɕio2 tɕio5 旧	tɕio2 文 ko2 白	tɕiau3	tɕiau4	ɕiau4 tɕiau4	tɕiau4 kau4 口
通江	tɕiau3 kau3②	tɕiau3	tɕio5	ko5	tɕiau3	tɕiau4	ɕiau4 tɕiau4	tɕiau4 kau4 口
平昌	tɕiau3 kau3②	tɕiau1 tɕiau3	tɕio2	tɕio2 文 ko2 白	tɕiau3	tɕiau4	ɕiau4 tɕiau4	tɕiau4 kau4 口
万源	tɕiau3 kau3②	tɕiau3	tɕio2	tɕio2 文 ko2 白	tɕiau3	tɕiau4	ɕiau4 tɕiau4	ɕiau4 俗 kau4 口
宣汉	tɕiau3 kau3②	tɕiau3	tɕio2	ke2 文 ko2 白	tɕiau3	tɕiau4	ɕiau4 tɕiau4	ɕiau4 俗 kau4 口
达州	tɕiau3 kau3②	tɕiau3	tɕiau2	tɕio2 文 ko2 白	tɕiau3	tɕiau4	ɕiau4 tɕiau4	ɕiau4 俗 kau4 口
开江	tɕiau3 kau3②	tɕiau3	tɕio2	tɕio2 文 ko2 白	tɕiau3	tɕiau4	ɕiau4 tɕiau4	ɕiau4 俗 kau4 口
渠县	kau3 khau2 俗	tɕiau3	tɕio2	tɕio2 文 ko2 白	tɕiau3	tɕiau4	ɕiau4 tɕiau4	ɕiau4 俗 kau4 口
宜宾	tɕiau3 khau2 俗	tɕiau3	tɕyɵ5	ke5 文 tɕyɵ5 白	tɕiau3	tɕiau4	ɕiau4	tɕiau4 kau4 口
古蔺	tɕiau3 kau3②	tɕiau3	tɕio5	ko5 文 tɕio5 白	tɕiau3	tɕiau4	ɕiau4	tɕiau4 kau4 口
长宁	tɕiau3	tɕiau3	tɕyo5	kɣ5	tɕiau3	tɕiau4	ɕiau4	tɕiau4
顾县	tɕiau3	tɕiau3	tɕio2	tɕio2 文 ko2 白	tɕiau3	tɕiau4	ɕiau4 tɕiau4	tɕiau4 kau4 口
成都龙泉	tɕiau3 kau3②	kau1	tɕio?5	tɕio?5 文 ko?5 白	tɕiau3	kau4	ɕiau4 tɕiau4	tɕiau4 kau4 口

① 又*下巧切，效开二匣肴上。又分化为"搞"。　② 又音 khau2 俗。

字目	较比试	觉睡觉	轿	叫	敲	锹	樵	乔
反切	古孝	古孝	渠庙	古吊	口交	七遥	昨焦	巨娇
声韵调	效开二 见肴去	效开二 见肴去	效开三B 群宵去	效开四 见萧去	效开二 溪肴平	效开三 清宵平	效开三 从宵平	效开三B 群宵平
中古音	kɣau-	kɣau-	gɣɨɛu-	keu-	khɣau	tshiɛu	dziɛu	gɣɨɛu
广元	tɕiau4 kau4 口	tɕiau4 kau4 口	tɕiau4	tɕiau4	tɕhiau1 khau1 口	tʃhiau1	tʃhiau2	tɕhiau2
平武	tɕiau4	tɕiau4	tɕiau4	tɕiau4	tɕhiau1	tɕhiau1	tɕhiau2	tɕhiau2
青川	tɕiau4 kau4 口	tɕiau4 kau4 口	tɕiau4	tɕiau4	tɕhiau1 khau1 口	tɕhiau1	tɕhiau2	tɕhiau2
剑阁普安	tɕiau4 kau4 口	tɕiau4 kau4 口	tɕiau4	tɕiau4	tɕhiau1 khau1 口	tʃhiau1	tʃhiau2	tɕhiau2
剑阁金仙	tɕiɔ4 kɔ4 口	tɕiɔ4 kɔ4 口	tɕiɔ4	tɕiɔ4	tɕhiɔ1 khɔ1 口	tshiɔ1	tshiɔ2	tɕhiɔ2
旺苍	tɕiau4 kau4 口	tɕiau4 kau4 口	tɕiau4	tɕiau4	tɕhiau1 khau1 口	tshiau1	tshiau2	tɕhiau2
苍溪	kiau4 kau4 口	tɕiau4 kau4 口	kiau4	kiau4	khiau1 khau1 口	tshiau1	tshiau2	tɕhiau2
江油	tɕiau4	tɕiau4	tɕiau4	tɕiau4	khau1	tɕhiau1	tɕhiau2	tɕhiau2
北川	tɕiau4	tɕiau4	tɕiau4	tɕiau4	khau1	tɕhiau1	tɕhiau2	tɕhiau2
绵阳	tɕiau4	tɕiau4	tɕiau4	tɕiau4	khɑu1	tɕhiau1	tɕhiau2	tɕhiau2
盐亭	tɕiau4	tɕiau4	tɕiau4	tɕiau4	khɑu1	tɕhiau1	tɕiau1	tɕhiau2
德阳	tɕiau4 kau4 口	tɕiau4 kau4 口	tɕiau4	tɕiau4	tɕhiau1 khau1 口	tɕhiau1	tɕhiau2	tɕhiau2
中江	tɕiau4 kau4 口	tɕiau4 kau4 口	tɕiau4	tɕiau4	tɕhiau1 khau1 口	tɕhiau1	tɕhiau2	tɕhiau2
射洪	tɕiau4 kau4 口	tɕiau4 kau4 口	tɕiau4	tɕiau4	tɕhiau1 khau1 口	tɕhiau1	tɕhiau2	tɕhiau2
蓬溪	tɕiau4 kau4 口	tɕiau4 kau4 口	tɕiau4	tɕiau4	tɕhiau1 khau1 口	tɕhiau1	tɕhiau2	tɕhiau2
遂宁	tɕiau4 kau4 口	tɕiau4 kau4 口	tɕiau4	tɕiau4	tɕhiau1 khau1 口	tɕhiau1	tɕhiau2	tɕhiau2
乐至	tɕiau4	tɕiau4 kau4 口	tɕiau4	tɕiau4	khau1	tɕhiau1	tɕhiau2	tɕhiau2
安岳	tɕiau4	tɕiau4	tɕiau4	tɕiau4	tɕhiau1	tɕhiau1	tɕhiau2	tɕhiau2
仪陇	tɕiau4	tɕiau4	tɕiau4	tɕiau4	tɕhiau1	tɕhiau1	tɕhiau2	tɕhiau2
西充	tɕiau4	tɕiau4	tɕiau4	tɕiau4	khau1	tɕhiau1	tɕhiau1	tɕhiau2

字目	较比试	觉睡觉	轿	叫	敲	锹	樵	乔
反切	古孝	古孝	渠庙	古吊	口交	七遥	昨焦	巨娇
声韵调	效开二 见肴去	效开二 见肴去	效开三B 群宵去	效开四 见萧去	效开二 溪肴平	效开三 清宵平	效开三 从宵平	效开三B 群宵平
中古音	kɣau-	kɣau-	gyiɛu-	keu-	khɣau	tshiɛu	dziɛu	gyiɛu
蓬安	tɕiau4	tɕiau4	tɕiau4	tɕiau4	tɕhiau1	tɕhiau1	tɕhiau2	tɕhiau2
南充金台	tɕiau4	tɕiau4	tɕiau4	tɕiau4	tɕhiau1	tɕhiau1	tɕhiau2	tɕhau2
南充龙蟠	tɕiau4	tɕiau4	tɕiau4	tɕiau4	tɕhiau1 khau1 口	tɕhiau1	tɕhiau2	tɕhiau2
岳池	tɕiau4 kau4 口	tɕiau4 kau4 口	tɕiau4	tɕiau4	tɕhiau1 khau1 口	tɕhiau1	tɕhiau2	tɕhiau2
广安	tɕiau4 kau4 口	tɕiau4 kau4 口	tɕiau4	tɕiau4	tɕhiau1 khau1 口	tɕhiau1	tɕhiau2	tɕhiau2
邻水	tɕiau4	tɕiau4 kau4 口	tɕiau4	tɕiau4	tɕhiau1 khau1 口	tɕhiau1	tɕhiau2	tɕhiau2
南江	tɕiau3 kau4 口	tɕiau4 kau4 口	tɕhiau4 tɕiau4	tɕiau4	tɕhiau1 khau1 口	tʃhiau1	tʃhiau2	tɕhiau2
巴中	tɕiau4 kau4 口	tɕiau4 kau4 口	tɕhiau4 tɕiau4	tɕiau4	tɕhiau1 khau1 口	tʃhiau1	tʃhiau2	tɕhiau2
通江	tɕiau3 kau4 口	tɕiau4 kau4 口	tɕhiau4 tɕiau4	tɕiau4	khiau1 khau1 口	tʃhiau1	tʃhiau2	tɕhiau2
平昌	tɕiau4 kau4 口	tɕiau4 kau4 口	tɕhiau4 tɕiau4	tɕiau4	tɕhiau1 khau1 口	tʃhiau1	tʃhiau2	tɕhiau2
万源	tɕiau1 kau4 口	tɕiau4 kau4 口	tɕiau4	tɕiau4	tɕhiau1 khau1 口	tɕhiau1	tʃhiau2	tɕhiau2
宣汉	tɕiau1 kau4 口	tɕiau4 kau4 口	tɕiau4	tɕiau4	tɕhiau1 khau1 口	tɕhiau1	tɕhiau2	tɕhiau2
达州	tɕiau4 kau4 口	tɕiau4 kau4 口	tɕiau4	tɕiau4	tɕhiau1 khau1 口	tɕhiau1	tɕhiau2	tɕhiau2
开江	tɕiau1 kau4 口	tɕiau4 kau4 口	tɕiau4	tɕiau4	tɕhiau1 khau1 口	tɕhiau1	tɕhiau2	tɕhiau2
渠县	tɕiau1 kau4 口	tɕiau4 kau4 口	tɕiau4	tɕiau4	khau1	tɕhiau1	tɕhiau2	tɕhiau2
宜宾	tɕiau4 kau4 口	tɕiau4 kau4 口	tɕiau4	tɕiau4	tɕhiau1 khau1 口	tɕhiau1	tɕhiau2	tɕhiau2
古蔺	tɕiau4 kau4 口	tɕiau4 kau4 口	tɕiau4	tɕiau4	tɕhiau1 khau1 口	tɕhiau1	tɕhiau2	tɕhiau2
长宁	tɕiau4	tɕiau4	tɕiau4	tɕiau4	khau1	tɕhiau1	tɕhiau2	tɕhiau2
顾县	tɕiau4	tɕiau4 kau4 口	tɕiau4	tɕiau4	tɕhiau1 khau1 口	tɕhiau1	tɕhiau2	tɕhiau2
成都龙泉	tɕiau4 kau4 口	tɕiau4 kau4 口	tɕhiau4	tɕiau4	tɕhiau4 khau4 口	tɕhiau1	tɕhiau2	tɕhiau2

字目	桥	侨	巧	翘翘尾巴	窍	消	宵	霄
反切	巨娇	巨娇	苦绞	巨要	苦吊	相邀	相邀	相邀
声韵调	效开三B 群宵平	效开三B 群宵平	效开二 溪肴上	效开三A 群宵去	效开四 溪萧去	效开三 心宵平	效开三 心宵平	效开三 心宵平
中古音	gyiɛu	gyiɛu	khɣau:	giɛu-	kheu-	siɛu	siɛu	siɛu
广元	tɕhiau2	tɕhiau2	tɕhiau3	tɕhiau4	tɕhiau4	ʃiau1	ʃiau1	ʃiau1
平武	tɕhiau2	tɕhiau2	tɕhiau3	tɕhiau4	tɕhiau4	ɕiau1	ɕiau1	ɕiau1
青川	tɕhiau2	tɕhiau2	tɕhiau3	tɕhiau4	tɕhiau4	ɕiau1	ɕiau1	ɕiau1
剑阁普安	tɕhiau2	tɕhiau2	tɕhiau3	tɕhiau4	tɕhiau4	ʃiau1	ʃiau1	ɕiau1
剑阁金仙	tɕhiɔ2	tɕhiɔ2	tɕhiɔ3	tɕhiɔ4	tɕhiɔ4	siɔ1	siɔ1	siɔ1
旺苍	tɕhiau2	tɕhiau2	tɕhiau3	tɕhiau4	tɕhiau4	siau1	siau1	siau1
苍溪	tɕhiau2	tɕhiau2	tɕhiau3	tɕhiau4	tɕhiau4	siau1	siau1	siau1
江油	tɕhiau2	tɕhiau2	tɕhiau3	tɕhiau4	tɕhiau4	ɕiau1	ɕiau1	ɕiau1
北川	tɕhiau2	tɕhiau2	tɕhiau3	tɕhiau4	tɕhiau4	ɕiau1	ɕiau1	ɕiau1
绵阳	tɕhiau2	tɕhiau2	tɕhiau3	tɕhiau4	tɕhiau3	ɕiau1	ɕiau1	ɕiau1
盐亭	tɕhiau2	tɕhiau2	tɕhiau3	tɕhiau4	tɕhiau4	ɕiau1	ɕiau1	ɕiau1
德阳	tɕhiau2	tɕhiau2	tɕhiau3	tɕhiau4	tɕhiau4	ɕiau1	ɕiau1	ɕiau1
中江	tɕhiau2	tɕhiau2	tɕhiau3	tɕhiau4	tɕhiau4	ɕiau1	ɕiau1	ɕiau1
射洪	tɕhiau2	tɕhiau2	tɕhiau3	tɕhiau4	tɕhiau4	ɕiau1	ɕiau1	ɕiau1
蓬溪	tɕhiau2	tɕhiau2	tɕhiau3	tɕhiau4	tɕhiau4	ɕiau1	ɕiau1	ɕiau1
遂宁	tɕhiau2	tɕhiau2	tɕhiau3	tɕhiau4	tɕhiau4	ɕiau1	ɕiau1	ɕiau1
乐至	tɕhiau2	tɕhiau2	tɕhiau3	tɕhiau4	tɕhiau4	ɕiau1	ɕiau1	ɕiau1
安岳	tɕhiau2	tɕhiau2	tɕhiau3	tɕhiau4	tɕhiau4	ɕiau1	ɕiau1	ɕiau1
仪陇	tɕhiau2	tɕhiau2	tɕhiau3	tɕhiau4	tɕhiau4	ɕiau1	ɕiau1	ɕiau1
西充	tɕhiau2	tɕhiau2	tɕhiau3	tɕhiau4	tɕhiau4	ɕiau1	ɕiau1	ɕiau1

字目	桥	侨	巧	翘翘尾巴	窍	消	宵	霄
反切	巨娇	巨娇	苦绞	巨要	苦吊	相邀	相邀	相邀
声韵调	效开三B 群宵平	效开三B 群宵平	效开二 溪肴上	效开三A 群宵去	效开四 溪萧去	效开三 心宵平	效开三 心宵平	效开三 心宵平
中古音	gɣiɛu	gɣiɛu	khɣau:	giɛu-	kheu-	siɛu	siɛu	siɛu
蓬安	tɕhiau2	tɕhiau2	tɕhiau3	tɕhiau4	tɕhiau4	ɕiau1	ɕiau1	ɕiau1
南充金台	tɕhau2	tɕhiau2	tɕhiau3	tɕhiau4	tɕhiau4	ɕiau1	ɕiau1	ɕiau1
南充龙蟠	tɕhiau2	tɕhiau2	tɕhiau3	tɕhiau4	tɕhiau4	ɕiau1	ɕiau1	ɕiau1
岳池	tɕhiau2	tɕhiau2	tɕhiau3	tɕhiau4	tɕhiau4	ɕiau1	ɕiau1	ɕiau1
广安	tɕhiau2	tɕhiau2	tɕhiau3	tɕhiau4	tɕhiau4	ɕiau1	ɕiau1	ɕiau1
邻水	tɕhiau2	tɕhiau2	tɕhiau3	tɕhiau4	tɕhiau4	ɕiau1	ɕiau1	ɕiau1
南江	tɕhiau2	tɕhiau2	tɕhiau3	tɕhiau4	tɕhiau4	ʃiau1	ʃiau1	ʃiau1
巴中	tɕhiau2	tɕhiau2	tɕhiau3	tɕhiau4	tɕhiau4	ʃiau1	ʃiau1	ʃiau1
通江	tɕhiau2	tɕhiau2	tɕhiau3	tɕhiau4	tɕhiau4	ʃiau1	ʃiau1	ʃiau1
平昌	tɕhiau2	tɕhiau2	tɕhiau3	tɕhiau4	tɕhiau4	ʃiau1	ʃiau1	ʃiau1
万源	tɕhiau2	tɕhiau2	tɕhiau3	tɕhiau4	tɕhiau4	ʃiau1	ʃiau1	ʃiau1
宣汉	tɕhiau2	tɕhiau2	tɕhiau3	tɕhiau4	tɕhiau4	ɕiau1	ɕiau1	ɕiau1
达州	tɕhiau2	tɕhiau2	tɕhiau3	tɕhiau4	tɕhiau4	ɕiau1	ɕiau1	ɕiau1
开江	tɕhiau2	tɕhiau2	tɕhiau3	tɕhiau4	tɕhiau4	ɕiau1	ɕiau1	ɕiau1
渠县	tɕhiau2	tɕhiau2	tɕhiau3	tɕhiau4	tɕhiau4	ɕiau1	ɕiau1	ɕiau1
宜宾	tɕhiau2	tɕhiau2	tɕhiau3	tɕhiau1 tɕhiau4	tɕhiau4	ɕiau1	ɕiau1	ɕiau1
古蔺	tɕhiau2	tɕhiau2	tɕhiau3	tɕhiau1 tɕhiau4	tɕhiau4	ɕiau1	ɕiau1	ɕiau1
长宁	tɕhiau2	tɕhiau2	tɕhiau3	tɕhiau4	tɕhiau4	ɕiau1	ɕiau1	ɕiau1
顾县	tɕhiau2	tɕhiau2	tɕhiau3	tɕhiau4	tɕhiau4	ɕiau1	ɕiau1	ɕiau1
成都龙泉	tɕhiau2	tɕhiau2	tɕhiau4	tɕhiau4	tɕhiau4	ɕiau1	ɕiau1	ɕiau1

字目	硝	萧	箫	淆	小	晓	孝	效
反切	相邀	苏雕	苏雕	胡茅	私兆	馨皛	呼教	胡教
声韵调	效开三心宵平	效开四心萧平	效开四心萧平	效开二匣肴平	效开三心宵上	效开四晓萧上	效开二晓肴去	效开二匣肴去
中古音	siɛu	seu	seu	ɦɣau	siɛu:	heu:	hɣau-	ɦɣau-
广元	ʃiau1	ʃiau1	ʃiau1	ɕiau1	ʃiau3	ɕiau3	ɕiau4	ɕiau4
平武	ɕiau1	ɕiau1	ɕiau1	ɕiau1	ɕiau3	ɕiau3	ɕiau4	ɕiau4
青川	ɕiau1	ɕiau1	ɕiau1	ɕiau4	ɕiau3	ɕiau3	ɕiau4	ɕiau4
剑阁普安	ɕiau1	ʃiau1	ʃiau1	ɕiau3	ʃiau3	ɕiau3	ɕiau4	ɕiau4
剑阁金仙	tɕiɔ1	tɕiɔ1	tɕiɔ1	xiɔ4	tɕiɔ3	ɕiɔ3	ɕiɔ4	xiɔ4
旺苍	siau1	siau1	siau1	ɕiau3	siau3	ɕiau3	ɕiau4	ɕiau4
苍溪	siau1	siau1	siau1	xiau2 xiau4	siau3	xiau3	xiau4	xiau4
江油	ɕiau1	ɕiau1	ɕiau1	ɕiau2	ɕiau3	ɕiau3	ɕiau4	ɕiau4
北川	ɕiau1	ɕiau1	ɕiau1	ɕiau1	ɕiau3	ɕiau3	ɕiau4	ɕiau4
绵阳	ɕiau1	ɕiau1	ɕiau1	ɕiau4	ɕiau3	ɕiau3	ɕiau4	ɕiau4
盐亭	ɕiau1	ɕiau1	ɕiau1	ɕiau2	ɕiau3	ɕiau3	ɕiau4	ɕiau4
德阳	ɕiau1	ɕiau1	ɕiau1	ɕiau4	ɕiau3	ɕiau3	ɕiau4	ɕiau4
中江	ɕiau1	ɕiau1	ɕiau1	ɕiau4	ɕiau3	ɕiau3	ɕiau4	ɕiau4
射洪	ɕiau1	ɕiau1	ɕiau1	ɕiau4	ɕiau3	ɕiau3	ɕiau4	ɕiau4
蓬溪	ɕiau1	ɕiau1	ɕiau1	ɕiau2	ɕiau3	ɕiau3	ɕiau4	ɕiau4
遂宁	ɕiau1	ɕiau1	ɕiau1	ɕiau2	ɕiau3	ɕiau3	ɕiau4	ɕiau4
乐至	ɕiau1	ɕiau1	ɕiau1	ɕiau2	ɕiau3	ɕiau3	ɕiau4	ɕiau4
安岳	ɕiau1	ɕiau1	ɕiau1	ɕiau2	ɕiau3	ɕiau3	ɕiau4	ɕiau4
仪陇	ɕiau1	ɕiau1	ɕiau1	ɕiau3	ɕiau3	ɕiau3	ɕiau4	ɕiau4
西充	ɕiau1	ɕiau1	ɕiau1	ɕiau2	ɕiau3	ɕiau3	ɕiau4	ɕiau4

字目	硝	萧	箫	洧	小	晓	孝	效
反切	相邀	苏雕	苏雕	胡茅	私兆	馨皛	呼教	胡教
声韵调	效开三心宵平	效开四心萧平	效开四心萧平	效开二匣肴平	效开三心宵上	效开四晓萧上	效开二晓肴去	效开二匣肴去
中古音	sicu	seu	seu	ɦɣau	sicu:	heu:	hɣau-	ɦɣau-
蓬安	ɕiau1	ɕiau1	ɕiau1	ɕiau2	ɕiau3	ɕiau3	ɕiau4	ɕiau4
南充金台	ɕiau1	ɕiau1	ɕiau1	ɕiau2	ɕiau3	ɕiau3	ɕiau4	ɕiau4
南充龙蟠	ɕiau1	ɕiau1	ɕiau1	ɕiau3	ɕiau3	ɕiau3	ɕiau4	ɕiau4
岳池	ɕiau1	ɕiau1	ɕiau1	ɕiau2	ɕiau3	ɕiau3	ɕiau4	ɕiau4
广安	ɕiau1	ɕiau1	ɕiau1	ɕiau4	ɕiau3	ɕiau3	ɕiau4	ɕiau4
邻水	ɕiau1	ɕiau1	ɕiau1	ɕiau2	ɕiau3	ɕiau3	ɕiau4	ɕiau4
南江	ʃiau1	ʃiau1	ʃiau1	ɕiau2	ʃiau3	ɕiau3	ɕiau4	ɕiau4
巴中	ʃiau1	ʃiau1	ʃiau1	ɕiau2	ʃiau3	ɕiau3	ɕiau4	ɕiau4
通江	ʃiau1	ʃiau1	ʃiau1	ɕiau2	ʃiau3	ɕiau3	ɕiau4	ɕiau4
平昌	ʃiau1	ʃiau1	ʃiau1	ɕiau2	ʃiau3	ɕiau1 ɕiau3	ɕiau4	ɕiau4
万源	ʃiau1	ʃiau1	ʃiau1	ɕiau2	ʃiau3	ɕiau3	ɕiau4	ɕiau4
宣汉	ɕiau1	ɕiau1	ɕiau1	ɕiau4	ɕiau3	ɕiau3	ɕiau4	ɕiau4
达州	ɕiau1	ɕiau1	ɕiau1	ɕiau4	ɕiau3	ɕiau3	ɕiau4	ɕiau4
开江	ɕiau1	ɕiau1	ɕiau1	ɕiau4	ɕiau3	ɕiau3	ɕiau4	ɕiau4
渠县	ɕiau1	ɕiau1	ɕiau1	ɕiau4	ɕiau3	ɕiau3	ɕiau4	ɕiau4
宜宾	ɕiau1	ɕiau1	ɕiau1	ɕiau2	ɕiau3	ɕiau3	ɕiau4	ɕiau4
古蔺	ɕiau1	ɕiau1	ɕiau1	ɕiau2	ɕiau3	ɕiau3	ɕiau4	ɕiau4
长宁	ɕiau1	ɕiau1	ɕiau1	ɕiau4	ɕiau3	ɕiau3	ɕiau4	ɕiau4
顾县	ɕiau1	ɕiau1	ɕiau1	ɕiau2	ɕiau3	ɕiau3	ɕiau4	ɕiau4
成都龙泉	ɕiau1	ɕiau1	ɕiau1	ɕiau4	ɕiau3	ɕiau3	ɕiau4	ɕiau4

字目	校学校	校校尉	笑	妖	邀	腰	要要求	幺
反切	胡教	胡教	私妙	于乔	于霄	于霄	于霄	于尧
声韵调	效开二匣肴去	效开二匣肴去	效开三心宵去	效开三B影宵平	效开三A影宵平	效开三A影宵平	效开三A影宵平	效开四影萧平
中古音	ɦɣau-	ɦɣau-	sieu-	ʔɣiɛu	ʔiɛu	ʔiɛu	ʔiɛu	ʔeu
广元	ɕiau4	ɕiau4	ʃiau4	iau1	iau1	iau1	iau1	iau1
平武	ɕiau4	ɕiau4	ɕiau4	iau1	iau1	iau1	iau1	iau1
青川	ɕiau4	ɕiau4	ɕiau4	iau1	iau1	iau1	iau1	iau1
剑阁普安	ɕiau4	ɕiau4	ʃiau4	iau1	iau1	iau1	iau1	iau1
剑阁金仙	ɕiɔ4	ɕiɔ4	siɔ4	iɔ1	iɔ1	iɔ1	iɔ1	iɔ1
旺苍	ɕiau4	ɕiau4	siau4	iau1	iau1	iau1	iau1	iau1
苍溪	xiau4	xiau4	siau4	iau1	iau1	iau1	iau1	iau1
江油	ɕiau4	ɕiau4	ɕiau4	iau1	iau1	iau1	iau1	iau1
北川	ɕiau4	ɕiau4	ɕiau4	iau1	iau1	iau1	iau4	iau1
绵阳	ɕiau4	ɕiau4	ɕiau4	iau1	iau1	iau1	iau1	iau1
盐亭	ɕiau4	ɕiau4	ɕiau4	iau1	iau1	iau1	iau1	iau1
德阳	ɕiau4	ɕiau4	ɕiau4	iau1	iau1	iau1	iau1	iau1
中江	ɕiau4	ɕiau4	ɕiau4	iau1	iau1	iau1	iau1	iau1
射洪	ɕiau4	ɕiau4	ɕiau4	iau1	iau1	iau1	iau1	iau1
蓬溪	ɕiau4	ɕiau4	ɕiau4	iau1	iau1	iau1	iau1	iau1
遂宁	ɕiau4	ɕiau4	ɕiau4	iau1	iau1	iau1	iau1	iau1
乐至	ɕiau4	ɕiau4	ɕiau4	iau1	iau1	iau1	iau1	iau1
安岳	ɕiau4	ɕiau4	ɕiau4	iau1	iau1	iau1	iau1	iau1
仪陇	ɕiau4	ɕiau4	ɕiau4	iau1	iau1	iau1	iau1	iau1
西充	ɕiau4	ɕiau4	ɕiau4	iau1	iau1	iau1	iau1	iau1

字目	校_{学校}	校_{校尉}	笑	妖	邀	腰	要_{要求}	幺
反切	胡教	胡教	私妙	于乔	于霄	于霄	于霄	于尧
声韵调	效开二 匣看去	效开二 匣看去	效开三 心宵去	效开三 B 影宵平	效开三 A 影宵平	效开三 A 影宵平	效开三 A 影宵平	效开四 影萧平
中古音	ɦɣau-	ɦɣau-	sieu-	ʔɣɨeu	ʔieu	ʔieu	ʔieu	ʔeu
蓬安	ɕiau4	ɕiau4	ɕiau4	iau1	iau1	iau1	iau1	iau1
南充_{金台}	ɕiau4	ɕiau4	ɕiau4	iau1	iau1	iau1	iau1	iau1
南充_{龙蟠}	ɕiau4 tɕiau4 俗	ɕiau4	ɕiau4	iau1	iau1	iau1	iau1	iau1
岳池	ɕiau4	ɕiau4	ɕiau4	iau1	iau1	iau1	iau1	iau1
广安	ɕiau4	ɕiau4	ɕiau4	iau1	iau1	iau1	iau1	iau1
邻水	ɕiau4	ɕiau4	ɕiau4	iau1	iau1	iau1	iau1	iau1
南江	ɕiau4	ɕiau4	ʃiau4	iau1	iau1	iau1	iau1	iau1
巴中	ɕiau4	ɕiau4	ʃiau4	iau1	iau1	iau1	iau1	iau1
通江	ɕiau4	ɕiau4	ʃiau4	iau1	iau1	iau1	iau1	iau1
平昌	ɕiau4	ɕiau4	ʃiau4	iau1	iau1	iau1	iau1	iau1
万源	ɕiau4	ɕiau4	ʃiau4	iau1	iau1	iau1	iau4 俗 iau1	iau1
宣汉	ɕiau4	ɕiau4	ɕiau4	iau1	iau1	iau1	iau1	iau1
达州	ɕiau4	ɕiau4	ɕiau4	iau1	iau1	iau1	iau4 俗 iau1	iau1
开江	ɕiau4	ɕiau4	ɕiau4	iau1	iau1	iau1	iau1	iau1
渠县	ɕiau4	ɕiau4	ɕiau4	iau1	iau1	iau1	iau1	iau1
宜宾	ɕiau4	ɕiau4	ɕiau4	iau1	iau1	iau1	iau1	iau1
古蔺	ɕiau4	ɕiau4	ɕiau4	iau1	iau1	iau1	iau1	iau1
长宁	ɕiau4	ɕiau4	ɕiau4	iau1	iau1	iau1	iau1	iau1
顾县	ɕiau4	ɕiau4	ɕiau4	iau1	iau1	iau1	iau1	iau1
成都_{龙泉}	ɕiau4	ɕiau4	ɕiau4	iau1	iau1	iau1	ɔi1	iau1

字目	摇	谣	窑	姚	尧	咬	窅	要重要
反切	余昭	余昭	余昭	余昭	五聊	五巧	以沼	于笑
声韵调	效开三 以宵平	效开三 以宵平	效开三 以宵平	效开三 以宵平	效开四 疑萧平	效开二 疑肴上	效开三 以宵上	效开三A 影宵去
中古音	jiɛu	jiɛu	jiɛu	jiɛu	ŋeu	ŋɣau	jiɛu:	ʔiɛu-
广元	iau2	iau2	iau2	iau2	iau2	ȵiau3 ŋau4	iau3	iau4
平武	iau2	iau2	iau2	iau2	iau2	ȵiau3	iau3	iau4
青川	iau2	iau2	iau2	iau2	iau2	ȵiau3	iau3	iau4
剑阁普安	iau2	iau2	iau2	iau2	iau2	ȵiau3	iau3	iau4
剑阁金仙	iɔ2	iɔ2	iɔ2	iɔ2	iɔ2	ȵiɔ3	iɔ3	iɔ4
旺苍	iau2	iau2	iau2	iau2	iau2	ȵiau3	iau3	iau4
苍溪	iau2	iau2	iau2	iau2	iau2	ŋau3 ȵiau3	iau3	iau4
江油	iau2	iau2	iau2	iau2	iau2	ȵiau3	iau3	iau4
北川	iau2	iau2	iau2	iau2	iau2	ȵiau3	iau3	iau4
绵阳	iau2	iau2	iau2	iau2	iau2	iau3	iau3	iau4
盐亭	iau2	iau2	iau2	iau2	iau2	ȵiau3	iau3	iau4
德阳	iau2	iau2	iau2	iau2	iau2	ŋau3 ȵiau3	iau3	iau4
中江	iau2	iau2	iau2	iau2	iau2	ŋau3 ȵiau3	iau3	iau4
射洪	iau2	iau2	iau2	iau2	iau2	ŋau3 ȵiau3	iau3	iau4
蓬溪	iau2	iau2	iau2	iau2	zau2	ŋau3 ȵiau3	iau3	iau4
遂宁	iau2	iau2	iau2	iau2	iau2	ŋau3 ȵiau3	iau3	iau4
乐至	iau2	iau2	iau2	iau2	iau2	ŋau3 ȵiau3	iau3	iau4
安岳	iau2	iau2	iau2	iau2	iau2	iau3	iau3	iau4
仪陇	iau2	iau2	iau2	iau2	iau2	niau3	iau3	iau4
西充	iau2	iau2	iau2	iau2	iau2	ȵiau3	iau3	iau4

字目	摇	谣	窑	姚	尧	咬	舀	要重要
反切	余昭	余昭	余昭	余昭	五聊	五巧	以沼	于笑
声韵调	效开三以宵平	效开三以宵平	效开三以宵平	效开三以宵平	效开四疑萧平	效开二疑肴上	效开三以宵上	效开三A影宵去
中古音	jiɛu	jiɛu	jiɛu	jiɛu	ŋeu	ŋɣau:	jiɛu:	ʔiɛu-
蓬安	iau2	iau2	iau2	iau2	iau2	n̠iau3	iau3	iau4
南充金台	iau2	iau2	iau2	iau2	iau2	n̠iau3	iau3	iau4
南充龙蟠	iau2	iau2	iau2	iau2	iau2	n̠iau3	iau3	iau4
岳池	iau2	iau2	iau2	iau2	iau2	ŋau3 n̠iau3	iau3	iau4
广安	iau2	iau2	iau2	iau2	iau2	ŋau3 niau3	iau3	iau4
邻水	iau2	iau2	iau2	iau2	iau2	ŋau3 n̠iau3	iau3	iau4
南江	iau2	iau2	iau2	iau2	iau2	ŋau3 n̠iau3	iau3	iau4
巴中	iau2	iau2	iau2	iau2	iau2	ŋau3 n̠iau3	iau3	iau4
通江	iau2	iau2	iau2	iau2	iau2	ŋau3 n̠iau3	iau3	iau4
平昌	iau2	iau2	iau2	iau2	iau2	ŋau3 n̠iau3	iau3	iau4
万源	iau2	iau2	iau2	ʐau2 iau2	ʐau3 iau2	n̠iau3 ŋau3	iau3	iau4
宣汉	iau2	iau2	iau2	iau2	zau2	iau3 ŋau3	iau3	iau4
达州	iau2	iau2	iau2	iau2	iau2	iau3 ŋau3	iau3	iau4
开江	iau2	iau2	iau2	iau2	iau2	ŋau3	iau3	iau4
渠县	iau2	iau2	iau2	iau2	iau2	iau3 ŋau3	iau3	iau4
宜宾	iau2	iau2	iau2	iau2	zau2 iau2	ŋau3 iau3	iau3	iau4
古蔺	iau2	iau2	iau2	iau2	iau2	ŋau3 niau3	iau3	iau4
长宁	iau2	iau2	iau2	iau2	iau2	ŋau3	iau3	iau4
顾县	iau2	iau2	iau2	iau2	iau2	ŋau3	iau3	iau4
成都龙泉	iau2	iau2	iau2	iau2	zau2	ŋau3	iau3	iau4

字目	耀	药	钥	剖	谋①	某	否	都都是
反切	弋照	以灼	以灼	普后	莫浮	莫厚	方久	当孤
声韵调	效开三 以宵去	宕开三 以药入	宕开三 以药入	流开一 滂侯上	流开三 明尤平	流开一 明侯上	流开三 非尤上	遇合一 端模平
中古音	jiɛu-	jiɐk	jiɐk	phəu:	miu	məu:	piu:	tuo
广元	iau4	io2	io2	pho3	moŋ2	moŋ3	foŋ3	təu1
平武	iau4	io2	io2	pho3	moŋ2	moŋ3	fo3	təu1
青川	iau4	io2	io2	pho3	moŋ2	moŋ3	fo3	tu1
剑阁普安	iau4	io5	io5	pho3	moŋ2	moŋ3	fo3	tu1
剑阁金仙	iɔ4	io5	io5	phu3	moŋ2	moŋ3	fu3	tu1
旺苍	iau4	io2	io2	pho3	moŋ2	moŋ3	fo3	təu1
苍溪	iau4	io2	io2	pho3	məŋ2	məŋ3	fəŋ3 fəu3 新	təu1 tu1
江油	iau4	io2	io2	pho3	moŋ2	moŋ3	fo3	təu1
北川	iau4	io2	io2	pho3	moŋ2	moŋ3	fo3	təu1
绵阳	iau4	io2	io2	pho3	moŋ2	moŋ3	fo3	təu1
盐亭	iau4	io5	io5	pho3	məŋ2	məŋ3	fəŋ3	təu1
德阳	iau4	io2	io2	pho3	moŋ2	moŋ3	fəu3 fo3 旧	təu1
中江	iau4	io2	io2	phəu3	məu2	məu3	fəu3 fo3 旧	təu1
射洪	iau4	io5	io5	pho3	moŋ2	moŋ3	fəu3 fo3 旧	təu1
蓬溪	iau4	io5	io5	pho4	moŋ2	moŋ3	foŋ3 fo3 旧	təu1
遂宁	iau4	io2	io2	pho3	moŋ2	moŋ3	fəu3 fo3 旧	təu1
乐至	iau4	io2	io2	pho3	moŋ2	moŋ3	fəu3	tu1
安岳	iau4	io2	io2	pho2	moŋ2	moŋ3	fo3	tu1
仪陇	iau4	io2	io2	pho4	moŋ2	moŋ3	xoŋ3	tʊ1
西充	iau3	io5	io5	pho4	moŋ2	moŋ3	foŋ3	tʊ1

---

① 又*迷浮切，流开一明侯平。

字目	耀	药	钥	剖	谋①	某	否	都都是
反切	弋照	以灼	以灼	普后	莫浮	莫厚	方久	当孤
声韵调	效开三以宵去	宕开三以药入	宕开三以药入	流开一滂侯上	流开三明尤平	流开一明侯上	流开三非尤上	遇合一端模平
中古音	jiɛu-	jiɛk	jiɛk	phəu:	miu	məu:	piu:	tuo
蓬安	iau4	io2	io2	pho2	moŋ2	moŋ3	foŋ3	tu1
南充金台	iau4	io2	io2	pho4	moŋ2	moŋ3	foŋ3	tʊ1
南充龙蟠	iau4	io5	io5	phəu3	moŋ2	moŋ3	foŋ3	tu1
岳池	iau4	io2	io2	phəu3	məu2	məu3	fəu3	təu1
广安	iau4	io2	io2	pho3	moŋ2	moŋ3	fəu3	təu1
邻水	iau4	io5	io5	pho3	moŋ2	moŋ3	fəu3	təu1
南江	iau4	io2 io5 旧	io2 io5 旧	pho3	məŋ2	məŋ3	fəŋ3 fəu3	təu1 tu1
巴中	iau4	io2 io5 旧	io2 io5 旧	pho3	məŋ2	məŋ3	fəŋ3 fəu3	təu1 tu1
通江	iau4	io5	io5	pho3	məŋ2	məŋ3	fəŋ3 fəu3	təu1 tʊ1
平昌	iau4	io2	io2	pho3	moŋ2	moŋ3	fəŋ3 fəu3	təu1 tu1
万源	iau4	io2	io2	pho4	moŋ2	moŋ3	foŋ3 fo3 旧	tu1
宣汉	iau4	io2	io2	pho3	moŋ2	moŋ3	fəu3 fo3 旧	tu1
达州	iau4	io2	io2	pho2 pho4	moŋ2	moŋ3	fəu3 fo3 旧	tu1
开江	iau4	io2	io2	po3 pho4	moŋ2	məu3	fəu3 fo3 旧	tu1 təu1
渠县	iau4	io2	io2	pho4	moŋ2	moŋ3	foŋ3 fo3 旧	tu1
宜宾	iau4	yø5	yø5	pho3	moŋ2	moŋ3	fəŋ3 fəu3	təu1
古蔺	iau4	io5	io5	pho3	moŋ2	moŋ3	foŋ3 fəu3	tu1
长宁	iau4	yo5	yo5	pho3	moŋ2	moŋ3	foŋ3	təu1
顾县	iau4	io2	io2	pho3 pho4	məu2	moŋ3	fəu3	təu1
成都龙泉	iau4	ioʔ6	ioʔ6	pho3	moŋ2	moŋ1	m̩1	təu1 tu1

① 又*迷浮切，流开一明侯平。

字目	兜	斗升斗	抖	陡	斗斗争	豆豆子	痘	偷
反切	当侯	当口	当口	当口	都豆	徒候	徒候	托侯
声韵调	流开一端侯平	流开一端侯上	流开一端侯上	流开一端侯上	流开一端侯去	流开一定侯去	流开一定侯去	流开一透侯平
中古音	təu	təu:	təu:	təu:	təu-	dəu-	dəu-	thəu
广元	təu1	təu3	təu3	təu3	təu4	təu4	təu4	thəu1
平武	təu1	təu3	thəu3	təu3	təu4	təu4	təu4	thəu1
青川	təu1	təu3	thəu3	təu3	təu4	təu4	təu4	thəu1
剑阁普安	təu1	təu3	thəu3	təu3	təu4	təu4	təu4	thəu1
剑阁金仙	təu1	təu3	thəu3	təu3	təu4	təu4	təu4	thəu1
旺苍	təu1	təu3	təu3	təu3	təu4	təu4	təu4	thəu1
苍溪	təu1	təu3	thəu3	təu3	təu4	təu4	təu4	thəu1
江油	təu1	təu3	thəu3	təu3	təu4	təu4	təu4	thəu1
北川	təu1	təu3	thəu3	təu3	təu4	təu4	təu4	thəu1
绵阳	təu1	təu3	thəu3	təu3	təu4	təu4	təu4	thəu1
盐亭	təu1	təu3	thəu3	təu3	təu4	təu4	təu4	thəu1
德阳	təu1	təu3	thəu3	təu3	təu4	təu4	təu4	thəu1
中江	təu1	təu3	thəu3	təu3	təu4	təu4	təu4	thəu1
射洪	təu1	təu3	thəu3	təu3	təu4	təu4	təu4	thəu1
蓬溪	təu1	təu3	thəu3	təu3	təu4	təu4	təu4	thəu1
遂宁	təu1	təu3	thəu3	təu3	təu4	təu4	təu4	thəu1
乐至	təu1	təu3	təu4	təu3	təu4	təu4	təu4	thəu1
安岳	təu1	təu3	thəu3	təu3	təu4	təu4	təu4	thəu1
仪陇	təu1	təu3	thəu3	təu3	təu4	təu4	təu4	thəu1
西充	təu1	təu3	thəu3	təu3	təu4	təu4	təu4	thəu1

字目	兜	斗升斗	抖	陡	斗斗争	豆豆子	痘	偷
反切	当侯	当口	当口	当口	都豆	徒候	徒候	托侯
声韵调	流开一端侯平	流开一端侯上	流开一端侯上	流开一端侯上	流开一端侯去	流开一定侯去	流开一定侯去	流开一透侯平
中古音	təu	təu:	təu:	təu:	təu-	dəu-	dəu-	thəu
蓬安	təu1	təu3	thəu3	təu3	təu4	təu4	təu4	thəu1
南充金台	təu1	təu3	thəu3	təu3	təu4	təu4	təu4	thəu1
南充龙蟠	təu1	təu3	thəu3	təu3	təu4	təu4	təu4	thəu1
岳池	təu1	təu3	thəu3	təu3	təu4	təu4	təu4	thəu1
广安	təu1	təu3	thəu3	təu3	təu4	təu4	təu4	thəu1
邻水	təu1	təu3	thəu3	təu3	təu4	təu4	təu4	thəu1
南江	təu1	təu3	thəu3	təu3	təu4	təu4	təu4	thəu1
巴中	təu1	təu3	thəu3	təu3	təu4	təu4	təu4	thəu1
通江	təu1	təu3	thəu3	təu3	təu4	təu4	təu4	thəu1
平昌	təu1	təu3	təu3 thəu3	təu3	təu4	təu4	təu4	thəu1
万源	təu1	təu3	təu3	təu3	təu4	təu4	təu4	thəu1
宣汉	təu1	təu3	təu3	təu3	təu4	təu4	təu4	thəu1
达州	təu1	təu3	təu3	təu3	təu4	təu4	təu4	thəu1
开江	təu1	təu3	təu3	təu3	təu4	təu4	təu4	thəu1
渠县	təu1	təu3	təu3	təu3	təu4	təu4	təu4	thəu1
宜宾	təu1	təu3	thəu3	təu3	təu4	təu4	təu4	thəu1
古蔺	təu1	təu3	thəu3	təu3	təu4	təu4	təu4	thəu1
长宁	təu1	təu3	thəu3	təu3	təu4	təu4	təu4	thəu1
顾县	təu1	təu3	thəu3	təu3	təu4	təu4	təu4	thəu1
成都龙泉	tiəu1	tiəu3	thiəu3	tiəu3	tiəu4	thiəu4	thiəu4	thiəu1

字目	头	投	透	楼	搂搂抱	篓①	露露马脚	漏
反切	度侯	度侯	他侯	落侯		郎斗	洛故	卢候
声韵调	流开一定侯平	流开一定侯平	流开一透侯去	流开一来侯平	流开一来侯上	流开一来侯上	遇合一来模去	流开一来侯去
中古音	dəu	dəu	thəu-	ləu	ləu:	ləu:	luo-	ləu-
广元	thəu2	thəu2	thəu4	nəu2	nəu3	nəu3 nəu1 口②	nu4 文 nəu4 白	nəu4
平武	thəu2	thəu2	thəu4	nəu2	nəu3	nəu3	nu4	nəu4
青川	thəu2	thəu2	thəu4	nəu2	nəu3	nəu3 nəu1 口②	nu4 文 nəu4 白	nəu4
剑阁普安	thəu2	thəu2	thəu4	nəu2	nəu3	nəu3 nəu1 口②	nu4 文 nəu4 白	nəu4
剑阁金仙	thəu2	thəu2	thəu4	nəu2	nəu3	nəu3 nəu1 口②	nu4 文 nəu4 白	nəu4
旺苍	thəu2	thəu2	thəu4	nəu2	nəu3	nəu3 nəu1 口②	nu4 文 nəu4 白	nəu4
苍溪	thəu2	thəu2	thəu4	ləu2	ləu3	ləu3 ləu1 口	lu4 文 ləu4 白	ləu4
江油	thəu2	thəu2	thəu4	nəu2	nəu3	nəu3	nʊ4	nəu4
北川	thəu2	thəu2	thəu4	nəu2	nəu3	nəu1	nʊ4	nəu4
绵阳	thəu2	thəu2	thəu4	nəu2	nəu3	nəu1	nʊ4	nəu4
盐亭	thəu2	thəu2	thəu4	ləu2	ləu3	ləu3	lu4	ləu4
德阳	thəu2	thəu2	thəu4	nəu2	nəu3	nəu3 nəu1 口	nu4 文 nəu4 白	nəu4
中江	thəu2	thəu2	thəu4	ləu2	ləu3	ləu3 ləu1 口	lu4 文 ləu4 白	ləu4
射洪	thəu2	thəu2	thəu4	nəu2	nəu3	nəu3 nəu1 口	nu4 文 nəu4 白	nəu4
蓬溪	thəu2	thəu2	thəu4	nəu2	nəu3	nəu3 nəu1 口	nu4 文 nəu4 白	nəu4
遂宁	thəu2	thəu2	thəu4	nəu2	nəu3	nəu3 nəu1 口	nu4 文 nəu4 白	nəu4
乐至	thəu2	thəu2	thəu4	nəu2	nəu3	nəu3 nəu1 口	nʊ4	nəu4
安岳	thəu2	thəu2	thəu4	nəu2	nəu3	nəu3 nəu1 口	nu4	nəu4
仪陇	thəu2	thəu2	thəu4	nəu2	nəu3	nəu3	nʊ4	nəu4
西充	thəu2	thəu2	thəu4	nəu2	nəu3	nəu3	nʊ4	nəu4

① 又落侯切，流开一来侯平。　② 又音 təu1 口。

字目	头	投	透	楼	搂搂抱	篓①	露露马脚	漏
反切	度侯	度侯	他候	落侯		郎斗	洛故	卢候
声韵调	流开一定侯平	流开一定侯平	流开一透侯去	流开一来侯平	流开一来侯上	流开一来侯上	遇合一来模去	流开一来侯去
中古音	dəu	dəu	thəu-	ləu	ləu:	ləu:	luo-	ləu-
蓬安	thəu2	thəu2	thəu4	nəu2	nəu3	nəu3 nəu1 口	nu4	nəu4
南充金台	thəu2	thəu2	thəu4	nəu2	nəu3	nəu3	nʊ4	nəu4
南充龙蟠	thəu2	thəu2	thəu4	nəu2	nəu3	nəu3 nəu1 口	nu4	nəu4
岳池	thəu2	thəu2	thəu4	nəu2	nəu3	nəu3 nəu1 口	nʊ4 文 nəu4 白	nəu4
广安	thəu2	thəu2	thəu4	nəu2	nəu3	nəu3 nəu1 口	nʊ4 文 nəu4 白	nəu4
邻水	thəu2	thəu2	thəu4	nəu2	nəu3	nəu3 nəu1 口	nʊ4	nəu4
南江	thəu2	thəu2	thəu4	ləu2	ləu3	ləu3 ləu1 口	lu4 文 ləu4 白	ləu4
巴中	thəu2	thəu2	thəu4	ləu2	ləu3	ləu3 ləu1 口	lu4 文 ləu4 白	ləu4
通江	thəu2	thəu2	thəu4	ləu2	ləu3	ləu2 ləu1 口	lʊ4 文 ləu4 白	ləu4
平昌	thəu2	thəu2	thəu4	ləu2	ləu3	ləu3 ləu1 口	lu4 文 ləu4 白	ləu4
万源	thəu2	thəu2	thəu4	nəu2	nəu3	nəu3 nəu1 口	nu4	nəu4
宣汉	thəu2	thəu2	thəu4	nəu2	nəu3	nəu3 nəu1 口	nu4	nəu4
达州	thəu2	thəu2	thəu4	nəu2	nəu3	nəu3 nəu1 口	nu4	nəu4
开江	thəu2	thəu2	thəu4	nəu2	nəu3	nəu3 nəu1 口	nu4	nəu4
渠县	thəu2	thəu2	thəu4	nəu2	nəu3	nəu3 nəu1 口	nu4	nəu4
宜宾	thəu2	thəu2	thəu4	nəu2	nəu3	nəu3 nəu1 口	nu4 文 nəu4 白	nəu4
古蔺	thəu2	thəu2	thəu4	nəu2	nəu3	nəu3 nəu1 口	nu4 文 nəu4 白	nəu4
长宁	thəu2	thəu2	thəu4	ləu2	ləu3	ləu3	lu4	ləu4
顾县	təu2	təu2	thəu4	nəu2	nəu3	nəu3 nəu1 口②	nu4 文 nəu4 白	nəu4
成都龙泉	thiəu2	thiəu2	thiəu4	ləu1 liəu1 旧	ləu1 liəu1 旧	liəu1	lu4 文 liəu4 白	liəu4

① 又落侯切，流开一来侯平。　② 又音təu1 口。

字目	邹	走	奏	凑	搜搜查	馊	搜搜集	周
反切	侧鸠	子苟	则候	仓奏	所鸠	所鸠	所鸠	职流
声韵调	流开三庄尤平	流开一精侯上	流开一精侯去	流开一清侯去	流开三生尤平	流开三生尤平	流开三生尤平	流开三章尤平
中古音	tʃiu	tsəu:	tsəu-	tshəu-	ʃiu	ʃiu	ʃiu	tɕiu
广元	tsəu1	tsəu3	tsəu4	tshəu4	səu1	sʅ1	səu1	tʂəu1
平武	tsəu1	tsəu3	tsəu4	tshəu4	səu1	səu1	səu1	tsəu1
青川	tsəu1	tsəu3	tsəu4	tshəu4	səu1	səu1	səu1	tsəu1
剑阁普安	tʂəu1	tsəu3	tsəu4	tshəu4	səu1	səu1	səu1	tʂəu1
剑阁金仙	tʂəu1	tsəu3	tshəu4	tshəu4	səu1	səu1	səu1	tʂəu1
旺苍	tsəu1	tsəu3	tsəu4	tshəu4	səu1	sʅ1	səu1	tʂəu1
苍溪	tsəu1	tsəu3	tsəu4	tshəu4	səu1	səu1	səu1	tʂəu1
江油	tsəu1	tsəu3	tsəu4	tshəu4	səu1	səu1	səu1	tsəu1
北川	tsəu1	tsəu3	tsəu4	tshəu4	səu1	səu1	səu1	tsəu1
绵阳	tsəu1	tsəu3	tsəu4	tshəu4	səu1	səu1	səu1	tsəu1
盐亭	tsəu1	tsəu3	tshəu4	tshəu4	səu1	sʅ1	səu1	tsəu1
德阳	tsəu1	tsəu3	tsəu4	tshəu4	səu1	səu1	səu1	tsəu1
中江	tɕiəu1	tsəu3	tsəu4	tshəu4	səu1	səu1	səu1	tsəu1
射洪	tsəu1	tsəu3	tsəu4	tshəu4	səu1	səu1	səu1	tsəu1
蓬溪	tsəu1	tsəu3	tsəu4	tshəu4	səu1	səu1	səu1	tsəu1
遂宁	tsəu1	tsəu3	tsəu4	tshəu4	səu1	səu1	səu1	tsəu1
乐至	tsəu1	tsəu3	tsəu4	tshəu4	səu1	səu1	səu1	tsəu1
安岳	tsəu1	tsəu3	tsəu4	tshəu4	səu1	səu1	səu1	tsəu1
仪陇	tsəu1	tsəu3	tsəu4	tshəu4	səu1	səu1	səu1	tsəu1
西充	tsəu1	tsəu3	tsəu4	tshəu4	səu1	səu1	səu1	tsəu1

字目	邹	走	奏	凑	搜搜查	馊	搜搜集	周
反切	侧鸠	子苟	则候	仓奏	所鸠	所鸠	所鸠	职流
声韵调	流开三庄尤平	流开一精侯上	流开一精侯去	流开一清侯去	流开三生尤平	流开三生尤平	流开三生尤平	流开三章尤平
中古音	tʃiu	tsəu:	tsəu-	tshəu-	ʃiu	ʃiu	ʃiu	tɕiu
蓬安	tsəu1	tsəu3	tsəu4	tshəu4	səu1	səu1	səu1	tsəu1
南充金台	tsəu1	tsəu3	tsəu4	tshəu4	səu1	səu1	səu1	tsəu1
南充龙蟠	tʂəu1	tʂəu3	tʂəu4	tʂhəu4	səu1	ʂəu1	səu1	tʂəu1
岳池	tsəu1	tsəu3	tsəu4	tshəu4	səu1	səu1	səu1	tsəu1
广安	tsəu1	tsəu3	tsəu4	tshəu4	səu1	səu1	səu1	tsəu1
邻水	tsəu1	tsəu3	tsəu4	tshəu4	səu1	səu1	səu1	tsəu1
南江	tsəu1	tsəu3	tsəu4	tshəu4	səu1	səu1	səu1	tʂəu1
巴中	tʂəu1	tsəu3	tsəu4	tshəu4	səu1	səu1	səu1	tʂəu1
通江	tsəu1	tsəu3	tsəu4	tshəu4	səu1	səu1	səu1	tʂəu1
平昌	tsəu1	tsəu3	tsəu4	tshəu4	səu1	səu1	səu1	tʂəu1
万源	tʂəu1	tsəu3	tshəu4	tshəu4	səu1	səu1	səu1	tʂəu1
宣汉	tsəu1	tsəu3	tsəu4	tshəu4	səu1	səu1	səu1	tsəu1
达州	tsəu1	tsəu3	tsəu4	tshəu4	səu1	səu1	səu1	tsəu1
开江	tsəu1	tsəu3	tsəu4	tshəu4	səu1	səu1	səu1	tsəu1
渠县	tsəu1	tsəu3	tsəu4	tshəu4	səu1	səu1	səu1	tsəu1
宜宾	tsəu1	tsəu3	tsəu4	tshəu4	səu1	səu1	səu1	tsəu1
古蔺	tsəu1	tsəu3	tsəu4	tshəu4	səu1	səu1	səu1	tsəu1
长宁	tsəu1	tsəu3	tsəu4	tshəu4	səu1	səu1	səu1	tsəu1
顾县	tsəu1	tsəu3	tsəu4	tshəu4	səu1	səu1	səu1	tsəu1
成都龙泉	tsəu1	tsəu3	tsəu4	tshəu4	səu1	səu1	səu1	tsəu1

字目	舟	州	洲	粥	轴	肘	帚	昼
反切	职流	职流	职流	之六	直六	陟柳	之九	陟救
声韵调	流开三章尤平	流开三章尤平	流开三章尤平	通合三章屋入	通合三澄屋入	流开三知尤上	流开三章尤上	流开三知尤去
中古音	tɕiu	tɕiu	tɕiu	tɕiuk	diuk	ȶiu:	tɕiu:	ȶiu˗
广元	tʂəu1	tʂəu1	tʂəu1	tʂu2	tʂu2	tʂəu3	tʂəu3	tʂəu4
平武	tsəu1	tsəu1	tsəu1	tsəu1	tsu2 tsəu2 新	tsəu3	tsəu3	tsəu4
青川	tsəu1	tsəu1	tsəu1	tsu2	tsu2	tsəu3	tsəu3	tsəu4
剑阁普安	tʂəu1	tʂəu1	tʂəu1	tʂu5	tʂu5	tʂəu3	tʂəu3	tʂəu4
剑阁金仙	tʂəu1	tʂəu1	tʂəu1	tʂu5	tʂo5	tʂəu3	tʂəu3	tʂəu4
旺苍	tʂəu1	tʂəu1	tʂəu1	tʂu2	tʂu2	tʂəu3	tʂəu3	tʂəu4
苍溪	tʂəu1	tʂəu1	tʂəu1	tʂu2 tʂəu1 新	tʂu2 tʂəu2 新	tʂəu3	tʂəu3	tʂəu4
江油	tsəu1	tsəu1	tsəu1	tsəu1	tsʊ2	tsəu3	tsəu3	tsəu4
北川	tsəu1	tsəu1	tsəu1	tsəu1	tsʊ2	tsəu3	tsəu3	tsəu4
绵阳	tsəu1	tsəu1	tsəu1	tsəu1	tsʊ2	tsəu3	tsəu3	tsəu4
盐亭	tsəu1	tsəu1	tsəu1	tsəu1	tso5	tsəu3	tsəu3	tsəu4
德阳	tsəu1	tsəu1	tsəu1	tsu2 tsəu1 新	tsu2 tsəu2 新	tsəu3	tsəu3	tsəu4
中江	tsəu1	tsəu1	tsəu1	tsəu1	tsu2 tsəu2 新	tsəu3	tsəu3	tsəu4
射洪	tsəu1	tsəu1	tsəu1	tsu2 tsəu1 新	tsu5	tsəu3	tsəu3	tsəu4
蓬溪	tsəu1	tsəu1	tsəu1	tsu5 tsəu1 新	tsu5	tsəu4	tsəu3	tsəu4
遂宁	tsəu1	tsəu1	tsəu1	tsu2 tsəu1 新	tsu2 tsəu2 新	tsəu3	tsəu3	tsəu4
乐至	tsəu1	tsəu1	tsəu1	tsʊ2	tshʊ2	tsəu3	tsəu3	tsəu4
安岳	tsəu1	tsəu1	tsəu1	tsu2	tshu2	tsəu3	tsəu3	tsəu4
仪陇	tsəu1	tsəu1	tsəu1	tsəu1 tsu2 旧	tsʊ2	tsəu3	tsəu3	tsəu4
西充	tsəu1	tsəu1	tsəu1	tso5	tso5	tsəu3	tsəu3	tsəu4

字目	舟	州	洲	粥	轴	肘	帚	昼
反切	职流	职流	职流	之六	直六	陟柳	之九	陟救
声韵调	流开三章尤平	流开三章尤平	流开三章尤平	通合三章屋入	通合三澄屋入	流开三知尤上	流开三章尤上	流开三知尤去
中古音	tɕiu	tɕiu	tɕiu	tɕiuk	ḍiuk	ȶiu:	tɕiu:	ȶiu-
蓬安	tsəu1	tsəu1	tsəu1	tsu2	tshu2	tsəu3	tsəu3	tsəu4
南充金台	tsəu1	tsəu1	tsəu1	tsu2 tsəu1 新	tsu2	tsəu3	tsəu4	tsəu4
南充龙蟠	tʂəu1	tʂəu1	tʂəu1	tʂo5	tʂo5	tʂəu3	tʂəu3	tʂəu4
岳池	tsəu1	tsəu1	tsəu1	tsəu1	tshʊ2	tsəu3	tsəu3	tsəu4
广安	tsəu1	tsəu1	tsəu1	tsəu1	tshʊ2	tsəu3	tsəu3	tsəu4
邻水	tsəu1	tsəu1	tsəu1	tsəu1	tsʊ5	tsəu3	tsəu3	tsəu4
南江	tʂəu1	tʂəu1	tʂəu1	tʂu5 tʂəu1 新	tʂu2 tʂu5 新	tʂəu3	tʂəu3	tʂəu4
巴中	tʂəu1	tʂəu1	tʂəu1	tʂu2 tʂu5 旧	tʂu2 tʂu5 旧	tʂəu3	tʂəu3	tʂəu4
通江	tʂəu1	tʂəu1	tʂəu1	tʂʊ5 tʂəu1 新	tʂʊ5	tʂəu3	tʂəu3	tʂəu4
平昌	tʂəu1	tʂəu1	tʂəu1	tʂu2 tʂəu1 新	tʂu2 tʂəu2 新	tʂəu3	tʂəu3	tʂəu4
万源	tʂəu1	tʂəu1	tʂəu1	tʂəu1 tsu2 旧	tʂu2	tʂəu3	tʂəu3	tʂəu4
宣汉	tsəu1	tsəu1	tsəu1	tsəu1 tsu2 旧	tsu2	tsəu3	tsəu3	tsəu4
达州	tsəu1	tsəu1	tsəu1	tsəu1 tsu2 旧	tsəu2	tsəu3	tsəu3	tsəu4
开江	tsəu1	tsəu1	tsəu1	tsəu2 tsu2 旧	tsu2	tsəu3	tsəu3	tsəu4
渠县	tsəu1	tsəu1	tsəu1	tsu2	tshu2	tsəu3	tsəu3	tɕin4
宜宾	tsəu1	tsəu1	tsəu1	tsəu1	tsø5	tsəu3	tsəu3	tsəu4
古蔺	tsəu1	tsəu1	tsəu1	tsu4	tsu5	tsəu3	tsu3	tsəu4
长宁	tsəu1	tsəu1	tsəu1	tsəu1	tsu5	tsəu3	tsəu3	tsəu4
顾县	tsəu1	tsəu1	tsəu1	tsu2 tsəu1	tshu2	tsəu3	tsəu3	tsəu4
成都龙泉	tsəu1	tsəu1	tsəu1	tsuʔ5 tsəu1 新	tsuʔ5 tsəu2 新	tsəu3	tsəu3	tsəu4

字目	皱	骤	咒	抽	绸	稠	筹	愁
反切	侧救	鉏佑	职救	丑鸠	直由	直由	直由	士尤
声韵调	流开三庄尤去	流开三崇尤去	流开三章尤去	流开三彻尤平	流开三澄尤平	流开三澄尤平	流开三澄尤平	流开三崇尤平
中古音	tʃiu-	dʒiu-	tɕiu-	ʈhiu	ḍiu	ḍiu	ḍiu	dʒiu
广元	tsəu4 tsoŋ4 俗①	tsəu4	tsəu4	tʂhəu1	tʂhəu2	tʂhəu2	tʂhəu2	tshəu2
平武	tsoŋ4 俗①	tshəu4	tsəu4	tshəu1	tshəu2	tshəu2	tshəu2	tshəu2
青川	tsoŋ4 俗① tsəu4	tshəu4	tsəu4	tshəu1	tshəu2	tshəu2	tshəu2	tshəu2
剑阁普安	tsəu4 tsoŋ4 俗①	tshəu4	tsəu4	tʂhəu1	tʂhəu2	tʂhəu2	tʂhəu2	tʂhəu2
剑阁金仙	tsəu4 tsoŋ4 俗①	tʂhəu4	tsəu4	tʂhəu1	tʂhəu2	tʂhəu2	tʂhəu2	tʂhəu2
旺苍	tsəu4 tsoŋ4 俗①	tshəu4	tsəu4	tʂhəu1	tʂhəu2	tʂhəu2	tʂhəu2	tshəu2
苍溪	tsəu4 tsoŋ4 俗①	tsəu4	tʂəu4	tʂhəu1	tʂhəu2	tʂhəu2	tʂhəu2	tʂhəu2
江油	tsoŋ4 俗①	tshəu4	tsəu4	tshəu1	tshəu2	tshəu2	tshəu2	tshəu2
北川	tsoŋ4 俗①	tshəu4	tsəu4	tshəu1	tshəu2	tshəu2	tshəu2	tshəu2
绵阳	tsoŋ4 俗①	tshəu4	tsəu4	tshəu1	tshəu2	tshəu2	tshəu2	tshəu2
盐亭	tsəu4	tshəu4	tsəu4	tshəu1	tshəu2	tshəu2	tshəu2	tshəu2
德阳	tsəu4 tsoŋ4 俗①	tshəu4	tsəu4	tshəu1	tshəu2	tshəu2	tshəu2	tshəu2
中江	tsəu4 tsoŋ4 俗①	tsəu4	tsəu4	tshəu1	tshəu2	tshəu2	tshəu2	tsəu2
射洪	tsəu4 tsoŋ4 俗①	tshəu4	tsəu4	tshəu1	tshəu2	tshəu2	tshəu2	tshəu2
蓬溪	tsəu4 tsoŋ4 俗①	tshəu4	tsəu4	tshəu1	tshəu2	tshəu2	tshəu2	tshəu2
遂宁	tsəu4 tsoŋ4 俗①	tshəu4	tsəu4	tshəu1	tshəu2	tshəu2	tshəu2	tshəu2
乐至	tsəu4 tsoŋ4 俗①	tshəu4	tsəu4	tshəu1	tshəu2	tshəu2	tshəu2	tshəu2
安岳	tsoŋ1 俗①	tshəu4	tsəu4	tshəu1	tshəu2	tshəu2	tshəu2	tshəu2
仪陇	tsoŋ4 俗①	tsəu4	tsəu4	tshəu1	tshəu2	tshəu2	tshəu2	tshəu2
西充	tsəu4	tshəu4	tsəu4	tshəu1	tshəu2	tshəu2	tshəu2	tshəu2

---

① "纵"的训读。子用切，通合三精钟去。

字目	皱	骤	咒	抽	绸	稠	筹	愁
反切	侧救	鉏佑	职救	丑鸠	直由	直由	直由	士尤
声韵调	流开三庄尤去	流开三崇尤去	流开三章尤去	流开三彻尤平	流开三澄尤平	流开三澄尤平	流开三澄尤平	流开三崇尤平
中古音	tʃiu-	dʒiu-	tɕiu-	ʈʰiu	ɖiu	ɖiu	ɖiu	dʒiu
蓬安	tsoŋ4	tshəu4	tsəu4	tshəu1	tshəu2	tshəu2	tshəu2	tshəu2
南充金台	tsoŋ4 俗	tshəu4	tsəu4	tshəu1	tshəu2	tshəu2	tshəu2	tshəu2
南充龙蟠	tʂəu4 tʂoŋ4 俗	tʂhəu4	tʂəu4	tʂhəu1	tʂhəu2	tʂhəu2	tʂhəu2	tʂhəu2
岳池	tsəu4 tsoŋ4 俗	tshəu4	tsəu4	tshəu1	tshəu2	tshəu2	tshəu2	tshəu2
广安	tsəu4 tsoŋ4 俗	tshəu4	tsəu4	tshəu1	tshəu2	tshəu2	tshəu2	tshəu2
邻水	tsəu4 tsoŋ4 俗	tshəu4	tsəu4	tshəu1	tshəu2	tshəu2	tshəu2	tshəu2
南江	tsəu4 tsoŋ4 俗①	tʂhəu4	tʂəu4	tʂhəu1	tʂhəu2	tʂhəu2	tʂhəu2	tʂhəu2
巴中	tsəu4 tsoŋ4 俗①	tʂhəu4	tʂəu4	tʂhəu1	tʂhəu2	tʂhəu2	tʂhəu2	tʂhəu2
通江	tsəu4 tsoŋ4 俗①	tʂhəu4	tʂəu4	tʂhəu1	tʂhəu2	tʂhəu2	tʂhəu2	tʂhəu2
平昌	tʂəu4 tʂoŋ4 俗①	tʂhəu4	tʂəu4	tʂhəu1	tʂhəu2	tʂhəu2	tʂhəu2	tʂhəu2
万源	tsoŋ4 俗①	tshəu4	tʂəu4	tʂhəu1	tʂhəu2	tʂhəu2	tʂhəu2	tshəu2
宣汉	tsoŋ4 俗①	tshəu4	tsəu4	tshəu1	tshəu2	tshəu2	tshəu2	tshəu2
达州	tsəu4 tsoŋ4 俗	tsəu4	tsəu4	tshəu1	tshəu2	tshəu2	tshəu2	tshəu2
开江	tsoŋ4 俗①	tshəu4	tsəu4	tshəu1	tshəu2	tshəu2	tshəu2	tshəu2
渠县	tsoŋ4 俗①	tshəu4	tsəu4	tshəu1	tshəu2	tshəu2	tshəu2	tshəu2
宜宾	tsəu4 tsoŋ4 俗①	tshəu4 tsəu4 新	tsəu4	tshəu1	tshəu2	tshəu2	tshəu2	tshəu2
古蔺	tsəu4 tsoŋ4 俗①	tshəu4	tsəu4	tshəu1	tshəu2	tshəu2	tshəu2	tshəu2
长宁	tsoŋ4 俗①	tshəu4	tsəu4	tshəu1	tshəu2	tshəu2	tshəu2	tshəu2
顾县	tsəu4 tsoŋ4 俗①	tsəu4	tsəu4	tshəu1	tshəu2	tshəu2	tshəu2	tshəu2
成都龙泉	tsəu4 tsoŋ4 俗①	tshəu4	tsəu4	tshəu1	tshəu2	tshəu2	tshəu2	tshəu2

① "纵"的训读。子用切，通合三精钟去。

字目	仇报仇	酬	丑子丑	丑丑恶	臭香臭	收	手	首
反切	市流	市流	敕九	昌九	尺救	式州	书九	书九
声韵调	流开三禅尤平	流开三禅尤平	流开三彻尤上	流开三昌尤上	流开三昌尤去	流开三书尤平	流开三书尤上	流开三书尤上
中古音	dʑiu	dʑiu	ʈʰiu:	tɕʰiu:	tɕʰiu-	ɕiu	ɕiu:	ɕiu:
广元	tʂhəu2	tʂhəu2	tʂhəu3	tʂhəu3	tʂhəu4	ʂəu1	ʂəu3	ʂəu3
平武	tɕhəu2	tshəu2	tshəu3	tshəu3	tshəu4	səu1	səu3	səu3
青川	tshəu2	tshəu2	tshəu3	tshəu3	tshəu4	səu1	səu3	səu3
剑阁普安	tʂhəu2	tʂhəu2	tʂhəu3	tʂhəu3	tʂhəu4	ʂəu1	ʂəu3	ʂəu3
剑阁金仙	tʂhəu2	tʂhəu2	tʂhəu3	tʂhəu3	tʂhəu4	ʂəu1	ʂəu3	ʂəu3
旺苍	tʂhəu2	tʂhəu2	tʂhəu3	tʂhəu3	tʂhəu4	ʂəu1	ʂəu3	ʂəu3
苍溪	tʂhəu2	tʂhəu2	tʂhəu3	tʂhəu3	tʂhəu4	ʂəu1	ʂəu3	ʂəu3
江油	tɕhəu2	tshəu2	tshəu3	tshəu3	tshəu4	səu1	səu3	səu3
北川	tshəu2	tshəu2	tshəu3	tshəu3	tshəu4	səu1	səu3	səu3
绵阳	tɕhəu2	tshəu2	tshəu3	tshəu3	tshəu4	səu1	səu3	səu3
盐亭	tshəu2	tshəu2	tshəu3	tshəu3	tshəu4	səu1	səu3	səu3
德阳	tshəu2	tsəu2	tshəu3	tshəu3	tshəu4	səu1	səu3	səu3
中江	tshəu2	tshəu2	tshəu3	tshəu3	tshəu4	səu1	səu3	səu3
射洪	tshəu2	tshəu2	tshəu3	tshəu3	tshəu4	səu1	səu3	səu3
蓬溪	tshəu2	tshəu2	tshəu3	tshəu3	tshəu4	səu1	səu3	səu3
遂宁	tshəu2	tshəu2	tshəu3	tshəu3	tshəu4	səu1	səu3	səu3
乐至	tshəu2	tshəu2	tshəu3	tshəu3	tshəu4	səu1	səu3	səu3
安岳	tshəu2	tshəu2	tshəu3	tshəu3	tshəu4	səu1	səu3	səu3
仪陇	tshəu2	tshəu2	tshəu3	tshəu3	tshəu4	səu1	səu3	səu3
西充	tshəu2	tshəu2	tshəu3	tshəu3	tshəu4	səu1	səu3	səu3

字目	仇 报仇	酬	丑 子丑	丑 丑恶	臭 香臭	收	手	首
反切	市流	市流	敕九	昌九	尺救	式州	书九	书九
声韵调	流开三禅尤平	流开三禅尤平	流开三彻尤上	流开三昌尤上	流开三昌尤去	流开三书尤平	流开三书尤上	流开三书尤上
中古音	dʑiu	dʑiu	ʈʰiu:	tɕʰiu:	tɕʰiu⁻	ɕiu	ɕiu:	ɕiu:
蓬安	tshəu2	tshəu2	tshəu3	tshəu3	tshəu4	səu1	səu3	səu3
南充金台	tshəu2	tshəu2	tshəu3	tshəu3	tshəu4	səu1	səu3	səu3
南充龙蟠	tʂhəu2	tʂhəu2	tʂhəu3	tʂhəu3	tʂhəu4	ʂəu1	ʂəu3	ʂəu3
岳池	tshəu2	tshəu2	tshəu3	tshəu3	tshəu4	səu1	səu3	səu3
广安	tshəu2	tshəu2	tshəu3	tshəu3	tshəu4	səu1	səu3	səu3
邻水	tshəu2	tshəu2	tshəu3	tshəu3	tshəu4	səu1	səu3	səu3
南江	tʂhəu2	tʂhəu2	tʂhəu3	tʂhəu3	tʂhəu4	ʂəu1	ʂəu3	ʂəu3
巴中	tʂhəu2	tʂhəu2	tʂhəu3	tʂhəu3	tʂhəu4	ʂəu1	ʂəu3	ʂəu3
通江	tʂhəu2	tʂhəu2	tʂhəu3	tʂhəu3	tʂhəu4	ʂəu1	ʂəu3	ʂəu3
平昌	tʂhəu2	tʂhəu2	tʂhəu3	tʂhəu3	tʂhəu4	ʂəu1	ʂəu3	ʂəu3
万源	tʂhəu2	tʂhəu2	tʂhəu3	tʂhəu3	tʂhəu4	ʂəu1	ʂəu3	ʂəu3
宣汉	tshəu2	tshəu2	tshəu3	tshəu3	tshəu4	səu1	səu3	səu3
达州	tshəu2	tshəu2	tshəu3	tshəu3	tshəu4	səu1	səu3	səu3
开江	tshəu2	tshəu2	tshəu3	tshəu3	tshəu4	səu1	səu3	səu3
渠县	tshəu2	tshəu2	tshəu3	tshəu3	tshəu4	səu1	səu3	səu3
宜宾	tshəu2	tshəu2	tshəu3	tshəu3	tshəu4	səu1	səu3	səu3
古蔺	tshəu2	tshəu2	tshəu3	tshəu3	tshəu4	səu1	səu3	səu3
长宁	tɕhəu2	tshəu2	tshəu3	tshəu3	tshəu4	səu1	səu3	səu3
顾县	tshəu2	tshəu2	tshəu3	tshəu3	tshəu4	səu1	səu3	səu3
成都龙泉	tshəu2	tshəu2	tshəu3	tshəu3	tshəu4	səu1	səu3	səu3

字目	守	瘦	兽	受	寿	授	售	柔
反切	书九	所佑	舒救	殖酉	承呪	承呪	承呪	耳由
声韵调	流开三书尤上	流开三生尤去	流开三书尤去	流开三禅尤上	流开三禅尤去	流开三禅尤去	流开三禅尤去	流开三日尤平
中古音	ɕiu:	ʃiu-	ɕiu-	dʑiu:	dʑiu-	dʑiu-	dʑiu-	n̠ʑiu
广元	ʂəu3	səu4	ʂəu4	ʂəu4	ʂəu4	ʂəu4	ʂəu4	zəu2
平武	səu3	səu4	səu4	səu4	səu4	səu4	səu4	zəu2
青川	səu3	səu4	səu4	səu4	səu4	səu4	səu4	zəu2
剑阁普安	ʂəu3	səu4	ʂəu4	ʂəu4	ʂəu4	ʂəu4	ʂəu4	zəu2
剑阁金仙	ʂəu3	səu4	ʂəu4	ʂəu4	ʂəu4	ʂəu4	ʂəu4	zəu2
旺苍	ʂəu3	səu4	ʂəu4	ʂəu4	ʂəu4	ʂəu4	ʂəu4	zəu2
苍溪	ʂəu3	ʂəu4	ʂəu4	ʂəu4	ʂəu4	ʂəu4	ʂəu4	zəu2
江油	səu3	səu4	səu4	səu4	səu4	səu4	səu4	zəu2
北川	səu3	səu4	səu4	səu4	səu4	səu4	səu4	zəu2
绵阳	səu3	səu4	səu4	səu4	səu4	səu4	səu4	zəu2
盐亭	səu3	səu4	səu4	səu4	səu4	səu4	səu4	zəu2
德阳	səu3	səu4	səu4	səu4	səu4	səu4	səu4	zəu2
中江	səu3	səu4	səu4	səu4	səu4	səu4	səu4	zəu2
射洪	səu3	səu4	səu4	səu4	səu4	səu4	səu4	zəu2
蓬溪	səu3	səu4	səu4	səu4	səu4	səu4	səu4	zəu2
遂宁	səu3	səu4	səu4	səu4	səu4	səu4	səu4	zəu2
乐至	səu3	səu4	səu4	səu4	səu4	səu4	səu4	zəu2
安岳	səu3	səu4	səu4	səu4	səu4	səu4	səu4	zəu2
仪陇	səu3	səu4	səu4	səu4	səu4	səu4	səu4	zəu2
西充	səu3	səu4	səu4	səu4	səu4	səu4	səu4	zəu2

字目	守	瘦	兽	受	寿	授	售	柔
反切	书九	所佑	舒救	殖西	承呪	承呪	承呪	耳由
声韵调	流开三书尤上	流开三生尤去	流开三书尤去	流开三禅尤上	流开三禅尤去	流开三禅尤去	流开三禅尤去	流开三日尤平
中古音	ɕiu:	ʃiu-	ɕiu-	dʑiu:	dʑiu-	dʑiu-	dʑiu-	nʑiu
蓬安	səu3	səu4	səu4	səu4	səu4	səu4	səu4	zəu2
南充金台	səu3	səu4	səu4	səu4	səu4	səu4	səu4	zəu2
南充龙蟠	ʂəu3	ʂəu4	ʂəu4	ʂəu4	ʂəu4	ʂəu4	ʂəu4	ʐəu2
岳池	səu3	səu4	səu4	səu4	səu4	səu4	səu4	zəu2
广安	səu3	səu4	səu4	səu4	səu4	səu4	səu4	zəu2
邻水	səu3	səu4	səu4	səu4	səu4	səu4	səu4	zəu2
南江	ʂəu3	ʂəu4	ʂəu4	ʂəu4	ʂəu4	ʂəu4	ʂəu4	ʐəu2
巴中	ʂəu3	ʂəu4	ʂəu4	ʂəu4	ʂəu4	ʂəu4	ʂəu4	ʐəu2
通江	ʂəu3	ʂəu4	ʂəu4	ʂəu4	ʂəu4	ʂəu4	ʂəu4	ʐəu2
平昌	ʂəu3	ʂəu4	ʂəu4	ʂəu4	ʂəu4	ʂəu4	ʂəu4	ʐəu2
万源	ʂəu3	ʂəu4	ʂəu4	ʂəu4	ʂəu4	ʂəu4	ʂəu4	ʐəu2
宣汉	səu3	səu4	səu4	səu4	səu4	səu4	səu4	zəu2
达州	səu3	səu4	səu4	səu4	səu4	səu4	səu4	zəu2
开江	səu3	səu4	səu4	səu4	səu4	səu4	səu4	zəu2
渠县	səu3	səu4	səu4	səu4	səu4	səu4	səu4	zəu2
宜宾	səu3	səu4	səu4	səu4	səu4	səu4	səu4	zəu2
古蔺	səu3	səu4	səu4	səu4	səu4	səu4	səu4	zəu2
长宁	səu3	səu4	səu4	səu4	səu4	səu4	səu2	zəu2
顾县	səu3	səu4	səu4	səu4	səu4	səu4	səu4	zəu2
成都龙泉	səu3	səu4	səu4	səu4	səu4	səu4	səu4	zəu2

字目	肉	勾勾消	钩	沟	狗	苟	够	构
反切	如六	古侯	古侯	古侯	古厚	古厚	古候	古候
声韵调	通合三日屋入	流开一见侯平	流开一见侯平	流开一见侯平	流开一见侯上	流开一见侯上	流开一见侯去	流开一见侯去
中古音	ȵʑiuk	kəu	kəu	kəu	kəu:	kəu:	kəu˗	kəu˗
广元	zəu4	kəu1	kəu1	kəu1	kəu3	kəu3	kəu4	kəu4
平武	zəu4	kəu1	kəu1	kəu1	kəu3	kəu3	kəu4	kəu4
青川	zu2 zəu4新	kəu1	kəu1	kəu1	kəu3	kəu3	kəu4	kəu4
剑阁普安	zəu4	kəu1	kəu1	kəu1	kəu3	kəu4	kəu4	kəu4
剑阁金仙	zəu4	kəu1	kəu1	kəu1	kəu3	kəu4	kəu4	kəu4
旺苍	zu2 zəu4新	kəu1	kəu1	kəu1	kəu2	kəu4	kəu4	kəu4
苍溪	zəu4 zu2旧	kəu1	kəu1	kəu1	kəu3	kəu3	kəu4	kəu4
江油	zəu4	kəu1	kəu1	kəu1	kəu3	kəu4	kəu4	kəu4
北川	zəu4	kəu1	kəu1	kəu1	kəu3	kəu4	kəu4	kəu4
绵阳	zəu4	kəu1	kəu1	kəu1	kəu3	kəu3	kəu4	kəu4
盐亭	zəu4	kəu1	kəu1	kəu1	kiəu3	kiəu3	kəu4	kəu4
德阳	zəu4 zu2旧	kəu1	kəu1	kəu1	kəu3	kəu3	kəu4	kəu4
中江	zəu4	kəu1	kəu1	kəu1	kəu3	kəu3	kəu4	kəu4
射洪	zəu4 zu2旧	kəu1	kəu1	kəu1	kəu3	kəu3	kəu4	kəu4
蓬溪	zəu4 zu2旧	kəu1	kəu1	kəu1	kəu3	kəu3	kəu4	kəu4
遂宁	zəu4 zu2旧	kəu1	kəu1	kəu1	kəu3	kəu3	kəu4	kəu4
乐至	zəu4 zu2旧	kəu1	kəu1	kəu1	kəu3	kəu4	kəu4	kəu4
安岳	zəu4	kəu1	kəu1	kəu1	kəu3	kəu4	kəu4	kəu4
仪陇	zəu4	kəu1	kəu1	kəu1	kəu3	kəu3	kəu4	kəu4
西充	zəu4	kiəu1	kiəu1	kiəu1	kiəu3	kiəu4	kiəu4	kiəu4

字目	肉	勾勾消	钩	沟	狗	苟	够	构
反切	如六	古侯	古侯	古侯	古厚	古厚	古候	古候
声韵调	通合三日屋入	流开一见侯平	流开一见侯平	流开一见侯平	流开一见侯上	流开一见侯上	流开一见侯去	流开一见侯去
中古音	nʑiuk	kəu	kəu	kəu	kəu:	kəu:	kəu-	kəu-
蓬安	zəu4 zu2 旧	kəu1	kəu1	kəu1	kəu3	kəu4	kəu4	kəu4
南充金台	zəu4 zu2 旧	kiəu1	kiəu1	kiəu1	kiəu3	kiəu4	kiəu4	kiəu4
南充龙蟠	zəu4 ʐo5 旧	kiəu1	kiəu1	kiəu1	kiəu3	kiəu3	kiəu4	kiəu4
岳池	zəu4 zu2 旧	kəu1	kəu1	kəu1	kəu3	kəu4	kəu4	kəu4
广安	zəu4 zu2 旧	kəu1	kəu1	kəu1	kəu3	kəu4	kəu4	kəu4
邻水	zəu4 zu5 旧	kəu1	kəu1	kəu1	kəu3	kəu3	kəu4	kəu4
南江	zəu4 zu5 旧	kəu1	kəu1	kəu1	kəu3	kəu3	kəu4	kəu4
巴中	zu2 zəu4 新	kəu1	kəu1	kəu1	kəu3	kəu4 kəu3	kəu4	kəu4
通江	ʐʊ5	kəu1	kəu1	kəu1	kəu3	kəu3	kəu4	kəu4
平昌	zəu4 zu2 旧	kəu1	kəu1	kəu1	kəu3	kəu3 kəu4	kəu4	kəu4
万源	zəu4 zu2 旧	kəu1	kəu1	kəu1	kəu3	kəu4	kəu4	kəu4
宣汉	zəu4 zu2 旧	kəu1	kəu1	kəu1	kəu3	kəu4	kəu4	kəu4
达州	zəu4 zu2 旧	kəu1	kəu1	kəu1	kəu3	kəu3	kəu4	kəu4
开江	zəu4 zu2 旧	kəu1	kəu1	kəu1	kəu3	kəu3	kəu4	kəu4
渠县	zəu4 zu2 旧	kəu1	kəu1	kəu1	kəu3	kəu3	kəu4	kəu4
宜宾	zəu4 zɵ5 旧	kəu1	kəu1	kəu1	kəu3	kəu3	kəu4	kəu4
古蔺	ʐo5 zəu4 新	kəu1	kəu1	kəu1	kəu3	kəu3	kəu4	kəu4
长宁	zu5	kəu1	kəu1	kəu1	kəu3	kəu4	kəu4	kəu4
顾县	zu2	kəu1	kəu1	kəu1	kəu3	kəu4	kəu4	kəu4
成都龙泉	nʑiəu5	kiəu1	kiəu1	kiəu1	kiəu3	kiəu3	kiəu4	kiəu4

字目	购	口	叩①	扣	寇	侯	喉	猴
反切	古候	苦后	苦后	苦候	苦候	户钩	户钩	户钩
声韵调	流开一见侯去	流开一溪侯上	流开一溪侯上	流开一溪侯去	流开一溪侯去	流开一匣侯平	流开一匣侯平	流开一匣侯平
中古音	kəu-	khəu:	khəu:	khəu-	khəu-	ɦəu	ɦəu	ɦəu
广元	kəu4	khəu3	khəu4	khəu4	khəu4	xəu2	xəu2	xəu2
平武	kəu4	khəu3	khəu4	khəu4	khəu4	xəu2	xəu2	xəu2
青川	kəu4	khəu3	khəu4 kho2 俗	khəu4	khəu4	xəu2	xəu2	xəu2
剑阁普安	kəu4	khəu3	khəu4	khəu4	khəu4	xəu2	xəu2	xəu2
剑阁金仙	kəu4	khəu3	khəu4	khəu4	khəu4	xəu2	xəu2	xəu2
旺苍	kəu4	khəu3	khəu4 kho2 俗	khəu4	khəu4	xəu2	xəu2	xəu2
苍溪	kəu4	khəu3	khəu4	khəu4 khəu2 俗②	khəu4	xəu2	xəu2	xəu2
江油	kəu4	khəu3	khəu4	khəu1	khəu4	xəu2	xəu2	xəu2
北川	kəu4	khəu3	khəu4	khəu4	khəu4	xəu2	xəu2	xəu2
绵阳	kəu4	khəu3	khəu4	khəu1	khəu4	xəu2	xəu2	xəu2
盐亭	kəu4	khəu3	khəu4	khəu4	khəu4	xəu2	xəu2	xəu2
德阳	kəu4	khəu3	khəu4	khəu4 khəu2 俗②	khəu4	xəu2	xəu2	xəu2
中江	kəu4	khəu3	khəu4	khəu4	khəu4	əu2	xəu2	əu2
射洪	kəu4	khəu3	khəu4	khəu4 khəu2 俗②	khəu4	xəu2	xəu2	xəu2
蓬溪	kəu4	khəu3	khəu4	khəu4 khəu2 俗②	khəu4	xəu4	xəu2	xəu2
遂宁	kəu4	khəu3	khəu4	khəu4 khəu2 俗②	khəu4	xəu2	xəu2	xəu2
乐至	kəu4	khəu3	khəu4	khəu4	khəu4	xəu2	xəu2	xəu2
安岳	kəu4	khəu3	khəu4	khəu4	khəu4	xəu2	xəu2	xəu2
仪陇	kəu4	khəu3	khəu4	khəu4	khəu4	xəu2	xəu2	xəu2
西充	kiəu4	khiəu3	khəu4	khiəu1	khiəu4	xəu2	xəu2	xəu2

① 又*丘候切，流开一溪侯去。 ② 意为"盖上"。本字待考。

字目	购	口	叩①	扣	寇	侯	喉	猴
反切	古候	苦后	苦后	苦候	苦候	户钩	户钩	户钩
声韵调	流开一见侯去	流开一溪侯上	流开一溪侯上	流开一溪侯去	流开一溪侯去	流开一匣侯平	流开一匣侯平	流开一匣侯平
中古音	kəu-	khəu:	khəu:	khəu-	khəu-	ɦəu	ɦəu	ɦəu
蓬安	kəu4	khiəu3	khiəu4	khiəu4	khiəu4	xəu2	xəu2	xəu2
南充金台	kiəu4	khiəu3	khiəu4	khiəu4	khiəu4	xəu2	xəu2	xəu2
南充龙蟠	kiəu4	khiəu3	khiəu4	khiəu4	khiəu4	xiəu2	xiəu2	xiəu2
岳池	kəu4	khəu3	khəu4	khəu4	khəu4	xəu2	xəu2	xəu2
广安	kəu4	khəu3	khəu4	khəu4	khəu4	xəu2	xəu2	xəu2
邻水	kəu4	khəu3	khəu4	khəu4	khəu4	xəu2	xəu2	xəu2
南江	kəu4	khəu3	khəu4	khəu4 khəu2 俗②	khəu4	xəu2	xəu2	xəu2
巴中	kəu4	khəu3	khəu4	khəu4 khəu2 俗②	khəu4	xəu2	xəu2	xəu2
通江	kəu4	khəu3	khəu4	khəu4 khəu2 俗②	khəu4	xəu2	xəu2	xəu2
平昌	kəu4	khəu3	khəu4	khəu4 khəu2 俗②	khəu4	xəu2	xəu2	xəu2
万源	kəu4	khəu3	khəu4	khəu4 khəu2 俗②	khəu4	xəu2	xəu2	xəu2
宣汉	kəu4	khəu3	khəu4	khəu4 khəu2 俗②	khəu4	xəu2	xəu2	xəu2
达州	kəu4	khəu3	khəu4	khəu4 khəu2 俗②	khəu4	xəu2	xəu2	xəu2
开江	kəu4	khəu3	khəu4	khəu4 khəu2 俗②	khəu4	xəu2	xəu2	xəu2
渠县	kəu4	khəu3	khəu4	khəu4 khəu2 俗②	khəu4	xəu2	xəu2	xəu2
宜宾	kəu4	khəu3	khəu4	khəu4 khəu2 俗②	khəu4	xəu2	xəu2	xəu2
古蔺	kəu4	khəu3	khəu4	khəu4 khəu2 俗②	khəu4	xəu2	xəu2	xəu2
长宁	kəu4	khəu3	khəu4	khəu4	khəu4	xəu2	xəu2	xəu2
顾县	kəu4	khəu3	khəu4	khəu4	khəu4	xəu2	xəu2	xəu2
成都龙泉	kiəu4	khiəu3	khiəu4	khiəu4 khiəu2 俗②	khiəu4	xiəu2	xiəu2	xiəu2

① 又*丘候切，流开一溪侯去。　② 意为"盖上"。本字待考。

字目	吼	厚	后前后	后皇后	候	欧姓	藕	偶配偶
反切	呼后	胡口	胡口	胡口	胡遘	乌侯	五口	五口
声韵调	流开一晓侯上	流开一匣侯上	流开一匣侯上	流开一匣侯上	流开一匣侯去	流开一影侯平	流开一疑侯上	流开一疑侯上
中古音	həu:	ɦəu:	ɦəu:	ɦəu:	ɦəu-	ʔəu	ŋəu:	ŋəu:
广元	xəu3	xəu4	xəu4 xəu3 口①	xəu4	xəu4	ŋəu1	ŋəu3	ŋəu3
平武	xəu3	xəu4	xəu4	xəu4	xəu4	ŋəu1	ŋəu3	ŋəu3
青川	xəu3	xəu4	xəu4 xəu3 口①	xəu4	xəu4	ŋəu1	ŋəu3	ŋəu3
剑阁普安	xəu3	xəu4	xəu4 xəu3 口①	xəu4	xəu4	ŋəu1	ŋəu3	ŋəu3
剑阁金仙	xəu3	xəu4	xəu4 xəu3 口①	xəu4	xəu4	ŋəu1	ŋəu3	ŋəu3
旺苍	xəu3	xəu4	xəu4 xəu3 口①	xəu4	xəu4	ŋəu1	ŋəu3	ŋəu3
苍溪	xəu3	xəu4	xəu4	xəu4	xəu4	ŋəu1	ŋəu3	ŋəu3
江油	xəu3	xəu4	xəu4	xəu4	xəu4	ŋəu1	ŋəu3	ŋəu3
北川	xəu3	xəu4	xəu4	xəu4	xəu4	ŋəu1	ŋəu3	ŋəu3
绵阳	xəu3	xəu4	xəu4	xəu4	xɑu4	ŋəu1	ŋəu3	ŋəu3
盐亭	xəu3	xəu4	xəu4	xəu4	xəu4	ŋəu1	ŋəu3	ŋəu3
德阳	xəu3	xəu4	xəu4 xəu3 口①	xəu4	xəu4	ŋəu1	ŋəu3	ŋəu3
中江	xəu3	əu4	əu4	əu4	əu4	ŋəu1	ŋəu3	ŋəu3
射洪	xəu3	xəu4	xəu4 xəu3 口①	xəu4	xəu4	ŋəu1	ŋəu3	ŋəu3
蓬溪	xəu3	xəu4	xəu4 xəu3 口①	xəu4	xəu4	ŋəu1	ŋəu3	ŋəu3
遂宁	xəu3	xəu4	xəu4 xəu3 口①	xəu4	xəu4	ŋəu1	ŋəu3	ŋəu3
乐至	xəu3	xəu4	xəu4	xəu4	xəu4	ŋəu1	ŋəu3	ŋəu3
安岳	xəu3	xəu4	xəu4	xəu4	xəu4	ŋəu1	ŋəu3	ŋəu3
仪陇	xəu3	xəu4	xəu4	xəu4	xəu4	ŋəu1	ŋəu3	ŋəu3
西充	xəu3	xəu4	xəu4	xəu4	xəu4	ŋiəu1	ŋiəu3	ŋəu3

---

① 用于"后头"一词。

字目	吼	厚	后前后	后皇后	候	欧姓	藕	偶配偶
反切	呼后	胡口	胡口	胡口	胡遘	乌侯	五口	五口
声韵调	流开一晓侯上	流开一匣侯上	流开一匣侯上	流开一匣侯上	流开一匣侯去	流开一影侯平	流开一疑侯上	流开一疑侯上
中古音	həu:	ɦəu:	ɦəu:	ɦəu:	ɦəu-	ʔəu	ŋəu:	ŋəu:
蓬安	xəu3	xəu4	xəu4	xəu4	xəu4	ŋəu1	ŋəu3	ŋəu3
南充金台	xəu3	xəu4	xəu4	xəu4	xəu4	ŋiəu1	ŋiəu3	ŋiəu3
南充龙蟠	xəu3	xiəu4	xiəu4	xiəu4	xiəu4	ŋiəu1	ŋiəu3	ŋiəu3
岳池	xəu3	xəu4	xəu4	xəu4	xəu4	ŋəu1	ŋəu3	ŋəu3
广安	xəu3	xəu4	xəu4	xəu4	xəu4	ŋəu1	ŋəu3	ŋəu3
邻水	xəu3	xəu4	xəu4	xəu4	xəu4	ŋəu1	ŋəu3	ŋəu3
南江	xəu3	xəu4	xəu4	xəu4	xəu4	ŋəu1 əu1 新	ŋəu3	ŋəu3
巴中	xəu3	xəu4	xəu4	xəu4	xəu4	ŋəu1	ŋəu3	ŋəu3
通江	xəu3	xəu4	xəu4	xəu4	xəu4	ŋəu1	ŋəu3	ŋəu3
平昌	xəu3	xəu4	xəu4	xəu4	xəu4	ŋəu1	ŋəu3	ŋəu3
万源	xəu3	xəu4	xəu4 xəu3 口①	xəu4	xəu4	ŋəu1	ŋəu3	ŋəu3
宣汉	xəu3	xəu4	xəu4 xəu3 口①	xəu4	xəu4	ŋəu1	ŋəu3	ŋəu3
达州	xəu3	xəu4	xəu4 xəu3 口①	xəu4	xəu4	ŋəu1	ŋəu3	ŋəu3
开江	xəu3	xəu4	xəu4 xəu3 口①	xəu4	xəu4	əu1	ŋəu3	ŋəu3
渠县	xəu3	xəu4	xəu4 xəu3 口①	xəu4	xəu4	ŋəu1	əu3	əu3
宜宾	xəu3	xəu4	xəu4	xəu4	xəu4	ŋəu1	ŋəu3	ŋəu3
古蔺	xəu3	xəu4	xəu4	xəu4	xəu4	ŋəu1	ŋəu3	ŋəu3
长宁	xəu3	xəu4	xəu4	xəu4	xəu4	ŋəu1	ŋəu3	ŋəu3
顾县	xəu3	xəu4	xəu4 xəu3 口①	xəu4	xəu4	ŋəu1	ŋəu3	ŋəu3
成都龙泉	xiəu3	xiəu4	xiəu4	xiəu4	xiəu4	ŋiəu1	ŋiəu1	ŋiəu3

① 用于"后头"一词。

字目	偶偶然	呕呕吐	谬荒谬	丢	牛	纽	扭	流
反切	五遘	乌后	靡幼		语求	女久	女久	力求
声韵调	流开一疑侯去	流开一影侯上	流开三明幽去	流开三端幽平	流开三疑尤平	流开三泥尤上	流开三泥尤上	流开三来尤平
中古音	ŋəu-	ʔəu:	miu-	tiu	ŋiu	niu:	niu:	liu
广元	ŋəu3	ŋəu3	miəu4	tiəu1	ȵiəu2	ȵiəu3	ȵiəu3	niəu2
平武	ŋəu3	ŋəu3	miau4	tiəu1	ȵiəu2	ȵiəu3	ȵiəu3	niəu2
青川	ŋəu3	ŋəu3	miəu4	tiəu1	ȵiəu2	ȵiəu3	ȵiəu3	niəu2
剑阁普安	ŋəu3	ŋəu3	miəu4	tiəu1	ȵiəu2	ȵiəu3	ȵiəu3	niəu2
剑阁金仙	ŋəu3	ŋəu3	miø4	tiø1	ȵiø2	ŋəu3	ŋəu3	niø2
旺苍	ŋəu3	ŋəu3	miəu4	tiəu1	ȵiəu2	ȵiəu3	ȵiəu3	niəu2
苍溪	ŋəu3	ŋəu3	miau4	tiəu1	ȵiəu2	ȵiəu3	ȵiəu3 ȵiəu4 俗①	liəu2
江油	ŋəu3	ŋəu3	miau4	tiəu1	ȵiəu2	ȵiəu3	ȵiəu3	niəu2
北川	ŋəu3	ŋəu3	miau4	tiəu1	ȵiəu2	ȵiəu3	ȵiəu3	niəu2
绵阳	ŋəu3	ŋəu3	miau4	tiəu1	ȵiəu2	iəu3	iəu3	niəu2
盐亭	ŋəu3	ŋiəu3	miau4	tiəu1	ȵiəu2	ŋiəu3	ŋiəu3	liəu2
德阳	ŋəu3	ŋəu3	miəu4	tiəu1	ȵiəu2	ȵiəu3	ȵiəu3 ȵiəu4 俗①	niəu2
中江	ŋəu3	ŋəu3	miəu4	tiəu1	ȵiəu2	ȵiəu3	ȵiəu3	liəu2
射洪	ŋəu3	ŋəu3	miəu4	tiəu1	ȵiəu2	ȵiəu3	ȵiəu3 ȵiəu4 俗①	niəu2
蓬溪	ŋəu3	ŋəu3	niəu4	tiəu1	ȵiəu2	ȵiəu3	ȵiəu3 ȵiəu4 俗①	niəu2
遂宁	ŋəu3	ŋəu3	miəu4	tiəu1	ȵiəu2	ȵiəu3	ȵiəu3 ȵiəu4 俗①	niəu2
乐至	ŋəu3	ŋəu3	miəu4	tiəu1	ȵiəu2	ȵiəu3	ȵiəu3 ȵiəu4 俗①	niəu2
安岳	ŋəu3	ŋəu3	miəu4	tiəu1	ȵiəu2	ȵiəu3	ȵiəu3	niəu2
仪陇	ŋəu3	ŋəu3	miau4	tiəu1	niəu2	ŋəu3	niəu3	niəu2
西充	ŋəu3	ŋiəu3	miəu4	tiəu1	ȵiəu2	ȵiəu3	ȵiəu3	niəu2

① 意为"动"。或为训读，本字待考。

字目	偶偶然	呕呕吐	谬荒谬	丢	牛	纽	扭	流
反切	五遘	乌后	靡幼		语求	女久	女久	力求
声韵调	流开一疑侯去	流开一影侯上	流开三明幽去	流开三端幽平	流开三疑尤平	流开三泥尤上	流开三泥尤上	流开三来尤平
中古音	ŋəu-	ʔəu:	miu-	tiu	ŋiu	niu:	ȵiu:	liu
蓬安	ŋuɛ3	ŋuɛ3	miau4	tiəu1	niəu2	niəu3	niəu3	niəu2
南充金台	ŋiəu3	ŋiəu3	miəu4	tiəu1	ȵiəu2	ȵiəu3	iəu3	niəu2
南充龙蟠	ŋiəu3	ŋiəu3	miəu4	tiəu1	ȵiəu2	ȵiəu3	ȵiəu3	niəu2
岳池	ŋuɛ3	ŋuɛ3	miəu4	tiəu1	ȵiəu2	ȵiəu3	ȵiuɛ3 / ȵiəu4 俗①	niəu2
广安	ŋuɛ3	ŋuɛ3	miəu4	tiəu1	niəu2	niəu3	niəu3 / niəu4 俗①	niəu2
邻水	ŋuɛ3	ŋuɛ3	miəu4	tiəu1	ȵiəu2	ȵiəu3	ȵiuɛ3 / ȵiəu4 俗①	niəu2
南江	ŋuɛ3	ŋuɛ3	miəu4	tiəu1	ȵiəu2	ȵiəu3	ȵiuɛ3 / ȵiəu4 俗①	liəu2
巴中	ŋuɛ3	ŋuɛ1 / ŋuɛ3	miau4	tiəu1	ȵiəu2	ȵiəu3	iəu3 / iəu4 俗①	liəu2
通江	ŋuɛ3	ŋuɛ1 / ŋuɛ3	miəu4	tiəu1	ȵiəu2	ȵiəu3	ȵiuɛ3 / ȵiəu4 俗①	liəu2
平昌	ŋuɛ3	ŋuɛ3	miəu4	tiəu1	ȵiəu2	ȵiəu3	ȵiuɛ3 / ȵiəu4 俗①	liəu2
万源	ŋuɛ3	ŋuɛ3	miau4	tiəu1	ȵiəu2	ȵiəu3	ȵiuɛ3 / ȵiəu4 俗①	niəu2
宣汉	ŋuɛ3	ŋuɛ3	miau4	tiəu1	ȵiəu2	ȵiəu3	ȵiəu3 / ȵiəu4 俗①	niəu2
达州	ŋuɛ3	ŋuɛ3	miəu4	tiəu1	niəu2	niəu3	niəu3 / niəu4 俗①	niəu2
开江	ŋuɛ3	ŋuɛ3	miəu4	tiəu1	niəu2	niəu3	niəu3 / niəu4 俗①	niəu2
渠县	ŋuɛ3 / əu3 新	ŋuɛ3	miau4	tiəu1	ȵiəu2	ȵiəu3	ȵiəu3 / ȵiəu4 俗①	niəu2
宜宾	ŋuɛ3	ŋuɛ3	miəu4 / miau4	tiəu1	niəu2	niəu3	niəu3 / niəu4 俗①	niəu2
古蔺	ŋuɛ3	ŋuɛ3	miəu4	tiəu1	niəu2	niəu3	niəu3 / niəu4 俗①	niəu2
长宁	ŋuɛ3	ŋuɛ3	miau4	tiəu1	ȵiəu2	ȵiəu3	ȵiəu3	liəu2
顾县	ŋuɛ3	ŋuɛ3	miəu4	tiəu1	niəu2	niəu3	niəu3	niəu2
成都龙泉	ŋiəu3	ŋiəu3	miau4	tiəu1	ȵiəu2	ȵiəu3	ȵiəu3 / ȵiəu4 俗①	liəu4

① 意为"动"。或为训读，本字待考。

字目	硫	刘	留	榴	琉	柳	溜	六
反切	力求	力求	力求	力求	力求	力久	力救	力竹
声韵调	流开三来尤平	流开三来尤平	流开三来尤平	流开三来尤平	流开三来尤平	流开三来尤上	流开三来尤去	通合三来屋入
中古音	lɨu	lɨu	lɨu	lɨu	lɨu	lɨu:	lɨu-	lɨuk
广元	niəu2	niəu2	niəu2	niəu4	niəu2	niəu3	niəu1	nu2
平武	niəu2	niəu2	niəu2	niəu4	niəu2	niəu3	niəu1	niəu2
青川	niəu2	niəu2	niəu2	niəu4	niəu2	niəu3	niəu1	nu2
剑阁普安	niəu2	niəu2	niəu2	niəu2	niəu2	niəu3	niəu1	nu2 niəu4 新
剑阁金仙	niø2	niø2	niø2	niø2	niø2	niø3	niø2	nu5
旺苍	niəu2	niəu2	niəu2	niəu2	niəu2	niəu3	niəu1	nu2
苍溪	liəu2	liəu2	liəu2	liəu2	liəu2	liəu3	liəu1	lu2 liəu2 新
江油	niəu2	niəu2	niəu2	niəu4	niəu2	niəu3	niəu1	nʊ2
北川	niəu2	niəu2	niəu2	niəu1	niəu2	niəu3	niəu1	nʊ2
绵阳	niəu2	niəu2	niəu2	niəu2	niəu2	niəu3	niəu1	nʊ2
盐亭	liəu2	liəu2	liəu2	liəu2	liəu2	liəu3	liəu1	lo5
德阳	niəu2	niəu2	niəu2	niəu2	niəu2	niəu3	niəu1	nu2 niəu2 新
中江	liəu2	liəu2	liəu2	liəu2	liəu2	liəu3	liəu1	lu2 liəu2 新
射洪	niəu2	niəu2	niəu2	niəu2	niəu2	niəu3	niəu1	nu5 niəu2 新
蓬溪	niəu2	niəu2	niəu2	niəu2	niəu2	niəu3	niəu1	nu5 niəu2 新
遂宁	niəu2	niəu2	niəu2	niəu2	niəu2	niəu3	niəu1	nu2 niəu2 新
乐至	niəu2	niəu2	niəu2	niəu2	niəu2	niəu3	niəu1	nʊ2 niəu2 新
安岳	niəu2	niəu2	niəu2	niəu2	niəu2	niəu3	niəu1	nʊ2
仪陇	niəu2	niəu2	niəu2	niəu2	niəu2	niəu3	niəu1	nʊ2
西充	niəu2	niəu2	niəu2	niəu2	niəu2	niəu3	niəu1	no5

字目	硫	刘	留	榴	琉	柳	溜	六
反切	力求	力求	力求	力求	力求	力久	力救	力竹
声韵调	流开三 来尤平	流开三 来尤平	流开三 来尤平	流开三 来尤平	流开三 来尤平	流开三 来尤上	流开三 来尤去	通合三 来屋入
中古音	liu	liu	liu	liu	liu	liu:	liu-	liuk
蓬安	niəu2	niəu2	niəu2	niəu2	niəu2	niəu3	niəu1	nu2
南充_{金台}	niəu2	niəu2	niəu2	niəu2	niəu2	niəu3	niəu1	nʊ2
南充_{龙蟠}	niəu2	niəu2	niəu2	niəu2	niəu2	niəu3	niəu1	no5
岳池	niəu2	niəu2	niəu2	niəu3	niəu2	niəu3	niəu1	nʊ2 niəu2 新
广安	niəu2	niəu2	niəu2	niəu3	niəu2	niəu3	niəu1	nʊ2 niəu2 新
邻水	niəu2	niəu2	niəu2	niəu3	niəu2	niəu3	niəu1	nʊ5 niəu4 新
南江	liəu2	liəu2	liəu2	liəu1 liəu2	liəu2	liəu3	liəu1	lu5 liəu2 新
巴中	liəu2	liəu2	liəu2	liəu2	liəu2	liəu3	liəu1	lu2 lu5 旧
通江	liəu2	liəu2	liəu2	liəu2	liəu2	liəu3	liəu1	lʊ5 liəu5 新
平昌	liəu2	liəu2	liəu2	liəu2 liəu3	liəu2	liəu3	liəu1	lu2 liəu2 新
万源	niəu2	niəu2	niəu2	niəu2	niəu2	niəu3	niəu1	nu2
宣汉	niəu2	niəu2	niəu2	niəu2	niəu2	niəu3	niəu1	nu2
达州	niəu2	niəu2	niəu2	niəu2	niəu2	niəu3	niəu1	nu2 niəu2 新
开江	niəu2	niəu2	niəu2	niəu2	niəu2	niəu3	niəu1	nu2
渠县	niəu2	niəu2	niəu2	niəu2	niəu2	niəu3	niəu1	nu2
宜宾	niəu2	niəu2	niəu2	niəu2	niəu2	niəu3	niəu1	nə5
古蔺	niəu2	niəu2	niəu2	niəu2	niəu2	niəu3	niəu1	no5
长宁	liəu2	liəu2	liəu2	liəu2	liəu2	liəu3	liəu1	lu5
顾县	niəu2	niəu2	niəu2	niəu3	niəu2	niəu3	niəu1	nu2
成都_{龙泉}	liəu2	liəu2	liəu2	liəu2	liəu2	liəu1	liəu1	luʔ6

字目	纠_{纠纷} 纠纠纷	纠纠察	酒	九	久	灸	就	救
反切	居求	居黝	子酉	举有	举有	举有	疾僦	居佑
声韵调	流开三 见尤平	流开三 见幽上	流开三 精尤上	流开三 见尤上	流开三 见尤上	流开三 见尤上	流开三 从尤去	流开三 见尤去
中古音	kɨu	kɨɯ:	tsɨu:	kɨu:	kɨu:	kɨu:	dzɨu-	kɨu-
广元	tɕieu1	tɕieu1	tʃiəu3	tɕieu3	tɕieu3	tɕieu1	təu4 口	tɕieu4
平武	tɕieu1	tɕieu1	tɕiəu3	tɕieu3	tɕieu3	tɕieu1	tɕieu4	tɕieu4
青川	tɕieu1	tɕieu1	tɕiəu3	tɕieu3	tɕieu3	tɕieu1	tɕieu4	tɕieu4
剑阁_{普安}	tɕieu1	tɕieu1	tʃiəu3	tɕieu3	tɕieu3	tɕieu3	tʃiəu4	tɕieu4
剑阁_{金仙}	kəu1 tɕiø1	kəu1 tɕiø1	tsiø3	tɕiø3	tɕiø3	tɕiø3	tsiø4	tɕiø4
旺苍	tɕieu1	tɕieu1	tsiəu3	tɕieu3	tɕieu3	tɕieu3	tsiəu4	tɕieu4
苍溪	tɕieu1	tɕieu1	tsiəu3	tɕieu3	kiəu3	tɕieu1	tsiəu4	tɕieu4
江油	tɕieu1	tɕieu1	tɕiəu3	tɕieu3	tɕieu3	tɕieu1	tɕieu4	tɕieu4
北川	tɕieu1	tɕieu1	tɕiəu3	tɕieu3	tɕieu3	tɕieu1	tɕieu4	tɕieu4
绵阳	tɕieu1	tɕieu1	tɕiəu3	tɕieu3	tɕieu3	tɕieu1	tɕieu4	tɕieu4
盐亭	tɕieu1	tɕieu1	tɕiəu3	tɕieu3	tɕieu3	tɕieu1	tɕieu4	tɕieu4
德阳	tɕieu1	tɕieu1	tɕiəu3	tɕieu3	tɕieu3	tɕieu1	tɕieu4	tɕieu4
中江	tɕieu1	tɕieu1	tɕiəu3	tɕieu3	tɕieu3	tɕieu3	tɕieu4	tɕieu4
射洪	tɕieu1	tɕieu1	tɕiəu3	tɕieu3	tɕieu3	tɕieu1	tɕieu4	tɕieu4
蓬溪	tɕieu1	tɕieu1	tɕiəu3	tɕieu3	tɕieu3	tɕieu1	tɕieu4	tɕieu4
遂宁	tɕieu1	tɕieu1	tɕiəu3	tɕieu3	tɕieu3	tɕieu1	tɕieu4	tɕieu4
乐至	tɕieu1	tɕieu1	tɕiəu3	tɕieu3	tɕieu3	tɕieu1	tɕieu4	tɕieu4
安岳	tɕieu1	tɕieu1	tɕiəu3	tɕieu3	tɕieu3	tɕieu1	tɕieu4	tɕieu4
仪陇	tɕieu1	tɕieu1	tɕiəu3	tɕieu3	tɕieu3	tɕieu1	tɕieu4	tɕieu4
西充	tɕieu1	tɕieu1	tɕiəu3	tɕieu3	tɕieu3	tɕieu1	tɕieu4	tɕieu4

字目	纠纠纷	纠纠察	酒	九	久	灸	就	救
反切	居求	居黝	子酉	举有	举有	举有	疾僦	居佑
声韵调	流开三见尤平	流开三见幽上	流开三精尤上	流开三见尤上	流开三见尤上	流开三见尤上	流开三从尤去	流开三见尤去
中古音	kɨu	kɨu:	tsɨu:	kɨu:	kɨu:	kɨu:	dzɨu-	kɨu-
蓬安	tɕiəu1	tɕiəu1	tɕiəu3	tɕiəu3	tɕiəu3	tɕiəu3	tɕiəu4	tɕiəu4
南充金台	tɕiəu1	tɕiəu1	tɕiəu3	tɕiəu3	tɕiəu3	tɕiəu1	tɕiəu4	tɕiəu4
南充龙蟠	tɕiəu1	tɕiəu1	tɕiəu3	tɕiəu3	tɕiəu3	tɕiəu1	tɕiəu4	tɕiəu4
岳池	tɕiəu1	tɕiəu1	tɕiəu3	tɕiəu3	tɕiəu3	tɕiəu3	tɕiəu4	tɕiəu4
广安	tɕiəu1	tɕiəu1	tɕiəu3	tɕiəu3	tɕiəu3	tɕiəu1	tɕiəu4	tɕiəu4
邻水	tɕiəu1	tɕiəu1	tɕiəu3	tɕiəu3	tɕiəu3	tɕiəu1	tɕiəu4	tɕiəu4
南江	tɕiəu1	tɕiəu1	tʃiəu3	tɕiəu3	tɕiəu3	tɕiəu1	tʃiəu4	tɕiəu4
巴中	tɕiəu1	tɕiəu1	tʃiəu3	tɕiəu3	tɕiəu3	tɕiəu1	tʃiəu4	tɕiəu4
通江	tɕiəu1	tɕiəu1	tʃiəu3	tɕiəu3	tɕiəu3	tɕiəu1	tʃiəu4	tɕiəu4
平昌	tɕiəu1	tɕiəu1	tʃiəu3	tɕiəu3	tɕiəu3	tɕiəu1	tʃiəu4	tɕiəu4
万源	tɕiəu1	tɕiəu1	tʃiəu3	tɕiəu3	tɕiəu3	tɕiəu1	tɕiəu4	tɕiəu4
宣汉	tɕiəu1	tɕiəu1	tɕiəu3	tɕiəu3	tɕiəu3	tɕiəu1	tɕiəu4	tɕiəu4
达州	tɕiəu1	tɕiəu1	tɕiəu3	tɕiəu3	tɕiəu3	tɕiəu1	tɕiəu4	tɕiəu4
开江	tɕiəu1	tɕiəu1	tɕiəu3	tɕiəu3	tɕiəu3	tɕiəu1	tɕiəu4	tɕiəu4
渠县	tɕiəu1	tɕiəu1	tɕiəu3	tɕiəu3	tɕiəu3	tɕiəu1	tɕiəu4	tɕiəu4
宜宾	tɕiəu1	tɕiəu1	tɕiəu3	tɕiəu3	tɕiəu3	tɕiəu1	tɕiəu4	tɕiəu4
古蔺	tɕiəu1	tɕiəu1	tɕiəu3	tɕiəu3	tɕiəu3	tɕiəu1	tɕiəu4	tɕiəu4
长宁	tɕiəu1	tɕiəu1	tɕiəu3	tɕiəu3	tɕiəu3	tɕiəu1	tɕiəu4	tɕiəu4
顾县	tɕiəu1	tɕiəu1	tɕiəu3	tɕiəu3	tɕiəu3	tɕiəu1	tɕiəu4	tɕiəu4
成都龙泉	tɕiəu1	tɕiəu1	tɕiəu3	tɕiəu3	tɕiəu3	tɕiəu1	tɕhiəu4	tɕiəu4

字目	究	臼	舅	旧	秋秋天	秋秋千	丘	囚
反切	居佑	其九	其九	巨救	七由	七由	去鸠	似由
声韵调	流开三见尤去	流开三群尤上	流开三群尤上	流开三群尤去	流开三清尤平	流开三清尤平	流开三溪尤平	流开三邪尤平
中古音	kiu-	giu:	giu:	giu-	tshiu	tshiu	khiu	ziu
广元	tɕiəu4	tɕiəu4	tɕiəu4	tɕiəu4	tʃhiəu1	tʃhiəu1	tɕhiəu1	ɕiəu2
平武	tɕiəu4	tɕiəu4	tɕiəu4	tɕiəu4	tɕhiəu1	tɕhiəu1	tɕhiəu1	tɕhiəu2
青川	tɕiəu1	tɕiəu4	tɕiəu4	tɕiəu4	tɕhiəu1	tɕhiəu1	tɕhiəu1	ɕiəu2
剑阁普安	tɕiəu4	tɕiəu4	tɕiəu4	tɕiəu4	tʃhiəu1	tʃhiəu1	tɕhiəu1	ʃiəu2
剑阁金仙	tɕiø4	tɕiø4	tɕiø4	tɕiø4	tshiø1	tshiø1	tɕhiø1	tɕhy2 tɕhiø2
旺苍	tɕiəu4	tɕiəu4	tɕiəu4	tɕiəu4	tshiəu1	tshiəu1	tɕhiəu1	siəu2
苍溪	kiəu1 kiəu4	tɕhiəu3 tɕiəu4 新	kiəu4	kiəu4	tshiəu1	tshiəu1	tɕhiəu1	ɕiəu2
江油	tɕiəu4	tɕiəu4	tɕiəu4	tɕiəu4	tɕhiəu1	tɕhiəu1	tɕhiəu1	ɕiəu2
北川	tɕiəu4	tɕiəu4	tɕiəu4	tɕiəu4	tɕhiəu1	tɕhiəu1	tɕhiəu1	ɕiəu2
绵阳	tɕiəu4	tɕiəu4	tɕiəu4	tɕiəu4	tɕhiəu1	tɕhiəu1	tɕhiəu1	ɕiəu2
盐亭	tɕiəu4	tɕiəu4	tɕiəu4	tɕiəu4	tɕhiəu1	tɕhiəu1	tɕhiəu1	ɕiəu2
德阳	tɕiəu4	tɕhiəu3 tɕiəu4 新	tɕiəu4	tɕiəu4	tɕhiəu1	tɕhiəu1	tɕhiəu1	tɕhiəu2 ɕiəu2 旧
中江	tɕiəu4	tɕiəu4	tɕiəu4	tɕiəu4	tɕhiəu1	tɕhiəu1	tɕhiəu1	ɕiəu2
射洪	tɕiəu4	tɕhiəu3 tɕiəu4 新	tɕiəu4	tɕiəu4	tɕhiəu1	tɕhiəu1	tɕhiəu1	tɕhiəu2 ɕiəu2 旧
蓬溪	tɕiəu4	tɕhiəu3 tɕiəu4 新	tɕiəu4	tɕiəu4	tɕhiəu1	tɕhiəu1	tɕhiəu1	tɕhiəu2 ɕiəu2 旧
遂宁	tɕiəu1	tɕhiəu3 tɕiəu4 新	tɕiəu4	tɕiəu4	tɕhiəu1	tɕhiəu1	tɕhiəu1	tɕhiəu2 ɕiəu2 旧
乐至	tɕiəu4	tɕiəu4	tɕiəu4	tɕiəu4	tɕhiəu1	tɕhiəu1	tɕhiəu1	ɕiəu2
安岳	tɕiəu4	tɕiəu4	tɕiəu4	tɕiəu4	tɕhiəu1	tɕhiəu1	tɕhiəu1	ɕiəu2
仪陇	tɕiəu4	ɕiəu3 tɕiəu4 新	tɕiəu4	tɕiəu4	tɕhiəu1	tɕhiəu1	tɕhiəu1	ɕiəu2
西充	tɕiəu4	tɕiəu4	tɕiəu4	tɕiəu4	tɕhiəu1	tɕhiəu1	tɕhiəu1	ɕiəu2

字目	究	臼	舅	旧	秋秋天	秋秋千	丘	囚
反切	居佑	其九	其九	巨救	七由	七由	去鸠	似由
声韵调	流开三 见尤去	流开三 群尤上	流开三 群尤上	流开三 群尤去	流开三 清尤平	流开三 清尤平	流开三 溪尤平	流开三 邪尤平
中古音	kɨu-	gɨu:	gɨu:	gɨu-	tshɨu	tshɨu	khɨu	zɨu
蓬安	tɕiəu4	tɕiəu4	tɕiəu4	tɕiəu4	tɕhiəu1	tɕhiəu1	tɕhiəu1	ɕiəu2
南充金台	tɕiəu4	tɕiəu4	tɕiəu4	tɕiəu4	tɕhiəu1	tɕhiəu1	tɕhiəu1	ɕiəu2
南充龙蟠	tɕiəu4	tɕiəu4	tɕiəu4	tɕiəu4	tɕhiəu1	tɕhiəu1	tɕhiəu1	tɕhiəu2
岳池	tɕiəu4	tɕhiəu3	tɕiəu4	tɕiəu4	tɕhiəu1	tɕhiəu1	tɕhiəu1	ɕiəu2
广安	tɕiəu4	tɕhiəu3	tɕiəu4	tɕiəu4	tɕhiəu1	tɕhiəu1	tɕhiəu1	ɕiəu2
邻水	tɕiəu4	tɕiəu4	tɕiəu4	tɕiəu4	tɕhiəu1	tɕhiəu1	tɕhiəu1	ɕiəu2
南江	tɕiəu1 tɕiəu4	tɕhiəu3 tɕiəu4 新	tɕiəu4	tɕiəu4	tʃhiəu1	tʃhiəu1	tɕhiəu1	ʃiəu2
巴中	tɕiəu1 tɕiəu4	tɕhiəu3 tɕiəu4 新	tɕiəu4	tɕiəu4	tʃhiəu1	tʃhiəu1	tɕhiəu1	ʃiəu2
通江	tɕiəu1 tɕiəu4	tɕhiəu3 tɕiəu4 新	tɕiəu4	tɕiəu4	tʃhiəu1	tʃhiəu1	tɕhiəu1	ʃiəu2
平昌	tɕiəu1 tɕiəu4	tɕhiəu3 tɕiəu4 新	tɕiəu4	tɕiəu4	tʃhiəu1	tʃhiəu1	tɕhiəu1	ʃiəu2
万源	tɕiəu1	tɕiəu4	tɕiəu4	tɕiəu4	tʃhiəu1	tʃhiəu1	tɕhiəu1	tʃhiəu2
宣汉	tɕiəu4	tɕiəu4	tɕiəu4	tɕiəu4	tɕhiəu1	tɕhiəu1	tɕhiəu1	ɕiəu2
达州	tɕiəu4	tɕiəu3	tɕiəu4	tɕiəu4	tɕhiəu1	tɕhiəu1	tɕhiəu1	tɕhiəu2
开江	tɕiəu4	tɕiəu4	tɕiəu4	tɕiəu4	tɕhiəu1	tɕhiəu1	tɕhiəu1	tɕhiəu2
渠县	tɕiəu4	tɕiəu4	tɕiəu4	tɕiəu4	tɕhiəu1	tɕhiəu1	tɕhiəu1	ɕiəu2
宜宾	tɕiəu4	tɕhiəu3 tɕiəu4 新	tɕiəu4	tɕiəu4	tɕhiəu1	tɕhiəu1	tɕhiəu1	ɕiəu2 tɕhiəu2
古蔺	tɕiəu4	tɕhiəu3 tɕiəu4 新	tɕiəu4	tɕiəu4	tɕhiəu1	tɕhiəu1	tɕhiəu1	ɕiəu2 tɕhiəu2
长宁	tɕiəu4	tɕiəu4	tɕiəu4	tɕiəu4	tɕhiəu1	tɕhiəu1	tɕhiəu1	ɕiəu2
顾县	tɕiəu4	tɕhiəu3	tɕiəu4	tɕiəu4	tɕhiəu1	tɕhiəu1	tɕhiəu1	ɕiəu2
成都龙泉	tɕiəu1 tɕiəu4	tɕiəu1 tɕiəu4 新	tɕhiəu1	tɕiəu4	tɕhiəu1	tɕhiəu1	tɕhiəu1	tɕhiəu2

字目	求	球	仇姓	修	羞	休	朽	秀
反切	巨鸠	巨鸠	巨鸠	息流	息流	许尤	许久	息救
声韵调	流开三 群尤平	流开三 群尤平	流开三 群尤平	流开三 心尤平	流开三 心尤平	流开三 晓尤平	流开三 晓尤上	流开三 心尤去
中古音	giu	giu	giu	siu	siu	hiu	hiu:	siu-
广元	tɕhiəu2	tɕhiəu2	tɕhiəu2	ʃiəu1	ʃiəu1	ɕiəu1	ɕiəu3	ʃiəu4
平武	tɕhiəu2	tɕhiəu2	tɕhiəu2	ɕiəu1	ɕiəu1	ɕiəu1	ɕiəu3	ɕiəu4
青川	tɕhiəu2	tɕhiəu2	tɕhiəu2	ɕiəu1	ɕiəu1	ɕiəu1	ɕiəu3	ɕiəu4
剑阁普安	tɕhiəu2	tɕhiəu2	tɕhiəu2	ʃiəu1	ʃiəu1	ɕiəu1	ɕiəu3	ʃiəu4
剑阁金仙	tɕhiø2	tɕhiø2	tɕhiø2	siø1	siø1	xiø1	xəu3	siø4
旺苍	tɕhiəu2	tɕhiəu2	tɕhiəu2	siəu1	siəu1	ɕiəu1	ɕiəu3	siəu4
苍溪	tɕhiəu2	tɕhiəu2	tɕhiəu2	siəu1	siəu1	ɕiəu1	xiəu3	siəu4
江油	tɕhiəu2	tɕhiəu2	tɕhiəu2	ɕiəu1	ɕiəu1	ɕiəu1	ɕiəu3	ɕiəu4
北川	tɕhiəu2	tɕhiəu2	tɕhiəu2	ɕiəu1	ɕiəu1	ɕiəu1	ɕiəu3	ɕiəu4
绵阳	tɕhiəu2	tɕhiəu2	tɕhiəu2	ɕiəu1	ɕiəu1	ɕiəu1	ɕiəu3	ɕiəu4
盐亭	tɕhiəu2	tɕhiəu2	tɕhiəu2	ɕiəu1	ɕiəu1	ɕiəu1	ɕiəu3	ɕiəu4
德阳	tɕhiəu2	tɕhiəu2	tɕhiəu2	ɕiəu1	ɕiəu1	ɕiəu1	ɕiəu3	ɕiəu4
中江	tɕhiəu2	tɕhiəu2	tɕhiəu2	ɕiəu1	ɕiəu1	ɕiəu1	ɕiəu3	ɕiəu4
射洪	tɕhiəu2	tɕhiəu2	tɕhiəu2	ɕiəu1	ɕiəu1	ɕiəu1	ɕiəu3	ɕiəu4
蓬溪	tɕhiəu2	tɕhiəu2	tɕhiəu2	ɕiəu1	ɕiəu1	ɕiəu1	ɕiəu3	ɕiəu4
遂宁	tɕhiəu2	tɕhiəu2	tɕhiəu2	ɕiəu1	ɕiəu1	ɕiəu1	ɕiəu3	ɕiəu4
乐至	tɕhiəu2	tɕhiəu2	tɕhiəu2	ɕiəu1	ɕiəu1	ɕiəu1	ɕiəu3	ɕiəu4
安岳	tɕhiəu2	tɕhiəu2	tɕhiəu2	ɕiəu1	ɕiəu1	ɕiəu1	ɕiəu3	ɕiəu4
仪陇	tɕhiəu2	tɕhiəu2	tɕhiəu2	ɕiəu1	ɕiəu1	ɕiəu1	ɕiəu3	ɕiəu4
西充	tɕhiəu2	tɕhiəu2	tɕhiəu2	ɕiəu1	ɕiəu1	ɕiəu1	ɕiəu3	ɕiəu4

字目	求	球	仇姓	修	羞	休	朽	秀
反切	巨鸠	巨鸠	巨鸠	息流	息流	许尤	许久	息救
声韵调	流开三群尤平	流开三群尤平	流开三群尤平	流开三心尤平	流开三心尤平	流开三晓尤平	流开三晓尤上	流开三心尤去
中古音	giu	giu	giu	siu	siu	hiu	hiu:	siu-
蓬安	tɕhiəu2	tɕhiəu2	tɕhiəu2	ɕiəu1	ɕiəu1	ɕiəu1	ɕiəu3	ɕiəu4
南充金台	tɕhiəu2	tɕhiəu2	tɕhiəu2	ɕiəu1	ɕiəu1	ɕiəu1	ɕiəu3	ɕiəu4
南充龙蟠	tɕhiəu2	tɕhiəu2	tɕhiəu2	ɕiəu1	ɕiəu1	ɕiəu1	ɕiəu3	ɕiəu4
岳池	tɕhiəu2	tɕhiəu2	tɕhiəu2	ɕiəu1	ɕiəu1	ɕiəu1	ɕiəu3	ɕiəu4
广安	tɕhiəu2	tɕhiəu2	tɕhiəu2	ɕiəu1	ɕiəu1	ɕiəu1	ɕiəu3	ɕiəu4
邻水	tɕhiəu2	tɕhiəu2	tɕhiəu2	ɕiəu1	ɕiəu1	ɕiəu1	ɕiəu3	ɕiəu4
南江	tɕhiəu2	tɕhiəu5	tɕhiəu2	ʃiəu1	ʃiəu1	ɕiəu1	ɕiəu3	ʃiəu4
巴中	tɕhiəu2	tɕhiəu2	tɕhiəu2	ʃiəu1	ʃiəu1	ɕiəu1	ɕiəu3	ʃiəu4
通江	tɕhiəu2	tɕhiəu2	tɕhiəu2	ʃiəu1	ʃiəu1	ɕiəu1	ɕiəu3	ʃiəu4
平昌	tɕhiəu2	tɕhiəu2	tɕhiəu2	ʃiəu1	ʃiəu1	ɕiəu1	ɕiəu3	ʃiəu4
万源	tɕhiəu2	tɕhiəu2	tɕhiəu2	ʃiəu1	ʃiəu1	ɕiəu1	ɕiəu3	ʃiəu4
宣汉	tɕhiəu2	tɕhiəu2	tɕhiəu2	ɕiəu1	ɕiəu1	ɕiəu1	ɕiəu3	ɕiəu4
达州	tɕhiəu2	tɕhiəu2	tɕhiəu2	ɕiəu1	ɕiəu1	ɕiəu1	ɕiəu3	ɕiəu4
开江	tɕhiəu2	tɕhiəu2	tɕhiəu2	ɕiəu1	ɕiəu1	ɕiəu1	ɕiəu3	ɕiəu4
渠县	tɕhiəu2	tɕhiəu2	tɕhiəu2	ɕiəu1	ɕiəu1	ɕiəu1	ɕiəu3	ɕiəu4
宜宾	tɕhiəu2	tɕhiəu2	tɕhiəu2	ɕiəu1	ɕiəu1	ɕiəu1	ɕiəu3	ɕiəu4
古蔺	tɕhiəu2	tɕhiəu2	tɕhiəu2	ɕiəu1	ɕiəu1	ɕiəu1	ɕiəu3	ɕiəu4
长宁	tɕhiəu2	tɕhiəu2	tɕhiəu2	ɕiəu1	ɕiəu1	ɕiəu1	ɕiəu3	ɕiəu4
顾县	tɕhiəu2	tɕhiəu2	tɕhiəu2	ɕiəu1	ɕiəu1	ɕiəu1	ɕiəu3	ɕiəu4
成都龙泉	tɕhiəu2	tɕhiəu2	tɕhiəu2	ɕiəu1	ɕiəu1	ɕiəu1	ɕiəu3	ɕiəu4

字目	绣	宿星宿	*锈	袖	嗅	忧	优	悠
反切	息救	息救	*息救	似佑	许救	于求	于求	以周
声韵调	流开三 心尤去	流开三 心尤去	流开三 心尤去	流开三 邪尤去	流开三 晓尤去	流开三 影尤平	流开三 影尤平	流开三 以尤平
中古音	siu⁻	siu⁻	siu⁻	ziu⁻	hiu⁻	ʔiu	ʔiu	jiu
广元	ʃiəu4	ɕy2	ʃiəu4	ʃiəu4	ɕiəu4	iəu1	iəu1	iəu1
平武	ɕiəu4	ɕiəu4	ɕiəu4	ɕiəu4	ɕiəu4	iəu1	iəu1	iəu1
青川	ɕiəu4	ɕy2	ɕiəu4	ɕiəu4	ɕiəu4	iəu1	iəu1	iəu1
剑阁普安	ʃiəu4	ʃy5	ɕiəu4	ʃiəu4	ɕiəu4	iəu1	iəu1	iəu1
剑阁金仙	siø4	sy5 siø5 口	siø4	siø4	ɕiø4	iø1	iø1	iø1
旺苍	siəu4	ɕy2 siəu4 口	siəu4	siəu4	ɕiəu4	iəu1	iəu1	iəu1
苍溪	siəu4	siəu4	siəu4	siəu4	xiəu4	iəu1	iəu1	iəu1
江油	ɕiəu4	ɕio2	ɕiəu4	ɕiəu4	ɕiəu4	iəu1	iəu1	iəu1
北川	ɕiəu4	ɕio2	ɕiəu4	ɕiəu4	ɕiəu4	iəu1	iəu1	iəu1
绵阳	ɕiəu4	ɕio2	ɕiəu4	ɕiəu4	ɕiəu4	iəu1	iəu1	iəu1
盐亭	ɕiəu4	ɕio5	ɕiəu4	ɕiəu4	ɕiəu4	iəu1	iəu1	iəu1
德阳	ɕiəu4	ɕio2	ɕiəu4	ɕiəu4	ɕiəu4	iəu1	iəu1	iəu1
中江	ɕiəu4	ɕio2	ɕiəu4	ɕiəu4	ɕiəu4	iəu1	iəu1	iəu1
射洪	ɕiəu4	ɕio5	ɕiəu4	ɕiəu4	ɕiəu4	iəu1	iəu1	iəu1
蓬溪	ɕiəu4	ɕio5	ɕiəu4	ɕiəu4	ɕiəu4	iəu1	iəu1	iəu1
遂宁	ɕiəu4	ɕyu2	ɕiəu4	ɕiəu4	ɕiəu4	iəu1	iəu1	iəu1
乐至	ɕiəu4	ɕiəu4	ɕiəu4	ɕiəu4	ɕiəu4	iəu1	iəu1	iəu1
安岳	ɕiəu4	ɕio2	ɕiəu4	ɕiəu4	ɕiəu4	iəu1	iəu1	iəu1
仪陇	ɕiəu4	ɕiəu4	ɕiəu4	ɕiəu4	ɕiəu4	iəu1	iəu1	iəu1
西充	ɕiəu4	ɕio5	ɕiəu4	ɕiəu4	ɕiəu4	iəu1	iəu1	iəu1

字目	绣	宿星宿	*锈	袖	嗅	忧	优	悠
反切	息救	息救	*息救	似佑	许救	于求	于求	以周
声韵调	流开三 心尤去	流开三 心尤去	流开三 心尤去	流开三 邪尤去	流开三 晓尤去	流开三 影尤平	流开三 影尤平	流开三 以尤平
中古音	siu-	siu-	siu-	ziu-	hiu-	ʔiu	ʔiu	jiu
蓬安	ɕiəu4	ɕiəu4	ɕiəu4	ɕiəu4	ɕiəu4	iəu1	iəu1	iəu1
南充金台	ɕiəu4	ɕy2	ɕiəu4	ɕiəu4	ɕiəu4	iəu1	iəu1	iəu1
南充龙蟠	ɕiəu4	ɕiəu4	ɕiəu4	ɕiəu4	ɕiəu4	iəu1	iəu1	iəu1
岳池	ɕiəu4	ɕiəu4	ɕiəu4	ɕiəu4	ɕiəu4	iəu1	iəu1	iəu1
广安	ɕiəu4	ɕiəu4	ɕiəu4	ɕiəu4	ɕiəu4	iəu1	iəu1	iəu1
邻水	ɕiəu4	ɕiəu4	ɕiəu4	ɕiəu4	ɕiəu4	iəu1	iəu1	iəu1
南江	ʃiəu4	ʃiəu4	ʃiəu4	ʃiəu4	ɕiəu4	iəu1	iəu1	iəu1
巴中	ʃiəu4	ʃiəu4	ʃiəu4	ʃiəu4	ɕiəu4	iəu1	iəu1	iəu1
通江	ʃiəu4	ʃiəu4	ʃiəu4	ʃiəu4	ɕiəu4	iəu1	iəu1	iəu1
平昌	ʃiəu4	ʃiəu4	ʃiəu4	ʃiəu4	ɕiəu4	iəu1	iəu1	iəu1
万源	ʃiəu4	ʃiəu4 ɕiəu4	ʃiəu4	ʃiəu4	ɕiəu4	iəu1	iəu1	iəu1
宣汉	ɕiəu4	ɕiəu4	ɕiəu4	ɕiəu4	ɕiəu4	iəu1	iəu1	iəu1
达州	ɕiəu4	ɕiəu4	ɕiəu4	ɕiəu4	ɕiəu4	iəu1	iəu1	iəu1
开江	ɕiəu4	ɕiəu4	ɕiəu4	ɕiəu4	ɕiəu4	iəu1	iəu1	iəu1
渠县	ɕiəu4	ɕy2 ɕiəu4 口	ɕiəu4	ɕiəu4	ɕiəu4	iəu1	iəu1	iəu1
宜宾	ɕiəu4	ɕiəu4	ɕiəu4	ɕiəu4	ɕiəu4	iəu1	iəu1	iəu1
古蔺	ɕiəu4	ɕiəu4	ɕiəu4	ɕiəu4	ɕiəu4	iəu1	iəu1	iəu1
长宁	ɕiəu4	ɕiəu4	ɕiəu4	ɕiəu4	ɕiəu4	iəu1	iəu1	iəu1
顾县	ɕiəu4	ɕy2	ɕiəu4	ɕiəu4	ɕiəu4	iəu1	iəu1	iəu1
成都龙泉	ɕiəu4	ɕiəu4	ɕiəu4	ɕiəu4	ɕiəu4	iəu1	iəu1	iəu1

字目	幽	尤	邮	由	油	游	犹	有
反切	于虬	羽求	羽求	以周	以周	以周	以周	云久
声韵调	流开三影幽平	流开三云尤平	流开三云尤平	流开三以尤平	流开三以尤平	流开三以尤平	流开三以尤平	流开三云尤上
中古音	ʔiu	ɦiu	ɦiu	jiu	jiu	jiu	jiu	ɦiu:
广元	iəu1	iəu2	iəu2	iəu2	iəu2	iəu2	iəu2	iəu3
平武	iəu1	iəu2	iəu2	iəu2	iəu2	iəu2	iəu2	iəu3
青川	iəu1	iəu2	iəu2	iəu2	iəu2	iəu2	iəu2	iəu3
剑阁普安	iəu1	iəu2	iəu2	iəu2	iəu2	iəu2	iəu2	iəu3
剑阁金仙	iø1	iø2	iø2	iø2	iø2	iø2	iø2	iø3
旺苍	iəu1	iəu2	iəu2	iəu2	iəu2	iəu2	iəu2	iəu3
苍溪	iəu1	iəu2	iəu2	iəu2	iəu2	iəu2	iəu2	iəu3
江油	iəu1	iəu2	iəu2	iəu2	iəu2	iəu2	iəu2	iəu3
北川	iəu1	iəu2	iəu2	iəu2	iəu2	iəu2	iəu2	iəu3
绵阳	iəu1	iəu2	iəu2	iəu2	iəu2	iəu2	iəu2	iəu3
盐亭	iəu1	iəu2	iəu2	iəu2	iəu2	iəu2	iəu2	iəu3
德阳	iəu1	iəu2	iəu2	iəu2	iəu2	iəu2	iəu2	iəu3
中江	iəu1	iəu2	iəu2	iəu2	iəu2	iəu2	iəu2	iəu3
射洪	iəu1	iəu2	iəu2	iəu2	iəu2	iəu2	iəu2	iəu3
蓬溪	iəu1	iəu2	iəu2	iəu2	iəu2	iəu2	iəu2	iəu3
遂宁	iəu1	iəu2	iəu2	iəu2	iəu2	iəu2	iəu2	iəu3
乐至	iəu1	iəu2	iəu2	iəu2	iəu2	iəu2	iəu2	iəu3
安岳	iəu1	iəu2	iəu2	iəu2	iəu2	iəu2	iəu2	iəu3
仪陇	iəu1	iəu2	iəu2	iəu2	iəu2	iəu2	iəu2	iəu3
西充	iəu1	iəu2	iəu2	iəu2	iəu2	iəu2	iəu2	iəu3

字目	幽	尤	邮	由	油	游	犹	有
反切	于虬	羽求	羽求	以周	以周	以周	以周	云久
声韵调	流开三影幽平	流开三云尤平	流开三云尤平	流开三以尤平	流开三以尤平	流开三以尤平	流开三以尤平	流开三云尤上
中古音	ʔiɨu	ɦiɨu	ɦiɨu	jiɨu	jiɨu	jiɨu	jiɨu	ɦiɨu:
蓬安	iəu1	iəu2	iəu2	iəu2	iəu2	iəu2	iəu2	iəu3
南充金台	iəu1	iəu2	iəu2	iəu2	iəu2	iəu2	iəu2	iəu3
南充龙蟠	iəu1	iəu2	iəu2	iəu2	iəu2	iəu2	iəu2	iəu3
岳池	iəu1	iəu2	iəu2	iəu2	iəu2	iəu2	iəu2	iəu3
广安	iəu1	iəu2	iəu2	iəu2	iəu2	iəu2	iəu2	iəu3
邻水	iəu1	iəu2	iəu2	iəu2	iəu2	iəu2	iəu2	iəu3
南江	iəu1	iəu2	iəu2	iəu2	iəu2	iəu2	iəu2	iəu3
巴中	iəu1	iəu2	iəu2	iəu2	iəu2	iəu2	iəu2	iəu3
通江	iəu1	iəu2	iəu2	iəu2	iəu2	iəu2	iəu2	iəu3
平昌	iəu1	iəu2	iəu2	iəu2	iəu2	iəu2	iəu2	iəu3
万源	iəu1	iəu2	iəu2	iəu2	iəu2	iəu2	iəu2	iəu3
宣汉	iəu1	iəu2	iəu2	iəu2	iəu2	iəu2	iəu2	iəu3
达州	iəu1	iəu2	iəu2	iəu2	iəu2	iəu2	iəu2	iəu3
开江	iəu1	iəu2	iəu2	iəu2	iəu2	iəu2	iəu2	iəu3
渠县	iəu1	iəu2	iəu2	iəu2	iəu2	iəu2	iəu2	iəu3
宜宾	iəu1	iəu2	iəu2	iəu2	iəu2	iəu2	iəu2	iəu3
古蔺	iəu1	iəu2	iəu2	iəu2	iəu2	iəu2	iəu2	iəu3
长宁	iəu1	iəu2	iəu2	iəu2	iəu2	iəu2	iəu2	iəu3
顾县	iəu1	iəu2	iəu2	iəu2	iəu2	iəu2	iəu2	iəu3
成都龙泉	iəu1	iəu2	iəu2	iəu2	iəu2	iəu2	iəu2	iəu1

字目	友	又	右	佑	诱	*釉	幼	班
反切	云久	于救	于救	于救	与久	*余救	伊谬	布还
声韵调	流开三云尤上	流开三云尤去	流开三云尤去	流开三云尤去	流开三以尤上	流开三以尤去	流开三影幽去	山开二帮删平
中古音	ɦiu:	ɦiu-	ɦiu-	ɦiu-	jiu:	jiu-	ʔiu-	pɣan
广元	iəu3	iəu4	iəu4	iəu4	iəu4	iəu4	iəu4	pan1
平武	iəu3	iəu4	iəu4	iəu4	iəu4	iəu4	iəu4	pan1
青川	iəu3	iəu4	iəu4	iəu4	iəu4	iəu4	iəu4	pan1
剑阁普安	iəu3	iəu4	iəu4	iəu4	iəu4	iəu4	iəu4	pan1
剑阁金仙	iø3	iø4	iø4	iø4	iø4	iø4	iø4	pan1
旺苍	iəu3	iəu4	iəu4	iəu4	iəu4	iəu4	iəu4	pan1
苍溪	iəu3	iəu4	iəu4	iəu4	iəu4	iəu4	iəu4	pan1
江油	iəu3	iəu4	iəu4	iəu4	iəu4	iəu4	iəu4	pan1
北川	iəu3	iəu4	iəu4	iəu4	iəu4	iəu4	iəu4	pan1
绵阳	iəu3	iəu4	iəu4	iəu4	iəu4	iəu4	iəu4	pan1
盐亭	iəu3	iəu4	iəu4	iəu4	iəu4	iəu4	iəu4	pan1
德阳	iəu3	iəu4	iəu4	iəu4	iəu4	iəu4	iəu4	pan1
中江	iəu3	iəu4	iəu4	iəu4	iəu4	iəu4	iəu4	pan1
射洪	iəu3	iəu4	iəu4	iəu4	iəu4	iəu4	iəu4	pan1
蓬溪	iəu3	iəu4	iəu4	iəu4	iəu4	iəu4	iəu4	pan1
遂宁	iəu3	iəu4	iəu4	iəu4	iəu4	iəu4	iəu4	pan1
乐至	iəu3	iəu4	iəu4	iəu4	iəu4	iəu4	iəu4	pan1
安岳	iəu3	iəu4	iəu4	iəu4	iəu4	iəu4	iəu4	pan1
仪陇	iəu3	iəu4	iəu4	iəu4	iəu4	iəu4	iəu4	pan1
西充	iəu3	iəu4	iəu4	iəu4	iəu4	iəu4	iəu4	pan1

字目	友	又	右	佑	诱	*釉	幼	班
反切	云久	于救	于救	于救	与久	*余救	伊谬	布还
声韵调	流开三云尤上	流开三云尤去	流开三云尤去	流开三云尤去	流开三以尤上	流开三以尤去	流开三影幽去	山开二帮删平
中古音	ɦiu:	ɦiu-	ɦiu-	ɦiu-	jiu:	jiu-	ʔiu-	pɣan
蓬安	iəu3	iəu4	iəu4	iəu4	iəu4	iəu4	iəu4	pan1
南充金台	iəu3	iəu4	iəu4	iəu4	iəu4	iəu4	iəu4	pan1
南充龙蟠	iəu3	iəu4	iəu4	iəu4	iəu4	iəu4	iəu4	pan1
岳池	iəu3	iəu4	iəu4	iəu4	iəu4	iəu4	iəu4	pan1
广安	iəu3	iəu4	iəu4	iəu4	iəu4	iəu4	iəu4	pan1
邻水	iəu3	iəu4	iəu4	iəu4	iəu4	iəu4	iəu4	pan1
南江	iəu3	iəu4	iəu4	iəu4	iəu4	iəu4	iəu4	pan1
巴中	iəu3	iəu4	iəu4	iəu4	iəu4	iəu4	iəu4	pan1
通江	iəu3	iəu4	iəu4	iəu4	iəu4	iəu4	iəu4	pan1
平昌	iəu3	iəu4	iəu4	iəu4	iəu4	iəu4	iəu4	pan1
万源	iəu3	iəu4	iəu4	iəu4	iəu4	iəu4	iəu4	pan1
宣汉	iəu3	iəu4	iəu4	iəu4	iəu4	iəu4	iəu4	pan1
达州	iəu3	iəu4	iəu4	iəu4	iəu4	iəu4	iəu4	pan1
开江	iəu3	iəu4	iəu4	iəu4	iəu4	iəu4	iəu4	pan1
渠县	iəu3	iəu4	iəu4	iəu4	iəu4	iəu4	iəu4	pan1
宜宾	iəu3	iəu4	iəu4	iəu4	iəu4	iəu4	iəu4	pan1
古蔺	iəu3	iəu4	iəu4	iəu4	iəu4	iəu4	iəu4	pæ1
长宁	iəu3	iəu4	iəu4	iəu4	iəu4	iəu4	iəu4	pan1
顾县	iəu3	iəu4	iəu4	iəu4	iəu4	iəu4	iəu4	pan1
成都龙泉	iəu1	iəu4	iəu4	iəu4	iəu4	iəu4	iəu4	pan1

字目	斑	颁	扳_{扳手}	般	搬	板	版	扮
反切	布还	布还	布还	北潘	北潘	布绾	布绾	晡幻
声韵调	山开二帮删平	山开二帮删平	山开二帮删平	山合一帮桓平	山合一帮桓平	山开二帮删上	山开二帮删上	山开二帮山去
中古音	pɣan	pɣan	pɣan	puɑn	puɑn	pɣan:	pɣan:	pɣɛn-
广元	pan1	pan1	pan1	pan1	pan1	pan3	pan3	pan4
平武	pan1	pan1	pan1	pan1	pan1	pan3	pan3	pan4
青川	pan1	pan1	pan1	pan1	pan1	pan3	pan3	pan4
剑阁_{普安}	pan1	pan1	pan1	pan1	pan1	pan3	pan3	pan4
剑阁_{金仙}	pan1	pan1	pan1	pan1	pan1	pan3	pan3	phan4
旺苍	pan1	pan1	pan1	pan1	pan1	pan3	pan3	pan4
苍溪	pan1	pan1	pan1	pan1	pan1	pan3	pan3	pan4
江油	pan1	pan1	pan1	pan1	pan1	pan3	pan3	pan4
北川	pan1	pan1	pan1	pan1	pan1	pan3	pan3	pan3
绵阳	pan1	pan1	pan1	pan1	pan1	pan3	pan3	pan4
盐亭	pan1	pan1	pan1	pan1	pan1	pan3	pan3	pan4
德阳	pan1	pan1	pan1	pan1	pan1	pan3	pan3	pan4
中江	pan1	pan1	pan1	pan1	pan1	pan3	pan3	pan4
射洪	pan1	pan1	pan1	pan1	pan1	pan3	pan3	pan4
蓬溪	pan1	pan1	pan1	pan1	pan1	pan3	pan3	pan4
遂宁	pan1	pan1	pan1	pan1	pan1	pan3	pan3	pan4
乐至	pan1	pan1	pan1	pan1	pan1	pan3	pan3	pan4
安岳	pan1	pan1	pan1	pan1	pan1	pan3	pan3	pan4
仪陇	pan1	pan1	pan1	pan1	pan1	pan3	pan3	pan4
西充	pan1	pan1	pan1	pan1	pan1	pan3	pan3	pan4

字目	斑	颁	扳扳手	般	搬	板	版	扮
反切	布还	布还	布还	北潘	北潘	布绾	布绾	晡幻
声韵调	山开二帮删平	山开二帮删平	山开二帮删平	山合一帮桓平	山合一帮桓平	山开二帮删上	山开二帮删上	山开二帮山去
中古音	pɣan	pɣan	pɣan	puɑn	puɑn	pɣan:	pɣan:	pɣɛn-
蓬安	pan1	pan1	pan1	pan1	pan1	pan3	pan3	pan4
南充金台	pan1	pan1	pan1	pan1	pan1	pan3	pan3	pan4
南充龙蟠	pan1	pan1	pan1	pan1	pan1	pan3	pan3	pan4
岳池	pan1	pan1	pan3	pan1	pan1	pan3	pan3	pan4
广安	pan1	pan1	pan1	pan1	pan1	pan3	pan3	pan4
邻水	pan1	pan1	pan1	pan1	pan1	pan3	pan3	pan4
南江	pan1	pan1	pan1	pan1	pan1	pan3	pan3	pan4
巴中	pan1	pan1	pan1	pan1	pan1	pan3	pan3	pan4
通江	pan1	pan1	pan1	pan1	pan1	pan3	pan3	pan4
平昌	pan1	pan1	pan1	pan1	pan1	pan3	pan3	phan4 pan4
万源	pan1	pan1	pan1	pan1	pan1	pan3	pan3	pan4
宣汉	pan1	pan1	pan1	pan1	pan1	pan3	pan3	pan4
达州	pan1	pan1	pan1	pan1	pan1	pan3	pan3	pan4
开江	pan1	pan1	pan1	pan1	pan1	pan3	pan3	pan4
渠县	pan1	paŋ1	pan3	pan1	pan1	pan3	pan3	pan4
宜宾	pan1	pan1	pan1	pan1	pan1	pan3	pan3	pan4
古蔺	pæ1	pæ1	pæ1	pæ1	pæ1	pæ3	pæ3	pæ4
长宁	pan1	pan1	pan1	pan1	pan1	pan3	pan3	pan4
顾县	pan1	pan1	pan1	pan1	pan1	pan3	pan3	pan4
成都龙泉	pan1	pan1	pan1	pan1	pan1	pan3	pan3	pan4

字目	瓣	办	半	绊	伴	*拌搅拌	攀①	潘姓
反切	蒲苋	蒲苋	博幔	博幔	蒲旱	*部满	普班	普官
声韵调	山开二 並山去	山开二 並山去	山合一 帮桓去	山合一 帮桓去	山合一 並桓上	山合一 並桓上	山开二 滂删平	山合一 滂桓平
中古音	bɣɛn-	bɣɛn-	puan-	puan-	buan:	buan:	phɣan	phuan
广元	pan4	pan4	pan4	phan4 pan4 口	pan4	pan4	phan1	phan1
平武	pan4	pan4	pan4	pan4	pan4	pan4	phan1	phan1
青川	pan4	pan4	pan4	phan4 pan4 口	pan4	pan4	phan1	phan1
剑阁普安	pan4	pan4	pan4	phan4 pan4 口	pan4	pan4	phan1	phan1
剑阁金仙	pan4	pan4	pan4	phan4 pan4 口	pan4	pan4	phan1	phan1
旺苍	pan4	pan4	pan4	phan4 pan4 口	pan4	pan4	phan1	phan1
苍溪	pan4	pan4	pan4	phan4 pan4 口	pan4	pan4	phan1	phan1
江油	pan4	pan4	pan4	pan4	pan4	pan4	phan1	phan1
北川	pan4	pan4	pan4	pan4	pan4	pan4	phan1	phan1
绵阳	pan4	pan4	pan4	phan4	pan4	pan4	phan1	phan1
盐亭	pan4	pan4	pan4	pan4	pan4	pan4	phan1	phan1
德阳	pan4	pan4	pan4	phan4 pan4 口	pan4	pan4	phan1	phan1
中江	pan4	pan4	pan4	phan4	pan4	pan4	phan1	phan1
射洪	pan4	pan4	pan4	phan4 pan4 口	pan4	pan4	phan1	phan1
蓬溪	pan4	pan4	pan4	phan4 pan4 口	pan4	pan4	phan1	phan1
遂宁	pan4	pan4	pan4	phan4 pan4 口	pan4	pan4	phan1	phan1
乐至	pan4	pan4	pan4	pan4	pan4	pan4	phan1	phan1
安岳	pan4	pan4	pan4	phan4	pan4	pan4	phan1	phan1
仪陇	pan4	pan4	pan4	pan4	pan4	pan4	phan1	phan1
西充	pan4	pan4	pan4	pan4	pan4	pan4	phan1	phan1

① 又通"扳","扳"又音布还切，山开二帮删平。

字目	瓣	办	半	绊	伴	*拌搅拌	攀①	潘姓
反切	蒲苋	蒲苋	博幔	博幔	蒲旱	*部满	普班	普官
声韵调	山开二 並山去	山开二 並山去	山合一 帮桓去	山合一 帮桓去	山合一 並桓上	山合一 並桓上	山开二 滂删平	山合一 滂桓平
中古音	bɣɛn-	bɣɛn-	puan-	puan-	buan:	buan:	phɣan	phuan
蓬安	pan4	pan4	pan4	pan4	pan4	pan4	phan1	phan1
南充金台	pan4	pan4	pan4	pan4	pan4	pan4	phan1	phan1
南充龙蟠	pan4	pan4	pan4	pan4	pan4	pan4	phan1	phan1
岳池	pan4	pan4	pan4	phan4	pan4	pan4	phan1	phan1
广安	pan4	pan4	pan4	phan4	pan4	pan4	phan1	phan1
邻水	pan4	pan4	pan4	pan4	pan4	pan4	phan1	phan1
南江	pan4	pan4	pan4	phan4 pan4 口	pan4	pan4	phan1	phan1
巴中	pan4	pan4	pan4	phan4 pan4 口	pan4	pan4	phan1	phan1
通江	pan4	pan4	pan4	phan4 pan4 口	pan4	pan4	phan1	phan1
平昌	pan4	pan4	pan4	phan4 pan4 口	pan4	pan4	phan1	phan1
万源	pan4	pan4	pan4	phan4 pan4 口	pan4	pan4 pen4 口	phan1	phan1
宣汉	pan4	pan4	pan4	phan4 pan4 口	pan4	pan4 pen4 口	phan1	phan1
达州	pan4	pan4	pan4	phan4 pan4 口	pan4	pan4 pen4 口	phan1	phan1
开江	pan4	pan4	pan4	phan4 pan4 口	pan4	pan4 pen4 口	phan1	phan1
渠县	pan4	pan4	pan4	pan4	pan4	pan4 pen4 口	phan1	phan1
宜宾	pan4	pan4	pan4	phan4	pan4	pan4 pen4 口	phan1	phan1
古蔺	pæ4	pæ4	pæ4	phæ4	pæ4	pæ4	phæ1	phæ1
长宁	pan4	pan4	pan4	phan4	pan4	pan4	phan1	phan1
顾县	pan4	pan4	pan4	phan4 pan4 口	pan4	pan4	phan1	phan1
成都龙泉	pan4	phan4	pan4	phan1	pan4	pan4 pen4 口	phan1	phan1

① 又通"扳","扳"又音布还切，山开二帮删平。

字目	盘	盼	判	叛	蛮	瞒	满	慢
反切	薄官	匹苋	普半	薄半	莫还	母官	莫旱	谟晏
声韵调	山合一並桓平	山开二滂山去	山合一滂桓去	山合一並桓去	山开二明删平	山合一明桓平	山合一明桓上	山开二明删去
中古音	buɑn	phɣɛn-	phuɑn-	buɑn-	mɣan	muɑn	muɑn:	mɣan-
广元	phan2	phan4	phan4	phan4	man2	man2	man3	man4
平武	phan2	phan4	phan4	phan4	man2	man2	man3	man4
青川	phan2	phan4	phan4	phan4	man2	man2	man3	man4
剑阁普安	phan2	phan4	phan4	phan4	man2	man2	man3	man4
剑阁金仙	phan2	phan4	phan4	phan4	man2	man2	man3	man4
旺苍	phan2	phan4	phan4	phan4	man2	man2	man3	man4
苍溪	phan2	phan4	phan4	phan4	man2	man2	man3	man4
江油	phan2	phan4	phan4	phan4	man2	man2	man3	man4
北川	phan2	phan4	phan4	phan4	man2	man2	man3	man4
绵阳	phan2	phan4	phan4	phan4	man2	man2	man3	man4
盐亭	phan2	phan4	phan4	phan4	man2	man2	man3	man4
德阳	phan2	phan4	phan4	phan4	man2	man2	man3	man4
中江	phan2	phan4	phan4	phan4	man2	man2	man3	man4
射洪	phan2	phan4	phan4	phan4	man2	man2	man3	man4
蓬溪	phan2	phan4	phan4	phan4	man2	man2	man3	man4
遂宁	phan2	phan4	phan4	phan4	man2	man2	man3	man4
乐至	phan2	phan4	phan4	phan4	man2	man2	man3	man4
安岳	phan2	phan4	phan4	phan4	man2	man2	man3	man4
仪陇	phan2	phan4	phan4	phan4	man2	man2	man3	man4
西充	phan2	phan4	phan4	phan4	man2	man2	man3	man4

字目	盘	盼	判	叛	蛮	瞒	满	慢
反切	薄官	匹苋	普半	薄半	莫还	母官	莫旱	谟晏
声韵调	山合一並桓平	山开二滂山去	山合一滂桓去	山合一並桓去	山开二明删平	山合一明桓平	山合一明桓上	山开二明删去
中古音	buɑn	phɣɛn-	phuɑn-	buɑn-	mɣan	muɑn	muɑn:	mɣan-
蓬安	phan2	phan4	phan4	phan4	man2	man2	man3	man4
南充金台	phan4	phan4	phan4	phan4	man2	man2	man3	man4
南充龙蟠	phan2	phan4	phan4	phan4	maŋ2	man2	man3	man4
岳池	phan2	phan4	phan4	phan4	man2	man2	man3	man4
广安	phan2	phan4	phan4	phan4	man2	man2	man3	man4
邻水	phan2	phan4	phan4	phan4	man2	man2	man3	man4
南江	phan2	phan4	phan4	phan4	man2	man2	man3	man4
巴中	phan2	phan4	phan4	phan4	man2	man2	man3	man4
通江	phan2	phan4	phan4	phan4	man2	man2	man3	man4
平昌	phan2	phan4	phan4	phan4	man2	man2	man3	man4
万源	phan2	phan4	phan4	phan4	man2	man2	man3	man4
宣汉	phan2	phan4	phan4	phan4	man2	man2	man3	man4
达州	phan2	phan4	phan4	phan4	man2	man2	man3	man4
开江	phan2	phan4	phan4	phan4	man2	man2	man3	man4
渠县	phan2	phan4	phan4	phan4	man2	man2	man3	man4
宜宾	phan2	phan4	phan4	phan4	man2	man2	man3	man4
古蔺	phæ2	phæ4	phæ4	phæ4	mæ2	mæ2	mæ3	mæ4
长宁	phan2	phan4	phan4	phan4	man2	man2	man3	man4
顾县	pan2	phan4	phan4	phan4	man2	man2	man3	man4
成都龙泉	phan2	phan4	phan4	phan4	man2	man1	man1	man4

字目	漫	幔	曼	蔓①	翻	番轮番	凡	帆
反切	莫半	莫半	无贩	无贩	孚袁	孚袁	符咸	符咸
声韵调	山合一明桓去	山合一明桓去	山合三微元去	山合三微元去	山合三敷元平	山合三敷元平	咸合三奉凡平	咸合三奉凡平
中古音	muɑn-	muɑn-	mʉɐn-	mʉɐn-	phʉɐn	phʉɐn	bʉɐm	bʉɐm
广元	man4	man4	man4	man4	fan1	fan1	fan2	fan2
平武	man4	man4	man4	man4	fan1	fan1	fan2	fan2
青川	man4	man4	man4	man4	fan1	fan1	fan2	fan2
剑阁普安	man4	man4	man4	man4	fan1	fan1	fan2	fan2
剑阁金仙	man4	man4	man4	man4	faŋ1	faŋ1	faŋ2	faŋ2
旺苍	man4	man4	man4	man4	fan1	fan1	fan2	fan1
苍溪	man4	man4	man4	man4	fan1	fan1	fan2	fan1 fan2 旧
江油	man4	man4	man4	man4	fan1	fan1	fan2	fan2
北川	man4	man4	man4	man4	fan1	fan1	fan2	fan2
绵阳	man4	man4	man4	man4	fan1	fan1	fan2	fan2
盐亭	man4	man4	man4	man4	fan1	fan1	fan2	fan2
德阳	man4	man4	man4	man4	fan1	fan1	fan2	fan2
中江	man4	man4	man4	man4	fan1	fan1	fan2	fan2
射洪	man4	man4	man4	man4	fan1	fan1	fan2	fan2
蓬溪	man4	man4	man4	man4	fan1	fan1	fan2	fan2
遂宁	man4	man4	man4	man4	fan1	fan1	fan2	fan2
乐至	man4	man4	man4	man4	fan1	fan1	fan2	fan2
安岳	man4	man4	man4	man4	fan1	fan1	fan2	fan2
仪陇	man4	man4	man4	man4	fan1	fan1	fan2	fan2
西充	man4	man4	man4	man4	fan1	fan1	fan2	fan2

① 又*莫半切，山合一明桓去。

字目	漫	幔	曼	蔓①	翻	番轮番	凡	帆
反切	莫半	莫半	无贩	无贩	孚袁	孚袁	符咸	符咸
声韵调	山合一明桓去	山合一明桓去	山合三微元去	山合三微元去	山合三敷元平	山合三敷元平	咸合三奉凡平	咸合三奉凡平
中古音	muɑn-	muɑn-	mʉɐn-	mʉɐn-	phʉɐn	phʉɐn	bʉɐm	bʉɐm
蓬安	man4	man4	man4	man4	fan1	fan1	fan2	fan2
南充金台	man4	man4	man4	man4	fan1	fan1	fan2	fan2
南充龙蟠	man4	man4	man4	man4	fan1	fan1	fan2	fan1
岳池	man4	man4	man4	man4	fan1	fan1	fan2	fan2
广安	man4	man4	man4	man4	fan1	fan1	fan2	fan2
邻水	man4	man4	man4	man4	fan1	fan1	fan2	fan2
南江	man4	man4	man4	man4	fan1	fan1	fan2	fan2
巴中	man4	man4	man4	man4	fan1	fan1	fan2	fan1 fan2 旧
通江	man4	man4	man4	man4	fan1	fan1	fan2	fan2
平昌	man4	man4	man4	man4	fan1	fan1	fan2	fan2
万源	man4	man4	man4	man4	fan1	fan1	fan2	fan2
宣汉	man4	man4	man4	man4	fan1	fan1	fan2	fan2
达州	man4	man4	man4	man4	fan1	fan1	fan2	xuan2
开江	man4	man4	man4	man4	fan1	xuan1	fan2	xuan2
渠县	man4	man4	man4	man4	fan1	fan1	fan2	fan2
宜宾	man4	man4	man4	man4	fan1	fan1	fan2	fan1 fan2 旧
古蔺	mæ4	mæ4	mæ4	mæ4	fæ1	fæ1	fæ2	fæ2
长宁	man4	man4	man4	man4	fan1	fan1	fan2	fan2
顾县	man4	man4	man4	man4	fan1	fan1	fan2	fan2
成都龙泉	man4	man4	man4	man4	fan1	fan1	fan2	fan2

① 又*莫半切，山合一明桓去。

字目	烦	繁	矾	反	返	泛	范姓	范模范
反切	附袁	附袁	附袁	府远	府远	孚梵	防錽	防錽
声韵调	山合三奉元平	山合三奉元平	山合三奉元平	山合三非元上	山合三非元上	咸合三敷凡去	咸合三奉凡上	咸合三奉凡上
中古音	bʮɐn	bʮɐn	bʮɐn	pʮɐn:	pʮɐn:	phʮɐm-	bʮɐm:	bʮɐm:
广元	fan2	fan2	fan2	fan3	fan3	fan4	fan4	fan4
平武	fan2	fan2	fan2	fan3	fan3	fan4	fan4	fan4
青川	fan2	fan2	fan2	fan3	fan3	fan4	fan4	fan4
剑阁普安	fan2	fan2	fan2	fan3	fan3	fan4	fan4	fan4
剑阁金仙	faŋ2	faŋ2	faŋ2	faŋ3	faŋ3	faŋ4	faŋ4	faŋ4
旺苍	fan2	fan2	fan2	fan3	fan3	fan4	fan4	fan4
苍溪	fan2	fan2	fan2	fan3	fan3	fan4	fan4	fan4
江油	fan2	fan2	fan2	fan3	fan3	fan4	fan4	fan4
北川	fan2	fan2	fan2	fan3	fan3	fan4	fan4	fan4
绵阳	fan2	fan2	fan2	fan3	fan3	fan4	fan4	fan4
盐亭	fan2	fan2	fan2	fan3	fan3	fan4	fan4	fan4
德阳	fan2	fan2	fan2	fan3	fan3	fan4	fan4	fan4
中江	fan2	fan2	fan2	fan3	fan3	fan4	fan4	fan4
射洪	fan2	fan2	fan2	fan3	fan3	fan4	fan4	fan4
蓬溪	fan2	fan2	fan2	fan3	fan3	fan4	fan4	fan4
遂宁	fan2	fan2	fan2	fan3	fan3	fan4	fan4	fan4
乐至	fan2	fan2	fan2	fan3	fan3	fan4	fan4	fan4
安岳	fan2	fan2	fan2	fan3	fan3	fan4	fan4	fan4
仪陇	fan2	fan2	fan2	fan3	fan3	fan4	fan4	fan4
西充	fan2	fan2	fan2	fan3	fan3	fan4	fan4	fan4

字目	烦	繁	矾	反	返	泛	范姓	范模范
反切	附袁	附袁	附袁	府远	府远	孚梵	防鋄	防鋄
声韵调	山合三奉元平	山合三奉元平	山合三奉元平	山合三非元上	山合三非元上	咸合三敷凡去	咸合三奉凡上	咸合三奉凡上
中古音	bʋɐn	bʋɐn	bʋɐn	pʋɐn:	pʋɐn:	phʋɐm-	bʋɐm:	bʋɐm:
蓬安	fan2	fan2	fan2	fan3	fan3	fan4	fan4	fan4
南充金台	fan2	fan2	fan2	fan3	fan3	fan4	fan4	fan4
南充龙蟠	fan2	fan2	fan2	fan3	fan3	fan4	fan4	fan4
岳池	fan2	fan2	fan2	fan3	fan3	fan4	fan4	fan4
广安	fan2	fan2	fan2	fan3	fan3	fan4	fan4	fan4
邻水	fan2	fan2	fan2	fan3	fan3	fan4	fan4	fan4
南江	fan2	fan2	fan2	fan3	fan3	fan4	fan4	fan4
巴中	fan2	fan2	fan2	fan3	fan3	fan4	fan4	fan4
通江	fan2	fan2	fan2	fan3	fan3	fan4	fan4	fan4
平昌	fan2	fan2	fan2	fan3	fan3	fan4	fan4	fan4
万源	fan2	fan2	fan2	fan3	fan3	fan4	fan4	fan4
宣汉	fan2	fan2	fan2	fan3	fan3	fan4	fan4	fan4
达州	fan2	fan2	fan2	fan3	fan3	xuan4	fan4	fan4
开江	fan2	xuan2	xuan2	xuan3	xuan3	xuan4	fan4	xuan4
渠县	fan2	fan2	fan2	fan3	fan3	fan4	fan4	fan4
宜宾	fan2	fan2	fan2	fan3	fan3	fan4	fan4	fan4
古蔺	fæ2	fæ2	fæ2	fæ3	fæ3	fæ4	fæ4	fæ4
长宁	fan2	fan2	fan2	fan3	fan3	fan4	fan4	fan4
顾县	fan2	fan2	fan2	fan3	fan3	fan4	fan4	fan4
成都龙泉	fan2	fan2	fan2	fan3	fan3	fan4	fan4	fan4

字目	犯	贩	饭	耽_{耽搁}	担_{担任}	丹	单	胆
反切	防錽	方愿	符万	丁含	都甘	都寒	都寒	都敢
声韵调	咸合三奉凡上	山合三非元去	山合三奉元去	咸开一端覃平	咸开一端谈平	山开一端寒平	山开一端寒平	咸开一端谈上
中古音	bʉɐm:	pʉɐn-	bʉɐn-	tʌm	tɑm	tɑn	tɑn	tɑm:
广元	fan4	fan4	fan4	tan1	tan1	tan1	tan1	tan3
平武	fan4	fan4	fan4	tan1	tan1	tan1	tan1	tan3
青川	fan4	fan4	fan4	tan1	tan1	tan1	tan1	tan3
剑阁_{普安}	fan4	fan4	fan4	tan1	taŋ1	tan1	tan1	taŋ3
剑阁_{金仙}	faŋ4	faŋ4	faŋ4	taŋ1	taŋ1	taŋ1	taŋ1	taŋ3
旺苍	fan4	fan4	fan4	tan1	tan1	tan1	tan1	tan3
苍溪	fan4	fan4	fan4	tan1	tan1	tan1	tan1	tan3
江油	fan4	fan4	fan4	tan1	tan1	tan1	tan1	tan3
北川	fan4	fan4	fan4	tan1	tan1	tan1	tan1	tan3
绵阳	fan4	fan4	fan4	tan1	tan1	tan1	tan1	tan3
盐亭	fan4	fan4	fan4	tan1	tan1	tan1	tan1	tan3
德阳	fan4	fan4	fan4	tan1	tan1	tan1	tan1	tan3
中江	fan4	fan4	fan4	tan1	tan1	tan1	tan1	tan3
射洪	fan4	fan4	fan4	tan1	tan1	tan1	tan1	tan3
蓬溪	fan4	fan4	fan4	tan1	tan1	tan1	tan1	tan3
遂宁	fan4	fan4	fan4	tan1	tan1	tan1	tan1	tan3
乐至	fan4	fan4	fan4	tan1	tan1	tan1	tan1	tan3
安岳	fan4	fan4	fan4	tan1	tan1	tan1	tan1	tan3
仪陇	fan4	fan4	fan4	tan1	tan1	tan1	tan1	tan3
西充	fan4	fan4	fan4	tan1	tan1	tan1	tan1	tan3

字目	犯	贩	饭	耽耽搁	担担任	丹	单	胆
反切	防錽	方愿	符万	丁含	都甘	都寒	都寒	都敢
声韵调	咸合三奉凡上	山合三非元去	山合三奉元去	咸开一端覃平	咸开一端谈平	山开一端寒平	山开一端寒平	咸开一端谈上
中古音	bʉɐm:	pʉɐn-	bʉɐn-	tʌm	tɑm	tɑn	tɑn	tɑm:
蓬安	fan4	fan4	fan4	tan1	tan1	tan1	tan1	tan3
南充金台	fan4	fan4	fan4	tan1	tan1	tan1	tan1	tan3
南充龙蟠	fan4	fan4	fan4	tan1	tan1	tan1	tan1	tan3
岳池	fan4	fan4	fan4	tan1	tan1	tan1	tan1	tan3
广安	fan4	fan4	fan4	tan1	tan1	tan1	tan1	tan3
邻水	fan4	fan4	fan4	tan1	tan1	tan1	tan1	tan3
南江	fan4	fan4	fan4	tan1	tan1	tan1	tan1	tan3
巴中	fan4	fan4	fan4	taŋ1	tan1	tan1	tan1	tan3
通江	fan4	fan4	fan4	tan1	tan1	tan1	tan1	tan3
平昌	fan4	fan4	fan4	taŋ1	tan1	tan1	tan1	tan3
万源	fan4	fan4	fan4	tan1	tan1	tan1	tan1	tan3
宣汉	fan4	fan4	fan4	tan1	tan1	tan1	tan1	tan3
达州	fan4	fan4	fan4	tan1	tan1	tan1	tan1	tan3
开江	xuan4	xuan4	xuan4	tan1	tan1	tan1	tan1	tan3
渠县	fan4	fan4	fan4	taŋ1	tan1	tan1	tan1	tan3
宜宾	fan4	fan4	fan4	tan1	tan1	tan1	tan1	tan3
古蔺	fæ4	fæ4	fæ4	tæ1	tæ1	tæ1	tæ1	tæ3
长宁	fan4	fan4	fan4	tan1	tan1	tan1	tan1	tan3
顾县	fan4	fan4	xuan4	tan1	tan1	tan1	tan1	tan3
成都龙泉	fan4	fan4	fan4	taŋ1	tan1	tan1	tan1	tan3

字目	担挑担	淡	旦	但①	弹子弹	蛋	贪	滩
反切	都滥	徒敢	得按	徒旱	徒案	徒案	他含	他干
声韵调	咸开一端谈去	咸开一定谈上	山开一端寒去	山开一定寒上	山开一定寒去	山开一定寒去	咸开一透覃平	山开一透寒平
中古音	tam-	dam:	tan-	dan:	dan-	dan-	thʌm	than
广元	tan4	tan4	tan4	tan4	tan4	tan4	than1	than1
平武	tan4	tan4	tan4	tan4	tan4	tan4	than1	than1
青川	tan4	tan4	tan4	tan4	tan4	tan4	than1	than1
剑阁普安	taŋ4	taŋ4	taŋ4	taŋ4	taŋ4	taŋ4	thaŋ1	than1
剑阁金仙	taŋ4	taŋ4	taŋ4	taŋ4	taŋ4	taŋ4	thaŋ1	thaŋ1
旺苍	tan4	tan4	tan4	tan4	tan4	tan4	than1	than1
苍溪	tan4	tan4	tan4	tan4	tan4	tan4	than1	than1
江油	tan4	tan4	tan4	tan4	tan4	tan4	than1	than1
北川	tan4	tan4	tan4	tan4	tan4	tan4	than1	than1
绵阳	tan4	tan4	tan4	tan4	tan4	tan4	than1	than1
盐亭	tan4	tan4	tan4	tan4	tan4	tan4	than1	than1
德阳	tan4	tan4	tan4	tan4	tan4	tan4	than1	than1
中江	tan4	tan4	tan4	tan4	tan4	tan4	than1	than1
射洪	tan4	tan4	tan4	tan4	tan4	tan4	than1	than1
蓬溪	tan4	tan4	tan4	tan4	tan4	tan4	than1	than1
遂宁	tan4	tan4	tan4	tan4	tan4	tan4	than1	than1
乐至	tan4	tan4	tan4	tan4	tan4	tan4	than1	than1
安岳	tan4	tan4	tan4	tan4	tan4	tan4	than1	than1
仪陇	tan4	tan4	tan4	tan4	tan4	tan4	than1	than1
西充	tan4	tan4	tan4	tan4	tan4	tan4	than1	than1

① 又徒案切，山开一定寒去。

字目	担_{挑担}	淡	旦	但①	弹_{子弹}	蛋	贪	滩
反切	都滥	徒敢	得按	徒旱	徒案	徒案	他含	他干
声韵调	咸开一端谈去	咸开一定谈上	山开一端寒去	山开一定寒上	山开一定寒去	山开一定寒去	咸开一透覃平	山开一透寒平
中古音	tɑm-	dɑm:	tɑn-	dɑn:	dɑn-	dɑn-	thʌm	thɑn
蓬安	tan4	tan4	tan4	tan4	tan4	tan4	than1	than1
南充_{金台}	tan4	tan4	tan4	tan4	tan4	tan4	than1	than1
南充_{龙蟠}	tan4	tan4	tan4	tan4	tan4	tan4	than1	than1
岳池	tan4	tan4	tan4	tan4	tan4	tan4	than1	than1
广安	tan4	tan4	tan4	tan4	tan4	tan4	than1	than1
邻水	tan4	tan4	tan4	tan4	tan4	tan4	than1	than1
南江	tan4	tan4	tan4	tan4	tan4	tan4	than1	than1
巴中	tan4	tan4	tan4	tan4	tan4	tan4	than1	than1
通江	tan4	tan4	tan4	tan4	tan4	tan4	than1	than1
平昌	tan4	tan4	tan4	tan4	tan4	tan4	than1	than1
万源	tan4	tan4	taŋ4	tan4	tan4	tan4	than1	than1
宣汉	tan4	tan4	tan4	tan4	tan4	tan4	than1	than1
达州	tan4	tan4	tan4	tan4	tan4	tan4	than1	than1
开江	tan4	tan4	tan4	tan4	tan4	tan4	than1	than1
渠县	tan4	tan4	tan4	tan4	tan4	tan4	than1	than1
宜宾	tan4	tan4	tan4	tan4	tan4	tan4	than1	than1
古蔺	tæ4	tæ4	tæ4	tæ4	tæ4	tæ4	thæ1	thæ1
长宁	tan4	tan4	tan4	tan4	tan4	tan4	than1	than1
顾县	tan4	tan4	tan4	tan4	tan4	tan4	than1	than1
成都_{龙泉}	tan4	than1	than4	tan4	than4	than4	than1	than1

---

① 又徒案切，山开一定寒去。

字目	摊	潭	谭姓	坛坛子	谈	痰	坛花坛	檀
反切	他干	徒含	徒含	徒含	徒甘	徒甘	徒干	徒干
声韵调	山开一透寒平	咸开一定覃平	咸开一定覃平	咸开一定覃平	咸开一定谈平	咸开一定谈平	山开一定寒平	山开一定寒平
中古音	than	dʌm	dʌm	dʌm	dɑm	dɑm	dɑn	dɑn
广元	than1	than2	than2	than2	than2	than2	than2	than2
平武	than1	than2	than2	than2	than2	than2	than2	than2
青川	than1	than2	than2	than2	than2	than2	than2	than2
剑阁普安	than1	thaŋ2	thaŋ2	thaŋ2	thaŋ2	thaŋ2	thaŋ2	thaŋ2
剑阁金仙	thaŋ1	thaŋ2	thaŋ2	thaŋ2	thaŋ2	thaŋ2	thaŋ2	thaŋ2
旺苍	than1	than2	than2	than2	than2	than2	than2	than2
苍溪	than1	than2	than2	than2	than2	than2	than2	than2
江油	than1	than2	than2	than2	than2	than2	than2	than2
北川	than1	than2	than2	than2	than2	than2	than2	than2
绵阳	than1	than2	than2	than2	than2	than2	than2	than2
盐亭	than1	than2	than2	than2	than2	than2	than2	than2
德阳	than1	than2	than2	than2	than2	than2	than2	than2
中江	than1	than2	than2	than2	than2	than2	than2	than2
射洪	than1	than2	than2	than2	than2	than2	than2	than2
蓬溪	than1	than2	than2	than2	than2	than2	than2	than2
遂宁	than1	than2	than2	than2	than2	than2	than2	than2
乐至	than1	than2	than2	than2	than2	than2	than2	than2
安岳	than1	than2	than2	than2	than2	than2	than2	than2
仪陇	than1	than2	than2	than2	than2	than2	than2	than2
西充	than1	than2	than2	than2	than2	than2	than2	than2

字目	摊	潭	谭姓	坛坛子	谈	痰	坛花坛	檀
反切	他干	徒含	徒含	徒含	徒甘	徒甘	徒干	徒干
声韵调	山开一 透寒平	咸开一 定覃平	咸开一 定覃平	咸开一 定覃平	咸开一 定谈平	咸开一 定谈平	山开一 定寒平	山开一 定寒平
中古音	than	dʌm	dʌm	dʌm	dɑm	dɑm	dɑn	dɑn
蓬安	than1	than2	than2	than2	than2	than2	than2	than2
南充金台	than1	than2	than2	than2	than2	than2	than2	than2
南充龙蟠	than1	than2	than2	than2	than2	than2	than2	than2
岳池	than1	than2	than2	than2	than2	than2	than2	than2
广安	than1	than2	than2	than2	than2	than2	than2	than2
邻水	than1	than2	than2	than2	than2	than2	than2	than2
南江	than1	than2 than1	than2	than2	than2	than2	than2	than2
巴中	than1	than2	than2	than2	than2	than2	than2	than2
通江	than1	than2	than2	than2	than2	than2	than2	than2
平昌	than1	than2	than2	than2	than2	than2	than2	than2
万源	than1	than2	than2	than2	than2	than2	than2	than2
宣汉	than1	than2	than2	than2	than2	than2	than2	than2
达州	than1	than2	than2	than2	than2	than2	than2	than2
开江	than1	than2	than2	than2	than2	than2	than2	than2
渠县	than1	than2	than2	than2	than2	than2	than2	than2
宜宾	than1	than2	than2	than2	than2	than2	than2	than2
古蔺	thæ1	thæ2	thæ2	thæ2	thæ2	thæ2	thæ2	thæ2
长宁	than1	than2	than2	than2	than2	than2	than2	than2
顾县	than1	than2	than2	than2	than2	than2	than2	than2
成都龙泉	than1	than2	than2	than2	than2	than2	than2	than2

字目	弹弹琴	毯	坦	探①	炭	叹	男	南南北
反切	徒干	吐敢	他但	他绀	他旦	他旦	那含	那含
声韵调	山开一定寒平	咸开一透谈上	山开一透寒上	咸开一透覃去	山开一透寒去	山开一透寒去	咸开一泥覃平	咸开一泥覃平
中古音	dɑn	thɑm:	thɑn:	thʌm-	thɑn-	thɑn-	nʌm	nʌm
广元	than2	than3	than3	than4 than1 旧	than4	than4	nan2	nan2
平武	than2	than3	than3	than4	than4	than4	nan2	nan2
青川	than2	than3	than3	than4 than1 旧	than4	than4	nan2	nan2
剑阁普安	than2	thaŋ3	thaŋ3	thaŋ4	thaŋ4	thaŋ4	nan2	nan2
剑阁金仙	thaŋ2	thaŋ3	thaŋ3	thaŋ4	thaŋ4	thaŋ4	naŋ2	naŋ2
旺苍	than2	than3	than3	than4 than1 旧	than4	than4	nan2	nan2
苍溪	than2	than3	than3	than4 than1 旧	than4	than4	lan2	lan2
江油	than2	than3	than3	than4	than4	than4	nan2	nan2
北川	than2	than3	than3	than1	than4	than4	nan2	nan2
绵阳	than2	than3	than3	than4	than4	than4	nan2	nan2
盐亭	than2	than3	than3	than1	than4	than4	lan2	lan2
德阳	than2	than3	than3	than4 than1 旧	than4	than4	nan2	nan2
中江	than2	than3	than3	than4 than1 旧	than4	than4	lan2	lan2
射洪	than2	than3	than3	than4 than1 旧	than4	than4	nan2	nan2
蓬溪	than2	than3	than3	than4 than1 旧	than4	than4	nan2	nan2
遂宁	than2	than3	than3	than4 than1 旧	than4	than4	nan2	nan2
乐至	than2	than3	than3	than4 than1 旧	than4	than4	nan2	nan2
安岳	than2	than3	than3	than1	than4	than4	nan2	nan2
仪陇	than2	than3	than3	than1	than4	than4	nan2	nan2
西充	than2	than3	than3	than1	than4	than4	nan2	nan2

① 又他含切，咸开一透覃平。

字目	弹 弹琴	毯	坦	探①	炭	叹	男	南 南北
反切	徒干	吐敢	他但	他绀	他旦	他旦	那含	那含
声韵调	山开一 定寒平	咸开一 透谈上	山开一 透寒上	咸开一 透覃去	山开一 透寒去	山开一 透寒去	咸开一 泥覃平	咸开一 泥覃平
中古音	dɑn	thɑm:	thɑn:	thʌm-	thɑn-	thɑn-	nʌm	nʌm
蓬安	than2	than3	than3	than1	than4	than4	nan2	nan2
南充金台	than2	than3	than3	than1	than4	than1	nan2	nan2
南充龙蟠	than2	than3	than3	than1	than4	than4	nan2	nan2
岳池	than2	than3	than3	than4 than1 旧	than4	than4	nan2	nan2
广安	than2	than3	than3	than4 than1 旧	than4	than4	nan2	nan2
邻水	than2	than3	than3	than4 than1 旧	than4	than4	nan2	nan2
南江	than2	than3	than3	than4 than1 旧	than4	than4	lan2	lan2
巴中	than2	than3	than3	than4 than1 旧	than4	than1 than4	lan2	lan2
通江	than2	than3	than3	than4 than1 旧	than4	than1 than4	lan2	lan2
平昌	than2	than3	than3	than4 than1 旧	than4	than1 than4	lan2	lan2
万源	than2	than3	than3	than1	than4	than1	nan2	nan2
宣汉	than2	than3	than3	than1	than4	than1	nan2	nan2
达州	than2	than3	than3	than1	than4	than4	nan2	nan2
开江	than2	than3	than3	than1	than4	than4	nan2	nan2
渠县	than2	than3	than3	than1	than4	than4	nan2	nan2
宜宾	than2	than3	than3	than1	than4	than4	nan2	nan2
古蔺	thæ2	thæ3	thæ3	thæ1	thæ4	thæ4	næ2	næ2
长宁	than2	than3	than3	than4	than4	than4	lan2	lan2
顾县	than2	than3	than3	than4 than1 旧	than4	than4	nan2	nan2
成都龙泉	than2	than3	than3	than4 than1 旧	than4	than4	lan2	lan2

① 又他含切，咸开一透覃平。

字目	难难易	难灾难	蓝	篮	兰	拦	栏	览
反切	那干	奴案	鲁甘	鲁甘	落干	落干	落干	卢敢
声韵调	山开一 泥寒平	山开一 泥寒去	咸开一 来谈平	咸开一 来谈平	山开一 来寒平	山开一 来寒平	山开一 来寒平	咸开一 来谈上
中古音	nan	nan-	lam	lam	lan	lan	lan	lam:
广元	nan2	nan4	nan2	nan2	nan2	nan2	nan2	nan3
平武	nan2	nan4	nan2	nan2	nan2	nan2	nan2	nan3
青川	nan2	nan4	nan2	nan2	nan2	nan2	nan2	nan3
剑阁普安	nan2	naŋ4	nan2	naŋ2	naŋ2	naŋ2	naŋ2	naŋ3
剑阁金仙	naŋ2	naŋ4	naŋ2	naŋ2	naŋ2	naŋ2	naŋ2	naŋ3
旺苍	nan2	nan4	nan2	nan2	nan2	nan2	nan2	nan3
苍溪	lan2	lan4	lan2	lan2	lan2	lan2	lan2	lan3
江油	nan2	nan4	nan2	nan2	nan2	nan2	nan2	nan3
北川	nan2	nan4	nan2	nan2	nan2	nan2	nan2	nan3
绵阳	nan2	nan4	nan2	nan2	nan2	nan2	nan2	nan3
盐亭	lan2	lan4	lan2	lan2	lan2	lan2	lan2	lan3
德阳	nan2	nan4	nan2	nan2	nan2	nan2	nan2	nan3
中江	lan2	lan4	lan2	lan2	lan2	lan2	lan2	lan3
射洪	nan2	nan4	nan2	nan2	nan2	nan2	nan2	nan3
蓬溪	nan2	nan4	nan2	nan2	nan2	nan2	nan2	nan3
遂宁	nan2	nan4	nan2	nan2	nan2	nan2	nan2	nan3
乐至	nan2	nan4	nan2	nan2	nan2	nan2	nan2	nan3
安岳	nan2	nan4	nan2	nan2	nan2	nan2	nan2	nan3
仪陇	nan2	nan4	nan2	nan2	nan2	nan2	nan2	nan3
西充	nan2	nan4	nan2	nan2	nan2	nan2	nan2	nan3

字目	难难易	难灾难	蓝	篮	兰	拦	栏	览
反切	那干	奴案	鲁甘	鲁甘	落干	落干	落干	卢敢
声韵调	山开一泥寒平	山开一泥寒去	咸开一来谈平	咸开一来谈平	山开一来寒平	山开一来寒平	山开一来寒平	咸开一来谈上
中古音	nan	nan-	lam	lam	lan	lan	lan	lam:
蓬安	nan2	nan4	nan2	nan2	nan2	nan2	nan2	nan3
南充金台	nan2	nan4	nan2	nan2	nan2	nan2	nan2	nan2
南充龙蟠	nan2	nan4	nan2	nan2	nan2	nan2	nan2	nan3
岳池	nan2	nan4	nan2	nan2	nan2	nan2	nan2	nan3
广安	nan2	nan4	nan2	nan2	nan2	nan2	nan2	nan3
邻水	nan2	nan4	nan2	nan2	nan2	nan2	nan2	nan3
南江	lan2	lan4	lan2	lan2	lan2	lan2	lan2	lan3
巴中	lan2	lan4	lan2	lan2	lan2	lan2	lan2	lan3
通江	lan2	lan4	lan2	lan2	lan2	lan2	lan2	lan3
平昌	lan2	lan4	lan2	lan2	lan2	lan2	lan2	lan3
万源	nan2	nan4	nan2	nan2	nan2	nan2	nan2	nan3
宣汉	nan2	nan4	nan2	nan2	nan2	nan2	nan2	nan3
达州	nan2	nan4	nan2	nan2	nan2	nan2	nan2	nan3
开江	nan2	nan4	nan2	nan2	nan2	nan2	nan2	nan3
渠县	nan2	nan4	nan2	nan2	nan2	nan2	nan2	nan3
宜宾	nan2	nan4	nan2	nan2	nan2	nan2	nan2	nan3
古蔺	næ2	næ4	næ2	næ2	næ2	næ2	næ2	næ3
长宁	lan2	lan4	lan2	lan2	lan2	lan2	lan2	lan3
顾县	nan2	nan4	nan2	nan2	nan2	nan2	nan2	nan3
成都龙泉	lan2	lan4	lan2	lan2	lan2	lan2	lan2	lan3

字目	揽	懒	滥	烂腐烂	簪①	暂	赞	参参加
反切	卢敢	落旱	卢瞰	郎旰	作含	藏滥	则旰	仓含
声韵调	咸开一来谈上	山开一来寒上	咸开一来谈去	山开一来寒去	咸开一精覃平	咸开一从谈去	山开一精寒去	咸开一清覃平
中古音	lam:	lan:	lam-	lan-	tsʌm	dzam-	tsan-	tshʌm
广元	nan3	nan3	nan4	nan4	tsan1	tsan4	tsan4	tshan1
平武	nan3	nan3	nan4	nan4	tsan1	tsan4	tsan4	tshan1
青川	nan3	nan3	nan4	nan4	tsan1	tsan4	tsan4	tshan1
剑阁普安	naŋ3	naŋ3	naŋ4	naŋ4	tʂaŋ1	tsan4	tsan4	tshan1
剑阁金仙	naŋ3	naŋ3	naŋ4	naŋ4	tʂaŋ1	tʂan4	tsaŋ4	tshaŋ1
旺苍	nan3	nan3	nan4	nan4	tsan1	tʂan4	tsan4	tshan1
苍溪	lan3	lan3	lan4	lan4	tʂan1	tʂan4	tsan4	tshan1
江油	nan3	nan3	nan4	nan4	tsan1	tsan4	tsan4	tshan1
北川	nan3	nan3	nan4	nan4	tsan1	tsan4	tsan4	tshan1
绵阳	nan3	nan3	nan4	nan4	tsan1	tsan4	tsan4	tshan1
盐亭	lan3	lan3	lan4	lan4	tsan1	tsan4	tsan4	tshan1
德阳	nan3	nan3	nan4	nan4	tsan1	tsan4	tsan4	tshan1
中江	lan3	lan3	lan4	lan4	tsan1	tsan4	tsan4	tshan1
射洪	nan3	nan3	nan4	nan4	tsan1	tʂan4	tsan4	tshan1
蓬溪	nan3	nan3	nan4	nan4	tsan1	tsan4	tsan4	tshan1
遂宁	nan3	nan3	nan4	nan4	tsan1	tsan4	tsan4	tshan1
乐至	nan3	nan3	nan4	nan4	tsan1	tsan4	tsan4	tshan1
安岳	nan3	nan3	nan4	nan4	tsan1	tsan4	tsan4	tshan1
仪陇	nan3	nan3	nan4	nan4	tsan1	tsan4	tsan4	tshan1
西充	nan3	nan3	nan4	nan4	tsan1	tsan4	tsan4	tshan1

---

① 又侧吟切，深开三庄侵平。

字目	揽	懒	滥	烂腐烂	簪①	暂	赞	参参加
反切	卢敢	落旱	卢瞰	郎旰	作含	藏滥	则旰	仓含
声韵调	咸开一来谈上	山开一来寒上	咸开一来谈去	山开一来寒去	咸开一精覃平	咸开一从谈去	山开一精寒去	咸开一清覃平
中古音	lam:	lan:	lam-	lan-	tsʌm	dzɑm-	tsan-	tshʌm
蓬安	nan3	nan3	nan4	nan4	tsan1	tsan4	tsan4	tshan1
南充金台	nan2	nan3	nan4	nan4	tsan1	tsan4	tsan4	tshan1
南充龙蟠	nan3	nan3	nan4	nan4	tʂan1	tʂan4	tʂan4	tʂhan1
岳池	nan3	nan3	nan4	nan4	tsan1	tsan4	tsan4	tshan1
广安	nan3	nan3	nan4	nan4	tsan1	tsan4	tsan4	tshan1
邻水	nan3	nan3	nan4	nan4	tsan1	tsan4	tsan4	tshan1
南江	lan3	lan3	lan4	lan4	tsan1	tsan4	tsan4	tshan1
巴中	lan3	lan3	lan4	lan4	tsan1	tʂan4	tʂan4	tshan1
通江	lan3	lan3	lan4	lan4	tsan1	tʂan4	tsan4	tshan1
平昌	lan3	lan3	lan4	lan4	tsan1	tʂan4	tsan4	tshan1
万源	nan3	nan3	nan4	nan4	tʂan1	tʂan4	tsan4	tshan1
宣汉	nan3	nan3	nan4	nan4	tsan1	tsan4	tsan4	tshan1
达州	nan3	nan3	nan4	nan4	tsan1	tsan4	tsan4	tshan1
开江	nan3	nan3	nan4	nan4	tsan1	tsan4	tsan4	tshan1
渠县	nan3	nan3	nan4	nan4	tsan1	tsan4	tsan4	tshan1
宜宾	nan3	nan3	nan4	nan4	tsan1	tsan4	tsan4	tshan1
古蔺	næ3	næ3	næ4	næ4	tsæ1	tsæ4	tsæ4	tshæ1
长宁	lan3	lan3	lan4	lan4	tsan1	tsan4	tsan4	tshan1
顾县	nan3	nan3	nan4	nan4	tsan1	tsan4	tsan4	tshan1
成都龙泉	lan3	lan1	lan4	lan4	tsan1	tsan4	tsan4	tshan1

---

① 又侧吟切，深开三庄侵平。

字目	餐	蚕	惭	残	惨	灿	三	散松散
反切	七安	昨含	昨甘	昨干	七感	苍案	苏甘	苏旱
声韵调	山开一清寒平	咸开一从覃平	咸开一从谈平	山开一从寒平	咸开一清覃上	山开一清寒去	咸开一心谈平	山开一心寒上
中古音	tshan	dzʌm	dzam	dzan	tshʌm:	tshan-	sam	san:
广元	tshan1	tshan2	tshan2	tshan2	tshan3	tshan4	san1	san3
平武	tshan1	tshan2	tshan2	tshan2	tshan3	tshan4	san1	san3
青川	tshan1	tshan2	tshan2	tshan2	tshan3	tshan4	san1	san3
剑阁普安	tshan1	tshaŋ2	tshaŋ2	tshaŋ2	tshan3	tshan4	san1	san3
剑阁金仙	tshaŋ1	tshaŋ2	tshaŋ2	tshaŋ2	tshaŋ3	tshaŋ4	saŋ1	saŋ3
旺苍	tshan1	tshan2	tshan2	tshan2	tshan3	tshan4	san1	san3
苍溪	tshan1	tshan2	tshan2	tshan2	tshan3	tshan4	san1	san3
江油	tshan1	tshan2	tshan2	tshan2	tshan3	tshan4	san1	san3
北川	tshan1	tshan2	tshan2	tshan2	tshan3	tshan4	san1	san3
绵阳	tshan1	tshan2	tshan2	tshan2	tshan3	tshan4	san1	san3
盐亭	tshan1	tshan2	tshan2	tshan2	tshan3	tshan4	san1	san3
德阳	tshan1	tshan2	tshan2	tshan2	tshan3	tshan4	san1	san3
中江	tshan1	tshan2	tshan2	tshan2	tshan3	tshan4	san1	san3
射洪	tshan1	tshan2	tshan2	tshan2	tshan3	tshan4	san1	san3
蓬溪	tshan1	tshan2	tshan2	tshan2	tshan3	tshan4	san1	san3
遂宁	tshan1	tshan2	tshan2	tshan2	tshan3	tshan4	san1	san3
乐至	tshan1	tshan2	tshan2	tshan2	tshan3	tshan4	san1	san3
安岳	tshan1	tshan2	tshan2	tshan2	tshan3	tshan4	san1	san3
仪陇	tshan1	tshan2	tshan2	tshan2	tshan3	tshan4	san1	san3
西充	tshan1	tshan2	tshan2	tshan2	tshan3	tshan4	san1	san3

字目	餐	蚕	惭	残	惨	灿	三	散松散
反切	七安	昨含	昨甘	昨干	七感	苍案	苏甘	苏旱
声韵调	山开一清寒平	咸开一从覃平	咸开一从谈平	山开一从寒平	咸开一清覃上	山开一清寒去	咸开一心谈平	山开一心寒上
中古音	tshɑn	dzʌm	dzɑm	dzɑn	tshʌm:	tshɑn-	sɑm	sɑn:
蓬安	tshan1	tshan2	tshan2	tshan2	tshan3	tshan4	san1	san3
南充金台	tshan1	tshan2	tshan2	tshan2	tshan3	tshan4	san1	san3
南充龙蟠	tʂhan1	tʂhan2	tʂhan2	tʂhan2	tʂhan3	tʂhan4	san1	ʂan3
岳池	tshan1	tshan2	tshan2	tshan2	tshan3	tshan4	san1	san3
广安	tshan1	tshan2	tshan2	tshan2	tshan3	tshan4	san1	san3
邻水	tshan1	tshan2	tshan2	tshan2	tshan3	tshan4	san1	san3
南江	tshan1	tshan2	tshan2	tshan2	tshan3	tshan4	san1	san3
巴中	tshan1	tshan5	tshan2	tshan2	tshan3	tshan4	san1	san3
通江	tshan1	tshan2	tshan2	tshan2	tshan3	tshan4	san1	san3
平昌	tshan1	tshan2	tshan2	tshan2	tshan3	tshan4	san1	san3
万源	tshan1	tshan2	tshan2	tshan2	tshan3	tshan4	san1	san3
宣汉	tshan1	tshan2	tshan2	tshan2	tshan3	tshan4	san1	san3
达州	tshan1	tshan2	tshan2	tshan2	tshan3	tshan4	san1	san3
开江	tshan1	tshan2	tshan2	tshan2	tshan3	tshan4	san1	san3
渠县	tshan1	tshan2	tshan2	tshan2	tshan3	tshan4	san1	san3
宜宾	tshan1	tshan2	tshan2	tshan2	tshan3	tshan4	san1	san3
古蔺	tshæ1	tshæ2	tshæ2	tshæ2	tshæ3	tshæ4	sæ1	sæ3
长宁	tshan1	tshan2	tshan2	tshan2	tshan3	tshan4	san1	san3
顾县	tshan1	tshan2	tshan2	tshan2	tshan3	tshan4	san1	san3
成都龙泉	tshɔn1	tshan2	tshan2	tshan2	tshan3	tshan4	san1	san3

字目	伞	散分散	沾	粘粘贴	占占卜	毡	斩	盏
反切	苏旱	苏旰	张廉		职廉	诸延	侧减	阻限
声韵调	山开一心寒上	山开一心寒去	咸开三知盐平	咸开三知盐平	咸开三章盐平	山开三章仙平	咸开二庄咸上	山开二庄山上
中古音	sɑn:	sɑn-	ȶiɛm	ȶiɛm	ȶɕiɛm	ȶɕiɛn	tʃɣɛm:	tʃɣɛn:
广元	san3	san4	tʂan1	tʂan1	tʂan4	tʂan1	tʂan3	tʂan3
平武	san3	san4	tsan1	tsan1	tsan4	tsan1	tsan3	tsan3
青川	san3	san4	tsan1	tsan1	tsan4	tsan1	tsan3	tsan3
剑阁普安	san3	san4	tʂan1	tʂan1	tʂan4	tʂan1	tʂan3	tʂaŋ3
剑阁金仙	saŋ3	saŋ4	tʂan1	tʂan1	tʂan4	tʂan1	tʂan3	tʂaŋ3
旺苍	san3	san4	tʂan1	tʂan1	tʂan4	tʂan1	tʂan3	tʂan3
苍溪	san3	san4	tʂan1	tʂan1	tʂan4	tʂan1	tʂan3	tʂan3
江油	san3	san4	tʂan1	tʂan1	tʂan4	tʂan1	tʂan3	tʂan3
北川	san3	san4	tsan1	tsan1	tsan4	tsan1	tsan3	tsan3
绵阳	san3	san4	tsan1	tsan1	tsan4	tsan1	tsan3	tsan3
盐亭	san3	san4	tsan1	tsan1	tsan4	tsan1	tsan3	tsan3
德阳	san3	san4	tsan1	tsan1	tsan4	tsan1	tsan3	tsan3
中江	san3	san4	tsan1	tsan1	tsan4	tsan1	tsan3	tsan3
射洪	san3	san4	tsan1	tsan1	tsan4	tsan1	tsan3	tsan3
蓬溪	san3	san4	tsan1	tsan1	tsan4	tsan1	tsan3	tsan3
遂宁	san3	san4	tsan1	tsan1	tsan1	tsan1	tsan3	tsan3
乐至	san3	san4	tsan1	tsan1	tsan4	tsan1	tsan3	tsan3
安岳	san3	san4	tsan1	tsan1	tsan4	tsan1	tsan3	tsan3
仪陇	san3	san4	tsan1	tsan1	tsan4	tsan1	tsan3	tsan3
西充	san3	san4	tsan1	tsan1	tsan4	tsan1	tsai3	tsan3

字目	伞	散分散	沾	粘粘贴	占占卜	毡	斩	盏
反切	苏旱	苏旰	张廉		职廉	诸延	侧减	阻限
声韵调	山开一心寒上	山开一心寒去	咸开三知盐平	咸开三知盐平	咸开三章盐平	山开三章仙平	咸开二庄咸上	山开二庄山上
中古音	san:	san-	ȶiɛm	ȶiɛm	tɕiɛm	tɕiɛn	tʃɣɛm:	tʃɣɛn:
蓬安	san3	san4	tsan1	tsan1	tsan4	tsan1	tsan3	tsan3
南充金台	san3	san4	tsan4	tsan1	tsan4	tsan1	tsan3	tsan3
南充龙蟠	san3	san4	tʂan1	tʂan1	tʂan4	tʂan1	tʂan3	tʂan3
岳池	san3	san4	tsan1	tsan1	tsan4	tsan1	tsan3	tsan3
广安	san3	san4	tsan1	tsan1	tsan4	tsan1	tsan3	tsan3
邻水	san3	san4	tsan1	tsan1	tsan4	tsan1	tsan3	tsan3
南江	san3	san4	tʂan1	tʂan1	tʂan4	tʂan1	tʂan3	tʂan3
巴中	san3	san4	tsan1	tʂan1	tʂan4	tsan1	tʂan3	tʂan3
通江	san3	san4	tʂan1	tʂan1	tʂan4	tʂan1	tʂan3	tʂan3
平昌	san3	san4	tʂan1	tʂan1	tʂan4	tʂan1	tʂan3	tʂan3
万源	san3	san4	tʂan1	tʂan1	tʂan1	tʂan1	tʂan3	tʂan3
宣汉	san3	san4	tsan1	tsan1	tsan4	tsan1	tsan3	tsan3
达州	san3	san4	tsan1	tsan1	tsan4	tsan1	tsan3	tsan3
开江	san3	san4	tsan1	tsan1	tsan4	tsan1	tsan3	tsan3
渠县	san3	san4	tsan1	tsan1	tsan4	tsan1	tsan3	tsan3
宜宾	san3	san4	tsan1	tsan1	tsan1 tsan4	tsan1	tsan3	tsan3
古蔺	sæ3	sæ4	tsæ1	tsæ1	tsæ4	tsæ1	tsæ3	tsæ3
长宁	san3	san4	tsan1	tsan1	tsan4	tsan1	tsan3	tsan3
顾县	san3	san4	tsan1	tsan1	tsan4	tsan1	tsan3	tsan3
成都龙泉	san3	san4	tsan1	tsan1	tsan4	tsan1	tsan3	tsan3

字目	展	站站立	站车站	蘸	占占领	栈	战	搀搀扶
反切	知演	陟陷		庄陷	章艳	士谏	之膳	楚衔
声韵调	山开三 知仙上	咸开二 知咸去	咸开二 澄咸去	咸开二 庄咸去	咸开三 章盐去	山开二 崇删去	山开三 章仙去	咸开二 初衔平
中古音	ţiɛn:	ţɣɛm-	dɣɛm-	tʃɣɛm-	tɕiɛm-	dʒɣan-	tɕiɛn-	tʃʰɣam
广元	tʂan3	tʂan4	tʂan4	tsan4	tʂan4	tʂan4	tʂan4	tʂʰan1
平武	tsan3	tsan4	tsan4	tsan4	tsan4	tsan4	tsan4	tshan1
青川	tsan3	tsan4	tsan4	tsan4	tsan4	tsan4	tsan4	tshan1
剑阁普安	tsan3	tʂan4	tʂan4	tʂan4	tʂan4	tʂan4	tʂan4	tʂʰan1
剑阁金仙	tsan3	tʂan4	tʂan4	tʂan4	tʂan4	tʂan4	tʂan4	tʂʰaŋ1
旺苍	tʂan3	tʂan4	tʂan4	tʂan4	tʂan4	tʂan4	tʂan4	tʂʰan1
苍溪	tʂan3	tʂan4	tʂan4	tʂan4	tʂan4	tʂan4	tʂan4	tʂʰan1
江油	tsan3	tsan4	tsan4	tsan4	tsan4	tsan4	tsan4	tshan1
北川	tsan3	tsan4	tsan4	tsan4	tsan4	tsan4	tsan4	tshan1
绵阳	tsan3	tsan4	tsan4	tsan4	tsan4	tsan4	tsan4	tshan1
盐亭	tsan3	tsan4	tsan4	tsan4	tsan4	tsan4	tsan4	tshan1
德阳	tsan3	tsan4	tsan4	tsan4	tsan4	tsan4	tsan4	tshan1
中江	tsan3	tsan4	tsan4	tsan4	tsan4	tsan4	tsan4	tshan1
射洪	tsan3	tsan4	tsan4	tsan4	tsan4	tsan4	tsan4	tshan1
蓬溪	tsan3	tsan4	tsan4	tsan4	tsan4	kan4	tsan4	tshan1 tshan2
遂宁	tsan3	tsan4	tsan4	tsan4	tsan4	tsan4	tsan4	tshan1
乐至	tsan3	tsan4	tsan4	tsan4	tsan4	tsan4	tsan4	tshan1
安岳	tsan3	tsan4	tsan4	tsan4	tsan4	tsan4	tsan4	tshan1
仪陇	tsan3	tsan4	tsan4	tsan4	tsan4	tsan4	tsan4	tshan1
西充	tsan3	tsan4	tsan4	tsan4	tsan4	tsan4	tsan4	tshan1

字目	展	站站立	站车站	蘸	占占领	栈	战	搀搀扶
反切	知演	陟陷		庄陷	章艳	士谏	之膳	楚衔
声韵调	山开三 知仙上	咸开二 知咸去	咸开二 澄咸去	咸开二 庄咸去	咸开三 章盐去	山开二 崇删去	山开三 章仙去	咸开二 初衔平
中古音	ȶiɛn:	ʈɣɛm-	ɖɣɛm-	tʃɣɛm-	tɕiɛm-	dʒɣan-	tɕiɛn-	tʃʰɣam
蓬安	tsan3	tsan4	tsan4	tsan4	tsan4	tsan4	tsan4	tshan1
南充金台	tsan3	tsan4	tsan4	tsan4	tsan4	tsan4	tsan4	tshan1
南充龙蟠	tʂan3	tʂan4	tʂan4	tʂan4	tʂan4	tʂan4	tʂan4	tʂhan1
岳池	tsan3	tsan4	tsan4	tsan4	tsan4	tsan4	tsan4	tshan1
广安	tsan3	tsan4	tsan4	tsan4	tsan4	tsan4	tsan4	tshan1
邻水	tsan3	tsan4	tsan4	tsan4	tsan4	tsan4	tsan4	tshan1
南江	tʂan3	tʂan4	tʂan4	tʂan4	tʂan4	tʂan4	tʂan4	tshan1
巴中	tʂan3	tʂan4	tʂan4	tʂan4	tʂan4	tʂan4	tʂan4	tshan1
通江	tʂan3	tʂan4	tʂan4	tʂan4	tʂan4	tʂan4	tʂan4	tshan1
平昌	tʂan3	tʂan4	tʂan4	tʂan4	tʂan4	tʂan4	tʂan4	tshan1
万源	tʂan3	tʂan4	tʂan4	tʂan4	tʂan4	tʂan4	tʂan4	tshan1
宣汉	tsan3	tsan4	tsan4	tsan4	tsan4	tsan4	tsan4	tshan1
达州	tsan3	tsan4	tsan4	tsan4	tsan4	tsan4	tsan4	tshan1
开江	tsan3	tsan4	tsan4	tsan4	tsan4	tsan3	tsan4	tshan1
渠县	tsan3	tsan4	tsan4	tsan1	tsan4	tsan4	tsan4	tshan1
宜宾	tsan3	tsan4	tsan4	tsan4	tsan4	tsan4	tsan4	tshan1
古蔺	tsæ3	tsæ4	tsæ4	tsæ4	tsæ4	tsæ4	tsæ4	tshæ1
长宁	tsan3	tsan4	tsan4	tsan4	tsan4	tsan4	tsan4	tshan1
顾县	tsan3	tsan4	tsan4	tsan4	tsan4	tsan4	tsan4	tshan1
成都龙泉	tsan3	tsan4	tsan4	tsan4	tsan4	tsan4	tsan4	tshan1

字目	馋	缠	蝉	铲	产	忏	颤	杉
反切	士咸	直连	市连	初限	所简	楚鉴	之膳	所咸
声韵调	咸开二崇咸平	山开三澄仙平	山开三禅仙平	山开二初山上	山开二生山上	咸开二初衔去	山开三章仙去	咸开二生咸平
中古音	dʒɣɛm	djɛn	dziɛn	tʃʰɣɛn:	ʃɣɛn:	tʃʰɣam-	tɕiɛn-	ʃɣɛm
广元	tʂhan2	tʂhan2	ʂan2	tʂhuan3	tʂhan3	tsan4	tsan4	ʂʌ1
平武	tshan2	tshan2	san2	tshuan3	tsan3	tsan4 tshen4 旧	tsan4	sa1
青川	tshan2	tshan2	san2	tshuan3	tshan3	tshan4	tsan4	sʌ1
剑阁普安	tshaŋ2	tʂhaŋ2	ʂan2	tʂhuan3	tʂhan3	tsaŋ4	tʂan4	san1
剑阁金仙	tshaŋ2	tʂhaŋ2	ʂan2	tʂhuan3	tʂhaŋ3	tsaŋ4	tʂan4	saŋ1
旺苍	tshan2	tʂhan2	tʂhan2	tʂhuan3	tʂhan3	tsan4	tʂan4	ʂan1
苍溪	tshan2	tʂhan2	ʂan2 tʂhan2	tʂhuan3	tʂhan3	tʂhan4	tʂhan4口 tʂan4	ʂan1 文 ʂʌ1 白
江油	tshan2	tshan2	san2	tshuan3	tshan3	tsan4 tshen4 旧	tsan4	sʌ1
北川	tshan2	tshan2	san2	tshuan3	tshan3	tsan4 tshen4 旧	tsan4	sʌ1
绵阳	tshan2	tshan2	san2	tshuan3	tshan3	tsan4 tshen4 旧	tsan4	sɑ1
盐亭	tshan2	tshan2	san2	tshuan3	tshan3	tsan4 tshen4 旧	tsan4	san1
德阳	tshan2	tshan2	san2	tshuan3	tshan3	tshan4	tshan4口 tsan4	san1 文 sɑ1 白
中江	tshan2	tshan2	tshan2	tshuan3	tshan3	tshan4	tshan4口 tsan4	san1 文 sʌ1 白
射洪	tshan2	tshan2	san2	tshuan3	tshan3	tshan4	tshan4口 tsan4	san1 文 sʌ1 白
蓬溪	tshan2	tshan2	san2	tshuan3	tshan3	tshan4	tshan4口 tsan4	san1 文 sʌ1 白
遂宁	tshan2	tshan2	san2	tshuan3	tshan3	tshan4	tshan4口 tsan4	san1 文 sʌ1 白
乐至	tshan2	tshan2	san2	tshuan3	tshan3	tshan4	tsan4	san1 文 sʌ1 白
安岳	tshan2	tshan2	san2	tshuan3	tshan3	tshan4	tsan4	sʌ1
仪陇	tshan2	tshan2	tshan2	tshuan3	tshan3	tshan4	tsan4	sʌ1
西充	tshan2	tshan2	san2	tshuan3	tshan3	tshan4	tsan4	san1

字目	馋	缠	蝉	铲	产	忏	颤	杉
反切	士咸	直连	市连	初限	所简	楚鉴	之膳	所咸
声韵调	咸开二崇咸平	山开三澄仙平	山开三禅仙平	山开二初山上	山开二生山上	咸开二初衔去	山开三章仙去	咸开二生咸平
中古音	dʒɣɛm	ɖiɛn	dziɛn	tʃhɣɛn:	ʃɣɛn:	tʃhɣam-	tɕiɛn-	ʃɣɛm
蓬安	tshan2	tshan2	san2	tshuan3	tshan3	tshan4	tsan4	sA1
南充金台	tshan2	tshan2	san2	tshuan3	tshan3	tshan4	tsan4	san1
南充龙蟠	tʂhan2	tʂhan2	ʂan2	tʂhuaŋ3	tʂhan3	tʂhan4	tʂan4	san1
岳池	tshan2	tshan2	san2	tshuan3	tshan3	tshan4	tsan4	san1 文 sA1 白
广安	tshan2	tshan2	tshan2 san2	tshuan3	tshan3	tshan4	tshan4 tsan4 口	san1 文 sA1 白
邻水	tshan2	tshan2	tshan2	tshuan3	tshan3	tshan4	tsan4	san1 文 sA1 白
南江	tshan2	tʂhan2	ʂan2 tʂhan2	tʂhuan3	tʂhan3	tʂhan4	tʂhan4 tʂan4 口	ʂan1 文 ʂA1 白
巴中	tshan2	tʂhan2	ʂan2 tʂhan2	tʂhuan3	tʂhan3	tʂhan4	tʂhan4 tʂan4 口	ʂan1 文 ʂɑ1 白
通江	tshan2	tʂhan2	ʂan2 tʂhan2	tʂhuan3	tʂhan3	tʂhan4	tʂhan4 tʂan4 口	ʂan1 文 ʂɑ1 白
平昌	tshan2	tʂhan2	ʂan2 tʂhan2	tʂhuan3	tʂhan3	tʂhan4	tʂhan4 tʂan4 口	ʂan1 文 ʂɑ1 白
万源	tshan2	tʂhan2	ʂan2	tʂhuan3	tʂhan3	tʂhan4	tʂan4	ʂan1 文 sA1 白
宣汉	tshan2	tshan2	san2	tshuan3	tshan3	tshan4	tsan4	san1 文 sA1 白
达州	tshan2	tshan2	tshan2	tshan3	tshan3	tshan4	tshan4	san1 文 sA1 白
开江	tshan2	tshan2	san2	tshuan3	tshan3	tshan4	tsan4	san1 文 sA1 白
渠县	tshan2	tshan2	tshan2	tshuan3	tshan3	tshan4	tsan4	san1 文 sA1 白
宜宾	tshan2	tshan2	san2 tshan2	tshuan3	tshan3	tshan4	tshan4 tsan4 口	san1 文 sa1 白
古蔺	tshæ2	tshæ2	sæ2 tshæ2	tshuæ3	tshæ3	tshæ4	tshæ4 tsæ4 口	sæ1 文 sA1 白
长宁	tshan2	tshan2	tshan2	tshuan3	tshan3	tsan4 tshen4 旧	tsan4	san1
顾县	tshan2	tshan2	san2	tshuan3	tshan3	tshan4	tsan4	san1
成都龙泉	tshan2	tshan2	san2 tshan2	tshuan3	tshan3	tshan4	tshan4 tsan4 口	san1 文 sA1 白

字目	衫	山	删	扇扇动	陕	闪	扇扇子	善
反切	所衔	所间	所奸	式连	失冉	失冉	式战	常演
声韵调	咸开二生衔平	山开二生山平	山开二生删平	山开三书仙平	咸开三书盐上	咸开三书盐上	山开三书仙去	山开三禅仙上
中古音	ʃɣam	ʃɣɛn	ʃɣan	ɕiɛn	ɕiɛm:	ɕiɛm:	ɕiɛn-	dʑiɛn:
广元	ʂan1	ʂan1	ʂuan1	ʂan1	ʂan3	ʂan3	ʂan4	ʂan4
平武	san1	san1	suan1	san1	san3	san3	san4	san4
青川	san1	san1	suan1	san1	san3	san3	san4	san4
剑阁普安	san1	ʂan1	ʂuan1	ʂan1	ʂan3	ʂan3	ʂan4	ʂan4
剑阁金仙	saŋ1	saŋ1	suan1	san1	san3	san3	san4	san4
旺苍	ʂan1	ʂan1	ʂuan1	ʂan1	ʂan3	ʂan3	ʂan4	ʂan4
苍溪	ʂan1	ʂan1	ʂuan1	ʂan1	ʂan3	ʂan3	ʂan4	ʂan4
江油	san1	san1	suan1	san1	san3	san3	san4	san4
北川	san1	san1	suan1	san1	san3	san3	san4	san4
绵阳	san1	san1	suan1	san1	san3	san3	san4	san4
盐亭	san1	san1	suan1	san1	san3	san3	san4	san4
德阳	san1	san1	suan1	san1	san3	san3	san4	san4
中江	san1	san1	suan1	san1	san3	san3	san4	san4
射洪	san1	san1	suan1	san1	san3	san3	san4	san4
蓬溪	san1	san1	suan1	san1	san3	san3	san4	san4
遂宁	san1	san1	suan1	san1	san3	san3	san4	san4
乐至	san1	san1	suan1	san1	san3	san3	san4	san4
安岳	san1	san1	suan1	san1	san3	san3	san4	san4
仪陇	san1	san1	suan1	san1	san3	san3	san4	san4
西充	san1	san1	suan1	san1	san3	san3	san4	san4

字目	衫	山	删	扇扇动	陕	闪	扇扇子	善
反切	所衔	所间	所奸	式连	失冉	失冉	式战	常演
声韵调	咸开二生衔平	山开二生山平	山开二生删平	山开三书仙平	咸开三书盐上	咸开三书盐上	山开三书仙去	山开三禅仙上
中古音	ʃɣam	ʃɣɛn	ʃɣan	ɕiɛn	ɕiɛm:	ɕiɛm:	ɕiɛn-	dʑiɛn:
蓬安	san1	san1	suan1	san1	san3	san3	san4	san4
南充金台	san1	san1	suan1	san1	san3	san3	san4	san4
南充龙蟠	san1	san1	ʂuan1	san1	ʂan3	ʂan3	san4	san4
岳池	san1	san1	suan1	san1	san3	san3	san4	san4
广安	san1	san1	suan1	san1	san3	san3	san4	san4
邻水	san1	san1	suan1	san1	san3	san3	san4	san4
南江	ʂan1	ʂan1	ʂuan1	ʂan1	ʂan3	ʂan3	ʂan4	ʂan4
巴中	ʂan1	ʂan1	ʂuan3 ʂuan1	ʂan1	ʂan3	ʂan3	ʂan4	ʂan4
通江	ʂan1	ʂan1	ʂuan1	ʂan1	ʂan3	ʂan3	ʂan4	ʂan4
平昌	ʂan1	ʂan1	ʂuan3 ʂuan1	ʂan1	ʂan3	ʂan3	ʂan4	ʂan4
万源	san1	san1	suan1	ʂan1	ʂan3	ʂan3	ʂan4	ʂan4
宣汉	san1	san1	suan1	san1	san3	san3	san4	san4
达州	san1	san1	san1	san1	san3	san3	san4	san4
开江	san1	san1	suan1	san1	san3	san3	san4	san4
渠县	san1	san1	suan1	san1	san3	san3	san4	san4
宜宾	san1	san1	suan1	san1	san3	san3	san4	san4
古蔺	sæ1	sæ1	suæ1	sæ1	sæ3	sæ3	sæ4	sæ4
长宁	san1	san1	suan1	san1	san3	san3	san4	san4
顾县	san1	san1	suan1	san1	san3	san3	san4	san4
成都龙泉	san1	san1	sɔn1	san1	san3	san3	san4	san4

字目	单姓	然	燃	染	甘	柑	干干涉	干干燥
反切	时战	如延	如延	而琰	古三	古三	古寒	古寒
声韵调	山开三禅仙去	山开三日仙平	山开三日仙平	咸开三日盐上	咸开一见谈平	咸开一见谈平	山开一见寒平	山开一见寒平
中古音	dʑiɛn-	ȵʑiɛn	ȵʑiɛn	ȵʑiɛm:	kam	kam	kan	kan
广元	ʂan4	ʐan2	ʐan2	ʐan3	kan1	kan1	kan1	kan1
平武	san4	zan2	zan2	zan3	kan1	kan1	kan1	kan1
青川	san4	zan2	zan2	zan3	kan1	kan1	kan1	kan1
剑阁普安	ʂan4	ʐan2	ʐan2	ʐan3	kan1	kan1	kan1	kan1
剑阁金仙	ʂan4	ʐan2	ʐan2	ʐan3	kaŋ1	kaŋ1	kaŋ1	kaŋ1
旺苍	ʂan4	ʐan2	ʐan2	ʐan3	kan1	kan1	kan1	kan1
苍溪	ʂan4	ʐan2	ʐan2	ʐan3	kan1	kan1	kan1	kan1
江油	san4	zan2	zan2	zan3	kan1	kan1	kan1	kan1
北川	san4	zan2	zan2	zan3	kan1	kan1	kan1	kan1
绵阳	san4	zan2	zan2	zan3	kan1	kan1	kan1	kan1
盐亭	san4	zan2	zan2	zan3	kan1	kan1	kan1	kan1
德阳	san4	zan2	zan2	zan3	kan1	kan1	kan1	kan1
中江	san4	zan2	zan2	zan3	kan1	kan1	kan1	kan1
射洪	san4	zan2	zan2	zan3	kan1	kan1	kan1	kan1
蓬溪	san4	zan2	zan2	zan3	kan1	kan1	kan1	kan1
遂宁	san4	zan2	zan2	zan3	kan1	kan1	kan1	kan1
乐至	san4	zan2	zan2	zan3	kan1	kan1	kan1	kan1
安岳	san4	zan2	zan2	zan3	kan1	kan1	kan1	kan1
仪陇	san4	zan2	zan2	zan3	kan1	kan1	kan1	kan1
西充	san4	zan2	zan2	zan3	kan1	kan1	kan1	kan1

字目	单姓	然	燃	染	甘	柑	干干涉	干干燥
反切	时战	如延	如延	而琰	古三	古三	古寒	古寒
声韵调	山开三禅仙去	山开三日仙平	山开三日仙平	咸开三日盐上	咸开一见谈平	咸开一见谈平	山开一见寒平	山开一见寒平
中古音	dzien-	n̠zien	n̠zien	n̠ziem:	kɑm	kɑm	kɑn	kɑn
蓬安	san4	zan2	zan2	zan3	kan1	kan1	kan1	kan1
南充金台	san4	zan2	zan2	zan3	kan1	kan1	kan1	kan1
南充龙蟠	san4	zan2	zan2	zan3	kan1	kan1	kan1	kan1
岳池	san4	zan2	zan2	zan3	kan1	kan1	kan1	kan1
广安	san4	zan2	zan2	zan3	kan1	kan1	kan1	kan1
邻水	san4	zan2	zan2	zan3	kan1	kan1	kan1	kan1
南江	ʂan4	ʐan2	ʐan2	ʐan3	kan1	kan1	kan1	kan1
巴中	ʂan4	ʐan2	ʐan2	ʐan3	kan1	kan1	kan1	kan1
通江	ʂan4	ʐan2	ʐan2	ʐan3	kan1	kan1	kan1	kan1
平昌	ʂan4	ʐan2	ʐan2	ʐan3	kan1	kan1	kan1	kan1
万源	san4	ʐan2	ʐan2	ʐan3	kan1	kan1	kan1	kan1
宣汉	san4	zan2	zan2	zan3	kan1	kan1	kan1	kan1
达州	san4	zan2	zan2	zan3	kan1	kan1	kan1	kan1
开江	san4	zan2	zan2	zan3	kan1	kan1	kan1	kan1
渠县	san4	zan2	zan2	zan3	kan1	kan1	kan1	kan1
宜宾	san4	zan2	zan2	zan3	kan1	kan1	kan1	kan1
古蔺	sæ4	zæ2	zæ2	zæ3	kæ1	kæ1	kæ1	kæ1
长宁	san4	zan2	zan2	zan3	kan1	kan1	kan1	kan1
顾县	san4	zan2	zan2	zan3	kan1	kan1	kan1	kan1
成都龙泉	san4	zan2	zan2	zan3	kɔn1	kan1	kɔn1	kɔn1

字目	肝	竿	*杆晾衣杆	感	敢	杆笔杆	秆麦秆	赶
反切	古寒	古寒	*居寒	古禫	古览	古旱	古旱	
声韵调	山开一见寒平	山开一见寒平	山开一见寒平	咸开一见覃上	咸开一见谈上	山开一见寒上	山开一见寒上	山开一见寒上
中古音	kɑn	kɑn	kɑn	kʌm:	kɑm:	kɑn:	kɑn:	kɑn:
广元	kan1	kan1	kan1	kan3	kan3	kan3	kan3	kan3
平武	kan1	kan1	kan1	kan3	kan3	kan3	kan3	kan3
青川	kan1	kan1	kan1	kan3	kan3	kan3	kan3	kan3
剑阁普安	kan1	kan1	kan1	kan3	kan3	kan3	kan3	kan3
剑阁金仙	kaŋ1	kaŋ1	kaŋ1	kaŋ3	kaŋ3	kaŋ3	kaŋ3	kaŋ3
旺苍	kan1	kan1	kan1	kan3	kan3	kan3	kan3	kan3
苍溪	kan1	kan1	kan1	kan3	kan3	kan3	kan3	kan3
江油	kan1	kan1	kan1	kan3	kan3	kan3	kan3	kan3
北川	kan1	kan1	kan1	kan3	kan3	kan3	kan3	kan3
绵阳	kan1	kan1	kan1	kan3	kan3	kan3	kan3	kan3
盐亭	kan1	kan1	kan1	kan3	kan3	kan3	kan3	kan3
德阳	kan1	kan1	kan1	kan3	kan3	kan3	kan3	kan3
中江	kan1	kan1	kan1	kan3	kan3	kan3	kan3	kan3
射洪	kan1	kan1	kan1	kan3	kan3	kan1	kan3	kan3
蓬溪	kan1	kan1	kan1	kan3	kan3	kan1	kan3	kan3
遂宁	kan1	kan1	kan1	kan3	kan3	kan3	kan3	kan3
乐至	kan1	kan1	kan1	kan3	kan3	kan3	kan3	kan3
安岳	kan1	kan1	kan1	kan3	kan3	kan3	kan3	kan3
仪陇	kan1	kan1	kan1	kan3	kan3	kan3	kan3	kan3
西充	kan1	kan1	kan1	kan3	kan3	kan3	kan3	kan3

字目	肝	竿	*杆晾衣杆	感	敢	杆笔杆	秆麦秆	赶
反切	古寒	古寒	*居寒	古禫	古览	古旱	古旱	
声韵调	山开一见寒平	山开一见寒平	山开一见寒平	咸开一见覃上	咸开一见谈上	山开一见寒上	山开一见寒上	山开一见寒上
中古音	kɑn	kɑn	kɑn	kʌm:	kɑm:	kɑn:	kɑn:	kɑn:
蓬安	kan1	kan1	kan1	kan3	kan3	kan3	kan3	kan3
南充金台	kan1	kan1	kan1	kan3	kan3	kan3	kan3	kan3
南充龙蟠	kan1	kan1	kan1	kan3	kan3	kan3	kan3	kan3
岳池	kan1	kan1	kan1	kan3	kan3	kan3	kan3	kan3
广安	kan1	kan1	kan1	kan3	kan3	kan3	kan3	kan3
邻水	kan1	kan1	kan1	kan3	kan3	kan3	kan3	kan3
南江	kan1	kan1	kan1	kan3	kan3	kan1 kan3	kan1 kan3	kan3
巴中	kan1	kan1	kan1	kan3	kan3	kan1 kan3	kan3	kan3
通江	kan1	kan1	kan1	kan3	kan3	kan1 kan3	kan3	kan3
平昌	kan1	kan1	kan1	kan3	kan3	kan1 kan3	kan1 kan3	kan3
万源	kan1	kan1	kan1	kan3	kan3	kan1	kan1	kan3
宣汉	kan1	kan1	kan1	kan3	kan3	kan1	kan1	kan3
达州	kan1	kan1	kan1	kan3	kan3	kan3	kan3	kan3
开江	kan1	kan1	kan1	kan3	kan3	kan1	kan1	kan3
渠县	kan1	kan1	kan1	kan3	kan3	kan1	kan1	kan3
宜宾	kan1	kan1	kan1	kan3	kan3	kan3	kan3	kan3
古蔺	kæ1	kæ1	kæ1	kæ3	kæ3	kæ1 kæ3	kæ3	kæ3
长宁	kan1	kan1	kan1	kan3	kan3	kan3	kan3	kan3
顾县	kan1	kan1	kan1	kan3	kan3	kan3	kan3	kan3
成都龙泉	kan1	kɔn1	kɔn1	kan3	kan3	kɔn3	kɔn3	kɔn3

字目	干干练	干树干	堪	看看守	刊	坎	勘	砍
反切	古案	古案	口含	苦寒	苦寒	苦感	苦绀	
声韵调	山开一见寒去	山开一见寒去	咸开一溪覃平	山开一溪寒平	山开一溪寒平	咸开一溪覃上	咸开一溪覃去	咸开一溪覃上
中古音	kan-	kɑn-	khʌm	khɑn	khɑn	khʌm:	khʌm-	khʌm:
广元	kan4	kan4	khan1	khan4	khan1	khan3	khan1	khan3
平武	kan4	kan4	khan1	khan4	khan1	khan3	khan1	khan3
青川	kan4	kan4	khan1	khan4	khan1	khan3	khan4	khan3
剑阁普安	kan4	kan4	khaŋ1	khan4	khaŋ1	khan3	khaŋ1	khan3
剑阁金仙	kaŋ4	kaŋ4	khaŋ1	khaŋ4	khaŋ1	khaŋ3	khaŋ1	khaŋ3
旺苍	kan4	kan4	khan1	khan4	khan1	khan3	khan1	khan3
苍溪	kan4	kan4	khan1	khan4 khan1 旧	khan1	khan3	khan1	khan3
江油	kan4	kan4	khan1	khan4	khan1	khan3	khan1	khan3
北川	kan4	kan4	khan1	khan4	khan1	khan3	khan1	khan3
绵阳	kan4	kan4	khan1	khan4	khan1	khan3	khan1	khan3
盐亭	kan4	kan4	khan1	khan4	khan1	khan3	khan1	khan3
德阳	kan4	kan4	khan1	khan4	khan1	khan3	khan1	khan3
中江	kan4	kan4	khan1	khan4	khan1	khan3	khan1	khan3
射洪	kan4	kan4	khan1	khan4	khan1	khan3	khan1	khan3
蓬溪	kan4	kan4	khan1	khan4	khan1	khan3	khan1	khan3
遂宁	kan4	kan4	khan1	khan4	khan1	khan3	khan1	khan3
乐至	kan4	kan4	khan1	khan4	khan1	khan3	khan1	khan3
安岳	kan4	kan4	khan1	khan4	khan1	khan3	khan1	khan3
仪陇	kan4	kan4	khan1	khan4	khan1	khan3	khan1	khan3
西充	kan4	kan4	khan1	khan4	khan1	khan3	khan1	khan3

字目	干干练	干树干	堪	看看守	刊	坎	勘	砍
反切	古案	古案	口含	苦寒	苦寒	苦感	苦绀	
声韵调	山开一见寒去	山开一见寒去	咸开一溪覃平	山开一溪寒平	山开一溪寒平	咸开一溪覃上	咸开一溪覃去	咸开一溪覃上
中古音	kan-	kan-	khʌm	khɑn	khɑn	khʌm:	khʌm-	khʌm:
蓬安	kan4	kan4	khan1	khan4	khan1	khan3	khan1	khan3
南充金台	kan4	kan4	khan1	khan4	khan1	khan3	khan1	khan3
南充龙蟠	kan4	kan4	khan1	khan4	khan1	khan3	khan1	khan3
岳池	kan4	kan4	khan1	khan4	khan1	khan3	khan1	khan3
广安	kan4	kan4	khan1	khan4 khan1 旧	khan1	khan3	khan1	khan3
邻水	kan4	kan4	khan1	khan4	khan1	khan3	khan1	khan3
南江	kan4	kan4	khan1	khan4 khan1 旧	khan1	khan3	khan1	khan3
巴中	kan4	kan4	khan1	khan4 khan1 旧	khan1	khan3	khan1	khan3
通江	kan4	kan4	khan1	khan4 khan1 旧	khan1	khan3	khan1	khan3
平昌	kan4	kan4	khan1	khan4 khan1 旧	khan1	khan3	khan1	khan3
万源	kan4	kan4	khan1	khan4 khan1 旧	khan1	khan3	khan1	khan3
宣汉	kan4	kan4	khan1	khan4	khan1	khaŋ3	khan1	khan3
达州	kan4	kan4	khan1	khan4 khan1 旧	khan1	khan3	khan1	khan3
开江	kan4	kan4	khan1	khan4 khan1 旧	khan1	khan3	khan1	khan3
渠县	kan4	kan4	khan1	khan4 khan1 旧	khan1	khan3	khan1	khan3
宜宾	kan4	kan4	khan1	khan4 khan1 旧	khan1	khan3	khan1	khan3
古蔺	kæ4	kæ4	khæ1	khæ4 khæ1 旧	khæ1	khæ3	khæ1	khæ3
长宁	kan4	kan4	khan1	khan4	khan1	khan3	khan1	khan3
顾县	kan4	kan4	khan1	khan4	khan1	khan3	khan1	khan3
成都龙泉	kɔn4	kan4	khan1	khɔn4 khɔn1 旧	khan1	khan3	khan1	khan3

字目	看看见	含	函	寒	韩	喊	罕	汉
反切	苦旰	胡南	胡南	胡安	胡安	呼览	呼旱	呼旰
声韵调	山开一溪寒去	咸开一匣覃平	咸开一匣覃平	山开一匣寒平	山开一匣寒平	咸开一晓谈上	山开一晓寒上	山开一晓寒去
中古音	khan-	ɦʌm	ɦʌm	ɦan	ɦan	ham:	han:	han-
广元	khan4	xan2	xan2	xan2	xan2	xan3	xan3	xan4
平武	khan4	xan2	xan2	xan2	xan2	xan3	xan3	xan4
青川	khan4	xan2	xan2	xan2	xan2	xan3	xan3	xan4
剑阁普安	khan4	xaŋ2	xaŋ2	xaŋ2	xan2	xan3	xan3	xan4
剑阁金仙	khaŋ4	xaŋ2	xaŋ2	xaŋ2	xaŋ2	xaŋ3	xaŋ3	xaŋ4
旺苍	khan4	xan2	xan2	xan2	xan2	xan3	xan3	xan4
苍溪	khan4	xan2	xan2	xan2	xan2	xan3	xan3	xan4
江油	khan4	xan2	xan2	xan2	xan2	xan3	xan3	xan4
北川	khan4	xan2	xan2	xan2	xan2	xan3	xan3	xan4
绵阳	khan4	xan2	xan2	xan2	xan2	xan3	xan3	xan4
盐亭	khan4	xan2	xan2	xan2	xan2	xan3	xan3	xan4
德阳	khan4	xan2	xan2	xan2	xan2	xan3	xan3	xan4
中江	khan4	xan2	an2	xan2	an2	xan3	xan3	xan4
射洪	khan4	xan2	xan2	xan2	xan2	xan3	xan3	xan4
蓬溪	khan4	xan2	xan2	xan2	xan2	xan3	xan3	xan4
遂宁	khan4	xan2	xan2	xan2	xan2	xan3	xan3	xan4
乐至	khan4	xan2	xan2	xan2	xan2	xan3	xan3	xan4
安岳	khan4	xan2	xan2	xan2	xan2	xan3	xan3	xan4
仪陇	khan4	xan2	xan2	xan2	xan2	xan3	xan3	xan4
西充	khan4	xan2	xan2	xan2	xan2	xan3	xan3	xan4

字目	看看见	含	函	寒	韩	喊	罕	汉
反切	苦旰	胡南	胡南	胡安	胡安	呼览	呼旱	呼旰
声韵调	山开一溪寒去	咸开一匣覃平	咸开一匣覃平	山开一匣寒平	山开一匣寒平	咸开一晓谈上	山开一晓寒上	山开一晓寒去
中古音	khɑn-	ɦʌm	ɦʌm	ɦɑn	ɦɑn	hɑm:	hɑn:	hɑn-
蓬安	khan4	xan2	xan2	xan2	xan2	xan3	xan3	xan4
南充金台	khan4	xan2	xan2	xan2	xan2	xan3	xan1	xan4
南充龙蟠	khan4	xan2	xan2	xan2	xan2	xan3	xan3	xan4
岳池	khan4	xan2	xan2	xan2	xan2	xan3	xan3	xan4
广安	khan4	xan2	xan2	xan2	xan2	xan3	xan3	xan4
邻水	khan4	xan2	xan2	xan2	xan2	xan3	xan3	xan4
南江	khan4	xan2	xan2	xan2	xan2	xan3	xan3	xan4
巴中	khan4	xan2	xan2	xan2	xan2	xan3	xan3	xan4
通江	khan4	xan2	xan2	xan2	xan2	xan3	xan3	xan4
平昌	khan4	xan2	xan2	xan2	xan2	xan3	xan3	xan4
万源	khan4	xan2	xan2	xan2	xan2	xan3	xan3	xan4
宣汉	khan4	xan2	xan2	xan2	xan2	xan3	xan3	xan4
达州	khan4	xan2	xan2	xan2	xan2	xan3	xan3	xan4
开江	khan4	xan2	xan2	xan2	xan2	xan3	xan3	xan4
渠县	khan4	xan2	xan2	xan2	xan2	xan3	xan3	xan4
宜宾	khan4	xan2	xan2	xan2	xan2	xan3	xan3	xan4
古蔺	khæ4	xæ2	xæ2	xæ2	xæ2	xæ3	xæ1	xæ4
长宁	khan4	xan2	xan2	xan2	xan2	xan3	xan3	xan4
顾县	khan4	xan2	xan2	xan2	xan2	xan3	xan3	xan4
成都龙泉	khan4	xan2	xɔn2	xɔn2	xan2	xan3	xan3	xɔn4

字目	旱	汗	焊	庵	安	鞍	暗	岸
反切	胡笴	侯旰	侯旰	乌含	乌寒	乌寒	乌绀	五旰
声韵调	山开一匣寒上	山开一匣寒去	山开一匣寒去	咸开一影覃平	山开一影寒平	山开一影寒平	咸开一影覃去	山开一疑寒去
中古音	ɦɑn:	ɦɑn-	ɦɑn-	ʔʌm	ʔɑn	ʔɑn	ʔʌm-	ŋɑn-
广元	xan4	xan4	xan4	ŋan1 an1 新	ŋan1 an1 新	ŋan1 an1 新	ŋan4 an4 新	ŋan4 an4 新
平武	xan4	xan4	xan4	ŋan1	ŋan1	ŋan1	ŋan4	ŋan4
青川	xan4	xan4	xan4	ŋan1 an1 新	ŋan1 an1 新	ŋan1 an1 新	ŋan4 an4 新	ŋan4 an4 新
剑阁普安	xan4	xan4	xan4	ŋaŋ1 aŋ1 新	ŋaŋ1 an1 新	ŋaŋ1 aŋ1 新	ŋaŋ4 aŋ4 新	ŋaŋ4 aŋ4 新
剑阁金仙	xaŋ4	xaŋ4	xaŋ4	ŋaŋ1 aŋ1 新	ŋaŋ1 aŋ1 新	ŋaŋ1 aŋ1 新	ŋaŋ4 aŋ4 新	ŋaŋ4 aŋ4 新
旺苍	xan4	xan4	xan4	ŋan1	ŋan1	ŋan1	ŋan4	ŋan4
苍溪	xan4	xan4	xan4	ŋan1	ŋan1	ŋan1	ŋan4 ŋan3 口	ŋan4
江油	xan4	xan4	xan4	ŋan1	ŋan1	ŋan1	ŋan4	ŋan4
北川	xan4	xan4	xan4	ŋan1	ŋan1	ŋan1	ŋan4	ŋan4
绵阳	xan4	xan4	xan4	ŋan1	ŋan1	ŋan1	ŋan4	ŋan4
盐亭	xan4	xan4	xan4	iɛn1	ŋan1	ŋan1	ŋan4	ŋan4
德阳	xan4	xan4	xan4	ŋan1	ŋan1	ŋan1	ŋan4 ŋan3 口	ŋan4
中江	xan4	xan4	xan4	ŋan1	ŋan1	ŋan1	ŋan4 ŋan3 口	ŋan4
射洪	xan4	xan4	xan4	ŋan1	ŋan1	ŋan1	ŋan4 ŋan3 口	ŋan4
蓬溪	xan4	xan4	xan4	ŋan1	ŋan1	ŋan1	ŋan4 ŋan3 口	ŋan4
遂宁	xan4	xan4	xan4	ŋan1	ŋan1	ŋan1	ŋan4 ŋan3 口	ŋan4
乐至	xan4	xan4	xan4	ŋan1	ŋan1	ŋan1	ŋan4	ŋan4
安岳	xan4	xan4	xan4	ŋan1	ŋan1	ŋan1	ŋan4	ŋan4
仪陇	xan4	xan4	xan4	ŋan1	ŋan1	ŋan1	ŋan4	ŋan4
西充	xan4	xan4	xan4	ŋan1	ŋan1	ŋan1	ŋan4	ŋan4

字目	旱	汗	焊	庵	安	鞍	暗	岸
反切	胡笴	侯旰	侯旰	乌含	乌寒	乌寒	乌绀	五旰
声韵调	山开一匣寒上	山开一匣寒去	山开一匣寒去	咸开一影覃平	山开一影寒平	山开一影寒平	咸开一影覃去	山开一疑寒去
中古音	ɦɑn:	ɦɑn-	ɦɑn-	ʔʌm	ʔɑn	ʔɑn	ʔʌm-	ŋɑn-
蓬安	xan4	xan4	xan4	ŋan1	ŋan1	ŋan1	ŋan4	ŋan4
南充金台	xan4	xan4	xan4	ŋan1	ŋan1	ŋan1	ŋan4	ŋan4
南充龙蟠	xan4	xan4	xan4	ŋan1	ŋan1	ŋan1	ŋan4	ŋan4
岳池	xan4	xan4	xan4	ŋan1	ŋan1	ŋan1	ŋan4	ŋan4
广安	xan4	xan4	xan4	ŋan1	ŋan1	ŋan1	ŋan4	ŋan4
邻水	xan4	xan4	xan4	ŋan1	ŋan1	ŋan1	ŋan4	ŋan4
南江	xan4	xan4	xan4	an1 ŋan1 旧	ŋan1	ŋan1	ŋan4 ŋan3 口	ŋan4
巴中	xan4	xan4	xan4	iɛn1 ŋan1 旧	ŋan1	ŋan1	ŋan4 ŋan3 口	ŋan4
通江	xan4	xan4	xan4	ŋan1	ŋan1	ŋan1	ŋan4 ŋan3 口	ŋan4
平昌	xan4	xan4	xan4	ŋan3 ŋan1	ŋan1	ŋan1	ŋan4 ŋan3 口	ŋan4
万源	xan4	xan4	xan4	an1	ŋan1	an1	ŋan4 ŋan3 口	ŋan4
宣汉	xan4	xan4	xan4	ŋan1	ŋan1	ŋan1	ŋan4 ŋan3 口	ŋan4
达州	xan4	xan4	xan4	ŋan1	ŋan1	ŋan1	ŋan4 ŋan3 口	ŋan4
开江	xan4	xan4	xan4	iɛn1	ŋan1	ŋan1	ŋan4 ŋan3 口	aŋ4
渠县	xan4	xan4	xan4	iɛn1	ŋan1	ŋan1	ŋan4 ŋan3 口	ŋan4
宜宾	xan4	xan4	xan4	ŋan1	ŋan1	ŋan1	ŋan4	ŋan4
古蔺	xæ4	xæ4	xæ4	ŋæ1	ŋæ1	ŋæ1	ŋæ4	ŋæ4
长宁	xan4	xan4	xan4	ŋan1	ŋan1	ŋan1	ŋan4	ŋan4
顾县	xan4	xan4	xan4	ŋan1	ŋan1	ŋan1	ŋan4	ŋan4
成都龙泉	xɔn4	xɔn4	xɔn4	ɔn1	ɔn1	ɔn1	ŋan4 ŋan3 口	ɔn4

字目	按	案	鞭	编①	边	贬	扁	匾
反切	乌旰	乌旰	卑连	卑连	布玄	方敛	方典	方典
声韵调	山开一影寒去	山开一影寒去	山开三A帮仙平	山开三A帮仙平	山开四帮先平	咸开三B帮盐上	山开四帮先上	山开四帮先上
中古音	ʔɑn-	ʔɑn-	piɛn	piɛn	pen	pɣiɛm:	pen:	pen:
广元	ŋan4 an4 新	ŋan4 an4 新	piɛn1	piɛn1	piɛn1	piɛn3	piɛn3	piɛn3
平武	ŋan4	ŋan4	piɛn1	piɛn1	piɛn1	piɛn3	piɛn3	piɛn3
青川	ŋan4	ŋan4	piɛn1	piɛn1	piɛn1	piɛn3	piɛn3	piɛn3
剑阁普安	ŋaŋ4 aŋ4 新	ŋaŋ4 an4 新	piɛn1	piɛn1	piɛn1	piɛn3	piɛn3	piɛn3
剑阁金仙	ŋaŋ4 aŋ4 新	ŋaŋ4 aŋ4	pie1	pie1	pie1	pie3	pie3	pie3
旺苍	ŋan4	ŋan4	piɛn1	piɛn1	piɛn1	piɛn3	piɛn3	piɛn3
苍溪	ŋan4	ŋan4	piɛn1	piɛn1	piɛn1	piɛn3	piɛn3	piɛn3
江油	ŋan4	ŋan4	piɛn1	piɛn1	piɛn1	piɛn3	pia3	piɛn3
北川	ŋan4	ŋan4	piɛn1	piɛn1	piɛn1	piau3	piɛn3	piɛn3
绵阳	ŋan4	ŋan4	piɛn1	piɛn1	piɛn1	piɛn3	pia3	piɛn3
盐亭	ŋan4	ŋan4	piɛn1	piɛn1	piɛn1	piɛn3	piɛn3	piɛn3
德阳	ŋan4	ŋan4	piɛn1	piɛn1	piɛn1	piɛn3	piɛn3 pia3 口	piɛn3
中江	ŋan4	ŋan4	piɛn1	piɛn1	piɛn1	piɛn3	piɛn3 pia3 口	piɛn3
射洪	ŋan4	ŋan4	piɛn1	piɛn1	piɛn1	piɛn3	piɛn3 pia3 口	piɛn3
蓬溪	ŋan4	ŋan4	piɛn1	piɛn1	piɛn1	piɛn3	piɛn3 pia3 口	piɛn3
遂宁	ŋan4	ŋan4	piɛn1	piɛn1	piɛn1	piɛn3	piɛn3 pia3 口	piɛn3
乐至	ŋan4	ŋan4	piɛn1	piɛn1	piɛn1	piɛn3	piɛn3	piɛn3
安岳	ŋan4	ŋan4	piɛn1	piɛn1	piɛn1	pіɣɛn3	piɛn3	piɛn3
仪陇	ŋan4	ŋan4	piɛn1	piɛn1	piɛn1	piɛn3	piɛn3	piɛn3
西充	ŋan4	ŋan4	piɛn1	piɛn1	piɛn1	piɛn3	piɛn3	piɛn3

① 又布玄切，山开四帮先平。

字目	按	案	鞭	编①	边	贬	扁	匾
反切	乌旰	乌旰	卑连	卑连	布玄	方敛	方典	方典
声韵调	山开一影寒去	山开一影寒去	山开三A帮仙平	山开三A帮仙平	山开四帮先平	咸开三B帮盐上	山开四帮先上	山开四帮先上
中古音	ʔan-	ʔan-	piɛn	piɛn	pen	pɣiɛm:	pen:	pen:
蓬安	ŋan4	ŋan4	piɛn1	piɛn1	piɛn1	piɛn3	piɛn3	piɛn3
南充金台	ŋan4	ŋan4	piɛn1	piɛn1	piɛn1	piɛn3	piɛn3	piɛn3
南充龙蟠	ŋan4	ŋan4	piɛn1	piɛn1	piɛn1	piɛn3	piɛn3	piɛn3
岳池	ŋan4	ŋan4	piɛn1	piɛn1	piɛn1	piɛn3	piɛn3	piɛn3
广安	ŋan4	ŋan4	piɛn1	piɛn1	piɛn1	piɛn3	piɛn3 pia3 口	piɛn3
邻水	ŋan4	ŋan4	piɛn1	piɛn1	piɛn1	piɛn3	piɛn3	piɛn3
南江	ŋan4	ŋan4	piɛn1	piɛn1	piɛn1	piɛn3	piɛn3	piɛn3
巴中	ŋan4	ŋan4	piɛn1	piɛn1	piɛn1	piɛn3	piɛn3	piɛn3
通江	ŋan4	ŋan4	piɛn1	piɛn1	piɛn1	piɛn3	piɛn3	piɛn3
平昌	ŋan4	ŋan4	piɛn1	piɛn1	piɛn1	piɛn3	piɛn3	piɛn3
万源	an4	ŋan4	piɛn1	piɛn1	piɛn1	piɛn4	piɛn3 pia3 口	piɛn3
宣汉	ŋan4	ŋan4	piɛn1	piɛn1	piɛn1	piɛn3	piɛn3 pia3 口	piɛn3
达州	ŋan4	ŋan4	piɛn1	piɛn1	piɛn1	piɛn3	piɛn3 pia3 口	piɛn3
开江	ŋan4	ŋan4	piɛn1	piɛn1	piɛn1	piɛn3	piɛn3 pia3 口	piɛn3
渠县	ŋan4	ŋan4	piɛn1	piɛn1	piɛn1	piɛn3	piɛn3 pia3 口	piɛn3
宜宾	ŋan4	ŋan4	piai1	piai1	piai1	piai3	piai3	piai3
古蔺	ŋæ4	ŋæ4	piæ1	piæ1	piæ1	pie3	piæ3	piæ3
长宁	ŋan4	ŋan4	piɛn1	piɛn1	piɛn1	piɛn3	piɛn3	piɛn3
顾县	ŋan4	ŋan4	piɛn1	piɛn1	piɛn1	piɛn3	piɛn3	piɛn3
成都龙泉	ŋan4	ŋan4	piɛn1	piɛn1	piɛn1	piɛn3	pia3 口 piɛn3	piɛn3

---

① 又布玄切，山开四帮先平。

字目	变	辨	辩	便方便	辫	遍①一遍	遍①遍地	篇
反切	彼眷	符蹇	符蹇	婢面	薄泫	方见	方见	芳连
声韵调	山开三B 帮仙去	山开三B 並仙上	山开三B 並仙上	山开三A 並仙去	山开四 並先上	山开四 帮先去	山开四 帮先去	山开三A 滂仙平
中古音	pɣiɛn-	bɣiɛn:	bɣiɛn:	biɛn-	ben:	pen-	pen-	phiɛn
广元	piɛn4	piɛn4	piɛn4	piɛn4	piɛn4	phiɛn4	phiɛn4	phiɛn1
平武	piɛn4	piɛn4	piɛn4	piɛn4	piɛn4	phiɛn4	phiɛn4	phiɛn1
青川	piɛn4	piɛn4	piɛn4	piɛn4	piɛn4	phiɛn4	piɛn4	phiɛn1
剑阁普安	piɛn4	piɛn4	piɛn4	piɛn4	piɛn4	phiɛn4	phiɛn4	phiɛn1
剑阁金仙	pie4	pie4	pie4	pie4	phie4	pie4	pie4	phie1
旺苍	piɛn4	piɛn4	piɛn4	piɛn4	piɛn4	phiɛn4	phiɛn4	phiɛn1
苍溪	piɛn4	piɛn4	piɛn4	piɛn4	piɛn4	piɛn4 phiɛn4 旧	piɛn4 phiɛn4 旧	phiɛn1
江油	piɛn4	piɛn4	piɛn4	piɛn4	piɛn4	phiɛn4	phiɛn4	phiɛn1
北川	piɛn4	piɛn4	piɛn4	piɛn4	piɛn4	phiɛn4	phiɛn4	phiɛn1
绵阳	piɛn4	piɛn4	piɛn4	piɛn4	piɛn4	phiɛn4	phiɛn4	phiɛn1
盐亭	piɛn4	piɛn4	piɛn4	piɛn4	piɛn4	piɛn4	piɛn4	phiɛn1
德阳	piɛn4	piɛn4	piɛn4	piɛn4	piɛn4	piɛn4 phiɛn4 旧	piɛn4 phiɛn4 旧	phiɛn1
中江	piɛn4	piɛn4	piɛn4	piɛn4	piɛn4	piɛn4 phiɛn4 旧	piɛn4 phiɛn4 旧	phiɛn1
射洪	piɛn4	piɛn4	piɛn4	piɛn4	piɛn4	piɛn4 phiɛn4 旧	piɛn4 phiɛn4 旧	phiɛn1
蓬溪	piɛn4	piɛn4	piɛn4	piɛn4	phiɛn4	piɛn4 phiɛn4 旧	piɛn4 phiɛn4 旧	phiɛn1
遂宁	piɛn4	piɛn4	piɛn4	piɛn4	piɛn4	piɛn4 phiɛn4 旧	piɛn4 phiɛn4 旧	phiɛn1
乐至	piɛn4	piɛn4	piɛn4	piɛn4	piɛn4	phiɛn4	phiɛn4	phiɛn1
安岳	piɛn4	piɛn4	piɛn4	piɛn4	piɛn4	phiɛn4	phiɛn4	phiɛn1
仪陇	piɛn4	piɛn4	piɛn4	piɛn4	piɛn4	phiɛn4	phiɛn4	phiɛn1
西充	piɛn4	piɛn4	piɛn4	piɛn4	piɛn4	phiɛn4	phiɛn4	phiɛn1

---

① 《广韵》列线韵，方见切；《王韵》《集韵》均列霰韵。

字目	变	辨	辩	便_{方便}	辫	遍①_{一遍}	遍①_{遍地}	篇
反切	彼眷	符蹇	符蹇	婢面	薄泫	方见	方见	芳连
声韵调	山开三B 帮仙去	山开三B 並仙上	山开三B 並仙上	山开三A 並仙去	山开四 並先上	山开四 帮先去	山开四 帮先去	山开三A 滂仙平
中古音	pɣiɛn-	bɣiɛn:	bɣiɛn:	biɛn-	bɛn:	pɛn-	pɛn-	phiɛn
蓬安	piɛn4	piɛn4	piɛn4	piɛn4	piɛn4	phiɛn4	phiɛn4	phiɛn1
南充_{金台}	piɛn4	piɛn4	piɛn4	piɛn4	piɛn4	phiɛn4	phiɛn4	phiɛn1
南充_{龙蟠}	piɛn4	piɛn4	piɛn4	piɛn4	piɛn4	phiɛn4	phiɛn4	phiɛn1
岳池	piɛn4	piɛn4	piɛn4	piɛn4	piɛn4	phiɛn4	phiɛn4	phiɛn1
广安	piɛn4	piɛn4	piɛn4	piɛn4	piɛn4	phiɛn4	phiɛn4	phiɛn1
邻水	piɛn4	piɛn4	piɛn4	piɛn4	piɛn4	phiɛn4	phiɛn4	phiɛn1
南江	piɛn4	piɛn4	piɛn4	piɛn4	piɛn4	piɛn4 phiɛn4 旧	piɛn4 phiɛn4 旧	phiɛn1
巴中	piɛn4	piɛn4	piɛn4	piɛn4	piɛn4	piɛn4 phiɛn4 旧	piɛn4 phiɛn4 旧	phiɛn1
通江	piɛn4	piɛn4	piɛn4	piɛn4	piɛn4	piɛn4 phiɛn4 旧	piɛn4 phiɛn4 旧	phiɛn1
平昌	piɛn4	piɛn4	piɛn4	piɛn4	piɛn4	piɛn4 phiɛn4 旧	piɛn4 phiɛn4 旧	phiɛn1
万源	piɛn4	piɛn4	piɛn4	piɛn4	piɛn4	phiɛn4	phiɛn4	phiɛn1
宣汉	piɛn4	piɛn4	piɛn4	piɛn4	piɛn4	phiɛn4	phiɛn4	phiɛn1
达州	piɛn4	piɛn4	piɛn4	piɛn4	piɛn4	phiɛn4	phiɛn4	phiɛn1
开江	piɛn4	piɛn4	piɛn4	piɛn4	piɛn4	phiɛn4	phiɛn4	phiɛn1
渠县	piɛn4	piɛn4	piɛn4	piɛn4	piɛn4	phiɛn4	phiɛn4	phiɛn1
宜宾	piai4	piai4	piai4	piai4	piai4	piai4 phiai4 旧	piai4 phiai4 旧	phiai1
古蔺	pie4	pie4	pie4	pie4	piæ4	piæ4 phiæ4 旧	piæ4 phiæ4 旧	phiæ1
长宁	piɛn4	piɛn4	piɛn4	piɛn4	piɛn4	phiɛn4	phiɛn4	phiɛn1
顾县	piɛn4	piɛn4	piɛn4	piɛn4	piɛn4	phiɛn4	phiɛn4	phiɛn1
成都_{龙泉}	piɛn4	piɛn4	piɛn4	piɛn4	piɛn4	piɛn4 phiɛn4 旧	piɛn4 phiɛn4 旧	phiɛn1

① 《广韵》列线韵，方见切;《王韵》《集韵》均列霰韵。

字目	偏	便便宜	骗骗人	片	绵	棉	眠	免
反切	芳连	房连		普麵	武延	武延	莫贤	亡辨
声韵调	山开三A 滂仙平	山开三A 並仙平	山开三B 滂仙去	山开四 滂先去	山开三A 明仙平	山开三A 明仙平	山开四 明先平	山开三B 明仙上
中古音	phiɛn	biɛn	phɣiɛn-	phen-	miɛn	miɛn	men	mɣiɛn:
广元	phiɛn1	phiɛn2 文	phiɛn4	phiɛn4 phiɛn3 口	miɛn2	miɛn2	miɛn2	miɛn3
平武	phiɛn1	phiɛn2 文	phiɛn4	phiɛn4	miɛn2	miɛn2	miɛn2	miɛn3
青川	phiɛn1	phiɛn2 文	phiɛn4	phiɛn4 phiɛn3 口	miɛn2	miɛn2	miɛn2	miɛn3
剑阁普安	phiɛn1	phiɛn2 文	phiɛn4	phiɛn4 phiɛn3 口	miɛn2	miɛn2	miɛn2	miɛn3
剑阁金仙	phie1	phie2 文	phie4	phie4 phie3 口	mie2	mie2	mie2	mie3
旺苍	phiɛn1	phiɛn2 文	phiɛn4	phiɛn4 phiɛn3 口	miɛn2	miɛn2	miɛn2	miɛn3
苍溪	phiɛn1	phiɛn2 文	phiɛn4	phiɛn4 phiɛn3 口	miɛn2	miɛn2	miɛn2	miɛn3
江油	phiɛn1	phiɛn2 文	phiɛn4	phiɛn4	miɛn2	miɛn2	miɛn2	miɛn3
北川	phiɛn1	phiɛn2 文	phiɛn4	phiɛn4	miɛn2	miɛn2	miɛn2	miɛn3
绵阳	phiɛn1	phiɛn2 文	phiɛn4	phiɛn4	miɛn2	miɛn2	miɛn2	miɛn3
盐亭	phiɛn1	phiɛn2 文	phiɛn4	phiɛn4	miɛn2	miɛn2	miɛn2	miɛn3
德阳	phiɛn1	phiɛn2 文	phiɛn4	phiɛn4 phiɛn3 口	miɛn2	miɛn2	miɛn2	miɛn3
中江	phiɛn1	phiɛn2 文	phiɛn4	phiɛn4	miɛn2	miɛn2	miɛn2	miɛn3
射洪	phiɛn1	phiɛn2 文	phiɛn4	phiɛn4 phiɛn3 口	miɛn2	miɛn2	miɛn2	miɛn3
蓬溪	phiɛn1	phiɛn2 文	phiɛn4	phiɛn4 phiɛn3 口	miɛn2	miɛn2	miɛn2	miɛn3
遂宁	phiɛn1	phiɛn2 文	phiɛn4	phiɛn4 phiɛn3 口	miɛn2	miɛn2	miɛn2	miɛn3
乐至	phiɛn1	piɛn4 俗	phiɛn4	phiɛn4	miɛn2	miɛn2	miɛn2	miɛn3
安岳	phiɛn1	piɛn4 俗	phiɛn4	phiɛn4	miɛn2	miɛn2	miɛn2	miɛn3
仪陇	phiɛn1	phiɛn2 文	phiɛn4	phiɛn4	miɛn2	miɛn2	miɛn2	miɛn3
西充	phiɛn1	piɛn4 俗	phiɛn4	phiɛn4	miɛn2	miɛn2	miɛn2	miɛn3

字目	偏	便便宜	骗骗人	片	绵	棉	眠	免
反切	芳连	房连		普麵	武延	武延	莫贤	亡辨
声韵调	山开三A 滂仙平	山开三A 並仙平	山开三B 滂仙去	山开四 滂先去	山开三A 明仙平	山开三A 明仙平	山开四 明先平	山开三B 明仙上
中古音	phiɛn	biɛn	phyiɛn-	phen-	miɛn	miɛn	men	myiɛn:
蓬安	phiɛn1	piɛn4 文	phiɛn4	phiɛn4	miɛn2	miɛn2	miɛn2	miɛn3
南充金台	phiɛn1	piɛn4 文	phiɛn4	piɛn4	miɛn2	miɛn2	miɛn2	miɛn3
南充龙蟠	phiɛn1	phiɛn2 文	phiɛn4	phiɛn4	miɛn2	miɛn2	miɛn2	miɛn3
岳池	phiɛn1	piɛn4 俗	phiɛn4	phiɛn4	miɛn2	miɛn2	miɛn2	miɛn3
广安	phiɛn1	piɛn4 俗	phiɛn4	phiɛn4 phiɛn3 口	miɛn2	miɛn2	miɛn2	miɛn3
邻水	phiɛn1	phiɛn2 文	phiɛn4	phiɛn4	miɛn2	miɛn2	miɛn2	miɛn3
南江	phiɛn1	phiɛn2 文	phiɛn4	phiɛn4 phiɛn3 口	miɛn2	miɛn2	miɛn2	miɛn3
巴中	phiɛn1	phiɛn2 文	phiɛn4	phiɛn4 phiɛn3 口	miɛn2	miɛn2	miɛn2	miɛn3
通江	phiɛn1	phiɛn2 文	phiɛn4	phiɛn4 phiɛn3 口	miɛn2	miɛn2	miɛn2	miɛn3
平昌	phiɛn1	phiɛn2 文	phiɛn4	phiɛn4 phiɛn3 口	miɛn2	miɛn2	miɛn2	miɛn3
万源	phiɛn1	phiɛn2 文	phiɛn4	phiɛn4 phiɛn3 口	miɛn2	miɛn2	miɛn2	miɛn3
宣汉	phiɛn1	phiɛn2 文	phiɛn4	phiɛn4 phiɛn3 口	miɛn2	miɛn2	miɛn2	miɛn3
达州	phiɛn1	phiɛn2 文	phiɛn4	phiɛn4 phiɛn3 口	miɛn2	miɛn2	miɛn2	miɛn3
开江	phiɛn1	phiɛn2 文	phiɛn4	phiɛn4 phiɛn3 口	miɛn2	miɛn2	miɛn2	miɛn3
渠县	phiɛn1	phiɛn2 文	phiɛn4	phiɛn4 phiɛn3 口	miɛn2	miɛn2	miɛn2	miɛn3
宜宾	phiai1	phiai2 文	phiai4	phiai4 phiai3 口	miai2	miai2	miai2	miai3
古蔺	phiæ1	phiæ2 文	phiæ4	phiæ4 phiæ3 口	miæ2	miæ2	miæ2	mie3
长宁	phiɛn1	phiɛn2 文	phiɛn4	phiɛn4	miɛn2	miɛn2	miɛn2	miɛn3
顾县	phiɛn1	phiɛn2 文	phiɛn4	phiɛn4 phiɛn3 口	miɛn2	miɛn2	miɛn2	miɛn3
成都龙泉	phiɛn1	phiɛn2 文	phiɛn4	phiɛn4 phiɛn3 口	miɛn2	miɛn2	miɛn2	miɛn1

字目	勉	面脸面	面面粉	颠	点	典	店	垫垫底
反切	亡辨	弥箭	莫甸	都年	多忝	多殄	都念	堂练
声韵调	山开三 B 明仙上	山开三 A 明仙去	山开四 明先去	山开四 端先平	咸开四 端添上	山开四 端先上	咸开四 端添去	山开四 定先去
中古音	myiɛn:	miɛn-	men-	ten	tem:	ten:	tem-	den-
广元	miɛn3	miɛn4	miɛn4	tiɛn1	tiɛn3	tiɛn3	tiɛn4	tiɛn4
平武	miɛn3	miɛn4	miɛn4	tiɛn1	tiɛn3	tiɛn3	tiɛn4	tiɛn4
青川	miɛn3	miɛn4	miɛn4	tiɛn1	tiɛn3	tiɛn3	tiɛn4	tiɛn4
剑阁普安	miɛn3	miɛn4	miɛn4	tiɛn1	tiɛn3	tiɛn3	tiɛn4	tiɛn4
剑阁金仙	mie3	mie4	mie4	tie1	tie3	tie3	tie4	tie4
旺苍	miɛn3	miɛn4	miɛn4	tiɛn1	tiɛn3	tiɛn3	tiɛn4	tiɛn4
苍溪	miɛn3	miɛn4	miɛn4	tiɛn1	tiɛn3	tiɛn3	tiɛn4	tiɛn4
江油	miɛn3	miɛn4	miɛn4	tiɛn1	tiɛn3	tiɛn3	tiɛn4	tiɛn4
北川	miɛn3	miɛn4	miɛn4	tiɛn1	tiɛn3	tiɛn3	tiɛn4	tiɛn4
绵阳	miɛn3	miɛn4	miɛn4	tiɛn1	tiɛn3	tiɛn3	tiɛn4	tiɛn4
盐亭	miɛn3	miɛn4	miɛn4	tiɛn1	tiɛn3	tiɛn3	tiɛn4	tiɛn4
德阳	miɛn3	miɛn4	miɛn4	tiɛn1	tiɛn3	tiɛn3	tiɛn4	tiɛn4
中江	miɛn3	miɛn4	miɛn4	tiɛn1	tiɛn3	tiɛn3	tiɛn4	tiɛn4
射洪	miɛn3	miɛn4	miɛn4	tiɛn1	tiɛn3	tiɛn3	tiɛn4	tiɛn4
蓬溪	miɛn3	miɛn4	miɛn4	tiɛn1	tiɛn3	tiɛn3	tiɛn4	tiɛn4
遂宁	miɛn3	miɛn4	miɛn4	tiɛn1	tiɛn3	tiɛn3	tiɛn4	tiɛn4
乐至	miɛn3	miɛn4	miɛn4	tiɛn1	tiɛn3	tiɛn3	tiɛn4	tiɛn4
安岳	miɛn3	miɛn4	miɛn4	tiɛn1	tiɛn3	tiɛn3	tiɛn4	tiɛn4
仪陇	miɛn3	miɛn4	miɛn4	tiɛn1	tiɛn3	tiɛn3	tiɛn4	tiɛn4
西充	miɛn3	miɛn3	miɛn3	tiɛn1	tiɛn3	tiɛn3	tiɛn4	tiɛn4

字目	勉	面脸面	面面粉	颠	点	典	店	垫垫底
反切	亡辨	弥箭	莫甸	都年	多忝	多殄	都念	堂练
声韵调	山开三B 明仙上	山开三A 明仙去	山开四 明先去	山开四 端先平	咸开四 端添上	山开四 端先上	咸开四 端添去	山开四 定先去
中古音	mɣiɛn:	miɛn-	men-	ten	tem:	ten:	tem-	den-
蓬安	miɛn3	miɛn4	miɛn4	tiɛn1	tiɛn3	tiɛn3	tiɛn4	tiɛn4
南充金台	miɛn3	miɛn4	miɛn4	tiɛn1	tiɛn3	tiɛn3	tiɛn4	tiɛn4
南充龙蟠	miɛn3	miɛn4	miɛn4	tiɛn1	tiɛn3	tiɛn3	tiɛn4	tiɛn4
岳池	miɛn3	miɛn4	miɛn4	tiɛn1	tiɛn3	tiɛn3	tiɛn4	tiɛn4
广安	miɛn3	miɛn4	miɛn4	tiɛn1	tiɛn3	tiɛn3	tiɛn4	tiɛn4
邻水	miɛn3	miɛn4	miɛn4	tiɛn1	tiɛn3	tiɛn3	tiɛn4	tiɛn4
南江	miɛn3	miɛn4	miɛn4	tiɛn1	tiɛn3	tiɛn3	tiɛn4	tiɛn4
巴中	miɛn3	miɛn4	miɛn4	tiɛn1	tiɛn3	tiɛn3	tiɛn4	tiɛn4
通江	miɛn3	miɛn4	miɛn4	tiɛn1	tiɛn3	tiɛn3	tiɛn4	tiɛn4
平昌	miɛn3	miɛn4	miɛn4	tiɛn1	tiɛn3	tiɛn3	tiɛn4	tiɛn4
万源	miɛn3	miɛn4	miɛn4	tiɛn1	tiɛn3	tiɛn3	tiɛn4	tiɛn4
宣汉	miɛn3	miɛn4	miɛn4	tiɛn1	tiɛn3	tiɛn3	tiɛn4	tiɛn4
达州	miɛn3	miɛn4	miɛn4	tiɛn1	tiɛn3	tiɛn3	tiɛn4	tiɛn4
开江	miɛn3	miɛn4	miɛn4	tiɛn1	tiɛn3	tiɛn3	tiɛn4	tiɛn4
渠县	miɛn3	miɛn4	miɛn4	tiɛn1	tiɛn3	tiɛn3	tiɛn4	tiɛn4
宜宾	miai3	miai4	miai4	tiai1	tiai3	tiai3	tiai4	tiai4
古蔺	mie3	mie4	mie4	tiæ1	tie3	tie3	tie4	tie4
长宁	miɛn3	miɛn4	miɛn4	tiɛn1	tiɛn3	tiɛn3	tiɛn4	tiɛn4
顾县	miɛn3	miɛn4	miɛn4	tiɛn1	tiɛn3	tiɛn3	tiɛn4	tiɛn4
成都龙泉	miɛn3	miɛn4	miɛn4	tiɛn1	tiɛn3	tiɛn3	tiɛn4	tiɛn4

字目	电	殿宫殿	添	天	甜	田	填	舔
反切	堂练	堂练	他兼	他前	徒兼	徒年	徒年	他玷
声韵调	山开四定先去	山开四定先去	咸开四透添平	山开四透先平	咸开四定添平	山开四定先平	山开四定先平	咸开四透添上
中古音	den-	den-	them	then	dem	den	den	them:
广元	tiɛn4	tiɛn4	thiɛn1	thiɛn1	thiɛn2	thiɛn2	thiɛn2	thiɛn3
平武	tiɛn4	tiɛn4	thiɛn1	thiɛn1	thiɛn2	thiɛn2	thiɛn2	thiɛn3
青川	tiɛn4	tiɛn4	thiɛn1	thiɛn1	thiɛn2	thiɛn2	thiɛn2	thiɛn3
剑阁普安	tiɛn4	tiɛn4	thiɛn1	thiɛn1	thiɛn2	thiɛn2	thiɛn2	thiɛn3
剑阁金仙	tie4	tie4	thie1	thie1	thie2	thie2	thie2	thie3
旺苍	tiɛn4	tiɛn4	thiɛn1	thiɛn1	thiɛn2	thiɛn2	thiɛn2	thiɛn3
苍溪	tiɛn4	tiɛn4	thiɛn1	thiɛn1	thiɛn2	thiɛn2	thiɛn2	thiɛn3
江油	tiɛn4	tiɛn4	thiɛn1	thiɛn1	thiɛn2	thiɛn2	thiɛn2	thiɛn3
北川	tiɛn4	tiɛn4	thiɛn1	thiɛn1	thiɛn2	thiɛn2	thiɛn2	thiɛn3
绵阳	tiɛn4	tiɛn4	thiɛn1	thiɛn1	thiɛn2	thiɛn2	thiɛn2	thiɛn3
盐亭	tiɛn4	tiɛn4	thiɛn1	thiɛn1	thiɛn2	thiɛn2	thiɛn2	thiɛn3
德阳	tiɛn4	tiɛn4	thiɛn1	thiɛn1	thiɛn2	thiɛn2	thiɛn2	thiɛn3
中江	tiɛn4	tiɛn4	thiɛn1	thiɛn1	thiɛn2	thiɛn2	thiɛn2	thiɛn3
射洪	tiɛn4	tiɛn4	thiɛn1	thiɛn1	thiɛn2	thiɛn2	thiɛn2	thiɛn3
蓬溪	tiɛn4	tiɛn4	thiɛn1	thiɛn1	thiɛn2	thiɛn2	thiɛn2	thiɛn3
遂宁	tiɛn4	tiɛn4	thiɛn1	thiɛn1	thiɛn2	thiɛn2	thiɛn2	thiɛn3
乐至	tiɛn4	tiɛn4	thiɛn1	thiɛn1	thiɛn2	thiɛn2	thiɛn2	thiɛn3
安岳	tiɛn4	tiɛn4	thiɛn1	thiɛn1	thiɛn2	thiɛn2	thiɛn2	thiɛn3
仪陇	tiɛn4	tiɛn4	thiɛn1	thiɛn1	thiɛn2	thiɛn2	thiɛn2	thiɛn3
西充	tiɛn4	tiɛn4	thiɛn1	thiɛn1	thiɛn2	thiɛn2	thiɛn2	thiɛn3

字目	电	殿宫殿	添	天	甜	田	填	舔
反切	堂练	堂练	他兼	他前	徒兼	徒年	徒年	他玷
声韵调	山开四定先去	山开四定先去	咸开四透添平	山开四透先平	咸开四定添平	山开四定先平	山开四定先平	咸开四透添上
中古音	den-	den-	them	then	dem	den	den	them:
蓬安	tiɛn4	tiɛn4	thiɛn1	thiɛn1	thiɛn2	thiɛn2	thiɛn2	thiɛn3
南充金台	tiɛn4	tiɛn4	thiɛn1	thiɛn1	thiɛn2	thiɛn2	thiɛn2	thiɛn3
南充龙蟠	tiɛn4	tiɛn4	thiɛn1	thiɛn1	thiɛn2	thiɛn2	thiɛn2	thiɛn3
岳池	tiɛn4	tiɛn4	thiɛn1	thiɛn1	thiɛn2	thiɛn2	thiɛn2	thiɛn3
广安	tiɛn4	tiɛn4	thiɛn1	thiɛn1	thiɛn2	thiɛn2	thiɛn2	thiɛn3
邻水	tiɛn4	tiɛn4	thiɛn1	thiɛn1	thiɛn2	thiɛn2	thiɛn2	thiɛn3
南江	tiɛn4	tiɛn4	thiɛn1	thiɛn1	thiɛn2	thiɛn2	thiɛn2	thiɛn3
巴中	tiɛn4	tiɛn4	thiɛn1	thiɛn1	thiɛn2	thiɛn2	thiɛn2	thiɛn3
通江	tiɛn4	tiɛn4	thiɛn1	thiɛn1	thiɛn2	thiɛn2	thiɛn2	thiɛn3
平昌	tiɛn4	tiɛn4	thiɛn1	thiɛn1	thiɛn2	thiɛn2	thiɛn2	thiɛn3
万源	tiɛn4	tiɛn4	thiɛn1	thiɛn1	thiɛn2	thiɛn2	thiɛn2	thiɛn3
宣汉	tiɛn4	tiɛn4	thiɛn1	thiɛn1	thiɛn2	thiɛn2	thiɛn2	thiɛn3
达州	tiɛn4	tiɛn4	thiɛn1	thiɛn1	thiɛn2	thiɛn2	thiɛn2	thiɛn3
开江	tiɛn4	tiɛn4	thiɛn1	thiɛn1	thiɛn2	thiɛn2	thiɛn2	thiɛn3
渠县	tiɛn4	tiɛn4	thiɛn1	thian1	thiɛn2	thiɛn2	thiɛn2	thiɛn3
宜宾	tiai4	tiai4	thiai1	thiai1	thiai2	thiai2	thiai2	thiai3
古蔺	tie4	tie4	thiæ1	thie1	thie2	thiæ2	thie2	thie3
长宁	tiɛn4	tiɛn4	thiɛn1	thiɛn1	thiɛn2	thiɛn2	thiɛn2	thiɛn3
顾县	tiɛn4	tiɛn4	thiɛn1	thiɛn1	thiɛn2	thiɛn2	thiɛn2	thiɛn3
成都龙泉	tiɛn4	tiɛn4	thiɛn1	thiɛn1	thiɛn2	thiɛn2	thiɛn2	thiɛn3

字目	黏_{黏土}	拈	年	碾	念	廉	镰	帘
反切	女廉	奴兼	奴颠	尼展	奴店	力盐	力盐	力盐
声韵调	咸开三 泥盐平	咸开四 泥添平	山开四 泥先平	山开三 泥仙上	咸开四 泥添去	咸开三 来盐平	咸开三 来盐平	咸开三 来盐平
中古音	ŋiɛm	nem	nen	ŋiɛn:	nem-	liɛm	liɛm	liɛm
广元	tʂan1 俗①	n̠iɛn1	n̠iɛn2	n̠iɛn3	n̠iɛn4	niɛn2	niɛn2	niɛn2
平武	niɛn2 文	n̠iɛn1	n̠iɛn2	n̠iɛn3	n̠iɛn4	niɛn2	niɛn2	niɛn2
青川	n̠iɛn2 文	n̠iɛn1	n̠iɛn2	n̠iɛn3	n̠iɛn4	niɛn2	niɛn2	niɛn2
剑阁_{普安}	tʂan1 俗①	n̠iɛn1	n̠iɛn2	n̠iɛn3	n̠iɛn4	niɛn2	niɛn2	niɛn2
剑阁_{金仙}	tʂan1 俗①	n̠ie1	n̠ie2	n̠ie3	n̠ie4	nie2	nie2	nie2
旺苍	n̠iɛn1 文	n̠iɛn1	n̠iɛn2	n̠iɛn3	n̠iɛn4	niɛn2	niɛn2	niɛn2
苍溪	tsan1 俗①	n̠iɛn1	n̠iɛn2	n̠iɛn3	n̠iɛn4	liɛn2	liɛn2	liɛn2
江油	tsan1 俗①	n̠iɛn1	n̠iɛn2	n̠iɛn3	n̠iɛn4	niɛn2	niɛn2	niɛn2
北川	tsan1 俗①	n̠iɛn1	n̠iɛn2	n̠iɛn3	n̠iɛn4	niɛn2	niɛn2	niɛn2
绵阳	n̠iɛn1 文	n̠iɛn1	n̠iɛn2	iɛn3	n̠iɛn4	niɛn2	niɛn2	niɛn2
盐亭	tsan1 俗①	n̠iɛn1	n̠iɛn2	n̠iɛn3	n̠iɛn4	liɛn2	liɛn2	liɛn2
德阳	tsan1 俗①	n̠iɛn1	n̠iɛn2	n̠iɛn3	n̠iɛn4	niɛn2	niɛn2	niɛn2
中江	tsan1 俗①	n̠iɛn1	n̠iɛn2	n̠iɛn3	n̠iɛn4	liɛn2	liɛn2	liɛn2
射洪	tsan1 俗①	n̠iɛn1	n̠iɛn2	n̠iɛn3	n̠iɛn4	niɛn2	niɛn2	niɛn2
蓬溪	n̠iɛn1 文	n̠iɛn1	n̠iɛn2	n̠iɛn3	n̠iɛn4	niɛn2	niɛn2	niɛn2
遂宁	n̠iɛn1 文	n̠iɛn1	n̠iɛn2	n̠iɛn3	n̠iɛn4	niɛn2	niɛn2	niɛn2
乐至	tsan1 俗①	n̠iɛn1	n̠iɛn2	n̠iɛn3	n̠iɛn4	niɛn2	niɛn2	niɛn2
安岳	tsan1 俗①	n̠iɛn1	n̠iɛn2	n̠iɛn3	n̠iɛn4	niɛn2	niɛn2	niɛn2
仪陇	niɛn2 文	niɛn1	niɛn2	niɛn3	niɛn4	niɛn2	niɛn2	niɛn2
西充	tsan1 俗①	n̠iɛn1	n̠iɛn2	n̠iɛn3	n̠iɛn4	niɛn2	niɛn2	niɛn2

---

① "粘"的训读。咸开三知盐平。

字目	黏黏土	拈	年	碾	念	廉	镰	帘
反切	女廉	奴兼	奴颠	尼展	奴店	力盐	力盐	力盐
声韵调	咸开三 泥盐平	咸开四 泥添平	山开四 泥先平	山开三 泥仙上	咸开四 泥添去	咸开三 来盐平	咸开三 来盐平	咸开三 来盐平
中古音	ȵiɛm	nem	nen	ȵiɛn:	nem-	liɛm	liɛm	liɛm
蓬安	tsan1 俗[1]	nien1	nien2	nien3	nien4	niɛn2	niɛn2	niɛn2
南充金台	tsan1 俗[1]	ȵiɛn1	ȵiɛn2	ȵiɛn2	iɛn4	niɛn2	niɛn2	niɛn2
南充龙蟠	ȵiɛn1 tsan1 俗[1]	ȵiɛn1	ȵiɛn2	ȵiɛn3	ȵiɛn4	niɛn2	niɛn2	niɛn2
岳池	tsan1 俗[1]	ȵiɛn1	ȵiɛn2	ȵiɛn3	ȵiɛn4	niɛn2	niɛn2	niɛn2
广安	tsan1 俗[1]	nien1	nien2	nien3	nien4	niɛn2	niɛn2	niɛn2
邻水	tsan1 俗[1]	ȵiɛn1	ȵiɛn2	ȵiɛn3	ȵiɛn4	niɛn2	niɛn2	niɛn2
南江	liɛn2 tsan1 俗[1]	ȵiɛn1	ȵiɛn2	ȵiɛn3	ȵiɛn4	liɛn2	liɛn2	liɛn2
巴中	tʂan1 俗[1]	ȵiɛn1	iɛn2 ȵiɛn2	ȵiɛn3	ȵiɛn4	liɛn2	liɛn2	liɛn2
通江	tʂan1 俗[1]	ȵiɛn1	ȵiɛn2	ȵiɛn3	ȵiɛn4	liɛn2	liɛn2	liɛn2
平昌	tʂan1 俗[1]	ȵiɛn1	ȵiɛn2	ȵiɛn3	ȵiɛn4	liɛn2	liɛn2	liɛn2
万源	tʂan1 俗[1]	ȵiɛn1	ȵiɛn2	ȵiɛn3	ȵiɛn4	niɛn2	niɛn2	niɛn2
宣汉	tsan1 俗[1]	niɛn1	niɛn2	niɛn3	niɛn4	niɛn2	niɛn2	niɛn2
达州	nien1	nien1	nien2	nien3	nien4	niɛn2	niɛn2	niɛn2
开江	nien1	nien1	nien2	nien3	nien4	niɛn2	niɛn2	niɛn2
渠县	tsan1 俗[1]	iɛn1	iɛn2	iɛn3	iɛn4	niɛn2	niɛn2	niɛn2
宜宾	tsan1 俗[1] niai2	niai1	niai2	niai3	niai4	niai2	niai2	niai2
古蔺	tsæ1 俗[1]	nie1	nie2	niæ3	nie4	nie2	nie2	nie2
长宁	tsan1 俗[1]	ȵiɛn1	ȵiɛn2	ȵiɛn3	ȵiɛn4	liɛn2	liɛn2	liɛn2
顾县	tsan1 俗[1]	nien1	nien2	nien3	nien4	niɛn2	niɛn2	niɛn2
成都龙泉	tsan1 俗[1]	ȵiɛn1	ȵiɛn2	ȵiɛn3	ȵiɛn4	liɛn2	liɛn2	liɛn2

[1] "粘"的训读。咸开三知盐平。

字目	连	联	怜	莲	敛①	*脸	练	炼
反切	力延	力延	落贤	落贤	良冉	*居奄	郎甸	郎甸
声韵调	山开三来仙平	山开三来仙平	山开四来先平	山开四来先平	咸开三来盐上	咸开三B见盐上	山开四来先去	山开四来先去
中古音	liɛn	liɛn	len	len	liɛm:	kyiɛm:	len-	len-
广元	niɛn2	niɛn2	niɛn2	niɛn2	niɛn4	niɛn3	niɛn4	niɛn4
平武	niɛn2	niɛn2	niɛn2	niɛn2	niɛn4	niɛn3	niɛn4	niɛn4
青川	niɛn2	niɛn2	niɛn2	niɛn2	niɛn3	niɛn3	niɛn4	niɛn4
剑阁普安	niɛn2	niɛn2	nin2	niɛn2	niɛn4	niɛn3	niɛn4	niɛn4
剑阁金仙	nie2	nie2	nin2	nie2	nie4	nie3	nie4	nie4
旺苍	niɛn2	niɛn2	niɛn2	niɛn2	niɛn4	niɛn3	niɛn4	niɛn4
苍溪	liɛn2	liɛn2	liɛn2	liɛn2	liɛn4	liɛn3	liɛn4	liɛn4
江油	niɛn2	niɛn2	niɛn2	niɛn2	niɛn4	niɛn3	niɛn4	niɛn4
北川	niɛn2	niɛn2	niɛn2	niɛn2	niɛn4	niɛn3	niɛn4	niɛn4
绵阳	niɛn2	niɛn2	niɛn2	niɛn2	niɛn4	niɛn3	niɛn4	niɛn4
盐亭	liɛn2	liɛn2	lin2	liɛn2	liɛn4	liɛn3	liɛn4	liɛn4
德阳	niɛn2	niɛn2	niɛn2	niɛn2	niɛn4	niɛn3	niɛn4	niɛn4
中江	liɛn2	liɛn2	liɛn2	liɛn2	liɛn2	liɛn3	liɛn4	liɛn4
射洪	niɛn2	niɛn2	niɛn2	niɛn2	niɛn4	niɛn3	niɛn4	niɛn4
蓬溪	niɛn2	niɛn2	niɛn2	niɛn2	niɛn4	niɛn3	niɛn4	niɛn4
遂宁	niɛn2	niɛn2	niɛn2	niɛn2	niɛn4	niɛn3	niɛn4	niɛn4
乐至	niɛn2	niɛn2	niɛn2	niɛn2	niɛn3	niɛn3	niɛn4	niɛn4
安岳	niɛn2	niɛn2	nin2	niɛn2	niɛn4	niɛn3	niɛn4	niɛn4
仪陇	niɛn2	niɛn2	nin2	niɛn2	niɛn4	niɛn3	niɛn4	niɛn4
西充	niɛn2	niɛn2	niɛn2	niɛn2	niɛn4	niɛn3	niɛn4	niɛn4

---

① 又力验切，咸开三来盐去。

字目	连	联	怜	莲	敛①	*脸	练	炼
反切	力延	力延	落贤	落贤	良冉	*居奄	郎甸	郎甸
声韵调	山开三 来仙平	山开三 来仙平	山开四 来先平	山开四 来先平	咸开三 来盐上	咸开三B 见盐上	山开四 来先去	山开四 来先去
中古音	liɛn	liɛn	len	len	liɛm:	kɣɨɛm:	len-	len-
蓬安	niɛn2	niɛn2	nin2	niɛn2	niɛn4	niɛn3	niɛn4	niɛn4
南充金台	niɛn2	niɛn2	nin2	niɛn2	niɛn4	niɛn3	niɛn4	niɛn4
南充龙蟠	niɛn2	niɛn2	nin2 niɛn2	niɛn2	niɛn4	niɛn3	niɛn4	niɛn4
岳池	niɛn2	niɛn2	niɛn2	niɛn2	niɛn3	niɛn3	niɛn4	niɛn4
广安	niɛn2	niɛn2	niɛn2	niɛn2	niɛn4	niɛn3	niɛn4	niɛn4
邻水	niɛn2	niɛn2	niɛn2	niɛn2	niɛn4	niɛn3	niɛn4	niɛn4
南江	liɛn2	liɛn2	lin2 liɛn2	liɛn2	liɛn4	liɛn3	liɛn4	liɛn4
巴中	liɛn2	liɛn2	lin2 liɛn2	liɛn2	liɛn4	liɛn3	liɛn4	liɛn4
通江	liɛn2	liɛn2	liɛn2	liɛn2	liɛn4	liɛn3	liɛn4	liɛn4
平昌	liɛn2	liɛn2	lin2 liɛn2	liɛn2	liɛn4	liɛn3	liɛn4	liɛn4
万源	niɛn2	niɛn2	nin2	niɛn2	niɛn3	niɛn3	niɛn4	niɛn4
宣汉	niɛn2	niɛn2	nin2	niɛn2	niɛn3	niɛn3	niɛn4	niɛn4
达州	niɛn2	niɛn2	niɛn2	niɛn2	niɛn3	niɛn3	niɛn4	niɛn4
开江	niɛn2	niɛn2	niɛn2	niɛn2	niɛn3	niɛn3	niɛn4	niɛn4
渠县	niɛn2	niɛn2	niɛn2	niɛn2	niɛn3	niɛn3	niɛn4	niɛn4
宜宾	niai2	niai2	niai2	niai2	niai4 niai3	niai3	niai4	niai4
古蔺	niæ2	niæ2	nin2	nie2	nie3	nie3	nie4	nie4
长宁	liɛn2	liɛn2	liɛn2	liɛn2	liɛn3	liɛn3	liɛn4	liɛn4
顾县	niɛn2	niɛn2	niɛn2	niɛn2	niɛn4	niɛn3	niɛn4	niɛn4
成都龙泉	liɛn2	liɛn2	liɛn2	liɛn2	liɛn4	liɛn3	liɛn4	liɛn4

---

① 又力验切，咸开三来盐去。

字目	恋	监监视	尖	歼	兼	艰	间房间	奸奸诈
反切	力卷	古衔	子廉	子廉	古甜	古闲	古闲	古颜
声韵调	山合三来仙去	咸开二见衔平	咸开三精盐平	咸开三精盐平	咸开四见添平	山开二见山平	山开二见山平	山开二见删平
中古音	liuɐn-	kɣam	tsiɛm	tsiɛm	kem	kɣɛn	kɣɛn	kɣan
广元	niɛn4	tɕiɛn1	tʃiɛn1	tʃiɛn1	tɕiɛn1	tɕiɛn1	tɕiɛn1 文 kan1 白	tɕiɛn1
平武	niɛn4	tɕiɛn1	tɕiɛn1	tɕhiɛn1	tɕiɛn1	tɕiɛn1	tɕiɛn1	tɕiɛn1
青川	niɛn4	tɕiɛn1	tɕiɛn1	tɕhiɛn1	tɕiɛn1	tɕiɛn1	tɕiɛn1	tɕiɛn1
剑阁普安	niɛn4	tɕiɛn1	tʃiɛn1	tʃhiɛn1	tɕiɛn1	tɕiɛn1	tɕiɛn1	tɕiɛn1
剑阁金仙	nie4	tɕie1	tsie1	tshie1	tɕie1	tɕie1	kaŋ1 文 tɕie1 白	tɕie1
旺苍	niɛn4	tɕiɛn1	tsiɛn1	tshiɛn1	tɕiɛn1	tɕiɛn1	tɕiɛn4	tɕiɛn1
苍溪	liɛn4	kiɛn1	tsiɛn1	tshiɛn1	kiɛn1	kiɛn1	kiɛn1 文 kan1 白	kiɛn1
江油	niɛn4	tɕiɛn1	tɕiɛn1	tɕhiɛn1	tɕiɛn1	tɕiɛn1	tɕiɛn1	tɕiɛn1
北川	niɛn4	tɕiɛn1	tɕiɛn1	tɕhiɛn1	tɕiɛn1	tɕiɛn1	tɕiɛn1	tɕiɛn1
绵阳	niɛn4	tɕiɛn1	tɕiɛn1	tɕhiɛn1	tɕiɛn1	tɕiɛn1	tɕiɛn1	tɕiɛn1
盐亭	liɛn4	tɕiɛn1	tɕiɛn1	tɕhiɛn1	tɕiɛn1	tɕiɛn1	tɕiɛn1	tɕiɛn1
德阳	niɛn4	tɕiɛn1	tɕiɛn1	tɕhiɛn1	tɕiɛn1	tɕiɛn1	tɕiɛn1 文 kan1 白	tɕiɛn1
中江	liɛn4	tɕiɛn1	tɕiɛn1	tɕiɛn1	tɕiɛn1	tɕiɛn1	tɕiɛn1 文 kan1 白	tɕiɛn1
射洪	niɛn4	tɕiɛn1	tɕiɛn1	tɕhiɛn1	tɕiɛn1	tɕiɛn1	tɕiɛn1 文 kan1 白	tɕiɛn1
蓬溪	niɛn4	tɕiɛn1	tɕiɛn1	tɕhiɛn1	tɕiɛn1	tɕiɛn1	tɕiɛn1 文 kan1 白	tɕiɛn1
遂宁	niɛn4	tɕiɛn1	tɕiɛn1	tɕhiɛn1	tɕiɛn1	tɕiɛn1	tɕiɛn1 文 kan1 白	tɕiɛn1
乐至	niɛn4	tɕiɛn1	tɕiɛn1	tɕhiɛn1	tɕiɛn1	tɕiɛn1	tɕiɛn1 文 kan1 白	tɕiɛn1
安岳	niɛn4	tɕiɛn1	tɕiɛn1	tɕhiɛn1	tɕiɛn1	tɕiɛn1	tɕiɛn1 文 kan1 白	tɕiɛn1
仪陇	niɛn4	tɕiɛn1	tɕiɛn1	tɕiɛn1	tɕiɛn1	tɕiɛn1	tɕiɛn1	tɕiɛn1
西充	niɛn4	tɕiɛn1	tɕiɛn1	tɕhiɛn1	tɕiɛn1	tɕiɛn1	tɕiɛn1	tɕiɛn1

字目	恋	监监视	尖	歼	兼	艰	间房间	奸奸诈
反切	力卷	古衔	子廉	子廉	古甜	古闲	古闲	古颜
声韵调	山合三 来仙去	咸开二 见衔平	咸开三 精盐平	咸开三 精盐平	咸开四 见添平	山开二 见山平	山开二 见山平	山开二 见删平
中古音	liuɛn-	kɣam	tsiɛm	tsiɛm	kem	kɣɛn	kɣɛn	kɣan
蓬安	niɛn4	tɕiɛn1	tɕiɛn1	tɕhiɛn1	tɕiɛn1	tɕiɛn1	tɕiɛn1	tɕiɛn1
南充金台	niɛn4	tɕiɛn1	tɕiɛn1	tɕhiɛn1	tɕiɛn1	tɕiɛn1	tɕiɛn1 文 kan1 白	tɕiɛn1
南充龙蟠	niɛn4	tɕiɛn1	tɕiɛn1	tɕhiɛn1 文 tɕiɛn1 新	tɕiɛn1	tɕiɛn1	tɕiɛn1 文 kan1 白	tɕiɛn1
岳池	niɛn4	tɕiɛn1	tɕiɛn1	tɕhiɛn1	tɕiɛn1	tɕiɛn1	tɕiɛn1 文 kan1 白	tɕiɛn1
广安	niɛn4	tɕiɛn1	tɕiɛn1	tɕhiɛn1	tɕiɛn1	tɕiɛn1	tɕiɛn1 文 kan1 白	tɕiɛn1
邻水	niɛn4	tɕiɛn1	tɕiɛn1	tɕhiɛn1	tɕiɛn1	tɕiɛn1	tɕiɛn1 文 kan1 白	tɕiɛn1
南江	liɛn4	tɕiɛn1	tʃiɛn1	tʃhiɛn1	tɕiɛn1	tɕiɛn1	tɕiɛn1 文 kan1 白	tɕiɛn1
巴中	liɛn4	tɕiɛn1	tʃiɛn1	tʃhiɛn1	tɕiɛn1	tɕiɛn1	tɕiɛn1 文 kan1 白	tɕiɛn1
通江	liɛn4	tɕiɛn1	tʃiɛn1	tʃhiɛn1	tɕiɛn1	tɕiɛn1	tɕiɛn1 文 kan1 白	tɕiɛn1
平昌	liɛn4	tɕiɛn1	tʃiɛn1	tʃhiɛn1	tɕiɛn1	tɕiɛn1	tɕiɛn1 文 kan1 白	tɕiɛn1
万源	niaŋ4	tɕiɛn1	tʃiɛn1	tʃhiɛn1	tɕiɛn1	tɕiɛn1	tɕiɛn1	tɕiɛn1
宣汉	niɛn4	tɕiɛn1	tɕiɛn1	tɕhiɛn1	tɕiɛn1	tɕiɛn1	tɕiɛn1	tɕiɛn1
达州	niɛn4	tɕiɛn1	tɕiɛn1	tɕiɛn1	tɕiɛn1	tɕiɛn1	tɕiɛn1	tɕiɛn1
开江	niɛn4	tɕiɛn1	tɕiɛn1	tɕhiɛn1	tɕiɛn1	tɕiɛn1	tɕiɛn1	tɕiɛn1
渠县	niɛn4	tɕiɛn1	tɕiɛn1	tɕhiɛn1	tɕiɛn1	tɕiɛn1	tɕiɛn1	tɕiɛn1
宜宾	niai4	tɕiai1	tɕiai1	tɕhiai1	tɕiai1	tɕiai1	tɕiai1 文 kan1 白	tɕiai1
古蔺	nie4	tɕie1	tɕie1	tɕhiæ1	tɕiæ1	tɕiæ1	tɕie1 文 kæ1 白	tɕiæ1
长宁	liɛn4	tɕiɛn1	tɕiɛn1	tɕhiɛn1	tɕiɛn1	tɕiɛn1	kan1	tɕiɛn1
顾县	niɛn4	tɕiɛn1	tɕiɛn1	tɕhiɛn1	tɕiɛn1	tɕiɛn1	tɕiɛn1	tɕiɛn1
成都龙泉	liɛn4	tɕiɛn1	tɕiɛn1	tɕhiɛn1	tɕiɛn1	tɕiɛn1	tɕiɛn1 文 kan1 白	tɕiɛn1

字目	奸奷淫	煎	笺	肩	坚	减	碱	检
反切	*居颜	子仙	则前	古贤	古贤	古斩	古斩	居奄
声韵调	山开二 见删平	山开三 精仙平	山开四 精先平	山开四 见先平	山开四 见先平	咸开二 见咸上	咸开二 见咸上	咸开三B 见盐上
中古音	kɣan	tsiɛn	tsen	ken	ken	kɣɛm:	kɣɛm:	kɣiɛm:
广元	tɕiɛn1	tʃiɛn1	tʃhiɛn1	tɕiɛn1	tɕiɛn1	tɕiɛn3	tɕiɛn3	tɕiɛn3
平武	tɕiɛn1	tɕiɛn1	tɕhiɛn1	tɕiɛn1	tɕiɛn1	tɕiɛn3	tɕiɛn3	tɕiɛn3
青川	tɕiɛn1	tɕiɛn1	tɕhiɛn1	tɕiɛn1	tɕiɛn1	tɕiɛn3	tɕiɛn3	tɕiɛn3
剑阁普安	tɕiɛn1	tʃiɛn1	tʃhiɛn1	tɕiɛn1	tɕiɛn1	tɕiɛn3	tɕiɛn3	tɕiɛn3
剑阁金仙	tɕie1	tsie1	tshie1	tɕie1	tɕie1	tɕie3	tɕie3	tɕie3
旺苍	tɕiɛn1	tɕiɛn1	tɕhiɛn1	tɕiɛn1	tɕiɛn1	tɕiɛn3	tɕiɛn3	tɕiɛn3
苍溪	kiɛn1	tsiɛn1	tshiɛn1	kiɛn1	kiɛn1	kiɛn3	kiɛn3	kiɛn3
江油	tɕiɛn1	tɕiɛn1	tɕhiɛn1	tɕiɛn1	tɕiɛn1	tɕiɛn3	tɕiɛn3	tɕiɛn3
北川	tɕiɛn1	tɕiɛn1	tɕhiɛn1	tɕiɛn1	tɕiɛn1	tɕiɛn3	tɕiɛn3	tɕiɛn3
绵阳	tɕiɛn1	tɕiɛn1	tɕhiɛn1	tɕiɛn1	tɕiɛn1	tɕiɛn3	tɕiɛn3	tɕiɛn3
盐亭	tɕiɛn1	tɕiɛn1	tɕhiɛn1	tɕiɛn1	tɕiɛn1	tɕiɛn3	tɕiɛn3	tɕiɛn3
德阳	tɕiɛn1	tɕiɛn1	tɕhiɛn1	tɕiɛn1	tɕiɛn1	tɕiɛn3	tɕiɛn3	tɕiɛn3
中江	tɕiɛn1	tɕiɛn1	tɕhiɛn1	tɕiɛn1	tɕiɛn1	tɕiɛn3	tɕiɛn3	tɕiɛn3
射洪	tɕiɛn1	tɕiɛn1	tɕhiɛn1	tɕiɛn1	tɕiɛn1	tɕiɛn3	tɕiɛn3	tɕiɛn3
蓬溪	tɕiɛn1	tɕiɛn1	tɕhiɛn1	tɕiɛn1	tɕiɛn1	tɕiɛn3	tɕiɛn3	tɕiɛn3
遂宁	tɕiɛn1	tɕiɛn3	tɕhiɛn1	tɕiɛn1	tɕiɛn1	tɕiɛn3	tɕiɛn3	tɕiɛn3
乐至	tɕiɛn1	tɕiɛn1	tɕhiɛn1	tɕiɛn1	tɕiɛn1	tɕiɛn3	tɕiɛn3	tɕiɛn3
安岳	tɕiɛn1	tɕiɛn1	tɕhiɛn1	tɕiɛn1	tɕiɛn1	tɕiɛn3	tɕiɛn3	tɕiɛn3
仪陇	tɕiɛn1	tɕiɛn1	tɕhiɛn1	tɕiɛn1	tɕiɛn1	tɕiɛn3	tɕiɛn3	tɕiɛn3
西充	tɕiɛn1	tɕiɛn1	tɕhiɛn1	tɕyɛn1	tɕiɛn1	tɕiɛn3	tɕiɛn3	tɕiɛn3

字目	奸奸淫	煎	笺	肩	坚	减	碱	检
反切	*居颜	子仙	则前	古贤	古贤	古斩	古斩	居奄
声韵调	山开二见删平	山开三精仙平	山开四精先平	山开四见先平	山开四见先平	咸开二见咸上	咸开二见咸上	咸开三B见盐上
中古音	kɣan	tsiɛn	tsen	ken	ken	kɣɛm:	kɣɛm:	kɣɨɛm:
蓬安	tɕiɛn1	tɕiɛn1	tɕhiɛn1	tɕiɛn1	tɕiɛn1	tɕiɛn3	tɕiɛn3	tɕiɛn3
南充金台	tɕiɛn1	tɕiɛn1	tɕhiɛn1	tɕyɛn1	tɕiɛn1	tɕiɛn3	tɕiɛn3	tɕiɛn3
南充龙蟠	tɕiɛn1	tɕiɛn1	tɕhiɛn1	tɕyɛn1	tɕiɛn1	tɕiɛn3	tɕiɛn3	tɕiɛn3
岳池	tɕiɛn1	tɕiɛn1	tɕhiɛn1	tɕiɛn1	tɕiɛn1	tɕiɛn3	tɕiɛn3	tɕiɛn3
广安	tɕiɛn1	tɕiɛn1	tɕhiɛn1	tɕiɛn1	tɕiɛn1	tɕiɛn3	tɕiɛn3	tɕiɛn3
邻水	tɕiɛn1	tɕiɛn1	tɕhiɛn1	tɕiɛn1	tɕiɛn1	tɕiɛn3	tɕiɛn3	tɕiɛn3
南江	tɕiɛn1	tʃiɛn1	tʃhiɛn1	tɕiɛn1	tɕiɛn1	tɕiɛn3	tɕiɛn3	tɕiɛn3
巴中	tɕiɛn1	tʃiɛn1 / tʃiɛn4	tʃhiɛn1	tɕiɛn1	tɕiɛn1	tɕiɛn3	tɕiɛn3	tɕiɛn3
通江	tɕiɛn1	tʃiɛn1 / tʃiɛn4	tʃhiɛn1	tɕiɛn1	tɕiɛn1	tɕiɛn3	tɕiɛn3	tɕiɛn3
平昌	tɕiɛn1	tʃiɛn1	tʃiɛn1	tɕiɛn1	tɕiɛn1	tɕiɛn3	tɕiɛn3	tɕiɛn3
万源	tɕiɛn1	tʃiɛn1	tʃhiɛn1	tɕiɛn1	tɕiɛn1	tɕiɛn3	tɕiɛn3	tɕiɛn3
宣汉	tɕiɛn1	tɕiɛn1	tɕhiɛn1	tɕiɛn1	tɕiɛn1	tɕiɛn3	tɕiɛn3	tɕiɛn3
达州	tɕiɛn1	tɕiɛn1	tɕiɛn1	tɕiɛn1	tɕiɛn1	tɕiɛn3	tɕiɛn3	tɕiɛn3
开江	tɕiɛn1	tɕiɛn1	tɕhiɛn1	tɕiɛn1	tɕiɛn1	tɕiɛn3	tɕiɛn3	tɕiɛn3
渠县	tɕiɛn1	tɕiɛn1	tɕhiɛn1	tɕiɛn1	tɕiɛn1	tɕiɛn3	tɕiɛn3	tɕiɛn3
宜宾	tɕiai1	tɕiai1	tɕhiai1	tɕiai1	tɕiai1	tɕiai3	tɕiai3	tɕiai3
古蔺	tɕiæ1	tɕiæ1	tɕhiæ1	tɕiæ1	tɕie1	tɕiæ3	tɕiæ3	tɕiæ3
长宁	tɕiɛn1	tɕiɛn1	tɕhiɛn1	tɕiɛn1	tɕiɛn1	tɕiɛn3	tɕiɛn3	tɕiɛn3
顾县	tɕiɛn1	tɕiɛn1	tɕhiɛn1	tɕiɛn1	tɕiɛn1	tɕiɛn3	tɕiɛn3	tɕiɛn3
成都龙泉	tɕiɛn1	tɕiɛn1	tɕhiɛn1	tɕiɛn1	tɕiɛn1	tɕiɛn3	tɕiɛn3	tɕiɛn3

字目	俭	简	柬	拣	剪	茧	鉴	监太监
反切	巨险	古限	古限	古限	即浅	古典	格忏	格忏
声韵调	咸开三B 群盐上	山开二 见山上	山开二 见山上	山开二 见山上	山开三 精仙上	山开四 见先上	咸开二 见衔去	咸开二 见衔去
中古音	gɣiɛm:	kɣɛn:	kɣɛn:	kɣɛn:	tsiɛn:	ken:	kɣam-	kɣam-
广元	tɕiɛn3	tɕiɛn3	tɕiɛn3	tɕiɛn3	tʃiɛn3	tɕiɛn3	tɕiɛn4	tɕiɛn1
平武	tɕiɛn3	tɕiɛn3	tɕiɛn3	tɕiɛn3	tɕiɛn3	tɕiɛn3	tɕiɛn4	tɕiɛn1
青川	tɕiɛn3	tɕiɛn3	tɕiɛn3	tɕiɛn3	tɕiɛn3	tɕiɛn3	tɕiɛn4	tɕiɛn1
剑阁普安	tɕiɛn3	tɕiɛn3	tɕiɛn3	tɕiɛn3	tʃiɛn3	tɕiɛn3	tɕiɛn4	tɕiɛn1
剑阁金仙	tɕie3	tɕie3	tɕie3	tɕie3	tsie3	tɕie3	tɕie4	tɕie1
旺苍	tɕiɛn3	tɕiɛn3	tɕiɛn3	tɕiɛn3	tɕiɛn3	tɕiɛn3	tɕiɛn4	tɕiɛn1
苍溪	kiɛn3	kiɛn3	kiɛn3	kiɛn3	tsiɛn3	kiɛn3	kiɛn4	kiɛn4
江油	tɕiɛn3	tɕiɛn3	tɕiɛn3	tɕiɛn3	tɕiɛn3	tɕiɛn3	tɕiɛn4	tɕiɛn1
北川	tɕiɛn3	tɕiɛn3	tɕiɛn3	tɕiɛn3	tɕiɛn3	tɕiɛn3	tɕiɛn4	tɕiɛn1
绵阳	tɕiɛn3	tɕiɛn3	tɕiɛn3	tɕiɛn3	tɕiɛn3	tɕiɛn3	tɕiɛn4	tɕiɛn1
盐亭	tɕiɛn3	tɕiɛn3	tɕiɛn3	tɕiɛn3	tɕiɛn3	tɕiɛn3	tɕiɛn4	tɕiɛn1
德阳	tɕiɛn3	tɕiɛn3	tɕiɛn3	tɕiɛn3	tɕiɛn3	tɕiɛn3	tɕiɛn4	tɕiɛn1
中江	tɕiɛn3	tɕiɛn3	tɕiɛn3	tɕiɛn3	tɕiɛn3	tɕiɛn3	tɕiɛn4	tɕiɛn1
射洪	tɕiɛn3	tɕiɛn3	tɕiɛn3	tɕiɛn3	tɕiɛn3	tɕiɛn3	tɕiɛn4	tɕiɛn1
蓬溪	tɕiɛn3	tɕiɛn3	tɕiɛn3	tɕiɛn3	tɕiɛn3	tɕiɛn3	tɕiɛn4	tɕiɛn1
遂宁	tɕiɛn3	tɕiɛn3	tɕiɛn3	tɕiɛn3	tɕiɛn3	tɕiɛn3	tɕiɛn4	tɕiɛn4
乐至	tɕiɛn3	tɕiɛn3	tɕiɛn3	tɕiɛn3	tɕiɛn3	tɕiɛn3	tɕiɛn4	tɕiɛn1
安岳	tɕiɛn3	tɕiɛn3	tɕiɛn3	tɕiɛn3	tɕiɛn3	tɕiɛn3	tɕiɛn4	tɕiɛn1
仪陇	tɕiɛn3	tɕiɛn3	tɕiɛn4	tɕiɛn3	tɕiɛn3	tɕiɛn3	tɕiɛn4	tɕiɛn1
西充	tɕiɛn3	tɕiɛn3	tɕiɛn3	tɕiɛn3	tɕiɛn3	tɕiɛn3	tɕiɛn4	tɕiɛn1

字目	俭	简	柬	拣	剪	茧	鉴	监太监
反切	巨险	古限	古限	古限	即浅	古典	格忏	格忏
声韵调	咸开三B 群盐上	山开二 见山上	山开二 见山上	山开二 见山上	山开三 精仙上	山开四 见先上	咸开二 见衔去	咸开二 见衔去
中古音	gɣiɛm:	kɣɛn:	kɣɛn:	kɣɛn:	tsiɛn:	ken:	kɣam-	kɣam-
蓬安	tɕiɛn4	tɕiɛn3	tɕiɛn3	tɕiɛn3	tɕiɛn3	tɕiɛn3	tɕiɛn4	tɕiɛn1
南充金台	tɕiɛn4	tɕiɛn3	tɕiɛn3	tɕiɛn3	tɕiɛn3	tɕiɛn3	tɕiɛn4	tɕiɛn1
南充龙蟠	tɕiɛn3	tɕiɛn3	tɕiɛn3	tɕiɛn3	tɕiɛn3	tɕiɛn3	tɕiɛn4	tɕiɛn1
岳池	tɕiɛn3	tɕiɛn3	tɕiɛn3	tɕiɛn3	tɕiɛn3	tɕiɛn3	tɕiɛn4	tɕiɛn1
广安	tɕiɛn3	tɕiɛn3	tɕiɛn3	tɕiɛn3	tɕiɛn3	tɕiɛn3	tɕiɛn4	tɕiɛn1
邻水	tɕiɛn3	tɕiɛn3	tɕiɛn3	tɕiɛn3	tɕiɛn3	tɕiɛn3	tɕiɛn4	tɕiɛn1
南江	tɕiɛn3	tɕiɛn3	tɕiɛn3	tɕiɛn3	tʃiɛn3	tɕiɛn3	tɕiɛn4	tɕiɛn1
巴中	tɕiɛn3	tɕiɛn3	tɕiɛn3	tɕiɛn3	tʃiɛn3	tɕiɛn3	tɕiɛn4	tɕiɛn1
通江	tɕiɛn3	tɕiɛn3	tɕiɛn3	tɕiɛn3	tʃiɛn3	tɕiɛn3	tɕhiɛn1 tɕiɛn4	tɕiɛn1
平昌	tɕiɛn3	tɕiɛn3	tɕiɛn3	tɕiɛn3	tʃiɛn3	tɕiɛn3	tɕiɛn4	tɕiɛn1
万源	tɕiɛn3	tɕiɛn3	tɕiɛn3	tɕiɛn3	tʃiɛn3	tɕiɛn3	tɕiɛn4	tɕiɛn1
宣汉	tɕiɛn3	tɕiɛn3	tɕiɛn3	tɕiɛn3	tɕiɛn3	tɕiɛn3	tɕiɛn4	tɕiɛn1
达州	tɕiɛn3	tɕiɛn3	tɕiɛn3	tɕiɛn3	tɕiɛn3	tɕiɛn3	tɕiɛn4	tɕiɛn1
开江	tɕiɛn3	tɕiɛn3	tɕiɛn3	tɕiɛn3	tɕiɛn3	tɕiɛn3	tɕiɛn4	tɕiɛn1
渠县	tɕiɛn3	tɕiɛn3	tɕiɛn3	tɕiɛn3	tɕiɛn3	tɕiɛn3	tɕiɛn4	tɕiɛn1
宜宾	tɕiai3	tɕiai3	tɕiai3	tɕiai3	tɕiai3	tɕiai3	tɕiai4	tɕiai1
古蔺	tɕiæ3	tɕiæ3	tɕiæ3	tɕiæ3	tɕie3	tɕiæ3	tɕie4	tɕiæ1
长宁	tɕiɛn3	tɕiɛn3	tɕiɛn3	tɕiɛn3	tɕiɛn3	tɕiɛn3	tɕiɛn4	tɕiɛn1
顾县	tɕiɛn3	tɕiɛn3	tɕiɛn3	tɕiɛn3	tɕiɛn3	tɕiɛn3	tɕiɛn4	tɕiɛn1
成都龙泉	tɕiɛn3	tɕiɛn3	tɕiɛn3	tɕiɛn3	tɕiɛn3	tɕiɛn3	tɕiɛn4	tɕiɛn1

字目	舰	渐	剑	间间断	箭	践	贱	件
反切	胡黤	慈染	居欠	古苋	子贱	慈演	才线	其辇
声韵调	咸开二 匣衔上	咸开三 从盐上	咸开三 见严去	山开二 见山去	山开三 精仙去	山开三 从仙上	山开三 从仙去	山开三 B 群仙上
中古音	ɦɣam:	dziɛm:	kiɛm-	kɣɛn-	tsiɛn-	dziɛn:	dziɛn-	gɣɨɛn:
广元	tɕiɛn3 xan3 旧	tʃiɛn4	tɕiɛn4	tɕiɛn4	tʃiɛn4	tʃiɛn3 tʃiɛn4 新	tʃiɛn4	tɕiɛn4
平武	tɕiɛn4	tɕiɛn4	tɕiɛn4	tɕiɛn4	tɕiɛn4	tɕiɛn4	tɕiɛn4	tɕiɛn4
青川	tɕiɛn3 xan3 旧	tɕiɛn4	tɕiɛn4	tɕiɛn4	tɕiɛn4	tɕiɛn3 tɕiɛn4 新	tɕiɛn4	tɕiɛn4
剑阁普安	tɕiɛn3	tʃiɛn4	tɕiɛn4	tɕiɛn4	tʃiɛn4	tʃiɛn3 tʃiɛn4 新	tʃiɛn4	tɕiɛn4
剑阁金仙	tɕie3 xaŋ3 旧	tsie4	tɕie4	tɕie4	tsie4	tsie3 tsie4 新	tsie4	tɕie4
旺苍	tɕiɛn3 xan3 旧	tʃiɛn4	tɕiɛn4	tɕiɛn4	tsiɛn4	tsiɛn3 tsiɛn4 新	tsiɛn4	tɕiɛn4
苍溪	kiɛn4 xan3 旧	tsiɛn4	kiɛn4	kiɛn4	tsiɛn4	tsiɛn3 tsiɛn4 新	tsiɛn4	kiɛn4
江油	tɕiɛn4	tɕiɛn4	tɕiɛn4	tɕiɛn4	tɕiɛn4	tɕiɛn4	tɕiɛn4	tɕiɛn4
北川	tɕiɛn4	tɕiɛn4	tɕiɛn4	tɕiɛn4	tɕiɛn4	tɕiɛn4	tɕiɛn4	tɕiɛn4
绵阳	tɕiɛn4	tɕiɛn4	tɕiɛn4	tɕiɛn4	tɕiɛn4	tɕiɛn4	tɕiɛn4	tɕiɛn4
盐亭	tɕiɛn4	tɕiɛn4	tɕiɛn4	tɕiɛn4	tɕiɛn4	tɕiɛn4	tɕiɛn4	tɕiɛn4
德阳	tɕiɛn3	tɕiɛn4	tɕiɛn4	tɕiɛn4	tɕiɛn4	tɕiɛn3 tɕiɛn4 新	tɕiɛn4	tɕiɛn4
中江	tɕiɛn4	tɕiɛn4	tɕiɛn4	tɕiɛn4	tɕiɛn4	tɕiɛn3 tɕiɛn4 新	tɕiɛn4	tɕiɛn4
射洪	tɕiɛn3	tɕiɛn4	tɕiɛn4	tɕiɛn4	tɕiɛn4	tɕiɛn3 tɕiɛn4 新	tɕiɛn4	tɕiɛn4
蓬溪	tɕiɛn4	tɕiɛn4	tɕiɛn4	tɕiɛn4	tɕiɛn4	tɕiɛn3 tɕiɛn4 新	tɕiɛn4	tɕiɛn4
遂宁	tɕiɛn3	tɕiɛn4	tɕiɛn4	tɕiɛn4	tɕiɛn4	tɕiɛn3 tɕiɛn4 新	tɕiɛn4	tɕiɛn4
乐至	xan3	tɕiɛn4	tɕiɛn4	tɕiɛn4	tɕiɛn4	tɕiɛn3 tɕiɛn4 新	tɕiɛn4	tɕiɛn4
安岳	tɕiɛn4	tɕiɛn4	tɕiɛn4	tɕiɛn4	tɕiɛn4	tɕiɛn4	tɕiɛn4	tɕiɛn4
仪陇	tɕiɛn4	tɕiɛn4	tɕiɛn4	tɕiɛn1 俗	tɕiɛn4	tɕiɛn4	tɕiɛn3 tɕhiɛn4	tɕiɛn4
西充	tɕiɛn4	tɕiɛn4	tɕiɛn4	tɕiɛn4	tɕiɛn4	tɕiɛn4	tɕiɛn4	tɕiɛn4

字目	舰	渐	剑	间间断	箭	践	贱	件
反切	胡黤	慈染	居欠	古苋	子贱	慈演	才线	其辇
声韵调	咸开二匣衔上	咸开三从盐上	咸开三见严去	山开二见山去	山开三精仙去	山开三从仙上	山开三从仙去	山开三B群仙上
中古音	ɦɣam:	dziɛm:	kiɛm-	kɣɛn-	tsiɛn-	dziɛn:	dziɛn-	gyiɛn:
蓬安	tɕiɛn4	tɕiɛn4	tɕiɛn4	tɕiɛn1	tɕiɛn4	tɕiɛn4	tɕiɛn4	tɕiɛn4
南充金台	tɕiɛn4	tɕiɛn4	tɕiɛn4	tɕiɛn1	tɕiɛn4	tɕiɛn4	tɕiɛn4	tɕiɛn4
南充龙蟠	tɕiɛn4	tɕiɛn4	tɕiɛn4	tɕiɛn1	tɕiɛn4	tɕiɛn4	tɕiɛn4	tɕiɛn4
岳池	tɕiɛn4	tɕiɛn4	tɕiɛn4	tɕiɛn4	tɕiɛn4	tɕiɛn3 tɕiɛn4 新	tɕiɛn4	tɕiɛn4
广安	tɕiɛn4	tɕiɛn4	tɕiɛn4	tɕiɛn4	tɕiɛn4	tɕiɛn3 tɕiɛn4 新	tɕiɛn4	tɕiɛn4
邻水	tɕiɛn4	tɕiɛn4	tɕiɛn4	tɕiɛn4	tɕiɛn4	tɕiɛn3 tɕiɛn4 新	tɕiɛn4	tɕiɛn4
南江	tɕiɛn4 xan3 旧	tʃiɛn4	tɕiɛn4	tɕiɛn4	tʃiɛn4	tʃiɛn3 tʃiɛn4 新	tʃiɛn4	tɕiɛn4
巴中	tɕiɛn3 xan3 旧	tʃiɛn4	tɕiɛn4	tɕiɛn1 tɕiɛn4	tʃiɛn4	tʃiɛn3 tʃiɛn4 新	tʃiɛn4	tɕiɛn4
通江	tɕiɛn4 xan3 旧	tʃiɛn4	tɕiɛn4	tɕiɛn1 tɕiɛn4	tʃiɛn4	tʃiɛn3 tʃiɛn4 新	tʃiɛn4	tɕiɛn4
平昌	tɕiɛn3 xan3 旧	tʃiɛn4	tɕiɛn4	tɕiɛn1 tɕiɛn4	tʃiɛn4	tʃiɛn3 tʃiɛn4 新	tʃiɛn4	tɕiɛn4
万源	tɕiɛn4 xan3 旧	tʃiɛn4	tɕiɛn4	tɕiɛn1	tʃiɛn4	tshiɛn3	tɕiɛn4	tɕiɛn4
宣汉	tɕiɛn4	tɕiɛn4	tɕiɛn4	tɕiɛn1	tɕiɛn4	tɕiɛn4	tɕiɛn4	tɕiɛn4
达州	tɕiɛn4 xan3 旧	tɕiɛn4	tɕiɛn4	tɕiɛn4	tɕiɛn4	tɕiɛn4	tɕiɛn4	tɕiɛn4
开江	tɕiɛn4 xan3 旧	tsan4	tɕiɛn4	tɕiɛn1 tɕiɛn4	tɕiɛn4	tɕiɛn4	tɕiɛn4	tɕiɛn4
渠县	tɕiɛn4 xan3 旧	tɕiɛn4	tɕiɛn4	tɕiɛn1 tɕiɛn4	tɕiɛn4	tɕiɛn4	tɕiɛn4	tɕiɛn4
宜宾	tɕiai4 xan3 旧	tɕiai4	tɕiai4	tɕiai4	tɕiai4	tɕiai3 tɕiai4 新	tɕiai4	tɕiai4
古蔺	xæ4 xæ3 旧	tɕiæ4	tɕie4	tɕie4	tɕie4	tɕie3 tɕie4 新	tɕie4	tɕiæ4
长宁	tɕiɛn4	tɕiɛn4	tɕiɛn4	tɕiɛn4	tɕiɛn4	tɕiɛn4	tɕiɛn4	tɕiɛn4
顾县	tɕiɛn3 xan3 旧	tsan4	tɕiɛn4	tɕiɛn4	tɕiɛn4	tɕiɛn3 tɕiɛn4 新	tɕiɛn4	tɕiɛn4
成都龙泉	tɕiɛn3 xan3 旧	tɕiɛn4	tɕiɛn4	tɕiɛn4	tɕiɛn4	tɕiɛn3 tɕiɛn4 新	tɕhiɛn4	tɕiɛn4

字目	建	健	荐推荐	见	签竹签	签签字	谦	迁
反切	居万	渠建	作甸	古电	七廉	七廉	苦兼	七然
声韵调	山开三 见元去	山开三 群元去	山开四 精先去	山开四 见先去	咸开三 清盐平	咸开三 清盐平	咸开四 溪添平	山开三 清仙平
中古音	kiɛn-	giɛn-	tsen-	ken-	tshiɛm	tshiɛm	khem	tshiɛn
广元	tɕiɛn4	tɕiɛn4	tɕiɛn4	tɕiɛn4	tʃhiɛn1	tʃhiɛn1	tɕhiɛn1	tʃhiɛn1
平武	tɕiɛn4	tɕiɛn4	tɕiɛn4	tɕiɛn4	tɕhiɛn1	tɕhiɛn1	tɕhiɛn1	tɕhiɛn1
青川	tɕiɛn4	tɕiɛn4	tɕiɛn4	tɕiɛn4	tɕhiɛn1	tɕhiɛn1	tɕhiɛn1	tɕhiɛn1
剑阁普安	tɕiɛn4	tɕiɛn4	tɕiɛn4	tɕiɛn4	tʃhiɛn1	tʃhiɛn1	tɕhiɛn1	tʃhiɛn1
剑阁金仙	tɕie4	tɕie4	tsie4	tɕie4	tshie1	tshie1	tɕhie1	tshie1
旺苍	tɕiɛn4	tɕiɛn4	tɕiɛn4	tɕiɛn4	tshiɛn1	tshiɛn1	tɕhiɛn1	tshiɛn1
苍溪	kiɛn4	kiɛn4	tsiɛn4	kiɛn4	tshiɛn1	tshiɛn1	tɕhiɛn1	tshiɛn1
江油	tɕiɛn4	tɕiɛn4	tɕiɛn4	tɕiɛn4	tɕhiɛn1	tɕhiɛn1	tɕhiɛn1	tɕhiɛn1
北川	tɕiɛn4	tɕiɛn4	tɕiɛn4	tɕiɛn4	tɕhiɛn1	tɕhiɛn1	tɕhiɛn1	tɕhiɛn1
绵阳	tɕiɛn4	tɕiɛn4	tɕiɛn4	tɕiɛn4	tɕhiɛn1	tɕhiɛn1	tɕhiɛn1	tɕhiɛn1
盐亭	tɕiɛn4	tɕiɛn4	tɕiɛn4	tɕiɛn4	tɕhiɛn1	tɕhiɛn1	tɕhiɛn1	tɕhiɛn1
德阳	tɕiɛn4	tɕiɛn4	tɕiɛn4	tɕiɛn4	tɕhiɛn1	tɕhiɛn1	tɕhiɛn1	tɕhiɛn1
中江	tɕiɛn4	tɕiɛn4	tɕiɛn4	tɕiɛn4	tɕhiɛn1	tɕhiɛn1	tɕhiɛn1	tɕhiɛn1
射洪	tɕiɛn4	tɕiɛn4	tɕiɛn4	tɕiɛn4	tɕhiɛn1	tɕhiɛn1	tɕhiɛn1	tɕhiɛn1
蓬溪	tɕiɛn4	tɕiɛn4	tɕiɛn4	tɕiɛn4	tɕhiɛn1	tɕhiɛn1	tɕhiɛn1	tɕhiɛn1
遂宁	tɕiɛn4	tɕiɛn4	tɕiɛn4	tɕiɛn4	tɕhiɛn1	tɕhiɛn1	tɕhiɛn1	tɕhiɛn1
乐至	tɕiɛn4	tɕiɛn4	tɕiɛn4	tɕiɛn4	tɕhiɛn1	tɕhiɛn1	tɕhiɛn1	tɕhiɛn1
安岳	tɕiɛn4	tɕiɛn4	tɕiɛn4	tɕiɛn4	tɕhiɛn1	tɕhiɛn1	tɕhiɛn1	tɕhiɛn1
仪陇	tɕiɛn4	tɕiɛn4	tɕiɛn4	tɕiɛn4	tɕhiɛn1	tɕhiɛn1	tɕhiɛn1	tɕhiɛn1
西充	tɕiɛn4	tɕiɛn4	tɕiɛn4	tɕiɛn4	tɕhiɛn1	tɕhiɛn1	tɕhiɛn1	tɕhiɛn1

字目	建	健	荐推荐	见	签竹签	签签字	谦	迁
反切	居万	渠建	作甸	古电	七廉	七廉	苦兼	七然
声韵调	山开三见元去	山开三群元去	山开四精先去	山开四见先去	咸开三清盐平	咸开三清盐平	咸开四溪添平	山开三清仙平
中古音	kiɐn-	giɐn-	tsen-	ken-	tshiɛm	tshiɛm	khem	tshiɛn
蓬安	tɕiɛn4	tɕiɛn4	tɕiɛn4	tɕiɛn4	tɕhiɛn1	tɕhiɛn1	tɕhiɛn1	tɕhiɛn1
南充金台	tɕiɛn4	tɕiɛn4	tɕiɛn4	tɕiɛn4	tɕhiɛn1	tɕhiɛn1	tɕhiɛn1	tɕhiɛn1
南充龙蟠	tɕiɛn4	tɕiɛn4	tɕiɛn4	tɕiɛn4	tɕhiɛn1	tɕhiɛn1	tɕhiɛn1	tɕhiɛn1
岳池	tɕiɛn4	tɕiɛn4	tɕiɛn4	tɕiɛn4	tɕhiɛn1	tɕhiɛn1	tɕhiɛn1	tɕhiɛn1
广安	tɕiɛn4	tɕiɛn4	tɕiɛn4	tɕiɛn4	tɕhiɛn1	tɕhiɛn1	tɕhiɛn1	tɕhiɛn1
邻水	tɕiɛn4	tɕiɛn4	tɕiɛn4	tɕiɛn4	tɕhiɛn1	tɕhiɛn1	tɕhiɛn1	tɕhiɛn1
南江	tɕiɛn4	tɕiɛn4	tʃiɛn4	tɕiɛn4	tʃhiɛn1	tʃhiɛn1	tɕhiɛn1	tʃhiɛn1
巴中	tɕiɛn4	tɕiɛn4	tʃiɛn4	tɕiɛn4	tʃhiɛn1	tʃhiɛn1	tɕhiɛn1	tʃhiɛn1
通江	tɕiɛn4	tɕiɛn4	tʃiɛn4	tɕiɛn4	tʃhiɛn1	tʃhiɛn1	tɕhiɛn1	tʃhiɛn1
平昌	tɕiɛn4	tɕiɛn4	tʃiɛn4	tɕiɛn4	tʃhiɛn1	tʃhiɛn1	tɕhiɛn1	tʃhiɛn1
万源	tɕiɛn4	tɕiɛn4	tʃiɛn4	tɕiɛn4	tʃhiɛn1	tʃhiɛn1	tɕhiɛn1	tʃhiɛn1
宣汉	tɕiɛn4	tɕiɛn4	tɕiɛn4	tɕiɛn4	tɕhiɛn1	tɕhiɛn1	tɕhiɛn1	tɕhiɛn1
达州	tɕiɛn4	tɕiɛn4	tɕiɛn4	tɕiɛn4	tɕhiɛn1	tɕhiɛn1	tɕhiɛn1	tɕhiɛn1
开江	tɕiɛn4	tɕiɛn4	tɕiɛn4	tɕiɛn4	tɕhiɛn1	tɕhiɛn1	tɕhiɛn1	tɕhiɛn1
渠县	tɕiɛn4	tɕiɛn4	tɕiɛn4	tɕiɛn4	tɕhiɛn1	tɕhiɛn1	tɕhiɛn1	tɕhiɛn1
宜宾	tɕiai4	tɕiai4	tɕiai4	tɕiai4	tɕhiai1	tɕhiai1	tɕhiai1	tɕhiai1
古蔺	tɕiæ4	tɕiæ4	tɕiæ4	tɕie4	tɕhiæ1	tɕhiæ1	tɕhie1	tɕhie1
长宁	tɕiɛn4	tɕiɛn4	tɕiɛn4	tɕiɛn4	tɕhiɛn1	tɕhiɛn1	tɕhiɛn1	tɕhiɛn1
顾县	tɕiɛn4	tɕiɛn4	tɕiɛn4	tɕiɛn4	tɕhiɛn1	tɕhiɛn1	tɕhiɛn1	tɕhiɛn1
成都龙泉	tɕiɛn4	tɕiɛn4	tɕiɛn4	tɕiɛn4	tɕhiɛn1	tɕhiɛn1	tɕhiɛn1	tɕhiɛn1

字目	千	牵①	铅	潜	钳	钱	前	乾乾坤
反切	苍先	苦坚	与专	昨盐	巨淹	昨仙	昨先	渠焉
声韵调	山开四清先平	山开四溪先平	山合三以仙平	咸开三从盐平	咸开三B群盐平	山开三从仙平	山开四从先平	山开三B群仙平
中古音	tshen	khen	jiuɐn	dziɛm	gɣiɛm	dziɛn	dzen	gɣiɐn
广元	tʃhiɛn1	tɕhiɛn1	tɕhiɛn1 yɛn2 旧	tʃhiɛn2	tɕhiɛn2	tʃhiɛn2	tʃhiɛn2	tɕhiɛn2
平武	tɕhiɛn1	tɕhiɛn1	yɛn2	tɕhiɛn2	tɕhiɛn2	tɕhiɛn2	tɕhiɛn2	tɕhiɛn2
青川	tɕhiɛn1	tɕhiɛn1	tɕhiɛn1 yɛn2 旧	tɕhiɛn2	tɕhiɛn2	tɕhiɛn2	tɕhiɛn2	tɕhiɛn2
剑阁普安	tʃhiɛn1	tɕhiɛn1	tɕhiɛn1 ian2 旧	tʃhiɛn2	tɕhiɛn2	tʃhiɛn2	tʃhiɛn2	tɕhiɛn2
剑阁金仙	tshie1	tɕhie1	ye2	tshye2	tɕhie2	tshie2	tshie2	tɕhie2
旺苍	tshiɛn1	tɕhiɛn1	tshiɛn1 yɛn2 旧	tshiɛn2	tɕhiɛn2	tshiɛn2	tshiɛn2	tɕhiɛn2
苍溪	tshiɛn1	tɕhiɛn1	tshiɛn1 yɛn2 旧	tshiɛn2	tɕhiɛn2	tshiɛn2	tshiɛn2	tɕhiɛn2
江油	tɕhiɛn1	tɕhiɛn1	yɛn2	tɕhiɛn2	tɕhiɛn2	tɕhiɛn2	tɕhiɛn2	tɕhiɛn2
北川	tɕhiɛn1	tɕhiɛn1	yɛn2	tɕhiɛn2	tɕhiɛn2	tɕhiɛn2	tɕhiɛn2	tɕhiɛn2
绵阳	tɕhiɛn1	tɕhiɛn1	tɕhiɛn1	tɕhiɛn2	tɕhiɛn2	tɕhiɛn2	tɕhiɛn2	tɕhiɛn2
盐亭	tɕhiɛn1	tɕhiɛn1	yɛn2	tɕhiɛn2	tɕhiɛn2	tɕhiɛn2	tɕhiɛn2	tɕhiɛn2
德阳	tɕhiɛn1	tɕhiɛn1	tɕhiɛn1	tɕhiɛn2	tɕhiɛn2	tɕhiɛn2	tɕhiɛn2	tɕhiɛn2
中江	tɕhiɛn1	tɕhiɛn1	tɕhiɛn1	tɕhiɛn2	tɕhiɛn2	tɕhiɛn2	tɕhiɛn2	tɕhiɛn2
射洪	tɕhiɛn1	tɕhiɛn1	tɕhiɛn1	tɕhiɛn2	tɕhiɛn2	tɕhiɛn2	tɕhiɛn2	tɕhiɛn2
蓬溪	tɕhiɛn1	tɕhiɛn1	tɕhiɛn1	tɕhiɛn2	tɕhiɛn2	tɕhiɛn2	tɕhiɛn2	tɕhiɛn2
遂宁	tɕhiɛn1	tɕhiɛn1	tɕiɛn1	tɕhiɛn2	tɕhiɛn2	tɕhiɛn2	tɕhiɛn2	tɕhiɛn2
乐至	tɕhiɛn1	tɕhiɛn1	tɕhiɛn1 yɛn2 旧	tɕhiɛn3	tɕhiɛn2	tɕhiɛn2	tɕhiɛn2	tɕhiɛn2
安岳	tɕhiɛn1	tɕhiɛn1	yɛn2	tɕhiɛn2	tɕhiɛn2	tɕhiɛn2	tɕhiɛn2	tɕhiɛn2
仪陇	tɕhiɛn1	tɕhiɛn1	tɕiɛn1	tɕhiɛn2	tɕhiɛn2	tɕhiɛn2	tɕhiɛn2	tɕhiɛn2
西充	tɕhiɛn1	tɕhiɛn1	tɕhiɛn1 yɛn2 旧	tɕhiɛn2	tɕhiɛn2	tɕhiɛn2	tɕhiɛn2	tɕhiɛn2

① 又苦甸切，山开四溪先去。崇州"牵"去声，牵挂、想念。

字目	千	牵①	铅	潜	钳	钱	前	乾乾坤
反切	苍先	苦坚	与专	昨盐	巨淹	昨仙	昨先	渠焉
声韵调	山开四清先平	山开四溪先平	山合三以仙平	咸开三从盐平	咸开三B群盐平	山开三从仙平	山开四从先平	山开三B群仙平
中古音	tshen	khen	jiuɛn	dziɛm	gɣiɛm	dziɛn	dzen	gɣiɛn
蓬安	tɕhiɛn1	tɕhiɛn1	tɕhiɛn1 yɛn2 旧	tɕhiɛn2	tɕhiɛn2	tɕhiɛn2	tɕhiɛn2	tɕhiɛn2
南充金台	tɕhiɛn1	tɕhiɛn1	tɕhiɛn1 yɛn2 旧	tɕhiɛn2	tɕhiɛn2	tɕhiɛn2	tɕhiɛn2	tɕhiɛn2
南充龙蟠	tɕhiɛn1	tɕhiɛn1	tɕhiɛn1 yɛn2 旧	tɕhiɛn2	tɕhiɛn2	tɕhiɛn2	tɕhiɛn2	tɕhiɛn2
岳池	tɕhiɛn1	tɕhiɛn1	tɕhiɛn1 yɛn2 旧	tɕhiɛn2	tɕhiɛn2	tɕhiɛn2	tɕhiɛn2	tɕhiɛn2
广安	tɕhiɛn1	tɕhiɛn1	tɕhiɛn1 yɛn2 旧	tɕhiɛn2	tɕhiɛn2	tɕhiɛn2	tɕhiɛn2	tɕhiɛn2
邻水	tɕhiɛn1	tɕhiɛn1	tɕhiɛn1 yɛn2 旧	tɕhiɛn2	tɕhiɛn2	tɕhiɛn2	tɕhiɛn2	tɕhiɛn2
南江	tʃhiɛn1	tɕhiɛn1	tɕhiɛn1 yɛn2 旧	tʃhiɛn2	tɕhiɛn2	tʃhiɛn2	tʃhiɛn2	tɕhiɛn2
巴中	tʃhiɛn1	tɕhiɛn1	tɕhiɛn1 yɛn2 旧	tʃhiɛn2	tɕhiɛn2	tʃhiɛn2	tʃhiɛn2	tɕhiɛn2
通江	tʃhiɛn1	tɕhiɛn1	tʃhiɛn1 yɛn2 旧	tʃhiɛn2	tɕhiɛn2	tʃhiɛn2	tʃhiɛn2	tɕhiɛn2
平昌	tʃhiɛn1	tɕhiɛn1	tɕhiɛn1 yɛn2 旧	tʃhiɛn2	tɕhiɛn2	tʃhiɛn2	tʃhiɛn2	tɕhiɛn2
万源	tʃhiɛn1	tɕhiɛn1	yɛn2	tʃhiɛn2	tɕhiɛn2	tʃhiɛn2	tʃhiɛn2	tʃhiɛn2
宣汉	tɕhiɛn1	tɕhiɛn1	yɛn2	tɕhiɛn2	tɕhiɛn2	tɕhiɛn2	tɕhiɛn2	tɕhiɛn2
达州	tɕhiɛn1	tɕhiɛn1	tɕhiɛn1	tɕhiɛn2	tɕhiɛn2	tɕhiɛn2	tɕhiɛn2	tɕhiɛn2
开江	tɕhiɛn1	tɕhiɛn1	tɕhiɛn1	tɕhiɛn2	tɕhiɛn2	tɕhiɛn2	tɕhiɛn2	tɕhiɛn2
渠县	tɕhiɛn1	tɕhiɛn1	tɕhiɛn1	tɕhiɛn2	tɕhiɛn2	tɕhiɛn2	tɕhiɛn2	tɕhiɛn2
宜宾	tɕhiai1	tɕhiai1	tɕhiai1 yai2 旧	tɕhiai2	tɕhiai2	tɕhiai2	tɕhiai2	tɕhiai2
古蔺	tɕhiæ1	tɕhie1	tɕhiæ1 ye2 旧	tɕhie2	tɕhie2	tɕhie2	tɕhiæ2	tɕhiæ2
长宁	tɕhiɛn1	tɕhiɛn1	yɛn2	tɕhiɛn2	tɕhiɛn2	tɕhiɛn2	tɕhiɛn2	tɕhiɛn2
顾县	tɕhiɛn1	tɕhiɛn1	yɛn2	tɕhiɛn2	tɕhiɛn2	tɕiɛn2	tɕhiɛn2	tɕhiɛn2
成都龙泉	tɕhiɛn1	tɕhiɛn1	tɕhiɛn1 yɛn2 旧	tɕhiɛn3	tɕhiɛn2	tɕhiɛn2	tɕhiɛn2	tɕhiɛn2

① 又苦甸切，山开四溪先去。崇州"牵"去声，牵挂、想念。

字目	虔	浅	嵌	欠	歉	仙	鲜新鲜	掀
反切	渠焉	七演	口衔	去剑	*诘念	相然	相然	虚言
声韵调	山开三B 群仙平	山开三 清仙上	咸开二 溪衔平	咸开三 溪严去	咸开四 溪添去	山开三 心仙平	山开三 心仙平	山开三 晓元平
中古音	gɣiɛn	tshiɛn:	khɣam	khiɛm-	khɛm-	siɛn	siɛn	hiɛn
广元	tɕhiɛn2	tʃhiɛn3	khan1	tɕhiɛn4	tɕhiɛn4	ʃiɛn1	ʃyɛn1	ɕyɛn1
平武	tɕhiɛn2	tɕhiɛn2	tɕhiɛn2	tɕhiɛn4	tɕhiɛn4	ɕiɛn1	ɕyɛn1	ɕyɛn1
青川	tɕhiɛn2	tɕhiɛn3	tɕhiɛn2	tɕhiɛn4	tɕhiɛn4	ɕiɛn1	ɕyɛn1	ɕyɛn1
剑阁普安	tɕhiɛn2	tʃhiɛn3	tɕhiɛn2	tɕhiɛn4	tɕhiɛn4	ʃiɛn1	ʃiɛn1	ɕiɛn1
剑阁金仙	tɕhie2	tshie3	tɕhie2	tɕhie4	tɕhie4	sie1	sye1	ɕye1
旺苍	tɕhiɛn2	tshiɛn3	khan1	tɕhiɛn4	tɕhiɛn4	siɛn1	syɛn1	ɕyɛn1
苍溪	tɕhiɛn2	tshiɛn3	khan1 口 tɕhiɛn4	khiɛn4	khiɛn4	siɛn1	syɛn1 siɛn1 口	ɕyɛn1
江油	tɕhiɛn2	tɕhiɛn3	khan1	tɕhiɛn4	tɕhiɛn4	ɕiɛn1	ɕyɛn1	ɕyɛn1
北川	tɕhiɛn2	tɕhiɛn3	tɕhiɛn4	tɕhiɛn4	tɕhiɛn4	ɕiɛn1	ɕyɛn1	ɕyɛn1
绵阳	tɕhiɛn2	tɕhiɛn3	khan1	tɕhiɛn4	tɕhiɛn4	ɕiɛn1	ɕyɛn1	ɕyɛn1
盐亭	tɕhiɛn2	tɕhiɛn3	khan1	tɕhiɛn4	tɕhiɛn4	ɕiɛn1	ɕyɛn1	ɕyɛn1
德阳	tɕhiɛn2	tɕhiɛn3	khan1 口 tɕhiɛn4	tɕhiɛn4	tɕhiɛn4	ɕiɛn1	ɕyɛn1 ɕiɛn1 口	ɕyɛn1
中江	tɕhiɛn2	tɕhiɛn3	khan1 口 tɕhiɛn4	tɕhiɛn4	tɕhiɛn4	ɕiɛn1	ɕiɛn1	ɕyɛn1
射洪	tɕhiɛn2	tɕhiɛn3	khan1 口 tɕhiɛn4	tɕhiɛn4	tɕhiɛn4	ɕiɛn1	ɕyɛn1 ɕiɛn1 口	ɕyɛn1
蓬溪	tɕhiɛn2	tɕhiɛn3	khan1 口 tɕhiɛn4	tɕhiɛn4	tɕhiɛn4	ɕiɛn1	ɕyɛn1 ɕiɛn1 口	ɕyɛn1
遂宁	tɕhiɛn2	tɕhiɛn3	khan1 口 tɕhiɛn4	tɕhiɛn4	tɕhiɛn4	ɕiɛn1	ɕyɛn1 ɕiɛn1 口	ɕyɛn1
乐至	tɕhiɛn2	tɕhiɛn3	tɕhiɛn4	tɕhiɛn4	tɕhiɛn4	ɕiɛn1	ɕyɛn1	ɕyɛn1
安岳	tɕhiɛn2	tɕhiɛn3	tɕhiɛn4	tɕhiɛn4	tɕhiɛn4	ɕiɛn1	ɕyɛn1	ɕyɛn1
仪陇	tɕhiɛn2	tɕhiɛn3	tɕhiɛn4	tɕhiɛn4	tɕhiɛn4	ɕiɛn1	ɕyɛn1	ɕyɛn1
西充	tɕhiɛn2	tɕhiɛn3	khan1	tɕhiɛn4	tɕhiɛn4	ɕiɛn1	ɕiɛn1	ɕyɛn1

字目	虔	浅	嵌	欠	歉	仙	鲜新鲜	掀
反切	渠焉	七演	口衔	去剑	*诘念	相然	相然	虚言
声韵调	山开三B 群仙平	山开三 清仙上	咸开二 溪衔平	咸开三 溪严去	咸开四 溪添去	山开三 心仙平	山开三 心仙平	山开三 晓元平
中古音	gɣiɛn	tshiɛn:	khɣam	khiɐm-	khem-	siɛn	siɛn	hiɐn
蓬安	tɕhiɛn2	tɕhiɛn3	tɕhiɛn4	tɕhiɛn4	tɕhiɛn4	ɕiɛn1	ɕyɛn1	ɕyɛn1
南充金台	tɕhiɛn2	tɕhiɛn3	tɕhiɛn4	tɕhiɛn4	tɕhiɛn4	ɕian1	ɕyɛn1	ɕyɛn1
南充龙蟠	tɕhiɛn2	tɕhiɛn3	tɕhiɛn4	tɕhiɛn4	tɕhiɛn4	ɕiɛn1	ɕyɛn1	ɕyɛn1
岳池	tɕhiɛn2	tɕhiɛn3	khan1	tɕhiɛn4	tɕhiɛn4	ɕiɛn1	ɕyɛn1 ɕiɛn1 口	ɕyɛn1
广安	tɕhiɛn2	tɕhiɛn3	khan1	tɕhiɛn4	tɕhiɛn4	ɕiɛn1	ɕyɛn1 ɕiɛn1 口	ɕyɛn1
邻水	tɕhiɛn2	tɕhiɛn3	khan1	tɕhiɛn4	tɕhiɛn4	ɕiɛn1	ɕyɛn1 ɕiɛn1 口	ɕyɛn1
南江	tɕhiɛn2	tʃhiɛn3	khan1 口 tɕhiɛn4	tɕhiɛn4	tɕhiɛn4	ʃiɛn1	ʃyɛn1 ʃiɛn1 口	ɕyɛn1
巴中	tɕhiɛn2	tʃhiɛn3	khan1 口 tɕhiɛn4	tɕhiɛn4	tɕhiɛn4	ʃiɛn1	ʃyɛn1 ʃiɛn1 口	ɕyɛn1
通江	tɕhiɛn2	tʃhiɛn3	khan1 口 tɕhiɛn4	tɕhiɛn4	tɕhiɛn4	ʃiɛn1	ʃyɛn1 ʃiɛn1 口	ɕyɛn1
平昌	tɕhiɛn2	tʃhiɛn3	khan1 口 tɕhiɛn4	tɕhiɛn4	tɕhiɛn4	ʃiɛn1	ʃyɛn1 ʃiɛn1 口	ɕyɛn1
万源	tɕhiɛn2	tʃhiɛn3	tʃhiɛn2	tɕhiɛn4	tɕhiɛn4	ʃiɛn1	ʃyɛn1 ɕiɛn1 口	ɕyɛn1
宣汉	tɕhiɛn2	tɕhiɛn3	tɕhiɛn4	tɕhiɛn4	tɕhiɛn4	ɕiɛn1	ɕyɛn1 ɕiɛn1 口	ɕyɛn1
达州	tɕhiɛn2	tɕhiɛn3	tɕhiɛn4	tɕhiɛn4	tɕhiɛn4	ɕiɛn1	ɕyɛn1 ɕiɛn1 口	ɕiɛn1
开江	tɕhiɛn2	tɕhiɛn3	tɕhiɛn4	tɕhiɛn4	tɕhiɛn4	ɕiɛn1	ɕyɛn1 ɕiɛn1 口	ɕyɛn1
渠县	tɕhiɛn2	tɕhiɛn3	khan1	tɕhiɛn4	tɕhiɛn4	ɕiɛn1	ɕyɛn1 ɕiɛn1 口	ɕyɛn1
宜宾	tɕhiai2	tɕhiai3	khan1 口 tɕhiai4	tɕhiai4	tɕhiai4	ɕiai1	ɕyai1 ɕiai1 口	ɕyai1 ɕiai1
古蔺	tɕhiæ2	tɕhie3	khæ1 口 tɕhie4	tɕhie4	tɕhie4	ɕiæ1	ɕyæ1 ɕiæ1 口	ɕyæ1
长宁	tɕhiɛn2	tɕhiɛn3	khan1	tɕhiɛn4	tɕhiɛn4	ɕiɛn1	ɕyɛn1	ɕyɛn1
顾县	tɕhiɛn2	tɕhiɛn3	khan1	tɕhiɛn4	tɕhiɛn4	ɕiɛn1	ɕyɛn1	ɕyɛn1
成都龙泉	tɕhiɛn2	tɕhiɛn3	khan1 口 tɕhiɛn4	tɕhiɛn4	tɕhiɛn4	ɕiɛn1	ɕyɛn1 ɕiɛn1 口	ɕyɛn1

字目	先	咸咸丰	咸咸淡	衔	嫌	闲	贤	弦
反切	苏前	胡谗	胡谗	户监	户兼	户间	胡田	胡田
声韵调	山开四心先平	咸开二匣咸平	咸开二匣咸平	咸开二匣衔平	咸开四匣添平	山开二匣山平	山开四匣先平	山开四匣先平
中古音	sen	ɦɣɛm	ɦɣɛm	ɦɣam	ɦɛm	ɦɣɛn	ɦɛn	ɦɛn
广元	ʃiɛn1	xan2	xan2	xan2	ɕiɛn2	ɕiɛn2	ɕiɛn2	ɕyɛn2
平武	ɕiɛn1	xan2	xan2	xan2 ɕiɛn2 新	ɕiɛn2	ɕiɛn2 xan2 旧	ɕiɛn2	ɕyɛn2
青川	ɕiɛn1	xan2	xan2	xan2	ɕiɛn2	ɕiɛn2	ɕiɛn2	ɕyɛn2
剑阁普安	ʃiɛn1	xaŋ2	xaŋ2	ɕiɛn2	ɕiɛn2	ɕiɛn2	ɕiɛn2	ɕyɛn2
剑阁金仙	sie1	xaŋ2	xaŋ2	xaŋ2	ɕie2	xie2	ɕie2	ɕye2
旺苍	siɛn1	xan2	xan2	xan2	ɕiɛn2	ɕiɛn2 xan2 旧	ɕiɛn2	ɕyɛn2
苍溪	siɛn1	xan2	xan2	xan2 ɕiɛn2 新	ɕiɛn2	xiɛn2 xan2 旧	xiɛn2	ɕyɛn2
江油	ɕiɛn1	xan2	xan2	ɕiɛn2	ɕiɛn2	xan2	ɕiɛn2	ɕyɛn2
北川	ɕiɛn1	xan2	xan2	ɕiɛn2	ɕiɛn2	xan2	ɕiɛn2	ɕyɛn2
绵阳	ɕiɛn1	xan2	xan2	ɕiɛn2	ɕiɛn2	ɕiɛn2	ɕiɛn2	ɕyɛn2
盐亭	ɕiɛn1	xan2	xan2	ɕiɛn2	ɕiɛn2	ɕiɛn2	ɕiɛn2	ɕyɛn2
德阳	ɕiɛn1	ɕiɛn2	xan2	xan2 ɕiɛn2 新	ɕiɛn2	ɕiɛn2 xan2 旧	ɕiɛn2	ɕyɛn2
中江	ɕiɛn1	xan2	xan2	xan2 ɕiɛn2 新	ɕiɛn2	ɕiɛn2	ɕiɛn2	ɕiɛn2
射洪	ɕiɛn1	xan2	xan2	xan2 ɕiɛn2 新	ɕiɛn2	ɕiɛn2 xan2 旧	ɕiɛn2	ɕyɛn2
蓬溪	ɕiɛn1	xan2	xan2	xan2 ɕiɛn2 新	ɕiɛn2	ɕiɛn2 xan2 旧	ɕiɛn2	ɕyɛn2
遂宁	ɕiɛn1	xan2	xan2	xan2 ɕiɛn2 新	ɕiɛn2	ɕiɛn2 xan2 旧	ɕiɛn2	ɕyɛn2
乐至	ɕiɛn1	xan2	xan2	ɕiɛn2	ɕiɛn2	ɕiɛn2	ɕiɛn2	ɕyɛn2
安岳	ɕiɛn1	xan2	xan2	ɕiɛn2	ɕiɛn2	ɕiɛn2	ɕiɛn2	ɕyɛn2
仪陇	ɕiɛn1	xan2	xan2	ɕiɛn2	ɕiɛn2	ɕiɛn2	ɕiɛn2	ɕyɛn2
西充	ɕiɛn1	xan2	xan2	xan2	ɕiɛn2	ɕiɛn2	ɕiɛn2	ɕyɛn2

字目	先	咸咸丰	咸咸淡	衔	嫌	闲	贤	弦
反切	苏前	胡谗	胡谗	户监	户兼	户间	胡田	胡田
声韵调	山开四心先平	咸开二匣咸平	咸开二匣咸平	咸开二匣衔平	咸开四匣添平	山开二匣山平	山开四匣先平	山开四匣先平
中古音	sen	ɦɣɛm	ɦɣɛm	ɦɣam	ɦɛm	ɦɣɛn	ɦen	ɦen
蓬安	ɕiɛn1	xan2	xan2	xan2	ɕiɛn2	ɕiɛn2	ɕiɛn2	ɕyɛn2
南充金台	ɕian1	xan2	xan2	ɕian2	ɕian2	ɕian2	ɕian2	ɕian2
南充龙蟠	ɕiɛn1 ɕyɛn1 口	ɕiɛn2	xan2	xan2	ɕiɛn2	ɕiɛn2	ɕiɛn2	ɕyɛn2
岳池	ɕiɛn1	xan2	xan2	xan2 ɕiɛn2 新	ɕiɛn2	ɕiɛn2	ɕiɛn2	ɕyɛn2
广安	ɕiɛn1	xan2	xan2	xan2 ɕiɛn2 新	ɕiɛn2	ɕiɛn2	ɕiɛn2	ɕyɛn2
邻水	ɕiɛn1	xan2	xan2	xan2 ɕiɛn2 新	ɕiɛn2	ɕiɛn2	ɕiɛn2	ɕyɛn2
南江	ʃiɛn1	xan2	xan2	xan2 ɕiɛn2 新	ɕiɛn2	ɕiɛn2 xan2 旧	ɕiɛn2	ɕyɛn2
巴中	ʃiɛn1	xan2	xan2	xan2 ɕiɛn2 新	ɕiɛn2	ɕiɛn2 xan2 旧	ɕiɛn2	ɕyɛn2
通江	ʃiɛn1	xan2	xan2	xan2	ɕiɛn2	ɕiɛn2 xan2 旧	ɕiɛn2	ɕyɛn2
平昌	ʃiɛn1	ɕiɛn2 xan2 旧	ɕiɛn2 xan2 旧	xan2 ɕiɛn2 新	ɕiɛn2	xan2 ɕiɛn2 新	ɕiɛn2	ɕyɛn2
万源	ʃiɛn1	xan2	xan2	ɕiɛn2	ɕiɛn2	ɕiɛn2	ɕiɛn2	ɕyɛn2
宣汉	ɕiɛn1	ɕiɛn2	ɕiɛn2	ɕiɛn2	ɕiɛn2	ɕiɛn2	ɕiɛn2	ɕyɛn2
达州	ɕiɛn1	ɕiɛn2	ɕiɛn2	ɕiɛn2	ɕiɛn2	ɕiɛn2	ɕiɛn2	ɕyɛn2
开江	ɕiɛn1	xan2	xan2	ɕiɛn2	ɕiɛn2	ɕiɛn2	ɕiɛn2	ɕyɛn2
渠县	ɕiɛn1	xan2	xan2	xan2	ɕiɛn2	ɕiɛn2	ɕiɛn2	ɕyɛn2
宜宾	ɕiai1	xan2	xan2	xan2 ɕiai2 新	ɕiai2	ɕiai2 xan2 旧	ɕiai2	ɕyai2
古蔺	ɕiæ1	xæ2 ɕiæ2 新	xæ2 ɕiæ2 新	xæ2 ɕiæ2 新	ɕiæ2	xæ2 ɕie2 新	ɕie2	ɕyæ2
长宁	ɕiɛn1	xan2	xan2	ɕiɛn2	ɕiɛn2	xan2	ɕiɛn2	ɕyɛn2
顾县	ɕiɛn1	xan2	xan2	xan2 ɕiɛn2 新	ɕiɛn2	ɕiɛn2 xan2 旧	ɕiɛn2	ɕyɛn2
成都龙泉	ɕiɛn1	xan2	xan2	xan2 ɕiɛn2 新	ɕiɛn2	ɕiɛn2 xan2 旧	ɕiɛn4 ɕiɛn2	ɕyɛn2

字目	险	鲜姓	显	陷	*馅	限	线	羡
反切	虚检	息浅	呼典	户韽	*乎韽	胡简	私箭	似面
声韵调	咸开三B 晓盐上	山开三 心仙上	山开四 晓先上	咸开二 匣咸去	咸开二 匣咸去	山开二 匣山上	山开三 心仙去	山开三 邪仙去
中古音	hɣiɛm:	siɛn:	hen:	ɦɣɛm-	ɦɣɛm-	ɦɣɛn:	siɛn-	ziɛn-
广元	ɕiɛn3	ɕyɛn1	ɕiɛn3	xan4	ɕiɛn4 文	ɕiɛn4	ʃiɛn4	ʃiɛn4
平武	ɕiɛn3	ɕyɛn1	ɕiɛn3	ɕiɛn4	ɕiɛn4 文	ɕiɛn4	ɕiɛn4	ɕiɛn4
青川	ɕiɛn3	ɕyɛn1	ɕiɛn3	xan4	ɕiɛn4 文	ɕiɛn4	ɕiɛn4	ɕiɛn4
剑阁普安	ɕiɛn3	ʃiɛn1	ɕiɛn3	xaŋ4	ɕiɛn4 文	ɕiɛn4	ʃiɛn4	ʃiɛn4
剑阁金仙	ɕie3	sye1	ɕie3	xaŋ4	ɕie4 文	ɕie4	sie4	sie4
旺苍	ɕiɛn3	syɛn1	ɕiɛn3	xan4	ɕiɛn4 文	xan4	siɛn4	siɛn4
苍溪	ɕiɛn3	syɛn3	ɕiɛn3	xan4	xan4 口 ɕiɛn4 新	siɛn4	siɛn4	
江油	ɕiɛn3	ɕyɛn1	ɕiɛn3	xan4	ɕiɛn4 文	ɕiɛn4	ɕiɛn4	ɕiɛn4
北川	ɕiɛn3	ɕyɛn1	ɕiɛn3	xan4	xan4 口	ɕiɛn4	ɕiɛn4	ɕiɛn4
绵阳	ɕiɛn3	ɕiɛn4	ɕiɛn3	xan4	ɕiɛn4 文	ɕiɛn4	ɕiɛn4	ɕiai4
盐亭	ɕiɛn3	ɕiɛn4	ɕiɛn3	ɕiɛn4	ɕiɛn4 文	ɕiɛn4	ɕiɛn4	ɕiai4
德阳	ɕiɛn3	ɕyɛn3	ɕiɛn3	ɕiɛn4	ɕiɛn4 文	ɕiɛn4	ɕiɛn4	ɕiɛn4
中江	ɕiɛn3	ɕiɛn4	ɕiɛn3	ɕiɛn4	ɕiɛn4 文	ɕiɛn4	ɕiɛn4	ɕiɛn4
射洪	ɕiɛn3	ɕyɛn3	ɕiɛn3	xan4	ɕiɛn4 文	ɕiɛn4	ɕiɛn4	ɕiɛn4
蓬溪	ɕiɛn3	ɕyɛn3	ɕiɛn3	xan4	xan4 口	xan4	ɕiɛn4	ɕiɛn4
遂宁	ɕiɛn3	ɕyɛn3	ɕiɛn3	xan4	ɕiɛn4 文	xan4	ɕiɛn4	ɕiɛn4
乐至	ɕiɛn3	ɕyɛn3	ɕiɛn3	xan4	ɕiɛn4 文	ɕiɛn4	ɕiɛn4	ɕiɛn4
安岳	ɕiɛn3	ɕyɛn1	ɕiɛn3	xan4	ɕiɛn4 文	xan4	ɕiɛn4	ɕiai4
仪陇	ɕiɛn3	ɕyɛn1	ɕiɛn3	xan4 ɕiɛn4 新	ɕiɛn4 文	ɕiɛn4	ɕiɛn4	ɕiɛn4
西充	ɕiɛn3	ɕyɛn4	ɕiɛn3	xan4	ɕiɛn4 文	xan4	ɕiɛn4	ɕiɛn4

字目	险	鲜姓	显	陷	*馅	限	线	羡
反切	虚检	息浅	呼典	户籛	*乎籛	胡简	私箭	似面
声韵调	咸开三B 晓盐上	山开三 心仙上	山开四 晓先上	咸开二 匣咸去	咸开二 匣咸去	山开二 匣山上	山开三 心仙去	山开三 邪仙去
中古音	hɣiɛm:	siɛn:	hen:	ɦɣɛm-	ɦɣɛm-	ɦɣɛn:	siɛn-	ziɛn-
蓬安	ɕiɛn3	ɕyɛn3	ɕiɛn3	xan4	ɕiɛn4 文	xan4	ɕiɛn4	ɕiɛn4
南充金台	ɕiɛn3	ɕyɛn1	ɕian3	xan4	ɕiɛn4 文	xan4	ɕian4	ɕian4
南充龙蟠	ɕiɛn3	ɕyɛn3	ɕiɛn3	xan4	ɕiɛn4 文	xan4	ɕiɛn4	ɕiɛn4
岳池	ɕiɛn3	ɕyɛn3	ɕiɛn3	xan4	ɕiɛn4 文	xan4	ɕiɛn4	ɕiɛn4
广安	ɕiɛn3	ɕyɛn3	ɕiɛn3	xan4	ɕiɛn4 文	xan4	ɕiɛn4	ɕiɛn4
邻水	ɕiɛn3	ɕiɛn3	ɕiɛn3	xan4	ɕiɛn4 文	xan4	ɕiɛn4	ɕiɛn4
南江	ɕiɛn3	ʃyɛn3	ɕiɛn3	xan4	ɕiɛn4 文	ɕiɛn4 xan4 旧	ʃiɛn4	ʃiɛn4
巴中	ɕiɛn3	ʃyɛn3	ɕiɛn3	xan4	ɕiɛn4 文	xan4 ɕiɛn4 新	ʃiɛn4	ʃiɛn4
通江	ɕiɛn3	ʃyɛn3	ɕiɛn3	xan4 新 ɕiɛn4	ɕiɛn4 文	xan4 ɕiɛn4 新	ʃiɛn4	ʃiɛn4
平昌	ɕiɛn3	ʃyɛn3	ɕiɛn3	xan4	ɕiɛn4 文	xan4 ɕiɛn4 新	ʃiɛn4	ʃiɛn4
万源	ɕiɛn3	ʃyɛn1	ɕiɛn3	ɕiɛn4	ɕiɛn4 文	xan4	ʃiɛn4	ʃiɛn4
宣汉	ɕiɛn3	ɕyɛn1	ɕiɛn3	xan4	ɕiɛn4 文	ɕiɛn4	ɕiɛn4	ɕiaŋ4
达州	ɕiɛn3	ɕyɛn1	ɕiɛn3	xan4	ɕiɛn4 文	xan4	ɕiɛn4	ɕiɛn4
开江	ɕiɛn3	ɕyɛn1	ɕiɛn3	ɕiɛn4	ɕiɛn4 文	ɕiɛn4	ɕiɛn4	ɕiɛn4
渠县	ɕiɛn3	ɕyɛn1	ɕiɛn3	xan4	ɕiɛn4 文	ɕiɛn4	ɕiɛn4	ɕiɛn4
宜宾	ɕiai3	ɕiai3	ɕiai3	xan4 ɕiai4 新	xan4 口	xan4 ɕiai4 新	ɕiai4	ɕiai4
古蔺	ɕie3	ɕye3	ɕiæ3	ɕie4 xæ4 旧	ɕie4 文	xæ4 ɕie4 新	ɕie4	ɕiæ4
长宁	ɕiɛn3	ɕiɛn3	ɕiɛn3	xan4	xan4 口	ɕiɛn4	ɕiɛn4	ɕiɛn4
顾县	ɕiɛn3	ɕyɛn3	ɕiɛn3	xan4	ɕiɛn4 文	xan4	ɕiɛn4	ɕiɛn4
成都龙泉	ɕiɛn3	ɕiɛn3	ɕiɛn3	xan4 ɕiɛn4 新	ɕiɛn4 文	xan4 ɕiɛn4 新	ɕiɛn4	ɕiɛn4

字目	宪	献	现	县	淹	腌腌肉	阉	烟
反切	许建	许建	胡甸	黄练	央炎	央炎	央炎	乌前
声韵调	山开三 晓元去	山开三 晓元去	山开四 匣先去	山合四 匣先去	咸开三B 影盐平	咸开三B 影盐平	咸开三B 影盐平	山开四 影先平
中古音	hiɐn-	hiɐn-	ɦien-	ɦuen-	ʔɣiɛm	ʔɣiɛm	ʔɣiɛm	ʔen
广元	ɕiɛn4	ɕiɛn4	ɕiɛn4	ɕiɛn4	ŋan1 iɛn1 新	iɛn1	iɛn1	iɛn1
平武	ɕiɛn4	ɕiɛn4	ɕiɛn4	ɕiɛn4	ŋan1	iɛn1	iɛn1	iɛn1
青川	ɕiɛn4	ɕiɛn4	ɕiɛn4	ɕiɛn4	ŋan1 iɛn1 新	iɛn1	iɛn1	iɛn1
剑阁普安	ɕiɛn4	ɕiɛn4	ɕiɛn4	ɕiɛn4	iɛn1	iɛn1	ʂhan4 俗	iɛn1
剑阁金仙	ɕie4	ɕie4	ɕie4	ɕie4	ie1	ie1	ie1	ie1
旺苍	ɕiɛn4	ɕiɛn4	ɕiɛn4	ɕiɛn4	ŋan1 iɛn1 新	iɛn1	iɛn1	iɛn1
苍溪	xiɛn4	ɕiɛn4	ɕiɛn4	ɕiɛn4	ŋan1 iɛn1 新	iɛn1	iɛn1	iɛn1
江油	ɕiɛn4	ɕiɛn4	ɕiɛn4	ɕiɛn4	ŋan1	iɛn1	iɛn1	iɛn1
北川	ɕiɛn4	ɕiɛn4	ɕiɛn4	ɕiɛn4	ŋan1	iɛn1	iɛn1	iɛn1
绵阳	ɕiɛn4	ɕiɛn4	ɕiɛn4	ɕiɛn4	ŋan1	iɛn1	iɛn1	iɛn1
盐亭	ɕiɛn4	ɕiɛn4	ɕiɛn4	ɕiɛn4	iɛn1	iɛn1	iɛn1	iɛn1
德阳	ɕiɛn4	ɕiɛn4	ɕiɛn4	ɕiɛn4	ŋan1 iɛn1 新	iɛn1	iɛn1	iɛn1
中江	ɕiɛn4	ɕiɛn4	ɕiɛn4	ɕiɛn4	ŋan1 iɛn1 新	iɛn1	iɛn1	iɛn1
射洪	ɕiɛn4	ɕiɛn4	ɕiɛn4	ɕiɛn4	ŋan1 iɛn1 新	iɛn1	iɛn1	iɛn1
蓬溪	ɕiɛn4	ɕiɛn4	ɕiɛn4	ɕiɛn4	ŋan1 iɛn1 新	iɛn1	iɛn1	iɛn1
遂宁	ɕiɛn4	ɕiɛn4	ɕiɛn4	ɕiɛn4	ŋan1 iɛn1 新	iɛn1	iɛn1	iɛn1
乐至	ɕiɛn4	ɕiɛn4	ɕiɛn4	ɕiɛn4	ŋan1 iɛn1 新	iɛn1	iɛn1	iɛn1
安岳	ɕiɛn4	ɕiɛn4	ɕiɛn4	ɕiɛn4	ŋan1	iɛn1	iɛn1	iɛn1
仪陇	ɕiɛn4	ɕiɛn4	ɕiɛn4	ɕiɛn4	iɛn1	iɛn1	iɛn1	iɛn1
西充	ɕiɛn4	ɕiɛn4	ɕiɛn4	ɕiɛn4	ŋan1	iɛn1	iɛn1	iɛn1

字目	宪	献	现	县	淹	腌腌肉	阉	烟
反切	许建	许建	胡甸	黄练	央炎	央炎	央炎	乌前
声韵调	山开三晓元去	山开三晓元去	山开四匣先去	山合四匣先去	咸开三B影盐平	咸开三B影盐平	咸开三B影盐平	山开四影先平
中古音	hiɛn-	hiɛn-	ɦien-	ɦuen-	ʔɣiɛm	ʔɣiɛm	ʔɣiɛm	ʔen
蓬安	ɕiɛn4	ɕiɛn4	ɕiɛn4	ɕiɛn4	ŋan1	iɛn1	iɛn1	iɛn1
南充金台	ɕian4	ɕian4	ɕian4	ɕian4	ŋan1	iɛn1	iɛn1	iɛn1
南充龙蟠	ɕiɛn4	ɕiɛn4	ɕiɛn4	ɕiɛn4	ŋan1 iɛn1 新	iɛn1	iɛn1	iɛn1
岳池	ɕiɛn4	ɕiɛn4	ɕiɛn4	ɕiɛn4	ŋan1 iɛn1 新	iɛn1	iɛn1	iɛn1
广安	ɕiɛn4	ɕiɛn4	ɕiɛn4	ɕiɛn4	ŋan1 iɛn1 新	iɛn1	iɛn1	iɛn1
邻水	ɕiɛn4	ɕiɛn4	ɕiɛn4	ɕiɛn4	ŋan1 iɛn1 新	iɛn1	iɛn1	iɛn1
南江	ɕiɛn4	ɕiɛn4	ɕiɛn4	ɕiɛn4	ŋan1 iɛn1 新	iɛn1	iɛn1	iɛn1
巴中	ɕiɛn4	ɕiɛn4	ɕiɛn4	ɕiɛn4	ŋan1 iɛn1 新	iɛn1	iɛn1	iɛn1
通江	ɕiɛn4	ɕiɛn4	ɕiɛn4	ɕiɛn4	ŋan1 iɛn1 新	iɛn1	ŋan1	iɛn1
平昌	ɕiɛn4	ɕiɛn4	ɕiɛn4	ɕiɛn4	ŋan1 iɛn1 新	ŋan3 iɛn1	ŋan3 iɛn1	iɛn1
万源	ɕiɛn4	ɕiɛn4	ɕiɛn4	ɕiɛn4	iɛn1 ŋan1 口	iɛn1	iɛn1	iɛn1
宣汉	ɕiɛn4	ɕiɛn4	ɕiɛn4	ɕiɛn4	iɛn1 ŋan1 口	iɛn1	iɛn1	iɛn1
达州	ɕiɛn4	ɕiɛn4	ɕiɛn4	ɕiɛn4	iɛn1 ŋan1 口	iɛn1	iɛn1	iɛn1
开江	ɕiɛn4	ɕiɛn4	ɕiɛn4	ɕiɛn4	iɛn1 ŋan1 口	iɛn1	iɛn1	iɛn1
渠县	ɕiɛn4	ɕiɛn4	ɕiɛn4	ɕiɛn4	iɛn1 ŋan1 口	iɛn1	iɛn1	iɛn1
宜宾	ɕiai4	ɕiai4	ɕiai4	ɕiai4	ŋan1 iai1 新	iai1	iai1	iai1
古蔺	ɕiæ4	ɕiæ4	ɕie4	ɕiæ4	ŋæ1 iæ1 新	ie1	iæ1	iæ1
长宁	ɕiɛn4	ɕiɛn4	ɕiɛn4	ɕiɛn4	ŋan1	iɛn1	iɛn1	iɛn1
顾县	ɕiɛn4	ɕiɛn4	ɕiɛn4	ɕiɛn4	ŋan1 iɛn1 新	iɛn1	san4 俗	iɛn1
成都龙泉	ɕyɛn4	ɕiɛn4	ɕiɛn4	ɕiɛn4	ŋan1 iɛn1 新	iɛn1	iɛn1	iɛn1

字目	燕燕山	胭	岩岩石	炎	盐	檐	阎	严
反切	乌前	乌前	五衔	于廉	余廉	余廉	余廉	语醃
声韵调	山开四 影先平	山开四 影先平	咸开二 疑衔平	咸开三 云盐平	咸开三 以盐平	咸开三 以盐平	咸开三 以盐平	咸开三 疑严平
中古音	ʔen	ʔen	ŋɣam	ɦiem	jiem	jiem	jiem	ŋiɐm
广元	iɛn1	iɛn1	ŋai2 / iɛn2 新	iɛn1	iɛn2 / iɛn4 口①	iɛn2	ȵiɛn2	ȵiɛn2
平武	iɛn1	iɛn1	ŋʌi2	iɛn1	iɛn2	iɛn2	iɛn2	ȵiɛn2
青川	iɛn1	iɛn1	ŋai2 / iɛn2 新	iɛn1	iɛn2 / iɛn4 口①	iɛn2	ȵiɛn2	ȵiɛn2
剑阁普安	iɛn1	iɛn1	ŋai2 / iɛn2 新	iɛn1	iɛn2 / iɛn4 口①	iɛn2	iɛn2	ȵiɛn2
剑阁金仙	ie1	ie1	ŋai2 / ie2 新	ie1	ie2 / ie4 口①	ie2	ie2	ȵie2
旺苍	iɛn1	iɛn1	ŋai2 / iɛn2 新	iɛn1	iɛn2 / iɛn4 口①	iɛn2	iɛn2	iɛn2
苍溪	iɛn1	iɛn1	ŋai2 / iɛn2 新	iɛn1	iɛn2 / iɛn4 口①	iɛn2	ȵiɛn2	ȵiɛn2
江油	iɛn1	iɛn1	ŋai2	iɛn1	iɛn2	iɛn2	ȵiɛn2	ȵiɛn2
北川	iɛn1	iɛn1	ŋai2	iɛn1	iɛn2	iɛn2	ȵiɛn2	ȵiɛn2
绵阳	iɛn1	iɛn1	ŋai2	iɛn1	iɛn2	iɛn2	iɛn2	ȵiɛn2
盐亭	iɛn1	iɛn1	ŋai2	iɛn1	iɛn2	iɛn2	iɛn2	ȵiɛn2
德阳	iɛn4 俗	iɛn1	ŋai2 / iɛn2 新	iɛn1	iɛn2	iɛn2 / iai2 旧	ȵiɛn2	ȵiɛn2 / iɛn2 新
中江	iɛn1	iɛn1	ŋai2 / iɛn2 新	iɛn1	iɛn2	iɛn2 / iai2 旧	ȵiɛn2	ȵiɛn2
射洪	iɛn4 俗	iɛn1	ŋai2 / iɛn2 新	iɛn1	iɛn2	iɛn2 / iai2 旧	iɛn2	ȵiɛn2 / iɛn2 新
蓬溪	iɛn1	iɛn1	ŋai2 / iɛn2 新	iɛn1	iɛn2	iɛn2 / iai2 旧	ȵiɛn2	ȵiɛn2 / iɛn2 新
遂宁	iɛn1	iɛn1	ŋai2 / iɛn2 新	iɛn1	iɛn2	iɛn2 / iai2 旧	iɛn2	ȵiɛn2 / iɛn2 新
乐至	iɛn1	iɛn1	ŋai2 / iɛn2 新	iɛn1	iɛn2	iɛm2	ȵiɛn2	ȵiɛn2 / iɛn2 新
安岳	iɛn1	iɛn1	ŋai2	iɛn1	iɛn2	iɛn2	iɛn2	ȵiɛn2
仪陇	iɛn4 俗	iɛn1	ŋai2	iɛn1	iɛn2	iɛn2	nien2	nien2
西充	iɛn1	iɛn1	ŋai2	iɛn1	iɛn2	iɛn2	ȵiɛn2	iɛn2

① 动词，撒上盐一样的粉末。

字目	燕燕山	胭	岩岩石	炎	盐	檐	阎	严
反切	乌前	乌前	五衔	于廉	余廉	余廉	余廉	语𧫢
声韵调	山开四影先平	山开四影先平	咸开二疑衔平	咸开三云盐平	咸开三以盐平	咸开三以盐平	咸开三以盐平	咸开三疑严平
中古音	ʔen	ʔen	ŋɣam	ɦiɛm	jiɛm	jiɛm	jiɛm	ŋiɛm
蓬安	iɛn1	iɛn1	ŋai2	iɛn1	iɛn2	iɛn2	iɛn2	ȵiɛn2
南充金台	iɛn1	iɛn1	ŋai2	iɛn1	iɛn2	iɛn2	iɛn2	ȵiɛn2
南充龙蟠	iɛn1	iɛn1	ŋai2	iɛn1	iɛn2	iɛn2	iɛn2	ȵiɛn2
岳池	iɛn1	iɛn1	ŋai2 / iɛn2 新	iɛn1	iɛn2	iɛn2	ȵiɛn2	ȵiɛn2 / iɛn2 新
广安	iɛn1	iɛn1	ŋai2 / iɛn2 新	iɛn1	iɛn2 / iɛn4 口①	iɛn2	niɛn2	niɛn2 / iɛn2 新
邻水	iɛn1	iɛn1	ŋai2 / iɛn2 新	iɛn1	iɛn2	iɛn2	ȵiɛn2	ȵiɛn2 / iɛn2 新
南江	iɛn1	iɛn1	ŋai2 / iɛn2 新	iɛn1	iɛn2 / iɛn4 口①	iɛn2	ȵiɛn2	ȵiɛn2 / iɛn2 新
巴中	iɛn1	iɛn1	ŋai2 / iɛn2 新	iɛn1	iɛn2 / iɛn4 口①	iɛn2	ȵiɛn2 / iɛn2 新	ȵiɛn2 / iɛn2 新
通江	iɛn1	iɛn1	ŋai2 / iɛn2 新	iɛn1	iɛn2 / iɛn4 口①	iɛn2	ȵiɛn2	ȵiɛn2 / iɛn2 新
平昌	iɛn1	iɛn1	ŋai2 / iɛn2 新	iɛn1	iɛn2 / iɛn4 口①	iɛn2	ȵiɛn2	ȵiɛn2
万源	iɛn4 俗	iɛn1	ŋai2 / iai2 新	iɛn1	iɛn2 / iɛn4 口①	iɛn2 / iai2 旧	ȵiɛn4	ȵiɛn2 / iɛn2 新
宣汉	iɛn4 俗	iɛn1	iɛn2 / iai2 新	iɛn1	iɛn2 / iɛn4 口①	iɛn2 / iai2 旧	ȵiɛn2	ȵiɛn2 / iɛn2 新
达州	iɛn4 俗	iɛn1	iɛn2 / iai2 新	iɛn4	iɛn2 / iɛn4 口①	iɛn2 / iai2 旧	iɛn2	iɛn2 / iɛn2 新
开江	iɛn4 俗	iɛn1	ŋai2 / iai2 新	iɛn1	iɛn2 / iɛn4 口①	iɛn2 / iai2 旧	niɛn2	ȵiɛn2 / iɛn2 新
渠县	iɛn4 俗	iɛn1	ŋai2 / iai2 新	iɛn1	iɛn2 / iɛn4 口①	iɛn2 / iai2 旧	iɛn2	ȵiɛn2 / iɛn2 新
宜宾	iai4 俗	iai1	ŋai2 / iai2 新	iai1	iai2 / iai4 口①	iai2	niai2	niai2
古蔺	iæ1	ie1	ŋai2 / iæ2 新	i1	ie2 / ie4 口①	ie2	niæ2	nie2
长宁	iɛn1	iɛn1	ŋai2	iɛn1	iɛn2	iɛn2	ȵiɛn2	ȵiɛn2
顾县	iɛn1	iɛn1	ŋai2 / iɛn2 新	iɛn1	iɛn2 / iɛn4 口①	iɛn2	niɛn2	niɛn2
成都龙泉	iɛn1	iɛn1	ŋai2 / iɛn2 新	iɛn1	iɛn2 / iɛn4 口①	iɛn2	ȵiɛn2	ȵiɛn2 / iɛn2 新

① 动词，撒上盐一样的粉末。

字目	颜	延	言	研	沿	掩	眼	演
反切	五奸	以然	语轩	五坚	与专	衣俭	五限	以浅
声韵调	山开二 疑删平	山开三 以仙平	山开三 疑元平	山开四 疑先平	山合三 以仙平	咸开三B 影盐上	山开二 疑山上	山开三 以仙上
中古音	ŋɣan	jiɛn	ŋiɛn	ŋen	jiuɛn	ʔɣiɛm:	ŋɣɛn:	jiɛn:
广元	iɛn2	iɛn2	iɛn2	ȵiɛn1	yɛn2 iɛn2 口	iɛn3	ȵiɛn3	iɛn3
平武	iɛn2	iɛn2	iɛn2	ȵiɛn1	yɛn2	iɛn3	iɛn3	iɛn3
青川	iɛn2	iɛn2	iɛn2	ȵiɛn1	yɛn2 iɛn2 口	iɛn3	ȵiɛn3	iɛn3
剑阁普安	iɛn2	iɛn2	iɛn2	ȵiɛn1	iɛn2	iɛn3	ȵiɛn3	iɛn3
剑阁金仙	ie2	ie2	ie2	ȵie1	ye2	ie3	ȵie3	ie3
旺苍	iɛn2	iɛn2	iɛn2	ȵiɛn1	yɛn2 iɛn2 口	iɛn3	ȵiɛn3	iɛn3
苍溪	iɛn2	iɛn2	iɛn2	ȵiɛn1	yɛn2 iɛn2 口	iɛn3	ȵiɛn3	iɛn3
江油	iɛn2	iɛn2	iɛn2	ȵiɛn1	iɛn2	iɛn3	ȵiɛn3	iɛn3
北川	iɛn2	iai2	iɛn2	ȵiɛn1	yɛn2	iɛn3	iɛn3	iɛn3
绵阳	ȵiɛn2	iai2	ȵiɛn2	iɛn1	yɛn2	iɛn3	ȵiɛn3	iɛn3
盐亭	iɛn2	iɛn2	iɛn2	ȵiɛn1	yɛn2	iɛn3	iɛn3	iɛn3
德阳	iɛn2	iɛn2 iai2 口	iɛn2	ȵiɛn1 iɛn1 新	yɛn2 iɛn2 口	iɛn3	iɛn3	iɛn3
中江	iɛn2	iɛn2 iai2 口	iɛn2	ȵiɛn1	iɛn2	iɛn3	iɛn3	iɛn3
射洪	iɛn2	iɛn2 iai2 口	iɛn2	ȵiɛn1 iɛn1 新	yɛn2 iɛn2 口	iɛn3	iɛn3	iɛn3
蓬溪	iɛn2	iɛn2 iai2 口	iɛn2	ȵiɛn1 iɛn1 新	yɛn2 iɛn2 口	iɛn3	iɛn3	iɛn3
遂宁	iɛn2	iɛn2 iai2 口	iɛn2	ȵiɛn1 iɛn1 新	yɛn2 iɛn2 口	iɛn3	iɛn3	iɛn3
乐至	iɛn2	iɛn2	iɛn2	ȵiɛn1	yɛn2 iɛn2 口	iɛn3	iɛn3	iɛn3
安岳	iɛn2	iɛn2	iɛn2	ȵiɛn1	yɛn2	iɛn3	iɛn3	iɛn3
仪陇	iɛn2	iɛn2	iɛn2	niɛn1	iɛn2	iɛn3	iɛn3	iɛn3
西充	iɛn2	iɛn2	iɛn2	ȵiɛn1	yɛn2	iɛn3	iɛn3	iɛn3

字目	颜	延	言	研	沿	掩	眼	演
反切	五奸	以然	语轩	五坚	与专	衣俭	五限	以浅
声韵调	山开二疑删平	山开三以仙平	山开三疑元平	山开四疑先平	山合三以仙平	咸开三B影盐上	山开二疑山上	山开三以仙上
中古音	ŋɣan	jiɛn	ŋiɛn	ŋen	jiuɛn	ʔɣɨɛm:	ŋɣɛn:	jiɛn:
蓬安	iɛn2	iɛn2	iɛn2	ɲiɛn1	yɛn2	iɛn3	iɛn3	iɛn3
南充金台	iɛn2	iɛn2	iɛn2	ɲiɛn1	yɛn2	iɛn3	iɛn3	iɛn3
南充龙蟠	iɛn2	iɛn2	iɛn2	ɲiɛn1	yɛn2	iɛn3	iɛn3	iɛn3
岳池	iɛn2	iɛn2	iɛn2	ɲiɛn1	yɛn2 iɛn2 口	iɛn3	iɛn3	iɛn3
广安	iɛn2	iɛn2	iɛn2	niɛn1	yɛn2 iɛn2 口	iɛn3	iɛn3	iɛn3
邻水	iɛn2	iɛn2	iɛn2	ɲiɛn1	yɛn2 iɛn2 口	iɛn3	iɛn3	iɛn3
南江	iɛn2	iɛn2	iɛn2	iɛn1 ɲiɛn1	yɛn2 iɛn2 口	iɛn3	ɲiɛn3 iɛn3	iɛn3
巴中	iɛn2	iɛn2	iɛn2	ɲiɛn1	yɛn2 iɛn2 口	iɛn1 iɛn3	iɛn3	iɛn3
通江	iɛn2	iɛn2	iɛn2	ɲiɛn1	yɛn2 iɛn2 口	iɛn1	iɛn3	iɛn3
平昌	ɲiɛn4 iɛn2	iɛn2	iɛn2	ɲiɛn1	yɛn2 iɛn2 口	ŋan3 iɛn3	iɛn3	iɛn3
万源	iɛn2	iɛn2	iɛn2	ɲiɛn1	yɛn2	iɛn3	iɛn3	iɛn3
宣汉	iɛn2	iɛn2	iɛn2	ɲiɛn1	yɛn2	iɛn3	iɛn3	iɛn3
达州	iɛn2	iɛn2	iɛn2	iɛn1	yɛn2	iɛn3	iɛn3	iɛn3
开江	iɛn2	iɛn2	iɛn2	niɛn1	yɛn2	iɛn3	iɛn3	iɛn3
渠县	iɛn2	iɛn2	iɛn2	iɛn1	yɛn2	iɛn3	iɛn3	iɛn3
宜宾	iai2	iai2	iai2	niai1	yai2	iai3	iai3	iai3
古蔺	iæ2	ie2	iæ2	nie1	ye2	iæ1 iæ3	ie3	ie3
长宁	iɛn2	iɛn2	iɛn2	ɲiɛn1	yɛn2	iɛn3	iɛn3	iɛn3
顾县	iɛn2	iɛn2	iɛn2	niɛn1	yɛn2 iɛn2 口	iɛn3	iɛn3	iɛn3
成都龙泉	iɛn2	iɛn2	iɛn2	ɲiɛn1	yɛn2 iɛn2 口	ɲiɛn3	ŋan3	iɛn3

字目	验	厌	艳	雁	晏	谚	砚	燕燕子
反切	鱼窆	于艳	以赡	五晏	乌涧	鱼变	吾甸	于甸
声韵调	咸开三B 疑盐去	咸开三A 影盐去	咸开三 以盐去	山开二 疑删去	山开二 影删去	山开三B 疑仙去	山开四 疑先去	山开四 影先去
中古音	ŋɣiɛm-	ʔiɛm-	jiɛm-	ŋɣan-	ʔɣan-	ŋɣiɛn-	ŋen-	ʔen-
广元	iɛn4	iɛn4	iɛn4	ŋan4	iɛn4 文 ŋan4 白	iɛn4	ȵiɛn4	iɛn4
平武	ȵiɛn4	iɛn4	iɛn4	iɛn4	iɛn4	iɛn4	iɛn4	iɛn4
青川	ȵiɛn4	iɛn4	iɛn4	iɛn4	iɛn4 文 ŋan4 白	iɛn4	iɛn4	iɛn4
剑阁普安	iɛn4	iɛn4	iɛn4	ŋan4	iɛn4	iɛn4	iɛn4	iɛn4
剑阁金仙	ie4	ie4	ie4	ie4	ie4	ie4	ie4	ie4
旺苍	ȵiɛn4	iɛn4	iɛn4	iɛn4	iɛn4 文 ŋan4 白	iɛn4	ȵiɛn4	iɛn4
苍溪	ȵiɛn4	iɛn4	iɛn4	ŋan4 iɛn4 新	iɛn4 文 ŋan4 白	iɛn4	ȵiɛn4	iɛn4
江油	ȵiɛn4	iɛn4	iɛn4	ŋan4	iɛn4	iɛn4	iɛn4	iɛn4
北川	ȵiɛn4	iɛn4	iɛn4	ŋan4	iɛn4	iɛn4	iɛn4	iɛn4
绵阳	iɛn4	iɛn4	iɛn4	ŋan4	iɛn4	iɛn4	iɛn4	iɛn4
盐亭	ȵiɛn4	iɛn4	iɛn4	ŋan4	iɛn4	iɛn4	ȵiɛn4	iɛn4
德阳	ȵiɛn4	iɛn4	iɛn4	ŋan4	iɛn4 文 ŋan4 白	iɛn4	ȵiɛn4	iɛn4
中江	ȵiɛn4	iɛn4	iɛn4	iɛn4	iɛn4 文 ŋan4 白	iɛn4	ȵiɛn4	iɛn4
射洪	ȵiɛn4	iɛn4	iɛn4	iɛn4	iɛn4 文 ŋan4 白	iɛn4	ȵiɛn4	iɛn4
蓬溪	ȵiɛn4	iɛn4	iɛn4	iɛn4	iɛn4 文 ŋan4 白	ȵiɛn4	ȵiɛn4	iɛn4
遂宁	ȵiɛn4	iɛn4	iɛn4	iɛn4	iɛn4 文 ŋan4 白	iɛn4	iɛn4	iɛn4
乐至	ȵiɛn4	iɛn4	iɛn4	ŋan4	iɛn4 文 ŋan4 白	iɛn2	ȵiɛn4	iɛn4
安岳	iɛn4	iɛn4	iɛn4	iɛn4	ŋan4	iɛn4	iɛn4	iɛn4
仪陇	ȵiɛn4	iɛn4	iɛn4	ŋan4	iɛn4	iɛn2	ȵiɛn4	iɛn4
西充	ȵiɛn4	iɛn4	iɛn4	ŋan4	ŋan4	ȵiɛn4	ȵiɛn4	iɛn4

字目	验	厌	艳	雁	晏	谚	砚	燕燕子
反切	鱼窆	于艳	以赡	五晏	乌涧	鱼变	吾甸	于甸
声韵调	咸开三B 疑盐去	咸开三A 影盐去	咸开三 以盐去	山开二 疑删去	山开二 影删去	山开三B 疑仙去	山开四 疑先去	山开四 影先去
中古音	ŋɣiɛm-	ʔiɛm-	jiɛm-	ŋɣan-	ʔɣan-	ŋɣiɛn-	ŋɛn-	ʔɛn-
蓬安	ȵiɛn4	iɛn4	iɛn4	iɛn4	ŋan4	iɛn4	ȵiɛn4	iɛn4
南充金台	ȵiɛn4	iɛn4	iɛn4	iɛn4	ŋan4	iɛn4	ȵiɛn4	iɛn4
南充龙蟠	ȵiɛn4	iɛn4	iɛn4	iɛn4	ŋan4	iɛn4	ȵiɛn4	iɛn4
岳池	ȵiɛn4	iɛn4	iɛn4	ŋan4	iɛn4 文 ŋan4 白	iɛn4	ȵiɛn4	iɛn4
广安	niɛn4	iɛn4	iɛn4	ŋan4	iɛn4 文 ŋan4 白	iɛn4	iɛn4	iɛn4
邻水	niɛn4	iɛn4	iɛn4	ŋan4	iɛn4 文 ŋan4 白	iɛn4	ȵiɛn4	iɛn4
南江	ȵiɛn4	iɛn4	iɛn4	iɛn4 ŋan4 旧	iɛn4 文 ŋan4 白	ȵin4 ȵiɛn4	iɛn4 ȵiɛn4 旧	iɛn4
巴中	ȵiɛn4	iɛn4	iɛn4	iɛn4 ŋan4 旧	iɛn4 文 ŋan4 白	ȵiɛn4	ȵiɛn4	iɛn4
通江	ȵiɛn4	iɛn4	iɛn4	ŋan4	iɛn4 文 ŋan4 白	iɛn2 ȵiɛn4 旧	ȵiɛn4	iɛn4
平昌	ȵiɛn4	iɛn4	iɛn4	ŋan4	iɛn4 文 ŋan4 白	ȵin4 ȵiɛn4	ȵiɛn4	iɛn4
万源	ȵiɛn4	iɛn4	iɛn4	iɛn4	an4	iɛn2	ȵiɛn4	iɛn4
宣汉	ȵiɛn4	iɛn4	iɛn4	iɛn4	ŋan4	ȵiɛn4	ȵiɛn4	iɛn4
达州	iɛn4	iɛn4	iɛn4	iɛn4	ŋan4	iɛn4	iɛn4	iɛn4
开江	niɛn4	iɛn4	iɛn4	iɛn4	ŋan4	niɛn4	niɛn4	iɛn4
渠县	iɛn4	iɛn4	iɛn4	iɛn4	ŋan4	iɛn4	iɛn4	iɛn4
宜宾	niai4	iai4	iai4	iai4	iai4 文 ŋan4 白	iai4	niai4 iai4 新	iai4
古蔺	niæ4	iæ4	ie4	ie4	ie4 文 ŋæ4 白	iæ2	nie4	iæ4
长宁	ȵiɛn4	iɛn4	iɛn4	ŋan4	iɛn4	iɛn2	ȵiɛn4	iɛn4
顾县	niɛn4	iɛn4	iɛn4	ŋan4	iɛn4 文 ŋan4 白	iɛn4	niɛn4	iɛn4
成都龙泉	ȵiɛn4	iɛn4	iɛn4	iɛn4 ŋan4 旧	iɛn4 文 ŋan4 白	iɛn2 ȵiɛn4 旧	ȵiɛn4	iɛn4

字目	咽_{吞咽}	宴_{宴会}	端	短	断_{决断}	锻	断_{断绝}	段
反切	于甸	于甸	多官	都管	丁贯	丁贯	徒管	徒玩
声韵调	山开四 影先去	山开四 影先去	山合一 端桓平	山合一 端桓上	山合一 端桓去	山合一 端桓去	山合一 定桓上	山合一 定桓去
中古音	ʔen-	ʔen-	tuɑn	tuɑn:	tuɑn-	tuɑn-	duɑn:	duɑn-
广元	iɛn4	iɛn4	tuan1	tuan3	tuan4	tuan4	tuan4	tuan4
平武	iɛn4	iɛn4	tuan1	tuan3	tuan4	tuan4	tuan4	tuan4
青川	iɛn4	iɛn4	tuan1	tuan3	tuan4	tuan4	tuan4	tuan4
剑阁_{普安}	iɛn4	iɛn4	tuan1	tuan3	tuan4	tuan4	tuan4	tuan4
剑阁_{金仙}	ie4	ie4	tuan1	tuan3	tuan4	tuan4	tuan4	tuan4
旺苍	iɛn4	iɛn4	tuan1	tuan3	tuan4	tuan4	tuan4	tuan4
苍溪	iɛn4	iɛn4	tuan1	tuan3	tuan4	tuan4	tuan4 tuan3 口	tuan4
江油	iɛn4	iɛn4	tuan1	tuan3	tuan4	tuan4	tuan4	tuan4
北川	iɛn4	iɛn4	tuan1	tuan3	tuan4	tuan4	tuan4	tuan4
绵阳	iɛn4	iɛn4	tuan1	tuan3	tuan4	tuan4	tuan4	tuan4
盐亭	iɛn1	iɛn4	tuan1	tuan3	tuan4	tuan4	tuan4	tuan4
德阳	iɛn4	iɛn4	tuan1	tuan3	tuan4	tuan4	tuan4	tuan4
中江	iɛn4	iɛn4	tuan1	tuan3	tuan4	tuan4	tuan4	tuan4
射洪	iɛn4	iɛn4	tuan1	tuan3	tuan4	tuan4	tuan4	tuan4
蓬溪	iɛn4	iɛn4	tuan1	tuan3	tuan1	tuan1	tuan4	tuan4
遂宁	iɛn4	iɛn4	tuan1	tuan3	tuan4	tuan4	tuan4	tuan4
乐至	iɛn1	iɛn4	tuan1	tuan3	tuan4	tuan4	tuan4	tuan4
安岳	iɛn4	iɛn4	tuan1	tuan3	tuan4	tuan4	tuan4	tuan4
仪陇	iɛn4	iɛn4	tuan1	tuan3	tuan4	tuan4	tuan4	tuan4
西充	iɛn1	iɛn4	tuan1	tuan3	tuan4	tuan4	tuan4	tuan4

字目	咽_{吞咽}	宴_{宴会}	端	短	断_{决断}	锻	断_{断绝}	段
反切	于甸	于甸	多官	都管	丁贯	丁贯	徒管	徒玩
声韵调	山开四影先去	山开四影先去	山合一端桓平	山合一端桓上	山合一端桓去	山合一端桓去	山合一定桓上	山合一定桓去
中古音	ʔen-	ʔen-	tuɑn	tuɑn:	tuɑn-	tuɑn-	duɑn:	duɑn-
蓬安	iɛn4	iɛn4	tuan1	tuan3	tuan4	tuan4	tuan4	tuan4
南充_{金台}	iɛn1	iɛn4	tuan1	tuan3	tuan4	tuan4	tuan4	tuan4
南充_{龙蟠}	iɛn4	iɛn4	tuaŋ1	tuaŋ3	tuaŋ4	tuaŋ4	tuaŋ4	tuaŋ4
岳池	iɛn1	iɛn4	tuan1	tuan3	tuan4	tuan4	tuan4	tuan4
广安	iɛn4	iɛn4	tuan1	tuan3	tuan4	tuan4	tuan4	tuan4
邻水	iɛn1	iɛn4	tuan1	tuan3	tuan4	tuan4	tuan4	tuan4
南江	iɛn4	iɛn4	tuan1	tuan3	tuan4	tuan4	tuan4 tuan3 口	tuan4
巴中	iɛn4	iɛn4	tuan1	tuan3	tuan4	tuan4	tuan4 tuan3 口	tuan4
通江	iɛn4	iɛn4	tuan1	tuan3	tuan4	tuan4	tuan4 tuan3 口	tuan4
平昌	iɛn4	iɛn4	tuan1	tuan3	tuan4	tuan4	tuan4 tuan3 口	tuan4
万源	iɛn1	iɛn4	tuan1	tuan3	tuan4	tuan4	tuan4 tuan3 口	tuan4
宣汉	iɛn1	iɛn4	tuan1	tuan3	tuan4	tuan4	tuan4 tuan3 口	tuan4
达州	iɛn4	iɛn4	tuan1	tuan3	tuan4	tuan4	tuan4 tuan3 口	tuan4
开江	iɛn4	iɛn4	tuan1	tuan3	tuan4	tuan4	tuan4 tuan3 口	tuan4
渠县	iɛn1	iɛn4	tuan1	tuan3	tuan4	tuan4	tuan4 tuan3 口	tuan4
宜宾	iai4	iai4	tuan1	tuan3	tuan4	tuan4	tuan4	tuan4
古蔺	ie4	iæ4	tuæ1	tuæ3	tuæ4	tuæ4	tuæ4 tuæ3 口	tuæ4
长宁	iɛn4	iɛn4	tuan1	tuan3	tuan4	tuan4	tuan4	tuan4
顾县	iɛn4	iɛn4	tuan1	tuan3	tuan4	tuan4	tuan4	tuan4
成都_{龙泉}	iɛn4	iɛn4	tɔn1	tɔn3	thɔn1	tɔn4	thɔn1	thɔn4

字目	缎	团团结	团饭团	暖	鸾	卵	乱	钻钻洞
反切	徒玩	度官	徒官	乃管	落官	卢管	郎段	借官
声韵调	山合一定桓去	山合一定桓平	山合一定桓平	山合一泥桓上	山合一来桓平	山合一来桓上	山合一来桓去	山合一精桓平
中古音	duɑn-	duɑn	duɑn	nuɑn:	luɑn	luɑn:	luɑn-	tsuɑn
广元	tuan4	thuan2	thuan2	nuan3	nuan2	nuan3	nuan4	tsuan1
平武	tuan4	thuan2	thuan2	nuan3	nuan2	nuan3	nuan4	tsuan1
青川	tuan4	thuan2	thuan2	nuan3	nuan2	nuan3	nuan4	tsuan1
剑阁普安	tuan4	thuan2	thuan2	nuan3	nuan2	nuan3	nuan4	tsuan1
剑阁金仙	tuan4	thuan2	thuan2	nuan3	nuan2	nuan3	nuan4	tsuan1
旺苍	tuan4	thuan2	thuan2	nuan3	nuan2	nuan3	nuan4	tsuan1
苍溪	tuan4	thuan2	thuan2	luan3	luan2	luan3	luan4	tsuan1
江油	tuan4	thuan2	thuan2	nuan3	nuan2	nuan3	nuan4	tsuan1
北川	tuan4	thuan2	thuan2	nuan3	nuan2	nuan3	nuan4	tsuan1
绵阳	tuan4	thuan2	thuan2	nuan3	nuan2	nuan3	nuan4	tsuan1
盐亭	tuan4	thuan2	thuan2	luan3	luan2	luan3	luan4	tsuan1
德阳	tuan4	thuan2	thuan2	nuan3	nuan2	nuan3	nuan4	tsuan1
中江	tuan4	tuan2	tuan2	luan3	luan2	luan3	luan4	tsuan1
射洪	tuan4	thuan2	thuan2	nuan3	nuan2	nuan3	nuan4	tsuan1
蓬溪	tuan4	thuan2	thuan2	nuan3	nuan2	nuan3	nuan4	tsuan1
遂宁	tuan4	thuan2	thuan2	luan3	luan2	luan3	luan4	tsuan1
乐至	tuan4	thuan2	thuan2	nuan3	nuan2	nuan3	nuan4	tsuan1
安岳	tuan4	thuan2	thuan2	nuan3	nuan2	nuan3	nuan4	tsuan1
仪陇	tuan4	thuan2	thuan2	nuan3	nuan2	nuan3	nuan4	tsuan1
西充	tuan4	thuan2	thuan2	nuan3	nuan2	nuan3	nuan4	tsuan1

字目	缎	团团结	团饭团	暖	鸾	卵	乱	钻钻洞
反切	徒玩	度官	徒官	乃管	落官	卢管	郎段	借官
声韵调	山合一定桓去	山合一定桓平	山合一定桓平	山合一泥桓上	山合一来桓平	山合一来桓上	山合一来桓去	山合一精桓平
中古音	duɑn-	duɑn	duɑn	nuɑn:	luɑn	luɑn:	luɑn-	tsuɑn
蓬安	tuan4	thuan2	thuan2	nuan3	nuan2	nuan3	nuan4	tsuan1
南充金台	tuan4	thuan2	thuan2	nuan3	nuan2	nuan3	nuan4	tsuan1
南充龙蟠	tuaŋ4	thuan2	thuan2	nuan3	nuaŋ2	nuan3	nuaŋ4	tʂuaŋ1
岳池	tuan4	thuan2	thuan2	nuan3	nuan2	nuan3	nuan4	tsuan1
广安	tuan4	thuan2	thuan2	nuan3	nuan2	nuan3	nuan4	tsuan1
邻水	tuan4	thuan2	thuan2	nuan3	nuan2	nuan3	nuan4	tsuan1
南江	tuan4	thuan2	thuan2	luan3	luan2	luan3	luan4	tsuan1
巴中	tuan4	thuan2	thuan2	luan3	luan2	luan3	luan4	tsuan1
通江	tuan4	thuan2	thuan2	luan3	luan2	luan3	luan4	tsuan1
平昌	tuan4	thuan2	thuan2	luan3	luan2	luan3	luan4	tsuan1
万源	tuan4	thuan2 thuan3 口	thuan2	nuan3	nuan2	nuan3	nuan4	tsuan4
宣汉	tuan4	thuan2 thuan3 口	thuan2	nuan3	nuan2	nuan3	nuan4	tsuan4
达州	tuan4	thuan2 thuan3 口	thuan2	nuan3	nuan2	nuan3	nuan4	tsuan4
开江	tuan4	thuan2 thuan3 口	thuan2	nuan3	nuan2	nuan3	nuan4	tsuan4
渠县	tuan4	thuan2 thuan3 口	thuan2	nuan3	nuan2	nuan3	nuan4	tsuan1
宜宾	tuan4	thuan2	thuan2	nuan3	nuan2	nuan3	nuan4	tsuan1
古蔺	tuæ4	thuæ2	thuæ2	nuæ3	nuæ2	nuæ3	nuæ4	tsuæ1
长宁	tuan4	thuan2	thuan2	luan3	luan2	luan3	luan4	tsuan1
顾县	tuan4	thuan2	thuan2	zuan3	nuan2	nuan3	nuan4	tsuan1
成都龙泉	thɔn4	thɔn2	thɔn2	lɔn1	lɔn2	lɔn3	lɔn4	tsɔn1

字目	钻钻子	篡	酸	算	蒜	专	砖	转转变
反切	子筭	初患	素官	苏贯	苏贯	职缘	职缘	陟兖
声韵调	山合一 精桓去	山合二 初删去	山合一 心桓平	山合一 心桓去	山合一 心桓去	山合三 章仙平	山合三 章仙平	山合三 知仙上
中古音	tsuɑn-	tʃʰɣuɑn-	suɑn	suɑn-	suɑn-	tɕiuɛn	tɕiuɛn	ʈiuɛn:
广元	tsuan4	tshuan4	suan1	suan4	suan4	tʂuan1	tʂuan1	tʂuan3
平武	tsuan4	tshuan4	suan1	suan4	suan4	tʂuan1	tʂuan1	tʂuan3
青川	tsuan4	tshuan4	suan1	suan4	suan4	tʂuan1	tʂuan1	tʂuan3
剑阁普安	tsuan4	tʂhuan4	suan1	suan4	suan4	tʂuan1	tʂuan1	tʂuan3
剑阁金仙	tsuan4	tʂhuan4	suan1	suan4	suan4	tʂuan1	tʂuan1	tʂuan3
旺苍	tsuan4	tshuan4	suan1	suan4	suan4	tʂuan1	tʂuan1	tʂuan3
苍溪	tsuan4	tshuan4	suan1	suan4	suan4	tʂuan1	tʂuan1	tʂuan3
江油	tsuan4	tshuan4	suan1	suan4	suan4	tsuan1	tsuan1	tsuan3
北川	tsuan4	tshuan4	suan1	suan4	suan4	tsuan1	tsuan1	tsuan3
绵阳	tsuan4	tshuan4	suan1	suan4	suan4	tsuan1	tsuan1	tsuan3
盐亭	tsuan4	tshɣuan4	suan1	suan4	suan4	tsuan1	tsuan1	tsuan3
德阳	tsuan4	tshuan4	suan1	suan4	suan4	tsuan1	tsuan1	tsuan3
中江	tsuan4	tshuan4	suan1	suan4	suan4	tsuan1	tsuan1	tsuan3
射洪	tsuan4	tshuan4	suan1	suan4	suan4	tsuan1	tsuan1	tsuan3
蓬溪	tsuan4	tshuan4	suan1	suan4	suan4	tsuan1	tsuan1	tsuan3
遂宁	tsuan4	tshuan4	suan1	suan4	suan4	tsuan1	tsuan1	tsuan3
乐至	tsuan4	tshuan4	suan1	suan4	suan4		tsuan1	tsuan3
安岳	tsuan4	tshuan4	suan1	suan4	suan4	tsuan1	tsuan1	tsuan3
仪陇	tsuan4	tshuan4	suan1	suan4	suan4	tsuan1	tsuan1	tsuan3
西充	tsuan4	tsuan4	suan1	suan4	suan4	tsuan1	tsuan1	tsuan3

字目	钻钻子	纂	酸	算	蒜	专	砖	转转变
反切	子筭	初患	素官	苏贯	苏贯	职缘	职缘	陟兖
声韵调	山合一精桓去	山合二初删去	山合一心桓平	山合一心桓去	山合一心桓去	山合三章仙平	山合三章仙平	山合三知仙上
中古音	tsuɑn-	tʃʰyuɑn-	suɑn	suɑn-	suɑn-	tɕiuɐn	tɕiuɐn	ʈiuɐn:
蓬安	tsuan4	tshuan4	suan1	suan4	suan4	tsuan1	tsuan1	tsuan3
南充金台	tsuan4	tshuan4	suan1	suan4	suan4	tsuan1	tsuan1	tsuan3
南充龙蟠	tʂuaŋ4	tʂhuaŋ4	ʂuaŋ1	ʂuaŋ4	ʂuaŋ4	tʂuaŋ1	tʂuaŋ1	tʂuaŋ3
岳池	tsuan4	tshuan4	suan1	suan4	suan4	tsuan1	tsuan1	tsuan3
广安	tsuan4	tshuan4	suan1	suan4	suan4	tsuan1	tsuan1	tsuan3
邻水	tsuan4	tshuan4	suan1	suan4	suan4	tsuan1	tsuan1	tsuan3
南江	tsuan4	tshuan4	suan1	suan4	suan4	tʂuan1	tʂuan1	tʂuan3
巴中	tsuan4	tshuan4	suan1	suan4	suan4	tʂuan1	tʂuan1	tʂuan3
通江	tsuan4	tshuan4	suan1	suan4	suan4	tʂuan1	tʂuan1	tʂuan3
平昌	tsuan4	tshuan4	suan1	suan4	suan4	tʂuan1	tʂuan1	tʂuan3
万源	tsuan4	tshuan4	suan1	suan4	suan4	tʂuan1	tʂuan1	tʂuan3
宣汉	tsuan4	tshuan4	suan1	suan4	suan4	tsuan1	tsuan1	tsuan3
达州	tsuan4	tshuan4	suan1	suan4	suan4	tsuan1	tsuan1	tsuan3
开江	tsuan4	tshuan4	suan1	suan4	suan4	tsuan1	tsuan1	tsuan3
渠县	tsuan4	tshuan4	suan1	suan4	suan4	tsuan1	tsuan1	tsuan3
宜宾	tsuan4	tshuan4	suan1	suan4	suan4	tsuan1	tsuan1	tsuan3
古蔺	tsuæ4	tshuæ4	suæ1	suæ4	suæ4	tsuæ1	tsuæ1	tsuæ3
长宁	tsuan4	tshuan4	suan1	suan4	suan4	tsuan1	tsuan1	tsuan3
顾县	tsuan4	tshuan4	suan1	suan4	suan4	tɕyɛn1	tɕyɛn1	tsuan3
成都龙泉	tsɔn4	tshɔn4	sɔn1	sɔn4	sɔn4	tsɔn1	tsɔn1	tsɔn3

字目	赚赚钱	转转动	篆	传传记	川	穿	传传达	椽
反切	仁陷	知恋	持兖	直恋	昌缘	昌缘	直挛	直挛
声韵调	咸开二 澄咸去	山合三 知仙去	山合三 澄仙上	山合三 澄仙去	山合三 昌仙平	山合三 昌仙平	山合三 澄仙平	山合三 澄仙平
中古音	ɖɣɛm-	ȶiuɛn-	ȡiuɛn:	ȡiuɛn-	tɕhiuɛn	tɕhiuɛn	ȡiuɛn	ȡiuɛn
广元	tʂuan4	tʂuan4	tʂuan4	tʂuan4	tʂhuan1	tʂhuan1	tʂhuan2	tʂhuan2
平武	tsuan4	tsuan4	tsuan4	tsuan4	tshuan1	tshuan1	tshuan2	tshuan2
青川	tsuan4	tsuan4	tsuan4	tsuan4	tshuan1	tshuan1	tshuan2	tshuan2
剑阁普安	tsuan4	tsuan4	tsuan4	tsuan4	tʂhuan1	tʂhuan1	tʂhuan2	tʂhuan2
剑阁金仙	tsuan4	tsuan4	tsuan4	tsuan4	tʂhuan1	tʂhuan1	tʂhuan2	tʂhuan2
旺苍	tsuan4	tʂuan4	tʂuan4	tʂuan4	tʂhuan1	tʂhuan1	tʂhuan2	tʂhuan2
苍溪	tsuan4	tʂuan4	tʂuan4	tʂuan4	tʂhuan1	tʂhuan1	tʂhuan2	tʂhuan2
江油	tsuan4	tsuan4	tsuan4	tsuan4	tshuan1	tshuan1	tshuan2	tshuan2
北川	tsuan4	tsuan4	tsuan4	tsuan4	tshuan1	tshuan1	tshuan2	tshuan2
绵阳	tsuan4	tsuan4	tsuan4	tsuan4	tshuan1	tshuan1	tshuan2	tshuan2
盐亭	tsuan4	tsuan4	tsuan4	tsuan4	tshuan1	tshuan1	tshuan2	tshuan2
德阳	tsuan4	tsuan4	tsuan4	tsuan4	tshuan1	tshuan1	tshuan2	tshuan2
中江	tsuan4	tsuan4	tsuan4	tsuan4	tshuan1	tshuan1	tsuan2	tshuan2
射洪	tsuan4	tsuan4	tsuan4	tsuan4	tshuan1	tshuan1	tshuan2	tshuan2
蓬溪	tsuan4	tsuan4	tsuan4	tsuan4	tshuan1	tshuan1	tshuan2	tshuan2
遂宁	tsuan4	tsuan4	tsuan4	tsuan4	tshuan1	tshuan1	tshuan2	tshuan2
乐至	tsuan4	tsuan4	tsuan4	tsuan4	tshuan1	tshuan1	tshuan2	tshuan2
安岳	tsuan4	tsuan4	tsuan4	tsuan4	tshuan1	tshuan1	tshuan2	tshuan2
仪陇	tsuan4	tsuan4	tsuan4	tsuan4	tshuan1	tshuan1	tshuan2	tshuan2
西充	tsuan4	tsuan4	tsuan4	tsuan4	tshuan1	tshuan1	tshuan2	tshuan2

字目	赚赚钱	转转动	篆	传传记	川	穿	传传达	橡
反切	仜陷	知恋	持兖	直恋	昌缘	昌缘	直挛	直挛
声韵调	咸开二澄咸去	山合三知仙去	山合三澄仙上	山合三澄仙去	山合三昌仙平	山合三昌仙平	山合三澄仙平	山合三澄仙平
中古音	ɖɣɛm-	ȶiuɛn-	ɖiuɛn:	ɖiuɛn-	tɕhiuɛn	tɕhiuɛn	ɖiuɛn	ɖiuɛn
蓬安	tsuan4	tsuan4	tsuan4	tsuan4	tshuan1	tshuan1	tshuan2	tshuan2
南充金台	tsuan4	tsuan4	tsuan4	tsuan4	tshuan1	tshuan1	tshuan2	tshuan2
南充龙蟠	tʂuaŋ4	tʂuaŋ4	tʂuaŋ4	tʂuaŋ4	tʂhuaŋ1	tʂhuaŋ1	tʂhuaŋ2	tʂhuaŋ2
岳池	tsuan4	tsuan4	tsuan4	tsuan4	tshuan1	tshuan1	tshuan2	tshuan2
广安	tsuan4	tsuan4	tsuan4	tsuan4	tshuan1	tshuan1	tshuan2	tshuan2
邻水	tsuan4	tsuan4	tsuan4	tsuan4	tshuan1	tshuan1	tshuan2	tshuan2
南江	tʂuan4	tʂuan4	tʂuan4	tʂuan4	tʂhuan1	tʂhuan1	tʂhuan2	tʂhuan2
巴中	tʂuan4	tʂuan4	tʂuan4	tʂuan4	tʂhuan1	tʂhuan1	tʂhuan2	tʂhuan2
通江	tʂuan4	tʂuan4	tʂuan4	tʂuan4	tʂhuan1	tʂhuan1	tʂhuan2	tʂhuan2
平昌	tʂuan4	tʂuan4	tsuan4	tʂuan4	tʂhuan1	tʂhuan1	tʂhuan2	tʂhuan2
万源	tʂuan4	tʂuan4	tʂuan4	tʂuan4	tʂhuan1	tʂhuan1	tʂhuan2	tʂhuan2
宣汉	tsuan4	tsuan4	tsuan4	tsuan4	tshuan1	tshuan1	tshuan2	tshuan2
达州	tsuan4	tsuan4	tsuan4	tsuan4	tshuan1	tshuan1	tshuan2	tshuan2
开江	tsuan4	tsuan4	tsuan4	tsuan4	tshuan1	tshuan1	tshuan2	tshuan2
渠县	tsuan4	tsuan4	tsuan4	tsuan4	tshuan1	tshuan1	tshuan2	tshuan2
宜宾	tsuan4	tsuan4	tsuan4	tsuan4	tshuan1	tshuan1	tshuan2	tshuan2
古蔺	tsuæ4	tsuæ4	tsuæ4	tsuæ4	tshuæ1	tshuæ1	tshuæ2	tshuæ2
长宁	tsuan4	tsuan4	tsuan4	tsuan4	tshuan1	tshuan1	tshuan2	tshuan2
顾县	tsuan4	tsuan4	tsuan4	tsuan4	tshuan1	tshuan1	tshuan2	tshuan2
成都龙泉	tshan4	tsɔn4	tsɔn4	tsɔn4	tshɔn1	tshɔn1	tshɔn2	tshɔn2

字目	船	喘	串	闩门闩	软	官	观参观	冠衣冠
反切	食川	昌兖	尺绢	数还	而兖	古丸	古丸	古丸
声韵调	山合三船仙平	山合三昌仙上	山合三昌仙去	山合二生删平	山合三日仙上	山合一见桓平	山合一见桓平	山合一见桓平
中古音	ʑiuɛn	tɕʰiuɛn:	tɕʰiuɛn-	ʃyuan	n̠ʑiuɛn:	kuɑn	kuɑn	kuɑn
广元	tʂhuan2	tʂhuai3	tʂhuan4	ʂuan1	zuan3	kuan1	kuan1	kuan1
平武	tshuan2	tshuai3	tshuan4	suan4	zuan3	kuan1	kuan1	kuan1
青川	tshuan2	tshuai3	tshuan4	suan1	zuan3	kuan1	kuan1	kuan1
剑阁普安	tʂhuan2	tʂhuai3	tʂhuan4	ʂuan1	zuan3	kuan1	kuan1	kuan1
剑阁金仙	tʂhuan2	tʂhuai3	tʂhuan4	ʂuan1	zuan3	kuan1	kuan1	kuan1
旺苍	tʂhuan2	tʂhuai3	tʂhuan4	ʂuan4	zuan3	kuan1	kuan1	kuan1
苍溪	tʂhuan2	tʂhuan3 tʂhuai3 口	tʂhuan4	ʂuan4 phie2 俗[1]	zuan3	kuan1	kuan1	kuan1
江油	tshuan2	tshuai3	tshuan4	suan4	zuan3	kuan1	kuan1	kuan1
北川	tshuan2	tshuai3	tshuan4	suan1	zuan3	kuan1	kuan1	kuan1
绵阳	tshuan2	tshuai3	tshuan4	suan1	zuan3	kuan1	kuan1	kuan1
盐亭	tshuan2	tshuan3	tshuan4	suan4	zuan3	kuan1	kuan1	kuan1
德阳	tshuan2	tshuan3 tshuai3 口	tshuan4	suan1 phie2 俗[1]	zuan3	kuan1	kuan1	kuan1
中江	tsuan2	tshuan3 tshuai3 口	tshuan4	suan4 phie2 俗[1]	zuan3	kuan1	kuan1	kuan1
射洪	tshuan2	tshuan3 tshuai3 口	tshuan4	suan1 phie2 俗[1]	zuan3	kuan1	kuan1	kuan1
蓬溪	tshuan2	tshuan3 tshuai3 口	tshuan4	suan1 phie2 俗[1]	zuan3	kuan1	kuan1	kuan1
遂宁	tshuan2	tshuan3 tshuai3 口	tshuan4	suan4 phie2 俗[1]	zuan3	kuan1	kuan1	kuan1
乐至	tshuan2	tshuan3 tshuai3 口	tshuan4	suan4	zuan3	kuan1	kuan1	kuan1
安岳	tshuan2	tshuai3	tshuan4	suan4	zuan3	kuan1	kuan1	kuan1
仪陇	tshuan2	tshuai3	tshuan4	suan4	zuan3	kuan1	kuan1	kuan1
西充	tshuan2	tshuai3	tshuan4	suan4	zuan3	kuan1	kuan1	kuan1

---

① "别"的训读。皮列切，山开三並薛入。

字目	船	喘	串	闩门闩	软	官	观参观	冠衣冠
反切	食川	昌兖	尺绢	数还	而兖	古丸	古丸	古丸
声韵调	山合三 船仙平	山合三 昌仙上	山合三 昌仙去	山合二 生删平	山合三 日仙上	山合一 见桓平	山合一 见桓平	山合一 见桓平
中古音	ziuɐn	tɕhiuɐn:	tɕhiuɐn-	ʃyuan	n̠ziuɐn:	kuɑn	kuɑn	kuɑn
蓬安	tshuan2	tshuai3	tshuan4	suan4	zuan3	kuan1	kuan1	kuan1
南充金台	tshuan2	tshuai3	tshuan4	suan1	zuan3	kuan1	kuan1	kuan1
南充龙蟠	tʂhuaŋ2	tʂhuaŋ3 tshuai3 口	tʂhuaŋ4	ʂuan4	ʐuaŋ3	kuan1	kuan1	kuan1
岳池	tshuan2	tʂhuan3 tshuai3 口	tshuan4	suan4	zuan3	kuan1	kuan1	kuan1
广安	tshuan2	tʂhuan3 tshuai3 口	tshuan4	suan4	zuan3	kuan1	kuan1	kuan1
邻水	tshuan2	tʂhuan3 tshuai3 口	tshuan4	suan4	zuan3	kuan1	kuan1	kuan1
南江	tʂhuan2	tʂhuan3 tʂhuai3 口	tʂhuan4	ʂuan4 phie2 俗①	ʐuan3	kuan1	kuan1	kuan1
巴中	tʂhuan2	tʂhuan3 tʂhuai3 口	tʂhuan4	ʂuan4 phie2 俗①	ʐuan3	kuan1	kuan1	kuan1
通江	tʂhuan2	tʂhuan3 tʂhuai3 口	tʂhuan4	ʂuan1 phie2 俗①	ʐuan3	kuan1	kuan1	kuan1
平昌	tʂhuan2	tʂhuan3 tʂhuai3 口	tʂhuan4	ʂuan4 phie2 俗①	ʐuan3	kuan1	kuan1	kuan1
万源	tʂhuan2	tʂhuai3	tʂhuan4	tʂhuan2	ʐuan3	kuan1	kuan1	kuan1
宣汉	tshuan2	tshuai3	tshuan4	tshuan2	zuan3	kuan1	kuan1	kuan1
达州	tshuan2	tshuai3	tshuan4	suan1	zuan3	kuan1	kuan1	kuan1
开江	tshuan2	tshuai3	tshuan4	suan1	zuan3	kuan1	kuan1	kuan1
渠县	tshuan2	tshuai3	tshuan4	suan4	zuan3	kuan1	kuan1	kuan1
宜宾	tshuan2	tshuai3	tshuan4	suan1 phie5 俗①	zuan3	kuan1	kuan1	kuan1
古蔺	tshuæ2	tshuæ3 tshuai3 口	tshuæ4	suæ1 phie2 俗①	zuæ3	kuæ1	kuæ1	kuæ1
长宁	tshuan2	tshuai3	tshuan4	suan4	zuan3	kuan1	kuan1	kuan1
顾县	tshuan2	tshuai3	tshuan4	suan1	yɛn3	kuan1	kuan1	kuan1
成都龙泉	tshɔn2	tshɔn3 tshuai3 口	tshɔn4	sɔn4 phie2 俗①	iɔn3	kɔn1	kɔn1	kɔn1

---

① "别"的训读。皮列切，山开三并薛入。

字目	关	管	馆	贯	灌	罐	观_{寺观}	冠_{冠军}
反切	古还	古满	*古缓	古玩	古玩	古玩	古玩	古玩
声韵调	山合二见删平	山合一见桓上	山合一见桓上	山合一见桓去	山合一见桓去	山合一见桓去	山合一见桓去	山合一见桓去
中古音	kɣuan	kuan:	kuan:	kuan-	kuan-	kuan-	kuan-	kuan-
广元	kuan1	kuan3	kuan3	kuan4	kuan4	kuan4	kuan4	kuan4
平武	kuan1	kuan3	kuan3	kuan4	kuan4	kuan4	kuan4	kuan4
青川	kuan1	kuan3	kuan3	kuan4	kuan4	kuan4	kuan4	kuan4
剑阁_{普安}	kuan1	kuan3	kuan3	kuan4	kuan4	kuan4	kuan4	kuan4
剑阁_{金仙}	kuan1	kuan3	kuan3	kuan4	kuan4	kuan4	kuan4	kuan4
旺苍	kuan1	kuan3	kuan3	kuan4	kuan4	kuan4	kuan4	kuan4
苍溪	kuan1	kuan3	kuan3	kuan4	kuan4	kuan4	kuan4	kuan4
江油	kuan1	kuan3	kuan3	kuan4	kuan4	kuan4	kuan4	kuan4
北川	kuan1	kuan3	kuan3	kuan4	kuan4	kuan4	kuan4	kuan4
绵阳	kuan1	kuan3	kuan3	kuan4	kuan4	kuan4	kuan4	kuan4
盐亭	kuan1	kuan3	kuan3	kuan4	kuan4	kuan4	kuan4	kuan4
德阳	kuan1	kuan3	kuan3	kuan4	kuan4	kuan4	kuan4	kuan4
中江	kuan1	kuan3	kuan3	kuan4	kuan4	kuan4	kuan4	kuan4
射洪	kuan1	kuan3	kuan3	kuan4	kuan4	kuan4	kuan4	kuan4
蓬溪	kuan1	kuan3	*kuan3	kuan4	kuan4	kuan4	kuan4	kuan4
遂宁	kuan1	kuan3	kuan3	kuan4	kuan4	kuan4	kuan4	kuan4
乐至	kuan1	kuan3	kuan3	kuan4	kuan4	kuan4	kuan4	kuan4
安岳	kuan1	kuan3	kuan3	kuan4	kuan4	kuan4	kuan4	kuan4
仪陇	kuan1	kuan3	kuan3	kuan4	kuan4	kuan4	kuan4	kuan4
西充	kuan1	kuan3	kuan3	kuan4	kuan4	kuan4	kuan4	kuan4

字目	关	管	馆	贯	灌	罐	观寺观	冠冠军
反切	古还	古满	*古缓	古玩	古玩	古玩	古玩	古玩
声韵调	山合二见删平	山合一见桓上	山合一见桓上	山合一见桓去	山合一见桓去	山合一见桓去	山合一见桓去	山合一见桓去
中古音	kɣuan	kuan:	kuan:	kuan-	kuan-	kuan-	kuan-	kuan-
蓬安	kuan1	kuan3	kuan3	kuan4	kuan4	kuan4	kuan4	kuan4
南充金台	kuan1	kuan3	kuan3	kuan4	kuan4	kuan4	kuan4	kuan4
南充龙蟠	kuan1	kuaŋ3	kuaŋ3	kuaŋ4	kuaŋ4	kuaŋ4	kuaŋ4	kuaŋ4
岳池	kuan1	kuan3	kuan3	kuan4	kuan4	kuan4	kuan4	kuan4
广安	kuan1	kuan3	kuan3	kuan4	kuan4	kuan4	kuan4	kuan4
邻水	kuan1	kuan3	kuan3	kuan4	kuan4	kuan4	kuan4	kuan4
南江	kuan1	kuan3	kuan3	kuan4	kuan4	kuan4	kuan4	kuan4
巴中	kuan1	kuan3	kuan3	kuan4	kuan4	kuan4	kuan4	kuan4
通江	kuan1	kuan3	kuan3	kuan4	kuan4	kuan4	kuan4	kuan4
平昌	kuan1	kuan3	kuan3	kuan4	kuan4	kuan4	kuan4	kuan4
万源	kuan1	kuan3	kuan3	kuan4	kuan4	kuan4	kuan4	kuan4
宣汉	kuan1	kuan3	kuan3	kuan4	kuan4	kuan4	kuan4	kuan4
达州	kuan1	kuan3	kuan3	kuan4	kuan4	kuan4	kuan4	kuan4
开江	kuan1	kuan3	kuan3	kuan4	kuan4	kuan4	kuan4	kuan4
渠县	kuan1	kuan3	kuan3	kuan4	kuan4	kuan4	kuan4	kuan4
宜宾	kuan1	kuan3	kuan3	kuan4	kuan4	kuan4	kuan4	kuan4
古蔺	kuæ1	kuæ3	kuæ3	kuæ4	kuæ4	kuæ4	kuæ4	kuæ4
长宁	kuan1	kuan3	kuan3	kuan4	kuan4	kuan4	kuan4	kuan4
顾县	kuan1	kuan3	kuan3	kuan4	kuan4	kuan4	kuan4	kuan4
成都龙泉	kɔn1	kɔn3	kɔn3	kɔn4	kɔn4	kɔn4	kɔn4	kɔn4

字目	惯	宽	款	欢	还还原	环	缓	唤
反切	古患	苦官	苦管	呼官	户关	户关	胡管	火贯
声韵调	山合二 见删去	山合一 溪桓平	山合一 溪桓上	山合一 晓桓平	山合二 匣删平	山合二 匣删平	山合一 匣桓上	山合一 晓桓去
中古音	kɣuan-	khuan	khuan:	huan	ɦɣuan	ɦɣuan	ɦuan:	huan-
广元	kuan4	khuan1	khuan3	xuan1	xuan2	xuan2	xuan3	xuan4
平武	kuan4	khuan1	khuan3	xuan1	xuan2	xuan2	xuan3	xuan4
青川	kuan4	khuan1	khuan3	xuan1	xuan2	xuan2	xuan3	xuan4
剑阁普安	kuan4	khuan1	khuan3	xuan1	xuan2	xuan2	xuan3	xuan4
剑阁金仙	kuan4	khuan1	khuan3	xuan1	xuan2	xuan2	xuan3	xuan4
旺苍	kuan4	khuan1	khuan3	xuan1	xuan2	xuan2	xuan3	xuan4
苍溪	kuan4	khuan1	khuan3	xuan1	xuan2	xuan2	xuan3	xuan4
江油	kuan4	khuan1	khuan3	xuan1	xuan2	xuan2	xuan3	xuan4
北川	kuan4	khuan1	khuan3	xuan1	xuan2	xuan2	xuan3	xuan4
绵阳	kuan4	khuan1	khuan3	xuan1	xuan2	xuan2	xuan3	xuan4
盐亭	kuan4	khuan1	khuan3	xuan1	xuan2	xuan2	xuan3	xuan4
德阳	kuan4	khuan1	khuan3	xuan1	xuan2	xuan2	xuan3	xuan4
中江	kuan4	khuan1	khuan3	fan1	uan2	uan2	fan3	fan4
射洪	kuan4	khuan1	khuan3	xuan1	fan2	xuan2	fan3	xuan4
蓬溪	kuan4	khuan1	khuan3	xuan1	xuan2	xuan2	xuan3	xuan4
遂宁	kuan4	khuan1	khuan3	fan1	fan2	fan2	fan3	fan4
乐至	kuan4	khuan1	khuan3	fan1	fan2	fan2	fan3	fan4
安岳	kuan4	khuan1	khuan3	xuan1	xuan2	xuan2	xuan3	xuan4
仪陇	kuan4	khuan1	khuan3	fan1	fan2	fan2	fan3	fan4
西充	kuan4	khuan1	khuan1	xuan1	xuan2	xuan2	xuan3	xuan4

字目	惯	宽	款	欢	还还原	环	缓	唤
反切	古患	苦官	苦管	呼官	户关	户关	胡管	火贯
声韵调	山合二见删去	山合一溪桓平	山合一溪桓上	山合一晓桓平	山合二匣删平	山合二匣删平	山合一匣桓上	山合一晓桓去
中古音	kɣuan-	khuan	khuan:	huan	ɦɣuan	ɦɣuan	ɦuan:	huan-
蓬安	kuan4	khuan1	khuan3	fan1	fan2	fan2	fan3	fan4
南充金台	kuan4	khuan1	khuan3	xuan1	xuan2	xuan2	xuan3	xuan4
南充龙蟠	kuan4	khuaŋ1	khuan3	xuaŋ1	xuan2	xuan2	xuaŋ3	xuaŋ4
岳池	kuan4	khuan1	khuan3	xuan1	xuan2	xuan2	xuan3	xuan4
广安	kuan4	khuan1	khuan3	xuan1	xuan2	xuan2	xuan3	xuan4
邻水	kuan4	khuan1	khuan3	xuan1	xuan2	xuan2	xuan3	xuan4
南江	kuan4	khuan1	khuan3	xuan1	xuan2	xuan2	xuan3	xuan4
巴中	kuan4	khuan1	khuan3	xuan1	xuan2	xuan2	xuan3	xuan4
通江	kuan4	khuan1	khuan3	xuan1	xuan2	xuan2	xuan3	xuan4
平昌	kuan4	khuan1	khuan3	xuan1	xuan2	xuan2	xuan3	xuan4
万源	kuan4	khuan1	khuan3	xuan1	xuan2	xuan2	xuan3	kuan4
宣汉	kuan4	khuan1	khuan3	fan1	fan2	fan2	xuan3	fan4
达州	kuan4	khuan1	khuan3	xuan1	xuan2	xuan2	xuan3	xuan4
开江	kuan4	khuan1	khuan3	xuan1	xuan2	xuan2	xuan3	xuan4
渠县	kuan4	khuan1	khuan3	xuan1	xuan2	xuan2	xuan3	xuan4
宜宾	kuan4	khuan1	khuan3	xuan1	xuan2	xuan2	xuan3	xuan4
古蔺	kuæ4	khuæ1	khuæ3	xuæ1	xuæ2	xuæ2	xuæ3	xuæ4
长宁	kuan4	khuan1	khuan3	xuan1	xuan2	xuan2	xuan3	xuan4
顾县	kuan4	khuan1	khuan3	fan1	fan2	fan2	fan3	fan4
成都龙泉	kɔn4	khɔn1	khɔn3	fɔn1	van2	fan2	fan3	xɔn4

字目	焕	换	幻	患	豌	弯	湾	完
反切	火贯	胡玩	胡辨	胡惯	一丸	乌关	乌关	胡官
声韵调	山合一晓桓去	山合一匣桓去	山合二匣山去	山合二匣删去	山合一影桓平	山合二影删平	山合二影删平	山合一匣桓平
中古音	huɑn-	ɦuɑn-	ɦɣuɛn-	ɦɣuan-	ʔuɑn	ʔɣuan	ʔɣuan	ɦuɑn
广元	xuan4	xuan4	xuan4	xuan4	uan1	uan1	uan1	uan2
平武	xuan4	xuan4	xuan4	xuan4	uan1	uan1	uan1	uan2
青川	xuan4	xuan4	xuan4	xuan4	uan1	uan1	uan1	uan2
剑阁普安	xuan4	xuan4	xuan4	xuan4	uan1	uan1	uan1	uan2
剑阁金仙	xuan4	xuan4	xuan4	xuan4	uan1	uan1	uan1	uan2
旺苍	xuan4	xuan4	xuan4	xuan4	uan1	uan1	uan1	uan2
苍溪	xuan4	xuan4	xuan4	xuan4	uan1	uan1	uan1	uan2
江油	xuan4	xuan4	xuan4	xuan4	uan1	uan1	uan1	uan2
北川	xuan4	xuan4	xuan4	xuan4	uan1	uan1	uan1	uan2
绵阳	xuan4	xuan4	xuan4	xuan4	uan1	uan1	uan1	uan2
盐亭	xuan4	xuan4	xuan4	xuan4	uan1	uan1	uan1	uan2
德阳	xuan4	xuan4	xuan4	xuan4	uan1	uan1	uan1	uan2
中江	fan4	fan4	fan4	fan4	uan1	uan1	uan1	uan2
射洪	xuan4	xuan4	xuan4	xuan4	uan1	uan1	uan1	uan2
蓬溪	xuan4	xuan4	xuan4	xuan4	uan1	uan1	uan1	uan2
遂宁	fan4	fan4	fan4	fan4	uan1	uan1	uan1	uan2
乐至	fan4	fan4	fan4	fan4	uan1	uan1	uan1	uan2
安岳	xuan4	xuan4	xuan4	xuan4	uan1	uan1	uan1	uan2
仪陇	fan4	fan4	fan4	fan4	uan1	uan1	uan1	uan2
西充	xuan4	xuan4	xuan4	xuan4	uan1	uan1	uan1	uan2

字目	焕	换	幻	患	豌	弯	湾	完
反切	火贯	胡玩	胡辨	胡惯	一丸	乌关	乌关	胡官
声韵调	山合一晓桓去	山合一匣桓去	山合二匣山去	山合二匣删去	山合一影桓平	山合二影删平	山合二影删平	山合一匣桓平
中古音	huɑn⁻	ɦuɑn⁻	ɦɣuɛn⁻	ɦɣuɑn⁻	ʔuɑn	ʔɣuan	ʔɣuan	ɦuɑn
蓬安	fan4	fan4	fan4	fan4	uan1	uan1	uan1	uan2
南充金台	xuan4	kuan4	kuan4	kuan4	uan1	uan1	uan1	uan2
南充龙蟠	xuaŋ4	xuaŋ4	xuaŋ4	xuaŋ4	uan1	uan1	uan1	uan2
岳池	xuan4	xuan4	xuan4	xuan4	uan1	uan1	uan1	uan2
广安	xuan4	xuan4	xuan4	xuan4	uan1	uan1	uan1	uan2
邻水	xuan4	xuan4	xuan4	xuan4	uan1	uan1	uan1	uan2
南江	xuan4	xuan4	xuan4	xuan4	uan1	uan1	uan1	uan2
巴中	xuan4	xuan4	xuan4	xuan4	uan1	uan1	uan1	uan2
通江	xuan4	xuan4	xuan4	xuan4	uan1	uan1	uan1	uan2
平昌	xuan4	xuan4	xuan4	xuan4	uan1	uan1	uan1	uan2
万源	xuan4	xuan4	xuan4	xuan4	uan1	uan1	uan1	uan2
宣汉	fan4	fan4	fan4	xuan4	uan1	uan1	uan1	uan2
达州	xuan4	xuan4	xuan4	xuan4	uan1	uan1	uan1	uan2
开江	xuan4	xuan4	xuan4	xuan4	uan1	uan1	uan1	uan2
渠县	xuan4	xuan4	xuan4	xuei4	uan1	uan1	uan1	uan2
宜宾	xuan4	xuan4	xuan4	xuan4	uan1	uan1	uan1	uan2
古蔺	xuæ4	xuæ4	xuæ4	xuæ4	uæ1	uæ1	uæ1	uæ2
长宁	xuan4	xuan4	xuan4	xuan4	uan1	uan1	uan1	uan2
顾县	fan4	fan4	fan4	fan4	uan1	uan1	uan1	uan2
成都龙泉	xuan4	xɔn4	fan4	fan4	van1	van1	van1	van2

字目	丸	碗	顽	晚	挽	玩	婉	惋
反切	胡官	乌管	吴鳏	无远	无远	五换	于阮	乌贯
声韵调	山合一匣桓平	山合一影桓上	山合二疑山平	山合三微元上	山合三微元上	山合一疑桓去	山合三影元上	山合一影桓去
中古音	ɦuɑn	ʔuɑn:	ŋɣuɛn	mʉɐn:	mʉɐn:	ŋuɑn-	ʔʉɐn:	ʔuɑn-
广元	uan2	uan3	uan2	uan3	uan3	uan2	uan3	uan3
平武	uan2	uan3	uan2	uan3	uan3	uan2	uan3	uan3
青川	uan2	uan3	uan2	uan3	uan3	uan2	uan3	uan3
剑阁普安	uan2	uan3	uan2	uan3	uan3	uan2	uan3	uan3
剑阁金仙	uan2	uan3	uan2	uan3	uan3	uan2	uan3	uan3
旺苍	uan2	uan3	uan2	uan3	uan3	uan2	uan3	uan3
苍溪	yɛn2[①] uan2	uan3	uan2	uan3	uan3	uan2	uan3	uan3
江油	uan2	uan3	uan2	uan3	uan3	uan2	uan3	uan3
北川	uan2	uan3	uan2	uan3	uan3	uan2	uan3	uan3
绵阳	uan2	uan3	uan2	uan3	uan3	uan2	uan3	uan3
盐亭	uan2	uan3	uan2	uan3	uan3	uan2	uan3	uan3
德阳	uan2	uan3	uan2	uan3	uan3	uan2	uan3	uan3
中江	uan2	uan3	uan2	uan3	uan3	uan2	uan3	uan3
射洪	uan2	uan3	uan2	uan3	uan3	uan2	uan3	uan3
蓬溪	uan2	uan3	uan2	uan3	uan3	uan2	uan3	uan3
遂宁	uan2	uan3	uan2	uan3	uan3	uan2	uan3	uan3
乐至	uan2	uan3	uan2	uan3	uan3	uan2	uan3	uan3
安岳	yɛn2[①]	uan3	uan2	uan3	uan3	uan2	uan3	uan3
仪陇	uan2	uan3	uan2	uan3	uan3	uan2	uan3	uan3
西充	yɛn2[①]	uan3	uan2	uan3	uan3	uan2	uan3	uan3

---

① "圆"的训读。王权切，山开三云仙平。

字目	丸	碗	顽	晚	挽	玩	婉	愪
反切	胡官	乌管	吴鳏	无远	无远	五换	于阮	乌贯
声韵调	山合一匣桓平	山合一影桓上	山合二疑山平	山合三微元上	山合三微元上	山合一疑桓去	山合三影元上	山合一影桓去
中古音	ɦuɑn	ʔuɑn:	ŋɣuɛn	mʉɐn:	mʉɐn:	ŋuɑn-	ʔʉɐn:	ʔuɑn-
蓬安	yɛn2①	uan3	uan2	uan3	uan3	uan2	uan3	uan3
南充金台	yɛn2①	uan3	uan2	uan3	uan3	uan2	uan3	uan3
南充龙蟠	uan2 yɛn2①	uaŋ3	uan2	uan3	uan3	uan2	uan3	uan3
岳池	yɛn2①	uan3	uan2	uan3	uan3	uan2	uan3	uan3
广安	yɛn2①	uan3	uan2	uan3	uan3	uan2	uan3	uan3
邻水	uan2	uan3	uan2	uan3	uan3	uan2	uan3	uan3
南江	yɛn2① uan2	uan3	uan2	uan3	uan3	uan2	uan3	uan3
巴中	yɛn2① uan2	uan3	uan2	uan3	uan3	uan2	uan3	uan3
通江	yɛn2① uan2	uan3	uan2	uan3	uan3	uan2	uan3	uan3
平昌	yɛn2① uan2	uan3	uan4 uan2	uan3	uan3	uan4 uan2	uan3	uan3
万源	yɛn2①	uan3	uan2	uan3	uan3	uan2	uan3	uan3
宣汉	yɛn2①	uan3	uan2	uan3	uan3	uan2	uan3	uan3
达州	uan2	uan3	uan2	uan3	uan3	uan2	uan3	uan3
开江	yɛn2①	uan3	uan2	uan3	uan3	uan2	uan3	uan3
渠县	uan2	uan3	uan2	uan3	uan3	uan2	uan3	uan3
宜宾	yai2① uan2	uan3	uan2	uan3	uan3	uan2	uan3	uan3
古蔺	yæ2① uæ2	uæ3	uæ2	uæ3	uæ3	uæ2	uæ3	uæ3
长宁	yan2①	uan3	uan2	uan3	uan3	uan2	uan3	uan3
顾县	yɛn2①	uan3	uan2	uan3	uan3	uan2	uan3	uan3
成都龙泉	yɛn2① van2	vɔn3	van2	van3	van3	van2	van3	van3

① "圆"的训读。王权切,山开三云仙平。

字目	腕	万	捐①	卷卷起	眷	卷书卷	绢	倦
反切	乌贯	无贩		居转	居倦	居倦	吉掾	渠卷
声韵调	山合一影桓去	山合三微元去	*山合三A见仙平	山合三B见仙上	山合三B见仙去	山合三B见仙去	山合三A见仙去	山合三B群仙去
中古音	ʔuɑn-	muɐn-	*kiuɛn	kɣiuɛn:	kɣiuɛn-	kɣiuɛn-	kiuɛn-	gɣiuɛn-
广元	uan3	uan4	tɕɥɛn1	tɕɥɛn3	tɕɥɛn4	tɕɥɛn4	tɕɥɛn1	tɕɥɛn4
平武	uan3	uan4	tɕɥɛn1	tɕɥɛn3	tɕɥɛn1	tɕɥɛn4	tɕɥɛn1	tɕɥɛn4
青川	uan3	uan4	tɕɥɛn1	tɕɥɛn3	tɕɥɛn4	tɕɥɛn4	tɕɥɛn1	tɕɥɛn4
剑阁普安	uan3	uan4	tɕɥɛn1	tɕɥɛn3	tɕɥɛn4	tɕɥɛn4	tɕɥɛn1	tɕɥɛn4
剑阁金仙	uan3	uan4	tɕɥe1	tɕɥe3	tɕɥe4	tɕɥe4	tɕɥe1	tɕɥe4
旺苍	uan3	uan4	tɕɥɛn1	tɕɥɛn3	tɕɥɛn4	tɕɥɛn4	tɕɥɛn1	tɕɥɛn4
苍溪	uan3	uan4	tɕɥɛn1	tɕɥɛn3	tɕɥɛn4	tɕɥɛn4	tɕɥɛn1	tɕɥɛn4
江油	uan3	uan4	tɕɥɛn1	tɕɥɛn3	tɕɥɛn4	tɕɥɛn4	tɕɥɛn1	tɕɥɛn4
北川	uan3	uan4	tɕɥɛn1	tɕɥɛn3	tɕɥɛn4	tɕɥɛn4	tɕɥɛn1	tɕɥɛn4
绵阳	uan3	uan4	tɕɥɛn1	tɕɥɛn3	tɕɥɛn4	tɕɥɛn4	tɕɥɛn1	tɕɥɛn4
盐亭	uan3	uan4	tɕɥɛn1	tɕɥɛn3	tɕɥɛn4	tɕɥɛn4	tɕɥɛn1	tɕɥɛn4
德阳	uan3	uan4	tɕɥɛn1	tɕɥɛn3	tɕɥɛn4	tɕɥɛn4	tɕɥɛn1	tɕɥɛn4
中江	uan3	uan4	tɕiɛn1	tɕɥɛn3	tɕɥɛn4	tɕɥɛn4	tɕɥɛn1	tɕɥɛn4
射洪	uan3	uan4	tɕɥɛn1	tɕɥɛn3	tɕɥɛn4	tɕɥɛn4	tɕɥɛn1	tɕɥɛn4
蓬溪	uan3	uan4	tɕɥɛn1	tɕɥɛn3	tɕɥɛn4	tɕɥɛn4	tɕɥɛn1	tɕɥɛn4
遂宁	uan3	uan4	tɕɥɛn1	tɕɥɛn3	tɕɥɛn4	tɕɥɛn4	tɕɥɛn1	tɕɥɛn4
乐至	uan3	uan4	tɕɥɛn1	tɕɥɛn3	tɕɥɛn4	tɕɥɛn4	tɕɥɛn1	tɕɥɛn4
安岳	uan3	uan4	tɕɥɛn1	tɕɥɛn3	tɕɥɛn4	tɕɥɛn4	tɕɥɛn1	tɕɥɛn4
仪陇	uan3	uan4	tɕɥɛn1	tɕɥɛn3	tɕɥɛn4	tɕɥɛn4	tɕɥɛn1	tɕɥɛn4
西充	uan3	uan4	tɕɥɛn1	tɕɥɛn3	tɕɥɛn4	tɕɥɛn4	tɕɥɛn1	tɕɥɛn4

---

① 《广韵》与专切，山合三以仙平。《分韵撮要》：古母，鸳韵，阴平，捐小韵。弃也，委也。

字目	腕	万	捐①	卷卷起	眷	卷书卷	绢	倦
反切	乌贯	无贩		居转	居倦	居倦	吉掾	渠卷
声韵调	山合一影桓去	山合三微元去	*山合三A见仙平	山合三B见仙上	山合三B见仙去	山合三B见仙去	山合三A见仙去	山合三B群仙去
中古音	ʔuɑn-	mʉɐn-	*kiuɛn	kɣiuɛn:	kɣiuɛn-	kɣiuɛn-	kiuɛn-	gɣiuɛn-
蓬安	uan3	uan4	tɕyɛn1	tɕyɛn3	tɕyɛn4	tɕyɛn4	tɕyɛn1	tɕyɛn4
南充金台	uan3	uan4	tɕyɛn1	tɕyɛn3	tɕyɛn4	tɕyɛn4	tɕyɛn1	tɕyɛn4
南充龙蟠	uan3	uan4	tɕyɛn1	tɕyɛn3	tɕyɛn4	tɕyɛn4	tɕyɛn1	tɕyɛn4
岳池	uan3	uan4	tɕyɛn1	tɕyɛn3	tɕyɛn4	tɕyɛn4	tɕyɛn1	tɕyɛn4
广安	uan3	uan4	tɕyɛn1	tɕyɛn3	tɕyɛn4	tɕyɛn4	tɕyɛn1	tɕyɛn4
邻水	uan3	uan4	tɕyɛn1	tɕyɛn3	tɕyɛn4	tɕyɛn4	tɕyɛn1	tɕyɛn4
南江	uan3	uan4	tɕyɛn1	tɕyɛn3	tɕyɛn4	tɕyɛn4	tɕyɛn1	tɕyɛn4
巴中	uan1 uan3	uan4	tɕyɛn1	tɕyɛn3	tɕyɛn4	tɕyɛn4	tɕyɛn1	tɕyɛn4
通江	uan3	uan4	tɕyɛn1	tɕyɛn3	tɕyɛn4	tɕyɛn4	tɕyɛn1	tɕyɛn4
平昌	uan3	uan4	tɕyɛn1	tɕyɛn3	tɕyɛn4	tɕyɛn4	tɕyɛn1	tɕyɛn4
万源	uan3	uan4	tɕyɛn1	tɕyɛn3	tɕyɛn4	tɕyɛn4	tɕyɛn1	tɕyɛn4
宣汉	uan3	uan4	tɕyɛn1	tɕyɛn3	tɕyɛn4	tɕyɛn4	tɕyɛn1	tɕyɛn4
达州	uan3	uan4	tɕyɛn1	tɕyɛn3	tɕyɛn4	tɕyɛn4	tɕyɛn1	tɕyɛn4
开江	uan3	uan4	tɕyɛn1	tɕyɛn3	tɕyɛn4	tɕyɛn4	tɕyɛn1	tɕyɛn4
渠县	uan3	uan4	tɕyɛn1	tɕyɛn3	tɕyɛn4	tɕyɛn4	tɕyɛn1	tɕyɛn4
宜宾	uan3	uan4	tɕyai1	tɕyai3	tɕyai4	tɕyai4	tɕyai1	tɕyai4
古蔺	uæ3	uæ4	tɕye1	tɕye3	tɕye4	tɕye4	tɕye1	tɕye4
长宁	uan3	uan4	tɕyɛn1	tɕyɛn3	tɕyɛn4	tɕyɛn4	tɕyɛn1	tɕyɛn4
顾县	uan3	uan4	tɕyɛn1	tɕyɛn3	tɕyɛn4	tɕyɛn4	tɕyɛn1	tɕyɛn4
成都龙泉	vɔn3	van4	tɕyɛn1	tɕyɛn3	tɕyɛn4	tɕyɛn4	tɕyɛn1	tɕyɛn4

① 《广韵》与专切，山合三以仙平。《分韵撮要》：古母，鸳韵，阴平，捐小韵。弃也，委也。

字目	圈圆圈	泉	全	权	拳	犬	劝	券
反切	丘圆	疾缘	疾缘	巨员	巨员	苦泫	去愿	去愿
声韵调	山合三B 溪仙平	山合三 从仙平	山合三 从仙平	山合三B 群仙平	山合三B 群仙平	山合四 溪先上	山合三 溪元去	山合三 溪元去
中古音	khɣiuɛn	dziuɛn	dziuɛn	gɣiuɛn	gɣiuɛn	khwen:	khuɐn-	khuɐn-
广元	tɕhyɛn1	tʃhyɛn2	tʃhyɛn2	tɕhyɛn2	tɕhyɛn2	tɕhyɛn3	tɕhyɛn4	tɕyɛn4
平武	tɕyɛn1	tɕhyɛn2	tɕhyɛn2	tɕhyɛn2	tɕhyɛn2	tɕhyɛn3	tɕhyɛn4	tɕhyɛn4
青川	tɕhyɛn1	tɕhyɛn2	tɕhyɛn2	tɕhyɛn2	tɕhyɛn2	tɕhyɛn3	tɕhyɛn4	tɕyɛn4
剑阁普安	tɕhyɛn1	tʃhyɛn2	tʃhyɛn2	tɕhyɛn2	tɕhyɛn2	tɕhyɛn3	tɕhyɛn4	tɕyɛn4
剑阁金仙	tɕhye1	tshye2	tshye2	tɕhye2	tɕhye2	tɕhye3	tɕhye4	tɕye4
旺苍	tɕhyɛn1	tshyɛn2	tshyɛn2	tɕhyɛn2	tɕhyɛn2	tɕhyɛn3	tɕhyɛn4	tɕyɛn4
苍溪	tɕhyɛn1	tɕhyɛn2	tɕhyɛn2	tɕhyɛn2	tɕhyɛn2	tɕhyɛn3	tɕhyɛn4	tɕyɛn4
江油	tɕyɛn1	tɕhyɛn2	tɕhyɛn2	tɕhyɛn2	tɕhyɛn2	tɕhyɛn3	tɕhyɛn4	tɕyɛn4
北川	tɕyɛn1	tɕhyɛn2	tɕhyɛn2	tɕhyɛn2	tɕhyɛn2	tɕhyɛn3	tɕhyɛn4	tɕyɛn4
绵阳	tɕyɛn1	tɕhyɛn2	tɕhyɛn2	tɕhyɛn2	tɕhyɛn2	tɕhyɛn3	tɕhyɛn4	tɕyɛn4
盐亭	tɕyɛn1	tɕhyɛn2	tɕhyɛn2	tɕhyɛn2	tɕhyɛn2	tɕhyɛn3	tɕhyɛn4	tɕyɛn-
德阳	tɕhyɛn1	tɕhyɛn2	tɕhyɛn2	tɕhyɛn2	tɕhyɛn2	tɕhyɛn3	tɕhyɛn4	tɕyɛn4
中江	tɕhyɛn1	tɕhyɛn2	tɕhyɛn2	tɕyɛn2	tɕyɛn2	tɕhyɛn2	tɕhyɛn4	tɕyɛn4
射洪	tɕhyɛn1	tɕhyɛn2	tɕhyɛn2	tɕhyɛn2	tɕhyɛn2	tɕhyɛn3	tɕhyɛn4	tɕyɛn4
蓬溪	tɕhyɛn1	tɕhyɛn2	tɕhyɛn2	tɕhyɛn2	tɕhyɛn2	tɕhyɛn3	tɕhyɛn4	tɕyɛn4
遂宁	tɕhyɛn1	tɕhyɛn2	tɕhyɛn2	tɕhyɛn2	tɕhyɛn2	tɕhyɛn3	tɕhyɛn4	tɕyɛn4
乐至	tɕhyɛn1	tɕhyɛn2	tɕhyɛn2	tɕhyɛn2	tɕhyɛn2	tɕhyɛn3	tɕhyɛn4	tɕyɛn4
安岳	tɕhyɛn1	tɕhyɛn2	tɕhyɛn2	tɕhyɛn2	tɕhyɛn2	tɕhyɛn3	tɕhyɛn4	tɕyɛn4
仪陇	tɕhyɛn1	tɕhuan2	tɕhuan2	tɕhyɛn2	tɕhyɛn2	tɕhyɛn3	tɕhyɛn4	tɕyɛn4
西充	tɕhyɛn1	tɕhyɛn2	tɕhyɛn2	tɕhyɛn2	tɕhyɛn2	tɕhyɛn3	tɕhyɛn4	tɕyɛn4

字目	圈圆圈	泉	全	权	拳	犬	劝	券
反切	丘圆	疾缘	疾缘	巨员	巨员	苦泫	去愿	去愿
声韵调	山合三B 溪仙平	山合三 从仙平	山合三 从仙平	山合三B 群仙平	山合三B 群仙平	山合四 溪先上	山合三 溪元去	山合三 溪元去
中古音	khɣiuɛn	dziuɛn	dziuɛn	gɣiuɛn	gɣiuɛn	khwen:	khʉɐn-	khʉɐn-
蓬安	tɕhyɛn1	tɕhyɛn2	tɕhyɛn2	tɕhyɛn2	tɕhyɛn2	tɕhyɛn3	tɕhyɛn4	tɕyɛn4
南充金台	tɕhyɛn1	tɕhyɛn2	tɕhyɛn2	tɕhyɛn2	tɕhyɛn2	tɕhyɛn3	tɕhyɛn4	tɕyɛn4
南充龙蟠	tɕhyɛn1	tɕhyɛn2	tɕhyɛn2	tɕhyɛn2	tɕhyɛn2	tɕhyɛn3	tɕhyɛn4	tɕyɛn4
岳池	tɕhyɛn1	tɕhyɛn2	tɕhyɛn2	tɕhyɛn2	tɕhyɛn2	tɕhyɛn3	tɕhyɛn4	tɕyɛn4
广安	tɕhyɛn1	tɕhyɛn2	tɕhyɛn2	tɕhyɛn2	tɕhyɛn2	tɕhyɛn3	tɕhyɛn4	tɕyɛn4
邻水	tɕhyɛn1	tɕhyɛn2	tɕhyɛn2	tɕhyɛn2	tɕhyɛn2	tɕhyɛn3	tɕhyɛn4	tɕyɛn4
南江	tɕhyɛn1	tʃhyɛn2	tʃhyɛn2	tɕhyɛn2	tɕhyɛn2	tɕhyɛn3	tɕhyɛn4	tɕyɛn4
巴中	tɕhyɛn1	tʃhyɛn2	tʃhyɛn2	tɕhyɛn2	tɕhyɛn2	tɕhyɛn3	tɕhyɛn4	tɕyɛn4
通江	tɕhyɛn1	tʃhyɛn2	tʃhyɛn2	tɕhyɛn2	tɕhyɛn2	tɕhyɛn3	tɕhyɛn4	tɕyɛn4
平昌	tɕhyɛn1	tʃhyɛn2	tʃhyɛn2	tɕhyɛn2	tɕhyɛn2	tɕhyɛn3	tɕhyɛn4	tɕyɛn4
万源	tɕhyɛn1	tʃhyɛn2	tʃhyɛn2 tɕhyɛn2	tɕhyɛn2	tɕhyɛn2	tɕhyɛn3	tɕhyɛn4	tɕyɛn4
宣汉	tɕhyɛn1	tɕhyɛn2	tɕhyɛn2	tɕhyɛn2	tɕhyɛn2	tɕhyɛn3	tɕhyɛn4	tɕyɛn4
达州	tɕhyɛn1	tɕhyɛn2	tɕhyɛn2	tɕhyɛn2	tɕhyɛn2	tɕhyɛn3	tɕhyɛn4	tɕyɛn4
开江	tɕhyɛn1	tɕhyɛn2	tɕhyɛn2	tɕhyɛn2	tɕhyɛn2	tɕhyɛn3	tɕhyɛn4	tɕyɛn4
渠县	tɕhyɛn1	tɕhyɛn2	tɕhyɛn2	tɕhyɛn2	tɕhyɛn2	tɕhyɛn3	tɕhyɛn4	tɕyɛn4
宜宾	tɕhyai1	tɕhyai2	tɕhyai2	tɕhyai2	tɕhyai2	tɕhyai3	tɕhyai4	tɕyai4 tɕhyai4
古蔺	tɕhye1	tɕhye2	tɕhyæ2	tɕhye2	tɕhye2	tɕhyæ3	tɕhye4	tɕye4
长宁	tɕyɛn1	tɕhyɛn2	tɕhyɛn2	tɕhyɛn2	tɕhyɛn2	tɕhyɛn3	tɕhyɛn4	tɕyɛn4
顾县	tɕhyɛn1	tɕhyɛn2	tɕhyɛn2	tɕhyɛn2	tɕhyɛn2	tɕhyɛn3	tɕhyɛn4	tɕyɛn4
成都龙泉	tɕhyɛn1	tɕhyɛn2	tɕhyɛn2	tɕhyɛn2	tɕhyɛn2	tɕhiɛn3	tɕhyɛn4	tɕyɛn4

字目	轩	宣	旋旋转	玄	悬	癣	选	旋旋风
反切	虚言	须缘	似宣	胡涓	胡涓	息浅	思兖	辝恋
声韵调	山开三晓元平	山合三心仙平	山合三邪仙平	山合四匣先平	山合四匣先平	山开三心仙上	山合三心仙上	山合三邪仙去
中古音	hiɐn	siuɛn	ziuɛn	ɦiwen	ɦiwen	siɛn:	siuɛn:	ziuɛn-
广元	ɕyɛn1	ɕyɛn1	ʃyɛn2	ɕyɛn2	ɕyɛn2	ʃyɛn3	ʃyɛn3	ɕyɛn4
平武	ɕyɛn1	ɕyɛn1	ɕyɛn2	ɕyɛn2	ɕyɛn2	ɕyɛn3	ɕyɛn3	ɕyɛn4
青川	ɕyɛn1	ɕyɛn1	ɕyɛn2	ɕyɛn2	ɕyɛn2	ɕyɛn3	ɕyɛn3	ɕyɛn4
剑阁普安	ɕien1	ʃien1	ʃyɛn2	ɕyɛn2	ɕyɛn2	ʃyɛn3	ʃyɛn3	ʃyɛn4
剑阁金仙	ɕye1	sye1	sye2	ɕye2	ɕye2	sye3	sye3	sye4
旺苍	ɕyɛn1	syɛn1	syɛn2	ɕyɛn2	ɕyɛn2	syɛn3	syɛn3	syɛn4
苍溪	ɕyɛn1	syɛn1	ɕyɛn2	ɕyɛn2	ɕyɛn2	syɛn3	syɛn3	syɛn4
江油	ɕyɛn1	ɕyɛn1	ɕyɛn2	ɕyɛn2	ɕyɛn2	ɕyɛn3	ɕyɛn3	ɕyɛn4
北川	ɕyɛn1	ɕyɛn1	ɕyɛn2	ɕyɛn2	ɕyɛn2	ɕyɛn3	ɕyɛn3	ɕyɛn4
绵阳	ɕyɛn1	ɕyɛn1	ɕyɛn2	ɕyɛn2	ɕyɛn2	ɕyɛn3	ɕyɛn3	ɕyɛn4
盐亭	ɕyɛn1	ɕyɛn1	ɕyɛn2	ɕyɛn2	ɕyɛn2	ɕyɛn3	ɕyɛn3	ɕyɛn4
德阳	ɕyɛn1	ɕyɛn1	ɕyɛn2	ɕyɛn2	ɕyɛn2	ɕyɛn3	ɕyɛn3	ɕyɛn4
中江	ɕyɛn1	ɕyɛn1	ɕyɛn2	ɕyɛn2	ɕyɛn2	ɕien3	ɕien3	ɕyɛn4
射洪	ɕyɛn1	ɕyɛn1	ɕyɛn2	ɕyɛn2	ɕyɛn2	ɕyɛn3	ɕyɛn3	ɕyɛn4
蓬溪	ɕyɛn1	ɕyɛn1	ɕyɛn2	ɕyɛn2	ɕyɛn2	ɕyɛn3	ɕyɛn3	ɕyɛn4
遂宁	ɕyɛn1	ɕyɛn1	ɕyɛn2	ɕyɛn2	ɕyɛn2	ɕyɛn3	ɕyɛn3	ɕyɛn4
乐至	ɕyɛn1	ɕyɛn1	ɕyɛn2	ɕyɛn2	ɕyɛn2	ɕyɛn3	ɕyɛn3	ɕyɛn4
安岳	ɕyɛn1	ɕyɛn1	ɕyɛn2	ɕyɛn2	ɕyɛn2	ɕyɛn3	ɕyɛn3	ɕyɛn4
仪陇	ɕyɛn1	ɕyɛn1	ɕyɛn2	ɕyɛn2	ɕyɛn2	ɕyɛn3	ɕyɛn3	ɕyɛn4
西充	ɕyɛn1	ɕyɛn1	ɕyɛn2	ɕyɛn2	ɕyɛn2	ɕyɛn3	ɕyɛn3	ɕyɛn4

字目	轩	宣	旋旋转	玄	悬	癣	选	旋旋风
反切	虚言	须缘	似宣	胡涓	胡涓	息浅	思兖	辝恋
声韵调	山开三晓元平	山合三心仙平	山合三邪仙平	山合四匣先平	山合四匣先平	山开三心仙上	山合三心仙上	山合三邪仙去
中古音	hiɐn	siuɐn	ziuɐn	ɦiwen	ɦiwen	siɐn:	siuɐn:	ziuɐn-
蓬安	ɕyɛn1	ɕyɛn1	ɕyɛn2	ɕyɛn2	ɕyɛn2	ɕyɛn3	ɕyɛn3	ɕyɛn4
南充金台	ɕyɛn1	ɕyɛn1	ɕyɛn2	ɕyɛn2	ɕyɛn2	ɕyɛn3	ɕyɛn3	ɕyɛn4
南充龙蟠	ɕyɛn1	ɕyɛn1	ɕyɛn2	ɕyɛn2	ɕyɛn2	ɕyɛn3	ɕyɛn3	ɕyɛn4
岳池	ɕyɛn1	ɕyɛn1	ɕyɛn2	ɕyɛn2	ɕyɛn2	ɕyɛn3	ɕyɛn3	ɕyɛn4
广安	ɕyɛn1	ɕyɛn1	ɕyɛn2	ɕyɛn2	ɕyɛn2	ɕyɛn3	ɕyɛn3	ɕyɛn4
邻水	ɕyɛn1	ɕyɛn1	ɕyɛn2	ɕyɛn2	ɕyɛn2	ɕyɛn3	ɕyɛn3	ɕyɛn4
南江	ɕyɛn1	ʃyɛn1	ʃyɛn2	ɕyɛn2	ɕyɛn2	ʃyɛn3	ʃyɛn3	ʃyɛn4
巴中	ɕyɛn1	ʃyɛn1	ʃyɛn2	ɕyɛn2	ɕyɛn2	ʃyɛn3	ʃyɛn3	ʃyɛn4
通江	ɕyɛn1	ʃyɛn1	ʃyɛn2	ɕyɛn2	ɕyɛn2	ʃyɛn3	ʃyɛn3	ʃyɛn4
平昌	ʃyɛn1	ʃyɛn1	ʃyɛn2	ɕyɛn2	ɕyɛn2	ʃyɛn3	ʃyɛn3	ʃyɛn4
万源	ɕyɛn1	ʃyɛn1	ʃyɛn2	ɕyɛn2	ɕyɛn2	ʃyɛn3	ʃyɛn3	ʃyɛn4
宣汉	ɕyɛn1	ɕyɛn1	ɕyɛn2	ɕyɛn2	ɕyɛn2	ɕyɛn3	ɕyɛn3	ɕyɛn4
达州	ɕyɛn1	ɕyɛn1	ɕyɛn2	ɕyɛn2	ɕyɛn2	ɕyɛn3	ɕyɛn3	ɕyɛn4
开江	ɕyɛn1	ɕyɛn1	ɕyɛn2	ɕyɛn2	ɕyɛn2	ɕyɛn3	ɕyɛn3	ɕyɛn4
渠县	ɕyɛn1	ɕyɛn1	ɕyɛn2	ɕyɛn2	ɕyɛn2	ɕyɛn3	ɕyɛn3	ɕyɛn4
宜宾	ɕyai1	ɕyai1	ɕyai2	ɕyai2	ɕyai2	ɕyai3	ɕyai3	ɕyai4
古蔺	ɕyæ1	ɕyæ1	ɕye2	ɕye2	ɕyæ2	ɕye3	ɕyæ3	ɕye4
长宁	ɕyɛn1	ɕyɛn1	ɕyɛn2	ɕyɛn2	ɕyɛn2	ɕyɛn3	ɕyɛn3	ɕyɛn4
顾县	ɕyɛn1	ɕyɛn1	ɕyɛn2	ɕyɛn2	ɕyɛn2	ɕyɛn3	ɕyɛn3	ɕyɛn4
成都龙泉	ɕyɛn1	ɕyɛn1	ɕyɛn2	ɕyɛn2	ɕyɛn2	ɕyɛn3	ɕyɛn3	ɕiɛn4

字目	楦	冤	渊	员	圆	缘	原	源
反切	虚愿	于袁	乌玄	王权	王权	与专	愚袁	愚袁
声韵调	山合三晓元去	山合三影元平	山合四影先平	山合三云仙平	山合三云仙平	山合三以仙平	山合三疑元平	山合三疑元平
中古音	huɐn-	ʔuɐn	ʔwen	ɦiuɐn	ɦiuɐn	jiuɐn	ŋuɐn	ŋuɐn
广元	ɕyɛn4	yɛn1	yɛn1	yɛn2	yɛn2	yɛn2	yɛn2	yɛn2
平武	ɕyɛn4	yɛn1	yɛn1	yɛn2	yɛn2	yɛn2	yɛn2	yɛn2
青川	ɕyɛn4	yɛn1	yɛn1	yɛn2	yɛn2	yɛn2	yɛn2	yɛn2
剑阁普安	ɕyɛn4	iɛn1	iɛn1	yɛn2	yɛn2	yɛn2	yɛn2	yɛn2
剑阁金仙	ɕye1	ye1	ye1	ye2	ye2	ye2	ye2	ye2
旺苍	ɕyɛn4	yɛn1	yɛn1	yɛn2	yɛn2	yɛn2	yɛn2	yɛn2
苍溪	ɕyɛn1	yɛn1	yɛn1	yɛn2	yɛn2	yɛn2	yɛn2	yɛn2
江油	ɕyɛn4	yɛn1	yɛn1	yɛn2	yɛn2	yɛn2	yɛn2	yɛn2
北川	ɕyɛn4	yɛn1	yɛn1	yɛn2	yɛn2	yɛn2	yɛn2	yɛn2
绵阳	ɕyɛn4	yɛn1	yɛn1	yɛn2	yɛn2	yɛn2	yɛn2	yɛn2
盐亭	ɕyɛn4	yɛn1	yɛn1	yɛn2	yɛn2	yɛn2	yɛn2	yɛn2
德阳	ɕyɛn4	yɛn1	yɛn1	yɛn2	yɛn2	yɛn2	yɛn2	yɛn2
中江	ɕiɛn1	iɛn1	iɛn1	yɛn2	yɛn2	iɛn2	iɛn2	iɛn2
射洪	ɕyɛn4	yɛn1	yɛn1	yɛn2	yɛn2	yɛn2	yɛn2	yɛn2
蓬溪	ɕyɛn1	yɛn1	yɛn1	yɛn2	yɛn2	yɛn2	yɛn2	yɛn2
遂宁	ɕyɛn4	yɛn1	yɛn1	yɛn2	yɛn2	yɛn2	yɛn2	yɛn2
乐至	ɕyɛn4	yɛn1	yɛn1	yɛn2	yɛn2	yɛn2	yɛn2	yɛn2
安岳	ɕyɛn1	yɛn1	yɛn1	yɛn2	yɛn2	yɛn2	yɛn2	yɛn2
仪陇	ɕyɛn1	yɛn1	yɛn1	yɛn2	yɛn2	yɛn2	yɛn2	yɛn2
西充	ɕyɛn4	yɛn1	yɛn1	yɛn2	yɛn2	yɛn2	yɛn2	yɛn2

字目	楦	冤	渊	员	圆	缘	原	源
反切	虚愿	于袁	乌玄	王权	王权	与专	愚袁	愚袁
声韵调	山合三晓元去	山合三影元平	山合四影先平	山合三云仙平	山合三云仙平	山合三以仙平	山合三疑元平	山合三疑元平
中古音	hʉɐn-	ʔʉɐn	ʔwen	ɦiuɐn	ɦiuɐn	jiuɐn	ŋʉɐn	ŋʉɐn
蓬安	ɕyɛn1	yɛn1	yɛn1	yɛn2	yɛn2	yɛn2	yɛn2	yɛn2
南充金台	ɕyɛn4	yɛn1	yɛn1	yɛn2	yɛn2	yɛn2	yɛn2	yɛn2
南充龙蟠	ɕyɛn4	yɛn1	yɛn1	yɛn2	yɛn2	yɛn2	yɛn2	yɛn2
岳池	ɕyɛn4	yɛn1	yɛn1	yɛn2	yɛn2	yɛn2	yɛn2	yɛn2
广安	ɕyɛn4	yɛn1	yɛn1	yɛn2	yɛn2	yɛn2	yɛn2	yɛn2
邻水	ɕyɛn4	yɛn1	yɛn1	yɛn2	yɛn2	yɛn2	yɛn2	yɛn2
南江	ɕyɛn4	yɛn1	yɛn1	yɛn2	yɛn2	yɛn2	yɛn2	yɛn2
巴中	ɕyɛn4	yɛn1	yɛn1	yɛn2	yɛn2	iɛn2 yɛn2	yɛn2	yɛn2
通江	ɕyɛn1 ɕyɛn4	yɛn1	yɛn1	yɛn2	yɛn2	yɛn2	yɛn2	yɛn2
平昌	ɕyɛn4	yɛn1	yɛn1	yɛn2	yɛn2	yɛn2	yɛn2	yɛn2
万源	ʃyɛn1	yɛn1	yɛn1	yɛn2	yɛn2	yɛn2	yɛn2	yɛn2
宣汉	ɕyɛn1 ɕyɛn4	yɛn1	yɛn1	yɛn2	yɛn2	yɛn2	yɛn2	yɛn2
达州	ɕyɛn1	yɛn1	yɛn1	yɛn2	yɛn2	yɛn2	yɛn2	yɛn2
开江	ɕyɛn1	yɛn1	yɛn1	yɛn2	yɛn2	yɛn2	yɛn2	yɛn2
渠县	ɕyɛn4	yɛn1	yɛn1	yɛn2	yɛn2	yɛn2	yɛn2	yɛn2
宜宾	ɕyai4	yai1	yai1	yai2	yai2	yai2	yai2	yai2
古蔺	ɕye1	ye1	yæ1	ye2	ye2	ye2	ye2	ye2
长宁	ɕyɛn4	yɛn1	yɛn1	yɛn2	yɛn2	yɛn2	yɛn2	yɛn2
顾县	ɕyɛn4	yɛn1	yɛn1	yɛn2	yɛn2	yɛn2	yɛn2	yɛn2
成都龙泉	ɕyɛn1	yɛn1	yɛn1	iɛn2	yɛn2	yɛn2	iɛn2	yɛn2

字目	元	袁	园	辕	援	远远近	院①	愿
反切	愚袁	雨元	雨元	雨元	雨元	云阮	王眷	鱼怨
声韵调	山合三疑元平	山合三云元平	山合三云元平	山合三云元平	山合三云元平	山合三云元上	山合三云仙去	山合三疑元去
中古音	ŋuɐn	ɦiuɐn	ɦiuɐn	ɦiuɐn	ɦiuɐn	ɦiuɐn:	ɦiuɛn-	ŋuɐn-
广元	yɛn2	yɛn2	yɛn2	yɛn2	yɛn2	yɛn3	uan4	yɛn4
平武	yɛn2	yɛn2	yɛn2	yɛn2	yɛn2	yɛn3	uan4 yɛn4	yɛn4
青川	yɛn2	yɛn2	yɛn2	yɛn2	yɛn2	yɛn3	uan4 yɛn4 新	yɛn4
剑阁普安	yɛn2	yɛn2	yɛn2	iɛn2	yɛn2	yɛn3	uan4	yɛn4
剑阁金仙	ye2	ye2	ye2	ye2	ye2	ye3	uan4	ye4
旺苍	yɛn2	yɛn2	yɛn2	yɛn2	yɛn2	yɛn3	uan4 yɛn4 新	yɛn4
苍溪	yɛn2	yɛn2	yɛn2	yɛn2	yɛn2	yɛn3	yɛn4 uan4 旧	yɛn4
江油	yɛn2	yɛn2	yɛn2	yɛn2	yɛn2	yɛn3	uan4	yɛn4
北川	yɛn2	yɛn2	yɛn2	yɛn2	yɛn2	yɛn3	uan4	yɛn4
绵阳	yɛn2	yɛn2	yɛn2	yɛn2	yɛn2	yɛn3	uan4	yɛn4
盐亭	yɛn2	yɛn2	yɛn2	yɛn2	yɛn2	yɛn3	uan4	yɛn4
德阳	yɛn2	yɛn2	yɛn2	yɛn2	yɛn2	yɛn3	yɛn4 uan4 旧	yɛn4
中江	iɛn2	iɛn2	iɛn2	iɛn2	iɛn2	iɛn3	iɛn4	iɛn4
射洪	yɛn2	yɛn2	yɛn2	yɛn2	yɛn2	yɛn3	yɛn4 uan4 旧	yɛn4
蓬溪	yɛn2	yɛn2	yɛn2	yɛn2	yɛn2	yɛn3	yɛn4 uan4 旧	yɛn4
遂宁	yɛn2	yɛn2	yɛn2	yɛn2	yɛn2	yɛn3	yɛn4 uan4 旧	yɛn4
乐至	yɛn2	yɛn2	yɛn2	yɛn2	yɛn2	yɛn3	uan4	yɛn4
安岳	yɛn2	yɛn2	yɛn2	yɛn2	yɛn2	yɛn3	uan4	yɛn4
仪陇	yɛn2	yɛn2	yɛn2	yɛn2	yɛn2	yɛn3	uan4	yɛn4
西充	yɛn2	yɛn2	yɛn2	yɛn2	yɛn2	yɛn3	yɛn4	yɛn4

① 又胡官切，山一合桓匣去。

字目	元	袁	园	辕	援	远远近	院①	愿
反切	愚袁	雨元	雨元	雨元	雨元	云阮	王眷	鱼怨
声韵调	山合三疑元平	山合三云元平	山合三云元平	山合三云元平	山合三云元平	山合三云元上	山合三云仙去	山合三疑元去
中古音	ŋʉɐn	ɦʉɐn	ɦʉɐn	ɦʉɐn	ɦʉɐn	ɦʉɐn:	ɦiʉɛn-	ŋʉɐn-
蓬安	yɛn2	yɛn2	yɛn2	yɛn2	yɛn2	yɛn3	uan4	yɛn4
南充金台	yɛn2	yɛn2	yɛn2	yɛn2	yɛn2	yɛn3	yɛn4 uan4 旧	yɛn4
南充龙蟠	yɛn2	yɛn2	yɛn2	yɛn2	yɛn2	yɛn3	yɛn4 uan4 旧	yɛn4
岳池	yɛn2	yɛn2	yɛn2	yɛn2	yɛn2	yɛn3	uan4	yɛn4
广安	yɛn2	yɛn2	yɛn2	yɛn2	yɛn2	yɛn3	yɛn4	yɛn4
邻水	yɛn2	yɛn2	yɛn2	yɛn2	yɛn2	yɛn3	uan4	yɛn4
南江	yɛn2	yɛn2	yɛn2	yɛn2	yɛn2	yɛn3	yɛn4 uan4 旧	yɛn4
巴中	yɛn2	yɛn2	yɛn2	yɛn2	yɛn2	yɛn3	yɛn4 uan4 旧	yɛn4
通江	yɛn2	yɛn2	yɛn2	yɛn2	yɛn2	yɛn3	yɛn4 uan4 旧	yɛn4
平昌	yɛn2	yɛn2	yɛn2	yɛn2	yɛn2	yɛn3	yɛn4 uan4 旧	yɛn4
万源	yɛn2	yɛn2	yɛn2	yɛn2	yɛn2	yɛn3	yɛn4 uan4 旧	yɛn4
宣汉	yɛn2	yɛn2	yɛn2	yɛn2	yɛn2	yɛn3	yɛn4 uan4 旧	yɛn4
达州	yɛn2	yɛn2	yɛn2	yɛn2	yɛn2	yɛn3	yɛn4 uan4 旧	yɛn4
开江	yɛn2	yɛn2	yɛn2	yɛn2	yɛn2	yɛn3	yɛn4 uan4 旧	yɛn4
渠县	yɛn2	yɛn2	yɛn2	yɛn2	yɛn2	yɛn3	yɛn4 uan4 旧	yɛn4
宜宾	yai2	yai2	yai2	yai2	yai2	yai3	yai4 uan4 旧	yai4
古蔺	ye2	ye2	ye2	ye2	ye2	ye3	ye4 uæ4 旧	ye4
长宁	yɛn2	yɛn2	yɛn2	yɛn2	yɛn2	yɛn3	uan4	yɛn4
顾县	yɛn2	yɛn2	yɛn2	yɛn2	yɛn2	yɛn3	yɛn4 uan4 旧	yɛn4
成都龙泉	yɛn2	yɛn2	yɛn2	yɛn2	yɛn2	yɛn3	yɛn4 van4 旧	iɛn4

① 又胡官切，山一合桓匣去。

字目	怨	奔_{奔跑}	本	笨	喷①_{喷水}	盆	门	闷
反切	于愿	博昆	布忖	蒲本	普魂	蒲奔	莫奔	莫困
声韵调	山合三影元去	臻合一帮魂平	臻合一帮魂上	臻合一并魂上	臻合一滂魂平	臻合一并魂平	臻合一明魂平	臻合一明魂去
中古音	ʔuɐn-	puən	puən:	buən:	phuən	buən	muən	muən-
广元	yɛn4	pen1	pen3	pen4	fen4	phen2	men2	men4 men1 口
平武	yɛn4	pen1	pen3	pen4	fen4	phen2	men2	men4
青川	yɛn4	pen1	pen3	pen4	fen4 phen1 新	phen2	men2	men4 men1 口
剑阁_{普安}	yɛn4	pen1	pen3	pen4	fen4	phen2	men2	men4 men1 口
剑阁_{金仙}	ye4	pen1	pen3	pen4	fen4	phen2	men2	men4 men1 口
旺苍	yɛn4	pen1	pen3	pen4	phen4	phen2	men2	men4 men1 口
苍溪	yɛn4	pen1	pen3	pen4	fen4 phen1 新	phen2	men2	men4 men1 口
江油	yɛn4	pen1	pen3	pen4	phoŋ4②	phen2	men2	men4
北川	yɛn4	pen1	pen3	pen4	phoŋ4②	phen2	men2	men4
绵阳	yɛn4	pen1	pen3	pen4	phen4	phen2	men2	men4
盐亭	yɛn4	pen1	pen3	pen4	fen4	phen2	men2	men4
德阳	uan4	pen1	pen3	pen4	fen4	phen2	men2	men4
中江	iɛn4	pen1	pen3	pen4	fen4	phen2	men2	men4
射洪	yɛn4	pen1	pen3	pen4	fen4	phen2	men2	men4
蓬溪	yɛn4	pen1	pen3	pen4	fen4	phen2	men2	men4
遂宁	yɛn4	pen1	pen3	pen4	fen4	phen2	men2	men4
乐至	yɛn4	pen1	pen3	pen4	fen4	phen2	men2	men4 men1 口
安岳	yɛn4	pen1	pen3	pen4	fen4	phen2	men2	men4
仪陇	yɛn4	pen1	pen3	pen4	fen4 phen1 新	phen2	men2	men4
西充	yɛn4	pen1	pen3	pen4	fen4	phen2	men2	men4

① 又*芳问切，臻合三敷文去。 ② phoŋ4 或 phoŋ1 俗字为"薜"，浓香，出《蜀语》。

字目	怨	奔奔跑	本	笨	喷①喷水	盆	门	闷
反切	于愿	博昆	布忖	蒲本	普魂	蒲奔	莫奔	莫困
声韵调	山合三 影元去	臻合一 帮魂平	臻合一 帮魂上	臻合一 並魂上	臻合一 滂魂平	臻合一 並魂平	臻合一 明魂平	臻合一 明魂去
中古音	ʔuən-	puən	puən:	buən:	phuən	buən	muən	muən-
蓬安	yɛn4	pen1	pen3	pen4	fen4	phen2	men2	men4
南充金台	yɛn4	pen1	pen3	pen4	fen4	phen2	men2	men4
南充龙蟠	yɛn4	pen1	pen3	pen4	fen4 phen1 新	phen2	men2	men4
岳池	yɛn4	pen1	pen3	pen4	fen4	phen2	men2	men4 men1 口
广安	yɛn4	pen1	pen3	pen4	fen4	phen2	men2	men4 men1 口
邻水	yɛn4	pen1	pen3	pen4	fen4	phen2	men2	men4 men1 口
南江	yɛn4	pen1	pen3	pen4	fen4 phen1 新	phen2	men2	men4 men1 口
巴中	yɛn4	pen1	pen3	pen4	fen4 phen1 新	phen2	men2	men4 men1 口
通江	yɛn4	pen1	pen3	pen4	fen4 phen1 新	phen2	men2	men4 men1 口
平昌	yɛn4	pen1	pen3	pen4	fen4 phen1 新	phen2	men2	men4 men1 口
万源	yɛn4	pen1	pen3	pen4	fen4	phen2	men2	men4 men1 口
宣汉	yɛn4	pen1	pen3	pen4	phen1	phen2	men2	men4 men1 口
达州	yɛn4	pen1	pen3	pen4	phen4	phen2	men2	men4 men1 口
开江	yɛn4	pen1	pen3	pen4	phen4	phen2	men2	men4 men1 口
渠县	yɛn4	pen1	pen3	pen4	fen4	phan2	men2	men4 men1 口
宜宾	yai4	pen1	pen3	pen4	fen4	phen2	men2	men4
古蔺	ye4	pen1	pen3	pen4	fen4 phen1 新	phen2	men2	men4 men1 口
长宁	yɛn4	pen1	pen3	pen4	fen4	phen2	men2	men4
顾县	yɛn4	pen1	pen3	pen4	fen4	pen2	men2	men4 men1 口
成都龙泉	yɛn4	pen1	pen3	pen4	fen4 phen1 新	phen2	men2	men4 men1 口

---

① 又*芳问切，臻合三敷文去。

字目	分分开	芬	纷	坟	粉	粪	奋	愤
反切	府文	抚文	抚文	符分	方吻	方问	方问	房吻
声韵调	臻合三 非文平	臻合三 敷文平	臻合三 敷文平	臻合三 奉文平	臻合三 非文上	臻合三 非文去	臻合三 非文去	臻合三 奉文上
中古音	pĭun	phĭun	phĭun	bĭun	pĭun:	pĭun-	pĭun-	bĭun:
广元	fen1	fen1	fen1	fen2	fen3	fen4	fen4	fen4
平武	fen1	fen1	fen1	fen2	fen3	fen4	fen4	fen4
青川	fen1	fen1	fen1	fen2	fen3	fen4	fen4	fen4
剑阁普安	fen1	fen1	fen1	fen2	fen3	fen4	fen4	fen4
剑阁金仙	fen1	fen1	fen1	fen2	fen3	fen4	fen4	fen4
旺苍	fen1	fen1	fen1	fen2	fen3	fen4	fen4	fen4
苍溪	fen1	fen1	fen1	fen2	fen3	fen4	fen4	fen4
江油	fen1	fen1	fen1	fen2	fen3	fen4	fen4	fen4
北川	fen1	fen1	fen1	fen2	fen3	fen4	fen4	fen4
绵阳	fen1	fen1	fen1	fen2	fen3	fen4	fen4	fen4
盐亭	fen1	fen1	fen1	fen2	fen3	fen4	fen4	fen4
德阳	fen1	fen1	fen1	fen2	fen3	fen4	fen4	fen4
中江	fen1	fen1	fen1	xuən2	fen3	fen4	fen4	fen4
射洪	fen1	fen1	fen1	fen2	fen3	fen4	fen4	fen4
蓬溪	fen1	fen1	fen1	fen2	fen3	fen4	fen4	fen4
遂宁	fen1	fen1	fen1	fen2	fen3	fen4	fen4	fen4
乐至	fen1	fen1	fen1	fen2	fen3	fen4	fen4	fen4
安岳	fen1	fen1	fen1	fen2	fen3	fen4	fen4	fen4
仪陇	fen1	fen1	fen1	fen2	fen3	fen4	fen4	fen4
西充	fen1	fen1	fen1	fen2	fen3	fen4	fen4	fen4

字目	分 分开	芬	纷	坟	粉	粪	奋	愤
反切	府文	抚文	抚文	符分	方吻	方问	方问	房吻
声韵调	臻合三非文平	臻合三敷文平	臻合三敷文平	臻合三奉文平	臻合三非文上	臻合三非文去	臻合三非文去	臻合三奉文上
中古音	piun	phiun	phiun	biun	piun:	piun-	piun-	biun:
蓬安	fen1	fen1	fen1	fen2	fen3	fen4	fen4	fen4
南充金台	fen1	fen1	fen1	fen2	fen3	fen4	fen4	fen4
南充龙蟠	fen1	fen1	fen1	fen2	fen3	fen4	fen4	fen4
岳池	fen1	fen1	fen1	fen2	fen3	fen4	fen4	fen4
广安	fen1	fen1	fen1	fen2	fen3	fen4	fen4	fen4
邻水	fen1	fen1	fen1	fen2	fen3	fen4	fen4	fen4
南江	fen1	fen1	fen1	fen2	fen3	fen4	fen4	fen4
巴中	fen1	fen1	fen1	fen2	fen3	fen4	fen4	fen4
通江	fen1	fen1	fen1	fen2	fen3	fen4	fen4	fen4
平昌	fen1	fen1	fen1	fen2	fen3	fen4	fen4	fen4
万源	fen1	fen1	fen1	fen2	fen3	fen4	fen4	fen4
宣汉	fen1	fen1	fen1	fen2	fen3	fen4	fen4	fen4
达州	fen1	fen1	fen1	fen2	fen3	fen4	fen4	fen4
开江	fen1	fen1	fen3	fen2	fen3	fen4	fen4	fen4
渠县	fen1	fen1	fen1	fen2	fen3	fen4	fen4	fen4
宜宾	fen1	fen1	fen1	fen2	fen3	fen4	fen4	fen4
古蔺	fen1	fen1	fen1	fen2	fen3	fen4	fen4	fen4
长宁	fen1	fen1	fen1	fen2	fen3	fen4	fen4	fen4
顾县	fen1	fen1	fen1	fen2	fen3	fen4	fen4	fen4
成都龙泉	fen1	fen1	fen1	fen2	fen3	fen4	fen4	fen4

字目	忿①	份	嫩	参参差	森	针	斟	珍
反切	匹问	扶问	奴困	楚簪	所今	职深	职深	陟邻
声韵调	臻合三敷文去	臻合三奉文去	臻合一泥魂去	深开三初侵平	深开三生侵平	深开三章侵平	深开三章侵平	臻开三知真平
中古音	phiun-	biun-	nuən-	tʃhiɪm	ʃiɪm	tɕiɪm	tɕiɪm	ʈim
广元	fen4	fen4	nen4	tshen1	şen1	tşen1	tşen1	tşen1
平武	fen4	fen4	nen4	tshen1	sen1	tsen1	tsen1	tsen1
青川	fen4	fen4	nen4	tshen1	sen1	tsen1	tsen1	tsen1
剑阁普安	fen4	fen4	nen4	tshen1	sen1	tşen1	tşen1	tşen1
剑阁金仙	fen4	fen4	nen4	无	sen1	tşen1	tşen1	tşen1
旺苍	fen4	fen4	nen4	tshen1	sen1	tşen1	tşen1	tşen1
苍溪	fen4	fen4	len4	tshen1	şen1	tşen1	tşen1	tşen1
江油	fen4	fen4	nen4	tshen1	sen1	tsen1	tsen1	tsen1
北川	fen4	fen4	nen4	tshen1	sen1	tsen1	tsen1	tsen1
绵阳	fen4	fen4	nen4	tshen1	sen1	tsen1	tsen1	tsen1
盐亭	fen4	fen4	len4	tshen1	sen1	tsen1	tsen1	tsen1
德阳	fen4	fen4	nen4	tshen1	sen1	tsen1	tsen1	tsen1
中江	fen4	fen4	len4	tshen1	sen1	tsen1	tsen1	tsen1
射洪	fen4	fen4	nen4	tshen1	sen1	tsen1	tsen1	tsen1
蓬溪	fen4	fen4	nen4	tshen1	sen1	tsen1	tsen1	tsen1
遂宁	fen4	fen4	nen4	tshen1	sen1	tsen1	tsen1	tsen1
乐至	fen4	fen4	nen4	tshen1	sen1	tsen1	tsen1	tsen1
安岳	fen4	fen4	nen4	tshen1	sen1	tsen1	tsen1	tsen1
仪陇	fen4	fen4	nen4	无	sen1	tsen1	tsen1	tsen1
西充	fen4	fen4	nen4	tshen1	sen1	tsen1	tsen1	tsen1

---

① 又*父吻切,臻合三奉文上。

字目	忿①	份	嫩	参参差	森	针	斟	珍
反切	匹问	扶问	奴困	楚簪	所今	职深	职深	陟邻
声韵调	臻合三敷文去	臻合三奉文去	臻合一泥魂去	深开三初侵平	深开三生侵平	深开三章侵平	深开三章侵平	臻开三知真平
中古音	phɨun-	bɨun-	nuən-	tʃʰiim	ʃiim	tɕiim	tɕiim	ʈin
蓬安	fen4	fen4	nen4	tshen1	sen1	tsen1	tsen1	tsen1
南充金台	fen4	fen4	nen4	tshen1	sen1	tsen1	tsen1	tsen1
南充龙蟠	fen4	fen4	nen4	tʂhen1	ʂen1	tʂen1	tʂen1	tʂen1
岳池	fen4	fen4	nen4	tshen1	sen1	tsen1	tsen1	tsen1
广安	fen4	fen4	nen4	tshen1	sen1	tsen1	tsen1	tsen1
邻水	fen4	fen4	nen4	tshen1	sen1	tsen1	tsen1	tsen1
南江	fen4	fen4	len4	tshen1	sen1	tʂen1	tʂen1	tʂen1
巴中	fen4	fen4	len4	tshen1	sen1	tʂen1	tʂen1	tʂen1
通江	fen4	fen4	len4	tshen1	sen1	tʂen1	tʂen1	tʂen1
平昌	fen4	fen4	len4	tshen1	sen1	tʂen1	tʂen1	tʂen1
万源	fen4	fen4	nen4	tshen1	ʂen1	tʂen1	tʂen1	tʂen1
宣汉	fen4	fen4	nen4	tshen1	sen1	tsen1	tsen1	tsen1
达州	fen4	fen4	nen4	tshen1	sen1	tsen1	tsen1	tsen1
开江	fen4	fen4	nen4	tshen1	sen1	tsen1	tsen1	tsen1
渠县	fen4	fen4	nen4	tshen1	sen1	tsen1	tsen1	tsen1
宜宾	fen4	fen4	nen4	tshen1	sen1	tsen1	tsen1	tsen1
古蔺	fen4	fen4	nen4	tshen1	sen1	tsen1	tsen1	tsen1
长宁	fen4	fen4	len4	tshen1	sen1	tsen1	tsen1	tsen1
顾县	fen4	fen4	nen4	tshen1	sen1	tsen1	tsen1	tsen1
成都龙泉	fen4	fen4	len4	tshen1	sen1	tsen1	tsen1	tsen1

---

① 又*父吻切，臻合三奉文上。

字目	真	贞	侦	枕_{枕头}	枕_{枕木}	诊	疹	镇
反切	职邻	陟盈	丑贞	章荏	之任	章忍	章忍	陟刃
声韵调	臻开三章真平	梗开三知清平	梗开三彻清平	深开三章侵上	深开三章侵去	臻开三章真上	臻开三章真上	臻开三知真去
中古音	tɕin	ȶiɛŋ	ȶhiɛŋ	tɕiɪm:	tɕiɪm-	tɕiɪm:	tɕiɪm:	ȶim-
广元	tʂen1	tʂen1	tʂen1	tʂen3	tʂen3	tʂen1	tʂen1	tʂen4
平武	tsen1	tsen1	tsen1	tsen3	tsen3	tsen1	tsen1	tsen4
青川	tsen1	tsen1	tsen1	tsen3	tsen3	tsen1	tsen1	tsen4
剑阁_{普安}	tʂen1	tʂen1	tʂen1	tʂen3	tʂen3	tʂen1	tʂen1	tʂen4
剑阁_{金仙}	tʂen1	tʂen1	tʂen1	tʂen3	tʂen3	tʂen1	tʂen1	tʂen4
旺苍	tʂen1	tʂen1	tʂen1	tʂen3	tʂen3	tʂen1	tʂen1	tʂen4
苍溪	tʂen1	tʂen1	tʂen1	tʂen3	tʂen3 tʂen4 旧①	tʂen1 tʂen3	tʂen1	tʂen4
江油	tsen1	tsen1	tsen1	tsen3	tsen3	tsen1	tsen1	tsen4
北川	tsen1	tsen1	tshen1	tsen3	tsen3	tsen1	tsen1	tsen4
绵阳	tsen1	tsen1	tsen1	tsen3	tsen3	tsen1	tsen1	tsen4
盐亭	tsen1	tsen1	tsen1	tsen3	tsen3	tsen1	tsen1	tsen4
德阳	tsen1	tsen1	tsen1	tsen3	tsen4①	tsen1	tsen3	tsen4
中江	tsen1	tsen1	tsen1	tsen3	tsen3	tsen1	tsen1	tsen4
射洪	tsen1	tsen1	tsen1	tsen3	tsen3	tsen1	tsen1	tsen4
蓬溪	tsen1	tsen1	tsen1	tsen3	tsen4①	tsen1	tsen1	tsen4
遂宁	tsen1	tsen1	tsen1	tsen3	tsen3	tsen1	tsen1	tsen4
乐至	tsen1	tsen1	tsen1	tsen3	tsen3 tsen4 旧①	tsen1	tsen1	tsen4
安岳	tsen1	tsen1	tsen1	tsen3	tsen3	tsen1	tsen1	tsen4
仪陇	tsen1	tsen1	tsen1	tsen4	tsen3	tsen3	tsen3	tsen4
西充	tsen1	tsen1	tsen1	tsen3	tsen3	tsen1	tsen1	tsen4

① 用于"地枕",即地板。

字目	真	贞	侦	枕枕头	枕枕木	诊	疹	镇
反切	职邻	陟盈	丑贞	章荏	之任	章忍	章忍	陟刃
声韵调	臻开三章真平	梗开三知清平	梗开三彻清平	深开三章侵上	深开三章侵去	臻开三章真上	臻开三章真上	臻开三知真去
中古音	tɕim	ʈiɛŋ	ʈhiɛŋ	tɕim:	tɕim-	tɕim:	tɕim:	ʈim-
蓬安	tsen1	tsen1	tsen1	tsen3	tsen3	tsen1	tsen1	tsen4
南充金台	tsen1	tsen1	tsen1	tsen3	tsen3	tsen1	tsen1	tsen4
南充龙蟠	tʂen1	tʂen1	tʂen1	tʂen3	tʂen3	tʂen1	tʂen1	tʂen4
岳池	tsen1	tsen1	tsen1	tsen3	tsen3 tsen4 旧①	tsen1	tsen1	tsen4
广安	tsen1	tsen1	tsen1	tsen3	tsen3 tsen4 旧①	tsen1	tsen1	tsen4
邻水	tsen1	tsen1	tsen1	tsen3	tsen3 tsen4 旧①	tsen1	tsen1	tsen4
南江	tʂen1	tʂen1	tʂen1	tʂen3	tʂen3 tʂen4 旧①	tʂen1 tʂen3	tʂen1	tʂen4
巴中	tʂen1	tʂen1	tsen1	tʂen3	tʂen3 tʂen4 旧①	tʂen1 tʂen3	tʂen1	tʂen4
通江	tʂen1	tʂen1	tʂen1	tʂen3	tʂen3 tʂen4 旧①	tʂen1 tʂen3	tʂen1	tʂen4
平昌	tʂen1	tʂen1	tʂen1	tʂen3	tʂen3 tʂen4 旧①	tʂen1 tʂen3	tʂen1	tʂen4
万源	tʂen1	tʂen1	tʂen1	tʂen3	tʂen3 tʂen4 旧①	tʂen1	tʂen1	tʂen4
宣汉	tsen1	tsen1	tsen1	tsen3	tsen3 旧 tsen4 旧	tsen1	tsen1	tsen4
达州	tsen1	tsen1	tsen1	tsen3	tsen3 tsen4 旧①	tsen1	tsen1	tsen4
开江	tsen1	tsen1	tsen1	tsen3	tsen3 tsen4 旧①	tsen1	tsen1	tsen4
渠县	tsen1	tsen1	tsen1	tsen3	tsen3 tsen4 旧①	tsen1	tsen1	tsen4
宜宾	tsen1	tsen1	tsen1	tsen3	tsen3 tsen4 旧①	tsen1	tsen1	tsen4
古蔺	tsen1	tsen1	tsen1	tsen3	tsen3 tsen4 旧①	tsen1 tsen3	tsen1	tsen4
长宁	tsen1	tsen1	tsen1	tsen3	tsen3	tsen1	tsen1	tsen4
顾县	tsen1	tsen1	tsen1	tsen3	tsen3	tsen1	tsen1	tsen4
成都龙泉	tsen1	tsen1	tsen1	tsen3	tsen3 tsen4 旧①	tsen1 tsen3	tsen1	tsen4

---

① 用于"地枕"，即地板。

字目	阵	振	震	沉	陈	尘	晨①	辰
反切	直刃	章刃	章刃	直深	直珍	直珍	植邻	植邻
声韵调	臻开三澄真去	臻开三章真去	臻开三章真去	深开三澄侵平	臻开三澄真平	臻开三澄真平	臻开三禅真平	臻开三禅真平
中古音	ȡin-	tɕin-	tɕin-	ȡiɪm	ȡiɪn	ȡiɪn	dʑiɪn	dʑiɪn
广元	tʂen4	tʂen3	tʂen3	tʂhen2	tʂhen2	tʂhen2	ʂen2	ʂen2
平武	tsen4	tsen3	tsen3	tshen2	tshen2	tshen2	tshen2	tshen2
青川	tsen4	tsen3	tsen3	tshen2	tshen2	tshen2	sen2	sen2
剑阁普安	tʂen4	tʂen3	tʂen3	tʂhen2	tʂhen2	tʂhen2	tʂhen2	tʂhen2
剑阁金仙	tʂen4	tʂen3	tʂen3	tʂhen2	tʂhen2	tʂhen2	tʂhen2	tʂhen2
旺苍	tʂen4	tʂen3	tʂen3	tʂhen2	tʂhen2	tʂhen2	ʂen2	ʂen2
苍溪	tʂen4	tʂen3 tʂen4 旧	tʂen3 tʂen4 旧	tʂhen2	tʂhen2	tʂhen2	tʂhen2 ʂen2 旧	tʂhen2 ʂen2 旧
江油	tsen4	tsen3	tsen3	tshen2	tshen2	tshen2	sen2	sen2
北川	tsen4	tsen3	tsen3	tshen2	tshen2	tshen2	sen2	sen2
绵阳	tsen4	tsen3	tsen3	tshen2	tshen2	tshen2	sen2	sen2
盐亭	tsen4	tsen3	tsen4	tshen2	tshen2	tshen2	tshen2	tshen2
德阳	tsen4	tsen3	tsen3 tsen4 旧	tshen2	tshen2	tshen2	sen2	sen2
中江	tsen4	tsen3	tsen3 tsen4 旧	tshen2	tsen2	tsen2	sen2	tshen2
射洪	tsen4	tsen3	tsen3 tsen4 旧	tshen2	tshen2	tshen2	sen2	sen2
蓬溪	tsen4	tsen3	tsen3 tsen4 旧	tshen2	tshen2	tshen2	tshen2	tshen2
遂宁	tsen4	tsen3	tsen3 tsen4 旧	tshen2	tshen2	tshen2	sen2	sen2
乐至	tsen4	tsen3	tsen3	tshen2	tshen2	tshen2	sen2	sen2
安岳	tsen4	tsen3	tsen3	tshen2	tshen2	tshen2	sen2	sen2
仪陇	tsen4	tsen3	tsen3	tshen2	tshen2	tshen2	tshen2	tshen2
西充	tsen4	tsen3	tsen3	tshen2	tshen2	tshen2	tshen2	tshen2

① 又食邻切，臻开三船真平。

字目	阵	振	震	沉	陈	尘	晨①	辰
反切	直刃	章刃	章刃	直深	直珍	直珍	植邻	植邻
声韵调	臻开三澄真去	臻开三章真去	臻开三章真去	深开三澄侵平	臻开三澄真平	臻开三澄真平	臻开三禅真平	臻开三禅真平
中古音	ɖim-	tɕim-	tɕim-	ɖiam	ɖin	ɖin	dʑin	dʑin
蓬安	tsen4	tsen3	tsen3	tshen2	tshen2	tshen2	tshen2	tshen2
南充金台	tsen4	tsen3	tsen4	tshen2	tshen2	tshen2	sen2	sen2
南充龙蟠	tʂen4	tʂen3	tʂen3 tʂen4 旧	tʂhen2	tʂhen2	tʂhen2	sen2	sen2
岳池	tsen4	tsen3	tsen3	tshen2	tshen2	tshen2	sen2	sen2
广安	tsen4	tsen3 tsen4 旧	tsen3 tsen4 旧	tshen2	tshen2	tshen2	sen2	sen2
邻水	tsen4	tsen3	tsen3	tshen2	tshen2	tshen2	sen2	sen2
南江	tʂen4	tʂen3 tʂen4 旧	tʂen3 tʂen4 旧	tʂhen2	tʂhen2	tʂhen2	tʂhen2 ʂen2 旧	tʂhen2 ʂen2 旧
巴中	tʂen4	tʂen3 tʂen4 旧	tʂen3 tʂen4 旧	tʂhen2	tʂhen2	tʂhen2	tʂhen2 ʂen2 旧	tʂhen2 ʂen2 旧
通江	tʂen4	tʂen3 tʂen4 旧	tʂen3 tʂen4 旧	tʂhen2	tʂhen2	tʂhen2	tʂhen2 ʂen2 旧	tʂhen2 ʂen2 旧
平昌	tʂen4	tʂen3 tʂen4 旧	tʂen3 tʂen4 旧	tʂhen2	tʂhen2	tʂhen2	tʂhen2 ʂen2 旧	tʂhen2 ʂen2 旧
万源	tʂen4	tʂen3 tsen4 旧	tʂen3 tsen4 旧	tʂhen2	tʂhen2	tshen2	ʂen2	ʂen2
宣汉	tsen4	tsen3 tsen4 旧	tsen3 tsen4 旧	tshen2	tshen2	tshen2	sen2	tshen2
达州	tsen4	tsen3 tsen4 旧	tsen3 tsen4 旧	tshen2	tshen2	tshen2	tshen2	tshen2
开江	tsen4	tsen3 tsen4 旧	tsen3 tsen4 旧	tshen2	tshen2	tshen2	tshen2	tshen2
渠县	tsen4	tsen3 tsen4 旧	tsen3 tsen4 旧	tshen2	tshen2	tshen2	sen2	tshen2
宜宾	tsen4	tsen3 tsen4 旧	tsen3 tsen4 旧	tshen2	tshen2	tshen2	tshen2 sen 旧	tshen2 sen 旧
古蔺	tsen4	tsen3 tsen4 旧	tsen3 tsen4 旧	tshen2	tshen2	tshen2	tshen2 sen2 旧	tshen2 sen2 旧
长宁	tsen4	tsen3	tsen3	tshen2	tshen2	tshen2	sen2	sen2
顾县	tsen4	tsen3	tsen3	tshen2	tshen2	tshen2	sen2	sen2
成都龙泉	tsen4	tsen3 tsen4 旧	tsen3 tsen4 旧	tshen2	tshen2	tshen2	tshen2 sen2 旧	tshen2 sen2 旧

① 又食邻切，臻开三船真平。

字目	臣	趁	衬	称相称	参人参	深	身	申
反切	植邻	丑刃	初觐	昌孕	所今	式针	失人	失人
声韵调	臻开三 禅真平	臻开三 彻真去	臻开三 初真去	曾开三 昌蒸去	深开三 生侵平	深开三 书侵平	臻开三 书真平	臻开三 书真平
中古音	dʑiᶇ	ʈʰiᶇ-	tʃʰiᶇ-	tɕʰiŋ-	ʃiᶢm	ɕiᶢm	ɕiᶇ	ɕiᶇ
广元	tʂhen2	tʂhen4	tshen4	tʂhen4	sen1	ʂen1	ʂen1	ʂen1
平武	tshen2	tshen4	tshen4	tshen4	sen1	sen1	sen1	sen1
青川	tshen2	tshen4	tshen4	tshen4	sen1	sen1	sen1	sen1
剑阁普安	tʂhen2	tʂhen4	tshen4	tʂhen4	sen1	ʂen1	ʂen1	ʂen1
剑阁金仙	tʂhen2	tʂhen4	tshen4	tʂhen4	sen1	ʂen1	ʂen1	ʂen1
旺苍	tʂhen2	tʂhen4	tshen4	tʂhen4	sen1	ʂen1	ʂen1	ʂen1
苍溪	tʂhen2	tʂhen4	tshen4	tʂhen4	sen1	ʂen1	ʂen1	ʂen1
江油	tshen2	tshen4	tshen4	tshen4	sen1	sen1	sen1	sen1
北川	tshen2	tshen4	tshen4	tshen4	sen1	sen1	sen1	sen1
绵阳	tshen2	tshen4	tshen4	tshen4	sen1	sen1	sen1	sen1
盐亭	tshen2	tshen4	tshuən4	tshen1	sen1	sen1	sen1	sen1
德阳	tshen2	tshen4	tshen4	tshen4	sen1	sen1	sen1	sen1
中江	tshen2	tshen4	tshen4	tshen4	sen1	sen1	sen1	sen1
射洪	tshen2	tshen4	tshen4	tshen4	sen1	sen1	sen1	sen1
蓬溪	tshen2	tshen4	tshen4	tshen1	sen1	sen1	sen1	sen1
遂宁	tshen2	tshen4	tshen4	tshen4	sen1	sen1	sen1	sen1
乐至	tshen2	tshen4	tshen4	tshen4	sen1	sen1	sen1	sen1
安岳	tshen2	tshen4	tshen4	tshen4	sen1	sen1	sen1	sen1
仪陇	tshen2	tshen4	tshen4	tshen1	sen1	sen1	sen1	sen1
西充	tshen2	tshen4	tshen4	tshen4	sen1	sen1	sen1	sen1

字目	臣	趁	衬	称相称	参人参	深	身	申
反切	植邻	丑刃	初觐	昌孕	所今	式针	失人	失人
声韵调	臻开三 禅真平	臻开三 彻真去	臻开三 初真去	曾开三 昌蒸去	深开三 生侵平	深开三 书侵平	臻开三 书真平	臻开三 书真平
中古音	dʑiin	ʈhin-	tʃhim-	tɕhiŋ-	ʃiim	ɕiim	ɕin	ɕin
蓬安	tʂhen2	tʂhen4	tʂhen4	tʂhen4	sen1	sen1	sen1	sen1
南充金台	tʂhen2	tʂhen4	tʂhen4	tʂhen4	sen1	sen1	sen1	sen1
南充龙蟠	tʂhen2	tʂhen4	tʂhen4	tʂhen4	ʂen1	sen1	sen1	sen1
岳池	tʂhen2	tʂhen4	tʂhen4	tʂhen4	sen1	sen1	sen1	sen1
广安	tʂhen2	tʂhen4	tʂhen4	tʂhen4	sen1	sen1	sen1	sen1
邻水	tʂhen2	tʂhen4	tʂhen4	tʂhen4	sen1	sen1	sen1	sen1
南江	tʂhen2	tʂhen4	tʂhen4	tʂhen4	sen1	ʂen1	ʂen1	ʂen1
巴中	tʂhen2	tʂhen4	tʂhen4	tʂhen4	sen1	ʂen1	ʂen1	ʂen1
通江	tʂhen2	tʂhen4	tʂhen4	tʂhen4	sen1	ʂen1	ʂen1	ʂen1
平昌	tʂhen2	then4 tʂhen4	tʂhen4	tʂhen4	sen1	ʂen1	ʂen1	ʂen1
万源	tʂhen2	tʂhen4	tʂhen4	tʂhen4	sen1	ʂen1	ʂen1	ʂen1
宣汉	tʂhen2	tʂhen4	tʂhen4	tʂhen4	sen1	sen1	sen1	sen1
达州	tʂhen2	tʂhen4	tʂhen4	tʂhen4	sen1	sen1	sen1	sen1
开江	tʂhen2	tʂhen4	tʂhen4	tʂhen4	sen1	sen1	sen1	sen1
渠县	tʂhen2	tʂhen4	tʂhen4	tʂhen4	sen1	sen1	sen1	sen1
宜宾	tʂhen2	tʂhen4	tʂhen4	tʂhen4	sen1	sen1	sen1	sen1
古蔺	tʂhen2	tʂhen4	tʂhen4	tʂhen4	sen1	sen1	sen1	sen1
长宁	tʂhen2	tʂhen4	tʂhen4	tʂhen4	sen1	sen1	sen1	sen1
顾县	tʂhen2	tʂhen4	tʂhen4	tʂhen4	sen1	sen1	sen1	sen1
成都龙泉	tʂhen2	tʂhen4	tʂhuən4	tʂhen4	sen1	sen1	sen1	sen1

字目	伸	神	审	*婶	沈姓	渗	甚甚至	肾
反切	失人	食邻	式荏	*式荏	式荏	所禁	常枕	时忍
声韵调	臻开三书真平	臻开三船真平	深开三书侵上	深开三书侵上	深开三书侵上	深开三生侵去	深开三禅侵上	臻开三禅真上
中古音	ɕin	zin	ɕiɪm:	ɕiɪm:	ɕiɪm:	ʃiɪm-	dziɪm:	dziɪn:
广元	ʂen1	ʂen2	ʂen3	ʂen3	ʂen3	ʂen4	ʂen4	ʂen4
平武	tʂhen1	sen2	sen3	sen3	sen3	sen4	sen4	sen4
青川	tʂhen1	sen2	sen3	sen3	sen3	sen4	sen4	sen4
剑阁普安	ʂen1	ʂen2	ʂen3	ʂen3	ʂen3	ʂen4	ʂen4	ʂen4
剑阁金仙	ʂen1	ʂen2	ʂen3	ʂen3	ʂen3	tʂhaŋ1 俗	ʂen4	ʂen4
旺苍	ʂen1	ʂen2	ʂen3	ʂen3	ʂen3	sen4	ʂen4	ʂen4
苍溪	ʂen1 文 tʂhen1 白	ʂen2	ʂen3	ʂen3	ʂen3	ʂen4 tʂhan1 俗	ʂen4	ʂen4
江油	tʂhen1	sen2	sen3	sen3	sen3	sen4	sen4	sen4
北川	tʂhen1	sen2	sen3	sen3	sen3	sen4	sen4	sen4
绵阳	tʂhen1	sen2	sen3	sen3	sen3	sen4	sen4	sen4
盐亭	sen1	sen2	sen3	sen3	sen3	sen1	sen4	sen4
德阳	sen1 文 tʂhen1 白	sen2	sen3	sen3	sen3	sen1	sen4	sen4
中江	sen1 文 tʂhen1 白	sen2	sen3	sen3	sen3	sen4	sen4	sen4
射洪	sen1 文 tʂhen1 白	sen2	sen3	sen3	sen3	sen4	sen4	sen4
蓬溪	sen1 文 tʂhen1 白	sen2	sen3	sen3	sen3	sen4	sen4	sen4
遂宁	sen1 文 tʂhen1 白	sen2	sen3	sen3	sen3	sen1	sen4	sen4
乐至	sen1 文 tʂhen1 白	sen2	sen3	sen3	sen3	sen4 tʂhan1 俗	sen4	sen4
安岳	tʂhen1	sen2	sen3	sen3	sen3	sen4	sen4	sen4
仪陇	sen1	sen2	sen3	sen3	sen3	sen1	sen4	sen4
西充	sen1	sen2	sen3	sen3	sen3	sen1	sen4	sen4

字目	伸	神	审	*婶	沈姓	渗	甚甚至	肾
反切	失人	食邻	式荏	*式荏	式荏	所禁	常枕	时忍
声韵调	臻开三书真平	臻开三船真平	深开三书侵上	深开三书侵上	深开三书侵上	深开三生侵去	深开三禅侵上	臻开三禅真上
中古音	ɕin	zin	ɕiɪm:	ɕiɪm:	ɕiɪm:	ʃiɪm-	dziɪm:	dziɪn:
蓬安	tshen1	sen2	sen3	sen3	sen3	sen4	sen4	sen4
南充金台	tshen1	sen2	sen3	sen3	sen3	sen1	sen4	sen4
南充龙蟠	sen1 文 tshen1 白	sen2	sen3	sen3	sen3	ʂen4	sen4	sen4
岳池	sen1 文 tshen1 白	sen2	sen3	sen3	sen3	sen4	sen4	sen4
广安	sen1 文 tshen1 白	sen2	sen3	sen3	sen3	sen1	sen4	sen4
邻水	sen1 文 tshen1 白	sen2	sen3	sen3	sen3	sen4	sen4	sen4
南江	ʂen1 文 tʂhen1 白	ʂen2	ʂen3	ʂen3	ʂen3	sen4 tshan1 俗	ʂen4	ʂen4
巴中	ʂen1 文 tʂhen1 白	ʂen2	ʂen3	ʂen3	ʂen3	sen4 tshan1 俗	ʂen4	ʂen4
通江	ʂen1 文 tʂhen1 白	ʂen2	ʂen3	ʂen3	ʂen3	sen4 tshan1 俗	ʂen4	ʂen4
平昌	ʂen1 文 tʂhen1 白	ʂen2	ʂen3	ʂen3	ʂen3	ʂen4 tshan1 俗	ʂen4	ʂen4
万源	ʂen1	ʂen2	ʂen3	ʂen3	ʂen3	sen4 tshan1 俗	ʂen4	ʂen4
宣汉	sen1	sen2	sen3	sen3	sen3	sen4 tshan1 俗	sen4	sen4
达州	sen1	sen2	sen3	sen3	sen3	sen4 tshan1 俗	sen4	sen4
开江	sen1	sen2	sen3	sen3	sen3	sen4 tshan1 俗	sen4	sen4
渠县	sen1	sen2	sen3	sen3	sen3	sen1 tshan1 俗	sen4	sen4
宜宾	sen1 文 tshen1 白	sen2	sen3	sen3	sen3	sen4	sen4	sen4
古蔺	sen1 文 tshen1 白	sen2	sen3	sen3	sen3	sen4 tshan1 俗	sen4	sen4
长宁	tshen1	sen2	sen3	sen3	sen3	tsen4	sen4	sen4
顾县	tshen1	sen2	sen3	sen3	sen3	sen4	sen4	sen4
成都龙泉	sen1 文 tshuən1 白	sen2	sen3	sen3	sen3	sen1 tshan1 俗	sen4	sen4

字目	慎	任姓	人	仁	忍	任责任	刃	认
反切	时刃	如林	如邻	如邻	而轸	汝鸩	而振	而振
声韵调	臻开三禅真去	深开三日侵平	臻开三日真平	臻开三日真平	臻开三日真上	深开三日侵去	臻开三日真去	臻开三日真去
中古音	dʑin-	n̠ʑiim	n̠ʑiin	n̠ʑiin	n̠ʑiin:	n̠ʑiim-	n̠ʑiin-	n̠ʑiin-
广元	ʂen4	ʐen2	ʐen2	ʐen2	ʐen3	ʐen4	ʐen4	ʐen4
平武	tʂhen4	zen2	zen2	zen2	zen3	zen4	zen3	zen4
青川	tʂhen4	zen2	zen2	zen2	zen3	zen4	zen3	zen4
剑阁普安	ʂen4	zen2	zen2	zen2	zen3	zen4	zen3	zen4
剑阁金仙	tʂhen4	ʐen2	ʐen2	ʐen2	ʐen3	ʐen4	ʐen4	ʐen4
旺苍	tʂhen4	zen2	zen2	zen2	zen3	zen4	zen3	zen4
苍溪	tʂhen4 ʂen4 新	zen2	zen2	zen2	zen3	zen4	zen3 zen4 新	zen4
江油	tʂhen4	zen2	zen2	zen2	zen3	zen4	zen3	zen4
北川	tʂhen4	zen2	zen2	zen2	zen3	zen4	zen3	zen4
绵阳	tʂhen4	zen2	zen2	zen2	zen3	zen4	zen3	zen4
盐亭	sen4	zen2	zen2	zen2	zen3	zen4	zen3	zen4
德阳	sen4 tshen4 旧	zen2	zen2	zen2	zen3	zen4	zen3 zen4 新	zen4
中江	sen4 tshen4 旧	zen2	zen2	zen2	zen3	zen4	zen3 zen4 新	zen4
射洪	sen4 tshen4 旧	zen2	zen2	zen2	zen3	zen4	zen3 zen4 新	zen4
蓬溪	sen4 tshen4 旧	zen2	zen2	zen2	zen3	zen4	zen3 zen4 新	zen4
遂宁	sen4 tshen4 旧	zen2	zen2	zen2	zen3	zen4	zen3 zen4 新	zen4
乐至	sen4 tshen4 旧	zen2	zen2	zen2	zen3	zen4	zen3	zen4
安岳	tshen4	zen2	zen2	zen2	zen3	zen4	zen3	zen4
仪陇	tshen4	zen2	zen2	zen2	zen3	zen4	zen3	zen4
西充	sen4	zen2	zen2	zen2	zen3	zen4	zen4	zen4

字目	慎	任姓	人	仁	忍	任责任	刃	认
反切	时刃	如林	如邻	如邻	而轸	汝鸩	而振	而振
声韵调	臻开三禅真去	深开三日侵平	臻开三日真平	臻开三日真平	臻开三日真上	深开三日侵去	臻开三日真去	臻开三日真去
中古音	dzin-	ȵʑiim	ȵʑiin	ȵʑiin	ȵʑiin:	ȵʑiim-	ȵʑiin-	ȵʑiin-
蓬安	tshen4	zen2	zen2	zen2	zen3	zen4	zen3	zen4
南充金台	tshen4	zen4	zen2	zen2	zen3	zen4	zen3	zen4
南充龙蟠	sen4 tshen4 旧	ʐen2	zen2	zen2	zen3	ʐen4	zen4	zen4
岳池	sen4 tshen4 旧	zen2	zen2	zen2	zen3	zen4	zen3	zen4
广安	sen4 tshen4 旧	zen2	zen2	zen2	zen3	zen4	zen3 zen4 新	zen4
邻水	sen4 tshen4 旧	zen2	zen2	zen2	zen3	zen4	zen3	zen4
南江	ʂen4 tʂhen4 旧	ʐen2	ʐen2	ʐen2	ʐen3	ʐen4	zen3 zen4 新	ʐen4
巴中	tʂhen4 ʂen4 新	ʐen2	zen2	zen2	zen3	zen4	zen3 zen4 新	ʐen4
通江	ʂen4 tʂhen4 旧	ʐen2	zen2	zen2	zen3	zen4	zen3 zen4 新	ʐen4
平昌	ʂen4 tʂhen4 旧	ʐen2	ʐen2	ʐen2	ʐen3	ʐen4	zen3 zen4 新	ʐen4
万源	sen4 tshen4 旧	ʐen2	ʐen2	ʐen2	ʐen3	ʐen4	zen3 zen4 新	ʐen4
宣汉	tshen4	zen2	zen2	zen2	zen3	zen4	zen3 zen4 新	zen4
达州	sen4 tshen4 旧	zen2	zen2	zen2	zen3	zen4	zen3 zen4 新	zen4
开江	sen4 tshen4	zen2	zen2	zen2	zen3	zen4	zen3 zen4 新	zen4
渠县	sen4 tshen4 旧	zen2	zen2	zen2	zen3	zen4	zen3 zen4 新	zen4
宜宾	sen4 tshen4 旧	zen2	zen2	zen2	zen3	zen4	zen3 zen4 新	zen4
古蔺	sen4 tshen4 旧	zen2	zen2	zen2	zen3	zen4	zen3 zen4 新	zen4
长宁	sen4	zen2	zen2	zen2	zen3	zen4	zen3	zen4
顾县	tshen4	zen2	zen2	zen2	zen3	zen4	zen3	zen4
成都龙泉	sen4 tshen4 旧	ȵin2	ȵin2	ȵin2	ȵin1	ȵin4	zen3 zen4 新	ȵin4

字目	韧	跟	根	恳	垦	啃	肯	痕
反切	而振	古痕	古痕	康很	康很	康很	苦等	户恩
声韵调	臻开三日真去	臻开一见痕平	臻开一见痕平	臻开一溪痕上	臻开一溪痕上	臻开一溪痕上	曾开一溪登上	臻开一匣痕平
中古音	ȵʑiin-	kən	kən	khən:	khən:	khən:	khəŋ:	ɦiən
广元	zen4	ken1	ken1	khen3	khen3	khen3	khen3	xen2
平武	zen3	ken1	ken1	khen3	khen3	khen3	khen3	xen2
青川	zen3	ken1	ken1	khen3	khen3	khen3	khen3	xen2
剑阁普安	zen4	ken1	ken1	khen3	khen3	khen3	khen3	xen2
剑阁金仙	zen4	ken1	ken1	khen3	khen3	khen3	khen3	xen2
旺苍	zen3	ken1	ken1	khen3	khen3	khen3	khen3	xen2
苍溪	zen3	ken1	ken1	khen3	khen3	khen3	khen3	xen2
江油	zen3	ken1	ken1	khen3	khen3	khen3	khen3	xen2
北川	zen3	ken1	ken1	khen3	khen3	khen3	khen3	xen2
绵阳	zen3	ken1	ken1	khen3	khen3	khen3	khen3	xen2
盐亭	zen3	ken1	ken1	khen3	khen3	khen3	khen3	xen2
德阳	zen3	ken1	ken1	khen3	khen3	khen3	khen3	xen2
中江	zen3	ken1	ken1	khen3	khen3	khen3	khen3	en2
射洪	zen3	ken1	ken1	khen3	khen3	khen3	khen3	xen2
蓬溪	zen3	ken1	ken1	khen3	khen3	khen3	khen3	xen2
遂宁	zen3	ken1	ken1	khen3	khen3	khen3	khen3	xen2
乐至	zen3	ken1	ken1	khen3	khen3	khen3	khen3	xen2
安岳	zen3	ken1	ken1	khen3	khen3	khen3	khen3	xen2
仪陇	zen3	ken1	ken1	khen3	khen3	khen3	khen3	xen2
西充	zen4	ken1	ken1	khen3	khen3	khen3	khen3	xen2

字目	韧	跟	根	恳	垦	啃	肯	痕
反切	而振	古痕	古痕	康很	康很	康很	苦等	户恩
声韵调	臻开三 日真去	臻开一 见痕平	臻开一 见痕平	臻开一 溪痕上	臻开一 溪痕上	臻开一 溪痕上	曾开一 溪登上	臻开一 匣痕平
中古音	nʑiin-	kən	kən	khən:	khən:	khən:	khəŋ:	ɦən
蓬安	zen3	ken1	ken1	khen3	khen3	khen3	khen3	xen2
南充金台	zen4	ken1	ken1	khen3	khen3	khen3	khen3	xen2
南充龙蟠	ʐen4	ken1	ken1	khen3	khen3	khen3	khen3	xen2
岳池	zen3	ken1	ken1	khen3	khen3	khen3	khen3	xen2
广安	zen3	ken1	ken1	khen3	khen3	khen3	khen3	xen2
邻水	zen3	ken1	ken1	khen3	khen3	khen3	khen3	xen2
南江	ʐen3	ken1	ken1	khen3	khen3	khen3	khen3	xen2
巴中	ʐen3	ken1	ken1	khen3	khen3	khen3	khen3	xen2
通江	ʐen3	ken1	ken1	khen3	khen3	khen3	khen3	xen2
平昌	ʐen3	ken1	ken1	khen3	khen3	khen3	khen3	xen2
万源	ʐen4	ken1	ken1	khen3	khen3	khen3	khen3	xen2
宣汉	zen4	ken1	ken1	khen3	khen3	khen3	khen3	xen2
达州	zen4	ken1	ken1	khen3	khen3	khen3	khen3	xen2
开江	zen4	ken1	ken1	khen3	khen3	khen3	khen3	xen2
渠县	zen4	ken1	ken1	khen3	khen3	khen3	khen3	xen2
宜宾	zen3	ken1	ken1	khen3	khen3	khen3	khen3	xen2
古蔺	zen3	ken1	ken1	khen3	khen3	khen3	khen3	xen2
长宁	zen4	ken1	ken1	khen3	khen3	khen3	khen3	xen2
顾县	zen3	ken1	ken1	khen3	khen3	khen3	khen3	xen2
成都龙泉	nin4	kiɛn1	kiɛn1	khen3	khiɛn3	khiɛn3	khiɛn3	xiɛn2

字目	很	恨	恩	宾	拼拼凑	贫	频	品
反切	胡垦	胡艮	乌痕	必邻		符巾	符真	丕饮
声韵调	臻开一匣痕上	臻开一匣痕去	臻开一影痕平	臻开三A帮真平	梗开四滂青平	臻开三B并真平	臻开三A并真平	深开三B滂侵上
中古音	ɦən:	ɦən-	ʔən	pim	pʰeŋ	bɣin	biin	pʰɣiim:
广元	xen3	xen4	ŋen1	pin1	phin1	phin2	phin2	phin3
平武	xen3	xen4	ŋen1	pin1	phin1	phin2	phin2	phin3
青川	xen3	xen4	ŋen1	pin1	phin1	phin2	phin2	phin3
剑阁普安	xen3	xen4	ŋen1	pin1	phin1	phin2	phin2	phin3
剑阁金仙	xen3	xen4	ŋen1	pin1	phin1	phin2	phin2	phin3
旺苍	xen3	xen4	ŋen1	pin1	phin1	phin2	phin2	phin3
苍溪	xen3	xen4	ŋen1	pin1	phin1	phin2	phin2	phin3
江油	xen3	xen4	ŋen1	pin1	phin1	phin2	phin2	phin3
北川	xen3	xen4	ŋen1	pin1	phin1	phin2	phin2	phin3
绵阳	xen3	xen4	ŋen1	pin1	phin1	phin2	phin2	phin3
盐亭	xen3	xen4	ŋen1	pin1	phin1	phin2	phin2	phin3
德阳	xen3	xen4	ŋen1	pin1	phin1	phin2	phin2	phin3
中江	xen3	en4	ŋen1	pin1	phin1	phin2	phin2	phin3
射洪	xen3	xen4	ŋen1	pin1	phin1	phin2	phin2	phin3
蓬溪	xen3	xen4	ŋen1	pin1	phin1	phin2	phin2	phin3
遂宁	xen3	xen4	ŋen1	pin1	phin1	phin2	phin2	phin3
乐至	xen3	xen4	ŋen1	pin1	phin1	phin2	phin2	phin3
安岳	xen3	xen4	ŋen1	pin1	phin1	phin2	phin2	phin3
仪陇	xen3	xen4	ŋen1	pin1	phin1	phin2	phin2	phin3
西充	xen3	xen4	ŋen1	pin1	phin1	phin2	phin2	phin3

字目	很	恨	恩	宾	拼拼凑	贫	频	品
反切	胡垦	胡艮	乌痕	必邻		符巾	符真	丕饮
声韵调	臻开一 匣痕上	臻开一 匣痕去	臻开一 影痕平	臻开三A 帮真平	梗开四 滂青平	臻开三B 並真平	臻开三A 並真平	深开三B 滂侵上
中古音	ɦiən:	ɦiən-	ʔən	piṅ	pheṅ	bɣɨn	bin	phɣɨim:
蓬安	xen3	xen4	ŋen1	pin1	phin1	phin2	phin2	phin3
南充金台	xen3	xen4	ŋen1	pin1	phin1	phin2	phin2	phin3
南充龙蟠	xen3	xen4	ŋen1	pin1	phin1	phin2	phin2	phin3
岳池	xen3	xen4	ŋen1	pin1	phin1	phin2	phin2	phin3
广安	xen3	xen4	ŋen1	pin1	phin1	phin2	phin2	phin3
邻水	xen3	xen4	ŋen1	pin1	phin1	phin2	phin2	phin3
南江	xen3	xen4	ŋen1	pin1	phin1	phin2	phin2	phin3
巴中	xen3	xen4	en1 ŋen1 旧	pin1	phin1	phin2	phin2	phin3
通江	xen3	xen4	ŋen1	pin1	phin1	phin2	phin2	phin3
平昌	xen3	xen4	ŋen1	pin1	phin1	phin2	phin2	phin3
万源	xen3	xen4	ŋen1	pin1	phin1	phin2	phin2	phin3
宣汉	xen3	xen4	ŋen1	pin1	phin1	phin2	phin2	phin3
达州	xen3	xen4	ŋen1	pin1	phin1	phin2	phin2	phin3
开江	xen3	xen4	en1	pin1	phin1	phin2	phin2	phin3
渠县	xen3	xen4	en1	pin1	phin1	phin2	phin2	phin3
宜宾	xen3	xen4	ŋen1	pin1	phin1	phin2	phin2	phin3
古蔺	xen3	xen4	en1 ŋen1 旧	pin1	phin1	phin2	phin2	phin3
长宁	xen3	xen4	ŋen1	pin1	phin1	phin2	phin2	phin3
顾县	xen3	xen4	ŋen1	pin1	phin1	phin2	phin2	phin3
成都龙泉	xiɛn3	xiɛn4	ŋiɛn1	pin1	phin1	phin2	phin2	phin3

字目	聘	闽	民	悯	敏	林	淋	临
反切	匹正	武巾	弥邻	眉殒	眉殒	力寻	力寻	力寻
声韵调	梗开三 滂清去	臻开三B 明真平	臻开三A 明真平	臻开三B 明真上	臻开三B 明真上	深开三 来侵平	深开三 来侵平	深开三 来侵平
中古音	phieŋ-	mʏiin	miin	mʏiin	mʏiin:	liim	liim	liim
广元	phin4	min2	min2	min3	min3	nin2	nin2	nin2
平武	phin4	min3	min2	min3	min3	nin2	nin2	nin2
青川	phin4	min3	min2	min3	min3	nin2	nin2	nin2
剑阁普安	phin4	min3	min2	min2	min3	nin2	nin2	nin2
剑阁金仙	phin4	min2	min2	min3	min3	nin2	nin2	nin2
旺苍	phin4	min2	min2	min3	min3	nin2	nin2	nin2
苍溪	phin4	min3	min2	min2	min3	lin2	lin2	lin2
江油	phin4	min3	min2	min3	min3	nin2	nin2	nin2
北川	phin4	min3	min2	min3	min3	nin2	nin2	nin2
绵阳	phin4	min3	min2	min3	min3	nin2	nin2	nin2
盐亭	phin4	min2	min2	min3	min3	lin2	lin2	lin2
德阳	phin4	min3	min2	min2	min3	lin2	lin2	lin2
中江	phin4	min3	min2	min3	min3	lin2	lin2	lin2
射洪	phin4	min3	min2	min3	min3	lin2	lin2	lin2
蓬溪	phin4	min3	min2	min3	min3	nin2	nin2	nin2
遂宁	phin4	min3	min2	min3	min3	lin2	lin2	lin2
乐至	phin4	min3	min2	min3	min3	nin2	nin2	nin2
安岳	phin4	min3	min2	min2	min3	nin2	nin2	nin2
仪陇	phin4	min3	min2	min3	min3	nin2	nin2	nin2
西充	phin4	min2	min2	min3	min3	nin2	nin2	nin2

字目	聘	闽	民	悯	敏	林	淋	临
反切	匹正	武巾	弥邻	眉殒	眉殒	力寻	力寻	力寻
声韵调	梗开三滂清去	臻开三B明真平	臻开三A明真平	臻开三B明真上	臻开三B明真上	深开三来侵平	深开三来侵平	深开三来侵平
中古音	phiɛŋ-	mɣɨin	min	mɣɨin:	mɣɨin:	liɪm	liɪm	liɪm
蓬安	phin4	min3	min2	min2	min3	nin2	nin2	nin2
南充金台	phin4	min3	min2	min3	min3	nin2	nin2	nin2
南充龙蟠	phin4	min3	min2	min3	min3	nin2	nin2	nin2
岳池	phin4	min3	min2	min3	min3	nin2	nin2	nin2
广安	phin4	min3	min2	min3	min3	nin2	nin2	nin2
邻水	phin4	min3	min2	min3	min3	nin2	nin2	nin2
南江	phin4	min3	min2	min3	min3	lin2	lin2	lin2
巴中	phin4	min3	min2	min3	min3	lin2	lin2	lin2
通江	phin4	min3	min2	min3	min3	lin2	lin2	lin2
平昌	phin4	min3	min2	min3	min3	lin2	lin2	lin2
万源	phin4	min3	min2	min2	min3	nin2	nin2	nin2
宣汉	phin4	min2	min2	min2	min3	nin2	nin2	nin2
达州	phin4	min2	min2	min3	min3	nin2	nin2	nin2
开江	phin4	min3	min2	min2	min3	nin2	nin2	nin2
渠县	phin4	min2	min2	min2	min3	nin2	nin2	nin2
宜宾	phin4	min3	min2	min3	min3	nin2	nin2	nin2
古蔺	phin4	min3	min2	min3	min3	nin2	nin2	nin2
长宁	phin4	min3	min2	min3	min3	lin2	lin2	lin2
顾县	phin4	min3	min2	min3	min3	nin2	nin2	nin2
成都龙泉	phin4	min3	min2	min3	min3	lin2	lin2	lin2

字目	邻	磷磷火	鳞	津	今	金	襟	禁①禁不住
反切	力珍	力珍	力珍	将邻	居吟	居吟	居吟	居吟
声韵调	臻开三来真平	臻开三来真平	臻开三来真平	臻开三精真平	深开三B见侵平	深开三B见侵平	深开三B见侵平	深开三B见侵平
中古音	liin	liin	liin	tsiin	kɣɨm	kɣɨm	kɣɨm	kɣɨm
广元	nin2	nin2	nin2	tʃin1	tɕin1	tɕin1	tɕin1	tɕin1
平武	nin2	nin2	nin2	tɕin1	tɕin1	tɕin1	tɕin1	tɕin1
青川	nin2	nin2	nin2	tɕin1	tɕin1	tɕin1	tɕin1	tɕin1
剑阁普安	nin2	nin2	nin2	tʃin1	tɕin1	tɕin1	tɕin1	tɕin1
剑阁金仙	nin2	nin2	nin2	tsin1	tɕin1	tɕin1	tɕin1	tɕin1
旺苍	nin2	nin2	nin2	tsin1	tɕin1	tɕin1	tɕin1	tɕin1
苍溪	lin2	lin2	lin2	tsin1	kin1	kin1	kin1	kin1
江油	nin2	nin2	nin2	tɕin1	tɕin1	tɕin1	tɕin1	tɕin1
北川	nin2	nin2	nin2	tɕin1	tɕin1	tɕin1	tɕin1	tɕin1
绵阳	nin2	nin2	nin2	tɕin1	tɕin1	tɕin1	tɕin1	tɕin1
盐亭	lin2	lin2	lin2	tɕin1	tɕin1	tɕin1	tɕin1	tɕin1
德阳	lin2	lin2	lin2	tɕin1	tɕin1	tɕin1	tɕin1	tɕin1
中江	lin2	lin2	lin2	tɕin1	tɕin1	tɕin1	tɕin1	tɕin1
射洪	lin2	lin2	lin2	tɕin1	tɕin1	tɕin1	tɕin1	tɕin1
蓬溪	nin2	nin2	nin2	tɕin1	tɕin1	tɕin1	tɕin1	tɕin1
遂宁	lin2	lin2	lin2	tɕin1	tɕin1	tɕin1	tɕin1	tɕin1
乐至	nin2	nin2	nin2	tɕin1	tɕin1	tɕin1	tɕin1	tɕin1
安岳	nin2	nin2	nin2	tɕin1	tɕin1	tɕin1	tɕin1	tɕin1
仪陇	nin2	nin2	nin2	tɕin1	tɕin1	tɕin1	tɕin1	tɕin1
西充	nin2	nin2	nin2	tɕin1	tɕin1	tɕin1	tɕin1	tɕin1

① 又居荫切，臻开三见侵去。

字目	邻	磷磷火	鳞	津	今	金	襟	禁①禁不住
反切	力珍	力珍	力珍	将邻	居吟	居吟	居吟	居吟
声韵调	臻开三 来真平	臻开三 来真平	臻开三 来真平	臻开三 精真平	深开三B 见侵平	深开三B 见侵平	深开三B 见侵平	深开三B 见侵平
中古音	liin	liin	liin	tsiin	kɣɨm	kɣɨm	kɣɨm	kɣɨm
蓬安	nin2	nin2	nin2	tɕin1	tɕin1	tɕin1	tɕin1	tɕin1
南充金台	nin2	nin2	nin2	tɕin1	tɕin1	tɕin1	tɕin1	tɕin4 俗
南充龙蟠	nin2	nin2	nin2	tɕin1	tɕin1	tɕin1	tɕin1	tɕin1
岳池	nin2	nin2	nin2	tɕin1	tɕin1	tɕin1	tɕin1	tɕin1
广安	nin2	nin2	nin2	tɕin1	tɕin1	tɕin1	tɕin1	tɕin1
邻水	nin2	nin2	nin2	tɕin1	tɕin1	tɕin1	tɕin1	tɕin1
南江	lin2	lin2	lin2	tʃin1	tɕin1	tɕin1	tɕin1	tɕin1
巴中	lin2	lin2	lin2	tʃin1	tɕin1	tɕin1	tɕin1	tɕin1
通江	lin2	lin2	lin2	tʃin1	tɕin1	tɕin	tɕin4 tɕin1	tɕin1
平昌	lin2	lin2	lin2	tʃin1	tɕin1	tɕin1	tɕin1	tɕin1
万源	nin2	nin2	nin2	tʃin1	tɕin1	tɕin1	tɕin1	tɕin1
宣汉	nin2	nin2	nin2	tɕin1	tɕin1	tɕin1	tɕin1	tɕin1
达州	nin2	nin2	nin2	tɕin1	tɕin1	tɕin1	tɕin1	tɕin1
开江	nin2	nin2	nin2	tɕin1	tɕin1	tɕin1	tɕin1	tɕin1
渠县	nin2	nin2	nin2	tɕin1	tɕin1	tɕin1	tɕin1	tɕin1
宜宾	nin2	nin2	nin2	tɕin1	tɕin1	tɕin1	tɕin1	tɕin1
古蔺	nin2	nin2	nin2	tɕin1	tɕin1	tɕin1	tɕin1	tɕin1
长宁	lin2	lin2	lin2	tɕin1	tɕin1	tɕin1	tɕin1	tɕin1
顾县	nin2	nin2	nin2	tɕin1	tɕin1	tɕin1	tɕin1	tɕin1
成都龙泉	lin2	lin2	lin2	tɕin1	tɕin1	tɕin1	tɕin1	tɕin1

---

① 又居荫切，臻开三见侵去。

字目	巾	斤	筋	锦	尽尽前头	紧	仅	谨
反切	居银	举欣	举欣	居饮	即忍	居忍	渠遴	居隐
声韵调	臻开三B 见真平	臻开三 见殷平	臻开三 见殷平	深开三B 见侵上	臻开三 精真上	臻开三A 见真上	臻开三B 群真去	臻开三 见殷上
中古音	kɣiɪn	kin	kin	kɣiɪm:	tsiɪn:	kiɪn:	gɣiɪn-	kiɪn:
广元	tɕin1	tɕin1 ken1 口①	tɕin1 ken1 口②	tɕin3	tʃin3	tɕin3	tɕin3	tɕin3
平武	tɕin1	tɕin1	tɕin1	tɕin3	tɕin4	tɕin3	tɕin3	tɕin3
青川	tɕin1	tɕin1 ken1 口①	tɕin1 ken1 口②	tɕin3	tɕin3	tɕin3	tɕin3	tɕin3
剑阁普安	tɕin1	tɕin1 ken1 口①	tɕin1 ken1 口②	tɕin3	tʃin3	tɕin3	tɕin3	tɕin3
剑阁金仙	tɕin1	tɕin1 ken1 口①	tɕin1 ken1 口②	tɕyn3	tsin3	tɕin3	tɕin3	tɕin3
旺苍	tɕin1	tɕin1 ken1 口①	tɕin1 ken1 口②	tɕin3	tsin3	tɕin3	tɕin3	tɕin3
苍溪	kin1	kin1	kin1	tɕyn3	tsin3	kin3	kin3	kin3
江油	tɕin1	tɕin1	tɕin1	tɕin3	tɕin4	tɕin3	tɕin3	tɕin3
北川	tɕin1	tɕin1	tɕin1	tɕin3	tɕin4	tɕin3	tɕin3	tɕin3
绵阳	tɕin1	tɕin1	tɕin1	tɕin3	tɕin4	tɕin3	tɕin3	tɕin3
盐亭	tɕin1	tɕin1	tɕin1	tɕin3	tɕin4	tɕin3	tɕin3	tɕin3
德阳	tɕin1	tɕin1 ken1 口①	tɕin1 ken1 口②	tɕin3	tʃin4	tɕin3	tɕin3	tɕin3
中江	tɕin1	tɕin1	tɕin1 ken1 口②	tɕin3	tɕin4	tɕin3	tɕin3	tɕin3
射洪	tɕin1	tɕin1 ken1 口①	tɕin1 ken1 口②	tɕin3	tɕin4	tɕin3	tɕin3	tɕin3
蓬溪	tɕin1	tɕin1 ken1 口①	tɕin1 ken1 口②	tɕin3	tɕin4	tɕin3	tɕin3	tɕin3
遂宁	tɕin1	tɕin1 ken1 口①	tɕin1 ken1 口②	tɕin3	tɕin4	tɕin3	tɕin3	tɕin3
乐至	tɕin1	tɕin1 ken1 口①	tɕin1 ken1 口②	tɕin3	tɕin3	tɕin3	tɕin3	tɕin3
安岳	tɕin1	tɕin1	tɕin1	tɕin3	tɕin3	tɕin3	tɕin3	tɕin3
仪陇	tɕin1	tɕin1	tɕin1	tɕin3	tɕin4	tɕin3	tɕin3	tɕin3
西充	tɕin1	tɕin1	tɕin1	tɕin3	tɕin4	tɕin3	tɕin3	tɕin3

---

① "翻斤斗"的"斤"的音。 ② "翻筋斗"的"筋"的音。

字目	巾	斤	筋	锦	尽_{尽前头}	紧	仅	谨
反切	居银	举欣	举欣	居饮	即忍	居忍	渠遴	居隐
声韵调	臻开三B 见真平	臻开三 见殷平	臻开三 见殷平	深开三B 见侵上	臻开三 精真上	臻开三A 见真上	臻开三B 群真去	臻开三 见殷上
中古音	kɣɨn	kin	kin	kɣɨm:	tsim:	kim:	gɣɨn-	kin:
蓬安	tɕin1	tɕin1	tɕin1	tɕin3	tɕin4	tɕin3	tɕin3	tɕin3
南充_{金台}	tɕin1	tɕin1	tɕin1	tɕin3	tɕin4	tɕin3	tɕin3	tɕin3
南充_{龙蟠}	tɕin1	tɕin1	tɕin1	tɕin3	tɕin4	tɕin3	tɕin3	tɕin3
岳池	tɕin1	tɕin1 ken1 口①	tɕin1 ken1 口②	tɕin3	tɕin3	tɕin3	tɕin3	tɕin3
广安	tɕin1	tɕin1 ken1 口①	tɕin1 ken1 口②	tɕin3	tɕin3	tɕin3	tɕin3	tɕin3
邻水	tɕin1	tɕin1 ken1 口①	tɕin1 ken1 口②	tɕin3	tɕin3	tɕin3	tɕin3	tɕin3
南江	tɕin1	tɕin1 ken1 口①	tɕin1 ken1 口②	tɕin3	tʃin3	tɕin3	tɕin3	tɕin3
巴中	tɕin1	tɕin1 ken1 口①	tɕin1 ken1 口②	tɕin3	tʃin3	tɕin3	tɕin3	tɕin3
通江	tɕin1	tɕin1 ken1 口①	tɕin1 ken1 口②	tɕin3	tʃin3	tɕin3	tɕin3	tɕin3
平昌	tɕin1	tɕin1 ken1 口①	tɕin1 ken1 口②	ʃyn3 tɕin3	tʃin3	tɕin3	tɕin3	tɕin3
万源	tɕin1	tɕin1 ken1 口①	tɕin1 ken1 口②	tɕin3	tɕin4	tɕin3	tɕin3	tɕin3
宣汉	tɕin1	tɕin1 ken1 口①	tɕin1 ken1 口②	tɕin3	tɕin4	tɕin3	tɕin3	tɕin3
达州	tɕin1	tɕin1 ken1 口①	tɕin1 ken1 口②	tɕin3	tɕin4	tɕin3	tɕin3	tɕin3
开江	tɕin1	tɕin1 ken1 口①	tɕin1 ken1 口②	tɕin3	tɕin4	tɕin3	tɕin3	tɕin3
渠县	tɕin1	tɕin1 ken1 口①	tɕin1 ken1 口②	tɕin3	tɕin4	tɕin3	tɕin3	tɕin3
宜宾	tɕin1	tɕin1 ken1 口①	tɕin1 ken1 口②	tɕin3	tɕin3	tɕin3	tɕin3	tɕin3
古蔺	tɕin1	tɕin1 ken1 口①	tɕin1 ken1 口②	tɕin3	tɕin3	tɕin3	tɕin3	tɕin3
长宁	tɕin1	tɕin1	tɕin1	kɣin3	tɕin4	tɕin3	tɕin3	tɕin3
顾县	tɕin1	tɕin1 ken1 口①	tɕin1 ken1 口②	tɕin3	tɕin3	tɕin3	tɕin3	tɕin3
成都_{龙泉}	tɕin1	tɕin1 ken1 口①	tɕin1 ken1 口②	tɕin3	tɕin3	tɕin3	tɕin3	tɕin3

① "翻斤斗" 的 "斤" 的音。　② "翻筋斗" 的 "筋" 的音。

字目	浸	禁禁止	进	晋	尽尽力	近	劲干劲	侵
反切	子鸩	居荫	即刃	即刃	慈忍	其谨	居焮	七林
声韵调	深开三精侵去	深开三B见侵去	臻开三精真去	臻开三精真去	臻开三从真上	臻开三群殷上	臻开三见殷去	深开三清侵平
中古音	tsiɪm-	kɣiɪm-	tsiɪn-	tsiɪn-	dziɪn:	giɪn:	kiɪn-	tshiɪm
广元	tɕin4	tɕin4	tʃin4	tʃin4	tʃin4	tɕin4	tɕin4	tʃhin4
平武	tɕhin4 tɕin4 新	tɕin4	tɕin4	tɕin4	tɕin4	tɕin4	tɕin4	tɕhin4
青川	tɕhin4	tɕin4	tɕin4	tɕin4	tɕin4	tɕin4	tɕin4	tɕhin1
剑阁普安	tʃhin4	tɕin4	tʃin4	tɕin4	tʃin4	tɕin4	tɕin4	tʃhin4
剑阁金仙	tshin4	tɕin4	tsin4	tsin4	tsin4	tɕin4	tɕin4	tshin4
旺苍	tshin4	tɕin4	tsin4	tsin4	tsin4	tɕin4	tɕin4	tshin4
苍溪	tshin4	kin4	tsin4	tsin4	tsin4	kin4	kin4	tshin4 tshin1
江油	tɕhin4	tɕin4	tɕin4	tɕin4	tɕin4	tɕin4	tɕin4	tɕhin4
北川	tɕhin4	tɕin4	tɕin4	tɕin4	tɕin4	tɕin4	tɕin4	tɕhin4
绵阳	tɕhin4	tɕin4	tɕin4	tɕin4	tɕin4	tɕin4	tɕin4	tɕhin4
盐亭	tɕhin4	tɕin4	tɕin4	tɕin4	tɕin4	tɕin4	tɕin4	tɕhin4
德阳	tɕhin4	tɕin4	tɕin4	tɕin4	tɕin4	tɕhin4	tɕin4	tɕhin4
中江	tɕhin4	tɕin4	tɕin4	tɕin4	tɕin4	tɕin4	tɕin4	tɕhin4
射洪	tɕhin4	tɕin4	tɕin4	tɕin4	tɕin4	tɕin4	tɕin4	tɕhin4
蓬溪	tɕhin4	tɕin4	tɕin4	tɕin4	tɕin4	tɕin4	tɕin4	tɕhin4
遂宁	tɕhin4	tɕin4	tɕin4	tɕin4	tɕin4	tɕin4	tɕin4	tɕhin4
乐至	tɕhin4	tɕin4	tɕin4	tɕin4	tɕin4	tɕin4	tɕin4	tɕhin4
安岳	tɕhin4	tɕin4	tɕin4	tɕin4	tɕin4	tɕin4	tɕin4	tɕhin4
仪陇	tɕhin4	tɕin1	tɕin4	tɕin4	tɕin4	tɕin4	tɕin4	tɕhin4
西充	tɕhin4	tɕin4	tɕin4	tɕyn4	tɕin4	tɕin4	tɕin4	tɕhin4

字目	浸	禁禁止	进	晋	尽尽力	近	劲干劲	侵
反切	子鸩	居荫	即刃	即刃	慈忍	其谨	居媵	七林
声韵调	深开三 精侵去	深开三B 见侵去	臻开三 精真去	臻开三 精真去	臻开三 从真上	臻开三 群殷上	臻开三 见殷去	深开三 清侵平
中古音	tsiɪm-	kɣɨɪm-	tsiɪn-	tsiɪn-	dziɪn:	giɪn:	kiɪn-	tshiɪm
蓬安	tɕhin4	tɕin4	tɕin4	tɕin4	tɕin4	tɕin4	tɕin4	tɕhin4
南充金台	tɕhin4	tɕin4	tɕin4	tɕin4	tɕin4	tɕin4	tɕin4	tɕhin4
南充龙蟠	tɕhin4	tɕin4	tɕin4	tɕin4	tɕin4	tɕin4	tɕin4	tɕhin4
岳池	tɕhin4	tɕin4	tɕin4	tɕin4	tɕin4	tɕin4	tɕin4	tɕhin4
广安	tɕhin4	tɕin4	tɕin4	tɕin4	tɕin4	tɕin4	tɕin4	tɕhin4
邻水	tɕhin4	tɕin4	tɕin4	tɕin4	tɕin4	tɕin4	tɕin4	tɕhin4
南江	tʃhin4	tɕin4	tʃin4	tʃyn4	tʃin4	tɕin4	tɕin4	tʃhin4 tʃhin1 新
巴中	tʃhin4	tɕin4	tʃin4	tʃyn4	tʃin4	tɕin4	tɕin4	tʃhin4 tʃhin1 新
通江	tʃhin4	tɕin4	tʃin4	tʃin4	tʃin4	tɕin4	tɕin4	tʃhin4 tʃhin1 新
平昌	tʃhin4	tɕin4	tʃin4	tʃyn4	tʃin4	tɕin4	tɕin4	tʃhin4 tʃhin1 新
万源	tʃhin4	tɕin4	tʃin4	tʃin4	tɕin4	tɕin4	tɕin4	tʃhin4 tʃhin1 新
宣汉	tɕhin4	tɕin4	tɕin4	tɕin4	tɕin4	tɕin4	tɕin4	tɕhin4
达州	tɕhin4	tɕin4	tɕin4	tɕin4	tɕin4	tɕin4	tɕin4	tɕhin4
开江	tɕhin4	tɕin4	tɕin4	tɕin4	tɕin4	tɕin4	tɕin4	tɕhin4
渠县	tɕhin4	tɕin4	tɕin4	tɕin4	tɕin4	tɕin4	tɕin4	tɕhin4
宜宾	tɕhin4	tɕin4	tɕin4	tɕin4	tɕin4	tɕin4	tɕin4	tɕhin1
古蔺	tɕhin4	tɕin4	tɕin4	tɕin4	tɕin4	tɕin4	tɕin4	tɕhin4
长宁	tɕhin4	tɕin4	tɕin4	tɕin4	tɕin4	tɕin4	tɕin4	tɕhin1
顾县	tɕhin4	tɕin4	tɕin4	tɕin4	tɕin4	tɕin4	tɕin4	tɕhin4
成都龙泉	tɕhin4	tɕin4	tɕin4	tɕin4	tɕin4	tɕhin1	tɕin4	tɕhin4

字目	钦	亲	琴	禽	擒	秦	勤	芹
反切	去金	七人	巨金	巨金	巨金	匠邻	巨斤	巨斤
声韵调	深开三B 溪侵平	臻开三 清真平	深开三B 群侵平	深开三B 群侵平	深开三B 群侵平	臻开三 从真平	臻开三 群殷平	臻开三 群殷平
中古音	khɣɨim	tshiin	gɣɨim	gɣɨim	gɣɨim	dziin	gin	gin
广元	tɕhin1	tʃhin1	tɕhin2	tɕhin2	tɕhin2	tʃhin2	tɕhin2	tɕhin2
平武	tɕhin1	tɕhin1	tɕhin2	tɕhin2	tɕhin2	tɕhin2	tɕhin2	tɕhin2
青川	tɕhin1	tɕhin1	tɕhin2	tɕhin2	tɕhin2	tɕhin2	tɕhin2	tɕhin2
剑阁普安	tɕhin1	tʃhin1	tɕhin2	tɕhin2	tɕhin2	tʃhin2	tɕhin2	tɕhin2
剑阁金仙	tɕhin1	tshin1	tɕhin2	tɕhin2	tɕhin2	tshin2	tɕhin2	tɕhin2
旺苍	tɕhin1	tshin1	tɕhin2	tɕhin2	tɕhin2	tshin2	tɕhin2	tɕhin2
苍溪	tɕhin1	tshin1	tɕhin2	tɕhin2	tɕhin2	tshin2	tɕhin2	tɕhin2
江油	tɕhin1	tɕhin1	tɕhin2	tɕhin2	tɕhin2	tɕhin2	tɕhin2	tɕhin2
北川	tɕhin1	tɕhin1	tɕhin2	tɕhin2	tɕhin2	tɕhin2	tɕhin2	tɕhin2
绵阳	tɕhin1	tɕhin1	tɕhin2	tɕhin2	tɕhin2	tɕhin2	tɕhin2	tɕhin2
盐亭	tɕhin1	tɕhin1	tɕhin2	tɕhin2	tɕhin2	tɕhin2	tɕhin2	tɕhin2
德阳	tɕhin1	tɕhin1	tɕhin2	tɕhin2	tɕhin2	tɕhin2	tɕhin2	tɕhin2
中江	tɕhin1	tɕhin1	tɕhin2	tɕhin2	tɕhin2	tɕhin2	tɕhin2	tɕhin2
射洪	tɕhin1	tɕhin1	tɕhin2	tɕhin2	tɕhin2	tɕhin2	tɕhin2	tɕhin2
蓬溪	tɕhin1	tɕhin1	tɕhin2	tɕhin2	tɕhin2	tɕhin2	tɕhin2	tɕhin2
遂宁	tɕhin1	tɕhin1	tɕhin2	tɕhin2	tɕhin2	tɕhin2	tɕhin2	tɕhin2
乐至	tɕhin1	tɕhin1	tɕhin2	tɕhin2	tɕhin2	tɕhin2	tɕhin2	tɕhin2
安岳	tɕhin1	tɕhin1	tɕhin2	tɕhin2	tɕhin2	tɕhin2	tɕhin2	tɕhin2
仪陇	tɕhin1	tɕhin1	tɕhin2	tɕhin2	tɕhin2	tɕhin2	tɕhin2	tɕhin2
西充	tɕhin1	tɕhin1	tɕhin2	tɕhin2	tɕhin2	tɕhin2	tɕhin2	tɕhin2

字目	钦	亲	琴	禽	擒	秦	勤	芹
反切	去金	七人	巨金	巨金	巨金	匠邻	巨斤	巨斤
声韵调	深开三B 溪侵平	臻开三 清真平	深开三B 群侵平	深开三B 群侵平	深开三B 群侵平	臻开三 从真平	臻开三 群殷平	臻开三 群殷平
中古音	khɣɨim	tshiin	gɣɨim	gɣɨim	gɣɨim	dziin	gin	gin
蓬安	tɕhin1	tɕhin1	tɕhin2	tɕhin2	tɕhin2	tɕhin2	tɕhin2	tɕhin2
南充金台	tɕhin1	tɕhin1	tɕhin2	tɕhin2	tɕhin2	tɕhin2	tɕhin2	tɕhin2
南充龙蟠	tɕhin1	tɕhin1	tɕhin2	tɕhin2	tɕhin2	tɕhin2	tɕhin2	tɕhin2
岳池	tɕhin1	tɕhin1	tɕhin2	tɕhin2	tɕhin2	tɕhin2	tɕhin2	tɕhin2
广安	tɕhin1	tɕhin1	tɕhin2	tɕhin2	tɕhin2	tɕhin2	tɕhin2	tɕhin2
邻水	tɕhin1	tɕhin1	tɕhin2	tɕhin2	tɕhin2	tɕhin2	tɕhin2	tɕhin2
南江	tɕhin1	tʃhin1	tɕhin2	tɕhin2	tɕhin2	tʃhin2	tɕhin2	tɕhin2
巴中	tɕhin1	tʃhin1	tɕhin2	tɕhin2	tɕhin2	tʃhin2	tɕhin2	tɕhin2
通江	tɕhin1	tʃhin1	tɕhin2	tɕhin2	tɕhin2	tʃhin2	ɕin2 tɕhin2	tɕhin2
平昌	tɕhin1	tʃhin1	tɕhin2	tɕhin2	tɕhin2	tʃhin2	tɕhin2	tɕhin2
万源	tɕhin1	tʃhin1	tɕhin2	tɕhin2	tɕhin2	tʃhin2	tɕhin2	tɕhin2
宣汉	tɕhin1	tɕhin1	tɕhin2	tɕhin2	tɕhin2	tɕhin2	tɕhin2	tɕhin2
达州	tɕhin1	tɕhin1	tɕhin2	tɕhin2	tɕhin2	tɕhin2	tɕhin2	tɕhin2
开江	tɕhin1	tɕhin1	tɕhin2	tɕhin2	tɕhin2	tɕhin2	tɕhin2	tɕhin2
渠县	tɕhin1	tɕhin1	tɕhin2	tɕhin2	tɕhin2	tɕhin2	tɕhin2	tɕhin2
宜宾	tɕhin1	tɕhin1	tɕhin2	tɕhin2	tɕhin2	tɕhin2	tɕhin2	tɕhin2
古蔺	tɕhin1	tɕhin1	tɕhin2	tɕhin2	tɕhin2	tɕhin2	tɕhin2	tɕhin2
长宁	tɕhin1	tɕhin1	tɕhin2	tɕhin2	tɕhin2	tɕhin2	tɕhin2	tɕhin2
顾县	tɕhin1	tɕhin1	tɕhin2	tɕhin2	tɕhin2	tɕhin2	tɕhin2	tɕhin2
成都龙泉	tɕhin1	tɕhin1	tɕhin2	tɕhyn2	tɕhyn2	tɕhin2	tɕhin2	tɕhin2

字目	寝	心	辛	新	薪	欣	信	胂挑胂
反切	七稔	息林	息邻	息邻	息邻	许斤	息晋	许觐
声韵调	深开三清侵上	深开三心侵平	臻开三心真平	臻开三心真平	臻开三心真平	臻开三晓殷平	臻开三心真去	臻开三B晓真去
中古音	tshiim:	siim	sin	sin	sin	hin	sin-	hɣɨn-
广元	tʃhin3	ʃin1	ʃin1	ʃin1	ʃin1	ɕin1	ʃin4	ɕin4
平武	tɕhin3	ɕin1	ɕin1	ɕin1	ɕin1	ɕin1	ɕin4	ɕin4
青川	tɕhin3	ɕin1	ɕin1	ɕin1	ɕin1	ɕin1	ɕin4	ɕin4
剑阁普安	tʃhin3	ʃin1	ʃin1	ʃin1	ʃin1	ɕin1	ʃin4	ɕin4
剑阁金仙	tshin3	sin1	sin1	sin1	sin1	xin1	sin4	ɕin4
旺苍	tɕhin3	sin1	ɕin1	sin1	sin1	ɕin1	sin4	ɕin4
苍溪	tshin3	sin1	sin1	sin1	sin1	ɕin1	sin4	ɕin4
江油	tɕhin3	ɕin1	ɕin1	ɕin1	ɕin1	ɕin1	ɕin4	ɕin4
北川	tɕhin3	ɕin1	ɕin1	ɕin1	ɕin1	ɕin1	ɕin4	ɕin4
绵阳	tɕhin3	ɕin1	ɕin1	ɕin1	ɕin1	ɕin1	ɕin4	ɕin4
盐亭	tɕhin3	ɕin1	ɕin1	ɕin1	ɕin1	ɕin1	ɕin4	ɕin4
德阳	tɕhin3	ɕin1	ɕin1	ɕin1	ɕin1	ɕyn1	ɕin4	ɕin4
中江	tɕhin3	ɕin1	ɕin1	ɕin1	ɕin1	ɕin1	ɕin4	ɕin4
射洪	tɕhin3	ɕin1	ɕin1	ɕin1	ɕin1	ɕin1	ɕin4	ɕin4
蓬溪	tɕhin3	ɕin1	ɕin1	ɕin1	ɕin1	ɕin1	ɕin4	ɕin4
遂宁	tɕhin3	ɕin1	ɕin1	ɕin1	ɕin1	ɕin1	ɕin4	ɕin4
乐至	tɕhin3	ɕin1	ɕin1	ɕin1	ɕin1	ɕin1	ɕin4	ɕin4
安岳	tɕhin3	ɕin1	ɕin1	ɕin1	ɕin1	ɕin1	ɕin4	ɕin4
仪陇	tɕhin3	ɕin1	ɕin1	ɕin1	ɕin1	ɕin1	ɕin4	ɕin4
西充	tɕhin3	ɕin1	ɕin1	ɕin1	ɕin1	ɕin1	ɕin4	ɕin4

字目	寝	心	辛	新	薪	欣	信	衅挑衅
反切	七稔	息林	息邻	息邻	息邻	许斤	息晋	许觐
声韵调	深开三 清侵上	深开三 心侵平	臻开三 心真平	臻开三 心真平	臻开三 心真平	臻开三 晓殷平	臻开三 心真去	臻开三 B 晓真去
中古音	tshiim:	sim	sin	sin	sin	hin	sin-	hɣin-
蓬安	tɕhin3	ɕin1	ɕin1	ɕin1	ɕin1	ɕin1	ɕin4	ɕin4
南充金台	tɕhin3	ɕin1	ɕin1	ɕin1	ɕin1	ɕin1	ɕin4	ɕin4
南充龙蟠	tɕhin3	ɕin1	ɕin1	ɕin1	ɕin1	ɕin1	ɕin4	ɕin4
岳池	tɕhin3	ɕin1	ɕin1	ɕin1	ɕin1	ɕin1	ɕin4	ɕin4
广安	tɕhin3	ɕin1	ɕin1	ɕin1	ɕin1	ɕin1	ɕin4	ɕin4
邻水	tɕhin3	ɕin1	ɕin1	ɕin1	ɕin1	ɕin1	ɕin4	ɕin4
南江	tɕhin3	ʃin1	ʃin1	ʃin1	ʃin1	ɕin1	ʃin4	ɕin4
巴中	tɕhin3	ʃin1	ʃin1	ʃin1	ʃin1	ɕin1	ʃin4	ɕin4
通江	tʃhin3	ʃin1	ʃin1	ʃin1	ʃin1	ɕin1	ʃin4	ɕin4
平昌	tʃhin4 tʃhin3	ʃin1	ʃin1	ʃin1	ʃin1	ɕin1	ʃin4	ɕin4
万源	tʃhin3	ʃin1	ɕin1	ʃin1	ʃin1	ɕin1	ʃin4	ʃin4
宣汉	tɕhin3	ɕin1	ɕin1	ɕin1	ɕin1	ɕin1	ɕin4	ɕin4
达州	tɕhin3	ɕin1	ɕin1	ɕin1	ɕin1	ɕin1	ɕin4	ɕin4
开江	tɕhin3	ɕin1	ɕin1	ɕin1	ɕin1	ɕin1	ɕin4	ɕin4
渠县	tɕhin3	ɕin1	ɕin1	ɕin1	ɕin1	ɕin1	ɕin4	ɕin4
宜宾	tɕhin3	ɕin1	ɕin1	ɕin1	ɕin1	ɕin1	ɕin4	ɕin4
古蔺	tɕhin3	ɕin1	ɕin1	ɕin1	ɕin1	ɕye1	ɕin4	ɕin4
长宁	tɕhin3	ɕin1	ɕin1	ɕin1	ɕin1	ɕin1	ɕin4	ɕin4
顾县	tɕhin3	ɕin1	ɕin1	ɕin1	ɕin1	ɕin1	ɕin4	ɕin4
成都龙泉	tɕhin3	ɕin1	ɕin1	ɕin1	ɕin1	ɕyn1	ɕin4	ɕin4

字目	音	阴	因	姻	殷	吟	淫	银
反切	于金	于金	于真	于真	于斤	鱼金	余针	语巾
声韵调	深开三B影侵平	深开三B影侵平	臻开三A影真平	臻开三A影真平	臻开三影殷平	深开三B疑侵平	深开三以侵平	臻开三B疑真平
中古音	ʔɣiɨm	ʔɣiɨm	ʔiin	ʔiin	ʔin	ŋɣiɨm	jiɨm	ŋɣiɨm
广元	in1	in1	in1	in1	in1	in2	in2	in2
平武	in1	in1	in1	in1	in1	in2	in2	in2
青川	in1	in1	in1	in1	in1	in2	in2	in2
剑阁普安	in1	in1	in1	in1	in1	yn2	in2	in2
剑阁金仙	in1	in1	in1	in1	in1	nin2	in2	in2
旺苍	in1	in1	in1	in1	in1	in2	in2	in2
苍溪	in1	in1	in1	in1	in1	in2	in2	in2
江油	in1	in1	in1	in1	in1	nin2	in2	in2
北川	in1	in1	in1	in1	in1	nin2	in2	in2
绵阳	in1	in1	in1	in1	in1	in2	in2	in2
盐亭	in1	in1	in1	in1	in1	ȵin2	in2	in2
德阳	in1	in1	in1	in1	in1	yn4	in2	in2
中江	in1	in1	in1	in1	in1	in2	in2	in2
射洪	in1	in1	in1	in1	in1	in2	in2	in2
蓬溪	in1	in1	in1	in1	in1	in2	in2	in2
遂宁	in1	in1	in1	in1	in1	in2	in2	in2
乐至	in1	in1	in1	in1	in1	in2	in2	in2
安岳	in1	in1	in1	in1	in1	in2	in2	in2
仪陇	in1	in1	in1	in1	in1	in2	in2	in2
西充	in1	in1	in1	in1	in1	in2	in2	in2

字目	音	阴	因	姻	殷	吟	淫	银
反切	于金	于金	于真	于真	于斤	鱼金	余针	语巾
声韵调	深开三B影侵平	深开三B影侵平	臻开三A影真平	臻开三A影真平	臻开三影殷平	深开三B疑侵平	深开三以侵平	臻开三B疑真平
中古音	ʔɣim	ʔɣim	ʔin	ʔin	ʔin	ŋɣim	jim	ŋɣin
蓬安	in1	in1	in1	in1	in1	in2	in2	in2
南充金台	in1	in1	in1	in1	in1	in2	in2	in2
南充龙蟠	in1	in1	in1	in1	in1	in2	in2	in2
岳池	in1	in1	in1	in1	in1	in2	in2	in2
广安	in1	in1	in1	in1	in1	in2	in2	in2
邻水	in1	in1	in1	in1	in1	in2	in2	in2
南江	in1	in1	in1	in1	in1	ȵin2 in2 新	in2	in2
巴中	in1	in1	in1	in1	in1	in2	in2	in2
通江	in1	in1	in1	in1	in1	ȵin2 in2 新	in2	in2
平昌	in1	in1	in1	in1	in1	ȵin4	in2	in2
万源	in1	in1	in1	in1	in1	in2	in2	in2
宣汉	in1	in1	in1	in1	in1	in2	in2	in2
达州	in1	in1	in1	in1	in1	nin2	in2	in2
开江	in1	in1	in1	in1	in1	in2	in2	in2
渠县	in1	in1	in1	in1	in1	in4	in2	in2
宜宾	in1	in1	in1	in1	in1	in2	in2	in2
古蔺	in1	in1	in1	in1	in1	ŋɣin2	in2	in2
长宁	in1	in1	in1	in1	in1	in2	in2	in2
顾县	in1	in1	in1	in1	in1	in2	in2	in2
成都龙泉	in1	in1	in1	in1	in1	ȵin4 in2 新	in2	in2

字目	寅	饮_{冷饮}	饮_{饮酒}	引	隐	尹_姓	饮^①_{饮花}	印
反切	翼真	于锦	于锦	余忍	于谨	余准	于禁	于刃
声韵调	臻开三 以真平	深开三B 影侵上	深开三B 影侵上	臻开三 以真上	臻开三 影殷上	臻合三 以谆上	深开三B 影侵去	臻开三A 影真去
中古音	jiin	ʔɣiɯm:	ʔɣiɯm:	jiin:	ʔin:	jiuɯn:	ʔɣiɯm-	ʔim-
广元	in2	in3	in3	in3	in3	yn3	in4	in4
平武	in2	in3	in3	in3	in3	yn3	in4	in4
青川	in2	in3	in3	in3	in3	yn3	in4	in4
剑阁_{普安}	in2	in3	in3	in3	in3	yn3	in4	in4
剑阁_{金仙}	in2	in3	in3	in3	in3	yn3	in4	in4
旺苍	in2	in3	in3	in3	in3	yn3	in4	in4
苍溪	in2	in3	in3	in3	in3	in3 yn3	in4	in4
江油	in2	in3	in3	in3	in3	yn3	in4	in4
北川	in2	in3	in3	in3	in3	yn3	in4	in4
绵阳	in2	in3	in3	in3	in3	yn3	in4	in4
盐亭	in2	in3	in3	in3	in3	yn3	in4	in4
德阳	in2	in3	in3	in3	in3	in3	in4	in4
中江	in2	in3	in3	in3	in3	in3	in4	in4
射洪	in2	in3	in3	in3	in3	yn3	in4	in4
蓬溪	in2	in3	in3	in3	in3	yn3	in4	in4
遂宁	in2	in3	in3	in3	in3	yn3	in4	in4
乐至	in2	in3	in3	in3	in3	in3	in4	in4
安岳	in2	in3	in3	in3	in3	yn3	in4	in4
仪陇	in2	in3	in3	in3	in3	yn3	in4	in4
西充	in2	in3	in3	in3	in3	yn3	in4	in4

---

① 意为"浇",用于"饮花、饮菜、饮秧子"等。

字目	寅	饮冷饮	饮饮酒	引	隐	尹姓	饮①饮花	印
反切	翼真	于锦	于锦	余忍	于谨	余准	于禁	于刃
声韵调	臻开三以真平	深开三B影侵上	深开三B影侵上	臻开三以真上	臻开三影殷上	臻合三以谆上	深开三B影侵去	臻开三A影真去
中古音	jiɪn	ʔɣiɪm	ʔɣiɪm	jiɪn:	ʔin:	jiuɪn:	ʔɣiɪm-	ʔin-
蓬安	in2	in3	in3	in3	in3	yn3	in4	in4
南充金台	in2	in3	in3	in3	in3	yn3	in4	in4
南充龙蟠	in2	in3	in3	in3	in3	in3 yn3	in4	in4
岳池	in2	in3	in3	in3	in3	in3	in4	in4
广安	in2	in3	in3	in3	in3	in3	in4	in4
邻水	in2	in3	in3	in3	in3	in3	in4	in4
南江	in2	in3	in3	in3	in3	yn3	in4	in4
巴中	in2	in3	in3	in3	in3	yn3	in4	in4
通江	in2	in3	in3	in3	in3	in3 yn3	in4	in4
平昌	in2	in3	in3	in3	in3	yn3	in4	in4
万源	in2	in3	in3	in3	in3	in3	in4	in4
宣汉	in2	in3	in3	in3	in3	in3	in4	in4
达州	in2	in3	in3	in3	in3	yn3	in4	in4
开江	in2	in3	in3	in3	in3	yn3	in4	in4
渠县	in2	in3	in3	in3	in3	in3	in4	in4
宜宾	in2	in3	in3	in3	in3	in3	in4	in4
古蔺	in2	in3	in3	in3	in3	in3	in4	in4
长宁	in2	in3	in3	in3	in3	yn3	in4	in4
顾县	in2	in3	in3	in3	in3	yn3	in4	in4
成都龙泉	in2	yn3	yn3	in1	in3	yn3	in4	in4

① 意为"浇",用于"饮花、饮菜、饮秧子"等。

字目	敦敦厚	墩	顿	盾人名	遁	钝	盾矛盾	吞
反切	都昆	都昆	都困	徒损	徒困	徒困	食尹	吐根
声韵调	臻合一端魂平	臻合一端魂平	臻合一端魂去	臻合一定魂上	臻合一定魂去	臻合一定魂去	臻合三船谆上	臻开一透痕平
中古音	tuən	tuən	tuən-	duən:	duən-	duən-	ziuɪn:	thən
广元	ten1	ten1	ten4	ten4	ten4	ten4	ten4 suən3 旧	then1
平武	ten1	ten1	ten4	ten4	ten4	ten4	ten4	then1
青川	ten1	ten1	ten4	ten4	ten4	ten4	ten4 suən3 旧	then1
剑阁普安	ten1	tuən1	ten4	ten4	ten4	ten4	ten4 suən3 旧	then1
剑阁金仙	ten1	ten3	ten4	ten4	ten4	ten4	ten4 suən3 旧	then1
旺苍	ten1	tuən1	ten4	ten4	tuən4	ten4	ten4 suən3 旧	then1
苍溪	ten1	ten3 ten1	ten4	ten4	ten4	ten4	ten4	then1
ε 江油	ten1	ten3	ten4	ten4	ten4	ten4	ten4	then1
北川	ten1	ten1	ten4	ten4	ten4	ten4	ten4	then1
绵阳	ten1	ten3	ten4	tuən4	ten4	ten4	tuən4	then1
盐亭	ten1	ten1	ten4	ten4	ten4	ten4	ten4	then1
德阳	ten1	ten1	ten4	ten4	ten4	ten4	ten4	then1
中江	ten1	ten1	ten4	ten4	ten4	ten4	ten4	then1
射洪	ten1	ten1	ten4	ten4	ten4	ten4	ten4	then1
蓬溪	tuən1	tuən1	tuən4	ten4	ten4	ten4	ten4	then1
遂宁	ten1	ten1	ten4	ten4	ten4	ten4	ten4	then1
乐至	ten1	ten1	ten4	ten4	ten4	ten4	ten4	then1
安岳	ten1	ten1	ten4	ten4	ten4	ten4	ten4	then1
仪陇	ten1	ten1	ten4 tuən4 新	ten4 tuən4 新	ten4	ten4 tuən4 新	ten4 tuən4 新	then1
西充	tuən1	ten1	ten4	ten4	ten4	ten4	ten4	then1

字目	敦_{敦厚}	墩	顿	盾_{人名}	遁	钝	盾_{矛盾}	吞
反切	都昆	都昆	都困	徒损	徒困	徒困	食尹	吐根
声韵调	臻合一端魂平	臻合一端魂平	臻合一端魂去	臻合一定魂上	臻合一定魂去	臻合一定魂去	臻合三船谆上	臻开一透痕平
中古音	tuən	tuən	tuən-	duən:	duən-	duən-	ziuɪn:	thən
蓬安	ten1	ten1	ten4	ten4	ten4	ten4	ten4	then1
南充_{金台}	ten1	ten3	ten4	ten4	ten4	ten4	ten4	then1
南充_{龙蟠}	ten1	ten1	ten4	ten4	ten4	ten4	ten4	then1
岳池	ten1	ten1	ten4	ten4	ten4	ten4	ten4	then1
广安	ten1	ten1	ten4	ten4	ten4	ten4	ten4	then1
邻水	ten1	ten3	ten4	ten4	ten4	ten4	ten4	then1
南江	ten1	ten1	ten4	ten4	ten4	ten4	ten4	then1
巴中	tuən1 ten1 旧	ten4 ten1	ten4	ten4	ten4	ten4	ten4	then1
通江	ten1	ten1	ten4	ten4	ten4	ten4	ten4	then1
平昌	ten1	ten1	ten4	ten4	ten4	ten4	ten4	then1
万源	ten1	ten1	ten4	ten4	ten4	ten4	ten4 suən3 旧	then1
宣汉	ten1	ten1	ten4	ten4	ten4	ten4	ten4 suən3 旧	then1
达州	ten1	tuən1	tuən4	tuən4	tuən4	ten4	ten4 suən3 旧	then1
开江	ten1	ten1	ten4	ten4	ten4	ten4	ten4 suən3 旧	then1
渠县	ten1	ten1	ten4	ten4	ten4	ten4	ten4 suən3 旧	then1
宜宾	ten1	ten1	ten4	ten4	ten4	ten4	ten4	then1
古蔺	ten1	ten1	ten4	ten4	ten4	ten4	ten4	then
长宁	ten1	ten1	ten4	ten4	ten4	ten4	ten4	then1
顾县	ten1	ten1	ten4	ten4	ten4	ten4	ten4 suən3 旧	then1
成都_{龙泉}	ten1	ten3	ten4	ten4	tuən4 ten4 旧	ten4	ten4	then1

字目	屯屯田	论论语	仑昆仑山	轮	伦	论议论	尊	遵
反切	徒浑	卢昆	卢昆	力迍	力迍	卢困	祖昆	将伦
声韵调	臻合一定魂平	臻合一来魂平	臻合一来魂平	臻合三来谆平	臻合三来谆平	臻合一来魂去	臻合一精魂平	臻合三精谆平
中古音	duən	luən	luən	liuɯn	liuɯn	luən-	tsuən	tsiuɯn
广元	then2	nen4 nen2 旧	nen2	nen2	nen2	nen4	tsen1	tsen1
平武	thuən2	nen4	nen2	nen2	nen2	nen4	tsen1	tsen1
青川	then2	nen4 nen2 旧	nen2	nen2	nen2	nen4	tsen1	tsen1
剑阁普安	thuən2	nen4 nen2 旧	nen2	nen2	nen2	nen4	tsen1	tsen1
剑阁金仙	then2	nen4 nen2 旧	nen2	nen2	nen2	nen4	tsen1	tsen1
旺苍	thuən2	nen4 nen2 旧	nen2	nen2	nen2	nen4	tsuən1	tsuən1
苍溪	then2	len4 len2 旧	len2	len2	luən2 len2 旧	len4	tsen1	tsen1
江油	ten4	nen4	nen2	nen2	nen2	nen4	tsen1	tsen1
北川	ten4	nen4	nen2	nen2	nen2	nen4	tsen1	tsen1
绵阳	ten4	nen4	nen2	nen2	nen2	nen4	tsen1	tsen1
盐亭	then2	len4	len2	len2	len2	len4	tsuən1	tsen1
德阳	then2	nen4 nen2 旧	nen2	nen2	nen2	nen4	tsuən1	tsuən1
中江	thuən2	len2 旧	len2	len2	len2	len4	tsen1	tsen1
射洪	ten4	nen4 nen2 旧	nen2	nen2	nen2	nen4	tsen1	tsen1
蓬溪	tuən4	nen4 nen2 旧	nen2	nen2	nen2	nen4	tsuən1	tsen1
遂宁	ten4	nen4 nen2 旧	nen2	nen2	nen2	nen4	tsen1	tsen1
乐至	ten4	nen4	nen2	nen2	nen2	nen4	tsen1	tsen1
安岳	ten4	nen4	nen2	nen2	nen2	nen4	tsen1	tsen1
仪陇	ten4	nen4	nen2	nen2	nen2	nen4	tsen1	tsen1
西充	then2	nen4	nuən2	nen2	nen2	nen4	tsen1	tsen1

字目	屯屯田	论论语	仑昆仑山	轮	伦	论议论	尊	遵
反切	徒浑	卢昆	卢昆	力迍	力迍	卢困	祖昆	将伦
声韵调	臻合一定魂平	臻合一来魂平	臻合一来魂平	臻合三来谆平	臻合三来谆平	臻合一来魂去	臻合一精魂平	臻合三精谆平
中古音	duən	luən	luən	liuin	liuin	luən-	tsuən	tsiuin
蓬安	ten4	nen4	nen2	nen2	nen2	nen4	tsen1	tsen1
南充金台	ten4	nen4	nen2	nen2	nen2	nen4	tsen1	tsen1
南充龙蟠	ten4 then2	nen4	nen2	nen2	nen2	nen4	tʂen1	tʂen1
岳池	ten4	nen4 nen2 旧	nen2	nen2	nen2	nen4	tsen1	tsen1
广安	ten4	nen4 nen2 旧	nen2	nen2	nen2	nen4	tsen1	tsen1
邻水	ten4	nen4 nen2 旧	nen2	nen2	nen2	nen4	tsen1	tsen1
南江	ten4 then2	len4 len2 旧	len2	len2	len2	len4	tsen1	tsen1
巴中	ten4 then2	len4 len2 旧	len2	len2	len2	len4	tsen1	tsen1
通江	then2	len4 len2 旧	len2	len2	len2	len4	tsen1	tsen1
平昌	ten4 then2	len4 len2 旧	len2	len2	len2	len4	tsen1	tsen1
万源	ten2	nen4 nen2	nen2	nen2	nen2	nen4	tsen1	tsen1
宣汉	ten2	nen4	nen2	nen2	nen2	nen4	tsen1	tsen1
达州	tuən4	nen4 nen2	nen2	nen2	nen2	nen4	tsen1	tsen1
开江	ten2	nen4 nen2	nen2	nen2	nen2	nen4	tsen1	tsen1
渠县	tuən4	nen4 nen2	nen2	nen2	nen2	nen4	tsen1	tsen1
宜宾	thuən2 then2 旧	nen4 nen2 旧	nen2	nen2	nen2	nen4	tsen1	tsen1
古蔺	ten4 then2	nen4 nen2 旧	nen2	nen2	nen2	nen4	tsen1	tsen1
长宁	then2	len4	len2	len2	len2	len4	tsen1	tsen1
顾县	then2	nen4 nen2 旧	nen2	nen2	nen2	nen4	tsen1	tsen1
成都龙泉	then2	len4 len2 旧	len2	len2	luən2 len2 旧	len4	tsen1	tsen1

字目	村	存	寸	孙	损	笋	*榫	准标准
反切	此尊	徂尊	仓困	思浑	苏本	思尹	*笋尹	之尹
声韵调	臻合一清魂平	臻合一从魂平	臻合一清魂去	臻合一心魂平	臻合一心魂上	臻合三心谆上	臻合三心谆上	臻合三章谆上
中古音	tshuən	dzuən	tshuən-	suən	suən:	siuɯn:	siuɯn:	tɕiuɯn:
广元	tshuən1	tshuən2	tshen4	suən1	suən3	suən3	suən3	tʂuən3
平武	tshen1	tshen2	tshen4	sen1	sen3	sen3	sen3	tsuən3
青川	tshen1	tshen2	tshen4	sen1	sen3	sen3	sen3	tsuən3
剑阁普安	tshuən1	tshen2	tshen4	suən1	suən3	sen3	suən3	tʂuən3
剑阁金仙	tshen1	tshen2	tshen4	suən1	sen3	suən3	suən3	tʂuən3
旺苍	tshuən1	tshuən2	tshen4	suən1	sen3	sen3	sen3	tʂuən3
苍溪	tshen1	tshen2	tshen4	sen1	sen3	sen3	sen3	tʂuən3
江油	tshuən1	tshen2	tshen4	sen1	sen3	sen3	sen3	tsuən3
北川	tshen1	tshen2	tshen4	sen1	sen3	sen3	sen3	tsuən3
绵阳	tshen1	tshen2	tshuən4	sen1	sen3	sen3	sen3	tsuən3
盐亭	tshen1	tshen2	tshen4	sen1	sen3	sen3	sen3	tsuən3
德阳	tshuən1	tshen2	tshuən4	suən1	suən3	suən3	suən3	tʂuən3
中江	tshen1	tshen2	tshuən4	sen1	sen3	sen3	sen3	tsuən3
射洪	tshen1	tshen2	tshen4	sen1	sen3	sen3	sen3	tsuən3
蓬溪	tshen1	tshen2	tshen4	sen1	sen3	sen3	sen3	tsuən3
遂宁	tshen1	tshen2	tshen4	sen1	sen3	sen3	sen3	tsuən3
乐至	tshuən1 tshen1 旧	tshuən2 tshen2 旧	tshuən4 tshen4 旧	sen1	sen3	sen3	sen3	tsuən3
安岳	tshen1	tshen2	tshen4	sen1	sen3	sen3	sen3	tsuən3
仪陇	tshen1	tshen2	tshen4	sen1	sen3	sen3	sen3	tsuən3
西充	tshen1	tshen2	tshen4	sen1	sen3	sen3	sen3	tsuən3

字目	村	存	寸	孙	损	笋	*榫	准标准
反切	此尊	徂尊	仓困	思浑	苏本	思尹	*耸尹	之尹
声韵调	臻合一清魂平	臻合一从魂平	臻合一清魂去	臻合一心魂平	臻合一心魂上	臻合三心谆上	臻合三心谆上	臻合三章谆上
中古音	tshuən	dzuən	tshuən-	suən	suən:	siuɪn:	siuɪn:	tɕiuɪn:
蓬安	tshen1	tshen2	tshen4	sen1	sen3	sen3	sen3	tsuən3
南充金台	tshen1	tshen2	tshen4	sen1	sen3	sen3	sen3	tsuən3
南充龙蟠	tʂhen1	tʂhen2	tʂhen4	ʂen1	ʂen3	ʂen3	ʂen3	tʂuən3
岳池	tshen1	tshen2	tshen4	sen1	sen3	sen3	sen3	tsuən3
广安	tshen1	tshen2	tshen4	sen1	sen3	sen3	suən3	tsuən3
邻水	tshen1	tshen2	tshen4	sen1	sen3	sen3	sen3	tsuən3
南江	tshen1	tshen2	tshen4	sen1	sen3	sen3	sen3	tʂuən3
巴中	tshen1	tshen2	tshen4	sen1	sen3	sen3	sen3	tʂuən3
通江	tshuən1 tshen1 旧	tshen2	tshuən4 tshen4 旧	suən1 sen1 旧	suən3 sen3 旧	sen3	sen3	tʂuən3
平昌	tshen1	tshen2	tshen4	sen1	sen3	sen3	sen3	tʂuən3
万源	tshen1	tshen2	tshen4	sen1	sen3	sen3	sen3	tʂuən3
宣汉	tshuən1	tshen2	tshen4	sen1	sen3	sen3	sen3	tsuən3
达州	tshuən1	tshen2	tshen4	sen1	sen3	sen3	sen1	tsuən3
开江	tshen1	tshen2	tshen4	sen1	sen3	sen3	sen3	tsuən3
渠县	tshen1	tshen2	tshen4	sen1	sen3	sen3	sen3	tsuən3
宜宾	tshen1	tshen2	tshen4	sen1	sen3	sen3	sen3	tsuən3
古蔺	tshen1	tshen2	tshen4	sen1	sen3	sen3	suən3	tsuən3
长宁	tsen1	tshen2	tshen4	sen1	sen3	sen3	sen3	tsuən3
顾县	tshen1	tshen2	tshen4	sen1	sen3	sen3	sen3	tɕyn3
成都龙泉	tshuən1 tshen1 旧	tshuən2 tshen2 旧	tshuən4 tshen4 旧	suən1 sen1 旧	suən3 sen3 旧	suən3 sen3 旧	suən3 sen3 旧	tsuən3

字目	准批准	椿	春	唇	纯	蠢	顺	润
反切	之尹	丑伦	昌唇	食伦	常伦	尺尹	食闰	如顺
声韵调	臻合三 章谆上	臻合三 彻谆平	臻合三 昌谆平	臻合三 船谆平	臻合三 禅谆平	臻合三 昌谆上	臻合三 船谆去	臻合三 日谆去
中古音	tɕiuɪn:	ʈhiuɪn	tɕhiuɪn	ziuɪn	dziuɪn	tɕhiuɪn:	ziuɪn-	ȵziuɪn-
广元	tʂuən3	tʂhuən1	tʂhuən1	ʂuən2	ʂuən2	tʂhuən3	fen4	zuən4
平武	tsuən3	tshuən1	tshuən1	suən2 tshuən2 新	suən2	tshuən3	suən4	zuən4
青川	tsuən3	tshuən1	tshuən1	suən2	suən2	tshuən3	suən4	zuən4
剑阁普安	tʂuən3	tʂhuən1	tʂhuən1	ʂuən2	ʂuən2	tʂhuən3	ʂuən4	zuən4
剑阁金仙	tʂuən3	tʂhuən1	tʂhuən1	ʂuən2	ʂuən2	tʂhuən3	ʂuən4	zuən4
旺苍	tʂuən3	tʂhuən1	tʂhuən1	ʂuən2	ʂuən2	tʂhuən3	ʂuən4	zuən4
苍溪	tʂuən3	tʂhuən1	tʂhuən1	ʂuən2	ʂuən2	tʂhuən3	ʂuən4	zuən4
江油	tsuən3	tshuən1	tshuən1	suən2	suən2	tshuən3	suən4	zuən4
北川	tsuən3	tshuən1	tshuən1	suən2	suən2	tshuən3	suən4	zuən4
绵阳	tsuən3	tshuən1	tshuən1	suən2	suən2	tshuən3	suən4	zuən4
盐亭	tsuən3	tshuei1	tshuən1	suən2	suən2	tshuən3	suən4	zuən4
德阳	tsuən3	tshuən1	tshuən1	suən2	tshuən2	tshuən3	suən4	zuən4
中江	tsuən3	tshuən1	tshuən1	suən2	suən2	tshuən3	suən4	zuən4
射洪	tsuən3	tshuən1	tshuən1	suən2	suən2	tshuən3	suən4	zuən4
蓬溪	tsuən3	tshuən1	tshuən1	suən2	suən2	tshuən3	suən4	zuən4
遂宁	tsuən3	tshuən1	tshuən1	suən2	suən2	tshuən3	suən4	zuən4
乐至	tsuən3	tshuən1	tshuən1	suən2	suən2	tshuən3	suən4	zuən4
安岳	tsuən3	tʂhuən1	tshuən1	suən2	suən2	tʂhuən3	suən4	zuən4
仪陇	tsuən3	tsuən1	tshuən1	suən2	suən2	tshuən3	suən4	zuən4
西充	tsuən3	tshuən1	tshuən1	suən2	suən2	tshuən3	suən4	zuən4

字目	准批准	椿	春	唇	纯	蠢	顺	润
反切	之尹	丑伦	昌唇	食伦	常伦	尺尹	食闰	如顺
声韵调	臻合三 章谆上	臻合三 彻谆平	臻合三 昌谆平	臻合三 船谆平	臻合三 禅谆平	臻合三 昌谆上	臻合三 船谆去	臻合三 日谆去
中古音	tɕiuɪn:	ʈhiuɪn	tɕhiuɪn	ziuɪn	dziuɪn	tɕhiuɪn:	ziuɪn-	nʑiuɪn-
蓬安	tsuən3	tshuən1	tshuən1	suən2	suən2	tshuən3	suən4	zuən4
南充金台	tsuən3	tshuən1	tshuən1	suən2	suən2	tshuən3	suən4	zuən4
南充龙蟠	tʂuən3	tʂhuən1	tʂhuən1	ʂuən2	ʂuən2	tʂhuən3	ʂuən4	ʐuən4
岳池	tsuən3	tshuən1	tshuən1	suən2	suən2	tshuən3	suən4	zuən4
广安	tsuən3	tshuən1	tshuən1	suən2	suən2	tshuən3	suən4	zuən4
邻水	tsuən3	tshuən1	tshuən1	suən2	suən2	tshuən3	suən4	zuən4
南江	tʂuən3	tʂhuən1	tʂhuən1	ʂuən2	ʂuən2	tʂhuən3	ʂuən4	ʐuən4
巴中	tʂuən3	tʂhuən1	tʂhuən1	ʂuən2	ʂuən2	tʂhuən3	ʂuən4	ʐuən4
通江	tʂuən3	tʂhuən1	tʂhuən1	ʂuən2	ʂuən2	tʂhuən3	ʂuən4	ʐuən4
平昌	tʂuən3	tʂhuən1	tʂhuən1	ʂuən2	ʂuən2	tʂhuən3	ʂuən4	ʐuən4
万源	tʂuən3	tʂhuən1	tʂhuən1	suən2	ʂuən2	tʂhuən3	suən4	ʐuən4
宣汉	tsuən3	tsuən1	tshuən1	tshuən2	suən2	tshuən3	suən4	zuən4
达州	tsuən3	tshuən1	tshuən1	tshuən2	tshuən2	tshuən3	suən4	zuən4
开江	tsuən3	tshuən1	tshuən1	tshuən2	tshuən2	tshuən3	suən4	zuən4
渠县	tsuən3	tshuən1	tshuən1	suən2	suən2	tshuən3	suən4	zuən4
宜宾	tsuən3	tshuən1	tshuən1	suən2 tshuən2 新	suən2	tshuən3	suən4	zuən4
古蔺	tsuən3	tshuən1	tshuən1	suən2	suən2	tshuən3	suən4	zuən4
长宁	tsuən3	tshuən1	tshuən1	suən2	suən2	tshuən3	suən4	zuən4
顾县	tɕyn3	tshuən1	tɕhyn1	suən2	suən2	tɕhyn3	suən4	zuən4
成都龙泉	tsuən3	tshuən1	tshuən1	suən2	tshuən2 suən2 旧	tshuən3	suən4	zuən4

字目	闰	滚	棍	昆昆明	昆昆仑山	坤	捆	困
反切	如顺	古本		古浑	古浑	苦昆	苦本	苦闷
声韵调	臻合三日谆去	臻合一见魂上	臻合一见魂去	臻合一见魂平	臻合一见魂平	臻合一溪魂平	臻合一溪魂上	臻合一溪魂去
中古音	ȵ.ziuən-	kuən:	kuən-	kuən	kuən	khuən	khuən:	khuən-
广元	zuən4	kuən3	kuən4	khuən1	khuən1	khuən1	khuən3	khuən4
平武	zuən4	kuən3	kuən4	khuən1	khuən1	khuən1	khuən3	khuən4
青川	zuən4	kuən3	kuən4	khuən1	khuən1	khuən1	khuən3	khuən4
剑阁普安	zuən4	kuən3	kuən4	khuən1	khuən1	khuən1	khuən3	khuən4
剑阁金仙	zuən4	kuən3	kuən4	khuən1	khuən1	khuən1	khuən3	khuən4
旺苍	zuən4	kuən3	kuən4	khuən1	khuən1	khuən1	khuən3	khuən4
苍溪	zuən4	kuən3	kuən4	khuən1	khuən1	khuən1	khuən3	khuən4
江油	zuən4	kuən3	kuən4	khuən1	khuən1	khuən1	khuən3	khuən4
北川	zuən4	kuən3	kuən4	khuən1	khuən1	khuən1	khuən3	khuən4
绵阳	zuən4	kuən3	kuən4	khuən1	khuən1	khuən1	khuən3	khuən4
盐亭	zuən4	kuən3	kuən4	khuən1	khuən1	khuən1	khuən3	khuən4
德阳	zuən4	kuən3	kuən4	khuən1	khuən1	khuən1	khuən3	khuən4
中江	zuən4	kuən3	kuən4	khuən1	khuən1	khuən1	khuən3	khuən4
射洪	zuən4	kuən3	kuən4	khuən1	khuən1	khuən1	khuən3	khuən4
蓬溪	zuən4	kuən3	kuən4	khuən1	khuən1	khuən1	khuən3	khuən4
遂宁	zuən4	kuən3	kuən4	khuən1	khuən1	khuən1	khuən3	khuən4
乐至	zuən4	kuən3	kuən4	khuən1	khuən1	khuən1	khuən3	khuən4
安岳	zuən4	kuən3	kuən4	khuən1	khuən1	khuən1	khuən3	khuən4
仪陇	zuən4	kuən3	kuən4	khuən1	khuən1	khuən1	khuən3	khuən4
西充	zuən4	kuən3	kuən4	khuən1	khuən1	khuən1	khuən3	khuən4

字目	闰	滚	棍	昆昆明	昆昆仑山	坤	捆	困
反切	如顺	古本		古浑	古浑	苦昆	苦本	苦闷
声韵调	臻合三日谆去	臻合一见魂上	臻合一见魂去	臻合一见魂平	臻合一见魂平	臻合一溪魂平	臻合一溪魂上	臻合一溪魂去
中古音	ȵziuɪn-	kuən:	kuən-	kuən	kuən	khuən	khuən:	khuən-
蓬安	zuən4	kuən3	kuən4	khuən1	khuən1	khuən1	khuən3	khuən4
南充金台	zuən4	kuən3	kuən4	khuən1	khuən1	khuən1	khuən3	khuən4
南充龙蟠	ẓuən4	kuən3	kuən4	khuən1	khuən1	khuən1	khuən3	khuən4
岳池	zuən4	kuən3	kuən4	khuən1	khuən1	khuən1	khuən3	khuən4
广安	zuən4	kuən3	kuən4	khuən1	khuən1	khuən1	khuən3	khuən4
邻水	zuən4	kuən3	kuən4	khuən1	khuən1	khuən1	khuən3	khuən4
南江	ẓuən4	kuən3	kuən4	khuən1	khuən1	khuən1	khuən3	khuən4
巴中	ẓuən4	kuən3	kuən4	khuən1	khuən1	khuən1	khuən3	khuən4
通江	ẓuən4	kuən3	kuən4	khuən1	khuən1	khuən1	khuən3	khuən4
平昌	ẓuən4	kuən3	kuən4	khuən1	khuən1	khuən1	khuən3	khuən4
万源	ẓuən4	kuən3	kuən4	khuən1	khuən1	khuən1	khuən3	khuən4
宣汉	zuən4	kuən3	kuən4	khuən1	khuən1	khuən1	khuən3	khuən4
达州	zuən4	kuən3	kuən4	khuən1	khuən1	khuən1	khuən3	khuən4
开江	zuən4	kuən3	kuən4	khuən1	khuən1	khuən1	khuən3	khuən4
渠县	zuən4	kuən3	kuən4	khuən1	khuən1	khuən1	khuən3	khuən4
宜宾	zuən4	kuən3	kuən4	khuən1	khuən1	khuən1	khuən3	khuən4
古蔺	zuən4	kuən3	kuən4	khuən1	khuən1	khuən1	khuən3	khuən4
长宁	zuən4	kuən3	kuən4	khuən1	khuən1	khuən1	khuən3	khuən4
顾县	zuən4	kuən3	kuən4	khuən1	khuən1	khuən1	khuən3	khuən4
成都龙泉	zuən4	kuən3	kuən4	khuən1	khuən1	khuən1	khuən3	khuən4

字目	昏	婚	荤	浑浑浊	浑浑身	魂	混	温
反切	呼昆	呼昆	许云	户昆	户昆	户昆	胡本	乌浑
声韵调	臻合一晓魂平	臻合一晓魂平	臻合三晓文平	臻合一匣魂平	臻合一匣魂平	臻合一匣魂平	臻合一匣魂上	臻合一影魂平
中古音	huən	huən	hiun	ɦuən	ɦuən	ɦuən	ɦuən:	ʔuən
广元	xuən1	xuən1	xuən1	xuən1	xuən2 文 khuən2 白	xuən2	xuən4	uən1
平武	xuən1	xuən1	xuən1	xuən1	xuən1	xuən2	xuən4	uən1
青川	xuən1	xuən1	xuən1	xuən1	xuən2 文 khuən2 白	xuən2	xuən4	uən1
剑阁普安	xuən1	xuən1	xuən1	xuən1	xuən2 文 khuən2 白	xuən2	xuən4	uən1
剑阁金仙	xuən1	xuən1	xuən1	xuən1	xuən2 文 khuən2 白	xuən2	xuən4	uən1
旺苍	xuən1	xuən1	xuən1	xuən1	xuən2 文 khuən2 白	xuən2	xuən4	uən1
苍溪	xuən1	xuən1	xuən1	xuən1 xuən2	xuən2 文 khuən2 白	xuən2	xuən4	uən1
江油	xuən1	xuən1	xuən1	xuən1	xuən1	xuən2	xuən4	uən1
北川	xuən1	xuən1	xuən1	xuən1	xuən1	xuən2	xuən4	uən1
绵阳	xuən1	xuən1	xuən1	xuən1	xuən1	xuən2	xuən4	uən1
盐亭	xuən1	xuən1	xuən1	xuən1	xuən1	xuən2	xuən1	uən1
德阳	xuən1	xuən1	xuən1	xuən2	xuən2 文 khuən2 白	xuən2	xuən4	uən1
中江	fen1	fen1	fen1	fen1	fen2	fen2	fen4	uən1
射洪	fen1	fen1	fen1	fen1	fen5 文 khuən2 白	fen2	fen4	uən1
蓬溪	xuən1	xuən1	xuən1	xuən1	xuən2 文 khuən2 白	xuən2	xuən4	uən1
遂宁	fen1	fen1	fen1	fen1	fen2 文 khuən2 白	fen2	fen4	uən1
乐至	fen1	fen1	fen1	fen1	fen2	fen2	fen4	uən1
安岳	xuən1	xuən1	xuən1	xuən1	xuən2	xuən2	xuən4	uən1
仪陇	fen1	fen1	fen1	fen1	fen2	fen2	fen4	uən1
西充	xuən1	xuən1	xuən1	xuən1	xuən2	xuən2	xuən4	uən1

字目	昏	婚	荤	浑浑浊	浑浑身	魂	混	温
反切	呼昆	呼昆	许云	户昆	户昆	户昆	胡本	乌浑
声韵调	臻合一晓魂平	臻合一晓魂平	臻合三晓文平	臻合一匣魂平	臻合一匣魂平	臻合一匣魂平	臻合一匣魂上	臻合一影魂平
中古音	huən	huən	hiun	ɦuəŋ	ɦuəŋ	ɦuəŋ	ɦuən:	ʔuən
蓬安	fen1	fen1	fen1	fen2	fen2	fen2	fen4	uən1
南充金台	xuən1	xuən1	xuən1	xuən2	xuən2	xuən2	xuən4	uən1
南充龙蟠	xuən1	xuən1	xuən1	xuən2	xuən2	xuən2	xuən4	uən1
岳池	xuən1	xuən1	xuən1	xuən1	xuən2 文 khuən2 白	xuən2	xuən4	uən1
广安	xuən1	xuən1	xuən1	xuən1	xuən2 文 khuən2 白	xuən2	xuən4	uən1
邻水	xuən1	xuən1	xuən1	xuən1	xuən2 文 khuən2 白	xuən2	xuən4	uən1
南江	xuən1	xuən1	xuən1	xuən1 xuən2	xuən2 文 khuən2 白	xuən2	xuən4	uən1
巴中	xuən1	xuən1	xuən1	xuən1 xuən2	xuən2 文 khuən2 白	xuən2	xuən4	uən1
通江	xuən1	xuən1	xuən1	xuən1 xuən2	xuən2 文 khuən2 白	xuən2	xuən4	uən1
平昌	xuən1	xuən1	xuən1	xuən1 xuən2	xuən2 文 khuən2 白	xuən2	xuən4	uən1
万源	xuən1	xuən1	xuən1	xuən1	xuən1 文 khuən2 白	xuən2	xuən4	uən1
宣汉	fen1	fen1	fen1	fen1	fen1 文 khuən2 白	fen2	fen4	uən1
达州	fen1	fen1	fen1	xuən2	xuən4 文 khuən2 白	fen2	xuən4	uən1
开江	fen1	fen1	fen1	fen2	fen4 文 khuən2 白	xuən2	fen4	uən1
渠县	xuən1	xuən1	xuən1	xuən1	xuən1 文 khuən2 白	xuən2	xuən4	uən1
宜宾	xuən1	xuən1	xuən1	uən1	xuən2 文 khuən2 白	xuən2	xuən4	uən1
古蔺	xuən1	xuən1	xuən1	xuən1 xuən2	xuən2 文 khuən2 白	xuən2	xuən4	uən1
长宁	xuən1	xuən1	xuən1	uən1	xuən1	xuən2	xuən4	uən1
顾县	fen1	fen1	fen1	fen1	fen2	fen2	fen4	uən1
成都龙泉	fen1	fen1	fen1	fen2	fen2 文 khuən2 白	ven2	fen4	ven1

字目	*瘟	文	纹	蚊	闻	稳	问	均
反切	*乌昆	无分	无分	无分	无分	乌本	亡运	居匀
声韵调	臻合一影魂平	臻合三微文平	臻合三微文平	臻合三微文平	臻合三微文平	臻合一影魂上	臻合三微文去	臻合三A见谆平
中古音	ʔuən	miun	miun	miun	miun	ʔuən:	miun-	kiuɪn
广元	uən1	uən2	uən2	uən2	uən2	uən3	uən4	tɕyn1
平武	uən1	uən2	uən2	uən2	uən2	uən3	uən4	tɕyn1
青川	uən1	uən2	uən2	uən2	uən2	uən3	uən4	tɕyn1
剑阁普安	uən1	uən2	uən2	uən2	uən2	uən3	uən4	tɕyn1
剑阁金仙	uən1	uən2	uən2	uən2	uən2	uən3	uən4	tɕyn1
旺苍	uən1	uən2	uən2	uən2	uən2	uən3	uən4	tɕyn1
苍溪	uən1	uən2	uən2	uən2	uən2	uən3	uən4	tɕyn1
江油	uən1	uən2	uən2	uən2	uən2	uən3	uən4	tɕyn1
北川	uən1	uən2	uən2	uən2	uən2	uən3	uən4	tɕyn1
绵阳	uən1	uən2	uən2	uən2	uən2	uən3	uən4	tɕyn1
盐亭	uən1	uən2	uən2	uən2	uən2	uən3	uən4	tɕyn1
德阳	uən1	uən2	uən2	uən2	uən2	uən3	uən4	tɕyn1
中江	uən1	uən2	uən2	uən2	uən2	uən3	uən4	tɕyn1
射洪	uən1	uən2	uən2	uən2	uən2	uən3	uən4	tɕyn1
蓬溪	uən1	uən2	uən2	uən2	uən2	uən3	uən4	tɕyn1
遂宁	uən1	uən2	uən2	uən2	uən2	uən3	uən4	tɕyn1
乐至	uən1	uən2	uən2	uən2	uən2	uən3	uən4	tɕyn1
安岳	uən1	uən2	uən2	uən2	uən2	uən3	uən4	tɕyn1
仪陇	uən1	uən2	uən2	uən2	uən2	uən3	uən4	tɕyn1
西充	uən1	uən2	uən2	uən2	uən2	uən3	uən4	tɕyn1

字目	*瘟	文	纹	蚊	闻	稳	问	均
反切	*乌昆	无分	无分	无分	无分	乌本	亡运	居匀
声韵调	臻合一 影魂平	臻合三 微文平	臻合三 微文平	臻合三 微文平	臻合三 微文平	臻合一 影魂上	臻合三 微文去	臻合三A 见谆平
中古音	ʔuən	miun	miun	miun	miun	ʔuən:	miun-	kiuin
蓬安	uən1	uən2	uən2	uən2	uən2	uən3	uən4	tɕyn1
南充金台	uən1	uən2	uən2	uən2	uən2	uən3	uən4	tɕyn1
南充龙蟠	uən1	uən2	uən2	uən2	uən2	uən3	uən4	tɕyn1
岳池	uən1	uən2	uən2	uən2	uən2	uən3	uən4	tɕyn1
广安	uən1	uən2	uən2	uən2	uən2	uən3	uən4	tɕyn1
邻水	uən1	uən2	uən2	uən2	uən2	uən3	uən4	tɕyn1
南江	uən1	uən2	uən2	uən2	uən2	uən3	uən4	tɕyn1
巴中	uən1	uən2	uən2	uən2	uən2	uən3	uən4	tɕyn1
通江	uən1	uən2	uən2	uən2	uən2	uən3	uən4	tɕyn1
平昌	uən1	uən2	uən2	uən2	uən2	uən3	uən4	tɕyn1
万源	uən1	uən2	uən2	uən2	uən2	uən3	uən4	tɕyn1
宣汉	uən1	uən2	uən2	uən2	uən2	uən3	uən4	tɕyn1
达州	uən1	uən2	uən2	uən2	uən2	uən3	uən4	tɕyn1
开江	uən1	uən2	uən2	uən2	uən2	uən3	uən4	tɕyn1
渠县	uən1	uən2	uən2	uən2	uən2	uən3	uən4	tɕyn1
宜宾	uən1	uən2	uən2	uən2	uən2	uən3	uən4	tɕyn1
古蔺	uən1	uən2	uən2	uən2	uən2	uən3	uən4	tɕyn1
长宁	uən1	uən2	uən2	uən2	uən2	uən3	uən4	tɕyn1
顾县	uən1	uən2	uən2	uən2	uən2	uən3	uən4	tɕyn1
成都龙泉	uən1	ven2	ven2	men2	ven2	ven3	ven4	tɕyn1

字目	钩	君	军	俊	群	裙	熏烟熏	熏香气
反切	居匀	举云	举云	子峻	渠云	渠云	许云	许云
声韵调	臻合三A 见谆平	臻合三 见文平	臻合三 见文平	臻合三 精谆去	臻合三 群文平	臻合三 群文平	臻合三 晓文平	臻合三 晓文平
中古音	kiun	kiun	kiun	tsiun-	giun	giun	hiun	hiun
广元	tɕyn1	tɕyn1	tɕyn1	tʃyn4	tɕhyn2	tɕhyn2	ɕyn1	ɕyn1
平武	tɕyn1	tɕyn1	tɕyn1	tɕyn4	tɕhyn2	tɕhyn2	ɕyn1	ɕyn1
青川	tɕyn1	tɕyn1	tɕyn1	tɕyn4	tɕhyn2	tɕhyn2	ɕioŋ1	ɕioŋ1
剑阁普安	tɕyn1	tɕyn1	tɕyn1	tɕyn4	tɕhyn2	tɕhyn2	ɕyn1	ɕyn1
剑阁金仙	tɕyn1	tɕyn1	tɕyn1	tsyn4	tɕhyn2	tɕhyn2	ɕyn1	ɕyn1
旺苍	tɕyn1	tɕyn1	tɕyn1	tsyn4	tɕhyn2	tɕhyn2	ɕyn1	ɕyn1
苍溪	kyn1	tɕyn1	tɕyn1	tsyn4	tɕhyn2	tɕhyn2	ɕyn1	ɕyn1
江油	tɕyn1	tɕyn1	tɕyn1	tɕyn4	tɕhyn2	tɕhyn2	ɕyn1	ɕyn1
北川	tɕyn1	tɕyn1	tɕyn1	tɕyn4	tɕhyn2	tɕhyn2	ɕyn1	ɕyn1
绵阳	tɕyn1	tɕyn1	tɕyn1	tɕyn4	tɕhyn2	tɕhyn2	ɕyn1	ɕyn1
盐亭	tɕyn1	tɕyn1	tɕyn1	tɕyn4	tɕhyn2	tɕhyn2	ɕyn1	ɕyn1
德阳	tɕyn1	tɕyn1	tɕyn1	tɕyn4	tɕhyn2	tɕhyn2	ɕyn1	ɕyn1
中江	tɕyn1	tɕyn1	tɕyn1	tɕyn4	tɕyn2	tɕyn2	ɕyn1	ɕyn1
射洪	tɕyn1	tɕyn1	tɕyn1	tɕyn4	tɕhyn2	tɕhyn2	ɕyn1	ɕyn1
蓬溪	tɕyn1	tɕyn1	tɕyn1	tɕyn4	tɕhyn2	tɕhyn2	ɕyn1	ɕyn1
遂宁	tɕyn1	tɕyn1	tɕyn1	tɕyn4	tɕhyn2	tɕhyn2	ɕyn1	ɕyn1
乐至	tɕyn1	tɕyn1	tɕyn1	tɕyn4	tɕhyn2	tɕhyn2	ɕyn1	ɕyn1
安岳	tɕyn1	tɕyn1	tɕyn1	tɕyn4	tɕhyn2	tɕhyn2	ɕyn1	ɕyn1
仪陇	tɕyn1	tɕyn1	tɕyn1	tɕyn4	tɕhyn2	tɕhyn2	ɕyn1	ɕyn1
西充	tɕyn1	tɕyn1	tɕyn1	tɕyn4	tɕhyn2	tɕhyn2	ɕyn1	ɕyn1

字目	钧	君	军	俊	群	裙	熏烟熏	熏香气
反切	居匀	举云	举云	子峻	渠云	渠云	许云	许云
声韵调	臻合三A 见谆平	臻合三 见文平	臻合三 见文平	臻合三 精谆去	臻合三 群文平	臻合三 群文平	臻合三 晓文平	臻合三 晓文平
中古音	kiuɯn	kɨun	kɨun	tsiuɯn-	giun	giun	hiun	hiun
蓬安	tɕyn1	tɕyn1	tɕyn1	tɕyn4	tɕhyn2	tɕhyn2	ɕyn1	ɕyn1
南充金台	tɕyn1	tɕyn1	tɕyn1	tɕin4	tɕhyn2	tɕhyn2	ɕyn1	ɕyn1
南充龙蟠	tɕyn1	tɕyn1	tɕyn1	tɕyn4	tɕhyn2	tɕhyn2	ɕyn1	ɕyn1
岳池	tɕyn1	tɕyn1	tɕyn1	tɕyn4	tɕhyn2	tɕhyn2	ɕyn1	ɕyn1
广安	tɕyn1	tɕyn1	tɕyn1	tɕyn4	tɕhyn2	tɕhyn2	ɕyn1	ɕyn1
邻水	tɕyn1	tɕyn1	tɕyn1	tɕyn4	tɕhyn2	tɕhyn2	ɕyn1	ɕyn1
南江	tɕyn1	tɕyn1	tɕyn1	tʃyn4	tɕhyn2	tɕhyn2	ɕyn1	ɕyn1
巴中	tɕyn1	tɕyn1	tɕyn1	tʃyn4	ɕyn2 tɕhyn2	ɕyn2 tɕhyn2	ɕyn1	ɕyn1
通江	tɕyn1	tɕyn1	tɕyn1	tʃyn4	tɕhyn2	ɕyn2 tɕhyn2	ɕyn1	ɕyn1
平昌	tɕyn1	tɕyn1	tɕyn1	tʃyn4	tɕhyn2	tɕhyn2	xyn1	ɕyn1
万源	tɕyn1	tɕyn1	tɕyn1	tʃyn4	tɕhyn2	tɕhyn2	ɕyn1	ɕyn1
宣汉	tɕyn1	tɕyn1	tɕyn1	tɕyn4	tɕhyn2	tɕhyn2	ɕyn1	ɕyn1
达州	tɕyn1	tɕyn1	tɕyn1	tɕyn4	tɕhyn2	tɕhyn2	ɕyn1	ɕyn1
开江	tɕyn1	tɕyn1	tɕyn1	tɕyn4	tɕhyn2	tɕhyn2	ɕyn1	ɕyn1
渠县	tɕyn1	tɕyn1	tɕyn1	tɕyn4	tɕhyn2	tɕhyn2	ɕyn1	ɕyn1
宜宾	tɕyn1	tɕyn1	tɕyn1	tɕyn4	tɕhyn2	tɕhyn2	ɕyn1	ɕyn1
古蔺	tɕyn1	tɕyn1	tɕyn1	tɕyn4	tɕhyn2	tɕhyn2	ɕyn1	ɕyn1
长宁	tɕyn1	tɕyn1	tɕyn1	tɕyn4	tɕhyn2	tɕhyn2	ɕyn1	ɕyn1
顾县	tɕyn1	tɕyn1	tɕyn1	tɕyn4	tɕhyn2	tɕhyn2	ɕyn1	ɕyn1
成都龙泉	tɕyn1	tɕyn1	tɕyn1	tɕin4	tɕhyn2	tɕhyn2	ɕyn1	ɕyn1

字目	勋	寻	旬	循	巡	讯①	迅②	训
反切	许云	徐林	祥遵	祥遵	祥遵	息晋	私闰	许运
声韵调	臻合三晓文平	深开三邪侵平	臻合三邪谆平	臻合三邪谆平	臻合三邪谆平	臻开三心真去	臻合三心谆去	臻合三晓文去
中古音	hiun	ziɯm	ziuɯn	ziuɯn	ziuɯn	siɯn⁻	siuɯn⁻	hiun⁻
广元	ɕyn1	ʃin2	ʃyn2	ʃyn2	ʃyn2	ɕyn4	ʃyn4	ɕyn4
平武	ɕyn1	ɕyn2	ɕyn2	ɕyn2	ɕyn2	ɕyn4	ɕyn4	ɕyn4
青川	ɕioŋ1	ɕyn2	ɕyn2	ɕyn2	ɕyn2	ɕyn4	ɕyn4	ɕyn4
剑阁普安	ɕyn1	ʃyn2	ɕyn2	ɕyn2	ɕyn2	ʃyn4	ɕyn4	ɕyn4
剑阁金仙	ɕyn1	syn2	syn2	syn2	syn2	syn4	syn4	ɕyn4
旺苍	ɕyn1	syn2	syn2	syn2	syn2	syn4	syn4	ɕyn4
苍溪	ɕyn1	syn2	syn2	syn2	syn2	syn4	syn4	ɕyn4
江油	ɕyn1	ɕyn2	ɕyn2	ɕyn2	ɕyn2	ɕyn4	ɕyn4	ɕyn4
北川	ɕyn1	ɕyn2	ɕyn2	ɕyn2	ɕyn2	ɕyn4	ɕyn4	ɕyn4
绵阳	ɕyn1	ɕyn2	ɕyn2	ɕyn2	ɕyn2	ɕyn4	ɕyn4	ɕyn4
盐亭	ɕyn1	ɕyn2	ɕyn2	ɕyn2	ɕyn2	ɕyn4	ɕyn4	ɕyn4
德阳	ɕyn1	ɕyn2	ɕyn2	ɕyn2	ɕyn2	ɕyn4	ɕyn4	ɕyn4
中江	ɕyn1	ɕyn2	ɕyn2	ɕyn2	ɕyn2	ɕyn4	ɕyn4	ɕyn4
射洪	ɕyn1	ɕyn2	ɕyn2	ɕyn2	ɕyn2	ɕyn4	ɕyn4	ɕyn4
蓬溪	ɕyn1	ɕyn2	ɕyn2	ɕyn2	ɕyn2	ɕyn4	ɕyn4	ɕyn4
遂宁	ɕyn1	ɕyn2	ɕyn2	ɕyn2	ɕyn2	ɕyn4	ɕyn4	ɕyn4
乐至	ɕyn1	ɕyn2	ɕyn2	ɕyn2	ɕyn2	ɕyn4	ɕyn4	ɕyn4
安岳	ɕyn1	ɕyn2	ɕyn2	ɕyn2	ɕyn2	ɕyn4	ɕyn4	ɕyn4
仪陇	ɕyn1	ɕyn2	ɕyn2	ɕyn2	ɕyn2	ɕyn4	ɕyn4	ɕyn4
西充	ɕyn1	ɕyn2	ɕyn2	ɕyn2	ɕyn2	ɕyn4	ɕyn4	ɕyn4

---

① 又*须闰切，臻合三心稕去。 ② 又息晋切，臻开三心真去。

字目	勋	寻	旬	循	巡	讯①	迅②	训
反切	许云	徐林	祥遵	祥遵	祥遵	息晋	私闰	许运
声韵调	臻合三晓文平	深开三邪侵平	臻合三邪谆平	臻合三邪谆平	臻合三邪谆平	臻开三心真去	臻合三心谆去	臻合三晓文去
中古音	hiun	ziɯm	ziɯn	ziɯn	ziɯn	sin-	siɯn-	hiun-
蓬安	ɕyn1	ɕyn2	ɕyn2	ɕyn2	ɕyn2	ɕyn4	ɕyn4	ɕyn4
南充金台	ɕin1	ɕyn2	ɕyn2	ɕyn2	ɕyn2	ɕyn4	ɕyn4	ɕyn4
南充龙蟠	ɕyn1	ɕyn2	ɕyn2	ɕyn2	ɕyn2	ɕyn4	ɕyn4	ɕyn4
岳池	ɕyn1	ɕyn2	ɕyn2	ɕyn2	ɕyn2	ɕyn4	ɕyn4	ɕyn4
广安	ɕyn1	ɕyn2	ɕyn2	ɕyn2	ɕyn2	ɕyn4	ɕyn4	ɕyn4
邻水	ɕyn1	ɕyn2	ɕyn2	ɕyn2	ɕyn2	ɕyn4	ɕyn4	ɕyn4
南江	ɕyn1	ɕyn2	ʃyn2	ʃyn2	ʃyn2	ʃyn4	ʃyn4	ɕyn4
巴中	ɕyn1	ʃyn2	ʃyn2	ʃyn2	ʃyn2	ʃyn4	ʃyn4	ɕyn4
通江	ɕyn1	ʃyn2	ʃyn2	ʃyn2	ʃyn2	ʃyn4	ʃyn4	ɕyn4
平昌	ɕyn1	ʃyn2	ʃyn2	ʃyn2	ʃyn2	ʃyn4	ʃyn4	ɕyn4
万源	ɕyn1	ɕyn2	ɕyn2	ɕyn2	ɕyn2	ʃyn4	ɕyn4	ɕyn4
宣汉	ɕyn1	ɕyn2	ɕyn2	ɕyn2	ɕyn2	ɕyn4	ɕyn4	ɕyn4
达州	ɕyn1	ɕyn2	ɕyn2	ɕyn2	ɕyn2	ɕyn4	ɕyn4	ɕyn4
开江	ɕyn1	ɕyn2	ɕyn2	ɕyn2	ɕyn2	ɕyn4	suən4	ɕyn4
渠县	ɕyn1	ɕyn2	ɕyn2	ɕyn2	ɕyn2	ɕyn4	ɕyn4	ɕyn4
宜宾	ɕyn1	ɕyn2	ɕyn2	ɕyn2	ɕyn2	ɕyn4	ɕyn4	ɕyn4
古蔺	ɕyn1	ɕyn2	ɕye2	ɕyn2	ɕyn2	ɕyn4	ɕyn4	ɕyn4
长宁	ɕioŋ1	ɕyn2	ɕyn2	ɕyn2	ɕyn2	ɕyn4	ɕyn4	ɕyn4
顾县	ɕyn1	ɕyn2	ɕyn2	ɕyn2	ɕyn2	ɕyn4	ɕyn4	ɕyn4
成都龙泉	ɕin1	ɕyn2	ɕyn2	ɕyn2	ɕyn2	ɕyn4	ɕyn4	ɕyn4

① 又*须闰切，臻合三心稕去。 ② 又息晋切，臻开三心真去。

字目	匀	云诗云	云鸟云	允	熨	韵	运	晕头晕
反切	羊伦	王分	王分	余准	纡问	王问	王问	王问
声韵调	臻合三 以谆平	臻合三 云文平	臻合三 云文平	臻合三 以谆上	臻合三 影文去	臻合三 云文去	臻合三 云文去	臻合三 云文去
中古音	jiuɪn	ɦiun	ɦiun	jiuɪn:	ʔiun-	ɦiun-	ɦiun-	ɦiun-
广元	yn2	yn2	yn2	yn3 ioŋ3 旧	yn4	yn4	yn4	yn1
平武	yn2	yn2	yn2	ioŋ3	yn4	yn4	yn4	yn1
青川	yn2	yn2	yn2	yn3 ioŋ3 旧	yn4	yn4	yn4	yn1
剑阁普安	yn2	yn2	yn2	yn3 ioŋ3 旧	yn4	yn4	yn4	yn1
剑阁金仙	yn2	yn2	yn2	yn3 ioŋ3 旧	yn4	yn4	yn4	yn1
旺苍	yn2	yn2	yn2	yn3 ioŋ3 旧	yn4	yn4	yn4	yn1
苍溪	yn2	yn2	yn2	yn3	yn4	yn4	yn4	yn1 yn4 新
江油	yn2	yn2	yn2	yn3	yn4	yn4	yn4	yn1
北川	yn2	yn2	yn2	ioŋ3	yn4	yn4	yn4	yn1
绵阳	yn2	yn2	yn2	yn3	yn4	yn4	yn4	yn1
盐亭	yn2	yn2	yn2	yn3	yn4	yn4	yn4	yn1
德阳	yn4	yn2	yn2	yn3	yn4	yn4	yn4	yn1 yn4 新
中江	in2	in2	in2	in3	yn4	in4	in4	in1
射洪	yn2	yn2	yn2	yn3	yn4	yn4	yn4	yn1 yn4 新
蓬溪	yn2	yn2	yn2	yn3	yn4	yn4	yn4	yn1 yn4 新
遂宁	yn2	yn2	yn2	yn3	yn4	yn4	yn4	yn1 yn4 新
乐至	yn2	yn2	yn2	yn3	yn4	yn4	yn4	yn1
安岳	yn2	yn2	yn2	yn3	yn4	yn4	yn4	yn1
仪陇	yn2	yn2	yn2	ioŋ3	yn4	yn4	yn4	yn1
西充	yn2	yn2	yn2	yn3	yn4	yn4	yn4	yn1

字目	匀	云诗云	云鸟云	允	熨	韵	运	晕头晕
反切	羊伦	王分	王分	余准	纡问	王问	王问	王问
声韵调	臻合三 以谆平	臻合三 云文平	臻合三 云文平	臻合三 以谆上	臻合三 影文去	臻合三 云文去	臻合三 云文去	臻合三 云文去
中古音	jiuɲ	ɦiun	ɦiun	jium:	ʔiun-	ɦiun-	ɦiun-	ɦiun-
蓬安	yn2	yn2	yn2	yn3	yn4	yn4	yn4	yn1
南充金台	yn2	yn2	yn2	yn3	in4	yn4	yn4	yn1
南充龙蟠	yn2	yn2	yn2	yn3	yn4 in4	yn4	yn4	yn1
岳池	yn2	yn2	yn2	yn3	yn4	yn4	yn4	yn1
广安	yn2	yn2	yn2	yn3	yn4	yn4	yn4	yn1
邻水	yn2	yn2	yn2	yn3	yn4	yn4	yn4	yn1
南江	yn2	yn2	yn2	yn3	yn4	yn4	yn4	yn1 yn4 新
巴中	yn2	yn2	yn2	yn3	yn4	yn4	yn4	yn1 yn4 新
通江	yn2	yn2	yn2	yn3	yn4	yn4	yn4	yn1 yn4 新
平昌	yn2	yn2	yn2	yn3	yn4	yn4	yn4	yn1 yn4 新
万源	yn2	yn2	yn2	yn3	yn4	yn4	yn4	yn1
宣汉	yn2	yn2	yn2	yn3	yn4	yn4	yn4	yn1
达州	yn2	yn2	yn2	ioŋ3	yn4	yn4	yn4	yn1
开江	yn2	yn2	yn2	ioŋ3	yn4	yn4	yn4	yn1
渠县	yn2	yn2	yn2	yn3	yn4	yn4	yn4	yn1
宜宾	yn2	yn2	yn2	yn3 ioŋ3 旧	yn4	yn4	yn4	yn1
古蔺	yn2	yn2	yn2	yn3	yn4	yn4	yn4	yn1 yn4 新
长宁	yn2	yn2	yn2	yn3	yn4	yn4	yn4	yn1
顾县	yn2	yn2	yn2	yn3 ioŋ3 旧	yn4	yn4	yn4	yn1
成都龙泉	yn2	yn2	yn2	yn4	yn4	yn4	yn4	yn1 yn4 新

字目	孕	帮	邦	榜	绑	棒	蚌①	旁
反切	以证	博旁	博江	北朗		步项	步项	步光
声韵调	曾开三 以蒸去	宕开一 帮唐平	江开二 帮江平	宕开一 帮唐上	*江开二 帮江上	江开二 並江上	江开二 並江上	宕开一 並唐平
中古音	jiŋ-	paŋ	pɣʌŋ	paŋ:	pɣʌŋ:	bɣʌŋ:	bɣʌŋ:	baŋ
广元	ʐuən4	paŋ1	paŋ1	paŋ3	paŋ3	paŋ4	pan4	phaŋ2
平武	ʐuən4	paŋ1	paŋ1	paŋ3	paŋ3	paŋ4	paŋ4	phaŋ2
青川	ʐuən4	paŋ1	paŋ1	paŋ3	paŋ3	paŋ4	paŋ4 文 pan4 白	phaŋ2
剑阁普安	ʐuən4	paŋ1	paŋ1	paŋ3	paŋ3	paŋ4	paŋ4	phaŋ2
剑阁金仙	yn4	paŋ1	paŋ1	paŋ3	paŋ3	paŋ4	phan4	phaŋ2
旺苍	ʐuən4	paŋ1	paŋ1	paŋ3	paŋ3	paŋ4	paŋ4	phaŋ2
苍溪	yn4 ʐuən4	paŋ1	paŋ1	paŋ3	paŋ3	paŋ4	paŋ4 文 pan4 白	phaŋ2
江油	ʐuən4	paŋ1	paŋ1	paŋ3	paŋ3	paŋ4	paŋ4	phaŋ2
北川	ʐuən4	paŋ1	paŋ1	paŋ3	paŋ3	paŋ4	paŋ4	phaŋ2
绵阳	ʐuən4	paŋ1	paŋ1	paŋ3	paŋ3	paŋ4	paŋ4	phaŋ2
盐亭	ʐuən4	paŋ1	paŋ1	paŋ3	paŋ3	paŋ4	paŋ4	phaŋ2
德阳	ʐuən4	paŋ1	paŋ1	paŋ3	paŋ3	paŋ4	paŋ4 文 pan4 白	phaŋ2
中江	ʐuən4	paŋ1	paŋ1	paŋ3	paŋ3	paŋ4	paŋ4 文 pan4 白	phaŋ2
射洪	ʐuən4	paŋ1	paŋ1	paŋ3	paŋ3	paŋ4	paŋ4 文 pan4 白	phaŋ2
蓬溪	ʐuən4	paŋ1	paŋ1	paŋ3	paŋ3	paŋ4	paŋ4 文 pan4 白	phaŋ2
遂宁	ʐuən4	paŋ1	paŋ1	paŋ3	paŋ3	paŋ4	paŋ4 文 pan4 白	phaŋ2
乐至	ʐuən4	paŋ1	paŋ1	paŋ3	paŋ3	paŋ4	paŋ4	phaŋ2
安岳	ʐuən4	paŋ1	paŋ1	paŋ3	paŋ3	paŋ4	paŋ4	phaŋ2
仪陇	ʐuən4	paŋ1	paŋ1	paŋ3	paŋ3	paŋ4	paŋ4	phaŋ2
西充	ʐuən4	paŋ1	paŋ1	paŋ3	paŋ3	paŋ4	paŋ4	phaŋ2

① 又蒲幸切，梗开二並庚上。

字目	孕	帮	邦	榜	绑	棒	蚌①	旁
反切	以证	博旁	博江	北朗		步项	步项	步光
声韵调	曾开三 以蒸去	宕开一 帮唐平	江开二 帮江平	宕开一 帮唐上	江开二 帮江上	江开二 並江上	江开二 並江上	宕开一 並唐平
中古音	jiŋ-	paŋ	pɣʌŋ	paŋ:	pɣʌŋ:	bɣʌŋ:	bɣʌŋ:	baŋ
蓬安	zuən4	paŋ1	paŋ1	paŋ3	paŋ3	paŋ4	pan4	phaŋ2
南充金台	zuən4	paŋ1	paŋ1	paŋ2	paŋ2	paŋ2	paŋ2	phaŋ2
南充龙蟠	zuən4	paŋ1	paŋ1	paŋ3	paŋ3	paŋ4	paŋ4	phaŋ2
岳池	zuən4	paŋ1	paŋ1	paŋ3	paŋ3	paŋ4	pan4	phaŋ2
广安	zuən4	paŋ1	paŋ1	paŋ3	paŋ3	paŋ4	paŋ4	phaŋ2
邻水	zuən4	paŋ1	paŋ1	paŋ3	paŋ3	paŋ4	pan4	phaŋ2
南江	yn4 zuən4	paŋ1	paŋ1	paŋ3	paŋ3	paŋ4	paŋ4 文 pan4 白	phaŋ2
巴中	yn4 zuən4	paŋ1	paŋ1	paŋ3	paŋ3	paŋ4	paŋ4 文 pan4 白	phaŋ2
通江	yn4 zuən4	paŋ1	paŋ1	paŋ3	paŋ1 paŋ3	paŋ4	paŋ4 文 pan4 白	phaŋ2
平昌	yn4 zuən4	paŋ1	paŋ1	paŋ3	paŋ3	paŋ4	paŋ4 文 pan4 白	phaŋ2
万源	zuən4	paŋ1	paŋ1	paŋ3	paŋ3	paŋ4	pan4	phaŋ2
宣汉	zuən4	paŋ1	paŋ1	paŋ3	paŋ3	paŋ4	pan4	phaŋ2
达州	zuən4	paŋ1	paŋ1	paŋ3	paŋ3	paŋ4	paŋ4	phaŋ2
开江	zuən4	paŋ1	paŋ1	paŋ3	paŋ3	paŋ4	paŋ4	phaŋ2
渠县	zuən4	paŋ1	paŋ1	paŋ3	paŋ3	paŋ4	pan4	phaŋ2
宜宾	yn4 zuən4	paŋ1	paŋ1	paŋ3	paŋ3	paŋ4	paŋ4 文 pan4 白	phaŋ2
古蔺	yn4 zuən4	paŋ1	paŋ1	paŋ3	paŋ3	paŋ4	paŋ4 文 pæ4 白	phaŋ2
长宁	yn4	pan1	pan1	pan3	pan3	pan4	pan4	phan2
顾县	zuən4	paŋ1	paŋ1	paŋ3	paŋ3	paŋ4	paŋ4	phaŋ2
成都龙泉	yn4 zuən4	pɔŋ1	pɔŋ1	pɔŋ3	pɔŋ3	pɔŋ4	pɔŋ4 文 pan4 白	phɔŋ2

---

① 又蒲幸切，梗开二並庚上。

字目	庞	胖肥胖	忙	芒	茫	盲①	莽	蟒
反切	薄江	匹绛	莫郎	莫郎	莫郎	武庚	模朗	模朗
声韵调	江开二 並江平	江开二 滂江去	宕开一 明唐平	宕开一 明唐平	宕开一 明唐平	梗开二 明庚平	宕开一 明唐上	宕开一 明唐上
中古音	bɣʌŋ	phɣʌŋ-	mɑŋ	mɑŋ	mɑŋ	mɣæŋ	mɑŋ:	mɑŋ:
广元	phaŋ2	phaŋ4	maŋ2	maŋ2	maŋ2	maŋ2	maŋ3	maŋ3
平武	phaŋ2	phaŋ4	maŋ2	maŋ2	maŋ2	maŋ2	maŋ3	maŋ3
青川	phaŋ2	phaŋ4	maŋ2	maŋ2	maŋ2	maŋ2	maŋ3	maŋ3
剑阁普安	phaŋ2	phaŋ4	maŋ2	maŋ2	maŋ2	maŋ2	maŋ3	maŋ3
剑阁金仙	phaŋ2	phaŋ4	maŋ2	maŋ2	maŋ2	maŋ2	maŋ3	maŋ3
旺苍	phaŋ2	phaŋ4	maŋ2	maŋ2	maŋ2	maŋ2	maŋ3	maŋ3
苍溪	phaŋ2	phaŋ4	maŋ2	maŋ2	maŋ2	maŋ2	maŋ3	maŋ3
江油	phaŋ2	phaŋ4	maŋ2	maŋ2	maŋ2	maŋ2	maŋ3	maŋ3
北川	phaŋ2	phaŋ4	maŋ2	maŋ2	maŋ2	maŋ2	maŋ3	maŋ3
绵阳	phaŋ2	phaŋ4	maŋ2	maŋ2	maŋ2	maŋ2	maŋ3	maŋ3
盐亭	phaŋ2	phaŋ4	maŋ2	maŋ2	maŋ2	maŋ2	maŋ3	maŋ3
德阳	phaŋ2	phaŋ4	maŋ2	maŋ2	maŋ2	maŋ2	maŋ3	maŋ3
中江	phaŋ2	phaŋ4	maŋ2	maŋ2	maŋ2	maŋ2	maŋ3	maŋ3
射洪	phaŋ2	phaŋ4	maŋ2	maŋ2	maŋ2	maŋ2	maŋ3	maŋ3
蓬溪	phaŋ2	phaŋ4	maŋ2	maŋ2	maŋ2	maŋ2	maŋ3	maŋ3
遂宁	phaŋ2	phaŋ4	maŋ2	maŋ2	maŋ2	maŋ2	maŋ3	maŋ3
乐至	phaŋ2	phaŋ4	maŋ2	maŋ2	maŋ2	maŋ2	maŋ3	maŋ3
安岳	phaŋ2	phaŋ4	maŋ2	maŋ2	maŋ2	maŋ2	maŋ3	maŋ3
仪陇	phaŋ2	phaŋ4	maŋ2	maŋ2	maŋ2	maŋ2	maŋ3	maŋ3
西充	phaŋ2	phaŋ4	maŋ2	maŋ2	maŋ2	maŋ2	maŋ3	maŋ3

---

① 又莫郎切，宕开一明唐平。

字目	庞	胖肥胖	忙	芒	茫	盲①	莽	蟒
反切	薄江	匹绛	莫郎	莫郎	莫郎	武庚	模朗	模朗
声韵调	江开二 並江平	江开二 滂江去	宕开一 明唐平	宕开一 明唐平	宕开一 明唐平	梗开二 明庚平	宕开一 明唐上	宕开一 明唐上
中古音	bɣʌŋ	phɣʌŋ-	mɑŋ	mɑŋ	mɑŋ	mɣæŋ	mɑŋ:	mɑŋ:
蓬安	phaŋ2	phaŋ4	maŋ2	maŋ2	maŋ2	maŋ2	maŋ3	maŋ3
南充金台	phaŋ2	phaŋ4	maŋ2	maŋ2	maŋ2	maŋ2	maŋ3	maŋ3
南充龙蟠	phaŋ2	phaŋ4	maŋ2	maŋ2	maŋ2	maŋ2	maŋ3	maŋ3
岳池	phaŋ2	phaŋ4	maŋ2	maŋ2	maŋ2	maŋ2	maŋ3	maŋ3
广安	phaŋ2	phaŋ4	maŋ2	maŋ2	maŋ2	maŋ2	maŋ3	maŋ3
邻水	phaŋ2	phaŋ4	maŋ2	maŋ2	maŋ2	maŋ2	maŋ3	maŋ3
南江	phaŋ2	phaŋ4	maŋ2	maŋ2	maŋ2	maŋ2	maŋ3	maŋ3
巴中	phaŋ2	phaŋ4	maŋ2	maŋ2	maŋ2	maŋ2	maŋ3	maŋ3
通江	phaŋ2	phaŋ4	maŋ2	maŋ2	maŋ2	maŋ2	maŋ3	maŋ3
平昌	phaŋ2	phaŋ4	maŋ2	maŋ2	maŋ2	maŋ2	maŋ3	maŋ3
万源	phaŋ2	phaŋ4	maŋ2	maŋ2	maŋ2	maŋ2	maŋ3	maŋ3
宣汉	phaŋ2	phaŋ4	maŋ2	maŋ2	maŋ2	maŋ2	maŋ3	maŋ3
达州	phaŋ2	phaŋ4	maŋ2	maŋ2	maŋ2	maŋ2	maŋ3	maŋ3
开江	phaŋ2	phaŋ4	maŋ2	maŋ2	maŋ2	maŋ2	maŋ3	maŋ3
渠县	phaŋ2	phaŋ4	maŋ2	maŋ2	maŋ2	maŋ2	maŋ3	maŋ3
宜宾	phaŋ2	phaŋ4	maŋ2	maŋ2	maŋ2	maŋ2	maŋ3	maŋ3
古蔺	phaŋ2	phaŋ4	maŋ2	maŋ2	maŋ2	maŋ2	maŋ3	maŋ3
长宁	phaŋ2	phaŋ4	man2	man2	man2	man2	man3	man3
顾县	phaŋ2	phaŋ4	maŋ2	maŋ2	maŋ2	maŋ2	maŋ3	maŋ3
成都龙泉	phɔŋ2	phɔŋ4	mɔŋ2	mɔŋ2	mɔŋ2	mɔŋ2	maŋ1 mɔŋ1 旧	maŋ1

---

① 又莫郎切，宕开一明唐平。

字目	方	坊	芳	妨	防	房	仿仿效	纺
反切	府良	府良	敷方	敷方	符方	符方	分两	妃两
声韵调	宕合三非阳平	宕合三非阳平	宕合三敷阳平	宕合三敷阳平	宕合三奉阳平	宕合三奉阳平	宕合三非阳上	宕合三敷阳上
中古音	pʋɐŋ	pʋɐŋ	phʋɐŋ	phʋɐŋ	bʋɐŋ	bʋɐŋ	pʋɐŋ:	phʋɐŋ:
广元	faŋ1	faŋ2 faŋ1	faŋ1	faŋ2	faŋ2	faŋ2	faŋ3	faŋ3
平武	faŋ1	faŋ2	faŋ1	faŋ2	faŋ2	faŋ2	faŋ3	faŋ3
青川	faŋ1	faŋ2 faŋ1	faŋ1	faŋ2	faŋ2	faŋ2	faŋ3	faŋ3
剑阁普安	faŋ1	faŋ2 faŋ1	faŋ1	faŋ2	faŋ2	faŋ2	faŋ3	faŋ3
剑阁金仙	faŋ1	faŋ2 faŋ1	faŋ1	faŋ2	faŋ2	faŋ2	faŋ3	faŋ3
旺苍	faŋ1	faŋ2 faŋ1	faŋ1	faŋ2	faŋ2	faŋ2	faŋ3	faŋ3
苍溪	faŋ1	faŋ2 faŋ1	faŋ1	faŋ2	faŋ2	faŋ2	faŋ3	faŋ3
江油	faŋ1	faŋ2	faŋ1	faŋ2	faŋ2	faŋ2	faŋ3	faŋ3
北川	faŋ1	faŋ2	faŋ1	faŋ2	faŋ2	faŋ2	faŋ3	faŋ3
绵阳	faŋ1	faŋ2	faŋ1	faŋ2	faŋ2	faŋ2	faŋ3	faŋ3
盐亭	faŋ1	faŋ2	faŋ1	faŋ2	faŋ2	faŋ2	faŋ3	faŋ3
德阳	faŋ1	faŋ2 faŋ3	faŋ1	faŋ2	faŋ2	faŋ2	faŋ3	faŋ3
中江	faŋ1	faŋ2	faŋ1	xuaŋ2	faŋ2	faŋ2	faŋ3	faŋ3
射洪	faŋ1	faŋ2 faŋ3	faŋ1	faŋ2	faŋ2	faŋ2	faŋ3	faŋ3
蓬溪	faŋ1	faŋ2 faŋ3	faŋ1	faŋ2	faŋ2	faŋ2	faŋ3	faŋ3
遂宁	faŋ1	faŋ2 faŋ3	faŋ1	faŋ2	faŋ2	faŋ2	faŋ3	faŋ3
乐至	faŋ1	faŋ2	faŋ1	faŋ3	faŋ2	faŋ2	faŋ3	faŋ3
安岳	faŋ1	faŋ1	faŋ1	faŋ2	faŋ2	faŋ2	faŋ3	faŋ3
仪陇	faŋ1	faŋ2	faŋ1	faŋ2	faŋ2	faŋ2	faŋ3	faŋ3
西充	faŋ1	faŋ1	faŋ1	faŋ2	faŋ2	faŋ2	faŋ3	faŋ3

字目	方	坊	芳	妨	防	房	仿仿效	纺
反切	府良	府良	敷方	敷方	符方	符方	分两	妃两
声韵调	宕合三 非阳平	宕合三 非阳平	宕合三 敷阳平	宕合三 敷阳平	宕合三 奉阳平	宕合三 奉阳平	宕合三 非阳上	宕合三 敷阳上
中古音	pʉɐŋ	pʉɐŋ	phʉɐŋ	phʉɐŋ	bʉɐŋ	bʉɐŋ	pʉɐŋː	phʉɐŋː
蓬安	faŋ1	faŋ1	faŋ1	faŋ2	faŋ2	faŋ2	faŋ3	faŋ3
南充金台	faŋ1	faŋ2	faŋ1	faŋ2	faŋ2	faŋ2	faŋ3	faŋ3
南充龙蟠	faŋ1	faŋ2	faŋ1	faŋ2	faŋ2	faŋ2	faŋ3	faŋ3
岳池	faŋ1	faŋ2	faŋ1	faŋ2	faŋ2	faŋ2	faŋ3	faŋ3
广安	faŋ1	faŋ3	faŋ1	faŋ2	faŋ2	faŋ2	faŋ3	faŋ3
邻水	faŋ1	faŋ3	faŋ1	faŋ2	faŋ2	faŋ2	faŋ3	faŋ3
南江	faŋ1	faŋ2 faŋ1	faŋ1	faŋ2	faŋ2	faŋ2	faŋ3	faŋ3
巴中	faŋ1	faŋ2 faŋ1	faŋ1	faŋ2	faŋ2	faŋ2	faŋ3	faŋ3
通江	faŋ1	faŋ2 faŋ1	faŋ1	faŋ2	faŋ2	faŋ2	faŋ3	faŋ3
平昌	faŋ1	faŋ3 faŋ2	faŋ1	faŋ2	faŋ2	faŋ2	faŋ3	faŋ3
万源	faŋ1	faŋ2	faŋ1	faŋ1	faŋ2	faŋ2	faŋ3	faŋ3
宣汉	xuaŋ1	xuaŋ2	xuaŋ1	xuaŋ1	faŋ2	xuaŋ2	faŋ3	xuaŋ3
达州	faŋ1	faŋ2	faŋ1	xuaŋ2	faŋ2	xuaŋ2	xuaŋ3	xuaŋ3
开江	faŋ1	xuaŋ2	xuaŋ1	xuaŋ2	xuaŋ2	xuaŋ2	xuaŋ3	xuaŋ3
渠县	faŋ1	paŋ2	paŋ1	faŋ2	faŋ2	faŋ2	faŋ3	paŋ3
宜宾	faŋ1	faŋ1	faŋ1	faŋ2	faŋ2	faŋ2	faŋ3	faŋ3
古蔺	faŋ1	faŋ3 faŋ2	faŋ1	faŋ2	faŋ2	faŋ2	faŋ3	faŋ3
长宁	fan1	fan1	fan1	fan2	fan2	fan2	fan3	fan3
顾县	faŋ1	faŋ2 faŋ1	faŋ1	faŋ2	faŋ2	faŋ2	faŋ3	faŋ3
成都龙泉	fɔŋ1	fɔŋ2 faŋ1	fɔŋ1	fɔŋ2	fɔŋ2	fɔŋ2	fɔŋ3	fɔŋ3

字目	仿相仿	访	放	当应当	党	挡阻挡	当上当	荡浩荡
反切	妃两	敷亮	甫妄	都郎	多朗		丁浪	徒朗
声韵调	宕合三 敷阳上	宕合三 敷阳去	宕合三 非阳去	宕开一 端唐平	宕开一 端唐上	宕开一 端唐上	宕开一 端唐去	宕开一 定唐上
中古音	pʰʉɐŋ:	pʰʉɐŋ-	pʉɐŋ-	tɑŋ	tɑŋ:	tɑŋ:	tɑŋ-	dɑŋ:
广元	faŋ3	faŋ3	faŋ4	taŋ1	taŋ3	taŋ3 taŋ4 口	taŋ4	taŋ4
平武	faŋ3	faŋ3	faŋ4	taŋ1	taŋ3	taŋ3	taŋ4	taŋ4
青川	faŋ3	faŋ3	faŋ4	taŋ1	taŋ3	taŋ3 taŋ4 口	taŋ4	taŋ4
剑阁普安	faŋ3	faŋ3	faŋ4	taŋ1	taŋ3	taŋ3 taŋ4 口	taŋ4	taŋ4
剑阁金仙	faŋ3	faŋ3	faŋ4	taŋ1	taŋ3	taŋ3 taŋ4 口	taŋ4	taŋ4
旺苍	faŋ3	faŋ3	faŋ4	taŋ1	taŋ3	taŋ3 taŋ4 口	taŋ4	taŋ4
苍溪	faŋ3	faŋ3	faŋ4	taŋ1	taŋ3	taŋ3 taŋ4 口	taŋ4	taŋ4
江油	faŋ3	faŋ3	faŋ4	taŋ1	taŋ3	taŋ4	taŋ4	taŋ4
北川	faŋ3	faŋ3	faŋ4	taŋ1	taŋ3	taŋ3	taŋ4	taŋ4
绵阳	faŋ3	faŋ3	faŋ4	taŋ1	taŋ3	taŋ3	taŋ4	taŋ4
盐亭	faŋ3	faŋ3	faŋ4	taŋ1	taŋ3	taŋ4	taŋ4	taŋ4
德阳	faŋ3	faŋ3	faŋ4	taŋ1	taŋ3	taŋ4	taŋ4	taŋ4
中江	faŋ3	faŋ3	faŋ4	taŋ1	taŋ3	taŋ3	taŋ4	taŋ4
射洪	faŋ3	faŋ3	faŋ4	taŋ1	taŋ3	taŋ3	taŋ4	taŋ4
蓬溪	faŋ3	faŋ3	faŋ4	taŋ1	taŋ3	taŋ3	taŋ4	thaŋ4
遂宁	faŋ3	faŋ3	faŋ4	taŋ1	taŋ3	taŋ3	taŋ4	thaŋ4
乐至	faŋ3	faŋ3	faŋ4	taŋ1	taŋ3	taŋ4	taŋ4	taŋ4
安岳	faŋ3	faŋ3	faŋ4	taŋ1	taŋ3	taŋ3	taŋ4	taŋ4
仪陇	faŋ3	faŋ3	faŋ4	taŋ1	taŋ3	taŋ3	taŋ1	thaŋ4
西充	faŋ3	faŋ3	faŋ4	taŋ1	taŋ3	taŋ3	taŋ4	taŋ4

字目	仿相仿	访	放	当应当	党	挡阻挡	当上当	荡浩荡
反切	妃两	敷亮	甫妄	都郎	多朗		丁浪	徒朗
声韵调	宕合三敷阳上	宕合三敷阳去	宕合三非阳去	宕开一端唐平	宕开一端唐上	宕开一端唐上	宕开一端唐去	宕开一定唐上
中古音	phʉɐŋ:	phʉɐŋ-	pʉɐŋ-	tɑŋ	tɑŋ:	tɑŋ:	tɑŋ-	dɑŋ:
蓬安	faŋ3	faŋ3	faŋ4	taŋ1	taŋ3	taŋ3	taŋ4	taŋ4
南充金台	faŋ3	faŋ3	faŋ4	taŋ1	taŋ3	taŋ3	taŋ4	taŋ4
南充龙蟠	faŋ3	faŋ3	faŋ4	tan1	tan3	tan3	tan4	tan4
岳池	faŋ3	faŋ3	faŋ4	taŋ1	taŋ3	taŋ3	taŋ4	taŋ4
广安	faŋ3	faŋ3	faŋ4	taŋ1	taŋ3	taŋ3	taŋ4	taŋ4
邻水	faŋ3	faŋ3	faŋ4	taŋ1	taŋ3	taŋ3	taŋ4	taŋ4
南江	faŋ3	faŋ3	faŋ4	taŋ1	taŋ3	taŋ3 taŋ4 口	taŋ4	taŋ4
巴中	faŋ3	faŋ3	faŋ4	taŋ1	taŋ3	taŋ3 taŋ4 口	taŋ4	thaŋ4 taŋ4
通江	faŋ3	faŋ3	faŋ4	taŋ1	taŋ3	taŋ3 taŋ4 口	taŋ4	taŋ4
平昌	faŋ3	faŋ3	faŋ4	taŋ1	taŋ3	taŋ3 taŋ4 口	taŋ4	taŋ4
万源	faŋ3	faŋ3	faŋ4	taŋ1	taŋ3	taŋ4 口 taŋ3	taŋ4	taŋ4
宣汉	faŋ3	faŋ3	xuaŋ4	taŋ1	taŋ3	taŋ4 口 taŋ3	taŋ4	taŋ4
达州	xuaŋ3	xuaŋ3	faŋ4	taŋ1	taŋ3	taŋ3	taŋ4	taŋ4
开江	xuaŋ3	xuaŋ3	xuaŋ4	taŋ1	taŋ3	taŋ3	taŋ4	taŋ4
渠县	faŋ3	faŋ3	faŋ4	taŋ1	taŋ3	taŋ3	taŋ4	taŋ4
宜宾	faŋ3	faŋ3	faŋ4	taŋ1	taŋ3	taŋ3 taŋ4 口	taŋ4	taŋ4
古蔺	faŋ3	faŋ3	faŋ4	taŋ1	taŋ3	taŋ3 taŋ4 口	taŋ4	taŋ4
长宁	fan3	fan3	fan4	tan1	tan3	tan3	tan4	tan4
顾县	faŋ3	faŋ3	faŋ4	taŋ1	taŋ3	taŋ3 taŋ4 口	taŋ4	taŋ4
成都龙泉	foŋ3	foŋ3	foŋ4	toŋ1	toŋ3	toŋ3 toŋ4 口	toŋ4	toŋ4

字目	汤	唐	糖	塘	棠	堂	*躺	烫
反切	吐郎	徒郎	徒郎	徒郎	徒郎	徒郎	*坦朗	他浪
声韵调	宕开一透唐平	宕开一定唐平	宕开一定唐平	宕开一定唐平	宕开一定唐平	宕开一定唐平	宕开一透唐上	宕开一透唐去
中古音	thaŋ	daŋ	daŋ	daŋ	daŋ	daŋ	thaŋː	thaŋ-
广元	thaŋ1	thaŋ2	thaŋ2	thaŋ2	thaŋ2	thaŋ2	thaŋ3	thaŋ4
平武	thaŋ1	thaŋ2	thaŋ2	thaŋ2	thaŋ2	thaŋ2	thaŋ3	thaŋ4
青川	thaŋ1	thaŋ2	thaŋ2	thaŋ2	thaŋ2	thaŋ2	thaŋ3	thaŋ4
剑阁普安	thaŋ1	thaŋ2	thaŋ2	thaŋ2	thaŋ2	thaŋ2	thaŋ3	thaŋ4
剑阁金仙	thaŋ1	thaŋ2	thaŋ2	thaŋ2	thaŋ2	thaŋ2	thaŋ3	thaŋ4
旺苍	thaŋ1	thaŋ2	thaŋ2	thaŋ2	thaŋ2	thaŋ2	thaŋ3	thaŋ4
苍溪	thaŋ1	thaŋ2	thaŋ2	thaŋ2	thaŋ2	thaŋ2	thaŋ3	thaŋ4
江油	thaŋ1	thaŋ2	thaŋ2	thaŋ2	thaŋ2	thaŋ2	thaŋ3	thaŋ4
北川	thaŋ1	thaŋ2	thaŋ2	thaŋ2	thaŋ2	thaŋ2	thaŋ3	thaŋ1 thaŋ4
绵阳	thaŋ1	thaŋ2	thaŋ2	thaŋ2	thaŋ2	thaŋ2	thaŋ3	thaŋ4
盐亭	thaŋ1	thaŋ2	thaŋ2	thaŋ2	thaŋ2	thaŋ2	thaŋ3	thaŋ4
德阳	thaŋ1	thaŋ2	thaŋ2	thaŋ2	thaŋ2	thaŋ2	thaŋ3	thaŋ4
中江	thaŋ1	thaŋ2	thaŋ2	thaŋ2	thaŋ2	thaŋ2	thaŋ3	thaŋ4
射洪	thaŋ1	thaŋ2	thaŋ2	thaŋ2	thaŋ2	thaŋ2	thaŋ3	thaŋ4
蓬溪	thaŋ1	thaŋ2	thaŋ2	thaŋ2	thaŋ2	thaŋ2	thaŋ3	thaŋ4
遂宁	thaŋ1	thaŋ2	thaŋ2	thaŋ2	thaŋ2	thaŋ2	thaŋ3	thaŋ4
乐至	thaŋ1	thaŋ2	thaŋ2	thaŋ2	thaŋ2	thaŋ2	thaŋ3	thaŋ4
安岳	thaŋ1	thaŋ2	thaŋ2	thaŋ2	thaŋ2	thaŋ2	thaŋ3	thaŋ4
仪陇	thaŋ1	thaŋ2	thaŋ2	thaŋ2	thaŋ2	thaŋ2	thaŋ3	thaŋ4
西充	thaŋ1	thaŋ2	thaŋ2	thaŋ2	thaŋ2	thaŋ2	thaŋ3	thaŋ4

字目	汤	唐	糖	塘	棠	堂	*躺	烫
反切	吐郎	徒郎	徒郎	徒郎	徒郎	徒郎	*坦朗	他浪
声韵调	宕开一透唐平	宕开一定唐平	宕开一定唐平	宕开一定唐平	宕开一定唐平	宕开一定唐平	宕开一透唐上	宕开一透唐去
中古音	thɑŋ	dɑŋ	dɑŋ	dɑŋ	dɑŋ	dɑŋ	thɑŋ:	thɑŋ-
蓬安	thaŋ1	thaŋ2	thaŋ2	thaŋ2	thaŋ2	thaŋ2	thaŋ3	thaŋ4
南充金台	thaŋ1	thaŋ2	thaŋ2	thaŋ2	thaŋ2	thaŋ2	thaŋ3	thaŋ1
南充龙蟠	than1	than2	than2	than2	than2	than2	than3	than1 than4
岳池	thaŋ1	thaŋ2	thaŋ2	thaŋ2	thaŋ2	thaŋ2	thaŋ3	thaŋ4
广安	thaŋ1	thaŋ2	thaŋ2	thaŋ2	thaŋ2	thaŋ2	thaŋ3	thaŋ4
邻水	thaŋ1	thaŋ2	thaŋ2	thaŋ2	thaŋ2	thaŋ2	thaŋ3	thaŋ4
南江	thaŋ1	thaŋ2	thaŋ2	thaŋ2	thaŋ2	thaŋ2	thaŋ3	thaŋ4
巴中	thaŋ1	thaŋ2	thaŋ2	thaŋ2	thaŋ2	thaŋ2	thaŋ3	thaŋ4
通江	thaŋ1	thaŋ2	thaŋ2	thaŋ2	thaŋ2	thaŋ2	thaŋ3	thaŋ1 thaŋ4
平昌	thaŋ1	thaŋ2	thaŋ2	thaŋ2	thaŋ2	thaŋ2	thaŋ3	thaŋ4
万源	thaŋ1	thaŋ2	thaŋ2	thaŋ2	thaŋ2	thaŋ2	thaŋ3	thaŋ4
宣汉	thaŋ1	thaŋ2	thaŋ2	thaŋ2	thaŋ2	thaŋ2	thaŋ3	thaŋ4
达州	thaŋ1	thaŋ2	thaŋ2	thaŋ2	thaŋ2	thaŋ2	thaŋ3	thaŋ4
开江	thaŋ1	thaŋ2	thaŋ2	thaŋ2	thaŋ2	thaŋ2	thaŋ3	thaŋ4
渠县	thaŋ1	thaŋ2	thaŋ2	thaŋ2	thaŋ2	thaŋ2	thaŋ3	thaŋ4
宜宾	thaŋ1	thaŋ2	thaŋ2	thaŋ2	thaŋ2	thaŋ2	thaŋ3	thaŋ4
古蔺	thaŋ1	thaŋ2	thaŋ2	thaŋ2	thaŋ2	thaŋ2	thaŋ3	thaŋ4
长宁	than1	than2	than2	than2	than2	than2	than3	than4
顾县	thaŋ1	taŋ2	taŋ2	taŋ2	taŋ2	thau2	thaŋ3	thaŋ4
成都龙泉	thɔŋ1	thɔŋ2	thɔŋ2	thɔŋ2	thɔŋ2	thɔŋ2	thɔŋ3	thɔŋ4

字目	趟走一趟	囊	郎	廊	狼	朗	浪	赃
反切	他浪	奴当	鲁当	鲁当	鲁当	卢党	来宕	则郎
声韵调	宕开一透唐去	宕开一泥唐平	宕开一来唐平	宕开一来唐平	宕开一来唐平	宕开一来唐上	宕开一来唐去	宕开一精唐平
中古音	thaŋ-	naŋ	laŋ	laŋ	laŋ	laŋ:	laŋ-	tsaŋ
广元	thaŋ4	naŋ3	naŋ2	naŋ2	naŋ2	naŋ3	naŋ4	tsaŋ1
平武	thaŋ4	naŋ2	naŋ2	naŋ2	naŋ2	naŋ3	naŋ4	tsaŋ1
青川	thaŋ4	naŋ3	naŋ2	naŋ2	naŋ2	naŋ3	naŋ4	tsaŋ1
剑阁普安	thaŋ4	naŋ2	naŋ2	naŋ2	naŋ2	naŋ3	naŋ4	tsaŋ1
剑阁金仙	thaŋ4	naŋ2	naŋ2	naŋ2	naŋ2	naŋ3	naŋ4	tsaŋ1
旺苍	thaŋ4	naŋ2	naŋ2	naŋ2	naŋ2	naŋ3	naŋ4	tsaŋ1
苍溪	thaŋ4	laŋ2	laŋ2	laŋ2	laŋ2	laŋ3	laŋ4	tsaŋ1
江油	thaŋ4	naŋ2	naŋ2	naŋ2	naŋ2	naŋ3	naŋ4	tsaŋ1
北川	thaŋ4	naŋ3	naŋ2	naŋ2	naŋ2	naŋ3	naŋ4	tsaŋ1
绵阳	thaŋ4	naŋ3	naŋ2	naŋ2	naŋ2	naŋ3	naŋ4	tsaŋ1
盐亭	thaŋ4	laŋ2	laŋ2	laŋ2	laŋ2	laŋ3	laŋ4	tsaŋ1
德阳	thaŋ4	naŋ3	naŋ2	naŋ2	naŋ2	naŋ3	naŋ4	tsaŋ1
中江	thaŋ4	laŋ2	laŋ2	laŋ2	laŋ2	laŋ3	laŋ4	tsuaŋ1
射洪	thaŋ4	naŋ3	naŋ2	naŋ2	naŋ2	naŋ3	naŋ4	tsaŋ1
蓬溪	thaŋ4	naŋ2	naŋ2	naŋ2	naŋ2	naŋ3	naŋ4	tsaŋ1
遂宁	thaŋ4	naŋ3	naŋ2	naŋ2	naŋ2	naŋ3	naŋ4	tsaŋ1
乐至	thaŋ4	naŋ2	naŋ2	naŋ2	naŋ2	naŋ3	naŋ4	tsaŋ1
安岳	thaŋ4	naŋ2	naŋ2	naŋ2	naŋ2	naŋ3	naŋ4	tsaŋ1
仪陇	thaŋ4	naŋ2	naŋ2	naŋ2	naŋ2	naŋ3	naŋ4	tsaŋ1
西充	thaŋ4	naŋ2	naŋ2	naŋ3	naŋ2	naŋ3	naŋ4	tsaŋ1

字目	趟走一趟	囊	郎	廊	狼	朗	浪	赃
反切	他浪	奴当	鲁当	鲁当	鲁当	卢党	来宕	则郎
声韵调	宕开一透唐去	宕开一泥唐平	宕开一来唐平	宕开一来唐平	宕开一来唐平	宕开一来唐上	宕开一来唐去	宕开一精唐平
中古音	thaŋ-	naŋ	laŋ	laŋ	laŋ	laŋ:	laŋ-	tsaŋ
蓬安	thaŋ4	naŋ2	naŋ2	naŋ2	naŋ2	naŋ3	naŋ4	tsaŋ1
南充金台	thaŋ4	naŋ2	naŋ2	naŋ2	naŋ2	naŋ3	naŋ4	tsaŋ1
南充龙蟠	thaŋ4	nan2	nan2	nan2	nan2	nan3	nan4	tʂan1
岳池	thaŋ4	naŋ2	naŋ2	naŋ2	naŋ2	naŋ3	naŋ4	tsaŋ1
广安	thaŋ4	naŋ2	naŋ2	naŋ2	naŋ2	naŋ3	naŋ4	tsaŋ1
邻水	thaŋ4	naŋ2	naŋ2	naŋ2	naŋ2	naŋ3	naŋ4	tsaŋ1
南江	thaŋ4	laŋ3 laŋ2	laŋ2	laŋ2	laŋ2	laŋ3	laŋ4	tsaŋ1
巴中	thaŋ4	laŋ3 laŋ2	laŋ2	laŋ2	laŋ2	laŋ3	laŋ4	tsaŋ1
通江	thaŋ4	laŋ3 laŋ2	laŋ2	laŋ2	laŋ2	laŋ3	laŋ4	tsaŋ1
平昌	thaŋ4	laŋ3 laŋ2	laŋ2	laŋ2	laŋ2	laŋ3	laŋ4	tsaŋ1
万源	thaŋ4	naŋ2	naŋ2	naŋ2	naŋ2	naŋ3	naŋ4	tsaŋ1
宣汉	thaŋ4	naŋ2	naŋ2	naŋ2	naŋ2	naŋ3	naŋ4	tsaŋ1
达州	thaŋ4	naŋ3	naŋ2	naŋ2	naŋ2	naŋ3	naŋ4	tsaŋ1
开江	thaŋ4	naŋ2	naŋ2	naŋ2	naŋ2	naŋ3	naŋ4	tsaŋ1
渠县	thaŋ4	naŋ3	naŋ2	naŋ2	naŋ2	naŋ3	naŋ4	tsaŋ1
宜宾	thaŋ4	naŋ2	naŋ2	naŋ2	naŋ2	naŋ3	naŋ4	tsaŋ1
古蔺	thaŋ4	naŋ2	naŋ2	naŋ2	naŋ2	naŋ3	naŋ4	tsaŋ1
长宁	thaŋ4	无	lan2	lan2	lan2	lan3	lan4	tsan1
顾县	thaŋ4	naŋ2	naŋ2	naŋ2	naŋ2	naŋ3	naŋ4	tsaŋ1
成都龙泉	thɔŋ4	lɔŋ2	lɔŋ2	lɔŋ2	lɔŋ2	lɔŋ3	lɔŋ4	tsɔŋ1

字目	葬	藏宝藏	脏内脏	仓	苍	藏隐藏	桑	丧丧事
反切	则浪	徂浪	徂浪	七冈	七冈	昨郎	息郎	息郎
声韵调	宕开一精唐去	宕开一从唐去	宕开一从唐去	宕开一清唐平	宕开一清唐平	宕开一从唐平	宕开一心唐平	宕开一心唐平
中古音	tsaŋ-	dzaŋ-	dzaŋ-	tshaŋ	tshaŋ	dzaŋ	saŋ	saŋ
广元	tsaŋ4	tsaŋ4	tsaŋ4	tshaŋ1	tshaŋ1	tshaŋ2	saŋ1	saŋ1
平武	tsaŋ4	tsaŋ4	tsaŋ4	tshaŋ1	tshaŋ1	tshaŋ2 文 tɕhiaŋ2 白	saŋ1	saŋ1
青川	tsaŋ4	tsaŋ4	tsaŋ4	tshaŋ1	tshaŋ1	tshaŋ2	saŋ1	saŋ1
剑阁普安	tsaŋ4	tsaŋ4	tsaŋ4	tshaŋ1	tshaŋ1	tshaŋ2	saŋ1	saŋ1
剑阁金仙	tsaŋ4	tsaŋ4	tsaŋ4	tshaŋ1	tshaŋ1	tshaŋ2	saŋ1	saŋ1
旺苍	tsaŋ4	tsaŋ4	tsaŋ4	tshaŋ1	tshaŋ1	tshaŋ2	saŋ1	saŋ1
苍溪	tsaŋ4	tsaŋ4	tsaŋ4	tshaŋ1	tshaŋ1	tshaŋ2 文 tɕhiaŋ2 白	saŋ1	saŋ1
江油	tsaŋ4	tsaŋ4	tsaŋ4	tshaŋ1	tshaŋ1	tshaŋ2 文 tɕhiaŋ2 白	saŋ1	saŋ1
北川	tsaŋ4	tsaŋ4	tsaŋ4	tshaŋ1	tshaŋ1	tshaŋ2 文 tɕhiaŋ2 白	saŋ1	saŋ1
绵阳	tsaŋ4	tsaŋ4	tsaŋ4	tshaŋ1	tshaŋ1	tshaŋ2 文 tɕhiaŋ2 白	saŋ1	saŋ1
盐亭	tsaŋ4	tsaŋ4	tsaŋ4	tshaŋ1	tshaŋ1	tshaŋ2 文 tɕhiaŋ2 白	sæn1	saŋ1
德阳	tsaŋ4	tsaŋ4	tsaŋ4	tshaŋ1	tshaŋ1	tshaŋ2 文 tɕhiaŋ2 白	saŋ1	saŋ1
中江	tsaŋ4	tsaŋ4	tsaŋ4	tshuaŋ1	tshuaŋ1	tshuaŋ2	suaŋ1	saŋ1
射洪	tsaŋ4	tsaŋ4	tsaŋ4	tshaŋ1	tshaŋ1	tshaŋ2 文 tɕhiaŋ2 白	saŋ1	saŋ1
蓬溪	tsaŋ4	tsaŋ4	tsaŋ4	tshaŋ1	tshaŋ1	tshaŋ2 文 tɕhiaŋ2 白	saŋ1	saŋ1
遂宁	tsaŋ4	tsaŋ4	tsaŋ4	tshaŋ1	tshaŋ1	tshaŋ2 文 tɕhiaŋ2 白	saŋ1	saŋ1
乐至	tsaŋ4	tsaŋ4	tsaŋ4	tshaŋ1	tshaŋ1	tshuaŋ2	suaŋ1	saŋ1
安岳	tsaŋ4	tsaŋ4	tsaŋ4	tshaŋ1	tshaŋ1	tshaŋ2	saŋ1	saŋ1
仪陇	tsaŋ4	tsaŋ4	tsaŋ4	tshaŋ1	tshaŋ1	tshaŋ2	saŋ1	saŋ1
西充	tsaŋ4	tsaŋ4	tsaŋ4	tshaŋ1	tshaŋ1	tshaŋ2	saŋ1	saŋ1

字目	葬	藏宝藏	脏内脏	仓	苍	藏隐藏	桑	丧丧事
反切	则浪	徂浪	徂浪	七冈	七冈	昨郎	息郎	息郎
声韵调	宕开一精唐去	宕开一从唐去	宕开一从唐去	宕开一清唐平	宕开一清唐平	宕开一从唐平	宕开一心唐平	宕开一心唐平
中古音	tsaŋ-	dzaŋ-	dzaŋ-	tshaŋ	tshaŋ	dzaŋ	saŋ	saŋ
蓬安	tsaŋ4	tsaŋ4	tsaŋ4	tshaŋ1	tshaŋ1	tshaŋ2	saŋ1	saŋ1
南充金台	tsaŋ4	tsaŋ4	tsaŋ4	tshaŋ1	tshaŋ1	tshaŋ2	saŋ1	saŋ1
南充龙蟠	tʂaŋ4	tʂaŋ4	tʂaŋ4	tʂhaŋ1	tʂhaŋ1	tʂhaŋ2	saŋ1	ʂaŋ1
岳池	tsaŋ4	tsaŋ4	tsaŋ4	tshaŋ1	tshaŋ1	tshaŋ2	saŋ1	saŋ1
广安	tsaŋ4	tsaŋ4	tsaŋ4	tshaŋ1	tshaŋ1	tshaŋ2	saŋ1	saŋ1
邻水	tsaŋ4	tsaŋ4	tsaŋ4	tshaŋ1	tshaŋ1	tshaŋ2	saŋ1	saŋ1
南江	tsaŋ4	tsaŋ4	tsaŋ4	tshaŋ1	tshaŋ1	tshaŋ2 文 tʃhiaŋ2 白	saŋ1	saŋ1
巴中	tsaŋ4	tsaŋ4	tsaŋ4	tshaŋ1	tshaŋ1	tshaŋ2 文 tʃhiaŋ2 白	saŋ1	saŋ1
通江	tsaŋ4	tsaŋ4	tsaŋ4	tshaŋ1	tshaŋ1	tshaŋ2 文 tʃhiaŋ2 白	saŋ1	saŋ1
平昌	tsaŋ4	tsaŋ4	tsaŋ4	tshaŋ1	tshaŋ1	tshaŋ2 文 tʃhiaŋ2 白	saŋ1	saŋ1
万源	tsaŋ4	tsaŋ4	tsaŋ4	tshaŋ1	tshaŋ1	tshaŋ2 文 tɕhiaŋ2 白	saŋ1	saŋ1
宣汉	tsaŋ4	tsaŋ4	tsaŋ4	tshaŋ1	tshaŋ1	tshaŋ2 文 tɕhiaŋ2 白	saŋ1	saŋ1
达州	tsaŋ4	tsaŋ4	tsaŋ4	tshaŋ1	tshaŋ1	tshaŋ2 文 tɕhiaŋ2 白	saŋ1	saŋ1
开江	tsaŋ4	tsaŋ4	tsaŋ4	tshaŋ1	tshaŋ1	tshaŋ2 文 tɕhiaŋ2 白	saŋ1	saŋ1
渠县	tsaŋ4	tsaŋ4	tsaŋ4	tshaŋ1	tshaŋ1	tshaŋ2 文 tɕhiaŋ2 白	saŋ1	saŋ1
宜宾	tsaŋ4	tsaŋ4	tsaŋ4	tshaŋ1	tshaŋ1	tshaŋ2 文 tɕhiaŋ2 白	saŋ1	saŋ1
古蔺	tsaŋ4	tsaŋ4	tsaŋ4	tshaŋ1	tshaŋ1	tshaŋ2 文 tɕhiaŋ2 白	saŋ1	saŋ1
长宁	tsan4	tsan4	tsan4	tshan1	tshan1	tshan2	san1	san1
顾县	tsaŋ4	tsaŋ4	tsaŋ4	tshaŋ1	tshaŋ1	tshaŋ2	saŋ1	saŋ1
成都龙泉	tsoŋ4	tsoŋ4	tsoŋ4	tshoŋ1	tshoŋ1	tshoŋ2 文 tɕhioŋ2 白	soŋ1	soŋ1

字目	*嗓	丧①丧失	张	章	樟	长生长	涨②	掌
反切	*写朗	苏浪	陟良	诸良	诸良	知丈	*展两	诸两
声韵调	宕开一心唐上	宕开一心唐去	宕开三知阳平	宕开三章阳平	宕开三章阳平	宕开三知阳上	宕开三知阳上	宕开三章阳上
中古音	saŋ:	saŋ-	ȶiɐŋ	ȶɕiɐŋ	ȶɕiɐŋ	ȶiɐŋ:	ȶiɐŋ:	ȶɕiɐŋ:
广元	saŋ3	saŋ4	tʂaŋ1	tʂaŋ1	tʂaŋ1	tʂaŋ3	tʂaŋ3	tʂaŋ3
平武	saŋ3	saŋ4	tsaŋ1	tsaŋ1	tsaŋ1	tsaŋ3	tsaŋ3	tsaŋ3
青川	saŋ3	saŋ4	tsaŋ1	tsaŋ1	tsaŋ1	tsaŋ3	tsaŋ3	tsaŋ3
剑阁普安	saŋ3	saŋ4	tʂaŋ1	tʂaŋ1	tʂaŋ1	tʂaŋ3	tʂaŋ3	tʂaŋ3
剑阁金仙	saŋ3	saŋ4	tʂaŋ1	tʂaŋ1	tʂaŋ1	tʂaŋ3	tʂaŋ3	tʂaŋ3
旺苍	saŋ3	saŋ4	tʂaŋ1	tʂaŋ1	tʂaŋ1	tʂaŋ3	tʂaŋ3	tʂaŋ3
苍溪	saŋ3	saŋ4	tʂaŋ1	tʂaŋ1	tʂaŋ1	tʂaŋ3	tʂaŋ3	tʂaŋ3
江油	saŋ3	saŋ4	tsaŋ1	tsaŋ1	tsaŋ1	tsaŋ3	tsaŋ3	tsaŋ3
北川	saŋ3	saŋ4	tsaŋ1	tsaŋ1	tsaŋ1	tsaŋ3	tsaŋ3	tsaŋ3
绵阳	saŋ3	saŋ4	tsaŋ1	tsaŋ1	tsaŋ1	tsaŋ3	tsaŋ3	tsaŋ3
盐亭	saŋ3	saŋ4	tsaŋ1	tsaŋ1	tsaŋ1	tsaŋ3	tsaŋ3	tsaŋ3
德阳	saŋ3	saŋ4	tsaŋ1	tsaŋ1	tsaŋ1	tsaŋ3	tsaŋ3	tsaŋ3
中江	saŋ3	saŋ4	tsaŋ1	tsaŋ1	tɕiaŋ1	tsaŋ3	tsaŋ3	tsaŋ3
射洪	saŋ3	saŋ4	tsaŋ1	tsaŋ1	tsaŋ1	tsaŋ3	tsaŋ3	tsaŋ3
蓬溪	saŋ3	saŋ4	tsaŋ1	tsaŋ1	tsaŋ1	tsaŋ3	tsaŋ3	tsaŋ3
遂宁	saŋ3	saŋ4	tsaŋ1	tsaŋ1	tsaŋ1	tsaŋ3	tsaŋ3	tsaŋ3
乐至	saŋ3	saŋ4	tsaŋ1	tsaŋ1	tsaŋ1	tsaŋ3	tsaŋ3	tsaŋ3
安岳	saŋ3	saŋ4	tsaŋ1	tsaŋ1	tsaŋ1	tsaŋ3	tsaŋ3	tsaŋ3
仪陇	saŋ3	saŋ1	tsaŋ1	tsaŋ1	tsaŋ1	tsaŋ3	tsaŋ3	tsaŋ3
西充	saŋ3	saŋ4	tsaŋ1	tsaŋ1	tsaŋ1	tsaŋ3	tsaŋ3	tsaŋ3

① 又息郎切，宕开一心唐平。 ② 又知亮切，宕开三知阳去。

字目	*嗓	丧①丧失	张	章	樟	长生长	涨②	掌
反切	*写朗	苏浪	陟良	诸良	诸良	知丈	*展两	诸两
声韵调	宕开一心唐上	宕开一心唐去	宕开三知阳平	宕开三章阳平	宕开三章阳平	宕开三知阳上	宕开三知阳上	宕开三章阳上
中古音	saŋ:	saŋ-	ȶieŋ	tɕieŋ	tɕieŋ	ȶieŋ:	ȶieŋ:	tɕieŋ:
蓬安	saŋ3	saŋ4	tsaŋ1	tsaŋ1	tsaŋ1	tsaŋ3	tsaŋ3	tsaŋ3
南充金台	saŋ3	saŋ4	tsaŋ1	tsaŋ1	tsaŋ1	tsaŋ3	tsaŋ3	tsaŋ3
南充龙蟠	san3	san4	tʂan1	tʂan1	tʂan1	tʂan3	tʂan3	tʂan3
岳池	saŋ3	saŋ4	tsaŋ1	tsaŋ1	tsaŋ1	tsaŋ3	tsaŋ3	tsaŋ3
广安	saŋ3	saŋ4	tsaŋ1	tsaŋ1	tsaŋ1	tsaŋ3	tsaŋ3	tsaŋ3
邻水	saŋ3	saŋ4	tsaŋ1	tsaŋ1	tsaŋ1	tsaŋ3	tsaŋ3	tsaŋ3
南江	saŋ3	saŋ4	tʂaŋ1	tʂaŋ1	tʂaŋ1	tʂaŋ3	tʂaŋ3	tʂaŋ3
巴中	suaŋ3 saŋ3	ʂaŋ4	tʂaŋ1	tʂaŋ1	tʂaŋ1	tʂaŋ3	tʂaŋ3	tʂaŋ3
通江	saŋ3	saŋ4	tʂaŋ1	tʂaŋ1	tʂaŋ1	tʂaŋ3	tʂaŋ3	tʂaŋ3
平昌	saŋ1 saŋ3	saŋ4	tʂaŋ1	tʂaŋ1	tʂaŋ1	tʂaŋ3	tʂaŋ3	tʂaŋ3
万源	saŋ1	saŋ4	tʂaŋ1	tʂaŋ1	tʂaŋ1	tʂaŋ3	tʂaŋ3	tʂaŋ3
宣汉	saŋ1	saŋ4	tsaŋ1	tsaŋ1	tsaŋ1	tsaŋ3	tsaŋ3	tsaŋ3
达州	saŋ3	saŋ4	tsaŋ1	tsaŋ1	tsaŋ1	tsaŋ3	tsaŋ3	tsaŋ3
开江	saŋ3	saŋ4	tsaŋ1	tsaŋ1	tsaŋ1	tsaŋ3	tsaŋ3	tsaŋ3
渠县	saŋ3	saŋ4	tsaŋ1	tsaŋ1	tsaŋ1	tsaŋ3	tsaŋ3	tsaŋ3
宜宾	saŋ3	saŋ4	tsaŋ1	tsaŋ1	tsaŋ1	tsaŋ3	tsaŋ3	tsaŋ3
古蔺	saŋ3	saŋ4	tsaŋ1	tsaŋ1	tsaŋ1	tsaŋ3	tsaŋ3	tsaŋ3
长宁	san3	san4	tsan1	tsan1	tsan1	tsan3	tsan3	tsan3
顾县	saŋ3	saŋ4	tsaŋ1	tsaŋ1	tsaŋ1	tsaŋ3	tsaŋ3	tsaŋ3
成都龙泉	sɔŋ3	sɔŋ4	tsɔŋ1	tsɔŋ1	tsɔŋ1	tsɔŋ3	tsɔŋ3	tsɔŋ3

① 又息郎切，宕开一心唐平。 ② 又知亮切，宕开三知阳去。

字目	帐蚊帐	账账目	胀	丈	杖	仗仪仗	仗打仗	障
反切	知亮	知亮	知亮	直两	直两	直两	直两	之亮
声韵调	宕开三知阳去	宕开三知阳去	宕开三知阳去	宕开三澄阳上	宕开三澄阳上	宕开三澄阳上	宕开三澄阳上	宕开三章阳去
中古音	ȶiɐŋ-	ȶiɐŋ-	ȶiɐŋ-	ȡiɐŋ:	ȡiɐŋ:	ȡiɐŋ:	ȡiɐŋ:	tɕiɐŋ-
广元	tʂaŋ4	tʂaŋ4	tʂaŋ4	tʂaŋ4	tʂaŋ4	tʂaŋ4	tʂaŋ4	tʂaŋ4
平武	tsaŋ4	tsaŋ4	tsaŋ4	tsaŋ4	tsaŋ4	tsaŋ4	tsaŋ4	tsaŋ4
青川	tsaŋ4	tsaŋ4	tsaŋ4	tsaŋ4	tsaŋ4	tsaŋ4	tsaŋ4	tsaŋ4
剑阁普安	tsaŋ4	tsaŋ4	tsaŋ4	tsaŋ4	tsaŋ4	tsaŋ4	tsaŋ4	tsaŋ4
剑阁金仙	tsaŋ4	tsaŋ4	tsaŋ4	tsaŋ4	tsaŋ4	tsaŋ4	tsaŋ4	tsaŋ4
旺苍	tsaŋ4	tsaŋ4	tsaŋ4	tsaŋ4	tsaŋ4	tsaŋ4	tsaŋ4	tsaŋ4
苍溪	tsaŋ4 tsau4 俗①	tsaŋ4	tsaŋ4	tsaŋ4	tsaŋ4	tsaŋ4	tsaŋ4	tsaŋ4
江油	tsaŋ4	tsaŋ4	tsaŋ4	tsaŋ4	tsaŋ4	tsaŋ4	tsaŋ4	tsaŋ4
北川	tsaŋ4	tsaŋ4	tsaŋ4	tsaŋ4	tsaŋ4	tsaŋ4	tsaŋ4	tsaŋ4
绵阳	tsaŋ4	tsaŋ4	tsaŋ4	tsaŋ4	tsaŋ4	tsaŋ4	tsaŋ4	tsaŋ4
盐亭	tsaŋ4	tsaŋ4	tsaŋ4	tsaŋ4	tsaŋ4	tsaŋ4	tsaŋ4	tsaŋ4
德阳	tsaŋ4 tsau4 俗①	tsaŋ4	tsaŋ4	tsaŋ4	tsaŋ4	tsaŋ4	tsaŋ4	tsaŋ4
中江	tsaŋ4	tsaŋ4	tsaŋ4	tsaŋ4	tsaŋ4	tsaŋ4	tsaŋ4	tsaŋ4
射洪	tsaŋ4 tsau4 俗①	tsaŋ4	tsaŋ4	tsaŋ4	tsaŋ4	tsaŋ4	tsaŋ4	tsaŋ4
蓬溪	tsaŋ4 tsau4 俗①	tsaŋ4	tsaŋ4	tsaŋ4	tsaŋ4	tsaŋ4	tsaŋ4	tsaŋ4
遂宁	tsaŋ4 tsau4 俗①	tsaŋ4	tsaŋ4	tsaŋ4	tsaŋ4	tsaŋ4	tsaŋ4	tsaŋ4
乐至	tsaŋ4 tsau4 俗①	tsaŋ4	tsaŋ4	tsaŋ4	tsaŋ4	tsaŋ4	tsaŋ4	tsaŋ4
安岳	tsaŋ4	tsaŋ4	tsaŋ4	tsaŋ4	tsaŋ4	tsaŋ4	tsaŋ4	tsaŋ4
仪陇	tsaŋ4	tsaŋ4	tsaŋ4	tsaŋ4	tsaŋ4	tsaŋ4	tsaŋ4	tsaŋ4
西充	tsaŋ4	tsaŋ4	tsaŋ4	tsaŋ4	tsaŋ4	tsaŋ4	tsaŋ4	tsaŋ4

① "罩"训读。*陟教切，效开二知看去。

字目	帐蚊帐	账账目	胀	丈	杖	仗仪仗	仗打仗	障
反切	知亮	知亮	知亮	直两	直两	直两	直两	之亮
声韵调	宕开三 知阳去	宕开三 知阳去	宕开三 知阳去	宕开三 澄阳上	宕开三 澄阳上	宕开三 澄阳上	宕开三 澄阳上	宕开三 章阳去
中古音	ţiɐŋ-	ţiɐŋ-	ţiɐŋ-	ɖiɐŋː	ɖiɐŋː	ɖiɐŋː	ɖiɐŋː	tɕiɐŋ-
蓬安	tsaŋ4	tsaŋ4	tsaŋ4	tsaŋ4	tsaŋ4	tsaŋ4	tsaŋ4	tsaŋ4
南充金台	tsaŋ4	tsaŋ4	tsaŋ4	tsaŋ4	tsaŋ4	tsaŋ4	tsaŋ4	tsaŋ4
南充龙蟠	tʂan4	tʂan4	tʂan4	tʂan4	tʂan4	tʂan4	tʂan4	tʂan4
岳池	tsaŋ4 tsau4 俗①	tsaŋ4	tsaŋ4	tsaŋ4	tsaŋ4	tsaŋ4	tsaŋ4	tsaŋ4
广安	tsaŋ4 tsau4 俗①	tsaŋ4	tsaŋ4	tsaŋ4	tsaŋ4	tsaŋ4	tsaŋ4	tsaŋ4
邻水	tsaŋ4 tsau4 俗①	tsaŋ4	tsaŋ4	tsaŋ4	tsaŋ4	tsaŋ4	tsaŋ4	tsaŋ4
南江	tʂaŋ4 tʂau4 俗①	tʂaŋ4	tʂaŋ4	tʂaŋ4	tʂaŋ4	tʂaŋ4	tʂaŋ4	tʂaŋ4
巴中	tʂaŋ4 tʂau4 俗①	tʂaŋ4	tʂaŋ4	tʂaŋ4	tʂaŋ4	tʂaŋ4	tʂaŋ4	tʂaŋ4
通江	tʂaŋ4 tʂau4 俗①	tʂaŋ4	tʂaŋ4	tʂaŋ4	tʂaŋ4	tʂaŋ4	tʂaŋ4	tʂaŋ4
平昌	tʂaŋ4 tʂau4 俗①	tʂaŋ4	tʂaŋ4	tʂaŋ4	tʂaŋ4	tʂaŋ4	tʂaŋ4	tʂaŋ4
万源	tʂaŋ4 tʂau4 俗①	tʂaŋ4	tʂaŋ4	tʂaŋ4	tʂaŋ4	tʂaŋ4	tʂaŋ4	tʂaŋ4
宣汉	tsaŋ4 tsau4 俗①	tsaŋ4	tsaŋ4	tsaŋ4	tsaŋ4	tsaŋ4	tsaŋ4	tsaŋ4
达州	tsaŋ4 tsau4 俗①	tsaŋ4	tsaŋ4	tsaŋ4	tsaŋ4	tsaŋ4	tsaŋ4	tsaŋ4
开江	tsaŋ4 tsau4 俗①	tsaŋ4	tsaŋ4	tsaŋ4	tsaŋ4	tsaŋ4	tsaŋ4	tsaŋ4
渠县	tsaŋ4 tsau4 俗①	tsaŋ4	tsaŋ4	tsaŋ4	tsaŋ4	tsaŋ4	tsaŋ4	tsaŋ4
宜宾	tsaŋ4 tsau4 俗①	tsaŋ4	tsaŋ4	tsaŋ4	tsaŋ4	tsaŋ4	tsaŋ4	tsaŋ4
古蔺	tsaŋ4 tsau4 俗①	tsaŋ4	tsaŋ4	tsaŋ4	tsaŋ4	tsaŋ4	tsaŋ4	tsaŋ4
长宁	tsan4	tsan4	tsan4	tsan4	tsan4	tsan4	tsan4	tsan4
顾县	tsaŋ4	tsaŋ4	tsaŋ4	tsaŋ4	tsaŋ4	tsaŋ4	tsaŋ4	tsaŋ4
成都龙泉	tsɔŋ4 tsau4 俗①	tsɔŋ4	tsɔŋ4	tsɔŋ4	tsɔŋ4	tsɔŋ4	tsɔŋ4	tsɔŋ4

① "罩"训读。*陟教切，效开二知看去。

字目	昌	长长短	肠	常	尝	偿	场	厂工厂
反切	尺良	直良	直良	市羊	市羊	市羊	直良	昌两
声韵调	宕开三昌阳平	宕开三澄阳平	宕开三澄阳平	宕开三禅阳平	宕开三禅阳平	宕开三禅阳平	宕开三澄阳平	宕开三昌阳上
中古音	tɕʰiɐŋ	ɖiɐŋ	ɖiɐŋ	dʑiɐŋ	dʑiɐŋ	dʑiɐŋ	ɖiɐŋ	tɕʰiɐŋ:
广元	tʂʰaŋ1	tʂʰaŋ2	tʂʰaŋ2	ʂaŋ2	ʂaŋ2	ʂaŋ2	tʂʰaŋ2	tʂʰaŋ3
平武	tsʰaŋ1	tsʰaŋ2	tsʰaŋ2	tsʰaŋ2	saŋ2	saŋ2	tsʰaŋ2	tsʰaŋ3
青川	tsʰaŋ1	tsʰaŋ2	tsʰaŋ2	saŋ2	saŋ2	saŋ2	tsʰaŋ2	tsʰaŋ3
剑阁普安	tʂʰaŋ1	tʂʰaŋ2	tʂʰaŋ2	ʂaŋ2	ʂaŋ2	ʂaŋ2	tʂʰaŋ2	tʂʰaŋ3
剑阁金仙	tʂʰaŋ1	tʂʰaŋ2	tʂʰaŋ2	ʂaŋ2	ʂaŋ2	ʂaŋ2	tʂʰaŋ2	tʂʰaŋ3
旺苍	tʂʰaŋ1	tʂʰaŋ2	tʂʰaŋ2	ʂaŋ2	ʂaŋ2	ʂaŋ2	tʂʰaŋ2	tʂʰaŋ3
苍溪	tʂʰaŋ1	tʂʰaŋ2	tʂʰaŋ2	ʂaŋ2	ʂaŋ2	ʂaŋ3	tʂʰaŋ2	tʂʰaŋ3
江油	tsʰaŋ1	tsʰaŋ2	tsʰaŋ2	saŋ2	saŋ2	saŋ2	tsʰaŋ2	tsʰaŋ3
北川	tsʰaŋ1	tsʰaŋ2	tsʰaŋ2	saŋ2	saŋ2	saŋ2	tsʰaŋ2	tsʰaŋ3
绵阳	tsʰaŋ1	tsʰaŋ2	tsʰaŋ2	saŋ2	saŋ2	saŋ3	tsʰaŋ2	tsʰaŋ3
盐亭	tsʰaŋ1	tsʰaŋ2	tsʰaŋ2	saŋ2	saŋ2	saŋ2	tsʰaŋ2	tsʰaŋ3
德阳	tsʰaŋ1	tsʰaŋ2	tsʰaŋ2	saŋ2	saŋ2	saŋ2	tsʰaŋ2	tsʰaŋ3
中江	tsʰaŋ1	tsaŋ2	tsaŋ2	saŋ2	saŋ2	saŋ2	tsaŋ2	tsʰaŋ3
射洪	tsʰaŋ1	tsʰaŋ2	tsʰaŋ2	saŋ2	saŋ2	saŋ3	tsʰaŋ2	tsʰaŋ3
蓬溪	tsʰaŋ1	tsʰaŋ2	tsʰaŋ2	saŋ2	saŋ2	tsʰaŋ3	tsʰaŋ2	tsʰaŋ3
遂宁	tsʰaŋ1	tsʰaŋ2	tsʰaŋ2	saŋ2	saŋ2	saŋ3	tsʰaŋ2	tsʰaŋ3
乐至	tsʰaŋ1	tsʰaŋ2	tsʰaŋ2	saŋ2	saŋ2	saŋ2	tsʰaŋ2	tsʰaŋ3
安岳	tsʰaŋ1	tsʰaŋ2	tsʰaŋ2	saŋ2	saŋ2	saŋ3	tsʰaŋ2	tsʰaŋ3
仪陇	tsʰaŋ1	tsʰaŋ2	tsʰaŋ2	tsʰaŋ2	saŋ2	saŋ2	tsʰaŋ2	tsʰaŋ3
西充	tsʰaŋ1	tsʰaŋ2	tsʰaŋ2	saŋ2	saŋ2	saŋ3	tsʰaŋ2	tsʰaŋ3

字目	昌	长长短	肠	常	尝	偿	场	厂工厂
反切	尺良	直良	直良	市羊	市羊	市羊	直良	昌两
声韵调	宕开三昌阳平	宕开三澄阳平	宕开三澄阳平	宕开三禅阳平	宕开三禅阳平	宕开三禅阳平	宕开三澄阳平	宕开三昌阳上
中古音	tɕʰiɐŋ	ɖiɐŋ	ɖiɐŋ	dʑiɐŋ	dʑiɐŋ	dʑiɐŋ	ɖiɐŋ	tɕʰiɐŋ:
蓬安	tshaŋ1	tshaŋ2	tshaŋ2	saŋ2	saŋ2	saŋ3	tshaŋ2	tshaŋ3
南充金台	tshaŋ1	tshaŋ2	tshaŋ2	saŋ2	saŋ2	saŋ2	tshaŋ2	tshaŋ3
南充龙蟠	tʂhan1	tʂhan2	tʂhan2	san2	san2	san2	tʂhan2	tʂhan3
岳池	tshaŋ1	tshaŋ2	tshaŋ2	saŋ2	saŋ2	saŋ2	tshaŋ2	tshaŋ3
广安	tshaŋ1	tshaŋ2	tshaŋ2	saŋ2	saŋ2	saŋ3	tshaŋ2	tshaŋ3
邻水	tshaŋ1	tshaŋ2	tshaŋ2	saŋ2	saŋ2	saŋ2	tshaŋ2	tshaŋ3
南江	tʂhaŋ1	tʂhaŋ2	tʂhaŋ2	ʂaŋ2	ʂaŋ2	ʂaŋ3	tʂhaŋ2	tʂhaŋ3
巴中	tʂhaŋ1	tʂhaŋ2	tʂhaŋ2	ʂaŋ2	ʂaŋ2	ʂaŋ2	tʂhaŋ2	tʂhaŋ3
通江	tʂhaŋ1	tʂhaŋ2	tʂhaŋ2	ʂaŋ2	ʂaŋ2	ʂaŋ3	tʂhaŋ2	tʂhaŋ3
平昌	tʂhaŋ1	tʂhaŋ2	tʂhaŋ2	ʂaŋ2	ʂaŋ2	ʂaŋ3	tʂhaŋ2	tʂhaŋ3
万源	tʂhaŋ1	tʂhaŋ2	tʂhaŋ2	saŋ2	ʂaŋ2	ʂaŋ2	tʂhaŋ2	tʂhaŋ3
宣汉	tshaŋ1	tshaŋ2	tshaŋ2	saŋ2	saŋ2	saŋ2 tshaŋ2	tshaŋ2	tshaŋ3
达州	tshaŋ1	tshaŋ2	tshaŋ2	tshaŋ2	saŋ2	tshaŋ2	tshaŋ2	tshaŋ3
开江	tshaŋ1	tshaŋ2	tshaŋ2	saŋ2	saŋ2	saŋ2	tshaŋ2	tshaŋ3
渠县	tshaŋ1	tshaŋ2	tshaŋ2	saŋ2	saŋ2	saŋ2	tshaŋ2	tshaŋ3
宜宾	tshaŋ1	tshaŋ2	tshaŋ2	saŋ2 tshaŋ2	saŋ2	saŋ2 tshaŋ2	tshaŋ2	tshaŋ3
古蔺	tshaŋ1	tshaŋ2	tshaŋ2	saŋ2	saŋ2	saŋ2 saŋ3	tshaŋ2	tshaŋ3
长宁	tshan1	tshan2	tshan2	san2	san2	san2	tshan2	tshan3
顾县	tshaŋ1	tshaŋ2	tshaŋ2	saŋ2	saŋ2	saŋ2	tshaŋ2	tshaŋ3
成都龙泉	tshɔŋ1	tshɔŋ2	tshɔŋ2	sɔŋ2	sɔŋ2	sɔŋ2	tshɔŋ2	tshɔŋ3

字目	敞宽敞	畅	唱	倡提倡	商	伤	赏	上上山
反切	昌两	丑亮	尺亮	尺亮	式羊	式羊	书两	时掌
声韵调	宕开三昌阳上	宕开三彻阳去	宕开三昌阳去	宕开三昌阳去	宕开三书阳平	宕开三书阳平	宕开三书阳上	宕开三禅阳上
中古音	tɕʰiɑŋ:	ʈʰiɑŋ-	tɕʰiɑŋ-	tɕʰiɑŋ-	ɕiɑŋ	ɕiɑŋ	ɕiɑŋ:	dʑiɑŋ:
广元	tʂʰaŋ3	tʂʰaŋ4	tʂʰaŋ4	tʂʰaŋ4	ʂaŋ1	ʂaŋ1	ʂaŋ3	ʂaŋ4
平武	tsʰaŋ3	tsʰaŋ4	tsʰaŋ4	tsʰaŋ4	saŋ1	saŋ1	saŋ3	saŋ4
青川	tsʰaŋ3	tsʰaŋ4	tsʰaŋ4	tʂʰaŋ4 tʂʰaŋ1 口	saŋ1	saŋ1	saŋ3	saŋ4
剑阁普安	tʂʰaŋ3	tʂʰaŋ4	tʂʰaŋ4	tʂʰaŋ4 tʂʰaŋ1 口	ʂaŋ1	ʂaŋ1	ʂaŋ3	ʂaŋ4
剑阁金仙	tʂʰaŋ3	tʂʰaŋ4	tʂʰaŋ4	tʂʰaŋ4 tʂʰaŋ1 口	ʂaŋ1	ʂaŋ1	ʂaŋ3	ʂaŋ4
旺苍	tʂʰaŋ3	tʂʰaŋ4	tʂʰaŋ4	tʂʰaŋ4	ʂaŋ1	ʂaŋ1	ʂaŋ3	ʂaŋ4
苍溪	tʂʰaŋ3	tʂʰaŋ4	tʂʰaŋ4	tʂʰaŋ4 tʂʰaŋ1 口	ʂaŋ1	ʂaŋ1	ʂaŋ3	ʂaŋ4
江油	tsʰaŋ3	tsʰaŋ4	tsʰaŋ4	tsʰaŋ4	saŋ1	saŋ1	saŋ3	saŋ4
北川	tsʰaŋ3	tsʰaŋ4	tsʰaŋ4	tsʰaŋ4	saŋ1	saŋ1	saŋ3	saŋ4
绵阳	tsʰaŋ3	tsʰaŋ4	tsʰaŋ4	tsʰaŋ1 口	saŋ1	saŋ1	saŋ3	saŋ4
盐亭	tsʰaŋ3	tsʰaŋ4	tsʰaŋ4	tsʰaŋ1 口	saŋ1	saŋ1	saŋ3	saŋ4
德阳	tsʰaŋ3	tsʰaŋ4	tsʰaŋ4	tsʰaŋ4 tsʰaŋ1 口	saŋ1	saŋ1	ʂaŋ3	saŋ4
中江	tsʰaŋ3	tsʰaŋ4	tsʰaŋ4	tsʰaŋ4 tsʰaŋ1 口	saŋ1	saŋ1	saŋ3	saŋ4
射洪	tsʰaŋ3	tsʰaŋ4	tsʰaŋ4	tsʰaŋ4 tsʰaŋ1 口	saŋ1	saŋ1	saŋ3	saŋ4
蓬溪	tsʰaŋ3	tsʰaŋ4	tsʰaŋ4	tsʰaŋ4 tsʰaŋ1 口	saŋ1	saŋ1	saŋ3	saŋ4
遂宁	tsʰaŋ3	tsʰaŋ4	tsʰaŋ4	tsʰaŋ4 tsʰaŋ1 口	saŋ1	saŋ1	saŋ3	saŋ4
乐至	tsʰaŋ3	tsʰaŋ4	tsʰaŋ4	tsʰaŋ4	saŋ1	saŋ1	saŋ3	saŋ4
安岳	tsʰaŋ3	tsʰaŋ4	tsʰaŋ4	tsʰaŋ1 口	saŋ1	saŋ1	saŋ3	saŋ4
仪陇	tsʰaŋ3	tsʰaŋ4	tsʰaŋ4	tsʰaŋ4	saŋ1	saŋ1	saŋ3	saŋ4
西充	tsʰaŋ3	tsʰaŋ4	tsʰaŋ4	tsʰaŋ4	saŋ1	saŋ1	saŋ3	saŋ4

字目	敞宽敞	畅	唱	倡提倡	商	伤	赏	上上山
反切	昌两	丑亮	尺亮	尺亮	式羊	式羊	书两	时掌
声韵调	宕开三昌阳上	宕开三彻阳去	宕开三昌阳去	宕开三昌阳去	宕开三书阳平	宕开三书阳平	宕开三书阳上	宕开三禅阳上
中古音	tɕʰiɐŋ:	ʈʰiɐŋ-	tɕʰiɐŋ-	tɕʰiɐŋ-	ɕiɐŋ	ɕiɐŋ	ɕiɐŋ:	dʑiɐŋ:
蓬安	tshaŋ3	tshaŋ4	tshaŋ4	tshaŋ1 口	saŋ1	saŋ1	saŋ3	saŋ4
南充金台	tshaŋ3	tshaŋ4	tshaŋ4	tshaŋ4	saŋ1	saŋ1	saŋ3	saŋ4
南充龙蟠	tʂhan3	tʂhan4	tʂhan4	tʂhan4 / tʂhan1 口	san1	san1	san3	san4
岳池	tshaŋ3	tshaŋ4	tshaŋ4	tshaŋ4 / tshaŋ1 口	saŋ1	saŋ1	saŋ3	saŋ4
广安	tshaŋ3	tshaŋ4	tshaŋ4	tshaŋ4 / tshaŋ1 口	saŋ1	saŋ1	saŋ3	saŋ4
邻水	tshaŋ3	tshaŋ4	tshaŋ4	tshaŋ4 / tshaŋ1 口	saŋ1	saŋ1	saŋ3	saŋ4
南江	tʂhaŋ3	tʂhaŋ4	tʂhaŋ4	tʂhaŋ4 / tʂhaŋ1 口	ʂaŋ1	ʂaŋ1	ʂaŋ3	ʂaŋ4
巴中	tʂhaŋ3	tʂhaŋ4	tʂhaŋ4	tʂhaŋ4 / tʂhaŋ1 口	ʂaŋ1	ʂaŋ1	ʂaŋ3	ʂaŋ4
通江	tʂhaŋ3	tʂhaŋ4	tʂhaŋ4	tʂhaŋ4 / tʂhaŋ1 口	ʂaŋ1	ʂaŋ1	ʂaŋ3	ʂaŋ4
平昌	tʂhaŋ3	tʂhaŋ4	tʂhaŋ4	tʂhaŋ4 / tʂhaŋ1 口	ʂaŋ1	ʂaŋ1	ʂaŋ3	ʂaŋ4
万源	tʂhaŋ3	tʂhaŋ4	tʂhaŋ4	tʂhaŋ4	ʂaŋ1	ʂaŋ1	ʂaŋ3	saŋ4
宣汉	tshaŋ3	tshaŋ4	tshaŋ4	tshaŋ1 口	saŋ1	saŋ1	saŋ3	saŋ4
达州	tshaŋ3	tshaŋ4	tshaŋ4	tshaŋ4	saŋ1	saŋ1	saŋ3	saŋ4
开江	tshaŋ3	tshaŋ4	tshaŋ4	tshaŋ1 口	saŋ1	saŋ1	saŋ3	saŋ4
渠县	tshaŋ3	tshaŋ4	tshaŋ4	tshaŋ1 口	saŋ1	saŋ1	saŋ3	saŋ4
宜宾	tshaŋ3	tshaŋ4	tshaŋ4	tshaŋ4 / tshaŋ1 口	saŋ1	saŋ1	saŋ3	saŋ4
古蔺	tshaŋ3	tshaŋ4	tshaŋ4	tshaŋ4 / tshaŋ1 口	saŋ1	saŋ1	saŋ3	saŋ4
长宁	tshaŋ3	tshaŋ4	tshan4	tshan1	san1	san1	san3	san4
顾县	tshaŋ3	tshaŋ4	tshaŋ4	tshaŋ4	saŋ1	saŋ1	saŋ3	saŋ4
成都龙泉	tshoŋ3	tshoŋ4	tshoŋ4	tshoŋ4 / tshoŋ1 口	soŋ1	soŋ1	soŋ3	soŋ4

字目	尚	上在上	瓤	让	冈山冈	岗岗位	刚	纲
反切	时亮	时亮	汝阳	人样	古郎	古郎	古郎	古郎
声韵调	宕开三禅阳去	宕开三禅阳去	宕开三日阳平	宕开三日阳去	宕开一见唐平	宕开一见唐平	宕开一见唐平	宕开一见唐平
中古音	dʑiɐŋ-	dʑiɐŋ-	ȵziɐŋ	ȵziɐŋ-	kɑŋ	kɑŋ	kɑŋ	kɑŋ
广元	ʂaŋ4	ʂaŋ4	zaŋ2	zaŋ4	kaŋ1	kaŋ1	kaŋ1 tɕiaŋ1 口	kaŋ1
平武	saŋ4	saŋ4	zaŋ2	zaŋ4	kaŋ1	kaŋ1	kaŋ1	kaŋ1
青川	saŋ4	saŋ4	zaŋ2	zaŋ4	kaŋ1	kaŋ1	kaŋ1 tɕiaŋ1 口	kaŋ1
剑阁普安	ʂaŋ4	ʂaŋ4	zaŋ2	zaŋ4	kaŋ1	kaŋ1	kaŋ1 tɕiaŋ1 口	kaŋ1
剑阁金仙	ʂaŋ4	ʂaŋ4	zaŋ2	zaŋ4	kaŋ1	kaŋ1	kaŋ1 tɕiaŋ1 口	kaŋ1
旺苍	ʂaŋ4	ʂaŋ4	zaŋ2	zaŋ4	kaŋ1	kaŋ1	kaŋ1 tɕiaŋ1 口	kaŋ1
苍溪	ʂaŋ4	ʂaŋ4	zaŋ2	zaŋ4	kaŋ1	kaŋ1 kaŋ3	kaŋ1	kaŋ1
江油	saŋ4	saŋ4	zaŋ2	zaŋ4	kaŋ1	kaŋ1	kaŋ1	kaŋ1
北川	saŋ4	saŋ4	zaŋ2	zaŋ4	kaŋ1	kaŋ1	kaŋ1	kaŋ1
绵阳	saŋ4	saŋ4	zaŋ2	zaŋ4	kaŋ1	kaŋ1	kaŋ1	kaŋ1
盐亭	saŋ4	saŋ4	zaŋ2	zaŋ4	kaŋ1	kaŋ1	kaŋ1	kaŋ1
德阳	saŋ4	saŋ4	zaŋ2	zaŋ4	kaŋ1	kaŋ1	kaŋ1 tɕiaŋ1 口	kaŋ1
中江	saŋ4	saŋ4	zaŋ2	zaŋ4	kaŋ1	kaŋ3	kaŋ1	kaŋ1
射洪	saŋ4	saŋ4	zaŋ2	zaŋ4	kaŋ1	kaŋ1	kaŋ1 tɕiaŋ1 口	kaŋ1
蓬溪	saŋ4	saŋ4	zaŋ2	zaŋ4	kaŋ1	kaŋ1	kaŋ1 tɕiaŋ1 口	kaŋ1
遂宁	saŋ4	saŋ4	zaŋ2	zaŋ4	kaŋ1	kaŋ1	kaŋ1 tɕiaŋ1 口	kaŋ1
乐至	saŋ4	saŋ4	zaŋ2	zaŋ4	kaŋ1	kaŋ1	kaŋ1	kaŋ1
安岳	saŋ4	saŋ4	zaŋ2	zaŋ4	kaŋ1	kaŋ1	kaŋ1	kaŋ1
仪陇	saŋ4	saŋ4	zaŋ2	zaŋ4	kaŋ1	kaŋ1	kaŋ1	kaŋ1
西充	saŋ4	saŋ4	zaŋ2	zaŋ4	kaŋ1	kaŋ1	kaŋ1	kaŋ1

字目	尚	上在上	瓤	让	冈山冈	岗岗位	刚	纲
反切	时亮	时亮	汝阳	人样	古郎	古郎	古郎	古郎
声韵调	宕开三禅阳去	宕开三禅阳去	宕开三日阳平	宕开三日阳去	宕开一见唐平	宕开一见唐平	宕开一见唐平	宕开一见唐平
中古音	dʑiɐŋ-	dʑiɐŋ-	ȵʑiɐŋ	ȵʑiɐŋ-	kɑŋ	kɑŋ	kɑŋ	kɑŋ
蓬安	saŋ4	saŋ4	zaŋ2	zaŋ4	kaŋ1	kaŋ1	kaŋ1	kaŋ1
南充金台	saŋ4	saŋ4	zaŋ2	zaŋ4	kaŋ1	kan1	kaŋ1	kaŋ1
南充龙蟠	san4	san4	zan2	zan4	kan1	kan1	kan1	kan1
岳池	saŋ4	saŋ4	zaŋ2	zaŋ4	kaŋ1	kaŋ1	kaŋ1	kaŋ1
广安	saŋ4	saŋ4	zaŋ2	zaŋ4	kaŋ1	kaŋ1	kaŋ1	kaŋ1
邻水	saŋ4	saŋ4	zaŋ2	zaŋ4	kaŋ1	kaŋ1	kaŋ1	kaŋ1
南江	ʂaŋ4	ʂaŋ4	ʐaŋ2	ʐaŋ4	kaŋ1	kaŋ3	kaŋ1 tɕiaŋ1 口	kaŋ1
巴中	ʂaŋ4	ʂaŋ4	ʐaŋ2	ʐaŋ4	kaŋ1	kaŋ1 kaŋ3	kaŋ1 tɕiaŋ1 口	kaŋ1
通江	ʂaŋ4	ʂaŋ4	ʐaŋ2	ʐaŋ4	kaŋ1	kaŋ3	kaŋ1 tɕiaŋ1 口	kaŋ1
平昌	ʂaŋ4	ʂaŋ4	ʐaŋ3 ʐaŋ2	ʐaŋ4	kaŋ1	kaŋ3	kaŋ1 tɕiaŋ1 口	kaŋ1
万源	ʂaŋ4	saŋ4	ʐaŋ3	ʐaŋ4	kaŋ3	kaŋ1	kaŋ1	kaŋ1
宣汉	saŋ4	saŋ4	zaŋ2	zaŋ4	kaŋ1	kaŋ1	kaŋ1	kaŋ1
达州	saŋ4	saŋ4	zaŋ3	zaŋ4	kaŋ1	kaŋ1	kaŋ1	kaŋ1
开江	saŋ4	saŋ4	zaŋ2	zaŋ4	kaŋ1	kaŋ1	kaŋ1	kaŋ1
渠县	saŋ4	saŋ4	zaŋ2	zaŋ4	kaŋ1	kaŋ1	kaŋ1	kaŋ1
宜宾	saŋ4	saŋ4	zaŋ2	zaŋ4	kaŋ1	kaŋ1	kaŋ1 tɕiaŋ1 口	kaŋ1
古蔺	saŋ4	saŋ4	zaŋ3	zaŋ4	kaŋ1	kaŋ1	kaŋ1	kaŋ1
长宁	san4	san4	zan2	zan4	kaŋ1	kan3	kan1	kan1
顾县	saŋ4	saŋ4	zaŋ2	zaŋ4	kaŋ1	kaŋ1	kaŋ1 tɕiaŋ1 口	kaŋ1
成都龙泉	soŋ4	soŋ4	zoŋ2	ȵioŋ4	koŋ1	koŋ3	koŋ1 tɕioŋ1 口	koŋ1

字目	钢	缸	港	杠杠子	康	糠	慷①	抗
反切	古郎	古郎	古项		苦冈	苦冈	苦朗	苦浪
声韵调	宕开一见唐平	宕开一见唐平	江开二见江上	宕开一见唐去	宕开一溪唐平	宕开一溪唐平	宕开一溪唐上	宕开一溪唐去
中古音	kɑŋ	kɑŋ	kɣʌŋ:	kɑŋ-	khɑŋ	khɑŋ	khɑŋ:	khɑŋ-
广元	kaŋ1	kaŋ1	kaŋ3	kaŋ4	khaŋ1	khaŋ1	khaŋ1 khaŋ3 旧	khaŋ4
平武	kaŋ1	kaŋ1	kaŋ3	kaŋ4	khaŋ1	khaŋ1	khaŋ1	khaŋ4
青川	kaŋ1	kaŋ1	kaŋ3	kaŋ4	khaŋ1	khaŋ1	khaŋ1 khaŋ3 旧	khaŋ4
剑阁普安	kaŋ1	kaŋ1	kaŋ3	kaŋ4	khaŋ1	khaŋ1	khaŋ1 khaŋ3 旧	khaŋ4
剑阁金仙	kaŋ1	kaŋ1	kaŋ3	kaŋ4	khaŋ1	khaŋ1	khaŋ1 khaŋ3 旧	khaŋ4
旺苍	kaŋ1	kaŋ1	kaŋ3	kaŋ4	khaŋ1	khaŋ1	khaŋ1 khaŋ3 旧	khaŋ4
苍溪	kaŋ1	kaŋ1	kaŋ3	kaŋ4	khaŋ1	khaŋ1	khaŋ1 khaŋ3 旧	khaŋ4
江油	kaŋ1	kaŋ1	kaŋ3	kaŋ4	khaŋ1	khaŋ1	khaŋ1	khaŋ4
北川	kaŋ1	kaŋ1	kaŋ3	kaŋ4	khaŋ1	khaŋ1	khaŋ1	khaŋ4
绵阳	kaŋ1	kaŋ1	kaŋ3	kaŋ4	khaŋ1	khaŋ1	khaŋ3	khaŋ4
盐亭	kaŋ1	kaŋ1	kaŋ3	kaŋ4	khaŋ1	khaŋ1	khaŋ1	khaŋ4
德阳	kaŋ1	kaŋ1	kaŋ3	kaŋ4	khaŋ1	khaŋ1	khaŋ1	khaŋ4
中江	kaŋ1	kaŋ1	kaŋ3	kaŋ4	khaŋ1	khaŋ1	khaŋ1	khaŋ4
射洪	kaŋ1	kaŋ1	kaŋ3	kaŋ4	khaŋ1	khaŋ1	khaŋ1	khaŋ4
蓬溪	kaŋ1	kaŋ1	kaŋ3	kaŋ4	khaŋ1	khaŋ1	khaŋ1	khaŋ4
遂宁	kaŋ1	kaŋ1	kaŋ3	kaŋ4	khaŋ1	khaŋ1	khaŋ1	khaŋ4
乐至	kaŋ1	kaŋ1	kaŋ3	kaŋ4	khaŋ1	khaŋ1	khaŋ1	khaŋ4
安岳	kaŋ1	kaŋ1	kaŋ3	kaŋ4	khaŋ1	khaŋ1	khaŋ1	khaŋ4
仪陇	kaŋ1	kaŋ1	kaŋ3	kaŋ4	khaŋ1	khaŋ1	khaŋ1	khaŋ4
西充	kaŋ1	kaŋ1	kaŋ3	kaŋ4	khaŋ1	khaŋ1	khaŋ3	khaŋ4

① 又丘冈切，宕开一溪唐平。

字目	钢	缸	港	杠杠子	康	糠	慷①	抗
反切	古郎	古郎	古项		苦冈	苦冈	苦朗	苦浪
声韵调	宕开一见唐平	宕开一见唐平	江开二见江上	宕开一见唐去	宕开一溪唐平	宕开一溪唐平	宕开一溪唐上	宕开一溪唐去
中古音	kɑŋ	kɑŋ	kɣʌŋ:	kɑŋ-	khɑŋ	khɑŋ	khɑŋ:	khɑŋ-
蓬安	kaŋ1	kaŋ1	kaŋ3	kaŋ4	khaŋ1	khaŋ1	khaŋ1	khaŋ4
南充金台	kaŋ1	kaŋ1	kaŋ3	kaŋ4	khaŋ1	khaŋ1	khaŋ1	khaŋ4
南充龙蟠	kan1	kan1	kan3	kan4	khan1	khan1	khan1	khan4
岳池	kaŋ1	kaŋ1	kaŋ3	kaŋ4	khaŋ1	khaŋ1	khaŋ1	khaŋ4
广安	kaŋ1	kaŋ1	kaŋ3	kaŋ4	khaŋ1	khaŋ1	khaŋ1	khaŋ4
邻水	kaŋ1	kaŋ1	kaŋ3	kaŋ4	khaŋ1	khaŋ1	khaŋ1	khaŋ4
南江	kaŋ1	kaŋ1	kaŋ3	kaŋ4	khaŋ1	khaŋ1	khaŋ1 khaŋ3 旧	khaŋ4
巴中	kaŋ1	kaŋ1	kaŋ3	kaŋ4	khaŋ1	khaŋ1	khaŋ1 khaŋ3 旧	khaŋ4
通江	kaŋ1	kaŋ1	kaŋ3	kaŋ4	khaŋ1	khaŋ1	khaŋ1 khaŋ3 旧	khaŋ4
平昌	kaŋ1	kaŋ1	kaŋ3	kaŋ4	khaŋ1	khaŋ1	khaŋ1 khaŋ3 旧	khaŋ4
万源	kaŋ1	kaŋ1	kaŋ3	kaŋ4	khaŋ1	khaŋ1	khaŋ1	khaŋ4
宣汉	kaŋ1	kaŋ1	kaŋ3	kaŋ4	khaŋ1	khaŋ1	khaŋ1	khaŋ4
达州	kaŋ1	kaŋ1	kaŋ3	kaŋ4	khaŋ1	khaŋ1	khaŋ1	khaŋ4
开江	kaŋ1	kaŋ1	kaŋ3	kaŋ4	khaŋ1	khaŋ1	khaŋ1	khaŋ4
渠县	kaŋ1	kaŋ1	kaŋ3	kaŋ4	khaŋ1	khaŋ1	khaŋ1	khaŋ4
宜宾	kaŋ1	kaŋ1	kaŋ3	kaŋ4	khaŋ1	khaŋ1	khaŋ1	khaŋ4
古蔺	kaŋ1	kaŋ1	kaŋ3	kaŋ4	khaŋ1	khaŋ1	khaŋ1 khaŋ3 旧	khaŋ4
长宁	kan1	kan1	kan3	kan4	khan1	khan1	khan1	khan4
顾县	kaŋ1	kaŋ1	kaŋ3	kaŋ4	khaŋ1	khaŋ1	khaŋ1 khaŋ3 旧	khaŋ4
成都龙泉	kɔŋ1	kɔŋ1	kɔŋ3	kɔŋ4	khɔŋ1	xɔŋ1	khɔŋ1 khɔŋ3 旧	khɔŋ4

① 又丘冈切，宕开一溪唐平。

字目	行行列	航	杭	昂	娘爹娘	娘新娘	酿	良
反切	胡郎	胡郎	胡郎	五刚	女良	女良	女亮	吕张
声韵调	宕开一匣唐平	宕开一匣唐平	宕开一匣唐平	宕开一疑唐平	宕开三泥唐平	宕开三泥阳平	宕开三泥阳去	宕开三来阳平
中古音	ɦɑŋ	ɦɑŋ	ɦɑŋ	ŋɑŋ	nieŋ	nieŋ	nieŋ-	lieŋ
广元	xaŋ2	xaŋ2	xaŋ2	ŋaŋ2	ȵiaŋ2 ȵiaŋ1 口①	ȵiaŋ2	zaŋ3	niaŋ2
平武	xaŋ2	xaŋ2	xaŋ2	ŋaŋ2	ȵiaŋ2	ȵiaŋ2	zaŋ3	niaŋ2
青川	xaŋ2	xaŋ2	xaŋ2	ŋaŋ2	ȵiaŋ2 ȵiaŋ1 口①	ȵiaŋ2	zaŋ3	niaŋ2
剑阁普安	xaŋ2	xaŋ2	xaŋ2	ŋaŋ2	ȵiaŋ2 ȵiaŋ1 口①	ȵiaŋ2	zaŋ3	niaŋ2
剑阁金仙	xaŋ2	xaŋ2	xaŋ2	ŋaŋ2	ȵiaŋ2 ȵiaŋ1 口①	ȵiaŋ2	zaŋ3	niaŋ2
旺苍	xaŋ2	xaŋ2	xaŋ2	ŋaŋ2	ȵiaŋ2 ȵiaŋ1 口①	ȵiaŋ2	zaŋ3	niaŋ2
苍溪	xaŋ2	xaŋ2	xaŋ2	ŋaŋ2	ȵiaŋ2 ȵiaŋ1 口①	ȵiaŋ2	zaŋ3	liaŋ2
江油	xaŋ2	xaŋ2	xaŋ2	ŋaŋ2	ȵiaŋ2	ȵiaŋ2	zaŋ3	niaŋ2
北川	xaŋ2	xaŋ2	xaŋ2	ŋaŋ2	ȵiaŋ2	ȵiaŋ2	zaŋ3	niaŋ2
绵阳	xaŋ2	xaŋ2	xaŋ2	ŋaŋ2	ȵiaŋ2	ȵiaŋ2	zaŋ3	niaŋ2
盐亭	xaŋ2	xaŋ2	xaŋ2	ŋaŋ2	ȵiaŋ2	ȵiaŋ2	zaŋ3	liaŋ2
德阳	xaŋ2	xaŋ2	xaŋ2	ŋaŋ2	ȵiaŋ2 ȵiaŋ1 口①	ȵiaŋ2	zaŋ3 ȵiaŋ4 新	liaŋ2
中江	aŋ2	aŋ2	aŋ2	ŋaŋ2	ȵiaŋ2 ȵiaŋ1 口①	ȵiaŋ2	ȵiaŋ4	liaŋ2
射洪	xaŋ2	xaŋ2	xaŋ2	ŋaŋ2	ȵiaŋ2 ȵiaŋ1 口①	ȵiaŋ2	zaŋ3 ȵiaŋ4 新	liaŋ2
蓬溪	xaŋ2	xaŋ2	xaŋ2	ŋaŋ2	ȵiaŋ2 ȵiaŋ1 口①	ȵiaŋ2	zaŋ3 ȵiaŋ4 新	niaŋ2
遂宁	xaŋ2	xaŋ2	xaŋ2	ŋaŋ2	ȵiaŋ2 ȵiaŋ1 口①	ȵiaŋ2	zaŋ3 ȵiaŋ4 新	liaŋ2
乐至	xaŋ2	xaŋ2	xaŋ2	ŋaŋ2	ȵiaŋ2 ȵiaŋ1 口①	ȵiaŋ2	ȵiaŋ4	niaŋ2
安岳	xaŋ2	xaŋ2	xaŋ2	ŋaŋ2	ȵiaŋ2	ȵiaŋ2	zaŋ3	niaŋ2
仪陇	xaŋ2	xaŋ2	xaŋ2	ŋaŋ2	niaŋ2	niaŋ2	ȵiaŋ4	niaŋ2
西充	xaŋ2	xaŋ2	xaŋ2	ŋaŋ2	ȵiaŋ2	niaŋ2	zaŋ3	niaŋ2

---

① 称呼母亲以外的长辈妇女。

字目	行_{行列}	航	杭	昂	娘_{爹娘}	娘_{新娘}	酿	良
反切	胡郎	胡郎	胡郎	五刚	女良	女良	女亮	吕张
声韵调	宕开一 匣唐平	宕开一 匣唐平	宕开一 匣唐平	宕开一 疑唐平	宕开三 泥阳平	宕开三 泥阳平	宕开三 泥阳去	宕开三 来阳平
中古音	ɦɑŋ	ɦɑŋ	ɦɑŋ	ŋɑŋ	niɑŋ	niɑŋ	niɑŋ-	liɑŋ
蓬安	xaŋ2	xaŋ2	xaŋ2	ŋaŋ2	niaŋ2	niaŋ2	zaŋ3	niaŋ2
南充_{金台}	xaŋ2	xaŋ2	xaŋ2	ŋaŋ2	iaŋ2	iaŋ2	iaŋ4	niaŋ2
南充_{龙蟠}	xan2	xan2	xan2	ŋan2	ȵiɛn2	ȵiɛn2	ȵiɛn4	niɛn2
岳池	xaŋ2	xaŋ2	xaŋ2	ŋaŋ2	ȵiaŋ2 niaŋ1 口①	ȵiaŋ2	ȵiaŋ4	niaŋ2
广安	xaŋ2	xaŋ2	xaŋ2	ŋaŋ2	niaŋ2 niaŋ1 口①	niaŋ2	niaŋ4	niaŋ2
邻水	xaŋ2	xaŋ2	xaŋ2	ŋaŋ2	ȵiaŋ2 niaŋ1 口①	ȵiaŋ2	ȵiaŋ4	niaŋ2
南江	xaŋ2	xaŋ2	xaŋ2	ŋaŋ2	ȵiaŋ2 ȵiaŋ1 口①	ȵiaŋ2	ȵiaŋ4	liaŋ2
巴中	xaŋ2	xaŋ2	xaŋ2	ŋaŋ2	iaŋ2 iaŋ1 口①	iaŋ2	zaŋ3	liaŋ2
通江	xaŋ2	xaŋ2	xaŋ2	ŋaŋ2	ȵiaŋ2 ȵiaŋ1 口①	ȵiaŋ2	zaŋ3	liaŋ2
平昌	xaŋ2	xaŋ2	xaŋ2	ŋaŋ2	ȵiaŋ2 ȵiaŋ1 口①	ȵiaŋ2	zaŋ3	liaŋ2
万源	xaŋ2	xaŋ2	xaŋ2	aŋ2	ȵiaŋ2 niaŋ1 口①	ȵiaŋ2	zaŋ3	niaŋ2
宣汉	xaŋ2	xaŋ2	xaŋ2	ŋaŋ2	niaŋ2 niaŋ1 口①	niaŋ2	zaŋ3	niaŋ2
达州	xaŋ2	xaŋ2	xaŋ2	ŋaŋ2	niaŋ2 niaŋ1 口①	niaŋ2	niaŋ3	niaŋ2
开江	xaŋ2	xaŋ2	xaŋ2	ŋaŋ2	niaŋ2 niaŋ1 口①	niaŋ2	zaŋ3	niaŋ2
渠县	xaŋ2	xaŋ2	xaŋ2	aŋ2	iaŋ2 niaŋ1 口①	iaŋ2	zaŋ3	niaŋ2
宜宾	xaŋ2	xaŋ2	xaŋ2	ŋaŋ2	niaŋ2 niaŋ1 口①	niaŋ2	niaŋ4	niaŋ2
古蔺	xaŋ2	xaŋ2	xaŋ2	ŋaŋ2	niaŋ2 niaŋ1 口①	niaŋ2	zaŋ3	niaŋ2
长宁	xan2	xan2	xan2	ŋan2	ȵiɛn2	ȵiɛn2	liɛn3	liɛn2
顾县	xaŋ2	xaŋ2	xaŋ2	ŋaŋ2	niaŋ2 niaŋ1 口①	niaŋ2	niaŋ4	niaŋ2
成都_{龙泉}	xoŋ2	xoŋ2	xoŋ2	ŋoŋ1	ȵioŋ2 ȵioŋ1 口①	ȵioŋ2	ȵioŋ4	lioŋ2

① 称呼母亲以外的长辈妇女。

字目	凉[①]	量量长短	粮	梁	粱	两两个	两几两	亮
反切	吕张	吕张	吕张	吕张	吕张	良奖	良奖	力让
声韵调	宕开三 来阳平	宕开三 来阳平	宕开三 来阳平	宕开三 来阳平	宕开三 来阳平	宕开三 来阳上	宕开三 来阳上	宕开三 来阳去
中古音	liɛŋ	liɛŋ	liɛŋ	liɛŋ	liɛŋ	liɛŋ:	liɛŋ:	liɛŋ-
广元	niaŋ2 niaŋ4 口	niaŋ4	niaŋ2	niaŋ2	niaŋ2	niaŋ3	niaŋ3	niaŋ4
平武	niaŋ2	niaŋ4	niaŋ2	niaŋ2	niaŋ2	niaŋ3	niaŋ3	niaŋ4
青川	niaŋ2 niaŋ4 口	niaŋ4	niaŋ2	niaŋ2	niaŋ2	niaŋ3	niaŋ3	niaŋ4
剑阁普安	niaŋ2 niaŋ4 口	niaŋ4	niaŋ2	niaŋ2	niaŋ2	niaŋ3	niaŋ3	niaŋ4
剑阁金仙	niaŋ2 niaŋ4 口	niaŋ4	niaŋ2	niaŋ2	niaŋ2	niaŋ3	niaŋ3	niaŋ4
旺苍	niaŋ2 niaŋ4 口	niaŋ4	niaŋ2	niaŋ2	niaŋ2	niaŋ3	niaŋ3	niaŋ4
苍溪	liaŋ2 liaŋ4 口	liaŋ4 liaŋ2	liaŋ2	liaŋ2	liaŋ2	liaŋ3	liaŋ3	liaŋ4
江油	niaŋ4	niaŋ4	niaŋ2	niaŋ2	niaŋ2	niaŋ3	niaŋ3	niaŋ4
北川	niaŋ4	niaŋ4	niaŋ2	niaŋ2	niaŋ2	niaŋ3	niaŋ3	niaŋ4
绵阳	niaŋ4	niaŋ4	niaŋ2	niaŋ2	niaŋ2	niaŋ3	niaŋ3	niaŋ4
盐亭	liaŋ2	liaŋ4	liaŋ2	liaŋ2	liaŋ2	liaŋ3	liaŋ3	liaŋ4
德阳	niaŋ2 niaŋ4 口	niaŋ4	niaŋ2	niaŋ2	niaŋ2	niaŋ3	niaŋ3	niaŋ4
中江	liaŋ2 liaŋ4 口	liaŋ4	liaŋ2	liaŋ2	liaŋ2	liaŋ3	liaŋ3	liaŋ4
射洪	niaŋ2 niaŋ4 口	niaŋ4	niaŋ2	niaŋ2	niaŋ2	niaŋ3	niaŋ3	niaŋ4
蓬溪	niaŋ2 niaŋ4 口	niaŋ4	niaŋ2	niaŋ2	niaŋ2	niaŋ3	niaŋ3	niaŋ4
遂宁	niaŋ2 niaŋ4 口	niaŋ4	niaŋ2	niaŋ2	niaŋ2	niaŋ3	niaŋ3	niaŋ4
乐至	niaŋ2	niaŋ4	niaŋ2	niaŋ2	niaŋ2	niaŋ3	niaŋ3	niaŋ4
安岳	niaŋ2	niaŋ4	niaŋ2	niaŋ2	niaŋ2	niaŋ3	niaŋ3	niaŋ4
仪陇	niaŋ2	niaŋ4	niaŋ2	niaŋ2	niaŋ2	niaŋ3	niaŋ3	niaŋ4
西充	niaŋ2	niaŋ4	niaŋ2	niaŋ2	niaŋ2	niaŋ3	niaŋ3	niaŋ4

① 又*力让切，宕开三来阳去。

字目	凉①	量量长短	粮	梁	梁	两两个	两几两	亮
反切	吕张	吕张	吕张	吕张	吕张	良奖	良奖	力让
声韵调	宕开三来阳平	宕开三来阳平	宕开三来阳平	宕开三来阳平	宕开三来阳平	宕开三来阳上	宕开三来阳上	宕开三来阳去
中古音	liɐŋ	liɐŋ	liɐŋ	liɐŋ	liɐŋ	liɐŋ:	liɐŋ:	liɐŋ-
蓬安	niaŋ2	niaŋ4	niaŋ2	niaŋ2	niaŋ2	niaŋ3	niaŋ3	niaŋ4
南充金台	niaŋ2	niaŋ4	niaŋ2	niaŋ2	niaŋ2	niaŋ3	niaŋ3	niaŋ4
南充龙蟠	niɛn2	niɛn4	niɛn2	niɛn2	niɛn2	niɛn3	niɛn3	niɛn4
岳池	niaŋ2	niaŋ4	niaŋ2	niaŋ2	niaŋ2	niaŋ3	niaŋ3	niaŋ4
广安	niaŋ2	niaŋ4	niaŋ2	niaŋ2	niaŋ2	niaŋ3	niaŋ3	niaŋ4
邻水	niaŋ2	niaŋ4	niaŋ2	niaŋ2	niaŋ2	niaŋ3	niaŋ3	niaŋ4
南江	lian2 lian4 口	lian4	lian2	lian2	lian2	lian3	lian3	lian4
巴中	lian2 lian4 口	lian4 lian2	lian2	lian2	lian2	lian3	lian3	lian4
通江	lian2 lian4 口	lian4 lian2	lian2	lian2	lian2	lian3	lian3	lian4
平昌	lian2 lian4 口	lian4	lian2	lian2	lian2	lian3	lian3	lian4
万源	nian2 nian4 口	nian4	nian2	nian2	nian2	nian3	nian3	nian4
宣汉	nian2 nian4 口	nian4	nian2	nian2	nian2	nian3	nian3	nian4
达州	nian2 nian4 口	nian4	nian2	nian2	nian2	nian3	nian3	nian4
开江	nian2 nian4 口	nian4	nian2	nian2	nian2	nian3	nian3	nian4
渠县	nian2 nian4 口	nian4	nian2	nian2	nian2	nian3	nian3	nian4
宜宾	nian2 nian4 口	nian4	nian2	nian2	nian2	nian3	nian3	nian4
古蔺	nian2 nian4 口	nian4 nian2	nian2	nian2	nian2	nian3	nian3	nian4
长宁	liɛn4	liɛn4	liɛn2	liɛn2	liɛn2	liɛn3	liɛn3	liɛn4
顾县	nian2 nian4 口	nian4	nian2	nian2	nian2	nian3	nian3	nian4
成都龙泉	lioŋ2 lioŋ4 口	lioŋ2	lioŋ2	lioŋ2	lioŋ2	lioŋ3	lioŋ3	lioŋ4

① 又*力让切，宕开三来阳去。

字目	谅	量数量	将将来	浆	疆	僵	姜生姜	姜姓
反切	力让	力让	即良	即良	居良	居良	居良	居良
声韵调	宕开三来阳去	宕开三来阳去	宕开三精阳平	宕开三精阳平	宕开三见阳平	宕开三见阳平	宕开三见阳平	宕开三见阳平
中古音	liɛŋ-	liɛŋ-	tsiɛŋ	tsiɛŋ	kiɛŋ	kiɛŋ	kiɛŋ	kiɛŋ
广元	niaŋ4	niaŋ4	tʃiaŋ1	tʃiaŋ1 tʃiaŋ4 俗①	tɕiaŋ1	tɕiaŋ1	tɕiaŋ1	tɕiaŋ1
平武	niaŋ4	niaŋ4	tɕiaŋ1	tɕiaŋ1	tɕiaŋ1	tɕiaŋ1	tɕiaŋ1	tɕiaŋ1
青川	niaŋ4	niaŋ4	tɕiaŋ1	tɕiaŋ1 tɕiaŋ4 俗①	tɕiaŋ1	tɕiaŋ1	tɕiaŋ1	tɕiaŋ1
剑阁普安	niaŋ4	niaŋ4	tʃiaŋ1	tʃiaŋ1 tʃiaŋ4 俗①	tɕiaŋ1	tɕiaŋ1	tɕiaŋ1	tɕiaŋ1
剑阁金仙	niaŋ4	niaŋ4	tsiaŋ1	tsiaŋ1 tsiaŋ4 俗①	tɕiaŋ1	tɕiaŋ1	tɕiaŋ1	tɕiaŋ1
旺苍	niaŋ4	niaŋ4	tsiaŋ1	tsiaŋ1 tsiaŋ4 俗①	tɕiaŋ1	tɕiaŋ1	tɕiaŋ1	tɕiaŋ1
苍溪	liaŋ4	liaŋ4	tsiaŋ1	tsiaŋ1 tsiaŋ4 俗①	kiaŋ1	kiaŋ1	kiaŋ1	kiaŋ1
江油	niaŋ4	niaŋ4	tɕiaŋ1	tɕiaŋ1	tɕiaŋ1	tɕiaŋ1	tɕiaŋ1	tɕiaŋ1
北川	niaŋ4	niaŋ4	tɕiaŋ1	tɕiaŋ1	tɕiaŋ1	tɕiaŋ1	tɕiaŋ1	tɕiaŋ1
绵阳	niaŋ4	niaŋ4	tɕiaŋ1	tɕiaŋ1	tɕiaŋ1	tɕiaŋ1	tɕiaŋ1	tɕiaŋ1
盐亭	liaŋ4	liaŋ4	tɕiaŋ1	tɕiaŋ1	tɕiaŋ1	tɕiaŋ1	tɕiaŋ1	tɕiaŋ1
德阳	niaŋ4	niaŋ4	tɕiaŋ1	tɕiaŋ1 tɕiaŋ4 俗①	tɕiaŋ1	tɕiaŋ1	tɕiaŋ1	tɕiaŋ1
中江	liaŋ4	liaŋ4	tɕiaŋ1	tɕiaŋ1 tɕiaŋ4 俗①	tɕiaŋ1	tɕiaŋ1	tɕiaŋ1	tɕiaŋ1
射洪	niaŋ4	niaŋ4	tɕiaŋ1	tɕiaŋ1 tɕiaŋ4 俗①	tɕiaŋ1	tɕiaŋ1	tɕiaŋ1	tɕiaŋ1
蓬溪	niaŋ4	niaŋ4	tɕiaŋ1	tɕiaŋ1 tɕiaŋ4 俗①	tɕiaŋ1	tɕiaŋ1	tɕiaŋ1	tɕiaŋ1
遂宁	niaŋ4	niaŋ4	tɕiaŋ1	tɕiaŋ1 tɕiaŋ4 俗①	tɕiaŋ1	tɕiaŋ1	tɕiaŋ1	tɕiaŋ1
乐至	niaŋ4	niaŋ4	tɕiaŋ1	tɕiaŋ1 tɕiaŋ4 俗①	tɕhiaŋ1	tɕiaŋ1	tɕiaŋ1	tɕiaŋ1
安岳	niaŋ4	niaŋ4	tɕiaŋ1	tɕiaŋ1	tɕiaŋ1	tɕiaŋ1	tɕiaŋ1	tɕiaŋ1
仪陇	niaŋ4	niaŋ4	tɕiaŋ1	tɕiaŋ4 俗①	tɕiaŋ1	tɕiaŋ1	tɕiaŋ1	tɕiaŋ1
西充	niaŋ4	niaŋ4	tɕiaŋ1	tɕiaŋ1	tɕiaŋ1	tɕiaŋ1	tɕiaŋ1	tɕiaŋ1

① "糨"的训读。糨，《中原音韵》江阳韵，去声，绛小韵。

字目	谅	量数量	将将来	浆	疆	僵	姜生姜	姜姓
反切	力让	力让	即良	即良	居良	居良	居良	居良
声韵调	宕开三来阳去	宕开三来阳去	宕开三精阳平	宕开三精阳平	宕开三见阳平	宕开三见阳平	宕开三见阳平	宕开三见阳平
中古音	liɛŋ-	liɛŋ-	tsiɛŋ	tsiɛŋ	kiɛŋ	kiɛŋ	kiɛŋ	kiɛŋ
蓬安	niaŋ4	niaŋ4	tɕiaŋ1	tɕiaŋ1	tɕiaŋ1	tɕiaŋ1	tɕiaŋ1	tɕiaŋ1
南充金台	niaŋ4	niaŋ4	tɕiaŋ1	tɕiaŋ1	tɕiaŋ1	tɕiaŋ1	tɕiaŋ1	tɕiaŋ1
南充龙蟠	niɛn4	niɛn4	tɕiɛn1	tɕiɛn1	tɕiɛn1	tɕiɛn1	tɕiɛn1	tɕiɛn1
岳池	niaŋ4	niaŋ4	tɕiaŋ1	tɕiaŋ1 / tɕiaŋ4 俗①	tɕiaŋ1	tɕiaŋ1	tɕiaŋ1	tɕiaŋ1
广安	niaŋ4	niaŋ4	tɕiaŋ1	tɕiaŋ1 / tɕiaŋ4 俗①	tɕiaŋ1	tɕiaŋ1	tɕiaŋ1	tɕiaŋ1
邻水	niaŋ4	niaŋ4	tɕiaŋ1	tɕiaŋ1 / tɕiaŋ4 俗①	tɕiaŋ1	tɕiaŋ1	tɕiaŋ1	tɕiaŋ1
南江	liaŋ4	liaŋ4	tʃiaŋ1	tʃiaŋ1 / tʃiaŋ4 俗①	tɕiaŋ1	tɕiaŋ1	tɕiaŋ1	tɕiaŋ1
巴中	liaŋ4	liaŋ4	tʃiaŋ1	tʃiaŋ1 / tʃiaŋ4 俗①	tɕiaŋ1	tɕiaŋ1	tɕiaŋ1	tɕiaŋ1
通江	liaŋ4	liaŋ4	tʃiaŋ1	tʃiaŋ1 / tʃiaŋ4 俗①	tɕiaŋ1	tɕiaŋ1	tɕiaŋ1	tɕiaŋ1
平昌	liaŋ4	liaŋ4	tʃiaŋ1	tʃiaŋ1 / tʃiaŋ4 俗①	tɕiaŋ1	tɕiaŋ1	tɕiaŋ1	tɕiaŋ1
万源	niaŋ4	niaŋ4	tʃiaŋ1	tʃiaŋ1 / tɕiaŋ4 俗①	tɕiaŋ1	tɕiaŋ1	tɕiaŋ1	tɕiaŋ1
宣汉	niaŋ4	niaŋ4	tɕiaŋ1	tɕiaŋ1 / tɕiaŋ4 俗①	tɕiaŋ1	tɕiaŋ1	tɕiaŋ1	tɕiaŋ1
达州	niaŋ4	niaŋ4	tɕiaŋ1	tɕiaŋ1 / tɕiaŋ4 俗①	tɕiaŋ1	tɕiaŋ1	tɕiaŋ1	tɕiaŋ1
开江	niaŋ4	niaŋ4	tɕiaŋ1	tɕiaŋ1 / tɕiaŋ4 俗①	tɕiaŋ1	tɕiaŋ1	tɕiaŋ1	tɕiaŋ1
渠县	niaŋ4	niaŋ4	tɕiaŋ1	tɕiaŋ1 / tɕiaŋ4 俗①	tɕiaŋ1	tɕiaŋ1	tɕiaŋ1	tɕiaŋ1
宜宾	niaŋ4	niaŋ4	tɕiaŋ1	tɕiaŋ1 / tɕiaŋ4 俗①	tɕiaŋ1	tɕiaŋ1	tɕiaŋ1	tɕiaŋ1
古蔺	niaŋ4	niaŋ4	tɕiaŋ1	tɕiaŋ1 / tɕiaŋ4 俗①	tɕiaŋ1	tɕiaŋ1	tɕiaŋ1	tɕiaŋ1
长宁	liɛn4	liɛn4	tɕiɛn1	tɕiɛn1	tɕiɛn1	tɕiɛn1	tɕiɛn1	tɕiɛn1
顾县	niaŋ4	niaŋ4	tɕiaŋ1	tɕiaŋ1 / tɕiaŋ4 俗①	tɕiaŋ1	tɕiaŋ1	tɕiaŋ1	tɕiaŋ1
成都龙泉	liɔŋ4	liɔŋ4	kaŋ1	tɕiɔŋ1 / tɕiɔŋ4 俗①	tɕiɔŋ1	tɕiɔŋ1	tɕiɔŋ1	tɕiɔŋ1

① "糨"的训读。糨,《中原音韵》江阳韵,去声,绛小韵。

字目	江	蒋	桨	奖	讲	酱	将上将	匠
反切	古双	即两	即两	即两	古项	子亮	子亮	疾亮
声韵调	江开二见江平	宕开三精阳上	宕开三精阳上	宕开三精阳上	江开二见江上	宕开三精阳去	宕开三精阳去	宕开三从阳去
中古音	kɣʌŋ	tsiɛŋ:	tsiɛŋ:	tsiɛŋ:	kɣʌŋ	tsiɛŋ-	tsiɛŋ-	dziɛŋ-
广元	tɕiaŋ1	tʃiaŋ3	tʃiaŋ3	tʃiaŋ3	tɕiaŋ3	tʃiaŋ4	tʃiaŋ4	tʃiaŋ4
平武	tɕiaŋ1	tɕiaŋ3	tɕiaŋ3	tɕiaŋ3	tɕiaŋ3	tɕiaŋ4	tɕiaŋ4	tɕiaŋ4
青川	tɕiaŋ1	tɕiaŋ3	tɕiaŋ3	tɕiaŋ3	tɕiaŋ3	tɕiaŋ4	tɕiaŋ4	tɕiaŋ4
剑阁普安	tɕiaŋ1	tʃiaŋ3	tʃiaŋ3	tʃiaŋ3	tɕiaŋ3	tɕiaŋ4	tʃiaŋ4	tʃiaŋ4
剑阁金仙	tɕiaŋ1	tsiaŋ3	tsiaŋ3	tsiaŋ3	tɕiaŋ3	tsiaŋ4	tsiaŋ4	tsiaŋ4
旺苍	tɕiaŋ1	tsiaŋ3	tsiaŋ3	tsiaŋ3	tɕiaŋ3	tsiaŋ4	tsiaŋ4	tsiaŋ4
苍溪	kiaŋ1	tsiaŋ3	tsiaŋ3	tsiaŋ3	kiaŋ3	tsiaŋ4	tsiaŋ4	tsiaŋ4
江油	tɕiaŋ1	tɕiaŋ3	tɕiaŋ3	tɕiaŋ3	tɕiaŋ3	tɕiaŋ4	tɕiaŋ4	tɕiaŋ4
北川	tɕiaŋ1	tɕiaŋ3	tɕiaŋ3	tɕiaŋ3	tɕiaŋ3	tɕiaŋ4	tɕiaŋ4	tɕiaŋ4
绵阳	tɕiaŋ1	tɕiaŋ3	tɕiaŋ3	tɕiaŋ3	tɕiaŋ3	tɕiaŋ4	tɕiaŋ4	tɕiaŋ4
盐亭	tɕiaŋ1	tɕiaŋ3	tɕiaŋ3	tɕiaŋ3	tɕiaŋ3	tɕiaŋ4	tɕiaŋ4	tɕiaŋ4
德阳	tɕiaŋ1	tɕiaŋ3	tɕiaŋ3	tɕiaŋ3	tɕiaŋ3	tɕiaŋ4	tɕiaŋ4	tɕiaŋ4
中江	tɕiaŋ1	tɕiaŋ3	tɕiaŋ3	tɕiaŋ3	tɕiaŋ3	tɕiaŋ4	tɕiaŋ4	tɕiaŋ4
射洪	tɕiaŋ1	tɕiaŋ3	tɕiaŋ3	tɕiaŋ3	tɕiaŋ3	tɕiaŋ4	tɕiaŋ4	tɕiaŋ4
蓬溪	tɕiaŋ1	tɕiaŋ3	tɕiaŋ3	tɕiaŋ3	tɕiaŋ3	tɕiaŋ4	tɕiaŋ4	tɕiaŋ4
遂宁	tɕiaŋ1	tɕiaŋ3	tɕiaŋ3	tɕiaŋ3	tɕiaŋ3	tɕiaŋ4	tɕiaŋ4	tɕiaŋ4
乐至	tɕiaŋ1	tɕiaŋ3	tɕiaŋ3	tɕiaŋ3	tɕiaŋ3	tɕiaŋ4	tɕiaŋ4	tɕiaŋ4
安岳	tɕiaŋ1	tɕiaŋ3	tɕiaŋ3	tɕiaŋ3	tɕiaŋ3	tɕiaŋ4	tɕiaŋ4	tɕiaŋ4
仪陇	tɕiaŋ1	tɕiaŋ3	tɕiaŋ3	tɕiaŋ3	tɕiaŋ3	tɕiaŋ4	tɕiaŋ4	tɕhiaŋ4
西充	tɕiaŋ1	tɕiaŋ3	tɕiaŋ3	tɕiaŋ3	tɕiaŋ3	tɕiaŋ4	tɕiaŋ4	tɕiaŋ4

字目	江	蒋	桨	奖	讲	酱	将上将	匠
反切	古双	即两	即两	即两	古项	子亮	子亮	疾亮
声韵调	江开二见江平	宕开三精阳上	宕开三精阳上	宕开三精阳上	江开二见江上	宕开三精阳去	宕开三精阳去	宕开三从阳去
中古音	kɣʌŋ	tsiɐŋ:	tsiɐŋ:	tsiɐŋ:	kɣʌŋ	tsiɐŋ-	tsiɐŋ-	dziɐŋ-
蓬安	tɕiaŋ1	tɕiaŋ3	tɕiaŋ3	tɕiaŋ3	tɕiaŋ3	tɕiaŋ4	tɕiaŋ4	tɕiaŋ4
南充金台	tɕiaŋ1	tɕiaŋ3	tɕiaŋ3	tɕiaŋ3	tɕiaŋ3	tɕiaŋ4	tɕiaŋ4	tɕiaŋ4
南充龙蟠	tɕiɛn1	tɕiɛn3	tɕiɛn3	tɕiɛn3	tɕiɛn3	tɕiɛn4	tɕiɛn4	tɕiɛn4
岳池	tɕiaŋ1	tɕiaŋ3	tɕiaŋ3	tɕiaŋ3	tɕiaŋ3	tɕiaŋ4	tɕiaŋ4	tɕiaŋ4
广安	tɕiaŋ1	tɕiaŋ3	tɕiaŋ3	tɕiaŋ3	tɕiaŋ3	tɕiaŋ4	tɕiaŋ4	tɕiaŋ4
邻水	tɕiaŋ1	tɕiaŋ3	tɕiaŋ3	tɕiaŋ3	tɕiaŋ3	tɕiaŋ4	tɕiaŋ4	tɕiaŋ4
南江	tɕiaŋ1	tʃiaŋ3	tʃiaŋ3	tʃiaŋ3	tɕiaŋ3	tʃiaŋ4	tʃiaŋ4	tʃiaŋ4
巴中	tɕiaŋ1	tʃiaŋ3	tʃiaŋ3	tʃiaŋ3	tɕiaŋ3	tʃiaŋ4	tʃiaŋ4	tʃiaŋ4
通江	tɕiaŋ1	tʃiaŋ3	tʃiaŋ3	tʃiaŋ3	tɕiaŋ3	tʃiaŋ4	tʃiaŋ4	tʃiaŋ4
平昌	tɕiaŋ1	tʃiaŋ3	tʃiaŋ3	tʃiaŋ3	tɕiaŋ3	tʃiaŋ4	tʃiaŋ4	tʃiaŋ4
万源	tɕiaŋ1	tʃiaŋ3	tʃiaŋ3	tʃiaŋ3	tɕiaŋ3	tʃiaŋ4	tʃiaŋ4	tʃiaŋ4
宣汉	tɕiaŋ1	tɕiaŋ3	tɕiaŋ3	tɕiaŋ3	tɕiaŋ3	tɕiaŋ4	tɕiaŋ4	tɕiaŋ4
达州	tɕiaŋ1	tɕiaŋ3	tɕiaŋ3	tɕiaŋ3	tɕiaŋ3	tɕiaŋ4	tɕiaŋ4	tɕiaŋ4
开江	tɕiaŋ1	tɕiaŋ3	tɕiaŋ3	tɕiaŋ3	tɕiaŋ3	tɕiaŋ4	tɕiaŋ4	tɕiaŋ4
渠县	tɕiaŋ1	tɕiaŋ3	tɕiaŋ3	tɕiaŋ3	tɕiaŋ3	tɕiaŋ4	tɕiaŋ4	tɕiaŋ4
宜宾	tɕiaŋ1	tɕiaŋ3	tɕiaŋ3	tɕiaŋ3	tɕiaŋ3	tɕiaŋ4	tɕiaŋ4	tɕiaŋ4
古蔺	tɕiaŋ1	tɕiaŋ3	tɕiaŋ3	tɕiaŋ3	tɕiaŋ3	tɕiaŋ4	tɕiaŋ4	tɕiaŋ4
长宁	tɕiɛn1	tɕiɛn3	tɕiɛn3	tɕiɛn3	tɕiɛn3	tɕiɛn4	tɕiɛn4	tɕiɛn4
顾县	tɕiaŋ1	tɕiaŋ3	tɕiaŋ3	tɕiaŋ3	tɕiaŋ3	tɕiaŋ4	tɕiaŋ4	tɕiaŋ4
成都龙泉	tɕioŋ1	tɕioŋ3	tɕioŋ3	tɕioŋ3	koŋ3	tɕioŋ4	kaŋ4	ɕioŋ4

字目	强①倔强	降下降	枪	羌	腔	墙	强强大	抢抢夺
反切	其两	古巷	七羊	去羊	苦江	在良	巨良	七两
声韵调	宕开三群阳上	江开二见江去	宕开三清阳平	宕开三溪阳平	江开二溪江平	宕开三从阳平	宕开三群阳平	宕开三清阳上
中古音	giɛŋ:	kɣʌŋ-	tshɛŋ	khiɛŋ	khɣʌŋ	dziɛŋ	giɛŋ	tshiɛŋ:
广元	tɕiaŋ4	tɕiaŋ4	tʃhiaŋ1	tɕhiaŋ1	tɕhiaŋ1	tʃhiaŋ2	tɕhiaŋ2	tʃhiaŋ3
平武	tɕiaŋ4	tɕiaŋ4	tɕhiaŋ1	tɕhiaŋ1	tɕhiaŋ1	tɕhiaŋ2	tɕhiaŋ2	tɕhiaŋ3
青川	tɕiaŋ4	tɕiaŋ4	tɕhiaŋ1	tɕhiaŋ1	tɕhiaŋ1	tɕhiaŋ2	tɕhiaŋ2	tɕhiaŋ3
剑阁普安	tɕiaŋ4	tɕiaŋ4	tʃhiaŋ1	tɕhiaŋ1	tɕhiaŋ1	tʃhiaŋ2	tɕhiaŋ2	tʃhiaŋ3
剑阁金仙	tɕiaŋ4	tɕiaŋ4	tshiaŋ1	tɕhiaŋ1	tɕhiaŋ1	tshiaŋ2	tɕhiaŋ2	tshiaŋ3
旺苍	tɕiaŋ4	tɕiaŋ4	tshiaŋ1	tɕhiaŋ1	tɕhiaŋ1	tshiaŋ2	tɕhiaŋ2	tshiaŋ3
苍溪	kiaŋ4	kiaŋ4	tshiaŋ1	tɕhiaŋ1	tɕhiaŋ1	tshiaŋ2	tɕhiaŋ2	tshiaŋ3
江油	tɕiaŋ4	tɕiaŋ4	tɕhiaŋ1	tɕhiaŋ1	tɕhiaŋ1	tɕhiaŋ2	tɕhiaŋ2	tɕhiaŋ3
北川	tɕiaŋ4	tɕiaŋ4	tɕhiaŋ1	tɕhiaŋ1	tɕhiaŋ1	tɕhiaŋ2	tɕhiaŋ2	tɕhiaŋ3
绵阳	tɕiaŋ4	tɕiaŋ4	tɕhiaŋ1	tɕhiaŋ1	tɕhiaŋ1	tɕhiaŋ2	tɕhiaŋ2	tɕhiaŋ3
盐亭	tɕiaŋ4	tɕiaŋ4	tɕhiaŋ1	tɕhiaŋ1	tɕhiaŋ1	tɕhiaŋ2	tɕhiaŋ2	tɕhiaŋ3
德阳	tɕiaŋ4	tɕiaŋ4	tɕhiaŋ1	tɕhiaŋ1	tɕhiaŋ1	tɕhiaŋ2	tɕhiaŋ2	tɕhiaŋ3
中江	tɕiaŋ4	tɕiaŋ4	tɕhiaŋ1	tɕhiaŋ1	tɕhiaŋ1	tɕhiaŋ2	tɕhiaŋ2	tɕhiaŋ3
射洪	tɕiaŋ4	tɕiaŋ4	tɕhiaŋ1	tɕhiaŋ1	tɕhiaŋ1	tɕhiaŋ2	tɕhiaŋ2	tɕhiaŋ3
蓬溪	tɕiaŋ4	tɕiaŋ4	tɕhiaŋ1	tɕhiaŋ1	tɕhiaŋ1	tɕhiaŋ2	tɕhiaŋ2	tɕhiaŋ3
遂宁	tɕiaŋ4	tɕiaŋ4	tɕhiaŋ1	tɕhiaŋ1	tɕhiaŋ1	tɕhiaŋ2	tɕhiaŋ2	tɕhiaŋ3
乐至	tɕiaŋ4	tɕiaŋ4	tɕhiaŋ1	tɕhiaŋ1	tɕhiaŋ1	tɕhiaŋ2	tɕhiaŋ2	tɕhiaŋ3
安岳	tɕiaŋ4	tɕiaŋ4	tɕhiaŋ1	tɕhiaŋ1	tɕhɣʌŋ1	tɕhiaŋ2	tɕhiaŋ2	tshiaŋ3
仪陇	tɕiaŋ4	tɕiaŋ4	tʃhiaŋ1	tɕhiaŋ1	tɕhiaŋ1	tʃhiaŋ2	tɕhiaŋ2	tʃhiaŋ3
西充	tɕiaŋ4	tɕiaŋ4	tɕhiaŋ1	tɕhiaŋ1	tɕhiaŋ1	tɕhiaŋ2	tɕhiaŋ2	tɕhiaŋ3

---

① 又巨良切，宕开三群阳平。

字目	强①倔强	降下降	枪	羌	腔	墙	强强大	抢抢夺
反切	其两	古巷	七羊	去羊	苦江	在良	巨良	七两
声韵调	宕开三群阳上	江开二见江去	宕开三清阳平	宕开三溪阳平	江开二溪江平	宕开三从阳平	宕开三群阳平	宕开三清阳上
中古音	giɛŋ:	kɣʌŋ-	tshiɛŋ	khiɛŋ	khɣʌŋ	dziɛŋ	giɛŋ	tshiɛŋ:
蓬安	tɕiaŋ4	tɕiaŋ4	tɕhiaŋ1	tɕhiaŋ1	tɕhiaŋ1	tɕhiaŋ2	tɕhiaŋ2	tɕhiaŋ3
南充金台	tɕiaŋ4	tɕiaŋ4	tɕhiaŋ1	tɕhiaŋ1	tɕhiaŋ1	tɕhiaŋ2	tɕhiaŋ2	tɕhiaŋ3
南充龙蟠	tɕiɛŋ4	tɕiɛŋ4	tɕhiɛŋ1	tɕhiɛŋ1	tɕhiɛŋ1	tɕhiɛŋ2	tɕhiɛŋ2	tɕhiɛŋ3
岳池	tɕiaŋ4	tɕiaŋ4	tɕhiaŋ1	tɕhiaŋ1	tɕhiaŋ1	tɕhiaŋ2	tɕhiaŋ2	tɕhiaŋ3
广安	tɕiaŋ4	tɕiaŋ4	tɕhiaŋ1	tɕhiaŋ1	tɕhiaŋ1	tɕhiaŋ2	tɕhiaŋ2	tɕhiaŋ3
邻水	tɕiaŋ4	tɕiaŋ4	tɕhiaŋ1	tɕhiaŋ1	tɕhiaŋ1	tɕhiaŋ2	tɕhiaŋ2	tɕhiaŋ3
南江	tɕiaŋ4	tɕiaŋ4	tʃhiaŋ1	tɕhiaŋ1	tɕhiaŋ1	tʃhiaŋ2	tɕhiaŋ2	tʃhiaŋ3
巴中	tɕiaŋ4	tɕiaŋ4	tʃhiaŋ1	tɕhiaŋ1	tɕhiaŋ1	tʃhiaŋ2	tɕhiaŋ2	tʃhiaŋ3
通江	tɕiaŋ4	tɕiaŋ4	tʃhiaŋ1	tɕhiaŋ1	tɕhiaŋ1	tʃhiaŋ2	tɕhiaŋ2	tʃhiaŋ3
平昌	tɕiaŋ4	tɕiaŋ4	tʃhiaŋ1	tɕhiaŋ1	tɕhiaŋ1	tʃhiaŋ2	tɕhiaŋ2	tʃhiaŋ3
万源	tɕiaŋ4	tɕiaŋ4	tʃhiaŋ1	tɕhiaŋ1	tɕhiaŋ1	tʃhiaŋ2	tɕhiaŋ2	tʃhiaŋ3
宣汉	tɕiaŋ4	tɕiaŋ4	tshiaŋ1	tɕhiaŋ1	tɕhiaŋ1	tɕhiaŋ2	tɕhiaŋ2	tɕhiaŋ3
达州	tɕiaŋ4	tɕiaŋ4	tɕhiaŋ1	tɕhiaŋ1	tɕhiaŋ1	tɕhiaŋ2	tɕhiaŋ2	tɕhiaŋ3
开江	tɕiaŋ4	tɕiaŋ4	tɕhiaŋ1	tɕhiaŋ1	tɕhiaŋ1	tɕhiaŋ2	tɕhiaŋ2	tɕhiaŋ3
渠县	tɕiaŋ4	tɕiaŋ4	tɕhiaŋ1	tɕhiaŋ1	tɕhiaŋ1	tɕhiaŋ2	tɕhiaŋ2	tɕhiaŋ3
宜宾	tɕiaŋ4	tɕiaŋ4	tɕhiaŋ1	tɕhiaŋ1	tɕhiaŋ1	tɕhiaŋ2	tɕhiaŋ2	tɕhiaŋ3
古蔺	tɕiaŋ4	tɕiaŋ4	tɕhiaŋ1	tɕhiaŋ1	tɕhiaŋ1	tɕhiaŋ2	tɕhiaŋ2	tɕhiaŋ3
长宁	tɕiɛŋ4	tɕiɛŋ4	tɕhiɛŋ1	tɕhiɛŋ1	tɕhiɛŋ1	tɕhiɛŋ2	tɕhiɛŋ2	tɕhiɛŋ3
顾县	tɕiaŋ4	tɕiaŋ4	tɕhiaŋ1	tɕhiaŋ1	tɕhiaŋ1	tɕhiaŋ2	tɕhiaŋ2	tɕhiaŋ3
成都龙泉	tɕioŋ4	tɕioŋ4	tɕhioŋ1	tɕhioŋ1	tɕhioŋ1	ɕioŋ2	tɕhioŋ2	tɕhioŋ3

---

① 又巨良切，宕开三群阳平。

字目	强勉强	相相互	箱	厢	镶	香	乡	详
反切	其两	息良	息良	息良	息良	许良	许良	似羊
声韵调	宕开三群阳上	宕开三心阳平	宕开三心阳平	宕开三心阳平	宕开三心阳平	宕开三晓阳平	宕开三晓阳平	宕开三邪阳平
中古音	giɛŋ:	siɛŋ	siɛŋ	siɛŋ	siɛŋ	hiɛŋ	hiɛŋ	ziɛŋ
广元	tɕhiaŋ3	ʃiaŋ1	ʃiaŋ1	ʃiaŋ1	ʃiaŋ1	ɕiaŋ1 ɕiaŋ4 俗①	ɕiaŋ1	ʃiaŋ2
平武	tɕhiaŋ3	ɕiaŋ1	ɕiaŋ1	ɕiaŋ1	ɕiaŋ1	ɕiaŋ1	ɕiaŋ1	ɕiaŋ2
青川	tɕhiaŋ3	ɕiaŋ1	ɕiaŋ1	ɕiaŋ1	ɕiaŋ1	ɕiaŋ1 ɕiaŋ4 俗①	ɕiaŋ1	ɕiaŋ2
剑阁普安	tɕhiaŋ3	ʃiaŋ1	ʃiaŋ1	ʃiaŋ1	ɕiaŋ1	ɕiaŋ1 ɕiaŋ4 俗①	ɕiaŋ1	ʃiaŋ2
剑阁金仙	tɕhiaŋ3	siaŋ1	siaŋ1	siaŋ1	siaŋ1	xiaŋ1 xiaŋ4 俗①	xiaŋ1	siaŋ2
旺苍	tɕhiaŋ3	siaŋ1	siaŋ1	siaŋ1	siaŋ1	ɕiaŋ1 ɕiaŋ4 俗①	ɕiaŋ1	siaŋ2
苍溪	tɕhiaŋ3	siaŋ1	siaŋ1	siaŋ1	siaŋ1	xiaŋ1 xiaŋ4 俗①	xiaŋ1	siaŋ2
江油	tɕhiaŋ3	ɕiaŋ1	ɕiaŋ1	ɕiaŋ1	ɕiaŋ1	ɕiaŋ1	ɕiaŋ1	ɕiaŋ2
北川	tɕhiaŋ3	ɕiaŋ1	ɕiaŋ1	ɕiaŋ1	ɕiaŋ1	ɕiaŋ1	ɕiaŋ1	ɕiaŋ2
绵阳	tɕhiaŋ3	ɕiaŋ1	ɕiaŋ1	ɕiaŋ1	ɕiaŋ1	ɕiaŋ1	ɕiaŋ1	ɕiaŋ2
盐亭	tɕhiaŋ3	ɕiaŋ1	ɕiaŋ1	ɕiaŋ1	ɕiaŋ1	ɕiaŋ1	ɕiaŋ1	ɕiaŋ2
德阳	tɕhiaŋ3	ɕiaŋ1	ɕiaŋ1	ɕiaŋ1	ɕiaŋ1	ɕiaŋ1	ɕiaŋ1	ɕiaŋ2
中江	tɕhiaŋ3	ɕiaŋ1	ɕiaŋ1	ɕiaŋ1	ɕiaŋ1	ɕiaŋ1	ɕiaŋ1	ɕiaŋ2
射洪	tɕhiaŋ3	ɕiaŋ1	ɕiaŋ1	ɕiaŋ1	ɕiaŋ1	ɕiaŋ1	ɕiaŋ1	ɕiaŋ2
蓬溪	tɕhiaŋ3	ɕiaŋ1	ɕiaŋ1	ɕiaŋ1	ɕiaŋ1	ɕiaŋ1	ɕiaŋ1	ɕiaŋ2
遂宁	tɕhiaŋ3	ɕiaŋ1	ɕiaŋ1	ɕiaŋ1	ɕiaŋ1	ɕiaŋ1	ɕiaŋ1	ɕiaŋ2
乐至	tɕhiaŋ3	ɕiaŋ1	ɕiaŋ1	ɕiaŋ1	ɕiaŋ1	ɕiaŋ1	ɕiaŋ1	ɕiaŋ2
安岳	tɕhiaŋ3	ɕiaŋ1	ɕiaŋ1	ɕiaŋ1	ɕiaŋ1	ɕiaŋ1	ɕiaŋ1	ɕiaŋ2
仪陇	tɕhiaŋ2	ɕiaŋ1	ɕiaŋ1	ɕiaŋ1	zaŋ3 ɕiaŋ1	ɕiaŋ1	ɕiaŋ1	ɕiaŋ2
西充	tɕhiaŋ3	ɕiaŋ1	ɕiaŋ1	ɕiaŋ1	ɕiaŋ1	ɕiaŋ1	ɕiaŋ1	ɕiaŋ2

---

① "蓍"的训读，意为菜肴的佐料。许亮切，宕开三晓阳去。

字目	强_{勉强}	相_{相互}	箱	厢	镶	香	乡	详
反切	其两	息良	息良	息良	息良	许良	许良	似羊
声韵调	宕开三群阳上	宕开三心阳平	宕开三心阳平	宕开三心阳平	宕开三心阳平	宕开三晓阳平	宕开三晓阳平	宕开三邪阳平
中古音	gieŋ:	sieŋ	sieŋ	sieŋ	sieŋ	hieŋ	hieŋ	zieŋ
蓬安	tɕhiaŋ3	ɕiaŋ1	ɕiaŋ1	ɕiaŋ1	ɕiaŋ1	ɕiaŋ1	ɕiaŋ1	ɕiaŋ2
南充_{金台}	tɕhiaŋ3	ɕiaŋ1	ɕiaŋ1	ɕiaŋ1	ɕiaŋ1	ɕiaŋ1	ɕiaŋ1	ɕiaŋ2
南充_{龙蟠}	tɕhiɛn3	ɕiɛn1	ɕiɛn1	ɕiɛn1	ɕiɛn1	ɕiɛn1	ɕiɛn1	ɕiɛn2
岳池	tɕhiaŋ3	ɕiaŋ1	ɕiaŋ1	ɕiaŋ1	ɕiaŋ1	ɕiaŋ1	ɕiaŋ1	ɕiaŋ2
广安	tɕhiaŋ3	ɕiaŋ1	ɕiaŋ1	ɕiaŋ1	ɕiaŋ1	ɕiaŋ1	ɕiaŋ1	ɕiaŋ2
邻水	tɕhiaŋ3	ɕiaŋ1	ɕiaŋ1	ɕiaŋ1	ɕiaŋ1	ɕiaŋ1	ɕiaŋ1	ɕiaŋ2
南江	tɕhiaŋ3	ʃiaŋ1	ʃiaŋ1	ʃiaŋ1	ʃiaŋ1	ɕiaŋ1 ɕiaŋ4 俗①	ɕiaŋ1	ʃiaŋ2
巴中	tɕhiaŋ3	ʃiaŋ1	ʃiaŋ1	ʃiaŋ1	ʃiaŋ1	ɕiaŋ1 ɕiaŋ4 俗①	ɕiaŋ1	ʃiaŋ2
通江	tɕhiaŋ3	ʃiaŋ1	ʃiaŋ1	ʃiaŋ1	ʃiaŋ1	ɕiaŋ1 ɕiaŋ4 俗①	ɕiaŋ1	ʃiaŋ2
平昌	tɕhiaŋ3	ʃiaŋ1	ʃiaŋ1	ʃiaŋ1	ʃiaŋ1	ɕiaŋ1 ɕiaŋ4 俗①	ɕiaŋ1	ʃiaŋ2
万源	tɕhiaŋ3	ʃiaŋ1	ʃiaŋ1	ʃiaŋ1	ʃiaŋ1	ɕiaŋ1	ɕiaŋ1	ʃiaŋ2
宣汉	tɕhiaŋ3	ɕiaŋ1	ɕiaŋ1	ɕiaŋ1	ɕiaŋ1	ɕiaŋ1	ɕiaŋ1	ɕiaŋ2
达州	tɕhiaŋ3	ɕiaŋ1	ɕiaŋ1	ɕiaŋ1	ɕiaŋ1	ɕiaŋ1	ɕiaŋ1	ɕiaŋ2
开江	tɕhiaŋ3	ɕiaŋ1	ɕiaŋ1	ɕiaŋ1	ɕiaŋ1	ɕiaŋ1	ɕiaŋ1	tɕhiaŋ2
渠县	tɕhiaŋ3	ɕiaŋ1	ɕiaŋ1	ɕiaŋ1	ɕiaŋ1	ɕiaŋ1	ɕiaŋ1	ɕiaŋ2
宜宾	tɕhiaŋ3	ɕiaŋ1	ɕiaŋ1	ɕiaŋ1	ɕiaŋ1	ɕiaŋ1 ɕiaŋ4 俗①	ɕiaŋ1	ɕiaŋ2
古蔺	tɕhiaŋ3	ɕiaŋ1	ɕiaŋ1	ɕiaŋ1	ɕiaŋ1	ɕiaŋ1 ɕiaŋ4 俗①	ɕiaŋ1	ɕiaŋ2
长宁	tɕhiɛn3	ɕiɛn1	ɕiɛn1	ɕiɛn1	ɕiɛn1	ɕiɛn1	ɕiɛn1	ɕiɛn2
顾县	tɕhiaŋ3	ɕiaŋ1	ɕiaŋ1	ɕiaŋ1	ɕiaŋ1	ɕiaŋ1 ɕiaŋ4 俗①	ɕiaŋ1	ɕiaŋ2
成都_{龙泉}	tɕhioŋ3	ɕioŋ1	ɕioŋ1	ɕioŋ1	ɕioŋ1	ɕioŋ1 ɕioŋ4 俗①	ɕioŋ1	ɕioŋ2

① "蓄"的训读，意为佐料。许亮切，宕开三晓阳去。

字目	祥	翔	降投降	想	享	响	相相貌	像
反切	似羊	似羊	下江	息两	许两	许两	息亮	徐两
声韵调	宕开三邪平	宕开三邪阳平	江开二匣江平	宕开三心阳上	宕开三晓阳上	宕开三晓阳上	宕开三心阳去	宕开三邪阳上
中古音	zieŋ	zieŋ	ɦɣʌŋ	sieŋ:	hieŋ:	hieŋ:	sieŋ-	zieŋ:
广元	ʃiaŋ2	ʃiaŋ2	ɕiaŋ2	ʃiaŋ3	ɕiaŋ3	ɕiaŋ3	ʃiaŋ4	ʃiaŋ4
平武	ɕiaŋ2	ɕiaŋ2	ɕiaŋ2	ɕiaŋ3	ɕiaŋ3	ɕiaŋ3	ɕiaŋ4	ɕiaŋ4 文 tɕhiaŋ4 白
青川	ɕiaŋ2	ɕiaŋ2	ɕiaŋ2	ɕiaŋ3	ɕiaŋ3	ɕiaŋ3	ɕiaŋ4	ɕiaŋ4
剑阁普安	ʃiaŋ2	ɕiaŋ2	ɕiaŋ2	ʃiaŋ3	ɕiaŋ3	ɕiaŋ3	ʃiaŋ4	ʃiaŋ4
剑阁金仙	siaŋ2	siaŋ2	ɕiaŋ2	siaŋ3	xian3	xian3	siaŋ4	siaŋ4
旺苍	siaŋ2	siaŋ2	ɕiaŋ2	siaŋ3	ɕiaŋ3	ɕiaŋ3	siaŋ4	siaŋ4
苍溪	siaŋ2	siaŋ2	xiaŋ2	siaŋ3	xiaŋ3	xiaŋ3	siaŋ4	siaŋ4 文 tɕhiaŋ4 白
江油	ɕiaŋ2	ɕiaŋ2	ɕiaŋ2	ɕiaŋ3	ɕiaŋ3	ɕiaŋ3	ɕiaŋ4	tɕhiaŋ4
北川	ɕiaŋ2	ɕiaŋ2	ɕiaŋ2	ɕiaŋ3	ɕiaŋ3	ɕiaŋ3	ɕiaŋ4	ɕiaŋ4
绵阳	ɕiaŋ2	ɕiaŋ2	ɕiaŋ2	ɕiaŋ3	ɕiaŋ3	ɕiaŋ3	ɕiaŋ4	tɕhiaŋ4
盐亭	ɕiaŋ2	ɕiaŋ2	ɕiaŋ2	ɕiaŋ3	ɕiaŋ3	ɕiaŋ3	ɕiaŋ4	ɕiaŋ4
德阳	ɕiaŋ2	ɕiaŋ2	ɕiaŋ2	ɕiaŋ3	ɕiaŋ3	ɕiaŋ3	ɕiaŋ4	ɕiaŋ4 文 tɕhiaŋ4 白
中江	ɕiaŋ2	ɕiaŋ2	ɕiaŋ2	ɕiaŋ3	ɕiaŋ3	ɕiaŋ3	ɕiaŋ4	ɕiaŋ4 文 tɕhiaŋ4 白
射洪	ɕiaŋ2	ɕiaŋ2	ɕiaŋ2	ɕiaŋ3	ɕiaŋ3	ɕiaŋ3	ɕiaŋ4	ɕiaŋ4 文 tɕhiaŋ4 白
蓬溪	ɕiaŋ2	ɕiaŋ2	ɕiaŋ2	ɕiaŋ3	ɕiaŋ3	ɕiaŋ3	ɕiaŋ4	ɕiaŋ4 文 tɕhiaŋ4 白
遂宁	ɕiaŋ2	ɕiaŋ2	ɕiaŋ2	ɕiaŋ3	ɕiaŋ3	ɕiaŋ3	ɕiaŋ4	ɕiaŋ4 文 tɕhiaŋ4 白
乐至	ɕiaŋ2	ɕiaŋ2	ɕiaŋ2	ɕiaŋ3	ɕiaŋ3	ɕiaŋ3	ʃiaŋ4	ɕiaŋ4 文 tɕhiaŋ4 白
安岳	ɕiaŋ2	ɕiaŋ2	ɕiaŋ2	ɕiaŋ3	ɕiaŋ3	ɕiaŋ3	ɕiaŋ4	ɕiaŋ4
仪陇	ɕiaŋ2	ɕiaŋ2	ɕiaŋ2	ɕiaŋ3	ɕiaŋ3	ɕiaŋ3	ɕiaŋ4	ɕiaŋ4
西充	ɕiaŋ2	ɕiaŋ2	ɕiaŋ2	ɕiaŋ3	ɕiaŋ3	ɕiaŋ3	ɕiaŋ4	ɕiaŋ4

字目	祥	翔	降投降	想	享	响	相相貌	像
反切	似羊	似羊	下江	息两	许两	许两	息亮	徐两
声韵调	宕开三邪阳平	宕开三邪阳平	江开二匣江平	宕开三心阳上	宕开三晓阳上	宕开三晓阳上	宕开三心阳去	宕开三邪阳上
中古音	ziaŋ	ziaŋ	ɦɣʌŋ	siaŋ:	hiaŋ:	hiaŋ:	siaŋ-	ziaŋ:
蓬安	ɕiaŋ2	ɕiaŋ2	tɕiaŋ2	ɕiaŋ3	ɕiaŋ3	ɕiaŋ3	ɕiaŋ4	ɕiaŋ4
南充金台	ɕiaŋ2	ɕiaŋ2	ɕiaŋ2	ɕiaŋ3	ɕiaŋ3	ɕiaŋ3	ɕiaŋ4	ɕiaŋ4
南充龙蟠	ɕiɛn2	ɕiɛn2	ɕiɛn2	ɕiɛn3	ɕiɛn3	ɕiɛn3	ɕiɛn4	ɕiɛn4
岳池	ɕiaŋ2	ɕiaŋ2	ɕiaŋ2	ɕiaŋ3	ɕiaŋ3	ɕiaŋ3	ɕiaŋ4	ɕiaŋ4 文 tɕhiaŋ4 白
广安	ɕiaŋ2	ɕiaŋ2	ɕiaŋ2	ɕiaŋ3	ɕiaŋ3	ɕiaŋ3	ɕiaŋ4	ɕiaŋ4 文 tɕhiaŋ4 白
邻水	ɕiaŋ2	ɕiaŋ2	ɕiaŋ2	ɕiaŋ3	ɕiaŋ3	ɕiaŋ3	ɕiaŋ4	ɕiaŋ4 文 tɕhiaŋ4 白
南江	ʃiaŋ2	ʃiaŋ2	ɕiaŋ2	ʃiaŋ3	ɕiaŋ3	ɕiaŋ3	ʃiaŋ4	ʃiaŋ4 文 tʃhiaŋ4 白
巴中	ʃiaŋ2	ʃiaŋ2	ɕiaŋ2	ʃiaŋ3	ɕiaŋ3	ɕiaŋ3	ʃiaŋ4	ʃiaŋ4 文 tʃhiaŋ4 白
通江	ʃiaŋ2	ʃiaŋ2	ɕiaŋ2	ʃiaŋ3	ɕiaŋ3	ɕiaŋ3	ʃiaŋ4	ʃiaŋ4 文 tʃhiaŋ4 白
平昌	ʃiaŋ2	ʃiaŋ2	ɕiaŋ2	ʃiaŋ3	ɕiaŋ3	ɕiaŋ3	ʃiaŋ4	ʃiaŋ4 文 tʃhiaŋ4 白
万源	ʃiaŋ2	ʃiaŋ2	ɕiaŋ2	ʃiaŋ3	ɕiaŋ3	ɕiaŋ3	ʃiaŋ4	ʃiaŋ4 文 tɕhiaŋ4 白
宣汉	ɕiaŋ2	ɕiaŋ2	ɕiaŋ2	ɕiaŋ3	ɕiaŋ3	ɕiaŋ3	ɕiaŋ4	ɕiaŋ4 文 tɕhiaŋ4 白
达州	ɕiaŋ2	ɕiaŋ2	ɕiaŋ2	ɕiaŋ3	ɕiaŋ3	ɕiaŋ3	ɕiaŋ4	ɕiaŋ4 文 tɕhiaŋ4 白
开江	tɕhiaŋ2	ɕiaŋ2	ɕiaŋ2	ɕiaŋ3	ɕiaŋ3	ɕiaŋ3	ɕiaŋ4	ɕiaŋ4 文 tɕhiaŋ4 白
渠县	ɕiaŋ2	ɕiaŋ2	ɕiaŋ2	ɕiaŋ3	ɕiaŋ3	ɕiaŋ3	ɕiaŋ4	ɕiaŋ4 文 tɕhiaŋ4 白
宜宾	ɕiaŋ2	ɕiaŋ2	ɕiaŋ2	ɕiaŋ3	ɕiaŋ3	ɕiaŋ3	ɕiaŋ4	ɕiaŋ4 文 tɕhiaŋ4 白
古蔺	ɕiaŋ2	ɕiaŋ2	ɕiaŋ2	ɕiaŋ3	ɕiaŋ3	ɕiaŋ3	ɕiaŋ4	ɕiaŋ4 文 tɕhiaŋ4 白
长宁	ɕiɛn2	ɕiɛn2	ɕiɛn2	ɕiɛn3	ɕiɛn3	ɕiɛn3	ɕiɛn4	ɕiɛn4
顾县	ɕiaŋ2	ɕiaŋ2	ɕiaŋ2	ɕiaŋ3	ɕiaŋ3	ɕiaŋ3	ɕiaŋ4	tɕhiaŋ4
成都龙泉	ɕioŋ2	ɕioŋ2	ɕioŋ2	ɕioŋ3	ɕioŋ3	ɕioŋ3	ɕioŋ4	ɕioŋ4 文 tɕhioŋ4 白

字目	象	橡	向	项	巷	央	秧	殃
反切	徐两	徐两	许亮	胡讲	胡绛	于良	于良	于良
声韵调	宕开三邪阳上	宕开三邪阳上	宕开三晓阳去	江开二匣江上	江开二匣江去	宕开三影阳平	宕开三影阳平	宕开三影阳平
中古音	zieŋ:	zieŋ:	hieŋ-	ɦɣʌŋ:	ɦɣʌŋ-	ʔieŋ	ʔieŋ	ʔieŋ
广元	ʃiaŋ4	ʃiaŋ4	ɕiaŋ4	xaŋ4	xaŋ4	iaŋ1	iaŋ1	iaŋ1
平武	ɕiaŋ4	ɕiaŋ4	ɕiaŋ4	xaŋ4	xaŋ4	iaŋ1	iaŋ1	iaŋ1
青川	ɕiaŋ4	ɕiaŋ4	ɕiaŋ4	xaŋ4	xaŋ4	iaŋ1	iaŋ1	iaŋ1
剑阁普安	ʃiaŋ4	ʃiaŋ4	ɕiaŋ4	xaŋ4	xaŋ4	iaŋ1	iaŋ1	iaŋ1
剑阁金仙	siaŋ4	siaŋ4	ɕiaŋ4	xaŋ4	ɕiaŋ4	iaŋ1	iaŋ1	iaŋ1
旺苍	siaŋ4	siaŋ4	ɕiaŋ4	xaŋ4	xaŋ4	iaŋ1	iaŋ1	iaŋ1
苍溪	siaŋ4	siaŋ4	ɕiaŋ4	ɕiaŋ4 文 xaŋ4 白	xaŋ4	iaŋ1	iaŋ1	iaŋ1
江油	ɕiaŋ4	ɕiaŋ4	ɕiaŋ4	xaŋ4	xaŋ4	iaŋ1	iaŋ1	iaŋ1
北川	ɕiaŋ4	ɕiaŋ4	ɕiaŋ4	xaŋ4	xaŋ4	iaŋ1	iaŋ1	iaŋ1
绵阳	ɕiaŋ4	ɕiaŋ4	ɕiaŋ4	xaŋ4	xaŋ4	iaŋ1	iaŋ1	iaŋ1
盐亭	ɕiaŋ4	ɕiaŋ4	ɕiaŋ4	ɕiaŋ4	xaŋ4	iaŋ1	iaŋ1	iaŋ1
德阳	ɕiaŋ4	ɕiaŋ4	ɕiaŋ4	ɕiaŋ4 文 xaŋ4 白	ɕiaŋ4 文 xaŋ4 白	iaŋ1	iaŋ1	iaŋ1
中江	ɕiaŋ4	ɕiaŋ4	ɕiaŋ4	aŋ4	xaŋ4	iaŋ1	iaŋ1	iaŋ1
射洪	ɕiaŋ4	ɕiaŋ4	ɕiaŋ4	ɕiaŋ4 文 xaŋ4 白	ɕiaŋ4 文 xaŋ4 白	iaŋ1	iaŋ1	iaŋ1
蓬溪	ɕiaŋ4	ɕiaŋ4	ɕiaŋ4	ɕiaŋ4 文 xaŋ4 白	ɕiaŋ4 文 xaŋ4 白	iaŋ1	iaŋ1	iaŋ1
遂宁	ɕiaŋ4	ɕiaŋ4	ɕiaŋ4	ɕiaŋ4 文 xaŋ4 白	ɕiaŋ4 文 xaŋ4 白	iaŋ1	iaŋ1	iaŋ1
乐至	ɕiaŋ4	ɕiaŋ4	ɕiaŋ4	xaŋ2	xaŋ4	iaŋ1	iaŋ1	iaŋ1
安岳	ɕiaŋ4	ɕiaŋ4	ɕiaŋ4	xaŋ4	xaŋ4	iaŋ1	iaŋ1	iaŋ1
仪陇	ɕiaŋ4	ɕiaŋ4	ɕiaŋ4	xaŋ4	xaŋ4	iaŋ1	iaŋ1	iaŋ1
西充	ɕiaŋ4	ɕiaŋ4	ɕiaŋ4	xaŋ4	xaŋ4	iaŋ1	iaŋ1	iaŋ1

字目	象	橡	向	项	巷	央	秧	殃
反切	徐两	徐两	许亮	胡讲	胡绛	于良	于良	于良
声韵调	宕开三 邪阳上	宕开三 邪阳上	宕开三 晓阳去	江开二 匣江上	江开二 匣江去	宕开三 影阳平	宕开三 影阳平	宕开三 影阳平
中古音	ziɐŋ:	ziɐŋ:	hiɐŋ-	ɦɣʌŋ:	ɦɣʌŋ-	ʔiɐŋ	ʔiɐŋ	ʔiɐŋ
蓬安	ɕiaŋ4	ɕiaŋ4	ɕiaŋ4	xaŋ4	xaŋ4	iaŋ1	iaŋ1	iaŋ1
南充金台	ɕiaŋ4	ɕiaŋ4	ɕiaŋ4	xaŋ4	xaŋ4	iaŋ1	iaŋ1	iaŋ1
南充龙蟠	ɕiɛn4	ɕiaŋ4	ɕiɛn4	xan4	xan4	iɛn1	iɛn1	iɛn1
岳池	ɕiaŋ4	ɕiaŋ4	ɕiaŋ4	ɕiaŋ4 文 xaŋ4 白	xaŋ4	iaŋ1	iaŋ1	iaŋ1
广安	ɕiaŋ4	ɕiaŋ4	ɕiaŋ4	ɕiaŋ4 文 xaŋ4 白	xaŋ4	iaŋ1	iaŋ1	iaŋ1
邻水	ɕiaŋ4	ɕiaŋ4	ɕiaŋ4	ɕiaŋ4 文 xaŋ4 白	xaŋ4	iaŋ1	iaŋ1	iaŋ1
南江	ʃiaŋ4	ʃiaŋ4	ɕiaŋ4	ɕiaŋ4 文 xaŋ4 白	xaŋ4	iaŋ1	iaŋ1	iaŋ1
巴中	ʃiaŋ4	ʃiaŋ4	ɕiaŋ4	ɕiaŋ4 文 xaŋ4 白	xaŋ4	iaŋ1	iaŋ1	iaŋ1
通江	ʃiaŋ4	ʃiaŋ4	ɕiaŋ4	ɕiaŋ4 文 xaŋ4 白	xaŋ4	iaŋ1	iaŋ1	iaŋ1
平昌	ʃiaŋ4	ʃiaŋ4	ɕiaŋ4	ɕiaŋ4 文 xaŋ4 白	xaŋ4	iaŋ1	iaŋ1	iaŋ1
万源	ʃiaŋ4	ʃiaŋ4	ɕiaŋ4	xaŋ4	xaŋ4	iaŋ1	iaŋ1	iaŋ1
宣汉	ɕiaŋ4	ɕiaŋ4	ɕiaŋ4	xaŋ4	xaŋ4	iaŋ1	iaŋ1	iaŋ1
达州	ɕiaŋ4	ɕiaŋ4	ɕiaŋ4	xaŋ4	xaŋ4	iaŋ1	iaŋ1	iaŋ1
开江	ɕiaŋ4	ɕiaŋ4	ɕiaŋ4	xaŋ4	xaŋ4	iaŋ1	iaŋ1	iaŋ1
渠县	ɕiaŋ4	ɕiaŋ4	ɕiaŋ4	xaŋ4	xaŋ4	iaŋ1	iaŋ1	iaŋ1
宜宾	ɕiaŋ4	ɕiaŋ4	ɕiaŋ4	ɕiaŋ4 文 xaŋ4 白	xaŋ4	iaŋ1	iaŋ1	iaŋ1
古蔺	ɕiaŋ4	ɕiaŋ4	ɕiaŋ4	ɕiaŋ4 文 xaŋ4 白	xaŋ4	iaŋ1	iaŋ1	iaŋ1
长宁	ɕiɛn4	ɕiɛn4	ɕiɛn4	xan4	xan4	iɛn1	iɛn1	iɛn1
顾县	ɕiaŋ4	ɕiaŋ4	ɕiaŋ4	xaŋ2	xaŋ4	iaŋ1	iaŋ1	iaŋ1
成都龙泉	ɕioŋ4	ɕioŋ4	ɕioŋ4	ɕioŋ4 文 xoŋ4 白	xoŋ4	ioŋ1	ioŋ1	ioŋ1

字目	羊	洋	阳	杨	扬	仰	养	痒
反切	与章	与章	与章	与章	与章	鱼两	余两	余两
声韵调	宕开三 以阳平	宕开三 以阳平	宕开三 以阳平	宕开三 以阳平	宕开三 以阳平	宕开三 疑阳上	宕开三 以阳上	宕开三 以阳上
中古音	jiɛŋ	jiɛŋ	jiɛŋ	jiɛŋ	jiɛŋ	ŋiɛŋ:	jiɛŋ:	jiɛŋ:
广元	iaŋ2	iaŋ2	iaŋ2	iaŋ2	iaŋ2	n̠iaŋ3	iaŋ3	iaŋ3
平武	iaŋ2	iaŋ2	iaŋ2	iaŋ2	iaŋ2	iaŋ3	iaŋ3	iaŋ3
青川	iaŋ2	iaŋ2	iaŋ2	iaŋ2	iaŋ2	iaŋ3	iaŋ3	iaŋ3
剑阁普安	iaŋ2	iaŋ2	iaŋ2	iaŋ2	iaŋ2	n̠iaŋ3	iaŋ3	iaŋ3
剑阁金仙	iaŋ2	iaŋ2	iaŋ2	iaŋ2	iaŋ2	n̠iaŋ3	iaŋ3	iaŋ3
旺苍	iaŋ2	iaŋ2	iaŋ2	iaŋ2	iaŋ2	n̠iaŋ3	iaŋ3	iaŋ3
苍溪	iaŋ2	iaŋ2	iaŋ2	iaŋ2	iaŋ2	n̠iaŋ3	iaŋ3	iaŋ3
江油	iaŋ2	iaŋ2	iaŋ2	iaŋ2	iaŋ2	n̠iaŋ3	iaŋ3	iaŋ3
北川	iaŋ2	iaŋ2	iaŋ2	iaŋ2	iaŋ2	iaŋ3	iaŋ3	iaŋ3
绵阳	iaŋ2	iaŋ2	iaŋ2	iaŋ2	iaŋ2	iaŋ3	iaŋ3	iaŋ3
盐亭	iaŋ2	iaŋ2	iaŋ2	iaŋ2	iaŋ2	n̠iaŋ3	iaŋ3	iaŋ3
德阳	iaŋ2	iaŋ2	iaŋ2	iaŋ2	iaŋ2	n̠iaŋ3	iaŋ3	iaŋ3
中江	iaŋ2	iaŋ2	iaŋ2	iaŋ2	iaŋ2	iaŋ3	iaŋ3	iaŋ3
射洪	iaŋ2	iaŋ2	iaŋ2	iaŋ2	iaŋ2	iaŋ3	iaŋ3	iaŋ3
蓬溪	iaŋ2	iaŋ2	iaŋ2	iaŋ2	iaŋ2	iaŋ3	iaŋ3	iaŋ3
遂宁	iaŋ2	iaŋ2	iaŋ2	iaŋ2	iaŋ2	iaŋ3	iaŋ3	iaŋ3
乐至	iaŋ2	iaŋ2	iaŋ2	iaŋ2	iaŋ2	iaŋ3	iaŋ3	iaŋ3
安岳	iaŋ2	iaŋ2	iaŋ2	iaŋ2	iaŋ2	iaŋ3	iaŋ3	iaŋ3
仪陇	iaŋ2	iaŋ2	iaŋ2	iaŋ2	iaŋ2	iaŋ3	iaŋ3	iaŋ3
西充	iaŋ2	iaŋ2	iaŋ2	iaŋ2	iaŋ2	n̠iaŋ3	iaŋ3	iaŋ3

字目	羊	洋	阳	杨	扬	仰	养	痒
反切	与章	与章	与章	与章	与章	鱼两	余两	余两
声韵调	宕开三 以阳平	宕开三 以阳平	宕开三 以阳平	宕开三 以阳平	宕开三 以阳平	宕开三 疑阳上	宕开三 以阳上	宕开三 以阳上
中古音	jiɛŋ	jiɛŋ	jiɛŋ	jiɛŋ	jiɛŋ	ŋiɛŋ:	jiɛŋ:	jiɛŋ:
蓬安	iaŋ2	iaŋ2	iaŋ2	iaŋ2	iaŋ2	iaŋ3	iaŋ3	iaŋ3
南充金台	iaŋ2	iaŋ2	iaŋ2	iaŋ2	iaŋ2	ŋaŋ2 俗	iaŋ3	iaŋ3
南充龙蟠	iɛn2	iɛn2	iɛn2	iɛn2	iɛn2	ȵiɛn3	iɛn3	iɛn3
岳池	iaŋ2	iaŋ2	iaŋ2	iaŋ2	iaŋ2	iaŋ3	iaŋ3	iaŋ3
广安	iaŋ2	iaŋ2	iaŋ2	iaŋ2	iaŋ2	iaŋ3	iaŋ3	iaŋ3
邻水	iaŋ2	iaŋ2	iaŋ2	iaŋ2	iaŋ2	iaŋ3	iaŋ3	iaŋ3
南江	iaŋ2	iaŋ2	iaŋ2	iaŋ2	iaŋ2	ȵiaŋ3	iaŋ3	iaŋ3
巴中	iaŋ2	iaŋ2	iaŋ2	iaŋ2	iaŋ2	ȵiaŋ3	iaŋ3	iaŋ3
通江	iaŋ2	iaŋ2	iaŋ2	iaŋ2	iaŋ2	ȵiaŋ3	iaŋ3	iaŋ3
平昌	iaŋ2	iaŋ2	iaŋ2	iaŋ2	iaŋ2	ȵiaŋ3	iaŋ3	iaŋ3
万源	iaŋ2	iaŋ2	iaŋ2	iaŋ2	iaŋ2	iaŋ3	iaŋ3	iaŋ3
宣汉	iaŋ2	iaŋ2	iaŋ2	iaŋ2	iaŋ2	iaŋ3	iaŋ3	iaŋ3
达州	iaŋ2	iaŋ2	iaŋ2	iaŋ2	iaŋ2	iaŋ3	iaŋ3	iaŋ3
开江	iaŋ2	iaŋ2	iaŋ2	iaŋ2	iaŋ2	iaŋ3	iaŋ3	iaŋ3
渠县	iaŋ2	iaŋ2	iaŋ2	iaŋ2	iaŋ2	iaŋ3	iaŋ3	iaŋ3
宜宾	iaŋ2	iaŋ2	iaŋ2	iaŋ2	iaŋ2	iaŋ3	iaŋ3	iaŋ3
古蔺	iaŋ2	iaŋ2	iaŋ2	iaŋ2	iaŋ2	iaŋ3	iaŋ3	iaŋ3
长宁	iɛn2	iɛn2	iɛn2	iɛn2	iɛn2	iɛn3	iɛn3	iɛn3
顾县	iaŋ2	iaŋ2	iaŋ2	iaŋ2	iaŋ2	iaŋ3	iaŋ3	iaŋ3
成都龙泉	iɔŋ2	iɔŋ2	iɔŋ2	iɔŋ2	iɔŋ2	ŋɔŋ1	iɔŋ1	iɔŋ3

字目	恙	样	庄	装	桩①	壮	状	撞②
反切	余亮	余亮	侧羊	侧羊	*株江	侧亮	锄亮	直绛
声韵调	宕开三以阳去	宕开三以阳去	宕开三庄阳平	宕开三庄阳平	江开二知江平	宕开三庄阳去	宕开三崇阳去	江开二澄江去
中古音	jiɐŋ-	jiɐŋ-	tʃiɐŋ	tʃiɐŋ	tɣʌŋ	tʃiɐŋ-	dʒiɐŋ-	dɣʌŋ-
广元	iaŋ4	iaŋ4	tʂuaŋ1	tʂuaŋ1	tʂuaŋ1	tʂuaŋ4	tʂuaŋ4	tʂuaŋ4 tʂhuaŋ3 口
平武	iaŋ4	iaŋ4	tsuaŋ1	tsuaŋ1	tsuaŋ1	tsuaŋ4	tsuaŋ4	tsuaŋ4
青川	iaŋ4	iaŋ4	tsuaŋ1	tsuaŋ1	tsuaŋ1	tsuaŋ4	tsuaŋ4	tsuaŋ4 tshuaŋ3 口
剑阁普安	iaŋ4	iaŋ4	tʂuaŋ1	tʂuaŋ1	tʂuaŋ1	tʂuaŋ4	tʂuaŋ4	tʂuaŋ4 tʂhuaŋ3 口
剑阁金仙	iaŋ4	iaŋ4	tʂuaŋ1	tʂuaŋ1	tʂuaŋ1	tʂuaŋ4	tʂuaŋ4	tʂuaŋ4 tʂhuaŋ3 口
旺苍	iaŋ4	iaŋ4	tʂuaŋ1	tʂuaŋ1	tʂuaŋ1	tʂuaŋ4	tʂuaŋ4	tʂuaŋ4 tʂhuaŋ3 口
苍溪	iaŋ4	iaŋ4	tʂuaŋ1	tʂuaŋ1	tʂuaŋ1	tʂuaŋ4	tʂuaŋ4	tʂuaŋ4 tʂhuaŋ3 口
江油	iaŋ4	iaŋ4	tsuaŋ1	tsuaŋ1	tsuaŋ1	tsuaŋ4	tsuaŋ4	tshuaŋ3
北川	iaŋ4	iaŋ4	tsuaŋ1	tsuaŋ1	tsuaŋ1	tsuaŋ4	tsuaŋ4	tsuaŋ4
绵阳	iaŋ4	iaŋ4	tsuaŋ1	tsuaŋ1	tsuaŋ1	tsuaŋ4	tsuaŋ4	tshuaŋ4
盐亭	iaŋ4	iaŋ4	tsuaŋ1	tsuaŋ1	tsuaŋ1	tsuaŋ4	tsuaŋ4	tshuaŋ3
德阳	iaŋ4	iaŋ4	tsuaŋ1	tsuaŋ1	tsuaŋ1	tsuaŋ4	tsuaŋ4	tsuaŋ4 tshuaŋ3 口
中江	iaŋ4	iaŋ4	tsuaŋ1	tsuaŋ1	tsuaŋ1	tsuaŋ4	tsuaŋ4	tsuaŋ4 tshuaŋ3 口
射洪	iaŋ4	iaŋ4	tsuaŋ1	tsuaŋ1	tsuaŋ1	tsuaŋ4	tsuaŋ4	tsuaŋ4 tshuaŋ3 口
蓬溪	iaŋ4	iaŋ4	tsuaŋ1	tsuaŋ1	tsuaŋ1	tsuaŋ4	tsuaŋ4	tsuaŋ4 tshuaŋ3 口
遂宁	iaŋ4	iaŋ4	tsuaŋ1	tsuaŋ1	tsuaŋ1	tsuaŋ4	tsuaŋ4	tsuaŋ4 tshuaŋ3 口
乐至	iaŋ4	iaŋ4	tsuaŋ1	tsuaŋ1	tsuaŋ1	tʃiɐŋ4	dʒiɐŋ4	tshuaŋ3
安岳	iaŋ4	iaŋ4	tsuaŋ1	tsuaŋ1	tsuaŋ1	tsuaŋ4	tsuaŋ4	tshuaŋ3
仪陇	iaŋ4	iaŋ4	tsuaŋ1	tsuaŋ1	tsuaŋ1	tsuaŋ4	tsuaŋ4	tshuaŋ3
西充	iaŋ4	iaŋ4	tsuaŋ1	tsuaŋ1	tsuaŋ1	tsuaŋ4	tsuaŋ4	tshuaŋ3

① 又《广韵》都江切。　② 又宅江切，江开二澄江平。

字目	羕	样	庄	装	桩①	壮	状	撞②
反切	余亮	余亮	侧羊	侧羊	*株江	侧亮	锄亮	直绛
声韵调	宕开三以阳去	宕开三以阳去	宕开三庄阳平	宕开三庄阳平	江开二知江平	宕开三庄阳去	宕开三崇阳去	江开二澄江去
中古音	jiɐŋ-	jiɐŋ-	tʃiɐŋ	tʃiɐŋ	ʈɣʌŋ	tʃiɐŋ-	dʒiɐŋ-	dɣʌŋ-
蓬安	iaŋ4	iaŋ4	tsuaŋ1	tsuaŋ1	tsuaŋ1	tsuaŋ4	tsuaŋ4	tshuaŋ3
南充金台	iaŋ4	iaŋ4	tsuaŋ1	tsuaŋ1	tsuaŋ1	tsuaŋ4	tsuaŋ4	tshuaŋ3
南充龙蟠	iɛn4	iɛn4	tʂuaŋ1	tʂuaŋ1	tʂuaŋ1	tʂuaŋ4	tʂuaŋ4	tʂhuaŋ3 口
岳池	iaŋ4	iaŋ4	tsuaŋ1	tsuaŋ1	tsuaŋ1	tsuaŋ4	tsuaŋ4	tsuaŋ4 tshuaŋ3 口
广安	iaŋ4	iaŋ4	tsuaŋ1	tsuaŋ1	tsuaŋ1	tsuaŋ4	tsuaŋ4	tsuaŋ4 tshuaŋ3 口
邻水	iaŋ4	iaŋ4	tsuaŋ1	tsuaŋ1	tsuaŋ1	tsuaŋ4	tsuaŋ4	tsuaŋ4 tshuaŋ3 口
南江	iaŋ4	iaŋ4	tʂuaŋ1	tʂuaŋ1	tʂuaŋ1	tʂuaŋ4	tʂuaŋ4	tʂuaŋ4 tʂhuaŋ3 口
巴中	iaŋ4	iaŋ4	tʂuaŋ1	tʂuaŋ1	tʂuaŋ1	tʂuaŋ4	tʂuaŋ4	tʂuaŋ4 tʂhuaŋ3 口
通江	iaŋ4	iaŋ4	tʂuaŋ1	tʂuaŋ1	tʂuaŋ1	tʂuaŋ4	tʂuaŋ4	tʂuaŋ4 tʂhuaŋ3 口
平昌	iaŋ4	iaŋ4	tʂuaŋ1	tʂuaŋ1	tʂuaŋ1	tʂuaŋ4	tʂuaŋ4	tʂuaŋ4 tʂhuaŋ3 口
万源	iaŋ4	iaŋ4	tʂuaŋ1	tʂuaŋ1	tʂuaŋ1	tsuaŋ4	tʂuaŋ4	tʂhuaŋ3
宣汉	iaŋ4	iaŋ4	tsuaŋ1	tsuaŋ1	tsuaŋ1	tsuaŋ4	tsuaŋ4	tshuaŋ3
达州	iaŋ4	iaŋ4	tsuaŋ1	tsuaŋ1	tsuaŋ1	tsuaŋ4	tshan4	tsuaŋ4 tshuaŋ3 口
开江	iaŋ4	iaŋ4	tsuaŋ1	tsuaŋ1	tsuaŋ1	tsuaŋ4	tsuaŋ4	tshuaŋ3
渠县	iaŋ4	iaŋ4	tsuaŋ1	tsuaŋ1	tsuaŋ1	tsuaŋ4	tsuaŋ4	tsuaŋ4 tshuaŋ3 口
宜宾	iaŋ4	iaŋ4	tsuaŋ1	tsuaŋ1	tsuaŋ1	tsuaŋ4	tsuaŋ4	tsuaŋ4 tshuaŋ3 口
古蔺	iaŋ4	iaŋ4	tsuaŋ1	tsuaŋ1	tsuaŋ1	tsuaŋ4	tsuaŋ4	tsuaŋ4 tshuaŋ3 口
长宁	iɛn4	iɛn4	tsuan1	tsuan1	tsuan1	tsuan4	tsuan4	tshuan3
顾县	iaŋ4	iaŋ4	tsuaŋ1	tsuaŋ1	tsuaŋ1	tsuaŋ4	tsuaŋ4	tsuaŋ4 tshuaŋ3 口
成都龙泉	iɔŋ4	iɔŋ4	tʂɔŋ1	tʂɔŋ1	tʂɔŋ1	tʂɔŋ4	tʂɔŋ4	tsɔŋ4 tshɔŋ3 口

① 又《广韵》都江切。　② 又宅江切，江开二澄江平。

字目	疮	创①创伤	窗	床	闯	创创造	霜	双
反切	初良	初良	楚江	士庄	初两	初亮	色庄	所江
声韵调	宕开三初阳平	宕开三初阳平	江开二江平	宕开三崇阳平	宕开三初阳上	宕开三初阳去	宕开三生阳平	江开二生江平
中古音	tʃhiɐŋ	tʃhiɐŋ	tʃhɣʌŋ	dʒiɐŋ	tʃhiɐŋ:	tʃhiɐŋ-	ʃiɐŋ	ʃɣʌŋ
广元	tʂhuaŋ1	tʂhuaŋ4 tʂhuaŋ1 新	tʂhuaŋ1	tʂhuaŋ2	tʂhuaŋ3	tʂhuaŋ4	ʂuaŋ1	ʂuaŋ1
平武	tshuaŋ1	tshuaŋ4	tshaŋ1 tshuaŋ1	tshuaŋ2	tshuaŋ3	tshuaŋ4	suaŋ1	suaŋ1
青川	tshuaŋ1	tshuaŋ4 tshuaŋ1 新	tshuaŋ1	tshuaŋ2	tshuaŋ3	tshuaŋ4	suaŋ1	suaŋ1
剑阁普安	tʂhuaŋ1	tʂhuaŋ4 tʂhuaŋ1 新	tʂhuaŋ1	tʂhuaŋ2	tʂhuaŋ3	tʂhuaŋ4	ʂuaŋ1	ʂuaŋ1
剑阁金仙	tʂhuaŋ1	tʂhuaŋ4 tʂhuaŋ1 新	tʂhuaŋ1	tʂhuaŋ2	tʂhuaŋ3	tʂhuaŋ4	ʂuaŋ1	ʂuaŋ1
旺苍	tʂhuaŋ1	tʂhuaŋ4 tʂhuaŋ1 新	tʂhuaŋ1	tʂhuaŋ2	tʂhuaŋ3	tʂhuaŋ4	ʂuaŋ1	ʂuaŋ1
苍溪	tʂhuaŋ1	tʂhuaŋ4 tʂhuaŋ1 新	tʂhaŋ1 tʂhuaŋ1 新	tʂhuaŋ2	tʂhuaŋ3	tʂhuaŋ4	ʂuaŋ1	ʂuaŋ1
江油	tshuaŋ1	tshuaŋ4	tshuaŋ1	tshuaŋ2	tshuaŋ3	tshuaŋ4	suaŋ1	suaŋ1
北川	tshuaŋ1	tshuaŋ4	tshuaŋ1	tshuaŋ2	tshuaŋ3	tshuaŋ4	suaŋ1	suaŋ1
绵阳	tshuaŋ1	tshuaŋ4	tshuaŋ1	tshuaŋ2	tshuaŋ3	tshuaŋ4	suaŋ1	suaŋ1
盐亭	tshuaŋ1	tshuaŋ4	tshuaŋ1	tshuaŋ2	tshuaŋ3	tshuaŋ4	suaŋ1	suaŋ1
德阳	tshuaŋ1	tshuaŋ4 tshuaŋ1 新	tshaŋ1 tshuaŋ1 新	tshuaŋ2	tshuaŋ3	tshuaŋ4	ʂuaŋ1	ʂuaŋ1
中江	tshuaŋ1	tshuaŋ4	tshuaŋ1	tsuaŋ2	tshuaŋ3	tshuaŋ4	suaŋ1	suaŋ1
射洪	tshuaŋ1	tshuaŋ4 tshuaŋ1 新	tshaŋ1 tshuaŋ1 新	tshuaŋ2	tshuaŋ3	tshuaŋ4	suaŋ1	suaŋ1
蓬溪	tshuaŋ1	tshuaŋ4 tshuaŋ1 新	tshaŋ1 tshuaŋ1 新	tshuaŋ2	tshuaŋ3	tshuaŋ4	suaŋ1	suaŋ1
遂宁	tshuaŋ1	tshuaŋ4 tshuaŋ1 新	tshaŋ1 tshuaŋ1 新	tshuaŋ2	tshuaŋ3	tshuaŋ4	suaŋ1	suaŋ1
乐至	tshuaŋ1	tshuaŋ3	tshaŋ1	tshuaŋ2	tshuaŋ3	tshuaŋ4	suaŋ1	suaŋ1
安岳	tshuaŋ1	tshuaŋ4	tshuaŋ1	tshuaŋ2	tshuaŋ3	tshuaŋ4	suaŋ1	suaŋ1
仪陇	tshuaŋ1	tshuaŋ4	tshuaŋ1	tshuaŋ2	tshuaŋ3	tshuaŋ4	suaŋ1	suaŋ1
西充	tshuaŋ1	tshuaŋ4	tshaŋ1	tshuaŋ2	tshuaŋ3	tshuaŋ4	tshuaŋ1	tshuaŋ1

① 又*楚亮切，宕开三初漾去。

字目	疮	创①创伤	窗	床	闯	创创造	霜	双
反切	初良	初良	楚江	士庄	初两	初亮	色庄	所江
声韵调	宕开三 初阳平	宕开三 初阳平	江开二 初江平	宕开三 崇阳平	宕开三 初阳上	宕开三 初阳去	宕开三 生阳平	江开二 生江平
中古音	tʃʰiɐŋ	tʃʰiɐŋ	tʃʰɣʌŋ	dʒiɐŋ	tʃʰiɐŋ:	tʃʰiɐŋ-	ʃiɐŋ	ʃɣʌŋ
蓬安	tshuaŋ1	tshuaŋ4	tshuaŋ1	tshuaŋ2	tshuaŋ3	tshuaŋ4	suaŋ1	suaŋ1
南充金台	tshuaŋ1	tshuaŋ4	tshan1	tshuaŋ2	tshuaŋ3	tshuaŋ4	suaŋ1	suaŋ1
南充龙蟠	tʂhuaŋ1	tʂhuaŋ4	tʂhan1 tʂhuaŋ1 新	tʂhuaŋ2	tʂhuaŋ3	tʂhuaŋ4	ʂuaŋ1	ʂuaŋ1
岳池	tshuaŋ1	tshuaŋ4	tshan1 tshuaŋ1 新	tshuaŋ2	tshuaŋ3	tshuaŋ4	suaŋ1	suaŋ1
广安	tshuaŋ1	tshuaŋ4	tshan1 tshuaŋ1 新	tshuaŋ2	tshuaŋ3	tshuaŋ4	suaŋ1	suaŋ1
邻水	tshuaŋ1	tshuaŋ4	tshan1 tshuaŋ1 新	tshuaŋ2	tshuaŋ3	tshuaŋ4	suaŋ1	suaŋ1
南江	tʂhuaŋ1	tʂhuaŋ4 tʂhuaŋ1 新	tʂhan1 tʂhuaŋ1 新	tʂhuaŋ2	tʂhuaŋ3	tʂhuaŋ4	ʂuaŋ1	ʂuaŋ1
巴中	tʂhuaŋ1	tʂhuaŋ4 tʂhuaŋ1 新	tʂhan1 tʂhuaŋ1 新	tʂhuaŋ2	tʂhuaŋ3	tʂhuaŋ4	ʂuaŋ1	ʂuaŋ1
通江	tʂhuaŋ1	tʂhuaŋ4 tʂhuaŋ1 新	tʂhan1 tʂhuaŋ1 新	tʂhuaŋ2	tʂhuaŋ3	tʂhuaŋ4	ʂuaŋ1	ʂuaŋ1
平昌	tʂhuaŋ1	tʂhuaŋ4 tʂhuaŋ1 新	tʂhan1 tʂhuaŋ1 新	tʂhuaŋ2	tʂhuaŋ3	tʂhuaŋ4	ʂuaŋ1	ʂuaŋ1
万源	tʂhuaŋ1	tʂhuaŋ4	tshan1 tshuaŋ1 新	tʂhuaŋ2	tʂhuaŋ3	tʂhuaŋ4	ʂuaŋ1	ʂuaŋ1
宣汉	tshan1	tshuaŋ4	tshuaŋ1	tshuaŋ2	tshuaŋ3	tshuaŋ4	suaŋ1	suaŋ1
达州	tshuaŋ1	tshuaŋ4	tshan1 tshuaŋ1 新	tshuaŋ2	tshuaŋ3	tshuaŋ4	suaŋ1	suaŋ1
开江	tshuaŋ1	tshuaŋ4	tshuaŋ1	tshuaŋ2	tshuaŋ3	tshuaŋ4	suaŋ1	suaŋ1
渠县	tshuaŋ1	tshuaŋ4	tshan1 tshuaŋ1 新	tshuaŋ2	tshuaŋ3	tshuaŋ4	suaŋ1	suaŋ1
宜宾	tshuaŋ1	tshuaŋ4 tshuaŋ1 新	tshan1 tshuaŋ1 新	tshuaŋ2	tshuaŋ3	tshuaŋ4	suaŋ1	suaŋ1
古蔺	tshuaŋ1	tshuaŋ4 tshuaŋ1 新	tshan1 tshuaŋ1 新	tshuaŋ2	tshuaŋ3	tshuaŋ4	suaŋ1	suaŋ1
长宁	tshuan1	tshuan4	tshan1	tshuan2	tshuan3	tshuan4	suan1	suan1
顾县	tshuaŋ1	tshuaŋ4 tshuaŋ1 新	tshan1	tshuaŋ2	tshuaŋ3	tshuaŋ4	suaŋ1	suaŋ1
成都龙泉	tshɔŋ1	tshɔŋ4 tshɔŋ1 新	tshɔŋ1	tshɔŋ2	tshɔŋ3	tshɔŋ4	sɔŋ1	sɔŋ1

① 又*楚亮切，宕开三初漾去。

字目	爽	双双生	光	广	筐	框	狂	旷
反切	疏两	朔降	古黄	古晃	去王	去王	巨王	苦谤
声韵调	宕开三 生阳上	江开二 生江去	宕合一 见唐平	宕合一 见唐上	宕合三 溪阳平	宕合三 溪阳平	宕合三 群阳平	宕合一 溪唐去
中古音	ʃiɐŋ:	ʃɣʌŋ-	kwaŋ	kwaŋ:	khuɐŋ	khuɐŋ	ɡuɐŋ	khwaŋ-
广元	ʂuaŋ3	ʂuaŋ1	kuaŋ1 kuaŋ4 口	kuaŋ3	khuaŋ1	khuaŋ1	khuaŋ2	khuaŋ4
平武	suaŋ3	suaŋ1	kuaŋ1	kuaŋ3	khuaŋ1	khuaŋ1	khuaŋ2	khuaŋ4
青川	suaŋ3	suaŋ1	kuaŋ1 kuaŋ4 口	kuaŋ3	khuaŋ1	khuaŋ1	khuaŋ2	khuaŋ4
剑阁普安	ʂuaŋ3	ʂuaŋ1	kuaŋ1 kuaŋ4 口	kuaŋ3	khuaŋ1	khuaŋ1	khuaŋ2	khuaŋ4
剑阁金仙	ʂuaŋ3	ʂuaŋ1	kuaŋ1 kuaŋ4 口	kuaŋ3	khuaŋ1	khuaŋ1	khuaŋ2	khuaŋ4
旺苍	ʂuaŋ3	ʂuaŋ1	kuaŋ1 kuaŋ4 口	kuaŋ3	khuaŋ1	khuaŋ1	khuaŋ2	khuaŋ4
苍溪	ʂuaŋ3	ʂuaŋ1	kuaŋ1 kuaŋ4 口	kuaŋ3	khuaŋ1	khuaŋ1	khuaŋ2	khuaŋ4
江油	suaŋ3	suaŋ1	kuaŋ1	kuaŋ3	khuaŋ1	khuaŋ1	khuaŋ2	khuaŋ4
北川	suaŋ3	suaŋ1	kuaŋ1	kuaŋ3	khuaŋ1	khuaŋ1	khuaŋ2	khuaŋ4
绵阳	suaŋ3	suaŋ1	kuaŋ1	kuaŋ3	khuaŋ1	khuaŋ1	khuaŋ2	khuaŋ4
盐亭	suaŋ3	suaŋ1	kuaŋ1	kuaŋ3	khuaŋ1	khuaŋ1	khuaŋ2	khuaŋ4
德阳	ʂuaŋ3	suaŋ1	kuaŋ1 kuaŋ4 口	kuaŋ3	khuaŋ1	khuaŋ1 tɕhiaŋ1 口	khuaŋ2	khuaŋ4
中江	suaŋ3	suaŋ1	kuaŋ1	kuaŋ3	khuaŋ1	khuaŋ1	kuaŋ2	khuaŋ4
射洪	suaŋ3	suaŋ1	kuaŋ1 kuaŋ4 口	kuaŋ3	khuaŋ1	khuaŋ1 tɕhiaŋ1 口	khuaŋ2	khuaŋ4
蓬溪	suaŋ3	suaŋ1	kuaŋ1 kuaŋ4 口	kuaŋ3	khuaŋ1	khuaŋ1 tɕhiaŋ1 口	khuaŋ2	khuaŋ4
遂宁	suaŋ3	suaŋ1	kuaŋ1 kuaŋ4 口	kuaŋ3	khuaŋ1	khuaŋ1 tɕhiaŋ1 口	khuaŋ2	khuaŋ4
乐至	saŋ3	suaŋ1	kuaŋ1	kuaŋ3	khuaŋ1	khuaŋ1	khuaŋ2	khuaŋ4
安岳	suaŋ3	suaŋ1	kuaŋ1	kuaŋ3	khuaŋ1	khuaŋ1	khuaŋ2	khuaŋ4
仪陇	suaŋ3	suaŋ1	kuaŋ1	kuaŋ3	khuaŋ1	khuaŋ1	khuaŋ2	khuaŋ4
西充	suaŋ3	suaŋ1	kuaŋ1	kuaŋ3	khuaŋ1	khuaŋ1	khuaŋ2	khuaŋ4

字目	爽	双双生	光	广	筐	框	狂	旷
反切	疏两	朔降	古黄	古晃	去王	去王	巨王	苦谤
声韵调	宕开三生阳上	江开二生江去	宕合一见唐平	宕合一见唐上	宕合三溪阳平	宕合三溪阳平	宕合三群阳平	宕合一溪唐去
中古音	ʃiɐŋ:	ʃɣʌŋ-	kwɑŋ	kwɑŋ:	khuɐŋ	khuɐŋ	guɐŋ	khwɑŋ-
蓬安	suaŋ3	suaŋ1	kuaŋ1	kuaŋ3	khuaŋ1	khuaŋ1	khuaŋ2	khuaŋ4
南充金台	suaŋ3	suaŋ1	kuaŋ1 kuaŋ4 口	kuaŋ3	khuaŋ1	khuaŋ1	khuaŋ2	khuaŋ4
南充龙蟠	ʂuaŋ3	ʂuaŋ1	kuaŋ1	kuaŋ3	khuaŋ1	khuaŋ1	khuaŋ2	khuaŋ4
岳池	suaŋ3	suaŋ1	kuaŋ1	kuaŋ3	tɕhiaŋ1	khuaŋ1 tɕhiaŋ1 口	khuaŋ2	khuaŋ4
广安	suaŋ3	suaŋ1	kuaŋ1	kuaŋ3	tɕhiaŋ1	khuaŋ1 tɕhiaŋ1 口	khuaŋ2	khuaŋ4
邻水	suaŋ3	suaŋ1	kuaŋ1	kuaŋ3	tɕhiaŋ1	khuaŋ1 tɕhiaŋ1 口	khuaŋ2	khuaŋ4
南江	ʂuaŋ3	ʂuaŋ1	kuaŋ1 kuaŋ4 口	kuaŋ3	khuaŋ1	khuaŋ1	khuaŋ2	khuaŋ4
巴中	ʂuaŋ3	ʂuaŋ1	kuaŋ1 kuaŋ4 口	kuaŋ3	khuaŋ1 tɕhiaŋ1 口	khuaŋ1	khuaŋ2	khuaŋ4
通江	ʂuaŋ3	ʂuaŋ1	kuaŋ1 kuaŋ4 口	kuaŋ3	khuaŋ1	khuaŋ1	khuaŋ2	khuaŋ4
平昌	ʂuaŋ3	suaŋ1	kuaŋ1 kuaŋ4 口	kuaŋ3	khuaŋ1	khuaŋ1	khuaŋ2	khuaŋ4
万源	ʂuaŋ3	ʂuaŋ1	kuaŋ1 kuaŋ4 口	kuaŋ3	khuaŋ1	khuaŋ1 tɕhiaŋ1 口	khuaŋ2	khuaŋ4
宣汉	suaŋ3	suaŋ1	kuaŋ1	kuaŋ3	khuaŋ1	khuaŋ1 tɕhiaŋ1 口	khuaŋ2	khuaŋ4
达州	suaŋ3	suaŋ1	kuaŋ1 kuaŋ4 口	kuaŋ3	khuaŋ1	khuaŋ1 tɕhiaŋ1 口	khuaŋ2	khuaŋ4
开江	suaŋ3	suaŋ1	kuaŋ1 kuaŋ4 口	kuaŋ3	khuaŋ1	khuaŋ1 tɕhiaŋ1 口	khuaŋ2	khuaŋ4
渠县	suaŋ3	suaŋ1	kuaŋ1 kuaŋ4 口	kuaŋ3	khuaŋ1	khuaŋ1 tɕhiaŋ1 口	khuaŋ2	khuaŋ4
宜宾	suaŋ3 saŋ3 旧	suaŋ1	kuaŋ1 kuaŋ4 口	kuaŋ3	khuaŋ1 tɕhiaŋ1 口	khuaŋ1	khuaŋ2	khuaŋ4
古蔺	suaŋ3	suaŋ1	kuaŋ1 kuaŋ4 口	kuaŋ3	khuaŋ1 tɕhiaŋ1 口	khuaŋ1 tɕhiaŋ1 口	khuaŋ2	khuaŋ4
长宁	suan3	suan1	kuan4	kuan3	tɕhiɛn1	tɕhiɛn1	khuan2	khuan4
顾县	suaŋ3	suaŋ1	kuaŋ1 kuaŋ4 口	kuaŋ3	khuaŋ1	khuaŋ1	khuaŋ2	khuaŋ4
成都龙泉	sɔŋ3	sɔŋ1	kɔŋ1 kɔŋ4 口	kɔŋ3	khɔŋ1	khɔŋ1	khɔŋ2	khɔŋ4

字目	况	矿	荒	*慌	黄	簧	皇	蝗
反切	许访	古猛	呼光	*呼光	胡光	胡光	胡光	胡光
声韵调	宕合三晓阳去	梗合二见庚上	宕合一晓唐平	宕合一晓唐平	宕合一匣唐平	宕合一匣唐平	宕合一匣唐平	宕合一匣唐平
中古音	hiɐŋ-	kwɣæŋ:	hwaŋ	hwaŋ	ɦwaŋ	ɦwaŋ	ɦwaŋ	ɦwaŋ
广元	khuaŋ4	khuaŋ4	xuaŋ1	xuaŋ1	xuaŋ2	xuaŋ2	xuaŋ2	xuaŋ2
平武	khuaŋ4	khuaŋ4	xuaŋ1	xuaŋ1	xuaŋ2	xuaŋ2	xuaŋ2	xuaŋ2
青川	khuaŋ4	khuaŋ4	xuaŋ1	xuaŋ1	xuaŋ2	xuaŋ2	xuaŋ2	xuaŋ2
剑阁普安	khuaŋ4	khuaŋ4	xuaŋ1	xuaŋ1	xuaŋ2	xuaŋ2	xuaŋ2	xuaŋ2
剑阁金仙	khuaŋ4	khuaŋ4	xuaŋ1	xuaŋ1	xuaŋ2	xuaŋ2	xuaŋ2	xuaŋ2
旺苍	khuaŋ4	khuaŋ4	xuaŋ1	xuaŋ1	xuaŋ2	xuaŋ2	xuaŋ2	xuaŋ2
苍溪	khuaŋ4	khuaŋ4	xuaŋ1	xuaŋ1	xuaŋ2	xuaŋ2	xuaŋ2	xuaŋ2
江油	khuaŋ4	khuaŋ4	xuaŋ1	xuaŋ1	xuaŋ2	xuaŋ2	xuaŋ2	xuaŋ2
北川	khuaŋ4	khuaŋ4	xuaŋ1	xuaŋ1	xuaŋ2	xuaŋ2	xuaŋ2	xuaŋ2
绵阳	khuaŋ4	khuaŋ4	xuaŋ1	xuaŋ1	xuaŋ2	xuaŋ2	xuaŋ2	xuaŋ2
盐亭	khuaŋ4	khuaŋ4	xuaŋ1	xuaŋ1	xuaŋ2	xuaŋ2	xuaŋ2	xuaŋ2
德阳	khuaŋ4	khuaŋ4	xuaŋ1	xuaŋ1	xuaŋ2	xuaŋ2	xuaŋ2	xuaŋ2
中江	khuaŋ4	khuaŋ4	faŋ1	faŋ1	xuaŋ2	xuaŋ2	uaŋ2	uaŋ2
射洪	khuaŋ4	khuaŋ4	faŋ1	faŋ1	faŋ2	faŋ2	faŋ2	faŋ2
蓬溪	khuaŋ4	khuaŋ4	xuaŋ1	xuaŋ1	xuaŋ2	xuaŋ2	xuaŋ2	xuaŋ2
遂宁	khuaŋ4	khuaŋ4	faŋ1	faŋ1	faŋ2	faŋ2	faŋ2	faŋ2
乐至	khuaŋ4	khuaŋ4	faŋ1	faŋ1	faŋ2	faŋ2	faŋ2	faŋ2
安岳	khuaŋ4	khuaŋ4	xuaŋ1	xuaŋ1	xuaŋ2	xuaŋ2	xuaŋ2	xuaŋ2
仪陇	khuaŋ4	khuaŋ4	faŋ1	faŋ1	faŋ2	faŋ2	faŋ2	faŋ2
西充	khuaŋ4	khuaŋ4	xuaŋ1	xuaŋ1	xuaŋ2	xuaŋ2	xuaŋ2	xuaŋ2

字目	况	矿	荒	*慌	黄	簧	皇	蝗
反切	许访	古猛	呼光	*呼光	胡光	胡光	胡光	胡光
声韵调	宕合三晓阳去	梗合二见庚上	宕合一晓唐平	宕合一晓唐平	宕合一匣唐平	宕合一匣唐平	宕合一匣唐平	宕合一匣唐平
中古音	hiɐŋ-	kwɣæŋ:	hwaŋ	hwaŋ	ɦwaŋ	ɦwaŋ	ɦwaŋ	ɦwaŋ
蓬安	khuaŋ4	khuaŋ4	faŋ1	faŋ1	faŋ2	faŋ2	faŋ2	faŋ2
南充金台	khuaŋ4	khuaŋ4	xuaŋ1	xuaŋ1	xuaŋ2	xuaŋ2	xuaŋ2	xuaŋ2
南充龙蟠	khuaŋ4	khuaŋ4	xuaŋ1	xuaŋ1	xuaŋ2	xuaŋ2	xuaŋ2	xuaŋ2
岳池	khuaŋ4	khuaŋ4	xuaŋ1	xuaŋ1	xuaŋ2	xuaŋ2	xuaŋ2	xuaŋ2
广安	khuaŋ4	khuaŋ4	xuaŋ1	xuaŋ1	xuaŋ2	xuaŋ2	xuaŋ2	xuaŋ2
邻水	khuaŋ4	khuaŋ4	xuaŋ1	xuaŋ1	xuaŋ2	xuaŋ2	xuaŋ2	xuaŋ2
南江	khuaŋ4	khuaŋ4	xuaŋ1	xuaŋ1	xuaŋ2	xuaŋ2	xuaŋ2	xuaŋ2
巴中	khuaŋ4	khuaŋ4	xuaŋ1	xuaŋ1	xuaŋ2	xuaŋ2	xuaŋ2	xuaŋ2
通江	khuaŋ4	khuaŋ4	xuaŋ1	xuaŋ1	xuaŋ2	xuaŋ2	xuaŋ2	xuaŋ2
平昌	khuaŋ4	khuaŋ4	xuaŋ1	xuaŋ1	xuaŋ2	xuaŋ2	xuaŋ2	xuaŋ2
万源	khuaŋ4	khuaŋ4	xuaŋ1	xuaŋ1	xuaŋ2	xuaŋ2	xuaŋ2	xuaŋ2
宣汉	khuaŋ4	khuaŋ4	xuaŋ1	xuaŋ1	xuaŋ2	xuaŋ2	xuaŋ2	xuaŋ2
达州	khuaŋ4	khuaŋ4	faŋ1	xuaŋ1	xuaŋ2	xuaŋ2	xuaŋ2	xuaŋ2
开江	khuaŋ4	khuaŋ4	xuaŋ1	xuaŋ1	xuaŋ2	xuaŋ2	xuaŋ2	xuaŋ2
渠县	khuaŋ4	khuaŋ4	xuaŋ1	xuaŋ1	xuaŋ2	xuaŋ2	xuaŋ2	xuaŋ2
宜宾	khuaŋ4	khuaŋ4	xuaŋ1	xuaŋ1	xuaŋ2	xuaŋ2	xuaŋ2	xuaŋ2
古蔺	khuaŋ4	khuaŋ4	xuaŋ1	xuaŋ1	xuaŋ2	xuaŋ2	xuaŋ2	xuaŋ2
长宁	khuan4	khuan4	xuan1	xuan1	xuan2	xuan2	xuan2	xuan2
顾县	khuaŋ4	khuaŋ4	faŋ1	faŋ1	faŋ2	faŋ2	faŋ2	faŋ2
成都龙泉	khɔŋ4	kɔŋ4	fɔŋ1	fɔŋ1	vɔŋ2	vaŋ2	vaŋ2	vaŋ2

字目	谎	*恍	晃晃眼	晃摇晃	汪	亡	王	网
反切	呼晃	*虎恍	胡广		乌光	武方	雨方	文两
声韵调	宕合一晓唐上	宕合一晓唐上	宕合一匣唐上	宕合一匣唐上	宕合一影唐平	宕合三微阳平	宕合三云阳平	宕合三微阳上
中古音	hwaŋ:	hwaŋ:	ɦwaŋ:	ɦwaŋ:	ʔwaŋ	mʉɐŋ	ɦʉaŋ	mʉɐŋ:
广元	xuaŋ3	xuaŋ3	xuaŋ3	xuaŋ4	uaŋ1	uaŋ2	uaŋ2	uaŋ3
平武	xuaŋ3	xuaŋ3	xuaŋ3	xuaŋ3	uaŋ1	uaŋ2	uaŋ2	uaŋ3
青川	xuaŋ3	xuaŋ3	xuaŋ3	xuaŋ4	uaŋ1	uaŋ2	uaŋ2	uaŋ3
剑阁普安	xuaŋ3	xuaŋ3	xuaŋ3 xuaŋ4	xuaŋ4	uaŋ1	uaŋ2	uaŋ2	uaŋ3
剑阁金仙	xuaŋ3	xuaŋ3	xuaŋ3	xuaŋ4	uaŋ1	uaŋ2	uaŋ2	uaŋ3
旺苍	xuaŋ3	xuaŋ3	xuaŋ3 xuaŋ4	xuaŋ4	uaŋ1	uaŋ2	uaŋ2	uaŋ3
苍溪	xuaŋ3	xuaŋ3	xuaŋ3	xuaŋ3 xuaŋ4	uaŋ1	uaŋ2	uaŋ2	uaŋ3
江油	xuaŋ3	xuaŋ3	xuaŋ3	xuaŋ3	uaŋ1	uaŋ2	uaŋ2	uaŋ3
北川	xuaŋ3	xuaŋ3	xuaŋ3	xuaŋ3	uaŋ1	uaŋ2	uaŋ2	uaŋ3
绵阳	xuaŋ3	xuaŋ3	xuaŋ3	xuaŋ3	uaŋ1	uaŋ2	uaŋ2	uaŋ3
盐亭	xuaŋ3	xuaŋ3	xuaŋ3	xuaŋ3	uaŋ1	uaŋ2	uaŋ2	uaŋ3
德阳	xuaŋ3	xuaŋ3	xuaŋ3	xuaŋ3	uaŋ1	uaŋ2	uaŋ2	uaŋ3
中江	xuaŋ3	xuaŋ3	xuaŋ3	xuaŋ3	uaŋ1	uaŋ2	uaŋ2	uaŋ3
射洪	faŋ3	faŋ3	faŋ3	faŋ3	uaŋ1	uaŋ2	uaŋ2	uaŋ3
蓬溪	xuaŋ3	xuaŋ3	xuaŋ3	xuaŋ3	uaŋ1	uaŋ2	uaŋ2	uaŋ3
遂宁	faŋ3	faŋ3	faŋ3	faŋ3	uaŋ1	uaŋ2	uaŋ2	uaŋ3
乐至	faŋ3	faŋ3	faŋ4	faŋ4	uaŋ1	uaŋ2	uaŋ2	uaŋ3
安岳	xuaŋ3	xuaŋ3	xuaŋ3	xuaŋ3	uaŋ1	uaŋ2	uaŋ2	uaŋ3
仪陇	faŋ3	xuaŋ3	faŋ3	faŋ3	uaŋ1	uaŋ2	uaŋ2	uaŋ3
西充	xuaŋ3	xuaŋ3	xuaŋ3	xuaŋ4	uaŋ1	uaŋ2	uaŋ2	uaŋ3

字目	谎	*恍	晃_{晃眼}	晃_{摇晃}	汪	亡	王	网
反切	呼晃	*虎恍	胡广		乌光	武方	雨方	文两
声韵调	宕合一 晓唐上	宕合一 晓唐上	宕合一 匣唐上	宕合一 匣唐上	宕合一 影唐平	宕合三 微阳平	宕合三 云阳平	宕合三 微阳上
中古音	hwaŋ:	hwaŋ:	ɦwaŋ:	ɦwaŋ:	ʔwaŋ	mʉaŋ	ɦʉaŋ	mʉaŋ:
蓬安	faŋ3	faŋ3	faŋ3	faŋ3	uaŋ1	uaŋ2	uaŋ2	uaŋ3
南充_{金台}	xuaŋ3	xuaŋ3	xuaŋ3	xuaŋ4	uaŋ1	uaŋ2	uaŋ2	uaŋ3
南充_{龙蟠}	xuaŋ3	xuaŋ3	xuaŋ3	xuaŋ4	uaŋ1	uaŋ2	uaŋ2	uaŋ3
岳池	xuaŋ3	xuaŋ3	xuaŋ4	xuaŋ4	uaŋ1	uaŋ2	uaŋ2	uaŋ3
广安	xuaŋ3	xuaŋ3	xuaŋ3	xuaŋ4	uaŋ1	uaŋ2	uaŋ2	uaŋ3
邻水	xuaŋ3	xuaŋ3	xuaŋ4	xuaŋ4	uaŋ1	uaŋ2	uaŋ2	uaŋ3
南江	xuaŋ3	xuaŋ3	xuaŋ3	xuaŋ3 xuaŋ4	uaŋ1	uaŋ2	uaŋ2	uaŋ3
巴中	xuaŋ3	xuaŋ3	xuaŋ3	xuaŋ3 xuaŋ4	uaŋ1	uaŋ2	uaŋ2	uaŋ3
通江	xuaŋ3	xuaŋ3	xuaŋ3	xuaŋ4	uaŋ1	uaŋ2	uaŋ2	uaŋ3
平昌	xuaŋ3	xuaŋ3	xuaŋ3	xuaŋ3 xuaŋ4	uaŋ1	uaŋ2	uaŋ2	uaŋ3
万源	xuaŋ3	xuaŋ3	xuaŋ3	xuaŋ3	uaŋ1	uaŋ2	uaŋ2	uaŋ3
宣汉	xuaŋ3	xuaŋ3	xuaŋ3	xuaŋ3	uaŋ1	uaŋ2	uaŋ2	uaŋ3
达州	xuaŋ3	xuaŋ3	xuaŋ3	xuaŋ3	uaŋ1	uaŋ2	uaŋ2	uaŋ3
开江	xuaŋ3	xuaŋ3	xuaŋ3	xuaŋ3	uaŋ1	uaŋ2	uaŋ2	uaŋ3
渠县	xuaŋ3	xuaŋ3	xuaŋ3	xuaŋ3	uaŋ1	uaŋ2	uaŋ2	uaŋ3
宜宾	xuaŋ3	xuaŋ3	xuaŋ4 xuaŋ3	xuaŋ4	uaŋ1	uaŋ2	uaŋ2	uaŋ3
古蔺	xuaŋ3	xuaŋ3	xuaŋ3	xuaŋ3	uaŋ1	uaŋ2	uaŋ2	uaŋ3
长宁	xuan3	xuan3	xuan4	xuan4	uan1	uan2	uan2	uan3
顾县	faŋ3	faŋ3	faŋ3	faŋ4	uaŋ1	uaŋ2	uaŋ2	uaŋ3
成都_{龙泉}	foŋ3	foŋ3	foŋ3	foŋ3	voŋ1	voŋ2 moŋ2 旧	voŋ2	voŋ3

字目	枉	往	忘①	望	旺	崩	绷_{绷紧}	迸
反切	纡往	于两	巫放	巫放	于放	北滕	北萌	北诤
声韵调	宕合三影阳上	宕合三云阳上	宕合三微阳去	宕合三微阳去	宕合三云阳去	曾开一帮登平	梗开二帮耕平	梗开二帮耕去
中古音	ʔuɑŋ:	ɦiuɑŋ:	muɐŋ-	muɐŋ-	ɦiuɑŋ-	pəŋ	pɣɛŋ	pɣɛŋ-
广元	uaŋ3	uaŋ3	uaŋ4 uaŋ2	uaŋ4	uaŋ4	poŋ1	poŋ1	poŋ4
平武	uaŋ2	uaŋ3	uaŋ4	uaŋ4	uaŋ4	pen1	pen1	poŋ4
青川	uaŋ3	uaŋ3	uaŋ4 uaŋ2	uaŋ4	uaŋ4	pen1	pen1	pin4 俗
剑阁_{普安}	uaŋ3	uaŋ3	uaŋ4 uaŋ2	uaŋ4	uaŋ4	poŋ1	poŋ1	pin4 俗
剑阁_{金仙}	uaŋ3	uaŋ3	uaŋ4 uaŋ2	uaŋ4	uaŋ4	poŋ1	poŋ1	pin4 俗
旺苍	uaŋ3	uaŋ3	uaŋ4 uaŋ2	uaŋ4	uaŋ4	pen1	poŋ1	poŋ4
苍溪	uaŋ3	uaŋ3	uaŋ2 uaŋ4	uaŋ4	uaŋ4	pen1 poŋ1	pəŋ1 pen1 口	pəŋ4 pin4 俗
江油	uaŋ1	uaŋ3	uaŋ2	uaŋ4	uaŋ4	pen1	poŋ1	pin4
北川	uaŋ1	uaŋ3	uaŋ2	uaŋ4	uaŋ4	pen1	pen1	poŋ4
绵阳	uaŋ1	uaŋ3	uaŋ4	uaŋ4	uaŋ4	pen1	pen1	poŋ4
盐亭	uaŋ3	uaŋ3	uaŋ4	uaŋ4	uaŋ4	pen1	pen1	phin4 俗
德阳	uaŋ3	uaŋ3	uaŋ2	uaŋ4	uaŋ4		poŋ1 pen1 口	poŋ4 pin4 俗
中江	uaŋ3	uaŋ3	uaŋ2	uaŋ4	uaŋ4	pen1	poŋ1	poŋ4 pin4 俗
射洪	uaŋ3	uaŋ3	uaŋ2	uaŋ4	uaŋ4	pen1	poŋ1 pen1 口	poŋ4 pin4 俗
蓬溪	uaŋ3	uaŋ3	uaŋ2	uaŋ4	uaŋ4	pen1	poŋ1 pen1 口	poŋ4 pin4 俗
遂宁	uaŋ3	uaŋ3	uaŋ2	uaŋ4	uaŋ4	poŋ1	poŋ1 pen1 口	poŋ4 pin4 俗
乐至	uaŋ3	uaŋ3	uaŋ2	uaŋ4	uaŋ4	pen1	pen1	pin4 俗
安岳	uaŋ3	uaŋ3	uaŋ2	uaŋ4	uaŋ4	pen1	pen1	pin4 俗
仪陇	uaŋ4	uaŋ3	uaŋ4	uaŋ4	uaŋ4	pen1	pen1	poŋ4
西充	uaŋ2	uaŋ3	uaŋ2	uaŋ4	uaŋ4	pen1	pen1	poŋ4

① 又武方切，宕合三微阳平。

字目	枉	往	忘①	望	旺	崩	绷_{绷紧}	迸
反切	纡往	于两	巫放	巫放	于放	北滕	北萌	北诤
声韵调	宕合三 影阳上	宕合三 云阳上	宕合三 微阳去	宕合三 微阳去	宕合三 云阳去	曾开一 帮登平	梗开二 帮耕平	梗开二 帮耕去
中古音	ʔuɐŋ:	ɦuɐŋ:	muɐŋ⁻	muɐŋ⁻	ɦuɐŋ⁻	pəŋ	pɣɛŋ	pɣɛŋ⁻
蓬安	uaŋ3	uaŋ3	uaŋ2	uaŋ4	uaŋ4	pen1	pen1	pin4 俗
南充金台	uaŋ1	uaŋ3	uaŋ4	uaŋ4	uaŋ4	pen1	pen1	poŋ4
南充龙蟠	uaŋ2	uaŋ3	uaŋ4	uaŋ4	uaŋ4	pen1	poŋ1	poŋ4
岳池	uaŋ3	uaŋ3	uaŋ2	uaŋ4	uaŋ4	pen1	pen1	pin4 俗
广安	uaŋ3	uaŋ3	uaŋ2	uaŋ4	uaŋ4	pen1	poŋ1	pen1
邻水	uaŋ3	uaŋ3	uaŋ2	uaŋ4	uaŋ4	pen1	pen1	poŋ4
南江	uaŋ3	uaŋ3	uaŋ2 uaŋ4	uaŋ4	uaŋ4	pen1 poŋ1	poŋ1 pen1 口	poŋ4 pin4 俗
巴中	uaŋ3	uaŋ3	uaŋ2 uaŋ4	uaŋ4	uaŋ4	pen1 poŋ1	poŋ1 pen1 口	poŋ4 pin4 俗
通江	uaŋ3	uaŋ3	uaŋ2 uaŋ4	uaŋ4	uaŋ4	pen1 poŋ1	pəŋ1 pen1 口	poŋ4 pin4 俗
平昌	uaŋ3	uaŋ3	uaŋ2 uaŋ4	uaŋ4	uaŋ4	pen1 poŋ1	poŋ1 pen1 口	poŋ4 pin4 俗
万源	uaŋ1	uaŋ3	uaŋ2	uaŋ4	uaŋ4	pen1	pen1	pen4 pin4 俗
宣汉	uaŋ1	uaŋ3	uaŋ2	uaŋ4	uaŋ4	poŋ1	poŋ1 pen1	phin4 俗 pin4 俗
达州	uaŋ1	uaŋ3	uaŋ2	uaŋ4	uaŋ4	poŋ1	poŋ1 pen1	tɕin4 俗 pin4 俗
开江	uaŋ1	uaŋ3	uaŋ2	uaŋ4	uaŋ4	poŋ1	poŋ1 pen1	pen4 pin4 俗
渠县	uaŋ3	uaŋ3	uaŋ2	uaŋ4	uaŋ4	pen1	poŋ1 pen1	pin4
宜宾	uaŋ3	uaŋ3	uaŋ2 uaŋ4	uaŋ4	uaŋ4	pen1 poŋ1	pen1 口 poŋ1	pin4 俗 poŋ4
古蔺	uaŋ3	uaŋ3	uaŋ2 uaŋ4	uaŋ4	uaŋ4	pen1 poŋ1	poŋ1 pen1 口	poŋ4 pin4 俗
长宁	uan3	uan3	uan4	uan4	uan4	pen1	pen1	无
顾县	uaŋ2	uaŋ3	uaŋ2 uaŋ4	uaŋ4	uaŋ4	pen1	pen1	poŋ4
成都龙泉	voŋ2	voŋ1	moŋ4	moŋ4	voŋ4	pen1 poŋ1	poŋ1 pen1 口	poŋ4 pin4 俗

---

① 又武方切，宕合三微阳平。

字目	*烹①	朋	鹏	彭	膨	棚②	篷	蓬蓬勃
反切	*披庚	步崩	步崩	薄庚	薄庚	薄萌	薄红	薄红
声韵调	梗开二 滂庚平	曾开一 並登平	曾开一 並登平	梗开二 並庚平	梗开二 並庚平	梗开二 並耕平	通合一 並东平	通合一 並东平
中古音	phɣæŋ	bəŋ	bəŋ	bɣæŋ	bɣæŋ	bɣɛŋ	buŋ	buŋ
广元	phen1	phoŋ2	phoŋ2	phen2	phen2	phoŋ2	phoŋ2	phoŋ2
平武	phen1	phoŋ2	phoŋ2	phən2	phən2	phoŋ2	phoŋ2	phoŋ2
青川	phen1	phoŋ2	phoŋ2	phen2	phen2	phen2 phoŋ2	phoŋ2	phoŋ2
剑阁普安	phen1	phoŋ2	phoŋ2	phen2	phen2	phoŋ2	phoŋ2	phoŋ2
剑阁金仙	phen1	phoŋ2	phoŋ2	phen2	phen2	phoŋ2	phoŋ2	phoŋ2
旺苍	phen1	phoŋ2	phoŋ2	phen2	phen2	phoŋ2	phoŋ2	phoŋ2
苍溪	phoŋ1 phen1 口	phəŋ2	phəŋ2	phen2	phen2	phəŋ2	phəŋ2	phəŋ2
江油	phen1	phoŋ2	phoŋ2	phən2	phən2	phoŋ2	phoŋ2	phoŋ2
北川	phen1	phoŋ2	phoŋ2	phən2	phən2	phoŋ2	phoŋ2	phoŋ2
绵阳	phoŋ1	phoŋ2	phoŋ2	phen2	phen2	phoŋ2	phoŋ2	phoŋ2
盐亭	phen1	phəŋ2	phəŋ2	phen2	phen2	phəŋ2	phəŋ2	phəŋ2
德阳	phoŋ1 phen1 口	phoŋ2	phoŋ2	phen2	phen2	phoŋ2	phoŋ2	phoŋ2
中江	phen1	poŋ2	poŋ2	phen2	pen2	phoŋ2	poŋ2	phoŋ2
射洪	phoŋ1 phen1 口	phoŋ2	phoŋ2	phen2	phen2	phoŋ2	phoŋ2	phoŋ2
蓬溪	phoŋ1 phen1 口	phoŋ2	phoŋ2	phen2	phen2	phoŋ2	phoŋ2	phoŋ2
遂宁	phoŋ1 phen1 口	phoŋ2	phoŋ2	phen2	phen2	phoŋ2	phoŋ2	phoŋ2
乐至	phoŋ1 phen1 口	phoŋ2	phoŋ2	phen2	phen2	phoŋ2	phoŋ2	phoŋ2
安岳	phen1	phoŋ2	phoŋ2	phen2	phen2	phoŋ2	phoŋ2	phoŋ2
仪陇	phen1	phoŋ2	phoŋ2	phen2	phen2	phoŋ2	phoŋ2	phoŋ2
西充	phen1	phoŋ2	phoŋ2	phen2	phen2	phoŋ2	phoŋ2	phoŋ2

① 《广韵》"亨"，抚庚切，煮也，俗作烹。 ② 又薄庚切，梗开二並庚平；又步崩切，曾开一並登平。

字目	*烹①	朋	鹏	彭	膨	棚②	篷	蓬蓬勃
反切	*披庚	步崩	步崩	薄庚	薄庚	薄萌	薄红	薄红
声韵调	梗开二 滂庚平	曾开一 並登平	曾开一 並登平	梗开二 並庚平	梗开二 並庚平	梗开二 並耕平	通合一 並东平	通合一 並东平
中古音	phɣæŋ	bəŋ	bəŋ	bɣæŋ	bɣæŋ	bɣɛŋ	buŋ	buŋ
蓬安	phen1	phoŋ2	phoŋ2	phen2	phen2	phoŋ2	phoŋ2	phoŋ2
南充金台	phen1	phoŋ2	phoŋ2	phen2	phen2	phoŋ2	phoŋ2	phoŋ2
南充龙蟠	phoŋ1	phoŋ2	phoŋ2	phen2	phen2	phoŋ2	phoŋ2	phoŋ2
岳池	phoŋ1 phen1 口	phoŋ2	phoŋ2	phen2	phen2	phoŋ2	phoŋ2	phoŋ2
广安	phoŋ1 phen1 口	phoŋ2	phoŋ2	phen2	phen2	phoŋ2	phoŋ2	phoŋ2
邻水	phoŋ1 phen1 口	phoŋ2	phoŋ2	phen2	phen2	phoŋ2	phoŋ2	phoŋ2
南江	phoŋ1 phen1 口	phəŋ2	phəŋ2	phen2	phen2	phəŋ2	phəŋ2	phəŋ2
巴中	phoŋ1 phen1 口	phəŋ2	phəŋ2	phen2	phen2	phəŋ2	phəŋ2	phəŋ2
通江	phəŋ1 phen1 口	phəŋ2	phəŋ2	phen2	phen2	phəŋ2	phəŋ2	phəŋ2
平昌	phoŋ1 phen1 口	phoŋ2	phoŋ2	phen2	phen2	phoŋ2	phoŋ2	phoŋ2
万源	phen1	phoŋ2	phoŋ2	phen2	phen2	phoŋ2	phoŋ2	phoŋ2
宣汉	phen1	phoŋ2	phoŋ2	phen2	phen2	phoŋ2	phoŋ2	phoŋ2
达州	phen1	phoŋ2	phoŋ2	phen2	phen2	phoŋ2	phoŋ2	phoŋ2
开江	phen1	phoŋ2	phoŋ2	phen2	phen2	phoŋ2	phoŋ2	phoŋ2
渠县	phen1	phoŋ2	phoŋ2	phen2	phen2	phoŋ2	phoŋ2	phoŋ2
宜宾	phen1 口 phoŋ1	phoŋ2	phoŋ2	phen2	phen2	phoŋ2	phoŋ2	phoŋ2
古蔺	phoŋ1 phen1 口	phoŋ2	phoŋ2	phen2	phen2	phoŋ2	phoŋ2	phoŋ2
长宁	无	phoŋ2	phoŋ2	phoŋ2	phoŋ2	phoŋ2	phoŋ2	phoŋ2
顾县	phen1	poŋ2	poŋ2	phen2	phen2	poŋ2	phoŋ2	phoŋ2
成都龙泉	phoŋ1 phen1 口	phoŋ2	phoŋ2	phen2	phen2	phoŋ2	phoŋ2	phoŋ1 phoŋ2

① 《广韵》"亨"，抚庚切，煮也，俗作烹。 ② 又薄庚切，梗开二並庚平；又步崩切，曾开一並登平。

字目	捧	碰	萌	盟	蒙	猛	孟	梦
反切	敷奉		莫耕	武兵	莫红	莫杏	莫更	莫凤
声韵调	通合三敷钟上	*梗开二並庚去	梗开二明耕平	梗开三明庚平	通合一明东平	梗开二明庚上	梗开二明庚去	通合三明东去
中古音	phɨoŋ:	*bɣæŋ-	mɣɛŋ	mɣiæŋ	muŋ	mɣæŋ:	mɣæŋ-	miuŋ-
广元	phoŋ3	phoŋ4	moŋ2	moŋ2 min2 旧	moŋ2	moŋ3	moŋ4	moŋ4
平武	phoŋ3	phoŋ4	maŋ2	maŋ2	maŋ2	moŋ3	moŋ4	moŋ4
青川	phoŋ3	phoŋ4	men2 moŋ2	moŋ2 min2 旧	men2 moŋ2	moŋ3	moŋ4	moŋ4
剑阁普安	phoŋ3	phoŋ4	moŋ2	moŋ2 min2 旧	moŋ2	moŋ3	moŋ4	moŋ4
剑阁金仙	phoŋ3	phoŋ4	moŋ2	moŋ2 min2 旧	moŋ2	moŋ3	moŋ4	moŋ4
旺苍	phoŋ3	phoŋ4	moŋ2	moŋ2 min2 旧	moŋ2	moŋ3	moŋ4	moŋ4
苍溪	phəŋ3	phəŋ4	məŋ2 min2 旧	məŋ2 min2 旧	məŋ2	məŋ3	məŋ4	məŋ4
江油	phoŋ3	phoŋ4	moŋ2	moŋ2	moŋ2	moŋ3	moŋ4	moŋ4
北川	phɔŋ3	phɔŋ4	mɔŋ2	mɔŋ2	mɔŋ2	mɔŋ3	mɔŋ4	mɔŋ4
绵阳	phoŋ3	phoŋ4	moŋ2	moŋ2	moŋ2	moŋ3	moŋ4	moŋ4
盐亭	phəŋ3	phəŋ4	məŋ2	məŋ2	məŋ2	məŋ3	məŋ4	məŋ4
德阳	phoŋ3	phoŋ4	moŋ2	moŋ2 min2 旧	moŋ2	moŋ3	moŋ4	moŋ4
中江	phoŋ3	phoŋ4	moŋ2	moŋ2	moŋ2	moŋ3	moŋ4	moŋ4
射洪	phoŋ3	phoŋ4	moŋ2	moŋ2 min2 旧	moŋ2	moŋ3	moŋ4	moŋ4
蓬溪	phoŋ3	phoŋ4	moŋ2	moŋ2 min2 旧	moŋ2	moŋ3	moŋ4	moŋ4
遂宁	phoŋ3	phoŋ4	moŋ2	moŋ2 min2 旧	moŋ2	moŋ3	moŋ4	moŋ4
乐至	phoŋ3	phoŋ4	moŋ2	moŋ2	moŋ2	moŋ3	moŋ4	moŋ4
安岳	phoŋ3	phoŋ4	moŋ2	min2	moŋ2	moŋ3	moŋ4	moŋ4
仪陇	phoŋ3	phoŋ4	moŋ2	moŋ2	moŋ2	moŋ3	moŋ4	moŋ4
西充	phoŋ2	phoŋ4	moŋ2	moŋ2	moŋ2	moŋ3	moŋ4	moŋ4

字目	捧	碰	萌	盟	蒙	猛	孟	梦
反切	敷奉		莫耕	武兵	莫红	莫杏	莫更	莫凤
声韵调	通合三敷钟上	*梗开二並庚去	梗开二明耕平	梗开三明庚平	通合一明东平	梗开二明庚上	梗开二明庚去	通合三明东去
中古音	phɨoŋː	*bɣæŋ-	mɣɛŋ	mɣiæŋ	muŋ	mɣæŋː	mɣæŋ-	miuŋ-
蓬安	phoŋ3	phoŋ4	moŋ2	moŋ2	moŋ2	moŋ3	moŋ4	moŋ4
南充金台	phoŋ3	phoŋ4	moŋ2	moŋ2	moŋ2	moŋ3	moŋ4	moŋ4
南充龙蟠	phoŋ3	phoŋ4	moŋ2	moŋ2	moŋ2	moŋ3	moŋ4	moŋ4
岳池	phoŋ3	phoŋ4	moŋ2	min2	moŋ2	moŋ3	moŋ4	moŋ4
广安	phoŋ3	phoŋ4	moŋ2	min2	moŋ2	moŋ3	moŋ4	moŋ4
邻水	phoŋ3	phoŋ4	moŋ2	min2	moŋ2	moŋ3	moŋ4	moŋ4
南江	phəŋ3	phoŋ4	məŋ2 min2 旧	məŋ2 min2 旧	məŋ2	məŋ3	məŋ4	məŋ4
巴中	phəŋ3	phəŋ4	məŋ2 min2 旧	məŋ2 min2 旧	məŋ2	məŋ3	məŋ4	məŋ4
通江	phəŋ3	phəŋ4	məŋ2 min2 旧	məŋ2 min2 旧	məŋ2	məŋ3	məŋ4	məŋ4
平昌	phəŋ3	phoŋ4	moŋ2 min2 旧	moŋ2 min2 旧	moŋ2	məŋ3	moŋ4	moŋ4
万源	foŋ3 phoŋ3	phoŋ4	moŋ2	moŋ2 min2 旧	moŋ2	moŋ3	moŋ4	moŋ4
宣汉	phoŋ3	phoŋ4	moŋ2	moŋ2 min2 旧	moŋ2	moŋ3	moŋ4	moŋ4
达州	phoŋ3	phoŋ4	moŋ2	moŋ2 min2 旧	moŋ2	moŋ3	moŋ4	moŋ4
开江	phoŋ3	phoŋ4	moŋ2	moŋ2 min2 旧	moŋ2	moŋ3	moŋ4	moŋ4
渠县	phoŋ3	phoŋ4	moŋ2	moŋ2 min2 旧	moŋ2	moŋ3	moŋ4	moŋ4
宜宾	phoŋ3	phoŋ4	moŋ2 min2 旧	moŋ2 min2 旧	moŋ2	moŋ3	moŋ4	moŋ4
古蔺	phoŋ3	phoŋ4	moŋ2 min2 旧	moŋ2 min2 旧	moŋ2	moŋ3	moŋ4	moŋ4
长宁	phoŋ3	phoŋ4	moŋ2	moŋ2	moŋ2	moŋ3	moŋ4	moŋ4
顾县	phoŋ3	phoŋ4	moŋ2	moŋ2 min2 旧	moŋ2	moŋ3	moŋ4	moŋ4
成都龙泉	phoŋ3	phoŋ4	moŋ2 min2 旧	moŋ2 min2 旧	moŋ2	moŋ1	moŋ4	moŋ4

字目	风	枫	*疯	丰	封	蜂	峰	锋
反切	方戎	方戎	*方冯	敷空	府容	敷容	敷容	敷容
声韵调	通合三 非东平	通合三 非东平	通合三 非东平	通合三 敷东平	通合三 非钟平	通合三 敷钟平	通合三 敷钟平	通合三 敷钟平
中古音	piuŋ	piuŋ	piuŋ	phiuŋ	pioŋ	phioŋ	phioŋ	phioŋ
广元	foŋ1	foŋ1	foŋ1	foŋ1	foŋ1	foŋ1	foŋ1	foŋ1
平武	foŋ1	foŋ1	foŋ1	foŋ1	foŋ1	foŋ1	foŋ1	foŋ1
青川	fen1 foŋ1	fen1 foŋ1	fen1 foŋ1	foŋ1	fen1 foŋ1	fen1 foŋ1	fen1 foŋ1	fen1 foŋ1
剑阁普安	foŋ1	foŋ1	foŋ1	foŋ1	foŋ1	foŋ1	foŋ1	foŋ1
剑阁金仙	foŋ1	foŋ1	foŋ1	foŋ1	foŋ1	foŋ1	foŋ1	foŋ1
旺苍	foŋ1	foŋ1	foŋ1	foŋ1	foŋ1	foŋ1	foŋ1	foŋ1
苍溪	fəŋ1	fəŋ1	fəŋ1	fəŋ1	fəŋ1	fəŋ1	fəŋ1	fəŋ1
江油	foŋ1	foŋ1	foŋ1	foŋ1	foŋ1	foŋ1	foŋ1	foŋ1
北川	fəŋ1	fəŋ1	fəŋ1	fəŋ1	fəŋ1	fəŋ1	fəŋ1	fəŋ1
绵阳	foŋ1	foŋ1	foŋ1	foŋ1	foŋ1	foŋ1	foŋ1	foŋ1
盐亭	fəŋ1	fəŋ4	fəŋ1	fəŋ1	fəŋ1	fəŋ1	fəŋ1	fəŋ1
德阳	foŋ1	foŋ1	foŋ1	foŋ1	foŋ1	foŋ1	foŋ1	foŋ1
中江	foŋ1	foŋ1	foŋ1	foŋ1	foŋ1	foŋ1	foŋ1	foŋ1
射洪	foŋ1	foŋ1	foŋ1	foŋ1	xoŋ1	xoŋ1	xoŋ1	xoŋ1
蓬溪	foŋ1	foŋ1	foŋ1	foŋ1	foŋ1	foŋ1	foŋ1	foŋ1
遂宁	xoŋ1 foŋ1 新	xoŋ1 foŋ1 新	xoŋ1 foŋ1 新	foŋ1	foŋ1	xoŋ1	xoŋ1	xoŋ1
乐至	foŋ1	foŋ1	foŋ1	foŋ1	foŋ1	xoŋ1	foŋ1	xoŋ1
安岳	foŋ1	foŋ1	foŋ1	foŋ1	foŋ1	foŋ1	foŋ1	foŋ1
仪陇	xoŋ1	xoŋ1	xoŋ1	xoŋ1	xoŋ1	xoŋ1	xoŋ1	xoŋ1
西充	foŋ1	foŋ1	foŋ1	foŋ1	foŋ1	foŋ1	foŋ1	foŋ1

字目	风	枫	*疯	丰	封	蜂	峰	锋
反切	方戎	方戎	*方冯	敷空	府容	敷容	敷容	敷容
声韵调	通合三 非东平	通合三 非东平	通合三 非东平	通合三 敷东平	通合三 非钟平	通合三 敷钟平	通合三 敷钟平	通合三 敷钟平
中古音	piuŋ	piuŋ	piuŋ	phiuŋ	pioŋ	phioŋ	phioŋ	phioŋ
蓬安	xoŋ1	xoŋ1	xoŋ1	xoŋ1	xoŋ1	xoŋ1	xoŋ1	xoŋ1
南充金台	foŋ1	foŋ1	foŋ1	foŋ1	foŋ1	foŋ1	foŋ1	foŋ1
南充龙蟠	foŋ1	foŋ1	foŋ1	foŋ1	foŋ1	foŋ1	foŋ1	foŋ1
岳池	foŋ1	foŋ1	foŋ1	foŋ1	foŋ1	foŋ1	foŋ1	foŋ1
广安	foŋ1	foŋ1	foŋ1	foŋ1	foŋ1	foŋ1	foŋ1	foŋ1
邻水	foŋ1	foŋ1	foŋ1	foŋ1	foŋ1	foŋ1	foŋ1	foŋ1
南江	fəŋ1	fəŋ1	fəŋ1	fəŋ1	fəŋ1	fəŋ1	fəŋ1	fəŋ1
巴中	fəŋ1	fəŋ1	fəŋ1	fəŋ1	fəŋ1	fəŋ1	fəŋ1	fəŋ1
通江	fəŋ1	fəŋ1	fəŋ1	fəŋ1	fəŋ1	fəŋ1	fəŋ1	fəŋ1
平昌	fəŋ1	fəŋ1	fəŋ1	fəŋ1	fəŋ1	fəŋ1	fəŋ1	fəŋ1
万源	foŋ1	foŋ1	foŋ1	foŋ1	foŋ1	foŋ1	foŋ1	foŋ1
宣汉	xoŋ1	foŋ1	foŋ1	xoŋ1	foŋ1	foŋ1	foŋ1	foŋ1
达州	foŋ1	foŋ1	foŋ1	foŋ1	foŋ1	foŋ1	foŋ1	foŋ1
开江	xoŋ1	xoŋ1	xoŋ1	xoŋ1	xoŋ1	xoŋ1	xoŋ1	xoŋ1
渠县	foŋ1	foŋ4	foŋ1	foŋ1	foŋ1	foŋ1	foŋ1	foŋ1
宜宾	fəŋ1	fəŋ1	fəŋ1	fəŋ1	fəŋ1	fəŋ1	fəŋ1	fəŋ1
古蔺	foŋ1	foŋ1	foŋ1	foŋ1	foŋ1	foŋ1	foŋ1	foŋ1
长宁	foŋ1	foŋ1	foŋ1	foŋ1	foŋ1	foŋ1	foŋ1	foŋ1
顾县	foŋ1	xoŋ1	foŋ1	xoŋ1	xoŋ1	xoŋ1	xoŋ1	xoŋ1
成都龙泉	fɔŋ1	foŋ1	foŋ1	foŋ1	foŋ1	foŋ1	foŋ1	foŋ1

字目	冯姓	逢	缝缝补	讽	凤	奉	缝裂缝	登
反切	房戎	符容	符容	方凤	冯贡	扶陇	扶用	都縢
声韵调	通合三 奉东平	通合三 奉钟平	通合三 奉钟平	通合三 非东去	通合三 奉东去	通合三 奉钟上	通合三 奉钟去	曾开一 端登平
中古音	biuŋ	bioŋ	bioŋ	piuŋ-	biuŋ-	bioŋ:	bioŋ-	təŋ
广元	foŋ2	foŋ2	foŋ2	foŋ3	foŋ4	foŋ4	foŋ4	ten1
平武	foŋ2	foŋ2	foŋ2	foŋ3	foŋ4	foŋ4	foŋ4	ten1
青川	foŋ2	fen2 foŋ2	fen2 foŋ2	foŋ3	fen4 foŋ4	fen4 foŋ4	fen4 foŋ4	ten1
剑阁普安	foŋ2	foŋ2	foŋ2	foŋ3	foŋ4	foŋ4	foŋ4	ten1
剑阁金仙	fen2	foŋ2	foŋ2	foŋ3	foŋ4	foŋ4	foŋ4	ten1
旺苍	foŋ2	foŋ2	foŋ2	foŋ3	foŋ4	foŋ4	foŋ4	ten1
苍溪	fəŋ2	fəŋ2	fəŋ2	fəŋ3	fəŋ4	fəŋ4	fəŋ4	ten1
江油	foŋ2	foŋ2	foŋ2	foŋ3	foŋ4	foŋ4	foŋ4	ten1
北川	fəŋ2	fəŋ2	fəŋ2	fəŋ3	fəŋ4	fəŋ4	fəŋ4	ten1
绵阳	foŋ2	foŋ2	foŋ2	foŋ3	foŋ4	foŋ4	foŋ4	ten1
盐亭	fəŋ2	fəŋ2	fəŋ2	fəŋ3	fəŋ4	fəŋ4	fəŋ4	ten1
德阳	foŋ2	foŋ2	foŋ2	foŋ3	foŋ4	foŋ4	foŋ4	ten1
中江	foŋ2	foŋ2	oŋ2	foŋ3	foŋ4	oŋ4	oŋ4	ten1
射洪	foŋ2	xoŋ2	xoŋ2	foŋ3	xoŋ4	xoŋ4	xoŋ4	ten1
蓬溪	foŋ2	foŋ2	foŋ2	foŋ3	foŋ4	foŋ4	foŋ4	ten1
遂宁	xoŋ2 foŋ2 新	xoŋ2 foŋ2 新	xoŋ2 foŋ2 新	xoŋ3 foŋ3 新	xoŋ4 foŋ4 新	xoŋ4 foŋ4 新	xoŋ4 foŋ4 新	ten1
乐至	xoŋ2	foŋ2	foŋ2	foŋ3	foŋ4	xoŋ4	xoŋ4	ten1
安岳	foŋ2	foŋ2	foŋ2	foŋ3	foŋ4	foŋ4	foŋ4	ten1
仪陇	xoŋ2	xoŋ2	xoŋ2 foŋ2	xoŋ3	xoŋ4	xoŋ4	xoŋ4 foŋ4	ten1
西充	foŋ2	foŋ2	foŋ2	foŋ3	foŋ4	foŋ4	foŋ4	ten1

字目	冯姓	逢	缝缝补	讽	凤	奉	缝裂缝	登
反切	房戎	符容	符容	方凤	冯贡	扶陇	扶用	都滕
声韵调	通合三奉东平	通合三奉钟平	通合三奉钟平	通合三非东去	通合三奉东去	通合三奉钟上	通合三奉钟去	曾开一端登平
中古音	biuŋ	bioŋ	bioŋ	pĭuŋ-	bĭuŋ-	bĭoŋ:	bĭoŋ-	təŋ
蓬安	xoŋ2	xoŋ2	xoŋ2	xoŋ3	xoŋ4	xoŋ4	xoŋ4	ten1
南充金台	foŋ2	foŋ2	foŋ2	foŋ3	foŋ4	foŋ4	foŋ4	ten1
南充龙蟠	foŋ2	foŋ2	foŋ2	foŋ3	foŋ4	foŋ4	foŋ4	ten1
岳池	xoŋ2	foŋ2	foŋ2	xoŋ3	foŋ4	foŋ4	foŋ4	ten1
广安	foŋ2	foŋ2	foŋ2	foŋ3	foŋ4	foŋ4	foŋ4	ten1
邻水	foŋ2	foŋ2	foŋ2	foŋ3	foŋ4	foŋ4	foŋ4	ten1
南江	fəŋ2	fəŋ2	fəŋ2	fəŋ3	fəŋ4	fəŋ4	fəŋ4	ten1
巴中	fəŋ2	fəŋ2	fəŋ2	fəŋ3	fəŋ4	fəŋ4	fəŋ4	ten1
通江	fəŋ2	fəŋ2	fəŋ2	fəŋ3	fəŋ4	fəŋ4	fəŋ4	ten1
平昌	fəŋ2	fəŋ2	fəŋ2	fəŋ3	fəŋ4	fəŋ4	fəŋ4	ten1
万源	foŋ2	foŋ2	foŋ2	foŋ3	foŋ4	foŋ4	foŋ4	ten1
宣汉	foŋ2	foŋ4	foŋ2	foŋ3	foŋ4	foŋ4	foŋ4	ten1
达州	foŋ2	foŋ2	foŋ2	foŋ3	foŋ4	foŋ4	foŋ4	ten1
开江	xoŋ2	xoŋ2	xoŋ2	xoŋ3	xoŋ4	xoŋ4	xoŋ4	ten1
渠县	foŋ2	foŋ2	foŋ2	foŋ3	foŋ4	foŋ4	foŋ4	ten1
宜宾	fəŋ2	fəŋ2	fəŋ2	fəŋ3	fəŋ4	fəŋ4	fəŋ4	ten1
古蔺	foŋ2	foŋ2	foŋ2	foŋ3	foŋ4	foŋ4	foŋ4	ten1
长宁	foŋ2	foŋ2	foŋ2	foŋ3	foŋ4	foŋ4	foŋ4	ten1
顾县	xoŋ2	xoŋ2	xoŋ2	xoŋ3	xoŋ4	foŋ4	xoŋ4	ten1
成都龙泉	foŋ2	foŋ2	foŋ2	foŋ3	foŋ4	foŋ4	foŋ4	ten1 tiɛn1 旧

字目	灯	等	凳	邓	澄澄一下	腾	誊	藤
反切	都滕	都肯	都邓	徒亘	唐亘	徒登	徒登	徒登
声韵调	曾开一端登平	曾开一端登上	曾开一端登去	曾开一定登去	曾开一定登去	曾开一定登平	曾开一定登平	曾开一定登平
中古音	təŋ	təŋ:	təŋ-	dəŋ-	dəŋ-	dəŋ	dəŋ	dəŋ
广元	ten1	ten3	ten4	ten4	ten4 tʂen4	then2	then2	then2
平武	ten1	ten3	ten4	ten4	tʂen4	then2	then2	then2
青川	ten1	ten3	ten4	ten4	ten4 tʂen4	then2	then2	then2
剑阁普安	ten1	ten3	ten4	ten4	ten4 tʂen4	then2	then2	then2
剑阁金仙	ten1	ten3	ten4	ten4	ten4 tʂen4	then2	then2	then2
旺苍	ten1	ten3	ten4	ten4	ten4 tʂen4	then2	then2	thuən2
苍溪	ten1	ten3	ten4	ten4	ten4 tʂen4	then2	then2	then2
江油	ten1	tən3	ten4	ten4	tʂen4	then2	then2	then2
北川	ten1	ten3	ten4	ten4	tʂen4	then2	then2	then2
绵阳	ten1	ten3	ten4	ten4	tʂen4	then2	then2	then2
盐亭	ten1	ten3	ten4	ten4	tʂen4	then2	then2	then2
德阳	ten1	ten3	ten4	ten4	tʂen4	then2	then2	then2
中江	ten1	ten3	ten4	ten4	tʂen4	ten2	then2	ten2
射洪	ten1	ten3	ten4	ten4	ten4 tʂen4	then2	then2	then2
蓬溪	ten1	ten3	ten4	ten4	tʂen4	then2	then2	then2
遂宁	ten1	ten3	ten4	ten4	ten4 tʂen4	then2	then2	then2
乐至	ten1	ten3	ten4	ten4	tʂen4	then2	then2	then2
安岳	ten1	ten3	ten4	ten4	tʂen4	then2	then2	then2
仪陇	ten1	ten3	ten4	ten4	tʂen4	then2	then2	then2
西充	ten1	ten3	ten4	ten4	tʂen4	then2	then2	then2

字目	灯	等	凳	邓	澄澄一下	腾	誊	藤
反切	都滕	都肯	都邓	徒亘	唐亘	徒登	徒登	徒登
声韵调	曾开一端登平	曾开一端登上	曾开一端登去	曾开一定登去	曾开一定登去	曾开一定登平	曾开一定登平	曾开一定登平
中古音	təŋ	təŋ:	təŋ-	dəŋ-	dəŋ-	dəŋ	dəŋ	dəŋ
蓬安	ten1	ten3	ten4	ten4	tsen4	then2	then2	then2
南充金台	ten1	ten3	ten4	ten4	tsen4 tsen4	then2	then2	then2
南充龙蟠	ten1	ten3	ten4	ten4	ten4 tsen4	then2	then2	then2
岳池	ten1	ten3	ten4	ten4	ten4	then2	then2	then2
广安	ten1	ten3	ten4	ten4	tsen4	then2	then2	then2
邻水	ten1	ten3	ten4	ten4	tsen4	then2	then2	then2
南江	ten1	ten3	ten4	ten4	ten4 tʂen4	then2	then2	then2
巴中	ten1	ten3	ten4	ten4	ten4 tʂen4	then2	then2	then2
通江	ten1	ten3	ten4	ten4	ten4 tʂen4	then2	then2	then2
平昌	ten1	ten3	ten4	ten4	ten4 tʂen4	then2	then2	then2
万源	ten1	ten3	ten4	ten4	ten4 tsen4	then2	then2	then2
宣汉	ten1	ten3	ten4	ten4	tsen4	then2	then2	then2
达州	ten1	ten3	ten4	ten4	tsen4	then2	then2	then2
开江	ten1	ten3	ten4	ten4	tsen4	then2	then2	then2
渠县	ten1	ten3	ten4	ten4	tsen4	then2	then2	then2
宜宾	ten1	ten3	ten4	ten4	tsen4	then2	then2	then2
古蔺	ten1	ten3	ten4	ten4	tsen4	then2	then2	then2
长宁	ten1	ten3	ten4	ten4	ten4	then2	then2	then2
顾县	ten1	ten3	ten4	ten4	ten4 tsen4	then2	then2	then2
成都龙泉	tiɛn1	tiɛn3	tiɛn4	thiɛn4	tiɛn4 tsen4	thiɛn2	then2	thiɛn2

字目	能	棱①	冷②	增	曾姓	赠	曾曾经	层
反切	奴登	鲁登	鲁打	作滕	作滕	昨亘	昨棱	昨棱
声韵调	曾开一泥登平	曾开一来登平	梗开二来庚上	曾开一精登平	曾开一精登平	曾开一从登去	曾开一从登平	曾开一从登平
中古音	nəŋ	ləŋ	lɣæŋ:	tsəŋ	tsəŋ	dzəŋ-	dzəŋ	dzəŋ
广元	nen2	nen2 nin2 新	nen3	tsen1	tsen1	tsen4	tshen2	tshen2
平武	nen2	nen2	nen3	tsen1	tsen1	tsen4	tshen2	tshen2
青川	nen2	nen2 nin2 新	nen3	tsen1	tsen1	tsen4	tshen2	tshen2
剑阁普安	nen2	nen2 nin2 新	nen3	tsen1	tsen1	tsen4	tshen2	tshen2
剑阁金仙	nen2	nen2 nin2 新	nen3	tsen1	tsen1	tsen4	tshen2	tshen2
旺苍	nen2	nen2 nin2 新	nen3	tsen1	tsen1	tsen4	tshen2	tshuən2
苍溪	len2	len2 lin2 新	len3	tsen1	tsen1	tsen4	tshen2	tshen2
江油	nen2	nen2	nen3	tsen1	tsen1	tsen4	tshen2	tshen2
北川	nen2	nen2	nen3	tsen1	tsen1	tsen4	tshen2	tshen2
绵阳	nen2	nen2	nen3	tsen1	tsen1	tsen4	tshen2	tshen2
盐亭	len2	len2	len3	tsen1	tsen1	tsen4	tshen2	tshen2
德阳	nen2	nen2 nin2 新	nen3	tsen1	tsen1	tsen4	tshen2	tshen2
中江	len2	lin2	len3	tsen1	tsen1	tsen4	tshen2	tsen2
射洪	nen2	nen2 nin2 新	nen3	tsen1	tsen1	tsen4	tshen2	tshen2
蓬溪	nen2	nuən2 nin2 新	nen3	tsen1	tsen1	tsen4	tshen2	tshen2
遂宁	nen2	nen2 nin2 新	nen3	tsen1	tsen1	tsen1	tshen2	tshen2
乐至	nen2	nen2	nen3	tsen1	tsen1	tsen4	tshen2	tshen2
安岳	nen2	nen2	nen3	tsen1	tsen1	tsen4	tshen2	tshen2
仪陇	nen2	nin2	nen3	tsen1	tsen1	tsen4	tshen2	tshen2
西充	nen2	nen2	nen3	tsen1	tsen1	tsen4	tshen2	tshen2

① 又*间承切，曾开三来蒸平。　② 又力鼎切，梗开四来迥上。

字目	能	棱①	冷②	增	曾姓	赠	曾曾经	层
反切	奴登	鲁登	鲁打	作滕	作滕	昨亘	昨棱	昨棱
声韵调	曾开一泥登平	曾开一来登平	梗开二来庚上	曾开一精登平	曾开一精登平	曾开一从登去	曾开一从登平	曾开一从登平
中古音	nəŋ	ləŋ	lɣæŋ:	tsəŋ	tsəŋ	dzəŋ-	dzəŋ	dzəŋ
蓬安	nen2	nen2	nen3	tsen1	tsen1	tsen4	tshen2	tshen2
南充金台	nen2	nen2	nen3	tsen1	tsen1	tsen4	tshen2	tshen2
南充龙蟠	nen2	nen2	nen3	tʂen1	tʂen1	tsen4	tʂhen2	tʂhen2
岳池	nen2	nen2 nin2 新	nen3	tsen1	tsen1	tsen4	tshen2	tshen2
广安	nen2	nen2 nin2 新	nen3	tsen1	tsen1	tsen4	tshen2	tshen2
邻水	nen2	nen2 nin2 新	nen3	tsen1	tsen1	tsen4	tshen2	tshen2
南江	len2	len2 lin2 新	len3	tsen1	tsen1	tsen4	tshen2	tshen2
巴中	len2	len2 lin2 新	len3	tsen1	tsen1	tsen4	tshen2	tshen2
通江	len2	len2 lin2 新	len3	tsen1	tsen1	tsen4	tshen2	tshen2
平昌	len2	len2 lin2 新	len3	tsen1	tsen1	tsen4	tshen2	tshen2
万源	nen2	nen2	nen3	tsen1	tsen1	tsen4	tshen2	tshen2
宣汉	nen2	nen2	nen3	tsen1	tsen1	tsen4	tshen2	tshen2
达州	nen2	nin2	nen3	tsen1	tsen1	tsen4	tshen2	tsen2
开江	nen2	nen2	nen3	tsen1	tsen1	tsen1	tshen2	tshen2
渠县	nen2	nen2	nen3	tsen1	tsen1	tsen1	tshen2	tshen2
宜宾	nen2	nen2 nin2 新	nen3	tsen1	tsen1	tsen4	tshen2	tshen2
古蔺	nen2	nen2 nin2 新	nen3	tsen1	tsen1	tsen4	tshen2	tshen2
长宁	len2	len2	len3	tsen1	tsen1	tsen4	tshen2	tshen2
顾县	nen2	nen2 nin2 新	nen3	tsen1	tsen1	tsen1	tshen2	tshen2
成都龙泉	len2	len2 lin2 新	laŋ1	tɕiɛn1	tɕiɛn1	tsen1	tshen2	tʂhen2

① 又*间承切，曾开三来蒸平。　② 又力鼎切，梗开四来迥上。

字目	僧	征征求	蒸	争	筝	睁	正正月	征征伐
反切	苏增	陟陵	煮仍	侧茎	侧茎	疾郢	诸盈	诸盈
声韵调	曾开一心登平	曾开三知蒸平	曾开三章蒸平	梗开二庄耕平	梗开二庄耕平	梗开二庄耕平	梗开三章清平	梗开三章清平
中古音	sən	ʈiŋ	tɕiŋ	tʃɣɛŋ	tʃɣɛŋ	tʃɣɛŋ	tɕiɛŋ	tɕiɛŋ
广元	sen1	tʂen1	tʂen1	tsen1	tsen1	tsen1	tʂen1	tʂen1
平武	sen1	tsen1	tsen1	tsen1	tsen1	tsen1	tsen1	tsen1
青川	sen1	tsen1	tsen1	tsen1	tsen1	tsen1	tsen1	tsen1
剑阁普安	sen1	tʂen1	tʂen1	tsen1	tsen1	tsen1	tʂen1	tʂen1
剑阁金仙	sen1	tʂen1	tʂen1	tsen1	tsen1	tsen1	tʂen1	tʂen1
旺苍	sen1	tʂen1	tʂen1	tsen1	tsen1	tsen1	tʂen1	tʂen1
苍溪	sen1	tʂen1	tʂen1	tsen1	tsen1	tsen1	tʂen1	tʂen1
江油	sen1	tsen1	tsen1	tsen1	tsen1	tsen1	tsen1	tsen1
北川	sen1	tsen1	tsen1	tsen1	tsen1	tsen1	tsen1	tsen1
绵阳	sen1	tsen1	tsen1	tsen1	tsen1	tsen1	tsen1	tsen1
盐亭	sen1	tsen1	tsen1	tsen1	tsen1	tsen1	tsen1	tsen1
德阳	sen1	tsen1	tsen1	tsen1	tsen1	tsen1	tsen1	tsen1
中江	sen1	tsen1	tsen1	tsen1	tsen1	tsen1	tsen1	tsen1
射洪	sen1	tsen1	tsen1	tsen1	tsen1	tsen1	tsen1	tsen1
蓬溪	sen1	tsen1	tsen1	tsen1	tsen1	tsen1	tsen1	tsen1
遂宁	sen1	tsen1	tsen1	tsen1	tsen1	tsen1	tsen1	tsen1
乐至	sen1	tsen1	tsen1	tsen1	tsen1	tsen1	tsen1	tsen1
安岳	sen1	tsen1	tsen1	tsen1	tsen1	tsen1	tsen1	tsen1
仪陇	sen1	tsen1	tsen1	tsen1	tsen1	tsen1	tsen1	tsen1
西充	sen1	tsen1	tsen1	tsen1	tsen1	tsen1	tsen1	tsen1

字目	僧	征征求	蒸	争	筝	睁	正正月	征征伐
反切	苏增	陟陵	煮仍	侧茎	侧茎	疾郢	诸盈	诸盈
声韵调	曾开一心登平	曾开三知蒸平	曾开三章蒸平	梗开二庄耕平	梗开二庄耕平	梗开二庄耕平	梗开三章清平	梗开三章清平
中古音	sən	ţiŋ	tɕiəŋ	tʃɣɛŋ	tʃɣɛŋ	tʃɣɛŋ	tɕiɐŋ	tɕiɐŋ
蓬安	sen1	tsen1	tsen1	tsen1	tsen1	tsen1	tsen1	tsen1
南充金台	sen1	tsen1	tsen1	tsen1	tsen1	tsen1	tsen1	tsen1
南充龙蟠	ʂen1	tʂen1	tʂen1	tʂen1	tʂen1	tʂen1	tʂen1	tʂen1
岳池	sen1	tsen1	tsen1	tsen1	tsen1	tsen1	tsen1	tsen1
广安	sen1	tsen1	tsen1	tsen1	tsen1	tsen1	tsen1	tsen1
邻水	sen1	tsen1	tsen1	tsen1	tsen1	tsen1	tsen1	tsen1
南江	tsen1 sen1	tʂen1	tʂen1	tsen1	tsen1	tsen1	tʂen1	tʂen1
巴中	sen1	tʂen1	tʂen1	tsen1	tsen1	tsen1	tʂen1	tʂen1
通江	tsen1 sen1	tʂen1	tʂen1	tʂen1	tʂen1	tʂen1	tʂen1	tʂen1
平昌	tsen1 sen1	tʂen1	tʂen1	tsen1	tsen1	tsen1	tʂen1	tʂen1
万源	sen1	tʂen1	tʂen1	tsen1	tsen1	tsen1	tʂen1	tʂen1
宣汉	sen1	tsen1	tsen1	tsen1	tsen1	tsen1	tsen1	tsen1
达州	sen1	tsen1	tsen1	tsen1	tsen1	tsen1	tsen1	tsen1
开江	sen1	tsen1	tsen1	tsen1	tsen1	tsen1	tsen1	tsen1
渠县	sen1	tsen1	tsen1	tsen1	tsen1	tsen1	tsen1	tsen1
宜宾	sen1	tsen1	tsen1	tsen1	tsen1 ten1	tsen1	tsen1	tsen1
古蔺	sen1	tsen1	tsen1	tsen1	tsen1	tsen1	tsen1	tsen1
长宁	sen1	tsen1	tsen1	tsen1	tsen1	tsen1	tsen1	tsen1
顾县	sen1	tsen1	tsen1	tsen1	tsen1	tsen1	tsen1	tsen1
成都龙泉	sen1	tsen1	tsen1	tsen1 文 tsaŋ1 白	tsaŋ1	tsaŋ1	tsaŋ1	tsen1

字目	整	证证明	症病症	郑	正	政	称称呼	撑支撑
反切	之郢	诸应	诸应	直正	之盛	之盛	处陵	丑庚
声韵调	梗开三章清上	曾开三章蒸去	曾开三章蒸去	梗开三澄清去	梗开三章清去	梗开三章清去	曾开三昌蒸平	梗开二彻庚平
中古音	tɕieŋ:	tɕiŋ-	tɕiŋ-	djeŋ-	tɕieŋ-	tɕieŋ-	tɕhiŋ	ʈhyæŋ
广元	tʂen3	tʂen4	tʂen4	tʂen4	tʂen4	tʂen4	tʂhen1	tshen1 tshen3
平武	tsen3	tsen4	tsen4	tsen4	tsen4	tsen4	tshen1	tshen1
青川	tsen3	tsen4	tsen4	tsen4	tsen4	tsen4	tshen1	tshen1 tshen3
剑阁普安	tʂen3	tʂen4	tʂen4	tʂen4	tʂen4	tʂen4	tʂhen1	tshen1 tʂhen3
剑阁金仙	tʂen3	tʂen4	tʂen4	tʂen4	tʂen4	tʂen4	tʂhen1	tʂhen1 tʂhen3
旺苍	tʂen3	tʂen4	tʂen4	tʂen4	tʂen4	tʂen4	tʂhen1	tshen1 tshen3
苍溪	tʂen3	tʂen4	tʂen4	tʂen4	tʂen4	tʂen4	tʂhen1	tʂhen1 tʂhen3
江油	tsen3	tsen4	tsen4	tsen4	tsen4	tsen4	tshen1	tshen1
北川	tsen3	tsen4	tsen4	tsen4	tsen4	tsen4	tshen1	tshen3
绵阳	tsen3	tsen4	tsen4	tsen4	tsen4	tsen4	tshen1	tshen3
盐亭	tsen3	tsen4	tsen4	tsen4	tsen4	tsen4	tshen1	tshen1
德阳	tsen3	tsen4	tsen4	tsen4	tsen1	tsen4	tshen1	tshen1 tshen3
中江	tsen3	tsen4	tsen4	tsen4	tsen4	tsen4	tshen1	tshen1
射洪	tsen3	tsen4	tsen4	tsen4	tsen4	tsen4	tshen1	tshen1 tshen3
蓬溪	tsen3	tsen4	tsen4	tsen4	tsen4	tsen4	tshen1	tshen1 tshen3
遂宁	tsen3	tsen4	tsen4	tsen4	tsen4	tsen4	tshen1	tshen1 tshen3
乐至	tsen3	tsen4	tsen4	tsen4	tsen4	tsen4	tshen1	tshen1
安岳	tsen3	tsen4	tsen4	tsen4	tsen4	tsen4	tshen1	tshen1
仪陇	tsen3	tsen4	tsen4	tsen4	tsen4	tsen4	tshen1	tshen1
西充	tsen3	tsen4	tsen4	tsen4	tsen4	tsen4	tshen1	tshen1

字目	整	证证明	症病症	郑	正	政	称称呼	撑支撑
反切	之郢	诸应	诸应	直正	之盛	之盛	处陵	丑庚
声韵调	梗开三章清上	曾开三章蒸去	曾开三章蒸去	梗开三澄清去	梗开三章清去	梗开三章清去	曾开三昌蒸平	梗开二彻庚平
中古音	tɕiɛŋ:	tɕiŋ-	tɕiŋ-	djɛŋ-	tɕiɛŋ-	tɕiɛŋ-	tɕhiŋ	tʂhyæŋ
蓬安	tsen3	tsen4	tsen4	tsen4	tsen4	tsen4	tshen1	tshen1
南充金台	tsen3	tsen4	tsen4	tsen4	tsen4	tsen4	tshen1	tshen1 tshen3
南充龙蟠	tsen3	tʂen4	tʂen4	tʂen4	tsen4	tʂen4	tʂhen1	tʂhen1
岳池	tsen3	tsen4	tsen4	tsen4	tsen4	tsen4	tshen1	tshen1 tshen3
广安	tsen3	tsen4	tsen4	tsen4	tsen4	tsen4	tshen1	tshen1 tshen3
邻水	tsen3	tsen4	tsen4	tsen4	tsen4	tsen4	tshen1	tshen1 tshen3
南江	tʂen3	tʂen4	tʂen4	tʂen4	tʂen4	tʂen4	tʂhen1	tshen1 tshen3
巴中	tʂen3	tʂen4	tʂen4	tʂen4	tʂen4	tʂen4	tʂhen1	tshen1
通江	tʂen3	tʂen4	tʂen4	tʂen4	tʂen4	tʂen4	tʂhen1	tshen1
平昌	tʂen3	tʂen4	tʂen4	tʂen4	tʂen4	tʂen4	tʂhen1	tʂhen1 tʂhen3
万源	tʂen3	tʂen4	tʂen4	tʂen4	tʂen4	tʂen4	tʂhen1	tʂhen1
宣汉	tsen3	tsen4	tsen4	tsen4	tsen4	tsen4	tshen1	tshen1
达州	tsen3	tsen4	tsen4	tsen4	tsen4	tsen4	tshen1	tshen1
开江	tsen3	tsen4	tsen4	tsen4	tsen4	tsen4	tshen1	tshen1
渠县	tsen3	tsen4	tsen4	tsen4	tsen4	tsen4	tshen1	tshen1
宜宾	tsen3	tsen4	tsen4	tsen4	tsen4	tsen4	tshen1	tshen1 tshen3
古蔺	tsen3	tsen4	tsen4	tsen4	tsen4	tsen4	tshen1	tshen1 tshen3
长宁	tsen3	tsen4	tsen4	tsen4	tsen4	tsen4	tshen1	tshen3
顾县	tsen3	tsen4	tsen4	tsen4	tsen4	tsen4	tshen1	tshen1 tshen3
成都龙泉	tsen3	tsen4	tsen4	tshen4	tsen4	tsen4	tshen1	tshen1 tshen3

字目	澄①澄清	惩	乘	承	呈	程	成成功	城
反切	直庚	直陵	食陵	署陵	直贞	直贞	是征	是征
声韵调	梗开二澄庚平	曾开三澄蒸平	曾开三船蒸平	曾开三禅蒸平	梗开三澄清平	梗开三澄清平	梗开三禅清平	梗开三禅清平
中古音	dɣæŋ	ḍiŋ	ziŋ	dziŋ	ḍiɛŋ	ḍiɛŋ	dziɛŋ	dziɛŋ
广元	tʂhen2	tshen3	ʂen2	tʂhen2 ʂen2 口	tʂhen2	tʂhen2	tʂhen2	tʂhen2
平武	tshen2	tshen3	sen2 tshen2	tshen2	tshen2	tshen2	tshen2	tshen2
青川	tshen2	tshen3	sen2	tshen2	tshen2	tshen2	tshen2	tshen2
剑阁普安	tʂhen2	tʂhen3	ʂen2	tʂhen2 ʂen2 口	tʂhen2	tʂhen2	tʂhen2	tʂhen2
剑阁金仙	tʂhen2	tʂhen3	ʂen2	tʂhen2 ʂen2 口	tʂhen2	tʂhen2	tʂhen2	tʂhen2
旺苍	tʂhen2	tshen3	tʂhen2	tʂhen2 ʂen2 口	tʂhen2	tʂhen2	tʂhen2	tʂhen2
苍溪	tʂhen2	tshen3	ʂen2 tʂhen2	tʂhen2 ʂen2 口	tʂhen2	tʂhen2	tʂhen2	tʂhen2
江油	tshen2	tshen3	sen2	sen2	tshen2	tshen2	tshen2	tshen2
北川	tshen2	tshen3	sen2	sen2	tshen2	tshen2	tshen2	tshen2
绵阳	tshen2	tshen3	sen2	sen2	tshen2	tshen2	tshen2	tshen2
盐亭	tshen2	tshen3	sen2	sen2	tshen2	tshen2	tshen2	tshen2
德阳	tshen2 tsen4 口	tshen3	sen2	tshen2 sen2 口	tshen2	tshen2	tshen2	tshen2
中江	tshen2	tshen3	sen2	tshen2	tshen2	tsen2	tshen2	tshen2
射洪	tshen2	tshen3	sen2	tshen2 sen2 口	tshen2	tshen2	tshen2	tshen2
蓬溪	tshen2	tshen3	sen2	tshen2 sen2 口	tshen2	tshen2	tshen2	tshen2
遂宁	tshen2	tshen3	sen2	tshen2 sen2 口	tshen2	tshen2	tshen2	tshen2
乐至	tshen2	tshen3	sen2	tshen2	tshen2	tshen2	tshen2	tshen2
安岳	tshen2	tshen3	sen2	tshen2	tshen2	tshen2	tshen2	tshen2
仪陇	tshen2	tshen3	sen2	sen2	tshen2	tshen2	tshen2	tshen2
西充	tshen2	tshen3	sen2	tshen2 sen2 口	tshen2	tshen2	tshen2	tshen2

① 又直陵切，曾开三澄蒸平。

字目	澄①澄清	惩	乘	承	呈	程	成成功	城
反切	直庚	直陵	食陵	署陵	直贞	直贞	是征	是征
声韵调	梗开二澄庚平	曾开三澄蒸平	曾开三船蒸平	曾开三禅蒸平	梗开三澄清平	梗开三澄清平	梗开三禅清平	梗开三禅清平
中古音	dɣæŋ	ɖiŋ	ʑiŋ	dʑiŋ	ɖiɛŋ	ɖiɛŋ	dʑiɛŋ	dʑiɛŋ
蓬安	tshen2	tshen3	sen2	tshen2	tshen2	tshen2	tshen2	tshen2
南充金台	tshen2	tshen3	sen2	tshen2	tshen2	tshen2	tshen2	tshen2
南充龙蟠	tʂhen2	tʂhen3	sen2	tʂhen2	tʂhen2	tʂhen2	tʂhen2	tʂhen2
岳池	tshen2	tshen3	sen2	tshen2	tshen2	tshen2	tshen2	tshen2
广安	tshen2	tshen3	sen2	tshen2 sen2 口	tshen2	tshen2	tshen2	tshen2
邻水	tshen2	tshen3	sen2	tshen2	tshen2	tshen2	tshen2	tshen2
南江	tʂhen2	tʂhen3	ʂen2 tʂhen2	tʂhen2 ʂen2 口	tʂhen2	tʂhen2	tʂhen2	tʂhen2
巴中	tʂhen2	tʂhen3	ʂen2 tʂhen2	tʂhen2 ʂen2 口	tʂhen2	tʂhen2	tʂhen2	tʂhen2
通江	tʂhen2	tʂhen3	ʂen2 tʂhen2	tʂhen2 ʂen2 口	tʂhen2	tʂhen2	tʂhen2	tʂhen2
平昌	tʂhen2	tshen3	ʂen2 tʂhen2	tʂhen2 ʂen2 口	tʂhen2	tʂhen2	tʂhen2	tʂhen2
万源	tshen2	tshen3	ʂen2	tʂhen2 sen2 口	tshen2	tshen2	tʂhen2	tʂhen2
宣汉	tshen2	tshen3	sen2	tshen2 sen2 口	tshen2	tshen2	tshen2	tshen2
达州	tshen2	tshen3	tshen2	tshen2 sen2 口	tshen2	tshen2	tshen2	tshen2
开江	tshen2	tshen3	tshen2	tshen2 sen2 口	tshen2	tshen2	tshen2	tshen2
渠县	tshen2	tshen3	sen2	tshen2 sen2 口	tshen2	tshen2	tshen2	tshen2
宜宾	tshen2	tshen3	sen2	tshen2 sen2	tshen2	tshen2	tshen2	tshen2
古蔺	tshen2	tshen3	sen2 tshen2	tshen2	tshen2	tshen2	tshen2	tshen2
长宁	tshen2	tshen3	sen2	sen2	tshen2	tshen2	tshen2	tshen2
顾县	tshen2	tshen3	sen2	tshen2 sen2	tshen2	tshen2	tshen2	tshen2
成都龙泉	tshen2	tshen3	sen2 tshen2	tshen2 sen2 口	tshen2	tshen2	saŋ2 tshen2 新	tshen1 tshen2

① 又直陵切，曾开三澄蒸平。

字目	诚	盛盛饭	秤	升	胜胜任	生	牲	甥
反切	是征	是征	昌孕	识蒸	识蒸	所庚	所庚	所庚
声韵调	梗开三 禅清平	梗开三 禅清平	曾开三 昌蒸去	曾开三 书蒸平	曾开三 书蒸平	梗开二 生庚平	梗开二 生庚平	梗开二 生庚平
中古音	dʑiɛŋ	dʑiɛŋ	tɕʰiŋ-	ɕiŋ	ɕiŋ	ʃɣæŋ	ʃɣæŋ	ʃɣæŋ
广元	tʂhen2	无	tʂhen4	ʂen1	ʂen4 俗	ʂen1	ʂen1	ʂen1
平武	tshen2	tshen2	tshen4	sen1	sen4 俗	sen1	sen1	sen1
青川	tshen2	无	tshen4	sen1	sen4 俗	sen1	sen1	ʂen1
剑阁普安	tʂhen2	无	tʂhen4	ʂen1	ʂen4 俗	ʂen1	ʂen1	ʂen1
剑阁金仙	tʂhen2	无	tʂhen4	ʂen1	ʂen4 俗	ʂen1	ʂen1	ʂen1
旺苍	tʂhen2	无	tʂhen4	ʂen1	ʂen4 俗	ʂen1	ʂen1	suən1
苍溪	tʂhen2	tʂhen2	tʂhen4	ʂen1	ʂen1 ʂen4 俗	ʂen1	ʂen1	ʂen1
江油	tshen2	sen4	tshen4	sen1	sen4 俗	sen1	sen1	sen1
北川	tshen2	sen4	tshen4	sen1	sen4 俗	sen1	sen1	sen1
绵阳	tshen2	sen4	tshen4	sen1	sen4 俗	sen1	sen1	sen1
盐亭	tshen2	sen4	tshen4	sen1	sen4 俗	sen1	sen1	sen1
德阳	tshen2	sen4	tshen4	sen1	sen4 俗	sen1	sen1	sen1
中江	tsen2	tshen4	tshen4	sen1	sen4 俗	sen1	sen1	sen1
射洪	tshen2	sen4	tshen4	sen1	sen4 俗	sen1	sen1	sen1
蓬溪	tshen2	tshen2	tshen4	sen1	sen4 俗	sen1	sen1	sen1
遂宁	tshen2	tshen2	tshen4	sen1	sen4 俗	sen1	sen1	sen3
乐至	tshen2	tshen2	tshen4	sen1	sen4 俗	sen1	sen1	sen1
安岳	tshen2	sen4	tshen4	sen1	sen4 俗	sen1	sen1	sen1
仪陇	tshen2	无	tshen4	sen1	sen4 俗	sen1	sen1	sen1
西充	tshen2	无	tshen4	sen1	sen4 俗	sen1	sen1	sen1

字目	诚	盛盛饭	秤	升	胜胜任	生	牲	甥
反切	是征	是征	昌孕	识蒸	识蒸	所庚	所庚	所庚
声韵调	梗开三禅清平	梗开三禅清平	曾开三昌蒸去	曾开三书蒸平	曾开三书蒸平	梗开二生庚平	梗开二生庚平	梗开二生庚平
中古音	dzieŋ	dzieŋ	tɕhiŋ-	ɕiŋ	ɕiŋ	ʃɣæŋ	ʃɣæŋ	ʃɣæŋ
蓬安	tshen2	sen4	tshen4	sen1	sen4 俗	sen1	sen1	sen1
南充金台	tshen2	无	tshen4	sen1	sen4 俗	sen1	sen1	sen1
南充龙蟠	tshen2	ṣen2	tṣhen4	sen1	sen4 俗	ṣen1	sen1	sen1
岳池	tshen2	无	tshen4	sen1	sen4 俗	sen1	sen1	sen1
广安	tshen2	无	tshen4	sen1	sen4 俗	sen1	sen1	sen1
邻水	tshen2	无	tshen4	sen1	sen4 俗	sen1	sen1	sen1
南江	tṣhen2	tṣhen2	tṣhen4	ṣen1	ṣen1 ṣen4 俗	sen1	sen1	sen1
巴中	tṣhen2	tṣhen2	tṣhen4	ṣen1	ṣen1 ṣen4 俗	sen1	sen1	sen1
通江	tṣhen2	tṣhen2	tṣhen4	ṣen1	ṣen1 ṣen4 俗	sen1	sen1	sen1
平昌	tṣhen2	tṣhen2	tṣhen4	ṣen1	ṣen1 ṣen4 俗	sen1	sen1	sen1
万源	tṣhen2	ṣen4	tṣhen4	ṣen1	ṣen4 俗	sen1	sen1	sen1
宣汉	tshen2	sen4	tshen4	sen1	sen4 俗	sen1	sen1	sen1
达州	tshen2	sen4	tshen4	sen1	sen4 俗	sen1	sen1	sen1
开江	tshen2	sen4	tshen4	sen1	sen4 俗	sen1	sen1	sen1
渠县	tshen2	sen4	tshen4	sen1	sen4 俗	sen1	sen1	sen1
宜宾	tshen2	tshen2	tshen4	sen1	sen4 俗	sen1	sen1	sen1
古蔺	tshen2	tshen2	tshen4	sen1	sen1 sen4 俗	sen1	sen1	sen1
长宁	tshen2	sen4	tshen4	sen1	sen4 俗	sen1	sen1	sen1
顾县	tshen2	无	tshen4	sen1	sen4 俗	sen1	sen1	sen1
成都龙泉	tshen2	tshen2	tshen4	sen1	sen1 sen4 俗	saŋ1	saŋ1	sen1 saŋ1 旧

字目	声	绳	省^{节省}	省^{省长}	剩	胜^{胜利}	圣	盛^{兴盛}
反切	书盈	食陵	所景	所景	实证	诗证	式正	承政
声韵调	梗开三 书清平	曾开三 船蒸平	梗开二 生庚上	梗开二 生庚上	曾开三 船蒸去	曾开三 书蒸去	梗开三 书清去	梗开三 禅清去
中古音	ɕieŋ	ziŋ	ʃɣæn:	ʃɣæn:	ziŋ-	ɕiŋ-	ɕieŋ-	dzieŋ-
广元	ʂen1	ʂuen2	suen3	suen3	ʂen4	ʂen4	ʂen4	ʂen4
平武	sen1	suən2	sen3	sen3	sen4	sen4	sen4	sen4
青川	sen1	suən2	sen3	sen3	sen4	sen4	sen4	sen4
剑阁_{普安}	ʂen1	ʂuən2	sen3	sen3	ʂen4	ʂen4	ʂen4	ʂen4
剑阁_{金仙}	ʂen1	ʂuən2	suən3	sen3	ʂen4	ʂen4	ʂen4	ʂen4
旺苍	ʂen1	ʂuən2	sen3	sen3	ʂen4	ʂen4	ʂen4	ʂen4
苍溪	ʂen1	ʂuən2	sen3	sen3	ʂen4	ʂen4	ʂen4	ʂen4
江油	sen1	suən2	sen3	sen3	sen4	sen4	sen4	sen4
北川	sen1	suən2	sen3	sen3	sen4	sen4	sen4	sen4
绵阳	sen1	suən2	sen3	sen3	sen4	sen4	sen4	sen4
盐亭	sen1	suən2	sen3	sen3	sen4	sen4	sen4	sen4
德阳	sen1	suən2	sen3	sen3	sen4	sen4	sen4	sen4
中江	sen1	suən2	sen3	sen3	sen4	sen4	sen4	sen4
射洪	sen1	suən2	sen3	sen3	sen4	sen4	sen4	sen4
蓬溪	sen1	suən2	sen3	sen3	sen4	sen4	sen4	sen4
遂宁	sen1	suən2	sen3	sen3	sen4	sen4	sen4	sen4
乐至	sen1	suən2	sen3	sen3	sen4	sen4	sen4	sen4
安岳	sen1	suən2	sen3	sen3	sen4	sen4	sen4	sen4
仪陇	sen1	suən2	sen3	sen3	sen4	sen4	sen4	sen4
西充	sen1	suən2	sen3	sen3	sen4	sen4	sen4	sen4

字目	声	绳	省_{节省}	省_{省长}	剩	胜_{胜利}	圣	盛_{兴盛}
反切	书盈	食陵	所景	所景	实证	诗证	式正	承政
声韵调	梗开三 书清平	曾开三 船蒸平	梗开二 生庚上	梗开二 生庚上	曾开三 船蒸去	曾开三 书蒸去	梗开三 书清去	梗开三 禅清去
中古音	ɕiɛŋ	ziŋ	ʃɣæŋː	ʃɣæŋː	ziŋ-	ɕiŋ-	ɕiɛŋ-	dziɛŋ-
蓬安	sen1	suən2	sen3	sen3	sen4	sen4	sen4	sen4
南充_{金台}	sen1	suən2	sen3	sen3	sen4	sen4	sen4	sen4
南充_{龙蟠}	ʂen1	ʂuən2	sen3	sen3	sen4	sen4	ʂen4	ʂen4
岳池	sen1	suən2	sen3	sen3	sen4	sen4	sen4	sen4
广安	sen1	suən2	sen3	sen3	sen4	sen4	sen4	sen4
邻水	sen1	suən2	sen3	sen3	sen4	sen4	sen4	sen4
南江	ʂen1	ʂen2 ʂuən2	sen3	sen3	ʂen4	ʂen4	ʂen4	ʂen4
巴中	ʂen1	ʂuən2	sen3	sen3	ʂen4	ʂen4	ʂen4	ʂen4
通江	ʂen1	ʂuən2	sen3	sen3	ʂen4	ʂen4	ʂen4	ʂen4
平昌	ʂen1	ʂuən2	sen3	sen3	ʂen4	ʂen4	ʂen4	ʂen4
万源	ʂen1	ʂuən2	sen3	sen3	ʂen4	ʂen4	ʂen4	ʂen4
宣汉	sen1	suən2	sen3	sen3	sen4	sen4	sen4	sen4
达州	sen1	sen2	sen3	sen3	sen4	sen4	sen4	sen4
开江	sen1	suən2	sen3	sen3	sen4	sen4	sen4	sen4
渠县	sen1	suən2	sen3	sen3	sen4	sen4	sen4	sen4
宜宾	sen1	suən2	sen3	sen3	sen4	sen4	sen4	sen4
古蔺	sen1	suən2	sen3	sen3	sen4	sen4	sen4	sen4
长宁	sen1	suən2	sen3	sen3	sen4	sen4	sen4	sen4
顾县	sen1	suən2	sen3	sen3	sen4	sen4	sen4	sen4
成都_{龙泉}	saŋ1	suən2	sen3	sen3	sen4	sen4	sen4	sen4

字目	仍	更更改	更打更	庚	羹	耕	梗	耿
反切	如乘	古行	古行	古行	古行	古茎	古杏	古幸
声韵调	曾开三 日蒸平	梗开二 见庚平	梗开二 见庚平	梗开二 见庚平	梗开二 见庚平	梗开二 见耕平	梗开二 见庚上	梗开二 见耕上
中古音	n̠zɨŋ	kɣæŋ	kɣæŋ	kɣæŋ	kɣæŋ	kɣɛŋ	kɣæŋ:	kɣɛŋ:
广元	zen2	ken1	ken1	ken1	ken1	ken1	ken3	ken3
平武	zen4	ken4	ken1	ken1	ken1	ken1	ken3	ken3
青川	zen2	ken1	ken1	ken1	ken1	ken1	ken3	ken3
剑阁普安	zen2	ken1	ken1	ken1	ken1	ken1	ken3	ken3
剑阁金仙	zen4	ken1	ken1	ken1	ken1	ken1	ken3	ken3
旺苍	zen2	ken1	ken1	ken1	ken1	ken1	ken3	ken3
苍溪	zen2	ken4 ken1	ken1	ken1	ken1	ken1	ken3	ken3
江油	zen3	ken4	ken1	ken1	ken1	ken1	ken3	ken3
北川	zen3	ken4	ken1	ken1	ken1	ken1	ken3	ken3
绵阳	zen4	ken4	ken1	ken1	ken1	ken1	ken3	ken3
盐亭	zen2	ken4	ken1	ken1	ken1	ken1	ken3	ken3
德阳	zen4 zen2 旧	ken1	ken1	ken1	ken1	ken1	ken4	ken3
中江	zen4	ken1	ken1	ken1	ken1	ken1	ken4	ken3
射洪	zen4 zen2 旧	ken1	ken1	ken1	ken1	ken1	ken3	ken3
蓬溪	zen4 zen2 旧	ken1	ken1	ken1	ken1	ken1	ken4	ken3
遂宁	zen4 zen2 旧	ken1	ken1	ken1	ken1	ken1	ken4	ken3
乐至	zen3	ken1	ken1	ken1	ken1	ken1	ken4	ken3
安岳	zen2	ken1	ken1	ken1	ken1	ken1	ken4	ken3
仪陇	zen3	ken1	ken1	ken1	ken1	ken1	ken3	ken3
西充	zen2	ken4	ken1	ken1	ken1	ken1	ken3	ken3

字目	仍	更更改	更打更	庚	羹	耕	梗	耿
反切	如乘	古行	古行	古行	古行	古茎	古杏	古幸
声韵调	曾开三日蒸平	梗开二见庚平	梗开二见庚平	梗开二见庚平	梗开二见庚平	梗开二见耕平	梗开二见庚上	梗开二见耕上
中古音	ȵʑiŋ	kɣæŋ	kɣæŋ	kɣæŋ	kɣæŋ	kɣɛŋ	kɣæŋ:	kɣɛŋ:
蓬安	zen2	ken4	ken1	ken1	ken1	ken1	ken3	ken3
南充金台	zen3	ken4	ken1	ken1	ken1	ken1	ken3	ken3
南充龙蟠	ʐen2	ken4 ken1	ken1	ken1	ken1	ken1	ken3	ken3
岳池	zen2	ken1	ken1	ken1	ken1	ken1	ken3	ken3
广安	zen2	ken4	ken1	ken1	ken1	ken1	ken3	kɛn3
邻水	zen2	ken4	ken1	ken1	ken1	ken1	ken3	ken3
南江	ʐen2	ken4 ken1	ken1	ken1	ken1	ken1	ken3	ken3
巴中	ʐen2	ken4 ken1	ken1	ken1	ken1	ken1	ken4 ken3	ken3
通江	ʐen2	ken4 ken1	ken1	ken1	ken1	ken1	ken4 ken3	ken3
平昌	in2 ʐen2	ken4 ken1	ken1	ken1	ken1	ken1	ken3	ken3
万源	ʐen2	ken4	ken1	ken1	ken1	ken1	ken3	ken3
宣汉	zen3 zen2	ken4	ken1	ken1	ken1	ken1	ken3	ken3
达州	zen3 zen2	ken1	ken1	ken1	ken1	ken1	ken3	ken3
开江	zen4 zen2	ken4	ken1	ken1	ken1	ken1	ken3	ken3
渠县	zen3 zen2	ken4	ken1	ken1	ken1	ken1	ken3	ken3
宜宾	zen2	ken1	ken1	ken1	ken1	ken1	ken3	ken3
古蔺	zen2	ken4 ken1	ken1	ken1	ken1	ken1	ken3	ken3
长宁	zen3	ken4	ken1	ken1	ken1	ken1	ken3	ken3
顾县	zen2	ken1	ken1	ken1	ken1	ken1	ken3	kɛn3
成都龙泉	ȵin4	koŋ1	koŋ1	kiɛn1	kaŋ1	kiɛn1	ken3	kiɛn3

字目	更更加	坑	恒	衡	横横竖	横蛮横	冰	兵
反切	古孟	客庚	胡登	户庚	户盲	户孟	笔陵	甫明
声韵调	梗开二 见庚去	梗开二 溪庚平	曾开一 匣登平	梗开二 匣庚平	梗合二 匣庚平	梗合二 匣庚去	曾开三 帮蒸平	梗开三 帮庚平
中古音	kɣæŋ-	khɣæŋ	ɦəŋ	ɦɣæŋ	ɦwɣæŋ	ɦwɣæŋ-	piŋ	pɣiæŋ
广元	ken4	khen1	xen2	xen2	xuən2	xuən2	pin1	pin1
平武	ken4	khen1	xen2	xen2	xen2	xen2	pin1	pin1
青川	ken4	khen1	xen2	xen2	xuən2	xuən2	pin1	pin1
剑阁普安	ken4	khen1	xen2	xen2	xuən2	xuan2	pin1	pin1
剑阁金仙	ken4	khen1	xen2	xen2	xuən2	xuan2	pin1	pin1
旺苍	ken4	khen1	xen2	xen2	xuən2	xuan2	pin1	pin1
苍溪	ken4	khen1	xen2	xen2	xen2 文 xuən2 白[1]	xen2 文 xuən2 白[1]	pin1	pin1
江油	ken4	khen1	xen2	xen2	xuan2	xuan2	pin1	pin1
北川	ken4	khen1	xen2	xen2	xuan2	xuan2	pin1	pin1
绵阳	ken4	khen1	xen2	xen2	xuan2	xuan2	pin1	pin1
盐亭	ken4	khen1	xen2	xen2	xen2	xen2	pin1	pin1
德阳	ken4	khen1	xen2	xen2	xen2 文 xuən2 白[1]	xen2 文 xuən2 白[1]	pin1	pin1
中江	ken4	khen1	en2	xen2	xuən2	xuən2	pin1	pin1
射洪	ken4	khen1	xen2	xen2	xen2 文 xuən2 白[1]	xen2 文 xuən2 白[1]	pin1	pin1
蓬溪	ken4	khen1	xen2	xen2	xen2 文 xuən2 白[1]	xen2 文 xuən2 白[1]	pin1	pin1
遂宁	ken4	khen1	xen2	xen2	fen2	fen2	pin1	pin1
乐至	ken4	khen1	xen2	fen2	xen2	fen2	pin1	pin1
安岳	ken4	khen1	xen2	xen2	xen2 文 xuən2 白[1]	xen2 文 xuən2 白[1]	pin1	pɣiæn1
仪陇	ken4	khen1	xen2	xen2	fen2	fen2	pin1	pin1
西充	ken4	khen1	xen2	xen2	xuan2	xuan2	pin1	pin1

[1] 又音 xuan2 口。

字目	更更加	坑	恒	衡	横横竖	横蛮横	冰	兵
反切	古孟	客庚	胡登	户庚	户盲	户孟	笔陵	甫明
声韵调	梗开二见庚去	梗开二溪庚平	曾开一匣登平	梗开二匣庚平	梗合二匣庚平	梗合二匣庚去	曾开三帮蒸平	梗开三帮庚平
中古音	kɣæŋ-	khɣæŋ	ɦəŋ	ɦɣæŋ	ɦwɣæŋ	ɦwɣæŋ-	piŋ	pɣiæŋ
蓬安	ken4	khen1	xen2	xen2	xen2 文 xuan2 白	xen2 文 xuan2 白	pin1	pin1
南充金台	ken4	khen1	xen2	xen2	xuən2	xuən2	pin1	pin1
南充龙蟠	ken4	khen1	xen2	xen2	xuən2	xuən2	pin1	pin1
岳池	ken4	khen1	xen2	xen2	xen2 文 xuan2 白	xen2 文 xuən2 白	pin1	pin1
广安	ken4	khen1	xen2	xen2	xen2 文 xuən2 白	xen2 文 xuən2 白	pin1	pin1
邻水	ken4	khen1	xen2	xen2	xen2 文 xuən2 白	xen2 文 xuən2 白	pin1	pin1
南江	ken4	khen1	xen2	xen2	xen2 文 xuan2 白①	xen2 文 xuən2 白①	pin1	pin1
巴中	ken4	khen1	xen2	xen2	xen2 文 xuan2 白①	xen2 文 xuən2 白①	pin1	pin1
通江	ken4	khen1	xen2	xen2	xen2 文 xuan2 白①	xen2 文 xuən2 白①	pin1	pin1
平昌	ken4	khen1	xen2	xen2	xen2 文 xuan2 白①	xen2 文 xuən2 白①	pin1	pin1
万源	ken4	khen1	xen2	xen2	xuən2 xuan2 口	xuən2 xuan2 口	pin1	pin1
宣汉	ken4	khen1	xen2	xen2	fen2 xuan2 口	fen2 xuan2 口	pin1	pin1
达州	ken4	khen1	xen2	xen2	xuən2 xuan2 口	xuən2 xuan2 口	pin1	pin1
开江	ken4	khen1	xen2	xen2	xen2 xuan2 口	xen2 xuan2 口	pin1	pin1
渠县	ken4	khen1	xen2	xen2	xuən2 xuan2 口	xuən2 xuan2 口	pin1	pin1
宜宾	ken4	khen1	xen2	xen2	xen2 文 xuən2 白①	xen4 文 xuən2 白①	pin1	pin1
古蔺	ken4	khen1	xen2	xen2	xen2 文 xuən2 白①	xen2 文 xuən2 白①	pin1	pin1
长宁	ken4	khen1	xen2	xen2	xuan2	xuan2	pin1	pin1
顾县	ken4	khen1	xen2	xen2	xen2	fen2	pin1	pin1
成都龙泉	ken4	khiɛn1	xiɛn2	xiɛn2	xiɛn2 文 xuən2 白①	xiɛn2 文 xuən2 白①	pin1	pin1

---

① 又音 xuan2 口。

字目	禀	秉	丙	饼	柄①	病	并合并	并并且
反切	笔锦	兵永	兵永	必郢	陂病	皮命	畀政	蒲迥
声韵调	深开三B 帮侵上	梗开三 帮庚上	梗开三 帮庚上	梗开三 帮清上	梗开三 帮庚去	梗开三 並庚去	梗开三 帮清去	梗开四 並青上
中古音	pɣɨm:	pɣiæŋ:	pɣiæŋ:	piɛŋ:	pɣiæŋ-	bɣiæŋ-	piɛŋ-	beŋ:
广元	pin3	pin3	pin3	pin3	pin3	pin4	pin4	pin4
平武	pin3	pin3	pin3	pin3	pin3	pin4	pin4	pin4
青川	pin3	pin3	pin3	pin3	pin3	pin4	pin4	pin4
剑阁普安	pin3	pin3	pin3	pin3	pin3	pin4	pin4	pin4
剑阁金仙	pin3	pin3	pin3	pin3	pin3	pin4	pin4	pin4
旺苍	pin3	pin3	pin3	pin3	pin3	pin4	pin4	pin4
苍溪	pin3	pin3	pin3	pin3	pin3	pin4	pin4	pin4
江油	pin3	pin3	pin3	pin3	pin3	pin4	pin4	pin4
北川	pin3	pin3	pin3	pin3	pin3	pin4	pin4	pin4
绵阳	pin3	pin3	pin3	pin3	pin3	pin4	pin4	pin4
盐亭	pin3	pin3	pin3	pin3	pin3	pin4	pin4	pin4
德阳	pin3	pin3	pin3	pin3	pin3	pin4	pin4	pin4
中江	pin3	pin3	pin3	pin3	pin3	pin4	pin4	pin4
射洪	pin3	pin3	pin3	pin3	pin3	pin4	pin4	pin4
蓬溪	pin3	pin3	pin3	pin3	pin3	pin4	pin4	pin4
遂宁	pin3	pin3	pin3	pin3	pin3	pin4	pin4	pin4
乐至	pin3	pin3	pin3	pin3	pin3	pin4	pin4	pin4
安岳	pin3	pin3	pin3	pin3	pin3	pin4	pin4	pin4
西充	pin3	pin3	pin3	pin3	pin3	pin4	pin4	pin4

---

① 又*补永切，梗开三帮庚上。

字目	禀	秉	丙	饼	柄①	病	并合并	并并且
反切	笔锦	兵永	兵永	必郢	陂病	皮命	畀政	蒲迥
声韵调	深开三B 帮侵上	梗开三 帮庚上	梗开三 帮庚上	梗开三 帮清上	梗开三 帮庚去	梗开三 並庚去	梗开三 帮清去	梗开四 並青上
中古音	pɣɨm:	pɣiæŋ:	pɣiæŋ:	piɛŋ:	pɣiæŋ-	bɣiæŋ-	piɛŋ-	beŋ:
蓬安	pin3	pin3	pin3	pin3	pin3	pin4	pin4	pin4
南充金台	pin3	pin3	pin3	pin3	pin3	pin4	pin4	pin4
南充龙蟠	pin3	pin3	pin3	pin3	pin3	pin4	pin4	pin4
岳池	pin3	pin3	pin3	pin3	pin3	pin4	pin4	pin4
广安	pin3	pin3	pin3	pin3	pin3	pin4	pin4	pin4
邻水	pin3	pin3	pin3	pin3	pin3	pin4	pin4	pin4
南江	pin3	pin3	pin3	pin3	pin3	pin4	pin4	pin4
巴中	pin3	pin3	pin3	pin3	pin3	pin4	pin4	pin4
通江	pin3	pin3	pin3	pin3	pin3	pin4	pin4	pin4
平昌	pin3	pin3	pin3	pin3	pin3	pin4	pin4	pin4
万源	pin3	pin3	pin3	pin3	pin3	pin4	pin4	pin4
宣汉	pin3	pin3	pin3	pin3	pin3	pin4	pin4	pin4
达州	pin3	pin3	pin3	pin3	pin3	pin4	pin4	pin4
开江	pin3	pin3	pin3	pin3	pin3	pin4	pin4	pin4
渠县	pin3	pin3	pin3	pin3	pin3	pin4	pin4	pin4
宜宾	pin3	pin3	pin3	pin3	pin3	pin4	pin4	pin4
古蔺	phin3 pin3	pin3	pin3	pin3	pin3	pin4	pin4	pin4
长宁	pin3	pin3	pin3	pin3	pin3	pin4	pin4	pin4
顾县	pin3	pin3	pin3	pin3	pin3	pin4	pin4	pin4
成都龙泉	pin3	piaŋ3	piaŋ3	piaŋ3	piaŋ3	phiaŋ4	pin4	pin4

① 又*补永切，梗开三帮庚上。

字目	凭文凭	凭凭靠	平	坪	评	瓶	屏屏风	萍
反切	扶冰	扶冰	符兵	符兵	符兵	薄经	薄经	薄经
声韵调	曾开三 並蒸平	曾开三 並蒸平	梗开三 並庚平	梗开三 並庚平	梗开三 並庚平	梗开四 並青平	梗开四 並青平	梗开四 並青平
中古音	biŋ	biŋ	bɣiæŋ	bɣiæŋ	bɣiæŋ	beŋ	beŋ	beŋ
广元	phin2	phin2 phen1 口	phin2	phin2	phin2	phin2	phin2	phin2
平武	phin2	phin2	phin2	phin2	phin2	phin2	phin2	phin2
青川	phin2	phin2 phen1 口	phin2	phin2	phin2	phin2	phin2	phin2
剑阁普安	phin2	phin2 phen1 口	phin2	phin2	phin2	phin2	phin2	phin2
剑阁金仙	phin2	phin2 phen1 口	phin2	phin2	phin2	phin2	phin2	phin2
旺苍	phin2	phin2 phen1 口	phin2	phin2	phin2	phin2	phin2	phin2
苍溪	phin2	phin2 phen1 口	phin2	phin2	phin2	phin2	phin2	phin2
江油	phin2	phin2	phin2	phin2	phin2	phin2	phin2	phin2
北川	phin2	phin2	phin2	phin2	phin2	phin2	phin2	phin2
绵阳	phin2	phin2	phin2	phin2	phin2	phin2	phin2	phin2
盐亭	phin2	phin2	phin2	phin2	phin2	phin2	phin2	phin2
德阳	phin2	phin2 phen1 口	phin2	phin2	phin2	phin2	phin4	phin2
中江	phin2	phin2 phen1 口	phin2	phin2	phin2	phin2	phin2	phin2
射洪	phin2	phin2 phen1 口	phin2	phin2	phin2	phin2	phin2	phin2
蓬溪	phin2	phin2 phen1 口	phin2	phin2	phin2	phin2	phin2	phin2
遂宁	phin2	phin2 phen1 口	phin2	phin2	phin2	phin2	phin2	phin2
乐至	phin2	phin2 phen1 口	phin2	phin2	phin2	phin2	phin2	phin2
安岳	phin2	phin2	phin2	phin2	phin2	phin2	phin2	phin2
仪陇	phin2	phin2	phin2	phin2	phin2	phin2	phin2	phin2
西充	phin2	phin2	phin2	phin2	phin2	phin2	phin2	phin2

字目	凭_{文凭}	凭_{凭靠}	平	坪	评	瓶	屏_{屏风}	萍
反切	扶冰	扶冰	符兵	符兵	符兵	薄经	薄经	薄经
声韵调	曾开三 並蒸平	曾开三 並蒸平	梗开三 並庚平	梗开三 並庚平	梗开三 並庚平	梗开四 並青平	梗开四 並青平	梗开四 並青平
中古音	biŋ	biŋ	bɣiæŋ	bɣiæŋ	bɣiæŋ	beŋ	beŋ	beŋ
蓬安	phin2	phin2	phin2	phin2	phin2	phin2	phin2	phin2
南充_{金台}	phin2	phin2	phin2	phin2	phin2	phin2	phin2	phin2
南充_{龙蟠}	phin2	phin2	phin2	phin2	phin2	phin2	phin2	phin2
岳池	phin2	phin2 phen1 口	phin2	phin2	phin2	phin2	phin2	phin2
广安	phin2	phin2 phen1 口	phin2	phin2	phin2	phin2	phin2	phin2
邻水	phin2	phin2 phen1 口	phin2	phin2	phin2	phin2	phin2	phin2
南江	phin2	phin2 phen1 口	phin2	phin2	phin2	phin2	phin2	phin2
巴中	phin2	phin2 phen1 口	phin2	phin2	phin2	phin2	phin2	phin2
通江	phin2	phin2 phen1 口	phin2	phin2	phin2	phin2	phin2	phin2
平昌	phin2	phin2 phen1 口	phin2	phin2	phin2	phin2	phin2	phin2
万源	phin2	phin2 phen1 口	phin2	phin2	phin2	phin2	phin2	phin2
宣汉	phin2	phin2 phen1 口	phin2	phin2	phin2	phin2	phin2	phin2
达州	phin2	phin2 phen1 口	phin2	phin2	phin2	phin2	phin2	phin2
开江	phin2	phin2 phen1 口	phin2	phin2	phin2	phin2	phin2	phin2
渠县	phin2	phin2 phen1 口	phin2	phin2	phin2	phin2	phin2	phin2
宜宾	phin2	phin2 phen1 口	phin2	phin2	phin2	phin2	phin2	phin2
古蔺	phin2	phin2 phen1 口	phin2	phin2	phin2	phin2	phin2	phin2
长宁	phin2	phin2	phin2	phin2	phin2	phin2	phin2	phin2
顾县	phin2	phin2	phin2	phin2	phin2	phin2	phin2	phin2
成都_{龙泉}	phin2	phin2 phen1 口	phiaŋ2	phiaŋ2	phin2	phin2	phin2	phin2

字目	明	鸣	名	铭	冥	命	丁	钉钉子
反切	武兵	武兵	武并	莫经	莫经	眉病	当经	当经
声韵调	梗开三明庚平	梗开三明庚平	梗开三明清平	梗开四明青平	梗开四明青平	梗开三明庚去	梗开四端青平	梗开四端青平
中古音	mɣiæŋ	mɣiæŋ	miɛŋ	meŋ	meŋ	mɣiæŋ-	teŋ	teŋ
广元	min2	min2	min2	min2	min2	min4	tin1	tin1
平武	min2	min2	min2	min2	min2	min4	tin1	tin1
青川	min2	min2	min2	min2	min2	min4	tin1	tin1
剑阁普安	min2	min2	min2	min2	min2	min4	tin1	tin1
剑阁金仙	min2	min2	min2	min2	min2	min4	tin1	tin1
旺苍	min2	min2	min2	min2	min2	min4	tin1	tin1
苍溪	min2	min2	min2	min2	min2	min4	tin1	tin1
江油	min2	min2	min2	min2	min2	min4	tin1	tin1
北川	min2	min2	min2	min2	min2	min4	tin1	tin1
绵阳	min2	min2	min2	min2	min2	min4	tin1	tin1
盐亭	min2	min2	min2	min2	min2	min4	tin1	tin1
德阳	min2	min2	min2	min2	min2	min4		tin1
中江	min2	min2	min2	min2	min2	min4	tin1	tin1
射洪	min2	min2	min2	min2	min2	min4	tin1	tin1
蓬溪	min2	min2	min2	min2	min2	min4		tin1
遂宁	min2	min2	min2	min2	min2	min4	tin1	tin1
乐至	min2	min2	min2	min2	min2	min4	tin1	tin1
安岳	min2	min2	min2	min2	min2	min4	tin1	tin1
仪陇	min2	min2	min2	min2	min2	min4	tin1	tin1
西充	min2	min2	min2	min2	min2	min4	tin1	tin1

字目	明	鸣	名	铭	冥	命	丁	钉钉子
反切	武兵	武兵	武并	莫经	莫经	眉病	当经	当经
声韵调	梗开三明庚平	梗开三明庚平	梗开三明清平	梗开四明青平	梗开四明青平	梗开三明庚去	梗开四端青平	梗开四端青平
中古音	mɣiæŋ	mɣiæŋ	mieŋ	meŋ	meŋ	mɣiæŋ-	teŋ	teŋ
蓬安	min2	min2	min2	min2	min2	min4	tin1	tin1
南充金台	min2	min2	min2	min2	min2	min4	tin1	tin1
南充龙蟠	min2	min2	min2	min2	min2	min4	tin1	tin1
岳池	min2	min2	min2	min2	min2	min4	tin1	tin1
广安	min2	min2	min2	min2	min2	min4	tin1	tin1
邻水	min2	min2	min2	min2	min2	min4	tin1	tin1
南江	min2	min2	min2	min2	min2	min4	tin1	tin1
巴中	min2	min2	min2	min2	min2	min4	tin1	tin1
通江	min2	min2	min2	min2	min2	min4	tin1	tin1
平昌	min2	min2	min2	min2	min2	min4	tin1	tin1
万源	min2	min2	min2	min2	min2	min4	tin1	tin1
宣汉	min2	min2	min2	min2	min2	min4	tin1	tin1
达州	min2	min2	min2	min2	min2	min4	tin1	tin1
开江	min2	min2	min2	min2	min2	min4	tin1	tin1
渠县	min2	min2	min2	min2	min2	min4	tin1	tin1
宜宾	min2	min2	min2	min2	min2	min4	tin1	tin1
古蔺	min2	min2	min2	min2	min2	min4	tin1	tin1
长宁	min2	min2	min2	min2	min2	min4	tin1	tin1
顾县	min2	min2	min2	min2	min2	min4	tin1	tin1
成都龙泉	min2	min2	min2	min2	min2	miaŋ4	taŋ1	taŋ1

字目	顶	鼎	钉装钉	订	锭	定	听听见	厅
反切	都挺	都挺	丁定	丁定	徒鼎	徒径	他丁	他丁
声韵调	梗开四端青上	梗开四端青上	梗开四端青去	梗开四端青去	梗开四定青上	梗开四定青去	梗开四透青平	梗开四透青平
中古音	teŋ:	teŋ:	teŋ-	teŋ-	deŋ:	deŋ-	theŋ	theŋ
广元	tin3	tin3	tin4	tin4	tin4	tin4	thin1 thin4	thin1
平武	tin3	tin3	tin4	tin4	tin4	tin4	thin1	thin1
青川	tin3	tin3	tin4	tin4	tin4	tin4	thin1	thin1
剑阁普安	tin3	tin3	tin4	tin4	tin4	tin4	thin1	thin1
剑阁金仙	tin3	tin3	tin4	tin4	tin4	tin4	thin4	thin1
旺苍	tin3	tin3	tin4	tin4	tin4	tin4	thin1 thin4	thin1
苍溪	tin3	tin3	tin4	tin4	tin4	tin4	thin1	thin1
江油	tin3	tin3	tin4	tin4	tin4	tin4	thin1	thin1
北川	tin3	tin3	tin4	tin4	tin4	tin4	thin1	thin1
绵阳	tin3	tin3	tin4	tin4	tin4	tin4	thin1	thin1
盐亭	tin3	tin3	tin4	tin4	tin4	tin4	thin1	thin1
德阳	tin3	tin3	tin4	tin4	tin4	tin4	thin1	thin1
中江	tin3	tin3	tin4	tin4	tin4	tin4	thin1	thin1
射洪	tin3	tin3	tin4	tin4	tin4	tin4	thin1	thin1
蓬溪	tin3	tin3	tin4	tin4	tin4	tin4	thin1	thin1
遂宁	tin3	tin3	tin4	tin4	tin4	tin4	thin1	thin1
乐至	tin3	tin3	tin4	tin4	tin4	tin4	thin1	thin1
安岳	tin3	tin3	tin4	tin4	tin4	tin4	thin1	thin1
仪陇	tin3	tin3	tin4	tin4	tin4	tin4	thin1	thin1
西充	tin3	tin3	tin4	tin4	tin4	tin4	thin1	thin1

字目	顶	鼎	钉装钉	订	锭	定	听听见	厅
反切	都挺	都挺	丁定	丁定	徒鼎	徒径	他丁	他丁
声韵调	梗开四端青上	梗开四端青上	梗开四端青去	梗开四端青去	梗开四定青上	梗开四定青去	梗开四透青平	梗开四透青平
中古音	teŋ:	teŋ:	teŋ-	teŋ-	deŋ:	deŋ-	theŋ	theŋ
蓬安	tin3	tin3	tin4	tin4	tin4	tin4	thin1	thin1
南充金台	tin3	tin3	tin4	tin4	tin4	tin4	thin1	thin1
南充龙蟠	tin3	tin3	tin4	tin4	tin4	tin4	thin1	thin1
岳池	tin3	tin3	tin4	tin4	tin4	tin4	thin4	thin1
广安	tin3	tin3	tin4	tin4	tin4	tin4	thin1	thin1
邻水	tin3	tin3	tin4	tin4	tin4	tin4	thin4	thin1
南江	tin3	tin3	tin4	tin4	tin4	tin4	thin1	thin1
巴中	tin3	tin3	tin4	tin4	tin4	tin4	thin1	thin1
通江	tin3	tin3	tin4	tin4	tin4	tin4	thin1	thin1
平昌	tin3	tin3	tin4	tin4	tin4	tin4	thin1	thin1
万源	tin3	tin3	tin4	tin4	tin4	tin4	thin4 thin1	thin1
宣汉	tin3	tin3	tin4	tin4	tin4	tin4	thin4 thin1	thin1
达州	tin3	tin3	tin4	tin4	tin4	tin4	thin1	thin1
开江	tin3	tin3	tin4	tin4	tin4	tin4	thin1	thin1
渠县	tin3	tin3	tin4	tin4	tin4	tin4	thin1	thin1
宜宾	tin3	tin3	tin4	tin4	tin4	tin4	thin4	thin1
古蔺	tin3	tin3	tin4	tin4	tin4	tin4	thin1	thin1
长宁	tin3	tin3	tin4	tin4	tin4	tin4	thin1	thin1
顾县	tin3	tin3	tin4	tin4	tin4	tin4	thin4	thin1
成都龙泉	taŋ3	tin3	taŋ4	thin4	thin4	tin4	thaŋ4 thaŋ1	thin1

字目	汀	亭	停停止	廷	庭	艇	挺	听听从
反切	他丁	特丁	特丁	特丁	特丁	徒鼎	徒鼎	他定
声韵调	梗开四透青平	梗开四定青平	梗开四定青平	梗开四定青平	梗开四定青平	梗开四定青上	梗开四定青上	梗开四透青去
中古音	theŋ	deŋ	deŋ	deŋ	deŋ	deŋ:	deŋ:	theŋ-
广元	thin1	thin2	thin2	thin2	thin2	thin2	thin3	thin1 thin4
平武	thin1	thin2	thin2	thin2	thin2	thin3	thin3	thin1 thin4
青川	thin1	thin2	thin2	thin2	thin2	thin3	thin3	thin1 thin4
剑阁普安	thin1	thin2	thin2	thin2	thin2	thin3	thin3	thin1 thin4
剑阁金仙	thin1	thin2	thin2	thin2	thin1	thin3	thin3	thin1 thin4
旺苍	thin1	thin2	thin2	thin2	thin1	thin3	thin3	thin1 thin4
苍溪	thin1	thin2	thin2	thin1 thin2	thin1 thin2	thin3	thin3	thin1 thin4
江油	thin1	thin2	thin2	thin2	thin2	thin3	thin3	thin4
北川	thin1	thin2	thin2	thin2	thin2	thin3	thin3	thin4
绵阳	thin1	thin2	thin2	thin2	thin2	thin2	thin3	thin4
盐亭	thin1	thin2	thin2	thin2	thin2	thin3	thin3	thin1
德阳	thin1	thin2	thin2	thin2	thin2	thin3	thin3	thin1 thin4
中江	thin1	thin2	thin2	thin2	thin2	thin3	thin3	thin4
射洪	thin1	thin2	thin2	thin2	thin2	thin3	thin3	thin1 thin4
蓬溪	thin1	thin2	thin2	thin2	thin2	thin3	thin3	thin1 thin4
遂宁	thin1	thin2	thin2	thin2	thin2	thin3	thin3	thin1 thin4
乐至	thin1	thin2	thin2	thin2	thin2	thin3	thin3	thin4
安岳	thin1	thin2	thin2	thin2	thin2	thin3	thin3	thin4
仪陇	tin1	thin2	thin2	thin1	thin1	thin3	thin3	thin1
西充	thin1	thin2	thin2	thin2	thin2	thin3	thin3	thin4

字目	汀	亭	停停止	廷	庭	艇	挺	听听从
反切	他丁	特丁	特丁	特丁	特丁	徒鼎	徒鼎	他定
声韵调	梗开四透青平	梗开四定青平	梗开四定青平	梗开四定青平	梗开四定青平	梗开四定青上	梗开四定青上	梗开四透青去
中古音	theŋ	deŋ	deŋ	deŋ	deŋ	deŋ:	deŋ:	theŋ-
蓬安	thin1	thin2	thin2	thin2	thin2	thin3	thin3	thin4
南充金台	thin1	thin2	thin2	thin2	thin2	thin3	thin3	thin1
南充龙蟠	thin1	thin2	thin2	thin2	thin2	thin3	thin3	thin1
岳池	thin1	thin2	thin2	thin2	thin2	thin3	thin3	thin4
广安	thin1	thin2	thin2	thin2	thin2	thin3	thin3	thin4
邻水	thin1	thin2	thin2	thin2	thin2	thin3	thin3	thin4
南江	thin1	thin2	thin2	thin1 thin2	thin1 thin2	thin3	thin3	thin1 thin4
巴中	thin1	thin2	thin2	thin2	thin2	thin3	thin3	thin1 thin4
通江	thin1	thin2	thin2	thin1 thin2	thin1 thin2	thin3	thin3	thin1 thin4
平昌	thin1	thin2	thin2	thin1 thin2	thin1 thin2	thin3	thin3	thin1 thin4
万源	thin1	thin2	thin2	thin2	thin2	thin3	thin3	thin1
宣汉	thin1	thin2	thin2	thin2	thin2	thin3	thin3	thin4
达州	thin1	thin2	thin2	thin2	thin2	thin3	thin3	thin4
开江	thin1	thin2	thin2	thin2	thin2	thin2	thin3	thin1
渠县	thin1	thin2	thin2	thin2	thin2	thin2	thin3	thin1
宜宾	thin1	thin2	thin2	thin2	thin2	thin3	thin3	thin4
古蔺	thin1	thin2	thin2	thin2	thin2	thin3	thin3	thin4
长宁	thin1	thin2	thin2	thin2	thin2	thin3	thin3	thin1
顾县	thin1	thin2	thin2	thin2	thin2	thin3	thin3	thin1 thin4
成都龙泉	thin1	thin2	thin2	thin2	thin2	thin3	thin3	thaŋ1

字目	凝①	宁安宁	宁宁可	陵	凌②	菱	灵	铃
反切	鱼陵	奴丁	乃定	力膺	力膺	力膺	郎丁	郎丁
声韵调	曾开三疑蒸平	梗开四泥青平	梗开四泥青去	曾开三来蒸平	曾开三来蒸平	曾开三来蒸平	梗开四来青平	梗开四来青平
中古音	ȵiŋ	neŋ	neŋ-	liŋ	liŋ	liŋ	leŋ	leŋ
广元	ȵin4	ȵin2	ȵin2	nin2	nin2 nin4 口	nin2	nin2	nin2
平武	nin2	nin2	nin2	nin2	nin2	nin2	nin2	nin2
青川	ȵin2	ȵin2	ȵin2	nin2	nin2 nin4 口	nin2	nin2	nin2
剑阁普安	ȵin2	ȵin2	ȵin2	nin2	nin2 nin4 口	nin2	nin2	nin2
剑阁金仙	ȵin2	ȵin2	ȵin2	nin2	nin2 nin4 口	nin2	nin2	nin2
旺苍	ȵin4	ȵin2	ȵin2	nin2	nin2 nin4 口	nin2	nin2	nin2
苍溪	ȵin2 ȵin4 口	lin2	lin2	lin2	lin2	lin2	lin2	lin2
江油	ȵin2	nin2	nin2	nin2	nin2	nin2	nin2	nin2
北川	nin2	nin2	nin2	nin2	nin2	nin2	nin2	nin2
绵阳	in2	nin2	nin2	nin2	nin2	nin2	nin2	nin2
盐亭	ȵin2	lin2	lin2	lin2	lin2	lin2	lin2	lin2
德阳	ȵin2 nin4 口	nin2	nin2	nin2	nin2 nin4 口	nin2	nin2	nin2
中江	ȵi2	lin2	lin2	lin2	lin2	lin2	lin2	lin2
射洪	ȵin2 nin4 口	nin2	nin2	nin2	nin2 nin4 口	nin2	nin2	nin2
蓬溪	ȵi2 nin4 口	nin2	nin2	nin2	nin2 nin4 口	nin2	nin2	nin2
遂宁	ȵin2 nin4 口	nin2	nin2	nin2	nin2 nin4 口	nin2	nin2	nin2
乐至	ȵin2	nin2	nin2	nin2	nin2	nin2	nin2	nin2
安岳	ȵi2	nin2	nin2	nin2	nin2	nin2	nin2	nin2
仪陇	nin2	nin2	nin2	nin2	nin2	nin2	nin2	nin2
西充	ȵin2	nin2	nin2	nin2	nin2	nin2	nin2	nin2

① 又牛餕切，曾开三疑蒸去。　② 又*里孕切，曾开三来证去。

字目	凝①	宁安宁	宁宁可	陵	凌②	菱	灵	铃
反切	鱼陵	奴丁	乃定	力膺	力膺	力膺	郎丁	郎丁
声韵调	曾开三 疑蒸平	梗开四 泥青平	梗开四 泥青去	曾开三 来蒸平	曾开三 来蒸平	曾开三 来蒸平	梗开四 来青平	梗开四 来青平
中古音	ŋiŋ	neŋ	neŋ˗	liŋ	liŋ	liŋ	leŋ	leŋ
蓬安	ȵi2	nin2	nin2	nin2	nin2	nin2	nin2	nin2
南充金台	ȵi2	nin2	nin2	nin2	nin2	nin2	nin2	nin2
南充龙蟠	ȵin4	nin2	nin4	nin2	nin2	nin2	nin2	nin2
岳池	ȵin2	nin2	nin2	nin2	nin2	nin2	nin2	nin2
广安	nin4	nin2	nin2	nin2	nin2	nin2	nin2	nin2
邻水	nin2	nin2	nin2	nin2	nin2	nin2	nin2	nin2
南江	ȵi2 lin4 口	lin2	lin2	lin2	lin2	lin2	lin2	lin2
巴中	ȵin2 lin4 口	ȵin2	ȵin4	lin2	lin2	lin2	lin2	lin2
通江	ȵi2 ȵin4 口	lin2	lin2	lin2	lin2	lin2	lin2	lin2
平昌	ȵin2 lin4 口	lin2	lin2	lin2	lin2	lin2	lin2	lin2
万源	ȵin2 nin4 口	nin2	nin2	nin2	nin2 nin4 口	nin2	nin2	nin2
宣汉	ȵin2 nin4 口	nin2	nin2	nin2	nin2 nin4 口	nin2	nin2	nin2
达州	nin2 nin4 口	nin2	nin4	nin2	nin2 nin4 口	nin2	nin2	nin2
开江	nin2 nin4 口	nin2	nin2	nin2	nin2 nin4 口	nin2	nin2	nin2
渠县	ȵin2 nin4 口	nin2	nin2	nin2	nin2 nin4 口	nin2	nin2	nin2
宜宾	nin2 nin4 口	nin2	nin2	nin2	nin2	nin2	nin2	nin2
古蔺	ni2 nin2	nin2	nin2	nin2	nin2	nin2	nin2	nin2
长宁	lin4	ȵin2	ȵin2	lin2	lin2	lin2	lin2	lin2
顾县	nin2	nin2	nin2	nin2	nin2 nin4 口	nin2	nin2	nin2
成都龙泉	ȵin2	lin2	lin2	lin2	lin2	lin2	lin2	lin2

① 又牛餕切，曾开三疑蒸去。　② 又*里孕切，曾开三来证去。

字目	零	领	岭	令	另	°梗	茎	京
反切	郎丁	良郢	良郢	力政		古行	户耕	举卿
声韵调	梗开四来青平	梗开三来清上	梗开三来清上	梗开三来清去	梗开四来青去	梗开二见庚平	梗开二匣耕平	梗开三见庚平
中古音	leŋ	lieŋ:	lieŋ:	lieŋ-	leŋ-	kɣæŋ	ɦiɣɛŋ	kɣiæŋ
广元	nin2	nin3	nin3	nin4	nin4	ken4	tɕin3	tɕin1
平武	nin2	nin3	nin3	nin4	nin4	tɕin1 ken4	tɕin4 xen2 旧	tɕin1
青川	nin2	nin3	nin3	nin4	nin4	ken3	tɕin4	tɕin1
剑阁普安	nin2	nin3	nin3	nin4	nin4	tɕin1	tɕin3 xen2 旧	tɕin1
剑阁金仙	nin2	nin3	nin3	nin4	nin4	ken1	xen2	tɕin1
旺苍	nin2	nin3	nin3	nin4	nin4	ken4	tɕin1	tɕin1
苍溪	lin2	lin3	lin2 lin3	lin4	lin4	ken3	kin1 xen2 旧	kin1
江油	nin2	nin3	nin3	nin4	nin4	ken3	xen2	tɕin1
北川	nin2	nin3	nin3	nin4	nin4	ken3	xen2	tɕin1
绵阳	nin2	nin3	nin3	nin4	nin4	ken3	xen2	tɕin1
盐亭	lin2	lin3	lin3	lin4	lin4	ken4	xen2	tɕin1
德阳	nin2	nin3	nin3	nin4	nin4	ken3	tɕin1	tɕin1
中江	lin2	lin3	lin3	lin4	lin4	ken1	tɕin1	tɕin1
射洪	nin2	nin3	nin3	nin4	nin4	ken1	tɕin1	tɕin1
蓬溪	nin2	nin3	nin2	nin4	nin4	ken1	tɕin1	tɕin1
遂宁	nin2	nin3	nin3	nin4	nin4	ken4	tɕin1	tɕin1
乐至	nin2	nin3	nin2	nin4	nin4	ken3	tɕin1	tɕin1
安岳	nin2	nin3	nin3	nin4	nin4	ken3	xen2	tɕin1
仪陇	nin2	nin3	nin3	nin4	nin4	ken3 tɕin1	tɕin1	tɕin1
西充	nin2	nin3	nin3	nin4	nin4	ken3	ɕin2	tɕin1

字目	零	领	岭	令	另	粳	茎	京
反切	郎丁	良郢	良郢	力政		古行	户耕	举卿
声韵调	梗开四来青平	梗开三来清上	梗开三来清上	梗开三来清去	梗开四来青去	梗开二见庚平	梗开二匣耕平	梗开三见庚平
中古音	leŋ	lieŋ:	lieŋ:	lieŋ-	leŋ-	kɣæŋ	ɦɣɛŋ	kɣiæŋ
蓬安	nin2	nin3	nin3	nin4	nin4	ken3	xen2	tɕin1
南充金台	nin2	nin3	nin3	nin4	nin4	ken3	xen2	tɕin1
南充龙蟠	nin2	nin3	nin3	nin4	nin4	ken3 ken1	tɕin1 xen2 旧	tɕin1
岳池	nin2	nin3	nin3	nin4	nin4	ken1	xen2	tɕin1
广安	nin2	nin3	nin3	nin4	nin4	ken3	tɕin1	tɕin1
邻水	nin2	nin3	nin3	nin4	nin4	ken3	xen2	tɕin1
南江	lin2	lin3	lin3	lin4	lin4	ken3	tɕin1 xen2 旧	tɕin1
巴中	lin2	lin3	lin3	lin4	lin4	ken4	tɕin1 xen2 旧	tɕin1
通江	lin2	lin3	lin3	lin4	lin4	ken3	kin1 xen2 旧	kin1
平昌	lin2	lin3	lin3	lin4	lin4	ken3	tɕin4 xen2 旧	tɕin1
万源	nin2	nin3	nin3	nin4	nin4	tɕin1	tɕin1	tɕin1
宣汉	nin2	nin3	nin2	nin4	nin4	ken3	tɕin1	tɕin1
达州	nin2	nin3	nin2	nin4	nin4	ken3	tɕin1	tɕin1
开江	nin2	nin3	nin2	nin4	nin4	tɕin1	tɕin1	tɕin1
渠县	nin2	nin3	nin3	nin4	nin4	tɕin1	tɕin1	tɕin1
宜宾	nin2	nin3	nin3	nin4	nin4	ken1 tɕin1	tɕin1	tɕin1
古蔺	nin2	nin3	nin3	nin4	nin4	ken1	tɕin1 xen2 旧	tɕin1
长宁	lin2	lin3	lin3	lin4	lin4	ken4	tɕin1	tɕin1
顾县	nin2	nin3	nin3	nin4	nin4	ken4	tɕin1 xen4 旧	tɕin1
成都龙泉	laŋ2	liaŋ1	liaŋ1	lin4	lin4	kiɛn3	tɕin1 xen2 旧	tɕin1

字目	荆	惊	精	晶	睛	经	景	警
反切	举卿	举卿	子盈	子盈	子盈	古灵	居影	居影
声韵调	梗开三 见庚平	梗开三 见庚平	梗开三 精清平	梗开三 精清平	梗开三 精清平	梗开四 见青平	梗开三 见庚上	梗开三 见庚上
中古音	kγiæŋ	kγiæŋ	tsiɛŋ	tsiɛŋ	tsiɛŋ	keŋ	kγiæŋː	kγiæŋː
广元	tɕin1	tɕin1	tʃin1	tʃin1	tʃin1	tɕin1	tɕin3	tɕin3
平武	tɕin1	tɕin1	tɕin1	tɕin1	tɕin1	tɕin1	tɕin3	tɕin3
青川	tɕin1	tɕin1	tɕin1	tɕin1	tɕin1	tɕin1	tɕin3	tɕin3
剑阁普安	tɕin1	tɕin1	tʃin1	tʃin1	tʃin1	tɕin1	tɕin3	tɕin3
剑阁金仙	tɕin1	tɕin1	tsin1	tsin1	tsin1	tɕin1	tɕin3	tɕin3
旺苍	tɕin1	tɕin1	tsin1	tsin1	tsin1	tɕin1	tɕin3	tɕin3
苍溪	kin1	kin1	tsin1	tsin1	tsin1	kin1	kin3	kin3
江油	tɕin1	tɕin1	tɕin1	tɕin1	tɕin1	tɕin1	tɕin3	tɕin3
北川	tɕin1	tɕin1	tɕin1	tɕin1	tɕin1	tɕin1	tɕin3	tɕin3
绵阳	tɕin1	tɕin1	tɕin1	tɕin1	tɕin1	tɕin1	tɕin3	tɕin3
盐亭	tɕin1	tɕin1	tɕin1	tɕin5	tɕin1	tɕin1	tɕin3	tɕin3
德阳	tɕin1	tɕin1	tɕin1	tɕin1	tɕin1	tɕin1	tɕin3	tɕin3
中江	tɕin1	tɕin1	tɕin1	tɕin1	tɕin1	tɕin1	tɕin3	tɕin3
射洪	tɕin1	tɕin1	tɕin1	tɕin1	tɕin1	tɕin1	tɕin3	tɕin3
蓬溪	tɕin1	tɕin1	tɕin1	tɕin1	tɕin1	tɕin1	tɕin3	tɕin3
遂宁	tɕin1	tɕin1	tɕin1	tɕin1	tɕin1	tɕin1	tɕin3	tɕin3
乐至	tɕin1	tɕin1	tɕin1	tɕin1	tɕin1	tɕin1	tɕin3	tɕin3
安岳	tɕin1	tɕin1	tɕin1	tɕin1	tɕin1	tɕin1	tɕin3	tɕin3
仪陇	tɕin1	tɕin1	tɕin1	tɕin1	tɕin1	tɕin1	tɕin3	tɕin3
西充	tɕin1	tɕin1	tɕin1	tɕin1	tɕin1	tɕin1	tɕin3	tɕin3

字目	荆	惊	精	晶	睛	经	景	警
反切	举卿	举卿	子盈	子盈	子盈	古灵	居影	居影
声韵调	梗开三 见庚平	梗开三 见庚平	梗开三 精清平	梗开三 精清平	梗开三 精清平	梗开四 见青平	梗开三 见庚上	梗开三 见庚上
中古音	kɣiæŋ	kɣiæŋ	tsiɛŋ	tsiɛŋ	tsiɛŋ	keŋ	kɣiæŋ:	kɣiæŋ:
蓬安	tɕin1	tɕin1	tɕin1	tɕin1	tɕin1	tɕin1	tɕin3	tɕin3
南充金台	tɕin1	tɕin1	tɕin1	tɕin1	tɕin1	tɕin1	tɕin3	tɕin3
南充龙蟠	tɕin1	tɕin1	tɕin1	tɕin1	tɕin1	tɕin1	tɕin3	tɕin3
岳池	tɕin1	tɕin1	tɕin1	tɕin1	tɕin1	tɕin1	tɕin3	tɕin3
广安	tɕin1	tɕin1	tɕin1	tɕin1	tɕin1	tɕin1	tɕin3	tɕin3
邻水	tɕin1	tɕin1	tɕin1	tɕin1	tɕin1	tɕin1	tɕin3	tɕin3
南江	tɕin1	tɕin1	tʃin1	tʃin1	tʃin1	tɕin1	tɕin3	tɕin3
巴中	tɕin1	tɕin1	tʃin1	tʃin1	tʃin1	tɕin1	tɕin3	tɕin3
通江	tɕin1	tɕin1	tʃin1	tʃin1	tʃin1	tɕin1	tɕin3	tɕin3
平昌	tɕin1	tɕin1	tʃin1	tʃin1	tʃin1	tɕin1	tɕin3	tɕin3
万源	tɕin1	tɕin1	tʃin1	tʃin1	tʃin1	tɕin1	tɕin3	tɕin3
宣汉	tɕin1	tɕin1	tɕin1	tɕin1	tɕin1	tɕin1	tɕin3	tɕin3
达州	tɕin1	tɕin1	tɕin1	tɕin1	tɕin1	tɕin1	tɕin3	tɕin3
开江	tɕin1	tɕin1	tɕin1	tɕin1	tɕin4	tɕin1	tɕin3	tɕin3
渠县	tɕin1	tɕin1	tɕin1	tɕin1	tɕin1	tɕin1	tɕin3	tɕin3
宜宾	tɕin1	tɕin1	tɕin1	tɕin1	tɕin1	tɕin1	tɕin3	tɕin3
古蔺	tɕin1	tɕin1	tɕin1	tɕin1	tɕin1	tɕin1	tɕin3	tɕin3
长宁	tɕin1	tɕin1	tɕin1	tɕin1	tɕin1	tɕin1	tɕin3	tɕin3
顾县	tɕin1	tɕin1	tɕin1	tɕin1	tɕin1	tɕin1	tɕin3	tɕin3
成都龙泉	tɕin1	tɕin1	tɕin1	tɕin1	tɕin1	tɕin1	tɕin3	tɕin3

字目	井	颈	境	敬	竟	镜	竞	静
反切	子郢	居郢	居影	居庆	居庆	居庆	渠敬	疾郢
声韵调	梗开三精清上	梗开三见清上	梗开三见庚上	梗开三见庚去	梗开三见庚去	梗开三见庚去	梗开三群庚去	梗开三从清上
中古音	tsiɛŋ:	kiɛŋ:	kɣiæŋ:	kɣiæŋ-	kɣiæŋ-	kɣiæŋ-	gɣiæŋ-	dziɛŋ:
广元	tʃin3	tɕin3	tɕin4	tɕin4	tɕin4	tɕin4	tɕin4	tʃin4
平武	tɕin3	tɕin3	tɕin4	tɕin4	tɕin4	tɕin4	tɕin4	tɕin4
青川	tɕin3	tɕin3	tɕin3	tɕin4	tɕin4	tɕin4	tɕin4	tɕin4
剑阁普安	tʃin3	tɕin3	tɕin3	tɕin4	tɕin4	tɕin4	tɕin4	tʃin4
剑阁金仙	tsin3	tɕin3	tɕin3	tɕin4	tɕin4	tɕin4	tɕin4	tsin4
旺苍	tsin3	tɕin3	tɕin3	tɕin4	tɕin4	tɕin4	tɕin4	tsin4
苍溪	tsin3	kin3	kin3	kin4	kin4	kin4	kin4	tsin4
江油	tɕin3	tɕin3	tɕin3	tɕin4	tɕin4	tɕin4	tɕin4	tɕin4
北川	tɕin3	tɕin3	tɕin3	tɕin4	tɕin4	tɕin4	tɕin4	tɕin4
绵阳	tɕin3	tɕin3	tɕin3	tɕin4	tɕin4	tɕin4	tɕin4	tɕin4
盐亭	tɕin3	tɕin3	tɕin3	tɕin4	tɕin4	tɕin4	tɕin4	tɕin4
德阳	tʃin3	tɕin3	tɕin3	tɕin4	tɕin4	tɕin4	tɕin4	tɕin4
中江	tɕin3	tɕin3	tɕin3	tɕin4	tɕin4	tɕin4	tɕin4	tɕin4
射洪	tɕin3	tɕin3	tɕin3	tɕin4	tɕin4	tɕin4	tɕin4	tɕin4
蓬溪	tɕin3	tɕin3	tɕin3	tɕin4	tɕin4	tɕin4	tɕin4	tɕin4
遂宁	tɕin3	tɕin3	tɕin3	tɕin4	tɕin3	tɕin4	tɕin4	tɕin4
乐至	tɕin3	tɕin3	tɕin4	tɕin4	tɕin4	tɕin4	tɕin4	tɕin4
安岳	tɕin3	tɕin3	tɕin3	tɕin4	tɕin4	tɕin4	tɕin4	tɕin4
仪陇	tɕin3	tɕin3	tɕin3	tɕin4	tɕin4	tɕin4	tɕin4	tɕin4
西充	tɕin3	tɕin3	tɕin3	tɕin4	tɕin4	tɕin4	tɕin4	tɕin4

字目	井	颈	境	敬	竟	镜	竞	静
反切	子郢	居郢	居影	居庆	居庆	居庆	渠敬	疾郢
声韵调	梗开三 精清上	梗开三 见清上	梗开三 见庚上	梗开三 见庚去	梗开三 见庚去	梗开三 见庚去	梗开三 群庚去	梗开三 从清上
中古音	tsiɛŋ:	kiɛŋ:	kɣiæŋ:	kɣiæŋ-	kɣiæŋ-	kɣiæŋ-	gɣiæŋ-	dziɛŋ:
蓬安	tɕin3	tɕin3	tɕin3	tɕin4	tɕin4	tɕin4	tɕin4	tɕin4
南充金台	tɕin3	tɕin3	tɕin3	tɕin4	tɕin4	tɕin4	tɕin4	tɕin4
南充龙蟠	tɕin3	tɕin3	tɕin3	tɕin4	tɕin4	tɕin4	tɕin4	tɕin4
岳池	tɕin3	tɕin3	tɕin3	tɕin4	tɕin4	tɕin4	tɕin4	tɕin4
广安	tɕin3	tɕin3	tɕin3	tɕin4	tɕin4	tɕin4	tɕin4	tɕin4
邻水	tɕin3	tɕin3	tɕin3	tɕin4	tɕin4	tɕin4	tɕin4	tɕin4
南江	tʃin3	tɕin3	tɕin3	tɕin4	tɕin4	tɕin4	tɕin4	tʃin4
巴中	tʃin3	tɕin3	tɕin4 tɕin3	tɕin4	tɕin4	tɕin4	tɕin4	tʃin4
通江	tʃin3	tɕin3	tɕin3	tɕin4	tɕin4	tɕin4	tɕin4	tʃin4
平昌	tʃin3	tɕin3	tɕin3	tɕin4	tɕin3 tɕin4	tɕin4	tʃin4	tʃin4
万源	tʃin3	tɕin3	tɕin4	tɕin4	tɕin4	tɕin4	tɕin4	tʃin4
宣汉	tɕin3	tɕin3	tɕin3	tɕin4	tɕin3	tɕin4	tɕin4	tɕin4
达州	tɕin3	tɕin3	tɕin4	tɕin4	tɕin4	tɕin4	tɕin4	tɕin4
开江	tɕin3	tɕin3	tɕin3	tɕin4	tɕin4	tɕin4	tɕin4	tɕin4
渠县	tɕin3	tɕin3	tɕin3	tɕin4	tɕin3	tɕin4	tɕin4	tɕin4
宜宾	tɕin3	tɕin3	tɕin3	tɕin4	tɕin4	tɕin4	tɕin4	tɕin4
古蔺	tɕin3	tɕin3	tɕin3	tɕin4	tɕin4	tɕin4	tɕin4	tɕin4
长宁	tɕin3	tɕin3	tɕin4	tɕin4	tɕin4	tɕin4	tɕin4	tɕin4
顾县	tɕin3	tɕin3	tɕin3	tɕin4	tɕin4	tɕin4	tɕin4	tɕin4
成都龙泉	tɕiaŋ3	tɕiaŋ3	tɕin3	tɕin4	tɕin4	tɕiaŋ4	tɕin4	tɕin4

字目	净	劲劲敌	卿	清	轻	青	倾	情
反切	疾政	居正	去京	七情	去盈	仓经	去营	疾盈
声韵调	梗开三从清去	梗开三见清去	梗开三溪庚平	梗开三清清平	梗开三溪清平	梗开四清青平	梗合三溪清平	梗开三从清平
中古音	dzieŋ-	kieŋ-	khɣiæŋ	tshieŋ	khieŋ	tsheŋ	khwieŋ	dzieŋ
广元	tʃin4	tɕin4	tɕhin1	tʃhin1	tɕhin1	tʃhin1	tɕhyn3	tʃhin2
平武	tɕin4	tɕin4	tɕhin1	tɕhin1	tɕhin1	tɕhin1	tɕhyn1	tɕhin2
青川	tɕin4	tɕin4	tɕhin1	tɕhin1	tɕhin1	tɕhin1	tɕhyn1	tɕhin2
剑阁普安	tʃin4	tɕin4	tɕhin1	tʃhin1	tɕhin1	tʃhin1	tɕhyn3	tʃhin2
剑阁金仙	tsin4	tɕin4	tɕhin1	tshin1	tɕhin1	tshin1	tɕhyn1	tshin2
旺苍	tɕin4	tɕin4	tɕhin1	tshin1	tɕhin1	tshin1	tɕhyn1	tshin2
苍溪	tsin4	kin4	tɕhin1	tshin1	tɕhin1	tshin1	tɕhyn1	tshin2
江油	tɕin4	tɕin4	tɕhin1	tɕhin1	tɕhin1	tɕhin1	tɕhyn1	tɕhin2
北川	tɕin4	tɕin4	tɕhin1	tɕhin1	tɕhin1	tɕhin1	tɕhyn1	tɕhin2
绵阳	tɕin4	tɕin4	tɕhin1	tɕhin1	tɕhin1	tɕhin1	tɕhyn1	tɕhin2
盐亭	tɕin4	tɕin4	tɕhin1	tɕhin1	tɕhin1	tɕhin1	tɕhyn1	tɕhin2
德阳	tɕin4	tɕin4	tɕhin1	tɕhin1	tɕhin1	tɕhin1	tɕhyn1	tɕhin2
中江	tɕin4	tɕin4	tɕhin1	tɕhin1	tɕhin1	tɕhin1	tɕhyn3	tɕin2
射洪	tɕin4	tɕin4	tɕhin1	tɕhin1	tɕhin1	tɕhin1	tɕhyn1	tɕhin2
蓬溪	tɕin4	tɕin4	tɕhin1	tɕhin1	tɕhin1	tɕhin1	tɕhyn1	tɕhin2
遂宁	tɕin4	tɕin4	tɕhin1	tɕhin1	tɕhin1	tɕhin1	tɕhyn1	tɕhin2
乐至	tɕin4	tɕin4	tɕhin1	tɕhin1	tɕhin1	tɕhin1	tɕhyn1	tɕhin2
安岳	tɕin4	tɕin4	tɕhin1	tɕhin1	tɕhin1	tɕhin1	tɕhyn1	tɕhin2
仪陇	tɕin4	tɕin4	tɕhin1	tɕhin1	tɕhin1	tɕhin1	tɕhyn1	tɕhin2
西充	tɕin4	tɕin4	tɕhin1	tɕhin1	tɕhin1	tɕhin1	tɕhyn1	tɕhin2

字目	净	劲劲敌	卿	清	轻	青	倾	情
反切	疾政	居正	去京	七情	去盈	仓经	去营	疾盈
声韵调	梗开三从清去	梗开三见清去	梗开三溪庚平	梗开三清清平	梗开三溪清平	梗开四清青平	梗合三溪清平	梗开三从清平
中古音	dziɛŋ-	kiɛŋ-	khɣiæŋ	tshiɛŋ	khiɛŋ	tsheŋ	khwiɛŋ	dziɛŋ
蓬安	tɕin4	tɕin4	tɕhin1	tɕhin1	tɕhin1	tɕhin1	tɕhyn1	tɕhin2
南充金台	tɕin4	tɕin4	tɕhin1	tɕhin1	tɕhin1	tɕhin1	tɕhyn1	tɕhin2
南充龙蟠	tɕin4	tɕin4	tɕhin1	tɕhin1	tɕhin1	tɕhin1	tɕhin1	tɕhin2
岳池	tɕin4	tɕin4	tɕhin1	tɕhin1	tɕhin1	tɕhin1	tɕhyn1	tɕhin2
广安	tɕin4	tɕin4	tɕhin1	tɕhin1	tɕhin1	tɕhin1	tɕhyn1	tɕhin2
邻水	tɕin4	tɕin4	tɕhin1	tɕhin1	tɕhin1	tɕhin1	tɕhyn1	tɕhin2
南江	tʃin4	tɕin4	tɕhin1	tʃhin1	tɕhin1	tʃhin1	tɕhyn1	tʃhin2
巴中	tʃin4	tɕin4	tɕhin1	tʃhin1	tɕhin1	tʃhin1	ɕyn3 tɕhyn1	tʃhin2
通江	tʃin4	tɕin4	tɕhin1	tʃhin1	tɕhin1	tʃhin1	tɕhyn1	tʃhin2
平昌	tʃin4	tɕin4	tɕhin1	tʃhin1	tɕhin1	tʃhin1	tɕhyn1	tʃhin2
万源	tʃin4	tɕin4	tɕhin1	tʃhin1	tɕhin1	tʃhin1	tɕhyn3 tɕhyn1	tʃhin2
宣汉	tɕin4	tɕin4	tɕhin1	tɕhin1	tɕhin1	tɕhin1	tɕhyn1	tɕhin2
达州	tɕin4	tɕin4	tɕhin1	tɕhin1	tɕhin1	tɕhin1	tɕhin1	tɕhin2
开江	tɕin4	tɕin4	tɕhin1	tɕhin1	tɕhin1	tɕhin1	tshuən1	tɕhin2
渠县	tɕin4	tɕin4	tɕhin1	tɕhin1	tɕhin1	tɕhin1	tɕhyn1	tɕhin2
宜宾	tɕin4	tɕin4	tɕhin1	tɕhin1	tɕhin1	tɕhin1	tɕhin1 tɕhyn1	tɕhin2
古蔺	tɕin4	tɕin4	tɕhin1	tɕhin1	tɕhin1	tɕhin1	tɕhin1	tɕhin2
长宁	tɕin4	tɕin4	tɕhin1	tɕhin1	tɕhin1	tɕhin1	tɕhyn3	tɕhin2
顾县	tɕin4	tɕin4	tɕhin1	tɕhin1	tɕhin1	tɕhin1	tɕhyn1	tɕhin2
成都龙泉	tɕhian4	tɕin4	tɕhin1	tɕhin1	tɕhian1	tɕhin1	tɕhyn1	tɕhin2

字目	晴	请	°顷	亲亲家	庆	磬	兴兴旺	星
反切	疾盈	七静	去颖	七遴	丘敬	苦定	虚陵	桑经
声韵调	梗开三从清平	梗开三清清上	梗合三溪清上	臻开三清真去	梗开三溪庚去	梗开四溪青去	曾开三晓蒸平	梗开四心青平
中古音	dziɛŋ	tshiɛŋ:	khwiɛŋ:	tshiɪn-	khɣiæŋ-	kheŋ-	hiŋ	seŋ
广元	tʃhin2	tʃhin3	tɕhyn1 tɕhyn3	tʃhin1	tɕhin4	tɕhin4	ɕin1	ʃin1
平武	tɕhin2	tɕhin3	tɕhyn3	tɕhin1	tɕhin4	tɕhin4	ɕin1	ɕin1
青川	tɕhin2	tɕhin3	tɕhyn1 tɕhyn3	tɕhin1	tɕhin4	tɕhin4	ɕin1	ɕin1
剑阁普安	tʃhin2	tʃhin3	tɕhyn1 tɕhyn3	tʃhin1	tɕhin4	tɕhin4	ɕin1	ʃin1
剑阁金仙	tshin2	tshin3	tɕhyn1 tɕhyn3	tshin1	tɕhin4	tɕhin4	xin1	sin1
旺苍	tshin2	tshin3	tɕhyn1 tɕhyn3	tshin1	tɕhin4	tɕhin4	ɕin1	sin1
苍溪	tshin2	tshin3	tɕhyn1	tshin1	khin4	tɕhin4	ɕin1	sin1
江油	tɕhin2	tɕhin3	tɕhyn3	tɕhin1	tɕhin4	tɕhin4	ɕin1	ɕin1
北川	tɕhin2	tɕhin3	tɕhyn3	tɕhin1	tɕhin4	tɕhin4	ɕin1	ɕin1
绵阳	tɕhin2	tɕhin3	tɕhyn3	tɕhin1	tɕhin4	tɕhin4	ɕin1	ɕin1
盐亭	tɕhin2	tɕhin3	tɕhyn3	tɕhin1	tɕhin4	tɕhin4	ɕin1	ɕin1
德阳	tɕhin2	tɕhin3	tɕhyn1 tɕhyn3	tɕhin1	tɕhin4	tɕhin4	ɕin1	ɕin1
中江	tɕhin2	tɕhin3	tɕhyn3	tɕhin1	tɕhin4	tɕhin4	ɕin1	ɕin1
射洪	tɕhin2	tɕhin3	tɕhyn1 tɕhyn3	tɕhin1	tɕhin4	tɕhin4	ɕin1	ɕin1
蓬溪	tɕhin2	tɕhin3	tɕhyn1 tɕhyn3	tɕhin1	tɕhin4	tɕhin4	ɕin1	ɕin1
遂宁	tɕhin2	tɕhin3	tɕhyn1 tɕhyn3	tɕhin1	tɕhin4	tɕhin4	ɕin1	ɕin1
乐至	tɕhin2	tɕhin3	tɕhyn1	tɕhin1	tɕhin4	tɕhin4	ɕin1	ɕin1
安岳	tɕhin2	tɕhin3	tɕhyn1	tɕhin1	tɕhin4	tɕhin4	ɕin1	ɕin1
仪陇	tɕhin2	tɕhin3	tɕhyn1	tɕhin1	tɕhin4	tɕhin4	ɕin1	ɕin1
西充	tɕhin2	tɕhin3	tɕhyn3	tɕhin1	tɕhin4	tɕhin4	ɕin1	ɕin1

字目	晴	请	顷	亲亲家	庆	磬	兴兴旺	星
反切	疾盈	七静	去颖	七遴	丘敬	苦定	虚陵	桑经
声韵调	梗开三 从清平	梗开三 清清上	梗合三 溪清上	臻开三 清真去	梗开三 溪庚去	梗开四 溪青去	曾开三 晓蒸平	梗开四 心青平
中古音	dzieŋ	tshieŋ:	khwieŋ:	tshim-	khɣiæŋ-	kheŋ-	hiŋ	seŋ
蓬安	tɕhin2	tɕhin3	tɕhyn1	tɕhin1	tɕhin4	tɕhin4	ɕin1	ɕin1
南充金台	tɕhin2	tɕhin3	tɕhyn1 tɕhyn3	tɕhin1	tɕhin4	tɕhin4	ɕin1	ɕin1
南充龙蟠	tɕhin2	tɕhin3	tɕhin3	tɕhin1	tɕhin4	tɕhin4	ɕin1	ɕin1
岳池	tɕhin2	tɕhin3	tɕhyn1	tɕhin1	tɕhin4	tɕhin4	ɕin1	ɕin1
广安	tɕhin2	tɕhin3	tɕhyn1	tɕhin1	tɕhin4	tɕhin4	ɕin1	ɕin1
邻水	tɕhin2	tɕhin3	tɕhin1	tɕhin1	tɕhin4	tɕhin4	ɕin1	ɕin1
南江	tʃhin2	tʃhin3	tɕhyn1 tɕhyn3	tʃhin1	tɕhin4	tɕhin4	ɕin1	ʃin1
巴中	tʃhin2	tʃhin3	ɕyn3 tɕhyn3	tʃhin1	tɕhin4	tɕhin4	ɕin1	ʃin1
通江	tʃhin2	tʃhin3	tɕhyn1 tɕhyn3	tʃhin1	tɕhin4	tɕhin4	xin1	ʃin1
平昌	tʃhin2	tʃhin3	tɕhyn1 tɕhyn3	tʃhin1	tɕhin4	tɕhin4	ɕin1	ʃin1
万源	tʃhin2	tʃhin3	tʃhin3 tɕhyn3	tʃhin1	tɕhin4	tɕhin4	ɕin1	ʃin1
宣汉	tɕhin2	tɕhin3	tɕhin1 tɕhyn3	tɕhin1	tɕhin4	tɕhin4	ɕin1	ɕin1
达州	tɕhin2	tɕhin3	tɕhin3 tɕhyn3	tɕhin1	tɕhin4	tɕhin4	ɕin1	ɕin1
开江	tɕhin2	tɕhin3	tɕhin1	tɕhin1	tɕhin4	tɕhin4	ɕin1	ɕin1
渠县	tɕhin2	tɕhin3	tɕhin3 tɕhyn3	tɕhin1	tɕhin4	tɕhin4	ɕin1	ɕin1
宜宾	tɕhin2	tɕhin3	tɕhyn1	tɕhin1	tɕhin4	tɕhin4	ɕin1	ɕin1
古蔺	tɕhin2	tɕhin3	tɕhyn1 tɕhyn3	tɕhin1	tɕhin4	tɕhin4	ɕin1	ɕin1
长宁	tɕhin2	tɕhin3	tɕhin1	tɕhin1	tɕhiæn	tɕhen1	ɕin1	ɕin1
顾县	tɕhin2	tɕhin3	tɕhyn1 tɕhyn3	tɕhin1	tɕhin4	tɕhin4	ɕin1	ɕin1
成都龙泉	tɕhiaŋ2	tɕhiaŋ3	tɕhyn1 tɕhyn3	tɕhin1	tɕhin4	tɕhin4	ɕin1	ɕin1

字目	腥	猩	行行为	形	型	刑	省反省	醒
反切	桑经	桑经	户庚	户经	户经	户经	息井	苏挺
声韵调	梗开四 心青平	梗开四 心青平	梗开二 匣庚平	梗开四 匣青平	梗开四 匣青平	梗开四 匣青平	梗开三 心清上	梗开四 心青上
中古音	seŋ	seŋ	ɦγæŋ	ɦeŋ	ɦeŋ	ɦeŋ	sieŋ:	seŋ:
广元	ʃin1	ʃin1	ɕin2	ɕin2	ɕin2	ɕin2	ʃin3 suən3 俗	ʃin3
平武	ɕin1	ɕin1	ɕin2	ɕin2	ɕin2	ɕin2	sen3 俗	ɕin3
青川	ɕin1	ɕin1	ɕin2	ɕin2	ɕin2	ɕin2	ɕin3 sen3 俗	ɕin3
剑阁普安	ʃin1	ʃin1	ɕin2	ɕin2	ɕin2	ɕin2	sen3 俗	ʃin3
剑阁金仙	sin1	sin1	ɕin2	ɕin2	ɕin2	ɕin2	sen3 俗 suən3 俗	sin3
旺苍	sin1	sin1	ɕin2	ɕin2	ɕin2	ɕin2	ɕin3 sen3 俗	sin3
苍溪	sin1	sin1	ɕin2	xin2	ɕin2	ɕin2	sin3 sen3 俗	sin3
江油	ɕin1	ɕin1	ɕin2	ɕin2	ɕin2	ɕin2	sen3 俗	ɕin3
北川	ɕin1	ɕin1	ɕin2	ɕin2	ɕin2	ɕin2	sen3 俗	ɕin3
绵阳	ɕin1	ɕin1	ɕin2	ɕin2	ɕin2	ɕin2	sen3 俗	ɕin3
盐亭	ɕin1	ɕin1	ɕin2	ɕin2	ɕin2	ɕin2	sen3 俗	ɕin3
德阳	ɕin1	ɕin1	ɕin2	ɕin2	ɕin2	ɕin2	ɕin3 sen3 俗	ɕin3
中江	ɕin1	ɕin1	ɕin2	ɕin2	ɕin2	ɕin2	ɕin3 sen3 俗	ɕin3
射洪	ɕin1	ɕin1	ɕin2	ɕin2	ɕin2	ɕin2	ɕin3 sen3 俗	ɕin3
蓬溪	ɕin3	ɕin1	ɕin2	ɕin2	ɕin2	ɕin2	ɕin3 sen3 俗	ɕin3
遂宁	ɕin1	ɕin1	ɕin2	ɕin2	ɕin2	ɕin2	ɕin3 sen3 俗	ɕin3
乐至	ɕin1	ɕin1	ɕin2	ɕin2	ɕin2	ɕin2	sen3 俗	ɕin3
安岳	ɕin1	ɕin1	ɕin2	ɕin2	ɕin2	ɕin2	sen3 俗	ɕin3
仪陇	ɕin1	ɕin1	ɕin2	ɕin2	ɕin2	ɕin2	sen3 俗	ɕin3
西充	ɕin1	ɕin1	ɕin2	ɕin2	ɕin2	ɕin2	sen3 俗	ɕin3

字目	腥	猩	行_{行为}	形	型	刑	省_{反省}	醒
反切	桑经	桑经	户庚	户经	户经	户经	息井	苏挺
声韵调	梗开四心青平	梗开四心青平	梗开二匣庚平	梗开四匣青平	梗开四匣青平	梗开四匣青平	梗开三心清上	梗开四心青上
中古音	sen	sen	ɦɣæŋ	ɦen	ɦen	ɦen	sien:	sen:
蓬安	ɕin1	ɕin1	ɕin2	ɕin2	ɕin2	ɕin2	sen3 俗	ɕin3
南充_{金台}	ɕin1	ɕin1	ɕin2	ɕin2	ɕin2	ɕin2	sen3 俗	ɕin3
南充_{龙蟠}	ɕin1	ɕin1	ɕin2	ɕin2	ɕin2	ɕin2	sen3 俗	ɕin3
岳池	ɕin1	ɕin1	ɕin2	ɕin2	ɕin2	ɕin2	ɕin3	ɕin3
广安	ɕin1	ɕin1	ɕin2	ɕin2	ɕin2	ɕin2	ɕin3	ɕin3
邻水	ɕin1	ɕin1	ɕin2	ɕin2	ɕin2	ɕin2	sen3 俗	ɕin3
南江	ʃin1	ʃin1	ɕin2	ɕin2	ɕin2	ɕin2	ʃin3 sen3 俗	ʃin3
巴中	ʃin1	ʃin1	ɕin2	ɕin2	ɕin2	ɕin2	ʃin3 sen3 俗	ʃin3
通江	ʃin1	ʃin1	ɕin2	ɕin2	ɕin2	ɕin2	ʃin3 sen3 俗	ʃin3
平昌	ʃin1	ʃin1	ɕin2	ɕin2	ɕin2	ɕin2	ʃin3 sen3 俗	ʃin3
万源	ʃin1	ʃin1	ɕin2	ɕin2	ɕin2	ɕin2	sen3 俗	ʃin3
宣汉	ɕin1	ɕin1	ɕin2	ɕin2	ɕin2	ɕin2	sen3 俗	ɕin3
达州	ɕin1	ɕin1	ɕin2	ɕin2	ɕin2	ɕin2	sen3 俗	ɕin3
开江	ɕin1	ɕin1	ɕin2	ɕin2	ɕin2	ɕin2	sen3 俗	ɕin3
渠县	ɕin1	ɕin1	ɕin2	ɕin2	ɕin2	ɕin2	sen3 俗	ɕin3
宜宾	ɕin1	ɕin1	ɕin2	ɕin2	ɕin2	ɕin2	ɕin3 sen 俗	ɕin3
古蔺	ɕin1	ɕin1	ɕin2	ɕin2	ɕin2	ɕin2	ɕin3 俗	ɕin3
长宁	ɕin1	ɕin1	ɕin2	ɕin2	ɕin2	ɕin2	sen3 俗	ɕin3
顾县	ɕin1	ɕin1	ɕin2	ɕin2	ɕin2	ɕin2	ɕin3 sen3 俗	ɕin3
成都_{龙泉}	ɕyn1	ɕin1	ɕin2	ɕin2	ɕin2	ɕyn2	ɕin3 sen3 俗	ɕiaŋ3

字目	兴高兴	行品行	杏	幸	性	姓	应应当	鹰
反切	许应	下更	何梗	胡耿	息正	息正	于陵	于陵
声韵调	曾开三晓蒸去	梗开二匣庚去	梗开二匣庚上	梗开二匣耕上	梗开三心清去	梗开三心清去	曾开三影蒸平	曾开三影蒸平
中古音	hiŋ-	ɦɣæŋ-	ɦɣæŋ:	ɦɣɛŋ:	siɛŋ-	siɛŋ-	ʔiŋ	ʔiŋ
广元	ɕin4	ɕin4	xen4	ɕin4	ʃin4	ʃin4	in4	in1
平武	ɕin4	ɕin2	xen4	ɕin4	ɕin4	ɕin4	in4	in1
青川	ɕin4	ɕin2	xen4	ɕin4	ɕin4	ɕin4	in4	in1
剑阁普安	ɕin4	ɕin2	ɕin4 文 xen4 白	ɕin4	ʃin4	ʃin4	in4	in1
剑阁金仙	xin4	xin2	xen4	ɕin4	sin4	sin4	in4	in1
旺苍	ɕin4	ɕin4	xen4	ɕin4	sin4	sin4	in1 in4	in1
苍溪	ɕin4	ɕin2 ɕin4 旧	ɕin4 文 xen4 白	xin4	sin4	sin4	in1 in4	in1
江油	ɕin4	ɕin4	xen4	ɕin4	ɕin4	ɕin4	in4	in1
北川	ɕin4	ɕin2	xen4	ɕin4	ɕin4	ɕin4	in4	in1
绵阳	ɕin4	ɕin4	xen4	ɕin4	ɕin4	ɕin4	in4	in1
盐亭	ɕin4	ɕin2	xen4	ɕin4	ɕin4	ɕin4	in4	in1
德阳	ɕin4	ɕin2	ɕin4 文 xen4 白	ɕin4	ɕin4	ɕin4	in4	in1
中江	ɕin4	ɕin2	en4 白	ɕin4	ɕin4	ɕin4	in4	in1
射洪	ɕin4	ɕin2	ɕin4 文 xen4 白	ɕin4	ɕin4	ɕin4	in4	in1
蓬溪	ɕin4	ɕin2	ɕin4 文 xen4 白	ɕin4	ɕin4	ɕin4	in4	in1
遂宁	ɕin4	ɕin2	ɕin4 文 xen4 白	ɕin4	ɕin4	ɕin4	in4	in1
乐至	ɕin4	ɕin2	ɕin4 文 xen4 白	ɕin4	ɕin4	ɕin4	in4	in1
安岳	ɕin4	ɕin2	xen4	ɕin4	ɕin4	ɕin4	in4	in1
仪陇	ɕin4	ɕin2	ɕin4	ɕin4	ɕin4	ɕin4	in4	in1
西充	ɕin4	ɕin2	xen4	ɕin4	ɕin4	ɕin4	in4	in1

字目	兴_{高兴}	行_{品行}	杏	幸	性	姓	应_{应当}	鹰
反切	许应	下更	何梗	胡耿	息正	息正	于陵	于陵
声韵调	曾开三 晓蒸去	梗开二 匣庚去	梗开二 匣庚上	梗开二 匣耕上	梗开三 心清去	梗开三 心清去	曾开三 影蒸平	曾开三 影蒸平
中古音	hiŋ-	ɦɣæŋ-	ɦɣæŋ:	ɦɣɛŋ:	siɛŋ-	siɛŋ-	ʔiŋ	ʔiŋ
蓬安	ɕin4	ɕin2	xen4	ɕin4	ɕin4	ɕin4	in4	in1
南充_{金台}	ɕin4	ɕin2	xen4	ɕin4	ɕin4	ɕin4	in4	in1
南充_{龙蟠}	ɕin4	ɕin2	xen4	ɕin4	ɕin4	ɕin4	in4	in1
岳池	ɕin4	ɕin2	ɕin4 文 xen4 白	ɕin4	ɕin4	ɕin4	in4	in1
广安	ɕin4	ɕin2	ɕin4 文 xen4 白	ɕin4	ɕin4	ɕin4	in4	in1
邻水	ɕin4	ɕin2	ɕin4 文 xen4 白	ɕin4	ɕin4	ɕin4	in4	in1
南江	ɕin4	ɕin2 ɕin4 旧	ɕin4 文 xen4 白	ɕin4	ʃin4	ʃin4	in4	in1
巴中	ɕin4	ɕin2 ɕin4 旧	ɕin4 文 xen4 白	ɕin4	ʃin4	ʃin4	in4	in1
通江	ɕin4	ɕin2 ɕin4 旧	ɕin4 文 xen4 白	ɕin4	ʃin4	ʃin4	in4	in1
平昌	ɕin4	ɕin2 ɕin4 旧	ɕin4 文 xen4 白	ɕin4	ʃin4	ʃin4	in4	in1
万源	ɕin4	ɕin2 ɕin4 旧	xen4	ɕin4	ʃin4	ʃin4	in4	in1
宣汉	ɕin4	ɕin2 ɕin4 旧	xen4	ɕin4	ɕin4	ɕin4	in4	in1
达州	ɕin4	ɕin2 ɕin4 旧	xen4	ɕin4	ɕin4	ɕin4	in1	in1
开江	ɕin4	xaŋ2 ɕin4 旧	ɕin4	ɕin4	ɕin4	ɕin4	in4	in1
渠县	ɕin4	ɕin2 ɕin4 旧	xen4	ɕin4	ɕin4	ɕin4	in4	in1
宜宾	ɕin4	ɕin2	xen4	ɕin4	ɕin4	ɕin4	in1	in1
古蔺	ɕin4	ɕin4	xen4	ɕin4	ɕin4	ɕin4	in4	in1
长宁	ɕin4	ɕin2	xen4	ɕin4	ɕin4	ɕin4	in4	in1
顾县	ɕin4	ɕin2	xen4	ɕin4	ɕin4	ɕin4	in4	in1
成都_{龙泉}	ɕin4	xɔŋ2	xiɛn4	ɕin4	ɕin4	ɕiaŋ4	in4	in1

字目	莺	樱	鹦	英	婴	缨	蝇	迎
反切	乌茎	乌茎	乌茎	于惊	于盈	于盈	余陵	语京
声韵调	梗开二影耕平	梗开二影耕平	梗开二影耕平	梗开三影庚平	梗开三影清平	梗开三影清平	曾开三以蒸平	梗开三疑庚平
中古音	ʔɣɛŋ	ʔɣɛŋ	ʔɣɛŋ	ʔɣiæŋ	ʔiɛŋ	ʔiɛŋ	jiŋ	ŋɣiæŋ
广元	in1	in1 文 ŋen1 白	in1 文 ŋen1 白	in1	in1	in1	in1	in2
平武	in1	ŋen1	ŋen1	in1	in1	in1	in1	in2
青川	in1	in1 文 ŋen1 白	in1 文 ŋen1 白	in1	in1	in1	in1	in2
剑阁普安	in1	in1 文 ŋen1 白	in1 文 ŋen1 白	in1	in1	in1	in1	in2
剑阁金仙	in1	in1 文 ŋen1 白	in1 文 ŋen1 白	in1	in1	in1	in1	in2
旺苍	in1	in1 文 ŋen1 白	in1 文 ŋen1 白	in1	in1	in1	in1	in2
苍溪	in1	in1 文 ŋen1 白	in1 文 ŋen1 白	in1	in1	in1	in1	in2
江油	in1	ŋen1	ŋen1	in1	in1	in1	in1	in2
北川	in1	ŋen1	ŋen1	in1	in1	in1	in1	in2
绵阳	in1	ŋen1	ŋen1	in1	in1	in1	in1	in2
盐亭	in1	in1	in1	in1	in1	in1	in1	in2
德阳	in1	in1 文 ŋen1 白	in1 文 ŋen1 白	in1	in1	in1	in1	in2
中江	in1	ŋen1	in1	in1	in1	in1	in1	in2
射洪	in1	in1 文 ŋen1 白	in1 文 ŋen1 白	in1	in1	in1	in1	in2
蓬溪	in1	in1 文 ŋen1 白	in1 文 ŋen1 白	in1	in1	in1	in1	in2
遂宁	in1	in1 文 ŋen1 白	in1 文 ŋen1 白	in1	in1	in1	in1	in2
乐至	in1	in1	in1	in1	in1	in1	in1	in2
安岳	in1	ŋen1	in1	in1	in1	in1	in1	in2
仪陇	in1	in1	in1	in1	in1	in1	in1	in2
西充	in1	ŋen1	in1	in1	in1	in1	in1	in2

字目	莺	樱	鹦	英	婴	缨	蝇	迎
反切	乌茎	乌茎	乌茎	于惊	于盈	于盈	余陵	语京
声韵调	梗开二 影耕平	梗开二 影耕平	梗开二 影耕平	梗开三 影庚平	梗开三 影清平	梗开三 影清平	曾开三 以蒸平	梗开三 疑庚平
中古音	ʔɣɛŋ	ʔɣɛŋ	ʔɣɛŋ	ʔɣiæŋ	ʔiɛŋ	ʔiɛŋ	jiŋ	ŋɣiæŋ
蓬安	in1	ŋen1	in1	in1	in1	in1	in1	in2
南充金台	in1	ŋen1	in1	in1	in1	in1	in1	in2
南充龙蟠	in1	in1 文 ŋen1 白	in1	in1	in1	in1	in1	in2
岳池	in1	ŋen1	in1	in1	in1	in1	in1	in2
广安	in1	ŋen1	in1	in1	in1	in1	in1	in2
邻水	in1	ŋen1	in1	in1	in1	in1	in1	in2
南江	in1	in1 文 ŋen1 白	in1 文 ŋen1 白	in1	in1	in1	in1	in2
巴中	in1	in1 文 ŋen1 白	in1 文 ŋen1 白	in1	in1	in1	in1	in2
通江	in1	in1 文 ŋen1 白	in1 文 ŋen1 白	in1	in1	in1	in1	in2
平昌	in1	in1 文 ŋen1 白	in1 文 ŋen1 白	in1	in1	in1	in1	in2
万源	in1	en1 ŋen1 旧	in1 文 ŋen1 白	in1	in1	in1	in1	in2
宣汉	in1	in1 文 ŋen1 白	in1 文 ŋen1 白	in1	in1	in1	in1	in2
达州	in1	in1 文 ŋen1 白	in1 文 ŋen1 白	in1	in1	in1	in1	in2
开江	in1	in1 文 ŋen1 白	in1 文 ŋen1 白	in1	in1	in1	in1	in2
渠县	in1	in1 文 ŋen1 白	in1 ŋen1 白	in1	in1	in1	in1	in2
宜宾	in1	in1 文 ŋen1 白	in1	in1	in1	in1	in1	in2
古蔺	in1	in1 文 ŋen1 白	in1	in1	in1	in1	in1	in2
长宁	in1	ŋen1	in1	in1	in1	in1	in1	in2
顾县	in1	in1 文 ŋen1 白	in1 文 ŋen1 白	in1	in1	in1	in1	in2
成都龙泉	in1	in1 文 ŋen1 白	in1 文 ŋen1 白	in1	in1	in1	in1	in2

字目	盈	赢	营	萤	影	颖	应响应	硬
反切	以成	以成	余倾	户扃	于丙	余顷	于证	五孟
声韵调	梗开三 以清平	梗开三 以清平	梗合三 以清平	梗合四 匣青平	梗开三 影庚上	梗合三 以清上	曾开三 影蒸去	梗开二 疑庚去
中古音	jiɛŋ	jiɛŋ	jwiɛŋ	ɦuɛŋ	ʔγiæŋ:	jwiɛŋ:	ʔɨŋ-	ŋγæŋ-
广元	in2	in2	yn2	yn2 in2 新	in3	in3	in4	ŋen4
平武	in2	in2	yn2	in2	in3	in3	in4	ŋen4
青川	in2	in2	yn2	yn2 in2 新	in3	in3	in4	ŋen4
剑阁普安	in2	in2	in2	yn2 in2 新	in3	yn3	in4	ŋen4
剑阁金仙	in2	in2	yn2	yn2 in2 新	in3	in3	in4	ŋen4
旺苍	in2	in2	yn2	yn2	in3	in3	in4	ŋen4
苍溪	in2	in2	yn2 in2 新	yn2 in2 新	in3	in3	in4	ŋen4
江油	in2	in2	yn2	yn2	in3	in3	in4	ŋen4
北川	in2	in2	yn2	yn2	in3	in3	in4	ŋen4
绵阳	in2	in2	yn2	yn2	in3	in3	in4	ŋen4
盐亭	in2	in2	yn2	yn2	in3	in3	in4	ŋen4
德阳	in2	in2	yn2 in2 新	yn2 in2 新	in3	in3	in4	ŋen4
中江	in2	in2	in2	yn2	in3	in3	in4	ŋen4
射洪	in2	in2	yn2 in2 新	yn2 in2 新	in3	in3	in4	ŋen4
蓬溪	in2	in2	yn2 in2 新	yn2 in2 新	in3	in3	in4	ŋen4
遂宁	in2	in2	yn2 in2 新	yn2 in2 新	in3	in3	in4	ŋen4
乐至	in2	in2	yn2	yn2	in3	in3	in4	ŋen4
安岳	in2	in2	yn2	yn2	in3	in3	in4	ŋen4
仪陇	in2	in2	yn2	yn2	in3	in3	in4	ŋen4
西充	in2	in2	yn2	yn2	in3	in3	in4	ŋen4

字目	盈	赢	营	萤	影	颖	应响应	硬
反切	以成	以成	余倾	户扃	于丙	余顷	于证	五孟
声韵调	梗开三 以清平	梗开三 以清平	梗合三 以清平	梗合四 匣青平	梗开三 影庚上	梗合三 以清上	曾开三 影蒸去	梗开二 疑庚去
中古音	jieŋ	jieŋ	jwieŋ	ɦueŋ	ʔγiæŋ:	jwieŋ:	ʔiŋ-	ŋγæŋ-
蓬安	in2	in2	yn2	yn2	in3	in3	in4	ŋen4
南充金台	in2	in2	yn2	yn2	in3	in3	in4	ŋen4
南充龙蟠	in2	in2	yn2	yn2	in3	in3	in4	ŋen4
岳池	in2	in2	yn2	yn2	in3	in3	in4	ŋen4
广安	in2	in2	yn2	yn2	in3	in3	in4	ŋen4
邻水	in2	in2	yn2	yn2	in3	in3	in4	ŋen4
南江	in2	in2	yn2 in2 新	yn2 in2 新	in3	in3	in4	ŋen4
巴中	in2	in2	yn2 in2 新	yn2 in2 新	in3	in3	in4	ŋen4
通江	in2	in2	yn2 in2 新	yn2 in2 新	in3	in3	in4	ŋen4
平昌	in2	in2	yn2 in2 新	yn2 in2 新	in3	in3	in4	ŋen4
万源	in2	in2	yn2 in2 新	yn2 in2 新	in3	in3	in4	ŋen4
宣汉	in2	in2	yn2 in2 新	yn2 in2 新	in3	in3	in4	ŋen4
达州	in2	in2	yn2 in2 新	yn2 in2 新	in3	in3	in4	ŋen4
开江	in2	in2	yn2 in2 新	yn2 in2 新	in3	in3	in4	ŋen4
渠县	in2	in2	yn2 in2 新	yn2 in2 新	in3	in3	in4	ŋen4
宜宾	in2	in2	yn2 in2 新	yn2 in2 新	in3	in3	in4	ŋen4
古蔺	in2	in2	yn2 in2 新	yn2 in2 新	in3	in3	in4	ŋen4
长宁	in2	in2	yn2	yn2	in3	in3	in4	ŋen4
顾县	in2	in2	yn2	yn2	in3	in3	in4	ŋen4
成都龙泉	in2	iaŋ2	yn2 in2 新	yn2 in2 新	iaŋ3	in4	in4	ŋaŋ4

字目	映	东	冬	董	懂	冻	栋	动
反切	于敬	德红	都宗	多动	多动	多贡	多贡	徒揔
声韵调	梗开三影庚去	通合一端东平	通合一端冬平	通合一端东上	通合一端东上	通合一端东去	通合一端东去	通合一定东上
中古音	ʔɣiæŋ-	tuŋ	tuoŋ	tuŋ:	tuŋ:	tuŋ-	tuŋ-	duŋ:
广元	in4	toŋ1	toŋ1	toŋ3	toŋ3	toŋ4	toŋ4	toŋ4
平武	in3	toŋ1	toŋ1	toŋ3	toŋ3	toŋ4	toŋ4	toŋ4
青川	in4	toŋ1	toŋ1	toŋ3	toŋ3	toŋ4	toŋ4	toŋ4
剑阁普安	in4	toŋ1	toŋ1	toŋ3	toŋ3	toŋ4	toŋ4	toŋ4
剑阁金仙	in4	toŋ1	toŋ1	toŋ3	toŋ3	toŋ4	toŋ4	toŋ4
旺苍	in4	toŋ1	toŋ1	toŋ3	toŋ3	toŋ4	toŋ4	toŋ4
苍溪	in4	toŋ1	toŋ1	toŋ3	toŋ3	toŋ4	toŋ4	toŋ4
江油	in3	toŋ1	toŋ1	toŋ3	toŋ3	toŋ4	toŋ4	toŋ4
北川	in4	toŋ1	toŋ1	toŋ3	toŋ3	toŋ4	toŋ4	toŋ4
绵阳	in3	toŋ1	toŋ1	toŋ3	toŋ3	toŋ4	toŋ4	toŋ4
盐亭	in4	toŋ1	toŋ1	toŋ3	toŋ3	toŋ4	toŋ4	toŋ4
德阳	in4	toŋ1	toŋ1	toŋ3	toŋ3	toŋ4	toŋ4	toŋ4
中江	in4	toŋ1	toŋ1	toŋ3	toŋ3	toŋ4	toŋ4	toŋ4
射洪	in4	toŋ1	toŋ1	toŋ3	toŋ3	toŋ4	toŋ4	toŋ4
蓬溪	in4	toŋ1	toŋ1	toŋ3	toŋ3	toŋ4	toŋ4	toŋ4
遂宁	in4	toŋ1	toŋ1	toŋ3	toŋ3	toŋ4	toŋ4	toŋ4
乐至	in4	toŋ1	toŋ1	toŋ3	toŋ3	toŋ4	toŋ4	toŋ4
安岳	in4	toŋ1	toŋ1	toŋ3	toŋ3	toŋ4	toŋ4	toŋ4
仪陇	in4	toŋ1	toŋ1	toŋ3	toŋ3	toŋ4	toŋ4	toŋ4
西充	in4	toŋ1	toŋ1	toŋ3	toŋ3	toŋ4	toŋ4	toŋ4

字目	映	东	冬	董	懂	冻	栋	动
反切	于敬	德红	都宗	多动	多动	多贡	多贡	徒揔
声韵调	梗开三影庚去	通合一端东平	通合一端冬平	通合一端东上	通合一端东上	通合一端东去	通合一端东去	通合一定东上
中古音	ʔɣiæŋ-	tuŋ	tuoŋ	tuŋ:	tuŋ:	tuŋ-	tuŋ-	duŋ:
蓬安	in4	toŋ1	toŋ1	toŋ3	toŋ3	toŋ4	toŋ4	toŋ4
南充金台	in4	toŋ1	toŋ1	toŋ3	toŋ3	toŋ4	toŋ4	toŋ4
南充龙蟠	in4	toŋ1	toŋ1	toŋ3	toŋ3	toŋ4	toŋ4	toŋ4
岳池	in4	toŋ1	toŋ1	toŋ3	toŋ3	toŋ4	toŋ4	toŋ4
广安	in4	toŋ1	toŋ1	toŋ3	toŋ3	toŋ4	toŋ4	toŋ4
邻水	in4	toŋ1	toŋ1	toŋ3	toŋ3	toŋ4	toŋ4	toŋ4
南江	in4	toŋ1	toŋ1	toŋ3	toŋ3	toŋ4	toŋ4	toŋ4
巴中	in4	toŋ1	toŋ1	toŋ3	toŋ3	toŋ4	toŋ4	toŋ4
通江	in4	toŋ1	toŋ1	toŋ3	toŋ3	toŋ4	toŋ4	toŋ4
平昌	in4	toŋ1	toŋ1	toŋ3	toŋ3	toŋ4	toŋ4	toŋ4
万源	in4	toŋ1	toŋ1	toŋ3	toŋ3	toŋ4	toŋ4	toŋ4
宣汉	in4	toŋ1	toŋ1	toŋ3	toŋ3	toŋ4	toŋ4	toŋ4
达州	in4	toŋ1	toŋ1	toŋ3	toŋ3	toŋ4	toŋ4	toŋ4
开江	in4	toŋ1	toŋ1	toŋ3	toŋ3	toŋ4	toŋ4	toŋ4
渠县	in4	toŋ1	toŋ1	toŋ3	toŋ3	toŋ4	toŋ4	toŋ4
宜宾	in4	toŋ1	toŋ1	toŋ3	toŋ3	toŋ4	toŋ4	toŋ4
古蔺	in4	toŋ1	toŋ1	toŋ3	toŋ3	toŋ4	toŋ4	toŋ4
长宁	in4	toŋ1	toŋ1	toŋ3	toŋ3	toŋ4	toŋ4	toŋ4
顾县	in4	toŋ1	toŋ1	toŋ3	toŋ3	toŋ4	toŋ4	toŋ4
成都龙泉	in4	toŋ1	toŋ1	toŋ3	toŋ3	toŋ4	toŋ4	thoŋ4

字目	洞	通	同	铜	桐	筒	童	瞳
反切	徒弄	他红	徒红	徒红	徒红	徒红	徒红	徒红
声韵调	通合一定东去	通合一透东平	通合一定东平	通合一定东平	通合一定东平	通合一定东平	通合一定东平	通合一定东平
中古音	duŋ-	thuŋ	duŋ	duŋ	duŋ	duŋ	duŋ	duŋ
广元	toŋ4	thoŋ1	thoŋ2	thoŋ2	thoŋ2	thoŋ2	thoŋ2	thoŋ2
平武	toŋ4	thoŋ1	thoŋ2	thoŋ2	thoŋ2	thoŋ2	thoŋ2	thoŋ2
青川	toŋ4	thoŋ1	thoŋ2	thoŋ2	thoŋ2	thoŋ2	thoŋ2	thoŋ2
剑阁普安	toŋ4	thoŋ1	thoŋ2	thoŋ2	thoŋ2	thoŋ2	thoŋ2	thoŋ2
剑阁金仙	toŋ4	thoŋ1	thoŋ2	thoŋ2	thoŋ2	thoŋ2	thoŋ2	thoŋ2
旺苍	toŋ4	thoŋ1	thoŋ2	thoŋ2	thoŋ2	thoŋ2	thoŋ2	thoŋ2
苍溪	toŋ4	thoŋ1	thoŋ2	thoŋ2	thoŋ2	thoŋ2	thoŋ2	thoŋ2
江油	toŋ4	thoŋ1	thoŋ2	thoŋ2	thoŋ2	thoŋ2	thoŋ2	thoŋ2
北川	toŋ4	thoŋ1	thoŋ2	thoŋ2	thoŋ2	thoŋ2	thoŋ2	thoŋ2
绵阳	toŋ4	thoŋ1	thoŋ2	thoŋ2	thoŋ2	thoŋ2	thoŋ2	thoŋ2
盐亭	toŋ4	thoŋ1	thoŋ2	thoŋ2	thoŋ2	thoŋ2	thoŋ2	thoŋ2
德阳	toŋ4	thoŋ1	thoŋ2	thoŋ2	thoŋ2	thoŋ2	thoŋ2	thoŋ2
中江	toŋ4	thoŋ1	thoŋ2	thoŋ2	thoŋ2	thoŋ2	thoŋ2	thoŋ2
射洪	toŋ4	thoŋ1	thoŋ2	thoŋ2	thoŋ2	thoŋ2	thoŋ2	thoŋ2
蓬溪	toŋ4	thoŋ1	thoŋ2	thoŋ2	thoŋ2	thoŋ2	thoŋ2	thoŋ2
遂宁	toŋ4	thoŋ1	thoŋ2	thoŋ2	thoŋ2	thoŋ2	thoŋ2	thoŋ2
乐至	toŋ4	thoŋ1	thoŋ2	thoŋ2	thoŋ2	thoŋ2	thoŋ2	thoŋ2
安岳	toŋ4	thoŋ1	thoŋ2	thoŋ2	thoŋ2	thoŋ2	thoŋ2	thoŋ2
仪陇	toŋ4	thoŋ1	thoŋ2	thoŋ2	thoŋ2	thoŋ2	thoŋ2	thoŋ2
西充	toŋ4	thoŋ1	thoŋ2	thoŋ2	thoŋ2	thoŋ2	thoŋ2	thoŋ2

字目	洞	通	同	铜	桐	筒	童	瞳
反切	徒弄	他红	徒红	徒红	徒红	徒红	徒红	徒红
声韵调	通合一定东去	通合一透东平	通合一定东平	通合一定东平	通合一定东平	通合一定东平	通合一定东平	通合一定东平
中古音	duŋ-	thuŋ	duŋ	duŋ	duŋ	duŋ	duŋ	duŋ
蓬安	toŋ4	thoŋ1	thoŋ2	thoŋ2	thoŋ2	thoŋ2	thoŋ2	thoŋ2
南充金台	toŋ4	thoŋ1	thoŋ2	thoŋ2	thoŋ2	thoŋ2	thoŋ2	thoŋ2
南充龙蟠	toŋ4	thoŋ1	thoŋ2	thoŋ2	thoŋ2	thoŋ2	thoŋ2	thoŋ2
岳池	toŋ4	thoŋ1	thoŋ2	thoŋ2	thoŋ2	thoŋ2	thoŋ2	thoŋ2
广安	toŋ4	thoŋ1	thoŋ2	thoŋ2	thoŋ2	thoŋ2	thoŋ2	thoŋ2
邻水	toŋ4	thoŋ1	thoŋ2	thoŋ2	thoŋ2	thoŋ2	thoŋ2	thoŋ2
南江	toŋ4	thoŋ1	thoŋ2	thoŋ2	thoŋ2	thoŋ2	thoŋ2	thoŋ2
巴中	toŋ4	thoŋ1	thoŋ2	thoŋ2	thoŋ2	thoŋ2	thoŋ2	thoŋ2
通江	toŋ4	thoŋ1	thoŋ2	thoŋ2	thoŋ2	thoŋ2	thoŋ2	thoŋ2
平昌	toŋ4	thoŋ1	thoŋ2	thoŋ2	thoŋ2	thoŋ2	thoŋ2	thoŋ2
万源	toŋ4	thoŋ1	thoŋ2	thoŋ2	thoŋ2	thoŋ2	thoŋ2	thoŋ2
宣汉	toŋ4	thoŋ1	thoŋ2	thoŋ2	thoŋ2	thoŋ2	thoŋ2	thoŋ2
达州	toŋ4	thoŋ1	thoŋ2	thoŋ2	thoŋ2	thoŋ2	thoŋ2	thoŋ2
开江	toŋ4	thoŋ1	thoŋ2	thoŋ2	thoŋ2	thoŋ2	thoŋ2	thoŋ2
渠县	toŋ4	thoŋ1	thoŋ2	thoŋ2	thoŋ2	thoŋ2	thoŋ2	thoŋ2
宜宾	toŋ4	thoŋ1	thoŋ2	thoŋ2	thoŋ2	thoŋ2	thoŋ2	thoŋ2
古蔺	toŋ4	thoŋ1	thoŋ2	thoŋ2	thoŋ2	thoŋ2	thoŋ2	thoŋ2
长宁	toŋ4	thoŋ1	thoŋ2	thoŋ2	thoŋ2	thoŋ2	thoŋ2	thoŋ2
顾县	toŋ4	thoŋ1	thoŋ2	toŋ2	toŋ2	toŋ2	toŋ2	toŋ2
成都龙泉	toŋ4	thoŋ1	thoŋ2	thoŋ2	thoŋ2	thoŋ2	thoŋ2	thoŋ2

字目	桶	统	痛	农	脓	浓①	笼鸟笼	聋
反切	他孔	他综	他贡	奴冬	奴冬	女容	卢红	卢红
声韵调	通合一透东上	通合一透冬去	通合一透东去	通合一泥冬平	通合一泥冬平	通合三泥钟平	通合一来东平	通合一来东平
中古音	thuŋ:	thuoŋ-	thuŋ-	nuoŋ	nuoŋ	nioŋ	luŋ	luŋ
广元	thoŋ3	thoŋ3	thoŋ4	noŋ2	noŋ2	noŋ2	noŋ2	noŋ2
平武	thoŋ3	thoŋ3	thoŋ4	noŋ2	noŋ2	noŋ2	noŋ2	noŋ1
青川	thoŋ3	thoŋ3	thoŋ4	noŋ2	noŋ2	noŋ2	noŋ2	noŋ2
剑阁普安	thoŋ3	thoŋ3	thoŋ4	noŋ2	noŋ2	noŋ2	noŋ2	noŋ2
剑阁金仙	thoŋ3	thoŋ3	thoŋ4	noŋ2	noŋ2	noŋ2	noŋ2	noŋ2
旺苍	thoŋ3	thoŋ3	thoŋ4	noŋ2	noŋ2	noŋ2	noŋ2	noŋ2
苍溪	thoŋ3	thoŋ3	thoŋ4	loŋ2	loŋ2	loŋ2	loŋ2	loŋ1 loŋ2
江油	thoŋ3	thoŋ3	thoŋ4	noŋ2	noŋ2	noŋ2	noŋ2	noŋ1
北川	thoŋ3	thoŋ3	thoŋ4	noŋ2	noŋ2	noŋ2	noŋ2	noŋ1
绵阳	thoŋ3	thoŋ3	thoŋ4	noŋ2	noŋ2	noŋ2	noŋ2	noŋ1
盐亭	thoŋ3	thoŋ3	thoŋ4	loŋ2	loŋ2	loŋ2	loŋ2	loŋ2
德阳	thoŋ3	thoŋ3	thoŋ4	noŋ2	noŋ2	noŋ2	noŋ2	noŋ1
中江	thoŋ3	thoŋ3	thoŋ4	loŋ2	loŋ2	loŋ2	loŋ2	loŋ1
射洪	thoŋ3	thoŋ3	thoŋ4	noŋ2	noŋ2	noŋ2	noŋ2	noŋ1
蓬溪	thoŋ3	thoŋ3	thoŋ4	noŋ2	noŋ2	noŋ2	noŋ2	noŋ1
遂宁	thoŋ3	thoŋ3	thoŋ4	noŋ2	noŋ2	noŋ2	noŋ2	noŋ1
乐至	thoŋ3	thoŋ3	thoŋ4	noŋ2	noŋ2	noŋ2	noŋ2	noŋ1
安岳	thoŋ3	thoŋ3	thoŋ4	noŋ2	noŋ2	noŋ2	noŋ2	noŋ1
仪陇	thoŋ3	thoŋ3	thoŋ4	noŋ2	noŋ2	noŋ2	noŋ2	noŋ1
西充	thoŋ3	thoŋ3	thoŋ4	noŋ2	noŋ2	noŋ2	noŋ2	noŋ1

① 又*奴冬切，通合一泥冬平。

字目	桶	统	痛	农	脓	浓①	笼鸟笼	聋
反切	他孔	他综	他贡	奴冬	奴冬	女容	卢红	卢红
声韵调	通合一透东上	通合一透冬去	通合一透东去	通合一泥冬平	通合一泥冬平	通合三泥钟平	通合一来东平	通合一来东平
中古音	thuŋ:	thuoŋ-	thuŋ-	nuoŋ	nuoŋ	nion	luŋ	luŋ
蓬安	thoŋ3	thoŋ3	thoŋ4	noŋ2	noŋ2	noŋ2	noŋ2	noŋ1
南充金台	thoŋ3	thoŋ3	thoŋ4	noŋ2	noŋ2	noŋ2	noŋ2	noŋ1
南充龙蟠	thoŋ3	thoŋ3	thoŋ4	noŋ2	noŋ2	noŋ2	noŋ2	noŋ1
岳池	thoŋ3	thoŋ3	thoŋ4	noŋ2	noŋ2	noŋ2	noŋ2	noŋ1
广安	thoŋ3	thoŋ3	thoŋ4	noŋ2	noŋ2	noŋ2	noŋ2	noŋ1
邻水	thoŋ3	thoŋ3	thoŋ4	noŋ2	noŋ2	noŋ2	noŋ2	noŋ1
南江	thoŋ3	thoŋ3	thoŋ4	loŋ2	loŋ2	loŋ2	loŋ2	loŋ1 loŋ2
巴中	thoŋ3	thoŋ3	thoŋ4	loŋ2	loŋ2	loŋ2	loŋ2	loŋ1 loŋ2
通江	thoŋ3	thoŋ3	thoŋ4	loŋ2	loŋ2	loŋ2	loŋ2	loŋ1 loŋ2
平昌	thoŋ3	thoŋ3	thoŋ4	loŋ2	loŋ2	loŋ2	loŋ2	loŋ1 loŋ2
万源	thoŋ3	thoŋ3	thoŋ4	noŋ2	noŋ2	noŋ2	noŋ2	noŋ1
宣汉	thoŋ3	thoŋ3	thoŋ4	noŋ2	noŋ2	noŋ2	noŋ2	noŋ1
达州	thoŋ3	thoŋ3	thoŋ4	noŋ2	noŋ2	noŋ2	noŋ2	noŋ1
开江	thoŋ3	thoŋ3	thoŋ4	noŋ2	noŋ2	noŋ2	noŋ2	noŋ1
渠县	thoŋ3	thoŋ3	thoŋ4	noŋ2	noŋ2	noŋ2	noŋ2	noŋ1
宜宾	thoŋ3	thoŋ3	thoŋ4	noŋ2	noŋ2	noŋ2	noŋ2	noŋ1 noŋ2
古蔺	thoŋ3	thoŋ3	thoŋ4	noŋ2	noŋ2	noŋ2	noŋ2	noŋ1 noŋ2
长宁	thoŋ3	thoŋ3	thoŋ4	loŋ2	loŋ2	loŋ2	loŋ2	loŋ1
顾县	thoŋ3	thoŋ3	thoŋ4	noŋ2	noŋ2	noŋ2	noŋ2	noŋ1
成都龙泉	thoŋ3	thoŋ3	thoŋ4	loŋ2	loŋ2	loŋ2	loŋ2	loŋ1 loŋ2

① 又*奴冬切，通合一泥冬平。

字目	隆	龙	笼笼罩	拢	陇	垄	弄弄坏	棕
反切	力中	力钟	力董	力董	力踵	力踵	卢贡	子红
声韵调	通合三来东平	通合三来钟平	通合一来东上	通合一来东上	通合三来钟上	通合三来钟上	通合一来东去	通合一精东平
中古音	liuŋ	lioŋ	luŋ:	luŋ:	lioŋ:	lioŋ:	luŋ-	tsuŋ
广元	noŋ2	noŋ2	noŋ3	noŋ3	noŋ3	noŋ3	noŋ4	tsoŋ1
平武	noŋ2	noŋ2	noŋ3	noŋ3	noŋ3	noŋ3	noŋ4	tsoŋ1
青川	noŋ2	noŋ2	noŋ3	noŋ3	noŋ3	noŋ3	noŋ4	tsoŋ1
剑阁普安	noŋ2	noŋ2	noŋ3	noŋ3	noŋ3	noŋ3	noŋ4	tsoŋ1
剑阁金仙	noŋ2	noŋ2	noŋ3	noŋ3	noŋ3	noŋ3	noŋ4	tsoŋ1
旺苍	noŋ2	noŋ2	noŋ3	noŋ3	noŋ3	noŋ3	noŋ4	tsoŋ1
苍溪	loŋ2	loŋ2	loŋ3	loŋ3	loŋ3	loŋ3	loŋ4 loŋ1 口	tsoŋ1
江油	noŋ2	noŋ2	noŋ2	noŋ3	noŋ3	noŋ3	noŋ1	tsoŋ1
北川	noŋ2	noŋ2	noŋ2	noŋ3	noŋ2	noŋ3	noŋ1	tsoŋ1
绵阳	noŋ2	noŋ2	noŋ2	noŋ3	noŋ3	noŋ3	noŋ1	tsoŋ1
盐亭	loŋ2	loŋ2	loŋ2	loŋ3	loŋ2	noŋ3	loŋ4	tsoŋ1
德阳	noŋ2	noŋ2	noŋ2	noŋ3	noŋ3	noŋ3	noŋ4 noŋ1 口	tsoŋ1
中江	loŋ2	loŋ2	loŋ2	loŋ3	loŋ3	loŋ3	loŋ4 loŋ1 口	tsoŋ1
射洪	noŋ2	noŋ2	noŋ2	noŋ3	noŋ3	noŋ3	noŋ4 noŋ1 口	tsoŋ1
蓬溪	noŋ2	noŋ2	noŋ2	noŋ2	noŋ3	noŋ3	noŋ4 noŋ1 口	tsoŋ1
遂宁	noŋ2	noŋ2	noŋ2	noŋ3	noŋ3	noŋ3	noŋ4 noŋ1 口	tsoŋ1
乐至	noŋ2	noŋ2	noŋ3	noŋ3	noŋ3	noŋ3	noŋ4	tsoŋ1
安岳	noŋ2	noŋ2	noŋ2	noŋ3	noŋ3	noŋ3	noŋ4	tsoŋ1
仪陇	noŋ2	noŋ2	noŋ2	noŋ3	noŋ3	noŋ3	noŋ4	tsoŋ1
西充	noŋ2	noŋ2	noŋ3	noŋ3	noŋ2	noŋ3	noŋ4	tsoŋ1

字目	隆	龙	笼_{笼罩}	拢	陇	垄	弄_{弄坏}	棕
反切	力中	力钟	力董	力董	力踵	力踵	卢贡	子红
声韵调	通合三 来东平	通合三 来钟平	通合一 来东上	通合一 来东上	通合三 来钟上	通合三 来钟上	通合一 来东去	通合一 精东平
中古音	liuŋ	lioŋ	luŋ:	luŋ:	lioŋ:	lioŋ:	luŋ-	tsuŋ
蓬安	noŋ2	noŋ2	noŋ2	noŋ3	noŋ3	noŋ3	noŋ4	tsoŋ1
南充_{金台}	noŋ2	noŋ2	noŋ3	noŋ3	noŋ3	noŋ1	noŋ4	tsoŋ1
南充_{龙蟠}	noŋ2	noŋ2	noŋ3	noŋ3	noŋ3	noŋ3	noŋ4 noŋ1 口	tʂoŋ1
岳池	noŋ2	noŋ2	noŋ3	noŋ3	noŋ3	noŋ3	noŋ4	tsoŋ1
广安	noŋ2	noŋ2	noŋ3	noŋ3	noŋ3	noŋ3	noŋ1	tsoŋ1
邻水	noŋ2	noŋ2	noŋ3	noŋ3	noŋ3	noŋ3	noŋ4	tsoŋ1
南江	loŋ2	loŋ2	loŋ3	loŋ3	loŋ3	loŋ3	loŋ4 loŋ1 口	tsoŋ1
巴中	loŋ2	loŋ2	loŋ3	loŋ3	loŋ3	loŋ3	loŋ4 loŋ1 口	tsoŋ1
通江	loŋ2	loŋ2	loŋ3	loŋ3	loŋ3	loŋ3	loŋ4 loŋ1 口	tsoŋ1
平昌	loŋ2	loŋ2	loŋ3	loŋ3	loŋ3	loŋ3	loŋ4 loŋ1 口	tsoŋ1
万源	noŋ2	noŋ2	noŋ2	noŋ3	noŋ3	noŋ3	noŋ4 noŋ1 口	tsoŋ1
宣汉	noŋ2	noŋ2	noŋ2	noŋ3	noŋ3	noŋ3	noŋ4 noŋ1 口	tsoŋ1
达州	noŋ2	noŋ2	noŋ3	noŋ3	noŋ3	noŋ3	noŋ4 noŋ1 口	tsoŋ1
开江	noŋ2	noŋ2	noŋ2	noŋ2	noŋ3	noŋ3	noŋ4 noŋ1 口	tsoŋ1
渠县	noŋ2	noŋ2	noŋ2	noŋ3	noŋ3	noŋ3	noŋ4 noŋ1 口	tsoŋ1
宜宾	noŋ2	noŋ2	noŋ3	noŋ3	noŋ3	noŋ3	noŋ4 noŋ1 口	tsoŋ1
古蔺	noŋ2	noŋ2	noŋ2	noŋ3	noŋ3	noŋ3	noŋ4 noŋ1 口	tsoŋ1
长宁	loŋ2	loŋ2	loŋ2	loŋ3	loŋ3	loŋ3	loŋ4	tsoŋ1
顾县	noŋ2	noŋ2	noŋ3	noŋ3	noŋ3	noŋ3	noŋ4	tsoŋ1
成都_{龙泉}	loŋ2	loŋ2	loŋ1	loŋ1	loŋ1	loŋ1	loŋ4 loŋ1 口	tsoŋ1

字目	鬃	宗	踪	综	总	粽粽子	纵纵横	纵放纵
反切	子红	作冬	即容	子宋	作孔	作弄	即容	子用
声韵调	通合一 精东平	通合一 精冬平	通合三 精钟平	通合一 精冬去	通合一 精东上	通合一 精东去	通合三 精钟平	通合三 精钟去
中古音	tsuŋ	tsuoŋ	tsɨoŋ	tsuoŋ-	tsuŋ:	tsuŋ-	tsɨoŋ	tsɨoŋ-
广元	tsoŋ1	tsoŋ1	tsoŋ1	tsoŋ1	tsoŋ3	tsoŋ4	tsoŋ4	tsoŋ4
平武	tsoŋ1	tsoŋ1	tsoŋ1	tsoŋ1	tsoŋ3	tsoŋ4	tsoŋ4	tsoŋ4
青川	tsoŋ1	tsoŋ1	tsoŋ1	tsoŋ1	tsoŋ3	tsoŋ4	tsoŋ4	tsoŋ4
剑阁普安	tsoŋ1	tsoŋ1	tsoŋ1	tsoŋ1	tsoŋ3	tsoŋ4	tsoŋ4	tsoŋ4
剑阁金仙	tsoŋ1	tsoŋ1	tsoŋ1	tsoŋ1	tsoŋ3	tsoŋ4	tsoŋ4	tsoŋ4
旺苍	tsoŋ1	tsoŋ1	tsoŋ1	tsoŋ1	tsoŋ3	tsoŋ4	tsoŋ4	tsoŋ4
苍溪	tsoŋ1	tsoŋ1	tsoŋ1	tsoŋ1	tsoŋ3	tsoŋ4	tsoŋ4	tsoŋ4
江油	tsoŋ1	tsoŋ1	tsoŋ1	tsoŋ1	tsoŋ3	tsoŋ4	tsoŋ4	tsoŋ4
北川	tsoŋ1	tsoŋ1	tsoŋ1	tsoŋ1	tsoŋ3	tsoŋ4	tsoŋ4	tsoŋ4
绵阳	tsoŋ1	tsoŋ1	tsoŋ1	tsoŋ1	tsoŋ3	tsoŋ4	tsoŋ4	tsoŋ4
盐亭	tsoŋ1	tsoŋ1	tsoŋ1	tsoŋ1	tsoŋ3	tsoŋ4	tsoŋ4	tsoŋ4
德阳	tsoŋ1	tsoŋ1	tsoŋ1	tsoŋ1	tsoŋ3	tsoŋ4	tsoŋ2	tsoŋ4
中江	tsoŋ1	tsoŋ1	tsoŋ1	tsoŋ1	tsoŋ3	tsoŋ4	tsoŋ4	tsoŋ4
射洪	tsoŋ1	tsoŋ1	tsoŋ1	tsoŋ1	tsoŋ3	tsoŋ4	tsoŋ4	tsoŋ4
蓬溪	tsoŋ1	tsoŋ1	tsoŋ1	tsoŋ1	tsoŋ3	tsoŋ4	tsoŋ4	tsoŋ4
遂宁	tsoŋ1	tsoŋ1	tsoŋ1	tsoŋ1	tsoŋ3	tsoŋ4	tsoŋ4	tsoŋ4
乐至	tsoŋ1	tsoŋ1	tsoŋ1	tsoŋ1	tsoŋ3	tsoŋ4	tsoŋ4	tsoŋ4
安岳	tsoŋ1	tsoŋ1	tsoŋ1	tsoŋ1	tsoŋ3	tsoŋ4	tsoŋ4	tsoŋ4
仪陇	tsoŋ1	tsoŋ1	tsoŋ1	tsoŋ1	tsoŋ3	tsoŋ4	tsoŋ4	tsoŋ4
西充	tsoŋ1	tsoŋ1	tsoŋ1	tsoŋ1	tsoŋ3	tsoŋ4	tsoŋ4	tsoŋ4

字目	鬃	宗	踪	综	总	粽粽子	纵纵横	纵放纵
反切	子红	作冬	即容	子宋	作孔	作弄	即容	子用
声韵调	通合一精东平	通合一精冬平	通合三精钟平	通合一精冬去	通合一精东上	通合一精东去	通合三精钟平	通合三精钟去
中古音	tsuŋ	tsuoŋ	tsɨoŋ	tsuoŋ-	tsuŋ:	tsuŋ-	tsɨoŋ	tsɨoŋ-
蓬安	tsoŋ1	tsoŋ1	tsoŋ1	tsoŋ1	tsoŋ3	tsoŋ4	tsoŋ4	tsoŋ4
南充金台	tsoŋ1	tsoŋ1	tsoŋ1	tsoŋ1	tsoŋ3	tsoŋ4	tsoŋ4	tsoŋ4
南充龙蟠	tʂoŋ1	tʂoŋ1	tʂoŋ1	tʂoŋ1	tʂoŋ3	tʂoŋ4	tʂoŋ4	tʂoŋ4
岳池	tsoŋ1	tsoŋ1	tsoŋ1	tsoŋ1	tsoŋ3	tsoŋ4	tsoŋ4	tsoŋ4
广安	tsoŋ1	tsoŋ1	tsoŋ1	tsoŋ1	tsoŋ3	tsoŋ4	tsoŋ4	tsoŋ4
邻水	tsoŋ1	tsoŋ1	tsoŋ1	tsoŋ1	tsoŋ3	tsoŋ4	tsoŋ4	tsoŋ4
南江	tsoŋ1	tsoŋ1	tsoŋ1	tsoŋ1	tsoŋ3	tsoŋ4	tsoŋ4	tsoŋ4
巴中	tsoŋ1	tsoŋ1	tsoŋ1	tsoŋ1	tsoŋ3	tsoŋ4	tsoŋ4	tsoŋ4
通江	tsoŋ1	tsoŋ1	tsoŋ1	tsoŋ1	tsoŋ3	tsoŋ4	tsoŋ4	tsoŋ4
平昌	tsoŋ1	tsoŋ1	tsoŋ1	tsoŋ1	tsoŋ3	tsoŋ4	tsoŋ4	tsoŋ4
万源	tsoŋ1	tsoŋ1	tsoŋ1	tsoŋ1	tsoŋ3	tsoŋ4	tsoŋ4	tsoŋ4
宣汉	tsoŋ1	tsoŋ1	tsoŋ1	tsoŋ1	tsoŋ3	tsoŋ4	tsoŋ4	tsoŋ4
达州	tsoŋ1	tsoŋ1	tsoŋ1	tsoŋ1	tsoŋ3	tsoŋ4	tsoŋ4	tsoŋ4
开江	tsoŋ1	tsoŋ1	tsoŋ1	tsoŋ1	tsoŋ3	tsoŋ4	tsoŋ4	tsoŋ4
渠县	tsoŋ1	tsoŋ1	tsoŋ1	tsoŋ1	tsoŋ3	tsoŋ1	tsoŋ4	tsoŋ4
宜宾	tsoŋ1	tsoŋ1	tsoŋ1	tsoŋ1	tsoŋ3	tsoŋ4	tsoŋ4	tsoŋ4
古蔺	tsoŋ1	tsoŋ1	tsoŋ1	tsoŋ1	tsoŋ3	tsoŋ4	tsoŋ4	tsoŋ4
长宁	tsoŋ1	tsoŋ1	tsoŋ1	tsoŋ1	tsoŋ3	tsoŋ4	tsoŋ4	tsoŋ4
顾县	tsoŋ1	tsoŋ1	tsoŋ1	tsoŋ1	tsoŋ3	tsoŋ4	tsoŋ4	tsoŋ4
成都龙泉	tsoŋ1	tsoŋ1	tsoŋ1	tsoŋ1	tsoŋ3	tsoŋ4	tsoŋ4	tsoŋ4

字目	聪	匆	葱	从从容	丛	从服从	松松紧	松松树
反切	仓红	仓红	仓红	七恭	徂红	疾容	私宗	详容
声韵调	通合一清东平	通合一清东平	通合一清东平	通合三清钟平	通合一从东平	通合三从钟平	通合一心冬平	通合三邪钟平
中古音	tshuŋ	tshuŋ	tshuŋ	tshɨoŋ	dzuŋ	dzioŋ	suoŋ	zioŋ
广元	tshoŋ1	tshoŋ1	tshoŋ1	tshoŋ2	tshoŋ2	tshoŋ2	soŋ1	soŋ1
平武	tshoŋ1	tshoŋ1	tshoŋ1	tshoŋ2	tshoŋ2	tshoŋ2	soŋ1	soŋ1
青川	tshoŋ1	tshoŋ1	tshoŋ1	tshoŋ2	tshoŋ2	tshoŋ2	soŋ1	soŋ1
剑阁普安	tshoŋ1	tshoŋ1	tshoŋ1	tshoŋ2	tshoŋ2	tshoŋ2	soŋ1	soŋ1
剑阁金仙	tshoŋ1	tshoŋ1	tshoŋ1	tshoŋ2	tshoŋ2	tshoŋ2	soŋ1	soŋ1
旺苍	tshoŋ1	tshoŋ1	tshoŋ1	tshoŋ2	tshoŋ2	tshoŋ2	soŋ1	soŋ1
苍溪	tshoŋ1	tshoŋ1	tshoŋ1	tshoŋ2	tshoŋ2	tshoŋ2	soŋ1	soŋ1
江油	tshoŋ1	tshoŋ1	tshoŋ1	tshoŋ2	tshoŋ2	tshoŋ2	soŋ1	soŋ1
北川	tshoŋ1	tshoŋ1	tshoŋ1	tshoŋ2	tshoŋ2	tshoŋ2	soŋ1	soŋ1
绵阳	tshoŋ1	tshoŋ1	tshoŋ1	tshoŋ2	tshoŋ2	tshoŋ2	soŋ1	soŋ1
盐亭	tshoŋ1	tshoŋ1	tshoŋ1	tshoŋ2	tshoŋ2	tshoŋ2	soŋ1	soŋ1
德阳	tshoŋ1	tshoŋ1	tshoŋ1	tshoŋ2	tshoŋ2	tshoŋ2	soŋ1	soŋ1
中江	tshoŋ1	tshoŋ1	tshoŋ1	tsoŋ2	tsoŋ2	tsoŋ2	soŋ1	soŋ1
射洪	tshoŋ1	tshoŋ1	tshoŋ1	tshoŋ2	tshoŋ2	tshoŋ2	soŋ1	soŋ1
蓬溪	tshoŋ1	tshoŋ1	tshoŋ1	tshoŋ2	tshoŋ2	tshoŋ2	soŋ1	soŋ1
遂宁	tshoŋ1	tshoŋ1	tshoŋ1	tshoŋ2	tshoŋ2	tshoŋ2	soŋ1	soŋ1
乐至	tshoŋ1	tshoŋ1	tshoŋ1	tshoŋ2	tshoŋ2	tshoŋ2	soŋ1	soŋ1
安岳	tshoŋ1	tshoŋ1	tshoŋ1	tshoŋ2	tshoŋ2	tshoŋ2	soŋ1	soŋ1
仪陇	tshoŋ1	tshoŋ1	tshoŋ1	tshoŋ2	tshoŋ2	tshoŋ2	soŋ1	soŋ1
西充	tshoŋ1	tshoŋ1	tshoŋ1	tshoŋ2	tshoŋ2	tshoŋ2	soŋ1	soŋ1

字目	聪	匆	葱	从从容	丛	从服从	松松紧	松松树
反切	仓红	仓红	仓红	七恭	徂红	疾容	私宗	详容
声韵调	通合一清东平	通合一清东平	通合一清东平	通合三清钟平	通合一从东平	通合三从钟平	通合一心冬平	通合三邪钟平
中古音	tshuŋ	tshuŋ	tshuŋ	tshɨoŋ	dzuŋ	dzɨoŋ	suoŋ	zɨoŋ
蓬安	tshoŋ1	tshoŋ1	tshoŋ1	tshoŋ2	tshoŋ2	tshoŋ2	soŋ1	soŋ1
南充金台	tshoŋ1	tshoŋ1	tshoŋ1	tshoŋ2	tshoŋ2	tshoŋ2	soŋ1	soŋ1
南充龙蟠	tʂhoŋ1	tʂhoŋ1	tʂhoŋ1	tʂhoŋ2	tʂhoŋ2	tʂhoŋ2	soŋ1	soŋ1
岳池	tshoŋ1	tshoŋ1	tshoŋ1	tshoŋ2	tshoŋ2	tshoŋ2	soŋ1	soŋ1
广安	tshoŋ1	tshoŋ1	tshoŋ1	tshoŋ2	tshoŋ2	tshoŋ2	soŋ1	soŋ1
邻水	tshoŋ1	tshoŋ1	tshoŋ1	tshoŋ2	tshoŋ2	tshoŋ2	soŋ1	soŋ1
南江	tshoŋ1	tshoŋ1	tshoŋ1	tshoŋ2	tshoŋ2	tshoŋ2	soŋ1	soŋ1
巴中	tshoŋ1	tshoŋ1	tshoŋ1	tshoŋ2	tshoŋ2	tshoŋ2	soŋ1	soŋ1
通江	tshoŋ1	tshoŋ1	tshoŋ1	tshoŋ2	tshoŋ2	tshoŋ2	soŋ1	soŋ1
平昌	tshoŋ1	tshoŋ1	tshoŋ1	tshoŋ2	tshoŋ2	tshoŋ2	soŋ1	soŋ1
万源	tshoŋ1	tshoŋ1	tshoŋ1	tshoŋ2	tshoŋ2	tshoŋ2	soŋ1	soŋ1
宣汉	tshoŋ1	tshoŋ1	tshoŋ1	tshoŋ2	tshoŋ2	tshoŋ2	soŋ1	soŋ1
达州	tshoŋ1	tshoŋ1	tshoŋ1	tshoŋ2	tshoŋ2	tshoŋ2	soŋ1	soŋ1
开江	tshoŋ1	tshoŋ1	tshoŋ1	tshoŋ2	tshoŋ2	tshoŋ2	soŋ1	soŋ1
渠县	tshoŋ1	tshoŋ1	tshoŋ1	tshoŋ2	tshoŋ2	tshoŋ2	soŋ1	soŋ1
宜宾	tshoŋ1	tshoŋ1	tshoŋ1	tshoŋ2	tshoŋ2	tshoŋ2	soŋ1	soŋ1
古蔺	tshoŋ1	tshoŋ1	tshoŋ1	tshoŋ2	tshoŋ2	tshoŋ2	soŋ1	soŋ1
长宁	tshoŋ1	tshoŋ1	tshoŋ1	tshoŋ2	tshoŋ2	tshoŋ2	soŋ1	soŋ1
顾县	tshoŋ1	tshoŋ1	tshoŋ1	tshoŋ2	tshoŋ2	tshoŋ2	soŋ1	soŋ1
成都龙泉	tshoŋ1	tshoŋ1	tshoŋ1	tshoŋ2	tshoŋ2	tshoŋ2	soŋ1	soŋ1

字目	耸	送	宋	诵	颂	讼	中中间	忠
反切	息拱	苏弄	苏统	似用	似用	似用	陟弓	陟弓
声韵调	通合三 心钟上	通合一 心东去	通合一 心冬去	通合三 邪钟去	通合三 邪钟去	通合三 邪钟去	通合三 知东平	通合三 知东平
中古音	sioŋ:	suŋ-	suoŋ-	zioŋ-	zioŋ-	zioŋ-	ţiuŋ	ţiuŋ
广元	soŋ3	soŋ4	soŋ4	soŋ4	soŋ4	soŋ4	tşoŋ1	tşoŋ1
平武	soŋ3	soŋ4	soŋ4	soŋ4	soŋ4	soŋ4	tsoŋ1	tsoŋ1
青川	soŋ3	soŋ4	soŋ4	soŋ4	soŋ4	soŋ4	tsoŋ1	tsoŋ1
剑阁普安	soŋ3	soŋ4	soŋ4	soŋ4	soŋ4	soŋ4	tşoŋ1	tşoŋ1
剑阁金仙	soŋ3	soŋ4	soŋ4	soŋ4	soŋ4	soŋ4	tşoŋ1	tşoŋ1
旺苍	soŋ3	soŋ4	soŋ4	soŋ4	soŋ4	soŋ4	tşoŋ1	tşoŋ1
苍溪	soŋ3	soŋ4	soŋ4	soŋ4	soŋ4	soŋ4	tşoŋ1	tşoŋ1
江油	soŋ3	soŋ4	soŋ4	soŋ4	soŋ4	soŋ4	tsoŋ1	tsoŋ1
北川	soŋ3	soŋ4	soŋ4	soŋ4	soŋ4	soŋ4	tsoŋ1	tsoŋ1
绵阳	soŋ3	soŋ4	soŋ4	soŋ4	soŋ4	soŋ4	tsoŋ1	tsoŋ1
盐亭	soŋ3	soŋ4	soŋ4	soŋ4	soŋ4	soŋ4	tsoŋ1	tsoŋ1
德阳	soŋ3	soŋ4	soŋ4	soŋ4	soŋ4	soŋ4	tsoŋ1	tsoŋ1
中江	soŋ3	soŋ4	soŋ4	soŋ4	soŋ4	soŋ4	tsoŋ1	tsoŋ1
射洪	soŋ3	soŋ4	soŋ4	soŋ4	soŋ4	soŋ4	tsoŋ1	tsoŋ1
蓬溪	soŋ3	soŋ4	soŋ4	soŋ4	soŋ4	soŋ4	tsoŋ1	tsoŋ1
遂宁	soŋ3	soŋ4	soŋ4	soŋ4	soŋ4	soŋ4	tsoŋ1	tsoŋ1
乐至	soŋ3	soŋ4	soŋ4	soŋ4	soŋ4	soŋ4	tsoŋ1	tsoŋ1
安岳	soŋ3	soŋ4	soŋ4	soŋ4	soŋ4	soŋ4	tsoŋ1	tsoŋ1
仪陇	soŋ3	soŋ4	soŋ4	soŋ4	soŋ4	soŋ4	tsoŋ1	tsoŋ1
西充	soŋ3	soŋ4	soŋ4	soŋ4	soŋ4	soŋ4	tsoŋ1	tsoŋ1

字目	耸	送	宋	诵	颂	讼	中中间	忠
反切	息拱	苏弄	苏统	似用	似用	似用	陟弓	陟弓
声韵调	通合三心钟上	通合一心东去	通合一心冬去	通合三邪钟去	通合三邪钟去	通合三邪钟去	通合三知东平	通合三知东平
中古音	sɨoŋ:	suŋ-	suoŋ-	zɨoŋ-	zɨoŋ-	zɨoŋ-	ʈiuŋ	ʈiuŋ
蓬安	soŋ3	soŋ4	soŋ4	soŋ4	soŋ4	soŋ4	tsoŋ1	tsoŋ1
南充金台	soŋ3	soŋ4	soŋ4	soŋ4	soŋ4	soŋ4	tsoŋ1	tsoŋ1
南充龙蟠	soŋ3	ʂoŋ4	ʂoŋ4	soŋ4	ʂoŋ4	ʂoŋ4	tʂoŋ1	tʂoŋ1
岳池	soŋ3	soŋ4	soŋ4	soŋ4	soŋ4	soŋ4	tsoŋ1	tsoŋ1
广安	soŋ3	soŋ4	soŋ4	soŋ4	soŋ4	soŋ4	tsoŋ1	tsoŋ1
邻水	soŋ3	soŋ4	soŋ4	soŋ4	soŋ4	soŋ4	tsoŋ1	tsoŋ1
南江	soŋ3	soŋ4	soŋ4	soŋ4	soŋ4	soŋ4	tʂoŋ1	tʂoŋ1
巴中	soŋ3	soŋ4	soŋ4	soŋ4	soŋ4	soŋ4	tʂoŋ1	tʂoŋ1
通江	soŋ3	soŋ4	soŋ4	soŋ4	soŋ4	soŋ4	tʂoŋ1	tʂoŋ1
平昌	soŋ3	soŋ4	soŋ4	soŋ4	soŋ4	soŋ4	tʂoŋ1	tʂoŋ1
万源	soŋ3	soŋ4	soŋ4	soŋ4	soŋ4	soŋ4	tʂoŋ1	tʂoŋ1
宣汉	soŋ3	soŋ4	soŋ4	soŋ4	soŋ4	soŋ4	tsoŋ1	tsoŋ1
达州	soŋ3	soŋ4	soŋ4	soŋ4	soŋ4	soŋ4	tsoŋ1	tsoŋ1
开江	soŋ3	soŋ4	soŋ4	soŋ4	soŋ4	soŋ4	tsoŋ1	tsoŋ1
渠县	soŋ3	soŋ4	soŋ4	soŋ4	soŋ4	soŋ4	tsoŋ1	tsoŋ1
宜宾	soŋ3	soŋ4	soŋ4	soŋ4	soŋ4	soŋ4	tsoŋ1	tsoŋ1
古蔺	soŋ3	soŋ4	soŋ4	soŋ4	soŋ4	soŋ4	tsoŋ1	tsoŋ1
长宁	soŋ3	soŋ4	soŋ4	soŋ4	soŋ4	soŋ4	tsoŋ1	tsoŋ1
顾县	soŋ3	soŋ4	soŋ4	soŋ4	soŋ4	soŋ4	tsoŋ1	tsoŋ1
成都龙泉	soŋ3	soŋ4	soŋ4	soŋ4	soŋ4	soŋ4	tsoŋ1	tsoŋ1

字目	衷	终	钟_{钟表}	钟_{钟爱}	°盅	种_{种类}	肿	中_{中奖}
反切	陟弓	职戎	职容	职容	职容	之陇	之陇	陟仲
声韵调	通合三 知东平	通合三 章东平	通合三 章钟平	通合三 章钟平	通合三 章钟平	通合三 章钟上	通合三 章钟上	通合三 知东去
中古音	ţĭuŋ	tɕĭuŋ	tɕĭoŋ	tɕĭoŋ	tɕĭoŋ	tɕĭoŋ:	tɕĭoŋ:	ţĭuŋ-
广元	tʂhoŋ1 tʂoŋ1 新	tʂoŋ1	tʂoŋ1	tʂoŋ1	tʂoŋ1	tʂoŋ3	tʂoŋ3	tʂoŋ4
平武	tsoŋ1	tsoŋ1	tsoŋ1	tsoŋ1	tsoŋ1	tsoŋ3	tsoŋ3	tsoŋ4
青川	tʂhoŋ1 tʂoŋ1 新	tʂoŋ1	tʂoŋ1	tʂoŋ1	tʂoŋ1	tʂoŋ3	tʂoŋ3	tʂoŋ4
剑阁_{普安}	tʂhoŋ1 tʂoŋ1 新	tʂoŋ1	tʂoŋ1	tʂoŋ1	tʂoŋ1	tʂoŋ3	tʂoŋ3	tʂoŋ4
剑阁_{金仙}	tʂhoŋ1 tʂoŋ1 新	tʂoŋ1	tʂoŋ1	tʂoŋ1	tʂoŋ1	tʂoŋ3	tʂoŋ3	tʂoŋ4
旺苍	tʂhoŋ1 tʂoŋ1 新	tʂoŋ1	tʂoŋ1	tʂoŋ1	tʂoŋ1	tʂoŋ3	tʂoŋ3	tʂoŋ4
苍溪	tʂhoŋ1 tʂoŋ1 新	tʂoŋ1	tʂoŋ1	tʂoŋ1	tʂoŋ1	tʂoŋ3	tʂoŋ3	tʂoŋ4
江油	tshoŋ1 tsoŋ1 新	tsoŋ1	tsoŋ1	tsoŋ1	tsoŋ1	tsoŋ3	tsoŋ3	tsoŋ4
北川	tshoŋ1 tsoŋ1 新	tsoŋ1	tsoŋ1	tsoŋ1	tsoŋ1	tsoŋ3	tsoŋ3	tsoŋ4
绵阳	tshoŋ1 tsoŋ1 新	tsoŋ1	tsoŋ1	tsoŋ1	tsoŋ1	tsoŋ3	tsoŋ3	tsoŋ4
盐亭	tshoŋ1 tsoŋ1 新	tsoŋ1	tsoŋ1	tsoŋ1	tsoŋ1	tsoŋ3	tsoŋ3	tsoŋ4
德阳	tshoŋ1 tsoŋ1 新	tsoŋ1	tsoŋ1	tsoŋ1	tsoŋ1	tsoŋ3	tsoŋ3	tsoŋ4
中江	tshoŋ1	tsoŋ1	tsoŋ1	tsoŋ1	tsoŋ1	tsoŋ3	tsoŋ3	tsoŋ4
射洪	tshoŋ1 tsoŋ1 新	tsoŋ1	tsoŋ1	tsoŋ1	tsoŋ1	tsoŋ3	tsoŋ3	tsoŋ4
蓬溪	tshoŋ1 tsoŋ1 新	tsoŋ1	tsoŋ1	tsoŋ1	tsoŋ1	tsoŋ3	tsoŋ3	tsoŋ4
遂宁	tshoŋ1 tsoŋ1 新	tsoŋ1	tsoŋ1	tsoŋ1	tsoŋ1	tsoŋ3	tsoŋ3	tsoŋ4
乐至	tsoŋ1	tsoŋ1	tsoŋ1	tsoŋ1	tsoŋ1	tsoŋ3	tsoŋ3	tsoŋ4
安岳	tsoŋ1	tsoŋ1	tsoŋ1	tsoŋ1	tsoŋ1	tsoŋ3	tsoŋ3	tsoŋ4
仪陇	tsoŋ1	tsoŋ1	tsoŋ1	tsoŋ1	tsoŋ1	tsoŋ3	tsoŋ3	tsoŋ4
西充	tsoŋ1	tsoŋ1	tsoŋ1	tsoŋ1	tsoŋ1	tsoŋ3	tsoŋ3	tsoŋ4

字目	衷	终	钟钟表	钟钟爱	盅	种种类	肿	中中奖
反切	陟弓	职戎	职容	职容	职容	之陇	之陇	陟仲
声韵调	通合三知东平	通合三章东平	通合三章钟平	通合三章钟平	通合三章钟平	通合三章钟上	通合三章钟上	通合三知东去
中古音	ţiuŋ	tɕiuŋ	tɕioŋ	tɕioŋ	tɕioŋ	tɕioŋː	tɕioŋː	ţiuŋ-
蓬安	tsoŋ1	tsoŋ1	tsoŋ1	tsoŋ1	tsoŋ1	tsoŋ3	tsoŋ3	tsoŋ4
南充金台	tsoŋ1	tsoŋ1	tsoŋ1	tsoŋ1	tsoŋ1	tsoŋ3	tsoŋ3	tsoŋ4
南充龙蟠	tʂoŋ1	tʂoŋ1	tʂoŋ1	tʂoŋ1	tʂoŋ1	tʂoŋ3	tʂoŋ3	tʂoŋ4
岳池	tsoŋ1	tsoŋ1	tsoŋ1	tsoŋ1	tsoŋ1	tsoŋ3	tsoŋ3	tsoŋ4
广安	tsoŋ1	tsoŋ1	tsoŋ1	tsoŋ1	tsoŋ1	tsoŋ3	tsoŋ3	tsoŋ4
邻水	tsoŋ1	tsoŋ1	tsoŋ1	tsoŋ1	tsoŋ1	tsoŋ3	tsoŋ3	tsoŋ4
南江	tʂhoŋ1 tʂoŋ1 新	tʂoŋ1	tʂoŋ1	tʂoŋ1	tʂoŋ1	tʂoŋ3	tʂoŋ3	tʂoŋ4
巴中	tʂhoŋ1 tʂoŋ1 新	tʂoŋ1	tʂoŋ1	tʂoŋ1	tʂoŋ1	tʂoŋ3	tʂoŋ3	tʂoŋ4
通江	tʂhoŋ1 tʂoŋ1 新	tʂoŋ1	tʂoŋ1	tʂoŋ1	tʂoŋ1	tʂoŋ3	tʂoŋ3	tʂoŋ4
平昌	tʂhoŋ1 tʂoŋ1 新	tʂoŋ1	tʂoŋ1	tʂoŋ1	tʂoŋ1	tʂoŋ3	tʂoŋ3	tʂoŋ4
万源	tʂoŋ1 tʂhoŋ1 旧	tʂoŋ1	tʂoŋ1	tʂoŋ1	tʂoŋ1	tʂoŋ3	tʂoŋ3	tʂoŋ4
宣汉	tsoŋ1 tshoŋ1 旧	tsoŋ1	tsoŋ1	tsoŋ1	tsoŋ1	tsoŋ3	tsoŋ3	tsoŋ4
达州	tsoŋ1 tshoŋ1 旧	tsoŋ1	tsoŋ1	tsoŋ1	tsoŋ1	tsoŋ3	tsoŋ3	tsoŋ4
开江	tsoŋ1 tshoŋ1 旧	tsoŋ1	tsoŋ1	tsoŋ1	tsoŋ1	tsoŋ3	tsoŋ3	tsoŋ4
渠县	tsoŋ1 tshoŋ1	tsoŋ1	tsoŋ1	tsoŋ1	tsoŋ1	tsoŋ3	tsoŋ3	tsoŋ4
宜宾	tsoŋ1 新 tshoŋ1	tsoŋ1	tsoŋ1	tsoŋ1	tsoŋ1	tsoŋ3	tsoŋ3	tsoŋ4
古蔺	tshoŋ1 tsoŋ1 新	tsoŋ1	tsoŋ1	tsoŋ1	tsoŋ1	tsoŋ3	tsoŋ3	tsoŋ4
长宁	tshoŋ1 tsoŋ1 新	tsoŋ1	tsoŋ1	tsoŋ1	tsoŋ1	tsoŋ3	tsoŋ3	tsoŋ4
顾县	tshoŋ1 tsoŋ1 新	tsoŋ1	tsoŋ1	tsoŋ1	tsoŋ1	tsoŋ3	tsoŋ3	tsoŋ4
成都龙泉	tshoŋ1 tsoŋ1 新	tsoŋ1	tsoŋ1	tsoŋ1	tsoŋ1	tsoŋ3	tsoŋ3	tsoŋ4

字目	仲	众	重轻重	种种田	充	冲冲锋	春	虫
反切	直众	之仲	直陇	之用	昌终	尺容	书容	直弓
声韵调	通合三澄东去	通合三章东去	通合三澄钟上	通合三章钟去	通合三昌东平	通合三昌钟平	通合三书钟平	通合三澄东平
中古音	ḍiuŋ-	tɕiuŋ-	ḍioŋ:	tɕioŋ-	tɕʰiuŋ	tɕʰioŋ	ɕioŋ	ḍiuŋ
广元	tʂoŋ4	tʂoŋ4	tʂoŋ4	tʂoŋ3	tʂʰoŋ1	tʂʰoŋ1	tʂʰoŋ1	tʂʰoŋ2
平武	tsoŋ4	tsoŋ4	tsoŋ4	tsoŋ3	tshoŋ1	tshoŋ1	tshoŋ1	tshoŋ2
青川	tsoŋ4	tsoŋ4	tsoŋ4	tsoŋ3	tshoŋ1	tshoŋ1	tshoŋ1	tshoŋ2
剑阁普安	tʂoŋ4	tʂoŋ4	tʂoŋ4	tʂoŋ4	tʂʰoŋ1	tʂʰoŋ1	tʂʰoŋ1	tʂʰoŋ2
剑阁金仙	tʂoŋ4	tʂoŋ4	tʂoŋ4	tʂoŋ3	tʂʰoŋ1	tʂʰoŋ1	tʂoŋ1	tʂʰoŋ2
旺苍	tʂoŋ4	tʂoŋ4	tʂoŋ4	tʂoŋ3	tʂʰoŋ1	tʂʰoŋ1	tʂʰoŋ1	tʂʰoŋ2
苍溪	tʂoŋ4	tʂoŋ4	tʂoŋ4	tʂoŋ3 tʂoŋ4 新	tʂʰoŋ1	tʂʰoŋ1	tʂoŋ1	tʂʰoŋ2
江油	tsoŋ4	tsoŋ4	tsoŋ4	tsoŋ3	tshoŋ1	tshoŋ1	tsoŋ1	tshoŋ2
北川	tsoŋ4	tsoŋ4	tsoŋ4	tsoŋ3	tshoŋ1	tshoŋ1	tsoŋ1	tshoŋ2
绵阳	tsoŋ4	tsoŋ4	tsoŋ4	tsoŋ3	tshoŋ1	tshoŋ1	tsoŋ1	tshoŋ2
盐亭	tsoŋ4	tsoŋ4	tsoŋ4	tsoŋ3	tshoŋ1	tshoŋ1	tsoŋ1	tshoŋ2
德阳	tsoŋ4	tsoŋ4	tsoŋ4	tsoŋ3 tsoŋ4 新	tshoŋ1	tshoŋ1	tsoŋ1	tshoŋ2
中江	tsoŋ4	tsoŋ4	tsoŋ4	tsoŋ3 tsoŋ4 新	tshoŋ1	tshoŋ1	tshoŋ1	tshoŋ2
射洪	tsoŋ4	tsoŋ4	tsoŋ4	tsoŋ3 tsoŋ4 新	tshoŋ1	tshoŋ1	tsoŋ1	tshoŋ2
蓬溪	tsoŋ4	tsoŋ4	tsoŋ4	tsoŋ3 tsoŋ4 新	tshoŋ1	tshoŋ1	tsoŋ1	tshoŋ2
遂宁	tsoŋ4	tsoŋ4	tsoŋ4	tsoŋ3 tsoŋ4 新	tshoŋ1	tshoŋ1	tshoŋ1	tshoŋ2
乐至	tsoŋ4	tsoŋ4	tsoŋ4	tsoŋ3	tshoŋ1	tshoŋ1	tshoŋ1	tshoŋ2
安岳	tsoŋ4	tsoŋ4	tsoŋ4	tsoŋ3	tshoŋ1	tshoŋ1	tshoŋ1	tshoŋ2
仪陇	tsoŋ4	tsoŋ4	tsoŋ4	tsoŋ3	tshoŋ1	tshoŋ1	tshoŋ1	tshoŋ2
西充	tsoŋ4	tsoŋ4	tsoŋ4	tsoŋ4	tshoŋ1	tshoŋ1	tsoŋ1	tshoŋ2

字目	仲	众	重轻重	种种田	充	冲冲锋	春	虫
反切	直众	之仲	直陇	之用	昌终	尺容	书容	直弓
声韵调	通合三澄东去	通合三章东去	通合三澄钟上	通合三章钟去	通合三昌东平	通合三昌钟平	通合三书钟平	通合三澄东平
中古音	ɖiuŋ-	tɕiuŋ-	ɖioŋ:	tɕioŋ-	tɕʰiuŋ	tɕʰioŋ	ɕioŋ	ɖiuŋ
蓬安	tsoŋ4	tsoŋ4	tsoŋ4	tsoŋ3	tshoŋ1	tshoŋ1	tshoŋ1	tshoŋ2
南充金台	tsoŋ4	tsoŋ4	tsoŋ4	tsoŋ3	tshoŋ1	tshoŋ1	tshoŋ1	tshoŋ2
南充龙蟠	tʂoŋ4	tʂoŋ4	tʂoŋ4	tʂoŋ3	tʂhoŋ1	tʂhoŋ1	tʂoŋ1	tʂhoŋ2
岳池	tsoŋ4	tsoŋ4	tsoŋ4	tsoŋ4	tshoŋ1	tshoŋ1	tshoŋ1	tshoŋ2
广安	tsoŋ4	tsoŋ4	tsoŋ4	tsoŋ4	tshoŋ1	tshoŋ1	tshoŋ1	tshoŋ2
邻水	tsoŋ4	tsoŋ4	tsoŋ4	tsoŋ3	tshoŋ1	tshoŋ1	tshoŋ1	tshoŋ2
南江	tʂoŋ4	tʂoŋ4	tʂoŋ4	tʂoŋ3 tʂoŋ4 新	tʂhoŋ1	tʂhoŋ1	tʂoŋ1	tʂhoŋ2
巴中	tʂoŋ4	tʂoŋ4	tʂoŋ4	tʂoŋ3 tʂoŋ4 新	tʂhoŋ1	tʂhoŋ1	tʂoŋ1	tʂhoŋ2
通江	tʂoŋ4	tʂoŋ4	tʂoŋ4	tʂoŋ3 tʂoŋ4 新	tʂhoŋ1	tʂhoŋ1	tʂoŋ1	tʂhoŋ2
平昌	tʂoŋ4	tʂoŋ4	tʂoŋ4	tʂoŋ3 tʂoŋ4 新	tʂhoŋ1	tʂhoŋ1	tʂoŋ1	tʂhoŋ2
万源	tʂoŋ4	tʂoŋ4	tʂoŋ4	tʂoŋ3	tʂhoŋ1	tʂhoŋ1	tʂhoŋ1	tʂhoŋ2
宣汉	tsoŋ4	tsoŋ4	tsoŋ4	tsoŋ3	tshoŋ1	tshoŋ1	tshoŋ1	tshoŋ2
达州	tsoŋ4	tsoŋ4	tsoŋ4	tsoŋ4	tshoŋ1	tshoŋ1	tshoŋ1	tshoŋ2
开江	tsoŋ4	tsoŋ4	tsoŋ4	tsoŋ3	tshoŋ1	tshoŋ1	tshoŋ1	tshoŋ2
渠县	tsoŋ4	tsoŋ4	tsoŋ4	tsoŋ3	tshoŋ1	tshoŋ1	tshoŋ1	tshoŋ2
宜宾	tsoŋ4	tsoŋ4	tsoŋ4	tsoŋ3 tsoŋ4 新	tshoŋ1	tshoŋ1	tsoŋ1	tshoŋ2
古蔺	tsoŋ4	tsoŋ4	tsoŋ4	tsoŋ3 tsoŋ4 新	tshoŋ1	tshoŋ1	tshoŋ1	tshoŋ2
长宁	tsoŋ4	tsoŋ4	tsoŋ4	tsoŋ3	tshoŋ1	tshoŋ1	tsoŋ1	tshoŋ2
顾县	tsoŋ4	tsoŋ4	tsoŋ4	tsoŋ4	tshoŋ1	tshoŋ1	tshoŋ1	tshoŋ2
成都龙泉	tsoŋ4	tsoŋ4	tsoŋ4	tsoŋ3 tsoŋ4 新	tshoŋ1	tshoŋ1	tsoŋ1	tshoŋ2

字目	崇	重重复	宠	荣	戎	绒	茸	融
反切	锄弓	直容	丑陇	永兵	如融	如融	而容	以戎
声韵调	通合三崇东平	通合三澄钟平	通合三彻钟上	梗合三云庚平	通合三日东平	通合三日东平	通合三日钟平	通合三以东平
中古音	dʒiuŋ	dion	tʰion:	ɦwɣiæn	n̠ʑiuŋ	n̠ʑiuŋ	n̠ʑion	jiuŋ
广元	tʂhoŋ2	tʂhoŋ2	tʂhoŋ3	yn2	zoŋ2	zoŋ2	zoŋ2	ioŋ2
平武	tshoŋ2	tshoŋ2	tshoŋ3	yn2	zoŋ2	zoŋ2	zoŋ2	zoŋ2
青川	tshoŋ2	tshoŋ2	tshoŋ3	ioŋ2 / yn2 旧	zoŋ2	zoŋ2	zoŋ2	ioŋ2
剑阁普安	tʂhoŋ2	tʂhoŋ2	tʂhoŋ3	yn2	zoŋ2	zoŋ2	zoŋ2	ioŋ2
剑阁金仙	tshoŋ2	tshoŋ2	tshoŋ3	yn2	zoŋ2	zoŋ2	zoŋ2	ioŋ2
旺苍	tshoŋ2	tshoŋ2	tshoŋ3	zoŋ2 / yn2 旧	ioŋ2	zoŋ2	zoŋ2	ioŋ2
苍溪	tshoŋ2	tshoŋ2	tshoŋ3	yn2 / ioŋ2 新	ioŋ2	zoŋ2	zoŋ2	ioŋ2
江油	tshoŋ2	tshoŋ2	tshoŋ3	yn2	zoŋ2	zoŋ2	zoŋ2	ioŋ2
北川	tshoŋ2	tshoŋ2	tshoŋ3	yn2	zoŋ2	zoŋ2	zoŋ2	ioŋ2
绵阳	tshoŋ2	tshoŋ2	tshoŋ3	yn2	zoŋ2	zoŋ2	zoŋ2	ioŋ2
盐亭	tshoŋ2	tshoŋ2	tshoŋ3	yn2	zoŋ2	zoŋ2	zoŋ2	zoŋ2
德阳	tshoŋ2	tshoŋ2	tshoŋ2	ioŋ2 / yn2 旧	zoŋ2 / ioŋ2 旧	zoŋ2	zoŋ3	ioŋ2
中江	tshoŋ2	tshoŋ2	tshoŋ3	in2	zoŋ2	zoŋ2	zoŋ2	ioŋ2
蓬溪	tshoŋ2	tshoŋ2	tshoŋ3	ioŋ2 / yn2 旧	zoŋ2 / ioŋ2 旧	zoŋ2	zoŋ2	zoŋ2
遂宁	tshoŋ2	tshoŋ2	tshoŋ3	ioŋ2 / yn2 旧	zoŋ2 / ioŋ2 旧	zoŋ2	zoŋ2	ioŋ2
乐至	tshoŋ2	tshoŋ2	tshoŋ3	yn2	zoŋ2	zoŋ2	zoŋ2	ioŋ2
安岳	tshoŋ2	tshoŋ2	tshoŋ3	yn2	zoŋ2	zoŋ2	zoŋ2	ioŋ2
仪陇	tshoŋ2	tshoŋ2	tshoŋ3	yn2	zoŋ2	zoŋ2	zoŋ2	ioŋ2
西充	tshoŋ2	tshoŋ2	tshoŋ3	yn2	ioŋ1	zoŋ2	zoŋ2	ioŋ2

字目	崇	重重复	宠	荣	戎	绒	茸	融
反切	锄弓	直容	丑陇	永兵	如融	如融	而容	以戎
声韵调	通合三 崇东平	通合三 澄钟平	通合三 彻钟上	梗合三 云庚平	通合三 日东平	通合三 日东平	通合三 日钟平	通合三 以东平
中古音	dʒiuŋ	ɖioŋ	ʈhioŋ:	ɦwɣiæŋ	ȵʑiuŋ	ȵʑiuŋ	ȵʑioŋ	jiuŋ
蓬安	tshoŋ2	tshoŋ2	tshoŋ3	yn2	zoŋ2	zoŋ2	zoŋ2	zoŋ2
南充金台	tshoŋ2	tshoŋ2	tshoŋ3	yn2	zoŋ2	zoŋ2	zoŋ2	zoŋ2
南充龙蟠	tʂhoŋ2	tʂhoŋ2	tʂhoŋ3	yn2	zoŋ2	zoŋ2	zoŋ2	ioŋ2
岳池	tshoŋ2	tshoŋ2	tshoŋ3	yn2	zoŋ2	zoŋ2	zoŋ2	ioŋ2
广安	tshoŋ2	tshoŋ2	tshoŋ3	yn2	zoŋ2	zoŋ2	zoŋ2	ioŋ2
邻水	tshoŋ2	tshoŋ2	tshoŋ3	yn2	zoŋ2	zoŋ2	zoŋ2	ioŋ2
南江	tʂhoŋ2	tʂhoŋ2	tʂhoŋ3	yn2 ioŋ2 新	zoŋ2	zoŋ2	zoŋ2	ioŋ2
巴中	tʂhoŋ2	tʂhoŋ2	tʂhoŋ3	yn2 ioŋ2 新	zoŋ2	zoŋ2	zoŋ2	ioŋ2
通江	tʂhoŋ2	tʂhoŋ2	tʂhoŋ3	yn2 ioŋ2 新	zoŋ2	zoŋ2	zoŋ2	ioŋ2
平昌	tʂhoŋ2	tʂhoŋ2	tʂhoŋ3	yn2 ioŋ2 新	zoŋ2	zoŋ2	zoŋ2	ioŋ2
万源	tʂhoŋ2	tʂhoŋ2	tʂhoŋ3	ioŋ2 yn2 旧	zoŋ2 ioŋ2 旧	zoŋ2	zoŋ2	zoŋ2
宣汉	tshoŋ2	tshoŋ2	tshoŋ3	ioŋ2 yn2 旧	zoŋ2 ioŋ2 旧	zoŋ2	zoŋ2	ioŋ2
达州	tshoŋ2	tshoŋ2	tshoŋ3	zoŋ2 yn2 旧	zoŋ2 ioŋ2 旧	zoŋ2	zoŋ2	zoŋ2
开江	tshoŋ2	tshoŋ2	tshoŋ3	zoŋ2 yn2 旧	zoŋ2 ioŋ2 旧	zoŋ2	zoŋ2	ioŋ2
渠县	tshoŋ2	tshoŋ2	tshoŋ3	ioŋ2 yn2 旧	zoŋ2 ioŋ2 旧	zoŋ2	zoŋ2	ioŋ2
宜宾	tshoŋ2	tshoŋ2	tshoŋ3	yn2 ioŋ2 新 zoŋ2 新	zoŋ2	zoŋ2	zoŋ2	ioŋ2 zoŋ2 新
古蔺	tshoŋ2	tshoŋ2	tshoŋ3	yn2 ioŋ2 新	zoŋ2	zoŋ2	zoŋ2	ioŋ2
长宁	tshoŋ2	tshoŋ2	tshoŋ3	yn2	zoŋ2	zoŋ2	zoŋ2	ioŋ2
顾县	tshoŋ2	tshoŋ2	tshoŋ3	yn2	zoŋ2	zoŋ2	zoŋ2	ioŋ2
成都龙泉	tshoŋ2	tshoŋ2	tshoŋ3	yn2 ioŋ2 新	zoŋ2	zoŋ2	zoŋ2	zoŋ2

字目	容	溶	熔	公	工	功	攻	弓
反切	余封	余封	余封	古红	古红	古红	古红	居戎
声韵调	通合三以钟平	通合三以钟平	通合三以钟平	通合一见东平	通合一见东平	通合一见东平	通合一见东平	通合三见东平
中古音	jioŋ	jioŋ	jioŋ	kuŋ	kuŋ	kuŋ	kuŋ	kiuŋ
广元	ioŋ2	ioŋ2	ioŋ2	koŋ1	koŋ1	koŋ1	koŋ1	koŋ1
平武	zoŋ2	zoŋ2	zoŋ2	koŋ1	koŋ1	koŋ1	koŋ1	koŋ1
青川	ioŋ2	ioŋ2	ioŋ2	kuən1 koŋ1	kuən1 koŋ1	kuən1 koŋ1	kuən1 koŋ1	koŋ1
剑阁普安	ioŋ2	ioŋ2	ioŋ2	koŋ1	koŋ1	koŋ1	koŋ1	koŋ1
剑阁金仙	ioŋ2	ioŋ2	ioŋ2	koŋ1	koŋ1	koŋ1	koŋ1	koŋ1
旺苍	ioŋ2	ioŋ2	ioŋ2	koŋ1	koŋ1	koŋ1	koŋ1	koŋ1
苍溪	ioŋ2	ioŋ2	ioŋ2	koŋ1	koŋ1	koŋ1	koŋ1	koŋ1
江油	ioŋ2	ioŋ2	ioŋ2	koŋ1	koŋ1	koŋ1	koŋ1	koŋ1
北川	ioŋ2	ioŋ2	ioŋ2	koŋ1	koŋ1	koŋ1	koŋ1	koŋ1
绵阳	ioŋ2	ioŋ2	ioŋ2	koŋ1	koŋ1	koŋ1	koŋ1	koŋ1
盐亭	zoŋ2	ioŋ2	zoŋ2	koŋ1	koŋ1	koŋ1	koŋ1	koŋ1
德阳	ioŋ2	ioŋ2	ioŋ2	koŋ1	koŋ1	koŋ1	koŋ1	koŋ1
中江	ioŋ2	ioŋ2	ioŋ2	koŋ1	koŋ1	koŋ1	koŋ1	koŋ1
射洪	ioŋ2	ioŋ2	ioŋ2	koŋ1	koŋ1	koŋ1	koŋ1	koŋ1
蓬溪	ioŋ2	ioŋ2	ioŋ2	koŋ1	koŋ1	koŋ1	koŋ1	koŋ1
遂宁	ioŋ2	ioŋ2	ioŋ2	koŋ1	koŋ1	koŋ1	koŋ1	koŋ1
乐至	ioŋ2	ioŋ2	ioŋ2	koŋ1	koŋ1	koŋ1	koŋ1	koŋ1
安岳	ioŋ2	ioŋ2	ioŋ2	koŋ1	koŋ1	koŋ1	koŋ1	koŋ1
仪陇	ioŋ2	ioŋ2	ioŋ2	koŋ1	koŋ1	koŋ1	koŋ1	koŋ1
西充	ioŋ2	ioŋ2	ioŋ2	koŋ1	koŋ1	koŋ1	koŋ1	koŋ1

字目	容	溶	熔	公	工	功	攻	弓
反切	余封	余封	余封	古红	古红	古红	古红	居戎
声韵调	通合三以钟平	通合三以钟平	通合三以钟平	通合一见东平	通合一见东平	通合一见东平	通合一见东平	通合三见东平
中古音	jioŋ	jioŋ	jioŋ	kuŋ	kuŋ	kuŋ	kuŋ	kiuŋ
蓬安	zoŋ2	zoŋ2	zoŋ2	koŋ1	koŋ1	koŋ1	koŋ1	koŋ1
南充金台	ioŋ2	ioŋ2	ioŋ2	koŋ1	koŋ1	koŋ1	koŋ1	koŋ1
南充龙蟠	ioŋ2	ioŋ2	ioŋ2	koŋ1	koŋ1	koŋ1	koŋ1	koŋ1
岳池	ioŋ2	ioŋ2	ioŋ2	koŋ1	koŋ1	koŋ1	koŋ1	koŋ1
广安	ioŋ2	ioŋ2	ioŋ2	koŋ1	koŋ1	koŋ1	koŋ1	koŋ1
邻水	ioŋ2	ioŋ2	ioŋ2	koŋ1	koŋ1	koŋ1	koŋ1	koŋ1
南江	ioŋ2	ioŋ2	ioŋ2	koŋ1	koŋ1	koŋ1	koŋ1	koŋ1
巴中	ioŋ2	ioŋ2	ioŋ2	koŋ1	koŋ1	koŋ1	koŋ1	koŋ1
通江	ioŋ2	ioŋ2	ioŋ2	koŋ1	koŋ1	koŋ1	koŋ1	koŋ1
平昌	ioŋ2	ioŋ2	ioŋ2	koŋ1	koŋ1	koŋ1	koŋ1	koŋ1
万源	ioŋ2	ioŋ2	ioŋ2	koŋ1	koŋ1	koŋ1	koŋ1	koŋ1
宣汉	ioŋ2	ioŋ2	ioŋ2	koŋ1	koŋ1	koŋ1	koŋ1	koŋ1
达州	zoŋ2	zoŋ2	zoŋ2	koŋ1	koŋ1	koŋ1	koŋ1	koŋ1
开江	ioŋ2	ioŋ2	ioŋ2	koŋ1	koŋ1	koŋ1	koŋ1	koŋ1
渠县	ioŋ2	ioŋ2	ioŋ2	koŋ1	koŋ1	koŋ1	koŋ1	koŋ1
宜宾	ioŋ2	ioŋ2 zoŋ2 新	ioŋ2 zoŋ2 新	koŋ1	koŋ1	koŋ1	koŋ1	koŋ1
古蔺	ioŋ2	ioŋ2	ioŋ2	koŋ1	koŋ1	koŋ1	koŋ1	koŋ1
长宁	ioŋ2	ioŋ2	zoŋ2	koŋ1	koŋ1	koŋ1	koŋ1	koŋ1
顾县	ioŋ2	ioŋ2	ioŋ2	koŋ1	koŋ1	koŋ1	koŋ1	koŋ1
成都龙泉	ioŋ2	ioŋ2	ioŋ2	koŋ1	koŋ1	koŋ1	koŋ1	koŋ1

字目	躬	宫	恭	供供不起	汞	拱	巩	贡
反切	居戎	居戎	九容	九容	胡孔	居悚	居悚	古送
声韵调	通合三见东平	通合三见东平	通合三见钟平	通合三见钟平	通合一匣东上	通合三见钟上	通合三见钟上	通合一见东去
中古音	kiuŋ	kiuŋ	kioŋ	kioŋ	ɦuŋ:	kioŋ:	kioŋ:	kuŋ-
广元	koŋ1	koŋ1	koŋ1	koŋ1	koŋ3	koŋ3	koŋ3	koŋ4
平武	koŋ1	koŋ1	koŋ1	koŋ1	koŋ3	koŋ3	koŋ3	koŋ4
青川	koŋ1	koŋ1	koŋ1	koŋ1	kuən3	koŋ3	koŋ3	kuən4 koŋ4
剑阁普安	koŋ1	koŋ1	koŋ1	koŋ1	koŋ3	koŋ3	koŋ3	koŋ4
剑阁金仙	koŋ1	koŋ1	koŋ1	koŋ1	koŋ3	koŋ3	koŋ3	koŋ4
旺苍	koŋ1	koŋ1	koŋ1	koŋ1	koŋ3	koŋ3	koŋ3	koŋ4
苍溪	koŋ1	koŋ1	koŋ1	koŋ1	koŋ3	koŋ3	koŋ3 khoŋ3	koŋ4
江油	koŋ1	koŋ1	koŋ1	koŋ1	koŋ3	koŋ3	koŋ3	koŋ4
北川	koŋ1	koŋ1	koŋ1	koŋ1	koŋ3	koŋ3	koŋ3	koŋ4
绵阳	koŋ1	koŋ1	koŋ1	koŋ1	koŋ3	koŋ3	koŋ3	koŋ4
盐亭	koŋ1	koŋ1	koŋ1	koŋ1	koŋ3	koŋ3	koŋ3	koŋ4
德阳	koŋ1 tɕioŋ1 口	koŋ1	koŋ1	koŋ1	koŋ3	koŋ4	koŋ3	koŋ4
中江	koŋ1	koŋ1	koŋ1	koŋ4	koŋ3	koŋ3	koŋ3	koŋ4
射洪	koŋ1 tɕioŋ1 口	koŋ1	koŋ1	koŋ1	koŋ3	koŋ3	koŋ3	koŋ4
蓬溪	koŋ1 tɕioŋ1 口	koŋ1	koŋ1	koŋ4	koŋ3	koŋ3	koŋ3	koŋ4
遂宁	koŋ1 tɕioŋ1 口	koŋ1	koŋ1	koŋ1	koŋ3	koŋ3	koŋ3	koŋ4
乐至	tɕioŋ1	koŋ1	koŋ1	koŋ1	koŋ3	koŋ3	koŋ3	koŋ4
安岳	koŋ1	koŋ1	koŋ1	koŋ1	koŋ3	koŋ3	koŋ3	koŋ4
仪陇	koŋ1	koŋ1	koŋ1	koŋ4	koŋ3	koŋ3	koŋ3	koŋ4
西充	koŋ1	koŋ1	koŋ1	koŋ4	koŋ3	koŋ3	koŋ3	koŋ4

字目	躬	宫	恭	供供不起	汞	拱	巩	贡
反切	居戎	居戎	九容	九容	胡孔	居悚	居悚	古送
声韵调	通合三见东平	通合三见东平	通合三见钟平	通合三见钟平	通合一匣东上	通合三见钟上	通合三见钟上	通合一见东去
中古音	kiuŋ	kiuŋ	kioŋ	kioŋ	ɦuŋ:	kioŋ:	kioŋ:	kuŋ-
蓬安	koŋ1	koŋ1	koŋ1	koŋ1	koŋ3	koŋ3	koŋ3	koŋ4
南充金台	koŋ1	koŋ1	koŋ1	koŋ4	koŋ3	koŋ3	koŋ3	koŋ4
南充龙蟠	koŋ1	koŋ1	koŋ1	koŋ1	koŋ3	koŋ3	koŋ3	koŋ4
岳池	koŋ1	koŋ1	koŋ1	koŋ1	koŋ3	koŋ3	koŋ3	koŋ4
广安	koŋ1	koŋ1	koŋ1	koŋ1	koŋ3	koŋ3	koŋ3	koŋ4
邻水	koŋ1	koŋ1	koŋ1	koŋ1	koŋ3	koŋ3	koŋ3	koŋ4
南江	koŋ1	koŋ1	koŋ1	koŋ1	koŋ3	koŋ3	koŋ3	koŋ4
巴中	koŋ1	koŋ1	koŋ1	koŋ1	koŋ3	koŋ3	koŋ3	koŋ4
通江	koŋ1	koŋ1	koŋ1	koŋ1	koŋ3	koŋ3	koŋ3	koŋ4
平昌	koŋ1	koŋ1	koŋ1	koŋ1	koŋ3	koŋ3	koŋ3	koŋ4
万源	koŋ1	koŋ1	koŋ1	koŋ4	koŋ3	koŋ3	koŋ3	koŋ4
宣汉	koŋ1	koŋ1	koŋ1	koŋ4	koŋ3	koŋ3	koŋ3	koŋ4
达州	koŋ1	koŋ1	koŋ1	koŋ4	koŋ3	koŋ3	koŋ3	koŋ4
开江	koŋ1	koŋ1	koŋ1	koŋ4	koŋ3	koŋ3	koŋ3	koŋ4
渠县	koŋ1	koŋ1	koŋ1	koŋ4	koŋ3	koŋ3	koŋ3	koŋ4
宜宾	koŋ1	koŋ1	koŋ1	koŋ1	koŋ3	koŋ3	koŋ3	koŋ4
古蔺	koŋ1	koŋ1	koŋ1	koŋ4	koŋ3	koŋ3	koŋ3	koŋ4
长宁	koŋ1	koŋ1	koŋ1	koŋ4	koŋ3	koŋ3	koŋ3	koŋ4
顾县	koŋ1	koŋ1	koŋ1	koŋ1	koŋ3	koŋ3	koŋ3	koŋ4
成都龙泉	koŋ1	koŋ1	koŋ1	koŋ1	koŋ3	koŋ3	koŋ3	koŋ4

字目	供供养	共	空空虚	孔	恐	控	空钻空子	轰
反切	居用	渠用	苦红	康董	丘陇	苦贡	苦贡	呼宏
声韵调	通合三 见钟去	通合三 群钟去	通合一 溪东平	通合一 溪东上	通合三 溪钟上	通合一 溪东去	通合一 溪东去	梗合二 晓耕平
中古音	kɨoŋ-	gioŋ-	khuŋ	khuŋ:	khɨoŋ:	khuŋ-	khuŋ-	hɣuɛŋ
广元	koŋ4	koŋ4	khoŋ1	khoŋ3	khoŋ3	khoŋ4	khoŋ4	xoŋ1
平武	koŋ4	koŋ4	khoŋ1	khoŋ3	khoŋ3	khoŋ4	khoŋ4	xoŋ1
青川	koŋ4	kuən4 koŋ4	khoŋ1	khoŋ3	khoŋ3	khoŋ4	khoŋ4	xoŋ1
剑阁普安	koŋ4	koŋ4	khoŋ1	khoŋ3	khoŋ3	khoŋ4	khoŋ4	xoŋ1
剑阁金仙	koŋ4	koŋ4	khoŋ1	khoŋ3	khoŋ3	khoŋ4	khoŋ4	xoŋ1
旺苍	koŋ4	koŋ4	khoŋ1	khoŋ3	khoŋ3	khoŋ4	khoŋ4	xoŋ1
苍溪	koŋ4	koŋ4	khoŋ1	khoŋ3	khoŋ3	khoŋ4	khoŋ4	xoŋ1
江油	koŋ4	koŋ4	khoŋ1	khoŋ3	khoŋ3	khoŋ4	khoŋ4	xoŋ1
北川	koŋ4	koŋ4	khoŋ1	khoŋ3	khoŋ3	khoŋ4	khoŋ4	xoŋ1
绵阳	koŋ4	koŋ4	khoŋ1	khoŋ3	khoŋ3	khoŋ4	khoŋ4	xoŋ1
盐亭	koŋ4	koŋ4	khoŋ1	khoŋ3	khoŋ3	khoŋ4	khoŋ4	xoŋ1
德阳	koŋ4	koŋ4	khoŋ1	khoŋ3	khoŋ3	khoŋ4	khoŋ4	xoŋ1
中江	koŋ4	koŋ4	khoŋ1	khoŋ3	khoŋ3	khoŋ4	khoŋ4	xoŋ1
射洪	koŋ4	koŋ4	khoŋ1	khoŋ3	khoŋ3	khoŋ4	khoŋ4	xoŋ1
蓬溪	koŋ4	koŋ4	khoŋ1	khoŋ3	khoŋ3	khoŋ4	khoŋ4	xoŋ1
遂宁	koŋ4	koŋ4	khoŋ1	khoŋ3	khoŋ3	khoŋ4	khoŋ4	xoŋ2
乐至	koŋ4	koŋ4	khoŋ1	khoŋ3	khoŋ3	khoŋ4	khoŋ4	xoŋ1
安岳	koŋ4	koŋ4	khoŋ1	khoŋ3	khoŋ3	khoŋ4	khoŋ4	xoŋ1
仪陇	koŋ4	koŋ4	khoŋ1	khoŋ3	khoŋ3	khoŋ4	khoŋ4	xoŋ1
西充	koŋ4	kuŋ4	khoŋ1	khoŋ3	khoŋ3	khoŋ4	khoŋ4	xoŋ1

字目	供供养	共	空空虚	孔	恐	控	空钻空子	轰
反切	居用	渠用	苦红	康董	丘陇	苦贡	苦贡	呼宏
声韵调	通合三见钟去	通合三群钟去	通合一溪东平	通合一溪东上	通合三溪钟上	通合一溪东去	通合一溪东去	梗合二晓耕平
中古音	kioŋ-	gioŋ-	khuŋ	khuŋ:	khɨoŋ:	khuŋ-	khuŋ-	hɣuɛŋ
蓬安	koŋ4	koŋ4	khoŋ1	khoŋ3	khoŋ3	khoŋ4	khoŋ4	xoŋ1
南充金台	koŋ4	koŋ4	khoŋ1	khoŋ3	khoŋ3	khoŋ4	khoŋ4	xoŋ1
南充龙蟠	koŋ4	koŋ4	khoŋ1	khoŋ3	khoŋ3	khoŋ4	khoŋ4	xoŋ1
岳池	koŋ4	koŋ4	khoŋ1	khoŋ3	khoŋ3	khoŋ4	khoŋ4	xoŋ1
广安	koŋ4	koŋ4	khoŋ1	khoŋ3	khoŋ3	khoŋ4	khoŋ4	xoŋ1
邻水	koŋ4	koŋ4	khoŋ1	khoŋ3	khoŋ3	khoŋ4	khoŋ4	xoŋ1
南江	koŋ4	koŋ4	khoŋ1	khoŋ3	khoŋ3	khoŋ4	khoŋ4	xoŋ1
巴中	koŋ4	koŋ4	khoŋ1	khoŋ3	khoŋ3	khoŋ4	khoŋ4	xoŋ1
通江	koŋ4	koŋ4	khoŋ1	khoŋ3	khoŋ3	khoŋ4	khoŋ4	xoŋ1
平昌	koŋ4	koŋ4	khoŋ1	khoŋ3	khoŋ3	khoŋ4	khoŋ4	xoŋ1
万源	koŋ4	koŋ4	khoŋ1	khoŋ3	khoŋ3	khoŋ4	khoŋ4	xoŋ1
宣汉	koŋ4	koŋ4	khoŋ1	khoŋ3	khoŋ3	khoŋ4	khoŋ4	xoŋ1
达州	koŋ4	koŋ4	khoŋ1	khoŋ3	khoŋ3	khoŋ4	khoŋ4	xoŋ1
开江	koŋ4	koŋ4	khoŋ1	khoŋ3	khoŋ3	khoŋ4	khoŋ4	xoŋ1
渠县	koŋ4	koŋ4	khoŋ1	khoŋ3	khoŋ3	khoŋ4	khoŋ4	xoŋ1
宜宾	koŋ4	koŋ4	khoŋ1	khoŋ3	khoŋ3	khoŋ4	khoŋ4	xoŋ1
古蔺	koŋ4	koŋ4	khoŋ1	khoŋ3	khoŋ3	khoŋ4	khoŋ4	xoŋ1
长宁	koŋ4	koŋ4	khoŋ1	khoŋ3	khoŋ3	khoŋ4	khoŋ4	xoŋ1
顾县	koŋ4	koŋ4	khoŋ1	khoŋ3	khoŋ3	khoŋ4	khoŋ4	xoŋ3
成都龙泉	koŋ4	koŋ4	khoŋ1	khoŋ3	khoŋ3	khoŋ4	khoŋ4	xoŋ1

字目	烘	弘	宏	红	洪	鸿	虹①	哄哄骗
反切	呼东	胡肱	户萌	户公	户公	户公	户公	
声韵调	通合一晓东平	曾合一匣登平	梗合二匣耕平	通合一匣东平	通合一匣东平	通合一匣东平	通合一匣东平	*通合一晓东上
中古音	huŋ	ɦiuəŋ	ɦɣuɐŋ	ɦuŋ	ɦuŋ	ɦuŋ	ɦuŋ	ɦuŋ:
广元	xoŋ1	xoŋ2	xoŋ2	xoŋ2	xoŋ2	xoŋ2	xoŋ2 tɕiaŋ4 旧	xuən3
平武	xoŋ1	xoŋ2	xoŋ2	xoŋ2	xoŋ2	xoŋ2	kaŋ4	xoŋ3
青川	xoŋ1	xuən2 xoŋ2	xuən2 xoŋ2	xuən2 xoŋ2	xuən2 xoŋ2	xuən2 xoŋ2	xoŋ2② kaŋ4	xoŋ3 xuən3
剑阁普安	xoŋ1	xoŋ2	xoŋ2	xoŋ2	xoŋ2	xoŋ2	xoŋ2 tɕiaŋ4 旧	xuən3
剑阁金仙	xoŋ1	xoŋ2	xoŋ2	xoŋ2	xoŋ2	xoŋ2	xoŋ2 tɕiaŋ4 旧	xoŋ3
旺苍	xoŋ1	xoŋ2	xoŋ2	xoŋ2	xoŋ2	xoŋ2	xoŋ2 kaŋ4 旧	xoŋ3
苍溪	xoŋ1	xoŋ2	xoŋ2	xoŋ2	xoŋ2	xoŋ2	xoŋ2 kaŋ4 旧	xoŋ3 xol 俗②
江油	xoŋ1	xoŋ2	xoŋ2	xoŋ2	xoŋ2	xoŋ2		xoŋ3
北川	xoŋ1	xoŋ2	xoŋ2	xoŋ2	xoŋ2	xoŋ2		xoŋ3
绵阳	xoŋ1	xoŋ2	xoŋ2	xoŋ2	xoŋ2	xoŋ2		xoŋ3
盐亭	xoŋ1	xoŋ2	xoŋ2	xoŋ2	xoŋ2	xoŋ2		xoŋ3
德阳	xoŋ3	xoŋ2	xoŋ2	xoŋ2	xoŋ2	xoŋ2	xoŋ2 kaŋ4 旧	xoŋ3 xol 俗③
中江	xoŋ1	oŋ2	oŋ2	oŋ2	oŋ2	oŋ2	xoŋ2 kaŋ4 旧	xoŋ3
射洪	xoŋ1	xoŋ2	xoŋ2	xoŋ2	xoŋ2	xoŋ2	xoŋ2 kaŋ4 旧	xoŋ3 xol 俗③
蓬溪	xoŋ1	xoŋ2	xoŋ2	xoŋ2	xoŋ2	xoŋ2	xoŋ2 kaŋ4 旧	xoŋ3 xol 俗③
遂宁	xoŋ1	xoŋ2	xoŋ2	xoŋ2	xoŋ2	xoŋ2	xoŋ2 kaŋ4 旧	xoŋ3 xol 俗③
乐至	xoŋ1	foŋ2	xoŋ2	xoŋ2	xoŋ2	xoŋ2	xoŋ2 kaŋ4 旧	xoŋ3 xol 俗③
安岳	xoŋ1	xoŋ2	xoŋ2	xoŋ2	xoŋ2	xoŋ2	kaŋ4	xoŋ3
仪陇	xoŋ1	xoŋ2	xoŋ2	xoŋ2	xoŋ2	xoŋ2	tɕiaŋ4	xoŋ3
西充	xoŋ1	xoŋ2	xoŋ2	xoŋ2	xoŋ2	xoŋ2	xoŋ2	xoŋ3

---

① 又古巷切，江开二见江去。　② 又音 xuən2。　③ "哄骗"的意思。本字待考。

字目	烘	弘	宏	红	洪	鸿	虹①	哄哄骗
反切	呼东	胡肱	户萌	户公	户公	户公	户公	
声韵调	通合一晓东平	曾合一匣登平	梗合二匣耕平	通合一匣东平	通合一匣东平	通合一匣东平	通合一匣东平	*通合一晓东上
中古音	huŋ	ɦuəŋ	ɦɣuɛŋ	ɦuŋ	ɦuŋ	ɦuŋ	ɦuŋ	huŋ:
蓬安	xoŋ1	xoŋ2	xoŋ2	xoŋ2	xoŋ2	xoŋ2	kaŋ4	xoŋ3
南充金台	xoŋ1	xoŋ2	xoŋ2	xoŋ2	xoŋ2	xoŋ2	kaŋ4	xoŋ3
南充龙蟠	xoŋ1	xoŋ2	xoŋ2	xoŋ2	xoŋ2	xoŋ2	xoŋ2 kaŋ4 旧	xoŋ3
岳池	xoŋ1	xoŋ2	xoŋ2	xoŋ2	xoŋ2	xoŋ2	xoŋ2 kaŋ4 旧	xoŋ3 xo1 俗②
广安	xoŋ1	xoŋ2	xoŋ2	xoŋ2	xoŋ2	xoŋ2	xoŋ2 kaŋ4 旧	xoŋ3 xo1 俗②
邻水	xoŋ1	xoŋ2	xoŋ2	xoŋ2	xoŋ2	xoŋ2	xoŋ2 kaŋ4 旧	xoŋ3 xo1 俗②
南江	xoŋ1	xoŋ2	xoŋ2	xoŋ2	xoŋ2	xoŋ2	xoŋ2 kaŋ4 旧	xoŋ3 xo1 俗②
巴中	xoŋ1	xoŋ2	xoŋ2	xoŋ2	xoŋ2	xoŋ2	xoŋ2 kaŋ4 旧	xoŋ3 xo1 俗②
通江	xoŋ1	xoŋ2	xoŋ2	xoŋ2	xoŋ2	xoŋ2	xoŋ2 kaŋ4 旧	xoŋ3 xo1 俗②
平昌	xoŋ1	xoŋ2	xoŋ2	xoŋ2	xoŋ2	xoŋ2	xoŋ2 kaŋ4 旧	xoŋ3 xo1 俗②
万源	xoŋ1	xoŋ2	xoŋ2	xoŋ2	xoŋ2	xoŋ2	xoŋ2 kaŋ4 旧	xoŋ3 xo1 俗②
宣汉	xoŋ1	xoŋ2	xoŋ2	xoŋ2	xoŋ2	xoŋ2	xoŋ2 kaŋ4 旧	xoŋ3 xo1 俗②
达州	xoŋ1	xoŋ2	xoŋ2	xoŋ2	xoŋ2	xoŋ2	xoŋ2 kaŋ4 旧	xoŋ3 xo1 俗②
开江	xoŋ1	xoŋ2	xoŋ2	xoŋ2	xoŋ2	xoŋ2	xoŋ2 kaŋ4 旧	xoŋ3 xo1 俗②
渠县	xoŋ1	xoŋ2	xoŋ2	xoŋ2	xoŋ2	xoŋ2	kaŋ4 旧	xoŋ1 xo1 俗②
宜宾	xoŋ1	xoŋ2	xoŋ2	xoŋ2	xoŋ2	xoŋ2	xoŋ2 kaŋ4 旧	xuən3 xo1 俗②
古蔺	xoŋ1	xoŋ2	xoŋ2	xoŋ2	xoŋ2	xoŋ2	xoŋ2 kaŋ4 旧	xoŋ3 xo1 俗②
长宁	xoŋ1	xoŋ2	xoŋ2	xoŋ2	xoŋ2	xoŋ2	xoŋ2	xoŋ3
顾县	xoŋ1	xoŋ2	xoŋ2	xoŋ2	xoŋ2	xoŋ2	xoŋ2 kaŋ4 旧	xoŋ3
成都龙泉	xoŋ1	foŋ2	foŋ2	foŋ2	foŋ2	xoŋ2	xoŋ2	xoŋ3 xo1 俗②

① 又古巷切，江开二见江去。 ② "哄骗"的意思。本字待考。

字目	翁	瓮	琼	穷	兄	凶_{凶恶} 凶凶恶	凶_{吉凶} 凶吉凶	胸
反切	乌红	乌贡	渠营	渠弓	许荣	许容	许容	许容
声韵调	通合一 影东平	通合一 影东去	梗合三 群清平	通合三 群东平	梗合三 晓庚平	通合三 晓钟平	通合三 晓钟平	通合三 晓钟平
中古音	ʔuŋ	ʔuŋ-	giuɐŋ	giuŋ	hγiuaŋ	hɨoŋ	hɨoŋ	hɨoŋ
广元	oŋ1	oŋ4	tɕhyn2	tɕhioŋ2	ɕioŋ1	ɕioŋ1	ɕioŋ1	ɕioŋ1
平武	oŋ1	oŋ4	tɕhyn2	tɕhioŋ2	ɕioŋ1	ɕioŋ1	ɕioŋ1	ɕioŋ1
青川	uən1 oŋ1	uən4 oŋ4	tɕhyn2	tɕhioŋ2	ɕioŋ1	ɕioŋ1	ɕioŋ1	ɕioŋ1
剑阁_{普安}	oŋ1	oŋ4	tɕhin2	tɕhioŋ2	ɕioŋ1	ɕioŋ1	ɕioŋ1	ɕioŋ1
剑阁_{金仙}	oŋ1	oŋ4	tɕhyn2	tɕhioŋ2	ɕioŋ1	ɕioŋ1	ɕioŋ1	ɕioŋ1
旺苍	oŋ1	oŋ4	tɕhyn2	tɕhyn2	ɕioŋ1	ɕioŋ1	ɕioŋ1	ɕioŋ1
苍溪	oŋ1	oŋ4	tɕhyn2	tɕhioŋ2	xioŋ1	ɕioŋ1	ɕioŋ1	ɕioŋ1
江油	oŋ1	oŋ4	tɕhyn2	tɕhioŋ2	ɕioŋ1	ɕioŋ1	ɕioŋ1	ɕioŋ1
北川	oŋ1	oŋ4	tɕhyn2	tɕhioŋ2	ɕioŋ1	ɕioŋ1	ɕioŋ1	ɕioŋ1
绵阳	oŋ1	oŋ4	tɕhyn2	tɕhioŋ2	ɕioŋ1	ɕioŋ1	ɕioŋ1	ɕioŋ1
盐亭	oŋ1	oŋ4	tɕhyn2	tɕhioŋ2	ɕioŋ1	ɕioŋ1	ɕioŋ1	ɕioŋ1
德阳	oŋ1	oŋ1	tɕhyn2	tɕhioŋ2	ɕioŋ1	ɕioŋ1	ɕioŋ1	ɕioŋ1
中江	oŋ1	oŋ1	tɕhyn2	tɕhioŋ2	ɕioŋ1	ɕioŋ1	ɕioŋ1	ɕioŋ1
射洪	oŋ1	oŋ1	tɕhyn2	tɕhioŋ2	ɕioŋ1	ɕioŋ1	ɕioŋ1	ɕioŋ1
蓬溪	oŋ1	oŋ1	tɕhyn2	tɕhioŋ2	ɕioŋ1	ɕioŋ1	ɕioŋ1	ɕioŋ1
遂宁	oŋ1	oŋ4	tɕhyn2	tɕhioŋ2	ɕioŋ1	ɕioŋ1	ɕioŋ1	ɕioŋ1
乐至	oŋ1	oŋ1	tɕhyn2	tɕhioŋ2	ɕioŋ1	ɕioŋ1	ɕioŋ1	ɕioŋ1
安岳	oŋ1	oŋ1	tɕhyn2	tɕhioŋ2	ɕioŋ1	ɕioŋ1	ɕioŋ1	ɕioŋ1
仪陇	oŋ1	oŋ1	tɕhyn2	tɕhioŋ2	ɕioŋ1	ɕioŋ1	ɕioŋ1	ɕioŋ1
西充	oŋ1	oŋ4	tɕhyn2	tɕhioŋ2	ɕioŋ1	ɕioŋ1	ɕioŋ1	ɕioŋ1

字目	翁	瓮	琼	穷	兄	凶凶恶	凶吉凶	胸
反切	乌红	乌贡	渠营	渠弓	许荣	许容	许容	许容
声韵调	通合一影东平	通合一影东去	梗合三群清平	通合三群东平	梗合三晓庚平	通合三晓钟平	通合三晓钟平	通合三晓钟平
中古音	ʔuŋ	ʔuŋ-	giueŋ	giuŋ	hɣiuaŋ	hioŋ	hioŋ	hioŋ
蓬安	oŋ1	oŋ4	tɕhyn2	tɕhioŋ2	ɕioŋ1	ɕioŋ1	ɕioŋ1	ɕioŋ1
南充金台	oŋ1	oŋ4	tɕhyn2	tɕhioŋ2	ɕioŋ1	ɕioŋ1	ɕioŋ1	ɕioŋ1
南充龙蟠	oŋ1	oŋ4	tɕhioŋ2	tɕhioŋ2	ɕioŋ1	ɕioŋ1	ɕioŋ1	ɕioŋ1
岳池	oŋ1	oŋ4	tɕhyn2	tɕhioŋ2	ɕioŋ1	ɕioŋ1	ɕioŋ1	ɕioŋ1
广安	oŋ1	oŋ1	tɕhyn2	tɕhioŋ2	ɕioŋ1	ɕioŋ1	ɕioŋ1	ɕioŋ1
邻水	oŋ1	oŋ4	tɕhyn2	tɕhioŋ2	ɕioŋ1	ɕioŋ1	ɕioŋ1	ɕioŋ1
南江	oŋ1	oŋ4	tɕhyn2	tɕhioŋ2	ɕioŋ1	ɕioŋ1	ɕioŋ1	ɕioŋ1
巴中	oŋ1	oŋ4	tɕhyn5	tɕhioŋ5	ɕioŋ1	ɕioŋ1	ɕioŋ1	ɕioŋ1
通江	oŋ1	oŋ4	tɕhyn2	tɕhioŋ2	ɕioŋ1	ɕioŋ1	ɕioŋ1	ɕioŋ1
平昌	oŋ1	oŋ4	tɕhyn2	tɕhioŋ2	ɕioŋ1	ɕioŋ1	ɕioŋ1	ɕioŋ1
万源	oŋ1	oŋ4	tɕhyn2	tɕhioŋ2	ɕioŋ1	ɕioŋ1	ɕioŋ1	ɕioŋ1
宣汉	oŋ1	oŋ1	tɕhyn2	tɕhioŋ2	ɕioŋ1	ɕioŋ1	ɕioŋ1	ɕioŋ1
达州	oŋ1	oŋ4	tɕhioŋ2	tɕhioŋ2	ɕioŋ1	ɕioŋ1	ɕioŋ1	ɕioŋ1
开江	oŋ1	oŋ1	tɕhyn2	tɕhioŋ2	ɕioŋ1	ɕioŋ1	ɕioŋ1	ɕioŋ1
渠县	oŋ1	oŋ1	tɕhyn2	tɕhioŋ2	ɕioŋ1	ɕioŋ1	ɕioŋ1	ɕioŋ1
宜宾	oŋ1	oŋ4	tɕhyn2	tɕhioŋ2	ɕioŋ1	ɕioŋ1	ɕioŋ1	ɕioŋ1
古蔺	oŋ1	oŋ1	tɕhyn2	tɕhioŋ2	ɕioŋ1	ɕioŋ1	ɕioŋ1	ɕioŋ1
长宁	oŋ1	oŋ4	tɕhyn2	tɕhioŋ2	ɕioŋ1	ɕioŋ1	ɕioŋ1	ɕioŋ1
顾县	oŋ1	oŋ4	tɕhyn2	tɕhioŋ2	ɕioŋ1	ɕioŋ1	ɕioŋ1	ɕioŋ1
成都龙泉	oŋ1	oŋ1	tɕhyn2	tɕhioŋ2	ɕioŋ1	ɕioŋ1	ɕioŋ1	ɕioŋ1

字目	熊	雄	拥①	永	咏	泳	勇	涌涌现
反切	羽弓	羽弓	于陇	于憬	为命	为命	余陇	余陇
声韵调	通合三云东平	通合三云东平	通合三影钟上	梗合三云庚上	梗合三云庚去	梗合三云庚去	通合三以钟上	通合三以钟上
中古音	ɦiuŋ	ɦiuŋ	ʔioŋ:	ɦɣiuaŋ:	ɦɣiuaŋ⁼	ɦɣiuaŋ⁼	jioŋ:	jioŋ:
广元	ɕioŋ2	ɕioŋ2	ioŋ3 ioŋ1 新	yn3 ioŋ3 新	yn4	yn4	ioŋ3	ioŋ3
平武	ɕioŋ2	ɕioŋ2	ioŋ3	yn3	yn4	yn4	ioŋ3	ioŋ3
青川	ɕioŋ2	ɕioŋ2	ioŋ3 ioŋ1 新	yn3 ioŋ3 新	yn4	yn4	ioŋ3	ioŋ3
剑阁普安	ɕioŋ2	ɕioŋ2	ioŋ3 ioŋ1 新	yn3 ioŋ3 新	yn4	yn4	ioŋ3	ioŋ3
剑阁金仙	ɕioŋ2	ɕioŋ2	ioŋ3 ioŋ1 新	yn3 ioŋ3 新	yn4	yn4	ioŋ3	ioŋ3
旺苍	ɕioŋ2	ɕioŋ2	ioŋ3 ioŋ1 新	yn3 ioŋ3 新	yn4	yn4	ioŋ3	ioŋ3
苍溪	ɕioŋ2	ɕioŋ2	ioŋ3	yn3	yn1	yn4	ioŋ3	ioŋ1
江油	ɕioŋ2	ɕioŋ2	ioŋ3	yn3	yn4	yn4	ioŋ3	ioŋ3
北川	ɕioŋ2	ɕioŋ2	ioŋ3	yn3	yn4	yn4	ioŋ3	ioŋ3
绵阳	ɕioŋ2	ɕioŋ2	ioŋ3	yn3	yn4	yn4	ioŋ3	ioŋ3
盐亭	ɕioŋ2	ɕioŋ2	ioŋ3	yn3	yn4	yn4	ioŋ3	ioŋ3
德阳	ɕioŋ2	ɕioŋ2	ioŋ3 ioŋ1 新	yn3 ioŋ3 新	yn4	yn4	ioŋ3	ioŋ3
中江	ɕioŋ2	ɕioŋ2	ioŋ3	in3	in3	in3	ioŋ3	ioŋ3
射洪	ɕioŋ2	ɕioŋ2	ioŋ3 ioŋ1 新	yn3 ioŋ3 新	yn4	yn4	ioŋ3	ioŋ3
蓬溪	ɕioŋ2	ɕioŋ2	ioŋ3 ioŋ1 新	yn3 ioŋ3 新	yn4	yn4	ioŋ3	ioŋ3
遂宁	ɕioŋ2	ɕioŋ2	ioŋ3 ioŋ1 新	yn3 ioŋ3 新	yn4	yn4	ioŋ3	ioŋ3
乐至	ɕioŋ2	ɕioŋ2	ioŋ3	yn3	yn4	yn4	ioŋ3	ioŋ3
安岳	ɕioŋ2	ɕioŋ2	ioŋ3	yn3	yn4	yn4	ioŋ3	ioŋ3
仪陇	ɕioŋ2	ɕioŋ2	ioŋ3	yn3	yn4	yn4	ioŋ3	ioŋ3
西充	ɕioŋ2	ɕioŋ2	ioŋ3	yn3	yn4	yn4	ioŋ3	ioŋ3

① 又*于容切，通合三影钟平。

字目	熊	雄	拥①	永	咏	泳	勇	涌涌现
反切	羽弓	羽弓	于陇	于憬	为命	为命	余陇	余陇
声韵调	通合三云东平	通合三云东平	通合三影钟上	梗合三云庚上	梗合三云庚去	梗合三云庚去	通合三以钟上	通合三以钟上
中古音	ɦiuŋ	ɦiuŋ	ʔioŋ:	ɦɣiuaŋ:	ɦɣiuaŋ-	ɦɣiuaŋ-	jioŋ:	jioŋ:
蓬安	ɕioŋ2	ɕioŋ2	ioŋ3	yn3	yn4	yn4	ioŋ3	ioŋ3
南充金台	ɕioŋ2	ɕioŋ2	ioŋ3	yn3	yn4	yn4	ioŋ3	ioŋ3
南充龙蟠	ɕioŋ2	ɕioŋ2	ioŋ3	yn3	yn4	yn4	ioŋ3	ioŋ3
岳池	ɕioŋ2	ɕioŋ2	ioŋ3	yn3	yn3	yn4	ioŋ3	ioŋ3
广安	ɕioŋ2	ɕioŋ2	ioŋ3	yn3	yn4	yn4	ioŋ3	ioŋ3
邻水	ɕioŋ2	ɕioŋ2	ioŋ3	yn3	yn3	yn4	ioŋ3	ioŋ3
南江	ɕioŋ2	ɕioŋ2	ioŋ3	yn3	yn4	yn4	ioŋ3	ioŋ3
巴中	ɕioŋ2	ɕioŋ2	ioŋ3	yn3	yn4	yn4	ioŋ3	ioŋ1
通江	ɕioŋ2	ɕioŋ2	ioŋ3	yn3	yn4	yn4	ioŋ3	ioŋ1
平昌	ɕioŋ2	ɕioŋ2	ioŋ3	yn3	yn1 yn4	yn4	ioŋ3	ioŋ1
万源	ɕioŋ2	ɕioŋ2	ioŋ1	yn3	yn3 ioŋ3 新	ioŋ3	ioŋ3	ioŋ3
宣汉	ɕioŋ2	ɕioŋ2	ioŋ3	yn3	yn3 ioŋ3 新	ioŋ3	ioŋ3	ioŋ3
达州	ɕioŋ2	ɕioŋ2	ioŋ1	ioŋ3	ioŋ3	ioŋ4 ioŋ3 新	ioŋ3	ioŋ3
开江	ɕioŋ2	ɕioŋ2	ioŋ3	ioŋ3	ioŋ3	ioŋ3	ioŋ3	ioŋ3
渠县	ɕioŋ2	ɕioŋ2	ioŋ3	yn3	yn3	yn4	ioŋ3	ioŋ3
宜宾	ɕioŋ2	ɕioŋ2	ioŋ3	yn3 ioŋ3 新	yn4 yn3	yn4 ioŋ3 新	ioŋ3	ioŋ3
古蔺	ɕioŋ2	ɕioŋ2	ioŋ3	yn3	yn4	yn4	ioŋ3	ioŋ3
长宁	ɕioŋ2	ɕioŋ2	ioŋ1	yn3	yn3	yn3	ioŋ3	ioŋ3
顾县	ɕioŋ2	ɕioŋ2	ioŋ3 ioŋ1 新	yn3 ioŋ3 新	yn4	yn4	ioŋ3	ioŋ3
成都龙泉	ɕioŋ2	ɕioŋ2	ioŋ1	yn3	yn1	ioŋ4	ioŋ4	ioŋ1

---

① 又*于容切，通合三影钟平。

字目	踊	用	字目	踊	用
反切	余陇	余颂	反切	余陇	余颂
声韵调	通合三 以钟上	通合三 以钟去	声韵调	通合三 以钟上	通合三 以钟去
中古音	jioŋ:	jioŋ-	中古音	jioŋ:	jioŋ-
广元	ioŋ3	ioŋ4	蓬安	ioŋ3	ioŋ4
平武	ioŋ3	ioŋ4	南充金台	ioŋ3	ioŋ4
青川	ioŋ3	ioŋ4	南充龙蟠	ioŋ3	ioŋ4
剑阁普安	ioŋ3	ioŋ4	岳池	ioŋ3	ioŋ4
剑阁金仙	ioŋ3	ioŋ4	广安	ioŋ3	ioŋ4
旺苍	ioŋ3	ioŋ4	邻水	ioŋ3	ioŋ4
苍溪	ioŋ3	ioŋ4	南江	ioŋ3	ioŋ4
江油	ioŋ3	ioŋ4	巴中	ioŋ3	ioŋ4
北川	ioŋ3	ioŋ4	通江	ioŋ3	ioŋ4
绵阳	ioŋ3	ioŋ4	平昌	ioŋ3	ioŋ4
盐亭	ioŋ3	ioŋ4	万源	ioŋ3	ioŋ4
德阳	ioŋ3	ioŋ4	宣汉	ioŋ3	ioŋ4
中江	ioŋ3	ioŋ4	达州	ioŋ3	ioŋ4
射洪	ioŋ3	ioŋ4	开江	ioŋ3	ioŋ4
蓬溪	ioŋ3	ioŋ4	渠县	ioŋ3	ioŋ4
遂宁	ioŋ3	ioŋ4	宣宾	ioŋ3	ioŋ4
乐至	ioŋ3	ioŋ4	古蔺	ioŋ3	ioŋ4
安岳	ioŋ3	ioŋ4	长宁	ioŋ3	ioŋ4
仪陇	ioŋ3	ioŋ4	顾县	ioŋ3	ioŋ4
西充	ioŋ3	ioŋ4	成都龙泉	ioŋ3	ioŋ4

中古音音序索引

乳	334	335	来	380	381	泰	380	381	柴	390	391

字			字			字			字		
乳	334	335	来	380	381	泰	380	381	柴	390	391
拘	352	353	灾	382	383	大 大夫	378	379	筛	390	391
驹	352	353	栽	382	383	奈	380	381	晒	390	391
句	354	355	宰	382	383	赖	382	383	佳	100	101
区 区域	356	357	载 年载	382	383	蔡	386	387	街	176	177
驱	356	357	再	382	383	盖 盖子	390	391	解 解开	178	179
躯	356	357	载 载重	382	383	艾 陈艾	394	395	涯	108	109
瞿	358	359	猜	384	385	害	392	393	崖	108	109
具	354	355	采 采摘	384	385	**蟹开二皆骇怪**			挨 挨打	394	395
惧	354	355	彩	384	385	拜	372	373	鞋	184	185
愚	364	365	睬	386	387	排	374	375	解 知晓	178	179
虞	366	367	菜	386	387	埋	374	375	解 姓	186	187
娱	366	367	才 才华	384	385	斋	386	387	蟹	186	187
遇	368	369	财	384	385	豺	388	389	矮	394	395
寓	368	369	材	384	385	皆	174	175	**蟹开二夬**		
于 姓	366	367	裁	384	385	阶	176	177	败	374	375
盂	366	367	在	384	385	介	180	181	迈	376	377
雨	368	369	载 满载	382	383	界	180	181	**蟹开三祭**		
羽	368	369	腮	386	387	芥	180	181	蔽	228	229
榆	366	367	鳃	386	387	疥	180	181	敝	228	229
愉	366	367	塞 边塞	386	387	戒	180	181	币	230	231
裕	370	371	赛	386	387	楷	392	393	弊	230	231
喻	370	371	该	390	391	械	186	187	毙	230	231
蟹开一哈海代			改	390	391	挨 挨近	392	393	例	248	249
戴	376	377	概	390	391	**蟹开二佳蟹卦**			厉	250	251
胎	378	379	开	390	391	摆	372	373	励	250	251
贷	376	377	慨 感慨	392	393	派	374	375	祭	260	261
态	378	379	碍	394	395	牌	374	375	际	260	261
苔	378	379	海	392	393	罢	82	83	滞	210	211
台 平台	378	379	孩	392	393	稗	372	373	制 制度	210	211
抬	378	379	哀	392	393	买	374	375	制 制造	210	211
待	376	377	爱	394	395	卖	374	375	世	222	223
怠	376	377	**蟹开一泰**			奶 奶奶	380	381	势	222	223
代	376	377	贝	400	401	奶 喂奶	380	381	誓	222	223
袋	378	379	沛	404	405	债	388	389	艺	282	283
乃	380	381	带	378	379	差 出差	388	389	**蟹开四齐荠霁**		
耐	380	381	太	380	381	钗	388	389	闭	230	231

批	232	233	细	276	277	退	412	413	坏	398	399
迷	236	237	婿	362	363	颓	412	413	**蟹合二佳蟹卦**		
米	236	237	鸡	252	253	队	412	413	拐拐杖	396	397
谜	236	237	稽稽查	254	255	内	408	409	挂	112	113
低	238	239	计	260	261	雷	408	409	卦	112	113
堤	238	239	继	260	261	累劳累	410	411	歪	398	399
底底下	238	239	系系鞋带	260	261	催	414	415	画	114	115
抵	238	239	溪	272	273	崔	414	415	**蟹合二夬**		
帝	240	241	启	268	269	罪	414	415	快	396	397
梯	240	241	契契约	270	271	碎	416	417	筷	396	397
体	242	243	系连系	276	277	魁	424	425	话	114	115
替	242	243	系关系	276	277	恢	426	427	**蟹合三祭**		
涕	242	243	系系统	278	279	桅	430	431	脆	414	415
剃	244	245	**蟹合一灰贿队**			灰	426	427	岁	416	417
题	242	243	杯	398	399	悔	426	427	赘	418	419
提	242	243	背背负	398	399	贿	428	429	税	420	421
啼	242	243	辈	400	401	晦	428	429	彗彗星	428	429
蹄	242	243	背后背	400	401	回	426	427	卫	434	435
弟	240	241	坯	232	233	汇汇合	428	429	锐	420	421
第	240	241	胚	402	403	溃崩溃	424	425	**蟹合三废**		
递	240	241	配	404	405	溃溃脓	428	429	废	408	409
泥泥土	244	245	培	402	403	**蟹合一泰**			肺	408	409
犁	246	247	陪	402	403	蜕	414	415	**蟹合四齐霁**		
黎	246	247	赔	402	403	兑	412	413	桂	422	423
礼	248	249	倍	400	401	最	414	415	奎	424	425
丽	250	251	背背诵	402	403	会会计	396	397	惠	430	431
隶	250	251	佩	404	405	外	398	399	慧	430	431
挤	258	259	梅	404	405	会会不会	428	429	**止开三支纸寘**		
济救济	260	261	枚	404	405	会开会	428	429	碑	400	401
妻	264	265	媒	404	405	绘	428	429	卑	400	401
凄	264	265	煤	404	405	**蟹合二皆怪**			彼	228	229
齐	266	267	每	406	407	乖	396	397	臂	230	231
脐	266	267	妹	406	407	怪	396	397	披	232	233
剂	260	261	堆	412	413	块	396	397	譬	234	235
西	272	273	对	412	413	淮	398	399	皮	234	235
犀	272	273	推	412	413	怀	398	399	疲	234	235
洗洗刷	276	277	腿	412	413	槐	398	399	脾	234	235

字			字			字			字		
被被子	402	403	宜	278	279	私	202	203	滋	196	197
避	230	231	仪	278	279	死	202	203	子	198	199
被被打	402	403	蚁	280	281	四	202	203	慈	198	199
弥	236	237	谊	282	283	肆放肆	204	205	磁	200	201
离离别	246	247	义	282	283	致	212	213	字	198	199
篱	246	247	议	282	283	质人质	212	213	司	202	203
离离开	246	247	牺	272	273	迟	214	215	丝	202	203
荔	250	251	戏	278	279	稚	212	213	思	202	203
紫	196	197	椅	280	281	师	216	217	词	200	201
雌	198	199	倚	280	281	狮	218	219	祠	200	201
此	200	201	移	280	281	脂	206	207	辞	200	201
刺	200	201	易难易	282	283	旨	210	211	似	204	205
斯	202	203	**止开三脂旨至**			指	210	211	祀	204	205
撕	202	203	悲	400	401	至	212	213	寺	204	205
赐	200	201	鄙	228	229	示	222	223	饲	204	205
知知道	204	205	比	228	229	尸尸体	218	219	置	212	213
蜘	204	205	秘	236	237	视	224	225	痴	214	215
智	210	211	屁	234	235	二	226	227	耻	216	217
池	214	215	鼻	228	229	饥饥饿	254	255	持	216	217
驰	214	215	篦	230	231	肌	254	255	治	212	213
差参差	198	199	备	402	403	几茶几	254	255	厕厕所	118	119
支	204	205	眉	404	405	器	270	271	士	224	225
枝	206	207	霉	406	407	弃	270	271	柿	224	225
肢	206	207	美	406	407	祁	266	267	事	224	225
纸	208	209	地	240	241	鳍	266	267	史	220	221
只只有	208	209	尼	244	245	夷	280	281	使使用	220	221
施	216	217	呢呢绒	244	245	姨	280	281	驶	222	223
翅	216	217	腻	244	245	**止开三之止志**			使大使	222	223
匙	214	215	梨	246	247	你	244	245	之	206	207
是	222	223	利	250	251	厘	246	247	芝	206	207
儿	226	227	痢	250	251	狸	248	249	止	210	211
寄	262	263	资	196	197	李	248	249	址	210	211
企	268	269	姿	196	197	里里程	248	249	志志向	212	213
奇奇怪	266	267	姊	198	199	里里外	248	249	志杂志	212	213
骑骑马	266	267	次	200	201	理	248	249	痣	214	215
技	262	263	瓷	198	199	鲤	248	249	齿	216	217
妓	262	263	自	198	199	吏	250	251	诗	218	219

始	222	223	稀	272	273	锤	420	421
试	224	225	衣	278	279	坠	418	419
时	218	219	依	278	279	衰	394	395
市	224	225				帅	394	395

止合三支纸寘

而	226	227	累积累	408	409	率率领	396	397
耳	226	227	累连累	410	411	锥	418	419
基	254	255	嘴	414	415	水	420	421
己	258	259	髓	416	417	谁	420	421
纪	262	263	随	416	417	龟	422	423
记	262	263	隋	416	417	轨	422	423
欺	264	265	吹	418	419	愧	424	425
起	268	269	炊	418	419	季	262	263
期时期	264	265	垂	418	419	葵	424	425
其	268	269	睡	420	421	柜	424	425
棋	268	269	瑞	420	421	位	434	435
旗	268	269	蕊花蕊	420	421	遗遗失	280	281
麒	268	269	规	422	423	维	432	433
忌	262	263	诡	422	423	唯	432	433

止合三微尾未

疑	280	281	亏	424	425	飞	406	407
喜	276	277	跪	422	423	非	406	407
医	278	279	危	430	431	匪土匪	408	409
意	284	285	伪	432	433	妃贵妃	406	407
已	282	283	毁	426	427	费费用	408	409
以	282	283	委	432	433	肥	406	407
异	284	285	喂喂养	434	435	微	430	431

止开三微尾未

			为作为	432	433	尾	432	433
几几乎	254	255	为因为	434	435	未	434	435

止合三脂旨至

机	254	255				味	436	437
讥	254	255	垒	408	409	归	422	423
饥饥荒	256	257	类	410	411	鬼	422	423
几几个	258	259	泪	410	411	贵	424	425
既	262	263	醉	414	415	魏	436	437
岂	270	271	翠	416	417	挥	426	427
气	270	271	虽	416	417	辉	426	427
汽	270	271	遂	416	417	徽	426	427
祈	268	269	穗	418	419	讳	430	431
希	272	273	追	418	419	韦	430	431

威	430	431
畏	436	437
慰	436	437
违	432	433
围	432	433
伟	434	435
苇	434	435
汇词汇	430	431
纬	434	435
胃	436	437
谓	436	437
猬	436	437

效开一豪晧号

褒	436	437
宝	438	439
保	438	439
堡	438	439
报	438	439
袍	442	443
抱	440	441
暴残暴	440	441
毛	442	443
冒	444	445
帽	444	445
刀	446	447
祷	446	447
岛	446	447
捣	446	447
倒倒塌	446	447
倒倒水	446	447
到	446	447
滔	448	449
讨	450	451
套	450	451
涛	448	449
桃	448	449
逃	448	449

陶	448	449	告	466	467	罩	460	461	漂漂白	472	473
淘	450	451	膏膏车	466	467	抓	110	111	漂漂亮	472	473
道	448	449	考	466	467	爪	458	459	票	474	475
稻	448	449	烤	468	469	找	460	461	瓢	472	473
导	446	447	靠	468	469	抄抄写	460	461	嫖	472	473
盗	448	449	熬煎熬	470	471	炒	462	463	苗	474	475
脑	450	451	傲	470	471	吵	462	463	描	474	475
恼	450	451	好好坏	468	469	巢	460	461	秒	474	475
捞	450	451	好喜好	468	469	梢	462	463	庙	474	475
劳	452	453	耗	468	469	稍	462	463	妙	474	475
牢	452	453	豪	468	469	交	480	481	燎	478	479
老	452	453	毫	468	469	郊	480	481	燃	480	481
涝	452	453	号呼号	468	469	胶	480	481	疗	480	481
遭	452	453	号号码	470	471	教教书	480	481	焦	482	483
糟	452	453	袄	470	471	搞	466	467	蕉	482	483
早	454	455	奥	470	471	绞	482	483	椒	482	483
枣	454	455	懊	470	471	狡	482	483	锹	486	487
躁	454	455	**效开二肴巧效**			搅	484	485	樵	486	487
灶	454	455	包	438	439	教教育	484	485	消	488	489
操节操	456	457	饱	438	439	酵	484	485	宵	488	489
草	456	457	豹	440	441	校校钟表	484	485	霄	488	489
糙	456	457	爆	440	441	较比试	486	487	硝	490	491
曹	456	457	抛	440	441	觉睡觉	486	487	小	490	491
槽	456	457	泡水泡	440	441	敲	486	487	笑	492	493
皂	454	455	泡浸泡	442	443	巧	488	489	朝朝夕	458	459
造建造	454	455	炮	442	443	咬	494	495	超	460	461
骚	456	457	跑奔跑	442	443	孝	490	491	朝朝代	462	463
臊	456	457	刨刨地	442	443	涍	490	491	潮	462	463
扫扫地	456	457	鲍姓	440	441	效	490	491	赵	460	461
嫂	458	459	刨刨子	440	441	校学校	492	493	兆	460	461
燥	454	455	猫	442	443	校上校	492	493	昭	458	459
扫扫帚	458	459	茅	442	443	**效开三宵小笑**			招	458	459
高	464	465	锚	444	445	标	470	471	照	460	461
膏牙膏	466	467	卯	444	445	表外表	472	473	烧	462	463
羔	466	467	貌	444	445	表手表	472	473	少多少	464	465
糕	466	467	挠	450	451	飘	472	473	少少年	464	465
稿	466	467	闹	450	451	漂漂浮	472	473	绍	464	465

字			字			字			字		
周	502	503	忧	528	529	堪	570	571	敢	568	569
舟	504	505	优	528	529	坎	570	571	喊	572	573
州	504	505	尤	530	531	砍	570	571	塌	88	89
洲	504	505	邮	530	531	勘	570	571	塔	88	89
帚	504	505	有	530	531	含	572	573	榻	88	89
咒	506	507	友	532	533	函	572	573	腊腊月	90	91
丑丑恶	508	509	又	532	533	庵	574	575	蜡	90	91
臭香臭	508	509	右	532	533	暗	574	575	礚	132	133
收	508	509	佑	532	533	搭	86	87	**咸开二咸鎌陷洽**		
手	508	509	悠	528	529	答	86	87	站站立	560	561
首	508	509	由	530	531	踏	88	89	站车站	560	561
守	510	511	油	530	531	纳	90	91	赚赚钱	622	623
兽	510	511	游	530	531	拉	90	91	斩	558	559
仇报仇	508	509	犹	530	531	杂	92	93	蘸	560	561
酬	508	509	诱	532	533	鸽	128	129	馋	562	563
受	510	511	釉	532	533	合合升	128	129	杉	562	563
寿	510	511	**流开三幽黝幼**			喝喝水	134	135	减	592	593
授	510	511	彪	470	471	合合作	134	135	碱	592	593
售	510	511	谬荒谬	518	519	盒	134	135	癌	394	395
柔	510	511	丢	518	519	**咸开一谈敢阚盍**			咸咸丰	604	605
纠纠纷	522	523	纠纠察	522	523	担担任	544	545	咸咸淡	604	605
九	522	523	幽	530	531	胆	544	545	陷	606	607
久	522	523	幼	532	533	担挑担	546	547	馅	606	607
灸	522	523	**咸开一覃感勘合**			毯	550	551	扎扎针	92	93
救	522	523	耽耽搁	544	545	谈	548	549	插	96	97
究	524	525	贪	546	547	痰	548	549	闸	94	95
丘	524	525	探	550	551	淡	546	547	炸油炸	94	95
求	526	527	潭	548	549	蓝	552	553	霎	98	99
球	526	527	谭姓	548	549	篮	552	553	夹	100	101
仇姓	526	527	坛坛子	548	549	览	552	553	夹夹衣	100	101
臼	524	525	男	550	551	揽	554	555	掐	104	105
舅	524	525	南南北	550	551	滥	554	555	恰	104	105
旧	524	525	簪	554	555	惭	556	557	狭	104	105
牛	518	519	参参加	554	555	暂	554	555	**咸开二衔槛鑑狎**		
休	526	527	惨	556	557	三	556	557	挽挽扶	560	561
朽	526	527	蚕	556	557	甘	566	567	忏	562	563
嗅	528	529	感	568	569	柑	566	567	衫	564	565

监监视	590	591	险	606	607	兼	590	591	斟	648	649
鉴	594	595	淹	608	609	谦	598	599	枕枕头	650	651
监太监	594	595	腌腌肉	608	609	歉	602	603	枕枕木	650	651
嵌	602	603	阉	608	609	嫌	604	605	深	654	655
岩岩石	610	611	掩	612	613	贴	172	173	审	656	657
衔	604	605	厌	614	615	帖	172	173	婶	656	657
舰	596	597	炎	610	611	碟	172	173	沈姓	656	657
甲	102	103	盐	610	611	叠	172	173	甚甚至	656	657
匣	106	107	檐	610	611	蝶	172	173	任姓	658	659
鸭	108	109	阎	610	611	谍	172	173	任责任	658	659
押	108	109	艳	614	615	协	184	185	今	666	667
压	108	109	聂	174	175				金	666	667

咸开三盐琰艳叶

咸合三凡范梵乏

深开三侵寝沁缉

贬	576	577	猎	174	175	泛	542	543	襟	666	667
黏黏土	586	587	接	176	177	凡	540	541	禁禁不住	666	667
廉	586	587	妾	182	183	帆	540	541	锦	668	669
镰	586	587	捷	176	177	范姓	542	543	禁禁止	670	671
帘	586	587	折折叠	122	123	范模范	542	543	钦	672	673
敛	588	589	摄	126	127	犯	544	545	琴	672	673
尖	590	591	涉	126	127	法	86	87	禽	672	673
歼	590	591	叶树叶	188	189	乏	86	87	擒	672	673
签竹签	598	599	页	188	189				吟	676	677

咸开三严俨酽业

潜	600	601	剑	596	597	禀	782	783	音	676	677
渐	596	597	欠	602	603	品	662	663	阴	676	677
沾	558	559	严	610	611	林	664	665	饮冷饮	678	679
粘粘贴	558	559	劫	176	177	淋	664	665	饮饮酒	678	679
占占卜	558	559	怯	182	183	临	664	665	饮饮花	678	679
占占领	560	561	业	188	189	浸	670	671	淫	676	677
陕	564	565	胁	184	185	侵	670	671	立	252	253

咸开四添忝桥帖

闪	564	565	点	582	583	寝	674	675	粒	252	253
染	566	567	店	582	583	心	674	675	笠	252	253
脸	588	589	添	584	585	寻	696	697	集	256	257
检	592	593	舔	584	585	沉	652	653	习	274	275
钳	600	601	甜	584	585	参参差	648	649	袭	276	277
俭	594	595	拈	586	587	森	648	649	涩	120	121
验	614	615	念	586	587	参人参	654	655	汁	206	207
						渗	656	657	执	208	209
						针	648	649	湿	218	219

十	218	219	散分散	558	559	**山开二山产裥黠**			删	564	565

十	218	219
拾拾取	220	221
入	334	335
急	256	257
级	256	257
给	410	411
泣	270	271
及	256	257
吸	272	273

山开一寒旱翰曷

丹	544	545
单	544	545
旦	546	547
滩	546	547
摊	548	549
坦	550	551
炭	550	551
叹	550	551
坛花坛	548	549
檀	548	549
弹弹琴	550	551
但	546	547
弹子弹	546	547
蛋	546	547
难难易	552	553
难灾难	552	553
兰	552	553
拦	552	553
栏	552	553
懒	554	555
烂腐烂	554	555
赞	554	555
餐	556	557
灿	556	557
残	556	557
散松散	556	557
伞	558	559

散分散	558	559
干干涉	566	567
干干燥	566	567
肝	568	569
竿	568	569
杆晾衣杆	568	569
杆笔杆	568	569
秆麦秆	568	569
赶	568	569
干干练	570	571
干树干	570	571
看看守	570	571
刊	570	571
看看见	572	573
岸	574	575
罕	572	573
汉	572	573
寒	572	573
韩	572	573
旱	574	575
汗	574	575
焊	574	575
安	574	575
鞍	574	575
按	576	577
案	576	577
獭	88	89
达	86	87
捺	90	91
辣	90	91
擦	92	93
撒撒种	92	93
割	128	129
葛	128	129
渴	132	133
喝喝采	136	137

山开二山产裥黠

扮	534	535
盼	538	539
瓣	536	537
办	536	537
盏	558	559
铲	562	563
山	564	565
产	562	563
艰	590	591
间房间	590	591
简	594	595
柬	594	595
拣	594	595
间间断	596	597
眼	612	613
闲	604	605
限	606	607
八	80	81
拔	80	81
抹抹布	84	85
扎包扎	92	93
札	94	95
察	96	97
杀	98	99
煞	98	99

山开二删潸谏鎋

班	532	533
斑	534	535
颁	534	535
扳扳手	534	535
板	534	535
版	534	535
攀	536	537
蛮	538	539
慢	538	539
栈	560	561

删	564	565
奸奸诈	590	591
奸奸淫	592	593
颜	612	613
雁	614	615
晏	614	615
铡	94	95
瞎	104	105
辖	106	107

山开三仙狝线薛

鞭	576	577
编	576	577
变	578	579
篇	578	579
偏	580	581
骗骗人	580	581
便便宜	580	581
辨	578	579
辩	578	579
便方便	578	579
绵	580	581
棉	580	581
免	580	581
勉	582	583
面脸面	582	583
碾	586	587
连	588	589
联	588	589
煎	592	593
剪	594	595
箭	596	597
迁	598	599
浅	602	603
钱	600	601
践	596	597
贱	596	597
仙	602	603

馆	626	627	挖	116	117	眷	634	635	原	640	641
贯	626	627	**山合二删潸谏鎋**			卷书卷	634	635	源	640	641
灌	626	627	篡	620	621	绢	634	635	元	642	643
罐	626	627	闩门闩	624	625	圈圆圈	636	637	愿	642	643
观寺观	626	627	关	626	627	权	636	637	楦	640	641
冠冠军	626	627	惯	628	629	拳	636	637	冤	640	641
宽	628	629	还还有	392	393	倦	634	635	婉	632	633
款	628	629	还还原	628	629	员	640	641	怨	644	645
玩	632	633	环	628	629	圆	640	641	袁	642	643
欢	628	629	患	630	631	院	642	643	园	642	643
唤	628	629	弯	630	631	铅	600	601	辕	642	643
焕	630	631	湾	630	631	沿	612	613	援	642	643
完	630	631	刷	110	111	捐	634	635	远远近	642	643
丸	632	633	刮	110	111	缘	640	641	发出发	84	85
缓	628	629	**山合三仙狝线薛**			劣	174	175	发头发	86	87
换	630	631	恋	590	591	绝	190	191	伐	86	87
豌	630	631	泉	636	637	雪	194	195	罚	86	87
碗	632	633	全	636	637	说	162	163	袜	116	117
惋	632	633	宣	638	639	悦	194	195	掘	190	191
腕	634	635	选	638	639	阅	194	195	月	194	195
拨	140	141	旋旋转	638	639	**山合三元阮愿月**			越	194	195
泼	142	143	旋旋风	638	639	反	542	543	粤	194	195
抹抹杀	146	147	转转变	620	621	返	542	543	**山合四先铣霰屑**		
末	146	147	转转动	622	623	贩	544	545	犬	636	637
沫	146	147	传传达	622	623	翻	540	541	玄	638	639
脱	150	151	椽	622	623	番轮番	540	541	悬	638	639
夺	148	149	篆	622	623	烦	542	543	县	608	609
撮	156	157	传传记	622	623	繁	542	543	渊	640	641
括	164	165	专	620	621	矾	542	543	决	190	191
阔	164	165	砖	620	621	饭	544	545	缺	190	191
豁豁口	166	167	川	622	623	晚	632	633	血	184	185
豁豁然	168	169	穿	622	623	挽	632	633	穴	194	195
活	166	167	喘	624	625	曼	540	541	**臻开一痕很恨**		
山合二山裥黠			串	624	625	蔓	540	541	吞	680	681
顽	632	633	船	624	625	万	634	635	跟	660	661
幻	630	631	软	624	625	劝	636	637	根	660	661
滑	114	115	卷卷起	634	635	券	636	637	恳	660	661

突	306	307	术技术	332	333	勿	348	349	藏宝藏	712	713
卒士卒	314	315	述	334	335	屈	356	357	脏内脏	712	713
骨骨头	336	337	橘	352	353	郁忧郁	370	371	桑	712	713

			臻合三文吻问物			宕开一唐荡宕铎			丧丧事	712	713
窟	338	339								
忽	340	341	分分开	646	647	帮	700	701	嗓	714	715
核果核	342	343	粉	646	647	榜	700	701	丧丧失	714	715

臻合三谆准稕术

			粪	646	647	旁	700	701	冈山冈	722	723
轮	682	683	奋	646	647	忙	702	703	岗岗位	722	723
伦	682	683	芬	646	647	芒	702	703	刚	722	723
遵	682	683	纷	646	647	茫	702	703	纲	722	723
俊	694	695	忿	648	649	莽	702	703	钢	724	725
笋	684	685	坟	646	647	蟒	702	703	缸	724	725
榫	684	685	愤	646	647	当应当	706	707	杠杠子	724	725
迅	696	697	份	648	649	党	706	707	康	724	725
旬	696	697	文	692	693	挡阻挡	706	707	糠	724	725
循	696	697	纹	692	693	当上当	706	707	慷	724	725
巡	696	697	蚊	692	693	汤	708	709	抗	724	725
椿	686	687	闻	692	693	躺	708	709	昂	726	727
准标准	684	685	问	692	693	烫	708	709	行行列	726	727
准批准	686	687	君	694	695	趟走一趟	710	711	航	726	727
春	686	687	军	694	695	唐	708	709	杭	726	727
蠢	686	687	群	694	695	糖	708	709	博	140	141
唇	686	687	裙	694	695	塘	708	709	薄	140	141
盾矛盾	680	681	荤	690	691	棠	708	709	薄	438	439
顺	686	687	熏	694	695	堂	708	709	摸	144	145
纯	686	687	熏	694	695	荡浩荡	706	707	膜薄膜	146	147
润	686	687	勋	696	697	囊	710	711	莫	146	147
闰	688	689	训	696	697	郎	710	711	幕	294	295
均	692	693	熨	698	699	廊	710	711	托委托	150	151
钧	694	695	云诗云	698	699	狼	710	711	托托盘	150	151
匀	698	699	云乌云	698	699	朗	710	711	诺	152	153
尹姓	678	679	韵	698	699	浪	710	711	乐快乐	116	117
允	698	699	运	698	699	赃	710	711	洛	154	155
律	350	351	晕头晕	698	699	葬	712	713	落	154	155
率效率	350	351	佛仿佛	296	297	仓	712	713	骆	154	155
恤	362	363	佛	148	149	苍	712	713	络	154	155
出	324	325	物	348	349	藏隐藏	712	713	烙	452	453

酪	452	453	墙	734	735	霜	746	747	秧	740	741
作	156	157	匠	732	733	爽	748	749	殃	740	741
错交错	158	159	相相互	736	737	章	714	715	羊	742	743
昨	154	155	箱	736	737	樟	714	715	洋	742	743
凿	454	455	厢	736	737	掌	714	715	阳	742	743
索	160	161	镶	736	737	障	716	717	杨	742	743
搁	128	129	想	738	739	昌	718	719	扬	742	743
阁	128	129	相相貌	738	739	厂工厂	718	719	养	742	743
各	130	131	详	736	737	敞宽敞	720	721	痒	742	743
腭	138	139	祥	738	739	唱	720	721	恙	744	745
鄂	138	139	翔	738	739	倡提倡	720	721	样	744	745
鹤	136	137	像	738	739	商	720	721	略	190	191
恶善恶	138	139	象	740	741	伤	720	721	掠	190	191

宕开三阳养漾药

娘爹娘	726	727	橡	740	741	赏	720	721	雀	192	193
娘新娘	726	727	张	714	715	常	718	719	鹊	192	193
酿	726	727	长生长	714	715	尝	718	719	嚼	190	191
良	726	727	涨	714	715	偿	718	719	削	192	193
凉	728	729	帐蚊帐	716	717	上上山	720	721	着着凉	458	459
量量长短	728	729	账账目	716	717	尚	722	723	绰	160	161
粮	728	729	胀	716	717	上在上	722	723	勺	462	463
梁	728	729	畅	720	721	瓤	722	723	若	162	163
梁	728	729	长长短	718	719	让	722	723	弱	162	163
两两个	728	729	肠	718	719	疆	730	731	脚	484	485
两几两	728	729	场	718	719	僵	730	731	却	192	193
亮	728	729	丈	716	717	姜生姜	730	731	虐	188	189
谅	730	731	杖	716	717	姜姓	730	731	疟	188	189
量数量	730	731	仗仪仗	716	717	羌	734	735	约	194	195
将将来	730	731	仗打仗	716	717	强强大	734	735	跃	196	197
浆	730	731	庄	744	745	强倔强	734	735	药	496	497
蒋	732	733	装	744	745	强勉强	736	737	钥	496	497

桨	732	733	壮	744	745	仰	742	743

宕合一唐荡宕铎

奖	732	733	疮	746	747	香	736	737	光	748	749
酱	732	733	创创伤	746	747	乡	736	737	广	748	749
将上将	732	733	闯	746	747	享	738	739	旷	748	749
枪	734	735	创创造	746	747	响	738	739	荒	750	751
抢抢夺	734	735	床	746	747	向	740	741	慌	750	751
			状	744	745	央	740	741	谎	752	753

恍	752	753	缚	302	303	岳_{山岳}	196	197	贼	410	411

恍	752	753	缚	302	303	岳山岳	196	197	贼	410	411
黄	750	751	**江开二江讲绛觉**			岳姓	196	197	塞闭塞	120	121
簧	750	751	邦	700	701	乐音乐	196	197	克	132	133
皇	750	751	绑	700	701	学	192	193	刻	132	133
蝗	750	751	胖肥胖	702	703	握	168	169	黑	410	411
晃晃眼	752	753	庞	702	703	**曾开一登等嶝德**			**曾开三蒸拯证职**		
晃摇晃	752	753	棒	700	701	崩	754	755	冰	780	781
汪	752	753	蚌	700	701	朋	756	757	凭文凭	784	785
郭	162	163	桩	744	745	鹏	756	757	凭凭靠	784	785
廓	164	165	撞	744	745	登	762	763	陵	792	793
扩	164	165	窗	746	747	灯	764	765	凌	792	793
霍	166	167	双	746	747	等	764	765	菱	792	793
获收获	166	167	双双生	748	749	凳	764	765	征征求	768	769
宕合三阳养漾药			江	732	733	腾	764	765	惩	772	773
方	704	705	港	724	725	誊	764	765	蒸	768	769
坊	704	705	讲	732	733	藤	764	765	证证明	770	771
仿仿效	704	705	降下降	734	735	邓	764	765	症病症	770	771
放	706	707	腔	734	735	澄澄一下	764	765	称称呼	770	771
芳	704	705	降投降	738	739	能	766	767	称相称	654	655
妨	704	705	项	740	741	棱	766	767	秤	774	775
纺	704	705	巷	740	741	增	766	767	乘	772	773
仿相仿	706	707	剥	140	141	曾姓	766	767	绳	776	777
访	706	707	驳	140	141	曾曾经	766	767	剩	776	777
防	704	705	朴	292	293	层	766	767	升	774	775
房	704	705	雹	438	439	赠	766	767	胜胜任	774	775
亡	752	753	桌	160	161	僧	768	769	胜胜利	776	777
网	752	753	啄	160	161	肯	660	661	承	772	773
忘	754	755	戳	162	163	恒	780	781	仍	778	779
望	754	755	浊	160	161	北	400	401	凝	792	793
筐	748	749	捉	160	161	墨	146	147	兴兴旺	802	803
框	748	749	镯	160	161	默	148	149	兴高兴	806	807
狂	748	749	朔	162	163	得	116	117	应应当	806	807
况	750	751	觉感觉	190	191	德	116	117	鹰	806	807
枉	754	755	角	484	485	特	116	117	应响应	810	811
王	752	753	饺	484	485	勒	118	119	蝇	808	809
往	754	755	壳	132	133	肋	410	411	孕	700	701
旺	754	755	确	192	193	则	118	119	逼	228	229

请	802	803	迹	264	265	廷	790	791	戚	266	267
情	800	801	籍籍贯	258	259	庭	790	791	寂	264	265
晴	802	803	惜	274	275	锭	788	789	析	274	275
静	798	799	昔	276	277	艇	790	791	锡	274	275
净	800	801	夕	274	275	挺	790	791	激	256	257
省反省	804	805	席	276	277	定	788	789	击	256	257
性	806	807	只一只	206	207	宁安宁	792	793	吃吃饭	214	215
姓	806	807	尺	216	217	宁宁可	792	793	**梗合二庚梗映陌**		
贞	650	651	赤	216	217	灵	792	793	矿	750	751
侦	650	651	适	226	227	铃	792	793	横横竖	780	781
呈	772	773	释	226	227	零	794	795	横蛮横	780	781
程	772	773	石	220	221	另	794	795	**梗合二耕诤麦**		
郑	770	771	益	284	285	青	800	801	轰	836	837
正正月	768	769	液	188	189	星	802	803	宏	838	839
征征伐	768	769	亦	286	287	腥	804	805	划计划	114	115
整	770	771	译	286	287	猩	804	805	获获得	168	169
正	770	771	易交易	286	287	醒	804	805	**梗合三庚梗映**		
政	770	771	**梗开四青迥径锡**			经	796	797	兄	840	841
声	776	777	拼拼凑	662	663	磬	802	803	荣	830	831
圣	776	777	瓶	784	785	形	804	805	永	842	843
成成功	772	773	屏屏风	784	785	型	804	805	咏	842	843
城	772	773	萍	784	785	刑	804	805	泳	842	843
诚	774	775	并并且	782	783	壁	232	233	**梗合三清静昔**		
盛盛饭	774	775	铭	786	787	劈	232	233	倾	800	801
盛兴盛	776	777	冥	786	787	觅	236	237	顷	802	803
颈	798	799	丁	786	787	滴	238	239	琼	840	841
劲劲敌	800	801	钉钉子	786	787	的的确	240	241	营	810	811
轻	800	801	顶	788	789	踢	240	241	颖	810	811
婴	808	809	鼎	788	789	剔	242	243	疫	286	287
缨	808	809	钉装钉	788	789	惕	244	245	役	286	287
盈	810	811	订	788	789	笛	238	239	**梗合四青迥**		
赢	810	811	听听见	788	789	敌	238	239	萤	810	811
璧	232	233	厅	788	789	狄	238	239	**通合一东董送屋**		
僻	234	235	汀	790	791	溺	246	247	篷	756	757
辟	234	235	听听从	790	791	历日历	252	253	蓬蓬勃	756	757
积	256	257	亭	790	791	历历史	252	253	蒙	758	759
脊	260	261	停停止	790	791	绩	264	265	东	812	813

字			字			字			字		
董	812	813	空钻空子	836	837	酷	340	341	伏	298	299
懂	812	813	烘	838	839	沃	170	171	复复原	302	303
冻	812	813	红	838	839	**通合三东送屋**			目	294	295
栋	812	813	洪	838	839	风	760	761	牧	294	295
通	814	815	鸿	838	839	枫	760	761	陆大陆	312	313
桶	816	817	虹	838	839	疯	760	761	六	520	521
痛	816	817	汞	834	835	讽	762	763	肃	318	319
同	814	815	哄哄骗	838	839	丰	760	761	宿宿舍	318	319
铜	814	815	翁	840	841	冯姓	762	763	竹	320	321
桐	814	815	瓮	840	841	凤	762	763	筑建筑	324	325
筒	814	815	扑	290	291	梦	758	759	畜畜生	328	329
童	814	815	仆倒下	290	291	隆	818	819	逐	320	321
瞳	814	815	仆仆人	290	291	中中间	824	825	轴	504	505
动	812	813	木	294	295	忠	824	825	缩	158	159
洞	814	815	秃	306	307	衷	826	827	祝	324	325
笼鸟笼	816	817	独	304	305	中中弹	826	827	粥	504	505
聋	816	817	读	304	305	虫	828	829	叔	330	331
笼笼罩	818	819	牍	304	305	仲	828	829	熟	330	331
拢	818	819	禄	312	313	崇	830	831	肉	512	513
弄弄坏	818	819	鹿	312	313	终	826	827	菊	352	353
棕	818	819	族	314	315	众	828	829	曲酒曲	356	357
鬃	820	821	速	318	319	充	828	829	畜畜牧	362	363
总	820	821	谷五谷	338	339	戎	830	831	蓄	364	365
粽粽子	820	821	谷山谷	338	339	绒	830	831	郁浓郁	370	371
聪	822	823	哭	340	341	弓	832	833	育	370	371
匆	822	823	屋	344	345	躬	834	835	**通合三锺肿用烛**		
葱	822	823	**通合一冬宋沃**			宫	834	835	封	760	761
丛	822	823	冬	812	813	穷	840	841	蜂	760	761
送	824	825	统	816	817	熊	842	843	峰	760	761
公	832	833	农	816	817	雄	842	843	锋	760	761
工	832	833	脓	816	817	融	830	831	捧	758	759
功	832	833	宗	820	821	福	296	297	逢	762	763
攻	832	833	综	820	821	腹	302	303	缝缝补	762	763
贡	834	835	松松紧	822	823	复复杂	302	303	奉	762	763
空空虚	836	837	宋	824	825	复重复	302	303	缝裂缝	762	763
孔	836	837	督	304	305	覆	302	303	浓	816	817
控	836	837	毒	304	305	服	296	297	龙	818	819

字			字			字			字		
陇	818	819	蛊	826	827	胸	840	841	烛	320	321
垄	818	819	种种类	826	827	拥	842	843	嘱	322	323
踪	820	821	肿	826	827	容	832	833	触	328	329
纵纵横	820	821	种种田	828	829	溶	832	833	赎	330	331
纵放纵	820	821	冲冲锋	828	829	熔	832	833	束	334	335
从从容	822	823	春	828	829	勇	842	843	蜀	332	333
从服从	822	823	茸	830	831	涌涌现	842	843	属附属	332	333
耸	824	825	恭	834	835	踊	844	844	辱	334	335
松松树	822	823	供供不起	834	835	用	844	844	褥	334	335
诵	824	825	拱	834	835	录	314	315	曲歌曲	358	359
颂	824	825	巩	834	835	绿	350	351	局	352	353
讼	824	825	供供养	836	837	足	314	315	玉	370	371
宠	830	831	恐	836	837	促	316	317	狱	370	371
重重复	830	831	共	836	837	粟	318	319	旭	364	365
重轻重	828	829	凶凶恶	840	841	俗	316	317	欲	372	373
钟钟表	826	827	凶吉凶	840	841	续	362	363	浴	372	373
钟钟爱	826	827									

参考文献

一、专著

[1] 北京大学中国语言文学系语言学教研室. 汉语方音字汇（第 2 版重排本）［M］. 北京：语文出版社，2003.

[2] 陈鹏. 剑阁、南部县相邻山区方言音系调查及其历史比较［M］. 台北：花木兰文化事业有限公司，2022.

[3] 崔荣昌. 四川境内的湘方言［M］. 台北：中央研究院历史语言研究所，1996.

[4] 丁度（宋）. 集韵［M］. 上海：上海古籍出版社，1985.

[5] 段玉裁（清）. 说文解字注［M］. 上海：上海古籍出版社，1988.

[6] 汉语大字典编辑委员会. 汉语大字典（第 2 版）［M］. 武汉、成都：崇文书局，四川辞书出版社，2010.

[7] 何婉. 成都平原语音历史层次研究［M］. 成都：四川大学出版社，2021.

[8] 何婉，饶冬梅. 四川成都话音系词汇调查研究［M］. 成都：四川大学出版社，2013.

[9] 侯精一. 现代汉语方言概论［M］. 上海：上海教育出版社，2002.

[10] 李荣. 音韵存稿［M］. 北京：商务印书馆，1982.

[11] 李如龙. 汉语方言学（第二版）［M］. 北京：高等教育出版社，2007.

[12] 李小凡，项梦冰. 汉语方言学基础教程［M］. 北京：北京大学出版社，2009.

[13] 许慎（东汉）. 说文解字（附检字）［M］. 北京：中华书局，1984.

[14] 杨时逢. 四川方言调查报告［M］. 台北：中央研究院历史语言研究所，1984.

[15] 余迺永. 新校互注宋本广韵（增订本）［M］. 上海：上海辞书出版社，2000.

[16] 赵振铎. 集韵校本［M］. 上海：上海辞书出版社，2013.

[17] 郑张尚芳. 上古音系（第二版）［M］. 上海：上海教育出版社，2019.

[18] 中国社会科学院，澳大利亚人文科学院. 中国语言地图集［M］. 香港：香港朗文出版公司，1987.

[19] 中国社会科学院语言研究所. 方言调查字表（修订本）［M］. 北京：商务印书馆，1981.

[20] 中国社会科学院语言研究所，中国社会科学院民族学与人类学研究所，香港城市大学语言资讯科学研究中心. 中国语言地图集（第 2 版）汉语方言卷［M］. 北京：商务印书馆，2012.

[21] 周及徐等. 岷江流域方音字汇——20 世纪四川方音大系之一［M］. 成都：四

川大学出版社，2019.

[22] 周祖谟. 广韵校本 [M]. 北京：中华书局，2011.

[23] 朱晓农. 语音学 [M]. 北京：商务印书馆，2013.

二、期刊论文

[1] 毕圆. 邛崃话与成都话音系比较 [J]. 语言历史论丛，2012（00）：232—250.

[2] 崔荣昌. 四川方言的类别 [J]. 文史杂志，1987，（01）：26—28.

[3] 丁声树，李荣. 汉语音韵讲义 [J]. 方言，1981（04）：241—274.

[4] 古婷. 四川中江县广福话音系 [J]. 语言历史论丛，2021（01）：204—236+6—7.

[5] 何思颖. 古蔺话音系 [J]. 语言历史论丛，2018（01）：111—142.

[6] 何婉. 成都话单字调的社会语言学研究 [J]. 语言历史论丛，2015（00）：178—198.

[7] 何婉. 成都郊区方言中的南路话底层——以郫县雍渡村话音系为例 [J]. 语言历史论丛，2017（00）：145—172.

[8] 何治春. 四川长宁话音系及其声学特征 [J]. 语言历史论丛，2016（00）：257—274.

[9] 黄雪贞. 西南官话的分区（稿）[J]. 方言，1986（04）：262—272.

[10] 李敏. 四川南充礼乐乡音系特点 [J]. 语言历史论丛，2016（00）：275—286.

[11] 李勤. 四川仪陇县金城镇话音系 [J]. 语言历史论丛，2019（02）：150—159.

[12] 李荣. 官话方言的分区 [J]. 方言，1985（01）：2—5.

[13] 梁浩. 四川南部县伏虎镇话音系 [J]. 语言历史论丛，2014（00）：231—244.

[14] 刘慧. 顾县话音系及其特点 [J]. 语言历史论丛，2015（00）：393—412.

[15] 刘瓅鸿. 峨眉话音系 [J]. 语言历史论丛，2012（00）：282—312.

[16] 刘燕. 四川荣县话音系 [J]. 语言历史论丛，2010（00）：138—159.

[17] 陆文美. 四川乐山市苏稽话音系 [J]. 语言历史论丛，2019（02）：96—121.

[18] 青杉. 四川南充市龙蟠镇话音系 [J]. 语言历史论丛，2021（01）：237—262+7.

[19] 饶冬梅. 四川中江话非晓组字演化分析 [J]. 语言历史论丛，2015（00）：166—177.

[20] 四川大学中文系四川方言音系编写组. 四川方言音系 [J]. 四川大学学报（哲学社会科学版），1960，（3）.

[21] 唐文静. 成都南郊双流白家话音系 [J]. 语言历史论丛，2013（00）：225—253.

[22] 唐毅. 四川雅安话音系 [J]. 语言历史论丛，2010（00）：160—176.

[23] 万霞. 綦江话音系的南路话特征 [J]. 语言历史论丛，2018（01）：89—110.

[24] 王俊丹. 四川荣县六乡镇方言音系比较 [J]. 语言历史论丛，2019（02）：

76—95.

[25] 王倩. 四川宜宾赵场镇话音系 [J]. 语言历史论丛, 2020 (01): 107—134+5.

[26] 王晓先, 周及徐. 四川省新津话音系 [J]. 语言历史论丛, 2009 (00): 201—224.

[27] 肖俊. 西昌黄联客家话音系 [J]. 语言历史论丛, 2012 (00): 313—344.

[28] 杨波. 川北巴中、剑阁等地话部分知系字读龈音与川西南自贡、西昌话之对比 [J]. 语言历史论丛, 2016 (00): 243—256.

[29] 杨波, 周及徐. 剑阁县金仙镇方言音系 [J]. 语言历史论丛, 2015 (00): 328—343.

[30] 杨薇薇. 四川南充集凤方言音系 [J]. 语言历史论丛, 2014 (00): 217—230.

[31] 张驰. 从宜宾泸州地区的几条同言线看其方言类型 [J]. 语言历史论丛, 2012 (00): 203—231.

[32] 张明. 四川广元朝天区汪家乡话音系 [J]. 语言历史论丛, 2020 (01): 86—106+5.

[33] 张强. 四川盐亭射洪西充方言岛 [J]. 语言历史论丛, 2015 (00): 344—367.

[34] 张强. 四川遂宁话韵尾 –n 变 –i 现象 [J]. 语言历史论丛, 2016 (00): 236—242.

[35] 甄尚灵. 成都语音的初步研究 [J]. 四川大学学报（社会科学版）, 1958 (01): 5—34.

[36] 周及徐.《广韵》等韵书中的成都话本字（之一）[J]. 语言历史论丛, 2008 (00): 91—99.

[37] 周及徐.《广韵》等韵书中的成都话本字之二——受声符影响而读音发生变化的字 [J]. 语言历史论丛, 2009 (00): 175—185.

[38] 周及徐. 南路话和湖广话的语音特点——兼论四川两大方言的历史关系 [J]. 语言研究, 2012, 32 (03): 65—77.

[39] 周及徐. 从语音特征看四川重庆"湖广话"的来源——成渝方言与湖北官话代表点音系特点比较 [J]. 四川师范大学学报（社会科学版）, 2012, 39 (03): 94—101.

[40] 周及徐. 从移民史和方言分布看四川方言的历史——兼论"南路话"与"湖广话"的区别 [J]. 语言研究, 2013, 33 (01): 52—59.

[41] 周及徐. 四川自贡、西昌话的平翘舌声母分布 [J]. 四川师范大学学报（社会科学版）, 2013, 40 (05): 166—171.

[42] 周及徐. 四川雅安地区方言的历史形成及其与地理和移民的关系 [J]. 四川师范大学学报（社会科学版）, 2014, 41 (06): 89—95.

[43] 周及徐. 四川青衣江下游地区方言语音特征及其历史形成 [J]. 语言历史论丛, 2015 (00): 111—139.

[44] 周及徐. 成都俗语本字 24 例 [J]. 语言历史论丛, 2016 (00): 144—156.

［45］周及徐. 藏语对汉语方言音系的影响——以四川天全话为例［J］. 民族语文, 2016（06）：79—83.

［46］周及徐, 周岷.《蜀语》与今四川南路话音系——古方言文献与当代田野调查的对应［J］. 语言研究, 2017, 37（02）：62—69.

［47］周及徐. 成都方言本字26例（续一）［J］. 语言历史论丛, 2019（02）：1—16.

［48］周及徐. 传播与演变——明代以来四川方言形成概述［J］. 语言历史论丛, 2020（01）：73—85.

［49］周及徐. 成都、乐山两城方言的差异及原因——从四川明清移民看方言变化［J］. 语言历史论丛, 2021（01）：150—159.

［50］周及徐, 周亚欧. 四川荣县话音系来源考察——明清"湖广填四川"的一项语言学证据［J］. 语文研究, 2019（04）：54—58.

［51］周岷. 成都话的/-en/、/-an/在重庆话中的语音对应［J］. 语言历史论丛, 2018（01）：77—88.

［52］周岷. 成都话"四"和"十"的语音区别［J］. 语言历史论丛, 2019（02）：17—34.

［53］周岷, 周及徐. 从明代《蜀语》词汇看四川方言的变迁［J］. 语文研究, 2016（03）：23—26.

［54］周亚欧. 双流金桥方言音系及实验语音学分析［J］. 语言历史论丛, 2017（00）：184—202.

［55］周艳波, 周及徐. 四川省彭山话音系［J］. 语言历史论丛, 2008（00）：184—204.

［56］周颖异, 周及徐. 成都苏坡桥话音系及其在成都地区方言史上的意义［J］. 语言历史论丛, 2013（00）：171—224.

三、博士和硕士学位论文

［1］毕圆. 四川西南彭州等八区市县方言音系研究［D］. 四川师范大学, 2012.

［2］何思颖. 四川青川方言语音调查研究［D］. 四川师范大学, 2019.

［3］何婉. 四川成都话音系调查研究［D］. 四川师范大学, 2008.

［4］何治春. 四川苍溪方言语音研究［D］. 四川师范大学, 2017.

［5］李兵宜. 四川平乐话音系研究［D］. 四川师范大学, 2009.

［6］李东穗. 四川乐山方音系统研究［D］. 江西师范大学, 2017.

［7］李敏. 四川南充地区汉语方言音系调查研究［D］. 四川师范大学, 2017.

［8］李书. 四川乐山等六县市方言调查研究［D］. 四川师范大学, 2010.

［9］梁浩. 四川省南部县方言音系及历史形成研究［D］. 四川师范大学, 2015.

［10］刘慧. 四川广安等五县市方言音系调查研究［D］. 四川师范大学, 2015.

［11］刘瓅鸿. 四川峨边、洪雅等六县市方言音系研究［D］. 四川师范大学, 2012.

［12］刘燕. 四川自贡等八县市方言音系调查研究［D］. 四川师范大学, 2011.

［13］罗燕. 四川达州地区方言音系调查研究［D］. 四川师范大学，2016.

［14］马菊. 泸州等八市县方言音系调查研究［D］. 四川师范大学，2011.

［15］蒲锐志. 四川省新都话音系研究［D］. 四川师范大学，2009.

［16］饶冬梅. 四川德阳黄许话音系调查研究［D］. 四川师范大学，2007.

［17］孙越川. 四川西南官话语音研究［D］. 浙江大学，2011.

［18］唐文静. 四川湖广话音系中的几个异质特征及其意义［D］. 四川师范大学，2013.

［19］唐毅. 雅安等八区县方言音系调查研究［D］. 四川师范大学，2011.

［20］万霞. 重庆永川等六区县方言语音调查研究［D］. 四川师范大学，2018.

［21］王晓先. 四川新津话音系调查研究［D］. 四川师范大学，2009.

［22］吴红英. 川西广汉等五县市方言音系比较研究［D］. 四川师范大学，2010.

［23］杨波. 四川巴中地区方言音系调查研究［D］. 四川师范大学，2016.

［24］易杰. 川西大邑等七县市方言音系调查研究［D］. 四川师范大学，2010.

［25］张驰. 宜宾、泸州地区数县市方言音韵结构及其方言地理学研究［D］. 四川师范大学，2012.

［26］张明. 四川广元市朝天区方言语音研究［D］. 四川师范大学，2020.

［27］张强. 四川盐亭等六县市方言音系调查研究［D］. 四川师范大学，2012.

［28］张强. 四川遂宁地区方言语音系统研究［D］. 四川师范大学，2021.

［29］赵丽娟. 四川巴中地区六汉语方言点音系调查研究［D］. 四川师范大学，2019.

［30］郑敏. 四川眉山市、乐山市交界地区方言音系调查研究［D］. 四川师范大学，2017.

［31］周岷. 当代成都话音系［D］. 四川大学，2017.

［32］周夏冰. 四川旺苍县方言音系调查研究［D］. 四川师范大学，2019.

［33］周亚欧. 重庆中部七区县方言音系调查研究［D］. 四川师范大学，2018.

［34］周艳波. 四川彭山方言音系调查研究［D］. 四川师范大学，2009.

［35］周颖异. 四川绵阳地区方言音系实验语音学分析及方言地理学研究［D］. 四川师范大学，2014.

［36］朱垠颖. 蒲江方言词汇研究［D］. 四川师范大学，2014.

岷江嘉陵江流域方言的语音特征和分区

一、四川方言的分区

（一）四川方言分区中的问题

根据《中国语言地图（第1版）》①，北方官话有八个次方言：北京官话、东北官话、北方官话（冀鲁官话）、胶辽官话、中原官话、兰银官话、西南官话和江淮官话。这八个次方言，以李荣的划分标准，是依古清声母入声字的归派"一刀切开"的。除了北京官话和东北官话界线不够清晰之外②，这是一个简洁的划分。依入声字的归派，北方官话八个次方言实际上分为两类：一是古入声字不分派，整体地归入他调或保持独立，如江淮官话古入声字今仍读入声调，而西南官话则是整个入声字归阳平调；一是古入声字依古声母的清浊分类归派其他声调，古入声调消失，如北京官话等其他六个次方言。

在西南官话次方言的划分中，有一个问题：西南官话是以"入归阳平"为标准的，但是西南官话中有一部分区片并没有"入归阳平"的特点，而是表现为入声调独立或入声字整体归入其他声调。其中以位于四川西南地区的灌赤片的岷江小片地域最大（另有云南的丽川小片、湘南片等）③，以入声调独立为特征；灌赤片的其他几个小片，还有古入声字归入去声（仁富小片）或阴平（雅棉小片）的情况。这与西南官话"入归阳平"的划分标准不相符合，但却仍算在西南官话里。黄雪贞在《西南官话的分区（稿）》中说：**"古入声今读阳平的是西南官话，古入声今读入声、阴平和去声的方言……**即调值与成都、昆明、贵阳等六处（本文作者按：还有重庆、武汉和桂林）的调值相近的，**也算作西南官话。"**④ 方言入声字归调情况不符合西南官话的标准，又拉上调值来做补充，也算作是西南官话，有凑合之嫌。《中国语言地图集（第2版）》沿袭了这样的处理。

西南官话入声调归阳平，江淮官话则保留了独立的入声调，但二者是同一类型：古入声调不分派。属于这一类型的四川地区方言还有灌赤片中的岷江小片，也是古

---

① 以下的方言划分讨论，除特别说明以外，都依据《中国语言地图集（第1版）》的方言区划分。
② 根据《中国语言地图（第1版）》，北京官话和东北官话的分区是根据东北官话中"古清声母入声今读上声的字比北京多得多"，这一条标准不是以语音特征的性质，而是以同一特征的字的数量。
③ 丽川小片在云南西部，"声调的系统跟调值很像南京派的江南官话而不像西南官话"（赵元任《云南方言调查报告序》，中国台湾史语所1969年），应是另有来源。这里暂不讨论。
④ 载于《方言》1986年第4期，266页。

入声字独立成调，不分派。按照上述的官话次方言划分标准，岷江小片应该依这个特征划分为一个次方言，与江淮官话和西南官话在同一个层级，可称之为"岷江官话"。这类似于李荣对于晋语的划分，也主要依据晋语有入声调的特征而将它独立出北方官话。有人说，晋语还有其他的语音特征。岷江官话也另有其他语音特征（见本文"三、岷江官话及其分片"），不过我们认为它仍是官话方言的一个次方言。

北方官话中，"入声合一"类的音系比"入声分派"类的音系处在更古老的地位。从语音发展历史上看，江淮官话、西南官话和岷江官话的入声是一类，不因入声字声母的清浊而三分或二分，历史层次俱早于《中原音韵》音系的"入派三声"。这个重要的语音特征距《切韵》系统更近，而离《中原音韵》音系远。其他的北方官话次方言入声字依声母清浊三分或两分，如东北官话、北京官话、胶辽官话、冀鲁官话、中原官话和兰银官话等；这一类与《中原音韵》"入派三声"的音系近，它们是同一系统的继承和发展。

西南官话次方言的范围很宽，包括湘、鄂、云、贵、川、桂数省，地域广大，人口众多。根据《中国语言地图集（第2版）》统计，西南官话是北方官话八大次方言中人口最多（2.7亿）、县市数最多（549个）的次方言区。这些统称为西南官话的方言，实际上有不同的历史来源，它们是以中国北方地区为源头的汉语方言在西南地区的历史沉积。西南官话内部有相似的成分，也有很多分歧。这些分歧形成的历史原因有很多我们还不能知晓。现在我们忽略分歧，统称它们为西南官话，是暂时的。随着方言调查研究的深入，还会出现更详细、更合于现状的细节划分，这些划分将与历史来源的解读相联系。总之，"官话方言内部高度一致"的观念，是建立在对少数省会城市方言的初步了解之上的。在近二三十年来深入到农村区县甚至乡镇的广泛的方言调查中，这种旧的观念早已破除了。在西南官话内部也是如此，四川方言的调查和研究，已经发展到不仅应仔细分析这些方言的差别，而且要探寻这些差别产生的原因的阶段。

近十多年来我们对四川方言进行了全面的调查。基于对所调查的上百个方言点（包括以前调查过的点和未调查过的点）资料的分析，我们认为：原《中国语言地图集（第1版）》的西南官话灌赤片可以重新划分为官话方言的一个次方言①，以入声独立为主要语音特征，与入归阳平的西南官话并立。由于它沿岷江分布，有明确的地理分布区域，可以命名为"岷江官话次方言"。岷江官话次方言与江淮官话次方言都有入声调独立的特征，江淮官话入声有喉塞音尾，而岷江官话无②。我们的研究证明，四川方言不是连续地演变到今天的，岷江官话（入声独立）与西南官话成渝片方言（入归阳平）不仅语音特点不同，而且有不同的历史来源。西南官话成渝片方言（当地俗称"湖广话"）来自于明清时期的"湖广填四川"移民，而岷江官话方言（当地俗称"南路话"）是当地土著方言，在本地的历史可以上溯

---

① 其中的仁富小片除外，见本文"四、西南官话川渝鄂片（四川部分）及小片"。

② 有部分岷江官话方言有喉塞尾，如左福光《宜宾方言本字考和宜宾湘方言研究》（华文国际出版社2016年）所记宜宾话、四川师范大学研究生梁浩所记四川南部县伏虎镇话。

至宋元时期①。在语音特征上，没有入声的成渝片方言并不是像以前认为的那样是从四川入声调独立的方言"入归阳平"演变而来的，即岷江官话方言（南路话）和成渝片方言（湖广话）都保持了它们原来的声调类别特点，而不是同一方言分化的结果。两类四川方言源于"同一方言的分化"这种至为简单的推测有太多的漏洞，经不起详细的音系分析的考察，也难以解释为何在不到百年的时间内，岷江北岸部分演变成了入归阳平的方言，而岷江西南的部分却仍是入声独立。最能说明这一点的，是两种方言的声母系统尤其是韵母系统有明显的差异，这些差异有很多都不能用同一个音系的有条件的分化或合并来解释②。

（二）四川的两支方言——湖广话和南路话

综上，我们的观点是：现在的四川和重庆地区的汉语方言来源不同，主要有两支。一支叫做岷江官话（南路话），另一支叫做西南官话川渝鄂片（湖广话）。成渝地区入归阳平的方言称为"湖广话"，岷江南岸有入声的方言称为"南路话"，这两个方言名称不是我们生造的，而是四川民间广泛流传的称呼③，同时还表明了方言的来源。"名从主人"，所以我们也采用了这两个来自民间的方言名称。在调查研究四川方言多年以后，我们才恍然大悟：我们用语言学方法对四川方言的语音特征和历史关系所进行的一大番考查和论证，最终都不过是证明了"湖广话"和"南路话"这两个民间传承的方言名称的历史真实性。这让我们清醒地认识到民间口头传说中承载的厚重的历史，对于以前轻视民俗口碑的书生气深感惭愧。

岷江官话次方言即"南路话"，它是北方官话在西南地区的一支，现主要分布于四川的岷江、长江西南沿线（参本书所附"岷江嘉陵江流域方言分区图"1~4。以下简称"方言分区图"）。"南路话"是四川人对本地的一种方言的俗称，指岷江以西及以南，特别是成都西南的都江堰、温江、崇州、大邑、邛崃、蒲江和新津一带的方言。在更大的范围上，有这种语音特征的方言沿岷江以西一直向南分布，经乐山、宜宾直至泸州地区，再折向东北进入今重庆市境内，直至相邻的贵州省黔北地区④。南路话在语音上有着不同于湖广话的特征，例如有阴平、阳平、上声、去声和入声五个声调，多数方言不分平翘舌声母、不分尖团，入声韵母的读法不同于湖广话等；其中最明显的不同是古入声字今读入声调、不归阳平。南路话的词汇也有很多不同于湖广话，而有中古汉语的词汇特征，如多音节名词多用"子"尾、少用儿化尾，双音节词变调规则不同于湖广话，口语词也与湖广话多不同：湖广话说"找"，南路话说"寻"，湖广话说"你猜"，南路话说"你估"；湖广话说"雨停了"，南路话说"雨住（驻）了"；

---

① 参见周及徐《从移民史和方言分布看四川方言的历史》。

② 参见周及徐《南路话和湖广话的语音特点》。

③ 南路话，又称南路腔，比较早的书面记载见于现代成都作家李劼人（1891—1962）反映清末民初成都地区生活的小说中。例如："见她说话带南路腔，便问：'听口音，你是南路人？'"（李劼人《天魔舞》）

④ 在黔北调查时，作者曾夜投遵义市区一家小旅馆。我用南路话与老板交谈，老板听后说："老师，你是我们当地人啊？"

湖广话说"想念（某人）"，南路话说"牵（某人）"（牵去声，《广韵》苦甸切）；湖广话说"一个人"，南路话说"一块［khuai3］人、一某人"；湖广话说"老孃儿"（老妇人），南路话说"老娘子"；男性生殖器，南路话詈称"鸡儿"tɕiə1，湖广话却说"麻雀儿"ma2tɕhuə1，等等。南路话在当地的历史比较长久，与明代的《蜀语》记录的音系相关联①。南路话更早的历史来源待进一步研究。

西南官话川渝鄂片方言即"湖广话"，《中国语言地图集（第1版）》称之为西南官话成渝片方言。"湖广话"是四川人对成都和重庆等地方言的俗称，元明时期今湖南、湖北两省称"湖广行省"，故人称其移来巴蜀之民及后裔为"湖广人"，其话为"湖广话"。湖广话现在主要分布于四川、重庆和湖北三省市，具体是岷江以东以北的四川中东部地区、重庆直辖市大部地区和湖北省西部地区。从地理位置上看，大概地说，整个四川盆地，除去岷江以西以南的部分，都是"湖广话"地区（方言分区图1~2）。湖广话在岷江以西以北，主要分布于入川的通衢大道上的地市级城市，这是其最明显的地理标志，显示了湖广话与明清时期大移民东入四川盆地的关系。湖广话具有西南官话的共同特征，例如有阴平、阳平、上声和去声四个声调，古入声字归阳平；湖广话也有自己的特征，如不分平翘舌声母，不分尖团音，不分鼻边音声母，韵母 eŋ、iŋ变为-en、-in，等等。成渝两地方言之间差别很小。从当地人对方言的认识上说，通常说的"四川话"就是成渝两地话为代表的"湖广话"，操这种方言的人被称为"湖广人"（因为他们的祖先来自"湖广"）②。湖广话的词汇更近于现代汉语北方话，例如：多用儿化词尾（重庆话尤其如此）、少用"子"尾，口语同义实词与北方官话同而不同于南路话（见前举例），等等。

汉语方言分区是根据语音特征划分的，这是汉语方言研究的一贯方法，赵元任、杨时逢、袁家骅、丁声树、李荣、侯精一和李小凡等前辈都是这样做的。在理论上，词汇和语法特征都可用于方言分区，但在实际操作中往往会遇到困难③，在范围不很大的方言区片的划分中尤其如此。我们以语音特征划分得到的方言分区与方言的地理分布有相当大的吻合，这从一个方面反映出我们的方言语音分区的合理性。

方言分区与方言的历史来源有一定关系，但并不等同于严格的历史来源意义的语言（或方言）谱系树，更不能把相邻区、片的方言都看作是同一支上级方言的下级分支。例如：把同处于四川盆地的原成渝片方言和灌赤片方言看作是同一方言的近亲分支，就是走进了误区。这两支方言虽然紧邻，共处四川，但却有不同来源。经过长期的调查研究，我们认识到："南路话"是明代以前四川本地的方言，当时遍布四川地区。"湖广话"是明清时期主要从湖北西部随移民来到四川重庆地区的方言。明清之际二者在四川相汇，形成传承保留和填补替换两种类型，也有少量的叠

---

① 参见周及徐、周岷《〈蜀语〉与今四川南路话音系》。
② 参见周及徐《南路话和湖广话的语音特点》。
③ 李小凡、项梦冰《汉语方言学基础教程》："汉语方言的分区历来采用语音标准，实践证明这是行之有效的。"（第31页）"词汇语法特点的同言线不一定与语音同言线吻合，其分布地域常常大于根据语音特征划分的方言区，并常呈现不连续分布状态。"（第136页）

置融合类型。这就是四川方言在近古以来发展的特殊之处①：比之于多数地区汉语方言的连续过渡和演变，明清之际四川地区的历史浩劫造成了四川方言的部分中断和再填补。下图所显示的沿岷江和长江的方言界线，正是明清时期湖广大移民带来的方言替换的历史投影。

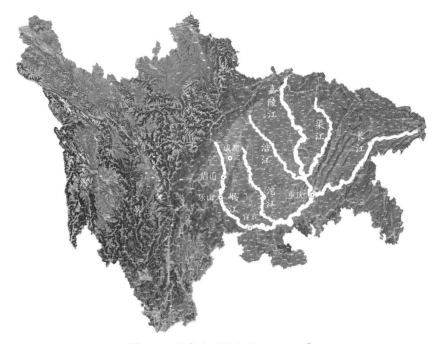

图一　四川湖广话与南路话的界线②

从汉语方言划分的角度说，四川的"南路话"应该是官话方言的一个次方言，与江淮官话的地位相当。《中国语言地图集（第1版）》把它划为西南官话次方言区的"灌赤片"，但是西南官话的方言的语音特征（入归阳平）概括不了它。我们依四川南路话入声独立的语音特征调整其为官话方言的一个次方言，改称岷江官话，这与"南路话"现有的方言特征和历史发展都相符合。而四川的另一支方言"湖广话"则是西南官话的一支，《中国语言地图集（第1版）》将其划为西南官话的"成渝片"，地跨成渝和湖北省西部地区，是基本正确的，我们现在称为西南官话川渝鄂片，是因为它包括了湖北省西部地区的方言，而它主要的方言代表城市是成都和重庆。据我们考证，鄂西地区正是明清大移民之前"湖广话"的原住地③。

总的看来，"南路话"内部分歧多，语音差异更多，显示出这种方言在当地相对长久的演变历史；而"湖广话"内部相对一致，分化程度小，显示出这个四川、重庆地区的主流方言在当地发展的历史并不长。

———————————

① 在这一时期与移民相伴而来的还有少量的湘方言和客家方言，但是人口数量相对较少，只在四川境内形成规模较小的零星的方言岛，如本书《字表》里的中江、顾县和龙泉点。这里暂不讨论。
② 四川西半部群山属青藏高原边沿，不属四川盆地，是藏羌彝等少数民族与汉族杂居区。
③ 参见周及徐《从语音特征看四川重庆"湖广话"的来源》。

二、岷江嘉陵江流域方言分区的依据

四川方言的区、片、小片的划分，我们主要依据方言的语音特征和它反映出来的方言间关系。所以，每一方言点的第一手田野调查材料是我们最重要的资料。同时我们也参考前贤对四川方言的区划分析，例如《中国语言地图集（第1、2版）》和四川大学编写组的《四川方言音系》等等资料。在方言区划分之后，我们反过来看这些方言区域与当地地理环境（如山脉、河流、平原和道路等等）的联系，发现它们有密切的关系，从中还可看见一些方言发展演变的线索。所以，我们在以下三个方面对方言分区加以叙述：方言的地理环境、方言的语音特征和方言间的关系。

（一）地理环境

地理环境是影响方言的重要因素。地理环境是方言发展形成的现实环境，包括自然环境和社会环境。方言的地理位置既与山川河流、地理通道和形势通塞等自然因素有关，也与城镇发展、人口迁移、方言毗邻和历史兴替等社会因素有关。我们观察发现，越是在当地孕育发展、天长日久的方言，与当地地理的联系就越深厚；而外来移民的方言，则往往与地理上的交通路线相联系，而且往往跨越自然地理界限，或者分布不连续。有人提出"方言地理学"，我们倒是觉得比照"地缘政治学"，叫"地缘方言学"更恰当，即考虑地理因缘的方言学。这让我们对方言及其历史的观察更全面。

我们以"岷江流域、嘉陵江流域"这样的地理名称来概括所研究的方言，既是出于地理环境与方言相关的理念，也是出于四川方言的分布与地理关系的现实。四川入声调独立的南路话方言基本上分布于岷江流域，无入声调的湖广话方言则基本上分布于嘉陵江流域，这是一个不争的事实，基于这个事实来命名所研究的方言区是合理的。这两个地区也与四川方言近代的历史形成密切相关。但是，方言的社会性决定了其分布不会与自然地理划分完全一致。例如位于岷江和嘉陵江流域交界处的内江市和资阳市等地多数讲湖广话，这是由于强势方言的扩张；个别特殊的地区，如岷江和嘉陵江流域上游交界处阿坝羌族藏族自治州的少数民族地区的汉语方言，我们计划在后续课题《金沙江流域方音字汇》中集中处理；嘉陵江流域的剑阁、西充等地则是存留的南路话方言岛。所以"岷江流域方言、嘉陵江流域方言"是指绝大部分方言而言，我们不应以自然地理概念来要求方言的分布与之百分之百地符合。

我们也不是首先就按照地理环境来划分方言。恰恰相反，我们是在依据语音规律划分出方言的区片之后，对照地理环境，才发现这些方言区片的语音特征有确定的地理界限。这证实了地理因素与方言形成之间的关系。例如：岷江官话的青（衣江）大（渡河）片方言，显示为青衣江小片逆青衣江向上游迁移扩展，大渡河小片逆大渡河河谷向上游迁移扩展。这是处于汉地的岷江中片方言沿当地主要河流向上游少数民族地区发展的结果。所以青大片方言及其分支的语音特征可以在与岷江中片方言的地理关系中得到解释（参见本文"三、岷江官话及其分片"下"（四）青大片"相关论述）。

（二）语音特征

语音特征是方言的语言学属性，是方言的本质特征。理想的方言区划分方法是根据方言在语音、词汇和语法三个方面的特征来划分，但是在实际的方言分区操作中历来是以语音特征为主要依据的。这是因为方言在语法方面的差别小，而方言词汇因其易于传递、变化频繁而不易在划分中确定，这两者都难以实际操作；而方言的语音特征，因其在音系方面的规律性，用于方言划分则十分有效。李荣根据汉语北方方言中古清声母入声字的归调，将北方方言分为八个次方言，就是运用语音标准划分方言区的很成功的范例。侯精一《现代汉语方言概论》中划分汉语北方方言也主要依据了4条语音标准：1. 古全浊声母今读清音，塞音和塞擦音平声送气、仄声不送气；2. 鼻辅音尾只有-n、-ŋ两个（-m并入-n）；3. 全浊上声归去声、去声不分阴阳、声调类别少；4. 大多数地区没有入声。李小凡、项梦冰的《汉语方言学基础教程》则更是明确地提出："汉语方言的分区历来采用语音标准，实践证明这是行之有效的。"（第31页）

随着方言研究的深入和细化，在更进一步的方言分区中，语音划分标准还应更加详细。这是因为，在北方方言八个次方言区内部，上述标准，如全浊声母清化、塞音和塞擦音平声送气仄声不送气等等，都是一致的，只凭上述的大范围的标准已经难以再进一步划出下一级的方言区了。我们认为，同一区、片和小片的方言的语音特征差别是分层级的：第一级是声调类别的差别，第二级是声母类别的差别，第三级是韵母类别的差别。这是三类语音特征在汉语方言中的使用频率决定的。以官话方言为例，在每一个方言中，声调（四五个）的使用频率最高，声母（二十多个）的使用频率次之，韵母（四十个左右）的使用频率最低。调、声、韵三者在汉语方言中的使用频率决定了它们在方言演变中的稳固性依次减低，变异的概率依次增大。这也决定了汉语方言差别的层级：调类不同的方言差别最大，调类相同而声母有了改变的方言差别次之，调类、声母相同而只韵母发生改变的方言之间差别最小[1]。语音特征差别的层级和多少反映出方言之间的相似度和历史演变的距离，这在我们对四川方言的分析中屡屡得到证明。在西南官话方言的分区中，前一阶段的研究着重于声调调类的异同，乃至调型和调值的相似与否，对方言的声母和韵母特征与方言分区的关系很少做系统的分析，所以对方言区的划分不能进一步深入。我们则

---

[1] 参见周及徐《南路话和湖广话的语音特点》。

对方言的声调、声母和韵母做全面的观察，参照上述的语音特征层级关系进行分析，作出方言区、片和小片的划分。

（三）方言间的关系

方言间的关系，是在上述两个要素（方言的地理位置、方言的语音特征）的基础上，对方言分区的形成和方言的历史发展所做的探讨。方言的地理位置和语音特征，尤其是后者，是方言发展的结果。它们形成的过程，就是方言发展的历史，这是汉语史所要研究的目标，对这个问题的探讨不可或缺。方言的语音特征和地理位置都是对方言历史的一种注解，重点在于我们是能否正确理解它们。方言间关系的研究是探索性的，因为同一结果的形成往往具有多种可能性，同时方言的语音特征所提供的资料常常是不完全的，十分明确的答案反倒是少有的。这表现了汉语方言史研究复杂性的一面。所以本文关于方言间关系的讨论是尝试的性质，希望能够起到抛砖引玉的作用。另外，能够在方言间关系研究方面起到重要作用的还有方言词汇的研究，这是一个值得努力的方向。

模仿历史比较语言学的方法，搞四川方言的"原始语构拟"，这也是一种方言间关系研究。但是，在方音材料有限、方言相关历史了解不充分的情况下，不要把方言史的研究简单化了。研究中常有两个误区：一是，把湖广话和南路话这两派不是一分为二的关系的方言放在一起作比较构拟，类似于强行嫁接，创造出一种历史上不曾有过的"四不象"方言；二是，虽然在南路话或湖广话内部构拟，但方言资料太接近，历史跨度太小了，达不到"四川方言祖语"的历史深度。需要找到亲缘关系更远的方言作比较，构拟才有意义。总之，调查描写和分类是重要的第一步工作，越扎实越好，这样才能得到比较可靠的方言材料。由于历史上的汉语文献资料并不是方言语音的准确记录，语言学意义上的汉语方言史的研究是很受限制的，很大程度上要靠方言田野调查。方言调查和分析只能脚踏实地、一步一步地来。不要奢望坐在书斋中凭几种书面文献，一跃千年，以一斑度全豹，用主观想象填补阙如的语音环节，就认为已经找到了方言的历史脉络。我们用了十多年的努力，才根据田野调查和其他资料把四川方言的历史前推到三百多年前的明清时期，还如履薄冰、争议颇多。更早的方言史谈何容易！

现代四川方言的变化速度和影响因素，可以从1980年前后为时间划分。1980年以前，方言变化很慢，四川的主要方言是省府成都话，它对周边方言特别是南路话方言有一定的影响；1980年以后，国家经济迅速繁荣，交流频繁，方言变化明显加快，普通话成为影响整个四川方言的主要因素。上文已经提到，四川方言可分为"湖广话"和"南路话"，这两类方言有不同的语音特征，既形成四川方言分布的两个大区，也反映了四川方言的两个历史层次（方言分区图1~2）。下文所列举方言点包括《岷江流域方音字汇》（2019）和《嘉陵江流域方音字汇》（本书）的方言点，也包括已经调查，但因篇幅所限未列入这两本书的一些方言点。

三、岷江官话及其分片

（一）岷江官话（南路话）共同的语音特征

岷江官话（南路话）有 5 个声调（阴平、阳平、上、去、入），主要位于岷江西岸和南岸，呈"L"型长条状。其分布区域小于湖广话，而内部的差异远远大于湖广话。《中国语言地图集（第 1 版）》西南官话成渝片方言（湖广话）不分小片，这与湖广话内部语音特征比较一致的事实相当；该书以入声调独立、入归阴平、入归去声为划区标准将灌赤片三分为岷江小片、雅棉小片和仁富小片①，这符合于南路话内部有明显差别的事实。但这是以方言现状（入声字归调）来划分的；如果从历史演变的关系看，前二者（岷江小片、雅棉小片）是古代南路话的后裔，只是入声字归调的方向不同；仁富小片我们则认为根据语音特征应归属于西南官话川渝鄂片（湖广话），并称之为川南小片（见本文"四、西南官话川渝鄂片（四川部分）及小片"下"（五）川南小片"相关论述）。

岷江官话的分布有很明显的地域特征。根据方言语音特征做出方言划分，再对照地理环境，我们发现这些方言区片一般是以江河和山脉为界限。这正是方言在当地逐步发展演变的历史痕迹。因此，我们用其所在地段的江河来命名这些方言区片，并以层次结构图表示它们之间的历史演变关系（参见图二"四川岷江官话［南路话］分区结构图"、图三"西南官话川渝鄂片［湖广话］分区结构图"）。

在讨论四川南路话和湖广话各自的语音特征之前，有必要简要地归纳一下北方方言中四川重庆地区方言共有的语音特征。因为四川重庆地区的方言都有湖广话和南路话两种方言，所以放在一起说。这些共有的语音特征是：

（1）本地区方言主要有湖广话与南路话两类，听起来有明显的不同，除了入声调的有无之外，韵母也有规律化的不同的读音；

（2）湖广话有 4 个声调（阴平、阳平、上声和去声，如成都城区和重庆城区话），南路话一般有 5 个声调（阴平、阳平、上声、去声和入声，如都江堰话、乐山话和宜宾话）；

（3）知系声母字多数地区读平舌音，少数地区读翘舌音（如自贡地区）；

（4）泥来母字有洪细全混（例如重庆城区"老脑"同音，"连年"同音）和洪混细分（例如成都城区"脑"＝"老"，"连"≠"年"）两种情况。泥来母的洪音字在整个四川重庆地区声母不对立，记作 n-或 l-；在泥来母细音字区分的地区，泥疑母的细音字读作 ȵ-或零声母，来母细音字读音与洪音同，读作 n-或 l-；

（5）见系二等字一部分读洪音（不限于蟹摄），例如"鞋街窖敲间苋咸项巷"；

---

① 《中国语言地图集（第 2 版）》改原灌赤片名为西蜀片，改原三个小片名称分别为岷赤小片、江贡小片和雅甘小片，与第一版大致相同。

（6）非组字和晓组字的声母在合口呼前有混读现象，其中以晓母字在-u韵母前读f-为最普遍，例如"湖壶虎户"；

（7）多数地区方言不分尖团音，少数地区分（如川北地区）；

（8）曾梗摄与深臻摄字韵母相混，变为-en、-in，如"登蒸彭经生省行"；

（9）臻摄一三等端系字失去合口介音变为开口，如"钝论村遵笋"；

（10）流摄明母字一部分读moŋ，如"某亩茂谋"。

除湖广话与南路话外，四川地区还有的其他方言，如客家方言、湘方言等，因为人口数量不多，只是零星的方言岛，所以这里不详述①。

岷江官话（南路话）的语音特征是：

（1）大部分方言点中古入声字独立成调，少部分点归入阴平②；

（2）蟹山摄舒声合口一等端组（山摄又泥组）字一部分读开口，如"对端暖乱"；

（3）果摄一等帮端系字与遇摄一等字同读-u，如"多都朵堵"，遇摄一等部分字老派南路话读-o，如"图肚故"（如蒲江、崇州）；

（4）麻三精组见系字韵母读-i，如"姐爷"与"几姨"同韵；

（5）咸深山臻曾梗开口一二三等入声字韵母读-æ/-ɛ，"答腊白色国"同韵，与音系中的-a韵（如"麻花沙下瓜"）对立；

（6）山臻曾梗通合口和宕江开口入声字大部分韵母读-o/-io，"拨不夺毒"同韵，"月越药曲"同韵；

（7）咸山、深臻曾梗三四等开口入声字帮端见系韵母读-ie，如"接结集节极积"同音 tɕie⁵；

（8）深臻曾梗开口三等知系入声字韵母读央元音-ɘ/-ɘ 或-ʅ，如"十侄直石"，不同于止摄的"是迟师诗"；

（9）大部分点泥来母洪混细分，如"脑"＝"老"而"年"≠"连"。

此外，还有一部分南路话方言有平翘舌音和尖团音之分（参见下文"（七）川北南路话片"）。

上述语音特征，第1条为每一个南路话方言点所必备（青大片方言点除外），其余大部分特征也同时具备。具体分布情况见下文各方言点的描述。

岷江官话共分6个片、7个小片，计有岷江上片、岷江中片、青（衣江）大（渡河）片、岷江下片、长（江）赤（水河）片和川北南路话片（方言分区图3~4）。方言片区之间的关系参见下页图二。

---

① 可以参看本书中的中江广福镇、顾县和成都龙泉驿三个方言点来了解它们的语音特征。

② 参见周及徐《南路话和湖广话的语音特点》。

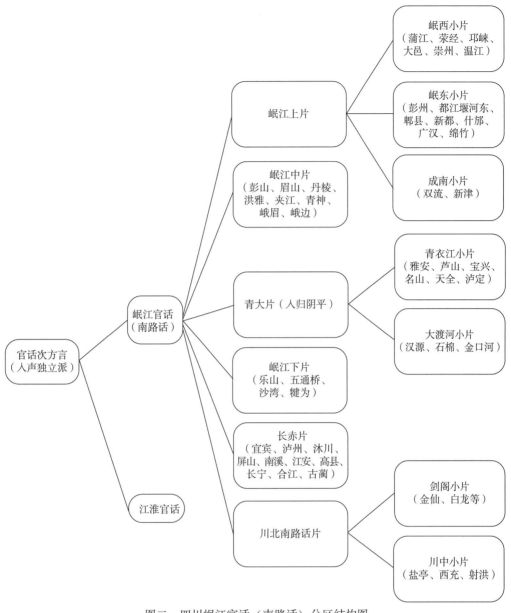

图二　四川岷江官话（南路话）分区结构图

（二）岷江上片

1. 地理位置

整个岷江上片位于岷江上段（都江堰至新津）两侧的川西平原，西面紧靠四川盆地西部边缘的邛崃山脉，东面是北南向的川陕大道和其南端的成都市城区。岷江上片包括"岷西小片""岷江东小片"和"成南小片"3个小片（方言分区图5~6）。

岷（江）西小片位于成都平原西部，包括蒲江、邛崃、大邑、崇州、温江等市区县。这是一块新月形区域，由都江堰以西的岷江外江（金马河），新津西南的梨花山经蒲江县朝阳湖至洪雅县槽鱼滩一线的长秋山山脉，和四川盆地西面呈弧形边缘的邛崃山山脉（以西岭雪山为中心）三段围成。南北长约100公里，东西宽约40公里，周长约250公里。这里是肥沃的岷江冲积平原的西部，是成都平原发达的农业区，也是典型的南路话保存地。温江区在岷江以东，也属南路话区。20世纪50年代，南路话区一直东达成都城西郊，今在成都话（湖广话）的扩张下向西退至岷江一线。岷西小片的荥经县另处一隅，在青大片的青衣江小片包围之中，是属于岷西小片的方言岛。它原来与岷西小片连成一片，后来因青衣江小片的发展而被隔开了①。

岷（江）东小片位于成都市西北，包括都江堰（河东地区）、郫县（郫都区）、彭州、新都、广汉、什邡、绵竹、安州区（未列）和北川县等9个市区县。这是一块近于长条四边形的地区，南边是岷江外江，北边直通北川羌族自治县，西边以龙门山中段为界，东边是金牛古道（今为川陕公路和宝成铁路线等进出川交通干线）。这是一块面向成都市区的开放地区。南北约长85千米，东西约宽40千米。

成（都）南小片位于成都市南面，包括双流区、新津县，靠成都市区最近。1980年代以后本地区经济发展迅速，现大部分城镇已与成都市区连成一片（有公交线路和地铁相连），成都双流机场即在此区。这两个区县原是南路话区，见于1945年的调查（杨时逢《四川方言调查报告》1984)②，现在县城以外的村镇乡仍讲南路话。

2. 语音特征

岷江上片以岷西小片方言为南路话核心区，岷东小片为南路话外围区，成南小片为南路话与湖广话的重叠区。

岷西小片方言具有现代南路话最为典型的语音特征，如：有阴阳上去入五个声调，古入声字读入声调，泥来母洪混细分，精见组麻三字韵母读-i，果摄一等字韵母读-u（并入模韵），模韵字部分韵母读-o（蒲江），臻通摄入声字韵母读-o/-io，咸山曾梗一二（三知系）等入声字韵母为读-ɛ/-æ（与-a对立），等等。

岷东小片语音仍保留了入声调，大部分古入声字读入声，但其他一些南路话特征发生了改变，例如：精见组麻三字韵母由-i改读-ie、果摄字韵母由-u读改读-o（与模韵分立）、咸山曾梗一二三等入声字主元音由-ɛ/-æ改为读-a和-e（与麻韵同）。在成都话的影响下，这些特征变化为与成都湖广话相同。

成南小片（双流区、新津县）的乡村部分，仍然保留着岷西小片的语音。而在双流的城区部分，在成都话的影响下，入声调现在大部归入阳平，变成阴阳上去四个声调；精见组麻三字韵母改读-ie、果摄字韵母读改读-o、咸山曾梗一二三等入声字主元音改为读-a和-e。这些特征变化为与成都湖广话相同。

3. 方言关系

岷江上片方言位于沿岷江南路话分布带的最西端，深居川西边缘（再西面就是少数民族区了），受外来扰动最少，长期独立发展。这里是著名的都江堰灌区，土地肥沃。居民世代农耕，精耕细作，夏稻冬麦，四季绿畴。明末清初四川战乱及清初

---

① 参见周及徐《四川雅安地区方言的历史形成及其与地理和移民的关系》。
② 杨时逢《四川方言调查报告》"75. 双流、76. 新津"两点均同"74. 温江"，所记温江话入声独立。

大移民也未能对这里的方言形成撼动。岷东小片和成南小片地理环境则呈现向成都市区开放的态势。1950 年代以后，成南小片语音受成都湖广话影响发生变化；1980 年以后，成都城市经济大发展更加快了这种变化。随着城市化的发展，紧邻成都市区的郫都区、双流区、新都区和广汉市的方言逐渐被成都话同化，多数青年人已不讲南路话，改讲成都湖广话。

（三）岷江中片

1. 地理位置

岷江中片位于岷江中段（新津县至青神县），在龙泉山脉南半段以西、长秋山脉以东的"八"字型地区（方言分区图 7~8），包括彭山、眉山、丹棱、洪雅、夹江、青神、峨眉山和峨边等市县。岷江中片地域内是岷江中游、青衣江下游的冲积平原，由龙泉山脉（北南走向形成东侧边）、长秋山脉（西南走向形成西北边）和青衣江两岸（东南走向形成底边）围成。西北边的长秋山脉长约 90 公里，起于新津区西南，向西南方向蜿蜒，经蒲江县南的樱桃山、朝阳湖，至洪雅县境的槽渔滩与青衣江相遇。长秋山脉形成岷江中片方言与岷西小片方言的分界：山脉西北侧说岷西小片南路话（蒲江话为代表），山脉东南侧说岷江中片南路话（眉山话为代表）。峨眉山市和峨边（彝族自治县）则是本区向南延伸出去的一块，是岷江中片与岷江下片的过渡区。岷江中片区域内土地肥沃，居民世代以农耕为业。

2. 语音特征

岷江中片方言语音特点有南路话的共性，如：1. 有阴阳上去入五个声调，入声调独立；2. 精见组麻三字韵母读-i，"姐爷"与"几姨"同音；3. 果摄一等字韵母读-u（同模韵），"果古"同音；4. 臻通摄入声字韵母读-o/-io，"突骨"与"木绿"同韵；等等。岷江中片方言也有一个独特的语音特征：咸山曾梗开口一二等入声字、咸深山臻曾开口三等知系入声字，如"北德策革涉舌测"等字，岷江中片方言大部分读做-ai（彭山、眉山、丹棱、洪雅、夹江），而这些字岷西小片等南路话是读作-æ的[①]。这一点，峨边、峨眉山和青神同岷西小片。另外，在声调调值方面，峨眉山、峨边、夹江、洪雅和丹棱的入声调值已逼近阴平，甚至高于阴平调了。这些点的入声调值虽然还没有并入阴平，但已经为青大片的"入归阴平"做好了准备。

岷江中片的 8 个方言点中，彭山话与岷西小片南路话最一致，例如彭山话还保留了南路话蟹山摄舒声合口一等端组、山摄端泥组字读开口的特征，如"堆腿端乱"等字韵母失去 u 介音，读-ei/-an。其他的几个方言点不同程度地受湖广话影响，语音特点有所改变。例如：夹江、峨眉山和峨边泥来母洪细皆混，与乐山话相同；洪雅、夹江、峨边果摄一等读-o、遇摄一等字读-u，与成渝湖广话一致。

3. 方言关系

岷江中片处于岷江中段的西岸，北与岷西小片相邻，南与以乐山为中心的岷江

---

① 参见周及徐《四川青衣江下游地区方言语音特征及其历史形成》。

下片相邻。岷江中片地理边界明显，有江河和山脉分隔，长期处在相对独立的地区。岷江中片在当地经过了漫长时间的发展，从古代南路话中发展出了独有的音系特征：入声逼近阴平，咸山曾梗开口一二等入声字韵母读-ai。这两个特征传递给了青大片方言。

（四）青大片

1. 地理位置

青（衣江）大（渡河）片位于今雅安市境内，与《中国语言地图集（第1版）》西南官话灌赤片的雅棉小片大致相同（方言分区图9～10）。青大片包括青衣江小片和大渡河小片。青衣江小片位于青衣江流域中上游，包括雅安雨城区、芦山、名山、天全、宝兴等县，甘孜州的泸定县也属于这一方言小片。大渡河小片位于大渡河中下游，包括汉源、石棉、金口河等县。这里自古以来就是川藏和川滇通道的交汇要冲。青大片看起来也是由青衣江和大渡河在交汇之前围成的三角形地区，但是不同于平原地区的是，它是中国地形由二级阶梯的一部分（四川盆地）向一级阶梯（青藏高原）抬升的过渡山区，人口聚居的城镇都是沿江河谷地分布的，大面积的山林地区人烟稀少。青衣江和大渡河流域历史上是藏羌彝等少数民族的居住区，近代以来汉族人口增多，现代成为以汉族为主的地区，城镇规模扩大，经济和文化有了迅速的发展。

2. 语音特征

青衣江小片的语音特征：有阴阳上去四个声调，古入声字归阴平；曾梗一二等开口入声字以及咸深山臻曾梗三等知系入声字读-e，如"北德策革涉色"，同成都湖广话；麻三精组见系字韵母读-ie（雅安、芦山、泸定）；泥来母字洪混细分（宝兴、芦山、天全）或泥来母字洪细全混（雅安雨城区、名山）。天全话以及芦山、宝兴话（一部分）在藏语音系的影响下形成了自己的语音特点，原来以t-、th-为声母的细音字腭化为tɕ-、tɕh-，如"顶天钉定"等字[1]。

大渡河小片的语音特征：有阴阳上去四个声调，古入声字归阴平；曾梗一二等开口入声字以及咸深山臻曾梗三等入声字读-ai，如"北德策革涉色"，同岷中片南路话；麻三精组见系字韵母读-i（石棉）；泥来母字洪混细分（汉源、石棉）。

3. 方言关系

青衣江流域和大渡河流域原是藏羌彝等少数民族地区，青大片方言是汉地的岷江中片、岷江下片方言沿青衣江和大渡河向上游少数民族地区扩展的结果。方言沿青衣江向上游迁移扩展形成青衣江小片，沿大渡河谷向上游迁移扩展形成大渡河小片。所以青大片方言不同程度地带有岷江中片和下片方言的语音特征。青衣江小片比之大渡河小片具有更多近于湖广话的语音特点，这是由于这一小片更接近成都，在地理上更为开放，更多地受到以成都话为代表的湖广话的影响。处于深山峡谷的大渡河小片语音则更为保守，例如咸山曾梗开口一二等入声字、深臻曾开口三等庄

---

① 参见周及徐《论藏语对汉语方言音系的影响》。

组入声字读-ai（石棉、汉源），就是源自于岷江中片的语音特征。由于成都湖广话的同化，这个特征在青衣江小片消失了。雅安雨城区泥来母洪细全混的语音现象则可能是岷江下片乐山话的痕迹。至于作为青大片地区方言语音标志的"古入声字归阴平"，其实是源于南路话声调系统的一个直接变化，入声调值从33调逐渐变高，以至于与阴平调45/55合并了（参见上文岷江中片的语音特征）。在"入归阴平"的同时，南路话的其他语音特点还在青大片方言里不同程度地保留着，互相可比较顺畅地通话。荥经县在大相岭（泥巴山）之北，被分割包围于青衣江小片之中，而荥经方言仍保持着岷西小片的音系特点，入声独立，形成方言岛。从这个情况看，青衣江小片方言的形成比岷西小片晚，可能是随着近现代雅安城市的发展才沿青衣江而发展形成，覆盖、分割了原岷西小片方言。

（五）岷江下片

1. 地理位置

岷江下片包括乐山市中区、五通桥区、沙湾区、犍为县等。岷江下片位于岷江下游（北南流向）西岸和青衣江、大渡河下游围成的一块不大的三角形地区，底边是西东向的马边河的下游段，顶点在大渡河以北（乐山市中区），周长约180千米（方言分区图11~12）。三角形的北部是青衣江、岷江冲积扇，南部是山区。三角形的东面是隔岷江相望的川渝鄂片川南小片（入归去声片）方言区，西边是凉山彝族地区的东缘山区，南边以马边河为界，是川南的另一块南路话大区——长赤片。在这块三角形地域里孕育了古老的乐山话（南路话的一支）。

2. 语音特征

岷江下片方言属南路话区，有南路话共同的语音特征，如：有阴阳上去入五个声调，古入声字读入声，麻三精组见系字韵母读-i，蟹山摄舒声合口一等端组（山摄又泥组）字读开口，咸深山臻曾梗开口入声一二三等字韵母读-æ/-ɛ（与-a韵对立），等等。岷江下片方言也有不同于岷西小片南路话的地方，如：泥来母字洪细全混（乐山、五通桥、沙湾、犍为）、果摄一等字读-o、遇摄一等字读-u，等等。还有一个语音特点在岷江下片方言中十分突出：咸山摄二三四等精组见系舒声字失去鼻音尾，读-iɛ（乐山市中区、五通桥、沙湾），如"监盐免边天"等字。

3. 方言关系

南路话岷江下片方言以乐山市中区为中心。乐山是历史悠久的古城，唐代就已是经济发达城市，且是水陆交通要冲。由于青衣江和大渡河两条大河形成的天然地势，方言边界明显，方言在这里经历了千年的发展，在南路话中发展出了不同于岷西小片和岷江中片的特点。在明末清初四川大战乱中，乐山军民成功地抗击了张献忠的进攻，在著名的"江口镇之战"中大败张献忠，避免了张献忠屠城，人口损失少。因此乐山在清初没有发生大移民的人口替换，乐山方言也得以完好地保存至今①。

---

① 参见周及徐《传播与演变——明代以来四川方言形成概述》《成都、乐山两城方言的差异及原因》。

（六）长赤片

1. 地理位置

长赤片，列出沐川、宜宾市翠屏区、南溪、长宁、泸州市江阳区，合江、古蔺，共7个市区县；屏山、高县、珙县、兴文、江安、叙永和泸州市龙马潭区、纳溪区8县区因语音相近未列出。本片起于沐川县岷江下游、止于合川县长江上游，沿岷江、长江以南形成长条形的冲积平原，长轴东西向，弧弯向北，长约210千米，宽约50至80千米不等（方言分区图13~14）。长赤片位于川渝滇黔四省市交界处，区域内沿江水运，水陆交通，灌溉便利，农业发达，自古是川南富庶地区。整个区域主体在大江以南，而有一小部分，如宜宾市北部、南溪区、泸州市龙马潭区和泸县南部，这些地区的南路话区延伸到江北，进入到西南官话川渝鄂片川南小片的地域。沐川县、屏山县在岷江以南、金沙江以北的小三角形地区，是岷江下片（乐山、犍为等）与长赤片的过渡带。处于川滇边界的筠连县则是川渝鄂片湖广话川南小片的一个方言岛（见本文"四、西南官话川渝鄂片（四川部分）及小片"下"（五）川南小片"）。

2. 语音特征

当地民谚说："岷江千里路，口音是一处。"长赤片方言是岷江官话在四川东南的又一个大区，有南路话的共同语音特点，例如：有阴阳上去入五个声调，调值相近（全部点）；泥来母字洪混细分，如"怒"＝"路"而"泥"≠"离"（泸州、合江、南溪、长宁、沐川），宜宾话则是泥来母洪细皆混；麻三精组见系字韵母读-i，如"谢姐爷"（宜宾、泸州、合江、南溪、长宁）；咸深山臻曾梗开口入声一二三等字韵母读-æ/-ɛ（与-a韵对立），如"杂罚答杀"（宜宾、泸州、合江、南溪、长宁），等等。也有一些特点有变化而同于湖广话，如：蟹山摄舒声合口一等端组（山摄又泥组）字不读开口，如"端短"读tuan（泸州、宜宾、南溪、合江）；果摄一等字读-o、遇摄一等字读-u（泸州、宜宾、南溪、合江、古蔺、长宁）；等等。还有一些方言有自己的一些特点，主要是韵母的，例如：沐川、合江、长宁等宕江摄舒声开口呼字的-ŋ尾读同咸山摄的-n尾，如"帮章当港"等字；古蔺咸山摄舒声字失去-n尾，韵母成为-æ、-iæ、-uæ、-yæ，接近乐山话的变化；宜宾话的韵母-ian和-yan读为-iai、-yai，如"贬浅、权院"。

3. 方言关系

长赤片方言以宜宾市和泸州市为中心，小部分在江北，大部分向长江南岸扩展，遍及这一地区的各县区，延续到重庆市的江津区和綦江县，以及黔北广大地区。这一地区的方言具有南路话诸多的共同点，也有本地区南路话的区域共同点。同时，还有本地方言自己的一些音系特点，主要是韵母的变化，如沐川、合江、古蔺、长宁。这些地区都处于四川南部的边缘地带，与外界比较隔离，方言在南路话的基础上长期发展演变，形成了这些差别。

（七）川北南路话片

1. 地理位置

川北南路话片是位于西南官话川渝鄂片湖广话包围之中的南路话方言岛，有两个邻近的小片：川中小片和剑阁小片（方言分区图15~16）。川中小片有盐亭县、射洪县和西充县，南充的龙蟠镇①、遂宁的蓬溪县也属于这一区。川中小片地处嘉陵江和涪江之间的南部丘陵地区。剑阁小片包括剑阁县西南地区的金仙镇、普安镇、白龙镇、木马镇等十余个乡镇，它们地处嘉陵江西岸的山区，地域更为偏僻②。从方言分布的角度看，川北南路话片的地域是四川北部远离交通大道的山区。从东面入川的大道是经重庆、广安、南充、遂宁、简阳至成都一线（今成渝公路铁路线），从北面入川的大道是从广元、江油、绵阳、德阳至成都一线（古金牛道、今川陕公路铁路线）。这两条入川大走廊地带都是湖广话区，而川北南路话片位于这两条通道之外的三角形地区中，形成地理上相对封闭的孤立区。

2. 语音特征

川中小片方言有南路话的共同语音特点，如：有阴阳上去入五个声调；泥来母字洪混细分，"南" = "蓝" 而 "年" ≠ "连"（盐亭、西充、射洪、龙蟠、蓬溪）；麻三精组见系字韵母读-i，如"也野"（盐亭、西充、龙蟠、蓬溪）；咸深山臻曾梗开口入声一二三等字韵母读-æ，"搭达" 与 "他巴" 等-a 韵字不同韵（龙蟠）。也有同于川渝鄂片湖广话的特点，如：咸深山臻曾梗开口入声一二三等字韵母读-a，"他麻答杀" 等字同韵（盐亭、西充、射洪）；果摄一等字读-o、遇摄一等字读-u（盐亭、西充、射洪）；还有本地自己的语音特点，如：西充话知系入声字读卷舌声母Tʂ-，例如"直质吃十"；龙蟠话也有舒声和入声字读卷舌声母，但是精组与知系字已经相混；老派西充话唇音声母拼-i 韵时，增生过渡浊擦音，例如："皮"phzʅ2，"米"mzʅ3。

剑阁小片方言有南路话共同的语音特点，如：有阴阳上去入五个声调；泥来母字洪混细分，"南" = "蓝" 而 "力" ≠ "泥"（金仙、普安）；麻三精组见系字韵母读-i，如"姐借"（金仙、普安）；果摄和遇摄一等字同读-u，如"罗炉"（金仙、普安）。也有同于川渝鄂片湖广话的特点，如：咸深山臻曾梗开口入声一二三等字韵母读-a，"麻答"同韵（金仙、普安）。剑阁小片也有自己的语音特点，如：咸山摄一二等舒声字读舌根鼻音尾韵母-aŋ，如"暗参（~加）蓝耽干"；咸山摄舒声开口三四等字鼻韵尾丢失，多读-iɛ，如"贬编煎点天"。剑阁小片最主要的语音特点是古入声独立、精组字读尖音（如"借"tʃi4、"且"tʃhi3）、知系字读翘舌声母（见本书《字音表》）。

---

① 南充的龙蟠镇只是一个代表，阆中、南部、南充邻近川中小片的一些乡村也讲近于龙蟠镇话的南路话。
② 白龙、木马等十余个乡镇的音系参见陈鹏《剑阁、南部县相邻山区方言音系调查及其历史比较》。

3. 方言关系

川北南路话片剑阁小片方言同时具有四川其他汉语方言均不齐备的三个语音特征：古入声独立、精组字读尖音、知系字读翘舌声母。这些特点不仅对应于《广韵》音系①，而且对应于三百五十多年前明末四川遂宁人李实写的《蜀语》。《蜀语》音系也有这三个特点，这可以说明《蜀语》音系和剑阁小片方言之间的继承关系，《蜀语》音系因之可称为古南路话②。由此，可以推知现代四川南路话也是《蜀语》的后裔，岷江官话的其他几个片和小片都不同程度地发生了一些变异，而川北南路话片剑阁小片方言则保留了《蜀语》音系的这三个主要特点。这是因为剑阁金仙等乡镇处在偏僻的山区，方言受外界扰动比较少。《蜀语》的时代，"湖广填四川"移民在四川的中西部还未发生。《蜀语》音系与岷江官话（南路话）音系的对应，是当代南路话可以追溯至明代四川当地土著方言的证据。遂宁的《蜀语》音在后来发生的"湖广填四川"移民运动中被湖广话替换了，而剑阁小片方言中的《蜀语》音却因封闭的地理环境而保存了下来③。

四、西南官话川渝鄂片（四川部分）

四川方言中，除了岷江官话（南路话）以外的另一大支，就是原西南官话成渝片，我们称川渝鄂片。因为这一方言片分布于今四川大部、重庆市和湖北省西部地区，我们依其今天所在的行政区范围称之为"川渝鄂片"（方言分区图17~18）。四川和重庆民间称这种方言为"湖广话"。《中国语言地图集（第1版）》将其划为西南官话次方言成渝片，分布地区大致相同，在其内部没有再划分下一层级（参见本文"一、四川方言的分区"下"（二）四川的两支方言"部分）。我们则根据川渝鄂片方言的语音特征作了进一步的划分，将其分为川西小片、川渝小片、川北小片、川南小片和鄂西小片，共五个小片（参下页图三)④。下面说明四川省内方言的部分。

《中国语言地图集（第1版）》将川渝鄂片方言划分为"西南官话成渝片"是基本合于实际的；而《中国语言地图集（第2版）》以渝、鄂政区界限，将原成渝片方言割裂为川黔片的成渝小片（在四川和重庆）和湖广片的鄂中小片（在湖北西部），这是以省界分方言，而不以方言的语音特点。笔者曾在2010年到宜昌、恩施等地调查，当地方言音系极为接近成都话，其声调调类和调值与成都话的相似程度，超过了重庆市区话与成都话的相似程度。在这样的事实面前，你才深深地体会到"湖广填四川"是真实的，同时震惊于方言特征传承的力量。所以我们把川渝鄂片划为一片。

---

① 参见杨波、周及徐《剑阁县金仙镇方言音系》。
② 参见周及徐，周岷《〈蜀语〉与今四川南路话音系》。
③ 参见周岷、周及徐《从明代〈蜀语〉词汇看四川方言的变迁》。
④ 因本课题的研究范围在四川省内，川渝鄂片的重庆直辖市和湖北省内部分的方言暂不涉及。

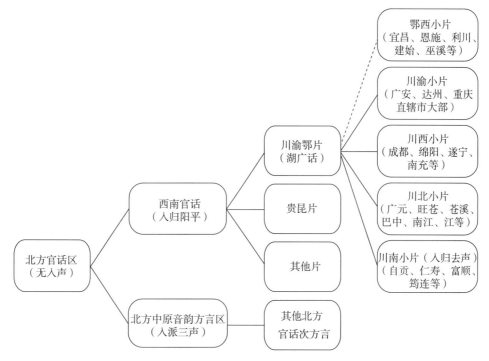

图三　西南官话川渝鄂片（湖广话）分区结构图

（一）川渝鄂片方言（湖广话）共同的语音特征

限于本课题的范围，本文只讨论西南官话川渝鄂片方言的四川省境内部分。川渝鄂片方言（湖广话）不同于岷江官话（南路话）的语音特征有：

（1）蟹山摄舒声合口一等端组（山摄又泥组）字读合口，"端乱"不同于"单烂"；

（2）果摄一等字多数读-o，遇摄一等字读-u，"多锅"不同于"都姑"；

（3）麻三精组见系字韵母读-ie，"姐爷"与"几姨"不同韵；

（4）咸山开口入声一二等字韵母读-a，"答腊"与"茶拿"同韵；

（5）臻曾梗通合口入声字韵母读-u，山宕江开口入声字大部分韵母读-o，"不木"与"拨莫"不同韵；

（6）咸山入声三四等开口帮端见系读-ie，深臻曾梗入声三四等开口帮端见系读-i，"接结"与"集极"不同韵；

（7）深臻曾梗入声开口三等知系字读同止摄字，"十侄直石"与"是至师史"同韵母；

（8）大多数方言有阴阳上去4个声调，古入声字读阳平调；

（9）多数方言不分平翘舌声母；

（10）少数方言分尖团音，"精经、清轻、西希"不同声母。

上述前面八条特征，是多数川渝鄂片方言（湖广话）共有的。所不同的地方有：川南小片方言入归去声、知系声母字读翘舌声母，不同于第（8）（9）两条；川北小片分平翘舌声母、分尖团（部分），不同于第（9）（10）条。至于泥来母洪混细分（如"老"＝"脑"、"泥"≠"离"）这一条，在川渝鄂片方言中大致是：川西小片洪混细分（如成都、绵阳、南充、遂宁），川渝小片洪细全混（如重庆、达州、广安）。

（二）川西小片

1. 地理位置

川西小片位于嘉陵江以西、川陕大道（古金牛道）以东，沱江以北，形成两个四边形：一个在南，是中心区，以绵阳、成都、内江和南充为顶点，周长约 600 千米，包括成都、德阳、绵阳、南充、遂宁、资阳和内江等地级市；一个在北，要小一些，以青川、平武、江油和梓潼县为顶点，周长约 400 千米，包括青川、平武、江油和梓潼，是入川北路沿线（方言分区图 19~20）。川西小片是湖广话在四川的核心区。本区内是平原和浅丘，交通便利，北面是四川通向陕西汉中盆地的北大门广元，南端是四川的中心城市成都，东边经南充沿嘉陵江通向重庆，西边是压缩成条带状紧邻四川西部山区的岷江官话（南路话）区。川西小片西与岷江官话的岷江上片相邻，东北与川北南路话片相邻，东隔嘉陵江与川渝鄂片的川渝小片相邻，南面隔沱江与川南小片相邻。

广元市是四川方言的交汇区，以老川陕道和嘉陵江在广元的交汇处为界，地形与方言相应地分为东西南三部分：西部山区的青川和江油、平武（属绵阳市）属于西南官话川渝鄂片川西小片，南部剑阁和盐亭、射洪、西充属于南路话的川北方言岛（参见本文"三、岷江官话及其分片"中"（七）川北南路话片"部分），东部旺苍、苍溪属于川渝鄂片川北小片。

2. 语音特征

川西小片以成都话为代表，有四川湖广话的典型语音特征。上文所述的十个川渝鄂片湖广话的语音特征，成都、德阳、绵阳、遂宁、资阳、青川、平武、江油话都具备，还有一条——泥来母洪混细分（如"老"＝"脑"、"泥"≠"离"），加上这一条共十一条语音特征。

3. 方言关系

成都话是四川湖广话的代表，·是四川省的地方通语，川西小片方言基本与之相同。与川西小片方言相邻的岷江官话岷西小片（崇州话、邛崃话等）是四川南路话的典型方言。在地理上呈现出湖广话和南路话二者共处于四川盆地西端，挤在成都平原内的局面，这是明清时期湖广移民与原土著方言南路话相遇形成的。湖广话和南路话在成都市区以西的明显的方言界限，很难用方言的连续演变来解释。都江堰和新津县之间的岷江，东西两岸都有南路话分布，南路话向东越过温江区直抵成都市区西南面（距市中心只有不到 10 千米）①，所以在这一地区湖广话和南路话之间的地理分界原是向东越过岷江的。现在以岷江为界，东为湖广话、西为南路话的

---

① 参见周颖异、周及徐《成都苏坡桥话音系及其在成都地区方言史上的意义》。

格局是约 1980 年代以来成都话迅速扩张以后的情况。1980 年代以前两块方言的分界就是成都市的一环路（老城墙），向西出城，就是南路话区了。成都湖广话是清代初年湖广移民大量"填空"成都形成的。在此之前，整个成都平原（包括成都市区）都是南路话的天下，至今成都市区的北（新都区）、西（温江区）、南（双流区）三面都有南路话存在，就是这种方言历史分布的证明。至于成都东面（金堂、龙泉、简阳）的湖广话区，则正是清代湖广移民向西进入成都的大道，他们在这里越过低矮的龙泉山脉，进入当时在战乱中已化为废墟的成都老城，重建了被张献忠毁弃的成都①。同时，清代移民在龙泉山一带留下了湖广地区带来的客家人和话。清代从鄂省东来的湖广移民洪流抵达的最西地区就是成都，经历上千里的跋涉到此，其势已成强弩之末。再往西去就是蜀地原住民的南路话区了，这些农村地区在战乱中的破坏不如成都城区大，原来的人口存留较多，少有空间留给移民。成都平原地区相邻的两种方言：成都湖广话是明清湖广移民带来的，与东面的川渝鄂片相一致；岷西小片南路话是明以前原地存留的，与沿岷江西南的岷江官话相一致。二者的历史来源不同，这就是川西地区（成都平原）最主要的方言关系。

（三）川渝小片

1. 地理位置

川渝小片位于嘉陵江以东，长江以北，巫山以西，大巴山以南的四川盆地东半部。以四川的阆中、重庆的巴南区和重庆市巫山县为三个顶点形成一个底边朝北的三角形，周长约 1050 千米，另外加上南充、内江和重庆渝中区构成的三角形地区（大部分属重庆市），加起来就是这个方言区的大致范围。川渝小片大部分在重庆市的区域之内，在四川境内的部分主要是广安和达州两个地级市的区域，包括广安、仪陇、岳池、邻水、渠县、营山、大竹、达州、宣汉、开江等市县区（方言分区图 21~22）。依方言语音特征，嘉陵江边的蓬安县归川西小片，大巴山南缘的平昌和万源归于川北小片（见下文）。川渝小片西、北、东三面都是川渝鄂湖广话区：西临川渝鄂湖广话川西小片，北靠川北小片，东接鄂西小片；南界长江，对岸是黔北少数民族地区。故以重庆城市为中心的川渝小片是川渝鄂湖广话的核心地区。

2. 语音特征

川渝小片以重庆话为代表，有四川湖广话的典型语音特征，上文总结的十个语音特征也都具备。所以成都、重庆话语音特征很相近。川渝小片不同于川西小片的语音特点有：（1）泥来母洪细全混，"老"＝"脑"，"泥"＝"离"（广安、达州、重庆）；（2）声调调值不同。去声调值高于川西小片（213/212）、去声调尾上升，成为川渝小片明显的特征。例如：去声调值广安 324、达州 325、重庆 24。（3）臻、通摄合口入声细音字读 -iu，不读 -y，如"橘局菊"音 tɕiu31（重庆、邻水）。前两个特

---

① 参见《语言历史论丛》第五辑至第十一辑《蜀乱纪实》《蜀难叙略》《〈蜀碧〉注释》等清代文献系列注译。

征很明显，第三个特征由于普通话的影响，在青年人中正在消失。

3. 方言关系

川渝小片方言处在川渝鄂片的中央，是湖广话的核心区，历史上它也是湖广移民入川的第一站。湖广移民从湖北江汉平原向西，在越过了长江三峡和长江南岸群山之后，来到富庶的四川盆地定居，首先是重庆地区。我们认为，重庆地区的湖广移民早在明代洪武年间就来到这里了，明末清初战乱以后又再次补充①；而成都地区的湖广移民则是清代康熙年间战乱平息以后才来到当地的。也就是说，重庆湖广移民比成都湖广移民要早三百多年。但二者同样是来自湖广地区（主要是湖北江汉平原），所以方言的语音相近。

（四）川北小片

1. 地理位置

川北小片位于四川省北部，嘉陵江以东、大巴山南侧的地区。以广元市朝天区、苍溪、平昌和万源县为顶点围成一个不规则的四边形，周长约450千米，这就是川北小片的大致区域（方言分区图23~24）。本区域内主要是山区，北高南低，嘉陵江、巴江水系从北向南流过。区域内主要有广元、巴中两个地级市，包括广元城区、朝天区、旺苍县、苍溪县、巴州区、恩阳区、南江县、平昌县、通江县、万源县等等，本书收入（除广元城区和恩阳区外）8个点的方言。为了保存更守旧的语音特点，广元话音系以朝天区话代表，而不用变化较大的城区话。川北小片位于四川省北部边缘地区，北部为群山封闭，与汉中地区由崎岖的河谷相交通（即古代的四条南北向"蜀道"）。例如万源县深入到了大巴山深处，为通向湖北的汉江河谷，当代才修建了铁路和高速公路。本地区虽远离四川中部，但是有北南向的嘉陵江、东河、巴江等河流，南面向四川中部川渝小片区域开放，是本区对外界的主要交流通道。

2. 语音特征

四川湖广话的十个典型语音特征，川北小片大多数具备。例如：（1）蟹山摄舒声合口一等端组（山摄又泥组）字读合口，如"端乱"不同于"单烂"（广元朝天、旺苍、苍溪、巴中、南江、平昌）；（2）果摄一等字多数读-o，遇摄一等字读-u，"多锅"不同于"都姑"（广元朝天、苍溪、巴中）；（4）咸山摄开口入声一二等字韵母读-a，如"答腊"与"爬拿"同韵（广元朝天、旺苍、苍溪、巴中、南江、平昌）；（5）臻曾梗通合口入声字韵母读-u，山宕江开口入声字大部分韵母读-o，"不木"与"拨莫"不同韵（广元朝天、旺苍、苍溪、巴中、南江、平昌）；（8）古入声字读阳平调（广元朝天、旺苍、苍溪、平昌）。这些湖广话的语音特征很多点都是一致的（见本书《字音表》）。川北小片也有一些不同的语音特点，特别是以下三条：（1）知系字声母读翘舌音，精组洪音声母读舌尖前音（广元朝天、旺苍、苍溪、巴中、通江、平昌、南江、万源）；（2）声母分尖团（广元朝天、苍溪、巴中、通江、平昌、南江、

---

① 参见周及徐《从移民史和方言分布看四川方言的历史》。

万源）。一些调查选点在城区或发音人相对年轻，则分尖团的语音特征漏掉了。川北小片多数方言分尖团音，精组细音声母 Tʃ-组分别与精组洪音声母 Ts-组和见系细音声母 Tɕ-组相区别，再加上知系翘舌音声母 Tʂ-组，所以有 4 套塞擦音。从声母音位互补的角度考虑，也可以将精组细音字和洪音字合并处理为一套声母，但是那样没有体现出精组细音字声母介于 Ts-、Tɕ-之间的发音特色，所以我们选择了有区别地描写其语音特点。（3）部分方言有独立的入声调（巴中、通江、南江），另外还有广元朝天区、旺苍北部、苍溪等部分地区的方言也保留有入声调①，本书方言点没有列出。

3. 方言关系

川北小片的主要语音特征是同于川渝鄂湖广话的，而又部分地保留了分平翘、分尖团、有入声三个特征。这与湖广话和现代南路话都不同，却与川北南路话片剑阁小片相同。从语音类型上看，这是湖广话方言和南路话剑阁小片方言叠置的类型。从地理位置上看，川北小片地处比较封闭的四川省北部边缘山区，其西部与南路话剑阁小片邻接，南部与湖广话川渝小片邻接，存在受二者方言影响的地理环境。地理形势来看，川北小片比剑阁小片更开放，接受东来移民的湖广话的影响更大，故在南路话的底层上更多地表现出湖广话的语音特征。

（五）川南小片

1. 地理位置

川南小片在《中国语言地图集（第 1 版）》中叫西南官话灌赤片仁富小片。川南小片位于一山两江围成的大半月形中。其西北边是东北向西南逶迤的龙泉山脉西南段（起于成都市龙泉区，止于乐山市），西南边是岷江下游（起于乐山，止于宜宾）和长江上游（起于宜宾，止于泸州），以上两段构成弓背；东北边界是沱江（从简阳市至泸州汇入长江），构成弓弦。它的周长约 530 千米（方言分区图 25～26）。这个区域东南角的一部分，被泸州、南溪和宜宾等南路话方言的江北部分占据。整个川南小片区域是位于岷江下游东北的平原，岷江水系（沱江是岷江一大支流）灌溉这一方沃土，农业发达。中心地区自贡、富顺和荣县自古以来是四川著名的井盐产区，钻井采卤煮盐技术鼎盛于明清，以繁荣的经济吸引了大量移民聚集。川南小片包括仁寿、井研、荣县、威远、隆昌、自贡市、富顺、内江市（一部分）和泸县（北部）等市区县。筠连县是远离本地区的一个方言岛，地处川滇交界处，在长赤片南路话包围中。荣县话的语音特征与川南小片不同，形成一个外来的方言岛，经我们考证是湖北省东部明清时期移民带来的方言②。

2. 语音特征

《中国语言地图集（第 1 版）》中，把仁富小片划在西南官话灌赤片之下，即归在了南路话之下。我们把川南小片归在西南官话川渝鄂片（即原成渝片）之下，

---

① 参见周夏冰《四川旺苍县方言音系调查研究》、何治春《四川苍溪方言语音研究》、张明《四川广元市朝天区方言语音研究》。

② 周及徐、周亚欧《四川荣县话音系来源考察》。

是由于它的语音特征大多数是湖广话的。其语音特征有：（1）果摄一等字韵母多数读-o，遇摄一等字读-u，"多锅"与"都姑"不同韵；（2）麻三精组见系字韵母读-ie 不读-i，"姐爷"与"几姨"不同韵；（3）蟹山摄舒声合口一等端组（山摄又泥组）字读合口，如"端"tuan、"暖"luan；（4）咸山开口入声一二等字韵母读-a，"答腊"与"爬茶"同韵；（5）山臻曾梗通合口入声主元音读-u，宕江开口入声字大部分主元音读-o，"不木"与"拨莫"不同韵；（6）咸山摄三四等开口入声字帮端见系读-ie，如"接结"，深臻曾梗三四等开口入声字帮端见系读-i，如"集节极积"，二者不同韵；（7）深臻曾梗摄开口三等知系入声字韵母同于止摄舒声字，"十佺直石"与"是迟师诗"同韵。川南小片这 7 条语音特征都是同于湖广话而不同于南路话的。川南小片的"泥来母洪混细分"这一条特征，是南路话（如崇州话）和湖广话（如成都话）方言共有的。川南小片最明显的不同于周围方言的语音特征有两条，一是古入声字读去声；一是知系字声母读卷舌音。这两条语音特征既不同于湖广话，也不是南路话的共有特征。综观川南小片的语音特征，总体上是接近于湖广话的。

　　3. 方言关系

　　川南小片方言的语音特征近于湖广话的多，十条之中占七八条。以此，川南小片方言应归于湖广话。为何川南小片的古入声字归去声、知系字读卷舌声母？这两条特征是四川湖广话所无。有两种可能。一种是：川南小片方言原是古代南路话在岷江北岸发展的又一支。其与岷江南岸的南路话同样古老，都是继承于古南路话的；只是原独立的入声归了去声，并保持了原有的知系翘舌声母。《蜀语》音系（古南路话）有分尖团、分平翘、入声独立三大特征①。在明清时期，湖广移民入川后进入到这一地区，湖广话的多数语音特征渗入到当地的方言，形成湖广话与古南路话的叠置。这种情况与川北小片分平翘、分尖团的语音特征有类似之处，其历史来源也有共同处：都有古南路话的底层。川南小片明显的地域界限（两江一山为边界）也有利于说明它在本地发展的长期的历史。另一种是：明清湖广移民时期可能有相似于今湖广话的方言向西入川，此方言语音特征略有不同：入声字归去声，并有平翘舌声母之分。但目前尚未在长江中游地区发现这样的源方言。

　　方言的语音特征多数是基于传承的。川南地区位于岷江北岸，东来水陆畅通，有适于明清时期移民的开放的地理环境。川南小片方言的大部分语音特征与湖广话相近，形成川南小片的语音表层，应属于川渝鄂片湖广话；同时，川南小片又分平翘舌声母、入归去声，这是古南路话留下来的底层特征。所以我们把川南小片方言归属于湖广话的一支。

　　《中国语言地图（第 1 版）》把川南小片叫做"仁富小片"，归在西南官话灌赤片之下，即与南路话为一个方言片。《中国语言地图（第 2 版）》的西南官话划分

---

① 参见周及徐、周岷《〈蜀语〉与今四川南路话音系》。

中也作了类似处理（名称不同）①。这实质上涉及对方言历史来源的不同认识：川南小片方言是以外来移民为主，还是从明清以前的本地方言发展而来为主。根据川南小片方言不同于岷江官话（南路话）的大多数语音特征，我们作了不同的划分。

川南小片与川北小片都属于西南官话川渝鄂片，位于四川盆地的南北两侧（方言分区图 17~18），两小片的语音征特都兼有湖广话和南路话两类特点。而位于四川盆地中部、横贯东西的川西小片和川渝小片，则只有湖广话一类语音特征。四川方言的这种分布态势，正好解释明清时期湖广移民运动对四川方言的填补和改变：盆地中部是移民主流所在，所以方言完全替换为湖广话；而在盆地南北两侧，则部分地保留了明代以前四川原方言的底层。这种分布也说明：明代以前原岷江官话（南路话）方言是覆盖全四川的，明末清初湖广大移民以后才形成了今天的四川方言格局。

（六）其他方言

四川汉语方言中，除了岷江官话南路话和川渝鄂片湖广话外，还有少量的客家话和湘方言以方言岛的形式存在。这些方言大都分布在川渝鄂片湖广话区，这与清初湖广移民有关。客家移民和湘方言移民是与湖广移民同时来到四川地区、定居在四川中部的，主要是在川西小片和川渝小片。由于这两种方言使用的人不多，不是四川的主要汉语方言，且学者另有专门研究②，所以本书只调查收录三个点：两个四川湘方言点（中江、顾县），一个四川客家话点（成都龙泉驿）。三百多年来，这些方言点在湖广话的包围之中，原来的语音特征发生了很多改变。

龙泉客家话，分布在成都市区东面的龙泉山麓，东距成都市区约 15 千米。有的客家话已经深入到成都市区东北角。在湖广话包围之中，客家话仍保持了许多原有语音特征，例如：还保有 6 个声调，入声分阴阳，古浊塞音和塞擦音声母平仄皆读送气音，部分浊上、去声字读阴平，如"坐"tsho1、"每"mei1，等等。同时也发生了很多改变，如：不分尖团音，见系声母腭化，不分平翘舌声母，等等，这些都同于川渝鄂片湖广话的语音特征。由于客家话与湖广话沟通困难，客家人能双语，对内讲客家话，对外讲湖广话。所以虽在川渝鄂片湖广话的包围之中，客家的音系特征仍保持得比较好。

四川湘方言的变化就大了。例如本书所收湘方言中江县广福镇方言的音系，只有阴平、阳平、上声和去声四个调类，去声不分阴阳，无入声调，甚至调值也接近于湖广话了。但广福话还有一些北部湘语的特征，例如：大部分全浊平声字读不送气音，如"爬途从锄"；部分匣母洪音字读为零声母，"黄王"同音；古非、晓组声母混读，等等③。顾县话也有这些语音特点，但更接近川渝鄂片湖广话一些。有的湘方言区已经混在了川渝鄂片湖广话中，变成了带有少量湘方言语音特点的湖广话，如川渝小

---

① 《中国语言地图集（第 2 版）》改灌赤片为"西蜀片"，改仁富小片为"江贡小片"，四川境内所属市县与《中国语言地图集（第 1 版）》大致相同。

② 参见崔荣昌《四川境内的湘方言》。

③ 参见古婷《四川中江县广福话音系》。

片的一些方言点非组字和晓组字混读，"房"xuaŋ2，"黄"faŋ2，"飞"xuei1，"欢"fan1，"昏"fen1，"分"xun1，等等现象，就是在湘方言影响下形成的。

五、结　语

　　以上就是我们对四川省岷江流域和嘉陵江流域的汉语方言所作的区片划分。上文简要地介绍了分区有关的地理位置和语音特征，对方言间的关系和历史发展也作了一些讨论。我们的方音材料的根据是《岷江流域方音字汇》（2019）和《嘉陵江流域方音字汇》（2022稿）中80个方言点的语音资料，还参考了我们调查过的其他方言点的语音资料，这些资料因为篇幅的限制，没有能够收入书中，其资料信息见于本文的注解和书末的"参考文献"。以上的资料都是我们团队在实地调查中得来的，是十多年的积累。《岷江流域方音字汇》和《嘉陵江流域方音字汇》最重要的内容就是对当代四川方言语音的记录和整理。在这个工作中，我们还参考了前贤对四川方言语音的研究成果，如《四川方言调查报告》（杨时逢1984）、《四川方言音系》（四川大学编写组1960）、《中国语言地图（第1版）》和《中国语言地图（第2版）》等等。对这些成果带来的帮助我们十分感谢。

　　流逝的时光有时是一个高明骗子，它像粉刷匠一样，总是抹去历史的裂痕和沟壑，让过往看起来光滑、连续，像一个天衣无缝的整体。幸运的观察者才能发现破绽，剔除表面的遮盖，洞穿这个蒙人的把戏，看到历史真实的波澜起伏。在广泛调查收集方言第一手资料的基础上，我们对近现代四川方言的历史做了一些探索。基于四川方言由不同的语音特征分为两个区片的事实，我们提出现代四川方言分为两个历史层次的观点。这是四川方言研究中一个新的观察结论。它是否正确还有待于更多研究的检验。方言研究的目标之一，是通过现实的语言资料探求语言历史发展的真实面貌。这是一个有难度的任务。我们欢迎争鸣和批评来帮助我们提高研究水平。

　　我们的当代四川方言语音调查和研究计划中，还有一部《金沙江流域方音字汇》，这是四川广阔的西部地区（甘孜、阿坝和凉山三个民族自治州）的汉语方言的调查资料。我们将努力地完成它，与《岷江流域方音字汇》和《嘉陵江流域方音字汇》一起形成当代汉语四川方言语音记录和研究的专著《20世纪四川方音大系》。

周及徐（文）　　周岷（图）

2022年5月初稿于成都西南郊清水河畔

2022年12月二稿，2023年6月三稿于都江堰市青城山镇